繁荣张家港历史文化

■ 《张家港年鉴》十周年荣誉

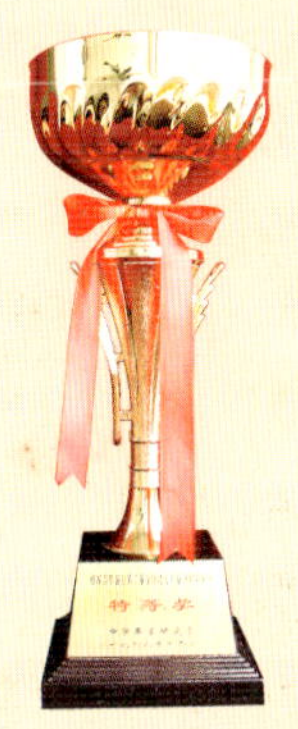

时　间	奖　　项	评奖部门
1997 年	1996 卷获江苏省地方志年鉴二等奖	江苏省地方志办公室
1999 年	1999 卷获第二届全国地方年鉴综合奖特等奖	中国版协年鉴研究会
2001 年	2000 卷获第五届全国年鉴校对质量评比优秀奖	中国版协年鉴研究会
2001 年	2001 卷获江苏省第三次地方志优秀成果特等奖	江苏省地方志办公室
2003 年	2002 卷获第一届全国年鉴编校质量优秀奖	中国版协年鉴研究会
2004 年	2004 卷获首届中国地方志年鉴评比特等奖	中国地方志指导小组
2004 年	2004 卷获第三届全国年鉴评比综合一等奖，条目编写特等奖、框架设置和装帧设计一等奖	中国版协年鉴研究会
2004 年	2004 卷被授予中国年鉴奖	国家新闻出版总署 中国出版者工作协会

《张家港年鉴》创刊10周年

（排名不分先后）

中国地方志指导小组办公室
中国版协年鉴研究会
中国年鉴网
《年鉴信息与研究》杂志社
中国年鉴全文数据库中心
江苏省地方志办公室
苏州市地方志办公室
《中国地方志年鉴》
《中国出版年鉴》
《香港经济年鉴》
《中国商业年鉴》
《长江三角洲城市年鉴》
《中国铁道建筑总公司年鉴》
《上海文化年鉴》
《上海年鉴》
《广西年鉴》
《浙江年鉴》
《广东年鉴》
《浦东年鉴》
《宝山年鉴》
《江苏年鉴》
《南京年鉴》
《苏州年鉴》
《无锡年鉴》
《南通年鉴》

《常州年鉴》
《扬州年鉴》
《镇江年鉴》
《泰州年鉴》
《徐州年鉴》
《连云港年鉴》
《盐城年鉴》
《淮安年鉴》
《宿迁年鉴》
《青岛年鉴》
《杭州年鉴》
《福州年鉴》
《广州年鉴》
《南海年鉴》
《南宁年鉴》
《绍兴年鉴》
《温州年鉴》
《武进年鉴》
《常熟年鉴》
《江阴年鉴》
《宜兴年鉴》
《高邮年鉴》
《金湖年鉴》
《丹阳年鉴》
《太仓年鉴》

《吴江年鉴》
《昆山年鉴》
《秦淮年鉴》
《泰兴年鉴》
《栖霞年鉴》
《下关年鉴》
《丹阳年鉴》
《泗阳年鉴》
《大丰年鉴》
《宿豫年鉴》
《靖江年鉴》
《余杭年鉴》
《静安年鉴》
《东莞年鉴》
《青浦年鉴》
《卢湾年鉴》
《江都年鉴》
《三水年鉴》
《萧山年鉴》
《徐汇年鉴》
《奉贤年鉴》
《涟水年鉴》
《马鞍山年鉴》
《闸北年鉴》
《桂林年鉴》

2005 ZHANGJIAGANG ALMANAC

中国年鉴资源全文数据库核心年鉴

张家港市人民政府主办

张家港年鉴编纂委员会编

方志出版社

图书在版编目(CIP)数据

张家港年鉴.2005／《张家港年鉴》编纂委员会编.
北京:方志出版社，2005.7
ISBN 7-80192-557-2

Ⅰ.张… Ⅱ.张… Ⅲ.张家港市-2005-年鉴
Ⅳ.Z525.33

中国版本图书馆CIP数据核字(2005) 第068296号

张家港年鉴（2005）

编　　者:《张家港年鉴》编纂委员会
责任编辑:陈　颖
出 版 者:方 志 出 版 社
（北京市建国门内大街5号中国社会科学院科研大楼12层）
邮编　100732
网址　http://www.fzph.org
发　　行:方志出版社发行部
(010) 85195814
经　　销:新华书店总店北京发行所
法律顾问:北京市京诚律师事务所
印　　刷:常州市武进第三印刷有限公司
开　　本:889 × 1194　　1/16
印　　张:21.875
字　　数:880千
版　　次:2005年7月第1版　　2005年7月第1次印刷
印　　数:0001－3000册
ISBN　7-80192-557-2/K・398　　定价:100.00元

张家港年鉴编纂委员会

《张家港年鉴》(2005)

序

中 共 张 家 港 市 委 书 记

黄福龙

奋进的足印　和谐的足音

——寄语《张家港年鉴》创刊十周年

正当全市上下满怀豪情率先发展、求真务实科学发展、全面协调统筹发展之际，厚实的《张家港年鉴》迎来了她10周岁的生日，可喜可贺！

写满了张家港人创业与辉煌的一本本《张家港年鉴》，是张家港人在与时俱进的张家港精神激励下，以一个个过硬的实绩交出的一份份“答卷”。10年来，张家港市以率先发展为目标，综合实力明显增强。实现地区生产总值是十年前的3倍多，财政收入十年增长了10倍多，张家港口岸已成为全国首家海关税收超百亿元的内河口岸和县域口岸。10年来，张家港市以科学发展为指导，人民生活水平显著改善。全市人均储蓄余额、农民人均纯收入、城镇职工人均工资分别是十年前的4.5倍、2倍和2.5倍。10年来，张家港市以统筹发展为标准，城乡面貌发生巨大变化。形成了规划有序、各具特色的“一城四片区”城镇体系，全市城市化水平提高到60%。先后创建成国家卫生城市、环保模范城市、国家园林城市，并获得中国人居环境范例奖、全国生态示范区等荣誉称号。10年来，张家港市以全面发展为追求，社会文明与时俱进。注重培育城市文化品牌，注重科学技术的创新推广，注重用市民的理念育农民。先后荣获了全国创建文明城市工作先进城市、全国双拥模范城（三连冠）、全国村民自治模范市等多项荣誉称号。特别是2004年，全市实现地区生产总值576.2亿元，同比增长19.4%，全口径财政收入85.04亿元，增长27%，其中地方一般预算收入31.6亿元，增长28.6%，继续在苏南地区名列前茅。

《张家港年鉴》承载了张家港人追求卓越、崇尚文明的希冀，见证了张家港人实现高水平小康社会和构建基本现代化和谐社会的奋进历程。10年来，《张家港年鉴》较好地发挥了“决策参考、宣传窗口、招商媒介、历史传承”的重要作用；10年来，广大年鉴工作者辛勤笔耕，精心编纂，赢得了广大读者的好评；10年来，《张家港年鉴》历经探索与洗礼，日臻完美，并多次荣获“中国年鉴奖”等荣誉，已成为植根于港城大地的一种品牌文化。

当前及今后一段时期，全市上下围绕把张家港打造成长江三角洲一个富有特色和竞争实力的港口工业城市，一个富有内涵和独特个性的生态园林城市，一个富有精神和文化底蕴的文明法治城市的目标，坚持以“两个率先”统揽全局，全力打好建设小康社会和创建文明城市、生态城市硬仗。希望《张家港年鉴》以更高的目标和追求，谱写张家港经济社会发展新篇章；希望广大年鉴工作者要以编鉴10周年为新的起点，以求真务实的态度和精益求精的作风，不断提高编纂质量，进一步强化年鉴的服务功能、资政功能和信息功能，使《张家港年鉴》在建设文化强市工作中发挥出越来越大的推动作用，为努力实现全市三个文明建设协调发展、构建社会主义和谐社会作出新的更大的贡献。

二00五年五月十日

2004年，在国家实施宏观调控、各种制约不断凸显的形势下，全市广大干部群众，大力弘扬张家港精神，紧密结合“两个率先”实践，认真贯彻落实科学发展观，坚持富民优先不动摇，坚持走新型工业化道路，坚定不移推进改革开放，加快城市现代化进程，加强民主法制建设，深化系列文明创建，落实党风廉政建设责任制，全面加强和改进党的建设，保持了经济社会的快速、健康、协调发展，取得了三个文明建设的新成效。

——摘自中共张家港市委八届六次全体会议决议

2004年张家港之最

- 张家港市被共青团中央、民政部、建设部、国家工商行政管理总局授予第一批“全国‘青年文明社区’示范城（区）”荣誉称号。
- 张家港市被全国双拥工作领导小组、民政部、解放军总政治部命名为“全国双拥模范城”。这是江苏省连续3次被命名为“全国双拥模范城”的第一个县级市。
- 张家港市8个镇全部创建成为国家卫生镇，186个行政村全部建成省级卫生村。张家港市成为全国第一个创建国家卫生镇“满堂红”的县（市）。
- 张家港市塘桥镇创建成为全国第一个“环境保护模范镇”。
- 经国务院批准，张家港保税区成为全国第二批区港联动试点单位，张家港保税物流园区成为全国惟一的内河港型区港联动保税物流基地。
- 张家港市上缴国家税收168亿元，名列全国县（市）第一。
- 张家港海关关税和代征税达到114亿元，成为全国第一个税收超百亿元的内河口岸和县域口岸。
- 2004年（张家港）长江文化艺术展示周成功举办，开创长江流域大规模跨地区文化交流合作的先河。
- 张家港市被江苏省建设厅授予“2003年度江苏省城市管理创优活动优秀奖”，在全省县级市中排名第一。
- 张家港市成为江苏省县（市）中第一个省级节水型城市。
- “骏马化纤”在新加坡成功上市，成为国内企业在新加坡股市挂牌交易的第一只S股。
- 江苏国泰国际集团出口连续四年位居江苏省外贸企业第一。

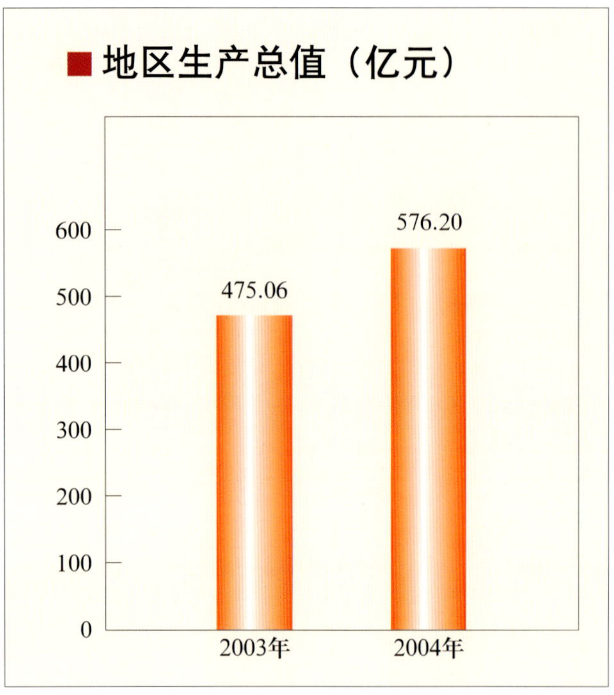
地区生产总值（亿元）
600
500
400
300
200
100
0
475.06
576.20
2003年
2004年

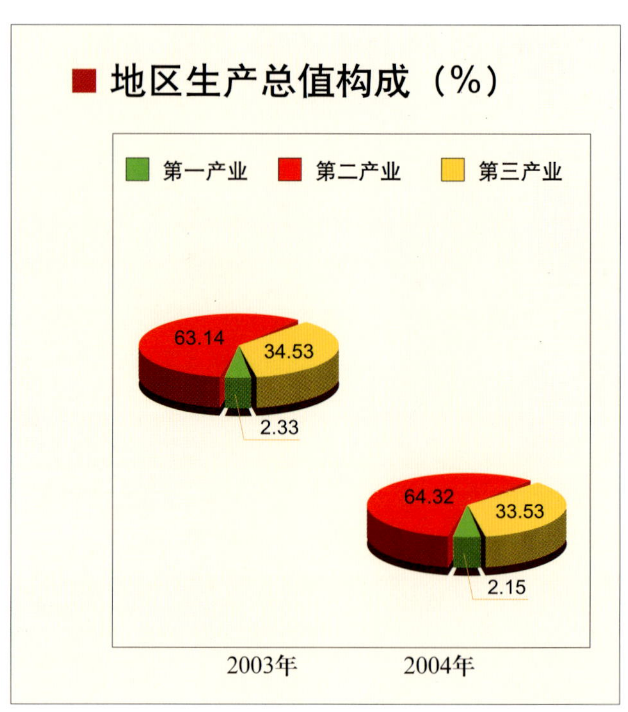
地区生产总值构成（%）
第一产业
第二产业
第三产业
63.14
34.53
2.33
64.32
33.53
2.15
2003年
2004年

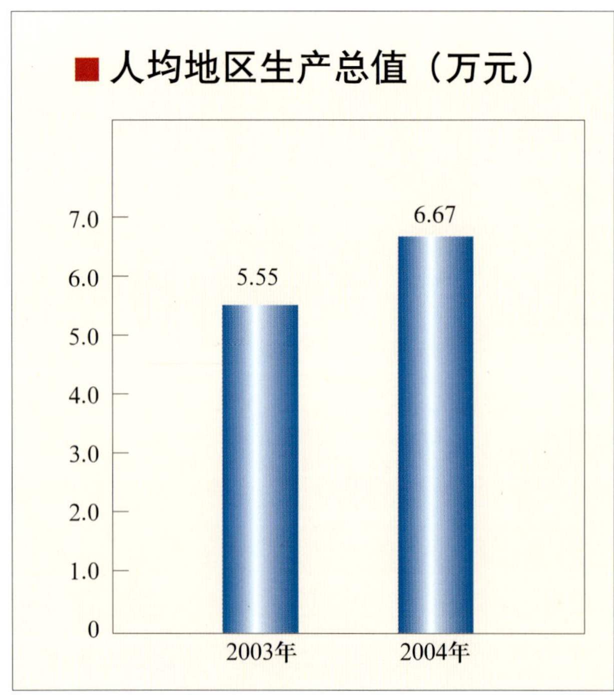
人均地区生产总值（万元）
7.0
6.0
5.0
4.0
3.0
2.0
1.0
0
5.55
6.67
2003年
2004年

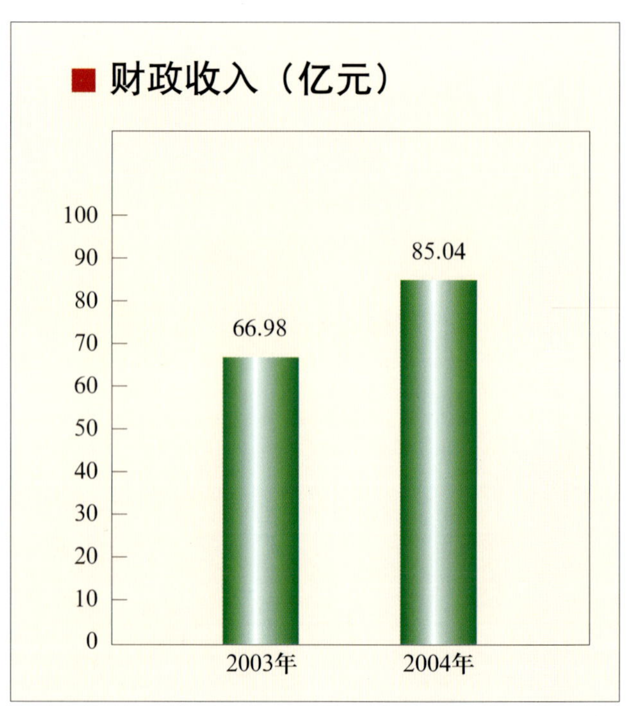
财政收入（亿元）
100
90
80
70
60
50
40
30
20
10
0
66.98
85.04
2003年
2004年

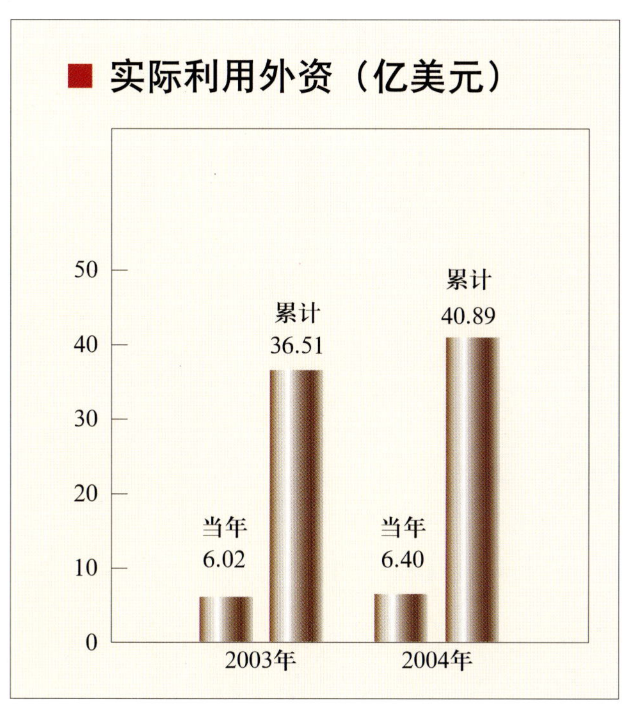
■ 实际利用外资（亿美元）
0
10
20
30
40
50
当年
6.02
累计
36.51
当年
6.40
累计
40.89
2003年
2004年

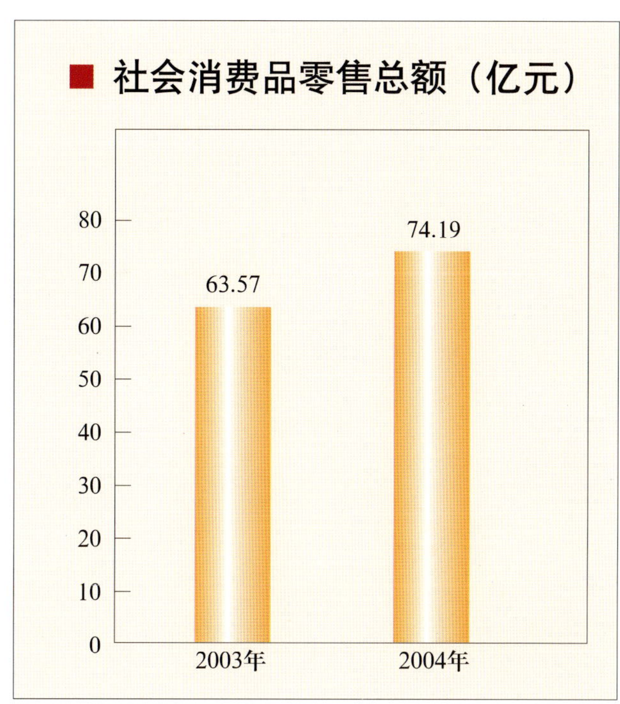
■ 社会消费品零售总额（亿元）
0
10
20
30
40
50
60
70
80
63.57
74.19
2003年
2004年

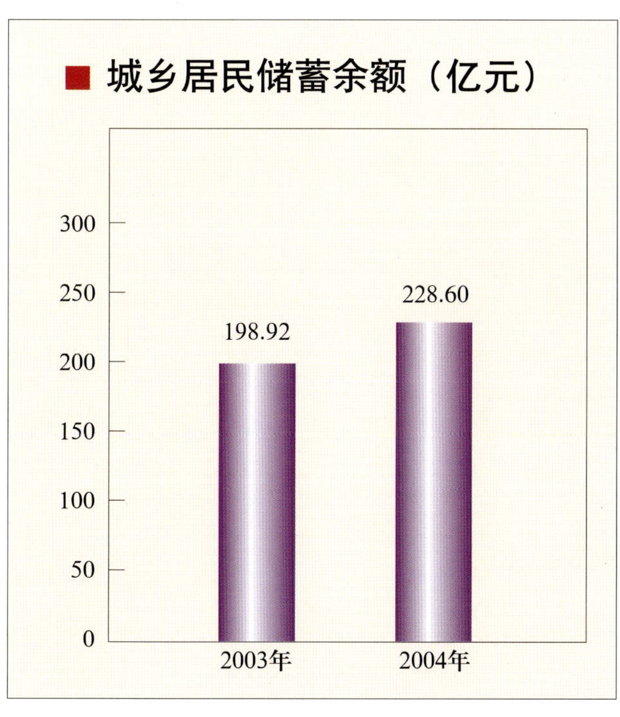
■ 城乡居民储蓄余额（亿元）
0
50
100
150
200
250
300
198.92
228.60
2003年
2004年

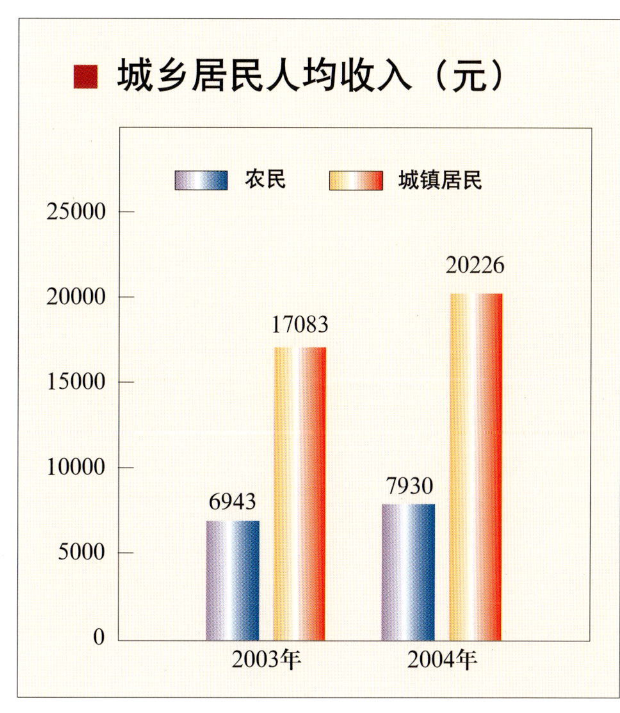
■ 城乡居民人均收入（元）
农民
城镇居民
0
5000
10000
15000
20000
25000
6943
17083
7930
20226
2003年
2004年

一、坚持科学发展率先发展，经济建设水平全面提升

2004年，张家港市以科学发展观统领发展全局，推动产业升级和布局优化，经济建设持续健康协调发展。规模企业继续领跑全市工业经济，全市总资产超亿元、年销售超亿元的工业企业超过了160家。完成工业产品销售收入1430.75亿元，实现利税100亿元。全市财政收入稳步增长，完成全口径财政收入85.04亿元，比上年增长27%；完成地方一般预算收入31.6亿元，比上年增长28.6%。全口径财政收入及地方一般预算收入均名列苏州第一、江苏省县（市）第二。 图①为张家港市一瞥。

二、积极打造城市文化品牌，长江文化艺术展示周成功举行

全市加大力度挖掘历史文化，提升城市文化底蕴，着力打造文化新品牌。11月，成功举办了2004年（张家港）长江文化艺术展示周活动，引起了海内外的广泛关注。展示周的成功举办，实现了弘扬长江文化、促进沿江城市文化交流、推动长江流域文化事业共同繁荣、铸造城市文化品牌的主旨。 图②为2004年（张家港）长江文化艺术展示周开幕式。

三、富民工程取得明显成效，居民收入增幅创出新高

全市牢固确立“以人为本、富民优先”的理念，不断完善农保转城保、农民养老保险和老年农居民养老补贴政策，提高城乡居民最低生活标准，积极实施新型合作医疗制度，逐步完善了全方位、多层次的社会

救助体系。2004年，全年农民人均纯收入7930元，多种经营总收入52.7亿元。城镇职工人均工资20226元，比上年增长了17.1%。消费市场持续活跃，汽车、旅游、住房等继续成为消费热点，全社会消费品零售总额达到74.19亿元。 图③为面对丰收农民喜笑颜开。

四、外向型经济发展势头迅猛，张家港口岸海关税收突破百亿

2004年，全市新批三资企业200家，实现注册外资13.2亿美元；新批办境外投资企业5家，投资总额超1600万美元，投资企业数和投资总额在全省县级市中均居第一。全市完成进出口总额82.7亿美元，其中自营出口28.4亿美元。张家港港完成货物吞吐量6397.8万吨，集装箱运量32万标箱。张家港海关全年共计征税114亿元，同比增长48%。 图④为繁忙的张家港码头。

五、常阴沙农场实行属地管理，城市发展布局趋向完整

2004年4月24日，张家港市召开常阴沙农场属地管理宣布大会，省政府将原隶属省农垦集团的常阴沙农场划归张家港市，实行属地管理。常阴沙农场是省农垦集团惟一位于苏南的国有农场，总面积37.5平方公里，人口2.1万，耕地2533.33公顷，辖13个农业工区和一个居委会。全市新一轮行政村合并工作顺利完成，全市行政村由313个撤并为186个。 图⑤为常阴沙农场（2005年为常阴沙管理区）一瞥。

六、区港联动发展壮大物流产业，保税物流园区通过预验收

2004年8月，国务院正式批准张家港保税区进行区港联动试点，作为全国8家区港联动试点单位之一。通过“区港联动”，张家港保税物流园区将成为中国境内开放度最大、政策最优惠的特殊经济区域。张家港保税物流园区面积1.53平方公里。12月29日，区港联动张家港保税物流园区正式通过由南京海关组织的预验收。图⑥为2005年1月张家港保税物流园区颁发验收合格证书仪式。

七、文明创建工作全面开花，镇村“创卫”实现满堂红

全市以全国文明城市创建为总揽，生态城市、消费放心城市、中国优秀旅游城市、国际花园城市以及建设健康城市等各项创建整体推进，先后高标准通过了国家卫生城市、全国文化先进县（市）、全国计划生育优质服务示范市和“双拥模范城市”的复查验收。深入开展“公民道德实践年”活动，实现了信用镇创建“满堂红”。7月31日，南丰镇顺利通过了国家卫生镇的考核验收，全市8个镇全部建成国家卫生镇、186个行政村全部建成省级卫生村，在全国率先实现了卫生镇村创建“满堂红”。图⑦为锦丰镇一瞥。

八、沿江高速公路、苏虞张一级公路相继通车，现代化交通大格局初步形成

对外交通建设取得突破，8月16日，沿江高速公路通车，结束了张家港市没有高速公路的历史。全市所有乡镇的车辆均可以在20分钟之内驶上高速公路网。10月14日，苏虞张一级公路全线通车，进一步完善了张家港市的对外交通。市域路网建设捷报频传，港丰公路建设、东南二环路拓宽改造及张杨公路立交建设

8

10

7

9

等重点交通工程相继完成通车。现代化的大交通格局为张家港经济社会的发展提供了有力的保障。 图⑧为市领导在沿江高速公路现场办公。

九、“六大工程”和“50件实事”，惠及全市16万未成年人

2004年，张家港市高度重视未成年人思想道德建设，着力构建学校、家庭、社会三位一体的未成年人教育网络，广泛开展未成年人思想道德实践活动。制定了加强中小学德育建设的实施意见和外来务工人员子女就学管理办法，将外来民工子女入学纳入社会事业发展规划。12月21日，全省关工委加强未成年人思想道德建设经验交流会在张家港市举行。 图⑨为全省关工委加强未成年人思想道德建设经验交流会现场。

十、企业资本经营扎实推进，品牌产权培育成果丰硕

2004年，全市企业资本经营扎实推进。11月25日，张家港骏马化纤股份有限公司在新加坡交易所正式挂牌交易，“骏马化纤”成为国内在新加坡上市的第一个民营企业和第一只在新加坡自动报价股市挂牌交易的“S”股。“高新张铜”顺利通过中国证监会发审委审核。张家港市先后荣获省科技进步示范市、科普示范市和知识产权工作示范市。至年末，全市拥有注册商标4038个，位居全省县级市前列。认定国家级高新技术企业1家、省级高新技术企业6家、高新技术产品43个。新增中国驰名商标1个、中国名牌产品2个、国家免检产品5个。 图⑩为骏马股票上市庆典仪式。

1 2 3 4 举办2004年（张家港）长江文化艺术展示周系列活动
5 扩建后的东渡苑
6 举办第四届社区文化艺术节
7 乡村评弹演出
8 全国基层公安文化工作示范点现场会在市举行
9 出版的系列地方文化图书

2004年，张家港市努力培植城市文化，大力挖掘历史底蕴，致力创作文化精品，积极繁荣群众文化，不断规范文化市场，取得了丰硕成果。**一是主题文化声名远播。**11月，成功举办了2004年（张家港）长江文化艺术展示周系列活动，在培植城市主题文化，丰厚城市文化积淀，打造城市文化品牌上成功走出了关键的一步。5月，公安部在张家港市召开全国基层公安文化工作示范点现场会。**二是抢救撤并镇史料成果丰硕。**全面拉开了全市镇地名志和镇志的编纂进程。先后编纂出版地名志4部，完成初稿审稿5部。**三是文物博物工作不断加强。**加强了对文物的保护管理，扩建了东渡苑。对恬庄、金村、乐余老街、焦家老宅编制了保护规划，并会同凤凰镇对恬庄古建筑进行了全面抢救性维修。完成了友好城市赠品的"友谊馆"、"文物精品馆"、"张家港市民俗文物陈列馆"和"卢星堂书画艺术馆"的布馆工作，全市文物博物基础工作得到加强。**四是文化创作再创佳绩。**在苏州市第六届精神文明建设"五个一工程"评选活动中，全市共有11件作品入选获奖，列苏州各市、区前茅。全年创作书画影及文学作品771件，出版发行首部散文集《流金岁月》。**五是群众文化丰富多彩。**举办了第四届社区文化艺术节、广场文艺"周周演"，百场爱国主义电影进社区、第五届青少年读书节等一系列大型全市性群众文化活动。市锡剧团、评弹团等专业团体组织演出超过1400场。各镇举办文化活动280多次，吸引观众40多万人次，营造了浓烈的文化氛围，丰富了群众文化生活。

5

6

7

4

8

1 乡镇举办全民运动会

2 7月30日，世界卫生组织（WHO）西太区健康城市联盟秘书长中村桂子女士到市考察，图为市委书记曹福龙会见中村桂子女士

3 召开建设健康城市工作会议

4 举办健康知识讲座

5 开展工间操活动

6 市长王翔关注贫困家庭健康

7 乡镇建设健康城市动员

8 开展全民健身周活动

建设健康城市是世界卫生组织（WHO）于20世纪80年代面对城市化问题给人类健康带来的挑战而倡导的一项全球性行动战略。张家港市于2003年10月召开建设健康城市动员大会，启动了健康城市建设工作。至年末，全市健康城市建设走向深入。**一是上下联动工作格局初步形成。**健康城市建设启动伊始，张家港市就将其摆到各级政府的重要议事日程，从组织、制度、投入上予以支持，形成了条块结合、部门联动的工作格局。**二是健康三大工程建设扎实推进。**按照营造健康环境、优化健康服务、构建健康社会、培育健康人群的总体目标要求，健康宣传、健康细胞、健康服务三大工程建设在张家港市得到广泛开展。**三是健康城市建设城乡协调运作。**全市以彰显城市特色为出发点，将健康城市建设向广大农村延伸扩展，城乡联动，整体推进，不断为人民群众营造良好的健康生活环境。

6

7

5

8

1 绿色社区
2 生态环境宣传从孩子开始
3 绿色家园
4 市领导参观城西新区购物公园规划
5 优美的水环境
6 绿色学校
7 召开深化创建生态市大会
8 暨阳湖生态园
9 污水处理厂

2004年，张家港市全面加强生态环境保护和建设，生态市创建工作取得了明显成效。**一是组织领导进一步加强。**市委、市政府把生态创建专项纳入全市“三个文明”千分考核范围，先后三次召开专题会议研究部署创建工作。市人大、政协组织了专题视察活动，检查督促创建工作。**二是生态系列创建全面展开。**7个镇建成省级环境优美镇，其中塘桥镇已被命名为全国环境优美镇。全市“绿色学校”增加到86所，“绿色社区”增加到25个，省级“生态村”增加到11个，“环境友好企业”增加到10家。**三是生态重点工程进展顺利。**市区生活污水截流和管网改造工程基本完成，生活污水处理率接近80%；各镇生活污水处理厂均已完成主体工程，其中5个镇已投入运行；暨阳湖生态园占地1.56平方公里的中心景观区已经建成；城镇绿化、水利枢纽、危险固废处置等生态建设重点工程顺利推进。**四是综合环境保持稳定。**饮用水源地水质优于国家二级标准，主要河道水质达到相关功能区标准；空气质量良好以上天数超过80%；区域噪声值、道路交通噪声值全部优于相应功能区标准。**五是生态经济稳步发展。**全市已有13个企业通过苏州市清洁生产审核，68个单位通过ISO 14001环境管理体系认证，20多个行业和产品的能源单耗处于国内领先水平，工业用水重复率和万元GDP能耗、水耗均达到了生态市考核标准。**六是生态宣传教育更加深入。**投资100多万元设置总面积超过400平方米的11块大型公益广告牌；市“一报三台”专版专栏刊发报道300多篇（次）；举办大型图片巡展，观看人数接近10万人。全市上下生态环保意识得到增强，生态市创建氛围更加浓厚。

6

7

8

9

1 市公安局“110”指挥中心接警大厅
2 市委、市政府与各镇、各部门签订平安创建责任书
3 市纪委领导深入社区调研信访工作
4 市政协领导视察平安校园技防监控系统
5 社区民警指导青少年读书
6 联防队员在小区治安巡逻
7 市社会调解服务中心揭牌
8 新成立的张家港市特种押运中心
9 开展“平安张家港”广场演出活动

2004年，张家港市不断深化“平安张家港”建设，努力营造发展竞争新优势，取得了显著成效。年内，张家港市立足维护社会稳定，在深入开展“严打”斗争的同时，不断完善大防控体系和大调解体系，健全社会治安综合治理各项制度，加强综合治理基层组织和队伍建设，进一步落实了外来人口管理、刑释解教人员帮教、预防青少年违法犯罪等措施，不断提高综合治理的科技化水平，筑牢了社会治安的防控网络。市委政法委作为牵头主创部门，认真协调组织开展创建活动。公、检、法、司在创建活动中积极发挥了主力军的作用。各镇、各部门通过推行“技防镇”建设、村（社区）“五位一体”综治办建设，开展“文化夜市”、“法律早市”活动，举行平安创建主题宣传等一系列形式多样的措施和活动，掀起了全民参与创建工作的热潮。年末，张家港市荣获省“社会治安安全县（市、区）”二连冠，并被省委、省政府表彰为“2000－2004年全省社会治安综合治理先进地区”。

5

6

7

8

9

1 市领导到社区关心未成年人思想道德教育
2 召开公民道德建设工作交流与研讨会
3 张家港市社区服务中心接待大厅
4 文明社区靓丽洁美
5 6 为民服务热情周到
7 广场文艺如火如荼
8 9 义务献血你追我赶

2004年，张家港市围绕文明城市标准，通过着力塑造“文明社区建设城乡一体、诚信体系建设整体推进、文明行业建设全面覆盖”“三位一体”的文明创建新特色，努力构建廉洁高效的政务环境、公正公平的法治环境、规范守信的市场环境、健康向上的人文环境、安居乐业的生活环境、可持续发展的生态环境，为率先建成首批全国文明城市夯实了基础。年内，全市城乡社区建成率90%，100个社区分别被评为市文明社区和市文明示范社区。以机关、行业、步行街、各镇中心街、十大规模企业、50家骨干企业和100家个私企业为诚信建设示范点，通过授牌命名，推动点上创建，辐射带动全市各个层面的诚信建设进程，1200家企业被命名为全市首批诚信企业，20个服务窗口被评为全市“诚信建设示范窗口”，步行街被省命名为“百城万店无假货示范街”。通过深化“两项竞赛”、全面推行ISO 9000质量体系认证等活动，推进了文明行业创建上新台阶。全市8个行业窗口被评为苏州市“文明示范窗口”，10个行业窗口被评为全市“十佳文明服务示范单位”，全市首次评比表彰了“十佳服务明星”和“文明服务百杰”。以“公民道德实践年”活动为载体，策划了38项道德实践活动，教育、引导广大市民参与，从中提升了市民的综合素质。制订下发了加强和改进未成年人思想道德建设行动计划、实施意见，建立了家教指导中心、未成年人维权中心、爱心助学中心，全市基本形成了学校、家庭、社会“三位一体”的组织和教育网络。

5

6

7

8

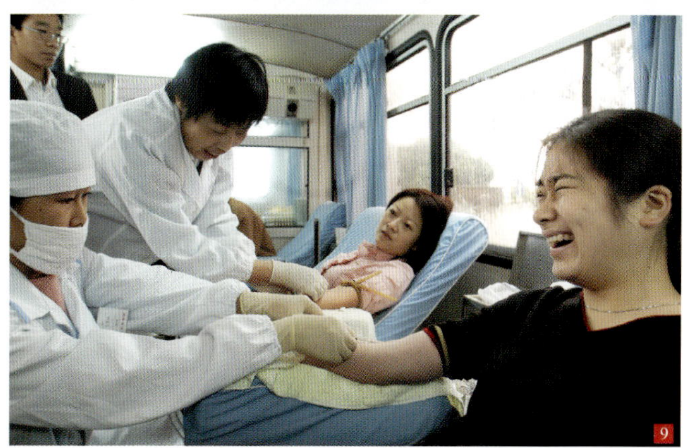
9

1 张家港保税物流园区通过验收

2 张家港保税物流园区新闻发布会暨进区项目签约仪式

3 张家港经贸周项目签约仪式

4 沙钢集团650万吨炼铁炼钢项目投产庆典

5 6 新项目开工

7 新项目竣工

实施沿江大开发大开放，一直是市委、市政府的主攻重点。近年来，特别是2003年省、苏州市沿江开发工作会议以来，张家港市更是把沿江地区作为新一轮区域经济发展的战略要地，掀起了新一轮沿江开发热潮。在推进沿江开发中，张家港市多管齐下，扎实推进。**一是进一步提升了沿江开发定位。**把全市区域纳入沿江开发范围，着手对长江以南、张杨公路以北370平方公里实施全面规划；对沿江34公里深水岸线进行了重新审视和科学布局，使黄金岸线发挥出黄金效益。**二是进一步构建了沿江开发平台。**推进了以张家港保税区为龙头，以“扬子江”为品牌的系列特色园区建设，增强了沿江区域的承载力和吸引力。其中张家港保税区2004年完成注册外资4.2亿美元，比上年增53%，当年引进超千万美元项目19个；张家港保税物流园区通过南京海关验收，封关运作，世界最大化工物流企业荷兰孚保总投资1.8亿美元的孚保仓储有限公司率先落户保税物流园区；江苏扬子江国际冶金工业园2004年实现注册外资4.9亿美元，工业产品销售315亿元。沿江开发办新增注册外资1.16亿美元，完成销售收入26.6亿元。**三是进一步加快了沿江产业发展。**沿江产业带快速崛起，形成了冶金、粮油食品、化工、建材、物流等一批规模型特色产业群，沙钢集团、东海粮油、美国陶氏、杜邦、雪佛龙、华尔润玻璃等全市最大的工业企业和最具潜力的企业群体大部分集中在沿江。至年末，全市利用外资的60%、工业经济的50%都集中在沿江一带。

3

4

5

6

7

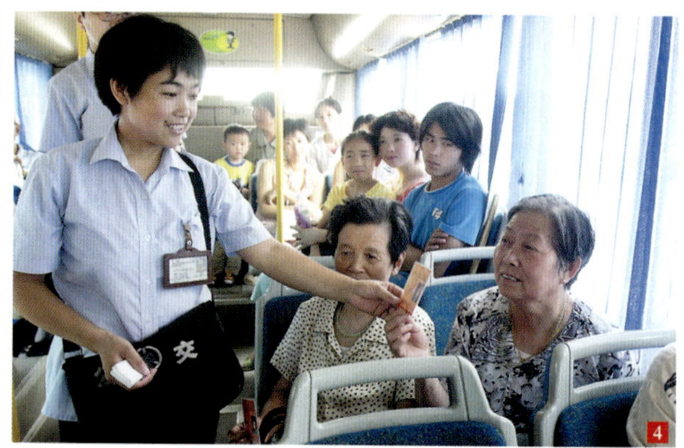

一、市第四自来水厂一期工程

工程总设计日供水能力为40万立方米，一期工程日供水能力为20万立方米，用地16.7公顷，投资估算3.4亿元。 图①为第四自来水厂。

二、水环境整治工程

市区污水管网工程。新建人民西路、港城大道、泗杨路、振兴路、国泰路、中兴路等7处污水管网，管线总长度1.19万米，投资估算2790万元。改造完善公园路、河西南路、长安路等10处污水管网，管线总长度5120米，投资估算1120万元。建设2座污水提升泵站，投资估算700万元。三项工程总投资4610万元。

东横河、朝东圩港水利枢纽工程。在杨舍镇东横河出二干河处新建东横河水利枢纽工程，投资估算2500万元。在原朝东圩港老闸处新建朝东圩港水利枢纽工程，投资估算8900万元。 图②为在建的东横河水利枢纽。

三、区域污水处理工程

按照率先创建生态城市的目标要求，为提高市域污水处理率，建设金港、锦丰、乐余、大新、塘桥、凤凰、南丰7个镇污水处理厂，总投资约7700万元。 图③为南丰镇污水处理厂。

四、完善社会养老保障工程

年内，完成4万人“农转城”任务，城保覆盖率达到98%以上，农保覆盖率达到92%，并开始对2003年12月底前男满60周岁、女满55周岁，且无固定经济收入的城乡居民，发放每人每月80元的社会养老补贴（全市共有补贴对象12.8万人，年支出约1.2亿元）。 图④为老年人乘车凭证免票。

五、公共卫生管理服务体系建设工程

加强市级公共卫生服务机构建设，完善全市预防保健服务网络和卫生监督网络，组建各镇卫生管理服务中心，调整优化社区（村）卫生服务站布局；开通“120”急救通讯，与“110”并轨，建立健全院前急救网络，工程总投资约4760万元；完善疾控中心实验室设备，建设3座卫生监督分所，新增急救车辆并进行内部设施配置、配套装备车载电话和卫星定位系统。 图⑤为塘桥镇卫生管理服务中心。

六、生态绿化工程

按照建设“绿色张家港”的目标要求，加快推进张杨公路、苏虞张一级公路、沿江高速公路、金港大道等11项绿色通道建设工程（总面积约1000公顷，投资估算4.95亿元）；全面加快绿色家园建设工程，重点推进梁丰生态园、沙洲公园南侧改造、水源保护区生态林建设等7项工程建设（总面积约333.3公顷，投资估算5.32亿元）；加快实施绿色基地建设工程，切实推进花卉苗木基地、经济林基地建设，2004年各镇新增花卉苗木基地、经济林基地各20公顷。 图⑥为建设中的梁丰生态园。

七、经济适用房和拆迁安置房建设工程

为解决中低收入家庭的住房困难，2004年新建经济适用房5万平方米，投资估算7200万元。新建拆迁安置房100万平方米，

其中市区完成32.8万平方米，各镇完成67.2万平方米，投资估算10.77亿元。图⑦为拆迁安置房苏华新村一角。

八、市区停车场建设工程

为缓解市区停车难的矛盾，在市区新建2个公共停车场（朱港巷立体车架停车场、原申港食品厂停车场），在城郊新建2个大型客货停车场（东郊加油站停车场、包基停车场），在现居住小区增设停车点（位），通过对居民小区闲散空地和部分绿地的改造，增设停车泊位260个。该项目总投资1894万元。图⑧为朱港巷立体停车场效果图。

九、消防特勤中队建设工程

根据创建“平安张家港”的总体要求，组建消防特勤中队。消防特勤中队占地2公顷，建筑面积5000平方米，配备消防武警现役编制45人，添置一批特种消防车辆和抢险救援装备，建成集灭火、抢险救援演习、指挥调度、消防培训为一体的现代化消防指挥中心。该工程投资估算1500万元~2000万元。图⑨为消防特勤中队效果图。

十、实验小学东校区工程

为缓解杨舍地区小学入学难的矛盾，在华昌路西侧、玉兰路南侧新建六轨36班实验小学东校区，占地3.13公顷，建筑面积2万平方米，投资约4000万元。图⑩为实验小学东校区。

1

2

3

4

5

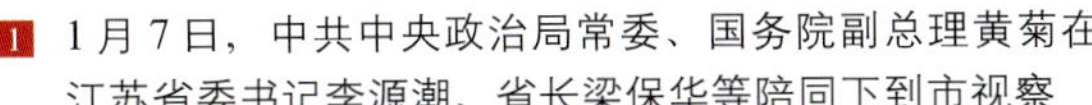

1 1月7日，中共中央政治局常委、国务院副总理黄菊在江苏省委书记李源潮、省长梁保华等陪同下到市视察

2 4月7日，原国务院总理朱镕基偕夫人一行在江苏省委书记李源潮、省长梁保华等陪同下到市视察

3 1月27日，全国人大常委会副委员长蒋正华一行在苏州市人大常委会副主任孟焕民的陪同下到市视察

4 3月29日，原国务院副总理钱其琛偕夫人一行在江苏省委副书记任彦申、副省长张卫国等陪同下到市视察

5 4月22日，全国人大常委会原副委员长王汉斌一行到市视察

6 6月9日，全国人大常委会副委员长成思危到市视察

7 10月8日，全国政协副主席、全国工商联主席黄孟复到市视察，并参加江苏沙钢集团650万吨炼铁炼钢项目投产暨29周年厂庆仪式

8 11月18日，原全国政协副主席万国权到市视察

9 11月1日，全国政协副主席、中国农工民主党中央常务副主席李蒙到市参加2004年（张家港）长江文化艺术展示周开幕式

10 10月30日，全国政协副主席、中国工程院院长徐匡迪一行到市视察

1 6月25日，以德国北威州经济与劳工部长哈罗德·瓦涛为团长的德国北威州代表团到江苏沙钢集团考察

2 8月，副市长蒋来清率团出访日本丸龟市。图为向该市赠书仪式

3 10月10日至16日，副市长徐仲高率团出访俄罗斯维亚基马市

4 7月7日，日本的画信大使山路智慧第二次到东渡福址黄泗浦，绘下了为了纪念鉴真和尚第六次东渡成功而建造的佛教建筑“经幢”，并将以画信形式推介给日本人民

5 11月14日，马耳他驻华大使塞维尔·高齐到市访问。图为市长王翔会见塞维尔·高齐一行

5

编辑说明

一、《张家港年鉴》是由张家港市人民政府主办、中共张家港市委党史地方志办公室编辑出版的全市综合性大型公报性工具书，逐年出版，国内外公开发行。《张家港年鉴》2005卷为第十卷，它全面翔实地记载了2004年度张家港市经济社会的基本面貌和发展情况，为社会各界和海外人士了解和研究张家港提供基本的信息资料，为领导决策提供依据，为地方史志留下宝贵史料，为张家港争当“两个率先”排头兵服务。

二、本年鉴按类目、分目、条目三级结构层次设计，以条目为主要载体。2005卷设特载、专文、张家港市概况、全国文明城市创建、中共张家港市委员会、张家港市人民代表大会、张家港市人民政府、政协张家港市委员会、中共张家港市纪律检查委员会、组织·宣传·人事、民主党派·工商联·人民团体、国防·政法、张家港口岸、沿江开发、农业·水利、工业、对外经济合作、民营经济、城乡建设·环境保护、建筑业·装潢业·房地产业、交通·邮政、信息化建设、商贸服务业、市场、财政·税务、金融、综合经济管理、科技、教育、文化·新闻、卫生·体育、社会生活、镇场概况、大事记、国民经济和社会发展统计资料、组织机构及其领导人名录、人物·先进集体、文件汇编、便民服务、索引等40个类目，171个栏目，781个条目，约88万字。宣传画页168页，随文照片73幅，表格145个。

三、为进一步体现地方综合年鉴的时代特色和地方特色，《张家港年鉴》2005卷在纲目上作了适当的调整。从相关内容中划出部分内容，新设置了组织·宣传·人事、市场、组织机构及其领导人名录等3个类目；在特载中突破常规，增加了2005年纪念江泽民为张家港精神题词10周年座谈会的内容；将原文明城市创建类目改为全国文明城市创建，新设了诚信城市创建、生态城市创建等5个分目。

四、本卷年鉴保持2004年鉴公共彩页特色，充实内容，美化版面，力求较全面反映2004年度全市经济与社会发展的时代特色和地方特色。宣传画页设“2004年张家港之最”、“2004年度经济与社会发展指标”、“2004年度十大要闻”、“文化张家港”、“健康张家港”、“生态张家港”、“平安张家港”、“文明张家港”、“沿江开发”、“实事工程”、“领导视察”、“友好往来”12个栏目，共26个版面。全书宣传画页以“创建全国文明城市”为主题，形成“文明宣传系列”，分为“文明机关”、“文明行业”、“文明学校”、“文明企业”、“文明镇村”等栏目。宣传画页单位均是2004年度市级以上文明单位或先进单位。宣传画页图片时限延伸至2005年6月。

五、本年鉴的内容均由全市各镇、各部门提供，并经单位领导审核，符合保密要求。文中所列数据，有些由于统计口径不同而略有差异，请读者在引用时加以注意。

六、本年鉴卷首有详细的中文目录和英文要目，卷末有按汉语拼音顺序排列的主题分析索引，文中所有信息均可由目录、索引、书眉获得。

七、本年鉴随书附赠电子版，电子版内容与纸质版一致。

八、本年鉴在征编过程中，得到全市各镇、各部门、各单位的热情支持，在此深表谢意！由于编辑水平有限，不足之处恳请广大读者批评指正。

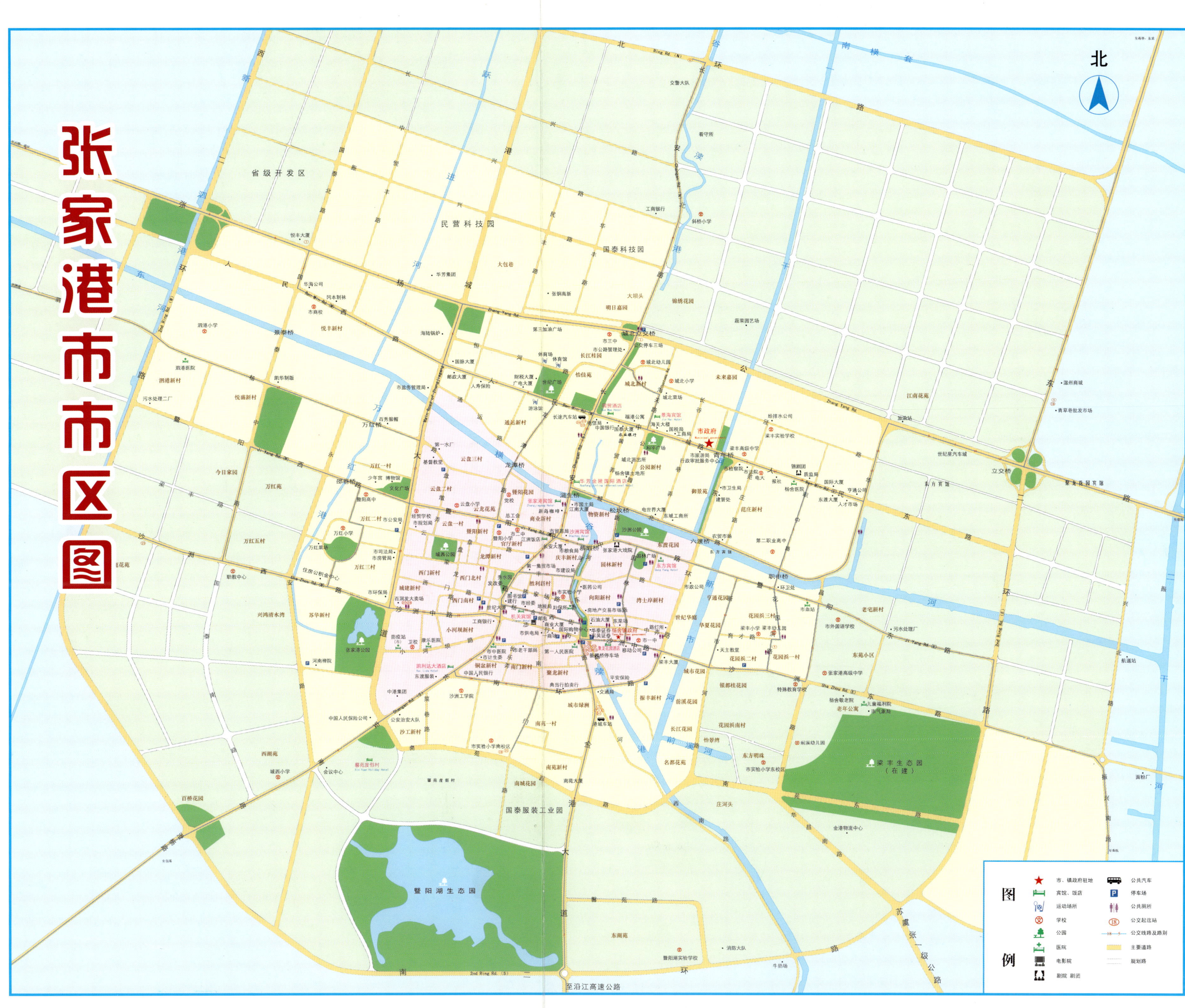

张家港市市区图
北
省级开发区
民营科技园
国泰科技园
国泰服装工业园
暨阳湖生态园
梁丰生态园（在建）
市政府
至沿江高速公路
图例
市、镇政府驻地
宾馆、饭店
运动场所
学校
公园
医院
电影院
剧院 剧团
公共汽车
停车场
公共厕所
公交起讫站
公交线路及路别
主要道路
规划路

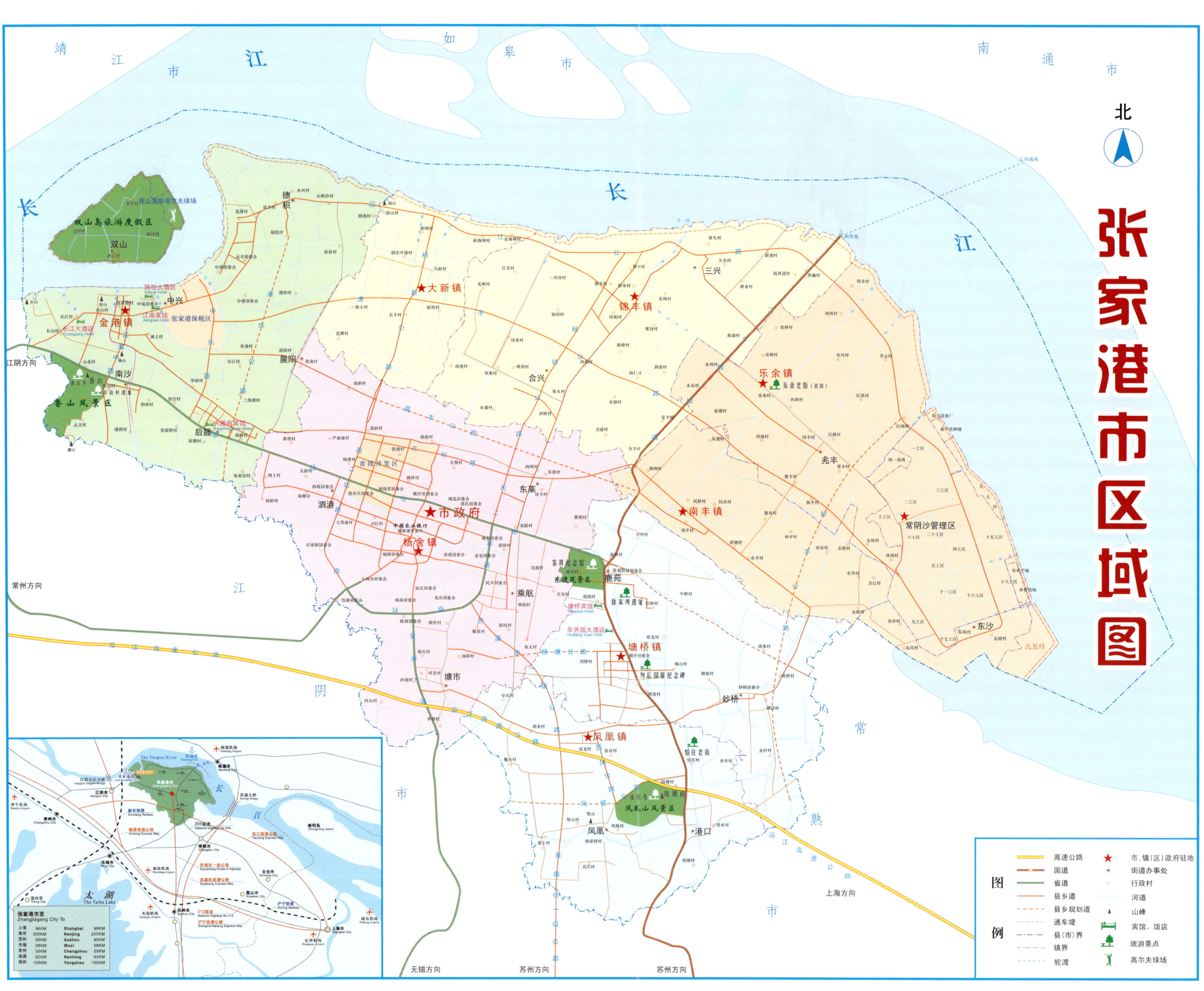

张家港市区域图
北
长江
靖江市
如皋市
南通市
常熟市
江阴市
双山岛旅游度假区
金港镇
大新镇
锦丰镇
乐余镇
南丰镇
杨舍镇
市政府
塘桥镇
凤凰镇
常阴沙管理区
香山风景区
凤凰山风景区
东渡苑景区
张家港保税区
省级开发区
江阴方向
常州方向
无锡方向
苏州方向
上海方向
沿江高速公路
图例
高速公路
国道
省道
县乡道
县乡规划道
通车堤
县(市)界
镇界
轮渡
市、镇(区)政府驻地
街道办事处
行政村
河道
山峰
宾馆、饭店
旅游景点
高尔夫球场

主审人员名单

（按姓氏笔划排序）

丁正义	丁建章	于广群	丰鹤鸣	卞东方	尹月庆	方桂荣
毛永林	毛跃建	王世明	王发良	王永清	王玉芳	王自忠
王志明	王良其	王建成	王金良	石锡贤	刘　军	刘国强
匡建东	成建中	朱伟滨	朱红星	朱建才	朱炳荣	朱瑞栋
朱瑞祥	朱锡明	朱慧敏	许　平	许崇标	邢　鹿	邢锦石
严照华	吴　军	吴　敏	吴汉江	宋启明	应　梓	张　涛
张正祥	张岳良	张林高	张泉华	张炳忠	张荣祖	张晓刚
李　平	李汉忠	李良宝	李建兴	李洪生	杜秀萍	沈跃丰
沈斌豪	肖玉成	邹福元	邹鉴明	陆玉生	陈　东	陈　跃
陈永才	陈永祥	陈兆祥	陈奉德	陈海华	单玉珍	单国祥
周　伟	周　兵	周伟宏	周春峰	周新良	季　冬	季　宗
季相元	庞　曦	庞静芳	范一明	郑国祥	郑国清	侯虎珍
俞永明	姜元华	姜志芳	费旭东	赵　晖	赵正华	赵兴才
赵建明	赵振华	赵漱波	项建度	唐　伟	徐锦芬	秦毅峰
袁驾云	郭立人	郭炳荣	钱正忠	钱根祥	钱锦东	钱德华
陶建明	顾　频	顾国良	顾树柏	高友清	高建刚	崔立华
章福才	黄亚平	黄建中	黄家平	黄桂兰	黄蕴山	傅泉福
景惠新	童扣林	蒋荣富	詹亚军	蔡　杰	蔡同寅	戴宝焕
戴建明						

张家港市部分机构全称、简称对照表

简　称	全　称	简　称	全　称
市委	中共张家港市委	市工行	中国工商银行张家港市支行
市政府	张家港市人民政府	市农行	中国农业银行张家港市支行
市人大	张家港市人民代表大会	市中行	中国银行张家港支行
市政协	政协张家港市委员会	市建行	中国建设银行股份有限公司张家港支行
市纪委	中共张家港市纪律检查委员会	市交行	交通银行张家港支行
保税区	江苏省张家港保税区	市农商行	张家港市农村商业银行
物流园区	区港联动张家港保税物流园区	市苏商行	苏州市商业银行张家港市支行
市人武部	张家港市人民武装部	张家港口岸委	张家港口岸管理委员会
市委史志办	中共张家港市委党史地方志办公室	张家港边检站	张家港边防检查站
市发计委	张家港市发展计划委员会	张家港检验检疫局	张家港出入境检验检疫局
市经贸委	张家港市经济贸易委员会	民盟市委	中国民主同盟张家港市委员会
市安监局	张家港市安全生产监督管理局	农工党市委	中国农工民主党张家港市委员会
市劳动保障局	张家港市劳动和社会保障局	市工商联	张家港市工商业联合会（总商会）
市国土局	张家港市国土资源局	总工会	张家港市总工会
市城管局	张家港市城市管理局	团市委	共青团张家港市委员会
市文广局	张家港市文化广播电视管理局	九三学社支社	九三学社张家港支社
市计生委	张家港市计划生育委员会	市妇联	张家港市妇女联合会
市环保局	张家港市环境保护局	市侨联	张家港市归国华侨联合会
市体改办	张家港市经济体制改革办公室	市文联	张家港市文学艺术界联合会
市侨办	张家港市政府侨务办公室	市社科联	张家港市社会科学界联合会
市行管局	张家港市机关行政管理局	市科协	张家港市科学技术协会
市人防办	张家港市人民防空办公室	市残联	张家港市残疾人联合会
市暂管中心	张家港市暂住人员管理服务中心	市老龄委	张家港市老龄工作委员会
市调解中心	张家港市社会调解服务中心	市关工委	张家港市关心下一代工作委员会
市能投公司	张家港市能源投资发展有限公司	沙钢集团	江苏沙钢集团有限公司
市城投公司	张家港市城市投资发展有限公司	东海粮油	东海粮油工业（张家港）有限公司
市益鑫公司	张家港市益鑫投资有限公司	华尔润集团	江苏华尔润集团有限公司
市国税局	张家港市国家税务局	永钢集团	江苏永钢集团有限公司
市地税局	张家港市地方税务局	联合铜业公司	江苏联合铜业有限公司
张家港工商局	苏州市张家港工商行政管理局	高新张铜	高新张铜股份有限公司
张家港质监局	苏州市张家港质量技术监督局	华芳集团	江苏华芳集团有限公司
张家港药监局	苏州市张家港药品监督管理局	澳洋集团	江苏澳洋实业（集团）有限公司
市人民银行	中国人民银行张家港市支行	骏马集团	江苏骏马集团有限责任公司
张家港监管办	中国银行业监督管理委员会苏州监管分局张家港监管办事处	牡丹集团	江苏牡丹汽车集团有限公司
		沙工	沙洲职业工学院
市外汇管理局	国家外汇管理局张家港市支局	张家港电大	江苏广播电视大学张家港学院
市农发行	中国农业发展银行张家港市支行		

目　录

特　载

专　文

张家港市概况

全国文明城市创建

中共张家港市委员会

张家港市人民代表大会

张家港市人民政府

政协张家港市委员会

中共张家港市纪律检查委员会

组织·宣传·人事

民主党派·工商联·人民团体

国防·政法

张家港口岸

沿江开发

农业·水利

工 业

对外经济合作

民营经济

城乡建设·环境保护

建筑业·装潢业·房地产业

交通·邮政

信息化建设

商贸服务业

市　场

财政·税务

金 融

综合经济管理

科　　技

教　　育

文化 · 新闻

卫生 · 体育

社会生活

镇场概况

大事记

国民经济和社会发展统计资料

组织机构及其领导人名录

人物·先进集体

文件选编

便民服务

索　引

宣传画页

Main Contents

Special Records

Special Articles

Survey of Zhangjiagang

National Civilized City Construction

Zhangjiagang Municipal Committee of the Communist Party of China

Zhangjiagang Municipal People's Congress

Zhangjiagang Municipal People's Government

Zhangjiagang Municipal Committee of the Chinese People's Political Consultative Conference

Zhangjiagang Municipal Discipline Inspection Committee of the Communist Party of China

Organizations & Propaganda & Personnel Work

Democratic Parties & Association of Industry and Commerce & People's Groups

National Defense & Legal System

Zhangjiagang Port

Riverside Development

Agriculture & Water Conservancy

Industry

External Economic Cooperation

Private Economy

Urban and Rural Construction & Environmental Protection

Architecture & Decoration & Real Estate

Communications & Postal Service

Information Construction

Commerce and Service Trade

Market

Finance & Taxation

Finance

Comprehensive Economy Administration

Science and Technology

Education

Culture & News

Health & Sports

Social Life

Survey of Towns

Chronicle of Events

Economic and Social Development Statistical Data

Name List of the Party's, Governmental and Social Organizations & Their leaders

Personages & Advanced Collectives

Documents Selected Editions

Service for the People

Index

特　　载

弘扬张家港精神　在"两个率先"新实践中创业创新创优

——在"弘扬张家港精神、再创张家港辉煌"座谈会上的讲话

中共江苏省委书记　李源潮

2005年5月12日

在中央和省委把张家港树立为重大典型、江泽民同志为张家港精神题词十周年之际，张家港市召开今天这个座谈会，研究如何适应新形势和新任务的要求，继续坚持和弘扬张家港精神、再创张家港辉煌，这不但对张家港的未来发展极其重要，对于江苏全省进一步凝聚创业创新创优的强大精神力量、坚定不移推进"两个率先"的伟大实践，也具有十分重要的推动作用。

张家港的发展史是在党的领导下张家港人民改革开放的创业史，是邓小平理论和"三个代表"重要思想在江苏大地成功实践的生动写照。秦振华同志介绍的张家港创业史，今天听来仍然令人心潮澎湃。

改革开放初期，张家港的各项人均指标与全省平均水平差不多，在苏南地区属于发展慢的县市，但通过十五年左右的解放思想、改革开放、艰苦奋斗、大胆创新，到1995年人均GDP已达全省平均水平的3倍，城镇居民人均可支配收入比全省高956元，农民人均纯收入比全省高1500元，成为全省县域经济发展和"两个文明"一起抓的标兵。省委及时总结了张家港的经验，江泽民总书记充分肯定张家港的经验并亲笔为张家港精神题词。张家港成为改革开放发展的经典、"苏南模式"的代表。

这十年来，张家港的经验对全省的经济建设和社会发展发挥了巨大的示范、带动作用，在全国产生了广泛影响，也给张家港人民带来了极大荣誉。可贵的是，张家港人民没有为荣誉和盛名所累，没有止步，而是成功地丰富和发展了典型经验。全市主要经济指标都以年均两位数的速度增长，地区生产总值增加了2倍多，财政收入增加了10倍多，全市人均储蓄存款余额、城镇居民人均可支配收入、农民人均纯收入分别增长3.6倍、1.8倍和1倍，城市化水平达到60.1%，绿化覆盖率达到40.2%，城市综合竞争力在全国同类县市中名列前茅。张家港在十年前是全省跨越发展、协调发展的先进典型，在十年后的今天，在实现"两个率先"的进程中仍然是全省率先发展、科学发展的领头羊。全省各地要继续学习张家港，赶超张家港。

伟大的创业实践必然蕴育出伟大的创业精神。"团结拼搏、负重奋进、自加压力、敢于争先"的张家港精神，就是九十年代初张家港人对自己创业实践的精神提炼。张家港精神是张家港的创业之魂、力量之源，也是全省人民共

同的精神财富。十年来，张家港人根据形势的变化和实践的要求，不断赋予张家港精神以新的时代内涵。张家港精神不仅激励和支撑了张家港的大变化、大发展，而且激活了全省县域经济的“一池春水”。实践证明，张家港精神具有旺盛的活力和强大的生命力。任何地方、任何单位要加快发展，都不可没有团结拼搏的士气，不可没有负重奋进的志气，不可没有自加压力的勇气，不可没有敢于争先的锐气。今天，我们落实科学发展观，推进“两个率先”，建设全面协调可持续发展的新江苏，特别需要坚持和发扬张家港精神。

创业创新创优，是当今江苏社会实践的主流，也是新时期江苏精神的核心。“三创”精神不是孤立的、空洞的，它提炼了张家港、昆山、华西等先进地区发展振兴的精神内涵，概括了春兰、沙钢、悦达等先进企业成长壮大的文化动因，体现了吴仁宝、姜德明、李元龙、张云泉、邓建军等先进人物的思想品质，是“四千四万”精神的延续，是新世纪全省人民精神素质特征的凝结，是推进“两个率先”的思想要求。张家港是江苏人创业创新创优的一面先锋旗帜，张家港精神是江苏“三创”精神的一个生动典型。站在今天来回顾和研究张家港崛起、赶超、率先的历程，可以清楚地发现：第一，张家港精神的本质是新时期的艰苦创业精神。张家港是实践江泽民同志提倡的新时期创业精神的先进典型，张家港人团结拼搏、负重奋进，在落后时不服输，在赶超中不懈怠，在领先时不陶醉，始终咬定发展不动摇，大力推进艰苦创业、自主创业、全民创业，形成了百姓创家业、能人创企业、干部创事业的生动局面。第二，张家港精神的核心是共产党人的开拓创新精神。张家港为什么发展快，关键在于创新多。张家港人思想解放、敢为人先、与时俱进，在宏观环境宽松时抓住机遇、放开发展，在宏观环境偏紧时迎难而上、创新克难，而且不守陈规，不畏流言，不怕失败，不服挫折，在人民和基层的创新实践中不断推进制度创新、科技创新、管理创新、产品创新，形成了用新观念研究新情况、用新思路落实新任务、用新办法解决新问题、用新举措开创新局面的生动景象。第三，张家港精神的特征是江苏人民的争先创优精神。江苏人最可贵的品格是有凡事都要争第一的志气、信心、热情和进取态度。张家港人自加压力、敢于争先，项项工作争先进，样样事情争一流，形成了各个劳动者创优争先、各个单位创优争先、各个乡镇创优争先的生动格局。我们要以与时俱进的态度，牢牢把握张家港精神的本质、核心和特征，在“两个率先”的新实践中大力弘扬张家港精神，使创业创新创优在江苏大地蔚然成风。

张家港精神的载体是张家港的人，张家港精神形成和发展的关键在于张家港的干部素质。张家港在用人上坚持“弘扬创业者，支持改革者，起用开拓者，鞭挞空谈者，惩治腐败者”的原则，形成能者上、平者让、腐者下、劣者汰的用人机制，是张家港精神形成和发展的重要保证。

张家港精神是在发展中形成的，我们弘扬张家港精神、促进创业创新创优的根本目的，还是为了推进江苏率先发展、科学发展、和谐发展。张家港精神是干出来的，不是说出来的。“三创”精神既要内化于心，更要实化于行，把精神动力转化为实实在在的发展行动，以发展的实绩来检验思想解放的成效。当前，宏观环境发生了许多新的变化，经济发展也遇到了不少新的困难。用张家港人对待困难的眼光看，在困难面前争一争、抢一抢，就会柳暗花明、别有洞天，等一等、看一看，就会功亏一篑、前功尽弃。江苏要实现“两个率先”，任何时候都必须把发展作为第一要务，始终保持旺盛的发展势头。我真诚地希望，作为张家港精神的发源地，张家港这个典型要不断焕发新的生机和活力，继续当好全省县域经济发展的排头兵。我也热切地希望，艰苦创业、勇于创新、争先创优的浓郁氛围在全省进一步形成，苏南、苏中、苏北都能够出现更多张家港式的快速发展、科学发展的典型，为江苏全面实践“三个代表”、全力推进“两个率先”开创百舸争流、百业俱兴、更加蓬勃生动的新局面！

在“弘扬张家港精神、再创张家港辉煌”座谈会上的讲话

中共江苏省委常委、宣传部部长　孙志军

2005年5月12日

今年是江泽民同志为张家港精神题词十周年，是中宣部和国务院办公厅在张家港召开经验交流会十周年，张家港市委、市政府召开“弘扬张家港精神，再创张家港辉煌”专题座谈会，这不仅是对张家港精神，对张家港这几年的经济社会全面协调发展的肯定和鼓励，也必将对全省践行“三个代表”，树立和落实科学发展观，在新形势下弘扬“三创”精神，推进“两个率先”，构建和谐社会，起到积极的重大推动作用。我简单说三点感受：

一、张家港精神推动了张家港以经济建设为中心，两手抓、两手硬，实现城市综合全面协调发展。不以牺牲精神文明建设来讲经济发展，也不离开经济建设中心，空谈精神文明建设，所以张家港精神在当时的条件下为我们坚

持以经济建设为中心、推动城市综合协调发展起到重要示范带动作用。十年的实践表明，当年的张家港精神，促进了张家港的发展，成绩可赞。正如当年的《人民日报》社论所讲，张家港精神是邓小平伟大理论的成功实践。正是因为弘扬了张家港精神，使张家港发生了非常大的变化，GDP增长了3倍，财政收入增长了11.5倍，城镇居民人均收入增长了2.7倍，农民人均收入增长了2倍，经济发展、城市变化、人均收入都明显提高，张家港获得了80多个国家级奖项，100多项省级奖项。

中央宣传部、中央文明办对张家港精神在当时为全国精神文明创建所起的作用，作了很高的评价。今年是中宣部、国务院办公厅在张家港召开经验交流会十周年，中宣部已经确定在今年年底再在张家港认真总结、回顾张家港十年精神文明创建的理论和实践，召开全国文明城市创建的首届论坛，以促使全国的精神文明创建提高到一个新的层面。张家港精神对推动张家港实践起了重大作用，符合小平理论，符合“三个代表”重要思想，符合十六大所确定的树立和落实科学发展观的要求。通过张家港十年的实践，充分表明，以经济建设为中心，紧紧咬住发展这个第一要务，需要有精神的支撑。

在这个时候，进一步总结张家港精神，必将为未来的发展奠定坚实的基础。新时期确实需要新的时代精神。张家港精神与时俱进和时代的发展证明在经济发展过程中需要这样的精神来推动，同时精神文明建设确实有它自身的规律，精神领域自身也随着时代的发展不断丰富完善充实它的内容，使城市能够协调地推进，协调地发展。

二、张家港精神不仅使张家港在十年前为全国树立了一个好的样板，十年后更印证了张家港精神的重大意义、现实价值。1995年在张家港召开全国精神文明建设经验交流会，张家港为全国精神文明创建树立了一个很好的样板，中央宣传部和中央文明办把张家港会议喻为“全国精神文明创建的一个标志性会议”。会议以后，全国精神文明创建开始评选，前几年评的是创建全国文明城市先进市，苏州、张家港都是创建全国文明城市的先进市，今年又在此基础上总结升华，开始评选全国文明城市。全国评70个全国文明城市先进市，其中10个全国文明城市。全国文明城市创建是以张家港会议为标志，深化和发展，张家港十年的建设证明生产发展、生活富裕、生态良好，两个文明协调发展，已经成为全国文明城市建设、全国城市综合协调发展的重要发展之路。张家港精神，对苏州市相关县市的相互你追我赶、加快发展起到重要作用，对全省的经济发展也起到了重要促进作用。认真总结张家港精神，随着时代发展，不断提升、充实完善，具有重要意义，也必将起到很好的推动作用。

三、张家港精神要与时俱进，为全省、为全国更大范围精神文明建设提供新的经验。面对新世纪、新发展，市委、市政府召开这样的座谈会，是站在新的平台上，立足新的起点，明确新的目标，理清新的思路，力求新的发展。发展无止境，我们自身的精神追求、精神支撑也需要不断地随着事业的发展去提升，去完善，去丰富，使精神对物质、对经济建设、对社会生活能够发挥更大的推动作用。张家港在上世纪90年代初期，提出了以拼搏进位为主体的张家港精神，中后期提出了科学奋进，新时期以来又提出了创新和谐。省委在新世纪之初，根据江苏经济社会发展总体要求，特别是两任总书记对江苏发展的新定位，实现“两个率先”，提出学习、传承、弘扬张家港精神、华西精神、昆山精神基础之上的“三创”精神。学习张家港精神，结合现阶段江苏经济社会发展，就是要弘扬“三创”精神，积极倡导“创业有功、致富光荣”的价值观念，真正靠创业富民；学习张家港精神，就是要弘扬“三创”精神，积极宣传“解放思想、开拓创新”的实干精神，勇于创新，建设强省；学习张家港精神，就是要弘扬“三创”精神，积极形成“争先进位、创优率先”的鲜明导向，靠创优推动率先，真正按照省委的要求，艰苦创业，富民强省谋发展，开拓创新，与时俱进攀高峰，争先创优，团结拼搏铸辉煌。希望张家港在市委、市政府的领导下，在全市人民共同努力下，为全省提出的弘扬“三创”精神，推进“两个率先”，构建和谐社会，加快全省经济社会事业发展，富民强省，当好排头兵，再创新辉煌，再作新贡献！

在“弘扬张家港精神、再创张家港辉煌”座谈会上的讲话

中共江苏省委常委、苏州市委书记　王　荣

2005年5月12日

今天，我们在这里举行“弘扬张家港精神”座谈会，进一步重温具有时代特征和张家港特色的张家港精神，这对于苏州全市上下全面实践“三个代表”重要思想，更加自觉地贯彻落实科学发展观，弘扬省委近来提出的“三创”精神，努力争当全省“两个率先”的先行军、全国率先发展的排头兵，具有十分重要的意义。

多年来，张家港精神不仅始终激励着张家港人民，而且业已成为苏州人民的共同精神财富。在张家港精神的引

领下，苏州各县级市、区都牢固树立起率先发展意识，奋发图强、励志图新，形成了你追我赶、争创一流的发展氛围，为苏州经济社会发展不断跃上新台阶注入了不竭动力。十年前，中宣部、国务院办公厅在张家港召开全国精神文明建设经验交流会，把张家港精神推向了全国，也把张家港市推向了全国，张家港作为两个文明建设的典型，在全国起到了很好的示范和促进作用。

张家港精神是时代的产物、发展的产物，伴随着时代的进步和发展，张家港精神又增添了新的内涵。进入新世纪，张家港精神在继承中发展，在发展中提高，张家港人赋予了张家港精神"争先、创新、务实、富民"的新内涵，原先"以经济建设为中心、两个文明一起抓"的成功经验，上升到了"以人为本、全面协调可持续发展"的新高度，上升到了构建和谐社会的新目标，上升到了"创业创新创优"的新追求。张家港精神与时俱进的品格，不仅成就了张家港的辉煌过去，而且必将开创张家港的美好未来，不仅将继续成为张家港发展的灵魂，而且必将继续成为苏州发展的旗帜。

当前，包括张家港在内的苏州市正在朝着"两个率先"的目标迈进。为此，我们必须继续弘扬张家港精神，坚持率先发展不动摇，努力做到能快则快，能先则先。应该说，近年来苏州经济社会发展的势头很好，进一步加快发展的有利条件比较多，但也面临着不少长期积累的矛盾和问题，面临着来自两个市场的各种挑战，面临着"不进则退、慢进也是退"的竞争压力。特别是在当前国家宏观调控的形势下，我们的发展又面临着诸多方面的制约。面对新的形势和任务，我们要实现经济社会更快更好的发展，必须把张家港精神这面旗帜举得更高，为实现富民强市、"两个率先"和构建和谐社会提供强有力的精神支柱和思想保证，努力促进苏州的各项工作继续走在全省、全国的前列。

在新的历史条件下，我们大力弘扬张家港精神，就是要进一步增强创业意识，牢牢抓住发展这个第一要务，不断树立创大业、创新业、创伟业的气魄和胆识。张家港精神的核心就是始终坚持发展不动摇，准确把握时代特征，积极顺应发展规律，奋发有为，积极进取。我们要把张家港精神发扬光大，必须始终坚持以经济建设为中心，坚持发展是硬道理，坚持以发展论英雄，不断解放和发展先进生产力。要坚持干事兴业、敢创伟业，坚定不移地推进新型工业化、城市现代化和经济国际化，努力保持经济平稳快速健康发展。要坚持全民创业、为民创业，大力发展民营经济，全力实施富民工程，增加群众收入。要坚持自主创业、艰苦创业，引导和支持百姓创家业、能人创企业、干部创事业，最大程度地调动广大干部群众的创业热情，促进家业殷实、企业兴旺、事业发达。

在新的历史条件下，我们大力弘扬张家港精神，就是要进一步增强创新意识，敢于自加压力、攻坚克难、锐意进取，不断创出发展新思路、新特色、新优势。张家港精神的一个可贵特点就在于压力面前不示弱、不懈怠，始终保持一种自强、勤勉、奋进的精神状态，善于变压力为动力，化挑战为机遇，而且在于取得较好成绩、有了一定基础之后，还能够自加压力，挑战自我、战胜自我、超越自我，创造出新的业绩和新的成果。面对当前激烈的市场竞争和沿海、沿边城市你追我赶的发展态势，我们要自我加压，自我鞭策，勇于发展和改正自身的缺点和不足，善于学习和借鉴先进地区的发展经验和成功做法，不断进行制度创新、科技创新和管理创新，努力拓展发展新思路，增创发展新特色，形成发展新优势，要按照科学发展观的要求，自觉服从和主动顺应宏观调控，加快调整经济结构，转变经济增长方式，提高经济质量和效益，大胆探索解决土地、资金、能源等生产要素供给矛盾的新途径新办法，积极破解发展难题。要大张旗鼓地倡导不畏艰难、迎难而上、开拓创新的创造精神，使思想解放、敢干敢变、创新进取成为全市干部群众的共同理念追求，形成用新观念研究新情况、用新思路落实新任务、用新办法解决新问题、用新举措开创新天地的生动局面。

在新的历史条件下，我们大力弘扬张家港精神，就是要进一步增强创优意识，坚持能快则快、快中求好，不断争创一流效率、一流环境、一流业绩。敢于争先，是一种锐气、一种魄力，更是一种难能可贵的精神境界。张家港市由弱到强，由后进跃为先进，直到成为全国的学习榜样，靠的就是敢于争先创优的一股子气、一股子劲。苏州这些年来始终走在发展前列，既有自身的特色和优势，同时也得益于张家港精神的感召和促进。在推进"两个率先"的征途上，我们更加迫切需要弘扬这种争先创优的锐气和魄力。要把争先进位、勇于攀登、争创一流的观念深化为全市干部群众的共同思想基础，形成区域争先创优、行业争先创优、企业争先创优、人人争先创优，各个方面竞相发展、积极向上的社会氛围。不仅要敢于争先，更要善于争先，决不能满足于一般意义上的发展，而是要确立在科学发展观指导下的争先进位意识，努力在实践中做到解放思想、抢抓机遇先人一轮，体制改革、技术创新超人一着，优化结构、产业升级高人一筹，提高素质、普及文明快人一步，促进各个地区、各行各业争创一流效率，营造一流环境，创出一流业绩，推进各项事业在高平台上更快更好更和谐地发展。

大力弘扬张家港精神，使之成为广大干部群众的自觉行动，关键在于党员干部特别是各级领导干部身体力行、率先垂范。当前，我市按照中央和省委的部署，正在深入开展保持共产党员先进性教育活动。全市各级党员干部要结合先进性教育，带头进一步学习弘扬张家港精神，带头进一步学习弘扬省委倡导的"三创"精神，努力成为创业的榜样、创新的能手、创优的标兵，使张家港精神和"三创"精神在苏州得到更加充分的体现，让张家港精神这个宝贵的精神财富在苏州大地不断焕发生机和活力，为苏州再创三个文明建设的新辉煌增添更大动力，发挥更大作用。

在“弘扬张家港精神、再创张家港辉煌”座谈会上的讲话

原江苏省委书记　陈焕友

2005年5月12日

今天，张家港市委、市政府举行“弘扬张家港精神，再创张家港辉煌”座谈会，是一件有重大意义的事情。十年前的3月底，我们江苏省委在张家港召开了“以经济建设为中心，两个文明一起抓”经验交流现场会，我作为当年总结、推广这一先进典型的主要决策者之一，往事历历在目，感慨油然而生。

张家港会议的时代背景

1994年12月，我省召开了第九次党代表大会。会议根据邓小平建设中国特色社会主义理论和党的十四大的路线、方针、政策，参照当时国际通行标准，从江苏实际出发，确定了到20世纪末和2010年的奋斗目标，提出要把江苏建设成为经济繁荣、科教发达、生活富裕、法制健全、社会文明、环境优美的省份，并提出了科教兴省、经济国际化、区域共同发展和可持续发展战略以及十大措施。

目标是鼓舞人心的，任务又是十分艰巨的。为了实现省第九次党代会提出的奋斗目标，省委觉得有必要选择一个始终咬住发展不放松、坚持“以经济建设为中心、两个文明一起抓”的先进典型，在全省树立一个学习的榜样。为此，1994年冬和1995年春，在听取各方面意见的基础上，我带领省委、省政府二十多个部门的主要负责人，到张家港市作了较长时间的调查研究。

大家知道，张家港市的前身是沙洲县，1962年由常熟和江阴划出一些地方组成。1986年撤县建市。这个由“边角料”组成的市，基础比较薄弱，但在1992年邓小平视察南方重要谈话和党的十四大精神鼓舞下，张家港人民迸发出极大的热情，市委、市政府领导敏锐地意识到大发展的机遇已经来临。以秦振华同志为班长的市委一班人，带领干部群众抓住这一难得的机遇，以常人难以想象的魄力和方法，面对种种挑战，提出了“团结拼搏、负重奋进、自加压力、敢于争先”的“张家港精神”，在全市掀起了一股奋发有为、自强不息的发展热潮。他们抢抓机遇、知难而进、勇争一流，创造出许多全国纪录，发展速度之快，协调发展之好，城乡面貌变化之大，干部群众精神状态之饱满，令人耳目一新，刮目相看。昔日比较落后的农村小镇，经过不太长时间的努力，在前人辛勤劳动的基础上，初步建设成为繁荣、开放、文明、洁美的现代港口城市。

张家港这个典型不是某一个单项典型，也不是一个孤立的典型，而是社会主义市场经济条件下以经济建设为中心、两个文明协调发展的典型，是邓小平建设中国特色社会主义理论成功实践的典型，是一个很具说服力和号召力的典型。在全省总结推广这一典型，弘扬张家港精神，对于各级领导干部特别是县以上领导干部坚持以经济建设为中心、两个文明一起抓，确保党的十四大理论、路线、方针、政策的贯彻落实，实现省第九次党代会提出的奋斗目标，具有全局性的指导意义。省委经过认真讨论，决定把张家港精神和经验向全省进行推广，并于1995年3月底在张家港市召开了由全省县（市、区）以上领导干部参加的经验交流现场会。正是这次会议，张家港精神和张家港经验才得以在全省、全国广为传播、广泛学习。

张家港典型的积极效应

张家港的先进典型经验得到中央的高度重视和充分肯定。省委现场会后不久，即1995年5月13日，时任中共中央总书记的江泽民同志来到张家港，他在视察和听取汇报后，称赞“张家港的成绩是干出来的，不是说出来的”，并亲自题写了“十六字”的张家港精神。江泽民同志的题词，在全国产生了巨大号召力。同年10月18日，中宣部和国务院办公厅在张家港联合召开全国精神文明建设经验交流会，把张家港市这个典型隆重推向了全国。来自全国各地的与会者通过实地考察、相互交流，使张家港的成功经验闻名遐迩，广为传播。会议开幕当天，《人民日报》发表了评论员文章《伟大理论的成功实践——学习张家港市坚持两手抓的经验》。10月31日，《光明日报》发表了编辑部文章《论张家港精神》。在中央主流媒体的推动下，各地新闻媒体集中报道了张家港市两个文明建设互相促进、协调发展的重大成就和主要经验，全国各地掀起了一波又一波学习张家港的热潮。

1996年4月8日到13日，中宣部又组织全国地级市市委书记在张家港举办精神文明建设研讨班，有130多人参加。与会者听了介绍、看了现场，反响强烈，再次掀起了“张家港热”。自江苏省委在张家港召开经验交流现场会议之后，大多数党和国家领导人，各省、市、自治区党委书记，全国各地（市）、县（市）负责同志以及中央国家机关领导，也都先后到张家港考察；1995年冬，中央统战部还组织各民主党派中央领导人乘坐专列到苏州来张家港考察；许多国外驻华使馆和驻沪领事馆的官员也慕名纷纷前来张

家港。据不完全统计，到张家港参观的人数1995年为65万人,1996年为70万人，1997年达到80万人。可以说，张家港的先进典型经验，为推动全国的“以经济建设为中心、两个文明一起抓”发挥了较大的示范作用。

张家港经验在全省范围内更是产生了积极效应，起到了典型引路、推动全局的重要作用。一是增强了全省各级党政领导加快发展、率先发展的紧迫感和责任感。二是形成了自加压力、敢于争先的喜人局面。三是推进了文明城市的创建活动。四是促进了工作作风的转变。

张家港十年来的发展变化

十年来，虽然张家港市的领导班子几经交替，又先后经受了国家宏观调控及亚洲金融危机的考验，经受了1997年11号台风和1998年长江特大洪水的考验，而且也经受了各种荣誉的考验，但在江苏省委和苏州市委领导下，在张家港市委具体组织下，把这一系列的困难和挑战作为一次次新的发展机遇，把这一系列的成绩和荣誉作为一个个新的发展起点。特别是这几年，江苏省委、省政府，苏州市委、市政府，张家港市委、市政府都非常重视弘扬张家港精神，与时俱进地传承张家港精神，进一步解放思想，开拓创新，求真务实，在“两个率先”的伟大实践中，以更加过硬的实绩交出了一份份令人满意的“答卷”，实现了经济社会率先发展、科学发展的新境界。

一是率先发展实绩好，综合实力明显增强。十年来，全市主要经济指标一直保持两位数增长。其中地区生产总值从1995年的191亿元增加到2004年的576亿元，年均增长13%，按户籍人口计算人均达到8000美元；财政收入从1995年的7.37亿元猛增到2004年的85亿元，十年增长了10倍多，年均增长30%；去年上交税收160亿元，十年增长了20多倍。

二是科学发展实绩好，人民生活水平显著提高。去年，全市居民储蓄存款余额超过了240亿元，比1995年的51.2亿元净增208.8亿元，年均增长18%，人均储蓄存款余额2.7万元；全市农民人均纯收入7930元，城镇居民人均可支配收入15117元，分别是1995年的4.5倍和2.7倍。目前，全市农村人均居住面积62平方米，市区居民住宅成套率近100%。农村自来水普及率达到98%，无害化卫生户厕率达83.6%。高档消费品开始进入普通家庭。社会弱势群体得到热情有效的扶持。

三是统筹发展实绩好，城乡面貌发生巨大变化。十年来，张家港市大力整治老城区，开发建设新城区，不断完善城市功能，提升城市品位，城乡环境在原有基础上又有了很大改善。通过镇村合并，形成了规划有序、各具特色的“一城四片区”城镇体系，全市城市化水平达56.5%，绿化覆盖率超过40%；市区到各镇都通上了六车道公路；市区空气环境质量优于国家二级标准，生活饮用水源水质达标率100%，城市生活污水处理率70%；城市信息化步伐不断加快。在成为全国首批国家卫生城市、全国首家环保模范城市之后，又创建成为“国家园林城市”，并获得了中国人居环境范例奖、全国生态示范区等荣誉称号。

四是全面发展实绩好，社会文明与时俱进。多年来，张家港市始终坚持抓经济提速增效与创建精神文明有机结合，把弘扬张家港精神与建设诚信张家港有机结合，促进社会全面进步。现在，张家港人的文明意识、创业意识、合作意识、法制意识和公益意识进一步强化，全社会文明程度稳步提高。

五是典型引路实绩好，先进单位和先进个人大量涌现。在张家港精神的推动下，张家港市各条战线涌现了一大批奋勇争先、敢于拼搏、永不满足的先进单位和先进个人。沙钢集团由昔日一个小轧钢厂，一跃而成为全国冶金行业的佼佼者，靠的是沙钢人始终坚持发展是硬道理，不畏艰难、勇创大业的进取精神；靠的是高标准定位、高强度投入、勇于追踪世界钢铁发展潮流的胆识和勇气。可以说，沙钢的发展史，是一部与时俱进弘扬张家港精神的辉煌史。长江村是张家港精神最坚定的实践者之一，是三个文明协调发展的先进典型。从前，长江村是一个名不见经传的小渔村，如今，已发展成拥有22家子公司的国家级企业集团，全村形成了敬老爱幼、邻里和睦、安居乐业、社会和谐的大好局面，获得江苏省文明单位五连冠。永联村已不是传统意义上的农村了，他们在工业化的道路上步子迈得很快、很大，是名副其实的“钢村”、“产业强村”。杨舍镇是张家港精神的发源地。正是在张家港精神的激励下，杨舍镇的经济社会才实现了跨越式发展，才能连续20年被评为江苏省文明镇。国泰集团一直是江苏省的老先进，他们从县级外贸公司起步，创造出了全国外贸行业的奇迹。

这里特别值得指出的是，张家港市的领导班子没有躺在过去的功劳簿上而满足，没有在已经取得的成绩面前而陶醉，而是不断超越自我，不断开拓创新，始终把张家港精神作为传家宝，一棒接一棒，一任接着一任地干，而且越干越快、越干越好。现任尊重前任，前任支持现任，相互尊重、相互支持，这是张家港各项事业取得很大成就的重要保证，也是张家港精神得以与时俱进的一条重要经验。

几点希望和建议

第一，要进一步抢抓机遇，争取发展得更快一点、更好一点。

第二，要有强烈的“比较”意识，在“比较”中奋力前进。

第三，要用正确的政绩观落实科学的发展观。

第四，要先富带后富，帮助大家共同富裕。

第五，要不断增强各级领导班子和党员干部队伍的战斗力。

回顾过去是为了更好地开创未来。我相信，紧密团结在以胡锦涛同志为总书记的党中央周围，在中共江苏省委、苏州市委领导下，认真实践邓小平理论和“三个代表”重要思想，张家港精神之花一定能越开越鲜艳，张家港经济社会必将发展得更快更好，张家港老百姓的生活必定更加幸福美满！

在"弘扬张家港精神、再创张家港辉煌"座谈会上的讲话

中共张家港市委书记　曹福龙

2005年5月12日

在省委和苏州市委的正确领导与支持下，十年以前，张家港精神从这里走向了全国，并开始产生广泛而深远的影响；十年后的今天，我们在这里举行"弘扬张家港精神、再创张家港辉煌"座谈会，目的就是：总结十年来在张家港精神的激励下，我市各项工作取得的成绩，按照落实科学发展观和构建和谐社会的要求，以江苏"三创"精神为指导，把张家港精神转化为推进率先发展、争当全省排头兵的新的动力，不断开创各项工作新的局面。上月6日，省委李源潮书记就"破难题、促发展"专题来我市进行调查研究，为我们指了路、鼓了劲，我们随即就召开了有近千人参加的经济工作会议，用李书记讲话精神统一思想、鼓足干劲，在全市迅速形成了争先创业、克难求进的浓烈氛围。今天，省委李源潮书记和各位领导再一次来到张家港，就与时俱进弘扬张家港精神为我们进一步指明努力的方向，提供前进的动力，这是对我们的巨大关怀、鼓励和鞭策。在此，我代表张家港市委、市政府和全市人民，对大家的到来表示热烈的欢迎和衷心的感谢！

1995年3月，江苏省委在我市召开了"以经济建设为中心、两个文明一起抓"经验交流现场会，把两个文明建设协调发展的张家港作为典型推向全省；5月13日，江泽民同志亲临张家港视察，充分肯定了张家港取得的成绩，并欣然挥毫为张家港精神题词；10月18日，中宣部和国务院办公厅联合在我市召开全国精神文明建设经验交流会，《人民日报》为此发表社论，赞扬张家港是"伟大理论的成功实践"。10年来，在省委、省政府，苏州市委、市政府以及社会各界的关心支持下，张家港人没有满足和陶醉，而是把成绩作为新的起点，把荣誉作为前进的动力，把张家港精神作为传家宝，一任接着一任干，以无功即过的意识抢抓机遇，以超越自我的追求提升定位，以激励竞争的机制营造氛围，实现了经济社会的快速健康协调发展。

十年来，张家港精神推动着生产力的跨越发展，综合竞争力明显增强。全市主要经济指标以年均两位数的速度增长，2004年，全市地区生产总值（576亿元）是1995年（191亿元）的3倍，年均增长13.1%；财政收入（85亿元）是1995年（7.37亿元）的11.5倍，年均增长31.2%；上交国家各项税收（含关税和代征税）168亿元，是1995年（8.29亿元）的20.3倍，年均增长39.7%，综合竞争能力在全国同类县市中名列前茅。

十年来，张家港精神推动着共同富裕步伐的加快，市民生活质量明显改善。至2004年底，全市银行存款余额518.6亿元，与1995年的76.7亿元相比，增长了6.8倍，年均增长23.7%；2004年，城镇居民可支配收入15117元，是1995年的2.7倍，年均增长11.7%；农民人均纯收入7930元，是1995年的2倍，年均增长8%；恩格尔系数从47.2%降至36%。住房、汽车等新型消费成为新的消费热点，全市私家车保有量达到平均每百户10辆。预计到今年年底，我市能率先达到省全面小康社会的各项指标要求。

十年来，张家港精神推动着城乡环境的优化，现代化城市初展风貌。我们引入国际先进理念，对市、镇、村三级实施统一规划，大力度实施行政区划调整，构建了规划有序、各具特色的"一城四片区"城镇体系，城市化率提高到60.1%。市域交通体系不断完善，城乡环境进一步优化，市区绿化覆盖率达到了42.2%，成为全国首家卫生镇创建满堂红的县市。在创建全国首批国家卫生城市、全国首家环保模范城市的基础上，又相继获得了国家园林城市、中国人居环境范例奖、全国生态示范区等荣誉称号。

十年来，张家港精神推动着社会事业全面进步，全社会文明程度不断提高。我们始终坚持抓经济提速增效与创建培育文明人有机结合，把弘扬张家港精神与建设诚信张家港有机结合，大力实施现代市民教育工程，用市民的理念育农民，用城市的标准建农村，努力在人员素质、人居环境和发展功能等方面构筑城乡一体新优势。我们强调用先进的文化熏陶人，大力发展群众文化，举办长江文化艺术节，积极培育城市文化品牌。卫生、体育、广电、计划生育等事业取得长足发展，人民群众的精神生活需求和健康需求不断得到满足。近年来，我市已先后荣获了全国创建文明城市工作先进城市、全国教育先进市、全国文化先进市、全国科技进步先进市、全国双拥模范城（三连冠）、全国村民自治模范市等累计85项国家级荣誉称号、102项省级荣誉称号。

张家港精神是与时俱进的时代精神。随着形势的变化和实践的发展，张家港精神不断被赋予新的内涵，始终保持着强大的生命力，成为凝聚全市创业合力的一面旗帜。20世纪90年代初期，在各方面基础相对薄弱的情况下，我们把张家港精神突出体现在"拼搏、进位"上，抢抓机遇，奋力超越，实现了张家港的大变化、大发展；90年代中后期，在工业化、城市化的潮流面前，我们把张家港精神突出体现在"科学、奋进"上，遵循规律，克难求进，实现了张家港的大开发、大开放；新的世纪，经济社会进入全面转型阶段，我们把科学发展观融入张家港精神，突出体现了

“创新、统筹”，讲求质量，协调发展，促进了张家港的大进步、大提高。但是，无论在什么时候，无论进入什么阶段，争先创业始终是张家港精神的主题，富民强市始终是张家港精神的追求，以人为本始终是张家港精神的核心。张家港精神是新时期江苏“三创精神”在张家港的具体实践和生动体现，是鼓舞全市人民奋勇向前的精神标杆，是推动事业发展的重要保证。

回顾十年来的发展变化，我们深深感到：

张家港精神是一种艰苦奋斗的创业精神。就是肩负历史重任，百折不挠，自强自立，奋发有为，勇创大业。在宏观环境宽松时，抓住机遇、乘势而上；在宏观环境偏紧时，创造机遇，迎难而上，始终咬定发展不放松，做到分秒必争去“抢”、千方百计去“拼”、有胆有识去“争”。十多年来，我们不仅抢到了保税区、保税物流园区、扬子江化学工业园、冶金工业园，也抢到了一大批外资项目和基础设施项目；我们不仅推动着干部创业、能人创业，同时也大力促进全民创业、自主创业，充分调动一切有利于创业的积极因素，齐心协力建设现代化新港城，形成了争作贡献、共谋发展的生动局面。

张家港精神是一种科学务实的创新精神。就是以世界眼光和现代意识，解放思想，实事求是，锐意进取，勇于探索。十年来，从乡镇企业转制到激活民营经济，从推进沿江开发和发展园区经济，从实施城市经营到推进农民集中居住，从构建混合经济格局到加快政府职能转变，我们始终在“闯”中开辟新路，在“试”中探索前进。特别是针对发展中遇到的难题和制约，我们旗帜鲜明地支持改革，鼓励探索，宽容失败，最大限度地保护基层和群众创新创业的工作热情，形成了用新观念研究新情况、用新思路落实新任务、用新办法解决新问题、用新举措开创新局面的生动景象。

张家港精神是一种敢争一流的创优精神。就是敢于自我加压，瞄准先进，力争上游，永不自满、勇攀新高。十年来，我们不仅在处于下游时奋力赶超，而且在跻身先进方阵后更加进取；不仅在经济发展上力争上游，而且在社会的全面和谐上争当排头兵。我们把落实科学发展观作为争先的主题，不仅比发展的速度，更比发展的质量、比发展的效益；不仅比发展实力，更比发展活力、比发展潜力；不仅比经济增长质量，更比群众生活质量、比社会和谐程度。实践使我们认识到，奋发才能有为，争先才能进位。张家港人的争先，争的是发展的质量，争的是群众的实惠，争的是民族的志气，争的是社会主义的优越性。只有始终保持着这种“样样工作争一流”的劲头，我们才能真正有胆有识、无私无畏、敢闯敢试，不断创出事业发展的新境界。

当前，我们正站在一个新的起点，围绕把张家港打造成富有特色和竞争实力的现代港口工业城市、富有内涵和独特个性的生态园林花园城市、富有精神和文化底蕴的文明法治和谐城市的目标，面对科学发展的重任、人民群众的重托、历史赋予的重责，我们将高举江苏“三创”精神这面旗帜，继续弘扬张家港精神，与时俱进，开拓创新，再创新辉煌，再建新业绩，以经得起历史、人民和实践检验的实绩，真正让“张家港精神永放光芒，让张家港发展勇立潮头”。我们将突出在四个方面下功夫：

1.弘扬张家港精神，再创张家港辉煌，就是要始终保持敢为人先的锐气，以争先的精神创出率先的业绩

我们将牢固确立“率先发展”的强烈意识，把争先进位贯穿到各项工作之中。一是坚持“排头兵”的目标定位，努力使发展的内涵、质量、水平、层次在现有基础上“百尺竿头、更进一步”。当前既是调整提高期，又是战略机遇期，要抢抓机遇，大力发展先进生产力，再用3年～4年时间，使经济总量翻一番，工业销售收入达到3000亿元，全口径财税总收入超350亿元，其中一般预算收入70亿元，在综合实力上争当全省排头兵；要着力推进中心城区和中心镇建设，高标准统筹城乡发展，优化生态环境，迅速形成现代化城市格局，在城市建设上争当全省排头兵；切实加强先进文化建设，不断提高人的素质，提高社会文明程度，提高可持续发展能力，在协调发展上争当全省排头兵。二是坚持“全球化”的竞争视野。要进一步开阔眼界，提高境界，善于借鉴国内外发达地区先进理念，自觉向国际先进水平看齐，以国际眼光、战略思维来研究组织区域经济社会发展。要提升竞争标尺，敢于“走出去”，主动参与国际竞争和合作，以更加宽广的胸怀融入世界经济发展，在错位竞争中抢抓机遇，在竞争发展中谋求共赢。三是坚持“争一流”的工作标准。牢固树立“无功即过、慢进是退”的责任意识，确立更高的参照系，自加压力向高的攀，自寻强手跟快的赛，自定目标与勇的争，以一流的精神风貌，一流的工作干劲，干出一流的工作业绩。今年，在圆满完成年初确定的各项目标任务的基础上，我们还要率先完成“三大任务”，即率先全面小康达标、率先建成全国生态市、率先建成全国文明城市。围绕这一目标，全市上下将始终保持奋发有为的精神状态，激发活力，挖掘潜力，增强合力，从头抓起，从基础做起，确保各项创建任务全面圆满完成。

2. 弘扬张家港精神，再创张家港辉煌，就是要始终坚持科学发展的态度，按客观的规律务求工作的实效

再创张家港新辉煌，需要把发展热情与科学态度有机统一起来，顺应发展趋势，遵循经济规律，坚持“三化”互进，为实现“两个率先”提供坚强支撑。一是要坚定不移推进新型工业化。加快高新技术产业化进程，加快采用先进技术改造传统产业，依托全市一批骨干企业，通过国际战略联盟、推进技术升级等方式，提高产业的国际竞争能力。进一步调整优化生产力布局，加快各类要素向开发区集聚，着力打造一批各具特色的现代制造业基地。大力发展现代服务业，不断完善和放大服务业组织生产的功能，加快保税物流园区和专业市场建设，通过3年～5年努力，使全市物流营业额达到1000亿元，服务业入库税收占全市的比重再提高5个百分点。二是要坚定不移推进城市现代化。按照一城、四片区、183个行政村、300个～400个现代社区居住点的布局结构，统筹考虑市域规划，加快推进控制性详规编制，力争再用3年时间，初步形成层次分明、相互衔接、相融互补的城镇体系。加快暨阳湖生态园区、城西新区、梁丰生态园、一干河亲水走廊等项目建设，加大老

住宅区的综合整治力度，推进一批重点交通工程建设，加快四水厂、清洁能源电厂等重大基础设施项目建设，不断提升城市功能品位。大力推进中心镇建设，按照科学规划和各自定位，合理布局，形成特色。同时，以城管创优活动为抓手，强化综合执法管理，发挥城乡社区的作用，进一步提高城市管理水平。三是要坚定不移推进经济国际化。强化招商选资，着力引进一批技术含量高、投资强度高、贡献份额高的外资项目，建办一批龙头型生产基地和研发机构，努力确保今年注册外资14亿美元。积极引导加工贸易转型升级，提高具有自主知识产权产品的出口份额，用更有竞争力的产品占领更大范围、更多份额的市场；积极鼓励现有企业与国际跨国公司开展合资合作，支持企业在海外投资兴办实业，用足用好国内、国外两种资源、两个市场，以更加积极的姿态参与国际竞争和分工。

3. 弘扬张家港精神，再创张家港辉煌，就是要始终突出执政为民的宗旨，用民本的理念建设和谐社会

大力弘扬张家港精神，发展先进生产力，归根到底是为了致富百姓、造福群众；同时，也只有让群众真正分享到改革发展的实惠，他们才会更加自觉地成为张家港精神的拥护者和实践者。为此，我们将更加注重全民创业。继续实施民营经济腾飞计划，加快标准型厂房、“打工楼”等载体建设，引导群众勤劳致富、创业致富，保持工资性收入稳定增长，促进经营性、投资性、财产性收入和其他合法收入的增长。年内力争新增就业岗位3万个，确保失地农民和农村富余劳动力有5000名就业，城镇登记失业率控制在3%以内。更加注重群众安居。在统一规划的基础上，大力推进农村居民集中居住，进一步改善全市尤其是农村的服务体系，将城市社区理念引入农村，参照城市社区模式改造村庄，促进农村和城市接轨。进一步规范征地拆迁补偿行为，继续坚持预拆迁制度，提高拆迁定销房规划建设标准，尽量缩短安置房过渡期，尽最大努力让群众安居乐业。更加注重完善保障。加快推进农保转城保工作，完善城乡最低生活保障制度，确保最低生活保障应保尽保。重视安排好群众生产生活，努力化解历史遗留的各类矛盾，特别是针对人多地少的实际，年内对人均耕地不足0.1亩（0.007公顷）的村民小组实行撤组转户，认真执行“土地换保障”制度，切实保障被征地农民的合法权益。更加注重扶贫帮困。继续加大弱势群体帮扶力度，健全社会救助体系，全面落实各项减免优惠措施，抓好领导干部扶持联系贫困户工作，每年市、镇、村三级帮扶资金不少于2.5亿元，实实在在地解决好困难群众的生产生活问题。今年，全市城镇居民人均可支配收入增幅将不低于10%，农民人均纯收入增幅要达到8%以上。

4. 弘扬张家港精神，再创张家港辉煌，就是要始终凝聚团结拼搏的合力，以模范的行动锤炼过硬的队伍

团结为了拼搏，拼搏需要团结。再创张家港辉煌，需要一支拉得出、打得响的干部队伍。在新的形势下，对张家港的干部来说，要努力做到：一是敢负责。就是要对历史负责、对人民负责、对组织负责。当前发展困难大、矛盾多，各级干部在关键时刻要“站得出”，在危难关头要“挺得出”，敢抓敢管，敢闯敢试，敢挑担子，敢负责任。要多为基层想办法，多为基层解难题，碰到问题不推诿、不扯皮、不回避，积极主动出主意、动脑筋，真正以负责任的态度求发展、求实效，以实实在在的行动取信于民。二是善创新。“两个率先”是一项全新的伟大事业，必定会遇到许多新情况、新问题。我们将把创新作为加快发展的不竭动力，用创新的意识超越自我，用创新的实践破解难题，用创新的机制争创优势，顺时应势，科学决策，以变应变，常创常新。在实际工作中，要敢于冲破一切有碍于发展的思想观念，敢于摒弃一切落后于时代的经验，敢于变革一切影响发展的体制弊端，坚持一切从实际出发，在解放思想中统一思想，树立新观念，开辟新途径，变挑战为机遇，化被动为主动，创造性地开展各项工作。三是讲奉献。就是要始终做到潜心于政、精心于业，服从大局，忘我工作。困难面前考验人，艰苦环境锻炼人。我们弘扬张家港精神，就是要喊响“服务发展、乐于贡献”的口号，就是要形成创业为先、奉献为荣的良好氛围。全市党员干部都要强化宗旨意识，增强服务观念，让领导和管理体现在服务中，奉献落实到行动上，为人民、为社会多做好事、多做实事。要坚决执行好领导干部廉洁自律的“六个禁止”、“五个不准”、“四个千万不能”和“三个管好”等各项规定，保持共产党人的革命情操，时刻注意克勤克俭，以积极向上、健康进取的生活态度，以共产党人的高风亮节和人格力量影响社会、带动群众，使张家港精神成为“一面永不褪色的旗帜”。

各位领导，同志们，事在人为，人在精神，张家港精神始终是我们奋发进取、勇创新业的不竭动力。时代在前进，再创张家港新辉煌的重任历史性地落在了我们肩上。我们将以这次座谈会为新的起点，结合当前正在开展的党员先进性教育，全面实践“三个代表”重要思想，大力弘扬江苏“三创”精神，继承发扬光大张家港精神，解放思想，开拓进取，同心同德，发奋图强，努力开创全市经济社会发展的新局面，以优异的成绩争当全省“两个率先”的排头兵！

在“弘扬张家港精神、再创张家港辉煌”座谈会上的讲话

江苏省政协常委、原张家港市委书记　秦振华

2005年5月12日

今年5月13日，是江泽民同志为我们亲笔题写“张家港精神”十周年纪念日。回顾十年来的奋斗历程，我们心潮澎湃，热血沸腾。党中央对我们的鼓励和鞭策，是张家港市持续协调发展、从胜利走向胜利的力量源泉，是张家港市牢牢站在时代发展潮头、当好“两个率先”排头兵的发展之魂。在省委倡导、弘扬“创业、创新、创优”新江苏精神不久，我们举行“弘扬张家港精神，再创张家港辉煌”座谈会，回顾当年那激动人心的时刻，更激励我们自强不息，永不自满，更加努力发扬光大张家港精神，再创张家港更加辉煌的明天。

张家港精神的魅力、活力经久不衰，生生不息

一种精神能够得到长久的弘扬和发挥威力、魅力，经久不衰，是因为这种精神来自于成功的实践，是人民群众的智慧和创造的结晶。张家港在邓小平理论和“三个代表”重要思想指引下，坚定地弘扬“张家港精神”，始终保持着经济旺盛发展、三个文明建设协调发展、人与自然和谐发展的良好势头。2004年，张家港市在经济发展上获得“三个第一”，即：地方各项税收入库168亿元，全国第一；国税地税总量71.65亿元，江苏县（市）中列第一；地方一般预算收入31.65亿元，继续在苏州市保持第一。在现代化城市建设上，多年来连续被评为“国家卫生城市”、“全国城市环境综合整治优秀城市”、“国家园林城市”，先后获得80多项国家级荣誉称号。近几年来，我被全国二十多个省市邀请去作了120多场关于弘扬张家港精神的专题报告会，近10万人次当面听了报告，有近百万人次收看了报告录像。中央政治局常委、时任广东省委书记的李长春，还有中央政治局委员、新疆维吾尔族自治区党委书记王乐泉，他们在听我作报告之后都称赞张家港精神是催人奋进的时代精神，是邓小平理论和“三个代表”重要思想的成功实践。

1. *张家港精神是邓小平理论和“三个代表”重要思想的成功实践。*张家港精神来源于杨舍精神。我上世纪90代初任市委书记，适逢小平同志视察南方重要谈话发表，我敏锐地意识到一个大发展的机遇已经来临。要抓机遇，必须先解放思想，振奋精神。于是，深思熟虑地对“杨舍精神”进行概括、凝炼、升华，在此基础上公开提出了“团结拼搏、负重奋进、自加压力、敢于争先”的“张家港精神”。“张家港精神”极大地激发了全市人民的开拓创造积极性。短短二三年时间，全面实现了“三超一争”的赶超目标。原中央政治局常委、中纪委书记尉健行来我市视察时说：“张家港市是全国‘两手抓’的典型，名不虚传。”原国务院副总理李岚清视察我市时说：“要是全国多一些像张家港这样的地方，小平同志就放心了。”2002年，李鹏委员长代表党中央来我市视察“三讲”工作，高兴地说：“改革开放以来，我两次来过张家港，深感到张家港的发展很快，变化很大，真是今非昔比。”他充分肯定张家港市是全国闻名的两个文明建设先进典型，夸奖张家港市经济和社会发展在江苏乃至全国的县（市）中都处在前列。

2. *张家港精神体现了党一贯的优良传统作风。*张家港精神能够被全国那么多的党员干部所接受，能够引起大家思想上的激荡和共鸣，成为推动改革开放、推进三个文明建设的强大动力，其根本原因是张家港精神与我们党一贯倡导的优良传统作风是一脉相承的，体现了时代精神的党的宝贵传统。随着社会历史的不断发展，党的十六大提出了“三个代表”重要思想，十六届四中全会又提出坚持科学发展观、建设和谐社会目标，张家港人与时俱进，不断丰富张家港精神的内涵，张家港精神始终激励着人们去开拓创新，并且不断地在继承中发展，在发展中提高，在借鉴中创新，在创新中弘扬。

3. *张家港精神得到一届又一届领导的肯定和倡导。*张家港精神的经久魅力，还来自于各级领导的亲自倡导和弘扬。结合各个时期的工作重点，深刻发掘张家港精神的丰富内涵，使张家港精神成为各个时期不断解放思想、振奋精神、创业创新的巨大动力。回良玉副总理在江苏担任省委书记期间，亲临张家港作调研，他指出：“在新的历史条件下，特别需要在全省进一步弘扬张家港精神，使之成为江总书记倡导的‘五种精神’在江苏的具体体现，成为推动我们事业不断前进的强大动力。”省委书记李源潮在2004年带领省委、省政府有关领导来张家港沙钢等地视察调研，再一次高度评价张家港精神，指出，张家港精神是江苏在新形势下弘扬的“三创”精神的集中代表，还在省级机关的报告会等多种场合号召在新时期必须弘扬与时俱进的张家港精神。吉林省省长王珉同志在担任江苏省委常委、苏州市委书记期间，总结苏州崛起有三大法宝，把张家港精神列为三大法宝之首。王荣同志任省委常委、苏州市委书记后不久，就来张家港市作调研，一再强调：“要让张家港精神永放光芒，让张家港发展永立潮头！”正是这一届又一届领导对张家港精神的坚定弘扬和与时俱进的倡导，使张家港精神始终闪烁着时代的光彩。

张家港精神是与时俱进的时代精神

张家港精神之所以始终保持旺盛的活力和强大的生命力，最根本的一条，就是坚持与时俱进，开拓创新，不断丰富张家港精神新的内涵。省委书记李源潮最近在《群众》杂志上著文说，“创业、创新、创优”是张家港精神、昆山精神、华西精神这些时代精神在江苏的体现，提出要弘扬“三创”精神，努力推动新一轮的思想大解放。回顾十年来走过的历程，我体会到与时俱进的张家港精神体现这样几方面的时代特色：

1. 唱响一个主旋律，始终坚持发展是硬道理不动摇。省委老书记陈焕友同志最近说，张家港这个典型之所以立得稳、站得住，并且能坚持下来，最根本的一条就是他们始终抓住经济建设这个中心不放松，加快发展不停步。我们当时顶住巨大压力，不顾各种流言蜚语，一门心思搞发展。每年都确定较高而又符合实际的发展目标，以建设现代化港口工业城市作为提升发展的定位，抢抓机遇，跳跃式发展，从而实现了张家港市持续大提高、大发展，始终走在全省的前列。张家港成为全国先进典型以后，我们不自满、不骄傲，居安思危，始终保持着强烈的“负重感”和良好的精神状态，锲而不舍，不懈努力，不断向新的更高的目标冲刺。在沿江开发、建设规模型集团企业、创建现代化城镇、实现科学发展、构建和谐社会等方面都保持了强劲的发展势头，始终保持着新的生机和活力。

2. 走准一条发展新路子，坚持全面、协调可持续的科学发展。当年丁关根部长、刘云山副部长来张家港调研时看到我们真正是以经济建设为中心、两个文明协调发展，没有以牺牲精神文明为代价而片面地搞经济建设，也没有脱离经济的发展而空谈精神文明建设。他们认为我们走的这条路子是正确的，给予了充分肯定和高度评价。现在回过头来细细总结，我们走出科学协调发展之路至少有这样几个特色，即：经济建设领先与社会事业同步协调发展；物质文明、政治文明、社会稳定的协调发展；抓好领导班子建设、提高党员干部素质与坚持以人为本、提高全体市民素质的协调发展；壮大市域经济、繁荣社会事业与不断提高人民群众生活水平、维护群众利益的协调发展；城市与农村互动并进，市民与农民的利益都得到保障的协调发展；还有科技、人口、资源、环境保护与经济腾飞的协调发展；经济效益、社会效益、生态效益相统一的协调发展等等。这些就是我们把中央精神、上级要求与当地实际紧密结合，始终把发展热情与科学态度相结合，锐意创新而走出的发展新路子。

3. 培育一种“敢为人先”的优良作风，把争先创优不断推向新的境界。挑战自我，战胜自我，超越自我，自加压力，负重奋进，敢于创新创优，敢走前人没走过的路，这是张家港人、张家港精神的最难能可贵之处。过去，张家港市由弱到强，由后进跃为先进，靠的是敢于争先进位的顽强作风。现在，我们根据科学发展观的新要求，根据构建和谐社会的新目标，在不断完善已有经验的基础上，坚持以人为本，坚持与时俱进，坚持改革创新，在新的实践中不断创造总结新经验。敢于创新创优，勇于实践探索，敢于出手解决各种矛盾和问题，脚踏实地地实现率先发展、领先发展。

张家港精神是构建社会主义和谐社会的精神支柱

构建和谐社会，就必须不断提高生产力发展水平和全体人民的物质文化生活水平。我们张家港人在张家港精神激励下，始终坚持两手抓、两手都过硬，不仅经济实现跨越式发展，而且人的精神面貌发生了深刻的变化，社会事业全面进步，在更高的平台上不断实现新的崛起。

1. 始终坚持人与自然的科学和谐发展。我们在发展过程中，同样遇到了国家几次宏观调控的情况。我们不把宏观调控当包袱，而是当作实现科学发展的机遇。我们十分注重对现有的企业大规模进行技术改造，每年要求的技改投入不少于40亿元，引进外资不能低于3亿美元，这在当时是个惊人的数字。同时，我们按照建设园林城市和生态城市的要求，对所有污染企业，都进行了达标治理，并响亮地提出：“既要金山银山，更要绿水青山。”

2. 始终坚持经济繁荣与社会文明的统筹发展。弘扬张家港精神的目标是要实现全面发展，我们过去一直坚持以经济建设为中心，全面推进经济、政治、文化建设，实现经济发展和社会全面进步。我们早在十年前就投入数亿元地方财力，建造了十多所各类专业技工学校，对全市所有中小学校重新扩建，使每所学校都成为农村最漂亮的建筑；我们还大力加强城乡公共卫生体系建设。从1994年下半年开始，落实每个居民参加社会保障和农民的农保转社保工作，社保基金的总额突破28亿元，这在江苏是首家，在全国也是最早的。全社会参保率82%，发放老年农民养老补贴5844万元，发放率达91%。全市上下呈现出一派生产热气腾腾、市场繁荣兴旺、社会安定祥和、环境整洁优美的生动景象。

3. 始终坚持改革开放与保持党的先进性的协调统一。我们党的各级领导班子，是构建社会主义和谐社会的组织者和领导者。要把构建社会主义和谐社会的任务落到实处，就要高度重视抓好各级领导班子的建设。我们按照江泽民同志充分肯定的“弘扬创业者，支持改革者，鞭挞空谈者，惩治腐败者，激励开拓者”的用人方略，确立以发展论英雄，凭实绩用干部，靠德才坐位置的观念。不看文凭看水平，不看学历看能力，不看资格看真格，使各级干部都成为人民群众满意的致富带头人。胡锦涛总书记（时任中央政治局常委、书记处书记）1996年秋来张家港市视察后，充分肯定了张家港市三条经验，其中第三条就是：“张家港市各级领导能以身作则，说到做到，给群众带了好头，做出了样子。”这也极大地鼓舞着我们更加努力地搞好党的建设、精神文明建设、经济建设和促进社会事业全面发展，集中精神，全力以赴，建设高标准的和谐发展的小康社会。

牢固确立科学发展观　全面提高执政能力 在更高起点上实现经济社会更快更好发展(摘要)

——在中共张家港市委八届六次全体（扩大）会议上的讲话

市委书记　曹福龙

2004年11月29日

这次市委八届六次全体（扩大）会议的主题是：认真贯彻落实党的十六届四中全会精神和省委、苏州市委扩大会议精神，全面总结今年以来的各项工作，深入分析当前面临的新形势、新挑战，按照科学发展观的要求，研究部署明年的工作目标和思路措施，动员全市广大干部群众，以创业的激情、创新的举措，创造性地开展各项工作，全面提高党的执政能力，加速推进经济社会转型，努力实现各项事业在更高起点上更快更好发展，为早日实现“两个率先”奠定扎实的基础。

下面，我代表市委常委会，讲三个问题：

第一个问题，团结拼搏，攻坚克难，经济社会发展取得了来之不易的成绩

今年是极不平凡的一年。全市上下紧紧围绕年初各项预定目标，大力弘扬张家港精神，牢固确立科学发展观，认真落实中央加强宏观调控的决策部署，积极创新发展思路，努力破解发展难题，保持了经济社会的健康协调发展，取得了三个文明建设的新成效。主要表现在十个方面：

1.紧密结合“两个率先”实践，认真贯彻落实科学发展观。2.坚持富民优先不动摇，努力使发展成果惠及全市人民。3.科学应对宏观调控，坚定不移地调整优化经济结构。4.扩大对内对外开放，全力提升开放型经济的质量和水平。5.按照统筹城乡发展的要求，加快推进城市现代化进程。6.继续深化各项改革，进一步激活率先发展的内在动力。7.加强民主和法制建设，不断巩固和谐稳定的良好局面。8.深化精神文明系列创建，有效放大文明品牌效应。9.落实党风廉政建设责任制，推动反腐倡廉工作深入开展。10.围绕提高执政能力，全面加强和改进党的建设。

第二个问题，审时度势，锐意创新，用科学发展观谋划明年各项工作

当前，张家港正处在发展的重要关口，处在发展的关键时期。机遇多，挑战也多；潜力大，困难也大，需要我们冷静思考，积极应对，创新思维，调整策略，推动经济社会迈上更高的平台。

要看到，当前时期，既是实现跨越发展的上升期，也是资源环境制约趋紧的约束期；既是体制机制改革不断深化的时期，也是维护稳定任务十分艰巨的时期；既是推进“两个率先”的战略机遇期，也是区域竞争趋于白热化的严峻挑战期。

明年是充满希望和挑战的一年，也是发展更加关键的一年。全市广大干部群众，一定要始终坚定事在人为的发展信念，始终保持迎难而上的精神风貌，始终激发率先发展的创业激情；要把创新作为加快发展的不竭动力，用创新的意识超越自我，用创新的实践破解难题，用创新的机制争创优势，顺时应势，科学决策，以变应变，常创常新。

基于上述分析，明年全市经济社会发展的总体要求为：以邓小平理论和“三个代表”重要思想为指导，认真贯彻落实党的十六大、十六届四中全会精神，继续瞄准争当“两个率先”排头兵目标，与时俱进弘扬张家港精神，主动适应国家宏观调控形势，按照科学发展观的要求，围绕“优化结构、深化转型、强化基础”，着力提高产业竞争能力，提高城市发展能力，提高执政实践能力，努力实现全市各项事业在更高平台上更快更好发展。

具体要做到“五坚持、五创新”：

1.坚持以科学发展为主线，进一步创新经济增长方式

当前，摆在全市干部群众面前的首要任务，还是要率先发展、科学发展，既要保持较快的经济增速，更要培育较强的发展后劲，推进经济增长的方式从偏重外延扩张向内涵提高转变，不断增强产业竞争能力。

做强规模经济，打造特色板块。继续推进大企业大集团战略，加大扶优扶强力度，依托全市一批骨干企业，重点发展冶金、纺织、粮油、汽车配件、石化深加工、机电等六大板块，力争用3年～5年左右时间，使全市年工业销售达到3000亿元的目标。要把企业集群作为“第三种投资环境”加以培育，放大块状经济产业特色，真正成为长江三角洲重要的制造业基地。

加强技术创新，推进产业升级。坚定不移加快技术改造，确保明年全市工业投入不少于150亿元。要继续组织实施好“十大竣工项目”、“十大开工项目”，选择一批重点项目积极对上衔接，利用国家的扶持政策加快项目建设。推进传统产业高新化改造，鼓励扶持企业提高研发能力，培育一批具有自主知识产权的高附加值产品。加快发展电子信息、生物工程、环保技术、新型材料等产业，努力实现高新技术产业的跨越式发展。要把人才资源开发作为事关未来的重大战略，重点抓好高层次人才的引进培养，加快完善“一站两中心”、留学生创业园等创业载体，创造更为宽松的流动环境，营造激励创新的良好氛围，形成人才辈出、各尽其能、各得其所的生动局面。

实施品牌战略，拓展资本经营。品牌就是竞争力。要积极鼓励企业实施品牌经营战略，尽快培育一批有较高声誉、有较强竞争力的知名品牌，不断提高品牌产品对经济增长的贡献率。要积极拓展资本经营，推进现代企业制度建设，加快高新张铜的挂牌上市步伐，加快国贸股份、宏宝五金、华源化工、澳洋科技、银河电子、七洲化工等的报审核准，积极争取飞翔股份等企业在境外发行上市，力争明年再有3家企业实现直接上市。要加快培育上市后备企业，积极支持现有上市企业通过收购、兼并等方式，实施资产资源整合，努力培育新的核心竞争优势，保证企业的长期稳定发展。

大力发展服务业，培育产业新亮点。要把握当前国家支持鼓励服务业发展的有利时机，加快构筑与现代工业相配套、与现代城市相协调，功能完备、繁荣发达的服务业体系。大力发展现代物流业，以区港联动保税物流园区为龙头，认真研究、宣传、落实相关优惠政策，加快基础设施建设进程，加快电子口岸建设，进一步拓展国际中转、国际配送、国际采购和国际转口贸易四大功能，通过3年～5年努力，使之成为长江流域规模最大、集聚效应最强、效益最好的现代物流集散中心。大力发展旅游业，以创建全国优秀旅游城市为契机，大力推进双山岛旅游度假区、暨阳湖生态园区、香山、东渡苑等景区景点开发，形成具有浓郁张家港特色的旅游品牌，使我市旅游总收入、接待境内外游客人数都有较大的突破。大力发展现代商贸业，积极引导传统商业向规模经营和连锁经营的方向发展，抓紧建设一批专业市场，不断提升现代商贸的整体水平和辐射能力。与此同时，要把“楼宇经济”作为新的产业发展形式，鼓励企业通过新建、收购、改造等方式，培育一批具有特色的商务楼宇，引导产业向利用土地资源充分的楼宇集中，逐步构建几条“立起来的商贸走廊”。

2.坚持以扩大开放为动力，进一步创新外向带动战略

当前，我们要主动适应形势变化，在进一步扩大利用开放型经济规模的同时，更加注重结构调整和质态提升；在进一步拓宽开放领域的同时，更加注重形成与国际接轨的管理体制和运行机制；在积极引进境外资金技术项目的同时，更加注重拓展新的发展空间，促进开放型经济的转型升级和协调发展。

一是“引进来”要“选优选强”。保税区、省级开发区、扬子江化学工业园、冶金工业园等要瞄准跨国公司和国际财团，重点引入一批战略性投资者；各镇要深入研究新形势下的招商方式，引导骨干企业加强与国内外先进企业的合资合作，着力引进一批技术含量高、投资强度高、贡献份额高的科技型项目，建办一批龙头型生产基地和研发机构。在抓好直接利用外资的同时，要进一步扩大间接引资，积极引进国外政府贷款、世界银行贷款、国际商业贷款等，使利用外资方式更趋多样化。

二是“走出去”要“求早求效”。当前，我们的企业已经具备了“走出去”的基础和实力；资源、市场、成本的压力，也要求我们积极实施“走出去”战略，寻找更为广阔的发展空间。产品“走出去”，要“高质高效”。大力实施科技兴贸、以质取胜战略，积极引导加工贸易转型升级，促进出口企业实现从OEM（代加工）到ODM（代设计）再到OBM（自创品牌）的转变，提高具有自主知识产权产品的出口份额。要把改善产品结构与市场结构结合起来，用更有竞争力的产品占领更大范围、更多份额、更高层次的市场。企业“走出去”，要“内外并举”。抓住国家实施西部大开发和振兴东北老工业基地的时机，鼓励企业实现低成本扩张，到资源丰富地区建立能源、原材料基地，更好地化解资源制约。要顺应产业梯度转移和升级的规律，引导能耗高、环境容量占用大、劳动力密集等项目，适时适度有序地向外地拓展。与此同时，要积极支持规模企业实施跨国经营，推进对外投资，不断提高企业的国际竞争力；进一步发挥外经企业的主力军作用，发展以对外承包工程和劳务合作为主要内容的服务贸易输出，努力扩大外经规模。

三是“开发区”要“集约集聚”。珍惜每一寸土地，坚

持有所为有所不为，实行供地量与投资额、产出贡献相挂钩，进一步提高准入门槛，提高投资强度，坚决杜绝贪大求洋、盲目占地行为。要积极采取“借天生地”的办法，鼓励企业建设多层建筑，加快标准型厂房建设。加大存量土地整理力度，鼓励现有企业增资扩股，盘活存量资源。继续探索开发区内外在基础设施、产业、技术、政策、管理等资源的共建共享，优化组合，放大优势。切实贯彻环境优先的发展观，严格建设项目环保审批标准，积极推广清洁生产，扶持发展循环经济，着力构建工业生态循环链，提高全市的资源能源利用率。

3.坚持以城乡统筹为导向，进一步创新“三农”工作思路

推进城乡统筹发展，难点在农业，重点在农村，关键在农民。解决好“三农”问题，这是全局工作的重中之重，也是党委政府的长期战略任务。我们要以增加群众收入、改善生活质量为目标，采取更为有效的办法，运用更为科学的政策，实现城乡互动、工农互进、协调发展。

要依靠产业化提高农业。围绕优质、高效、生态、安全的目标，发展现代农业，加快结构调整，不断提高农业的增值能力和比较效益。要严格落实农业规划，重点发展区域优势产品，形成鲜明的农产品优势板块。突出培育壮大农业龙头企业，提高深加工能力，不断拉长农业产业链。大力发展订单农业，狠抓市场开拓，构建农产品生产基地与市场连接的绿色快速通道。要高度重视农业生态环境建设，以实施“放心菜、放心肉”工程为龙头，做好农产品“绿色认证”工作，加快建成质量监测、检验、检疫三大体系，稳步推进市场“准入证”制度，实现从“农田到餐桌”的全程质量控制。

要依靠城市化带动农村。用城市的标准建农村，用市民的理念育农民，突出“农民居住集中”这个重点，调整完善农村宅基地管理制度，高标准建设好5个示范区、15个试点区。要持续开展“清洁村庄、清洁家园、清洁河道”活动，继续增加对“三清”工作的资金投入，到2005年底使全市所有行政村达到村庄整洁、家庭卫生、河道清洁的要求。继续加强农村基础设施的配套完善，确保全市农村自来水普及率达到99%，卫生户厕普及率达到100%，农村公路危桥全部得到整治，农村四级以上公路路面全部灰黑化。

要依靠工业化致富农民。把全民创业作为富民的原动力，继续实施民营经济腾飞计划，加强中小企业服务载体建设，充分释放蕴藏在群众中的致富能量。积极引导农民入股投资建设标准厂房、“打工楼”等创业载体，千方百计提高经营性、资产性收入在居民收入中的比重。要认真抓好就业工作，建立农民技能培训制度，健全城乡统筹的就业管理机制，多方开发就业岗位，优先安排失地农民就业，明年力争新增就业岗位3万个，确保失地农民和农村富余劳动力有5000名就业，城镇登记失业率控制在3%以内。不断完善社会保障，加快推进农保转城保工作，进一步扩大五大保险的覆盖面，确保全社会综合参保率提高到90%以上。要重视安排好群众生产生活，进一步规范征地拆迁补偿行为，化解历史遗留的各类矛盾，继续加大弱势群体帮扶力度，确保城乡最低生活保障做到应保尽保，切实解决困难群众的后顾之忧。

4.坚持以提升品位为重点，进一步创新城市发展理念

未来3年～5年，是加速城市现代化的关键时期。要继续围绕建设“富有特色和竞争实力的港口工业城市、富有内涵和独特个性的生态园林城市、富有精神和文化底蕴的文明法治城市”的定位，进一步提高标准，拓宽思路，加大力度，不断增强城市的综合竞争力。

城镇规划要遵循规律，更加突出科学化。进一步学习借鉴国内外先进城市的规划理念，统筹考虑市域规划。明年要在市区及各片区完成总体规划的基础上，加快推进控制性详规和城市设计、功能完善，加快编制相关农村现代化新社区试点的控制性详规，开展农场的总体规划，力争用3年时间，形成层次分明、相互衔接、相融互补的完整城镇规划体系，确保各项建设全面纳入规划指导的轨道。

城镇建设要体现特色，更加强调个性化。新城区要突出“生态”，彰显江南特色。其中，南部区域以暨阳湖生态园区为亮点，2006年基本完成基础设施建设；西部区域以张家港公园和购物公园为亮点，明年下半年全面启动购物公园一期工程；东部区域以梁丰生态园和文化中心为亮点，在做好招标设计的基础上，加快文化中心开工准备，推进梁丰生态园建设，努力在2006年5月竣工开园；北部区域以一干河亲水走廊为亮点，继续严格规划控制。老城区要突出“有序”，进一步降低开发强度，控制建筑密度，完善公共设施，优化人居环境。要做足“水文章”，加快沟通市区水系，构建清水循环体系，改善水质，做美水景。继续推进“大交通”，拓展对外连接通道，尽快做好张家港保税区至硕放机场高速公路、张杨公路东延等工程的开工准备；大力发展公共交通，加快市区停车场建设，调优路网密度，真正建立起便捷畅通、快速高效的交通组织体系。与此同时，各片区中心镇、一般镇也要按照明确的发展定位，各就其位，整体推进，全面提升发展层次和发展水平。

城市经营要讲求实效，更加注重市场化。明年，全市城建投资将超过100亿元，其中绝大部分都要通过市场化运作来解决。要认真研究城市经营的操作方式和途径，通过对城市资源使用权、经营权、冠名权等相关权益的市场运作，最大限度地盘活存量，引进增量，充分利用社会资金参与城市建设投资，实现城市资源配置的最优化和效益的最大化。当然，城市经营不能仅仅停留在筹集建设资金的层面上，更要注重优化城市整体形象、塑造城市特色品牌，加快城市化从政府行为转化为社会行为、市场行为，尽快形成“政府创造环境、企业创造财富、市民创造文化”的城市经营局面，实现城市的可持续发展。

城市管理要以人为本，更加体现人性化。按照群众的意愿，加大城管执法的力度，提高城乡管理的水平。坚持

全民参与，继续深化共建文明小区、路段等创建工作，充分发挥社区、居民小区和企事业单位的社会管理作用，探索城管重大问题市民听证制度，使市民真正成为自觉维护城管成果的重要力量。要坚持“堵”、“疏”结合，加大城市管理投入，重视公共休闲设施、便民服务设施的建设、维护和管理，积极为群众生活提供方便，切实解决好行车难、停车难等群众关注的问题。

5.坚持以构建和谐社会为目标，进一步创新文明建设内涵

社会的和谐稳定，是推进“两个率先”的重要前提。今后一段时期，我们要适应社会环境的深刻变化，围绕建设全国文明城市、生态城市、健康城市等工作目标，整合各类资源，加强社会管理，激发社会活力，维护社会稳定，努力形成人与人、人与社会、人与自然和谐相处的局面。

要突出发挥“社区”的作用。目前，社区建设涵盖了社区党建、社区自治、社区卫生、社区文化、社区治安、社区环境、社区共建以及体制改革、基础设施建设等工作，是统筹社会管理的重要抓手。要积极创新社区管理体制，进一步加强社区党组织、居民自治组织和社区中介组织的建设，提高社区居民“自我管理、自我教育、自我服务、自我监督”能力。积极整合社区服务资源，继续改善社区基础设施，高标准落实社区居委会办公和居民活动用房。切实加快撤村建居工作，理顺农村（社区）基层经济社会管理体制，缩短村民委员会与社区居委会的过渡期。

要突出发挥“文化”的作用。先进文化是生产力，是社会进步的永恒动力。要精心培育和弘扬城市精神，使张家港精神更加深入人心。扎实开展全民读书求知活动，优先发展教育事业，不断提高全体市民的文化素养。加强文化基础设施建设，大力发展文化产业，努力满足市民的文化消费需求。深化社会事业领域的企事业单位改革，在机制创新上迈出新步伐。要重视传统文化资源的创新，认真总结长江文化艺术展示周的经验，进一步弘扬民族优秀文化，扩大区域文化交流与合作，努力提升张家港的城市文化品位和影响力。

要突出发挥“环境”的作用。人创造环境，环境也能改造人。要着力优化“人居”环境，深入开展环境专项整治活动，明年各镇要全部建成全国环境优美镇。着力营造“诚信”环境，突出把社会信誉作为道德建设的基础工程，形成诚实守信、团结互助、健康向上的道德风尚。要着力营造“法治”环境，加强行政执法机关、司法机关队伍建设，强化执法监督，规范执法行为，加强法律服务和援助工作，提高依法治市水平。要着力营造“平安”环境，完善社会矛盾调处机制，构筑全社会防范网络，强化社会治安综合治理，落实安全生产责任，确保社会安定、百姓安宁、投资安全。

第三个问题，凝心聚力，强化保障，全面加强党的执政能力建设

提高党的执政能力，关键在于抓好党的建设。全市各级要认真贯彻落实十六届四中全会精神，以改革创新的精神，努力建设生机勃勃、充满理想、执政为民、不断进步的各级党组织和党员干部队伍，以过硬的素质、过硬的实绩赢得人民群众的真心拥护，努力把“两个率先”的蓝图早日变成现实。

1.强化教育培训，努力造就高素质的干部队伍

争当“两个率先”排头兵，是全市党组织现阶段最大的执政使命和执政实践。崇高的使命、创新的实践，急需一支具有率先发展能力、堪当重任的高素质干部队伍。当前，要注重用张家港精神激励干部。越是在发展的困难时期，越是在考验的转折关头，越是要保持奋进的姿态，高举率先的旗帜，倡导科学的精神，在理性中弘扬争先的锐气，在困难面前显现英雄的本色，在挑战当中抢占发展的先机，开辟科学发展的新境界。要突出用先进执政理念教育干部。全面开展以实践“三个代表”重要思想为主要内容的保持共产党员先进性教育活动，教育广大党员干部忠实实践党的宗旨，坚定理想信念，增强党性观念，严肃党的纪律，真正做到向人民负责、为人民办事、受人民监督、让人民满意。要坚持用大规模培训建设学习型队伍。高质量办好“树立和落实科学发展观”系列专家讲座，巩固拓展一批市外特色培训基地，继续选派年轻干部赴国外学习培训。加大干部自选培训的推进力度，建设好干部培训网上平台，不断优化干部培训的质量。全市广大干部要把终身学习作为自觉的追求，从为人民掌好权、执好政的责任出发，不断增强学习的内在动力，自觉追求新知识、积累新经验、增长新本领。

2.激发内在活力，积极营造激励创业的氛围

牢固确立科学的用人导向，建立完善“政治上光荣、待遇上保障、环境上和谐、事业上有成”的目标激励机制，大力营造激励争先、催人奋进的创业环境。要围绕改革发展，建优配强各级班子。重点向乡镇、保税区和开发区等经济一线倾斜，向招商引资、城镇建设和稳定社会等前沿阵地倾斜，进一步加强维护改革发展稳定的领导力量。加紧培养选拔优秀年轻干部、女干部和非中共党员干部，认真抓好后备干部的锻炼成长，通过“上挂、下派、外培、内转”，让他们在实践当中增长才干。要围绕科学发展，完善考核评价机制。进一步修订完善干部政绩考核体系，在指标体系上，要强化生态绿色环境理念，强化集约发展导向，强化社会发展指标；在指标设置上，要突出群众满意的指标；在考核方式上，要坚持充分发扬民主，广泛听取群众意见，并注重听取纪检、监察、审计等执法部门的意见，以此来引导各级干部牢固确立科学的发展观和正确的政绩观。要围绕竞争择优，致力优化干部队伍结构。以《干部任用条例》和“5+1”文件为准绳，认真贯彻落实市委常委会通过的8项干部人事工作制度，拿出一批领导岗位，在全省范围内实施公开选拔，积极尝试领导干部公推公选，广泛推行市直机关、乡镇中层干部跨系统、跨部门竞争上岗。全面推行市委全委会、常委会和各镇、市级机关、市直属单位

党组织讨论任免干部票决制，积极实施党政领导干部任期制、辞职制。要坚持重奖重用政绩突出的干部，坚持启用素质过硬的干部，积极实施职级待遇制度和干部保健制度，努力造就一大批眼界宽、善谋大势，思路宽、善于创新，胸襟宽、善聚人心的行政干部、企业当家人，以及敢想会干、群众信得过的基层干部。

3.巩固执政基础，大力加强农村基层组织建设

党的基层组织是党执政的基础。要紧紧围绕争创全国党建工作先进市的目标，以“三级联创”活动为载体，扎实推进“强基工程”，增强凝聚力，扩大覆盖面，创造有时代特点、有张家港特色、有长久作用的党建工程。一要以“四高五好”为目标，大力加强基层班子建设。镇级领导班子要特别强调做到“四个高”，即班子核心地位高、干部工作积极性高、经济社会发展水平高、班子群众威信高；村级班子要坚持做到“五个好”，即领导班子好、党员干部队伍好、工作机制好、小康建设业绩好、农民群众反映好。要全面实行村级党组织换届“两推一选”和村委会换届“直接提名、直接选举”，并积极延伸开展村党组织书记“公推直选”试点工作，选拔培养一批“双带”、“双强”型的优秀党员担任村干部。要真正重视、真情关怀、真心爱护基层干部，完善报酬激励机制，继续实行村干部工资统筹、年最低报酬、基本养老保险和医疗保险等制度。要高度重视发展村级集体经济，在认真做好“先锋村”创建工作的同时，全力以赴做好新一轮经济薄弱村帮扶工作，切实提高村级集体为民办事的能力。二要以扩大覆盖面为重点，创新基层党组织设置。适应区划调整、村组合并的新情况，积极推广“支部建在产业链上”、“支部建在协会中”等农村党组织设置模式，逐步建立起以党总支为主体、专业党支部为骨干、分类党小组为基础的村级党组织构架。加大在新经济组织、新社会组织中建立党组织的力度，继续抓好党建工作指导员队伍的跟踪管理和考核评比，开展非公企业党员业主、党务干部的理论和业务培训，开创全市非公企业党建工作新局面。要巩固和扩大社区党建阵地，进一步理顺和优化街道、社区党组织设置，全面建立农村社区党员服务站，深入开展“先锋社区”创建活动，聚合各种社会资源，深化结对共建活动，形成社区党建的工作合力。三要以健全完善制度为手段，不断扩大基层民主。积极实施镇党代会常任制试点，逐步建立党员代表联系群众、党员代表评议党委班子成员和党员代表检查视察等制度，实行基层党委定期向党员代表大会汇报工作，促进党内决策民主化、科学化和制度化。继续深化村务公开、镇务公开、厂务公开和社区事务公开，并向村民小组事务公开以及党务公开延伸。凡是与农民群众切身利益密切相关的事项，都要实行民主决策，充分保障基层群众的知情权、参与权和监督权。

4.锤炼过硬作风，永葆党员干部的先进本色

优良的党风是重要的执政资源。全市各级干部，要从加强执政能力建设的高度，坚持不懈改进作风，以优良的作风、良好的形象，赢得人民群众的信赖和支持，创造性地开创工作新局面。一要求真务实，狠抓落实。坚持从本地实际出发，从群众意愿出发，从长远发展出发，多办实事，多解难事，做到规划不留遗憾，安全不留隐患，政绩不留后患，一任接着一任干。要切实改进领导方式和方法，进一步加强调查研究，市级领导、部门和镇领导要经常深入基层、深入一线，研究新情况、总结新经验，为决策提供依据。市级机关各部门主要负责同志每年都要向市委报送调研报告和决策建议。在当前形势下，尤其要主动适应新的变化，在埋头苦干、少说多干上下工夫，思想上积极调整，工作中大胆创新，既不把规范变成限制，也不把搞活变成违规，对看准了的事、对有利于发展的事、对群众欢迎的事，一定要大胆出手，锲而不舍，务求必成。二要为民负责，强化服务。带着对群众的浓厚感情，为民解忧，为民造福，切实做好就业、就学、就医、安居等关系群众切身利益的工作。要按照“抓稳定就是抓发展”的要求，妥善处理因利益调整而引发的人民内部矛盾，畅通群众正当利益的诉求渠道，坚决纠正损害群众利益的行为，特别要坚决防止征地中侵害农民利益、拆迁中侵害居民利益、改制中侵害职工权益，坚决查处拖欠、克扣农民工工资等问题。要落实密切联系群众的各项制度，加大信访工作协调处理力度，把工作重心下移，变群众上访为干部下访，真正把心操在基层，把劲用在基层。要切实加强机关作风建设，规范行政行为，尽力排忧解难，不断提高服务的质量和效能。要把基层和群众的评价作为改进作风的重要导向，扩大基层和群众对机关作风建设的参与程度，探索科学合理的评价考核体系，形成作风建设评议的长效机制。三要发扬民主，增加合力。坚持和健全民主集中制，强化集体领导和分工负责制，做到集中指导下的民主、民主基础上的集中与集中之后的服从三个方面的有机统一。继续重视发挥人大、政协、保税区等班子的积极性和作用，发扬团队精神，增强班子活力，保持协调高效运转，保证政令畅通。四要严以律己，清正廉洁。自觉加强党性修养，提高觉悟，锤炼意志，坚持以官为轻、以民为重，以权为轻、以责为重，以名为轻、以德为重，为人处世常留一份宁静，履职从政多存一点淡泊。要以深入学习贯彻“两个条例”为抓手，认真落实党风廉政建设责任制，进一步建立健全公开与监督并重的惩治和预防腐败体系，认真执行中央和省、苏州市廉洁自律各项规定，主动接受监督，有效约束自身行为，切实管好配偶、子女和身边工作人员，以良好的自身形象、以反腐倡廉的实际成果取信于民。

同志们，落实科学发展观、加强执政能力建设，是广大党员干部的共同责任。让我们紧密团结在以胡锦涛同志为总书记的党中央周围，高举邓小平理论和“三个代表”重要思想的伟大旗帜，认清形势，坚定信心，解放思想，真抓实干，为早日实现“两个率先”、再创张家港辉煌而奋斗！

政府工作报告

——2005年2月18日在张家港市第十一届人民代表大会第三次会议上

市长　王　翔

各位代表：

现在，我代表市人民政府向会议作工作报告，请予审议，并请市政协委员和其他列席人员提出意见。

一、2004年工作回顾

2004年是不平凡的一年，也是取得显著成绩的一年。一年来，全市上下在市委的坚强领导下，高举邓小平理论伟大旗帜，认真实践“三个代表”重要思想，以科学发展观为指导，主动适应国家宏观调控，与时俱进弘扬张家港精神，迎难而上，开拓创新，坚定不移推进经济、开发、城市、社会、环境“五大转型”，胜利完成了市十一届人大二次会议确定的各项目标任务。实现地区生产总值576.2亿元，按可比价计算比上年增长19.4%；全口径财政收入85亿元，其中地方一般预算收入31.6亿元，增长28.6%；完成全社会固定资产投资195.5亿元，增长8.6%。

——工业经济量质并举，新型工业化扎实推进。完成工业产品销售收入1430.9亿元，比上年增长40%；实现工商入库税收71.6亿元，增长43%。工业投入力度加大。完成工业投资155.1亿元，增长9.2%。十大开工项目和十大竣工项目累计完成投资51.3亿元。产出效益同步提高。全市工业销售利润率达到4.2%，人均劳动生产率达到13.5万元。规模经济的支撑效应进一步放大。十大企业集团和50家骨干企业销售收入、利税总额分别占全市的69.9%和73.3%。沙钢集团销售收入突破300亿元，国泰国际集团、永钢集团、华芳集团营业收入超过100亿元，一批企业销售收入在20亿元左右。高新技术产业化和传统产业高新化步伐加快，自主创新能力不断增强。认定国家级高新技术企业1家，列入国家中小企业技术创新基金项目2个、国家火炬计划项目6个，实施省级重大科技成果转化项目2个，申请专利490件，注册商标1598件。新增博士后工作站2个、技术中心2个。新增中国驰名商标1种、中国名牌产品2种、国家免检产品5种。全市高新技术产业化率达到20%，先后荣获全国“科技进步先进市”、“科普示范市”和省“知识产权工作示范市”。外来民资更加活跃。建办外地资本项目565个，注册资本15.3亿元。资本经营扎实推进。“高新张铜”顺利通过中国证监会发审委审核，“骏马化纤”在新加坡成功上市。

——粮食生产喜获丰收，农业工作再创新局面。全市水稻种植面积超过2.13万公顷、亩产591.7千克（公顷产量8875.5千克），粮食总产量25万吨、总产值4.07亿元，分别比上年增长15.6%和46.2%，实现种植面积、粮食产量和经济效益“三增长”。地方粮食储备足额完成，粮食批发市场建设有序推进，在市外建立了5333公顷粮食生产基地，初步构建了粮食安全体系。农业产业化经营步伐加快。建办为农服务社12个，新建蔬菜基地3个、粮棉丰产示范方5个、奶牛饲养小区2个，实现多种经营总收入52.7亿元。利用各类资本4.7亿元，建办农业外资项目7个、内资项目16个。农产品质量建设进一步加强。认定无公害产地14个，认证无公害农产品15种、绿色食品19种、有机食品1种。禽流感防治取得阶段性胜利。通过外堵内防，强化免疫和消毒工作，确保了全市未发生疫情。水利建设力度加大。东横河、朝东圩港水利枢纽工程顺利推进，完成长江防洪工程投资3886万元、农田水利投资2100万元，疏浚市、镇、村、组四级河道1290条计461.3公里。土地市场秩序治理整顿取得成效，完成土地整理面积335.3公顷，新增耕地31.7公顷。开展了农村产权制度改革试点工作，组建了9家农村社区股份合作社。农业发展规划顺利编制，为农业可持续发展奠定了基础。

——对外开放进一步扩大，经济国际化进程加快。新批三资企业200家，完成注册外资13.2亿美元，比上年增长11.3%，到账外资6.4亿美元，增长6.4%，其中到账外资验资数2.88亿美元。开发区集聚效应日益显现。保税区、省级开发区、扬子江化学工业园和扬子江冶金工业园注册外资、到账外资分别占全市的51.6%和53.8%。乡镇引资增长较快。3个镇注册外资超1亿美元，2个镇实现了翻番。招商选资力度加大。全年新批总投资超千万美元项目82个，注册外资11.5亿美元，分别增长12.3%和14.8%。对外贸易快速攀升。实现进出口总额82.7亿美元，其中出口28.4亿美元，分别增长61%和44.1%。出口超千万美元企业达到40家，国泰国际集团出口连续4年位居全省外贸企业首位。外经合作不断拓展。劳务输出总量继续位居苏州第一，新批海外企业境外投资总额居全省县（市）首位。对外交流日益频繁，民间交往不断增多。与俄罗斯维亚基马市正式结为友好城市，与加拿大夏威尼卡市、韩国蔚山市建立了友好经济交流协作关系。口岸发展跃上新的平台。完成出入境检验检疫货值57.4亿美元，到港国际航行船舶3134艘（次），海关关税和代征税达到114亿元，成为全国首家海关税收超百亿元的内河口岸和县域口岸。

——第三产业日益繁荣，现代服务业活力显现。完成社会消费品零售总额74.2亿元，比上年增长16.7%。实现服务业增加值193.2亿元，增长17.6%，占全市生产总值的33.5%。物流业迅猛发展。张家港口岸完成货物吞吐量6397.8万吨，集装箱运量32.8万标箱，分别增长41.8%和32.6%。实现物流业务总收入37亿元，增长42.3%。全市106个专业市场完成货物交易额300亿元，增长16.5%，其中保税区化工品市场交易额达到177亿元。金融保险、邮电通信业继续增长。全市本外币存、贷款余额分别达到518.6亿元和458.1亿元，比年初增加78.5亿元和61.2亿元，全市银行机构不良贷款率下降到3.23%；实现保费收入9.7亿元，增长19%；完成邮电通信业务总收入4.4亿元，增长16.2%，城乡电话主线普及率达到38.7号线/百人，全市移动电话用户超过60万户、小灵通用户达到16.5万户。住房、汽车、旅游成为新的消费热点。销售商品房117.8万平方米计25.5亿元，分别增长17.2%和40%。新增私家车8012辆，全市私家车保有量达到3.2万辆，平均每百户10辆。香山、东渡苑、双山岛等一批景区景点建设进展顺利。

——城市建设加速推进，综合环境不断优化。顺利实施常阴沙农场属地管理，全市行政村由313个撤并为186个。城市基础设施进一步完善。市区长安路改造如期竣工，四水厂一期工程顺利推进，污水主管网工程进入收尾阶段。新建改造港湾式候车亭64个、社会停车场3个，新增停车泊位2000余个。第一人民医院、交通大厦、供电大厦、建设大厦、农商行大厦、国泰时代广场等一批重点建筑按计划实施。拆迁工作有序推进。全市拆迁各类房屋99.4万平方米，开工建设拆迁定销房100万平方米。全面实行城市管理处罚权相对集中，城管执法向街道（社区）和各镇延伸，促进了市容环境日常管理与执法管理的有机衔接。生态市建设步步深入。全市各镇通过了“全国环境优美镇”的省级调研评估，塘桥镇被评为全市首家“全国环境优美镇”。全年共劝阻和拒批工业污染项目70个、三产项目319个，关停重污染企业6家，限期治理32家，深度治理10家，累计在50家污染企业安装了污染物排放自动监控装置。循环经济开始起步。8家企业通过了清洁生产审核，10家企业被评为“环境友好企业”。累计投入绿化资金6.3亿元，新增各类林地绿地1367公顷，全市森林覆盖率达到14.46%。

——富民工程深入实施，全社会保障水平明显提高。城镇居民人均可支配收入达到15117元，农民人均纯收入达到7930元，分别比上年增长16.6%和14.2%。全面取消农村“一事一议”筹资，农民实现合同内无负担。认真落实种粮直补和良种补贴政策，共发放补贴962万元。提高征地补偿标准，实行“土地换保障”制度。大力开展再就业援助工作。全年新增就业岗位3.9万个，帮助314名再就业援助对象再就业，帮助3941名被征地农民和5246名农村富余劳动力实现就业。不断完善社会保障体系，集中开展社保扩面工作，社会保险覆盖面和参保率明显提高。新增社会保险参保人数11.6万人，累计35.4万人，综合参保率达到79.7%；其中：新增农保参保人数6.8万人，累计14.4万人，参保率达到90.6%；共为10.2万名老年农（居）民发放养老补贴5844万元，发放率达到90.4%。建立了新型合作医疗制度，全市参加人数达到46.6万人，参加率达到87.6%。低保户动态核实工作由每年一次改为每季一次，农民最低生活保障标准由每月160元提高到每月180元，城镇居民最低生活保障标准由每月220元提高到每月260元，共为6302户、14460名低保对象发放低保金1321.2万元。社会住房保障能力进一步增强，全市住房公积金归集总额达到3.05亿元。4万平方米经济适用房如期竣工，拨款867万元帮助846户贫困对象建房2334间，解决了一部分中低收入群体的住房困难。农村实事工程深入实施，改善了农村的生产、生活环境。

——系列创建扎实推进，各项社会事业蓬勃发展。以文明城市创建为总揽，整体推进全国生态市、全国消费放心城市、中国优秀旅游城市等各项创建，先后高标准通过了“国家卫生城市”、“全国环保模范城市”、“全国文化先进县（市）”、“全国计划生育优质服务示范市”和“全国双拥模范城”的复查验收，全市各镇全部建成“国家卫生镇”。2004年（张家港）长江文化艺术展示周成功举办，开创了长江流域大规模跨地区文化交流合作的先河，进一步丰富了我市城市文化内涵。立足城市未来发展，制定了《张家港市2004—2010年教育事业发展规划》。基础教育、职业教育、成人教育和高等教育同步推进，中小学布局进一步优化，支持建办民工子弟学校4所，撤并改造学校40所，2.53万名外来务工人员子女在我市顺利就学。健康城市建设取得成效。组建了镇卫生管理服务中心，开通了"120"医疗急救服务体系，食品安全专项整治工程和传染病防治工作稳步推进，人口与计划生育综合改革取得突破。扎实开展全民健身工程，新建市级以上全民健身工程（点）41个，举办了5次全国性体育赛事。深入开展"公民道德实践年"活动，文明社区、文明镇村、文明单位系列创建同步推进。设立了诚信维权中心，命名诚信企业2426家，实现了信用镇创建"满堂红"。健全市、镇两级暂住人员管理服务网络，逐步纳入规范化、制度化轨道。年初确定的为民办十件实事重点工程全部实施。民族、宗教、商会、侨务、外事、对台、兵役、人民防空、统计、审计、档案、地方志、后勤接待、挂钩扶贫、驻外办事处工作和工会、妇女、儿童、老龄、关心下一代、残疾人事业都取得了新的进步。

——*各项改革不断深化，政通人和的局面进一步巩固。*认真组织实施《中华人民共和国行政许可法》，确定并公布了首批具备行政许可实施主体资格的行政机关、授权组织43家及实施的行政许可项目279项，削减行政审批事项5项。卫生体制改革深入实施，社会事业单位和社会团体改革顺利启动，全面完成了单位分类定性和改革方案拟定工作。制定出台了《张家港市人民政府工作规则》，将政府工作纳入制度化、法制化、规范化的轨道。自觉接受人大的法律监督、工作监督和政协的民主监督，注重发挥各民主党派、无党派人士、工商联、人民团体的参政作用，共办理人大代表建议129件，政协提案247件。不断加强基层民主政治建设，完善村民自治和社区居民自治。全力创建"平安张家港"。强化社会治安综合治理，严厉打击各类刑事犯罪活动。积极开展社区矫正试点和预防未成年人犯罪工作，认真做好民事调解和人民信访工作，成立了市、镇两级社会矛盾纠纷排查调处服务中心，有效化解人民内部矛盾，被评为省"社会治安安全县（市）"和"社会治安综合治理先进县（市）"。健全安全生产责任制，努力保障人民群众的生命财产安全，维护了社会的长治久安。

各位代表，刚刚过去的2004年，我们按照市委提出的"转型、加速、协调"三大主题，围绕推进"两个率先"，顺时应势，立足长远，突出抓了以下六项工作：一是主动适应宏观调控，努力破解瓶颈制约。积极整合建设用地资源，提高项目投入强度，鼓励新办项目向园区集中，缓解土地供需压力。顺应国家投融资体制改革要求，积极做好重大投资项目的审批核准工作。千方百计加强电网和电源点建设，精心组织错峰方案，顺利度过了用电高峰。通过组织银企洽谈，畅通融资渠道，加快资本经营步伐，较好地缓解了资金供应偏紧的局面。二是积极营造区位优势，全力推进大交通建设。对外交通建设取得突破，沿江高速公路和苏虞张一级公路顺利竣工通车。市域路网建设捷报频传，港丰公路、东南二环路及张杨公路立交、杨塘公路、凤恬路西延、杨锦公路拓宽等重点交通道路工程相继建成通车，进一步优化了市域交通网络。三是大力实施区港联动，启动建设保税物流园区。从适应经济全球化、提高港口竞争力、发展现代物流产业的现实需要出发，抢抓机遇，经国务院批准，张家港保税区成为全国第二批区港联动试点单位，从而使张家港保税物流园区成为全国惟一的内河港型区港联动保税物流基地。四是突出规划龙头地位，拓展城市发展空间。按照"一城四片区"的规划框架，全面完成了城市总体规划（修编）、片区总体规划和相关专业规划，加快推进各中心镇规划。着眼拓展城市发展空间，集中力量加快推进新城区建设，暨阳湖生态园区和城西新区整体形态初步显现。五是激发全民创业热情，全面实施"民营经济腾飞计划"。出台相关优惠政策，放宽准入领域，进一步优化完善面向中小企业的融资担保服务，鼓励群众自主创业。新增私营企业2091家，注册资本34.2亿元；个私经济入库税收17.8亿元，比上年增长26.4%。六是加快政府职能转变，切实优化政务环境。围绕建设"效率张家港"的要求，切实强化亲商亲民意识，深入开展政风行风评议活动，在政府机关各部门广泛推行服务承诺制、工作督查制和责任追究制。进一步健全绩效考评体系，在抓好政府部门领导班子建设的同时，采取有力措施解决中层"肠梗阻"和"顶门杠"问题，机关行政效能得到进一步提高。

各位代表，回顾一年来的工作，我们深深体会到，做好新形势下的政府工作，必须坚持高扬发展旗帜，坚定率先发展、加快发展的信念不动摇，始终保持团结奋进、昂扬向上的精神状态；必须坚持科学发展观，着眼经济发展目标、社会发展目标和生态环境目标的有机统一，推动经济社会全面协调可持续发展；必须坚持以人为本，富民优先，牢牢把握"三个代表"重要思想的本质和核心，把维护人民群众的根本利益作为一切工作的出发点和落脚点，积极妥善解决热点、难点问题，正确处理好改革、发展、稳定的关系，努力让人民群众在发展中得到更多的实惠。

各位代表，2004年取得的成绩，是全市人民共同奋斗、辛勤劳动的结果。在此，我代表市人民政府向全体人大代表、政协委员，并通过你们向全市广大干部群众，向全体驻军指战员、武警官兵、公安干警和各涉外单位的干部职工，向各民主党派、人民团体、工商联和无党派人士，向离退休老同志，向所有在我市投资兴业、务工经商以及关心支持我市经济社会发展的海内外各界朋友，表示衷心的感谢并致以崇高的敬意！

回顾过去一年的工作，我们也清醒认识到，工作中还存在一些问题和不足，主要有：制约发展的结构性矛盾仍然比较突出，工业经济核心竞争力还不强，服务业发展相对滞后，经济增长方式有待进一步转变；城市化相对滞后于工业化，环境保护和生态建设的任务还很繁重，城市现代化水平有待进一步提升；农民增收的难度依然较大，社会保障体系仍需完善，人民生活水平有待进一步提高；机关部门的行政效能建设仍然存在薄弱环节，行政管理机制还不能完全适应未来发展的要求，维护社会稳定的工作有待进一步加强，等等。这些问题必须引起我们高度重视，在今后的工作中切实加以解决。

二、2005年工作安排

2005年是我市贯彻落实科学发展观、推进经济社会全面协调可持续发展的重要一年，也是全面建成高水平小康社会的关键一年。纵观形势，我们既面临着严峻的挑战，更处在一个重要的战略机遇期。虽然宏观经济环境正发生着深刻变化，各种制约和矛盾进一步显现，区域竞争日益加剧，经济运行的变数增多。但是，我们应该看到，全球经济继续回升，国际资本和产业加快转移；随着国家宏观调控的进一步改善，国内经济将持续稳定增长；经过多年的建设和发展，我市的经济社会发展具备了良好基础，城市综合竞争力不断增强。只要我们审时度势，扬长补短，始终坚定加快发展的信念不动摇，强化忧患意识、拼搏意识、创新意识，坚持科学发展、率先发展、协调发展，就一定能够开创经济社会发展的新局面。

2005年，政府工作的总体要求是：以邓小平理论和“三个代表”重要思想为指导，认真贯彻落实党的十六大、十六届四中全会和中央经济工作会议精神，按照科学发展观的要求，以“两个率先”统领经济社会发展全局，围绕建设最适宜人居、创业、发展的现代化港口城市，坚持富民优先，进一步“优化结构、深化转型、强化基础”，主动适应国家宏观调控，着力提高政府行政水平，全力推进新型工业化、城市现代化、经济国际化、社会和谐化，努力实现全市经济社会在更高平台上更快更好发展。

2005年，我市经济社会发展的主要预期目标是：全市生产总值比上年增长15%左右；地方财政一般预算收入增长20%；全社会固定资产投资增长15%左右，社会消费品零售总额增长18%；工业产品销售收入增长25%左右；注册外资14亿美元，到账外资验资3亿美元；城镇居民人均可支配收入、农民人均纯收入分别增长10%和8%左右；城镇职工登记失业率控制在3%以内；人口自然增长率控制在1.2‰以内。

按照上述要求和目标，我们将认真抓好以下八个方面的工作：

（一）围绕加速转型提升水平，努力实现区域经济更快更好发展

切实转变经济增长方式，在加快发展的同时，更加注重科学发展，形成经济发展新的竞争优势。

提高经济产出效益。把宏观调控作为促进工业结构调整、转变经济增长方式的重要契机，坚持走环境污染小、资源消耗低、经济效益好的新型工业化发展道路。进一步巩固节水型城市创建成果，提高水资源利用效率，工业用水重复率达到80%左右。工业企业销售利润率比上年提高0.5个百分点、人均劳动生产率提高12%。以市场为导向，积极实施农业结构调整，加快农业产业化进程，积极推广节本、高效种养技术，强化科技支农，促进农业整体增效。全力推进服务业跨越发展，积极发展生产性服务业，全年服务业入库税收占全市总量的比重提高到40%。

加快技术创新步伐。引导企业加大研发投入，提高自主创新能力，积极运用高新技术和先进适用技术改造传统产业，推动科技成果转化。坚持以信息化带动工业化，大力发展高新技术产业。年内，新增省级以上高新技术企业7家、高新技术产品45种，全市高新技术产业化率达到23%。积极实施品牌战略，不断增强名牌产品对经济增长的带动效应，年内新增中国驰名商标1种、中国名牌产品2种。把人才资源开发作为事关未来发展的重大战略任务，加快推进博士后工作站、工程研究中心、技术开发中心、留学生创业园建设，营造尊重知识、激励创新的良好氛围，形成人才辈出、人尽其才的生动局面。

推进经济集约发展。根据我市产业实际，结合“十一五”规划，制订产业发展指导目录，统筹规划产业空间布局。坚持有所为有所不为，强化“绿色招商”理念，优先引进环保技术好、资源耗用少、污染排放小的项目。制定产业用地指导目录，实行项目供地量与投资额、产出贡献挂钩，进一步提高准入门槛，提高投资强度。推进开发区基础设施的共建共享，着力构建产业循环链，提高资源能源利用效率。

增强经济内生动力。加快推进现代企业制度建设，激发企业经营活力。积极拓展资本经营，力争再有3家企业实现直接上市。重视发展中小企业。认真实施“民营经济腾飞计划”，抓紧构建融资担保、创业发展、技术服务、人才交流等民营经济服务平台，全面落实扶持民营经济发展的各项政策措施，着力营造有利于民营经济发展的良好环境，大力促进民营企业向规模型、科技型、特色型方向发展。全年新增私营企业1500家，注册资本42亿元，民营经济入库税收占全市总额的比重再提高5个百分点。

（二）围绕打造现代制造业基地，推动二、三产业互动并进

充分认识我市产业发展特征，顺应工业化中后期服务业加快发展的必然趋势，放大服务业对制造业的促进作用，按照布局合理、发展有序、比例协调的要求，全力推动二、三产业互动并进，不断激发经济发展活力。

全力构筑产业发展高地。在做大做强做优冶金、纺织、化工、粮油、建材、机电等产业板块的同时，积极培育发展新兴产业，力争通过3年～5年的努力，使我市年工业销售收入达到3000亿元，建成长江三角洲重要的现代制造业基地。加大工业有效投入，全力推进对经济发展、结构调整有明显拉动作用的重特大项目，继续组织实施“十大竣工项目”和“十大开工项目”，确保全市工业投入超过180亿元。认真开展可行性论证，积极筛选一批后续项目，实现调研储备一批、开发研究一批、组织实施一批、竣工投产一批的良性循环。顺应国家产业政策要求，继续做好一批重点大项目的审批核准工作，争取有超过10个项目进入省级以上技术创新和重点技改项目，有5个以上项目列入国债计划。坚定不移实施大企业大集团战略，支持规模企业开展资本经营，实现裂变式发展。加大研发投入，增强自主创新能力，推出具有核心技术和自主知识产权的优势

产品，不断提高核心竞争力。鼓励具备条件的企业适时适度有序向外拓展，到资源丰富地区建立能源、原材料基地，充分利用国内和国际两个市场、两种资源，实现低成本扩张。立足早作准备，拟定预案，努力平衡煤、电、油、运等生产要素供应。

推动服务业跨越发展。进一步明确加快服务业发展的目标定位，全面构建以现代物流业为龙头，以商贸流通业为依托，以金融保险业为支撑，房地产、邮电通信、信息中介、社区服务、旅游等其他服务业整体推进的服务业体系。加快发展现代物流业。把区港联动保税物流园区作为我市打造区域性物流基地的重中之重，把金港物流中心和冶金物流中心作为重要载体，依托现代化水陆运输体系和通信网络信息平台，形成满足制造业发展需求，资源有机整合、企业有效协作、服务快捷高效的综合物流体系。今年，张家港港货物吞吐量要达到8000万吨，集装箱运量达到40万标箱。力争用3年～5年时间，把我市建成具有国际影响力、具备较强集聚力的区域性物流基地。加快繁荣商贸流通业。继续加强专业市场建设，重点抓好钢材市场、纺织市场和化工品交易市场，积极引进跨国连锁超市落户我市，大力发展仓储式会员店、品牌专卖店、专业超市，做大做优规模型商贸流通企业，形成层次分明、结构合理、功能互补的商业网络。加大旅游景区景点建设力度。加快推进双山岛旅游度假区创建国家AAAA旅游区（点）的各项前期准备工作，力争香山和东渡苑风景区建成国家AAA旅游区（点），确保年内建成“中国优秀旅游城市”。积极引进金融机构，争取全国性和区域性商业银行来我市设立分支机构，尽最大努力扩大信贷资金投放总量。大力引进和开发金融新产品，拓展金融服务领域，发挥证券、信托、保险机构在集聚资金、资本运作、补偿保障等方面的独特功能，为经济发展提供服务。坚持科学规划、合理调控、加强监管、提高品质，引导房地产业走规模化、集约化、产业化、生态化道路。支持发展律师、会计、财务顾问、管理咨询等中介机构，增加服务品种，提升服务水平。运用市场机制鼓励发展养老、托幼、文化、健身、医疗、物业管理等各种便民利民服务业，不断增强社区服务功能。确保全年完成服务业增加值225亿元，增长16%以上，占GDP的比重稳中有升。

（三）围绕扩大开放，进一步促进外资民资集聚

始终突出招商引资主线，更加注重提高质量、改善结构，以集约促集聚，以争先促发展，全面提高对内对外开放水平。

抢抓机遇，拓宽思路，强化招商引资。深入研究国内外资本流向和宏观经济政策走向，继续实施主攻日韩、巩固港台、拓展欧美的招商方略，掌握国内民资密集区域客商和上市公司、大型民企的投资意愿，加快“引资”向“选资”转变。以国家鼓励类项目为重点，积极引进投资强度大、科技含量高、产业带动力强的项目，建办超千万美元项目90个、超亿美元项目3个～4个。全力推进一、三产业招商，今年，农业招商要实现新的增长，服务业招商要实现新的跨越。继续推进利用外地资本工作，全年注册外地资本18亿元，外地资本投入工作量55亿元。充分利用我市对外交通得到明显改善的有利条件，进一步放大各类开发载体的基础设施优势和政策功能优势。保税区要充分发挥龙头带动作用，依托保税物流园和化学工业园，加大功能开发力度，加速推进物流业和化工产业集聚，提高整体开发水平；省级开发区要依托城市发展，打造更具优势和吸引力的投资环境，增强高新技术产业集聚能力；冶金工业园要依托现有企业开展招商，不断延伸产业链，着力提高冶金产业集聚度；沿江开发办以及各镇要紧紧围绕优势产业，强化特色招商，提高招商实效。

优化结构，提高效益，扩大对外贸易。积极实施“科技兴贸”、“以质取胜”战略，扩大机电和高新技术产品出口比重，提高服装、纺织品等传统大宗出口商品的附加值，大力推动自有品牌和自主知识产权产品出口。积极支持外资企业通过增资扩股，扩大生产规模，增加产品出口。积极引导外贸企业转变经营方式，推进科工贸一体化，提高市场竞争能力。积极鼓励自营出口企业开拓境外市场，熟悉国际贸易规则，增强国际市场营销能力。力争全市进出口总额突破100亿美元，其中出口35亿美元，争创1个～2个国家级“出口名牌产品”。进一步优化口岸环境，推动电子口岸建设，提高通关效率。

加大力度，重点突破，加强外经合作和国际交流。充分利用国家相关鼓励政策，帮助有条件的企业开展境外加工贸易，引导规模型企业率先“走出去”，到境外投资建厂。鼓励开展境外承包工程和劳务合作，推进工程分包向总包转变，努力提高技术型劳务的份额。进一步扩大国际交流，加强国际城市间的合作与交往，鼓励和推动民间对外文化、经贸交流。

（四）围绕统筹城乡协调发展，切实改善人民群众生活

把统筹城乡发展摆到实现“两个率先”目标的重要位置，始终坚持富民优先原则，不断提高城乡居民收入水平和生活质量。

着力提升农业工作水平。高度重视粮食生产，着力构建粮食安全保障体系。加强农产品质量建设，强化动物免疫和质量检测，按照高产、优质、生态、安全的要求，继续深化农业结构调整，重点发展无公害稻米、苗木、蔬菜、果树、特种水产等主导产品，年内新增设施栽培面积33.3公顷，新增无公害农产品、绿色食品、有机食品20种以上，总量超过100种。推进农业产业化经营，大力扶持农业龙头企业，延长产业链，提高农产品附加值。鼓励发展各种形式的合作经济组织和专业协会，培育新型农产品营销主体，以农民经纪人协会为主体，提高农产品流通服务水平。依托各类农业科技示范园，加大新品种、新技术推广力度，推进农机化技术创新示范基地建设，不断提高农业科技含量和为农服务水平。

努力改善农村生产生活环境。坚持“多予、少取、放活”，促进农村经济社会全面进步。加快现代化农村居民住宅区建设。坚持规划先行、以点带面、稳步推进，搞好小村庄的撤并整理工作，高标准实施农村居民住宅示范区和农村社区建设，改善农民居住条件。进一步抓好农村实事

工程建设。继续开展以“三清”工作为重点的农村大环境综合整治，落实农村环境卫生长效管理机制，全面完成农村改厕任务，卫生户厕普及率达到100%。巩固河道整治管理成果，年内疏浚河道1096条、592公里，拆坝建桥157条。加快农村道路建设进程。年内新建村级道路285.4公里，全市行政村全部沟通四级以上公路。加强农业基础设施建设。继续开展农田水利基本建设和中低产农田改造，推进长江防洪工程，搞好堤防岁修和养护，确保安全度汛。加强耕地保护和管理，严格基本农田保护，抓好土地查荒灭荒和整理工作，年内整理土地347公顷。

切实加强就业和社会保障工作。以就业为民生之本，把增加就业岗位、实现充分就业作为经济社会发展的优先目标和政府工作的重要职责，形成劳动者自主择业、市场调节就业、政府促进就业的新机制。强化就业培训、职业介绍，健全职业资格准入制度，提高劳动者的就业、创业和职业转换能力，推行灵活多样的就业形式，鼓励自谋职业和自主创业。全面推进城乡统筹就业，加强对就业困难群体的援助，努力开发社区就业岗位、公益性岗位，积极扶持被征地农民和农村富余劳动力上岗就业。年内新增就业岗位3万个，失业职工再就业率达50%以上，帮助5000名农村富余劳动力实现就业。继续深入开展社会保险集中扩面活动，确保6月底前，全市社会保险综合参保率达到90%以上，老年农（居）民养老补贴发放率超过95%。

采取积极措施维护群众切身利益。继续抓好水稻直补和良种补贴工作，严格落实涉农收费公示制度，控减农民合同外负担。高度重视房屋拆迁工作，严格拆迁安置补偿标准。实施撤组转户工程，认真执行“土地换保障”制度，年内对全市人均耕地不足0.1亩(0.0067公顷)的村民小组实行撤组转户，切实保障被征地农民的合法权益。以企业为重点，进一步扩大住房公积金制度的覆盖面。抓好清理预防拖欠工程款和民工工资，完善扶贫济困工作机制，重点抓好贫困人群医疗救助、贫困学生助学、因灾危房户帮建等工作。积极引导和鼓励各级各类企业支持社会公益建设，落实优抚政策，加强低保户动态管理和领导干部结对帮扶工作，开展社会捐助等各类慈善活动，保证困难群众的基本生活。

（五）围绕城市未来发展定位，高标准推进城市建设

按照“一城四片区”的总体构架，坚持以规划为先导，进一步完善功能、优化环境，全面提升城市建设整体水平，切实增强城市的集聚力、竞争力和可持续发展能力。

加快完善规划体系。按照规划全覆盖的目标，加快推进各类规划编制进程，形成包括市区和片区总体规划、控制性详规、专业规划、城市设计在内的完整的城市规划体系。年内，完成市区5项分区规划、城西新区控制性详规和杨舍城区整体城市设计，抓好塘桥片区、常阴沙总体规划，以及金港、锦丰、塘桥、乐余新城的控制性详规，将各项建设全面纳入规划指导的轨道。

精心打造新城区。按照确定的中心城区“七组团”空间结构，突出新城区建设先行。今年，暨阳湖生态园区要全面完成区内主要框架道路、环湖中心景区和假日广场建设，并启动核心地块的项目开发；城西新区要加快实施以区内道路、水系沟通为重点的基础设施建设，完成所有民房和项目涉及的企业用房拆迁工作，同步推进拆迁定销房建设，启动购物公园一期工程。抓好在建的梁丰生态园建设，确保明年5月1日正式开园。

着力改善人居环境。以争创“中国人居环境奖”和“国际花园城市”为抓手，努力增加市区绿量。加快实施“退二进三”，降低老城区建筑密度和开发强度，扩大城市开敞空间。加大老住宅区的综合整治力度，力争用三年时间，基本完成市区范围内老住宅区的平改坡、道路硬化、完善设施等八个方面的整治任务。积极实施公交优先战略，优化城市道路网络，合理设置交通安全设施，强化交通管理，加快停车场（点）建设，切实缓解“行车难、停车难”问题。以城管创优活动为抓手，加快修订和完善城市管理规章，强化综合执法管理，充分利用现有平台和网络，发挥社区、居民小区和企事业单位的社会管理作用，进一步提高城管效能。按照政府推动、市场主导、强化服务的原则，规范物业维修专项资金的使用和监管，推动全市物业管理再上新水平。

完善城市基础设施。全力构建大交通格局。重点抓好港华路南段、张杨公路东延、妙丰公路中段、张家港东互通、中华路南延等道路交通工程，进一步畅通市域交通网络。加快推进四水厂一期工程建设进程，并同步配套建设北区区域供水管道，确保今年8月份四水厂竣工投运，10月份北区区域并网供水。扎实推进沙洲电厂、华兴电力等一批在建的电力项目建设，开工建设兆丰和七里庙220千伏输变电工程，确保年内华兴电力1号、2号机组并网发电。加快实施天然气接收门站、高中压调压站和输气管网建设，力争6月份首批居民正常用气。以基站建设、光纤铺设、宽带扩容为重点，进一步优化完善现有通信网络，构建便捷、高速的信息服务平台。

（六）围绕构建和谐社会，大力发展各项社会事业

确立人本理念，创新工作机制，加强社会管理，激发社会活力，维护社会公平，努力构建和谐社会。

实施教育提升工程。落实教育事业发展规划，进一步加大教育投入，巩固和扩大教育现代化创建成果，整体提升全市各级各类学校办学层次和教学水平。开展示范创建，全面优化中小学教学环境。扩充优质教育资源，努力满足社会需求，年内易地新建梁丰高级中学。合理规划建办民工子弟学校，妥善解决外来务工人员子女入学就读问题。大力发展职业教育和成人教育，不断完善社区教育，努力构建现代国民教育体系和终身教育体系。有效整合现有资源，积极稳妥发展高等教育。扎实推进平安校园工程，努力营造安全稳定的教学秩序。

加快健康城市建设。继续深入实施健康细胞、健康服务、健康宣传三大工程，开展部分人群健康干预项目，培育一批健康教育示范点，构建政府、社会、市民互动的运行机制。牢固确立公共卫生意识，全面加强慢性病、职业病和传染病防治工作。提升镇卫生管理服务中心功能，加快社区卫生服务布局调整，不断夯实预防保健工作基础，确

保年内建成省“社区卫生服务示范市”。深化医疗卫生体制改革，推动各类医疗卫生机构有序竞争、共同发展。深入开展爱国卫生运动，持续改进城乡卫生环境。认真落实计划生育综合改革各项措施，全面提高计划生育管理和服务水平。扎实开展全民健身工程，努力增强全民体质。

深化文明创建活动。以中宣部、国务院办公厅在我市召开全国精神文明建设经验交流会十周年为契机，进一步丰富创建内涵，提升创建水平，确保年内率先建成“全国文明城市”。开展公民思想道德实践活动，切实抓好市民思想教育，大力普及科学文化知识，整体提升市民素质。关注老龄工作，突出加强未成年人思想道德教育，构建家庭、学校、社会三位一体的未成年人思想道德教育网络，不断优化有利于未成年人健康成长的社会环境。加快构建政府诚信、企业信用、社会诚信三大体系，增强全社会诚信意识，建设“诚信张家港”。全面整合社区服务资源，改善社区基础设施，丰富社区工作内涵，完善管理服务体系，提高社区居民“自我管理、自我教育、自我服务、自我监督”的能力。年内，全市一类社区要达到100%，文明社区要达到80%。牢固确立文化强市的发展理念，加快文化中心建设，严格落实文物保护措施，切实加强网吧、电子游戏厅、音像制品等文化市场管理。认真总结长江文化艺术展示周的经验，重视培育城市文化，扩大区域文化交流合作，做大做强文化产业，努力打造一批文化艺术和广电节目精品，进一步丰富人民群众的精神文化生活。

继续办好实事工程。集中财力为民办好十项实事重点工程：1.实施撤组转户工程；2.文化中心工程；3.天然气利用工程；4.梁丰生态园工程；5.环境保护专项整治工程；6.新型合作医疗信息化管理系统工程；7.市区经济适用住房和老住宅区整治工程；8.道路交通安全设施建设和平安校园工程；9.圩区治理工程；10.就业和社会保障工程。

全力维护社会稳定。全面加强社会治安防控体系建设，强化群防群控工作责任制。坚持“严打”方针，依法打击各种犯罪活动，切实保障人民生命财产安全，建设“平安张家港”。进一步加强外来暂住人口管理服务工作。畅通社情民意反映渠道，完善社会矛盾排解工作机制，努力把矛盾化解在基层、解决在萌芽。进一步强化安全生产监督管理，全面落实安全生产措施，坚决杜绝重特大事故发生。建立健全社会预警体系，提高保障公共安全和处置突发事件的能力。

（七）围绕建设生态良好的新港城，积极实施可持续发展战略

站在统筹人与自然和谐发展的高度，切实加强环境保护和生态建设，争取率先建成“全国生态市”。

实施专项整治，削减污染排放总量。2005年是市委、市政府确定的“环境保护专项整治年”。突出抓好水环境专项整治。启动十大企业集团“环境保护三年规划”。限期治理26家化工、电镀企业，深度治理重点水污染企业，确保十大排污企业水污染总量削减20%。重点抓好大气环境专项整治。革除市区二环路以内2蒸吨以下燃煤锅炉，限期治理粉尘和二氧化硫排放的重点企业，整治主要道路沿线烟囱、水塔。认真抓好镇村环境综合整治。对市区畜禽养殖业集中归并治理，二环路以内的养殖场(点)全部实施搬迁或关停，对全市饭店、生猪定点屠宰场(点)、农贸市场以及垃圾填埋场的废弃物实行集中收集处理。

加快创建步伐，改善生态环境质量。加快建设绿色人居、生态保护等八项重点工程，年内新增林地绿地1000公顷，全市森林覆盖率达到15.6%。推进暨阳湖生态园区、梁丰生态园、双山生态岛的规划建设，拓展无公害农产品和绿色、有机食品基地建设，集中力量加快各镇生活污水处理厂及配套管网建设，力争实现全国环境优美镇创建“满堂红”。进一步深化生态系列创建。年内建成全省第一批“生态农业市”，确保新增苏州市级以上生态村10个、绿色社区15个，新增绿色学校20所、国家级环境友好企业1家、省级2家。加快建设危险工业固废综合处置中心，完善污水支管网，实施市区雨污分流工程，年内市区污水处理率达到80%。加快东横河和朝东圩港水利枢纽工程建设，为调引长江清水改善市区水环境创造条件。进一步加强环境监测能力建设，增设一批水环境质量、空气质量和环境噪声自动监测设施，形成比较完善的环境质量自动监测体系。

发展循环经济，促进资源永续利用。以提高资源能源利用率为核心，运用“减量化、再利用、再循环”原则，鼓励企业改造工艺实行清洁生产，年内新增清洁生产企业15家，总数达到27家，新开展审核企业15家。引导企业运用先进技术强化环境管理，推进ISO 14001环境管理体系认证，新增认证企业25家，总数达到97家。突出开发区循环经济载体建设，推行同行业、上下游及相关企业集中布局，实施热、电、汽集中供应和污水集中处理。扬子江冶金工业园和扬子江化学工业园要丰富和延伸产业链，建成生态工业园。

（八）围绕提高执政能力的要求，不断加强政府自身建设

新的一年，政府工作确定了新的目标和任务，也面临着新的机遇和挑战。政府及其工作人员必须适应新形势新任务，坚持以人为本，树立和落实科学发展观，着力加强自身建设，全力打造“清廉、民主、务实、高效”的政府形象。

坚定信念，保持奋发有为的精神状态。紧紧围绕争当全省“两个率先”排头兵的目标定位，从对人民负责、为人民办事、受人民监督、让人民满意的要求出发，大力弘扬张家港精神，用先进执政理念武装全市公务员队伍，深入开展以实践“三个代表”重要思想为主要内容的保持共产党员先进性教育活动，注重在科学发展中抢抓率先发展的机遇，用创新的思维、创新的机制、创新的实践，在更高的平台上实现更快更好发展。

依法行政，建设规范透明的法治政府。按照程序正当、高效便民、诚实守信、权责一致的要求，制定落实《张家港市推进依法行政建设法治政府实施意见》。遵循法定权限和程序，做好规范性文件的制定、修改和废止工作，深入推行行政执法责任制和过错责任追究制，突出加大对行政

不作为、乱作为的责任追究力度，确保行政执法人员严格执法、公正执法、文明执法。继续完善政务公开、村务公开，保证基层群众依法行使选举权、知情权、参与权、监督权等民主权利。

深化改革，促进政府职能的加速转变。实施新一轮机构改革，整合政府行政资源。深入推进事业单位和社会团体改革，根据相关单位的具体情况，按照积极稳妥、整体推进、责权利落实到位的原则，通过分类定性、分别改革、分开管理，确保年内行政类、公益类、专业服务类等事业单位的改革全面到位，实现政事分开、政企分开。进一步减少和规范行政审批事项，运用行政规划、行政指导、行政合同的方式强化行政管理。通过科技手段提高行政工作效率，加快建设“电子政府”，推进“网上审批”，提高办公自动化水平，实现政府信息互通和资源共享。

勤政为民，营造快捷高效的服务氛围。强化亲民意识，切实把实现群众愿望、满足群众需要、维护群众利益作为一切工作的出发点和落脚点。大力推进机关效能建设，加强效能监察，有的放矢改进工作，规范和完善行政窗口服务，更好地方便群众办事。广泛开展行风政风评议活动，建立以工作实绩为核心的绩效标准和考核体系，提高政府部门及其工作人员的服务效率和质量。遵循国际惯例，不断改进对企业和客商的服务，围绕洽谈、报批、建设、投产等环节，提供全过程、全方位的项目服务，为各类资本的进入疏通渠道，为各路客商的发展搭建平台。抓好经济调节和市场监管，依法保护各类经济主体的合法权益。

从严治政，树立清正廉洁的公仆形象。坚持一手抓发展，一手抓廉政。按照“六个禁止”、“五个不准”、“四个千万不能”和“三个管好”的要求，认真落实党风廉政建设责任制，严格遵守廉政各项规定，切实纠正损害群众利益的不正之风。要规范执政行为，防范公权私用，进一步完善建设工程招投标、经营性土地使用权拍卖、政府采购制度，切实抓好机关部门公务用车改革。政府及其各部门要严格执行政府工作规则，自觉接受市人大的法律监督、工作监督和市政协的民主监督。依法向市人大及其常委会报告工作，认真执行和落实市人大有关决议、决定。主动与市政协联系、沟通，支持政协履行政治协商、参政议政职能。认真办理人大代表建议和政协提案，提高办理实效。诚恳听取各民主党派、工商联和工会、共青团、妇联、科协等人民团体的建议和意见，努力把政府建设成为勤政务实、廉洁高效的政府，依法行政、从严治政的政府，群众信赖、人民满意的政府。

各位代表，让我们高举邓小平理论和“三个代表”重要思想伟大旗帜，认真落实科学发展观，在中共张家港市委的坚强领导下，团结一心，锐意进取，不断提高行政水平，加快富民强市步伐，为实现“两个率先”目标，推进我市经济社会全面协调可持续发展再谱新的篇章，再创新的辉煌！

张家港唱响“长江文化”

——2004年（张家港）长江文化艺术展示周隆重举行

11月1日至18日，历时半个多月的（张家港）长江文化艺术展示周活动隆重举行。这次活动由江苏省文化厅、江苏省文联、张家港市人民政府联合主办，由中央电视台海外中心、江苏省戏剧家协会、江苏省书法家协会、张家港市委宣传部、张家港市文广局、张家港市文联具体承办，由上海市戏剧家协会、安徽省戏剧家协会、江西省戏剧家协会、湖北省戏剧家协会、湖南省戏剧家协会、重庆市戏剧家协会、四川省戏剧家协会和青海省戏剧家协会协办。举办（张家港）长江文化艺术展示周活动，其目的在于依托长江流域灿烂文化，弘扬优秀民族文化，推进沿江区域经济、文化的交流与合作，进一步增强张家港的文化底蕴，提升张家港市的文化品位和社会影响力。此次活动吸引了国内众多新闻媒体的热烈关注，中央电视台、人民网、新华网、光明日报、经济日报、新华日报、解放日报、江苏人民广播电台等42家新闻媒体近100名记者对此次活动作了相关的采访报道，使张家港再次成为媒体关注的热点，在国内外产生了重大影响。张家港政府举办（张家港）长江文化艺术展示周活动，是一次拓展文化发展空间的具有开创性、有益的尝试和探索，对抢先整合流域文化、创造长江文化品牌，凝聚长江文化的影响力、辐射力和震撼力将起到不可估量的影响，对长江流域其他省市举办类似活动产生积极的借鉴作用。

在（张家港）长江文化艺术展示周活动期间，先后举行开幕式和闭幕式，并举办5大系列文化活动。分别为：

（张家港）长江文化艺术展示周开幕式 11月1日，（张家港）长江文化艺术展示周在世纪广场隆重开幕。全国政协副主席李蒙、江苏省副省长张桃林、省政协副主席陆军等领导出席开幕式。开幕式由张家港市市长王翔主持，李蒙发表讲话，张家港市委书记曹福龙致欢迎词。文化部部长孙家正专门为（张家港）长江文化艺术展示周发来贺信。曹福龙在致词中说，长江是中华民族的母亲河，千百年来孕育了古老的华夏文明，创造了灿烂的长江文化。张家港市作为一座新兴的港口工业城市，在长江母亲的滋养下，已迅速崛起于长江南岸，从昔日的“穷沙洲”发展成为经济发达、百姓富裕的先进城市，综合实力位居全国百强县市第三，成为一颗璀璨的江南明珠。文化作为一个城市的灵魂和血脉，是城市现代化的根基。隆重举办长江文化艺术展示周系列活动，旨在集中展示长江流域独特的文化风貌，加强沿江城际文化交流，激活各类文化资源，促进经济文化共同繁荣，提升张家港的城市文化品牌和影响力。

“长江颂”中国当代著名书法家精品展　11月1日至16日，“长江颂”中国当代著名书法家精品展在市博物馆展出。该展览自筹备、征稿到完成布展历时仅一个月，汇集的百余幅书法作品均出自全国书法名家之手，代表了中国当代书法艺术的顶尖水平。这些作品挥洒自如，各具特色，把诗歌与书法两种艺术巧妙地结合起来，让人们真切体验到诗词的韵律和书法的灵动相融相济、相得益彰的艺术美境，以诗书同辉的新颖方式诠释了长江文化的深层内涵，展现出长江流域宜人的人居环境，充分表达了歌颂长江的诗意。在作品展出期间，参展者络绎不绝，每天都有数百人。11月14日，市书法家协会组织开展了“‘长江颂’——中国当代著名书法家作品展”观摩赏评暨会员书法作品点评活动。

“欢聚一堂——相聚张家港”大型文艺晚会　11月2日晚，参加（张家港）长江文化艺术展示周的海内外嘉宾欢聚一堂，在市体育馆观看相聚张家港大型文艺晚会。该台晚会把弘扬长江文化、宣传张家港改革开放的巨大成就作为主题，由中央电视台海外中心与张家港市人民政府联合主办，并作为中央电视台四套的名牌栏目《欢聚一堂》的特别节目播出。整台晚会阵容庞大，来自内地的歌手有腾格尔、毛宁、斯琴格日尔、殷秀梅和著名配音演员乔榛、丁建华；来自港台的有古巨基、张镐哲、赵咏华，他们不俗的表现力征服了在场的观众。

长江流域戏剧研讨会　11月2日，（张家港）长江流域地方戏剧发展联盟研讨会在沙洲宾馆召开。会上，来自长江流域九省市戏剧协会的代表一致同意，通过了《长江流域戏剧发展战备联盟宣言》暨《2004张家港宣言》，共同构建长江流域戏剧发展战略联盟，以面向长江流域，在更辽阔的地域、更广袤的空间，建立起一个区域性戏剧文艺合作与交流的平台。至此，我国第一个以流域为依托的戏剧艺术发展联盟正式诞生，并将推进长江流域对戏剧艺术市场和产业发展目标的实现。研讨会上，全国文化市场与文化产业调研专家评估委员会和中国剧协、九省市剧协的专家围绕传统戏剧艺术的继承和发展、长江流域戏剧艺术市场战略、戏剧艺术节与城市文化战略等主题作了专题发言，共商长江文化发展大计。

第一届“张家港·长江流域戏剧艺术节”　11月2日至19日，第一届“张家港·长江流域戏剧艺术节”在张家港大戏院举行，共有7省市8家长江流域知名的省级剧团和张家港锡剧团参与本次文艺盛会，分别献演9台富有地方特色，融艺术性、观赏性于一炉的地方戏剧精品。这些剧目分别是：重庆市川剧院演出的川剧《金子》，湖南省花鼓戏剧院演出的花鼓戏《老表轶事》，湖北省楚剧院演出的楚剧《娘娘千岁》，安徽省黄梅戏剧院演出的黄梅戏《墙头马》，上海市沪剧院演出的沪剧《石榴裙下》，江苏省锡剧团演出的锡剧《珍珠塔》，江西省赣剧院演出的采茶小戏专场，江苏省苏州昆剧院演出的昆剧《长生殿》，张家港市锡剧团演出的锡剧《荒唐王爷》。

“长江城·长江人”长江名城文化风情电视片展　10月29日至11月7日，“长江城·长江人”长江名城文化风情电视片展播周活动隆重举行。长江流域创造了长江文化，从“万里长江第一城”的宜宾，沿江而下一直到中国第一大都市上海，沿江流域文化底蕴丰富多彩，形成了一个世所罕见的文化资源圈。此次展播以展示长江沿线主要名城（宜宾、重庆、九江、武汉、岳阳、安庆、马鞍山、扬州、张家港、上海）的历史文化与现代文明的融通交汇为主要内容，展示长江流域独特的文化风貌，凝聚区域智慧，分享区域经验，以共同分享长江流域地区的文化。展播周期间，每天一个城市，每晚在张家港电视台新闻综合频道播出。

（张家港）长江文化艺术展示周闭幕式　11月16日晚，（张家港）长江文化艺术展示周闭幕式在张家港大戏院举行。江苏省戏剧家协会主席刘俊鸿出席闭幕式并发表讲话，张家港市市长王翔致闭幕词。在整个艺术展示周期间，来自长江流域的9个省市剧团献上了一系列富有地方特色的精品剧目；举行了长江流域地方戏剧发展联盟研讨会，制定了《长江流域戏剧家协会战略联盟章程》，发表了《2004张家港宣言》；举行了“长江颂”中国当代著名书法家精品展；与中央电视台海外中心联合打造了一台“欢聚一堂——相聚张家港”的大型文艺晚会； 举行了“长江城·长江人”文化风情电视片展播。艺术展示周的成功举办，圆满实现了弘扬长江文化、促进沿江城市文化交流、推动流域文化事业共同繁荣的良好初衷。

（张家港）长江文化艺术展示周开幕式　（庞瑞和　摄）

【编辑　陈建明】

张家港：四个“同时”统筹经济社会发展

——全国人大代表、张家港市委书记曹福龙谈科学发展观

李　灿

地处“长三角”发达地区的江苏省张家港市，早在20世纪90年代，就以物质文明和精神文明“两手抓两手硬”在全国产生了重大影响。在今年“两会”召开前夕，该市市委书记、全国人大代表曹福龙向本刊记者介绍了张家港贯彻党的十六大精神，统筹经济和社会发展的思路、措施和成效。

曹福龙说，准确把握科学的发展观，统筹经济和社会发展，必须做到四个“同时”。

一是在加快经济增长的同时，更加注重居民收入增长。去年，张家港市完成国内生产总值475亿元，同比增长19.9%，人均达6700美元；实现财政收入67亿元，增长55.5%，占GDP的14.1%，已名列中国社会经济综合发展指数百强县（市）第三位。与此同时，市委、市政府提出：坚持以民为本，民富为先，做好加、减、乘、除四则混合运算，实现居民收入与经济的同步增长，力求在率先发展中率先富民。曹福龙解释说，所谓加法，就是靠发展来拓展就业空间，增加收入渠道；减法，就是靠减负来保护农民利益，调动农民增收积极性；乘法，就是推进农业产业化，大力发展民营经济，促进全民创业，发挥这些工作的乘数效应；除法，就是加快转移农村剩余劳动力，逐渐减少农村人口数量。通过这些措施，2003年，全市城镇居民人均可支配收入达到12960元，农民人均纯收入已达6943元，城乡居民人均储蓄存款高达2.41万元。在未来几年中，张家港市将进一步加大富民力度，力争到2005年，确保城镇居民人均可支配收入超16000元，农民人均纯收入超8000元，全面建成高水平的小康社会；到2008年或2009年，城镇居民人均可支配收入将达25000元，农民人均纯收入将达13500元，其他各项经济社会指标全面统筹协调发展，基本实现现代化。

二是在加大经济投入的同时，更加注重社会事业投入。曹福龙指出，当今城市间的竞争主要体现在综合实力的竞争，而综合实力的背后是蓬勃发展的社会事业的有力支撑。近年来，张家港抓住国际产业和资本加速向“长三角”转移的重大机遇，充分发挥张家港保税区、张家港港口和各专业园区的联动优势，依托基础设施比较完备、社会事业比较发达的综合环境，全力引进了一批跨国公司和高新技术企业，着力培植了一批拥有自主知识产权、竞争能力强的规模企业，大力扶持了一批产业特色明显、就业容量大的中小企业，打造机电、冶金、石油深加工、粮油食品深加工、纺织、能源等六大沿江产业基地，以大投入促进了经济的大发展。同时，张家港市加大了对科文教卫体、交通、社保、城市建设等各项社会事业的投入。围绕建设长三角最适宜人居、创业、发展的现代化中等城市的要求，近年来，张家港市每年都实施为民办实事工程，兴建了一批文化体育设施，改造了城乡电网，高标准完成了沿江江堤建设，建成了一批交通主干道，实现了全市村村饮用长江水。从今年开始，张家港市将投入135亿元大力度推进城市基础设施建设，完善城市功能，形成风格鲜明、优势互补、交相辉映的城市发展新构架。到2004年底，各镇至市区车程缩短至15分钟以内，上高速公路时间不超过20分钟。围绕建设高水平小康社会的目标，张家港市将用3年～5年时间，投入42亿元，全面推进农村十项实事工程，使农民的交通、卫生、生产生活环境和社保水平全面与城市接轨，使广大群众共享改革开放的丰硕成果。

三是在提升经济质量的同时，更加注重提升环境质量。曹福龙认为，发展经济和保护环境两者是有机统一的。保护生态环境就是保护生产力，改善生态环境就是解放生产力，提升生态环境就是发展生产力。作为全国首家环保模范城市，张家港围绕构建循环型社会的目标，把环境保护纳入了全市经济社会发展规划，与城市规划、项目建设、精神文明建设、市民教育等通盘考虑，坚持把生态平衡、节约资源的理念贯穿到政府决策之中，对环保工作实施了一把手亲自抓、负总责，环保部门"第一审批权"，环境保护"一票否决制"，"既考核GDP，又考核COD（化学需氧量）"。张家港广泛开展环保创建活动，加大环境综合整治力度，全力构筑"绿色通道、绿色家园、绿色基地"等绿色生态系统，大力推进企业清洁生产，节约和保护土地、岸线等宝贵资源，促进产业结构的合理调整和布局优化，降低经济发展和保护环境的社会成本和经济成本，提高经济社会的可持续发展能力。现在的张家港市，市区空气环境质量优于国家二级标准，生活饮用水源水质达标率100%，城市生活污水处理率为70%；80%的镇空气质量达到国家一级标准，全市绿化覆盖率达42%，人均公共绿地面积达11平方米。近年来，张家港市先后获得国家卫生城市、中国人居环境范例奖、国家园林城市、全国生态示范区等荣誉称号，目前正力争成为全国第一批生态市。

四是在提高发展水平的同时，更加注重提高市民素质。曹福龙告诉记者，通过近20年的实践，张家港市的党政领导者们已经树立了一种清醒的理念：加快发展的出发点和落脚点是人，人是生产力第一要素，人的素质高低，不仅是人本身的事，也是社会的事。为此，张家港大力弘扬"团结拼搏，负重奋进，自加压力，敢于争先"的"张家港精神"，始终坚持把抓经济发展与抓创建育文明人有机结合，围绕建设"创新能力高、生活质量高、文明素质高"的"三高型"现代市民社会，逐步完善了以经济为中心、以卫生为基础、以文化为内涵、以育人为根本、以服务人民为宗旨的"五句话"创建思路，以高标准创建全国首批文明城市为抓手，不断推进市民素质提升工程、思想道德建设工程、城市精神塑造工程、先进文化繁荣工程、民主法制建设工程，形成人人诚实守信、团结互助、健康向上的道德风尚，全力打造"诚信张家港"、"文明张家港"。

曹福龙表示，张家港市的目标，是要争当江苏省率先全面小康、率先基本实现现代化的排头兵，成为"长三角"富有特色和竞争实力的港口经济城市、富有内涵和独特个性的生态园林城市、富有精神和文化底蕴的文明法治城市。

（摘自2004年第4期《半月谈》）

张家港人的新答卷

金伟忻　顾雷鸣　耿　联

走进2005，张家港人的心里充满了别样的自豪感。

因为今年是江泽民同志为张家港精神题词十周年，也是中宣部和省委在张家港召开两个文明建设现场会十周年。

回首历史，10年中他们用"团结拼搏、负重奋进、自加压力、敢于争先"的张家港精神，创造了经济社会发展的一个又一个佳绩，始终站在引领者的行列。

应对现实，在国家加强宏观调控、土地资金等生产要素供应趋紧的大背景下，他们创新思路，破解难题，再次交上了一份新的答卷。

新春时节，记者走进张家港。快速发展、富裕和谐的张家港让人刮目；而市委书记曹福龙给我们描绘的发展新蓝图则更使人神往。

999平方公里土地上，去年上缴国库168亿元，跃居全国县（市）第一

"经过了最近几年尤其是去年的发展，张家港的经济综合实力和竞争能力明显增强。"曹福龙向记者报出了一串喜人的数字：去年，GDP达到576亿元，按照户籍人口，人均达到8060美元，即使加上42万流动人口，人均也达到了5600美元。全年完成全口径财政收入85.04亿元，增长27%。其中国、地两税71.56亿元，增长43%，列全省第一；地方一般预算收入31.64亿元，增长28.6%，继续保持全省第二。工业经济量质并举，完成产品销售收入1430.85亿元，增长40.1%；实现利税100.21亿元，利润60.09亿元，分别增长37.7%和43.9%。有5个镇开票销售突破100亿元，3个镇销售增幅超过40%，4个镇入库税收接近或超过5亿元。发展后劲持续增强，全市完成固定资产投资195.5亿元，比上年增长8.5%，其中工业投入155.1亿元，增长9.2%。尤其令人鼓舞的是，去年在张家港999平方公里的土地上，上缴国库收入达168亿元，在全国各县（市）中位居第一。

经济的发展，给老百姓生活水平带来了实实在在的提高。驱车行驶在张家港宽阔整洁的马路上，挂私家车牌照的各种高档轿车不时跃入记者眼帘。来自当地车管部门的统计显示，去年张家港新上牌汽车1万辆，其中私家车就超过了8000辆。在张家港马路上行驶的汽车，平均100辆中就有80辆是私家车。有人说，这标志着张家港的老百姓已率先进入了"轿车时代"。记者从当地金融部门了解到，去年底，张家港老百姓的人均个人存款达到了3万元。这还不算被列入对公储蓄的民营企业家的存款部分。去年一年，张家港的农民人均收入达到7930元，城镇居民的人均收入达到15117元。这两个数字，离我省全面建设小康社会的相关指标已十分接近。

老百姓生活质量的提高还体现在生活环境的不断改善上。近年来，张家港的财政收入基本达到了两年翻一番，但二氧化硫、COD及固体废弃物等的排放，都还控制在1998年的水平。去年全市仅绿化投入就花了8亿元。继在全国获得第一批环保模范城市、第一批国家园林城市之后，张家港正在努力争创全国第一批生态市。

对照全省制定的全面建设小康社会4大类18项指标体系，目前，张家港已有13项指标达到或超过了全面小康标准值。其中经济发展类4项指标已经全部超过标准值，生活水平类6项10个指标有6个达标，社会发展类6项11个指标有10个达标，生态环境类2项3个指标有2个达标。

2.5亿元资助困难群体："吃饭、住房、上学"样样有保障。让困难群众共享改革发展的成果

"张家港也有因病、因残、因天灾人祸致贫的。建设和谐社会，我们不能忘了这部分群众。"曹福龙说，去年一年，张家港市委、市政府从十个方面拿钱出来补贴老百姓，光货币资金交给老百姓的就达到2.5亿元，今年不会少于3亿元。

张家港对社会困难群体的关爱，可说是体贴入微。

当地有一项规定，对于60岁以上的老人，实行养老补贴。每人每年1000元，一个月就是80多元，这一块政府去年补贴了1.3亿元。

为解决农民的养老后顾之忧，张家港的纯农民参加养老保险，政府补贴一半。在该市劳动社会保障局的营业大厅里，记者见到一些农民正凭卡领取养老金。一位农民告诉我们，他参加保险时按规定每年需缴纳1700元，但政府补贴了一半，他每年只需缴纳850元。现在每月可以来领取300多元的养老金，不需要再依靠子女了。据了解，补贴纯农民参加养老保险，仅这一块去年市政府就补贴了4000多万元。目前张家港农民养老保险的参保面已达到86.5%，城镇居民参保面达98%。在张家港市劳动社会保障部门的账户上，养老保险、医疗保险、生育保险、工伤保险、失业保险五保合一，总共有26亿元的资金，仅去年就新进去3亿多元。

富裕起来的老百姓最看重盖房造屋。对于那些无力依靠自身力量改善居住条件的困难农户，张家港专门出台了帮扶措施。早在3年前，张家港就制定政策，只要经过政府有关部门评定，确需改善而又符合照顾条件的，政府将按照其人口应该拥有的宅基地标准给予补贴，住户自己只要承担其中的一小部分。前两年政府补贴困难群体造房的资金每年都达到五六千万元，去年又拿出2000多万元对剩下的住房困难户进行了扫尾。经过3年的努力，张家港困难群众的住房问题已基本解决。

在张家港，还有一个救助困难群体子女入学的救学基金。按照基金规定，无论是小学、中学还是大学，老百姓遇上天灾人祸，只要提出申请或者社区了解到实情，就会启动这一救学基金实施救助。去年，这一救学基金补贴困难家庭子女上学已经超过了千万元。

去年年底，张家港动员全市市级干部，对社会困难群体开展大范围的走访慰问活动，从市政府到镇、村包括许多企业干部都参与进来。至春节前，共走访困难家庭1.2万户，受益面达3.5万人，送到困难群众手中的慰问金超过了4000万元。

率先探索建设农民集中居住区，加速推进城乡转型，使农民真正成为市民

城乡一体化发展，是张家港的亮点和特色。去年以来，张家港在撤村并镇的同时，开始建设农民集中居住区，在城乡统筹发展上迈出了新步伐。

"过去农民家家户户盖小别墅，看起来整齐气派。但是走进这些别墅里仔细看看，就会发现还是脱离不了农村生活的本质，尤其表现在水、电、气等基础设施上，城乡依然有别。"曹福龙说，在推进新一轮城市化过程中，必须让老百姓尤其是农民生活质量有一个根本的改善。

张家港最多的时候一共有26个镇、513个村，通过以强带弱，减少乡镇，整合空间资源，现在已归并整合为一城4个片区8个镇186个村，为加快农村城市化创造了条件。目前，张家港正在规划建设三百到五百个农民聚居点。他们坚持"不搞强迫命令、不搞刮风运动、不损害农民利益"，并根据整体规划起点高、住宅款式设计新、设施功能配套全、住宅小区环境美的总体要求，按照人性化、个性化和集约化的原则，将全市农民集中居住区纳入市域城镇规划体系，科学合理布点，高标准做好各居住区概念性规划和详规的编制。该市规定，今后新建农民居住区内一律以联体住宅、公寓房为主。农民迁建房屋完全按照城市的设施标准，面积基本不减，拆迁之后每户农民都能拿到两套房子。

记者了解到，一户农民如果拆迁一座260平方米的房子，可以置换到两套130平方米左右的公寓房，住房面积没有变化，但是在公共配套设施方面比原先的别墅式住宅有了显著提高，突出表现在公寓房都接通管道燃气，小区里设有污水处理设施，还有体育健身设施、卫生保健室、警务室、家政服务部门，社区的绿化率达到40%以上，这样一来，农民通过迁建大大提高了生活质量。记者了解到，许多农民通常自己居住一套公寓房，另一套则出租给外来打工人员，通过当房东获得了稳定的收入来源。

建农民聚居点的另一个很大的好处是节约土地。据测算，与原来建农民别墅相比，将农户归并到聚居点平均每一户就可以节省六到七分地，如果归并1万户，就可以节省6000到7000亩土地。而张家港目前有25万农户，只要归并五分之一，就可以节省3万亩土地。在土地资源特别稀缺的今天，其意义不言而喻。

记者采访中了解到，目前张家港农村饮用的自来水百分之百都是长江水，农民也告别了柴火灶头，普遍用上了煤气、液化气甚至天然气。不少乡镇已经开始抓紧做老百姓的生活污水处理设施。从各片区、乡镇通往市区的道路全都是六车道的柏油路。这里的农民，真正开始了市民生活的转型。

与时俱进破解发展中的难题，不断赋予张家港精神新内涵

面对宏观经济环境的变化，面对日益趋紧的资源约束，张家港人何以能交出这样一份令人欣喜的答卷？

曹福龙书记告诉我们，“团结拼搏，负重前进，自加压力，敢于争先”的张家港精神是张家港的传家宝，是张家港不竭的发展动力。以前靠张家港精神，我们有一个大发展、大进步，在新的发展阶段，我们促进经济又快又好发展、加快构建和谐社会，仍然要大力弘扬这种精神，不断赋予它新的内涵，坚持创新、创业、创优，用与时俱进的张家港精神去破解前进中的难题。

面对土地紧，张家港人不等增量，用活存量。他们排出一批重点工程和实事工程、一批三产项目和“三高”项目、一批符合国家产业政策、符合环保要求、符合土地利用规划、投资强度达到规定的工业项目，想方设法争取土地指标，积极盘活存量土地，提高项目投资强度，千方百计保障必要的发展用地。

资金紧怎么办？他们不限地域，广拓渠道。在严格执行国家货币信贷政策的同时，注重从实际出发，积极向上争取信贷资金和信贷规模，争取上级行的政策倾斜。同时，向外拓展融资思路，充分挖掘外资银行、外地商业银行的资金潜力。去年从花旗、汇丰等外资银行就获得了4亿美元的融资。

环保和产业政策紧怎么办？张家港人不厌其烦，多方争取。他们在土地、项目、税收等方面认真进行对照检查，明确提出环保通不过的，坚决不上，不仅不折不扣，还要提高标准。同时积极争取国家有关部门的理解和支持，去年在国家加强宏观调控的背景下仍然新批了4个大项目。

张家港要科学发展，协调发展，建设和谐社会是基础。为此，张家港人提出了“亲民亲商、争先率先、创新创优、文化文明、民本民主”的二十字方针，决定从五个方面去全力打造社会主义和谐社会。去年底，在全市上下广泛讨论的基础上，张家港的决策者为未来的张家港描绘了一幅崭新的发展蓝图：不久的将来，在张家港这片神奇的土地上，将崛起一座富有特色和竞争力的与国际接轨的现代化港口工业城市，一座富有内涵和独特个性的花园式的生态园林城市，一座富有深厚的精神文化底蕴的文明法治和谐的城市。

（摘自2005年3月20日《新华日报》）

2004，“常阴沙”不会忘记

王晓映

2004，常阴沙的历史被浓墨重彩地改写。

常阴沙农场的1.95万人，经历并见证了这个年度中，快节奏、重音符的变革步伐。变革之音一声强似一声，常阴沙人彻底告别了老无所养的长久忧虑，常阴沙农场则一脚跨出体制隔离，踏进了与周边发达地区融合的发展快车道。

5136名退休职工，
告别47元退休金

[时间备忘]：3月23日，江苏省人民政府办公厅下发文件，将省农垦集团所属常阴沙农场划归张家港，实行属地管理；

4月24日，张家港市委、市政府召开大会，宣布常阴沙农场属地管理；

4月30日之前，5136名退休职工领到平均每月273元的养老金。

11月24日下午1点多，一工区退休职工钱志清的家，安宁平静。66岁的钱志清，1999年退休之后，每月仅有57元退休金。从今年3月份开始，他每月可以拿到273元。

确实难以置信，农场退休职工的退休金一直是每个月44元到58元，平均47元，这个水准从80年代一直持续到今年3月以前。而常阴沙所处的张家港市，2003年的农民人均收入已达到6943元。

属地管理后新上任的农场党委书记赵桐兴告诉记者，1992年，省农垦办养老保险统筹时，常阴沙的土地早就分田到户，农场自身收益无力支付庞大的保险费，没有参加统筹，就此留下众多隐患。

每月47元退休金，远远低于江苏任何一个城市的最低生活保障线，成为农场职工的意见焦点。

省委、省政府对此高度重视，明确有关部门要妥善处理。张家港市委、市政府勇挑重担，在属地管理宣布大会上郑重承诺，“五一”节之前，严格按照劳动和社会保障部、财政部、农业部、国务院侨办文件精神，按照不低于当地城市居民最低生活保障标准，将退休金发放到退休职工手中。具体标准是：全场5136名已退休职工，在原有退休金的基础上增加226元，平均退休金从47元提高到273元。市委、市政府同时承诺，这个标准还将随城市居民最低生活保障水平的提高而提高。

28日、29日、30日三天，5129名退休职工，在自己家中领到了3、4月的新标准退休金。另有7人，因外出等原因，未能发放。

梦想成真的时候，很多人无法置信。

事实胜于雄辩。3月~8月的养老金，张家港财政倾情兜底，每月145万元，总共870万元。9月开始，农场已退休职工退休金进入全市养老统筹，并开始社会化发放。

9月18日上午，常阴沙农场的退休职工养老金社会化发放仪式上，人们不敢相信，他们真的拿到了银行的存折，此后，养老金将按月打进他们的户头。

6429名在职职工，摘下国有“红帽子”，进了社保“网”

[时间备忘]：7月31日，常阴沙农场第九届四次职代会，通过调整职工劳动关系改革方案；

8月开始，6429名在册职工，与农场解除劳动关系，进行身份置换；

9月底，6429名解除劳动关系的职工全部参加社会养老保险。

11月24日，记者在农场遇到张家港市劳动和社会保障局副局长陆新云。他带着工作小组，已经在这里驻扎多日，紧张进行着计算机录入、个人账户结算等工作量巨大的具体事宜。到12月底，6429名解除劳动关系的职工的养老保险社保手续将全部办妥。

退休职工养老问题固然复杂，不过隐患最大、更为错综复杂的，是6438名在职职工全都没有参加城镇职工养老保险。这么庞大的群体，老来无养，随时都能“炸窝”。

先改制、再参保——张家港人以一贯的改革先行者风格，大刀阔斧，采取“用改革的办法，从根本上解决问题”。

张家港市委常委、市委农工办主任高建刚说，农场早在1983年就已分田到户，农场职工实行档案工资，农场不再向职工发放工资。职工除去戴了顶国有“红帽子”，其他与农民无异。这种特殊的农业企业经营体制，严重不适应当前的市场经济体制。因此，省政府明确要求，要切实加大农场改革改制步伐。

7月31日，职代会158名代表，以154票赞成，3票弃权，1票反对，表决通过了调整职工劳动关系改革方案。从8月份开始，6438名在职职工中，217名距法定退休年限不足5年的，选择了“老人老办法”，不进行身份置换，不补交养老保险费，退休待遇参照已退休人员，即月均273元。6429人与农场解除劳动关系，并进行身份置换、领取补偿金。张家港市财政为此再掏7699.076万元补偿金。

紧接着，身份置换过的6429人全部参加养老保险，他们享受了张家港市养老保险的所有优惠政策。职工自主选取适合自己的养老保险方式。2583人选择了城镇职工养老保险，3632人参加了农民养老保险。职工的身份置换费，抵充补缴的养老保险费或直接计入个人账户。参加城保的，养老保险费补缴年份从1992年算起，而一般企业参保都必须从1986年补缴。参加农保的，享受财政补贴，男不满45周岁、女不满40周岁的，财政补贴年度缴费额的40%；男45周岁、女40周岁以上的，财政补贴年度缴费额的60%。

新政策已经在新近退休的90多名职工那里“折现”。60岁的殷忠义，补交1.84万元参加了城镇保险。9月1日退休后，很快就拿到989元的养老金。儿子说：爸爸，你倒鬼了（方言：厉害的意思），拿这么多钱。老殷说，我本来能拿260元就满足了，做梦也没想到能拿近1000块，日子蛮舒服。

十工区的虞永珍夫妇，精打细算选了不同的保险。46岁的虞永珍，补交2.1万元参加了城保。丈夫没满45周岁，办了农保。虞永珍盘算给记者听，他们种了20亩地，不仅每亩37元的农业税免掉（属地管理前农场要收农业税），政府还每亩补贴30元，两人各260元的劳力费也免掉，实惠真是得了不少……

撤藩篱，“常阴沙”融入张家港

[时间备忘]：4月24日，张家港市委书记曹福龙在属地管理宣布大会上表态：力争通过2年到3年的努力，使农场面貌出现较大改观；

5月上旬，曹福龙与市长王翔率职能部门负责人到农场调研，农场社会事业建设启动；

10月下旬，王翔率职能部门负责人再到农场调研，拍板农场大交通建设方案。

农场党委副书记俞永明，是农场子弟。他至今还记得，60年代，农场挖河，把工区到场部的主干道跃进路给挖断了。这条路，一断就是40年。农场属地管理后，一座新造的“跃进桥”，终于把跃进路连了起来。

常阴沙农场的经济实力和职工收入，虽在全省农垦系统中是比较高的，但是与张家港相比，反差越来越大。2003年农场的生产总值仅2.35亿元，是张家港一般乡镇15年前的水平。

接纳一个新区域，属地管理，平稳过渡，共荣发展，这对张家港来说，也是改革史上前所未有的挑战。市委、市政府在解决职工基本保障问题的同时，调研、分析、决策，举全市之力，加快常阴沙的发展，以尽快消除落差，融入张家港。

先还各项社会事业、基础设施的“欠账”：危房改造，农场共有168户危房，年内投入56.6万元，先改63户；将353户、799人纳入最低生活保障；投资440万元的三条道路改造和两座桥梁新建正在实施；13个工区全部被列入经济薄弱村，派13个经济实力强的单位部门对口帮扶……仅社会事业这块，半年以来已投入了1000多万元。

沿江公路常阴沙段，路基已经做好12年，因无资金，到现在都未完工，而其他路段早在1994年就已通车，张家港预计投入4500万元，将沿江公路贯通——这是北线。南边，将投入3800万元，使农场与港丰公路沟通。再加上中部和乐余相通的老路，农场大交通将和张家港市交通全面对接。

更宏观的视角，也许更激动人心。

高建刚常委告诉记者，鉴于改制后的农场已经是一个空壳，张家港市委、市政府即将撤消常阴沙农场，设立正镇级建制的常阴沙管理区。这样，就撤除了常阴沙与张家港市及周边乡镇体制隔离的最后一道藩篱。高建刚说，常阴沙几无工业污染，今后将以发展特色农业、生态农业为主，为子孙后代留一块净地。目前，总体规划方案已经在制定中。

常阴沙，这块生成仅50多年的年轻土地，进入了发展的历史新天地。

（摘自2004年12月18日《新华日报》）

【编辑　陈建明】

自然地理

【地理位置】 张家港市地处北纬31°43′12″～32°02′、东经120°21′57″～120°52′，位于长江下游南岸，江苏省东南部，北濒长江，与南通、如皋、靖江相望；南近太湖，与无锡、苏州相邻；东连常熟、太仓，2004年10月沿江高速公路通车后距上海98公里；西接江阴、常州，距南京200公里，是沿海和长江两大经济开发带交汇处的新兴港口工业城市。全市总面积998.48平方公里，占全省面积的0.94%、苏州市面积的11.51%。其中，陆地面积785.55平方公里，占全市总面积78.67%；长江水域212.93平方公里，占21.33%。陆地东西最大直线距离44.58公里，南北最大直线距离33.71公里。北宽南窄，呈三角形。古长江岸线把境内陆地分为南北两个部分，南部属老长江三角洲的古代沙嘴区，成陆8000年以上，地势高亢，高程（吴淞零点。下同）为5米～8米，散落着大小14座山丘(因开山取石，部分已夷为平地)；北部属新长江三角洲，由数十个沙洲积涨连接而成，成陆最早的距今约800年，地势低平，高程为3米～5米。全境河港纵横，土地肥沃，有大小河道8073条，总长4074.3公里，平均每平方公里陆地有河道5.18公里。

【沿江岸线】 张家港市境内有沿江岸线71.78公里，其中不冻不淤的深水岸线有33.7公里。依托优越的沿江岸线，建有国际贸易商港张家港港、全国惟一内河港型保税区江苏省张家港保税区和占地1.53平方公里的张家港保税物流园区。西北部有江中小岛双山沙，离南岸1公里、北岸3公里，双山岛洲堤长16.77公里，面积18平方公里，高程4米～5米。

【自然资源】 土地资源 全市有农用地47200.23公顷，其中，耕地40121.59公顷，园地340.06公顷，林地712.13公顷，其他农用地6026.45公顷。全市有建设用地24790.64公顷，其中，居民点及工矿用地22316.64公顷，交通用地1987.36公顷，水利设施用地486.64公顷。全市有未利用地27857.19公顷，其中，未利用土地88.18公顷，其他未利用地（主要为水域）27769.01公顷。

水资源 境内水资源比较丰富。地表水中河港蓄水量丰水年为2.5亿立方米，中等干旱年为2.2亿立方米。年引长江水5.77亿立方米，年利用地下水436万立方米。

矿产资源 境内矿产资源较多，已发现的矿产品主要有：砂石、砖瓦粘土、矿泉水、煤炭、天然气等。其中，探明储量的有：砂石约6000万吨，煤炭约2010万吨，天然气约8000万立方米，矿泉水约8000万吨。

野生动植物资源 境内野生动物资源中，鱼纲类有鲥鱼、刀鱼、河豚、鲫鱼等30余种，爬行纲类有龟、鳖、蛇等20余种，鸟纲类有野鸡、野鸭、鹰、雀等30余种，哺乳纲类有野兔、刺猬、鼠等10余种。另有野生无脊椎动物近百种。野生植物资源比较丰富，有百余科近500个品种，分布在田间、山丘、河边、滩地，可用于农、牧、渔业生产，手工编织及治疗疾病。

【气象】 光照 全年日照时数2032.3小时，比上年多248.7小时，增14%。日照百分率(相对日照)为46%。日照时数最多的月份是7月，为229.9小时，占月可照时数的53%；日照时数最少的月份是12月，为98.4小时，占月可照时数的32%。

气温 全年平均气温16.7℃，比上年高0.7℃，同历年平均气温15.4℃相比高1.3℃，气温明显偏高。7月是全年最热的月份，月平均气温29.1℃。年极端最高气温37.4℃，出现在7月21日和24日。全年达到35℃的高温日数19天，与历史上高温日数最多的1988年持平。1月是全年最冷的月份，月平均气温为3.2℃。年极端最低气温－6.3℃，出现在1月25日。全年低于0℃的低温日数31天，比上年少5天。

降水 全年降水量1078.6毫米，比上年多37.1毫米，同历年平均降水量1050.5毫米相比多28.1毫米，雨量正常略偏多。全年降水分布不均，干湿档明显。2月至3月、10月降水明显偏少，其中10月降水量仅为7.9毫米。降水量主要集中在6月至7月，分别为268毫米和197.2毫米。汛期（4月至9月）降水量762.7毫米，与历年同期相比正常。全年有3次暴雨，分别出现在6月15日、25日和7月3日。梅雨期自6月14日至6月26日，历时13

天，降水总量266.2毫米，梅雨期偏短，梅雨量偏多。

霜、雪、风及灾害性天气　本年初霜日为11月16日，终霜日为4月4日，霜期144天。下雪日为七天。全年平均风速每秒3.2米，8级以上大风日有9天。6月25日第七号强热带风暴蒲公英与北方冷空气结合给全市带来大暴雨和9级台风，全年另有3个热带气旋外围影响张家港市。

历史文化

【建置沿革】 张家港市历史悠久。距今7200年前，南部地区就有人类活动。商末，属勾吴之地。春秋时期，属吴国延陵郡。秦代，属会稽郡。晋代，置暨阳县，县治杨舍镇。梁代，在暨阳之墟建梁丰县。唐以后，分属常熟、江阴两县。清代至民国，常通港以北属南通县。抗日战争时期，中国共产党曾一度在北部沿江地区建立沙洲县，南部及常熟、江阴两县的边界地区设立虞西县。解放后，东部属常熟县，西部属江阴县。1962年，常熟划出14个公社和国营常阴沙农场，江阴划出9个公社，建立沙洲县，隶属苏州地区。1986年9月，经国务院批准，撤销沙洲县，设立张家港市，隶属苏州市。

【文化名人】 据史料记载，自唐宋至清末，张家港境内共出2名状元、1名榜眼、4名探花，数百名进士。唐代状元陆器是苏州范围内最早的状元；章卿赵氏自宋代至清末共出37名进士；鹿苑钱氏在明代有“一门九进士”之誉；港口蒋氏在清康乾年间出了蒋廷锡、蒋溥父子宰相。境内官至大学士、尚书、御史、巡抚、总督者代不乏人。港城人民有着光荣的爱国斗争传统。宋代有抗金名将丘崇；明代有抗倭英烈钱泮、徐謍、许蓉、朱贵等，有斗阉直臣缪昌期、黄昭，这些耿介忠节之士在港城文化史上书写了绚丽篇章。在文化艺术方面，著述宏富的经学家有北宋职方郎中陆绾、清代国子监纂修庞大坤；享誉文坛的诗人学者有号称东南文宗的钱谦益、近代诗人杨云史、南社诗人庞树柏、新文学家刘半农；史学家有主纂《江阴县志》的北宋进士郭庭坚、纂修《元史》的元末明初学士陈基、主纂《常熟县志》的清代举人钱陆灿、进士庞鸿文；书画篆刻、工艺美术名人有清代花鸟画家蒋廷锡、篆隶书法家杨沂孙、近代金石篆刻家赵古泥、现代工艺美术家庞熏琹；乐坛耆宿有近代民族音乐家刘天华、刘北茂，古琴学家吴景略；医药名家有明代缪希雍、清代缪柳村，近代名医周憩棠、金兰升、章成器等。在社会主义现代化建设中，张家港涌现出了一大批教授、研究员、科学家、医学家、文学家、书画家，张光斗、钱人元、曹楚南、章申、童秉纲、薛永祺等6位中科院院士为其中的杰出代表。

【张家港精神】 伟大的事业需要崇高的精神。1992年在改革开放的历史进程中，张家港人培育、塑造了“团结拼搏、负重奋进、自加压力、敢于争先”的张家港精神，实现了张家港的大变化、大发展。随着时代的发展，张家港人又以全球的视野和开放的胸怀，赋予张家港精神“争先、创新、务实、富民”的新内涵，使之保持着旺盛的生命力，实现了内增凝聚力，扩大吸引力，提高向心力，发展生产力。进入新的世纪，张家港人又把弘扬张家港精神与落实科学发展观有机结合起来，不断丰富其内容，拓展其内涵，提升其境界，以无功即过的意识抢抓科学发展机遇，以超越自我的追求提升统筹发展定位，以激励竞争的机制营造协调发展氛围，促进了张家港的大进步、大提高。张家港精神的本质是新时期的艰苦创业精神，核心是共产党人的开拓创新精神，特征是张家港人民的争先创优精神。10多年来，通过深入持久的教育和熏陶，张家港精神已经成为全市人民的自觉行动和共同追求，成为实现率先发展的强大动力，同时成为全苏州发展的“三大法宝”之一。正是在张家港精神激励下，全市先后荣获了85项国家级、102项省级荣誉称号，三个文明建设结出了丰硕的成果，被誉为“伟大理论的成功实践”的典范。1995年5月13日，时任中共中央总书记的江泽民亲临张家港视察，并欣然为“张家港精神”亲笔题词；同年10月，全国精神文明建设经验交流会又在张家港召开，从此“张家港精神”在全国迅速产生了极为广泛的影响。

区划人口

【行政区划】 顺利实施常阴沙农场属地管理和新一轮行政村撤并。2月，镇级区划调整中原撤销镇成立的街道办事处更名为办事处。至2004年末，全市有8个建制镇、1个农场；17个办事处、4个街道办事处；186个行政村、13个农业管理区；93个社区居委会。与上年相比，减少127个行政村，增加1个农场、13个农业管理区、8个社区居委会。

表1　2004年行政区划情况表

镇（场）别	面积（公顷）	年末人口（人）	办事处（个）	街道办事处（个）	行政村（个）	社区居委会（个）
杨　舍	15283	254992	5	4	51	49
塘　桥	9442	87523	2	—	14	9
金　港	12598	168672	4	—	31	22
锦　丰	11399	112714	2	—	28	4
乐　余	8488	76701	2	—	22	3
凤　凰	7877	64242	2	—	15	3
大　新	4024	36074	—	—	11	1
南　丰	4750	46361	—	—	14	1
常阴沙	3743	21361	—	—	13	1
合　计	77604	868640	17	4	186+13	93

注：常阴沙农场下属为13个农业管理区。

表2　　2004年行政区划变更情况表

镇（场）别	变更情况	变更时间
常阴沙农场	划入张家港市	3月23日
杨舍镇	建立悦盛社区居委会	1月7日
	晨中村并入晨南村	4月5日
	金沙村并入晨新村	4月5日
	校兴村、新南村并入南新村	4月5日
	建立悦丰社区居委会	7月2日
南丰镇	新杰村并入南丰村	2月9日
	生建村、义和村并入东港村	2月9日
	民生村并入海坝村	2月9日
	新建村、双德村并入永丰村	2月9日
	继新村并入新德村	2月9日
锦丰镇	长红村并入红光村	2月29日
	恒丰村并入店岸村	2月29日
	天丰村并入向阳村	2月29日
	撤销新华村，建立镇北社区居委会	2月29日
	元兴村并入建设村	2月29日
	定丰村并入西港村	2月29日
	双福村并入协仁村	2月29日
	合丰村并入交通村	2月29日
	镇南村、民港村并入乐杨村	2月29日
	菁圩村并入西界港村	2月29日
	永圩村并入久生村	2月29日
	务本村、钱叶村并入厚生村	2月29日
	常余村、雁行村并入鼎盛村	2月29日
	本和村并入耕余村	2月29日
	新安村并入新港村	2月29日
	万亨村、永德村并入登瀛村	2月29日
	福安村、悦丰村并入福利村	2月29日
金港镇	三节桥村并入滩上村	2月29日
	高峰村、朝阳村并入长山村	2月29日
	港上村、镇山村并入山北村	2月29日
	三省村、马桥村并入柏林村	2月29日
	香山村并入东山村	2月29日
	青桥村并入港西村	2月29日
	曹场巷村并入丰庄村	2月29日
	拦门村并入北荫村	2月29日
	德丰村并入小明沙村	2月29日
	长明村并入朝南村	2月29日
	天妃村并入福民村	2月29日
	晨西村并入长埭村	2月29日
	新村村、高科村并入晨阳村	2月29日
	撤大德村、善政村，合建中德社区居委会	2月29日
	撤销军民村、德积社区居委会，合建学前社区居委会	2月29日
	撤销高东村、中圩村，建立中苑社区居委会、香山社区居委会、元丰社区居委会	2月29日
	李家港村并入高桥村	4月5日
	韩家港村并入长江村	5月17日
乐余镇	扶桑村并入乐余村	2月29日
	文兴村并入东兴村	2月29日
	鼎兴村并入齐心村	2月29日
	团结村并入双桥村	2月29日
	同丰村并入常丰村	2月29日
	红旗村并入红闸村	2月29日
	红发村并入红星村	2月29日
	红明村并入红联村	2月29日
	东新村、林场村并入东林村	2月29日
	东进村并入东风村	2月29日
凤凰镇	石龙村并入双龙村	2月29日
	安庄村、栏杆村并入安庆村	2月29日
	东南村、新庄村并入程墩村	2月29日
	李庄村并入西参村	2月29日
	五联村并入金谷村	2月29日
	黄新桥村、洪泾村并入魏庄村	2月29日
	太平村并入恬庄村	2月29日
	新桥村、小山村并入双塘村	2月29日
	庄泾村、张巷村并入清水村	2月29日
	小庄村并入凤凰村	2月29日
	马路村并入杨家桥村	2月29日
	珠村村并入鸷山村	2月29日
	奚家村、广步村并入高庄村	2月29日
	茅庵村并入夏市村	2月29日
塘桥镇	撤销杨园村，并入镇中社区居委会	3月4日
	禄荡村、李王村、金巷村并入周巷村	3月4日
	南塘村、十字港村并入何桥村	3月4日
	上相村并入青龙村	3月4日
	水渠村并入韩山村	3月4日
	撤销妙桥村，并入妙桥社区居委会	3月4日
	横泾村、薛家村、吹鼓村并入洞泾村	3月4日
	陈庄村并入顾家村	3月4日
	西旸村、立新村并入欧桥村	3月4日
	沙田村、跃进村并入蒋家村	3月4日
	前巷村、勤丰村、塘湾村并入金村村	3月4日
	撤销西苑村，并入鹿苑社区居委会	3月4日
	鹿东村、奚浦村并入巨桥村	3月4日
	鹿北村、南林村并入滩里村	3月4日
	徐湾村并入花园村	3月4日
	马嘶村、五厢村并入牛桥村	3月4日
	泾西村并入刘村村	3月4日
大新镇	顶海岸村、新东村并入大新村	3月6日
	万年村并入段山村	3月6日
	迎丰村并入朝东圩港村	3月6日
	龙桥村与福善村合并，建立桥头村	3月6日
	长青村与年丰村合并，建立长丰村	3月6日
	新丰村与东凯村合并，建立新凯村	3月6日
	晨丰村并入中山村	3月6日
	晨北村、施家村并入龙潭村	3月6日

【人口】 年末，张家港市总人口868640人，比上年增8445人。其中，男性432259人，女性436381人，男女性别比为99.3∶100。总人口中：0岁～18岁156033人，占17.96%；18岁～60岁568622人，占65.46%；60岁以上人口143985人，占16.58%。全年出生人口6829人，出生率6.55‰；死亡人口5746人，死亡率5.51‰；人口自然增长率1.04‰，比上年上升了1.99个千分点。人均期望寿命76.2岁，其中男性73.69岁，女性78.91岁。总人口中，居住在城镇的人口占43.49%，居住在农村的人口占56.51%，平均家庭规模为2.57人。全市有外来暂住人口44.5万人，比上年增13.2万人。

地方特产

【长江三鲜】 鲥鱼、刀鱼、河豚并誉为“长江三鲜”。鲥鱼为南方水产中的珍品，《本草纲目》载，鲥鱼“夏初时有，余月则无，故名。”鲥鱼鳞可食，肥嫩清鲜。古时曾列为皇帝的“御膳”珍肴，现已蜚声海外，远销香港地区及新加坡、日本、美国等国。张家港境内长江水域属河口段，鲥鱼至此，体内脂肪消耗很少，正丰腴肥硕，肉味最鲜，营养丰富。刀鱼体形狭长侧薄，颇似尖刀，银白色，肉质细嫩，但多细毛状骨刺。肉味鲜美，肥而不腻，兼有微香。宋代名士刘宰曾有诗称赞：“肩耸乍惊雷，腮红新出水，芼以姜桂椒，未熟香浮鼻。”河豚产于咸水和淡水相交处的水域里，营养丰富，腴肥鲜美且带野味，与众不同。宋《明道杂志》曾称颂它为“水族中之奇味也”。河豚还有补虚去湿、舒胃、却痔疾等效用。但血液、肝脏、卵巢都有剧毒，烹煮不慎，食后易中毒致死。解放后，人民政府禁止私自买卖，统由国家购销。河豚鱼经处理后，可制成冻鱼片或罐头食品，还可从肝脏、卵巢中提炼出河豚素、河豚酸等名贵药品。

【血糯】 又名“呕血糯”，又称“红莲糯”，是一种名贵的糯稻。其米，清代列为“御米”。境内金村、凤凰、西张一带均有种植。清《常昭合志·物产志》载：“血糯，亦名红莲糯，宜粥。”金鹤翀所撰《金村小志》中说：“糯米之佳者曰‘落霜青’，曰‘红莲糯’，江阴人亦来购取，云：惟产金村者为佳。”

【凤凰稻】 是张家港凤凰山附近长期培育成的优良粳稻，谷粒基部有双翼（护颖），似凤凰展翅，故名凤凰稻。清代《常昭合志》中列为著名物产。凤凰稻碾成的米，色洁白如珍珠，煮饭烧粥，性粘腻，香软适口，为粳米中的上品，载誉江南。

【高庄豆腐干】 凤凰高庄豆腐干始于清咸丰年间，已有100多年的历史。制作精细独特，价廉物美。清末民初，已畅销常熟、江阴、无锡等地。高庄豆腐干有厚型、薄型两种，呈绛色，质地细实，五香作料渗透入味，闲吃或作下酒菜，均属佳品。

【拖炉饼】 是杨舍、塘桥两地的著名传统风味小吃。该饼历史悠久，距今已有150多年。制作工艺独特，烘烤时需用两只炉，下面一只为底炉（平底），上面一只为顶炉（尖顶，呈锥状），烘烤时两只炉同时加热吻合，并以顶炉的热量将饼吊熟，大有顶炉拖底炉之势，故称拖炉饼。拖炉饼采用上等白面粉、白糖、净板油（加工过的生猪油）、荠菜、芝麻、桂花等为原辅料。口味油而不腻，甜而不粘，清香可口。集酥、甜、松、脆、香于一体，外形饱满，色泽金黄，酥层清晰。

【鹿苑鸡】 因产于鹿苑而得名，相传已有两百年的饲养历史。鹿苑鸡的毛、皮、嘴、脚均为黄色，颈羽、尾羽和翅羽间有疏落黑毛。公鸡脚杆高壮，傲然挺立，大的体重可达4千克以上，有“九斤王”之称。母鸡脚杆粗矮，浑重壮实，重2千克以上，年产蛋在140个～200个之间，平均蛋重54克。该鸡肉质细嫩、肥美、香鲜、味浓。民间传说，清代同治、光绪两帝之师翁同龢常把鹿苑鸡作为特产，带至京城赠送亲友和同僚，曾被列为贡品，驰名大江南北。

【弄里芹菜】 西张凤星村朱家弄种植的水芹，品质优良，历史悠久。相传宋名将韩世忠和夫人梁红玉带兵驻守庆安，被金兵围困，军中缺粮，梁红玉率部遍寻野菜，至弄里一带见有大片野芹，味清香，采食充饥。以后，人们把野芹移植家种，称为“玉芹”。此后世代栽种，精心培育，一直至今。品种有大青种、小青种、红种、麻栗等，具有嫩茎（俗称白头）长、叶柄青、质地脆、香味浓、存放时间较久等特点。无论是清炒或与豆制品素炒，或与肉类混炒，都味道鲜美，各具风味；若在开水里稍烫后，浇上酱油、麻油等作料，拌作冷菜，则香脆、鲜嫩、爽口，能去腻、舒胃。是苏、锡、沪一带家庭日常生活和便宴常用的菜肴。在上海曹家渡、苏州南门等市场上享有盛名，称“弄里芹菜”。

【凤凰水蜜桃】 风景秀丽的凤凰山和鸷山山麓，是著名的凤凰水蜜桃主要产地。凤凰水蜜桃是在1952年引进无锡水蜜桃的基础上，经长期选育而成的优良品种。皮色有淡黄，有乳白，有微红，具有果大、肉嫩、鲜甜、多汁、果皮易剥等特点。凤凰水蜜桃有白凤、白花、黄皮、小青等主栽品种，远销苏州、南京、上海等地。

【高峰鹿液茶】 产于金港镇长山一带。长山位于长江边，江雾迷漫，空气清新，气候湿润，是金港镇长山村高峰茶场所在地。所产茶叶具有气香色清的天然品质。高峰茶分春秋两季采摘，以谷雨前为最好。村里办有茶厂，自己焙炒。制成的高峰鹿液茶，条索紧结，色泽嫩绿，带有清香，用水冲泡，碧色诱人，味感鲜醇，有生津止渴、解乏提神的作用。曾在江苏省品茶会上获第一名。

经济和社会发展

【概况】 2004年，全市人民在市委、市政府的正确领导下，高举邓小平理论伟大旗帜，认真实践“三个代表”重要思想，以科学发展观为指导，主动适应国家宏观调控，与时俱进弘扬张家港精神，迎难而上，开拓创新，坚定不移推进经济、开发、城市、社会、环境“五大转型”，继续保持了经济社会的健康协调发展。全年完成生产总值

576.2亿元，比上年增19.4%。其中，第一产业增加值12.38亿元，第二产业增加值370.63亿元，第三产业增加值193.2亿元，分别比上年增3.6%、20.9%和17.6%。三次产业比例分别为2.2∶64.3∶33.5。全市人均生产总值6.67万元，比上年增20.2%。全年财政收入85.04亿元，其中地方一般预算收入31.64亿元，分别比上年增27%和28.6%，财政收入占生产总值比重比上年提高0.7个百分点。全年一般财政预算支出33.72亿元，比上年增27.7%。完成全社会固定资产投资195.5亿元，比上年增8.5%。在全国县域经济基本竞争力百强县（市）中位居第三。

【农业】 农业工作再创新局面。全年实现农林牧渔业总产值22.77亿元，比上年增9.6%。粮食生产喜获丰收，实现粮食总产量25万吨，比上年增15.6%。皮棉总产量3463吨，比上年增17.4%，水稻和皮棉公顷产量分别达8875.5千克和1311千克，实现种植面积、粮食产量和经济效益“三增长”。农业产业化步伐加快，新增蔬菜大棚45公顷、花木270公顷、特种水产266公顷，实现多种经营总收入52.7亿元，比上年增4.6%。利用各类资本4.7亿元，建办农业外资项目7个、内资项目16个。农产品质量建设进一步加强，认定无公害产地14个、认证无公害农产品15种、绿色食品19种、有机食品1种。农机化水平有了新的提高，新增各类中型农机具73台（套），全市拥有农机总动力36.33万千瓦。水利建设力度加大，完成长江防洪工程投资3886万元、农田水利投资2100万元，疏浚四级河道1290条计461.3公里。土地市场秩序治理整顿取得成效，完成土地整理面积335.3公顷，新增耕地31.7公顷。

【工业】 工业经济量质并举，新型工业化扎实推进，形成了拥有自主知识的规模企业、致富百姓的民营企业和与国际接轨的外资企业的“三足鼎立”的工业经济结构。全市共有工业企业6886家，全年完成工业产品销售收入1430.75亿元，比上年增40%，工业用电99.27亿千瓦小时，比上年增28.5%。实现工业利税总额100.09亿元，利润61.45亿元，分别比上年增37.5%和47.2%，全市工业销售利润率达到4.2%，人均劳动生产率13.5万元。规模经济的支撑效应进一步放大，年销售收入超亿元的工业企业达到119家。其中十大企业集团和50家骨干企业销售收入和利税总额分别占全市的69.9%和73.4%，比上年分别提高1个百分点和3.2个百分点。江苏沙钢集团销售收入达到310亿元，江苏国泰国际集团、永钢集团、华芳集团营业收入超过100亿元。全年完成工业投入155.12亿元，比上年增9.2%，总投资33.3亿元的十大开工项目全部开工，2个竣工，已完成工作量21.3亿元。总投资31.5亿元的十大竣工项目9个竣工，累计完成投资30亿元，工业经济的发展后劲不断得到增长。资本经营扎实推进，“高新张铜”顺利通过中国证监会发审委审核，“骏马化纤”在新加坡成功上市。新增中国驰名商标1种、中国名牌产品2种、国家免检产品5种。

【第三产业】 第三产业加速繁荣，全年实现三产增加值193.2亿元，比上年增17.6%，占生产总值的33.5%。现代服务业活力显现，实现社会消费品零售总额74.19亿元，比上年增16.7%。物流业迅猛发展，占地1.53平方公里的张家港保税物流园区通过国家审批，使张家港保税区成为全国第二批区港联动试点单位。张家港港完成货物吞吐量6398万吨，集装箱运量32.8万标箱，比上年分别增41.8%和32.6%。实现物流业务总收入37亿元，比上年增42.3%。全市106个专业市场完成货物交易额300亿元，比上年增27.4%。金融保险、邮电通信业继续增长，至年末，全市金融机构本外币存、贷余额分别达到518.6亿元和458.1亿元，比年初分别增78.5亿元和61.2亿元。市话和农话用户达49.6万户，移动电话用户超60万户，小灵通用户16.21万户，实现邮电通信业务总收入4.4亿元。住房、汽车、旅游成为新的消费热点，共销售商品房109.74万平方米计24.97亿元，比上年分别增5.3%和31.6%。新增私家车8012辆，全市私家车拥有量达到3.2万辆，平均每百户10辆。香山、东渡苑、双山岛等一批景点建设加快推进。

【开放型经济】 对外开放进一步扩大，全年新批三资企业200家，累计达到1231家。完成注册外资13.2亿美元，比上年增11.3%；到账外资6.4亿美元，比上年增6.4%，其中到账外资验资数2.88亿美元。开发区集聚效应日益显现，江苏省张家港保税区、江苏省张家港经济开发区、扬子江化学工业园和扬子江冶金工业园注册外资、到账外资分别占全市的51.6%和53.8%。年内新批办投资超千万美元项目82个，注册外资11.5亿美元，比上年分别增12.3%和14.8%。对外贸易快速攀升，全市实现进出口总额82.7亿美元，其中出口28.4亿美元，比上年分别增61%和44.1%。出口超千万美元企业达到40家，国泰国际集团出口继续第四年位居全省外贸企业首位。外经合作不断拓展，驻韩国经贸办事处正式成立，新批海外企业境外投资总额达到1700万美元，总额居全省县（市）首位，完成境外工程、劳务营业额6130万美元，外出劳务人数570人。口岸发展跃上新的平台，完成出入境检验检疫货值57.4亿美元，到港国际航行船舶3134艘（次），海关关税和代征税达到114亿元，成为全国首家海关税收超百亿的内河口岸和县域口岸。

【民营经济】 全面实施“民营经济腾飞计划”，新增个体工商户5999个，新增注册资本2.98亿元；新增私营企业2091家，新增注册资本34.2亿元；引进外地资本项目565个，新增注册资本15.3亿元。个私经济入库税收17.78亿元，比上年增26.4%，占全市入库税收的24.8%。年内，全市民营经济完成工业产值1071亿元，占全市工业产值的69.5%。

【城市建设】 至年末，全市城市化率达到60.24%，比上年提高3.74个百分点。年内，顺利实施常阴沙农场属地管理，在初步形成“一城四片区”城市发展格局的基础上，全市行政村由313个撤并为186个。全面完成了城市总体规划（修编）、片区总体规划和相关专业规划。着眼拓展城市发展空间，集中力量加快推进新城区建设，暨阳湖生态园和城西新区整体形态初步显现。对外交通建设取得突破，沿江高速公路和苏虞张一级公路顺利竣工通车。市域路网建设全力推进，港丰公路、东南二环路及张杨公路立交、杨塘公路、凤恬路西延、杨锦公路拓宽等重点交通道路工程相继建成通车。城市基础设施建设进一步完善，长安路改造如期竣工，四水厂一期工程顺利推进，市区污水主管网工程进入收尾阶段。第一人民医院、交通大厦、供电大厦、建设大厦等一批重点工程按计划实施。拆迁工作有序推进，全市共拆迁各类房屋99.4万平方米，开工建设拆迁定销房100万平方米。生态市建设步步深入，全市各镇都通过了“全国环境优美镇”的省级调研评估，塘桥镇被评为全国首家环境保护模范镇。全年累计投入绿化资金约10亿元，新增各类林地绿地1366.7公顷，全市森林覆盖率达到14.46%。城市管理不断加强，全面实行城市管理处罚权相对集中，城管执法向街道（社区）和各镇延伸，促进了市容环境日常管理与执法管理的有机衔接。建筑行业发展较快，全市建筑施工企业完成施工面积732.17万平方米，竣工面积457.92万平方米。

【社会事业】 系列创建扎实推进，以文明城市创建为总揽，整体推进生态城市、诚信城市、中国优秀旅游城市、健康城市等各项创建，先后高标准通过了国家卫生城市、全国环保模范城市、全国文化先进县（市）、全国计划生育优质服务示范市和全国双拥模范城的复查验收，全市8个镇全部建成国家卫生镇，186个行政村全部建成省级卫生村，成为全国首家实现卫生镇村“满堂红”的县市。设立诚信维权中心，实现了苏州市信用镇创建“满堂红”。“科教兴市”扎实推进，全年组织实施苏州市级以上科技计划项目92个，争取上级科研经费2426万元。获省级科技进步奖4项，苏州市级9项。1家企业被认定为国家级高新技术企业，6家企业被认定为省级高新技术企业，43种产品被认定为省级以上高新技术产品。全年申请专利519件，注册商标1598件。全市高新技术产业化率达到20%，先后荣获全国科技进步市、科普示范市和省知识产权工作示范市称号。基础教育、职业教育、成人教育和高等教育同步推进，制定了《张家港市2004－2010年教育事业发展规划》。中小学布局调整进一步优化，支持建办民工子弟学校4所（6个办学点），撤并改造学校40所，2.53万名外来务工人员子女顺利就学。全市有省级以上重点学校60所。初中毕业生入学率达96.8%，高考录取率达94.58%，在苏州县（区）中领先。成功举办2004年（张家港）长江文化艺术展示周，提升了张家港市的城市文化品位。占地10万平方米、规划建筑面积4.5万平方米的市文化中心完成选址立项和第一期设计方案招评标工作。全市有线电视发展到21.2万户。全年创作文艺作品887件，其中在省级以上获奖、展出、发表35件。健康城市建设取得成效，组建了镇卫生管理服务中心，开通“120”医疗急救服务体系，食品安全专项整治工程和传染病防治工作稳步推进，人口与计划生育综合改革取得突破。扎实开展全民健身工程，新建市级以上全民健身工程（点）41个，成功举办5次全国性体育赛事。

【人民生活】 富民工程深入实施，全市城镇在岗职工年平均工资20226元，比上年增18.4%；农民人均纯收入7930元，比上年增14.2%。年末，城乡居民人均储蓄余额达2.73万元，比上年增12.9%。全面取消农村“一事一议”筹资，农民实现合同内无负担。社会保障体系不断完善，新增社会保险人数11.6万人，累计35.4万人，综合参保率达79.7%。共为10.2万名老年农（居）民发放养老补贴5844万元，发放率达90.4%。建立了新型合作医疗制度，全市参加人数46.6万人，参加率达到87.6%。大力开展再就业援助工程，全年新增就业岗位3.9万个，帮助314名再就业援助对象再就业，帮助3941名被征地农民和5246名农村富余劳动力实现就业。全市城镇职工登记失业率为2.25%。农村实事工程深入实施，农民最低生活保障标准由每月160元提高到每月180元，城镇居民最低生活保障标准由每月220元提高到每月260元。4万多平方米经济适用房如期竣工，拨款867万元帮助846户贫困对象建房2334间，解决了一部分中低收入群体的住房困难。

【存在问题】 制约发展的结构性矛盾仍然比较突出，工业经济核心竞争力还不强，服务业发展相对滞后，经济增长方式有待进一步转变。城市化相对滞后于工业化，环境保护和生态建设的任务还很繁重，城市现代化水平有待进一步提升。农民增收的难度依然较大，社会保障体系仍需完善，人民生活水平有待进一步提高。机关部门的行政效能建设仍然存在薄弱环节，行政管理机制还不能完全适应未来发展的要求，维护社会稳定的工作有待进一步加强。

【编辑　陈建明】

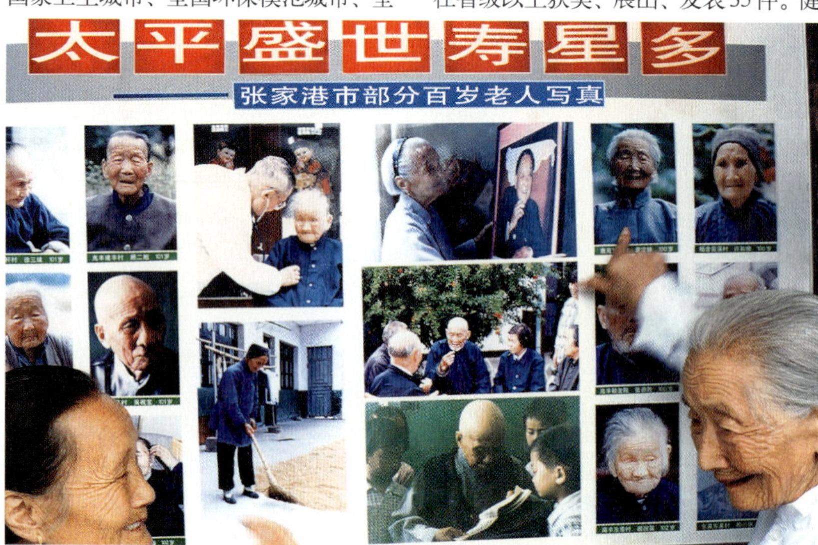

太平盛世寿星多

（市史志办　供稿）

文明城市创建

【概况】 张家港市1994年创建成首批国家卫生城市后，1995年率先提出了创建全国文明城市目标。10年来，围绕创建目标，始终坚持抓经济提速与育文明新人有机结合，把弘扬张家港精神与建设诚信张家港有机结合，在加快物质文明建设中富民强市，在深化精神文明建设中提升素质，在推进政治文明建设中增强动力，推动三个文明在更高平台上全面协调发展。2004年，全市根据市场经济形势的新变化和科学发展观的新要求，以率先建成首批全国文明城市为突破口，以解决全社会信用问题和适应城市化进程加快为重点，着力塑造“文明社区建设城乡一体、诚信体系建设整体推进、文明行业建设全面覆盖”的“三位一体”的精神文明建设新特色，为张家港市争当全省“两个率先”排头兵提供了强大的精神动力，构筑了和谐的社会环境。

遵循内在规律，把握时代特征，“三位一体”打造精神文明建设新特色 率先把城市社区概念引入农村，努力在“人居环境、人员素质、发展功能”等三方面实现城市文明与农村文明对接

人居环境趋向一体化。全市8个镇、186个村创建国家卫生镇、省级卫生村实现了满堂红，农民集中居住小区普遍做到硬化、净化、绿化、美化。全市农村有线电视实现“村村通”，入户率在95%以上。农村普及了自来水，农民吃上了优质的长江水。文化广场、休闲景点、草坪绿地等与群众生活息息相关的环境建设进一步加快，有效改善了农民群众的生活环境。10月，全市顺利通过国家卫生城市复查。

市民素质趋向一体化。坚持“用城市眼光建农村、用市民标准育农民”的理念，大力推进教育现代化工程。形成了地方高等教育、基础教育、职业技术教育、成人教育和岗位培训等比较完备的教育体系。2004年高考入学率达94.58%。同龄青年中接受高等教育的比例达48.9%，高中段普及教育率连续四年超过95%。乡镇企业在职职工年接受岗位技能培训、务农劳动力年接受农业实用技术培训的人数均超过了总数的70%。农村科技、文化、卫生“三入户特色家庭”7万多户，95%以上的家庭评为文明家庭。

城乡功能趋向一体化。全市城乡在经济、社会、文化、生态等多方面，相互渗透、相互融合，高度依存、协调发展，形成了布局合理、以城带镇、以镇带村、功能互补、共同繁荣的区域经济社会发展新格局。引入国际先进理念，对市、镇实施统一规划。“一城四片区”总体规划通过审核，实施了双山岛生态旅游度假区概念性规划的国际招标；初步审定了一干河亲水走廊的国际规划；搞好了行政村区划调整。在此基础上，投资总额达100多亿元用于城市基础设施建设，“四纵四横一环”的城市大交通路网已经形成。

构建长效机制，创新工作方法，不断推出精神文明建设新举措，重点在“五个一”上下工夫，使精神文明建设不断出形象、出素质、出效益

抓牢一项长期性的现代市民教育。围绕解放思想观念、发展社会生产力、倡导现代文明生活方式三个重点，持之以恒抓好市民日常教育。以《公民道德建设实施纲要》为主要内容，精心策划、组织开展形式新颖、内容丰富的系列活动，基本上做到月月有活动、季季有重点，常年活动不断线，努力让群众的愿望在活动中得到体现，市民的素质在活动中得到提高。2004年全市以诚信建设为主题，规划了38项重点活动，作为道德实践年公民道德实践的载体，有效地推动了“诚信张家港”创建。举办各类农村和农业实用技术培训班500多期，印发各类科技和市场信息资料40多万份。全市农村劳动力文化技术培训超过12万人次，职工培训超过10万人次，全员培训率保持在45%以上，先后有4096名农民获得“绿色证书”。

营造一种高品位的洁美有序环境。用“工作在现代化园区，生活在花园式城区”新目标和新理念来激励和指导精神文明创建，不断提升城市环境品位。通过扎实开展卫生村镇、文明村镇、文明小区、文明家庭等创建活动，把城区环境长效管理模式向农村延伸辐射，城乡一体化的洁美环境已成为一大亮点和特色。通过率先实行养老、医疗、失业等五位一体的社会保障制度综合改革，社会保障正从“城市待遇”变为“市域待遇”。通过率先把城市社区的理念引入农村，依托镇村“两类社区”的载体功能，构筑全市统一的“1890”社区服务网络，集聚社区服务资源，实行城乡联动，社区群众的各种服务需求大多不出社区能就近得到满足。通过广泛开展平安张家港创建活动，着力营造安全、稳定、温馨的社会环境。

实施一项受众广的帮困扶贫工程。在全市党员干部中开展挂钩一个村、蹲点一个私营企业或个体工商户、联系一个农村产业结构调整大户、扶持一个贫困家庭、确定一个党建责任区的“五个一”结对帮扶活动，为群众诚心诚意办实事，尽心竭力解难事，坚持不懈做好事。组织开展65岁以上老人生活大排查，对8万多名老人逐一走访，帮助其解决困难；开展孤贫儿童大排查，为千余名孤寡儿童落实了“社会妈妈”。全市已有9.98万名农民参加了农村养老保险，15万名农民参加了合作医疗保险，11万名老年农民每月有80元的生活补助。

建设一批功能全的宣传文化阵地。近年来，全市在城区兴建了一批文化体育标志性工程；新建和扩建了一批居民休闲健身场所；建立了众多的雕塑、景点、大型公益广告、读报栏和文明感化语音标牌，提高了市民的审美情趣，陶冶了道德情操。在农村，进一步建立健全了“四个中心”（教育文化中心、医疗健身中心、信息网络中心、社区服务中心），全面实施了“八个一示范工程”（一批文明示范小区、一条文明示范路或街、一所文明示范医院、一所文明示范学校、一个文明集贸市场、一个文明示范敬老院、一个文明娱乐活动中心、一个文明健身休闲广场），村一级和规模企业普遍建有“一校、二栏、三室”（一所多功能学校，读报栏、宣传公示栏，图书室、党团活动室、文体活动室），文明小区普遍建有“二栏、一室、一苑”（读报栏、宣传公示栏，图书室，健身苑）。这些阵地在宣传科学理论、传播先进文化、塑造美好心灵等方面发挥了重要作用。

形成一个强有力的组织保障体系。近年来，张家港市按照精神文明建设的内在规律的客观要求，不断健全完善制度化的领导机制、社会化的共建机制、多元化的投入机制、规范化的活动机制和科学化的考评机制，较好地形成了“层层有人抓、事事有人管、项项有指标、限时必达标”的创建保障体系。全市各级在成绩面前，始终保持开拓进取的精神姿态，始终做到创建氛围不淡化、队伍不弱化、机制不退化，年年有新进步，年年出新形象。

【文明村镇创建】 各镇村围绕文明村镇创建标准，以行政区域调整为契机，注重资源整合和效应，着重在加强领导班子建设、提高镇村经济总量、增加农民收入、改善村镇环境以及农民教育等方面作了努力，通过深化创建，文明村镇面貌得到进一步改观，人居环境质量得到进一步提高，加快了城乡一体文明进程。各镇村把创建国家卫生镇村作为创建文明镇村的重要内容，并列入为民办实事工程，取得了新的成效。2004年末，南丰镇通过国家卫生镇、黎明村和民乐村通过省级卫生村考核验收，全市8个镇186个村创建国家卫生镇和省级卫生村圆满结束，率先在全国实现了首家卫生镇村创建满堂红。年内，全市新增卫生户厕24664户，卫生户厕普及率达到93%，8个镇和87个村分别被评为张家港市文明镇和文明村；6个镇35个村分别被评为2002–2003年度苏州市文明镇和文明村。

【文明机关创建】 市级机关围绕市委、市政府的中心工作，通过深化“比服务环境、比服务效率、比群众满意”竞赛和继续开展“文明机关”、“诚信机关”创建，把亲民、亲商作为服务之本，强化行政效能监察，切实转变机关作风，创新服务方式，提高服务效率，积极营造优质高效的服务环境。特别是通过深入贯彻实施《中华人民共和国行政许可法》，坚持依法行政，加快政府职能转换，不断完善执法程序，从制度上规范执法行为。市机关部门通过开设政务广场、组织“科技、卫生、文化、法律”四进社区活动，切实解决了群众生产、生活等热点、难点问题，为农民创业致富，社会稳定作出了积极的贡献。通过年终考核评比，全市112个机关被评为张家港市文明机关，10个文明机关被评为张家港市文明示范机关，22个机关被评为2002–2003年度苏州市文明单位。

【文明行业创建】 各行业系统围绕全国文明城市创建，以“服务人民，奉献社会”为宗旨，通过深化“两项竞赛”、开展争创“文明服务示范窗口”等活动，突出服务经济、服从中心的措施和成效，服务水平不断提高，窗口形象得到提升，推进了文明行业创建上新的台阶。张家港国检局、张家港海关、质监局、国税局、地税局、计生委等部门，围绕全市经济建设，以一流的服务提升了行业一流的形象，赢得了社会的赞誉，在年度行风评议中，综合满意率保持在全市前列。市人民银行、农商行、农行、中行、工行等金融系统单位，牢固树立“地方发展我发展，我与地方共发展”的观念，善于当好全市经济建设的坚强后盾，全年各项贷款、存款总额较上年

“美在杨舍”文艺晚会　　（魏　欣　摄）

相比增幅较大，在苏州市乃至全省同行业中名列前茅。市建设局、交通局、环保局、卫生局、公安局、法院等部门，坚持服务大局、服从大局，为张家港市创建全国文明城市、生态城市、健康城市、平安张家港作出了不懈的努力。全市45个行业单位中有8个行业单位被评为苏州市文明示范窗口，10个行业窗口被评为张家港市十佳文明服务示范单位。全市还首次评比表彰了十佳服务明星和文明服务百杰。

【文明社区创建】 各镇围绕创建全国社区建设示范市目标，充分利用行政村区划调整优势，通过整合资源，加快推进了社区建设。年内，全市扩建和新建镇中心社区和农村社区18个，城乡社区应建总数已达90%。全市155个村级社区，70%进入了一类社区行列，50%的社区已达到市文明社区标准。塘桥镇把农村社区建设作为今年为民办实事五大工程之一，以韩山社区为样板，高标准搞好了青龙、周巷、欧桥等村级社区的硬件建设。金港镇把社区建设纳入城镇建设总体规划，新建的元丰、香山等社区起点高、规模大，有特色。锦丰、凤凰等镇加大了镇中心社区投入力度，社区服务阵地、休闲景点、绿化等环境建设水平不断提高。各城乡社区积极探索求助服务运作机制，不断完善社区服务功能，并针对社区内不同层次服务对象，建立和完善社区服务网络，为群众提供快捷便利的服务，让群众真正享受到社区的实惠。市社区服务中心与各镇中心社区联网，构筑了网络服务信息平台。与此同时，全市按照绿化、美化、净化、硬化、亮化的要求，新建了一批高质量的文明小区。全市100个城乡社区被评为张家港市文明社区，15个社区被评为张家港市文明示范社区。

【文明家庭创建】 全市以培育高素质市民为目的，以提高家庭文明程度为切入点，深入开展了文明家庭评比创建活动。各镇以《公民道德家庭读本》为准则，修订和提高了文明家庭评比标准。大新镇、杨舍镇推行的“五星级”文明新风户评比活动，富于特色，效果明显；南丰镇永联村改革创新以往的评比办法，实行文明家庭五年制目标考核，坚持评教结合、多方制约、奖惩挂钩，使文明家庭评比活动常抓常新，扩大实效。年内，全市96%以上的家庭被评为文明家庭或文明新风户。各镇还以提高家庭文化品位、掌握创业技能、改善卫生环境为着力点，深入开展“科技、文化、卫生”三入户特色家庭评比活动，全市特色家庭总数超过5万户。

【8个服务窗口被评为苏州市文明示范窗口】 张家港海关报关厅、张家港出入境检验检疫局报检大厅、张家港沿江公路鹿苑收费站、张家港市财政国库收付中心、张家港市人民法院立案庭、张家港市地税局第一税务分局办税服务厅、张家港市电信分公司城区营业组、江苏移动通信有限责任公司张家港分公司沙洲中路营业部等8个服务窗口被评为苏州市文明示范窗口。

诚信城市创建

【概况】 近几年来，张家港市紧密结合中国加入世贸组织后和市场经济发育先行区的新形势、新特点，坚持把建设“诚信张家港”作为深化全国文明城市创建的着力点，全力打造诚信城市品牌，进一步拓展全国文明城市创建新内涵。全市把诚信城市创建列入了地方党委、政府的重要工作议程，全面启动了以诚信政府、诚信企业（行业）和诚信市民为主要层面的创建活动，大力营造“诚信为本，操守为重”的社会新风尚，为着力打造“诚信张家港”新品牌奠定了基础。2004年，全市以机关、行业、市区步行街、各镇中心街、十大规模企业、50家骨干企业和100家个私企业为诚信建设示范点，通过授牌命名，推动点上创建，带动和加快全市各个层面的诚信建设进程。年内，命名了张家港市诚信企业1000多家，国际购物中心等10家商场被评为张家港市诚信建设先进单位，市第一人民医院等10个服务窗口被评为张家港市诚信建设示范窗口，步行街被命名为江苏省百城万店无假货示范街和张家港市诚信建设示范街。

【政府诚信建设】 张家港市十分注重市镇两级机关职能部门在诚信建设中的表率和先导作用。一是广泛推行承诺制。全市所有政府组成部门均通过新闻媒体、宣传折页和公示牌等多种形式和渠道，向社会公开服务承诺，方便服务单位与服务对象的联系，主动接受社会监督，树立有诺必践的政府形象。二是全面实行政务公开制。利用《电子政务网》、每月编印出版《张家港政务》、每月定期开设政务广场和部门政务公开栏等途径，做到政务信息、政务活动、政务程序的“三公开”。促进行政行为的规范化、程序化、法制化，密切党委、政府与群众的联系。三是深化行政审批制度改革。按照削减行政审批项目、简化审批环节、规范审批程序、压缩审批时限等要求，进行了两轮行政审批制度改革，共取消和降低（备案）各类审批项目929项，取消各类收费项目36项。在苏南地区第一家成立了行政审批服务中心和外商投资服务中心，所有行政审批项目实行一个窗口对外、一站式办证、一条龙服务、全方位运转。通过建立和推行行政审批首问负责制、限时办结制、程序事项告给制、交办督办查办制、现场联合办公制等制度，让每件事项做到件件有着落，事事有结果，较好地解决了部门间推诿扯皮、执行偏差、效率低下等问题，增强了政府的诚信度和投资商、市民对政府的满意度。四是广泛推行招投标制度。早在2000年就成立了市招投标中心，从政府办公用品到重大工程建设均纳入招投标采购，增加政府采购行为的透明度。据统计，仅政府物资采购一项，每年节约资金就达3000万元左右，节减率达15%以上。五是全面加强行政效能建设。近两年来，在市级机关全面推进效能建设的同时，还把8个乡镇、14个垂直条线单位作为效能建设的延伸平台，形成了横向到边、纵向到底的建管网络，有效营造了“部门围绕基层转，利益围绕群众转，一切围绕经济转”高效诚信的政务环境。六是实施放心消费工程。从衣食住行等与市民生活息息相关的方面入手，加强在质量、价格、服务等方面的监管，执行严格的市场准入制，让群众能够在日常生活中购买“放心物”、吃上“放心菜”、穿上“放心衣”、住上“放心房”、乘坐“放心车”，树立政府诚信形象。

【商务诚信建设】 坚持把商务诚信作为城市诚信建设体系的主体和核心，以广泛开展“诚信企业”、“诚信行业”和“信用村镇”创建活动为载体，重点解决两大问题：一抓生产经营型企业不生产和销售假冒伪劣产品，坚持以诚兴业；二抓流通服务型企业的诚信服务和诚信维权，积极探索商务诚信的长效管理机制，使诚信建设成为精神文明创建与经济建设的有效结合点。为此，一是深化产权制度改革，扫清商务诚信的体制障碍。从1996年开始，全市先后进行了三轮产权制度改革，从体制上进一步规范企业诚信经营活动。至2004年末，全市企业逃废金融债务本金余额与最高时的1998年相比，下降幅度超过了80%，在全省率先进入了金融安全区。到2004年10月，全市8个镇被命名为苏州市“信用镇”。二是优化监控手段，加强企业诚信监管。全市加大了诚信监控和执法力度，预防和惩治失信行为，积极探索商务诚信的长效管理。首先是实现监控手段现代化。如，市环保局投资1200万元建立了环保自动监控中心，对重点企业排污情况实行自动化远程即时监控记录。其次是实现监控结果透明化。每年组织企业诚信联合执法活动，执法结果以“诚信光荣榜”和“失信黑名单”形式向社会公开。社保、工商、质监等部门实行了业务监管预警制，对连续违规企业在新闻媒体上公布，并严格执法制裁，从而杜绝了企业生产经营失信和拖欠职工工资等现象。再次是实现信用信息资源共享化。协调工商、税务、银行、海关、环保、社保、城管、公安、法院、纪检等部门，在信用信息资源共享的基础上，定期召开联席会，互通情况，对失信行为采取联合执法，结果以“诚信光荣榜”和“失信黑名单”形式向社会公开。以市消费者协会为主体，成立了诚信维权中心，开设举报热线电话，全天候接受失信举报。近年来，全市各类消费投诉率每年以30%的速度下降，工商、物价、医疗、社保、质监等部门的投诉举报案件办结率、回复率均达到了100%。三是加强企业诚信文化建设，引导企业信用自律。积极实施以质取胜和名牌战略，健全社会产品质量监督与管理，推进企业质量认证和强制性产品安全认证工作，强化企业诚信自律。同时，还充分发挥行业协会灵敏度高、专业性强的优势，弥补政府管理的不足，规范相关企业的经营行为，避免因过度竞争导致企业失信失规行为，提高了行业内部自律能力。四是强化利益导向机制，增强企业诚信创建的积极性。在加大诚信监管力度的同时，对信誉度高的企业采取多种形式给予表彰和激励，不断增强企业诚信创建的源动力。如，工商部门对“重合同守信用”企业免于年检，金融系统对守信企业给予信贷额度优惠，海关对AA、A类企业给予通关便利等等，让守信企业得到实实在在的便利和实惠。与此同时，广泛开展商业诚信示范街、诚信示范窗口、五星级诚信企业（商场）和诚信服务百杰、十佳诚信服务明星等评选创建活动，以点带面，典型引路，激发创建热情。

【社会诚信建设】 全市通过舆论先导、活动引导、制度规导、典型向导，城乡联动，整体推进，不断夯实社会诚信的基础，营造社会诚信的氛围。一是强化教育引导。以贯彻实施《公民道德建设纲要》为契机，广泛开展“共建诚信城市，争做诚信市民”主题教育活动，利用全市500多所市民学校阵地，以编印下发的15万册《公民道德家庭读本》为基本教材，分层面、有针对性地开展培训教育活动，强化市民的诚信意识，规范市民的诚信行为，促进市民的诚信习性养成。二是强化载体策划。把2004年定为张家港市公民道德实践年，并策划了以诚信建设为主要内容的38项道德实践活动，组织广大市民积极参与，从中接受教育，提高思想道德素质。通过组织开展“十万人诚信宣誓和签名活动”，举办诚信知识竞赛、征文比赛和文艺汇演，第二个全国公民道德宣传日系列活动等，以活动教育人、引导人、影响人、塑造人。三是强化育人环境。通过先进典型示范引路、规章制度规范、诚信宣传环境熏陶等措施，以良好的育人环境感化、教育和影响市民。同时，结合“单位人”向“社会人”转变的实际，通过诚信社区创建活动这一载体和切入点，在社区环境上体现诚信，在社区文化中融入诚信，在社区生活上蕴涵诚信，在社区服务上实践诚信，在社区交往中奉行诚信，在社区管理上突出诚信，为构建社会诚信提供了良好的建设平台。四是强化舆论引导。充分发挥市“一报三台”主流媒体优势，统一开设“深化文明城市创建，打造诚信城市品牌”等专栏，大容量、高密度地开展诚信建设舆论引导工作，并通过公开曝光失信、缺信行为等措施，形成了强烈的舆论导向氛围。全市还组建了一支由社会各界人士组成的诚信维护志愿者队伍，为诚信建设站岗放哨，使失信者无立足之地。

【50万人次参与道德实践年活动】 为配合“诚信张家港”创建，增强全民参与意识，营造社会诚信氛围，市精神文明建设委员会、市委宣传部发文，把2004年确定为张家港市公民道德实践年，并精心策划了以诚信建设为主要内容的38项公民道德实践活动，组织广大市民积极参与。3月6日，张家港市志愿者协会成立暨诚信张家港万人宣誓签名仪式，拉开了公民道德实践年的帷幕。全市各级各部门相继组织的“万事谋率先，勇当排头兵”主题教育活动和第五届社区文化艺术节、《港城播报》走进社区、“诚信在城西”、社区特色楼道文化展评、公民道德建设宣传月等活动周连周、月接月，吸引了全市近50万人次参与。

【未成年人教育《行动计划》出台】 为认真贯彻落实中共中央、国务院《关于加强和改进未成年人思想道德建设若干意见》和省、苏州市加强和改进未成年人思想道德建设会议精神，张家港市通过对文化娱乐活动场所和爱国主义教育基地现场办公、召开未成年人思想道德建设工作座谈会、研讨会和专题调研等途径，制定出台了《张家港市关于贯彻〈中共中央国务院关于进一步加强和改进未成年人思想道德建设的若干意见〉的实施意见》和

《张家港市加强和改进未成年人思想道德建设行动计划》，该行动计划以紧扣“学校、家庭、社会”三个关键环节，着力实施“校园德育”、“细胞优化”、“资源整合”、“团队育人”、“环境净化”五大工程。结合实际，全市还排出了未成年人思想道德建设48件实事。市委、市政府通过召开专题会议，对“五大工程”、48件实事进行了量化，并在组织领导、活动机构、工作经费等方面落实了相关措施。

（王连生　李爱平）

生态城市创建

【概况】 1996年建成全国首家环境保护模范城市以后，张家港市不断巩固创建成果，丰富创建内涵，2000年率先提出了创建全国生态市的奋斗目标，把创建范围由“城区”向“市域”扩展，建设内容由“以防治工业污染为主”向“全面防治工业、生活和农村农业污染”全方位延伸。为了扎实推进生态市创建工作，2001年成立创建工作领导小组，2003年成立生态市创建指挥部，下设6个专业工作组，统一指挥和协调生态市创建工作。2001年，在全省率先编制完成生态市建设规划，并细化编制循环经济规划等31个配套子规划，使生态市创建具有更强的科学性和指导性。2003年制定下发《生态市创建实施方案》、《生态建设八项重点工程》，增强了实施创建的可操作性。2003年全市创建“全国生态示范区”通过国家验收。2004年，张家港市坚持以科学发展观和“五个统筹”为指导，以构建和谐社会为目标，以创建全国生态市为统领，全面加强生态环境保护和建设，生态市创建工作取得了明显成效。组织领导进一步加强。市委、市政府把生态创建专项纳入全市三个文明考核范围，先后三次召开专题会议研究部署创建工作。市人大、政协组织了专题视察活动，检查督促创建工作。全市上下按照市委、市政府下发的实施意见和八项重点工程的要求，扎实推进各项创建工作。

生态系列创建全面展开。积极开展“全国环境优美镇”创建活动，塘桥镇于12月30日被国家环保总局正式命名为“全国环境优美乡镇”，全市各镇“环境优美乡镇”创建工作12月初全面通过省级考核。凤凰镇程墩村等6个村的省级“生态村”创建工作分别于10月21日、22日通过由省环保厅、农林厅等组成的专家组考核验收，全市已有11个村建成省级“生态村”。扎实推进环保进学校、社区、企业、乡村“四进”活动，全市新增“绿色学校”44所，累计达到86所，占全市学校总数的72.3%，其中苏州市级、省级“绿色学校”9所；新增“绿色社区”25个，其中前溪、万红社区通过了省级“绿色社区”考核验收；新增省级“生态村”6个，累计达到11个；新增“环境友好企业”10家，其中省级1家。

生态重点工程进展顺利。市区生活污水截流和管网改造工程基本完成，生活污水处理率超过80%；各镇生活污水处理厂均已完成主体工程，其中3个镇已投入运行；暨阳湖生态园占地1.56平方公里的中心景观区已经建成；城镇绿化、水利枢纽、危险固废处置等生态建设重点工程顺利推进。

生态环境保持稳定。饮用水源地水质优于国家二级标准，主要河道水质达到相关功能区标准；空气质量良好以上天数超过80%；区域噪声值、道路交通噪声值全部优于相应功能区标准。

生态经济稳步发展。全市已有13家企业通过苏州市清洁生产审核，68个单位通过ISO 14001环境管理体系认证，20多个行业和产品的能源单耗处于国内领先水平。

生态宣传教育更加深入。年内，投资100多万元设置总面积超过400平方米的11块大型公益广告牌；市“一报三台”专版专栏刊登刊载报道300多篇；举办大型图片巡展，观看人数接近10万人，全体市民的生态环保意识得到增强，生态市创建氛围更加浓厚。

【生态重点工程】 各镇生活污水处理厂建设全面推进，其中塘桥、南丰两镇污水厂和大新镇的动力地埋式污水处理设施已建成投运，凤凰镇、金港镇污水厂进入调试阶段。市区生活污水处理厂配套管网工程建设如期完成，生活污水处理率达到80%以上。乐余染整工业集中区污水厂建成投运，东沙化工集中区污水厂已进入设备调试阶段。东横河水利枢纽工程进展顺利，朝东圩港水利枢纽工程也已开工建设，一干河锦丰镇新镇区河道拓浚及景观建设工程开始启动。市区旺家庄生活垃圾填埋场二期工程基础工作已经完成。年处理能力1.2万吨的危险废物焚烧中心已完成各项前期准备工作。新增各类绿地林地1366.67万平方米，全市森林覆盖率达到14.46%，人均公共绿地面积接近8平方米，其中市区人均11平方米。暨阳湖生态园中心景观区一期绿化工程已经完成。疏浚各类河道1290条，总长461.3公里。完成农村卫生户厕改造26125只，全市改厕率达到93.5%。

【生态经济发展】 引导企业采用国际先进的环境管理模式和清洁生产工艺，有8家企业通过了苏州市清洁生产审核，累计达13家，22家单位通过ISO 14001认证，累计达68家。全市工业用水重复率达82%，万元GDP能耗降低至1.18吨标煤，水耗降低至102吨，粮油、钢铁、氮肥、玻璃、化纤等20多个行业和产品的能源单耗处于国内领先水平。建成40个农业标准化科技示范基地，总面积达14万亩(9333.33公顷)。新增省级无公害农产品产地14个，累计达60个，面积8万多亩(5333.33公顷)。全市累计有无公害农产品66种，绿色食品24种，有机食品1种。建成畜禽养殖污染综合利用试点单位3个，全市畜禽粪便综合利用率得到提高。

【中央新闻媒体专题采访循环经济和生态市创建工作】 11月21日，国家环保总局组织人民日报、光明日报、中央电视台、中央人民广播电台等中央主流新闻媒体，到张家港市专题采访循环经济和生态市创建工作，市委书记曹福龙会见采访组成员并简要介绍张家港市经济社会发展及生态市创建工作情况。采访组就领导环境意识、生态示范典型、城市总体规划等方面议题赴张家港保税区、扬子江国际化学工业园、江苏沙钢集团、菊花味精集团等地作了专题采访。

【两项规划通过专家评审】 11月20日，《张家港市环境保护规划》通过专家评审。此前，各镇《环境保护规划》已于7月末通过专家评审，并经市政府批准后颁布实施，为全市环保工作和全国生态市创建提供科学依据。按照循环经济理念编制的扬子江冶金工业园《循环经济建设规划》已通过专家评审，对冶金工业园发展循环型经济、走新型工业化道路具有很强的指导作用。

表3　2004年新增省级"绿色学校"、"绿色社区"、"生态村"一览表

名　称	单　　位
绿色学校	塘桥初中、城北幼儿园
绿色社区	杨舍镇万红社区、杨舍镇前溪社区
生 态 村	锦丰镇建设村，金港镇福民村，凤凰镇恬庄村、程墩村，乐余镇永利村、东林村

（卢　薇）

中国优秀旅游城市创建

【概况】 张家港市不仅有着悠久的历史，而且还有着丰富的文化底蕴。在大自然赋予的青山绿野下随处可见古人创造的名胜古刹和文人留下的遗踪遗篇。其中唐代高僧鉴真第六次东渡日本从黄泗浦启航，历史名人苏东坡、徐霞客等也在这里留下吟咏香山等处胜迹的文章。近年来，随着工业化、城市化进程的加快，尤其是在科学发展观的指导下，张家港市区域经济得到了持续、协调、快速发展，旅游业作为无烟工业也越来越显示出强劲的发展态势。为加快全市旅游基础设施的建设步伐，在2002年9月修编完成《张家港市旅游发展总体规划》的基础上，5月，张家港市向苏州市旅游部门申请，提出要在2005年创建成中国优秀旅游城市。9月，召开了创建中国优秀旅游城市动员大会，全面启动各项建设工作。创建中国优秀旅游城市，对于优化产业结构、打造诚信品牌、提升城市形象、争当"两个率先"排头兵和实现人口、生态、经济、社会四大系统的互动协调发展，具有十分重要的意义。

基础工作扎实推进。建设中国优秀旅游城市从启动建设伊始就被摆上各级政府的重要议事日程，市委、市政府专门成立创建中国优秀旅游城市指挥部，并抽调人员组建办公室，建立健全组织网络。先后制订和完善了《张家港市旅游发展总体规划》、《香山风景区总体规划》、《东渡苑旅游景区规划》和《双山岛旅游度假区规划》；多次召开景区建设协调会、责任单位任务分解会和重点单位工作进度汇报会，分解落实创建任务；建立了例会、联络员、信息简报和监督考核等制度。同时，对创建中国优秀旅游城市检查标准的20个项目进行了分析论证，并明确分工，责任到人。在日常推进工作中，全市38个责任部门从组织、制度和投入上予以支持，形成了条块结合、部门联动的工作格局。

旅游要素加速完善。多年来，张家港市一贯重视景区和园林建设，先后扩建沙洲公园，利用废砖窑地改建张家港公园，兴建敞开式城市客厅世纪广场，并借建设沿江高速公路之机，采用集中取土，开挖建设了暨阳湖生态园。同时还在城市社区内建起一个个小游园，供市民休闲、健身、娱乐。2004年，市重点景区景点按照总体规划，全面进入了实质性的开发建设阶段：一是投资200万元的东渡苑景区鉴真纪念馆已修葺一新，在内容和布局上较过去更为丰富合理，主题鲜明；二是投资300万元的香山梅花堂项目于11月正式动工兴建；三是双山高尔夫俱乐部10个生态旅游新项目建设于年底启动。另外，总投资8000万元按五星级标准建设的凤凰温泉山庄主体大楼已经封顶；暨阳湖生态园完成了1795万元的工程量，植绿灌水，粗具规模；占地80公顷的梁丰生态园完成了土地的造型，正式动工兴建。

旅游经济全面增长。2004年，市旅游业各项指标均创下历史最好水平。全市旅游接待总人数达到168.17万人，实现旅游总收入21.05亿元，分别比上年增长31.51%和29.62%。其中接待国内游客165.47万人，国内旅游收入19.37亿元，分别比上年增长30.81%和26.02%；接待海外游客2.7万人，旅游创汇2025.29万美元，分别比上年增长112.90%和93.37%。

【年投资18亿元打造中国优秀旅游城市】 为加快旅游业发展，创建中国优秀旅游城市，满足旅游者的食、住、行、游、购、娱等全面需要，2004年，张家港市落实"政府主导，社会参与"的多元化投资保障体系，直接用于旅游专业设施和旅游基础设施建设的资金18亿元。其中用于道路交通设施建设7.8亿元，城市绿化建设6.9亿元，扩建和改善住宿条件1.35亿元，景区（点）规划和建设2500万元，另外，在公厕改建、文物保护和举办文化旅游节等方面也投资近1.7亿元左右，从而进一步打开了对外旅游通道，提升了城市品位，改善了城市生态，夯实了创建中国优秀旅游城市的硬件基础。

【双山岛旅游度假区概念性规划编制完成】 1月，市旅游局对由美国HILL公司、澳大利亚HRP集团、英国伟信集团和广东省旅游研究中心4家设计单位各自设计的"双山岛旅游度假区规划"方案进行了公示，在广泛听取专家、学者和民众的意见和建议后，于2月邀请中国工程院院士钟训正及清华大学、同济大学、南京大学、东南大学、中山大学等高校的11名资深专家组成专家评审组，对方案进行了评审，澳大利亚HRP集团的规划方案胜出。在原规划方案基础上，HRP集团又多次进行修改和完善，8月正式定稿。规划中的双山岛旅游度假区为长江沿线集休闲度假、康体保健、商务娱乐为一体的绿色生态旅游度假区。

【东渡苑景区鉴真纪念馆全面修缮完成】 为提升景区文化品味，市旅游局9月开始对鉴真纪念馆进行全面整修，新建了纪念馆入口广场，重新布置纪念馆内部结构与设置，全面美化景区外围的环境。整修后的鉴真纪念馆，

内容和布局上较过去更为丰富合理，主题更加鲜明，将成为中国国内重要的中日文化交流基地之一，成为日本及东南亚游客的重要旅游目的地。

【香山风景区“梅花堂”景点建设工程启动】 上半年，市旅游局对香山风景区“梅花堂”景点的设计方案进行修改，完成了施工图设计工作。10月，对梅花堂工程进行招投标，苏州园林发展股份有限公司中标。11月，香山“梅花堂”景点正式开工建设。工程主要包括梅花堂、碑林、留香亭、东坡亭、水榭、栈道赏莲、三友轩、鹿女湖、葫芦塘等建筑小品，预计整个工程投资约300万元，将于2005年4月底竣工。

【抓管理全面提升旅游业队伍素质】 为进一步提高旅游行业人员的管理服务水平，建立一支高素质、高能力、不同层次的旅游行业队伍，市旅游局采取多种形式对星级饭店和旅行社相关人员进行学习、培训、考察、交流。曾先后组织了10家星级宾馆（酒店）的总经理和部分中层管理人员赴广东东莞和深圳学习考察，15人参加饭店经理的专业考试，42人参加导游考试，10名新考导游进行上岗前的培训，433人参加英语等级考试。至年末，全市星级宾馆（酒店）部门经理以上的持证率均达到了100%，员工英语水平C级占60%、B级占25%、A级占15%，全市旅行社具备总经理资格和部门经理资格证书的达35人，在册导游72人，其中在导游服务中心注册的有19人，均比上年有所提高。2004年，全市新批星级饭店2家，升星1家，累计达15家；新批旅行社2家、累计达15家，星级饭店档次和数量均居全国同级市县前列，5人被苏州市人民政府等有关部门表彰为旅游系统先进个人。

（祁义方）

健康城市创建

【概况】 建设健康城市是世界卫生组织（WHO）于20世纪80年代面对城市化问题给人类健康带来的挑战而倡导的一项全球性行动战略。世界上大约有2000座城市开展此项活动。在中国，北京、上海、海口、大连、深圳、苏州等10多个城市已经或正在着手开展健康城市创建。张家港市于2003年10月召开建设健康城市动员大会，启动了健康城市建设工作。建设健康城市，对于创造一个最适宜人居与创业的城市环境、巩固和发展张家港市的创建成果、增强城市综合竞争力、促进全市经济社会新一轮协调发展，具有十分重要的意义。2004年是张家港市全面启动建设健康城市的第一年，市委、市政府坚持“以经济为中心、以卫生为基础、以文化为内涵、以育人为根本、以服务人民为宗旨”的工作思路，围绕营造健康环境、优化健康服务、构建健康社会、培育健康人群的目标，突出重点，狠抓落实，建设健康城市工作在全市城乡稳步推进，呈现出良好的发展态势，并且得到了全国爱卫办和世界卫生组织（WHO）西太区健康城市联盟的大力支持和充分肯定。

上下联动工作格局初步形成。建设健康城市从启动建设伊始就被摆到各级政府的重要议事日程，市委、市政府在专门成立建设健康城市领导小组并抽调人员组建办公室、建立健全组织网络的基础上，先后组织召开了三次建设健康城市全市性专题会议，确立以“政府组织、部门共建、行业促进、群众参与”为内容的工作思路和工作机制，建立了例会、联络员及信息简报等制度，并积极进行了监督考核机制的探索。同时，启动了健康城市指标体系的规划论证工作，参照健康城市项目要求提出了切合张家港市实际的134条项目指标。在日常推进工作中，各部门从组织、制度、投入上予以支持，形成了条块结合、部门联动的工作格局。

健康三大工程建设扎实推进。健康宣传、健康细胞、健康服务三大工程，是建设健康城市项目推进的重点，按照营造健康环境、优化健康服务、构建健康社会、培育健康人群的总体目标要求，制定下发了“三大工程”专项实施意见，健康宣传得到广泛开展，细胞工程深入推进，健康服务不断完善，市民健康知识知晓率、健康行为形成率分别达到76.86%和76.07%，6个健康细胞工程优秀试点单位经评选产生，各镇卫生管理服务中心组建并投入运作，健康细胞工程建设项目在各镇及54个试点单位中得到稳步实施，由相关部门专业人员组成的健康城市督导评估组组建成立，“110”与“120”实现并轨，反应灵敏、快速高效的现代化医疗急救服务体系初步形成。

健康城市建设城乡协调运作。在高标准建设健康城市的同时，以彰显城市特色为出发点，注重将健康城市建设向广大农村延伸扩展，城乡联动，整体推进。在建设健康城市指标体系修订过程中，将整个指标体系分成134个项目，内容涉及29个部门、8个镇和1个农场，将新型农村合作医疗参加率、农民人均纯收入、农村集镇污水集中处理率等16条特色指标纳入了考核评估体系，并尽量将农村人口纳入所有涉及人均的指标中，力争做到城市与农村同要求、同部署、同考核、同推进，体现城乡一体化。实施过程中，各镇根据建设健康城市总体规划与要求，把健康社区建设作为健康细胞工程的汇集点和落脚点，结合社区内百姓对健康的需求，加强环境建设与管理，完善健康服务，将健康城市的理念和建设方法融入到社区工作的方方面面，整合社区资源，引导群众与单位广泛参与健康社区建设。各相关部门、单位积极将建设健康城市融入渗透到各自工作中，突出开展以健康为内容的活动主题，按照以人为本的理念和要求，围绕绿化、环保、住房、公交、改水改厕等方面完善基础设施建设，不断为人民群众营造良好的健康生活环境。

【健康宣传】 全市各部门、各单位围绕引导人民群众参与健康城市建设的中心思路，紧密协作，加大了健康城市建设的宣传力度。年内，“健康张家港”网络频道在“张家港在线”网站上顺利开通，《健康与生活》、《健康田野》、《走进健康》等栏目相继开办，以“建设健康城市，促进人口经济社会协调发展”等口号为内容的一批社会公益广告制作设立，“健康科普宣传周”、“全民健身周”、“健康家庭”知

WHO 西太区健康城市秘书长中村桂子到市访问　（市卫生局 供稿）

识竞赛、建设健康城市有奖知识竞赛、健康志愿者进社区行、“亿万农民健康促进行动”等一系列突出健康主题的活动相继开展，“卫生进社区、健康为大家”健康知识宣讲团组建成立，建设健康城市理念得到传播，健康城市知识和健康知识得到宣传普及，市民良好的卫生习惯和健康行为进一步形成。

【健康细胞工程建设】 按照健康社区、健康家庭、健康学校、健康企业、健康机关、健康医院、健康市场、健康宾馆、健康饭店、健康商场、健康休闲娱乐场所11类细胞工程项目建设标准，张家港市于4月20日召开建设健康城市领导小组成员会议，就建设健康城市细胞工程作出专题部署。根据行业类型明确了各个细胞工程项目的牵头单位，并由各牵头单位结合行业特性制定的健康细胞工程专项实施意见在行业中得到实施。在对首批54家建设健康城市试点单位确定、公布的基础上，各牵头单位组织完成了对各试点单位的基线调查，并形成了各自细胞工程项目的专项工作方案。在推进过程中，市委、市政府举办了两期建设健康城市专题培训班，邀请国内知名专家到张家港市授课，帮助相关业务人员熟悉和掌握建设健康城市的理念和方法。在建设健康社区中，加强了对健康社区的建设指导，坚持以点带面，整体推进，制订了建设健康社区的工作意见、建设标准和指导性意见，使健康社区建设更具可操作性。

【健康服务体系建设】 建立与经济社会发展水平相适应的健康服务体系，是卫生事业改革发展的总方向，也是健康城市建设的必然要求。建立健康服务体系作为建设健康城市的关键环节，应与经济社会发展水平相适应，与广大市民健康服务需求相适应。年内，全市主要从以下几方面来推进健康服务工程。一是对公共卫生管理体制进行改革，全市各镇组建了镇级卫生管理服务中心；二是积极稳妥地推进镇卫生院产权制度改革和公立医院运行机制改革；三是利用“110”指挥中心平台，构建“120”医疗急救服务体系，初步形成了一个以急救中心和各急救站为网络，院前急救与院内抢救相呼应、统一调度指挥、反应灵敏、快速高效的现代化医疗急救服务体系；四是加快社区卫生服务站的布局调整，推进社区卫生服务站的标准化建设，完善其“六位一体”的功能，提高社区卫生服务质量和水平；五是建立健全覆盖全市居民的养老和医疗保障体系，全市新型合作医疗覆盖率达到86.5%，切实解决了农（居）民的后顾之忧。

【WHO西太区健康城市联盟秘书长到张家港市考察】 7月30日，WHO西太区健康城市联盟秘书长中村桂子女士到张家港市考察。市委书记曹福龙在馨苑度假村会见了中村桂子女士，并同中村桂子就张家港市的健康城市建设相互交换意见。中村桂子认为，张家港市建设健康城市的态度是认真的，对健康城市的理解是准确的，在贯彻落实各项措施方面很务实。苏州加入了WHO西太区健康城市联盟，在联盟中起到了很好的作用，张家港作为苏州的一部分，不光要保障张家港市民的健康，还要把自己的经验介绍给世界上的其他城市，多进行国际间的交流，活跃在世界舞台上，促进世界人民健康。当天中午，市委副书记、市长王翔会见了中村桂子，并介绍了张家港市经济社会发展和建设健康城市的情况。下午在副市长杨芳的陪同下，中村桂子相继考察了环保局监测中心、万红社区、杨舍镇健康服务中心、塘桥韩山社区、塘桥镇卫生管理服务中心、塘桥医院，听取了相关单位的介绍。在塘桥韩山社区，中村桂子参观了当地农家，对农村居民的生活状况与健康意识表示满意。

【“120”医疗急救服务体系正式运行】 12月6日，市“120”医疗急救服务体系正式运行，标志着张家港市具有划时代意义的“老百姓生命工程”进入了一个崭新的阶段。“120”医疗急救服务体系是市委、市政府2004年十大实事工程之一，也是张家港市建设健康城市、完善健康服务体系的重要内容之一。该医疗急救服务体系充分利用现有资源，由市公安局“110”指挥中心统一指挥、统一调度。下设1个医疗急救中心和6个急救站，保证了在全市任何一个地方都能得到快捷的医疗急救服务。其中急救中心设在市第一人民医院，6个急救站分别为市中医院急救站、博爱医院急救站、塘桥医院急救站、乐余医院急救站、锦丰医院急救站和金港医院急救站。凡遇重大灾害和突发性事故引起的各类创伤及各类突发性急重症均可拨打“120”，该电话属于免费电话，24小时开通。“120”开通后实行有偿服务，执行基本收费。

（范建星）

【编辑　黄晓曙】

综　　述

2004年，中共张家港市委以邓小平理论和“三个代表”重要思想为指导，认真贯彻落实党的十六大和十六届三中、四中全会精神，紧紧围绕“两个率先”和年初各项预定目标，与时俱进弘扬张家港精神，牢固确立科学发展观，认真落实中央加强宏观调控的决策部署，积极创新发展思路，努力破解发展难题，保持了经济社会的健康协调发展，取得了三个文明建设的新成效。

【市委八届五次全体（扩大）会议】 6月12日，市委召开八届五次全体（扩大）会议，市委书记曹福龙作了题为《牢固确立科学发展观，坚定不移争当“两个率先”排头兵》的报告。全会深入贯彻落实胡锦涛总书记视察江苏时的重要讲话精神和省委、苏州市委扩大会议精神，动员全市广大干部群众，牢固确立科学发展观，坚持“六个统一”，确保圆满完成全年各项目标任务，坚定不移争当全省“两个率先”排头兵。一是坚持富民与强市相统一。大力推进“民营经济腾飞计划”，壮大村级经济，多渠道拓宽劳动力就业空间，帮助群众增收致富。扩大农保转城保、农村养老保险、新型农村合作医疗覆盖面，确保年内城保参保率达99%，新增参保农民1.5万人。二是坚持速度与效益相统一。调整和优化产业结构，大力发展现代农业和现代服务业。做大育强规模经济，引导现有骨干企业与国际大公司进行战略合作。加快传统产业高新化步伐。三是坚持内外开放相统一。加快传统招商向“集约招商”、“专业招商”、“环境招商”转变，年内引进80个超千万美元大项目；新批私营企业2500家，新增私企注册资本30亿元。四是坚持开发与保护相统一。采取用活存量、广辟渠道、自我调控等手段，大力提高土地、资金、电力等利用效率。五是坚持城乡发展相统一。加快新城建设，实施老城改造，推进农村新社区建设和村庄布局调整，力争三年内形成一批农村新型现代社区。六是坚持三个文明建设相统一。深入开展全国文明城市和社区建设示范市系列创建活动，加大对社会事业的投入力度，加强民主法制建设，促进社会全面进步和人的素质全面提高，打造文明城市新品牌。

【市委八届六次全体（扩大）会议】 11月28日至29日，市委召开八届六次全体（扩大）会议，市委书记曹福龙作了题为《牢固确立科学发展观，全面提高执政能力，在更高起点上实现经济社会更快更好发展》的报告。全会深入贯彻落实党的十六届四中全会和省委、苏州市委扩大会议精神，研究部署2005年工作目标和思路措施，提出“五坚持、五创新”思路，在更高起点上推动经济社会更快更好发展，继续争当全省“两个率先”排头兵。一是坚持以科学发展为主线，创新经济增长方式。实施技术创新战略、品牌战略和资本经营战略，扶优扶强具有自主知识产权的规模经济；发挥保税物流园区政策优势，大力发展现代物流业，统筹发展旅游业和现代商贸业。二是坚持以扩大开放为动力，创新外向带动战略。依托“两区两园”，引进科技型、基地型、研发型项目，扩大利用各类国外贷款。扩大高端消费品出口，鼓励有实力企业“走出去”开发西部、东北和海外市场。三是坚持以城乡统筹为导向，创新“三农”工作思路。大力发展农村民营经济，推进城乡统筹就业，完善农村社会保障，多渠道促进农民增收。加快农村十项实事工程建设，营造良好农村人居环境。四是坚持以提升品位为重点，创新城市发展理念。统筹城镇规划，加快建设暨阳湖生态园区、城西购物公园、一干河亲水走廊等重点工程，进一步拉开新城区建设框架。加大城市经营力度，吸引社会资金参与城市建设。五是坚持以构建和谐社会为目标，创新文明建设内涵。发挥长江文化艺术展示的品牌效应，扩大文化交流，丰富城市文化底蕴。全面推进人居环境、诚信环境、法治环境、平安环境建设，塑造城市文明形象。

【重要会议】 全年市委召开常委会议11次，常委、市长联席会议9次，领导班子扩大会议14次，各类专题会议54次。

1月29日，市委、市政府召开表彰先进暨“开门红”工作会议，表彰2003年度精神文明创建和各行各业取得突出成绩的先进集体和个人，全面部署“开门红”工作。

2月17日，市委召开全市“党风廉政建设、政法综治、行政效能”工作会议，部署全市党风廉政建设、政法综治工作和行政效能建设的各项目标任务。

5月12日，召开全市领导干部会议，传达学习胡锦涛总书记在江苏考察工作时的重要讲话精神，落实科学发展观，同时部署争创“全国文明城市”、“健康城市”、“全国社区建设示范市”工作。

6月29日，召开机关作风建设会议暨“七一”大党课，动员全市广大机关干部进一步发扬党的优良传统，全面落实科学发展观，全力打造群众满意的服务型机关。

9月3日，召开市领导班子扩大会议，传达省委李源潮书记在张家港专题调研民营经济发展情况时的重要讲话精神，提出“一个坚定、三个提升”，推动民营经济又快又好地发展。

9月28日，召开全市领导干部会议，学习传达党的十六届四中全会精神，提出重点在提高发展能力与提高总揽全局的能力上下工夫，坚定不移加快改革与发展步伐。

9月28日，市委、市政府召开全市社会保险扩面工作会议，提出到2005年6月，全市社会保险综合参保率提高到90%以上，全市老年农（居）民养老补贴发放率提高到95%以上。

11月6日，市委、市政府召开全市改革工作会议，全面部署以社会事业领域企事业单位和社会团体改革为重点的各项工作。

【重要决策】 1月11日，市委下发《关于认真贯彻苏州市委〈关于建立惩治和预防腐败体系保证“两个率先”顺利实现的决定〉的意见》。

1月31日，市委下发《批转〈张家港市2004年法制城市建设工作意见〉的通知》，提出围绕“四五”普法依法治市规划。

2月18日，市委下发《印发〈2004-2006年张家港市党的基层组织建设规划〉的通知》，提出大力实施“强基工程”，使全市基层党组织达到领导班子好、党员队伍好、工作机制好、发展业绩好、群众反映好“五个好”的目标要求。

3月15日，市委下发《关于认真开展学习宣传贯彻〈中国共产党党内监督条例（试行）〉和〈中国共产党纪律处分条例〉的通知》，兴起学习宣传贯彻“两个条例”的热潮。

4月23日，市委下发《关于印发〈张家港市建立惩治和预防腐败体系工作任务的分解意见（试行）〉和〈2004年度党风廉政建设和反腐败各项工作责任分解抓落实的意见〉的通知》。

7月28日，市委、市政府下发《关于进一步提高机关效能的若干规定》，提出要进一步提高机关办事效率和服务水平，打造“效率张家港”。

8月18日，市委、市政府下发《关于开展全市第六轮帮扶集体经济薄弱村工作的意见》，力争通过3年努力，使现村级可用资金在20万元以下的村达到50万元；现村级可用资金在20万元～40万元的村达到60万元；现村级可用资金在40万元以上的村达到70万元。

8月19日，市委、市政府下发《关于全面推进人口和计划生育综合改革的实施意见》，提出到2010年，全市常住人口年均人口出生率保持在8‰以下，人口出生缺陷率保持在苏州市平均水平以下，群众避孕节育和生殖健康服务率达90%以上。

8月31日，市委、市政府下发《关于贯彻〈中共中央国务院关于进一步加强和改进未成年人思想道德建设的若干意见〉的实施意见》和《张家港市加强和改进未成年人思想道德建设行动计划》。

9月6日，市委、市政府下发《张家港市农村居民住宅区规划建设实施意见》，提出用15年左右时间逐步撤并规划保留以外的自然零散村庄（埭），基本建成现代化农村居民住宅区。

9月29日，市委下发《关于学习贯彻党的十六届四中全会精神的通知》，全面加强党的执政能力建设。

11月5日，市委、市政府下发《关于推进全市社会事业领域企事业单位和社会团体等改革的决定》，明确改革的政策、原则、范围、方式、实施要求和时限。

12月25日，市委下发《中共张家港市委常委会讨论干部任免事项投票表决办法（试行）》。

【重要活动】 3月28日至4月10日，市委副书记、市长王翔率团赴日本和韩国招商，先后走访了住友化学、伊藤忠商社、大冢化学和龙滨、东熙、世亚制钢等58家重要客户，参观考察了浦项光阳制铁所、韩国SK（鲜京）和现代重工集团等一批知名跨国公司，在日本东京、大阪和韩国汉城、蔚山分别举办大型投资说明会，与会客商近700人，当场签约项目15个，总投资2.38亿美元，注册外资1.1亿美元，并掌握有效项目信息19个。期间，正式成立了张家港市外商投资服务贸易有限公司驻韩国经贸办事处，与韩国蔚山市政府、现代重工株式会社分别签署了《经济交流协作城市关系意向书》

花团锦绣的张家港　　（张龙法　摄）

和《紧密经济合作协议书》。

4月15日至17日，市委书记曹福龙、市长王翔，率党政代表团一行近百人，赴南京、浙江萧山、杭州以及江苏吴江等地参观考察，学习借鉴城市建设和民营经济发展等方面先进经验。

5月20日至6月9日，市委书记曹福龙率团赴欧洲12国招商，先后走访了德国蒂森克虏伯公司、荷兰孚宝公司、法国波坦公司、意大利久盛公司等重要客户，参观考察了意大利、比利时、荷兰等国的一批著名跨国公司，在德国杜塞尔多夫举办了大型投资说明会，参加了苏州市在德国慕尼黑、法兰克福举行的投资说明会，共签约项目9个，总投资5.9亿美元，注册外资1.8亿美元，并掌握了一批有效项目信息。

11月1日至18日，市委、市政府隆重举办2004年（张家港）长江文化艺术展示周暨首届张家港·长江流域戏剧艺术节。其间举办了“欢聚一堂——相聚张家港”大型文艺晚会、“长江颂”书法精品展、长江流域地方戏剧发展联盟研讨会；开展了以“长江城·长江人”为主题的长江名城文化风情电视片展播活动。同时，举办了2004年张家港经贸周活动，吸引600多名海内外客商及金融界人士参加，首日签约项目25个，总投资78.7亿元，其中外资项目16个、内资项目9个；投资超千万美元的外资项目10个、投资超亿元的内资项目5个，主要涉及电子信息、新型材料、船用机械、精细毛纺、服务贸易等多个领域。

（余　涛）

调研工作

【概况】 市委研究室紧紧围绕市委中心工作，扎实开展各项调查研究工作。在负责撰写市委会议报告的同时，针对经济、社会生活中的重点、难点问题，就招商引资、沿江开发、企业技改、村级经济发展、街道办事处改革、应对国家宏观调控的对策等，深入走访各镇（场）、机关、村及重点企事业单位，了解他们的工作重点和难点，了解发展中的瓶颈和阻碍，了解基层对市委、市政府的要求和建议，在此基础上，撰写了关于城乡统筹发展、楼宇经济、“三农”问题等多篇调研报告，为领导决策提供参考。在做好自身工作的同时，积极牵头协调全市调查研究工作，配合有关部门开展调研活动和其他资料、信息的收集，并对市领导和市直机关、部门调研报告进行汇编，促进了调研成果的转化。全年共起草会议报告、对上对外的情况汇报、市情介绍等文稿100多篇，共计120多万字；撰写调研报告10多篇，共计10多万字；编发内部刊物《调查研究》6期，供领导和各单位参考；在省委《参考》和苏州市委《调研与参考》等刊物发表多篇调研文章。

【组织开展全市调查研究活动】 2004年，为响应市委“大兴调查研究之风”的号召，市委研究室积极建议开展调查研究活动，并会同市委办公室、市政府办公室，围绕有关经济社会发展的重大问题，排出了108个调研课题，由市领导、市直机关主要领导牵头，深入开展调查研究。通过半年多的深入调查研究，形成了系列调研报告。为促进调研成果的转化，研究室整理编发了《张家港市市级领导调研报告汇编》和《张家港市市直机关调研报告汇编》，分别收录21篇市领导调研报告和35篇市直机关调研报告，对倡导科学决策和转变机关工作作风起到了较好的促进作用。

（许纯洁）

机要工作

【概况】 2004年，市委机要局全年办理明、密码电报2000多份，处理电子邮件10万多份，通过网络发放会议票30多次；采集、录播“苏州新闻”、“张家港新闻”、“新闻夜报”等600多期新闻片段；外出维护、调试网络300多次，涉及处理的网络终端等设备1000多台套；为市行政审批中心、暂住人口管理中心等10多个单位的网页制作、发布和网站建设，提供技术咨询和指导，并为他们提供网站服务器托管服务。年末，市委机要局被省委办公厅、省政府办公厅、省人事厅联合授予江苏省党政机要系统先进集体荣誉称号。

【切实加强密码通信保障】 市委机要局始终把两个“绝对确保”作为密码通信工作的首要任务，认真学习贯彻上级关于密码工作的各类规章制度和文件精神，切实做好密码通信保障工作。年初，修订了机房管理、文电办理和管理、紧急电报办理等一系列规章制度，细化了《机要人员目标管理岗位职责》。对计算机机要通信网络，切实做到专线专用、专机专用，在物理上同其他网络绝对隔离，并指定专人负责，定期检查。加强安全防范设施建设，重新改造密码机房，安装防盗门，配备密码专用保险柜、干扰机、碎纸机、灭火器等设备，安装防盗报警装置并与市公安局“110”联网，进一步完善了密码保密环境。9月10日，顺利通过了中央办公厅机要局、省委机要局组织的密码保密大检查。

【完善党政信息网络管理】 切实履行市党政信息网络管理中心的职能，抓好党政信息网的建设和管理，充分发挥出网络效能。积极做好电子政务网站更新和维护，紧跟经济社会发展和领导需求，适时设立社会热点和焦点问题的专栏，供领导决策参考。实行公务邮件系统24小时实时监控，确保了上情及时下达，下情及时上报，并负责做好市委办公室、市政府办公室各类邮件的登记、核对和监测工作。根据会议分票系统实际操作使用情况，与软件开发商总结研究，对部分功能进行修改和补充，并增加了一些功能模块，进一步完善该系统。灵活利用SNIFFER、华依等网络入侵监测系统和熊猫、卡巴斯基网络反病毒系统，全天候监测数据包，及时制止和查杀病毒，确保了整个党政网络正常运行。尤其在震荡波病毒肆虐网络期间，有效地防治和制止了该病毒在网络上的扩散蔓延。另外，市委机要局协助市信息化办公室做好全市党政机关信息化建设情况的调研，起草了《关于完善电子政务基础网络，推进全市党政机关办公自动化初步方案的报告》，得到了市领导的认可。12月6日，党政机关办公自动化系统软件项目研发及实施合同谈判活动在市委机要局会议室举行并顺利签约。

（张晓莉）

保密工作

【概况】 2004年，全市保密工作积极应对面临的新情况、新问题，求真务实，创造性地开展各项工作。认真贯彻中宣部等中央国家机关8部门《关于国家教育统一考试环境综合惩治工作的通知》精神，全力以赴抓好国家级统一考试保密管理。按照国家教育考试考务安全保密工作规定，与教育、财政、司法等部门一起，改造加固了试卷保密室。考试期间市委保密委员会办公室对试卷的领取、交接、保管、发放等各个环节进行实时监督检查，确保了各类考试的保密安全和顺利实施。加强了对市定点复制单位的监督指导，建立了保密管理组织网络，完善了各项制度。年内在实施各种涉密资料的印刷复制过程中，做到了万无一失。继续加强保密技术防范工作，市政府拨专款为市领导工作和活动的重要场所安装了信息保密屏蔽设备。市电子政务建设和应用中较好地做到了网络建设与保密技术防范工程同步。切实加强领导干部保密工作责任制，认真落实"四五"保密法制宣传教育各项工作任务，突出了对领导干部和重点涉密人员的教育，保密教育逐步列入了各级、各类培训班的教学内容，重大节假日的保密教育已经形成制度。市保密局充分利用《保密工作》杂志通联发行阵地，强化对广大干部群众进行保密法制宣传教育。年内，苏州市委保密委员会办公室把张家港市作为开展保密要害部门部位确定工作的试点市之一。市保密局被国家保密局评为全国《保密工作》通联发行先进单位。

【开展保密要害部门部位确定工作】 年内，张家港市被苏州市委保密委员会办公室列为开展保密要害部门部位确定工作的试点市之一，为此，从5月开始，市委保密委员会办公室利用半年时间，在市直机关部门和单位中开展了保密要害部门部位确定工作。在实施过程中，市委保密委员会办公室：首先，广泛开展了调查摸底工作，下发三类摸底调查表，比较详细地摸清了市直机关部门、单位中国家秘密载体的分布、程度、数量等情况；其次，组织进行专题动员培训，全市100多名保密专兼职干部参加了培训，邀请苏州市保密局的领导作专题业务讲座，使大家了解政策，明确要求，掌握方法。再次，采用自下而上、上下结合、反复审核、分别验收的方法，对保密要害部门部位的界定进行了严格把关。100多个部门和单位参加了该工作。通过动员培训，反复筛选，依据规定，严格界定，一些涉密量较大、涉密程度较高的部门和单位被确定为保密要害部门或部位，一批保密专兼职干部被界定为重点涉密人员，从而使全市保密工作的重点更加明确、具体，达到了"突出重点、缩小保密范围"的目的，为全市进一步加强保密管理打下了良好的基础。张家港市开展确定工作的具体做法得到了苏州市保密部门的肯定，并在苏州市其他市、区中进行推广。

【强化领导干部保密工作责任制】 年初苏州市委办、市政府办《关于进一步加强党政领导干部保密工作责任制的意见》下发以后，市委保密委员会把落实领导干部保密工作责任制作为全年工作的重中之重。年内着重加强了对各级领导干部和重点涉密人员提高保密意识的教育，努力增强他们关心保密工作、重视保密工作、带头做好保密工作的自觉性和责任感。上半年，向全市副局级以上领导干部发放《领导干部保密知识读本》700多本。下半年又在全市范围内组织开展落实领导干部保密工作责任制问卷调查活动，800多名领导干部参加了答卷，优秀率超过90%，有力地促进了保密工作领导责任制的落实。

（张岳良）

接待工作

【概况】 全年接待来宾1025批38650人次。接待了中央政治局常委、国务院副总理黄菊，全国人大常委会副委员长成思危、蒋正华，全国政协副主席徐匡迪、黄孟复、李蒙，原中央政治局常委、原国务院总理朱镕基，原全国人大常委会副委员长王汉斌，原国务院副总理钱其琛，原全国政协副主席钱伟长、万国权，原中央军委副主席张震等党和国家领导人以及教育部部长周济、国家体育总局局长袁伟民等省（部）级领导带队的考察团65批。参与组织2004年张家港长江文化艺术展示周、全国教育工作会议、全国公安基层文化工作会议等数十个大型会议、活动的接待服务工作。多次为市领导、有关部门外出考察打前站。通过对新招募的青年志愿者、市接待业务人员的培训，使全市的接待形象有了新的提高。年初，市委接待办公室被评为苏州市委办公室系统先进集体。

【创新接待手段提升城市美誉度】 接待中运用好宣传方式介绍情况，能够有效提升一个城市在公众心目中的地位和印象。市委接待办在拟定每一批团队的接待计划时，对接待方案、考察线路、参观点的确定都要经过认真审定，使整个参观活动能充分展现全市三个文明建设的新成果和优秀典型。其中对任务重、人数多、车辆多的团队，采用提前准备沿途介绍资料、发给来宾"一本通式"服务指南手册、安排电台广播车随团即时介绍讲解等方式，让所有来宾都能在听和看、声和景相结合的情况下参观考察，加深了对张家港的美好印象。同时，根据来宾情况安排市领导口头介绍或者和看VCD片等相结合的多媒体介绍，这种听、看、记三者结合的方式，更能清楚地反映张家港市的经济社会发展情况。另外为满足宾客考察学习要求，还编印外向型经济、工业、农业、张家港指南等资料提供服务。通过不断拓展宣传手段，广泛有效地为张家港市的投资环境、资源优势、优惠政策、临港优势和保税区、沙钢集团等大型集团及旅游开发等作宣传，使之在国内外享有较好的声誉，为经济合作打下坚实的基础。

（姜　军）

统战工作

【概况】 全年统战工作以服务经济建设为中心，发挥优势，凝聚力量，积极推动中国共产党领导的多党合作和政协协商制度。建立健全市委领导与党外人士联系交友制度。完善和规范特约人员制度和对口联系制度。支持各民主党派、工商联开展调查研究、反映社情民意，向市委、市政府提出建议、意见。协助各民主党派、工商联加强自身建设。加强乡镇、社区、新社会阶层的统战工作，构建大统战工作格局。年末，市委统战部被苏州市委统战部、苏州市人事局授予统战工作先进集体。

党派建设　全市共有中国国民党革命委员会苏州市直属张家港小组（简称民革小组）、中国民主同盟张家港市委员会（简称民盟市委）、中国农工民主党张家港市委员会（简称农工党市委）、九三学社苏州市委员会直属张家港市支社（简称九三学社支社）等4个民主党派组织。年内，张家港新发展民革成员2人，民盟盟员8人，农工党党员9人，九三学社社员7人。至年末，张家港市共有民主党派成员289人，其中民革6人，民盟117人，民建（中国民主建国会）3人，民进（中国民主促进会）1人，农工党125人，九三学社支社37人。2月12日，市委统战部组织各民主党派召开组织工作座谈会，指导各党派加强组织发展工作、基层组织建设和后备干部队伍建设等。协助苏州及张家港民主党派组织对年内26名新加入民主党派人员进行考察。加强与各民主党派的联系和交往，参加各民主党派组织工作会议、市委会、支委会和其他活动。7月，召开民主党派思想政治工作座谈会。10月，指导各民主党派、工商联认真学习党的十六届四中全会精神，听取各民主党派对《中共中央关于加强党的执政能力建设的决定》的反响。支持和帮助各民主党派组织提高参政能力建设。协助各民主党派负责人不断提高政治把握能力、参政议政能力、组织领导能力和合作共事能力。

统战宣传　1月23日，召开全市各界人士迎春茶话会，各民主党派、工商联、无党派、“三胞”眷属、归侨、民族宗教界代表人士90多人参加座谈会。2月10日，组织各民主党派、统战口各单位召开统战宣传信息工作座谈会。5月，组织开展邓小平同志诞辰100周年纪念活动。7月，召开民主党派思想政治工作座谈会。10月12日，协助民盟市委召开苏南县市民盟工作交流会。加强统战宣传信息工作，年内在《人民政协报》、《挚友》、《江苏政协》上发表《江苏张家港市委就强化社会综治工作开门纳谏》、《采纳民盟建议，江苏张家港市畅通“120”绿色通道》等10余篇信息报道，扩大了张家港市统战工作的影响。年内，市委统战部被苏州市委统战部评为2004年度苏州市统战宣传信息工作二等奖。

组织参政议政　市政协九届二次会议收到提案304件。其中，民主党派、工商联、台联集体提案45件，民主党派成员个人提案141件，合计186件，占提案总数的61.2%。2004年政协主席督办的5件重点提案均由民主党派提出。民盟市委的《规范车祸致危急重病人抢救途径，建议成立“120”急救中心》提案受到市委、市政府的高度重视，直接促成了2004年度政府十大实事工程之一——投资近千万元的“120”急救中心建立。民盟市委提案《关于加强张杨公路交通安全管理的建议》，促使市政府拨付850万元专款用于张杨公路的交通安全设施工程建设。组织好市委双月座谈会和情况通报会的准备工作。4月、8月，市委分别就社会治安综合治理工作和精神文明建设工作举行全市各民主党派、工商联、无党派人士座谈会。各民主党派、工商联、无党派人士提出意见、建议40余条，如提出对外来人员进一步体现社会关怀、提高政法综治队伍整体素质、建立重大事件和突发事件快速应变的预警和应急机制等措施来加强全市社会治安稳定工作。这些意见和建议对有关部门改善工作起到了很好的促进作用。加强特约人员工作，发挥党派民主监督职能。至年末，全市13个政府部门共聘请各民主党派和无党派人士担任特约检察员、物价监督员、教育督导员、人事监督员、卫生行风监督员、警风警纪监督员、城管监督员等57人次。各民主党派与教育局、卫生局、科技局等部门的对口联系工作深入开展。

党外干部队伍建设　按照中央和省委有关规定，结合全市区域调整的实际情况，及时做好调整、增补政协委员工作，保证党外人士在政协中占有较大的比例。协助民主党派组织严把党派成员发展质量关，调整充实了各民主党派市委后备干部和基层支部后备干部队伍。协同组织部门对党外后备干部进行考察。贯彻落实《苏州市2001—2005年培养选拔党外领导干部工作规划》，年内提拔6名党外人士进入副局级干部领导岗位。至此，全市在建设、农业、卫生、体育、审计、行政审批、粮食、交通、规划、监察、教育、科技等12个政府部门及人大、侨联、文联、沙工、政协、金贸投资公司等6个有关部门均安排了党外副局级领导干部。全市党外代表人物中，170人任张家港市政协委员，109人当选为张家港市人大代表，9人任苏州市政协委员，17人当选为苏州市人大代表，1人任江苏省政协委员，2人当选为江苏省人大代表。至年末，全市共有副局级以上党外领导干部26人、党外知识分子代表98人、党外后备干部35人、民主党派支部主委以上骨干45人、非公经济代表人士100人；苏州市2001—2005年党外知识分子代表人物10人，苏州市非公经济代表人士22人。

【开展学习宪法和政协章程系列活动】　6月至10月，市委统战部在全市统一战线成员中开展了学习宪法和政协章程系列活动。6月，转发了中央统战部《关于在统一战线成员中开展学习宪法和政协章程的通知》，并召开全市各民主党派、工商联、宗教局、侨联、侨办、台办负责人参加的座谈会，部署学习活动。6月底，组织近百名统一战线成员参加《人民政协报》组织的政协章程知识竞赛。7月，邀请有关专家学者为各民主党派、工商联人士作学习修改后的《中华人民共和国宪法》和《中华人民共和国政治协商会议章程》辅导报告。8月26日，组织各民主党派、工商联人士座谈交流学习《中华人民共和国宪法》和《中华人民共和国政治协商会议章程》体会。10月13日，在《张家港日报》上开辟专版刊登了民盟市委秘书长、市教育局副局长丁学东等5名各民主党派、工商联代表撰写的《心热气正、心系民生》等5篇学习宪法和政协章程的体会文章。

【建立市委领导与党外人士联系交友制度】 根据省委有关文件精神，结合张家港市客观实际，12月，市委办公室转发了由市委统战部制定的《关于建立市委领导同志与党外人士联系交友制度的意见》(以下简称《意见》)。《意见》建立健全了市委12位常委与24位各民主党派、工商联负责人、无党派和民族宗教界代表人士的联系交友制度。制度要求，市委领导同志与党外人士联系交友要坚持坦诚相见、平等待人、求同存异、互相学习四项原则；要与党外人士建立定期联系制度，同党外人士加强沟通和交往，加深了解和信任，不断增进友谊，建立良好的关系；要为党外人士排忧解难，多做实事，为他们创造良好的工作环境和生活条件；要把联系交友情况列入年度述职内容，对所联系的党外人士的重要思想动态及其反映的重大意见、建议，及时向市委常委会议汇报，做好思想引导和信息反馈工作。该制度的出台对于推动张家港市统一战线和多党合作事业发展将起到积极的作用。

（王舒凤）

党校工作

【概况】 年内，市委党校举办专题报告会4场（次），各类短期培训班17期，配合市级机关有关部门举办各条线业务知识培训班8期，培训学员1300余人。为塘桥镇、金港镇等地的基层党员干部宣讲科学发展观、“两个条例”和党的十六届四中全会精神等40余场（次）。继续办好中央党校和省委党校的本、专科函授班。全年发表理论文章26篇12.5万字。9月起党校进行全面改造，至年底一期工程基本完工，校容校貌发生较大改观。年内，3位老师分别被评为全省和苏州市党校系统优秀教师和优秀教学管理工作者。年末，市委党校被评为市文明机关。

专题报告会　5月26日，市委市级机关工委邀请省委党校范建中教授在市委党校举办国际形势报告会，市级机关各部门的有关党务干部和部分离退休老干部等听取了报告。7月16日、23日、30日，市委党校与市委组织部联合举办市局（镇）职领导干部、优秀拔尖人才领导能力类系列讲座。上海市委党校徐根兴教授、袁秉达教授和江苏省委党校路阳教授为170名学员分别作了“贯彻科学发展观，促进长三角经济一体化”、“学习‘两个条例’，保持党的先进性”和“全球化浪潮下领导者的领导艺术”等专题报告。

短期培训　年内，市委党校共举办主体培训班10期，培训学员1923人。为积极推动全市各级党组织和广大党员认真学习、宣传、贯彻《中国共产党党内监督条例（试行）》和《中国共产党纪律处分条例》，4月9日，市委党校与市纪委、市委组织部、市委宣传部联合举办“两个条例”辅导员培训班，培训各镇、各系统和各市属企业的党委纪检、宣传委员及市级机关有关部门的分管领导等92人。为深入学习贯彻“三个代表”重要思想和党的十六大、十六届三中全会精神，5月10日至11日、5月12日至13日，市委党校与市委组织部、市委宣传部先后联合举办全市行政村党组织书记培训班和村民委员会主任培训班，分别培训学员183人和170人。为促进全市非公企业健康发展，6月25日至26日、7月31日至8月1日，市委党校与市委组织部先后联合举办全市非公企业业主培训班、非公企业党组织书记和党建工作指导员培训班。为帮助张家港市第二批下派挂职锻炼的青年干部提高经济工作水平，8月27日至31日，市委党校与市委组织部联合举办市第二期青年干部经济实务培训班，培训学员25人。10月29日至11月20日，市委党校与市委组织部、团市委联合举办张家港市第十九期优秀青年人才培训班，培训学员260人。11月12日至14日，11月27日和12月12日，市委党校与市委组织部、市委宣传部联合举办全市局（镇）职领导干部学习十六届四中全会精神培训班2期，共培训学员680人。为帮助全市纪检监察干部提高业务工作水平，12月13日至15日，市委党校与市纪委、监察局联合举办纪检监察业务知识培训班，培训学员104人。

在加强对本市党政领导干部和中青年干部培训的同时，市委党校还为中西部地区等举办干部培训班7期，培训当地党政干部356人。3月16日至23日举办湖南省桃江县领导干部培训班，培训学员79人；3月24日至27日举办河北省怀安县领导干部培训班，培训学员22人；5月14日至17日、5月31日至6月2日先后举办山东省日照市岚山区村党支部书记培训班2期，培训学员118人；5月24日至27日、5月31日至6月2日先后举办河北省南和县领导干部研讨班2期，培训学员107人；9月10日至13日举办新疆玛纳斯县中青年后备干部培训班，培训学员30人。

函授教育　年内，市委党校辅导、管理中央党校和省委党校的本、专科函授班14个，学员620人。其中，省

改造后的党校新貌　（魏　欣　摄）

委党校干部函授学院大专班学员51人毕业、本科班学员126人毕业，中央党校函授学院本科班学员34人毕业。9月4日上午，市委书记兼市委党校校长曹福龙出席党校函授学员秋季开学典礼并作重要讲话。此外，市委党校还继续做好了与中国人民解放军南京陆军指挥学院联合举办的中央党校函授学院法律专业2个本科班101名学员的教务管理工作。

科研成果　全年发表论文26篇、12.5万字。其中《在同一片阳光下》等7篇论文在《中国改革》等国家级报刊上发表，另有4篇在省级报刊上发表。8月，市委党校与市委宣传部、市委党史地方志办公室联合举办纪念邓小平诞辰100周年理论研讨会。党校有3篇论文获奖，其中2篇入选苏州市纪念邓小平诞辰100周年理论研讨会并获奖。

【党校改造工程全面实施】　市委党校现有校舍始建于1983年，1994年7月以后逐步进行了改造，近年来呈现落后态势，与干部培训工作需要已不适应。2004年9月4日上午，市委书记曹福龙同市委常委、组织部长单玉珍率市委办公室、市财政局、市建设局等部门的主要领导，到党校进行实地调研和现场办公，决定对党校进行全面改造。改造工程自9月23日起全面实施，先后对党校的大门和教学楼的立面进行装饰装潢，对大会堂的门厅进行改造、室内进行维修，对办公楼的阳台进行封闭、厕所进行改造、室内进行装修，对教室进行维修装潢，对校园绿化和校内场地进行整修，所有管线全部入地，拆除原学员食堂和南楼（学员宿舍），并开始新建学员食堂等。至12月底，党校改造一期工程基本结束，校容校貌大为改观。

【首次举办非公企业业主和党务干部培训班】　随着张家港市改革的逐步深入，非公企业的迅猛发展已成为全市经济新的增长点。为帮助全市非公企业更加健康、快速发展，市委党校和市委组织部首次联合举办非公企业业主和党务干部培训班。6月25日至26日，全市非公企业业主培训班在市委党校举办，东南大学经贸系主任黄凯教授、省委党校经济学教研部主任孙月平教授、江苏格致律师事务所张俊英律师等，分别为103名非公企业业主作了“非公有制企业文化建设的创新与实践”、“企业经营管理”、“非公企业发展中应注意的法律问题”的专题讲座。7月31日至8月1日，全市非公企业党组织书记和党建工作指导员培训班在市委党校举办，省委党校行政学教研部副主任黄菡副教授、东南大学经贸系主任黄凯教授、苏州市委组织部党管处朱正荣处长等，分别为306名学员作了“人际协调的心理艺术与技巧”、“非公有制企业文化建设的创新与实践”、“非公企业党建工作专题讲座”的辅导报告。

（金善开）

市级机关工委工作

【概况】　年末，市委市级机关工委下辖党委1个、党总支25个、党支部219个，党员4105人；评出市级先进党组织11个、优秀党员19人，市级机关工委先进党组织30个、优秀党员266人。年内，通过狠抓党的建设和精神文明建设，充分发挥群团组织的作用，有力促进了市级机关三个文明建设。

党建工作　年初，制定了2004年度理论学习计划，党的十六届四中全会召开后，及时进行调整，在机关中掀起了学习党的十六届四中全会精神的热潮。2月，召开市级机关党建工作交流会议，部署全年党建工作。4月，举办市级机关第十八期入党积极分子培训班，140人参加了培训。5月，举办市级机关形势报告会，邀请省委党校范建中教授就国内国际形势及中美关系作专题报告，市级机关各单位、金融条线系统分管党务工作的领导及离退休老干部300余人参加了报告会。组织编印了《党课新编》一书发至各党组织。7月，为纪念中国共产党成立83周年，组织“七一论坛”征文活动，共收到各级干部撰写的调研论文98篇，评出一等奖论文10篇、二等奖论文10篇、三等奖论文若干篇。举办优秀论文交流会，8位领导干部交流了调研文章，并精选优秀调研论文46篇编印《论文汇编》发至各党组织。年内，组织党务干部分别到海南和成都学习考察，听取当地党建理论专家关于机关党建工作的专题报告。年内新成立党支部19个，撤销3个，对21名党组织书记或专职副书记进行了调整。全年发展新党员81人。其中：35周岁以下的60人，占74%；女性30人，占37%。批准预备党员转正99人。

机关队伍思想作风建设　年内，先后三次组织对市级机关思想作风建设情况开展调研，为市委召开机关思想作风建设会议准备材料。在机关党员干部中选择树立了6名同志为先进典型，广泛宣传他们的事迹，充分发挥先进典型的激励和榜样示范作用。编发《机关工作通讯》12期，宣传各级党组织好的经验、做法。

机关党风廉政建设　狠抓党风廉政建设责任制的落实，在市级机关各部门与市委、市政府签订党风廉政建设责任书的基础上，督促各部门把任务落实到具体人，明确责任人，形成上下齐抓共管的良好局面。7月，与市纪委一起对各单位责任制落实情况逐一进行检查。开展“两个条例”的学习教育，举办培训班，召开学习“两个条例”座谈会，并选送部分党务干部参加上级组织的培训。2月，组织机关领导干部到丁山监狱开展警示教育，听取犯人的现身说法。10月，组织机关干部旁听市人民法院审理原市长江防洪工程管理处处长耿玉华贪污受贿案件，起到较好的警示作用。

群团组织工作　市级机关工会认真贯彻《中华人民共和国工会法》，协助党工委开展思想政治工作，维护社会稳定。年内，与市级机关团委、妇委会一起，先后组织开展乒乓球、象棋、围棋、游泳、羽毛球比赛等活动，参加活动的机关干部近千人次，丰富了机关业余文化生活。市级机关团委认真做好“推优”工作，积极为党组织培养优秀人才，年内新调整优秀青年人才115人，有22人参加了市级优秀青年人才培训班。先后开展了“五四”卡拉OK比赛、“理想·创业·人生”专题讲座，组织机关青年志愿者到市儿童福利院慰问，组织团干部到延安参观学习等活动，不断丰富机关团员青年

机关干部旁听人民法院审判　（魏　欣　摄）

的文化生活，被评为2004年度张家港市“五四红旗团委”。年末，团委下辖团总支6个、直属团支部21个。市级机关妇委会着力于提高机关妇女整体素质，切实维护妇女的合法权益，开展了巾帼创新业、扶贫济困献爱心等活动，收到良好的效果，被评为2004年度苏州市妇联系统先进集体。认真抓好计划生育工作，通过举办培训班、外出考察学习、举办知识讲座等活动，市级机关计划生育工作的重心实现了向育龄妇女避孕节育和生殖健康知识的宣传教育转移，向如何提升育龄妇女自身保健意识转移。各项奖励政策、个人权益的维护和保障工作措施到位、有效，群众对计生工作的满意度明显提高。

民兵工作　加强对民兵的思想政治教育和国防知识教育，积极做好征兵工作，完成征兵1人的任务。3月，为做好民兵整组点验工作，先后召开3次会议，制订了严密的整组计划方案，对民兵队伍进行调整充实，由原来的3个班扩充到4个班，到点率达100%。5月，根据市人武部《关于做好防汛救灾工作的通知》精神，专门从市城管局挑选了10名民兵组成一支应急分队，随时服从市人武部调令。八一建军节前夕，邀请市人武部部长为民兵上课，分析国内国际形势，不断提高民兵国防观念。全年组织40多名民兵参加了市人武部举办的“爱中华、奔小康、强国防”国防知识竞赛，并取得较好成绩。

精神文明建设　开展文明机关、文明单位的创建活动，每半年进行检查、考核。3月，配合张家港市公民道德实践年启动暨志愿者协会成立仪式活动的开展，组织市民政局、人事局、农业局、工商局、国税局、劳动保障局、质监局、法院、房管局、科技局等10个单位参加了“政务广场”活动，发放各类宣传资料3000余份。6月，推荐市级机关11个单位的18名同志参加全市“纪念建党83周年，我看‘两个率先’”演讲比赛。积极开展建设诚信机关、健康机关活动，确定了市人民法院、张家港海关、市财政局为首批建设健康机关试点单位。市人民法院在年末市健康办组织的检查考核中获二等奖。

【开展“五型五好”机关创建活动】 年内，开展了以“五型五好”为核心内容的机关创建活动。2月25日至27日，市级机关工委在市财苑宾馆举办以宣传动员开展“服务型、学习型、创新型、廉洁型、效能型”和“领导班子好、党员队伍好、工作机制好、发展业绩好、群众反映好”的“五型五好”人民满意机关创建活动为目的的党务领导干部培训班，市级机关党务领导干部65人参加了培训。6月，市委书记曹福龙在机关思想作风建设大会上对创建工作提出了要求。市级机关工委根据创建要求，在总结以往年度机关考评工作的基础上，修订完善了机关考评的方法、步骤，制定了《考评实施意见》，增加了阶段考评的内容。对考评单位进行重新分类，设立了第一类执法、窗口部门，第二类综合部门，第三类垂直条线部门，并设立相应的得分系数。取消了省东渡烟草公司、市委保密局、市委机要局、国际海员俱乐部、市物资公司5个单位，增加了市公积金中心、苏州商业银行市支行、金茂投资公司3个单位，使评议单位由上年的110个变为108个。考评第一阶段为8月底至9月中旬的阶段测评，主要围绕《考评实施意见》中关于行政效能、党建工作、廉政建设、机关创建、内部管理等5个方面进行百分考核（测评），得分占考评总分的30%。从测评情况看，有45个单位获得100分，平均分达97.1分。第二阶段为11月初至12月底的综合测评，由市四套班子领导、人大代表和政协委员、市级机关工作人员、镇级机关工作人员、专业技术人员、企业管理人员、街道社区工作人员、市民代表8个层面对机关进行直接打分评议，共发放评议表6800份，回收6330份，综合考评结果为106个单位满意、2个单位比较满意。考评中共收到群众意见和建议475条。其中：表扬127条，占26.7%；建议181条，占38.1%；批评167条，占35.2%。对批评和建议通过疏理及时反馈给相关部门，认真落实整改措施。根据评议得分情况，经市委市政府研究，评出市财政局、市民政局、市计划生育委员会、市人民检察院、市农业局、中国农业银行张家港市支行、市农村商业银行、苏州市张家港工商行政管理局、张家港出入境检验检疫局、张家港海关为2004年度十佳文明示范机关，市委办公室、市委组织部、市政府办公室、市经济贸易委员会、市纪委（监察局）等5个单位为先进集体。其中市农业局、中国农业银行张家港市支行、市农村商业银行、苏州市张家港工商行政管理局、张家港出入境检验检疫局、张家港海关等6个单位已连续3年被评为十佳文明示范机关，被分别记集体三等功。

（钱艳虹）

【编辑　魏　欣】

张家港市人民代表大会

【概况】 至年末，全市共有市十一届人大代表306人，其中，工人40人，农民104人，国家干部82人，知识分子63人，解放军、武警2人，其他劳动者6人，民主党派和无党派爱国人士，以及侨眷、少数民族、宗教界人士9人。全年市人大举行人大常委会会议8次，主任会议14次，听取和审议政府、法院、检察院工作汇报25项，开展执法检查或调查视察45次，作出决定、决议12项，接受殷兴盛、高佐本辞去市人大常委会委员职务的请求。处理群众来信来访140余件次。建立任前法律考试制度，根据《江苏省各级人民代表大会常务委员会人事任免条例》规定，人大常委会组织起草《关于对被提请任命人员进行任前法律知识考试的办法》草案，提请第十三次常委会会议审议通过，全年共有2批13人参加任前法律考试，增强了任命干部的法律意识和人大意识。依法行使任免权，全年人大常委会依法任免44名国家机关工作人员。认真做好"两院"新任命人员的任前考察和任职谈话，先后3次对"两院"提请任命的13名人选进行调查考察，通过法定程序决定任命，颁发任命书，人大常委会领导作任前集体谈话，提出新的工作标准和要求。深化述职评议，加强任职监督，7月至9月，市人大常委会选择市建设局局长邹福元、水利局局长景惠新、卫生局局长庞静芳、统计局局长陈跃、信访局局长戚亭、体改办主任顾云才、规划局局长应梓等7位政府组成人员进行述职评议，通过评议，增强了述职干部的人大意识、依法行政意识，达到了发扬成绩、克服不足、改进工作的目的，促进了干部素质的提高。

【十一届人大二次会议】 2月2日至5日，市十一届人大二次会议在沙洲宾馆举行。会议听取和审议市政府工作报告，2003年财政预算执行情况和2004年财政预算草案的报告，及市十一届人大常委会工作报告、市人民法院和市人民检察院工作报告。大会经过审议，通过报告并作出相应决议。会议依法选举何坤明、陆昕为市十一届人大常委会副主任，常士明为市十一届人大常委会委员，选举王翔为市长。

【人大常委会会议】 2月24日，市人大常委会举行第十二次会议，审议通过有关人事任免和市人大常委会2004年度工作要点和工作安排。

4月12日，市人大常委会举行第十三次会议，审议通过有关人事任免和《张家港市人大常委会关于对被提请任命人员进行任前法律知识考试的办法（试行）》。

4月29日，市人大常委会举行第十四次会议，会议听取和审议了市财政局局长石锡贤和市审计局局长吴坤和受市政府委托分别所作的《关于张家港市2003年财政决算的报告》和《关于张家港市2003年财政预算执行及其他财政收支情况的审计工作报告》，批准了张家港市2003年财政决算。听取和审议了市卫生局副局长侯炳逵受市政府委托所作的关于贯彻实施《中华人民共和国传染病防治法》情况的汇报。

7月20日，市人大常委会举行第十五次会议，审议通过有关人事任免，接受殷兴盛辞去市人大常委会委员职务的请求，听取和审议了市政府常务副市长庞伟中代表市政府所作的关于市十一届人大二次会议代表建议、批评和意见办理情况的汇报，听取和审议了市监察局局长刘军受市政府委托所作的关于市行政效能建设工作情况的汇报。

8月31日，市人大常委会举行第十六次会议，会议听取和审议了市财政局局长石锡贤受市政府委托所作的《关于张家港市2004年上半年财政预算执行情况的汇报》，市环保局局长赵建明受市政府委托所作的关于张家港市贯彻实施国务院《排污费征收使用管理条例》情况的汇报和市民政局局长张荣祖受市政府委托所作的关于张家港市贯彻实施《中华人民共和国老年人权益保障法》情况的汇报。

9月27日，市人大常委会举行第十七次会议，会议听取了市建设局局长邹福元、水利局局长景惠新、卫生局局长庞静芳、统计局局长陈跃、信访局局长戚亭、体改办主任顾云才、规划局局长应梓的述职报告和市人大常委会述职评议工作小组关于7位政府组成人员任职情况的调查报告，并分组进行评议，原则通过了7位政府组成人员的评议意见，并授权市人大常委会主任会议研究决定。

11月25日，市人大常委会举行第十八次会议，补选了苏州市十三届人大代表，审议通过了有关人事任免事项，作出了关于召开张家港市十一届人大三次会议的决定，听取和审议了市教育局局长郭炳荣受市政府委托所作的关于贯彻实施《中华人民共和国职业教育法》情况的汇报及市劳动和社会保障局局长李洪生受市政府委托所作的关于开展养老保险工作情况的汇报。

12月30日，市人大常委会举行第十九次会议，听取和审议了市政府常务副市长庞伟中所作的关于市十一届人大一次会议议案办理情况，2004年代表建议、批评和意见办结情况的汇报，以及关于2004年实事工程实施情况和2005年实事工程计划的汇报。听取和审议了市规划局局长应梓受市政府委托所作的关于《张家港市城市总体规划》修编情况的报告。

【执法检查】 开展传染病防治法执法检查　6月，市人大常委会检查组在听取市政府和卫生局等部门以及有关4个镇政府领导汇报的基础上，检查了市卫生监督所、疾病防控中心、第一人民医院、乐余医院和有关宾馆、饭店、食堂等10多个现场，并进行座谈了解。针对传染病防治宣传教育还存在薄弱环节，市民的卫生健康意识还不强，传染病疫情网络直报信息系统不健全，无法开展疫情直报，使疫情及时发现有难度，医疗单位传染病防治设施简陋，基层卫生服务站人员配备还不到位等问题，检查组提出政府及其职能部门要在全社会牢固树立起传染病防治意识和公共卫生安全意识，统筹安排，加大投入，建立与全市经济和社会发展相适应的传染病救治中心和基层预防网络，提高快速反应能力，加大执法监管力度，使全市传染病防治工作步入规范化、法制化轨道。

开展老年人权益保障法执法检查　7月下旬，市人大常委会检查组在听取市政府和市民政局、老龄办等部门及有关3个镇政府领导汇报的基础上，实地检查市老年公寓、福利院、老年活动中心等10多个现场，并进行座谈了解。检查组针对全市老年人口总量不断扩大，人口老化与高龄化并进，家庭养老功能弱化、社会养老负担呈加重的趋势，基层老龄工作缺乏有效的考评机制，老龄工作队伍结构与形势发展不相适应，地方领导对老龄工作少重视，工作经费不足，载体建设滞后，保障措施薄弱等问题，在市十一届人大常委会第十六次会议上提出了要以创建全国老龄工作先进市为切入点，加强老龄工作基础建设，加快形成政府推动、社会资助、市场运作新机制，切实提高全市老龄工作和老年公益事业建设水平等审议意见，得到市政府及其有关职能部门的高度重视。市政府领导亲自组织调研，专题研究解决办法，制定了抓好老年公寓改、扩建，继续提高老年专科医院管理水平，加快建设老年活动中心等措施，推动了全市老年人权益保障法的贯彻实施。

开展国务院排污费征收使用管理条例贯彻情况检查　7月下旬，市人大常委会检查组在听取市政府及职能部门情况汇报的基础上，对4个镇和3家企业进行了现场检查，检查后肯定了市政府及其职能部门重视排污费征收使用条例的贯彻实施所取得的成绩，针对宣传贯彻的力度还不大、排污费的征收距足额全面目标要求还有较大差距、环境监测设施的配套技术支撑跟不上收费工作的需求等问题，在市十一届人大常委会第十六次会议上提出了要求从加快创建生态市、促进可持续发展的高度，增强条例执行的严肃性，提高全社会特别是各类企业“排污必缴费”的法律意识，采取有效措施从源头上削减排污总量，减轻污染负荷，依法扩大征收面，加大征收力度，严格收费标准，加强环境监测设施的投入，严格排污费管理，努力实现资金使用效益的最大化的审议意见，得到了市政府及其职能部门的重视和采纳。市政府围绕审议意见中的有关问题，专题研究解决办法，采取了进一步深化宣传教育，加大排污费征缴力度，加强环境监测装备建设，严格排污费的使用管理等措施，并以书面形式向人大常委会报告办理结果，确保了审议意见落到实处。

开展专利法贯彻情况检查　9月，市人大常委会检查组在听取市政府及其职能部门情况汇报的基础上，实地检查了2家企业，查看有关资料，进行座谈了解。针对一些领导和企业的专利保护意识还不强，规模企业培育自主知识产权的进程还不快，专利工作机构还不够健全，内部工作关系还未完全理顺，专利服务工作与全市加快科技成果转化的现实需要之间还存在一定距离等问题，在主任会议上提出了要围绕加快实施“科教兴市”战略目标，进一步加强专利工作的组织领导，加大专利政策扶持力度，加快推进专利技术产业化进程，主动适应形势需要，进一步提高专利工作服务水平等建议，得到了政府的重视。

开展职业教育法执法检查　10月，市人大常委会检查组在听取市政府及其职能部门情况汇报的基础上，实地检查了5所职业学校，查看有关资料，进行座谈了解。针对全市宣传不够深入，办学模式与职业教育的发展要求不相适应，就业准入制度还没有得到很好落实的问题，在十一届人大常委会第十八次会议上提出了要将职业教育纳入全市经济和社会发展总体规划，加快形成以市场为导向的多元化办学新格局，建立健全职业学校与企业供需双方互动合作新机制，努力解决专业设置与市场需求之间的矛盾，进一步拓宽筹资渠道，严格实行劳动预备和就业准入制度，不断提高职业教育对经济和社会发展的贡献份额，使职业教育工作继续走在全国的前列等审议意见，受到政府重视和采纳。

开展道路交通安全法实施情况检查　11月，市人大常委会检查组在听取市政府及其职能部门情况汇报的基础上，实地检查市公安局、交巡警大队一中队等有关单位，召开座谈会进行座谈了解，针对部分道路的安全隐患还不同程度地存在，道路交通事故总数仍比较高，特别是农村道路的交通事故发生率仍然比较大、交通安全宣传的广度和深度还不够等问题，在主任会议上提出要营造氛围，加大宣传教育力度，严格执法，加大查处力度，切实加强农村道路的严格管理，进一步加大压降农村道路交通事故的工作力度，完善设施，加大投入力度等建议。

【调查视察】 开展行政效能建设情况调查　4月，市人大常委会调查组通过听取市政府及其职能部门的情况汇报，实地检查杨舍、大新、南丰3个镇和市交通局、国土局等单位，进行座谈了解，调查后肯定了市政府及其职能部门抓好行政效能建设工作所取得的成绩，同时针对制度建设需进一步健全，个别单位工作效率不高、执法不规范的现象，行政效能建设的评估体系少完善等不足，提出了要切实提高各级干部对行政效能建设重要性的认识，营造浓厚氛围，进一步健全制度，提高工作效率和服务水平，严格责任制度，进一步加强监督检查的力度等建议。

组织防汛排涝工作视察　5月下旬，在汛期来临前，市人大常委会组织常委会委员和部分代表对长江防汛险工地段进行视察，听取市政府关于全市防汛准备工作情况的汇报，针对长江坍江及洗坎地段、出江涵洞、排涝设施、在建工程等还不同程度地存在隐患，要求各级政府及职能部门居安思危，加强防汛设施建设管理，加强对易坍江段及洗坎地段的监测和河势变化观测，做好防汛预案修订、完善和水系调整工作，抓住薄弱环节，落实整改措施，确保安全度汛。

开展供电工作情况调查　8月，市人大常委会组织常委会委员在实地视察鹿苑50万伏变电所、市电力调控中心、负控中心等供电设施后，听取市供电公司的情况汇报，调查后肯定了市供电部门为全市提供电力支撑的做法，针对存在的困难和矛盾，提出要加强电力生产要素的调控，全力做好错峰避峰工作，要强化节约用电的宣传，提高全社会节约用电的意识，发挥价格杠杆作用，合理引导电力消费，加强相关部门的协调，严厉打击破坏电力设施的违法犯罪活动的要求，得到了供电部门的重视。

开展行政审判工作调查　10月，市人大常委会调查组在听取市人民法院行政审判工作情况汇报的基础上，实地调查了市交通局、国土局、动迁办等单位，进行座谈了解。调查认为市法院积极稳妥地开展行政审判工作，认真依法履行司法权对行政权的审查职能，在践行司法为民、维护社会公平和正义方面做了大量工作，取得了良好的法律和社会效果。同时就全面落实司法为民的措施，提高行政审判人员的素质，加强对行政执法机关的监督和指导，进一步发挥司法建议作用等方面提出了建议，得到了法院的重视和采纳。

【代表建议、批评和意见】 市十一届人大二次会议期间收到代表建议、批评和意见123件，其中农水、土管方面17件，工业方面4件，财贸方面4件，公安6件，交通20件，城市规划、建设、管理30件，环保3件，教科文卫12件，劳动和社会保障8件，其他方面19件。闭会期间收到代表建议6件。至年末，已办结124件，占办理总数的96.1%。尚在办理的有5件，占办理总数的3.9%。绝大多数代表对办理结果都表示满意或比较满意，个别代表表示理解。为弘扬先进，市人大常委会对市十一届人大一次、二次会议及闭会期间的代表建议和承办单位进行评选，评出优秀代表建议36件，先进承办单位15个，并在市人大常委会第十九次会议上进行表彰。

【组织人大代表向选民述职】 年内，市人大在全市8个镇举行了27场人大代表向选民述职活动。有81名市镇两级人大代表向1500多名选民述职，并当场接受民主测评，公布评议结果。活动受到选民普遍好评，增强了代表履职的责任感和积极性，探索完善了对人大代表的监督机制，促进了基层民主政治建设。活动后市人大办挑选45篇具有代表性的述职报告，汇编《人大代表风采录》一书，发给1500多名市镇两级人大代表，使代表在相互学习借鉴中共同提高履职水平。

【开展纪念人大制度50周年系列活动】 根据上级人大要求，市人大精心部署，经市委批准后，下发关于开展纪念活动的意见。整个活动共分11大类17项内容，突出多样性和广泛性，确定8月16日至9月15日为人大制度建立50周年宣传月，举办人大制度建设讲座，邀请十届全国人大常委会财经委员会委员、原全国人大常委会副秘书长刘政作纪念人民代表大会制度50周年专题讲座；在张家港日报开辟专版，刊登征文和图片，集中展示全市人大工作成就；开展有奖知识竞赛；刊登人大常委会主要领导署名的纪念文章；发表电视讲话；在一报二台集中宣传10名各级人大代表履行职责典型事迹；在市政府综合楼和市区主要街道悬挂宣传标语；召开人大工作理论研讨会；分别召开人大老领导（离退休老同志）、部分各级人大代表、“一府两院”及有关部门负责人参加的3次座谈会；汇编下发《人大代表风采录——市镇两级人大代表向选民述职报告选》等，纪念人大制度建立50周年，以进一步提高全社会的人民当家作主意识。年前开通的“张家港人大”网站，又为宣传人大制度、促进政治文明建设架起了一个新平台。

【建立健全农民社会保障机制建议被落实】 针对了解到的城乡划一的养老保险政策在企业推行中存在矛盾，老年农（居）民养老补贴政策与实际执行效果不相协调，农村合作医疗管理和服务手段难于适应参保农民医疗需求，农村低保户界定程序和标准欠规范，失地农民生活水平整体呈下降趋势，一些事关农民社会保障政策的制定和出台程序欠周密等现状，市人大常委会于7月就全市近年来农民社会保障机制的建立情况进行专题调查，在集中听取职能部门汇报后，由常委会正副主任和督导员带队分成5个调查组深入到各镇，听取镇政府主要领导汇报，召开相关条线部门负责人、村组干部代表、征地拆迁户代表、有关企业和部分人大代表参加的座谈会；采取填表调查与随机抽样相结合的方式，每镇选择2个村（较好的和较困难的各一个）进行典型解剖，走村入户，与农民面对面实地了解生活现状；同时到昆山、常熟等地考察了解相关做法，就有关问题进行座谈探讨。针对调查中发现的不足，提出要进一步统筹兼顾解决农民社会保障问题；坚持“低水平、广覆盖、保基本”的原则，积极稳妥地调整城乡社会保险办法；借鉴兄弟县市有益经验，加快构建全市农村基本医疗保险新体制；坚持适度调整原则，进一步完善老年农（居）民养老补贴发放办法；完善农村低保户界定政策，确保“应保尽保”；围绕“安居、社保、就业”3个核心问题，建立失地农民政策救济体制；规范和完善农民社会保障政策制定出台的工作机制，切实提高政策的严肃性、规范性和可操作性等建议，得到市委主要领导的充分肯定，并专门作出批示，要求政府尽快落实。市委、市政府明确要求通过10个月的努力，全市综合参保率要达90%以上。市政府还专门下发《关于加强全市劳动和社会保障工作的意见》。至年末，工作已取得阶段性成效，产生了良好的社会反响。

表4 十一届人大一次会议优秀代表建议

序号	建议号	建议人	内容
1	6号	徐　江	关于成立水产病害防治中心的建议
2	11号	郑惠祥	关于开通华妙河、张家港塘，提高新西河水质的建议
3	13号	朱金良	关于对二干河岸堤进行整治的建议
4	14号	高俊贤	关于加强“放心菜”、“放心肉”管理的建议
5	33号	韦建庄	关于进一步加强青草巷果品副食品交易市场管理工作的建议
6	36号	施卫祥	关于加强交通安全宣传的建议
7	47号	沈培芬	关于加强对外来务工人员实行集中居住统一管理的建议
8	53号	支振荣等9人	关于凤恬路向西延伸开发建设的建议
9	79号	陈永丰等32人	关于进一步加快五纵建设，改善东部投资环境，促进区域经济协调发展的建议
10	92号	张淑芳	关于建立和健全居民小区物业管理工作的建议
11	102号	张荣祖	关于将中心片区文卫等社区事业建设规划纳入市政府规划的建议
12	103号	苏向红	关于生活垃圾做到日产日清日处理的建议
13	108号	徐同岳	关于解决市区道路亮化问题的建议
14	114号	陈旭旦	关于商品楼门面房不适宜开饭店的建议
15	116号	卢德娣	关于加强对污染企业监控的建议
16	121号	吴正信等11人	关于建立化工企业防止污染和预防突发污染的管理办法的建议（议改建）
17	145号	顾玉凤	关于完善村干部养老保险制度的建议
18	157号	顾惠娟	关于增加弃残儿童居住房屋的建议
19	171号	谢建兴	关于市人民法院应组织“巡回法庭”的建议
20	174号	马伟达	关于切实加强预防“非典”，实行统一调度和协作的建议
21	176号	顾国兴	关于港城大道中心绿化带部分改造的建议

表5 十一届人大二次会议优秀代表建议

序号	建议号	建议人	内容
1	2号	郑　燕	关于绿化带建设要科学设计、便于管理的建议
2	6号	王树秋	关于逐步规范失地农民土地补偿的建议
3	8号	顾一峰	关于要求疏通白渚港的建议
4	16号	殷兴盛	关于加强土地管理，严禁乱搭乱建的建议
5	34号	陈国珍	关于尽快对沙洲东路延伸段维修改造的建议
6	40号	朱金良等6人	关于要求政府对锦丰镇光明村开设公交车线路的建议
7	47号	施卫祥等8人	关于在张杨公路安装防撞隔离带护栏设施的建议
8	56号	季洪良	关于抓紧规划建设全市生活垃圾集中处理中心的建议
9	72号	赵建芬	关于实行先安置后拆迁的建议
10	80号	张兴保等10人	关于推进城市化建设，兼顾新农村布局的建议
11	85号	郁霞秋等4人	关于加强中小学校饮食质量监督的建议
12	93号	周晓丽	关于民工相对集中的地区建立外地民工子弟学校的建议
13	99号	季文琴等2人	关于调整《张家港市农民养老保险办法补充意见》的建议
14	104号	肖建芳	关于进一步完善老年农（居）民养老补贴制度的建议
15	128号	张兴保等10人	关于解决塍朱路口涵洞安全隐患的建议

2003—2004年度承办代表建议先进单位

市政府办公室　市发计委　市经贸委　市国土局　市水利局　市文广局　市财政局　市公安局
市建设局　市交通局　市城管局　市环保局　市教育局　市卫生局　市劳动和社会保障局

（周志虎）

【编辑　汪丽菁】

综　述

2004年，市政府围绕构建和谐社会目标，坚持认真实践“三个代表”重要思想，以科学发展观为指导，主动适应国家宏观调控，与时俱进弘扬张家港精神，迎难而上，开拓创新，坚定不移推进经济、开发、城市、社会、环境“五大转型”，经济建设和各项社会事业继续保持快速、稳定、协调发展势头。全年共组织召开市政府常务会议7次，市政府组成人员会议2次。召开全市性的会议19次，其中与市委联合召开12次、市政府单独召开7次，主题有城市建设、文化教育、社会保险扩面、招商引资、投资改革和诚信城市、健康城市、国家优秀旅游城市、消费放心城市等系列创建以及农业、工业经济等。办理人大代表建议、批评和意见129件，办结或基本办结124件。办理政协提案247件，办结或基本办结236件。据反馈情况，人大代表、政协委员对办理结果比较满意。

【市政府常务会议】 1月6日，市政府常务会议召开。会议听取了全面推进机关效能建设、市域交通二级路网建设、信息化工作、消防工作等情况汇报，讨论了财政国库管理改革意见和物业共用部位、共用设施设备维修资金管理办法，并组织学习了《中华人民共和国行政许可法》。

3月6日，市政府常务会议召开。会议听取了市十一届人大二次会议代表建议和市政协九届二次会议委员提案办理准备工作、设立市镇两级外来人员管理中心、禽流感防治工作情况的汇报，讨论了切实加强和规范房屋拆迁工作意见、调整污水处理费和自来水价格的意见。

5月27日，市政府常务会议召开。会议讨论了征地补偿和被征地农民基本生活保障暂行办法，农村房屋预拆迁实施意见，科学发展小高层、高层住宅的实施意见和小高层、高层住宅专项补贴资金管理办法，规范市区停车场（点）停车收费的意见，全面实施民营经济腾飞计划的意见，急救医疗服务体系建设方案。

7月16日，市政府常务会议召开。会议听取了拟取消的行政许可事项的建议，讨论了张家港市城市房屋拆迁补偿安置补充规定、规范住宅小区停车泊位建设管理的意见。

8月25日，市政府常务会议召开。会议听取了交通安全管理工作、创建消费放心城市工作情况的汇报，讨论了进一步规范商品房销售价格行为的意见、财政专项资金使用管理暂行办法。

10月29日，市政府常务会议召开。会议听取了2004年度实事重点工程进展情况的汇报，讨论了《张家港市人民政府工作规则》、《张家港市2004—2010年教育发展规划》。

12月11日，市政府常务会议召开。会议听取了2005年度经济适用住房销售价格的初步意见、鹿苑垃圾焚烧厂建设情况的汇报，讨论了“2005年环境保护专项整治年”的实施方案、非税收收入管理办法。

【重要会议和决策】 1月2日，市委、市政府提出全面实施“民营经济腾飞计划”，力争到2006年底，全市个私经济总量实现3年翻番。同时部署全市医疗卫生体制改革工作。

2月7日，召开全市深化生态市创建工作会议，提出到2006年在全国率先建成生态市目标。

4月24日，市委、市政府召开常阴沙农场属地管理宣布大会。会议宣布省人民政府决定，将省农垦集团所属常阴沙农场划归张家港市，实行属地管理，并将原国营常阴沙农场更名为张家港市常阴沙农场。

4月26日，市委、市政府召开全市经济工作会议。市政府出台《关于全面实施民营经济腾飞计划的意见》。

4月28日，市政府出台《张家港市城市管理相对集中行政处罚权办法（试行）》。

6月18日，市委、市政府召开建设健康城市工作会议。市政府印发了《张家港市建设健康城市行动计划》。

8月19日，市委、市政府出台《关于全面推进人口和计划生育综合改革的实施意见》。规定从2005年1月1日起，全面实行农村计划生育奖励制度。

9月6日，市委、市政府出台《张家港市农村居民住宅区规划建设实施意见》，推进城乡一体化步伐，促进城乡统筹发展。

9月6日，市委、市政府召开加强和改进未成年人思想道德建设工作会议，深入分析加强和改进未成年人思想道德建设的重要意义，并提出总体目标要求。

9月7日，市委、市政府召开创建中国优秀旅游城市和消费放心城市动员大会。市政府出台《张家港市创建中国优秀旅游城市和消费放心城市实施意见》。

9月28日，市委、市政府召开社会保险扩面工作会议，提出到2005年6月前，全市社会保险的综合参保率提高到90%以上，社会保险参保人数净增12万人，全市老年农（居）民养老补贴的发放率提高到95%以上。

10月11日，市政府出台《张家港市循环经济建设总体规划（纲要）》，提出了近期和远期规划目标。

11月22日，市政府印发《张家港市2004－2010年教育发展规划》，对建设现代国民教育体系和改革办学体制作出明确规定。

12月9日，召开全市绿化工作会议，总结全年绿化工作情况，提出2005年全市新增林地绿地1000公顷，使全市森林覆盖率达到15.6%，力争早日建成全国绿化模范城市、国际花园城市。

12月25日，市委、市政府召开深化生态市创建暨环保专项整治动员会议。会议确定，2005年为“环境保护专项整治年”，实施环境保护专项整治工程，确保率先建成环境与经济社会协调发展、人与自然和谐相处的“全国生态市”。

【实事工程】 2004年市政府为民办实事工程分别为：第四自来水厂一期工程，东横河、朝东圩水利枢纽工程，金港镇、塘桥镇、锦丰镇、乐余镇、凤凰镇、南丰镇、大新镇污水处理厂新建工程，实施老年农（居）民社会养老补贴，公共卫生管理服务体系建设，绿色通道、绿色家园、绿色基地建设，经济适用房和拆迁安置房建设，市区停车场建设工程，消防特勤中队建设工程，实验小学东校区建设工程等10项。

【重大活动】 1月12日，《张家港市城市总体规划（2003－2020）》纲要论证会在馨苑度假村举行。以南京大学教授崔功豪为组长的专家组听取了规划编制单位的汇报，并提出修改建议。市委书记曹福龙参加了会议。

1月29日，江苏沙洲电厂一期工程、市第四水厂一期工程、保税区森田化工项目、润浦25万吨型钢项目等12个工业和能源项目开工奠基或竣工投产。市领导曹福龙、王翔、陈永丰、钱学仁等参加了庆典活动。

2月18日，大型画册《一代风范——秦振华》首发式在馨苑度假村会议中心举行。江苏省委常委、苏州市委书记王珉等苏州市领导以及张家港市领导参加了首发式。香港文汇报社社长张国良及原江苏省和苏州市有关领导应邀参加首发式。

2月21日和22日，双山岛旅游度假区概念性规划专家评审会在沙洲宾馆举行。经过以中国工程院院士钟训正为组长的专家组的认真评审，确定澳大利亚HRP集团的规划方案在四套规划方案中胜出。

4月18日，由中科院、水利部、省水利厅等单位专家组成的评审验收组对市水利局、河海大学联合编制的《张家港市水资源综合规划》进行评审论证。

4月28日，张家港市城市管理行政执法局成立。

5月13日，市暂住人员管理服务中心成立。

5月26日至28日，全国基层公安文化工作示范点现场会在张家港市召开。公安部、省公安厅、苏州市公安局等单位领导出席会议，市领导作了情况汇报。

7月14日，市政府在上海市新锦江大酒店举办2004年上海企业家投资答谢会。会上，签约12个项目，总投资达14.3亿元。

7月16日，俄罗斯“统一俄罗斯”党代表团在总委员会书记波戈莫洛夫的带领下到市访问。市领导在华芳金陵国际酒店会见了波戈莫洛夫一行。

8月10日，市社会调解服务中心成立。

8月31日，张家港市第一家农村股份合作社——塘桥镇青龙村股份合作社成立。

9月27日，由省建设厅、南京大学等单位专家组成的评审组在华芳金陵国际大酒店举行了《张家港市城市总体规划》成果评审论证会。

9月30日，召开“新型工业化与现代城市发展”专题报告会。经济学博士、南京大学党组书记洪银兴教授应邀作报告。

10月8日，沙钢集团举行650万吨炼铁炼钢连铸项目投产庆典活动。全国政协副主席、全国工商联主席黄孟复，江苏省政协副主席李仁，苏州市政协副主席孙中浩以及张家港市领导曹福龙、王翔等出席了庆典活动。

11月1日至18日，举办了2004年（张家港）长江文化艺术展示周活动。其间，组织开展了张家港·长江流域戏剧艺术节、2004年（张家港）长江流域地方戏剧发展联盟研讨会、“长江颂”中国当代著名书法家精品展、“长江城·长江人”长江名城文化风情电视片展播等具有浓郁地方特色的系列活动，展示了长江流域独特的文化风貌。

【社会事业领域企事业单位和社会团体改革工作全面启动】 11月16日，市委、市政府召开全市改革工作会议，全面启动社会事业领域企事业单位和社会团体改革工作。这是继市属生产经营型事业单位改革后的又一项重要改革任务。根据苏州市委、市政府《关于推进社会事业领域企事业单位和社会团体等改革的决定》的要求，此次改革工作主要包括市政公用领域公司化运作企事业单位、行政类事业单位、公益类事业单位、专业服务类事业单位和社会团体，共涉及400余家。整个改革工作坚持积极稳妥、整体推进、责权利落实到位原则，通过分类定性、分别改革、分开管理，对社会事业领域企事业单位和社会团体实行保留、转企、转企转制或撤销，实现政事分开、政企分开，精简机构和人员。改革工作将于2005年6月底前全面完成。

【常阴沙农场成为张家港市新成员】 根据省政府办公厅《关于省农垦集团公司所属常阴沙农场实行属地管理的通知》（苏政办发〔2004〕24号）精神，2004年4月，常阴沙农场划归张家港市，实行属地管理。常阴沙农场实行属地管理后，国有资产相应划转，农场干部、职工的人事、劳动关系移交张家港市管理，养老保险改由张家港市统筹。常阴沙农场实行属地管理，有利于把农场纳入张家港市经济社会发展中统一规划、统一配置资源，也有利于深化农场改革、促进农场发展，推动张家港市经济社会协调发展。属地管理后，张家港市委、市政府按照不低于当地城镇居民最低生活保障水平的标准，调整了农场职工退休金发放标准，每人在原有退休金的基础上增加216元，月平均标准提高到273元。为切实加快改革改制步伐，8月，农场6429名在职职工与农场签订解除劳动关系协议，按照工龄每年440元的标准领取经济补偿费，实行身份置换。9月，农场人自由选择适合自己的养老保险方式。至年末，全场有3562人参加农民养老保险，2650人参加城镇职工养老保险。此外，张家港市还投入1400余万元为民办实事，修桥补路，疏浚河道，促进农民增收，让常阴沙农场职工真正感受到了张家港市大家庭的温暖。

【采取多种措施促进农民增收】为切实关注民生、帮助民富，张家港市委、市政府全面实施粮食种植和良种价格补贴政策，全年共发放补贴962万元。并提高征地补偿标准，实行“土地换保障”制度。大力开展再就业援助工作，帮助5246名农村富余劳动力和3941名征土工实现就业。完善农村社会保障体系，新增农保参保人数6.8万人，为10.2万名老年农（居）民发放养老补贴5844万元。建立新型合作医疗制度，全市参加人数达46.6万人，参加率达87.6%。提高农民最低生活保障标准，由上年的每月160元提高到180元，低保覆盖率达100%。改善贫困户住房条件，共拨款867万元帮助846户贫困对象建房2334间。通过采取政策增收、就业增收、创业增收等多种措施，全市农民收入实现了较快增长，人均纯收入比上年增长14.2%，增收幅度是1997年以来最大的一年。

（郭文谦）

港城大道一瞥　（张龙法　摄）

行政审批服务

【概况】 年内，市行政审批服务中心积极探索，大胆创新，着力塑造诚信政府的窗口形象，实现了服务经济建设、社会事业和人民群众的新突破。一年来，中心共受理审批事项52608件，办结52596件，办结率99.9%，日均受理审批事项近207件，中心群众满意率始终保持在99%以上。市行政审批服务中心被评为苏州市行政(审批)服务中心系统先进集体。

【公布全市首批行政许可项目279项】 按照市政府的工作部署，中心牵头组织开展了行政许可清理工作，至2004年7月1日基本完成，共取消了本市设定的行政许可项目5项；公布了全市首批行政许可项目279项，涉及43个实施单位。至年末，全市共有行政许可类事项279项、非许可类事项330项。

【政府采购中心等成为中心新成员】 为便于协调项目审批，提高工作效率，方便群众办事，从6月1日起，中心把市土地储备交易中心、工程建设服务中心和政府采购中心正式吸收为成员单位，纳入大中心统一管理，并新增了土地评估、人寿与财产保险、报批代理等6个中介服务机构，使进驻中心的中介机构达到8个。

【组织联办会审3015个项目】 年内，中心针对基层组织迫切要求加快特殊项目办证速度的问题，重点在推进各项制度的落实上做文章。为提高审批效率，中心及时调整工作思路，专门设置联办窗口，直接牵头组织联办会审，取得了较为明显的效果。年内，由中心或部门牵头组织联办会审基本建设项目、食品（餐饮）休闲娱乐、户外广告选址、道路占用挖掘等项目共计3015个。（赵卫红）

政府法制

【概况】 政府法制工作以全面贯彻实施《中华人民共和国行政许可法》为重点，以推进政府职能转变为目标，扎实开展行政“立法”、行政复议、行政执法监督、行政法制宣传培训、行政法律咨询服务等项工作。年内，市政府法制办公室被苏州市政府法制办公室评为苏州市行政复议档案管理优秀单位。

行政“立法” 审核本级政府的行政规范性文件草案30件。办理上级政府下发征求意见的地方性法规、地方政府规章草案20件。指导本级政府部门制订行政规范性文件草案6件。

行政复议 受理行政复议申请16件。作出维持决定的10件；被申请人自行改变具体行政行为，由申请人撤回行政复议申请的6件。行政复议事项主要涉及环保、建设、公安、卫生、劳动和社会保障等方面。

行政执法监督 按照行政执法监督计划，对全市各行政执法部门进行综合执法监督检查1次，配合苏州市政府法制机构到市进行行政执法监督抽查1次，办理换发行政执法证2752件、行政执法监督证312件。

法制宣传和法律咨询 开展了一系列学习、宣传《中华人民共和国行政许可法》的活动。全年举办法制培训班12期，参训人员3600人次。公示法律、法规、规章和其他规范性文件6期6件。征订、发行《中华人民共和国新法规汇编》128套、《江苏省法规规章汇编》112套。先后提供了城市房屋拆迁、交通运输市场管理、劳动行政争议、水利工程管理等方面的法律咨询服务。

【多管齐下规范行政许可行为】 根据国务院、省政府及苏州市政府的部署，全市开展了贯彻实施《中华人民共和国行政许可法》（以下简称《行政许可法》）工作，多管齐下规范行政许可行为。一是加大宣传学习力度。1月6日，市政府常务会议专门听取了行政许可法辅导讲座。2月至6月，市政府法制办公室举办了行政许可法培训班8期，参加培训人员近2700人次；30多个部门派员参加了省、苏州市条线部门举办的培训班学习。5月，在全市开展了行政许可法宣传月活动，利用广播、电视、报纸和政府行政管理公示栏等多种媒体对行政许可法进行了广泛宣传；27个行政机关参加了省政府法制办公室组织的行政许可法知识竞赛活动。6月15日，市委常委、市政府常务副市长庞伟中在《张家港日报》头版发表题为《全面贯彻实施〈行政许可法〉加快推进政府职能转变》的文章。二是加快清理行政许可事项。5月26日，市政府办、市政府法制办联合印发了《关于做好行政许可有关事项清理工作的通知》。5月29日，市政府办召开了全市行政许可事项清理工作会议。6月，全市集中开展行政许可事项清理工作。7月1日，市政府印发了《关于取消和调整张家港市设定的行政审批事项的通知》，取消行政许可项目4项，改变管理方式项目1项。9月11日，市政府公布了《张家港市行政许可实施单位及实施的行政许可项目》，保留行政许可实施主体43个，保留行政许可项目279项。三是加强落实检查。6月30日，市政府办、市政府法制办联合印发了《关于贯彻实施〈行政许可法〉的若干意见》。8月23日，市政府办又印发了《江苏省行政许可过错责任追究暂行规定》、《江苏省行政许可听证程序暂行规定》。9月，就贯彻行政许可法工作，各行政机关开展自查，市政府法制办组织了抽查，省、苏州市政府法制办到市进行了检查。检查中未发现违反行政许可法的情况。（刘 锋）

信访工作

【概况】 市信访局突出工作重点，积极探索新形势下解决信访问题的新思路、新举措，努力畅通信访渠道，及时反映人民群众的意见和建议，切实加强部门自身建设，树立良好的窗口形象，全力化解各类重大信访矛盾。全年接受信访总量1850件。其中：生活保障、下岗就业、工资医保类445件，占总数的24.05%；各类纠纷、城市管理、环保问题类582件，占总数

表6 2004年与上年信访情况对比表

项目数量 / 年份	信访总量（批、件）	来信（件）	上访 批数	上访 人次	其中 集体来访 批数	集体来访 人次	赴省上访 批数	赴省上访 人次	赴京上访 批数	赴京上访 人次	赴苏州市集访 批数	赴苏州市集访 人次
2003	1222	713	509	2832	74	1950	30	89	11	13	5	96
2004	1850	1273	577	2735	78	1718	34	142	8	12	5	54

表7 2004年群众来信来访处理情况统计表

上送 摘报及汇报（件）	交办 来信（件）	交办 来访（批）	自办、会办 来信（件）	自办、会办 来访（批）	转办 来信（件）	转办 来访（批）	未结案 来信（件）	信访总结案率（%）	市领导阅批信件（件）	占信件总数比例（%）	市领导接待上访数 批数	市领导接待上访数 人次	市领导主持会办信访案件数（件）
89	19	10	16	28	1238	539	无	100	316	24.82	24	59	29

开展信访条例宣传活动 （市信访局 供稿）

的31.46%；征地补偿、住房拆迁安置类476件，占总数的25.73%；违纪违法、贪污腐败、举报申诉类198件，占总数的10.7%；科教文卫类75件，占总数的4.06%；其他问题类74件，占总数的4%。

【帮助农场上访人员确认身份圆满完成转制】 9月25日，市信访局接待了四一农场一批10人次的集体上访，他们主要反映四一农场转制过程中工人的身份确认问题，其中有一部分人应该在前几年进入职工编制，但未办理，因而转制时拿不到应该拿的身份置换费。市信访局对此问题非常重视，感到如不处理好，将会影响四一农场和畜牧场的转制问题。于是及时与有关职能部门取得联系，并一起展开调查，发现该部分职工反映的问题符合实际。随即向市有关领导汇报，经市领导协调会办解决了问题，参照职工转换标准给该部分职工发放了身份置换费。解决身份确认一事，促使整个转制过程顺利完成。

（陈 珍）

经济体制改革

【概况】 市经济体制改革办公室认真贯彻落实《中共中央关于完善社会主义市场经济体制若干问题的决定》和上级各项改革精神，从“三个代表”重要思想和确立科学发展观的高度，扎实推进各项改革，加快政府职能转变，增创体制机制优势，促进了全市经济社会全面协调可持续发展。

事业单位改革 在市委、市政府的高度重视下，由市体改办牵头，各相关部门配合，全市66家市属生产经营型事业单位转企改制工作全部完成，共涉及总资产2.37亿元，净资产1.48亿元，907名事业性质的职工置换了身份，237名职工办理了提前退休手续，共支付改制成本7953.43万元。除少数选择离开的职工外，绝大部分职工都以新型劳动者身份进入改制后的新企业。全市卫生体制改革工作全面推进。基本完成了镇卫生管理服务中心的组建工作。乡镇卫生院产权制度改革工作稳步推进，全市20家乡镇（场）卫生院中，兆丰、德积、南沙、东沙、妙桥、鹿苑等6家卫生院完成改制，其他卫生院将分批进入实质性的操作阶段。中心卫生院完成移交工作。在广泛调研的基础上，制定出台了《关于推进全市社会事业领域企事业单位和社会团体等改革的决定》。市委、市政府高度重视此项改革工作，11月6日，召开全市改革工作会议作专门部署。这次改革涉及448家事业单位和130家社会团体，还包括对所有机关及下属事业单位非自用公有房产的清理处置。

企业改革 全市的企业产权制度改革经过8年多的努力已经基本完成。年内市体改办继续抓好国有集体企业的改制扫尾工作，又有7家国有集体企业完成了产权制度改革，有20家企业进行了公有股权转让，公有股本退出的步伐进一步加快。市体改办把下基层指导改制企业规范运作作为一项经常性工作，以不断完善企业的公司法人治理结构。在深化企业改革中，市体改办坚持“依法、有序、阳光操作”，在严格按法律、法规和政策规定的程序规范操作的同时，坚持以人为本，切实维护好群众利益，维护好改革发展稳定大局。市体改办急企业所急，上门服务，帮助企业解决运作中的困难和问题，协调处理改制企业内部各个层面因利益冲突而引发的矛盾。处理来信来访30多件次，处理企业矛盾纠纷120多起，还调查处理了20多家企业侵占集体资产、损害股东和职工权益等问题。

企业上市工作 继牡丹股份在香港创业板上市后，11月25日，骏马化纤成为全国第二家、江苏第一家在新加坡上市的S股。全市共有股份有限公司21家，年内组建完成了江苏金陵体育器材股份有限公司和江苏华源化工股份有限公司的设立工作，为下一步争取企业上市奠定了较好的基础。张铜集团已通过中国证监会发审委的审核，等待挂牌上市，宏宝五金通过了中国证监会的预审，等待上发审委审核。至年末，国泰国贸有限公司上市的上报准备工作完成，飞翔化工以红筹股形式在新加坡上市的材料已报到新加坡交易所。澳洋股份和华源股份正在辅导期内，争取辅导期验收结束后，于2005年上半年上报。

（王 炎）

【“骏马化纤”股票在新加坡上市】 江苏骏马化纤股份有限公司成立于1998年，前身为创建于1990年的一家乡镇企业，主要生产汽车轮胎骨架材料锦纶6帘子布。2002年9月起，帘子布向印尼、印度、泰国、伊朗、叙利亚等国家出口。2004年，公司生产锦纶6工业丝9万吨、帘子布7万吨，实现销售收入23.38亿元，成为国内最大的锦纶6帘子布生产企业，产品占全国市场份额的19%。全国15家大型轮胎制造厂中，有11家采用了骏马公司的帘子布。2003年至2004年，公司先后投入6亿元，引进韩国、比利时等国家先进生产装备，新建一期年产1.5万吨和二期3.5万吨钢帘线项目。至2004年末，钢帘线项目竣工投产，预计2005年将形成5万吨钢帘线生产能力。11月17日，江苏骏马化纤股份有限公司股票以每股31分新加坡币的价格，在新加坡交易所向市场首次公开发售9200万股新股，共募集资金2852万元新加坡元，折合人民币约1.43亿元。11月25日正式挂牌交易，当日上午9时，开盘价38分新加坡元，至9时50分，市价升至41分新加坡元。“骏马化纤”成为中国在新加坡自动报价股市挂牌交易的第一只“S股”。

（戴玉兴　缪时政）

对台工作

【概况】 年内，市台办和苏州台协张家港联委会先后组织举行“台商元宵酒会”、“台商中秋联谊晚会”和“台商圣诞联谊晚宴”，参加活动的台商600余人（次），促进了台资企业间的沟通和了解。7月2日至3日，苏州台办带领台湾9家主流媒体组成“长江明珠行”采访团，以“璀璨的现代化港城——张家港”为专题，对张家港保税区、江苏扬子江国际化学工业园、江苏扬子江国际冶金工业园、暨阳湖生态园区和台商村等地进行采访，市委常委、宣传部长李汉忠和副市长秦景安分别陪同采访并向采访团介绍了张家港市社会和经济发展情况。11月26日，市政协主席钱学仁和副主席徐新培、蒋祖德、朱全发及部分港澳台侨政协委员，视察顺德工业、泰亿机械、南港轮胎、精工光电等台资企业，就有关政策性问题与台商进行探讨和磋商，并听取市台办和金港镇负责人关于全市和金港镇台资企业发展情况的汇报。对视察过程中台商提出的一些意见和建议，市政协在视察后专门向市委和市政府作了反映。年末，苏州市台属联谊会在张家港市召开常务理事会议。全年有19批102人因公赴台考察、交流。

对台经济　全年全市新批台资企业42家，增资台资企业11家，投资总额5.03亿美元，注册台资2.68亿美元，其中投资总额1000万美元以上企业16家。年内，全市共接待台湾线材工业协会、年兴纺织等重要工商考察团组8批120余人。3月，安固橡胶、伸兴机电、慧鸿电子、顺德工业、百秀服帽、盛美机械等10家台资企业被市政府确定为2004年度张家港市百家重点（骨干）企业。10月，由国家统计局工业交通统计司、中国信息报社、中国行业企业信息发布中心共同评出的“全国重点行业效益十佳企业”中，台资企业安固橡胶列车胎制造业第五位。11月1日，市政府隆重举行2004年张家港经贸活动周台资企业投资说明会，来自台湾、广东、福建、上海等地的100余名台商参加会议。在市政府随即举行的项目签约仪式上，威德电子科技、洽群机械、新颖机械等5个台资项目当场签约，总投资5200余万美元。

服务台商　年内，市台办协调解决台资企业和台商的各种矛盾纠纷25起，协调处理2名台商突发急病死亡事宜；市台商投资服务中心协助台商办理驾驶证、就业证、多次入出境及延期签证等452份，帮助8名台商子女按本人意愿解决就学问题。7月初，中央电视台国际频道《两岸万事通》栏目组对市台商投资服务中心就如何热心服务台商进行专题采访，录制的节目在同月27日播出。

台协工作　年内，苏州台协张家港联委会通过与上海、深圳、广州、福州、沈阳、西安等20余个地区台资企业协会的联谊和互动，向各地台商宣传了张家港投资环境。8月，全鸿席业董事长余振隆接任市台协高尔夫联谊会会长。全年市台协高尔夫联谊会先后组织台商开展高尔夫活动16次。年内，市台协妇联会在会长沈秀玲的带领下，先后向市社会福利服务中心和儿童福利院捐赠价值1.5万元的现金和物品，结对资助凤凰镇3名贫困学生，匿名捐助3000元给一位遭遇车祸的女孩等，为社会献上了一份真诚爱心。3月，沈秀玲被市妇联授予“张家港市十大创业女性”称号。

【先后5次组织台商联谊活动促进台企发展】 为改善投资环境，市台办牢固树立亲商、安商、富商意识，每年都要组织台商与市政府有关部门开展各种形式的联谊、座谈活动，以加强双方的沟通和联系，增强台商对相关法律法规的了解，促进台资企业健康发展。2004年，市台办先后组织台商与市政府有关部门开展联谊、座谈活动5次。4月23日，组织全市80多位台商代表与市公安局举行新《道路交通安全法》宣传活动。市公安局交巡警大队向台商详细介绍了新《道路交通安全法》和与之相关的法律法规，回答了台商有关交通安全问题。晚上，与南丰镇开展联谊活动，南丰镇主要领导向台商介绍了当地的投资环境和台资企业发展状况。5月13日，组织30多位进出口总量位居全市前列的台资企业负责人与张家港海关举行座谈会。海关领导向台商介绍了2004年以来的进出口形势及国家海关总署新实施的加工贸易政策，对台资企业如何规范运作提出了要求，海关各科室负责人还对台商提出的进出口方面的问题给予了解释和答复。7月30日，组织45家台资企业负责人与市消防大队举行座谈会。市消防大队向台商讲解了消防安全知识，听取了台商的意见和建议。9月26日，组织260多位台商与市电信局举办联谊晚会。市委书记曹福龙、市长王翔、副市长秦景安等市领导以及市政府有关部门的负责人参加了晚会。

（蒋田平）

侨办工作

【概况】 全市共有归国华侨14人，旅外华侨123户316人，外籍华人95户261人。另有港澳同胞299户826人；有侨眷202户750人，港澳同胞眷属295户1053人；有1978年至2000年，到国外定居的新移民121户420人，新移民眷属122户476人。年内，经2个多月的调查，张家港市增加新移民146户208人，新移民眷属146户506人，累计新移民总数为267户628人，新移民眷属268户982人。年初和年中，先后召开2次归侨侨眷座谈会，共有50

多人参加座谈。

侨务经济工作　对张家港市的侨港资企业进行了调查，全市共有侨港资企业104家，总投资额达到4.7亿美元，从业人数1.6万多人。年内，市三兴街道旅外留学生周新良到市创业园投资创办奥斯汀化学新材料（张家港）有限公司。

保护侨益　年内为5户侨房拆迁户开具证明，使1250多平方米侨房得到优惠补偿和安置。

侨法宣传　8月6日，在《张家港日报》上全文刊登了《中华人民共和国归侨侨眷权益保护实施办法》及《中华人民共和国国务院令》（第410号），扩大了宣传面。

（陈照明）

外事工作

【概况】 年内，市外事办为全市172批448人次办理因公出国签证手续，一次获签率99%，有效地保障了张家港市对外交往和招商引资的正常开展。市外事办还根据企业和居民需要，积极做好份外工作，为152名居民办理因私签证，为企业73名外商代发邀请函，为22名外商办理就业证和多次出入境居留证，为5名外商办理外国人专家证，为1名外商办理驾驶证，为社会各界翻译资料222页。全年共接待中外宾客120人。其中：有日本和加拿大、澳大利亚、俄罗斯的友好城市代表团和比利时的记者团；有德国北威州经济和劳工部部长、中国驻法国大使赵进军夫妇、马耳他驻中国大使、马来西亚驻中国大使等。通过高标准的接待，市外事办的接待能力有了较大的提高。7月，市外事办公室首次向市人大述职，获得了市人大的高度评价。

【友好城市共谱友城之歌】 3月，经全国友协批准，张家港市与俄罗斯维尔基马市缔结为友好城市。同月，张家港市与韩国蔚山广域市缔结了经济交流协作城市关系。6月，王翔市长带团出访加拿大夏威尼卡市，与夏威尼卡市正式签署友好城市交流关系协议。出访期间，张家港市牡丹集团与加拿大CHAGNON公司也签订了合作意向书。在缔结新友好城市的同时，张家港市与原友好城市日本丸龟市、水俣市，澳大利亚波特兰市的友谊也在不断深化。4月，日本丸龟市组织了市民团、市政府团到访，向张家港市东渡寺赠送75棵樱花树。8月，蒋来清副市长率团回访丸龟市，并与丸龟市互赠图书。10月，徐仲高副市长率团访问俄罗斯维尔基马市，两市正式签署友好城市协议。11月，张家港市举办2004年（张家港）长江文化艺术展示周，共有加拿大夏威尼卡市、澳大利亚波特兰市、俄罗斯维尔基马市和日本丸龟、松冈町等5个友城33人到访，谱写了一支友城之歌，创造了张家港历史新记录。

【加强涉外居住管理】 随着张家港市对外经济的发展，居住在张家港的境外人员与日俱增。至年末，常住张家港市的境外人员有1038人，主要来自日本、韩国、德国等国，有相当一部分外商散居在民房，居住安全上存在不安全隐患。针对该情况，市外事办：一是向市政府作专题汇报，得到市委、市政府的高度重视。二是建立基层网络，形成各级负责、齐抓共管的局面。三是担当好涉外居住管理牵头单位，联合市公安局、保密局、台办共同抓好境外人员居住管理。年内已定期对外商居住点和散布在全市各地的涉外居住点进行全面检查和考核，针对存在问题，提出整改意见，督促及时解决。此举确保了涉外居住人员的人身安全和良好的投资生活环境，给予全市经济发展提供了扎实的保障。

（钱　波）

对口帮扶

【概况】 年内，张家港市继续与江苏省宿迁市宿豫区、西藏自治区拉萨市林周县、陕西省榆林市子洲县、重庆市三峡库区云阳县结对帮扶，与江苏省丰县、四川省白玉县保持友好关系。4月，全市开展第十次扶贫济困献爱心募捐活动，募集对口扶贫基金340余万元（其中70万元划拨市慈善基金），衣服3万余件（全部发往子洲县）。全年实施对口支援项目24个，年度计划安排对口扶贫资金798万元，全年实际支出无偿援助资金936万元（市财政拨款550万元，市对口扶贫基金253万元，乡镇、各部门和企业133万元），其中宿豫区728万元、林周县75万元、子洲县108万元、其他地区25万元。6月，张家港市对西藏自治区林周县第一轮扶贫结束，7月初，援藏干部庄中秋返回张家港市。年内，张家港市被省扶贫领导小组评为2004年度五方挂钩扶贫先进集体。

考察互访　9月12日，市长王翔率市党政代表团访问子洲县。年内，宿豫区区委书记许步健、区长刘斌先后8次到访。全年共接待各对口地区到访团队81个，1200余人次。

人才培训与劳务合作　10月，张家港市为宿豫区举办为期10天的经济管理干部培训班。年内，市劳动和社会保障局组织张家港市企业到宿豫区举办2次大型劳务招聘会。通过劳动部门和中介机构全年为宿豫区安置劳动力7200余人，为子洲县和云阳县安置劳动力1200余人。

主要援建项目　张家港市出资400万元，支援宿豫区1300多户农民改造危房，出资120万元援建宿豫区张家港骏马小学，100万元支援宿豫区工业园区基础设施建设；出资80万元支援子洲县新建巡检司小学，为子洲县第三中学配备实验室，新建黄芪示范园26.67公顷，修建段高路等。

【张家港（宿豫）工业园建设粗具规模】 3月12日，张家港市和宿迁市宿豫区在宿豫区共同举办项目投资洽谈会，300余家张家港企业参加会议，达成投资协议16个，协议投资总额14亿元。全年张家港市和宿豫区共建的张家港（宿豫）工业园20平方公里基础设施基本配套。张家港市有28家企业在该园区落户，年内有9家投入超3000万元的企业先后建成投产，实际新增投入5.9亿元，当年实现销售近4亿元。同时，张家港市有兴鸿房产等7家房地产公司进军宿迁市区和宿豫城区，总投资超12亿元，至年末，完成和正在开发的面积达40多万平方米。

（李华兴）

驻外办事处

【市政府驻北京办事处】 在北京“两会”（全国人大、政协会议）和中央经济工作会议等全国性会议期间，分别接待了中共中央政治局委员、国务院副总理回良玉，全国人大副委员长顾秀莲，全国政协副主席徐匡迪，江苏省委书记李源潮、省长梁保华及60多名江苏代表及其他各地人大代表，受到了省委、省政府领导的表扬。全力配合江苏省电视总台在北京张家港饭店设立演播室，将“两会”的实况直接转播到江苏省各县市，使“直通北京”活动圆满成功。省有关领导和省电视台的领导对办事处全方位的服务工作给予了充分的肯定。同时，接待了张家港市委书记曹福龙参加十届全国人代会、中组部天津会议、国务院汇报、韩国浦项项目汇报等活动，接待市长王翔参加监察部会议及项目汇报等活动，接待市人大老干部北京考察团和张家港质监局中国名牌推荐活动等。接转上访人员30多人次。另外还多次接待江苏省在中央党校学习的领导。（钱兰萍）

【市政府驻南京办事处】 办事处充分发挥窗口作用，宣传近年来张家港两个文明建设的新成果，介绍张家港良好的人居环境和投资环境。年初在成功举办第二届南京张家港籍老乡联谊活动的基础上，编印了在南京工作的张家港籍处级干部通讯录120本，分发介绍张家港近年来发展成就的光碟100张。协助张家港保税区争取物流园列入全国试点单位，确保张家港保税区财政优惠政策延续。协助市国土局做好有关宅基地的申报审批工作。为张家港市浦项工程有关项目上马做好政策咨询和政策争取工作。完成张家港市干部出国的报批工作，参与张家港市在南京方面的重大活动，做好张家港市重大活动中省级领导的邀请和陪同工作。全年在南京共接待来宾188批，共计1102人。其中：省、厅和南京市、苏州市领导33批，279人次；张家港市领导64批，313人次；市各部委办局及企业领导97批，510人次。（毛爱雄）

【市政府驻深圳办事处】 全年接待港、澳、台及各方赴深圳团队100多批，800多人次。利用在广东沿海地区的良好关系，协助市建设局、规划局、环保局等部门学习垃圾处理先进经验，协助江苏扬子江国际冶金工业园考察钢材生产后道配套技术，引进高技术含量生产线，协助市暂住人口管理中心学习广东外来人口管理经验。促成深圳市商业银行、深圳市农业银行分别向牡丹集团、沙钢集团融资2亿元和3亿元的合作意向，会同外经贸局、省级开发区与东风汽车集团洽谈与牡丹汽车合股及现代汽车的合作事宜。继续做好协助牡丹集团开拓南方市场特别是深圳市场的工作。（承晓茗）

【市政府驻厦门办事处】 全年共接待各类招商考察人员达200多人次。办事处利用在厦门的关系，积极为企业牵线搭桥，及时提供商贸信息，主动为乡镇企业一线供销人员提供服务，拓展了服务工作新内容，进一步延伸了驻外办事处的服务功能和渠道。年内为沙钢集团、锦丰中联模具、乐余永芳化工等企业在厦门开辟销售渠道提供了方便。（王 娟）

【市政府驻温州办事处】 年内，着力做好招商引资、两地交流和贸易服务工作。一是结合温州地区特点，编印张家港市投资指南，并将市政府《刮目再看张家港》等画册、VCD碟片，以及暨阳湖生态园、江苏扬子江国际冶金工业园、张家港保税区的招商资料有针对性地对外分发。二是利用报纸、电视、网络等媒体宣传，多次连续报道温州客商在张家港市投资创业情况和温州经营理念。办事处还专门申请域名，制作网页，建立网站，利用互联网对外宣传张家港市的投资环境。三是组织客商实地考察张家港。全年共组织30多批客商约300人到市参观、考察，其中以市政府名义发邀请函的团队3批，分别是温州市五金商会代表团，温州市华侨考察团，台州、瑞安、乐清三地的工商联会长考察团。瑞安市、乐清市、台州椒江区三地的工商联会长、企业家15人参加2004年（张家港）长江文化艺术展示周暨经贸周活动，内资专场客商60%以上来自浙江地区。四是为温州客商做好服务。3月，驻温州办事处向市委、市政府上报了《关于加快落实浙江客商投资项目土地使用权的请示》，市委书记曹福龙当天就作了批示，使塘桥针纺城、温州商贸城、温州机电工业园等重点项目尽早开工建

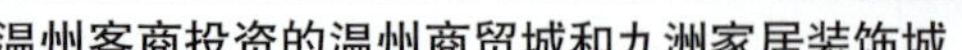
温州客商投资的温州商贸城和九洲家居装饰城（魏 欣 摄）

设，解决温州客商的后顾之忧。由于实施了“亲商、扶商、富商”政策，树立了良好的政府形象，客商普遍看好张家港市的投资环境，促进了“以商引商”工作。办事处在温州接待了杨舍镇、塘桥镇、锦丰镇、乐余镇、南丰镇、大新镇，市人大、省级开发区、沿江开发办、冶金工业园，市物价局、劳动保障局、旅游局等乡镇和部门的30多批到温州招商和考察的领导和团队，为他们做好服务和介绍朋友，使每个乡镇和部门在温州都能建立关系，并保持常年联系。

【市政府组织民营企业考察团赴温州考察】 8月15日至19日，由市委常委、常务副市长庞伟中，副市长徐仲高带领的市民营企业考察团一行40多人，赴浙江温州、台州、宁波考察，先后参观了浙江大虎打火机有限公司、中国华峰集团、正泰集团、海正药业、雅尔股份有限公司等10家企业，并听取了情况介绍，考察团受到了温州市政府、瑞安市政府、台州椒江区政府和宁波鄞州区政府领导的热情接待。此次活动由办事处全部承担踩点、踏线等先遣任务。办事处从选点到活动安排，均作了周密部署，使考察获得圆满成功。

（何启明）

机关事务管理

【概况】 市机关行政管理局紧紧围绕后勤管理、保障和服务三项职能展开工作，在服务全市中心工作、保障市级机关高效运转上发挥了积极作用。全年扎实搞好市级机关各类会议服务、车辆调度、水电维修、卫生保洁和绿化养护等日常办公服务，承接会议服务2000多次，安全行车近50万公里。为机关和社会用户供应燃气2万多吨，为800多名机关事业单位干部职工子女和社区儿童提供幼儿保教服务，为近500名机关干部提供就餐服务，为张家港市赴日韩招商、上海（张家港）投资答谢会、2004年（张家港）长江文化艺术展示周等经济、政务活动做好车辆、食宿和会务等后勤保障工作。组织实施了城宇大楼改造工程、市安监局办公用房装修工程、市行政审批中心电梯增设工程、江南大厦装修工程等一系列办公用房改造工程，改造总面积达3.2万平方米，有效地改善了部分机关的办公条件。

【沙洲宾馆大会堂改造工程竣工】 沙洲宾馆作为张家港市政务活动的主要接待窗口之一，近年来，不断加大硬件建设力度。7月上旬，沙洲宾馆正式启动大会堂改造工程，至11月中旬，土建部分全部竣工。该工程共投入1300多万元，改造后设有808个席位，配有空调系统、音响系统、灯光系统、消防系统和电视电话系统等，提升了沙洲宾馆的会务保障能力。

【沙洲宾馆通过ISO质量体系认证】 经过近一年的贯标工作，沙洲宾馆于10月中旬顺利通过由摩迪国际认证机构对ISO 9001:2000质量管理体系的审核，获得认证证书。此举有效提升了宾馆质量管理的科学化、程序化、规范化水平和综合竞争能力。

【机关住宅区旧房改造市场化运作顺利实施】 针对机关部分旧住宅区房屋破旧、设施老化的情况，市行管局于2003年4月起启动了胜利新村9幢、11幢机关住宅楼翻建工程，历时近一年半时间，于8月竣工。该工程采用市场化运作方式开发，土地从市土地储备中心竞标取得，建房所需的配套设施费用全部按商业性房产公司的标准缴纳，所有拆迁户全部采用货币补偿的方式。工程新建住房共30套，总建筑面积4484平方米，有效改善了部分机关干部的居住条件。

【后勤服务单位体制改革稳妥推进】 根据全市经营型事业单位改革的统一部署和后勤服务社会化的发展要求，年内，市行管局按照分步实施、稳妥推进的原则，对所属的沙洲宾馆和液化气总公司实施转企和改制。其中，沙洲宾馆已于1999年由全民事业单位改组为国有企业，年内，所有职工又进行了身份置换。液化气总公司瓶装气部分与管道气部分分离改制。分离后的管道气部分注册成立国有全资性质的市燃气总公司；瓶装气部分改制为百通燃气有限公司，公有股占10%，苏建良等自然人占股90%。

（徐　余）

整装待发的机关车队　　（市行管局 供稿）

【编辑　魏　欣】

政协张家港市委员会

【概况】 九届政协由中共、民盟、农工、工商联、工会、共青团、妇联、科协、文艺新闻、科技界、经济界、农业界、教育界、体育界、医卫界、台属、归侨侨眷、宗教界、少数民族、特邀人士20个界别组成，共有280名委员。全年举行全体会议1次、常委会议4次、主席会议7次，组织开展专题调研4次、专委会对口协商活动12次、通报座谈活动7次、专项视察活动10次，举办专题报告会1次、知识讲座2次，开展“送医下乡”活动1次，参与委员达2500多人次；撰写调查报告4份、《情况反映》7份和《市政协委员反映的社情民意情况汇总》1份，为市委、市政府决策提供了参考。参加市政协通报协商、视察座谈等活动的市委、市政府领导80多人次，党政部门负责人150多人次。年内市政协共接待副省（部）级以上政协领导6批60余人。10月8日，全国政协副主席、全国工商联主席黄孟复，在省政协副主席、省商会会长李仁和苏州市政协副主席孙中浩的陪同下到市视察。10月30日，中国工程院院长、全国政协副主席徐匡迪，中国工程院院士、国家钢铁研究总院院长干勇等领导，在副省长何权、省政协副主席陆军、苏州市副市长赵俊生、苏州市政协副主席赵文娟的陪同下到市视察。10月31日，全国政协副主席李蒙到市考察。

【政协九届二次会议】 2月1日至4日，市政协九届二次会议在馨苑度假村会议中心召开。市委书记曹福龙在开幕式上作重要讲话。会议期间，全体政协委员列席了市十一届人大二次会议，听取并讨论了政府工作报告和其他各项报告，协商讨论了钱学仁主席所作的常委会工作报告和陆勤华副主席所作的九届一次会议以来提案工作情况报告，补选黄亚平、李宏平、陈永祥为九届政协常委，通过了九届二次会议决议。会议共收到提案304件（含集体提案45件），其中城乡建设、规划和管理方面的提案所占比重较大，与人民群众生产生活密切相关的交通、医疗卫生等方面的提案与往年相比也有所增加。

【政协常委会会议】 1月，召开九届五次常委会议，主要是讨论协商2003年市政府工作报告，协商有关人事问题，协商《关于加强市政协联络委员会工作的意见（草案）》，协商其他有关事项。

7月，召开九届六次常委会议，主要是听取市政府关于2004年上半年工作情况和下半年工作打算的通报，以及市政府关于市政协九届二次会议以来提案办理工作情况的通报，协商“推进产业结构优化升级、实现工业经济可持续发展”专题，通报市政协上半年工作情况和下半年工作打算。

9月，召开九届七次常委会议，主要是协商“合理配置市域空间资源”专题，协商有关人事问题。

年末，召开九届八次常委会议，主要是听取市政府2004年工作和2005年设想的通报，协商市政协常委会两个工作报告，协商确定2004年度市政协系统先进集体和先进个人，协商组织人事问题和九届三次会议有关事项。

【专题调研】 工业产业结构调研 4月中旬，市政协组织12名经济界和

举办政协论坛　　（市政协 供稿）

科技界委员，对张家港市如何加快推进工业产业结构优化升级进行调研，形成了调研报告《我市“推进产业结构优化升级，实现工业经济可持续发展”的情况调查和建议》，经九届六次常委会议协商通过后报送市委、市政府。市委、市政府认为建议具有针对性和指导意义。

困难群体情况调研　4月下旬，市政协组织10多名委员成立调研组，就全市困难群体的数量、结构、分布、社会地位、工作就业、生活水平和社会保障等情况进行调研，形成了调研报告《进一步加强我市困难群体帮扶工作的建议》，经九届十一次主席会议协商通过后报送市委、市政府。市委、市政府迅速作出批示，市各职能部门认真吸收建议内容，采取相应措施，进一步加大了对困难群众的帮扶力度。

市域空间资源配置调研　6月至9月，市政协组织环境资源组的10多名委员，就如何合理配置市域空间资源进行专题调研，形成了调研报告《合理配置市域空间资源，统筹城乡建设协调发展》，提出“整合市域空间资源布局，优化城镇空间结构，在更大范围内实现城市空间资源的对接”等6个方面的建议，经九届七次常委会议协商通过后上报。市委认为该调研报告“现状分析符合客观，对策建议也有价值”，要求有关领导和相关部门阅研，努力采纳政协建议。按照市委要求，市政府主要领导牵头组织相关部门专门进行研究，制定工作措施，并迅速付诸实施。市政府办公室还将各部门的办理情况以书面形式向市政协进行了通报。

民营经济调研　10月中旬，市政协根据苏州市政协要求，组织10多名政协委员和政协机关人员，围绕“促进民营经济腾飞”开展专题调研，听取市政府情况通报，分别召开市直机关有关部门负责人和民营企业家代表座谈会，开展问卷调查，走访了23家民营企业，形成了调研报告，分别报送苏州市政协和市委、市政府，为加快发展民营经济建言献策。

【委员提案】 九届二次会议以来，共收到提案304件。其中：经济科技方面68件，占22.7%；社会事业方面105件，占34.5%；城乡建设方面109件，占35.8%；其他方面22件，占7%。集体提案45件，占14.8%，其中市民革小组8件、民盟市委18件、农工党市委6件、九三学社支社8件、市工商联5件。经提案委员会审查，立案247件，交45个党政部门办理，5月底全部办结。有关部门已经解决和正在整改或列入计划准备实施的有236件，占立案总数的95.5%；因政策因素或限于张家港市实际情况不能办理或暂时无法办理的11件，占4.5%。从反馈意见看，绝大部分委员对提案办理结果均表示满意或基本满意。提案办理工作见面率100%，答复率100%，提案一次落实率稳步提高。

【了解和反映社情民意工作】 九届二次会议以来，市政协认真执行《政协张家港市委员会关于加强了解和反映社情民意工作的意见》，健全完善社情民意信息收集传递网络，广辟社情民意信息来源渠道，共收集信息73条，经整理后报送市委、市政府45条。年初向委员寄发社情民意信息反映表，并采取开设电子信箱、开设专线电话、开通主席信箱、坚持政协联络委和联系组定期活动等方法，方便委员提供信息。8月下旬，主席会议成员按照分工，各带一个小组开展委员约谈活动。采取集中座谈与个别走访相结合的方法，重点对250名党派委员和普通委员进行约谈走访，了解收集社情民意信息。经过汇总归类、筛选整理，形成了38条社情民意信息，内容涉及全市规划、建设、环保、城管、绿化、交通和“三农”等16个方面，报送市委、市政府主要领导，并就有关方面内容与有关职能部门交换了意见。

【海外联络和民族宗教工作】 年内，市政协健全了张家港市籍贯的海外人士基本资料，并选择重点对象保持经常联系，为促进招商引资牵线搭桥。配合有关方面做好海外友人和新移民到张家港的接待工作，广交朋友，联络感情，宣传政策，增进共识。组织台商家属参观考察工业企业和城市建设。组织港澳台侨、民族宗教委员会的部分委员走访台资企业，认真听取并及时反映台商的意见和想法。组织委员听取新移民分布情况的通报，商讨加强与新移民联系的办法和措施。慰问贫困少数民族家庭，力所能及地帮助他们解决实际困难。走访宗教界知名人士，宣传国家的民族宗教政策，发动和引导他们为社会主义建设服务。

【政协委员学习】 市政协为每位委员订阅《江苏政协》，为每位常委订阅《钟山风雨》，鼓励委员订阅《人民政协报》和《中国政协》，加强委员学习。4月中旬特邀全国政协委员杨海坤教授作学习宪法和政协章程辅导报告。6月初，组织近200名委员、各界人士代表和政协机关人员，参加《人民政协报》举办的政协章程知识竞赛。7月至10月，开展“理论 · 实践 · 探索”政

召开义务法律顾问聘请会　　（市政协　供稿）

协论坛活动，进一步推动委员学习。11月下旬，组织40多名委员听取“企业管理和文化创新”讲座。12月上旬，组织50多名委员参加公司法和合同法知识讲座。

【“张家港政协”网站建成】 8月，张家港政协网站（www.zx.zjg.gov.cn）正式开通。网站共设置政协简介、文件选登、党派团体、网上提案等10多个栏目，宣传人民政协的性质、地位和作用，反映市政协服务大局、履行职能的重要成果，展现政协委员的精神风貌。网站的开通，为政协各参加单位和委员提交提案、反映社情民意、建言献策提供了快捷通道，为社会各界更好地了解政协工作开辟了新渠道。

【全省首创政协委员配法律顾问】 6月下旬，市政协召开义务法律顾问聘请会，45名律师和36名法律工作者接受聘书，成为市九届政协278名委员（280名委员中因病因故死亡2人）的义务法律顾问。其主要目的是为委员提供法律咨询，帮助委员依法履行职责和维护自身权益。为政协委员配备义务法律顾问，在全省各级政协组织中属于首创。

【举办“理论·实践·探索”政协论坛活动】 7月至10月中旬，市政协举办“理论·实践·探索”政协论坛活动，共收到论文47篇，其中25篇是调研文章，比重超过了50%。委员们围绕张家港市经济社会发展和推进人民政协事业，精选课题，通过调查研究，提出了许多有价值的意见和建议，为市委、市政府的决策提供了有益的参考。经过评审，有1篇征文获特别奖、2篇获一等奖、5篇获二等奖、10篇获三等奖。10月26日，召开“理论·实践·探索”论坛活动成果交流表彰会，部分获奖论文在会上进行交流。之后，又通过汇编和赠送《“理论·实践·探索”论坛优秀论文选集》、公布论文评审结果、向上级政协报刊推荐论文等多种渠道，对论坛活动成果进行宣传，扩大了活动的社会影响。该项活动被评为“2004年度张家港市宣传思想工作创新奖”三等奖。

表8 **市政协九届一次会议优秀提案一览表**

序号	提案号	提案者	案由	承办单位
1	001	九三学社支社	关于建设“电子政府”，增加政府工作透明度的建议	市政府办 市信息办
2	031	九三学社支社	关于发展地方产业群体，提高区域经济竞争力的提案	市中小企业管理局
3	075	民革小组	合理城市布局，提高城市品位	市规划局
4	140	民盟市委	关于“大力加强水资源保护，全面改善水环境质量”的提案	市环保局
5	184	农工党市委	整顿规范各类医疗广告	市卫生局 市城管局
6	191	农工党市委	关于“全力推进卫生系统改革，适应新经济发展”的提案	市卫生局 市体改办
7	037	王启民	关于“供电公司要在我市实行分时段收费”的提案	市供电局
8	043	许　坚	关于加大对青草巷市场管理力度的建议	张家港工商局
9	067	周庆龙	关于市区东西方位要平衡发展的建议	市规划局
10	121	陈　东 周庆龙	关于要求大力支持“张家港书城”建设的提案	市文广局

表9 **市政协九届二次会议优秀提案一览表**

序号	提案号	提案者	案由	承办单位
1	001	市工商联	大力扶持担保机构，进一步拓宽民营企业融资渠道	市政府办
2	015	民盟市委	高度重视室内环境污染，切实保障人民的身体健康和生活安全	市环保局
3	023	民革小组	加大对签订劳动合同的监管力度，切实保障劳动者权益	市劳动保障局
4	028	民盟市委	关于张杨公路交通安全管理的建议	市公安局
5	031	农工党市委	社区卫生服务的现状和对策	市卫生局
6	004	林步高	关于规范市“110”、“120”联动管理的提案	市卫生局
7	008	施菊平	关于设立低保、特困户医疗救助基金的建议	市卫生局
8	017	朱瑞方	切实保护耕地，增加农业投入，提高粮食生产力的建议	市政府办
9	027	周萃阶	关于住宅小区内应适当设置路灯的建议	市建设局
10	044	刘品贤	建议做好危桥整治的扫尾工作，将这一实事工程办得更好	市交通局
11	064	高锦萍	适当修整港城大道十字路口绿化隔离岛，减少交通事故的发生	市园林局
12	065	顾　放	建议张杨公路中间加设隔离带	市交通局
13	080	缪建林 姚永明	关心市民“打的难”和加强出租车的运营管理	市交通局
14	087	徐达林	关于减少长途汽车站候车大厅空气污染的提案	市交通局
15	101	缪自强	对我市生态经济可持续发展的几点建议	市环保局
16	102	丁学东	关于优化开放式小区物业管理的建议	市房管局
17	120	余凤楼	关于加强对城乡接合部公共绿化区的管理	市园林局
18	137	林　艺	关于我市私营企业主应全面落实计生法定人负责制的建议	市计生委

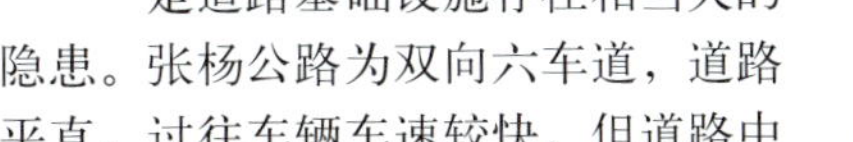

优秀提案选介

（一）案由：关于加强张杨公路交通安全管理的建议（28号）

提案单位：民盟张家港市委

理由、方法：

一、张杨公路交通安全形势分析

张杨公路是我市连接204国道和锡澄高速公路的东西横向快速干道，全长24公里，为中心双黄线双向六车道，机动车道和非机动车道绿化分隔带隔离，设计车速80公里／小时。自1993年建成通车以来，张杨公路的交通流量不断增长，平均日流量已超过4万辆，为推动全市经济建设持续快速发展发挥了十分重要的作用，但同时也带来了交通事故频发的问题。据统计，1993年建成通车以来，张杨公路已发生交通事故1.6万余起，死亡460余人，伤3600余人。尤其是近两年来，张杨公路全线交通事故伤亡数居高不下，2003年死亡69人，伤1157人，直接经济损失373万余元，死亡数、受伤数、直接经济损失分别较2002年上升64%、66%、22%。2004年交通事故形势相当严峻，1月12日早晨5时许，张杨公路马桥路段发生一起交通事故，造成3死1伤。

二、事故高发的原因

张杨公路事故高发的原因，主要有以下两点：

一是道路基础设施存在相当大的隐患。张杨公路为双向六车道，道路平直，过往车辆车速较快，但道路中心、机动车道无隔离设施，且道路开口多，在客观上纵容了非机动车、行人横穿马路的行为，增加了事故发生的几率。

二是事故当事人交通安全意识淡薄。一些机动车驾驶员无视交通法规，机动车辆越过道路中心双黄线行驶；一些非机动车驾驶员和行人人为省时间走捷径，横穿马路，与正常行驶的车辆相撞，导致事故发生。

三、建议

为减少交通事故，保护人民群众的生命财产安全，建议如下：

一是在张杨公路的道路中心及两侧绿化带安装防撞隔离栏。按照全省道路交通事故隐患排查时提出的“双向四车道以上道路原则上实行物理隔离”的要求，建议市政府除在重要路口设置开口外，在张杨公路全线道路中心及两侧绿化装隔离栏，对机动车、非机动车、行人进行隔离，全力压降事故。

二是在重要路口处开设地下交通过道，并责成相应部门加强对地下通道的管理（泗港路段处的地下通道已被堵塞）。

三是在各路口醒目处增设交通安全警示牌、标，增设巡查路警。

四是在繁忙的交叉路口建立立交桥，更有利于交通安全和发挥张杨公路的潜能。

五是加强宣传教育，提高全民交通安全意识。建议市委、市政府及相关职能部门要通过电视、广播、报纸等媒体，大力加强交通安全教育，提高全民安全意识，尽可能减少交通违章行为，从源头上杜绝各类事故的发生。

（二）案由：规范车祸致危急重病人抢救途径 建议成立“120”急救中心（30号）

提案单位：民盟张家港市委

理由、办法：

随着我市近年经济的快速增长，城市人民生活水平的提高及道路的快速拓展，市民的私家车辆不断增加，我市的交通意外事故呈逐年上升的趋势，且危及生命的急重伤者比例不断上升，这就需要一支快速、高效、熟练的专业抢救队伍，能争分夺秒与死神赛跑抢时间，同时需要具有相当专业技术水平及具有一定设备条件的医院及有经验的医务人员参与抢救，才能使这些伤者在最短的时间内得到最有效的治疗，从而挽救其宝贵的生命。

随着医疗市场的不断开放，我市有各等级别的医疗机构，鱼龙混杂，水平参差不齐，但是在各自利益的驱使下，他们各尽解数抢夺病人，使根本不具备救治条件的医疗机构参与其间，使许多原本有机会救治的急重患者因条件不够、经验不足、水平不高而延误抢救白白送命。

建议全市尽早成立“120”抢救中心与“110”联动，一起快速参与抢救。“120”应配备具有高质量抢救设备的救护车和高素质的专业医护人员，危重病人应就地抢救。同时对医院实行分级定点制度，轻症及附近有抢救条件的急重症可就近送治，若无抢救设备条件可在救护车上边抢救治疗边送具有一定能力的大医院救治，以挽救其生命。（张亚萍）

开展“送医下乡”活动 （市政协 供稿）

【编辑 汪丽菁】

【概况】 市纪委与市监察局合署办公，年末在编人员43人。全市设镇（场）纪委（监察室）9个、市属系统纪委22个、市属党委（总支）厂纪委15个、市纪委派驻纪检组（监察室）25个，共有专职纪检监察干部201人。2004年，市纪委（市监察局）坚持以科学发展观为指导，以服务第一要务为根本，以惩防并举、标本兼治为措施，以优化环境、净化队伍为目标，始终围绕"在参与中监督，在监督中服务"的总体思路开展各项工作，党风廉政建设和反腐败工作取得了新成效，为实现富民强市和"两个率先"奋斗目标提供了坚强保证。

【加强领导干部廉洁自律】 市委认真分析党内监督方面存在的薄弱环节，要求各级领导干部坚决执行"四大纪律八项要求"，切实做到"六个禁止"、"五个不准"、"四个千万不能"、"三个管好"[注]。各级领导干部带头廉洁自律，主动接受监督，自觉地将执行党风廉政建设各项制度规定的情况作为民主生活会和述职述廉的重要内容。在全市党政机关实行禁酒规定，严肃处理了1名违反规定的党员干部。认真贯彻落实严禁党政机关工作人员接受和赠送现金、有价证券和支付凭证以及严禁党员、干部参与赌博等项规定，通过约见谈话、发出《公开信》、组织明察暗访、依靠群众监督等多种形式，促进各级领导干部做到"为民、务实、清廉"，制止和防范向领导干部送钱的歪风。一年中，市四套班子领导和市纪委常委共对149名领导干部进行廉政谈话；有261名领导干部报告了个人购车、购房、婚丧嫁娶和出国（境）等重大事项；市廉政办和"510"账户共收到领导干部上交的现金和有价证券27.52万元。此外，还完成了党政领导干部违反规定兼任企业领导职务、党员干部宕欠公款、党政机关用公款购买商业保险和私设"小金库"等项清理工作，共清退用公款为个人购买的商业保险62万元，清退党政机关工作人员拖欠的公款489万元。加强镇级机关车改后续管理工作，积极稳妥展开市级机关车改前期工作。认真开展领导干部述职述廉和廉政专项审计工作，率先在苏州市推行村干部述职述廉工作，对19名领导干部进行离任经济责任审计，对13名新任镇（局）主要负责人和44名新提拔领导干部及其家属开展廉政谈话教育。各镇、各部门、各单位在加强领导干部廉洁自律工作中，积极探索和采取新措施。凤凰镇在行政村大幅度合并后，大胆开展村干部职务消费改革工作，从资金管理入手遏制了村干部的不廉洁问题。市交通局、地税局等单位试行廉政保证金制度，增强了党员干部的廉洁自律意识。

【执纪查案141件】 全市纪检监察机关共立案查处各类违纪违法案件141件。其中，经济案件29件，占案件总数的20.57%；万元以上案件24件，副镇、副局级以上干部案件8件，三机关一部门案件29件。市纪委自办案件47件，占总数的33.3%。共处分党员141人、监察对象12人，移送司法机关处理13人，挽回经济损失1770万元。重点查处了恒利房产等单位在转制中漏评集体资产、原晨阳镇高科村在拆迁安置房工程中有关人员失职、锦丰镇原务本村党支部书记等人侵害群众利益、首例骗取医保资金等有影响的案件。在查办案件的同时，全市纪检监察机关坚持构建和谐社会环境，认真抓好信访举报工作。全年纪检监察机关共收到信访举报278件，属受理范围的162件，其中反映副镇（局）级以上领导干部的信访举报43件。通过调查处理，转立案查处10件，收缴违纪金额200多万元。

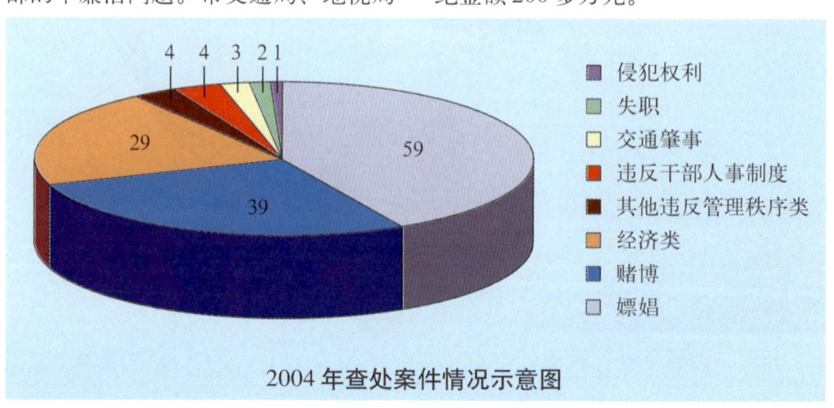

2004年查处案件情况示意图

【落实党风廉政建设责任制】 市委、市政府始终高度重视党风廉政建设责任制工作，市委书记、市长多次在全市性会议上对各级党政组织及其主要负责人提出“两手齐抓”的要求，强调各级“一把手”要进一步增强责任意识，认真履行第一责任人的职责。根据市委建立惩治和预防腐败体系的总体要求，各级党政组织和各有关职能部门深入贯彻落实党风廉政建设责任制，结合经济社会事业发展规划，着力构建融教育防范、公权配置、公财管理、公平用人、监督管理、查案惩处、廉政激励和测评预警等机制于一体的惩治和预防腐败体系。市委、市纪委将反腐倡廉方面的八大任务28项工作分解落实到58个职能部门。各级党政组织将建立惩防体系与深入贯彻党风廉政建设责任制相结合，将阶段性任务和长期性目标相结合，将教育在前、预防在先与加强制度建设、严格监督管理相结合，将完善工作机制与改进检查考核相结合，推动反腐倡廉工作逐步走上系统化、规范化轨道，全市进一步形成了党风廉政建设“四落实”（对党政领导干部落实责任制要求、对职能部门落实体系建设任务、对党员干部落实教育防范措施、对人民群众落实工作成效）的良好氛围。针对党风廉政建设责任制检查考核中存在的“旧”、“粗”、“软”的实际情况，市纪委重新修订和完善了检查考核办法。检查考核方式实现“四个转变”：一是变静态检查为动态考核。采取年终考核与日常考核相结合、定性考核与定量考核相结合、领导评估与社会评估相结合的办法，对各镇、市直机关各部门年度个性目标完成情况进行不定期抽查。二是变单项检查为综合考核。对各单位年度责任制目标进展情况、个性目标和分解抓落实任务完成等情况进行综合考核，突出领导干部重大事项报告制度、执行党内监督条例、不收受红包和有价证券、不参与赌博等内容。三是变工作汇报为公开述廉。被检查考核单位领导班子成员述职述廉、民主测评和廉洁从政自评情况要进行公示，并在大会上公开述职述廉，接受民意测评。四是变专门机关检查为组织协调多部门联查。6月下旬，市委常委和党员副市长带队检查全市党风廉政建设责任制落实情况。11月下旬，市纪委协调有关部门组成8个小组，对72个单位进行检查考核。通过考核进一步确保了党风廉政建设责任制的落实。

【纠风和专项治理】 各级纪检监察机关坚持以人为本，把维护和发展人民群众的根本利益放在首位，对土地征用、城镇房屋拆迁中损害群众利益以及拖欠农民工工资等问题，开展专项治理。通报了几起典型的侵害群众利益事件，并对相关责任人作出处理。推动工资预留制度的实施，清偿民工工资款2000余万元。继续完善药品、医疗器械招标采购制度，提高招标采购比例，降低采购费用，减少患者支出1570多万元。对涉农收费项目进行全面清理审核，共取消收费项目3项，降低标准项目4项，累计减少农民支出494万元。深入开展纳税人评议政风行风工作，重点对环保、供电、城管、电信等4个部门和行业的政风行风进行评议，在其他部门和行业及其分布在各镇的基层站所进行“回评”。完成了违规着装的清理工作，清理和纠正不规范着装1052人，收回各类制式标志1.23万件。据苏州市城调队的数据显示，全市政风行风建设综合满意率为99.4%，位居苏州各市、区之首。

【深化党风廉政教育】 各级党组织把学习宣传贯彻《中国共产党纪律处分条例》和《中国共产党党内监督条例（试行）》（以下简称两个《条例》）作为重要任务，贯穿于全市统一开展的“万众谋率先，勇当排头兵”主题教育活动之中，广泛开展以两个《条例》为重点的党内法规学习教育活动，发挥了党内法规在反腐倡廉工作中的重大治本作用。认真组织广大党员干部深入学习宪法、法律，开展向李荣法等先进典型学习的活动，组织领导干部和配偶观看反腐倡廉电教片，组织929名副镇（局）级以上党员领导干部参加党纪政纪知识电脑测试，将成绩记入领导干部个人廉政档案，保证了党风廉政宣传教育活动的针对性和有效性。纪检监察、组织、宣传、文广等部门相互配合，各负其责，成功举办了廉政颂歌广场文艺演出、学习两个《条例》知识竞赛、主题征文和演讲比赛、廉政警句征集等系列活动，向领导干部赠送《廉政警句漫画选编》，发放10万份宣传资料进村入户，在全市营造了浓厚的党风廉政宣传教育氛围。

【深入开展行政效能建设】 市纪委坚持以提高机关服务水平、改善政务环境为支点，将加强机关中层干部的管理考评、实行首问负责制等5个方面作为年内效能建设重点管理项目，认真开展效能建设项目跟踪看服务活动。会同有关部门制订出台绿化建设工程办公例会、财政投资项目审价机构准入、工程超预算联签报批、工程监理签证抽检、工程决算复审等5项制度，加强对重大事项、重要环节、资金使用的过程控制，提高财政资金使用效率和安全性。协调有关部门成立政府重点工程监察领导小组，推行政府重点工程联席会议制度，强化土地拍卖文件联办和会审工作，在全省建设工程招投标中首先开发启用计

开展党内法规知识竞赛活动　（市纪委 供稿）

算机评标系统，有效避免了招投标评审过程中人为因素的影响。制定《行政效能投诉听证暂行办法》，试行行政效能投诉听证制度，邀请人大视察行政效能建设工作。派出工作督查组，对市优化投资环境的40条对策措施落实情况开展专项督查。6月，对机关工作人员的工作效率、工作态度和服务质量等进行明察暗访，并制作录像在全市机关思想作风建设大会上播放，起到了很好的警示教育作用。9月，会同文广局开播"走进直播室"政务访谈栏目，工商、公安、卫生、物价、社保、教育等6个部门的领导走进直播室，接受现场群众的提问和质询，进一步营造良好的政务环境。认真处理投诉举报，共查处责任单位4个，立案处分3人，通报批评11人，追究责任16人，发出监察建议书2份。

【深入学习贯彻两个《条例》】 年内，市纪委认真组织学习、宣传、贯彻两个《条例》，会同组织、宣传、文广、报社等部门，在全市党员干部中深入开展学习贯彻活动。征订7000册两个新《条例》单行本和辅导读本，分发给全市1200多名副镇（局）级以上领导干部和2000多个基层党支部学习。3月27日，专门邀请反腐专家、中纪委特约研究员邵道生为全市党员领导干部作两个《条例》的专题辅导报告。4月9日，举办两个《条例》辅导员培训班，培训102名宣传骨干。在各新闻媒体开设宣传专栏，专题采访18名各级党政组织主要领导。编印10万份有关两个《条例》百题知识问答宣传资料，进村入户下发到各级基层党组织和党员领导干部手中。同时，组建两个《条例》宣讲团，深入到全市各镇、各部门进行巡回宣讲。组织开展两个《条例》黑板报联展、两个《条例》宣传挂图巡回展、两个《条例》知识竞赛等多项活动。通过学习宣传，真正使各级领导干部精通条例，广大党员熟悉条例，全社会了解条例。

【开展"双争"专题教育活动】 2月中旬至3月底，市纪委在全市纪检监察系统中集中开展"争树好形象，争作新贡献"（简称"双争"）专题教育活动。通过成立"双争"专题活动工作小组，制定下发实施意见，做到参加对象、活动目的、责任分工"三个明确"。市纪委机关共组织集中学习5次，先后开展3次学习交流会；各镇和市级机关纪检监察部门共组织集中学习2次，分别开展1次学习交流会。围绕精神状态、工作作风、办事效率、服务意识、履行职责以及工作纪律等六方面的表现和反映开展"六查六看"，通过"亮家丑"、"纳明谏"、"征诤言"，实行"开门评委（局）"、"开门整风"、"座谈点评"，广泛听取、征求意见。向市四套班子领导和各镇、各部门、各单位党政主要负责人下发206份征求意见建议表，共回收155份；分别召开由党政领导干部，纪委书记、派驻纪检组长，人大代表、政协委员，民主党派、工商联和无党派人士，党风特约联络员、特约监察员和纪检监察系统老同志等78人参加的6个不同层面的座谈会，走访15名市镇有关领导，虚心听取意见和建议，主动接受监督和评判。据统计，各级纪检监察部门共自查了个人问题平均每人2.3个，部门（单位）问题平均3.1个；共征求到对市纪委的各类意见、建议和批评35条。"双争"教育，增强了纪检监察干部加强理论学习的紧迫性、服务率先发展的使命感、做好党风卫士的责任感和加强队伍建设的必要性，得到了市委和上级纪委的充分肯定。

【首次以新闻发布形式通报纪检工作】 按照建立"惩防体系"的总体要求，市纪委建立纪检监察工作情况通报会制度，规定凡出台党风廉政建设重大政策和规定、开展重要专项检查活动、查处有影响的大要案等，将不定期地以新闻发布会形式，向社会和群众通报情况。3月和9月，市纪委两次举行情况通报会，分别就全市反腐倡廉工作整体情况、市水利系统案件查处、镇级机关公务用车改革情况、群众较为关注的几起行政责任追究问题及机关干部违反苏州市党政干部禁酒令处理情况进行通报。社会各界人士对市纪委、监察局尊重社会公众的知情权，自觉接受公众监督，纪检监察工作公开、透明化的做法表示满意。

【在全省纪检机关中首家通过ISO质量体系认证】 为进一步加强纪检监察工作的规范化、制度化建设，推进机关内部管理工作的标准化、程序化，市纪委积极导入ISO 9001:2000质量管理体系标准，规范工作流程，提高行政效能。在贯标过程中，编写了符合质量体系标准要求、适合纪检监察工作实际的质量手册和程序性文件，建立了质量为本、岗责合理、运行规范、流程清晰、管理科学、激励有效的工作体系，进一步规范和完善了加强机关内部管理的相关规定。7月，开始按体系要求规范运作，12月，通过中国方圆标志认证委员会江苏审核中心3位专家组成的审核组的现场审核认证，成为全省纪检监察机关首家通过ISO 9001:2000质量管理体系认证的单位。

注：

"四大纪律八项要求"：四大纪律是：党的政治纪律、组织纪律、经济工作纪律和群众工作纪律。八项要求是：一要同党中央保持高度一致，不阳奉阴违、自行其是；二要遵守民主集中制，不独断专行、软弱放任；三要依法行使权力，不滥用职权、玩忽职守；四要廉洁奉公，不接受任何影响公正执行公务的利益；五要管好配偶、子女和身边工作人员，不允许他们利用本人的影响牟取私利；六要公道正派用人，不任人唯亲、营私舞弊；七要艰苦奋斗，不奢侈浪费、贪图享受；八要务实为民，不弄虚作假、与民争利。

"六个禁止"：禁止利用职权和职务上的影响谋取不正当利益；禁止私自从事营利活动；禁止假公济私、化公为私；禁止借选拔任用干部之机牟取私利；禁止利用职权和职务的影响为亲友及身边工作人员谋取利益；禁止讲排场、比阔气、挥霍公款、铺张浪费等。

"五个不准"：不准插手经营性土地出让、建设工程招投标、产权交易等重大事项的正常进行；不准以任何名义收受与其行使职权有关的单位、个人的现金、有价证券和支付凭证；不准利用权力为配偶、子女以及身边工作人员牟取私利；不准大操大办婚丧嫁娶事宜并借机敛财；不准用公款相互宴请大吃大喝。

"四个千万不能"：千万不能以为自己是领导就为所欲为；千万不能因为别人的尊重而忘乎所以；千万不能把组织的告诫提醒置若罔闻；千万不能做一失足成千古恨的蠢事。

"三个管好"：管好自己；管好家属子女和身边工作人员；管好下属。

（徐文虎）

【编辑　汪丽菁】

组织工作

【概况】 2004年，市委组织部坚持科学的发展观和正确的政绩观，紧紧围绕提高党的执政能力，大力加强各级领导班子和干部队伍建设，进一步深化干部人事制度改革，加强党的基层组织建设和党员队伍建设，不断深化组织部门自身建设，为全市争当全省“两个率先”排头兵提供坚强的组织保证。年末，全市有中共基层党组织2532个。其中，党委62个，党工委7个，党组21个，党总支222个，党支部2220个。党员50905人，其中新发展党员1058人。全市副主任科员（副镇级）以上干部1157人。其中：女干部81人，占7%；民主党派17人，占1.47%；大专以上学历945人，占81.68%。

领导班子和干部队伍建设　在全市领导干部中深入开展学习“三个代表”重要思想、党的十六届三中、四中全会精神和张家港精神再教育活动。对全市668名局（镇）职领导干部进行学习十六届四中全会精神专题培训。强化干部教育培训，成立市干部教育领导小组，建立“干部教育培训记录册”制度，明确规定每位局（镇）级领导干部每年参加培训的时间累计不少于5天（40学时）。年内，全市共举办各类干部教育培训班400多期，参训人员近5万人次，其中市委组织部举办主体班23期，培训干部7238人次。选送61名中青年干部到新加坡学习培训。开展关于干部创业动力机制、干部队伍思想作风的专题调研，探索实施了相关措施。对全市8个镇、80个机关部门的领导班子开展全面考察和综合分析，制订了加强领导班子建设的措施。按照优化结构的要求，提拔调整副局、副镇级以上干部275人次，其中提拔82人，涉及一把手调整32人。制订年轻干部、党外干部、女干部选拔配备预案，先后将36名40岁以下的年轻干部、5名党外干部、13名女干部提拔充实到各级领导班子。深入实施后备干部“五个一”工程，全年共推荐出各级各类后备干部702人。挑选25名年轻机关干部到经济工作一线进行为期一年的挂职锻炼。加大对领导干部监督管理的力度，制定了干部监督联系通报、干部监督员、干部选拔任用工作监督检查等方面的制度。对全市8个镇、11个市级机关部门进行了干部选任工作的重点督查。全面推行干部任前公示、任职试用期制度。严格实行经济责任审计，对34名正职干部进行离任经济责任审计，对7名正职干部进行了任期审计。

干部人事制度改革　拟订完善涉及干部选拔、任用、管理等方面的8项制度，进一步规范干部工作制度体系。按照科学发展观和正确政绩观的要求，修订完善干部实绩考核评价标准和指标体系。清理45名局（镇）级以上领导干部在企业的兼职；办理副局（镇）级以上干部退二线29人、提前离岗31人、退休42人；开展区划调整后镇级领导体制、工作机制和干部队伍建设的专题调研，导入市场化管理机制，在苏州市率先实施镇事业单位补员占编不进编的聘用合同制，并对镇机关中层干部（包括事业单位负责人）实行竞聘合同制。进一步改革干部考察方法，建立了以班子全面考察与任前考察、定向考察与差额考察相结合的干部考察制度。11月初，张家港市作为全省惟一的县级市代表，接受了中组部对贯彻落实中央“5+1”文件情况的检查，得到了较高评价。

基层组织建设　加强村干部队伍建设，抓住全市行政村大规模合并的有利时机，优化干部队伍结构，使高中以上文化的村干部比例达到70%，35岁以下的村干部比例达到22.8%。发挥市镇两级党校的主阵地作用，对村干部进行分类培训。实施村级党组织设置改革，先后新成立5个村党委、87个村党总支，使村级党委增加到14个、村党总支增加到123个，全市党委、总支村达到了行政村总数的四分之三。推进村务公开工作，全市186个村全部建立了固定的村务公开栏，建立公开点500多个，村村建立了村务公开监督小组、民主理财小组等监督机构，并将村务公开向组务（村民小组有关事务）、区务（农村社区有关事务）延伸。农民群众对村务公开的满意率达到了98%。扎实抓好经济薄弱村帮扶，部署了第六轮（2005年–2007年）经济薄弱村帮扶工作，确定了43个部门单位或市属大企业与40个经济薄弱村挂钩帮扶。市委成立非公有制经济党工委，建立联席会议制度，将非公企业党建工作纳入农村基层组织建设“三级联创”范畴，与创建党建工作“五好”市、镇、村和站所等一起规划、一起检查、一起管理和考核，整体推进非公企业党建工作。加强非公企业党建指导员管理，建立“党建指导员信息库”，对党建指导员进行跟踪考核、动态调整。建立每半月走访一次企业、各主管部门每月召开一次会议、每半年进行一次考核的“三个一”工作制度。加强非公企业业主和党务工作者培训，先后对全市103名非公企业业主、306名非公企业党组织书记和党建指导员进行培训。组织27名非公企业业主和党务工作者赴青岛海尔集团参加“转型期企业管理创新与海尔的超前实践”专题培训。注重非公企业党建工作创新，开展非公企业党组织班子成员公推直选试点和创建党员多媒体活动室试点。加强镇村社区党组织自身建设，在88个城镇社区全面建立党组织，在村级社区建立党支部，初步实现了“一社区一党组织”的设置要求。注重优化社区干部队伍结构，社区党支部书记大专以上文化的比例超过70%。11月，组织全市40名社区干部到上海市委党校进行专题培训。注重完善社区党建阵地，建立社区党员工作站和流动党员管理站，管理到社区报到的近万名在职党员，吸纳389名流动党员，确保每名流动党员都找到“娘家”。本着“共建互惠、共同提高”的原则，社区党支部和驻社区单位党组织广泛开展结对共建活动。提升社区党组织的服务功能，组织1400名党员干部分别与1500多户困难家庭结对帮困。同时，各社区党支部还通过开展党员求助铃、党员志愿者服务等活动，为年老、孤幼、病残、优抚等特殊群体提供服务。

党员队伍建设　年内全市共发展新党员1058人，其中，35岁以下的774人、高中文化以上的945人、妇女388人、生产一线的793人，分别占发展总数的73.16%、89.32%、36.67%、74.95%。全市41个基层党委先后开展党员民主评议活动，共有47627名党员参加评议，参评率达96%。扎实推进“党员服务中心”建立工作，向全体党员、入党积极分子和基层党组织提供咨询、指导、协调、帮困和培训等党内服务。七一前夕，举行“‘两个率先’在港城”演讲比赛，集中宣传表彰了一批各条战线的先进基层党组织和优秀共产党员。着力引导首批“党员电教基地”发挥科技致富的示范作用。建立党员电教现代远程教育示范点。采编播出《党的生活》电视节目26期。开通张家港党建网网上视频点播，精选上传农业科技实用技术、工商管理等方面的视频课件，供基层党员群众远程学习。

人才工作　深化宣传教育，优化“尊重劳动、尊重知识、尊重人才、尊重创造”的社会氛围。在“一报三台”等媒体大力宣传优秀人才先进事迹。通过报纸、电视、张家港人才网等载体向社会发布了《2004年张家港市企业人才需求目录》。按照“218”紧缺人才培养方案，与上海同济大学、江苏大学等院校联合办学，实施培养百名研究生工程。积极鼓励重点企业创建企业博士后科研工作站、创新中心。加快留学生创业园建设，制定和完善吸引留学人员创业的各项优惠政策，吸引更多的留学归国人员进园创业。6月，成立市紧缺人才开发工作办公室，负责对全市紧缺人才引进、培养的宏观指导，组织实施紧缺人才的培养以及高层次紧缺人才信息资源库的建设与管理。7月，举办全市优秀拔尖人才培训班，邀请上海市委党校、江苏省委党校教授作系列讲座，有59名拔尖人才参加培训。7月，按照双向目标责任制考核标准，对培养期满的31名市第二批优秀中青年专业技术人员进行考核，并在全市范围内推荐、选拔市第三批优秀中青年专业技术人员。10月至11月，举办市第十八期优秀青年人才培训班，有300多名优秀青年人才参加培训。11月，成立市专家咨询团。专家咨询团共有51位专家组成，分为工业、城市建设、农副、医卫、教育等五大类6个组。专家咨询团围绕全市社会经济发展中的热点问题开展课题研究，为有关部门提供决策建议。

【做好保持共产党员先进性教育活动准备工作】　按照上级组织部门的统一部署，市委组织部在全市开展了保持共产党员先进性教育活动的准备工作。通过表格统计、召开座谈会、发放调查问卷、走访党员群众等多种形式开展基层党组织和党员队伍情况的调研工作。完成上级下达的3400份调查问卷的发放、汇总和分析工作；组成830个调研组，先后对500多个基层党组织进行了重点抽样考察调研，并集中时间召开各类座谈会800余次，接受调查座谈人员达8000多人次。在此基础上，对全市各基层党组织进行了逐一排查、归类及分析。对排查出来的软弱涣散党支部，采取集体“会诊”的办法，制订出整顿的具体办法，并明确责任人及整顿时限。统一印发《致流动党员的公开信》，抽调人员3036

组织部开展“讲党性、讲正气、讲纪律”教育　（组织部 供稿）

人，组成调查小组827个，印制宣传提纲14943份，印制调查表15505份，对全市流动党员展开逐门逐户、逐厂逐店地毯式的摸底排查工作。各基层党组织组织排查出的流动党员填写《流动党员身份确认审定表》，并明确其隶属关系，逐一落实管理责任，组织他们参加党的活动。

【社区党建工作得到中央组织部肯定】 近年来，中共张家港市委把镇村社区建设作为统筹城乡发展的重要途径，将加强镇村社区党的建设作为解决“三农”问题的有力保障，全力推进城乡一体化，促进了城乡经济社会在更高层次上协调发展。一是加强镇村社区党组织自身建设。初步实现249个镇村社区“一社区一党组织”的设置要求。每个社区都达到了“八个一”和“五个室”的标准：即一部电话、一台电脑、一套电化教育设施、一套摄影器材、一套办公用具、一套健身器材、一组宣传橱窗、一组上墙制度和办公室、党员活动室、警务室、图书室、健身活动室。二是加强社区干部队伍建设。建立社区工作者考核机制，落实报酬待遇，70%以上的社区党支部书记达到大专以上文化程度。三是建立以服务为主的社区党组织工作网络。年内，全市社区党组织开办各类实用技术培训班达1000多期。社区党组织还牵头成立以“党组织＋公司＋农户”为主要形式的“党群经济联合体”，组建农民经纪人协会，带动农户致富。注重完善社区党建阵地，建立社区党员工作站和流动党员管理站，管理到社区报到的近万名在职党员，吸纳了389名流动党员，确保每名流动党员都找到“娘家”。四是推进社区党员服务中心（服务站）建设，为广大党员特别是流动党员提供党内资料查询、党员教育培训、党员求助以及信息咨询等服务。五是建立党员干部包片联系社区制度，市镇领导每人负责联系一个社区，帮助解决社区发展中的重大问题。有关部门还组织农技部门的党员干部，根据自身特长选择挂钩一个社区，具体指导农民的生产经营。社区党组织普遍开展“双培双带”活动，努力把党员培养成产业化带头人，把产业化带头人中的先进分子培养成党员，实现党员带头致富、带领群众致富。六是提升社区党组织的服务功能。社区党支部和驻社区单位党组织广泛开展结对共建活动。组织1400名党员干部分别与1500多户困难家庭结对帮困。同时，各社区党支部还通过开展党员求助铃、党员志愿者服务等活动，为年老、孤幼、病残、优抚等特殊群体提供服务。各社区党组织普遍开展“千家藏书”、“万人读书”、“理论讲座”、“知识培训”等活动，培育“三入户”（科技入户、文化入户、卫生入户）特色家庭。社区党组织还进一步推动“科技早市”、“文化夜市”、“社区书市”、“服务街市”活动，开展农村家庭“五星户”评比，取得较好效果。张家港市的社区党建工作得到了上级的肯定。3月，中央组织部为出台《关于加强和改进街道社区党的建设工作的意见》，在全国邀请10名同志召开座谈会听取意见，张家港市委常委、组织部部长单玉珍作为全国县级市的惟一代表应邀到中央组织部参会讨论。10月9日至10日，张家港市委书记曹福龙作为全国县级市的惟一代表，出席了中央组织部在天津召开的全国街道社区党的建设工作座谈会，并在大会上作了题为《加强镇村社区党的建设，促进城乡协调发展》的交流发言。

【开展干部自选科目培训】 年初，市委组织部向全市发放了800多份干部培训问卷调查表和自选培训征求意见表，充分了解干部培训需求。同时，围绕本市建设现代化中等港口城市、推进沿江开发等经济社会发展目标，综合分析干部的岗位知识匹配情况，找准需要引导干部重点学习储备的“知识点”。在此基础上，筛选确定政治理论、领导能力、行政管理、外语、计算机应用能力、法律法规、工商管理、现实问题研究等八大类52门课程，列出清单，组成自选科目培训“菜单”。干部根据自选科目培训“菜单”，可自主选择培训项目。市委组织部根据干部自选课程分类汇总的情况，安排自选培训班次。年内，举办城市规划、依法行政、计算机应用能力、政府法治问题研究等自选培训班15期，800多人次按自己所需接受了培训。

【建成干部网络教育培训平台】 6月18日，张家港市委组织部主办的张家港干部教育网正式开通。该网站主要突出网上视频学习、信息传递和测试考评三大功能。网站为全市每位局（镇）职领导干部分配了一个用户名（其他干部可以自主申请），通过用户名登录后，干部可以浏览各地干部教育信息，点播观看领导实务、行政管理、工商管理等六大类干部教育VCD片，或者通过点击“网上自学”栏目，对有关专题进行深层次学习。同时，还可通过网上BBS论坛，就有关问题进行即时对话、讨论。在观看视频点播的VCD时，网站将对干部收看视频文件进行自动记录。看完VCD后，网站可通过网上答题形式进行测试考评，由系统自动批阅得分，实现了对干部网络教育培训的自动化管理。该网站的建立，方便了广大干部在业余时间学习“充电”，增强了干部教育的广泛性、灵活性，深受广大干部的欢迎。至年末，网站点击数超过1.5万次。

【开展非公企业党组织班子成员公推直选试点】 9月，组织部在江苏丰立集团开展非公企业党组织班子成员公推直选试点。此次公推直选共分8个程序。一是前期准备工作。成立领导小组，明确实施公推直选的方法、程序和要求，拟定党总支委员候选人条件，制定实施方案，发布公告，并召开公司全体党员和中层以上干部公推直选动员大会。二是党员推荐提名候选人。组织全体党员以无记名方式提名推荐了28名候选人。三是进行资格审查。经审查，提名推荐的28人中，符合提名推荐资格条件的有25人，按公推直选职位1∶2的要求，以得票多少确定14名党总支正副书记、委员候选人初步人选。四是征求公司董事会、工会意见。按公推直选职位1∶1.5要求，公司董事会、工会在14名候选人初步人选的基础上提出11名党总支正副书记、委员候选人预备人选的建议。

五是民主测评。召开公司职工代表会议，对11名党总支委员、正副书记候选人预备人选进行了民主测评。六是确定正式候选人。公司党总支正副书记、委员候选人预备人选，在职工代表民主测评的基础上，报镇党委考察审定，确定了9名同志为正式候选人。七是候选人情况公示。候选人初步人选（14名）和候选人预备人选（11名）以及正式候选人（9名），分别进行了公示。八是直接选举。9月22日，该公司党总支召开直接选举大会。9名候选人进行了竞职答辩演讲。到会党员以无记名方式分别差额选举书记、副书记及委员。党总支书记、副书记和委员的选举结果当场公布。同时公司董事会审定批准了党总支党建活动经费方案，明确了党总支领导班子成员相应的经济待遇。通过公推直选试点，为非公企业党组织的发展开拓了新路，也得到了企业上下的广泛认同。

（于年中）

宣传工作

【概况】 2004年，全市宣传思想战线紧紧围绕经济社会发展大局，坚持以“三个代表”重要思想和党的十六大，十六届三中、四中全会精神为指导，按照“三贴近”要求进一步改进和加强宣传思想工作，扎实开展理论教育、舆论宣传、文明创建、文化建设等各项工作，全市宣传思想工作跃上了一个新台阶。

理论武装　围绕学习宣传贯彻“三个代表”重要思想和党的十六大，十六届三中、四中全会精神主线，结合争当全省“两个率先”排头兵的经济社会发展目标，强化了理论学习教育。以开展“万众谋率先，勇当排头兵”主题教育活动为载体，大力营造创业、创新、创优“三创”环境和争先、领先、率先“三先”氛围，有力推动了“两个率先”进程。加强党委中心组学习，邀请温铁军、洪银兴等多位专家教授到张家港作科学发展观等方面内容的辅导讲座。全年举行市委中心组专题理论学习会8次，认真学习了胡锦涛总书记、温家宝总理等中央领导到江苏、苏州视察时的重要讲话精神，在全市兴起了学习“三个代表”重要思想的新高潮。以纪念“七一”建党日和邓小平同志诞辰100周年等为切入点，结合发展实际和中心工作广泛深入开展党员教育活动。全市各级领导干部联系实际，把理论学习成果转化为新的发展目标和举措。市四套班子成员结合各自工作每人都撰写调研文章，创新了工作思路和理念。《求是》、《群众》、《光明日报》等报刊分别刊登《更快、更高、更强》、《邓小平理论滋养了张家港精神》、《在率先发展中抓好人的全面发展》、《提升城市形象力》等一批从理论高度总结分析张家港市经济社会发展实践的研究成果。

舆论宣传　抓好科学发展观的宣传，推进新一轮思想解放和革新，增创精神动力新优势；抓好“率先发展”目标任务的宣传，宣传全市各地、各级贯彻落实科学发展观、实现经济社会统筹发展的生动实践，大力宣传张家港市经济建设量质并举、健康运行的喜人态势；抓好文明创建的宣传，充分发挥新闻的导向和舆论监督作用，通过典型的培育和挖掘，宣传和动员全市上下统一思想，深化共识，积极投身全国文明城市等各项创建工作中；抓好对外宣传，以2004年（张家港）长江文化艺术展示周活动为契机，以文化为媒介精心策划，向全国乃至世界推介张家港，宣传张家港。以全国、省、市“两会”召开为契机，精心策划了主流媒体的宣传。2月2日和3日，《人民日报》、《新华日报》分别在头版头条以《刮目再看张家港》、《瞩目张家港的新超越》为题，全面报道了张家港实践科学发展观、三个文明协调发展所取得的新成就、新经验，在全国、全省引起了强烈反响。年内，全市在主流媒体刊登各类文章600多篇，连续13年荣获江苏电视荧屏繁荣奖一等奖，兴起了主流媒体宣传张家港的新一轮热潮。抓好新闻管理，加强和改善新闻宣传宏观调控体系，建立新闻发布制度，并在2004年（张家港）长江文化艺术展示周活动期间举行了张家港市首次新闻发布会。坚持和完善新闻例会、重大新闻通气会和新闻阅评制度。完善重大突发事件的宣传报道办法，健全新闻报道工作快速反应和应急协调机制，对敏感热点问题，及时组织新闻通稿，准确地向社会公众发布信息，形成正确舆论导向，维护社会稳定。

文化建设　主题文化声名远播。举办2004年（张家港）长江文化展示周系列活动，培植城市主题文化，丰厚城市文化积淀，打造城市文化品牌。文艺创作成果丰硕。在苏州市第六届精神文明建设“五个一工程”评选活动中，全市共有11件作品入选获奖，列苏州各市、区前茅。全年创作书画影视及文学作品771件，其中在苏州市以上发表、展出、获奖65件，出版发行首部全市性的散文集《流金岁月》。市文化馆创排的5件舞台类作品参加苏州市群众文化创作作品汇演并获奖。市锡剧团移植、改编了《荒唐王爷》、《梁山伯和祝英台》、《真假驸马》3部大戏。群众文化丰富多彩。举办了第四届社区文化艺术节、广场文艺“周周演”、百场爱国主义电影进社区、第五届青少年读书节等一系列大型全市性群众文化活动。市锡剧团、评弹团等专业团体组织演出超过1400场。文化市场管理规范有序。在苏州市率先建立了乡镇和社区的基层“扫黄”、“打非”组织网络，全面更新网吧“一卡通”监管系统。多次开展文化市场的集中整治，收缴非法出版物、音像制品，取缔非法店铺，营造了全市健康的文化环境。年内，市文化市场管理办公室被文化部授予全国文化市场行政执法先进集体，被共青团中央等11家单位联合授予全国优秀青少年维权岗荣誉称号。加强了文物的保护管理。全面开展了文物普查和抢救性征集工作，提高了市民对文物的保护意识。对恬庄、金村、乐余老街、焦家老宅编制了保护规划。完成了友好城市赠品的“友谊馆”、“文物精品馆”、“张家港市民俗文物陈列馆”和“卢星堂书画艺术馆”的布馆工作。

【省文艺界“三项学习教育”活动在市举行】 7月28日至8月3日，省委宣传部、省文联联合举办的江苏省文艺界“三项学习教育”暨文艺家第八期读书班在张家港市举行。省委老领导、省文联主席顾浩，省文联党组书记、常务副主席姚志强，省文联党组副书记、秘书长高以俭出席开学典礼。省委副书记任彦申，省委常委、苏州市委书记王珉，省委常委、宣传部部长孙志军等省领导，以及苏州市委副书记杜国玲，苏州市委常委、宣传部部长周向群出席读书班结业典礼或出席联欢晚宴看望读书班全体成员。张家港市委书记曹福龙，副书记彭建平，市委常委、宣传部部长李汉忠出席了读书班有关活动。廖奔、尚长荣、雷达、邵大箴、吴为山等一大批知名艺术家为读书班授课。读书班期间，学员参观考察了张家港市城市建设及部分企业，组织了艺术家笔会。

【开展宣传思想战线干部作风建设主题教育活动】 从3月开始，市委宣传部在全市宣传思想战线举行了为期一个多月的“服务中心争贡献，求真务实树形象”集中专题教育活动。市委常委、宣传部部长李汉忠担任活动组长，市委宣传部机关全体人员，市文广局机关及各直属单位，市文联，市新华书店，各镇宣传文明办、党校、文化服务站，报社、电台、电视台、有线电视台等新闻单位全体人员参加了集中专题教育。活动期间，宣传系统干部认真学习了十六大报告和《“三个代表”重要思想学习纲要》及胡锦涛、温家宝、李长春等中央领导同志的重要讲话和《中国共产党党内监督条例（试行）》、《中国共产党纪律处分条例》，做到认识提高，精神振奋。同时，市委宣传部机关通过多种形式排查不足，加以整改。一方面，做到开门评风，在《张家港日报》显要位置刊登征求意见和建议的公告，在宣传思想网上公开发布征求意见的函，将宣传条线干部置于全市广大干部群众的监督之中，实行“开门评部”。另一方面，做到开门纳谏，向市四套班子领导和各镇、各部门、各单位下发近400份征求意见表，回收250多份，共征求到对市委宣传部的各类建议和意见11条涉及163人次，建议21条涉及112人次。各镇宣传部门、市宣传文化系统内各单位也通过各种途径征求地方党政部门和群众对本部门工作的意见和建议，并对排查出来的各种问题进行整改，收到了明显的成效。6月3日，市委办〔2004〕25号文转发《张家港宣传思想系统“服务中心争贡献，求真务实树形象”集中专题教育活动情况报告》，对市委宣传部加强干部思想作风建设的做法和取得的成效给予了充分肯定。

（何　俊）

人事工作

【概况】 市人事局紧紧围绕为经济建设提供服务这个中心，以人才战略统揽全局，创新工作方式，拓展工作领域，深化改革，强化服务，切实加大整体性人才资源开发力度，进一步加强公务员队伍建设，不断巩固和深化机构编制管理和事业单位人事制度改革，全市人事人才工作在较高平台上取得新进展。全年新增各类人才6556人，人才总量达到7.79万人，比上年增9.19%。

引才引智工作　组织100多家企业到成都、南京、苏州等地参加人才招聘活动，引进外地人才1683人，其中本科以上学历及中级以上职称人才1200多人。积极加强国外智力引进，申报沙钢集团的“高效优质连续工艺的技术研究”、“高碳钢冶炼过程中的夹杂物控制”及江苏飞翔化工股份有限公司的“生物农化产品”、“电子化学品”等4个项目，引进国外专家6人。通过申报引智项目和引进海外专家，一方面为企业争取了项目经费，另一方面，海外专家带来了与企业发展相关的世界最前沿信息和动态，推动了企业科技创新能力的提高。积极探索产、学、研联合新方式，与中南大学签署共建研究生社会实践基地协议，充分发挥高等院校智力优势，为企业科技攻关服务打造平台。

公务员管理　坚决执行“录用主任科员以下公务员凡进必考”的原则，公开招录国家公务员23人。不断总结机关中层竞争上岗工作经验，完善操作办法，圆满完成13个市级机关共26个中层岗位的竞争上岗工作。继续抓好公务员的四类培训，举办8个班507人参加的首期英语初级和高级班的培训，举办一期71人的公务员初任和军转干部培训班，组织全市公务员进行“四五”普法知识考试。为切实增强公务员考核工作的约束力，专门出台《关于加强机关工作人员考核和机关岗位考核奖发放的实施意见》，对公务员和机关工作人员的考核实行百分考核制，对不同考核等次执行了不同标准的考核奖，使考核内容更加量化、方法更加公平公开。参加2004年国家公务员（机关工作人员）考核的3685人中：优秀等次486人，占13.19%；称职等次3162人，占85.81%；基本称职4人，占0.11%；不称职5人，占0.13%；不定等次28人，占0.76%。

事业单位管理　编印《张家港市事业单位聘用合同管理工作文件》，会同相关部门出台《关于全额拨款事业单位新进人员参加基本养老保险的意见》，进一步规范聘用合同管理。以市长江防洪工程管理处为试点，探索事业单位人员竞争上岗、以岗定薪。成立事业单位争议仲裁委员会，并做好了相关制度和人员的准备。坚持公开、公平、公正原则，圆满完成4批121人的事业单位公开招考工作人员工作。完成2003年度考核鉴证反馈工作，共审核17071人，其中优秀1840人、合格14642人、基本合格17人、不合格10人，不定等次562人。

军转干部安置、工资福利、退休人员管理　全年顺利接收安置军队转业干部59人（共61人，其中自主择业2人、计划安置59人）。为869名企业在岗、失业和退休的军转干部重新核定身份和职级，提高生活补贴。全年没有发生一例军转干部越级上访。办理机关、事业单位工作人员各种工资福利调整手续2万余人次。在保证退休老干部政治生活待遇的基础上，积极开展参观、书画展、歌咏比赛、征文比赛等形式多样的活动，丰富退休老同志的业余生活。

专业技术人员管理　组织各类职称考试28次，报名总人数5203人。其中全国职称外语等级考试1389人、职称计算机考核1760人、苏州市职称外语考试721人、全国经济专业技术资格考试269人、江苏省职称外语补充考试1064人。加强国家和地方职称推荐、评审工作。全年推荐、评定各级各类职称2629人，其中正高级13人、副高级215人、中级680人、初级1721人。在推荐晋升中，大力选拔优秀中青年人才晋升职称，注重向重点、紧缺行业倾斜，不断壮大和优化全市专业技术人员队伍的规模和结构。全年推荐的工程系列晋升中级职称的人员中30周岁以下的占51.6%，申报晋升中高级职称人员中大专以上学历的占92.5%。为适应全市建筑业发展的新形势，破格推荐申报108名长期从事建筑工作、经验丰富的技术人才晋升中级职称，为全市建筑企业壮大人才队伍、增强竞争力提供了充足的人才保证。推荐雕塑、剪纸等4名民间工艺人才申报苏州市民间工艺家。组织举办汽车驾驶员高级工、收银员中级工、保育员及卫生系统收费员、护理员等6个工种3个等级的培训考核，188名技术工人参训，171人取得合格证书，其中取得高级工证书的67人，中级工证书的86人。

【全市人事系统开展专题学教活动】 2月到5月，市人事局在全市人事系统开展党中央、国务院《关于进一步加强人才工作的决定》的专题学教活动，并结合省委书记李源潮“三个解放”（解放思想、解放人才、解放生产力）的重要论断，组织了“解放思想、解放人才”的大讨论。全市各镇人事助理及公安、教育、卫生、经委、交通、建设等10个大系统的人事科长、人事局全体人员参与活动，人人谈学习体会、个个讲工作打算，参与率和交流率均达到了100%。通过学习，全体人事工作者更加认清新形势，把握新要求，明确人事部门的新定位。其间，组织职能科室相关人员深入企业一线调研，充分了解掌握企业人才队伍建设现状、企业人才需求等情况，深入查找制约人才发展的不利因素，提出了具体的对策和措施。

【人才工作环境进一步改善】 为落实市委《关于进一步加强人才工作的意见》，市人才办牵头成立了张家港市紧缺人才开发工作办公室，并首次通过人才网站等媒体向社会发布了《2004年张家港市企业人才需求目录》。建立了由相关部门组成的高层次人才（包括留学人员在内）联席会议制度，为各类高层次人才尤其是留学人才在张家港创业营造了拴心留人的环境。留学生创业园的吸引力日见增强，至年末，有31家高新技术企业进驻创业园，其中11家为留学生企业。共吸引各类科技人才400多人，其中博士及博士后28人、硕士35人。加大舆论宣传力度，8月，在报社、电台、电视台等宣传媒体上开设“人才风采”专栏，对国泰集团、长江润发集团、张铜集团等3家人才工作先进企业和徐卫东等7位优秀人才的先进事迹进行重点宣传。以《张家港日报》人事人才每周专版为阵地，及时宣传人事人才工作政策、工作动态、先进典型，累计刊出《人事人才》专版44期、用稿80余篇。累计在《张家港日报》、《苏州日报》、《新华日报》、《中国人事报》和张家港电视台等各类媒体发稿120余篇，形成全社会良好的尊才重知氛围。

【市政府组团赴成都招聘人才】 为加大引才力度，加快全市高层次人才队伍建设，11月6日，张家港市政府组团，由徐仲高副市长率58家企业在国家级人才市场——中国成都人才市场举办“2004年张家港市（成都）人才招聘专场”，来自成都各高等院校、企事业单位的8000多名大学生和在职科技人才参加了应聘活动，2657人与张家港市用人单位达成就业意向，其中，张家港市紧缺的市场营销、纺织服装、机械、化工、国际贸易、建筑、财会、计算机、电气自动化、仪器仪表、工商管理、机电一体化等12个专业达成意向1692人次。招聘会意向人员中有研究生学历53人、本科学历1683人、本科以上学历人才占达成意向总数的65.3%。

【政府出资鼓励人才学习进修】 年内，市人事局把人才培训作为构筑人才高地的重点，出台了《关于开展企业经营管理人才培训的意见》，采取“政府奖励、企业自愿”的原则，开展了以百家重点（骨干）企业为对象的企业经营管理人才培训以及面向机关、企事业单位的“百名硕士培养工程”，取得良好效果。首期国际职业经理人培训完成，41名学员(35人是企业老总)于2005年3月底参加考试，通过考试取得资格证的政府将奖励学费50%。与上海同济大学及江苏大学签订了研究生培养协议，已有近60人通过全国统一的研究生入学考试，录取者市政府给予5000元奖励，取得学历学位后单位报销不低于30%学费。组织了近100名企业管理人员参加大专班学习，学制为一年半，政府资助30%的学习费用。

【机构编制改革稳步推进】 年内，市机构编制办公室会同相关部门出台

济济一堂的人才市场 （庞瑞和 摄）

《关于合并镇机构编制调整和人员分流工作的意见》、《关于区划调整后镇级机构人员分流和管理工作的意见》，对机构编制调整和人员分流等作出了明确规定。对各镇机关和事业单位的编制均以20%的比例予以精简，全市镇级机关行政编制由828人减少为662人，全市镇管事业单位总编制由1147人减少为918人。年内，全市有82个事业单位转企改制，共收回事业编制3351人，进行人员身份置换3328人。加强了乡镇事业单位人事制度的改革，对新招聘人员全部实行“占编不进编”，在一定程度上缓解了人才挤向事业单位的现象，推进了人才合理流动。

（程　鼎）

老干部工作

【概况】 市委老干部局、市人事局认真贯彻落实全国组织部长、全省老干部局长和苏州市老干部工作会议精神，组织老干部深入开展党的十六大精神主题学习教育，注重落实老干部政治、生活待遇，积极组织老干部开展各种康乐活动，老干部工作得到健康发展。至年末，全市有老干部工作服务对象1022人，其中离休干部300人（含易地安置本市21人、部省属单位25人）、退休干部722人。离休干部中：享受地市级待遇7人，享受县处级待遇118人（其中享受地市级医疗、乘车待遇14人）、享受乡科级待遇175人；退休干部中享受县处级待遇25人、享受乡科级待遇的697人。全市离退休干部继续在三个文明建设中发挥作用的378人。其中，从事老干部党建工作和自我管理服务52人，从事关心教育下一代工作和老龄事业181人，撰写回忆录、著书编志26人，从事社会治安和社区服务52人，从事其他工作67人。年内，原政协主席、离休干部顾秉钧被江苏省委组织部、老干部局评为全省老干部先进个人。塘桥镇、市检察院老干部党支部和离休干部黄蔼芬、马嘉华、许剑清，被苏州市委组织部、老干部局评为苏州市先进离退休干部党支部和老干部先进个人。

老干部管理　3月、10月，市委老干部局、市人事局联合对全市9个镇（场）、61个机关和企事业单位，2次分6个组进行老干部工作检查交流。年内，市委老干部局领导和工作人员对各镇和市区老干部建立定单位、定任务、定责任的分片、组包干责任制，全年按分工对全市离休干部及遗属政治、生活待遇落实情况进行表格式调查，建立了老干部基本情况台账。全年召开老干部代表座谈会8次。12月，市委组织部、老干部局和市人事局联合召开全市老干部党支部工作经验座谈会，35个老干部党支部书记参加，杨舍、塘桥、凤凰、金港镇和市公安局、水利局、检察院、发计委及市第一人民医院9个老干部党支部在会上交流经验。市委组织部副部长高鹏作了《进一步加强老干部党支部建设，努力开创老干部工作新局面》的报告。

老干部服务　4月，市委组织部、老干部局和市人事局联合下发《关于在全市老干部中深入开展“学习十六大精神，与时俱进做表率”主题教育活动的意见》。为提高教育效果，当月成立老干部中心学习小组，5月由市级机关党委邀请省委党校范建中教授为市区老同志作国际形势报告，结合“七一”大党课请老干部中心学习组组长马嘉华为老同志进行党的十六大精神辅导报告，结合纪念第十七个老年节组织市区600多名老同志专场观看反映老同志晚年生活的电影——《聊聊》。继续为老同志订阅“一报一刊”（《老年周报》、《银潮》），在活动中心开辟电子阅文室。年内，组织离退休干部参加团拜会、形势报告会、情况通报会，列席人代会、政协会，就近就地参观考察、观看文娱节目等活动16次，参加人数达2600多人次。结合“五一”节、建党83周年、建国55周年等重大节日，先后组织老干部兴趣小组开展各种文体活动68次，参加人数达4100多人次。走访慰问全市离休干部3次、退休干部2次、已故老干部遗属1次，8月、9月对安置的外地13名离休干部进行慰问。4月，协同卫生部门和医院，为四套班子老领导看病开展定医院、定医生、定期上门诊治的绿色通道服务活动。8月，市委老干部局、市人事局组织全市605名老干部进行健康体检。全年探望生病住院老干部80多人次，协调处理老干部丧事及看望遗属12人次，组织老干部观看保健知识录像片4次，举办保健讲座3次，协调有关单位解决老干部来信来访30多件次。全年贴补5万余元为老干部提供免费洗澡、喝茶，优惠理发等服务。

【开展老干部国庆55周年征文活动】 年内，市委组织部、老干部局和市人事局联合组织全市老干部开展庆祝建国55周年征文活动，围绕“忆往昔、看今朝、话未来”主题，通过老同志亲身感受，讴歌党、讴歌新中国、讴歌改革开放，庆祝建国55周年。活动开展历时3个月，共收到老干部征文作品58件，其中获苏州市老干部庆国庆55周年“五官杯”征文赛二等奖1篇、优秀奖4篇，获张家港市一等奖1篇、二等奖3篇、三等奖5篇、优秀奖16篇，有34篇次被苏州和张家港市新闻媒体刊用。10月，市委组织部、老干部局和市人事局联合召开老同志征文比赛获奖作品颁奖和文娱联欢活动。

【老干部工作调查研究出成果】 针对新形势下老干部工作出现的新情况、新特点，市委老干部局组织力量深入基层，深入老干部中开展调查研究。先后形成《创造良好生活环境，提高高龄养老质量》、《积极探索、努力实践、构建离休干部高龄养老新路子》调研文章，被市级机关党委评为机关干部“七一”论坛作品二、三等奖，纳入《论文汇编》集。《抓好主题教育，提高服务水平》经验材料纳入市级机关党委《机关党建经验材料汇编》。《健全共享机制，提升养老水平》调研课题在苏州市调研成果交流会上交流。通过调研，为做好新形势下老干部工作提供了依据。

（陆国南）

【编辑　魏　欣】

民主党派

【概况】 2004年，市各民主党派认真履行参政议政职能，把调查研究作为发挥参政党作用，提高参政议政水平的重要工作来抓。全市民主党派全年共提交各类集体、个人提案170件。新发展党派成员26名，累计289人。

表10 张家港市民主党派基本情况表

党派名称	负责人	成员总数（人）
民革张家港小组	焦 实（小组组长）	6
民盟张家港市委	顾树柏（市委主委）	117
民建		3
民进		1
农工党张家港市委	朱全发（市委主委）	125
九三学社张家港支社	王启民（支社副主委）	37

【中国国民党革命委员会苏州市直属张家港小组】 年内发展成员2人，调出1人，至年末共有成员5人，累计成员6人。其中苏州市政协委员1人，张家港市政协常委1人，党员中担任副局级领导1人，特约物价监督员1人，特约城管监督员1人。在市政协九届二次全会上共提交提案9件，其中集体提案6件，个人提案3件。在苏州市政协十一届二次全会上提交提案2件，其中《关于切实关心纯农民，加强为农服务措施的建议》的提案获优秀提案奖，这是苏州五县市惟一的一个提案奖。年内，接待民革中央原副主席胡敏到张家港市考察调研长江经济开发。成员朱万春在2004年度获中华百业杰出人物称号。民革小组提交的《合理城市布局，提高城市品位》、《加大对签订劳动合同的监管力度，切实保障劳动者权益》2个提案被市政协评为优秀提案，成员焦实被评为先进政协委员。

【中国民主同盟张家港市委员会】 中国民主同盟张家港市委员会，有盟员117人。其中：教育界63人，占54%；科技界24人，占21%；文化界14人，占12%；医卫界11人，占9%；其他界别5人，占4%。具有高级职称的75人，占64%，中级职称的40人，占34%。年内，据不完全统计，有20位盟员获得张家港市级或以上各类奖项，有30余位盟员在各级各类报刊杂志上发表作品和论文40余篇。1位盟员参加了文化部直属的中国画研究院中国画名家高级研修班。张家港市光明学校2004年高考本二达线率40%。在市政协九届二次会议上，民盟共提交提案60件，占提案总数的20%，其中3件被列为市政协主席督办的重点提案。《关于加强张杨公路交通安全管理的建议》和《规范车祸致危急重病人抢救途径，建议成立“120”急救中心》2个提案得到了张家港市委、市政府的高度重视。4月份市财政专门拨款850万元建设张杨公路交通安全设施工程。“120”医疗急救服务体系被列为2004年市政府十大实事工程之一，市财政拨款800多万元用于开通“120”与“110”并轨。《关于加强张杨公路交通安全管理的建议》等5个提案被市政协评为2004年度优秀提案，占优秀提案总数的28%。 （侯蔚枫）

【中国农工民主党张家港市委员会】 2004年末，有农工党员125名。其中医卫界68名，占54.4%；教育界31名，占24.8%；科技界15人，占12%；经济界11人，占8.8%。具有高级职称者67人，占53.6%。农工党员中有苏州市人大代表2人，张家港市人大代表3人（其中常委2人）；有苏州市政协委员1人，张家港市政协委员22人，其中政协常委6人（含政协副主席1人）。有特约检察员、物价监督员、城管监督员、党风监督员、特邀人事监察员、卫生监督员及行风评议员共19人。年内，农工党张家港市医卫二支部被评为农工党苏州市（县）联合表彰的先进集体。有6人被评为农工党苏州市（县）联合表彰的先进个人。在本职岗位上被评为各级各类先进个人的农工党员占42%，有38%的农工党员在各级各类刊物上发表文章。农工党市委集体提案立案6件，个人提案立案35件。其中集体提案《社区卫生服务的现状和对策》，个人提案《建议关于设立低保、特困户医疗救助基金的建议》、《做好危桥整治的扫尾工作，将这一实事工程办得更好》、《适当修整港城大道十字路口绿化隔离岛，减少交通事故的发生》、《建议张杨公路中间加设隔离带》、《关于加强对城乡接合部公共绿化区的管理》等被评为市政协九届二次全会优秀提案。个人提案《保安服务业的管理亟待加强》被列为重点提案。

（杜思梅）

【农工党中央主席蒋正华到张家港市视察】 1月27日，全国人大常委会副委员长、农工党中央主席蒋正华一行到张家港市视察，并会见了市政协副主席、农工党市委主委朱全发等农工党张家港市委领导。蒋主席询问了市农工党的一些情况，并就农工党基层组织的加强和参政议政能力的提高进行了指导。会见结束后，蒋主席和农工党张家港市委领导合影留念，并题写了"肝胆相照，荣辱与共"八个大字。

（钱新梅）

【九三学社张家港支社】 年内发展社员7人，调出1人，至年末共有社员31人，累计社员37人。社员平均年龄48岁，其中科技界20人，占54.1%；医卫界10人，占27.0%；教育界4人，占10.8%；其他3人，占8.1%。其中具有高级职称的28人，占75.68%；中级职称的9人，占24.32%；博士生1人，硕士生1人。2004年，九三学社张家港市支社被九三学社江苏省委评为经济建设服务先进集体，被苏州市各民主党派、工商联评为三个文明建设先进集体，被九三学社苏州市委评为专题调研工作先进集体。林艺、蔡春林两位社员分别被九三学社江苏省委评为提案工作先进个人和"三增强四热爱"征文活动先进个人。社员在各自的专业领域内也取得丰硕成果。许坚主持的"一次性锂电池电解液"项目获市科学技术进步奖一等奖，李峻被张家港市评为市级优秀中青年专业技术人员，茹逸樵被评为苏州市优秀文化市场监督员。

在市政协九届二次会议上，共提交提案60件，占全会提案总数的28.2%，其中集体提案5件，个人提案55件。社员钱华堂的提案《关于市区和几个中心镇城市管理标准应做到一致的建议》被列为主席督办重点提案的1号提案。该提案的落实实施为全市进一步加快城市化建设、加强城市管理起到了很好的作用，得到了各方面的一致好评。在市政协对九届一次、二次会议优秀提案、先进政协委员的表彰中，九三学社提交的《关于建设"电子政府"增加政府工作透明度的建议》、《关于发展地方产业群体提高区域经济竞争力的提案》，社员王启民提交的《关于"供电公司要在我市实行分时段收费"的提案》、许坚提交的《关于加强对青草巷市场管理力度的建议》、周萃阶提交的《关于住宅小区内应适当设置路灯的建议》、林艺提交的《关于我市私营企业主应全面落实计生法定人负责制的建议》等6个提案被评为优秀提案。社员林艺、秦国平被评为先进政协委员。

张家港市工商业联合会（总商会）

【概况】 年内，张家港市工商联和全市各基层组织、行业商会，围绕实施民营经济腾飞计划，认真履行"桥梁、纽带、助手"作用，充分发挥职能优势，当好政府助手，服务民营企业，为促进全市非公经济持续健康发展作出了积极的贡献。

调查研究　全年撰写调查报告5篇。2月，为配套服务市委、市政府制订出台民营经济腾飞计划，深入全市重点、骨干企业走访调查，广泛听取意见和建议，形成了《扶上马，还得送一程》的调研报告，为市委、市政府制订政策提供参考。5月，针对国家宏观调控带来的资金、能源、土地等"瓶颈"制约问题，深入企业走访调查，形成了《当前民营企业发展面临的新情况、新问题》的调研报告。10月，撰写《强化名牌带动战略，打造区域竞争强势》调研报告，对全市在区域经济竞争十分激烈的新形势下，通过名牌带动战略，推动地方经济发展提出了意见和建议。12月，针对全市行业商（协）会发展建设缓慢等问题组织专题调研，撰写了《我市行业商（协）会现状、问题和对策》的调研报告，引起了市委、市政府的高度重视，并在市九届三次政协会议上作专题发言。《加强企业文化建设，提高企业竞争能力》的调研报告被列入市委、市政府精品调研报告汇编。2篇调研文章被苏州市工商联评为一、二等奖，并在苏州市纪念工商联成立50周年表彰会上受到表彰。在市九届政协二次会议上，市工商联提交集体提案5件，对民营经济发展中遇到的难点和促进民营经济腾飞提出了建议。

组织建设　年末，全市有工商联会员1556个，其中企业会员973个，团体会员11个，个人会员266个、原工商业者和"三小"会员306个。基层商会组建步伐加快，全市共建有17个镇（街道）商会，杨舍、塘桥、金港、乐余、后塍、妙桥、合兴、德积、港区等9个镇（街道）商会会长由民营企业家担任。2个行业商会建办了独立的会所（会馆）。行业商会建设稳步推进。9月15日，张家港市色织商会成立，首届吸收会员32个，金陵纺织有限公司董事长黄胜良当选为会长。12月18日，张家港市氨纶纱商会成立，首届吸收会员51个，张家港市天霸氨纶纱线纺织厂总经理陈兰清当选为会长。6月22日，金港镇房地产商会成立，金港镇房地产公司总经理施厚岐当选为会长。

服务工作　年内，市工商联继续围绕"服务立会、服务兴会、服务强会"的宗旨，求真务实地开展各项经济服务工作。协调企业解决在生产经营中遇到的项目审批、用地、资金、环保、规划、电力供应等方面的困难90多起，帮助会员企业融资近1亿元。先后聘请余世维、金正昆、宋洪祥等国家级培训大师到市作"领导商数"、"商务礼仪"、"税收筹划"等大型专题培训3场，培训人数800多人次。组织企业赴国内外考察3次、40余人次参加，为企业"走出去"寻找发展商机创造条件。帮助企业争创名牌促进提升。推荐会员参与各级评比和申报，共有75家企业和40多名民营企业主获得省、市、县各种荣誉，在推荐的全国500强企业排名中，张家港市上榜数列江苏省县级市之首。

宣传工作　年内，积极开展形式

多样的宣传工作。与市档案局合作，编辑出版了大型宣传画册《百舸争流——张家港市民营企业风采录》，展示张家港民营企业家的创业历程和企业风采。发挥电视、报刊等主流媒体的作用，在《张家港日报》开设创业故事宣传专版，先后报道创业故事8篇；策划承办了大型成长型企业访谈专题节目，有30余家民营企业在电视上亮相。继续办好商会杂志，全年发行《商会》杂志4期计5000份，积极为开展民营企业宣传教育创设载体。做好相关政策的宣传，汇编《民营经济政策法规》，并发放至各会员企业。市工商联再次被苏州市工商联授予年度信息工作一等奖，被评为苏州市企业会员和代表人士数据管理工作先进单位。

【塑机协会为振兴塑机行业出新招】 张家港市拥有159家塑料机械制造企业，每年的塑机销售份额约占全国的七分之一。长期以来，塑料机械制造企业之间互相压价，恶性竞争，利润越来越低。为了进一步提升塑机产品科技含量和产品质量，促进同行企业共同发展，提高市场竞争力，8月，市塑机协会决定在全市塑机会员企业中开展“张家港市塑机行业质量信得过产品”评比活动，并建立了由质监局、中小企业局、市塑机协会相关人员组成的评审小组。先后接受各塑机制造企业申报资料33份。9月6日，维达集团等7家企业的10种产品通过现场考核评审，被授予张家港市塑机行业质量信得过产品称号，有效期两年。在有效期内，企业可在其产品、包装物、使用说明书、质量合格证上加附质量信得过产品标志，并标注有效期。

【首家开发区行业协会成立】 7月，市首家开发区行业协会——张家港经济开发区纺织协会正式成立。张家港经济开发区内共有纺织企业100余家，首届开发区纺织协会共吸收具有一定规模和经济实力的企业会员52个。协会设立了原材料委员会、精纺专业委员会、针织绒专业委员会、染定整理专业委员会、布料服饰专业委员会等5个专门委员会。杨舍商会会长、江苏澳洋实业（集团）有限公司董事长沈学如当选为会长。协会的成立，对加强张家港经济开发区内纺织企业的协作，促进资源合理化配置，规范企业间的竞争行为，提高开发区纺织行业在市场经济中的竞争能力，做大做强开发区纺织行业群体具有积极的作用。

【全国工商联主席黄孟复视察张家港并为沙钢项目投产剪彩】 10月8日，全国政协副主席、全国工商联主席黄孟复在省政协副主席、省工商联会长李仁和苏州市政协副主席孙中浩的陪同下，到张家港市视察。视察期间，黄孟复和张家港市委书记曹福龙一起为沙钢集团650万吨炼铁炼钢连铸项目的投产剪彩。黄孟复对沙钢29年来靠45万元自筹资金起家，至今发展成为全国最大的民营钢铁企业给予了充分肯定。他希望沙钢一如既往坚持管理创新，深化内涵挖潜，进一步提升主要技经指标；一如既往坚持人才创新，培育好一支“思想高标准、技能高水平、工作高效率、言行高格调”的高素质队伍，把沙钢打造成具有强大核心竞争力的现代化钢铁联合企业。

（许海萍）

张家港市总工会

【概况】 2004年，在市委和上级工会领导下，市总工会努力落实“组织起来、切实维权”的工作方针，积极进取，开拓创新，团结广大职工为实现“两个率先”的宏伟目标，充分发挥工人阶级主力军作用，各项工作都取得了新的进展。

组织建设　全市各级工会积极适应企业改制、结构调整、机构改革和乡镇合并的新形势，切实加强自身建设。2004年，市总工会以25人以上私营企业单独建会为目标，与私营企业工会联合会紧密合作，加快工会组建步伐，做到了企业成立到哪里，工会宣传工作就做到哪里，工会组建任务就落实到哪里。截至年末，25人以上私营企业单独建会已达319家，单独建会率达到了应建单位的95%以上，同时，私企工会联合会实现了全覆盖。年内，4个镇工会被评为省百强示范乡镇工会，70%以上的非公企业在达到“合格职工之家”的基础上，又有3个镇工会开展了创建“省百强示范乡镇工会”活动。90%以上的非公企业工会开展创建“合格职工之家”活动，建立了会员评家机制，提升了工会组织的凝聚力和吸引力。市总工会先后组织争创民管示范单位的80名非公企业工会干部进行了适应性培训，对162名新上岗的私企工会干部进行了上岗培训，组织8个镇工会的专职干部参加了苏州市总工会和组织部联合举办的乡镇街道工会干部培训班，组织10名非公企业的工会主席参加了苏州市非公企业工会干部培训，提高了工会干部的整体素质。同时，市总工会还与市委组织部联手，在非公有制经济组织中开展“双带双荐”活动，推动了工会组织的自身建设。有60个工会组织和45名工会干部分别被评为市先进集体和先进个人，受到市委、市政府和市总工会的表彰。

宣传教育　深入开展争创“五一文明岗”、争当文明职工活动，打造工会精神文明建设的特色品牌，全面提升班组、岗位和职工的文明程度。2004年共有27个“五一文明岗”和39名文明职工受到市总工会表彰，有6个“五一文明岗”和10名文明职工受到苏州市总工会表彰。深入开展争创学习型组织、争当知识型职工、树新时代职工形象的活动，全市建立了20个学习型组织示范基地，有10万余名职工参加了这一活动，形成了“人人学习、时时学习、处处学习”的良好氛围。积极开展文体活动，组织国泰国际集团工会、华宇电力公司工会排练了舞蹈《乘风破浪》、《潇洒女工》，在苏州市“劳动者风采”舞蹈大赛上分获优秀演出奖和演出奖；组织参加了苏州市十一届运动会职工组拔河、象棋、健美操等比赛，获得“优秀组织奖”和“体育道德风尚奖”；承办了苏州市第十一届运动会的围棋比赛；“五一”前后，举办了张家港市第五届“职工杯”男子篮球赛；“十一”前夕，举办了迎国庆“职工之声”文艺汇演，万余名群众观看了此次演出。通过一系列活动的开展，展示了全市职工和工会工作的新形象，增强了工会的凝聚力和向心力。市总工会还与市报社联合开展了“送关爱、追寻老劳模”活动，追踪报道了新中国成立后至20世纪80年代前，张家港市获得省级以上劳模称号的10名老劳模的事迹，引起了社会各界的强烈反响。召开了劳模座谈会，听取劳模意见，并走访慰问劳模114人。市总工会会同有关部门提出了《关于改善和提高企业劳动模范待遇的意见》，被市委办、市政府办转发实施。

劳动关系协调 年内，全市各级工会积极推进三方协商机制、基层民主管理制度、集体协商和集体合同制度，建立和谐稳定的劳动关系。自全市26个镇调整合并为8个镇以后，市总工会及时重组了8个镇的三方协商机构，坚持每年至少召开两次协商会议，重点研究、推进非公企业的民主管理、平等协商、工资协商、劳动安全卫生协商、签订集体合同和进城务工人员与用人单位签订劳动合同工作，联合部署开展了对劳动法律法规的执法检查。在私营企业中单独建立了由劳动保障部门、私企协会和私企工会联合会参加的三方协商机制，统筹履行协调劳动关系、建立区域性职代会制度和开展区域性集体协商、签订区域性集体合同“三位一体”的工作制度，覆盖私企7000多家。各级工会大力推进企业集体协商和集体合同制度，积极开展企业工资集体协商。至年末，全市开展集体协商并签订集体合同515份（其中区域性的8份、行业性的2份、单独签订的505份），覆盖企业7602家（其中：区域、行业性的覆盖企业7097家；国有及其控股企业20家，占100%；外商投资企业209家，占85%；民资私企276家，占93.6%），覆盖企业职工近18万人。开展工资协商和区域性工资协商，覆盖企业7602个，达到签订集体合同企业的100%。市总工会还要求各级工会结合实际，依法建立健全企业劳动争议调解委员会，至年末，全市各镇、系统工会、直属工会所属企业90%以上在本单位建立了合格的企业劳动争议调解委员会。

送温暖活动和促进再就业 2004年春节期间，市总工会共安排资金23.5万元，走访慰问256户困难职工家庭。夏季，市总工会还开展了送清凉活动，市委书记曹福龙带领市四套班子成员，分组走访慰问坚持高温作业的职工，共送去绿豆1万千克、白糖5000千克、毛巾500条、矿泉水115箱。各级工会还健全了困难职工档案和领导干部联系户制度，推动送温暖工程制度化、经常化和社会化。通过各级工会调查核实，及时向99名录取大中专院校的困难职工子女资助入学费用17.65万元，保障他们顺利入学就读。市总工会还会同市劳动保障局共同实施再就业援助工程，截至10月，共提供就业岗位2万多个，有3094名失业人员实现再就业，其中再就业援助对象703名，提前完成了年度再就业援助目标任务。

民主管理与监督 全市各级工会将厂务公开与非公企业创建民主管理示范单位相结合，取得了较好的成绩，全市“厂务公开栏”新增面积逾3000平方米，公开内容包括职工福利、集体合同及住房公积金、养老保险金、医疗保险金交纳情况等职工切身利益的事项。市总工会还对全市80家企业进行了全国第三次厂务公开职工调研问卷工作，被评为省厂务公开工作先进集体。全市515家百人以上非公企业中已有500家单独建立了职代会制度，单独建制率达97%。10月，开通“12351”职工维权热线，为全市职工提供有关工会法、劳动法等法律法规的援助及政策咨询解答。

劳动竞赛 年内，组织广大职工积极开展“深化创新促发展，争当率先排头兵”的群众性经济技术创新活动，把增强企业科技开发能力、市场竞争能力和抗御风险能力作为创新工程主攻方向，引导职工思维创新、技能创新、岗位创新，争当创新能手、创新工程示范岗。评选出张家港市职工创新能手30名，张家港市创新示范岗10个，张家港市职工技术创新优秀成果146个，年经济效益达2500多万元。在全市职工中开展“合理化建议金点子”活动，共收到合理化建议8672条，当年采纳516条，实施473条，产生经济效益1.36亿元；进行技术改进“小改小革”750项，产生经济效益5000多万元；降本、降耗、节支3500多万元；技术协作成交额达2200多万元。各项劳动竞赛年总经济效益达到1.5亿元。

劳动保护和女职工工作 市总工会联合市劳动和社会保障局本着执法必严、违法必究的原则开展了各类执法检查，加大了法律宣传力度，落实了有关法律措施，维护了法律的严肃性。年内，开展了职工劳动保护和农民工劳动保障权益保护专项检查、夏季劳动保护和贯彻实施《禁止使用童工》情况专项检查、贯彻实施《工会法》及《江苏省实施〈工会法〉办法》情况执法检查以及职业卫生执法检查。10月9日，根据全国总工会统一要求，市总工会开通了“12351”职工维权热线，为全市职工群众提供有关《工会法》、《劳动法》等法律法规的援助以及一些政策性的咨询和解答。《张家港日报》及时报道了热线开通情况，进一步扩大了职工维权热线的群众知晓率。截至年末，职工维权热线已接到来电113起。以争创“合格女职工之家”为契机，加强各级工会女职工委员会自设建设，积极维护女工权益，凝聚女工人心。“三八”妇女节期间，全市各级工会开展了系列庆三八、展女性风采活动。年内，全市各级女工组织积极开展妇女病普查工作，共涉及女工约3万人次；开展各类素质培训，涉及女工6000人次，还开展了各类劳动技能竞赛和文体活动，有力地促进了全市各条战线上女职工素质的全面提高。

【积极开展党员领导干部结对帮困活动】 年内，市总工会会同市民政部门调查掌握了全市困难家庭情况，为开展结对帮困活动提供了依据。3月，市委下发《关于进一步开展党员领导干部与特困家庭结对帮扶活动的意见》（张委发〔2004〕14号），专门成立帮扶协调小组，办公室设在总工会，负责日常工作。至年末，全市8个镇和123个市级机关企事业单位1410名党员领导干部结对帮扶1556户困难家庭，市四套班子领导成员全部参加了帮扶活动。

【新渠道使95%以上进城务工人员入会】 年内，市总工会把进城务工人员入会及维权工作作为“组织起来，切实维权”的重中之重来抓，实行了三项新举措，即争取党政和社会各界重视和支持、联合劳动保障部门开辟源头入会新渠道以及在各级工会建立日结月报、严格考核入会率的新机制。市总工会与市劳动保障局联合出台了《关于在就业登记时同步吸收进城务工人员加入工会的实施办法》。在进城务工人员办理就业登记时，发给《进城务工人员入会宣传书》，宣传入会的意义、条件、权利和义务，并作出了有关免费服务和维权的承诺。进城务工人员在办理就业证的同时，只需在入会申请书上签名，就能当场领到加盖市总工会钢印的工会会员证，市总工会负责将会员关系及时转入用人单位工会，为进城务工人员及时、便捷入会创造了条件。在这一办法实施的1个多月内（6月10日至7月30日），有5224名进城务工人员同步入会。该办法已被江苏省总工会转发。通过全市各级工会共同努力，至年末，进城务工人员新入会4万多人，累计入会14余万人，占全市进城务工人员的95%以上。

【开展创建非公企业民主管理示范单位活动】 2月，市总工会印发了《关于创建“张家港市非公企业民主管理示范单位”活动的通知》及实施细则，大力推进百人以上企业单独建立职代会制度，计划通过每年创建一批民主管理示范单位，用3年时间，滚动推进，全面规范，整体提升非公企业民主管理工作水平。经各级工会认真实施，至11月底，全市百人以上非公企业中已有500个单独建立了职代会制度，单独建制率达97%；65个首批创建单位，经所在镇工会和系统工会初查验收，均达到了创建标准，并召开现场会向周边企业推广，推动了全市非公企业民主管理实现制度化、规范化、程序化。省总工会《工会信息》专题报道了此项活动，省总工会主席张艳作了重要批示：“树立非公企业民主管理示范单位非常有必要，要以有效的民主管理工作，把职工的民主政治权利落到实处，说明非公企业的职工也是国家的主人。”《中国工运》、《工人日报》、《工会信息》、《江苏工人报》、《苏州日报》、《张家港日报》等报刊均予以报道。

【进城务工人员维权中心和困难职工援助站成立】 根据《中华全国总工会关于切实做好维护进城务工人员合法权益工作的通知》的有关规定和省总工会“把做好进城务工人员入会和维权作为工会头等大事”的要求，3月16日，市总工会在召开的常委会上研究决定成立“进城务工人员维权中心”，与市总工会困难职工援助中心法律援助站合署办公。根据苏州市总工会《关于工会困难职工援助中心设立分中心和援助站（点）的工作意见》的要求，9月，市总工会在全市8个镇成立了困难职工、进城务工人员援助站。

（吴晓玲）

共青团张家港市委员会

【概况】 全市各级共青团组织以青年中心建设为龙头，以共青团品牌活动为切入点，创新团的组织建设，优化青年人力资源开发，优化青少年成长环境，全面推进团的各项工作，为实现“两个率先”，建设以人为本、全面协调可持续发展的新港城贡献青春和力量。

组织建设　至年末，全市有团员4.09万人，有团委、团工委121个，团支部2032个，街道、居委会团组织69个，社区团工委19个。年内新建团支部115个，建立非公经济团组织69个。全市优秀青年人才库储备各类人才2933人，其中新推荐的有686人，列入后备干部的有1701人，占57.9%；全市9个镇（场）列入基层优秀青年人才库的农村青年有2213人，列入后备干部的有1349人，占60.9%，全市优秀青年人才库已粗具规模。为适应行政区划调整，努力探索“党建带团建”和非公经济组织团建的新路子，先后下发了《关于进一步加强和改善共青团和青年工作的意见》、《关于创新和加强基层团组织建设的意见》、《关于做好非公有制经济组织青年工作指导员选派工作的意见》等文件，不断扩大共青团在青年群众中的基础，同时完成了全市基层团组织的集中换届工作。全市“三级联创”活动不断深入，杨舍镇龙潭社区团支部被团中央授予全国五四红旗团支部称号，锦丰镇团委被评为江苏省五四红旗团委标兵，张家港出入境检验检疫局团支部被评为江苏省五四红旗团支部，团市委获江苏省五四红旗创建活动组织奖。

青少年教育　各级团组织以纪念建团82周年和五四运动85周年为契机，广泛开展理论学习、报告会、研讨会、演讲赛、知识竞赛等各种主题教育活动，丰富了团员青年的生活，营造了浓郁的青年文化氛围。团市委以“我们的未来，我们的风采”为主题，开展了“温情you & me”、“青春营”、18岁成人仪式等活动，教育引导广大青少年在实践中养成良好习惯、锤炼坚强意志、培养高尚品德。9月18日，市区8所中学的700多名学生参加了“关爱·文明·表率”十八岁成人宣誓仪式暨公民道德实践日活动，掀起了主题活动的高潮。

青少年维权　全市各级团组织把学习宣传贯彻《公民道德建设实施纲要》和《中共中央国务院关于进一步加强和改进未成年人思想道德建设的若干意见》作为加强对青少年思想教育的重点。上半年，团市委以第五届“青少年道德法制教育月”为载体，持续开展了“青少年平安自护维权知识竞赛”、“青少年思想道德建设宣传活动”、“暑期少儿电影巡展”和“青少年权益保障集中行动”。7月，杨舍镇成立了社区青少年法律学校，推进了青少年教育社会化进程。通过这些活动，全市青少年法律意识、法制观念和自我保护能力不断加强，青少年成长环境不断优化。张家港市文化市场管理办公室获全国优秀青少年维权岗称号。

青少年文化　为纪念邓小平诞辰100周年，使全市广大青少年更加深刻了解邓小平理论的丰富内容和邓小平同志的丰功伟绩，团市委联合有关部门在9月至11月期间举办了“纪念邓小平同志诞辰100周年暨张家港市第五届青少年读书节”活动。围绕“追寻伟人足迹、缅怀伟人风采”先后开展了读书节开幕式、“我看伟人”有奖知识问答、“一代伟人——纪念邓小平诞辰100周年图片展”、“我看伟人”图书专柜、“我学伟人”征文比赛和“我颂伟人”讲故事比赛，在全市形成了浓厚的“多读书、读好书”的风气，为张家港市创建学习型城市、加快“两个率先”尽了一份力。

少先队事业　2004年，全市各级少先队组织广泛开展了“民族精神代代传”、“红领巾创业杯”、“我的港城我的家”少先队员艺术创意大赛、“吹响港城的号角”——少先队鼓乐队大赛等活动。5月，基层少先队组织广泛开展了镇（场）少工委换届选举工作。11月25日，市第四次少代会召开，选举产生了新一届少工委委员和红领巾理事会理事，全市少先队基础工作得到进一步的加强和改善。年内，全市共有5名少先队员、6名少先队辅导员受到苏州市级以上表彰，新增苏州市级三星级队室4个，雏鹰争章达标学校2个，市少工委被授予苏州市红领巾水乡风情节优秀组织奖。

青农工作　3月，全市各级团组织广泛开展以“青春与绿色共辉映”为主题的形式多样的植绿护绿活动。积极实施“北输南收”工程，组织市天霸氨纶纱厂、市古月服饰有限公司赴淮安市洪泽县进行实地招工。暑期，联合共青团苏州市委、苏州市农业局开展了“农业专家乡村行”活动，通过水产养殖技术讲座、现场指导、“科技早市”活动，把科学知识送到农户手中，农村青年增收、成才服务。2004年，大新镇毛纺织厂董事长黄和芳当选为中国青年乡镇企业家协会副会长，市神园葡萄科技有限公司董事长总经理徐卫东当选为江苏省青年科教兴农产业发展促进会副会长。

青工工作　青年文明号创建活动成绩斐然，省级青年文明号张家港市财政局青年集体被命名国家级青年文明号，江苏移动通信张家港分公司、沙洲宾馆被命名为省级青年文明号，新增苏州市级青年文明号4个，在全省县市中继续处于领先地位。五四前后，全市开展了纪念江泽民同志为青年文明号题词10周年暨青年文明号创建活动开展10周年系列活动，举办了张家港市第三届青年文明号诚信服务月，各单位通过开展诚信服务征文比赛、青年文明号创建示范标兵评选、青年文明号诚信进社区等活动，提升了青年文明号的品牌形象。商业大厦获苏州市青年文明号十年成就奖，江苏移动通信张家港分公司总经理方建新获苏州市十年青年文明号活动突出贡献奖，团市委书记周伟获江苏省十年青年文明号活动优秀个人奖。

青年志愿者行动　3月初，成立了由6个协会分会、32个志愿服务总队构成的张家港市志愿者协会，秘书处设在团市委，使志愿者组织网络全面建立。围绕创建“绿色张家港”、“全国生态城市”、“健康城市”、“平安张家港”，积极开展了保护母亲河、社区义诊、“周日我值勤”等特色志愿活动。市礼仪青年志愿者队伍先后为全国公安基层文化工作会议、2004年（张家港）长江文化艺术展示暨经贸周、省党建学会工作会议、省政协领导视察活动、全省农村产业化龙头企业工作会议等提供了礼仪接待、随车服务、景点讲解等各项志愿服务。针对孤、寡、残、困等弱势群体的实际困难，积极组织全市广大青年志愿者开展“春风吹进千万家”青年志愿者集中探望活动、“青春辉映夕阳红”青年志愿者助老游港城活动、“春风伴您一路行”青年志愿者春运服务活动，使志愿服务深入人心。

“希望之光”助学工程　2004年，共募集资金近20万元，资助贫困中小学生300多人。年内，张家港骏马集团捐资52.5万元援建三坪张家港骏马希望小学。6月，由市委宣传部、团市委、骏马集团、市建设局、张家港日报社组成援建工作协调小组赴五峰参加了希望小学的开工典礼仪式，标志着张家港市“希望之光”助学工程又跨上了一个新的台阶。

【深化“创业港城·青春行动”】 2004年3月至5月，团市委与市委宣传部、市文广局、市工商联、市青联、张家港日报社联合举行了首届“张家港市十佳（杰出）青年创业先锋”评选活动。缪培峰等2人被评为杰出青年创业先锋、薛平等10人被评为十佳青年创业先锋，并于5月2日在市体育馆举办了“青春之歌”大型主题文艺晚会暨首届“张家港市十佳（杰出）青年创业先锋”表彰仪式，引导全市团员青年在改革开放和现代化建设的实践中建功成才，不断深化“创业港城·青春行动”。同时为积极宣传新张家港人为张家港市的经济发展和社会进步做出的贡献，8月中旬至9月，团市委联合市暂管中心、市青联、市个私协会开展了首届“十佳（优秀）新张家港人青年先锋、创业先锋、科技先锋”评选活动，共评出十佳（优秀）新张家港人60人，在中秋前夕举行了“欢乐中秋·创业港城”文艺晚会暨十佳（优秀）新张家港人表彰仪式，营造了尊重新张家港人、服务新张家港人的良好氛围。

【张家港市获全国青年文明社区示范城称号】 6月，中青联发〔2004〕29号《关于命名表彰全国“青年文明社区”示范城（区）的决定》文件公布，张家港市被团中央、民政部、建设部、国家工商行政管理总局联合命名表彰为首批全国青年文明社区示范城，成为全国获此殊荣的两家县级市之一。为不断深化青年文明社区的创建，团市委运用经营社区的理念，充分发挥共青团组织协调、资源整合的优势，通过社会化运作的方式，努力筹集资金30万元，建立了万红社区、阳光社区、花园社区等3个“青年文明社区”创建示范点，为社区居民提供了舒适健康的人文环境和休闲场所，使之成为张家港市文明社区的新亮点。杨舍镇城东街道花园社区已申报市首个“全国青年文明社区”。

【青年中心建设取得新进展】 年内，团市委加大了青年中心建设力度，进一步统一认识，把“建青年之家、做青年之友、谋青年之事”的理念深入贯穿至青年中心联系、凝聚、服务青年的全过程，着力解决青年工作、生活中所遇到的问题和面临的挑战。进一步科学规划，创立了以“会员—俱乐部—加盟商户”为主的“三位一体”

的青年中心发展模式。至年末，张家港青年中心的会员达6000多人，共吸纳115个特约商户，拥有20多个各具特色的俱乐部。进一步积极探索，建立良性、自主的青年中心运作机制，通过争取各级领导的大力支持，充分整合社会资源，为青年中心建设营造良好的外部工作环境。通过不断完善管理制度，建立了科学规范的内部工作机制。2004年，张家港市被团中央纳入全国农村青年中心100个重点联系点，张家港青年中心建设获2004年度苏州市共青团工作创新项目奖。

（刘笑菱）

张家港市妇女联合会

【概况】 全市各级妇女组织坚持以党的十六大、十六届四中全会精神为指针，紧紧围绕张家港市“两个率先”目标，树立和落实科学发展观，深入实施“巾帼创业行动”，大力推进“女性素质工程”，扎实开展“双学双比”、“巾帼建功”竞赛活动，切实维护妇女权益，夯实妇女工作基础，在全市掀起了“学习新知识、创造新业绩、倡扬新风尚、建设新生活”的热潮，扎实有效地推动了全市妇女儿童工作的健康发展。2004年，张家港市被评为苏州市妇女儿童“十五”发展规划中期监测评估一等奖。

组织建设　市妇联加大基层组织建设力度，扩大组织覆盖，加强工作渗透，不断改革和完善妇联的组织形式和组织结构。全市乡镇（街道）、村（居委会）都分别成立了妇联、妇代会，至年末，乡镇企业、三资企业、个体私营企业、专业市场和其他新经济领域建妇女组织320多个；各级党政群机关、科教文卫等事业单位已建妇委会19个。认真贯彻省妇联文件精神，探索实施了妇联执委工作制度和妇女代表联系制度，加强了与各界别、各领域妇联执委和妇女代表的联系和沟通，有效延伸了妇女工作的影响面。加强对团体会员及各类妇女组织的联系和指导，围绕促进女性发展、维护妇女权益做了大量工作，市工会女职工委员会、女企事业家联谊会、女司法工作者协会等横向联谊组织积极开展各具特色的活动，在各自领域中发挥了积极作用。同时，市妇联紧扣能力建设主题，加强妇女干部队伍能力建设。年内，各级妇女组织深入开展“三个代表”重要思想读书调研活动和争创学习型组织、学习型干部活动，先后举办各类专题讲座和培训班10多期，培训300多人次，妇女干部的思想政治素质和业务工作水平有了明显提高。

维权工作　为有效维护弱势妇女儿童的合法权益，市妇联在已建立妇女权益联席会议制度、妇女干部特邀陪审员制度、法律援助制度的基础上，充分发挥妇女儿童维权热线的作用，进一步完善维权工作机制，年内又有2人成为苏州市劳动保障法律监督员。同时，充分发挥联席会议制度的优势，加强与公安局、检察院、法院、司法局的联系，齐抓共管，加快维权工作的社会化进程。结合四五普法，全市各级妇女组织继续做好妇女儿童维权法律法规宣传工作，切实加大源头参与力度。“三八”妇女节期间，在全市开展了“保护妇女权益法律知识竞答”活动，组织并指导各镇和各机关妇委会学习有关保护妇女权益的法律法规，组织万名妇女参与竞答。市妇联充分发挥人大女代表、政协女委员源头参与的重要作用，认真开展提案工作。与有关部门联合开展了妇女权益保障法、劳动法等的执法检查，乡镇企业、三资企业和个体私营企业女职工劳动保护工作得到重视。

“双学双比”活动　全市各级妇女组织紧紧围绕农村妇女增收致富目标，千方百计帮助农村妇女寻求增收途径，着力提高农村妇女整体素质和科技致富能力，进一步完善了科技培训、科技服务、科技示范三大网络，开辟了农村妇女增收致富新渠道，“双学双比”活动取得了新的成效。积极实施“十万农家女，十项新技术”科技培训工程，突出抓好了农村妇女农业标准化知识培训。市镇两级妇联共举办各类培训班20多期，培训2000多人次；全市9个市级以上“三八”科技示范基地和10多个“妇字号”龙头项目，成为推广运用新品种、新技术的示范点，继续发挥示范辐射作用，带动了近万名农村妇女在多种门类无公害农副产品种植、养殖中实现增收。金港镇双山草鸡蛋生产基地带动了500多名妇女参与；南丰镇形成了以苗木种植、家禽养殖及石膏板加工为龙头的“妇字号”项目，真正起到了建一个基地，致富一方妇女的作用。继续实施新一轮扶贫接力行动，发动女科技人员、女能手与贫困妇女结对352对；继续推广“双带”经验，引导越来越多的基层妇女干部加入到带头致富、带领致富的行列中；推广“三面向”项目扶持滚动计划，为农村妇女提供信息、技术、资金等方面的服务。依托已有的就业服务网络，城乡联动构建培训、信息、职介三大服务平台，深入实施大转移行动。市妇联举办了“三八”女性人才、劳务专场，并发挥好“半边天”服务中心的职业中介功能，加大与劳动部门和企事业单位的联系，共同搭建职业介绍网上服务平台。各级妇女组织先后举办各类转岗技能培训20多期，为上千名妇女提供了就业信息服务。各级妇女组织还加强与规模型企业、私营业主，特别是女企业家的联络，努力拓宽就业空间，尽力采集就业岗位。年内，全市各级妇女组织共帮助1012名农村妇女实现了有序转移。

“巾帼建功”活动　全市各级妇女组织积极探索新形势下开展“巾帼建功”活动的新思路，充分调动各条战线妇女的主动性、积极性，引导她们岗位成才、岗位创优、岗位建功。各镇（场）妇联、各系统妇委会继续以“巾帼文明示范岗”创建活动为载体，根据行业特点，与时俱进引导妇女投身学习型、创新型、奉献型岗位创建活动。广泛开展岗位技能培训、技术比武、劳动竞赛等活动，并通过“形象大使”、“服务明星”、“的士之星”、“星级员工”等的评比，号召广大妇女立足岗位，争创新业。同时，市“巾帼建功”活动领导小组做好“巾帼文明示范岗”一条街创建指导工作，积极配合全市诚信城市创建，在商业步行街开展了巾帼文明示范岗诚信服务一条街活动，切实提高了步行街女职工的整体服务水平。全市各级妇女组织积极实施“新市民巾帼创业工程”，会同市暂住人员管理中心，依托各级各类成人学校、劳动服务中心、职业介绍所等阵地，为新市民提供创业培训、职业技术技能和科学创新培训。同时，在外来务工妇女占职工总数30%以上的中外合资企业、个私民营企业、大中型集贸市场、社区以及部门、车间、柜组等，开展争创“新市民巾帼文明示范岗”活动，进一步拓展了“巾帼建功”活动的深度和广度。大力实施“巾帼社区服务工程”，广泛开展巾帼助困、巾帼志愿者社区服务活动。杨舍镇城东街道妇代会不断完善学习型社区创建内容，在“三八”妇女节开展了“赠好书、读好书”法律知识进社区共建活动，举办了学习型家庭典型事迹黑板报联展。电信局妇委会开展巾帼志愿者服务队“爱心”行动，组织综合办公室、公众客户部、维护安装部等3个巾帼志愿者服务队的志愿者，到已结对的困难家庭中探望慰问、打扫卫生。沙洲工学院妇委会成立了“女大学生社区志愿者服务队”，建立社区爱心驿站，深入社区居民家中，为居民排忧解难。

“文明家庭”创建活动 各级妇女组织认真贯彻落实市委、市政府《关于加快健康城市建设的意见》的文件精神，大力实施健康城市“细胞工程”建设，组织动员全市广大妇女及家庭成员积极投身到建设健康家庭的活动中。3月，市妇联专门下发了《关于在全市开展健康家庭建设活动的意见》，在全市10个健康社区试点单位进行大规模健康家庭基线调查，下发了张家港市“健康家庭”调查表，掌握了全市健康家庭建设基本情况，确定800户家庭作为首批健康家庭建设试点家庭。同时，依托社区健康学校、健康教育指导室、妇女之家等活动阵地，开辟健康专栏，开展健康咨询，印发了《市民健康知识和健康行为问答》，积极开展健康指导工作，大力倡扬“健康让我们拥有新生活”的理念。在“5·15”国际家庭日期间，市妇联举办了“农行杯”健康家庭知识竞赛，吸引了3000多名市民的踊跃参与，在一定程度上普及了健康家庭知识，增强了市民的健康意识。在“6·5”世界环境日期间，市妇联与市环保局联合举办了绿色生活知识竞赛，进一步提高了全市家庭成员的健康意识和健康素质，有效地促进了健康城市的建设步伐。

未成年人思想道德建设工作 各级妇女组织认真贯彻落实中共中央、国务院《关于进一步加强和改进未成年人思想道德建设的若干意见》，密切关注未成年人的思想道德建设问题，在加强家庭教育工作方面做了一系列工作。一是完善工作机制，指导和推进家庭教育工作。在全市建立了一套较为完善的家庭教育工作管理体制，8月，挂牌成立了市家庭教育指导中心，使家庭教育工作从群众性教育活动成为一项制度化、规范化的政府行为和社会行为。注重拓宽宣传普及渠道，充分利用现代媒体的优势，广泛宣传家教工作的重要性，普及家教科学知识；宣传优秀家长典型事迹，以群教群，为家长正确进行家庭教育提供榜样。通过举办家庭教育骨干培训班、组织宣传咨询、开展征文评比、编写宣传资料、向家长推荐家庭教育杂志等，广泛宣传家教知识，收到了良好的社会效果。二是加强规范管理，发挥家长学校主渠道作用。寻求家庭、学校、社会三结合教育的结合点，强化对家长学校的目标管理和考核评估，切实加强了对全市各级各类家长学校的规范化管理。全市各家长学校基本达到了“有组织、有计划、有教员、有内容、有效果”，并与学校德育教育工作紧密联系，使爱国主义、行为规范、前途理想、法制法规、心理健康等教育贯穿始终，常抓常新，并涌现出了100多所苏州市达标家长学校，8所江苏省优秀家长学校。三是发挥阵地作用，深化小公民道德建设活动。各级妇女组织进一步做好道德实践活动的组织协调工作，确立以进家庭为重点，以儿童参与为原则，以亲子互动为特色，以家庭、社区和校外活动场所为主阵地的工作思路，建立了30个“文明监督岗”、10个“环保小分队”等道德实践组织，创建了3个亲子中心、12个母亲课堂等社区教育基地。各级妇女组织以“六一”儿童节为契机，充分利用少年宫、图书馆、博物馆及妇联自办园所等各类儿童活动阵地作为未成年人道德实践基地，按照“小公民道德建设计划”，开展丰富多彩的小公民道德建设活动，吸引了广大少年儿童的积极参与，达到了实践育人的目的，使未成年人的思想感情、精神生活、道德境界在自觉参与中得到熏陶、充实和升华。

【举办海峡两岸妇女共庆“三八”暨张家港市十大创业女性表彰会】 为进一步加强与团体会员、各类妇女联谊组织以及社会各界妇女的联系，大力弘扬巾帼创业的时代精神，切实推动女性事业的发展，3月8日，市妇联特邀台商协会妇联会举办了海峡两岸妇女共庆“三八”暨张家港市十大创业女性表彰会。市四套班子有关领导出席并参加了活动，市委常委、组织部部长单玉珍作了讲话。市妇联与台商协会妇联会联合献演了一台精彩纷呈的节目，充分展示了海峡两岸女性的时代风采。会上还播放了“张家港市十大创业女性”专题片《创业女性风采录》，市四套班子及市妇联有关领

表11 **2004年张家港市十大创业女性**

姓 名	单 位	职 务
郁霞秋	张家港市金港镇长江村 江苏长江润发集团	党委副书记 副董事长、副总裁
谭秋斌	江苏国泰国际集团国贸股份有限公司	总经理
沈秀玲	张家港市合田鞋业有限公司	董事长
陈少慧	江苏沙钢集团有限公司	副总工程师
吴 俭	张家港市大成纺机有限公司	常务副总经理
包勤雅	张家港市华达塑料有限公司	总经理
余 虹	张家港市天虹毛针织品有限公司	董事长
刘秀英	张家港市锦丰五金工具制造有限公司	董事长、总经理
徐 瑛	张家港市宏宇机械施工有限公司	总经理、法人代表
倪芬琴	张家港市港鹰有限公司	董事长

导给郁霞秋、谭秋斌等为代表的“张家港市十大创业女性”颁了奖。整场活动气氛融合，增进了海峡两岸妇女之间的深厚友谊。

【开展张家港市妇女儿童绿色行动周活动】 5月30日至6月5日，市妇联会同市环保局在全市城乡学校和家庭开展“倡导绿色生活，共建生态家园——张家港市妇女儿童绿色行动周”活动，举办了儿童环保小发明大赛、“绿色家园与健康生活”大型图片展及绿色生活知识竞赛。杨舍、金港等镇率先在中小学生中举办儿童环保小发明大赛，收到一批来自各个学校的有益于改善家居、学校和社区环境质量的小发明、小制作等，这在培养全市中小学生创新意识和创新能力的同时，进一步提高了其环境意识和参与环境保护、解决环境问题的能力。

【市家庭教育指导中心揭牌】 为进一步推动和促进全市家庭教育工作，深化“社会妈妈”爱心助学活动，8月26日，市委宣传部、市妇联、市教育局联合举办了张家港市家庭教育指导中心揭牌仪式暨第七届“十佳社会妈妈”表彰。沈秀玲等7位同志和市公安局锦丰派出所等3个集体被授予市第七届“十佳社会妈妈”荣誉称号。市人大、市政协、市委宣传部、市文明办、市教育局及市妇联的有关领导出席并为市“十佳社会妈妈”颁奖。市人大常委会副主任顾树柏、市政协副主席蒋祖德为市家庭教育指导中心揭牌。市委常委、宣传部长李汉忠在会上提出，要对本地区儿童全面实行家庭教育指导工作，逐步形成政府支持、妇联牵头，部门配合、社会参与和中小学、幼儿园、托儿所具体负责家庭教育指导工作的管理网络。各镇党委、政府及有关部门要给予“社会妈妈”爱心助学活动高度重视和大力支持。各级妇女组织要不断加以深化，不断扩大影响，不断总结提高，真正使“社会妈妈”爱心助学活动成为让人民群众得益的民心工程。各界要积极参与和支持爱心助学活动，踊跃争当“社会妈妈”。此次活动还举行了新一轮爱心助学结对仪式，共有10个集体和个人与10位贫困学生结成了帮扶对子，并为他们送上了爱心助学金。年内，全市新增“社会妈妈”116个，受助学生123人。

表12 **张家港市第七届十佳“社会妈妈”**

姓名（单位）	单　位
沈秀玲	张家港市合田鞋业有限公司
陆孟雷	张家港市给排水公司
周建芳	张家港市华菱医疗设备制造有限公司
缪雪花	张家港市杨舍镇城南村妇联
杨慕德	张家港市凤凰镇西张建筑工程有限公司
王卫星	张家港市南丰镇财政所
缪文华	张家港市塘桥镇中心幼儿园
张家港市公安局锦丰派出所	
张家港市机关综合服务部工勤服务科	
张家港市邮政局妇委会	

（注：7个个人“社会妈妈”、3个集体“社会妈妈”）

【女性人才招聘专场为女性人才就业开辟绿色通道】 为积极帮助广大女性就业，充分发挥女性人才在经济建设和社会发展中的作用，3月7日上午，市妇联和人事局联合举办了“女性人才招聘专场”。42个进场设摊单位共为800多名求职者提供了近千个职位。为搞好这次女性人才招聘专场，市妇联和人事局早作准备，分别召开了妇女干部和人事干部座谈会，与42个用人单位取得联系，主动向他们传递参会单位设摊费用减半的信息，并通过有关媒体向社会发布女性人才免费入场信息。由于宣传到位，许多单位不仅主动响应进场设摊，而且降低“门槛”，对女性人才给予极大照顾，主动放宽年龄、工作年限和学历等条件限制，有43%进场的女性达成了求职意向。女性人才市场从2000年起至今已举办5届，共为1200多人解决了就业问题。

（马筱宇）

女性人才招聘专场　（方　志　供稿）

【编辑　黄晓曙】

人民武装

【概况】 市人民武装部坚持把思想政治建设摆到首位，扎实开展思想政治工作，分别在市人武部机关和全市民兵预备役人员中开展了“提高五个标准，开创新的局面”、“别人学我们，我们怎么办”、爱岗敬业、艰苦奋斗和台海形势五方面的专题教育，较好地统一了思想认识，激发了工作热情。年内，被南京军区表彰为“全面建设先进单位”，人武部党委被南京军区政治部和省军区表彰为先进团党委。

民兵组织建设 继续按照“先整后训”的思路，扎实开展了年度民兵组织整顿工作。通过整组，全市共编基干民兵8383人，其中专业技术分队和对口专业分队人员3688人，占44%，民兵组织结构更趋合理。

战备和训练工作 注重搞好战备形势和战斗精神教育，增强忧患意识和使命意识。严格战备值班和请示报告制度，加强对当前敌情和社会动态的了解和掌握。全年共分6期完成418名民兵集中训练任务，并依托训练基地对外承训了155名民兵训练任务。修订完善11类战备预案，选配24名民兵信息员，建立民兵信息网站，指导人防办组织开展了200人的专业分队训练，提高了城市防空袭能力。

征兵工作 全市各级注重做好征兵准备工作，加大舆论宣传、组织领导和优抚安置力度，坚持依法征兵，确保了征兵任务的完成。冬季，全市共为部队输送兵员402人。其中高中以上文化程度292人，占72.6%；党团员355人，占88.3%；具备各类专业特长人员295人，占73.4%，综合素质好于往年。

全民国防教育 突出以党政干部、青少年学生、民兵预备役人员为重点，深化全民国防教育，增强全民国防观念。紧紧依托新闻媒体，加大国防宣传力度，全年坚持在市报纸、电视、电台等新闻媒体，开设国防教育专栏和专题节目，定期普及国防知识，宣传国防安全形势。年内，根据上级部署，组织开展了“爱中华、奔小康、强国防”国防教育系列活动，并在征兵期间举办了“农商行杯”兵役法规知识竞赛。

民兵参建活动 继续深化民兵“双带双扶”（带头创业致富、带动共同致富，扶持贫困村贫困户、扶持贫困学校贫困学生）活动，初步形成规模效应。8月，苏州军分区在张家港市召开“双带双扶”先进事迹报告会，常熟、昆山等民兵“双带双扶”企业典型代表先后在会上介绍了各自经验，张家港市神通工业公司董事长周忠清就该公司近年来在开展“双带双扶”活动中带动周边群众致富的先进事迹作了发言，在全市民兵预备役人员中产生了积极的辐射和带动效应。3月，该公司出资10万元在苏北宿豫县结对援建了一所希望小学，走出了跨地区“双带双扶”的新路子。

【曹福龙被南京军区表彰为“党管武装好书记”】 近年来，市委书记、市人武部党委第一书记曹福龙严格履行党管武装职责，始终把国防建设与经济建设摆到同等重要的位置，统筹谋划，同步落实。市财政先后拨专款近千万元为人武部易地新建了高标准民兵武器装备仓库，装修了机关办公大楼，改造了民兵训练基地和射击场，完善了机关作战室和网络建设，在较高平台上推动全市国防后备力量建设与经济建设的协调发展。因党管武装成绩突出，10月，曹福龙被南京军区表彰为“党管武装好书记”。

（陈　航）

人民消防

【概况】 年内，市公安消防大队以《公安消防部队大队建设标准》为要求，以防火灭火为中心，狠抓各项工作任务的贯彻落实，全市消防安全环境得到极大改善。大队按照“与时俱进抓队伍，从严治警抓规范，依法行政提素质，思想工作抓创新”的思路，以求真务实的工作作风，抓好队伍的思想教育。全年共召开20多次党委会、中层干部会以及军人大会，切实加强思想教育学习。通过学习教育，全体官兵牢固树立大局意识、政治意识、忧患意识、群众意识和法治意识，进一步夯实了执法为民的思想基础。

基础设施与装备 市公安消防大队主动适应全市外向型经济、民营经济发展和城市化建设对消防工作的要求，以政府重视为基础，以“161工程”建设为契机，充分发挥职能作用，着力抓好消防基础设施建设和队站装备建设，城市抗御火灾的综合实力进一步

消防大练兵　（市消防大队 供稿）

得到提升。全市已建成3个现役公安专职消防队、1个片区中心消防站（公管队）、13个镇和企业专职消防队、39个义务队，共有灭火力量380多人。同时正在抓紧建设1个市政府为民办实事十项工程之一的特勤消防队以及2个片区中心消防站（公管队）和2个镇专职消防队，共有灭火力量170多人。年内，市政府进一步加大对消防装备的投入力度，加快“科技强消”的步伐，先后投入430万元，添置了2辆大型奔驰泡沫水罐车、1辆干粉泡沫联用车和2台灭火机器人，投资300万元购置了1辆世界上最先进的“一七”泡沫消防车。市政府认真编制实施城镇消防规划，5月，投入125万元用于小城镇消防规划和张家港市总体消防规划的修编工作，使各镇和各开发区的消防基础设施建设得到逐步完善。塘桥镇投入100万元，在镇村主要街道增添了108只消火栓。

消防执法与监督　消防大队研究制定了《张家港消防大队消防监督职责》、《张家港消防大队消防监督检查人员职责》等16项规章制度，较好地解决了执法工作中的不公、不严、不廉问题。同时宣传贯彻《行政许可法》和公安部73号令，坚持依法办事，加大对社会的消防监督管理力度。年内，检查单位516家，发出《当场改正通知书》213份、《责令限期改正通知书》580份、《复查意见书》260份、《消防安全检查意见书》205份，责令停产停业18家，罚款50多万元，极大地改善了张家港市的消防安全环境。根据上级部门的统一部署，消防大队相继组织开展了全市“三合一”（生产、住宿、经营合一）建筑和人员密集场所的消防安全专项整治活动。在各镇及工商、文广等职能部门的协调配合下，通过动员部署、调查摸底、集中整治、督查验收等阶段性工作，各项专项治理工作取得明显实效。在专项整治工作期间，全市共下发责令限期改正通知书421份、复查意见书210份、当场改正通知书560份、消防安全检查意见书115份，共投入整改资金2000多万元。

【2004年火灾及抢险救援情况】2004年，据上报统计数字全市共发生火灾57起，直接经济损失207.6万元，死亡4人，受伤2人。与上年相比，火灾起数下降30.49%，直接经济损失上升51.64%，死亡率上升100%，受伤率下降71.43%。消防队全年参与抢险救援197次，出动车辆210辆次，人员1000人次。　（孙屹东）

人民防空

【概况】　市人民防空办公室以贯彻《人民防空法》和中共中央、国务院、中央军委《关于进一步加强人民防空工作的决定》精神为指针，着眼适应信息化战争需要，扎实做好军事斗争人防应急准备，圆满完成了各项目标任务，被江苏省人防办评为全省人防机关准军事化建设先进单位。

工程建设　全年竣工人防工程11个；在建工程37个；新立项项目27个。市急救医院、电力抢修、运输抢修、工程抢修和医疗救护站5个专业队工程全部开工建设，其中运输抢修、电力抢修专业队工程主体结构施工结束，进入设备安装阶段，急救医院、工程抢修、救护站等专业队工程年内完成基础施工。全市已拥有指挥工程、防空专业队工程、医疗救护工程、人员掩蔽工程和配套工程，工程体系配套建设走在全省各县（市）前列。

组织指挥和通信警报建设　8月，市政府召开防空袭预案修订专题会议，10月，完成各类保障方案修订。抓好人口疏散基地建设，在杨舍镇城东街道办事处、鹿苑办事处新建人口疏散指挥所，战时可将3万余人疏散到指挥所。新建人防指挥综合软件，具有数据查询、统计、地理定位、人防信息、防空袭预案、人口掩蔽疏散方案、我情敌情判断及多媒体展示等功能，为市人防指挥部组织指挥全市防空袭斗争提供了决策依据。整合组建7支人防专业队伍，使整合组建后的人员素质明显提高，年龄结构更加优化。

人防宣传　把人防宣传贯穿于人防工作的全过程，在深度和广度上下工夫。一是在《张家港日报》组织2个人防专版，编印4期《张家港人防信息》，调整《发展中的张家港人民防空》多媒体内容，编印1万册《人民防空知识手册》。二是为配合4月22日防空警报试鸣，专题召开各镇、各有关部门分管领导参加的人防宣传工作会议，并在《张家港日报》头版发表分管副市长的署名文章，张家港电视台也分别于4月22日和23日在《张家港新闻》报道全市人防建设情况消息3条。三是与塘桥镇政府、镇人武部联合举办庆“八一”国防人防知识竞赛，有8个代表队参赛。四是积极投稿宣传成果。全年在《中国人民防空》、《江苏人防》、《苏州人防简报》、《张家港日报》、张家港《机关工作通讯》、张家港电视台《张家港新闻》栏目发布、刊登人防信息200余篇（条）。

3月，由人防办主要领导撰写的反映张家港市人防建设情况的文章和消息分别入选《中国人民防空》杂志和《全国人民防空工作实用手册》。通过多种渠道、多种形式的宣传，人防工作得到了各级领导的重视、部门的支持和市民的理解，创造了加快发展张家港市人民防空事业的氛围。 （陆 理）

武 警

【概况】 市武警中队坚持以执勤和处置突发事件为中心工作，坚持“夯实基础、精益求精、开拓创新、全面提高”的思路，着眼提高党支部的领导能力，高质量、高标准抓好部队全面建设，在“细”上下工夫，在“实”上做文章。加强部队教育、训练和管理工作，大力开展“争当优秀士兵，争创先进中队”活动，圆满完成以执勤、“处突”为中心的各项任务。年内有3人荣立三等功，1人荣立二等功，3人入党。被省总队评为优秀带兵干部、优秀共产党员、优秀政治教员、优秀士官各1人，被苏州支队评为优秀士兵12人。中队连续九年被省总队评为先进集体，连续五年被省总队命名为基层建设“标兵中队”，并记集体二等功。

执勤工作 坚持以任务为牵引，科学组训，苦练精兵，不断提高执勤和“处突”能力。全年共执行押解任务93次，出动兵力231人次，押解犯人1024人，行程3.8万公里；参与市政府大型活动和维护现场秩序12次，出动兵力126人次，全年累计出动兵力357人次。

管理工作 认真贯彻落实《军队基层建设纲要》和《基层正规化管理规定》，狠抓部队规范化管理和作风纪律养成，着眼部队正规化建设，突出抓好“人、车、枪弹、酒、内外关系”5个重点问题的深化治理。狠抓干部骨干这个关节点，强化干部骨干的责任意识；抓住车辆事故这个难点，进一步规范用车、派车程序，杜绝车辆事故；紧抓枪弹管理这个“险点”，进一步规范兵器室设置，完善制度，加大动态条件下枪弹管理的力度；抓住内部关系这个重点，进一步密切官兵关系，努力营造团结向上的氛围。同时，抓好正规部队“战备、训练、工作、生活”4个秩序，规范营院内部设置，完善各类文化娱乐设施，努力营造拴心留人的环境。中队连续22年被支队评为安全无事故单位。

双拥工作 在确保目标单位绝对安全的情况下，中队为张家港市电视大学、技工学校、卫生学校、沙洲中学等学校进行国防教育，受教育人数共计4800余人。参与对公安干警、法警、城管、保安的培训。重大节日期间，协助车站维护秩序，检查危险品，确保春运安全。

武警战士 （市武警中队 供稿）

【广泛开展“五小”练兵活动】 市武警中队坚持贯彻武警总部《军事训练大纲》，根据本单位特点广泛开展以“小场地、小教员、小块时间、小群练兵、小情况处置”为内容的五小练兵活动。在练兵活动中，以任务为牵引，从提高官兵的技术、战术水平入手，遵循“先单兵后班组，先技术后战术，先基本后应用”的原则，从简单到复杂、由分解到连贯，把每个训练内容练得精而又精，实而又实。8月，中队在苏州地区军事业务比武中，获得团体总分第二名，个人总分第一名（其中防暴弹投掷、400米障碍、射击获得单项第一，5000米武装越野、单兵战术第二）的成绩。中队精湛的军事素质、过硬的军事作风通过张家港市新闻媒体报道以后，地方企事业单位纷纷前去慰问祝贺部队，有的单位还预聘即将退伍的战士到单位工作。年内有7名战士被地方企事业单位聘用。 （程志远）

社会治安综合治理

【概况】 全市社会治安综合治理工作紧紧围绕建设“平安张家港”的总体目标，在深入开展“严打”斗争的同时，切实贯彻“打防结合、预防为主”、“专群结合、依靠群众”的方针，不断深化基层安全创建活动，推进基层基础工作，调处和化解各类社会矛盾和不安定因素，使社会治安综合治理各项措施得到进一步落实。全年未发生因处置不当而引发的严重群体性事件，未发生重大火灾、爆炸、严重污染、群死群伤等重大治安灾害事故，未发生邪教“法轮功”原练习者反弹滋事及其他邪教组织聚众闹事事件。在年度社会治安综合治理目标管理责任制考核中，有5个镇被苏州市命名为社会治安安全镇，有6个单位因综合治理方面的问题被一票否决。张家港市继续被省委、省政府命名为社会治安安全县（市、区），并被表彰为2000–2004年全省社会治安综合治理先进地区。

“严打”整治斗争 市委政法委员会定期分析阶段性的社会治安形势，拟定阶段性的工作重点，同时对政法部门的“严打”情况加强督查。公安机关先后组织开展了重大案件挂牌攻坚会战、侦破命案专项行动，“金盾闪光”、“捕狼系列”行动，“夏季侦破攻势”、“四项攻坚”等一系列专项整治行动，给各类犯罪分子有力的打击。现行杀人案件发生11起侦破11起，实现了命案必破的目标。检察机关坚决贯彻依法从重从快的方针，重点打击黑恶势力犯罪、严重暴力犯罪和抢劫、抢夺、盗窃等多发性犯罪，积极配合公安机关开展专项行动，稳、准、狠地打击各种刑事犯罪活动，切实保障人民群众的生命财产安全。审判机关强化以刑庭为“严打”主阵地的作用，以打击杀人、抢劫、强奸、绑架、故意伤害等严重暴力犯罪为重点，全年审结刑事案件1116件，打击犯罪1692人。通过“严打”，有力地维护了社会治安的稳定。

“大防控”体系建设　以人防建设为基础、技防建设为重点，着力构建动静结合、专群结合、人技结合，多层次、全方位的防控新格局。一是整合基层综治组织力量。各镇按市委的统一部署，将综治办、司法所、信访办、社会矛盾调处服务中心、暂住人员管理中心等关系到社会稳定的机构进行合署办公，在运作中，互相配合，互相支持，做到分工不分家，实现了资源和人力的共享；在各行政村（社区）全面开展“五位一体”综治办规范化建设，全市大部分行政村（社区）“五位一体”已建成。二是充实三级人防力量。不断加强辅警建设，在市区，组建了505人的城区治安巡逻联防大队，专门负责城区的治安防范工作；组建了559人的市区社会治安义务值勤队，加强了白天居民住宅区的治安防范。在镇、村组建了镇级治安联防中队和村（社区）治安联防队，至年末，有镇级治安联防队员428人、村级治安联防队184支1100人。同时各镇、村招募成立志愿者队伍63支3224人，7768名基干民兵每人每月不少于2次义务值勤。三是加大技防建设力度。建成了市区步行街技防一条街；在市区长途汽车站、海关路、百润发等主要街道、路口及包基、黄旗桥、船底桥、高峰、西界港等重要卡口安装监控系统；加强农村居民家庭防盗系统的安装，新建技防村25个。金港镇、塘桥镇分别投入200万元和150万元率先建成覆盖镇区的视频监控系统。年内还建立GPS卫星定位系统1个，推广“安定保”联网报警器230套，安装、改造电视监控系统设备45套，安装长途汽车运车记录仪80台，投入2000多万元，建立特种押运中心，各家金融单位完成了监控向室外的延伸改造。

“大调解”体系建设　各级党委、政府和各有关部门牢固树立“稳定压倒一切”的思想，以发现得早、化解得了、控制得住、处置得好为工作目标，切实解决影响社会稳定的突出矛盾和纠纷，坚决遏制群体性事件的发生，构筑起了维护稳定的大调解体系。市专门建立社会矛盾排查调处工作领导小组，领导小组下设社会调解服务中心，具体负责社会矛盾的排查调处。全市8个镇也都按统一要求，建成了社会调解服务中心，并正常开展工作。全市各村（社区）都建立了调解室，并配备专职的调解人员，将其纳入“五位一体”综治办建设的重要内容，同时建立了一支调解信息员队伍，专门从事基层社会矛盾的信息收集和分析。认真开展市每季一次、镇每两月一次、村每月一次的社会矛盾排查工作，并将排查出的矛盾落实到专人，限时解决；建立社会矛盾信息日报制度，对发现的重要苗头性问题，坚持每天上报市调解中心。年内，全市各级调解组织共调处各类矛盾纠纷3152件，调处率达100%，调解成功率达98.8%。全年无因民间纠纷引发的民转刑案件，无进京集体上访或敏感时期重点控制对象进京上访。

外来人口服务与管理　全市共登记外来人员44.5万人，比上年增45%。在外来人口的服务与管理上，重点推出以下举措：一是建立市、镇、村三级外来人员管理服务机构。市专门出台《张家港市外来人员管理服务暂行办法》，成立了张家港市暂住人员管理服务中心，由公安局、劳动社保局、计生委、司法局等部门抽调人员集中办公，实行一条龙服务；各镇、村（社区）也都建立了外来人员管理服务中心和工作站。二是完善外来人员管理的“两支队伍”。按照400：1的标准配备外来人员户口协管员，全市达到852人，其中专职户口协管员369人。整合组建基层信息员队伍，使全市专职信息员达到3000人。三是加强外来人员集居点建设。由于受中央土地政策宏观的调控，土地使用受到严格限制，年内主要采取两种模式：依托大中企业开展集居点建设和改造利用闲置房屋建设集居点。四是抓源头，加强外来人员管理。根据外来人员分布、居住、从业的不同情况，通过与用工单位、集贸市场、出租房主签订责任书，把人员落脚点及其活动或工作场所纳入规范化管理，并建立健全档案资料。五是大力兴建外来人员子弟学校，解决好外来务工人员子女的就学问题，消除他们的后顾之忧。六是以“市民化管理、亲情化服务”为切入点，依法保障外来人员的合法权益。

刑释解教人员安置帮教　以教育挽救为重点，健全协作配合机制，全面落实安置帮教工作措施，着力控制刑释解教人员的重新犯罪率。一是做好年度刑释解教人员的排查工作，做到无漏管、脱管现象。二是进一步加强衔接管理工作，做到住址、犯罪性质、释放时间、家庭状况、经济条件、思想状态“六清楚”。三是做好延伸帮教工作，对市看守所900多名在押人员进行系列法制教育活动。各镇和有关部门将刑释解教人员就业工作列入社会就业整体规划，统筹安排，广辟渠道，建立社会化、市场化的就业机制。落实倾斜政策，在城镇建立、扶持了一批过渡性安置企业，重点解决无家可归、无亲可投、无业可就的刑释解教人员过渡性安置问题。年内，刑释解教人员的重新犯罪率为1.47%，比上年减少0.11个百分点。

社区矫正试点工作　从2月开始，按照省和苏州市的要求，开展社区矫正试点。一是规范运作。出台《张家港市社区矫正试点工作方案》，成立了市、镇两级社区矫正工作领导小组和办公室，并逐步建立了工作例会、联席会议、公益劳动、责任追究等一系列工作制度。二是组建网络。以司法所工作人员为骨干，组成社区矫正工作队伍，并在社团组织、社区居委会、离退休干部和教师中积极发展社区矫正志愿者，至年底，志愿者队伍已达1045人。三是摸清底数。对全市五种对象（管制、缓刑、假释、剥夺政治权利并在社会上服刑、被暂于监外执行人员）进行了地毯式排查摸底，掌握了五种对象的底数和基本情况。四是加强协调。先后召开了公、检、法、司部门联席会议、社区矫正领导小组办公室与法院刑庭人员座谈会和司法所所长研讨会，探讨如何做好衔接、执行、监督管理工作，进一步协调各部门的协作配合。五是创新机制。创新了体现司法平等原则和以人为本的人性化管理模式“四同三不同”标准，建立社区矫正“易联网”，并与有关社区、单位沟通协调，建立了29个公益劳动基地，先后组织矫正对象进行公益劳动30余次。年内，共对313名社区矫正对象实施社区矫正，其中有40人已被解除矫正。

预防和减少青少年违法犯罪　建立健全学校教育、家庭教育和社会教育三结合的工作机制，重点抓闲散、辍学、失学青少年和后进生的预防工作，先后开展“优秀青少年维权岗”创建活动、“青少年网络文明行动”、“社区青少年远离毒品行动”等活动，加强对文化市场、学校周边环境及网吧等经营娱乐场所的重点整治。市委、市政府专门召开加强和改进未成年人思想道德建设工作会议。市人民法院通过举办法制辅导课、模拟法庭对青少年加强教育，并专门设立少年庭，专人优先审理未成年人犯罪案件。设立青少年维权“阳光信箱”，解答学生和老师关心的问题。与城西街道和东渡社区结成对子，依托社区的“文化夜市”，坚持办好“法律夜市”，通过举办讲座、播放教育片、举行法律知识竞赛、发送法律宣传资料等方式，开展适合青少年的法制教育。结合区划调整和学校撤并的实际情况，挑选政治素质高、业务精的政法工作骨干，对全市79所中小学校的法制副校长队伍进行调整充实，明确了工作任务和要求，使中小学生的法制教育进一步走向规范化、经常化。年内，青少年犯罪占全社会犯罪比例为44.6%，比上年减少0.2个百分点。

【开展“五位一体”综治办建设】自下半年开始，按照苏州市的统一部署，全市开展村（社区）“五位一体”综治办建设。在机构设置上，将村（社区）综治办、调解室、警务室、暂住人员管理服务站和联防队办公室合署办公，优化整合资源。在办公场所上，按照不少于80平方米的要求，提供3间至5间房子。在人员配备上，将从事社会治安综合治理工作的人员和调解工作的人员进行整合，同时每个村（社区）配备1名社区民警，并按外来人员的数量配备1名至3名户口协管员，各村组建不少于6人的专职联防队，各社区组建不少于4人的专职联防队。在经费的安排上，先行确保综治办的正常工作开支。在此基础上，又规范了工作制度。做到统一制度上墙，规范台账制度，加强检查考核。至年底，全市97%的村（社区）都建立了“五位一体”综治办，其中30%已达到规范化的“五位一体”综治办标准。

（徐昀宇）

人民调解

【概况】 市社会调解服务中心于8月10日正式挂牌成立。作为市委、市政府调解处理社会矛盾纠纷的综合性协调机构，市调解中心专门受理、调解发生在张家港市范围内的公民与公民、公民与法人或其他社会组织之间发生的民事争议，以及公民、法人或其他有关组织与行政机关之间发生的行政争议。市调解中心从综治、司法、信访、公安、国土等17个政府执法和职能部门抽调21名人员常驻办公。办公地址设在市人民中路11号，建筑面积1580平方米，下设受理科、调处科、督查科、办公室等4个科室，内设接访室、调处室、劝导室、听证室、谈心室、待访处等7个处室。重点调解涉及劳动保障、“三农”问题、土地征用、房屋拆迁、安置补偿等5个方面的矛盾纠纷，重点预防因矛盾纠纷而引发的群体性、越级性、纠缠性、滋事性等4种形式的非正常上访。调解中心成立以来，以服务“两个率先”、建设“平安张家港”为目标，以“社会化调解、人性化服务”为宗旨，先后建立健全了中心工作、听证对话、矛盾纠纷定期排查、重大疑难矛盾纠纷报告、调解调处与归口管理、督查回访与责任倒查、业务学习与廉政建设等各项制度。年内，共接待上访群众575批（当即解释处理的简单来访307批），登记受理268批1078人次，其中集体上访31批634人次，受理市领导批办的人民来信89件。

表13　**2004年调解受理范围情况一览表**

范围	来访				人民来信（件次）
	件次	人次	其中集体上访		
			件次	人次	
涉及劳动争议、养老保险	69	340	10	217	30
涉及征地拆迁、补偿安置	37	245	7	186	11
涉及三农问题、二次分配	22	84	4	48	—
涉及交通事故、行政执法	38	184	5	121	13
涉及民政救济	12	20	—	—	1
涉法涉诉信访	14	36	—	—	13
涉及环境保护	16	61	3	43	—
涉及家庭、邻里等其他纠纷	60	108	2	19	21

【三级共同调处村组地界】 11月25日，大新镇龙潭村34组村民张某等15人到市调解中心，反映原晨阳镇施家村9组、10组（乡镇撤并后划归龙潭村）因农田地界纠纷引发矛盾，导致两组村民冲突。镇、村相关部门先后两次丈量调解，均未能使双方满意。市委农工办派驻调解中心窗口负责人宓武忠接访后，前往大新镇，召集新、老村书记、主任、会计、队长以及9组、10组村民代表开展调解。经调查，两组村民之所以异常重视农田地界的确定，一是因为国家免征农业税，粮价上涨，收益增加，农民种田积极性增高。二是因为建设需要，这些土地今后可能会被征用，涉及到征地补偿及二次分配。经协商，提出三个地界划分方案：一是以1962年分队账册记录，即依据三级所有、队为基础标准。二是以1983年土地第一轮承包账册记录，即依据分田到户标准。三是以1998年土地第二轮承包依据标准，并确定以实事求是、时间优先为原则。由于双方提供了1983年的原始账册，所

以一致采用第二套方案，据此测算出了两组农田总面积。在双方认可的基础上，由镇调解中心、经济服务中心、综合治理办公室牵头，对9组、10组的农田面积重新丈量，确认10组面积缺少0.03公顷（0.5亩），并进行了相应调整。事后，10组村民张某前去市调解中心，代表22户农户说出了八个字：公开、公正、公平、合理。

（朱洪春）

公　　安

【概况】 全市公安机关以深化创建“平安张家港”活动为主线，全面改革和加强公安工作和队伍建设，充分发挥职能作用，狠抓各项公安保卫工作措施的落实，进一步提高破案攻坚能力，完善社会防控体系，为全市经济发展和三个文明建设创造了持续稳定良好的社会治安环境。

打击犯罪　市公安局始终坚定命案必破理念，通过明确领导盯案责任，强化刑侦队伍建设，拓宽侦破工作思路，严格落实奖惩措施，各警种协同作战，全力以赴开展命案侦破工作，取得显著成效。年内破获各类刑事案件2853起，其中八类案件233起。抓获各类刑事作案成员2336人，其中逮捕1414人，直诉301人，网上在逃人员319人。破获经济案件89起，抓获经济犯罪嫌疑人94人，挽回经济损失3200余万元。不仅成功破获年内发生的全部11起现行杀人案件，还破获杀人积案5起，其中1994年发生的杀人积案1起，2000年以来的杀人积案4起，2000年以来的杀人积案破案率达到了40%。此外，还协破外省市杀人案件6起，抓获本地新增、历年及外省市网上杀人逃犯12人，省公安厅和苏州市公安局专门向市公安局发贺电表示祝贺。

治安管理　年内，举办业主和从业人员执业资格、业务培训班28期，共培训人员3407人。会同有关部门组织12次“扫黄打非”联合整治行动，共查获违反规定、超时营业的网吧11个，收缴盗版光盘及软件12万余张、非法书刊8万余册。开展烟花爆竹专项整治活动，查处非法贮藏烟花爆竹案件1起，取缔无证销售网点11家，收缴各类非法烟花爆竹708余箱。开展公共娱乐服务场所治安秩序专项整治行动，共查获涉娼、涉赌、涉毒、涉恶等各类案件8107起，查处各类违法犯罪嫌疑人12160人，其中行政处罚10289人、刑事拘留1871人。查处违规场所11家，清理私聘保安37人，向场所行业派驻保安720人。全年共查破治安案件5545起，查获违法人员11098人，其中劳动教养203人，收容教育223人，行政拘留5319人。

交通管理　全年共发生交通事故5738起，其中重大交通事故203起，一般交通事故656起，共死亡218人、伤266人，直接经济损失323.12万元。年内发生的8起重大交通肇事逃逸案件全部破获。查处各类交通违章26.09万起，暂扣机动车4000余辆，暂扣机动车驾驶证3331本，吊销机动车驾驶证119本，拘留176人，并对1280名记满12分的驾驶员组织了术科考试。办理汽车注册登记8854辆，五小车辆上牌照4015副，学习驾驶证6095本，共考核五小车辆驾驶员14012人，进行驾驶员年审7233人，车辆年检17696辆。漆划交通标线2.5万平方米，安装道路隔离护拦2.9万米，增设各类交通标志牌362套。到单位和中小学校上交通安全课400次，印发各类宣传材料6万余份，举办各类交通安全宣传图片展121期，在市区开展大型交通安全宣传活动6次，累计受教育人数达10万余人次。

接处警工作　受理各类报警70.98万起，其中有效警情14.64万起，涉及违法犯罪警情15127起，治安事件警情333起，火灾事故警情857起，交通事故警情39531起，交通违章警情2185起，各类纠纷37921起，群众求助16818起，警务监督64起，器材报警23769起，医疗急救3413起，其他6405起。通过进一步完善指挥处警机制，强化快速反应，抓获各类违法犯罪嫌疑人员1706人，刑事拘留914人。

【公安信息系统和移动警务通全面启用】 为进一步确立情报信息主导警务工作的科学理念，提高公安工作的科技含量，1月10日，市公安局举行了公安信息综合查询系统培训暨移动警务通配发仪式。将191台移动警务通配发给派出所社区民警、交巡警、治安大队等一线民警，并进行了应用培训。全面启用公安信息综合查询系统、移动警务系统、指纹识别系统、旅馆业联网报警系统以及网络视频监控等一批符合公安实际情况、在全省具有领先水平的公安信息系统。公安信息系统的正式启用和移动警务通的全面配发使用，解决了公安系统间的“信息孤岛”现象，实现了系统的互联互访和由人到案、到物、到场所等的互联互访及信息、资源的共享，确保公安业务信息的一致性、准确性和及时性，为各项公安业务提供了及时、正确的辅助决策服务，为基层实战提供了强有力的信息支持，提高了公安机关的战斗力。

【全国基层公安文化工作示范点现场会在张家港市召开】 5月26日至28日，公安部在张家港市组织召开全国基层公安文化工作示范点现场会。公安部党委委员、政治部主任孙明山，公安部政治部副主任、宣传局局长孙永波，省公安厅党委书记、厅长黄明，省公安厅党委委员、政治部主任朱义泉等领导以及来自全国各省、自治区、直辖市、副省级城市公安宣传部门的负责人等200余人参加了会议。会上，孙明山就全国公安机关深入学习贯彻第二十次全国公安会议精神、推动基层公安文化建设为实现公安队伍正规化服务作了重要讲话，要求全国公安机关认真学习张家港市公安局加强公安文化建设的先进经验，稳步推进基层公安文化建设。近年来，张家港市公安局牢固树立“先进文化也是警力，也是战斗力”的理念，坚持重在建设的指导思想，重点抓好“基本阵地、基本项目、基本队伍、基本制度”建设，不断构筑灵活有效的警察文化管理机制，完善与公安民警日益增长的精神文化需求相适应的文化阵地和设施，努力营造良好的文化发展环境，提高民警的文化修养和文化生活质量，为公安工作和队伍建设提供了强大的智力支持和文化服务。这一经验得到与会代表的充分肯定。会议期间，与会代表还先后现场观摩了市公安局的文化建设成果，参加了中央电视台《激情广场》节目现场录制，参观了张家港市三个文明建设现场。

【扎实开展大练兵活动】 为认真贯彻《中共中央关于进一步加强和改进公安工作的决定》和第二十次全国公安会议精神，全面落实“三个必训”（民警上岗和首任必训、职务和警衔晋升必训、基层和一线民警每年实战必训）制度，努力造就一支政治坚定、业务精通、作风优良、执法公正的过硬队伍，6月至8月，市公安局按照“干什么学什么、缺什么补什么”的要求，以提高民警综合素质、提升执法为民水平为目标，坚持全警参与、重在基层，立足岗位、注重实效的原则，注重学以致用，突出实战需要，以基本理论、基本法律、基本业务、基本技能、基本战术和基本体能为重点内容，通过举办法律知识竞赛，开展队列、擒拿格斗、现场检查盘问（搜身、上铐、带离）嫌疑人、警用手枪实弹射击等形式进行练兵活动。通过深入开展大练兵活动，进一步提高了全体民警的政治、业务、体能素质和实战技能，提高了队伍的整体素质、执法水平和综合作战能力，为服务“两个率先”、建设“平安张家港”提供了强有力的保障。

【顺利实现“四台合一”】 为更好地适应经济社会发展和政府职能转换，进一步提高服务社会、服务群众水平，提高公安机关整体快速反应能力，市公安局在市委、市政府的大力支持下，高度重视，精心组织，积极稳妥地推进“四台合一”工作。9月，顺利完成了“119”火警、“120”医疗急救与原有报警网络的并网工作，实现了“110”、“119”、“120”、“122”“四台合一”，并顺利通过省公安厅指挥中心的初步验收。“四台合一”后，实行一个中心、一级接警，实现集中接警、统一指挥、信息共享、快速反应，从而使“110”报警服务台在提高快速反应能力、强化整体作战效能、整合各类资源、实现信息共享、方便群众报警求助等方面跃上了新的台阶。

【苏州市特种押运中心张家港分中心成立】 为维护张家港市金融秩序，保障运钞安全，防范金融风险，在市委、市政府领导支持下，经多方实地考察准备，6月5日，苏州市特种押运中心张家港分中心成立。该中心集金库守押、武装押运于一体，位于省级开发区内，占地10.2万平方米，中心建筑面积6100平方米。主要从事货币、有价证券、金银珠宝、文物、艺术品及其他贵重物品的押运业务，承接张家港市6家商业银行239个网点的早送晚接业务和大额款项的接送押运业务和保管箱租赁业务。该中心的成立，是市公安局为保卫全市国家金融安全所构筑的一道坚强防线，也是市公安局服务经济建设的具体体现。

（徐高峰）

检　察

【概况】 市检察院牢固树立“立检为公，执法为民”的执法观，突出“强化法律监督、维护公平正义”主题，忠实履行法律监督职责，各项工作取得了显著成绩。年内，在苏州市检察机关年度工作考评中继续保持第一，并被评为全国先进检察院、全国十佳检察院。

反贪污贿赂和渎职侵权检察 年内，初查各类贪污贿赂渎职举报线索72件，立案侦查21件24人（其中贪污案件8件10人，受贿案件3件3人，挪用公款案件7件8人，失职致使在押人员脱逃案件2件2人，玩忽职守案件1件1人）。通过办案共追缴赃款赃物价值1500余万元，挽回经济损失1300余万元。

刑事检察 全年受理公安机关提请批捕各类犯罪嫌疑人1507人，经审查批准逮捕1418人；受理公安机关移送审查起诉各类刑事案件1129件1701人，经审查提起公诉1081件1621人，报送苏州市检察院审查起诉25件39人。

控告申诉检察 受理群众各类控告举报237件，申诉51件。其中属检察机关管辖的举报有119件（署名举报43件，占18.1%）。坚持每周五检察长接待日制度，共接待群众来访55批69人次。

民事行政检察 受理不服人民法院已生效民事、行政判决裁定的申诉42件，立案审查14件，提请抗诉9件，建议提请抗诉3件，再审改判案件4件，执行和解4件，息诉29件。

监所检察 检察收押人犯2022人，检察刑满释放人犯650人，检察投送劳改人犯646人，纠正监所违法3件3人，提出书面检察建议3条。依法查办刑罚执行期间又犯罪案9件12人，审查批准逮捕7件8人，审查起诉9件12人。

检察技术工作 受理委托检验鉴定648件，其中文检28件，法医500件，痕迹87件，理化检验33件，出具文件检验鉴定书3份。受理文证审查491件，出具文证审查意见书10份。

市检察院被评为全国十佳检察院　（市检察院 供稿）

【查处市建行贪污、挪用公款等8起窝串案】 4月7日，市检察院在办案中发现中国建设银行张家港市支行私设“小金库”问题突出，办案人员从查“小金库”资金来龙去脉入手，一举破获财务会计科科长徐法兴特大贪污（136万元）案、挪用公款（80万元）案，银建装潢工程公司经理卫秋军挪用公款（300万元）、贪污（9万元）案，原银建房地产发展有限公司总经理沈栋挪用公款（220万元）案。4月15日、16日和5月9日，市建行原行长印桂华（贪污19.98万元、受贿10.5万元）、原财务会计科科长余桂忠（贪污9.98万元）、原乐余办事处主任林鹤祥（挪用公款20.3万元）分别到市检察院投案自首。5月20日，涉嫌贪污的原锦丰分理处主任温波(贪污19.9万元)被抓获归案。8月10日，银苑宾馆副总经理汤天明在市检察院向其调查有关情况时，主动交代了贪污11.9万元的犯罪事实。这8起案值达900余万元的大案被一并立案查处，在全市引起了较大的震动。

【推行人民监督员制度】 推行人民监督员制度是最高人民检察院进行的一项重大改革举措，目的是加强对检察机关查办职务犯罪的监督，从制度上保障检察权的正确行使。为落实最高人民检察院的要求，市检察院于6月在市人大、市政协等部门的推荐下，聘请了由11名人大代表、政协委员、法学专家组成的人民监督员队伍，对检察机关拟作撤案、不起诉处理和犯罪嫌疑人不服逮捕决定的自行侦查案件进行监督评议，有1起案件进入监督评议程序。实行人民监督员制度，对促使检察干警转变执法理念、规范办案工作、提高办案质量，促进检察机关自觉接受监督、公正执法起到了积极作用。

【创建“五一三”预防职务犯罪工作法】 年内，市检察院充分发挥检察机关预防犯罪的专业化优势，在创出职务犯罪个案预防“五个一”（一份悔过书、一次案发原因分析会、一份书面检察建议、一堂法制教育课和一次回访考察）活动的基础上，又着手建立了一个“预防电子信息库”，并进一步将其发展为“三个延伸”：向前延伸，搞好告诫预防；向面延伸，开展系统预防；向后延伸，主动联手预防，从而形成了“五一三”工作法。该做法得到了最高人民检察院的充分肯定，并在江苏省检察系统被推广。

（张红霞）

审　　判

【概况】 市人民法院坚持公正与效率的主题，全面履行审判职责，全年共受理各类案件9420件，审、执结9073件，通过审判、执行，解决争议标的7.96亿元。年内，被评为省文明单位、省优秀基层法院。有1人荣立个人一等功，3人荣立个人三等功，1人被评为省优秀法官。

刑事审判　受理刑事案件1140件1735人，审结1116件1692人。生效判决中被判处10年以上有期徒刑的罪犯52人，被判处5年以上不满10年有期徒刑的127人，被判处5年以下有期徒刑的1027人，拘役的119人，缓刑的202人，单处附加刑的150人。

民商事审判　受理民商事案件4910件，审结4709件，解决争议标的6.09亿元。其中，审结婚姻家庭、继承纠纷案件1324件，劳动争议、劳务合同案件171件，损害赔偿纠纷案件482件，买卖合同纠纷案件1197件，建设工程合同、房地产开发合同纠纷案件136件，借款合同纠纷案件621件。

执行工作　受理执行案件3072件，执结2996件，执结标的1.86亿元。

立案信访　对刑事、民商事、行政、执行等各类案件立案9048件。受理督促、公示催告案件234件，审结198件。处理人民来信200余件，接待人民来访2500余人次。

审判监督和行政审判　受理再审案件9件，审结8件。受理行政案件55件，审结46件。

【建立审判质量与效率管理新体系】 年内，市人民法院大力推进审判管理机制创新，建立起了符合现代审判理念和审判规律的质量、效率考评机制。全院确定了11项基础指标和13项分析指标，与法官业绩考核、岗位目标奖惩有机结合起来。对全院各审判部门和每位法官的审判指标数据进行科学评估，逐月通报，作为年终岗位考核的重要依据，记入法官业绩档案。质量、效率管理体系的建立，有力地促进了审判公正与高效，全年结收案比达到100%，各类案件平均审理天数为27天，审判人员人均结案130件，无超审限案件，发回改判率为0.2%。

【探索实践“三心、四点、五法”调解方式】 市人民法院注重发挥调解在提高审判效率、化解社会矛盾中的积极作用，摸索出了“三心、四点、五法”的调解方式。即坚持耐心、公心、细心等三条对待当事人的基本准则；找准矛盾症结点、认识盲区点、交流感化点和问题落脚点等四个调解的关键环节；采取座谈交流、背靠背做工作、多方联动劝导、以案提示、及时保全财产等五种有效方法。这种新的调解方式有利于与人民调解组织之间构建起联系、协助、示范等联动机制，促进“大调解”格局的形成。年内，法院通过调解（包括经调解撤诉）审结民商事案件2516件，调解结案率53%。

【执结祥顺飞腾鞋业公司拖欠职工工资案】 张家港市祥顺飞腾鞋业公司因经营不善，拖欠职工工资，1月8日，经市劳动仲裁委员会裁决，该公司应支付职工工资款65.7万元。裁决生效后，该公司未能按时执行。6月，267名职工向市人民法院申请强制执行。市法院及时对该公司资产进行清查，于7月3日委托拍卖公司进行拍卖，依法将拍卖所得的65万元工资款发放到职工手中，保障了工人们的合法权益，维护了社会稳定。

（陈剑浩）

司法行政

【概况】 年内，市司法局围绕“法治张家港”、“平安张家港”的创建目标，充分发挥依法治理、法制宣传、人民调解、安置帮教、社区矫正和法律服务的职能作用，取得了显著成绩。年内，被中央综合治理委员会授予全国刑释解教人员安置帮教工作先进集体，被苏州市文明委授予文明单位等荣誉称号，并参加了全省司法行政系统先进事迹巡回演讲活动。年末，在苏州市司法行政系统层级考核评比中位居第一。

法制宣传与依法治理工作 年初，市委批转了市依法治市领导小组办公室制定的《张家港市2004年法治城市建设工作意见》，对全年法制宣传教育工作和依法治理工作提出了明确的目标、任务和要求。5月，通过采用板报巡展、开展义务法律咨询、在网站和报纸开辟专栏、编发宣传资料等形式，在全市开展了“宪法学习宣传月”活动。9月29日，联合民政、公安、国土等11个职能部门，组织55名工作人员，在市街心公园联合举办了以“坚持依法行政、维护群众利益”为主题的广场法制宣传咨询活动，共发放宣传资料2000余份，解答法律咨询356人次。同时，通过在“一报三台”开设专栏、开展法制电视论坛、法制征文比赛等形式，围绕该主题广泛宣传。12月4日，开展“12·4”法制宣传日活动，共发放宣传资料1570份，展出版面60余块，拉横幅52条，举办法制讲座21期，受教育人数806人次，举办法律知识竞赛2场166人次，举办法律咨询6场。

人民调解与安置帮教工作 全市调解组织共受理调解各类矛盾纠纷2893件，调解成功率达98.8%；防止民转刑案件15起23人次；防止自杀6起6人次，制止群体性械斗14起；制止群体性上访86起8885人次；向政府提出司法建议59条。年内，全市共回归刑释解教人员312名，安置率94.5%，帮教率100%，均高于上级主管部门提出的70%和90%的工作要求。

法律服务与法律援助工作 全市律师共受聘担任551家企业的常年法律顾问，办理各类案件1905件。其中，经济案件590件，涉及标的6.69亿元；民事案件966件，涉及财产标的1.43亿元；刑事案件325件；行政案件24件；非诉讼法律事务176件，涉及经济标的2.49亿元；依法索回赔欠款4.55亿元。全市基层法律工作者共受聘担任309家企业的法律顾问，代理诉讼案件1126件，代理非诉讼案件265件，避免和挽回经济损失5.79亿元。市公证处共办理国内民事公证2121件，其中，拆迁、分房等现场监督公证122件，经济公证750件，涉外公证1083件，涉港、澳、台公证71件。市法律援助中心共受理并协调承办法律援助案件200件，其中，刑事案件187件，民事案件13件。接待群众来电来访1092人次。

【社区矫正工作向纵深推进】 2月5日，市委、市政府批转下发《张家港市社区矫正工作方案》，随后，通过成立社区矫正工作领导小组、确定职责分工、召开协调会议、组织业务培训、建立工作制度等，在全市有序加以推进。此后，又不断更新工作理念，采取了“四同三不同”（四同：本地矫正对象与外地矫正对象，档案完整与档案残缺，“官”与民、“老板”与雇员，矫正对象与普通公民同等对待；三不同：不同刑种、接收方式、管理方式的区别对待）的矫正模式，同时创新工作制度，推行了“责令书”制度，建立了解矫预警、解矫通报制度和社区矫正“易联网”。全年共有441名矫正对象接受了矫正，签订监护协议429份、志愿者协议429份、公益劳动协议29份，建立公益劳动基地29个，开展公益劳动71次1060人次、开展集体教育64次1162人次，开展解矫后的走访96人次。有103名对象被解除社区矫正，1人被高校录取，2人被提拔为中层干部。司法部、省司法厅和苏州市政府等领导先后5次到张家港市开展专题调研，市司法局两次与英国同行开展国际交流与合作，并被司法部确定为社区矫正试点工作总结会的经验交流单位之一。

【律师集中教育整顿取得明显成效】 为认真贯彻落实中央领导同志关于加强律师队伍建设的重要批示和省、苏州市律师队伍建设工作会议精神，5月12日，市司法局制定下发了《关于在全市律师队伍中开展集中教育整顿活动的实施意见》，围绕建设一支“坚持信念、精通法律、维护正义、恪守诚信”的高素质律师队伍的目标，开展了集中教育整顿活动。整个活动分学习动员、自查自纠、集中查处、建章立制、检查验收五个阶段。活动要求全体律师在思想认识上重高度、在问题查找上重深度、在社会征询上重广度、在形象展示上重亮度。通过开展自学、组织培训，进行财务、收费审查，签订诚信责任书，召开行风监督员和当事人座谈会、发放征求意见函，进行法律业务论文撰写比赛，为278名政协委员和纪委（监察局）担任义务法律顾问等一系列有效形式，进一步规范了业务学习、对外宣传、案件讨论、主任例会、福利、奖惩等律师协会内部规章制度，全面加强律师执业管理，健全和完善律师自律机制，促进了律师行业的规范服务和健康发展。

【开展送法进外企活动】 为使“四五”普法更加全面深入，突破以往普法只注重外企普通职工的惯例，6月18日，市司法局与市依法治市领导小组办公室、综合治理委员会等7个职能部门联合发出《关于在外商中开展法制宣传教育的意见》的通知。此次送法进外企涉及的法律法规有：宪法、刑法、民法等基本法；公司法、合同法、土地法、中外合资经营企业法、中外合作经营企业法、外资企业法等与外商投资办企业相关的法律法规；对外贸易法、环境保护法、外商投资企业劳动管理规定等与外商企业生产经营相关的法律法规；税收管理法、外商投资企业和外国企业所得税法等与税收相关的法律法规。10月，印制5000余份版面精美、图文并茂的《常用法律法规问题》小册子，发放到全市各外资企业和外商手中。整个活动期间，共举办法制培训班和法制讲座21期、法律咨询6场、法律知识竞赛2场，使全市346个外资企业和360名外商熟悉和掌握了与自身工作、生活密切相关的基本法律法规和法律程序，进一步优化了外商投资的法治环境，受到外商普遍好评。这一经验被江苏省委办公厅予以推广。

（赵晓芳）

【编辑 张 洁】

张家港口岸

综　　述

【概况】 张家港口岸位于长江黄金水道下游南岸，岸线全长63.57公里（不含双山岛岸线），其中深水岸线33.7公里，并有长江福姜沙岛作天然避风屏障，岸线平直、水深贴岸，自然条件优越。从1992年起，张家港开始实施“以港兴市”战略，将港口码头开发与保税区建设同步推进，实现区港合一。2004年8月，国务院批准设立张家港保税物流园区，实施区港联动发展模式，港口功能得到新的拓展和提升。2004年，口岸完成货物吞吐量6397.8万吨，比上年增41.8%。外贸进出口运量2018.9万吨，比上年增18.7%，其中外贸进口1731.4万吨，增16.7%，出口287.5万吨，增32.2%。集装箱完成运量32.82万标准箱，比上年增32.7%。至年末，口岸到港国际航行船舶达3134艘次。张家港口岸已成为长江流域最大的外贸商港。年内，海关完成税收114亿元，张家港口岸成为全国首家税收超百亿元的县域口岸。

功能优势　张家港口岸是长江流域第一批对外开放港口，经过20多年的建设和发展，已拥有对外开放泊位38个，其中万吨级泊位31个、江心浮筒15个，年吞吐能力超过6000万吨。口岸辟有至日本、韩国、香港等国际集装箱航线，每月航班16个，长江内支线航班每月180多个，经上海或香港中转，可与世界各大港口开展货运往来。口岸功能全面，可承接钢材、木材、化工品、粮油、煤炭、集装箱、件杂货等不同货种的中转储运。张家港保税物流园区经国务院批准启动运行后，口岸各单位充分利用保税区政策优势，推出一系列与之配套的管理服务措施，口岸物流渠道更加畅通，服务功能更趋完备，区位优势进一步突显。依托蓬勃发展的地方外向型经济，口岸外贸运量迅猛增长，全年外贸进出口量达2018.9万吨，居长江诸港口之首。其中：钢材413.8万吨、化工品398.4万吨、粮食383.6万吨、、金属矿石229.7万吨。张家港口岸已成为全国重要的化工、粮油、钢材、木材集散地。

科技兴港　为提高口岸工作效率，张家港口岸积极推进“大通关”建设，各单位以科技为导向，不断探索“电子口岸”、“数字口岸”发展模式，加快电子信息化建设。2001年建成的口岸综合监控系统现已覆盖沿江40多公里岸线，包括38个对外开放泊位、6家代理公司、1家理货公司和整个保税区，为海关和边防的监管、打私、反偷渡提供了最快捷、准确的现场资料。年内，配合保税物流园区建设，海关推出保税物流信息系统和液体散化联网监管系统，极大地降低了进出区货物的物流成本，提高了通关速率。海关H986集装箱检测系统将集装箱查验速度由以前的数小时缩短为几分钟。长江福南水道是长江最繁忙的航道，年内，海事局成功开发了长江第一个电视监控系统——CCTV工业电视监控系统，配合原有的VTS雷达监控系统，做到了对长江辖区安全状况的即时监控和全面覆盖，大大提高了监管效能。电子信息化建设已成为口岸实现“大通关”最有效的举措，为进一步整合资源，实现数据共享，12月下旬，由市政府牵头，组织包括口岸委、各查验单位、引航站、发计委、财政局、交通局在内的10家单位成立了张家港市“电子口岸”建设工作领导小组，着手筹建口岸电子信息平台，至年末，小组已进入考察调研阶段，并初步排定了具体工作任务时间表。

码头管理　面对口岸经济的快速发展和码头开放管理中出现的新问题，口岸各执法部门进一步加大管理力度。口岸委联合各检查检验单位，对开放码头提前介入，从国家政策、开放程序到具体操作进行详细指导，使辻产业重机码头、东海粮油扩建码头和沙钢海力原料3号、4号泊位顺利开放；继续加大码头年审力度，树立越洋等5家单位为示范监管点，对年审不合格单位严格执行整改方案。年内，市港务管理局认真履行管理职能，严把市场准入关，共审批核发港口经营许可证60多份、危险品货物港口作业认可证7份；积极宣传港口法，通过媒体宣传、培训讲座，在全港掀起学法高潮，至年末，各码头单位中层以上干部参训率超90%。

安全监督　口岸现有专门从事危险化学物品的码头单位8个（11个泊位），另有东海、江海、永嘉、港务集团等码头和仓储单位均涉及危险品业务，安全管理成为港口管理的重中之重。市港务管理局严格执法、规范服务，确保了口岸全年生产无事故。年内，共举办危险品货物运输人员培训班5期，21家单位共400多人参加了学习，口岸从事危险货物作业人员全部持证上岗；实施危险货物作业审批制度，年内共接受外贸船舶申报870艘次，总计出入境危险货物209.34万吨；加强港口安全监督管理，抽调17家码头单位的分管领导和安全工作专门人员，组成安全工作检查组，对企业进行不定期检查；根据港口法要求和张家港具体情况，制订港口重特大事件应急预案，并公布实施；组织各开放码头切实履行SOLAS公约（国际海上人命安全公约），7月1日前，17家开放码头全部完成港口设施保安评估和保安计划的编制，保证了各码头外贸船舶的正常靠离。

文明共建 文明共建是营造口岸团结协作、和谐发展的重要手段。年内，口岸各单位以“大通关”建设为主题，开展了形式多样的共建活动。各查验单位一把手季度例会、业务科室月度例会、办公室主任共建例会形成了张家港特色的共建形式，为口岸各单位加强沟通，协调问题提供了良好的机会，也受到了兄弟口岸的推崇和借鉴。10月中旬，口岸成功举办了为期3天的“共建杯”体育运动会，共有29个单位、261名运动员参加，较好地展示了张家港口岸奋勇争先的精神面貌。年末，口岸有34个单位被评为张家港口岸共建社会主义精神文明先进单位。口岸委、各查验单位、引航站、永恒码头、越洋实业被评为省口岸系统先进单位。

存在问题 一是现有岸线资源不多，腹地狭窄，拓展空间有限。二是港口总体规划、定位滞后，公用码头不足。三是长江张家港段特别是福南水道河势变化存在隐患。

表14 张家港口岸开放泊位一览表

码头名称	货种	泊位个数	靠泊能力（吨级）	对外开放时间
（一）张家港港务局码头		12		
1号泊位	件杂货	1	13000	1983－05
2号泊位	件杂货	1	13000	1983－05
4号、5号泊位	散　货	2	50000、50000	1983－05
6号泊位	件杂货	1	10000	1985－12
7号泊位	件杂货	1	10000	1985－12
8号泊位	件杂货	1	25000	1994－12
9号泊位	煤　炭	1	20000	1994－12
10号泊位	化　工	1	25000	1994－12
13号泊位	散　货	1	10000	1988－10
14号泊位	件杂货	1	13000	1992－12
15号泊位	集装箱	1	25000	1992－12
（二）货主码头		26		
上海港机厂码头	杂　货	1	10000	1998－02
江海粮油码头	粮　食	3	10000、10000、35000	1987－12
东海粮油码头	成品油	2	35000、5000	1995－07
东海粮油扩建码头	成品油	1	50000	2004－09
张家港油库	成品油	1	5000	1995－02
越洋化工码头	化工品	2	35000、10000	1999－04
东华优尼科码头	液化气	1	54000	1999－11
奔辉码头	重　油	1	35000	1999－12
浦沙钢铁码头	成品钢	1	5000	1998－07
海力钢铁码头	成品钢	1	13000	1998－11
海力钢铁码头4号泊位	成品钢	1	30000	2003－12
沙钢海力原料码头1号泊位	散　货	1	30000	2000－08
沙钢海力原料码头2号泊位	散　货	1	50000	2001－11
沙钢海力原料码头3号、4号泊位	散　货	2	50000、50000	2004－08
陶氏化工码头	化　工	1	25000	2002－06
长江国际码头	化　工	2	10000、30000	2002－09
中东石化码头	化　工	1	5000	2003－08
永恒钢铁码头	散　货	2	5000、5000	2003－12
过产业重机码头	重　机	1	3000	2004－06
合　计		38		

表15　2004年张家港口岸查验服务单位主要业务实绩表

单位	项目	实绩	比上年增减(%)
海关	征收关税（亿元）	22.98	51.73
	代征税款（亿元）	91.07	47.19
	截获走私、违规（起）	43	–
海事局	办理船舶进出港签证（艘次）	86902	38.39
	到港国际航行船舶（艘次）	3134	17.47
	审批危险品进出港手续（份）	6560	11.96
引航站	引领船舶（艘次）	4552	–0.05
	其中：外轮	4457	–4.83
	国轮	95	–29.10
边检	检查入出境中外籍船舶（艘次）	4107	20.94
	检查入出境旅客员工（人次）	61934	14.25
检验检疫局	出入境货物检验检疫（万批次）	6.77	24.22
	出入境检验检疫货值（亿美元）	77.20	26.14
	截获各类病虫害种数	284	16.39
	检疫出入境船舶（艘次）	4017	19.45
	监测体检出入境人员（人次）	1772	19.01

【张家港市港务管理局成立】 5月15日，根据张委发〔2004〕17号文件精神，张家港市港务管理局职能由市交通局转入市口岸委，与口岸委实行合署办公。市港务管理局是顺应港口企业体制改革、实行政企分开的要求而设立的，属市政府职能部门，业务上受苏州港务管理局指导。依据《中华人民共和国港口法》和《苏州港口管理委员会章程》，对辖区内港口企业履行港务管理、安全监督、收取港口规费等职能。市港务管理局的成立，将进一步加强港务和口岸管理力度，对充分发挥港口优势、确保港口健康有序发展起到积极作用。

【口岸新增加4个对外开放泊位】 年内，口岸新增4个对外开放泊位，分别是：江苏辻产业实业有限公司的5000吨级重机码头、东海粮油5万吨级扩建码头和沙钢海力原料3号、4号泊位。随着张家港外向型经济的快速发展，港口优势进一步突显，货主码头建设方兴未艾，至年末，口岸共有对外开放泊位38个，其中货主码头占三分之二之多。

【集中整治“货郎船”】 12月下旬，针对长江“三无”船舶（无船名船号、无船舶证书、无船籍港）增多，严重影响长江航道安全的情况，由市政府牵头，口岸委、海事、边检、海关、公安水警、长航公安、交通、渔政、卫生、文广等10多个部门联合开展了为期40天的整治行动。其间，共出动执法人员800多人次，车辆200多台次，巡逻艇100多艘次，进行面对面教育200多人次，发放宣传资料500多份，劝离“三无”船舶100多艘次，强制拆除“三无”船舶动力10艘次。一直以来，以“小货郎”船为主的非法加油船、扫舱船、废油回收船、电焊船等小型“三无”船舶在张家港港内从事着非法经营活动，屡禁不绝，不仅存在严重的安全隐患，而且对过往船舶的航行安全构成威胁，同时也严重影响到张家港的港口形象，口岸执法单位曾多次进行打击清除。这次集中整治行动，是历年来参与单位最多、历时最长、效果最好的一次。

【危险品货物管理与操作人员持证上岗】 自7月1日起，张家港口岸从事危险货物的作业人员和管理人员全部持证上岗。张家港口岸是长江流域重要的外贸港口，沿江拥有多个化工码头、成品油库。危险货物的运输、仓储安全已成为百姓关注的焦点。为提高危险品货物运输人员的整体素质和行业管理水平，4月下旬，市港务管理局根据交通部有关规定，全面落实危险货物从业人员资质认定制度，组织口岸21家码头单位、近400名危险货物从业人员参加了由省交通厅运管局组织的危险货物运输岸上人员培训班。学员们通过考试获得了由交通部颁发的上岗资质证书。

【开放码头全面履行SOLAS公约】 国际海上人命安全公约（简称SOLAS公约）第五章修正案于7月1日生效。SOLAS公约是所有关于海上安全的国际公约中最重要也是最古老的公约之一，其中与航行和人命安全相关的内容，如航行设备配备、安全配员、船舶操作要求等被列在第五章“航行安全”中。中国作为缔约国，也将同步履约。为此，口岸各开放码头积极筹备，相继派员参加交通部组织的保安员培训，并根据公约要求制订港口保安设施评估报告和港口设施保安计划。港务管理局为方便企业，专门邀请交通部水科所专家到各开放码头进行技术指导。至6月30日，张家港口岸17家码头单位全部拿到SOLAS保安符合证书。自7月1日起，凡外轮靠泊，码头和船方第一步就是互换保安符合证书，以确保双方船货安全。

（严　瑛）

港口码头

【概况】 2004年是张家港港务集团有限公司改制后的第一个完整运作年，也是在新旧制度交替中磨合协调的一年。年内，全港上下紧紧围绕董事会确定的各项目标和任务，以市场为导向，以效益为中心，团结一致，奋力拼搏，经营形势持续稳定发展，各项经济指标再创历史新记录。本港完成吞吐量2880万吨，为年计划的140.5%，比上年增41.4%。其中：集装箱全年完成吞吐量32.82万标箱，为年计划的109.4%，比上年增32.8%；木材全年完成自然吨270.3万立方米，为年计划的84.5%，比上年减少28.6%；钢材全年完成自然吨192.6万吨，为年计划的87.5%，比上年增23.1%；矿粉全年完成自然吨527.8万吨，比上年增141.2%；煤炭完成297.3万吨，比上年增63%，散货完成年计划的187.5%，比上年增106.3%；主营业务收入实现3.6亿元。港口三个文明建设取得丰硕成果，张家港港务集团获评苏州市文明单位，船务分公司张港一号获全国水运系统安全优秀船舶称号。

基本建设　年内，由于货种结构变化，木材量下降，散货、钢材量上升，使原有的设备远远跟不上生产形势的变化。为了满足主要货种的装、卸，本港先后投资4010万元更新添置了机械设备和装卸设施。添置40吨叉车1台、门机（25吨、40吨）2台、16米交通艇1艘、3600HP全回转拖轮1艘、WA470装卸机1台、WA380装卸机2台、小车4辆。改造场地6.5万平方米，适应了货种结构的调整。新建一座5万吨级的泊位，码头的结构是按集装箱及散货两用设计，其主体工程于8月完成，比计划提前2个月。

主要货种结构　2004年，货源的形势千变万化。木材市场下滑明显，仅270万立方米自然吨，比上年减少28.6%。散货装卸一路走高，矿粉全年进口自然吨527.8万吨，比上年增141.2%；煤炭完成自然吨297.3万吨，比上年增63%；钢材市场也全线飘红，全年完成自然吨192万吨，比上年增23.1%。针对这一变化，张家港港采取在木材货源上“抓重点、保重点”，减少分流，确保优势的地位。在散货升温的形势下，调整泊位，扩大堆场，增加设备，为应对散货的不断增加创造了良好的条件。针对进口钢材减少的实际，狠抓出口钢材，使张家港市周边的钢材在本港出口的量不断增大，抢占了钢材市场。全年本港吞吐量一举突破2880万吨。

港口接卸、疏运及泊位利用　2004年，针对货源市场出现的新变化，本港紧盯市场，适时调整货种结构，确保码头装卸量充足饱满。全年接卸外轮440艘、中国远洋轮182艘、海轮341艘、长航1艘、国内轮71艘。码头利用率89.7%，船舶平均每千吨货在港时间0.20天，机械利用率33.3%，设备完好率95%。

【黄菊到张家港港视察】　1月24日，中共中央政治局常委、国务院副总理黄菊，在交通部部长张春贤、中共江苏省委书记李源潮、省长梁保华等领导的陪同下，视察了张家港港。张家港港务集团有限公司董事长吴正信向黄菊汇报了港口基本情况。黄菊对张家港港为长江三角洲经济发展作出的重要贡献给予了充分肯定。

【SOLAS履约进展顺利】　SOLAS履约是本港2004年的一项重要管理工作。为此，港务集团成立了SOLAS公约履约工作领导小组，对港口设备进行了保安评估与计划，建立健全港口设施组织结构体系，成立了保安应急小组，对保安设备、电视监控设施进行了重新配置，更新了视频监控系统，按期完成了隔离带、围栏等设施。按预期顺利通过了SOLAS履约验收，并获得交通部颁布的港口设施保安符合证书，7月1日起正式履约。履约中，结合身份识别、保安监控系统、进港许可证，规范了码头进出车辆及人员管理工作，还配合苏州港务局，联系口岸单位开展了一次颇具规模的SOLAS演习，充分展现了本港港船联动预防恐怖事件的能力。

表16　**港口主要生产企业选介表**

公司名称	业务范围	2004年产量	比上年增减(%)	负责人及电话
港埠公司	件杂货装卸，木材、钢材及部分散货	1260万吨	44.00%	经理：黄智华 电话：58319301
港盛公司	散货装卸，煤炭、矿粉	1100万吨	49.65%	经理：钱滨海 电话：58319721
中外合资永嘉集装箱有限公司	国内外集装箱装卸及堆存	328309标箱	32.69%	中方常务副总经理：沈宝兴 电话：58832511
中理理货公司	国内外船舶的理货	理货335.万吨		经理：郭立军 电话：58319751
中联理货公司	国内外船舶的理货	22.43万吨 13.56标箱		经理：沈栋华 电话：58932988
中日合资兴菱化工有限公司	液体化工产品及化工品装卸储存	102万吨	1.10%	中方常务经理：朱龙云 电话：58337330
船舶服务公司	拖带国内外船舶	5326艘次	95.23% 其中：港内19.00% 港外24.00%	经理：陈维新 电话：58319701
港昌公司	件杂货、散货的装卸储存	32万吨		经理：高志刚 电话：58331001

（傅亚正）

海　　事

【概况】　年内，张家港海事局积极推行海事执法模式改革，深化航路改革成果，水上反船舶超载长效管理机制初步形成。扩展了电子海事政务系统，建成了福南水道工业电视监控系统和福南下口大型航行信息发布屏，调整了水上搜救中心成员单位。海事服务经济发展和水上安全的能力不断提高，执法权威和社会地位明显提升。全年共办理进出港签证86902艘次，审批到港国际航行船舶单船3134艘次，办理危险品进出口手续6416份，审批进出口危险货物664万多吨。纠正船舶违章1113艘次，跟踪船舶52805艘次，提供信息服务44671艘次，实施船舶交通组织30726次，维护船舶10149艘次。辖区发生一般以上水上交通事故4件，直接经济损失603万元。年内，张家港海事局被评为省口岸工作先进集体，张家港海事局所属0870艇获省级以上先进表彰，孙剑、陈平、张晓峰等4人获评省级以上先进个人。

【改革执法管理模式】 2004年，张家港海事局按照“精简、统一、效能和强化现场”的原则，对海事执法管理模式进行改革。撤销内设的对外管理机构，成立船舶交通管理中心、调查督察处和政务中心。将分散在各业务部门的动态执法工作全部纳入船舶交通管理中心（海事执法支队），下设水上执法大队，实行水上办公。政务中心具体履行海事行政许可和行政审批职能等海事“静态”执法工作；调查督察处负责水上交通事故、污染事故的调查处理、法制管理、执法规范化管理等工作。同时，调查督察处还承担依照相关规定对船舶交通管理中心（海事执法支队）、政务中心及海事处的执法行为进行监督的职责。在原各海事处基础上成立海事执法大队，具体负责本辖区内陆上动态执法业务，按照动静分离原则开展基层海事执法工作。改革后，海事局实现了静态执法、动态执法与执法督察三分离（行政执法与执法监督分开、行政受理与行政审批分开、违法调查与违法处理分开）确保了执法的公平、公正。

【安全护航超大型船舶1990艘次】 “超大型船舶”指船舶实际淡吃水9.7米以上或船长大于205米或航行操纵能力受到限制的船舶(队)。由于受长江航道条件限制，超大型船舶的安全进江一直是海事部门的监管重点，同时，超大型船舶又承载了长江大量运力，直接关系到沿江经济的发展和口岸的繁荣，为此，超大型船舶又成为海事部门的服务重点。为确保超大型船舶安全航行，张家港海事局将新建成的工业电视监控系统和雷达监控系统有机结合，对超大型船舶实施全过程监控和全方位覆盖，同时派出海事巡逻艇全航程维护，为超大型船舶开辟安全通道。在需维护船舶到达前，由局交管中心根据引航计划，提前安排艇力在福南水道上、下口及福中水道等候。船舶进入长江张家港段后，交管中心一方面通过VTS系统和视频监控系统对辖区内的其他船舶进行监控，及时清理航道，另一方面，随时与维护对象联系，通报辖区内船舶流量情况，发布安全信息。对吃水超过10米或船长超过250米的船舶，则及时召开专家论证会，制定维护方案，以确保船舶安全航行。2004年，张家港海事局共安全护航超大型船舶1990艘次。

【福南水道“瓶颈”变通途】 近年来，随着沿江的大开发、大发展，张家港国际航行船舶年到港量以20%的速度攀升，2004年第四季度月平均到港量达到300艘。然而，在全长50多公里的长江张家港段，码头鳞次栉比，航道弯曲狭窄，其中福南水道更是长江通航环境最复杂、船舶操纵最困难的航段。为确保这些船舶能安全进出张家港，张家港海事局全力开展“安全、畅通、文明”航区建设，不断改善辖区通航安全环境。狠抓水上违章行为，确保船舶严格按定线制航行，按载重线装载，船舶航行大小船分流，为大型船舶开辟了快速通道，确保半数以上海轮实现了夜间航行。积极探索“数字海事”的创建，做到对辖区安全状况的即时监控和全面覆盖。在福南水道下口，投资200多万元建成全国内河最大的LED船舶航运安全信息发布屏，起到了良好的信息发布、安全警示和交通组织、指挥作用。年内新运行的电子海事政务系统，大大提高了海事工作效能，在网上5分钟就能办结一宗国际航行船舶进口岸申请，从而加快了口岸大通关进程。全年张家港港审批到港3134艘国际航线船舶，居长江各港口之首。长江福南水道“瓶颈”变“通途”，国际航行船舶事故率降为零，长江张家港段成为长江最安全、最畅通、最文明的航区之一。

【深吃水海轮首次成功驶入大新专用航道】 12月11日，巴拿马籍“益发”（YICKFAT）轮满载铁矿38015吨，在张家港海事局船舶交通管理中心运用雷达的全过程监控下顺利进入大新专用航道，靠泊张家港永恒有限公司码头。该轮前后吃水均达10.75米，大大超过了大新专用航道最大设标水深6.0米的限度，成为首次进入大新专用航道的深吃水海轮，开创了大新专用航道内码头靠泊超大型船舶的先河。大新专用航道内超大型海轮的成功首航，为该水道沿线码头靠泊深吃水海轮积累了经验，也为更好地利用一干河上游段岸线提供了参考。

【张家港建成全国最大的海事信息发布屏】 7月6日，全国最大的LED海事信息发布屏在张家港建成并投入使用。该工程由江苏海事局投资，张家港海事局承建。显示屏屏体长15米、高4米，塔身总高32米，可视距离为2000米。由于该信息发布屏位于福南水道、福中水道和浏海沙水道的交汇处，三面临江，通过显示海事安全信息，能够有效提醒上下行船舶及早做好避让准备，确保船舶安全航行。该发布屏同时还装备有工业电视监控系统，半径5000米范围内的船舶皆纳入监视范围。海事部门能通过该系统更为直观地监控船舶航行秩序，及时查纠船舶违章行为。

【张家港出港船舶无一艘超载】 自4月1日开展打击水上运输超载统一执法行动以来，张家港海事局把源头治超作为整治重点，严查出港超载船舶。与辖区25家码头单位、装卸作业点签订了配合协助打击“三无”、“超载”活动的承诺书，明确“谁超载、谁负责”。各码头为此都制定了相应的防范措施和内部责任追究制。码头单位还邀请海事部门为码头作业人员进行载重线相关知识的培训，指派专人对所有出港船舶进行现场测量。与此同时，海事部门加大水上、陆上巡查力度，尽可能做到现场签证，对装载钢材、危险货物的船舶做到“条条检查”，将发现的问题及时向港航码头单位反馈，以真抓实干的作风打消船员的侥幸心理。至年末共检查船舶6230艘，发现超载船舶420艘，及时要求整改，实施海事行政处罚198起，确保张家港出港船舶无一艘超载。

（丁湖海）

海关

【概况】 年内，张家港海关按照“依法行政，为国把关，服务经济，促进发展”的16字工作方针和“政治坚强，业务过硬，值得信赖”的队伍建设12字要求，切实履行海关职能，科学征管，严打走私，严密监管，海关把关服务能力不断提高。进一步加大业务改革力度，海关信息化建设卓有成效，整厂搬迁、便捷审价、口岸大通关等通关作业改革进一步深化，“区港联动”试点获国务院批准，促进了开放型经济的健康快速发展。全年监管进出境货运量1899万吨，进出口货值108亿美元，监管进出境船舶6237艘次，海关税收入库114亿元，审批加工贸易合同金额6.8亿美元，审批特定减免税金额7.6亿元，共查获各类案件43起，总案值约1.2亿元，入库罚没收入712万元。海关准军事化纪律部队建设进一步加强，机关思想作风不断改进，连续三年获张家港市十佳文明示范机关称号，张家港海关报关厅被授予省级青年文明号，被海关总署和共青团中央授予全国青年文明号称号。

【海关税收超百亿元】 年内，国内经济继续保持快速稳定增长，进出口贸易大幅攀升，为海关税收奠定了良好的基础，口岸化工品等主要税源商品量价同涨直接拉动了税收的增长。面对关税水平下调、多个区域优惠协议的实施等诸多影响税收的不利因素，张家港海关围绕税收“轴心”，依法治税，科学征管，综合治税，全年征缴各类补税1.1亿元。继续推行网上支付、无纸化通关、快捷通关，在南京关区实行了首个“便捷审价”试点，对骏马、天宇等企业整厂搬迁设备实行便捷监管模式，并协同推进口岸大通关建设，不断提高通关效率，吸纳口岸物流，涵养税源。与此同时，木材交易市场、化工品交易市场、植物油交易市场等的不断建立，使得品牌效应、规模效应凸现。2004年，海关监管货运量达到了1899万吨，海关税收也历史性的突破了100亿元大关，全年共征收税款114亿元，其中关税23亿元，进口环节税91亿元，比上年分别增长48%、53%、47%，张家港口岸也因此成为全国首个海关税收超百亿元的县域口岸。

（贾东航）

【保税区海关推行海关专管员制度】 年内，为实现海关有效监管与企业高效运作的有机统一，保税区海关在区内推出加工企业海关专管员制度。根据区内加工贸易企业情况，将企业分成纺织类、IT类、机械类三大行业类别，根据海关人员的专业特长、工作能力分别设立相对固定的专管员岗位，一般每人负责10个左右的企业。专管员必须根据企业生产加工计划，强化实际下厂核查频率、成效，将海关管理和服务从办公场所转到企业生产现场，使企业足不出户就能解决通关难题。

（唐兴华）

【保税区海关液体散化联网监管系统首批试点成功】 12月，张家港保税区海关液体散化计算机联网监管系统在兵吉燕、力凯2家化工仓储企业正式启用，标志着该系统首批试点获得成功。液体散化联网监管系统具备实时可视化监管、多系统比对报警、风险布控、统计查询等功能，有较强操作性和使用性，对“看不见、摸不着”的液体化工品进行实时的可视化监控，解决了液体化工品海关监管难的问题，使海关能掌握第一手的货物进出库动态。同时，海关通过该系统能有效规范企业行为，提升仓储企业管理水平，积极推动仓储企业向物流服务方向发展。

（陆海冰）

【联合监管销毁4万余瓶过期进口洋酒】 9月23日，张家港保税区海关与检验检疫局联手，监管销毁46838瓶计43820升意大利产葡萄酒、白兰地、威士忌。该批洋酒1997年从国外进保税区仓储，后因销售渠道不畅等原因一直滞留区内，其中葡萄酒已过保质期，部分15年、10年的白兰地因标签霉烂亦无法在市场销售，货主特向海关提出销毁申请。对此，张家港保税区海关采取有力措施确保监管到位，白天派员到现场清点数量、监督销毁，夜间则利用闭路电视监控系统全程监视销毁现场，以防洋酒被人偷喝、夹带，并对整个销毁过程作文字记录、摄像存档。

（胡海波 陆海冰）

出入境检验检疫

【概况】 全年共接受出入境检验检疫报检6.8万批，货值77亿美元，集装箱8.5万标箱；检疫出入境船舶4017艘次，人员63267人次；截获各类有害生物302种6301批次，其中三类以上21种587批；监测体检出入境人员1772人次，发现各类疾病366例；办理普惠制签证12978份，货值3.8亿美元；帮助18家企业通过ISO 9000质量体系认证，1家企业通过ISO 14000环境体系认证；行政收费8900余万元，人均收费75万元，名列江苏检验检疫系统第一。多项工作保持全省乃至全国领先地位。进口大豆、海运木材、化工品和出口豆粕、中巴车等大宗商品检验检疫业务量列全国同类口岸第一；进口废物、油脂、棉花和羊毛检验检疫量位居全省系统第一；卫检疫情检出率、信息宣传等工作列全省系统第一。7月28日，建成系统内首家“进口木材标本展览室”，该室展示了200多种进口木材材种及各种进口木材的现场识别特征和实验室鉴定要点。年内，获江苏检验检疫系统文明单位标兵、苏州市文明单位、苏州市文明示范窗口、张家港市文明示范单位等荣誉称号，团支部被评为江苏省五四红旗团支部，党组中心组被评为苏州市理论学习先进集体。

【截获主要有害物种】 3月24日，在对印度进口的棉花开箱检验检疫过程中，发现黄胸鼠；3月29日，在一艘圣文森特籍废钢船上发现蟑螂，进行熏蒸处理后共灭毙400余只，经鉴定为德国小蠊；4月1日，对1批从意大利进境的旧羊毛加工设备检疫时，在旧的梳毛机的缝隙中和进境旧设备上查获多种杂草种子，这在张家港检验检疫局尚属首次；5月11日，在载有1.7万多吨澳洲白麦的“天柱峰”轮船甲板上，截获一种蜉金龟科害虫，经形态学鉴定确定为沙滩蜉金龟；8月12日，对一艘来自印度的“伊朗沙瑞提”船舶实施检疫时，在蔬菜水果冷库中的印度芒果中首次截获二类危险性有害生物——芒果果核象甲；11月8日，在对来自莫桑比克的一批集装箱原木进行现场检疫时，发现一只个体较大的活蜗牛，经鉴定确认为海湾玛瑙螺，这是国内首次截获该种有害生物。

【高致病性禽流感防治工作扎实有效】 年初，国内部分地区爆发了高致病性禽流感，张家港检验检疫局以高度的政治责任感，及时研究部署防治工作，对5万多标箱来自疫区的集装箱进行了消毒防疫处理，共封存来自禽流感流行国家和地区的禽产品船只88艘次，并对来自禽流感疫区的5只鹦鹉进行了销毁处理。中央电视台《经济半小时》对此作了专题报道，国家质检总局重点敏感商品督查组到张家港局检查时，对此项工作给予了充分肯定。

【妥善处理大宗进境美国疫麦】 为抓好进口小麦检验检疫工作，拒疫情于国门之外，张家港出入境检验检疫局强化检疫监督，并于10月从一批8900吨的美国小麦中截获我国一类禁止进境的危险性有害生物TCK（小麦矮腥黑穗病），这是江苏口岸首次从进口的美国小麦中截获的TCK疫麦。张家港检验检疫局高度重视并对该批小麦进行了妥善处理，江苏检验检疫局局长车文毅、副局长陈建东亲临现场视察，并对张家港局的工作给予了高度评价。

【拒有毒大豆于国门之外】 张家港出入境检验检疫局严格按照总局要求，对每一批进口大豆重点抓好表层检疫及室内检疫鉴定，全年共检疫监管进口大豆40批次176.8万吨，货值5.87亿美元。从中截获有害生物74种，均按有关规定实施了检疫处理。连续在4条进口大豆船中发现混有红色有毒种衣剂大豆，其中从巴西进口大豆中查获了萎锈灵、塞菌灵、对甲抑菌灵等农药残留，其中对甲抑菌灵为全国首次发现。

【进口食用油脂预警工作超前】 张家港出入境检验检疫局全年共检验进口食用油脂90万吨，货值4亿美元，分别比上年增63%和66.7%。共检出185批货物卫生或品质不符合要求，及时对外出具索赔证书22份，帮助收货人索赔金额达100万美元，并上报不合格进口油脂预警信息185条，预警信息工作在江苏检验检疫系统名列首位，得到上级部门的肯定与表扬。

【应对牡丹车出口事件】 6月，商务部驻哈萨克斯坦经商处反映张家港牡丹汽车存在“严重质量问题”，引起了国务委员吴仪的高度重视。通过国家质检总局、江苏检验检疫局派调查组历时1个月的全面调查，结果表明，牡丹客车的质量没有问题，张家港检验检疫局的汽车出口检验监督工作是规范、有效的，国家质检总局检监司司长王新到该局调研时也对此项工作给予了充分肯定。全年共检验出口汽车整车2134辆，与上年相比增长112.34%，金额2467万美元，出口量位居全省第一。

【实验室检测能力进一步增强】 2004年，张家港出入境检验检疫局多方筹资近300万元，添置和更新了气相色谱仪、自动流程仪、B超机等实验室和保健中心仪器设备。实验室一举通过CNAL（中国实验室国家认可委员会）的现场评审，使技术中心通过认可的项目标准由原来的81个扩展到175个。年内，参加了CNAL组织的能力验证试验“动植物油脂中有机氯农残的检测”，新开检了天然气汽车、汽车轮胎、联铸板坯、气密端子、袋式除尘器、超声波清洗机、球阀、电烤炉、洗灌封一体机、珍珠粉、动物骨髓、牛肚、维生素B_6和俄罗斯原木等14个品种，及大豆中种衣剂成分、酒精中“二恶烷”、牛肚中沙门氏菌、单增李斯特杆菌、纺织品的“甲醛”含量和PH值、疫麦（TCK）处理监管等7个项目，检测能力得到了新的提升。

（徐　瑛）

边防检查

【概况】 年内，张家港边防检查站（以下简称边检站）围绕“创特色，争一流”的总体工作目标，全力推进边检勤务、教育训练和后勤保障改革，切实提高官兵执法水平和服务效能，牢固树立“立警为公，执法为民”理念，保证了各项边防检查管理任务的圆满完成。边检站被江苏省边防总队评为信息化建设先进单位，被苏州市政府、苏州军分区评为拥政爱民先进单位。

业务建设　边检站全年共检查出入境中外籍船舶4107艘次、61934人

长江“货郎船”专项整治　　（陈子兵　摄）

次，分别比上年增20.9%和14.3%，无漏控、失控事件发生。发现并处理违反边防管理法规案件21起44人；发现并妥善处理外籍人员偷渡案1起8人；破获组织运送他人偷越国（边）境案1起，抓获偷渡人员3人、组织运送者2人。年内举办登外轮人员培训班16期，1000余人参加培训；专业培训边检协管员100余人。办理登轮许可证、登陆许可证等各类证件4万余份。

拥政爱民　边检站在抓好中心工作的同时，大力开展为民服务活动，全年共为浦项集团、张家港高级中学等17个单位军训员工（学生）近7000人。组织官兵无偿献血3万多毫升，扶贫捐款、捐资助学5万余元。派出警力200余人次协助地方维护治安。

【查破1起偷越国（边）境案】 7月25日，边检站执勤哨兵在对奥地利籍“赛尔西”号货轮执行监护时，当场抓获3名欲随轮偷渡至韩国的福建籍人员。同日，省边防总队对该案立案侦查，并抓获涉嫌运送3名偷渡人员的2名菲律宾籍船员（均系“赛尔西”轮水手）。12月，南京市中级人民法院开庭审理此案，并作出一审判决。

【扎实开展大练兵活动】 边检站全年共投入资金11万余元，建造400米障碍和平房攀登训练场，添置了大量训练器材。召开阶段性动员、总结会8次，分阶段、科目、类别考核9次，保证了大练兵活动的有效开展，官兵综合素质取得了长足进步。5月，在省边防总队组织的大练兵比武竞赛中，获得中队类团体第五名的成绩，1人在省公安系统组织的手枪射击比赛中获得女子组个人第一名的成绩。

【参加长江“货郎船”专项整治】 12月，边检、海事、公安、海关、水警等部门联合行动，对长江张家港段“货郎船”进行了为期40天的专项整治。在整治行动中，边检站共出动警力200多人次、警车50多辆次、船艇8艘次，下发、张贴宣传资料300余份，劝离“货郎船”100余艘次，协助海事部门拆除9艘“货郎船”动力装置，有效遏制了张家港口岸涉边违法犯罪活动势头，维护了口岸的安全和稳定。

（陈子兵）

江海粮油码头　（王留声 供稿）

长江引航

【概况】 张家港引航站隶属长江引航中心，有在编人员43人，其中持证引航员38人。内设调度、财务、后勤3个部门及引航小组，主要职责是对所有外国籍船舶代表国家行使主权，实施强制引航，对中国籍船舶提供引航服务，对辖区内的码头、泊位、中外籍特殊船舶提供技术服务，咨询论证。全年引航外国籍船舶4552艘次。

（许崇标）

运输仓储服务

【江苏中外运有限公司张家港分公司】 公司是中国外运集团在张家港的分支机构，是张家港惟一集货运代理、船务代理、仓储运输、航空快递等为一体的综合性物流企业。拥有“中国外运”、“阳光速航——蔚蓝通道”等服务品牌，能向货主提供包括货代、船代、快递等物流专业解决方案，具有综合性、多功能、国际化的物流服务条件和较强的竞争实力。公司在市区国泰大厦和张家港保税区内设立了机构，同时利用中国外运集团在世界各地的服务网络为客户服务。全年接交进出口集装箱4.6万标箱；代理进出口散杂货200万吨，比上年增长16.06%；进出口空运快件6.75万份，比上年增长28.57%；代理空运普货239吨，比上年增长20.37%。年末，公司被张家港市口岸委评为先进单位。

（赵玉姣）

【江苏省江海粮油贸易公司张家港储运部】 2004年，张家港储运部全年码头吞吐量250.5万吨，是码头开港以来的第二个高产年，为年度计划200万吨的125.3%，比上年增长12.7%，其中外贸吞吐量为109万吨，比上年增长17.0%。全年累计完成油脂吞吐量101万吨，为年计划60万吨的168.3%，比上年增长36.9%，取得了码头开港以来油脂中转的最好成绩，名列全国油脂仓储企业接运量第一。年内接转海轮102艘，其中外轮74艘。

【接运小麦超40万吨】 2004年，张家港储运部被中国储备粮管理总公司指定为张家港口岸承接国家进口粮接运任务的定点单位。4月1日，装载3.98万吨加拿大小麦的克罗地亚籍“欧陆嘉”号货轮顺利停靠张家港储运部2号泊位，这是江苏口岸自1996年以来首次接转进口小麦。年内，累计接卸进口小麦41.8万吨，出色地完成了进口小麦接运任务，在平抑市场粮价、保障国家粮食安全方面发挥了积极作用，为国家粮食宏观调控措施的有效实施作出了积极贡献。

（王留声）

【张家港海员俱乐部】 年内，张家港海员俱乐部认真履行工作职能，做好接待、宣传、服务工作。全年陪同海员参观游览72次432人，组织各种形式座谈会23次135人，为海员提供服务128人次。赠送各类书刊428册，其中英文版《中国日报》等报纸330份。为海员购物182次，陪同就医36次。

（苏　静）

【编辑　黄晓曙】

沿江开发

综　述

【概况】 2004年，张家港市充分依托区位优势和产业优势，推进纵深开发，集约利用资源，形成特色品牌，放大辐射效应。围绕培育大企业、发展大物流、建设大载体，加快建立参与国际产业分工的生产体系、面向国际市场的营销体系和接轨国际惯例的服务体系，探索出了一条高质量、高效益、可持续开发的道路，在新一轮沿江开发中抢得先机。全年张家港保税区、省级开发区、扬子江化学工业园和扬子江冶金工业园注册外资、到账外资分别占全市的51.6%和53.8%。

高标准建设大载体　按照“突出优势、错位发展、促进集聚”的要求，高标准、高效率配置好沿江资源，尤其是沿江34公里深水岸线资源。把全市区域作为临港经济的发展腹地，突出建好沿江开发区域近150平方公里的大载体，迅速拉开沿江开发的大框架。2004年，以保税区为龙头的沿江开发载体建设取得显著成绩，依托沙钢集团，以黑色金属、有色金属、稀有金属的冶炼、加工为主的冶金基地，以东海粮油为首的综合性粮油加工基地，以江苏华尔润集团为重点的建材基地，以陶氏、雪佛龙、杜邦等一批国际著名化工企业为基础的化工基地正在逐步形成和发展壮大。

加速推进龙头企业建设　一批产业链长、带动力强的龙头型企业正在形成。2004年沙钢集团销售超300亿元，永钢集团营业收入超100亿元。

大力发展现代物流业　年内按照“区港一体”战略，大胆借鉴国外和先进地区发展物流的先进经验，以现代化信息手段，建设好电子信息平台、公共服务平台，健全现代物流企业网络，并整合现有资源，充分利用港口和沿江物流量大的优势，重点发展保税区现代物流中心、永嘉集装箱货运中心、金港物流中心等一批物流载体。8月，国务院正式批准成立张家港保税物流园区，成为张家港吸引外资新的亮点，全球最大的石化物流供应商荷兰孚保公司率先进驻，总投资1.8亿美元在园内修建化工品储罐和仓储码头。

江苏省张家港保税区

【概况】 张家港保税区从1992年建区以来，结合自身的特点和优势，一直致力于打造化工特色园区。历经10多年的发展，张家港保税区已经走出了一条独具竞争优势的开发之路，化工特色在世人面前分外抢眼。“化工制造”、“化工物流”、“化工市场”已成为当今张家港保税区人口中最常言的三个关键词。2004年张家港保税区实现业务总收入801亿元，比上年增长31%，其中工业产品销售收入159亿元，增长33%；国内生产总值48.9亿元，增长26%；进出口贸易额31.8亿美元，增长67%；财政收入11.3亿元，增长13%。

招商引资　继续大力实施“走出去，请进来”战略，在招商引资上坚持以特色增强引力，以特色集聚优势，以特色放大效应。全年共引进外资项目51个，注册外资4.2亿美元，比上年增长53%；到账外资1.95亿美元。引进的51个外资项目中，总投资超500万美元以上的有28个，超1000万美元以上的19个，超2000万美元以上的有13个。同时，全年开工项目不断，形成了洽谈一批、签约一批、开工一批的良好局面。全年共开工项目26个，总投资超3亿美元，开工项目数为保税区历史之最。

基础设施建设　坚持高标准、大投入构建基础设施，努力营造一流投资环境。全年累计新开工项目70个，竣工项目58个；累计新增项目总投资42.5亿元，其中工业31.2亿元，民用5000万元，基础设施10.8亿元；完成固定资产投资25.5亿元，其中基础设施项目8.1亿元，工业建设项目17亿元，民用建设项目4000万元。主要建设工程包括：共完成道路面积17.5万平方米，铺设各类管线39公里，平整土地137万平方米，新增道路绿化面积48万平方米，拆迁农户400户、拆迁面积10万平方米。年内完成双狮物流5万吨级固体码头、5万吨级液体码头、东海粮油扩建码头和化工园110千伏安、220千伏安变电站及部分线路等工程建设。

管理服务　始终注重内抓管理强实力，外抓服务树形象，打造精品投资软环境。在内部管理上，积极探索民企和外企党建工作，筹建了美资企业联合支部，新建党委1个、党支部5个，新发展党员22人，预备党员转正37人，并有2家企业新建了工会组织。积极推行事业单位人员全员聘用制，为本系统5个单位45名人员办理了聘用手续。全年共引进各类专业人才9人，其中海外留学人员3人。努力采取多项举措推介保税区，除在国内外组织多次专题招商推介活动外，年内完成了数字保税区网站的全面改版，并将其挂靠新加坡《联合早报》网站和日本化工网站；制作了保税物流园区、视频保税区、招商引资、触摸屏等多媒体并配上英、日、韩等语种文字，对外发稿400多篇次。在企业服务上，各职能部门以服务客商为己任，始终坚持"首问负责制"、"工作日办结制度"，开通24小时服务热线，对外商提出的问题、碰到的困难，做到急事急办，特事特办，寓招商于服务之中。

直属企业营运　各直属企业营运态势良好。金港资产经营有限公司顺利完成对天港房产公司、花木公司、顺力水电公司以股权转让形式的企业改制，账面实际收回国有资产5860万元；按时完成江南宾馆的转企工作，并对该单位实行以资产租赁方式的延续经营；加强对出租房的管理，空置房屋出租率达到77.5%，全年收回房屋租金153万元；对24家投资参股企业进行了清理核查，其中已有2家企业办理了投资主体变更。张保实业有限公司完成销售收入1.5亿元，基础配套投入8.2亿元。长江国际港务有限公司实现主营仓储业务收入7326万元，比上年增17.2%；实现净利润1768万元，比上年增30%；码头吞吐量217万吨，比上年增36.9%；张家港保税区在市区的窗口单位豪苑大酒店正式营运。

【"化工制造"建设生态园区】 2月9日，江苏省环保厅转发了国家环保总局《国家生态工业示范园区申报、命令和管理规定（试行）》等文件，张家港保税区审时度势，提出创建区域性ISO 14001环境体系认证的目标，力求从管理入手，将生态特色做大做强。制定了化工不等于污染的核心环境方针。通过注入循环经济理念，进行"绿色招商"，即在现有产业结构与园区产业定位的基础上，按照循环经济的理念，对项目类别进行筛选，做到在引进项目时严格论证把关，项目建设时严格监督管理，项目实施运转后严格监督检查，以形成具有自己特色的产业链结构，从而构建自己独特的工业生态系统。11月4日，张家港保税区顺利通过由中环联合论证中心组织的ISO 14001环境管理体系论证第一次监督审核。

【"化工市场"瞄准全国第一】 张家港保税区化工市场全年成交额177亿元，是2002年的5.1倍。在3.07万平方米的市场内入驻企业449家，其中2004年新增企业85家，新增注册资本2.1亿元，入库税收近7000万元，一些国内大型化工品进出口公司和全国各地实力较强的石化、医药等企业相继入场。保税区化工品交易市场大胆借鉴其他成功市场举办商会的经验，成功出版《每日电讯》电子刊物，得到南京海关的认可，从8月起被作为南京海关全关区的审价依据。张家港保税区化工市场的报价正日益成为华东地区的权威报价，化工市场的行情也正逐步成为华东市场及全国化工价格的"晴雨表"，在液体化工现货市场具有举足轻重的位置。

【"化工物流"打造区域物流中心】 2004年，张家港保税区继续大力实施区港联动战略，现代物流业提速发展。全年实现进出区货物总量471万吨，比上年增长20%；进出区货物总值43亿美元，增长69%；实现海关关税及代征税29亿元，增长66%。特别是化工物流特色优势进一步显现，化工品交易市场全年完成成交额177亿元，比上年增长65%，入库税收近7000万元。

【6个仓储物流项目同时奠基】 8月28日，长江时代、泰诚仓储、中融物流、诺亚国贸、长江物流和江苏逸仕露等6个仓储物流项目在保税区同时举行开工典礼。6个项目总投资1.8亿元，仓储面积18.3万平方米，投资商分别来自北京、上海、香港、珠海等地，这是张家港保税区被批准列入第二批区港联动试点单位后，首批在保税区开工奠基的仓储物流项目。

（陈　稳）

区港联动张家港保税物流园区

【概况】 8月16日，国务院在上海试点的基础上同意进一步扩大保税区与港区联动试点范围，批准青岛、宁波、大连、张家港、厦门象屿、深圳盐田港、天津保税区与其临近港区开展联动试点。区港联动张家港保税物流园区设立。保税物流园区是中国目前法律框架下的自由贸易区，除继续享受保税区在免征关税和进口环节税、海关特殊监管等方面的政策及港区原有的功能外，在税收政策上，还

化工原料交易市场　（魏　欣　摄）

叠加了出口加工区的政策，即国内货物进区实行退税。张家港保税物流园区具有国际中转、国际分拨配送、国际采购、国际转口贸易等四大功能，分西区和东区，规划面积为1.53平方公里。其中西区0.89平方公里，是一个涵盖集装箱、件杂货、液体化工、散货的综合性物流园区；东区0.64平方公里，是一个以液体化工和固体化工品仓储为主兼有其他类别的综合性物流园区。

【《区港联动发展试点意见》出台】 10月18日，经江苏省人民政府同意，江苏省人民政府办公厅转发了江苏省发改委、江苏省财政厅、江苏省外经贸厅、江苏省国税局、江苏省工商局、江苏检验检疫局、南京海关、国家外汇管理局江苏省分局、张家港保税区管委会《关于推进张家港保税区区港联动发展的试点意见》。该试点意见分别对张家港保税物流园区海关监管、检验检疫、税收管理、外汇管理、市场准入以及其他管理事项等六个方面进行了规定，是促进张家港保税物流园区发展的配套管理办法。

【保税物流园区通过南京海关预验收】 12月29日，张家港区港联动保税物流园区顺利通过南京海关预验收组的验收。自张家港保税物流园区获得国务院批准后，张家港保税区严格按照署税〔2000〕311号、署税〔2000〕680号文件的有关规定，对保税物流园区区内道路、查验场地、海关监管及隔离设施等工程进行了高标准建设，历时4个多月。预验收组一致认为，张家港保税物流园区基础设施达到试点要求，整个园区布局合理、规划科学、监控有效，已经具备封关运作条件。

【世界最大化工物流企业落户保税物流园区】 5月，总投资1.8亿美元、注册7200万美元的荷兰孚宝物流项目签订土地转让意向协议，孚宝仓储（张家港）有限公司正式落户张家港保税物流园区。孚宝公司（英文名Vopak）是世界第一大石油、化工及燃气仓储分配的全球网络化大型集团公司，总部设在荷兰的鹿特丹。其所辖的75个库区遍及全球26个国家，总存储量达到2400万立方米，拥有深海、海岸、内陆运输船只225条，占据全球仓储市场25%的份额。孚宝亚洲公司在张家港保税物流园区投资的项目，购地49.33公顷（包括860米长江岸线），建造、拥有并经营仓储码头，将对园区乃至整个长江流域石油化工工业的发展起到积极的推动作用。

（陈　稳）

江苏省张家港经济开发区

【概况】 2004年，张家港经济开发区以科学发展观为指导，统一思想，提高认识，求真务实，真抓实干，继续保持良好的发展势头，各项经济指标均比上年同期有了较大幅度的增长。全区完成工业产品销售收入64亿元，比上年增31%；实现地区生产总值15亿元，比上年增25%；完成入库税收3.15亿元，比上年增46.1%；开发区财政留成9600万元，比上年增37.3%。

招商引资 2004年，全区共新批办外资项目57个（其中增资6个），总投资超4.3亿美元，比上年增38.3%；完成注册资本2.4亿美元，注册外资2.3亿美元，分别比上年增43%和49%，全年累计到账外资8608万美元。其中，韩国东熙汽配等13个项目投资超1000万美元，韩国和田汽配等8个项目投资超500万美元。投资（增资）国别（地区）分别来自欧美（6家）、港台（9家）、韩国（19家）、其他（3家）。全区新批内资企业248家，完成内资注册资本10亿元，比上年增79%；新批

表17　江苏省张家港经济开发区2004年主要开工外资项目一览表

项目名称	总投资额	投资商	主要产品
马尼托瓦克起重设备	2980万美元	美国马尼托瓦克起重集团	塔式起重机及其他起重设备
三和涂料	2000万美元	三和涂料株式会社	高性能涂料
扬子染整	1500万美元	德国南方毛业	高档织物面料的织染及后整理工作
和星汽配	1500万美元	和星AMT株式会社	制动器总成、变速器、等速万向节等
维弗拉士纺织	1000万美元	香港维弗拉士公司和瑞士ACA纺织公司	高档织物布料
大起善翱汽配	480万美元	韩国大起产业株式会社	汽车电子设备系统、滤清器等

表18　江苏省张家港经济开发区2004年主要开工内资项目一览表

项目名称	总投资额	投资商	主要产品
东方四通科技	3500万元	市东方四通科技有限公司	变压器、克氙灯
金陵体育器材	2500万元	金陵体育器材有限公司	体育器材
威龙塑料包装	2300万元	市威龙塑料包装有限公司	包装材料
森淼纸业	1500万元	江苏森淼纸业有限公司	复印纸
金如意鞋帽	1000万元	市金如意鞋帽材料公司	鞋、帽材料

引进外地资本项目55家，总投资3.2亿元，注册外地资本2.13亿元，比上年增95%。内资企业入库税收1.99亿元，比上年增77%，外地资本项目实际投入工作量2.33亿元，比上年增32%。

基础设施建设　2004年累计投入1.5亿元，完成西区大道、东区大道等9条道路建设；完善区内绿化、沟系、项目土地平整、路灯、蒸汽管道、电力等基础设施；新建16幢联体房和6幢公寓房，对北区15户危房和紧房户进行了预拆迁，为区内百姓解决了实际困难。区内有124套安居房竣工验收，144套安居房正按较高标准进行建设，6万平方米可安置400多户人家的拆迁安居房已全面开工，并尽力做好安居房与周围环境相协调等方面的工作。严格按照规划进行基础设施建设、项目选址及项目建设。做好土地善后处理以及区内在建企业的清查整顿工作。截至年末，在开发区内已建成标准型厂房56万平方米，已租赁46万平方米，并有约10万平方米的标准型厂房正在建设中。

【创新思维开创招商新领域】　面对国家宏观调控趋紧，土地、电力、资金等瓶颈制约，开发区始终坚持工作目标不变，招商力度不减，冷静分析，准确定位，抢抓机遇，一着不让抓招商。一是欧美招商有新突破。全年新批欧美投资企业9家，其中规模较大的有总投资2980万美元的马尼托瓦克起重设备（中国）有限公司，总投资1500万美元的张家港扬子染整有限公司。二是外资企业增资项目逐渐增多。全年共有增资项目6个，其中江苏南阳汽车配件有限公司总投资由1000万美元增加到1800万美元，瑞进汽配（张家港）有限公司总投资由600万美元增加到1200万美元。三是内资项目总量规模大幅提升。更加注重引进投资规模大、产出效益快的三产项目；投资重点侧重于建设专业市场；投资方向由重批发行业转向重代理、咨询等行业。外地资本投资由江浙为主趋于多元，其中温州已成为沿江开发区外地资本的重要来源地，浙江投资项目和资金80%以上源于温州。四是做细做实亲商亲民工作，突显招商引资软环境效应。面对开发区建设中土地、电力、资金紧缺等困难和问题，全区人员上下齐心，正视矛盾不畏缩，充分发挥主观能动性，及时沟通，主动宣传，经常走访，组织多种形式的外来投资企业座谈会，倾听企业意见，积极帮助外来投资企业解决投资及生产过程中遇到的各种问题，为他们提供多方面的优质服务。

【区镇联动功能充分显现】　2003年末，开发区与杨舍镇实行联动开发后，开发区建设发展得到了杨舍镇、村各级领导的重视和支持，区镇紧密合作，统筹协调，妥善解决了项目用地、开发建设等方面的困难和矛盾。开发区上下认真做好危房户安置工作，主动关心所在村的经济发展，为其建造标准型厂房及提供相关配套。至年末，开发区已在相关村建有30万平方米的标准型厂房，并继续着手再建10万平方米的标准型厂房，以此来促进村级经济的发展，增加村级经济来源，对解决失地村民就业、及时化解各种矛盾，进行村“二次分配”等起到了积极作用。一年来，开发区无闹事、无上访。

（毛建芳）

江苏扬子江国际化学工业园

【概况】　2004年，作为张家港保税区的工业配套区的江苏扬子江国际化学工业园，充分依托保税区的功能政策，大力实施“区园联动”战略，已形成了“1+1”（保税区＋化工园）联动开发格局。全年经化工园管委会批办的外资企业21家，投资总额3.76亿美元，注册外资1.88亿美元。引进的21家企业中，总投资超500万美元的20个，超1000万美元的16个，超2000万美元的8个。截至2004年末，占全年新增注册资本的70%以上。累计引进化工企业600多家，其中世界500强企业10多家。一个以化工产业为基础，链式积聚效应日益增强的生态型化工制造业基地正在形成。

表19　江苏扬子江国际化学工业园2004年主要开工项目一览表

项目名称	总投资额	投　资　商	主　要　产　品
泰柯棕化	5000万美元	KlkPremierCapitalLimited、TaikemarketingSdnBhd	脂肪酸、甘油、皂粒
佐敦油漆	2700万美元	挪威佐敦公司	高性能油漆
超群纺织	2500万美元	泰国袜业有限公司、东洋袜业有限公司、东洋泰国际有限公司	袜子、手套、帽子、内衣等
海凌工业	2500万美元	日本海鸥株式会社	各种精密轴承、轴承配件及其他机械零部件
丰田塑料制品	1610万美元	日本丰田公司	塑料制品
梅塞尔工业气体	1500万美元	梅塞尔·格里斯海姆中国控股公司	氢气
东亚迪爱生	1400万美元	日本东亚合成株式会社、迪爱生投资有限公司	紫外线硬化树脂
可乐丽	1000万美元	日本可乐丽株式会社	亚克力板

【循环经济催化产业链形成】　2004年，江苏扬子江国际化学工业园“绿色招商”理念的创新，带来了产业布局的变化。园区成功吸引一批国际化工旗舰项目和“龙头”企业入驻，带动了一大批“下游”企业纷纷抢滩化工园，一个

繁忙的港口运输

（港务集团 供稿）

个“唇齿相依”的产业链逐步形成。如：苏州精细化工公司产品有氯气、氢气、氯化氢等，美国道康宁公司在化工园投资的有机硅项目用该公司产品氢气、氯气、氯化氢制备一氯甲烷生产有机硅，以苏州精细化工生产的氯气与氢气为原料的骏马化纤集团已内酰胺项目则成为该链条的二级节点；梅塞尔气体项目从苏州精细化工生产的氢气中提取高纯度氢气，供给三井化学等企业，而三井化学下游的PET项目产生的PET又成为欣欣化纤公司的原料。

【道康宁、瓦克联手打造有机硅系列产品基地】 2004年，美国道康宁公司总投资1700万美元的年产5万吨密封胶项目、德国瓦克公司总投资3300万美元的年产6000吨白炭黑项目、德国瓦克公司总投资2900万美元的硅橡胶项目先后落户江苏扬子江国际化学工业园。这是世界著名企业美国道康宁和德国瓦克公司在扬子江化工园联手打造总投资5亿美元基地项目中的3个，项目规模大、科技含量高、行业影响广，从而在扬子江化工园联手建成全球最大的有机硅系列产品生产基地，此举将对扬子江化工园的发展和产业集聚效应的发挥起到重要的推动作用。

（陈 稳）

江苏扬子江国际冶金工业园

【概况】 江苏扬子江国际冶金工业园是由江苏省人民政府批准设立的省级特色工业园区。区内共有外资企业30多家，内资企业40多家，是江苏省最大的冶金产业基地。江苏沙钢集团、韩国浦项制铁、晓星物产、奥地利奥钢联等国际著名企业已入驻园区，并获得良好发展。园区坚持以沙钢集团、浦项制铁等大企业为核心，大力发展物流产业，加快推进载体建设，做大做强冶金板块，已形成炼铁1000万吨、炼钢1350万吨、轧材1300万吨、不锈钢板35万吨、热镀锌钢板15万吨的生产能力。2004年完成工业产品销售收入315亿元，比上年增长49%。累计完成合同外资15亿美元，注册外资4.9亿美元。

招商引资　年内，冶金工业园不断拓展招商领域，挖掘招商渠道，招商引资呈现良好发展态势。全年赴欧洲、日本、韩国及台湾、浙江、广东、上海等地举行专题招商活动20余次，接待国内外客商120余批次。全年新批外资项目5个，总投资6590万美元，注册外资3310万美元，到账外资6322万美元；新批内资项目11个，注册资本7070万元，投入工作量6900万元。总投资超2000万美元的外资项目2个，注册资本超1000万美元的外资项目2个；总投资超1000万元的内资项目3个。

基础设施建设　全年完成基础设施建设投入1.5亿元。其中，投入2000万元完成区内主干道2公里，铺设各类管线15公里，平整土地0.9万平方米，新增绿化面积150万平方米。完成动迁880余户，累计拆迁面积183万平方米，安置农户750余户。投入4000万元，加快浦项三期工程建设；投入1000万元，加快沙钢新建项目配套小区建设。在沿江高速公路、锦绣路、锦店路等路段设立了标志牌，进一步突显冶金工业园的形象。冶金物流中心完成规划，进入论证阶段。

管理服务　积极改善投资软环境，为进区企业做好服务工作，大力推进浦项三期工程和沙钢新建项目建设。完成《循环经济建设规划》论证。进一步完善和制定各项规章制度，出台了《机关工作责任制考核办法》、《先进集体、先进工作者评选办法》等。先后引进各类专业人才9人。对园区的电子邮件系统和网站（www.ymip.com）进行全面升级。新建机关党支部1个，认真抓好党风廉政建设和精神文明建设，做好区内企业的安全生产监督工作，使园区的管理服务水平跃上新台阶。

【锦绣路如期竣工】 11月28日，冶金工业园区内的主干道锦绣路如期竣工。锦绣路位于锦丰镇店岸村、联兴村，西起一干河边，东至杨锦公路，路面采用混凝土浇筑，全长1941.49米，路宽31米，其中主车道15米，非机动车道4米，路肩2米，总投资2000万元。该路是冶金工业园道路框架中“两纵两横”的纵向主干道。锦绣路的顺利竣工对于园区的招商引资和载体建设具有十分重要的意义。

表20　江苏扬子江国际冶金工业园2004年主要开工项目一览表

项目名称	总投资额（亿元）	投资商	主要产品
浦项三期工程	4.8	韩国浦项	热轧不锈钢
200万吨沙景宽厚板	3.2	沙钢集团	宽厚板

【浦项（ZPSS）STS扩建工程开工建设】 12月28日，浦项（ZPSS）STS扩建工程举行打桩仪式。工程总投资约7亿美元，年生产STS热轧板60万吨。设有制钢厂、热轧工厂、退火酸洗工厂和副产物处理工厂。设备供应单位有奥钢联、三菱日立和POSCO E & C。设计单位有POSCO E & C和武汉钢铁设计研究院。总工期至2006年11月1日结束，计22个月时间。

（陈海文）

张家港市沿江经济技术开发办公室

【概况】 2004年，张家港市沿江经济技术开发办公室紧紧围绕年初确定目标，突出招商引资主线，拓宽招商引资渠道；优化投资环境，完善基础设施配套；深化改革，规范内部管理；注重服务，强化服务功能，克服了因国家宏观调控带来的一系列负面影响，全年完成销售收入26.6亿元，比上年增280%；完成利税1.72亿元，比上年增145.7%。其中实现利润8200万元，比上年增99.2%；入库税收9000万元，比上年增212%。

招商引资　年内，大力拓展台湾、日韩及欧美等地市场，先后在日本举办张家港市（大阪）投资说明会，在法国里昂、德国科隆等主要工业城市举办投资说明座谈会，在美国、加拿大举办项目洽谈会等境外招商活动9次，在上海、浙江、南京等地举办各类团拜会、招商会8次。接待日本真锅造机、北村夏和，韩国ACE、大山产业，法国圣戈班，意大利VANESSA服装，美国卡博特特种化学，台湾金兰食品以及中化国际、荣胜造船、中顺纸业、华峰集团等各类投资考察团体80余批次，到访客户800人次。全年新批外资项目4个，增资扩股项目1个，外方股权转让项目2个，内资项目11个。完成注册外资1.16亿美元，新增到账外资5067万美元，完成外地注册资本1.32亿元，外地资本投入量1.46亿元，民营注册资本1.34亿元。截至2004年末，沿江开发办共引进项目74个，其中外资项目32个，总投资超10亿美元；内资项目42个，总投资超40亿元。

基础设施建设　全年完成固定资产投入4.96亿元，其中永恒钢铁2.1亿元、海螺水泥1.3亿元、中东石化4500万元、易坤毛业2200万元、天海建材2000万元、辻产业重机1900万元、源胜化工1800万元、越洋实业1200万元、张皋汽渡500万元、沿江污水厂400万元，基础设施投入1100万元。通过加大固定资产投入和工程建设，基础设施配套功能日趋完善，投资环境不断优化，初步形成了以石化、机械、建材、码头、仓储、生态农业等为主体的临江产业和高科技农业的聚集地。

企业运行　企业克服因国家宏观调控政策变化，导致银根紧缩、水电煤油资源紧张等诸多不利因素，一着不让抓生产，全力拼抢促发展，经济运行量质并举，继续保持稳定健康发展的态势。越洋、中东、奔辉、永恒、中油泰富等仓储企业全年停靠中外货轮2196艘次，接卸货物571万吨，实现营业收入1.46亿元。海螺水泥完成销售5.9亿元，实现利税4000万元。永恒钢铁完成销售14.1亿元，实现利税7200万元。

垦区开发　加大内部管理力度，对金田公司全体员工实行年薪制，把个人收入与企业效益和完成目标任务相挂钩，分块承包，相互协作，调动了员工的工作积极性。同时与承包户及时沟通，帮助他们转变观念，出谋划策，确保土地发包总量稳步提高，承包收入及时足额上缴。全年实现业务总收入284.5万元，实现利润218.68万元，比上年增长80.89%。绿洲草坪公司经营良好，全年承接绿化工程及销售草坪、草种共计115万元。垦区开发建设呈现出稳健、良好的发展势态。

管理与服务　坚持“重招商，更重服务”的经营理念，努力增强亲商、富商、安商的服务意识，通过深入企业了解情况，开展各种调研和检查活动，为进区企业提供全方位、全天候的服务，及时解决存在问题，做到工作早到位，问题早发现，措施早落实，

表21　**张家港市沿江开发办辖内2004年主要开工项目一览表**

项目名称	总投资额	投资商	主要产品
辻产业重机（江苏）有限公司二期扩建	2060万美元	日本辻产业株式会社	新型船体构件及港口机械配套产品
张家港源胜化学工业有限公司特种胶粘剂项目	1500万美元	马来西亚源胜化学工业有限公司、日本大鹿振兴株式会社、格罗列贸易有限公司及台湾吴聪和先生共同出资	特种环保型胶粘剂
江苏永恒码头有限公司	1200万美元	香港鸿泰钢铁（世界）国际贸易有限公司、江苏丰立国际贸易有限公司	废钢中转
张家港海螺水泥有限公司二期码头扩建	5321万元	安徽海螺水泥集团有限公司	水泥转运
张家港市易坤毛业有限公司	5000万元	张家港保江疏浚工程有限公司和重庆舒玉明先生等	毛纺、纱线、纺织饰品制造加工等
张家港中东石化实业有限公司二期扩建	4500万元	张家港中东石化实业有限公司	化工仓储、转运
张家港市沿江污水处理厂	800万元	张家港市长江资源开发总公司	污水处理

得到了外商的信任和好评，树立了开发办的良好形象。对历年档案材料进行系统整理归档，通过了省二级档案考核验收。完善了工程项目稽查管理办法，对工程合同实行编号管理，对工程项目实行先报后建制度，对建设项目由招投标领导小组进行公开、公平、公正招投标，工程结束后进行规范验收。坚持每周例会制度，工作目标责任到人。坚持做到车辆定点保险、定点维修、定点加油和两支笔审批报销等制度，对资金安排、人事任免、工程招投标等重大事项坚持民主公开原则，由主任办公会议集体讨论决定，确保了开发办各项工作均走上规范化、制度化的轨道。

【辻产业重机（江苏）有限公司增资扩产】 辻产业重机（江苏）有限公司是日本辻产业株式会社投资在沿江开发办辖内的独资企业，自投产以来，生产能力不断提升，开业半年就达最初设计每月5000吨的生产能力。10月，公司实施第一期扩建工程，增资后公司总投资达4860万美元，注册资本1620万美元，新增新型船体构件的设计与制造经营范围，生产能力扩大到1.3万吨。由于一期扩建后的生产能力仍无法满足发展需要，12月，该企业又提前实施第二期扩建工程，使企业的投资总额达到7260万美元，注册资本2420万美元。二期增资后，月生产能力可达到2.1万吨。辻产业重机（江苏）有限公司一年内两次增资，是发展壮大企业的重要举措，也为开发办辖内经济的可持续发展增添了后劲。

【张家港市易坤毛业有限公司建成投产】 12月末，总投资5000万元、注册资本948.8万元的张家港市易坤毛业有限公司建成投产。该公司由保江疏浚工程有限公司与重庆商人舒玉明等共同投资建办，有生产车间和生产用辅房1.3万平方米，主要生产经营毛纺、纱线、服装、纺织饰品制造加工等，生产规模为年产16支纯毛、纯绒、各种纤维纺纱3000吨，最终形成2万锭半精纺生产基地。该企业的建成投产，是区内张家港保江疏浚有限公司为改变单一的基础性建设服务内容，直接从事生产性加工的可喜尝试。

（徐　仁）

工业集中区

【塘桥纺织工业集中区】 集中区分塘桥、妙桥、鹿苑三个工业园区，规划总面积41.5平方公里，启动区12.6平方公里，发展区12.9平方公里。集中区依托华芳集团、普坤集团等现有规模型纺织企业产品的纵向延伸，形成比较完善的产业链；通过纺织行业相关产业的纵向发展，形成关联度高的企业集群，从而促进棉纺、毛纺、针织、服装、面料、化纤、丝绸、色织、染整、纺织机械、服装辅料等相关产业基地的形成，充分体现塘桥镇纺织产业特色优势。为优化投资环境和招商载体，年内加快了工业集中区建设步伐。在首期5平方公里的工业集中区内，新投入8000万元，浇筑主干道路7.18公里，铺设下水道10公里、自来水管道14.1公里，架设电力线路11.2公里、通讯线路132公里，新建桥梁5座，完成绿化21万平方米，安置拆迁户70多户，基本达到“道路、供水、排水、供电、供气、通讯、污水管道、土地平整”的七通一平目标。优美的投资环境推动了招商引资步伐，全年入区企业38家，其中外资企业10家，注册资金7564.55万美元；内资企业28家，注册资金5182.8万元。威仪电子公司、泊海亚麻公司、骏扬纸制品公司、旺路运牙膏公司等注册资金均超过1000万美元。至年末，工业集中区内共有企业89家。

表22　**塘桥纺织工业集中区2004年主要开工项目一览表**

项目名称	总投资额	主要产品	项目名称	总投资额	主要产品
苏州兄华服饰	3000万元	内衣、织布服装、服饰制造	张家港泊海亚麻纺织	1.20亿元	亚麻布
市顺祥服饰制造	2500万元	针纺织品、服装、服饰	张家港骏扬纸制品	2.00亿元	纸制品
市锦程纺织	2460万元	针织服装、针织品	张家港旺路运牙膏	1.60亿元	牙膏
市波尔曼针织服饰	690万元	针织服装、针织品	国靖办公家具	1.20亿元	办公桌椅
江苏世博科技实业	3800万元	针织面料、包装材料	张家港裕人机械	0.80亿元	手摇电动横机
苏州奥诚工艺品	2600万元	工艺饰品、玩具	威仪电子	2.36亿元	车用电子产品

（唐林康　苏侃斌）

【乐余机电工业集中区】 集中区在2003年8月行政区划调整后与原兆丰工业园合并，规划面积9.74平方公里，首期开发面积3.4平方公里。集中区位于乐余镇，以全国最大的中巴车生产基地——江苏牡丹汽车股份有限公司、江苏友谊汽车有限公司和全国最大的洗涤机械生产基地——江苏海狮机械集团为依托，重点发展以汽车及其配套件、机械及机械加工、电子及其周边设备为主导行业的三大板块经济。2004年，全区完成业务总收入26.09亿元，实现工业总产值26.8亿元，实现利税1.78亿元。年内新办工业企业80家，注册资本15452.7万元；新办外资企业1家，注册外资23.74万美元。全年投入基础设施建设资金2000万元，硬化道路78万平方米。江苏牡丹汽车集团有限公司完成产品销售收入6.33亿元，利税总额4404万元；江苏友谊汽车有限公司完成产品销售收入2.3亿元，利税总额2413万元，其中利润总额990万元。市汇丰铝带厂完成产品销售收入5.08亿元，利税总额2015万元，其中利润总额791万元。

表23　乐余机电工业集中区2004年主要开工项目一览表

项目名称	总投资额	主要产品	项目名称	总投资额	主要产品
牡丹离心机	4000万元	洗涤机械	融欣纱线	6000万元	纺纱产品
巨力重型机械	2000万元	环保机械	汇丰铝带	400万元	铜杆
鸿昌机械	250万美元	机械产品	大华机械	600万元	物流机械
轻化机械	600万元	机械产品			

（李国峰）

【凤凰韩国工业集中区】　集中区位于凤凰镇，境内对外交通便利，苏虞张一级公路贯穿整个工业区，北部以沿江高速公路为界，西部通过西凤公路与204国道连接，距上海仅110公里，苏虞张一级公路和沿江高速公路的互通式立交桥使工业园可以在5分钟内上高速。韩国工业集中区一期占地3平方公里，已有美、日、韩等国家和台湾地区的30多家投资商到集中区投资开发。工业以汽车配件、化工、橡胶、纺织、鞋帽、服装、皮革、五金、塑料、包装、印刷业为主。集中区内道路、供电、供热、给排水、邮电通讯、污水处理、互联网络等基础设施配套完善。年内，全区完成业务总收入45.6亿元，实现工业总产值46.2亿元，实现利税14032万元。全年新批办外资企业16家，增资4家，总注册外资16371万美元，到账外资7143万美元。区内竣工投产企业8家，开工建设项目19个。全年投入基础设施建设资金4900万元，拆迁安置农户117户，硬化道路12751万平方米，铺设给水、排污管道17522万米。

表24　凤凰韩国工业集中区2004年主要开工项目一览表

项目名称	总投资额	主要产品	项目名称	总投资额	主要产品
威亚汽配(张家港)有限公司	6000万美元	变速器、铸件	张家港弘仪实业有限公司	2000万元	五金工具
大一汽配(张家港)有限公司	2500万美元	变速器部件	张家港龙泰铝业有限公司	2000万元	铝合金型材
爱贝西机械(张家港)有限公司	500万美元	腔膜、环卫特种设备	张家港市金盟织染有限公司	3500万元	织染
可隆科技特(张家港)特种纺织品有限公司	6000万美元	汽车座椅套特种布	张家港新科嘉机械制造有限公司	800万元	机械制品

（邹祖传）

【金港民营工业集中区】　集中区由东区、南区、北区三个区域组成，规划面积20.66平方公里。区位优势十分明显，与国际贸易商港张家港港、中国张家港保税区和陶氏化学、雪佛龙化工、东海粮油等一大批国内外知名企业互为依托，相互促进。年内，在上年基础设施投资超亿元的基础上，再次投入2000余万元，浇筑水泥道路4.96万平方米，种植绿化4万平方米，铺设上下水管道1.4万米。当年新批办三资企业16家，新增注册外资8395万美元，到账外资5080万美元，其中5个项目注册外资超千万美元。新批办私营企业261家，新增注册资本4.3亿元。区内形成了纺织、机械、化工、电子、冶金、食品、建材、造船等门类齐全、结构合理的工业体系，可以满足相关企业就近配套的需求。

表25　金港民营工业集中区2004年主要开工项目一览表

项目名称	总投资额	主要产品	项目名称	总投资额	主要产品
兴铖制管	7000万元	冰箱、冷柜等压缩机管	荣新仪表	4000万元	自动仪表、自动阀门
宝利化工	6000万元	胶水、涂料	长泰汽车内饰件	760万美元	汽车内饰件
华谊蜂窝材料	5000万元	蜂窝包装材料			

（龚锦乾）

【锦丰民营工业集中区】　集中区规划总面积21.45平方公里，由东区、西区（原锦丰镇）、北区（原三兴镇）、南区（原合兴镇）组成。区内有各类企业402家，其中三资企业44家。2004年，全区共完成工业销售收入82.52亿元，实现增加值19.4亿元，实现利税6.55亿元，分别比上年增38%、38%和45%。年内，新批办外资项目15个，注册外资1.01亿美元，到账外资4803万美元，分别比上年同期增长25%和4%。其中，总投资超1200万美元的项目8个。新批民营企业125家，新增注册资本3.2亿元，其中外地注册资本1.23亿元。年内，开工项目92个，总投资14.42亿元，其中华尔润八线和九线、华兴纸业牛皮箱板纸、泓港毛纺、天业新型建材、铭欣鞋业、明美管业等8个超亿元项目竣工投产。全年用于道路、绿化、水电、通讯等设施建设1.1亿元，其中，投入4000万元为185户拆迁户建造安置房209套计2.63万平方米，投入230万元铺设自来水管道4.6公里，并有投入670万元的污水、排水管道工程和投入100万元的路灯工程。

表 26 锦丰民营工业集中区 2004 年主要开工项目一览表

项目名称	总投资额	主要产品	项目名称	总投资额	主要产品
华尔润八线、九线	7.20 亿元	特种浮法玻璃 1050 万重量箱	大鹏化工集团氧化铝扩建	4150 万元	年产氧化铝 5000 吨
华兴纸业 A 级牛皮箱板纸一期	2.20 亿元	年产 A 级牛皮箱板纸 10 万吨	亚青钢管	1500 万元	螺旋埋弧焊管
天业新型建材	2.00 亿元	年产铝塑料复合型材 3 万吨	中联公司	1500 万元	面料染色布
铭欣鞋业	1500 万美元	年产高级运动鞋 350 万双	华尔润集团	1640 万元	金属喷射
沙洲纺织印染无网印染布	3027 万元	年产无网印花布 600 万米	特思驰电缆	1200 万元	年产 6 万对公里网络通信电缆

（徐　平）

【南丰工业集中区】 集中区分东园与西区，总面积 7.5 平方公里。东园始建于 1984 年，面积约 3.36 平方公里。园内以江苏永钢集团为龙头，经过 20 年来的发展，其范围扩展到永联村的七干河西北侧、六干河两岸，面积 3.85 平方公里。永钢先后投入近 6亿元，用于园内基础设施建设和绿化工程。2004 年，新增企业 1 家，累计 13 家。全年完成销售收入 106.9 亿元，占全镇工业销售收入的 94.01%。其中江苏永钢集团有限公司实现销售收入 106.6 亿元，利税 7.89 亿元，为张家港市第三家年销售收入超百亿元的企业，列全国冶金行业百强企业40位。该公司生产的联峰牌Φ10毫米－Φ40毫米热轧带肋钢筋，先后获江苏省名牌、全国用户满意产品、首批国家免检产品等荣誉称号。西区始建于 1992 年 6 月，位于204国道以东、海新南路东侧、海丰公路以南、四干河西侧、南中心河以北，面积 1.2 平方公里。1995 年后，拓展到建工大道南、北侧和新杰村的庆耕五圩，设台湾精密机械集聚区和民营工业区。2004 年，区域又发展到海新北路两侧，面积3.65平方公里。年内，新进区企业 20 家，累计 74 家，其中有庆洲、名阳、信阳、旺瞬等 18 家台湾精密机械制造企业和 7 家“三资”企业，其余为民营企业。全年销售收入 6.04 亿元，利税 5094 万元。其中斯依格机械制造有限公司和金陵体育器材有限公司分别完成销售收入 2.15 亿元和 1.21 亿元，利税分别为 545 万元和 921 万元。

表 27 南丰工业集中区 2004 年主要开工项目一览表

项目名称	总投资额（万元）	主要产品	项目名称	总投资额（万元）	主要产品
市建楷不锈钢有限公司	1800	不锈钢制品	张家港市丰通电器设备制造厂	1600	电器设备
市苏沙冷拉型钢厂	1000	电梯导轨	张家港信阳机械有限公司	1100	机械

（沈锦发）

【大新工业集中区】 集中区位于沿江公路南侧，西邻扬子江国际化学工业园，东与扬子江冶金工业园相接。分东、西两区，区域面积 409.96 公顷，其中道路绿化、公用工程设施用地 95.46 公顷。西区经过两年多的开发建设，已粗具规模。区内基础设施投入 1000 万元，进区企业 23 家，主要以五金企业为主，总投资 1.55 亿元。2004 年区内企业销售收入达 2.73 亿元。其中旋力、银星、方程等五金企业销售收入均在 1000 万元以上。为满足五金企业的发展需要，2003 年开始建设东区，基础设施建设先后投入 5000 余万元，新筑了五金三路、五金一路东段、五金二路东段、新东路、东环路、府前东路等道路，共计 11.89 万平方米，形成了“三横二纵”道路网格，区内绿化率达到 32.9%，实现了集中供电、供水、供气和污染物集中处理。至 2004 年末，东区共引进企业 23 家，其中内资超 5000 万元、外资超 500 万美元的项目 9 个。已有 18 个项目开工建设，总投资达 15.19 亿元。

表 28 大新工业集中区 2004 年主要开工项目一览表

项目名称	总投资额（万元）	主要产品	项目名称	总投资额（万元）	主要产品
市信佳塑料有限公司	6300	五金工具	市东升机械有限公司	5000	密封件
市鑫马钢管有限公司	12000	冷拔无缝管	江苏大邦纺织有限公司	14000	服装面料
市金鑫金属制品厂	5000	五金工具	市昇亿标准件有限公司	12000	标准件
市圣达金属工具有限公司	5000	五金工具	荣欣五金制品有限公司	15000	五金工具刀、航空插头
市伟达刀剪有限公司	15000	塑柄剪、学生剪、厨房剪	市宥丰纺织有限公司	5000	纺纱
市九鼎机械有限公司	6300	精密模具			

（郑生大）

【编辑　黄晓曙】

综　述

【概况】 2004年全市农业总产值22.77亿元，比上年增9.6%。其中：农业（种植业）9.28亿元，占40.76%；林业6416万元，占2.81%；畜牧业4.37亿元，占19.19%；渔业2.99亿元，占13.13%；农业服务业5.49亿元，占24.11%。多种经营总收入52.73亿元，净收入30.28亿元，分别比上年增4.66%和5.99%。农业增加值12.38亿元，占全市地区生产总值的2.15%。农民总收入39.05亿元，比上年增5.65亿元，增16.92%。农民人均纯收入达7930元，比上年增987元，增14.2%。年内，全市农村取消一事一议筹资，农民实现合同内无负担。全面实施粮食种植补贴和良种补贴政策，市镇两级共发放补贴962万元。

基础设施建设　全面完成新一轮农村河道疏浚工作。年内疏浚市、镇、村、组四级河道1290条、461.3公里，完成河道土方398万立方米。维修和改造圩口三闸27座、涵洞52座，新建和改造排涝站19座，完成出江口门疏浚、涵洞大修封堵、三干河以东江堤平台填塘固基、巫山港东港堤改建及农场河节制闸重建等8个防洪工程项目。全市村组河道实行市场化管理改革，市镇河道管理改革试点进展顺利，农村河道"脏、乱、差"的局面明显改观。农业机械化水平稳步提高。全市新增中拖、自走式收割机、直播机、插秧机73台（套）。全市三麦机收率达到可机收面积的100%，水稻机收率提高到87.5%，机插秧面积较往年也有较大增加，有效减轻了农业的劳动强度。全年整理土地335.33公顷，新增耕地31.73公顷。

农业结构调整　全市水稻种植面积2.09万公顷，比上年增3100公顷。市级地方储备粮增加到2.5万吨，在黑龙江密山市、江苏宿豫区来龙镇建立粮食生产基地5300多公顷（8万亩），粮食安全体系初步建立。全市新增蔬菜大棚45公顷，设施栽培面积达到1080公顷，新增花木270公顷、食用菌4.4万平方米，新增特种水产266公顷。优质稻米、蔬菜、苗木、果树、奶牛、特种水产、瘦肉型猪等七类优势产业逐渐向主导产业发展。

农业产业化　江苏梁丰食品集团有限公司、江苏菊花味精集团、张家港市果品副食品交易市场、东海粮油（张家港）有限公司等4家企业被确定为全国大型农产品加工流通企业，江苏梁丰食品集团有限公司成为苏州市第一家农业产业化国家重点龙头企业，东海粮油（张家港）有限公司等2家企业被评为省级龙头企业。全市新建办农业外资项目7个，总投资5100万美元，注册资金2565万美元，到账外资2878万美元。全市新发展专业合作经济组织31个，累计104个。永盛中药材专业合作社被评为省级专业合作经济组织，塘桥水产专业协会、神园葡萄专业协会、锦丰辣椒协会、乐余苗木专业合作社、鹿凤禽业合作社等成为苏州市级新型合作经济组织示范单位，入选数量列苏州各市（区）第一。

科教兴农　新品种、新技术的示范推广力度进一步加大。全市引进粮棉油、苗木等种养新品种250多个，大宗农作物品种向优质化转型，扬麦11号、扬麦12号、常优1号、武粳15、苏油1号、科棉1号等成为主栽品种。全年提供优质种子300多吨；水稻轻简栽培面积1.06万公顷，首次超过常规稻栽插面积；机灭茬麦占全市小麦面积的71.5%，比上年增23个百分点；蔬菜防虫网使用面积达到77.2万平方米，比上年增23万平方米。推广虫草栽培26万瓶，虾、蟹生态混养面积达到900公顷。"稻鸭共作"、畜禽添加酶制剂、秸秆机械化还田等技术，通过宣传和技术培训，推广面积不断扩大。科研水平不断提高。成功培育出凤梨、蝴蝶兰克隆苗，组培技术实现重大突破。申报农业科技项目33个，立项14个，其中部级项目2个。"水稻减量使用化学农药工程技术"项目通过省级鉴定，"特色蔬菜无公害栽培生产技术的示范推广"项目获江苏省厂会协作行动优秀项目二等奖，"优质水蜜桃无公害栽培技术"、"优质资源鹿苑糯玉米的提纯及配组利用"、"生物农药的开发和应用"获攻关杯奖。

农产品质量建设　全市共建成农业标准化生产基地24个，7333公顷。新增无公害农产品产地14个，累计60个；新增无公害农产品23种，累计74种；新增绿色食品19种，累计23种；新增有机食品1种，实现零的突破。乐优绿牌稻米标准化种植基地、乡羽牌草鸡标准化养殖基地列入苏州市绿色、无公害农产品生产示范基地，双山岛333公顷无公害农产品基地列入苏州市财政支持生态农业示范建设项目。农产品检测网络日趋完善，蔬菜残毒检测、生猪“瘦肉精”检测批次增加，并延伸到百润发超市。抽检蔬菜25万批次，比上年增20.3%，超标蔬菜仅占0.4%，比上年减少44.4%；检测生猪尿样1587批次，查出阳性猪22批次、2529头，全部作禁宰处理。实施化学农药减量使用工程，试验示范面积667公顷，生物农药施用面积1万公顷次，全年使用化学农药与2000年相比减少37.5%。开展农田环境质量普查工程，采集点源污染土样和大田土样715个，分析数据6518个，基本查清全市农田环境的污染程度和区域分布，为实施修复措施奠定基础。实施畜禽养殖场治污工程，设立禁养区、限养区，搬迁养殖场3家，建办奶牛饲养小区2个、有机肥生产企业3家。

表29　2004年新增无公害农产品产地一览表

序号	产　地　名　称
1	张家港市金秋农业有限公司无公害果品产地
2	张家港市妙桥果品园无公害果品产地
3	张家港市金秋农业有限公司无公害粮油产地（常家等村）
4	张家港市南丰生态园有限公司无公害粮油产地（永丰等村）
5	张家港市大新瑞丰农场无公害粮油产地（中山等村）
6	张家港市大新瑞丰农场无公害蔬菜产地（段山等村）
7	张家港市西张獭兔养殖基地无公害畜禽产地
8	江苏联峰实业股份有限公司无公害畜禽产地
9	张家港市杨舍西城金绿养殖基地无公害畜禽产地
10	张家港市杨舍西城乐得富畜禽养殖基地无公害畜禽产地
11	张家港市乐优绿农副产品有限公司无公害畜禽产地
12	张家港市正德河蟹养殖基地无公害蟹类产地
13	张家港市江星农副科技园有限公司无公害爬行类、淡水鱼类产地
14	张家港市金秋农业有限公司无公害蟹类、虾类产地

农业综合服务　市、镇两级农业部门举办农业实用技术培训154期，参训1.2万人次。举办全市村主任知识更新培训4期、320多人。开展农业普法与科技服务早市、农业专家行活动，发放科普宣传资料1.5万份。组织参与科普宣传周活动，印发《酶制剂应用技术》、《水稻种子处理及苗期化除技术》等资料20多万份。开展渔业安全生产宣传，分发宣传资料2200多份。在全省开展的《渔业船舶检验条例》知识竞赛中，市农业局获得惟一的县（市）级组织奖。举办无公害农产品、绿色食品和农业法律、法规有奖知识竞赛，唤起全体市民对农业的广泛关注。继续做好《每周农事》、《增收指南》的直播和组稿工作，定期推介农业新品种、新技术、新农艺、新肥药。先后开展主要农作物种子、肥料、农药、兽药、鱼药质量检查等一系列专项执法活动，检查各类农资生产经营场所300多个次，没收“甲胺磷”、“克百威”等高毒、高残留农药近1吨，没收不合格蔬菜种子和玉米种子571包。开展以整顿农机交通秩序为重点的农机安全生产专项治理活动，查处违规拖拉机260多台次。加大对渔业污染事故的调查处理力度，为养殖户追回损失36万元。对偶发病虫草害严格监控，开展对有害入侵生物“加拿大一枝黄花”的灭除活动，出动劳力1260个，拔除25.2万株。动物防疫工作进一步加强，组织开展狂犬病防疫、动物防疫百日会战等活动，全力阻击禽流感。全年查处违法案件186起，立案56起，结案54起。市农业局连续三年被评为市十佳文明示范机关，荣记集体三等功。

【农民人均增收近千元】 参见59页〖采取多种措施促进农民增收〗条目。（汤卫华　孙天明）

农村经营管理

【概况】 2004年，全市农村经济总收入1113.23亿元，净收入110.28亿元，可分配收入113.88亿元。可分配收入比上年增20.76亿元。农民人均分配水平7930元，比上年增987元，增14.2%。

农业招商引资　全市新增农业外资项目7个，总投资5100万美元，注册资金2565万美元，实际到账外资2878万美元，注册资金和到账外资分别完成全年任务的170%和144%。新建办内资项目16个，吸引内资2.46亿元，比上年增7443万元，增43%，完成年度计划的103%。农产品出口创汇1.01亿美元，比上年增1557万美元，完成年度计划的126%。至年末，全市共有苏州市级以上农副产品龙头加工企业7家，其中国家级农业产业化重点龙头企业1家，省级2家，苏州市级4家。

农民负担监督管理　继续深化农业税征收办法改革，全面取消村级公益事业“一事一议”筹资。至此，“农民负担卡”内的农民负担项目已全部取消，实现农民合同内“零负担、零交费”。继续抓好农民合同外负担监管工

又是一个丰收年　（庞瑞和　摄）

作，广泛开展“涉农收费示范镇（单位）”创建活动，对所有涉及农民负担的行政事业性收费项目进行全面审核、清理。全年因清理而削减的各类涉农行政事业性收费总额达505万元。统一印制张家港市涉农收费公示表，把经审核保留的农民合同外收费项目、范围和标准，以文件形式下发到各镇（场），并在报刊、电视等媒体以及各镇、街道、村的公示栏内公示，让农民看得清、读得懂，促使涉农收费公开、透明、规范。

农村集体资产管理 至年末，全市农村集体总资产86.45亿元，净资产66.93亿元，比上年增7.35亿元，增12.3%。其中：镇级集体总资产42.49亿元，净资产34.65亿元；村级集体总资产43.96亿元，净资产32.28亿元；经营性净资产44.34亿元，非经营性净资产22.59亿元。压缩各镇资产经营公司对外贷款担保，至年末各镇资产经营公司对外担保贷款额度比年初下降39.4%。对全市8个镇2004年度镇级集体资产保值增值情况进行审计，平均保值增值率达106.16%。

农村财务管理 对全年农村财务收支进行预算，抓好并村工作中财务清理的业务指导。组织4次村务公开检查，按照“五规范、一满意”的要求，对发现的公开内容不全、公开标准不高等现象及时纠正，并将检查情况反馈给各镇，进一步规范和完善了村级财务公开。针对村（组）财务镇级代理工作存在的问题，下发《关于进一步加强村（组）财务镇级代理工作的意见》（张委办〔2004〕47号），进一步理顺管理关系，明确各项制度。

农村合作组织建设 至年末，全市有农村专业合作组织89个。其中专业合作社56个，入社农户2293户；富民合作社2个，入社农户80户；专业协会31个，入会会员8599人，其中新发展农民经纪人620人，累计注册7158人。有土地股份合作社14个，入社农户1810户。有社区股份合作社11个，其中经济合作社2个。新增农村专业合作社16个、土地股份合作社6个、社区股份合作社9个。

表30 2004年新增农村专业合作社一览表

序号	名称	序号	名称
1	张家港市商联花木专业合作社	9	张家港市杨舍生猪养殖专业合作社
2	张家港市锦丰秧草专业合作社	10	张家港市杨舍食用菌种植专业合作社
3	张家港市锦丰禽业合作社	11	张家港市乐余药材专业合作社
4	张家港市锦丰水产专业合作社	12	张家港市乐余蔬菜专业合作社
5	张家港市锦丰辣椒专业合作社	13	张家港市塘桥镇鹿苑蔬菜专业合作社
6	张家港市双山岛养殖专业合作社	14	张家港市塘桥镇鹿苑花卉苗木专业合作社
7	张家港市金港后塍雪山草鸡养殖专业合作社	15	张家港市凤凰镇大米专业合作社
8	张家港市金港南沙占文雪山草鸡养殖专业合作社	16	张家港市大新镇长江蟹业合作社

表31 2004年新增土地股份合作社一览表

序号	名称	序号	名称
1	张家港市南丰镇民乐土地股份合作社	4	张家港市乐余镇庆丰土地股份合作社
2	张家港市乐余镇闸西土地股份合作社	5	张家港市金港镇长山土地股份合作社
3	张家港市乐余镇常丰土地股份合作社	6	张家港市金港镇老圩土地股份合作社

表32 2004年新增社区股份合作社一览表

序号	名称	序号	名称
1	张家港市凤凰镇程墩村股份合作社	6	张家港市塘桥镇花园村股份合作社
2	张家港市南丰镇建农村股份合作社	7	张家港市杨舍镇闸上村股份合作社
3	张家港市锦丰镇新华社区股份合作社	8	张家港市金港镇中港股份合作社
4	张家港市塘桥镇青龙村股份合作社	9	张家港市金港镇中兴股份合作社
5	张家港市塘桥镇横泾村股份合作社		

【农民实现合同内“零负担、零交费”】 农村税费改革是中共中央、国务院为解决“三农”问题而作出的一项重要决策。张家港市从2001年开始实行农村税费改革，全面取消镇统筹、村提留，同时取消劳动积累工和义务工及以资代劳费，并建立村级公益事业“一事一议”筹资制度。2003年，实行农业税征收办法改革，全面取消农业税附加，农业税正税不再向农民直接征收，实行镇村代缴、市镇两级政府补贴，农民合同内负担仅剩“一事一议”筹资。为进一步减轻农民负担，2004年又全面取消了“一事一议”筹资。至此，全市农民的合同内负担已为零，实现合同内“零负担、零交费”。

【压缩镇级资产经营公司贷款担保】 市委农村工作办公室在对2003年行政区划调整的财务、资产审计和镇级集体资产清产核资工作中，发现各镇资产经营公司在对外提供贷款担保上存在突出问题。为确保集体资产的安全和完整，消除集体资产管理中存在的隐患，年初，对全市各镇资产经营公司提供贷款担保的情况进行了调查。以2月18日为基准日，全市8个镇资产经营公司共为137家企业提供了贷款担保，担保总额较大，严重威胁镇集体资产的安全。为监管并压缩各镇资产经营公司对外提供贷款担保，防范农村集体资产风险，市委、市政府下发《关于进一步明确镇资产经营公司不得对外提供贷款担保的意见》（张委发〔2004〕9号），明确压缩贷款担保的责任和措施，要求必须在3～5年内全部解除原有担保。市委、市政府还与各镇资产经营公司负责人签订了镇资产经营公司禁止新的对外提供贷款担保责任书。各镇均按要求编制了解除贷款担保额度的计划。年末，各镇资产经营公司对外担保贷款额度比年初下降39.4%。 （孙朝枫）

种植业

【概况】 全年种植业总产值9.28亿元，比上年增1.04亿元，种植业占农林牧渔业总产值的比重为40.76%，比上年减少12.75个百分点。

粮食作物 全年粮食作物种植面积3.79万公顷，比上年增636公顷，总产量25.01万吨，比上年增15.63%。其中水稻种植面积2.09万公顷，比上年增17.42%；总产量18.57万吨，比上年增20.83%；每公顷产量8875.5千克，比上年增3.12%。小麦种植面积1.39万公顷，比上年减少13.66%；总产量5.58万吨，比上年增16.49%；平均每公顷产量4005千克，比上年增34.85%。继续推广水稻直播、机播、抛秧等轻简栽培技术，全市轻简栽培面积占水稻种植面积的61.5%。采用轻简栽培技术，每公顷节本增效1500元左右，直接为农户增效1900多万元。年内，新认定无公害粮油产地3个、面积1200公顷，累计认定无公害粮油产地12个、面积3021公顷；新增无公害粮油产品3种，累计12种，总产量16610吨。

经济作物 全市棉花种植面积2640.53公顷，比上年略增；总产量3463吨，比上年增17.39%；平均每公顷产量1311千克，比上年增16.69%。油菜种植面积5370.13公顷，比上年减少4.62%；总产量1.22万吨，比上年增12.96%；平均每公顷产量2275.5千克，比上年增18.15%。蔬菜总产量16.24万吨，总产值2.66亿元。水果总产量1.94万吨，果树面积1066公顷，与上年持平。花木面积1856公顷。年内，新认定无公害果品产地2个、面积53公顷，累计认定无公害果品产地4个、面积113公顷；新增无公害果品1种，累计3种，总产量645吨；新认定无公害蔬菜产地1个、面积20公顷，累计认定产地13个、面积907.6公顷；新增无公害蔬菜产品9种，累计22种，总产量1.69万吨。

【张家港市被评为全国粮食生产先进县（市）】 2004年，张家港市认真落实党中央、国务院出台的一系列惠农、支农政策，积极发展粮食生产。投入500多万元新建4个粮食丰产方，实施统一品种、统一播栽、统一技术管理，带动农户提高生产管理水平。市财政拿出800多万元用于粮食种植和良种补贴，全市15万多农户按时、足额拿到了补贴资金。加强服务体系建设，把镇级农业服务中心界定为公益性服务机构，进编人员享受全额拨款事业单位待遇，稳定了农技推广队伍。在小麦赤霉病、水稻条纹叶枯病发生趋势严重的情况下，农业部门全力打好粮食生产攻坚战，认真贯彻防治措施，做到“虫口夺粮”。小麦平均每公顷产量比上年增34.85%，成为近五年来增幅最大的一年，每公顷效益超过3000元。水稻实种面积2.09万公顷，比上年增17.42%，平均每公顷产量增3.12%，每公顷效益9450元，比上年增2445元。粮食生产实现了季季增产、熟熟丰收的可喜局面，全面实现了面积增、产量增、效益增的目标。年末，张家港市被评为全国粮食生产先进县（市），受到农业部的表彰。

【双山岛牌野茭白获有机食品认证】 年内，张家港市在有机食品认证方面实现零的突破。经中绿华夏有机食品认证中心的评估，由市福江资源开发有限公司申报的双山岛牌野茭白通过了该中心的认证，成为全市首种有机食品。农产品质量认证分无公害农产品、绿色食品、有机食品三个梯次，其中对有机食品的要求最为严格。在有机食品原料生产和产品加工过程中绝对不准使用农药、化肥、生长激素、化学添加剂、化学色素和防腐剂等人工合成物质，不使用基因工程技术。“双山岛”牌野茭白产自双山岛周围滩涂，状如芦笋，味似茭白，是一种纯天然食品，属野生资源。过去一直由岛上农户自由采食，自2003年以来，市福江资源开发有限公司看准该类产品的潜在市场和野生资源的开发价值，有计划地进行管理、采集与经销，并于年内对该产品申报了有机食品认证。自2001年开始实施农产品质量认证以来，张家港市已经有无公害农产品74种，绿色食品23种，“双山岛”牌野茭白获得有机食品认证，不仅填补了农产品中无有机食品的空白，也使农产品质量认证三级梯次初步形成。

江滩养羊 （张龙法 摄）

【成功克隆凤梨、蝴蝶兰苗】 凤梨和蝴蝶兰是观赏植物市场上的名品，受自然气候条件的限制，这两种植物的种子不适合在苏南地区自然繁殖。以往这两种花卉的种苗都需要从荷兰、台湾等地引进，价格不菲。市农业局投入20多万元开展凤梨和蝴蝶兰种苗克隆项目。技术人员先后攻克多道技术难关，利用凤梨、蝴蝶兰的茎、花梗等部位进行克隆，经过上百次试验，组培成功了凤梨、蝴蝶兰的克隆苗。种苗克隆成功后，这两种植物种苗不仅不需要从外面引进，而且价格也将会大大降低。以蝴蝶兰为例，可从原来的每株15元降到8元。年内，已组培生根小苗5万株。 （孙天明 席利峰）

养殖业

【概况】 全年养殖业总产值7.36亿元，比上年增加6400万元。养殖业占农林牧渔业总产值的32.32%。畜禽养殖注重与生态协调，新建林地散养草鸡基地6个，新建利用畜禽粪便生产有机肥的企业3家，新建奶牛饲养小区2个。水产养殖在调优内部结构的同时，向垂钓、餐饮、休闲型方向发展，新建休闲型渔业基地4个。

水产　全市水产养殖面积3600公顷、水产品总产量1.86万吨，与上年持平。常规水产品与特种水产品养殖面积各占一半。年内，农业部门加强业务指导，水产病虫害测报点由上年的6个增加到12个，及时发布测报情况，提醒养殖户落实病虫害防治措施。组建市水产协会，加强技术培训和交流。在抓好常规水产品生产的同时，重点发展虾蟹混养，新增养殖面积266公顷，每公顷效益9万元左右，混养面积达到900公顷，占特种水产养殖面积的50%。年内，新增无公害产地3个、400公顷，累计8个、1133公顷；新增无公害产品3种，累计11种。年内，引进翘嘴红鲌、澳洲龙虾等新品种试养，试行了长江滩涂围网养蟹。

畜牧　全年出栏生猪19.06万头，年末存栏9.01万头；出栏羊18.84万头，年末存栏7.86万头；家禽养殖向规模化和林地散养发展，上市家禽524.62万羽，比上年增55.93万羽，年末存栏156.02万羽。奶牛存栏5258头，比上年增加380头。年内，新认定无公害畜禽类产地5个，累计19个；新增畜禽类无公害农产品5种，累计21种。

【成功阻击高致病性禽流感疫情】 年初，国内外突发高致病性禽流感疫情，对全市畜禽生产和经济社会发展构成严重威胁。面对严峻的疫情形势，市委、市政府领导亲自部署，市农业局与工商、公安、交通等部门密切配合，严密布控，落实措施，全力阻击。在通沙汽渡码头等4个地方设立临时家禽检查消毒站，检查和消毒运载家禽车辆1704辆、家禽92.6万羽。全市共免疫家禽114.8万羽，组织消毒药品4360公斤，消毒面积485万平方米。农业部门通过报纸致信全体市民，请大家放心食用禽类产品，消除“恐鸡”感。市委、市政府拿出100多万元对规模化养殖场（户）进行补贴，消除禽流感疫情对畜牧业生产造成的不良影响。经过近3个月的努力，实现了全市确保不发生高致病性禽流感疫情的目标。

【市渔政管理站被评为全国长江禁渔期管理先进集体】 为进一步保护和恢复长江渔业资源，根据国家有关规定，从2002年开始，试行长江禁渔期制度，2003年正式实行长江分江段禁渔期制度。按照分段分期的原则，每年的4月1日12时至6月30日12时，长江张家港段除实行限额专项管理的凤鲚（凤尾鱼）、刀鲚（长江刀鱼）捕捞外，禁止所有捕捞作业。三年来，为实现“江中无违禁渔船、滩边无违禁网具、市场无违禁江鱼、渔区无集访渔民”的长江禁渔目标，市渔政管理站在沿江各镇（场）的配合支持下，联合水警、海事等部门，制定周密的实施方案，做好禁渔期管理工作。开展宣传动员，发放宣传资料上万份，张贴宣传图片500多张，悬挂宣传横幅100多条，使长江禁渔工作成为社会关注的热点，使沿江渔民人人皆知，形成了良好的禁渔氛围。出动车船300多次、2000多人次，查处违禁案件200多起，有力地遏制了偷捕行为。年末，市渔政管理站被中华人民共和国渔政渔港监督管理局、中国渔政指挥中心联合授予2002—2004年度长江禁渔期管理先进集体荣誉称号。　（孙天明　席利峰）

农　　机

【概况】 年内，全市共投入农机发展资金961.96万元，私人投入仍占较大比重，占总投入的79.8%。全市新增中拖11台套、自走式收割机14台、直播机20台、插秧机28台。农机具发展的重点是水稻收种机械。新建果蔬保鲜库5座。年末，全市农机总动力36.33万千瓦。有中拖571台、手拖2150台、各类收割机910台、插秧机51台、水田耙451台、各类开沟机611台。全年机收小麦1.33万公顷，占可机收面积的100%；机收水稻1.86万公顷，占水稻种植面积的87.5%；机播水稻4333公顷，占种植面积的20.73%。农机跨区作业总收入2800多万元。

【市农机技术推广站迁新址办公】 5月8日，总投资810万元的张家港市农机技术推广站综合楼落成并启用。市农机技术推广站的前身是农业机械研究所，始建于1971年6月，承担着全市农机研制、应用、推广等职能。随着城市建设发展的需要，坐落于市区的市农机技术推广站需搬迁。新落成的推广站位于塘桥镇花园村（204国道鹿苑收费站东侧），与市农业干部培训学校南北毗邻，占地1.73万平方米，由办公楼、综合培训楼、辅房、金工实习车间组成，总建筑面积5300平方米，工程历时一年。新楼的启用，使市农机技术推广站成为苏州县级市中面积最大、办公及培训条件最好的农机推广阵地。

【水稻机插推广取得突破】 年内，全市重点推广水稻插秧机，市财政对农户购机每台补贴6000元。全市新增PF455S手扶式插秧机26台，P600高速插秧机2台，超过前三年的总和。市农业部门通过现场培训，帮助农户掌握机具操作和育秧、插秧技术等要领，大面积推广水稻插秧机的使用。全市设立40多个推广示范点，机插秧作业面积首次超过万亩，并试行跨区作业。机插水稻平均每公顷产量达到9000千克以上，最高的每公顷产量达10950千克，为进一步推广机插提供了科学依据。　（孙天明　席利峰）

水　　利

【概况】 2004年，市水利部门以“人水和谐、可持续发展”的科学发展观为指导，转变观念，开拓创新，全市水利规划、城市水利、水利管理取得可喜成绩，水利事业保持了健康、协调发展。市水利局被市委、市政府评为2004年度文明机关。

防洪工程建设和防汛工作　全年累计完成投资7300多万元，先后完成了部分出江口门疏浚、出江涵洞大修封堵、三干河以东江堤平台填塘固基、巫山港东港堤改建及农场河节制闸重建等8个防洪工程项目，完成工程土方58.6万立方米、石方及砼方4.3万立方米，铺设楼板护坡7万平方米，江堤平台绿化50万平方米，进一步提高了长江堤防的防洪挡潮能力。2004年汛期，张家港市天气总体正常，汛期总降雨量为673.4毫米，比上年多31毫米。梅雨量为266.2毫米，比上年少37.9毫米，占整个汛期总雨量的39.53%。但梅雨降水较为集中，降雨强度较大，造成部分农田和企业临时受淹。由于全市加快了对低洼地区的治理以及长江防洪工程总体防御能力的提高，在暴雨到来之前又预降了内河水位，所以没有造成大的损失，全市做到了安全度汛。市防汛防旱指挥部出台《张家港市抗御特大洪涝灾害应急预案》，对全市抗洪抢险的组织领导、水情调度、堤防保护、应急抢险、转移安置及保障措施作了详细布置，为全市安全度汛提供了强有力的措施保障。

农田水利基本建设　全市共完成水利总土方518万立方米，其中河道土方398万立方米。疏浚市、镇、村、组四级河道1290条，总长461.3公里。其中疏浚村组河道1261条，长度447.6公里，土方326.3万立方米；疏浚市级河道四干河（含永南河局部河段），长度20.4公里，土方24.2万立方米；疏浚镇与镇交界河道14条，长度24公里，土方33.3万立方米。清理和开挖外三沟17709条，完成土方78万立方米。维修和改造圩口三闸27座、涵洞52座，新建和改造排涝站19座，新建挡墙护坡875米，农田水利建设任务全面实现。

水政水资源管理　严格取水许可申请、审批、监督管理制度，规范取水审批程序，全面实施建设项目水资源论证制度。在用水管理方面实行总量控制与定额管理相结合，积极推进计划用水和节约用水。全年审验取水许可证257份，占发证总数的100%，完成省政府下达的封填深井45口的任务。开展水利法制宣传和普法教育工作，组织《中华人民共和国行政许可法》培训和相关知识测试活动。加大水政执法力度，继续打击长江非法采砂活动，拆除吸砂设备12台套，处理非法采砂船只23条，清除各类阻水障碍物225起，处理各类水事案件23起，其中立案8起，维护了正常的水事秩序。开展水资源综合规划、节水防污型社会建设等规划研究工作，并取得重大进展。

【水资源综合规划通过验收】　按照国家发展和改革委员会、水利部在全国开展水资源综合规划编制工作的统一部署，市水利局与河海大学经过一年多的努力，在全国县级市中率先完成水资源综合规划的开发研究工作。4月18日，《张家港市水资源综合规划开发研究报告》通过水利部水资源司、江苏省水利厅联合组织的验收论证。规划将全市主要水域细分为引清（水）通道、景观水域、饮水水源和水生态保护区、工农业用水等功能区，并兼顾引排水及航运等河道功能，按照不同水质目标进行保护和管理。规划紧密结合创建生态城市、健康城市、最适合人居城市的目标，既保证经济发展对水资源的合理需要，又注重人民群众亲水需求和水资源有效保护，符合以人为本、全面协调可持续发展的理念，受到市委、市政府的充分肯定，也得到专家们的高度评价。

【村组河道长效管理市场化运作】　年内，市水利局在全市推行河道长效管理市场化运作，进一步健全了管理体制。理顺管理体制，明确村组河道管理统一由各镇水利站牵头负责。实行河道管理员公开竞聘上岗制度，全市共聘用河道管理员1186人。加大监督检查力度，市水利局成立村组河道长效管理工作领导小组和4个督查组，从下半年起每月对各镇村组河道管理进行检查考核。各镇组织巡查小组分片对河道管理工作进行检查督促，对考核不称职的管理员除扣除一定的管理报酬外还及时进行调整，全年共撤换管理员9人。村组河道管理工作出现了比、学、赶、超的良好局面，村组河道面貌发生巨大变化，河通、水清、岸洁的水乡新面貌又重现港城大地。

【城市水利促进城区水环境改善】　2004年，市水利局从改善城区水环境、服务经济和社会发展的角度出发，全力推进城市水利建设。实施一支河改造工程，启动东横河水利枢纽工程、朝东圩港水利枢纽工程。一支河改造工程全面完成，河道水质显著改善，原来的臭水沟变成了休闲观光的好去处。东横河水利枢纽工程和朝东圩港水利枢纽工程是整治和改善市区水环境的控制性工程，也是市政府确定的2004年实事工程，分别于11月和12月开工建设。市长江防洪工程管理处发挥沿江涵闸的调控功能，根据不同季节和长江潮位的变化，积极引入长江水，调活内河水体，使内河水质尤其是东横河等市区重点河道的水质得到明显改善。

【水利系统开展争创“十佳标兵”活动】　为了使全市水利系统干部职工学有榜样、赶有目标，在系统上下形成弘扬先进、学习先进、争当先进的良好氛围，从2003年5月起，市水利局用一年时间在全系统广泛开展了争创“十佳标兵”活动。2004年5月，评选出水利系统八类岗位上的“十佳标兵”。随后，在系统内开展了“十佳标兵”先进事迹巡回演讲活动，并以“十佳标兵”先进事迹为题材，选派2人参加全市“纪念建党83周年，我看‘两个率先’”演讲比赛。2人在决赛中分获二等奖和三等奖。

表33　**水利系统“十佳标兵”名单**

序号	姓　名	工作单位	职　务
1	钱秀华	市水利局	办公室主任
2	俞建敏	市河道管理处	处　长
3	朱永芳	塘桥中心水利管理服务站	站　长
4	徐云飞	凤凰中心水利管理服务站	站　长
5	顾克勤	市天源水利设计院	院　长
6	黄勤红	市长江治理工程管理处	工程师
7	杜丽萍	杨舍中心水利管理服务站	会　计
8	胡世平	市水政监察大队	水政监察员
9	瞿惠忠	市长江防洪工程管理处	处长助理
10	袁翠娥	市水利局	驾驶员

（李　彬）

【编辑　陆正芳】

综　　述

【概况】 年内，全市工业企业认真贯彻落实科学发展观，积极应对国家宏观调控政策和原辅材料涨价，能源、工业用地紧缺，资金融通难度加大等一系列不利因素的制约，不断提升综合竞争实力，全市工业经济继续保持快速健康的发展态势。

经济运行　全市工业经济强势增长，运行质量不断提高。全年实现工业增加值341.76亿元，比上年增21.5%。完成工业总产值1542.61亿元，比上年增40.1%。产品销售收入1430.75亿元，比上年增40%。市属工业产品销售收入占全市工业35.62%，比上年增29.58%，沿江开发办和沙钢增幅超市属工业平均增幅；镇（场）工业比上年增37.6%，南丰等4个镇增幅超镇（场）工业平均增幅。全市工业实现开票销售收入1390.64亿元，比上年增46.8%。全市工业实现利税总额100.09亿元，比上年增37.5%。市属工业利税总额占全市工业的39.77%，比上年增38.76%，给排水公司、沙钢集团、沿江开发办增幅超市属工业平均增幅；镇（场）工业利税总额比上年增33%，杨舍等3个镇增幅超镇（场）平均增幅。全市工业实现利润总额61.45亿元，比上年增47.2%。市属工业利润总额占全市工业的50.26%，全年利润总额比上年增64.08%，给排水公司、沙钢集团增幅超市属工业平均增幅；镇（场）工业利润总额比上年增37.6%，锦丰等4个镇增幅超镇（场）平均增幅。全市工业销售利润率达4.2%，人均劳动生产率达13.5万元。全市工业工商入库税收71.56亿元，比上年增43%。

工业投入　年内，全市工业项目建设稳步推进，投资项目规模显著增大。全年工业在建项目784个，完成工作量155.12亿元，比上年增9.2%。在建项目中，技改项目692项，完成工作量106亿元，占全市总量的68.33%；合资项目92项，完成工作量49.12亿元，占全市总量的31.67%。全市技改超3000万元和外资超500万美元的在建大项目145个，完成工作量121.43亿元，占全市总量的78.1%。全市9个镇（场）平均投入近13亿元，其中5个镇投入高于平均数。全市有22家企业投入超1亿元，最高的超40亿元。年内，争取到省级以上计划项目14个。全市工业竣工项目607个，其中3000万元或500万美元以上大项目58个。全市竣工项目决算101.9亿元，项目投产达产后，年可新增销售收入213.3亿元。重点项目如序推进，总投资33.31亿元的十大项目全部开工，累计完成投资21.27亿元，已有2个项目竣工投产。计划总投资31.5亿元的十大竣工项目全部竣工，累计完成投资29.99亿元。

结构调整　年内，经国务院批准，保税区实现区港联动试点，再添发展外向型经济新平台。优化产业结构，及时清理钢铁、水泥等过度投资行业，全面贯彻国家产业结构调整指导目录和省鼓励产业指导目录。推进产业升级，推进高新技术产业化，项目扶持突出重点，建立和完善筛选评估制度，通过提高投入的有效性增强全市工业的整体竞争力。工业投资的聚集度显著增强，重大项目80%聚集在市、镇各类区、园之内。部分规模企业在外省市相继建立原料供应、生产销售、科研开发基地。本地优势产业进一步做大做强，招商引资由粗放到集约、由引资到选资、由规模到质量、由引资到引智的转变加快，引资重点向与本地现有产业有联系的产业转移，产业链愈发完整。化工园区已形成若干完整的产业链，以石化深加工和化工物流为主，分工明确、配套能力强的化工产品基地已在化工园形成。循环经济发展模式已成为全市工业经济增长方式的核心内容，继张家港市成为首批循环经济试点市后，沙钢集团、东海粮油年内又被列入江苏循环经济建设示范单位，全市20多家企业已成为循环经济典型企业。扬子江国际冶金工业园《循环经济建设规划》已通过专家评审。年内，因环境原因被拒绝、劝阻的工业项目70个，关停重污染企业6家，通过清洁生产审核的企业8家，被评为环境友好企业10家。新增江苏省资源综合利用企业9家，累计81家。全市工业万元GDP能耗降至1.18吨标煤，水耗降至102.1立方米，COD（化学需氧量）排放强度为2.53千克，工业用水重复率上升到82%。

企业改革　产权制度改革继续深化。公有股本退出步伐加快，部分企业进行公有股权转让或降低了公有股权比例，沙钢、华尔润等企业公有股全部退出。规范改制企业的运作，公司法人治理结构进一步完善。建立有效的公有资产管理、监督和营运体系，组建了张家港市金茂投资发展有限公司。推进资本经营，年内骏马化纤在新加坡交易所成功上市，成为全国第二家、江苏省第一家在新加坡交易所上市的S股。全市上市企业累计4家，年内，组建股份有限公司2家，累计21家。高新张铜等待挂牌上市，宏宝五金通过中国证监会预审，飞翔化工新加坡上市和国泰国贸国内A股上市的材料已上报或即将上报，澳洋股份和华源股份正在上市辅导期内。年内成立境外上市办公室，拟推荐境外上市民营科技企业20家，其中市浩波化学品有限公司等5家企业已进行现场辅导和咨询工作。

科技进步　高新技术产业化和传统产业高新化步伐加快，企业技术创新能力持续增强，技术创新载体建设快速推进。新增博士后工作站2个，累计3个。新增苏州市认定的企业技术中心2家，累计有省、市级企业技术中心9家；新增首批苏州市级工程技术研究中心2家。新增省级以上高新技术企业6家，累计46家。新增省级以上高新技术产品43种，累计178种。12个项目被列入省级火炬计划项目，其中6个项目被列入国家火炬计划项目。1个项目被列入省级以上星火计划项目，6个项目被列入省技术创新项目计划，16个项目被列入省重点技改项目计划，1个项目被列入省级科技攻关项目。2个项目被列入国家中小型企业技术创新基金扶持项目，2个项目被列入高新技术产业化贴息项目，2个项目被列入省科技成果转化专项资金项目，2个项目被列入苏州市级国际科技合作项目。4个项目获省级科技进步奖，9个项目获苏州市级科技进步奖。年内组建产学研联合体21家，联合开发项目80个。8家企业被列入苏州市信息化带动工业化示范或试点企业。重点骨干企业和年销售收入500万元以上的企业基本都建立企业网站，20%市重点骨干企业建成内部局域网。新增实施ERP（企业资源计划系统）企业10家，新增三维CAD（计算机辅助设计）应用企业11家。全年申请专利519件，累计达2224件，市国泰华荣化工新材料有限公司成为苏州市惟一一家列入省知识产权战略推进计划企业。全市高新技术产业化率达20%。张家港市成为全国科普示范县（市）、2001-2002年度全国科技进步先进市和江苏省首批（苏州市惟一的）省知识产权工作示范市。

名牌战略　名牌战略成效显著。菊花味精被复评为中国名牌产品，新增福临门牌小麦粉、金莎牌糖果2种中国名牌产品，累计3种。中国驰名商标新增华芳，累计2个。国家免检产品新增5种，累计11种。工业企业江苏名牌产品新增4家6种，在有效期内总计23家32种。江苏省著名商标新增10个，累计31个。

表34　2004年江苏名牌产品一览表（张家港工业部分）

行业	产品名称	生产企业
冶金	沙钢牌热轧带肋钢筋、无扭控冷热轧盘条	江苏沙钢集团有限公司
冶金	联峰牌热轧带肋钢筋	江苏永钢集团有限公司
冶金	铜鼎牌阴极铜	张家港联合铜业有限公司
冶金	张铜牌空调制冷用铜管、铜水管	高新张铜股份有限公司
机械	海狮牌全自动洗涤脱水机、自动熨平机	江苏海狮机械有限公司
机械	AAA牌轴承	张家港市AAA轴承有限公司
机械	万富安牌通用轿式起重机	江苏万富安机械有限公司
电子	数字卫星接收机	江苏银河电子股份有限公司
化工	天鹏牌电子级硅酸铅	张家港市氧化铅厂
化工	金字牌复混肥、工业碳酸钠	张家港市华源化工有限公司
化工	七洲牌杀菌剂农药、多效唑农药	张家港市七洲农药化工有限公司
纺织	锦花牌粘胶短纤维	张家港驰锦漂白纤维有限公司
纺织	普坤牌精纺呢绒	张家港市普坤纺织实业有限公司
纺织	骏马牌锦纶6浸胶帘子布	骏马化纤股份有限公司
纺织	港洋牌精纺呢绒	江苏港洋实业股份有限公司
轻工	宏宝牌五金工具	江苏宏宝股份有限公司
轻工	贝贝牌普通运动鞋	张家港市贝顺橡胶制品有限公司
轻工	金鼠牌塑料地砖	张家港市易华塑料有限公司
医药	金鹿牌医疗器械、工具	江苏金鹿集团有限公司
食品	沙洲牌优黄	江苏张家港酿酒有限公司
食品	福临门牌食用植物油、面粉，四海牌饲料	东海粮油工业（张家港）有限公司
食品	菊花牌80%味精	江苏菊花味精集团公司
建材	江南牌、华润牌浮法玻璃	江苏华尔润集团有限公司

企业管理　年内全市工业新增ISO 9000质量体系认证企业85家，累计505家。新增ISO 14000环保体系认证企业22家，累计67家。新增OHSAS 18000安全健康管理体系认证企业5家，累计8家。年内，相继出台《关于进一步加强安全生产工作的决定》和《张家港市事故应急救援预案》，安全监管职能部门日常监察工业企业640家，发出隐患整改通知书264份，督促整改安全隐患1407条；组织危险化学品等全市性工业安全生产大检查8次，抽查企业609家，整改存在问题和事故隐患2138条，实施停产整改42家，关闭4家，限期搬迁3家。重大建设项目“三同时”和安全预评估率达100%。年内，工业安全教育培训厂长（经理）1384人，安全技术干部623人，各类特种作业人员4154人，89名安全管理干部参加了与江苏大学联合举办的安全工程大专专业证书班学习。年内，工业企业职工伤亡事故、死亡人员、重伤人员、直接经济损失分别比上年下降42%、36.4%、80%和15.6%。全年投入节能技改资金3.42亿元，年新增节能能力16.09万吨标准煤。全市104家重点用能企业主要工业产品单耗节约能源9.02万吨标准煤，节能直接创经济效益9579万元，全市重点产品能耗下降61.5%。全市12家已通过清洁生产审核验收的企业，通过节约能源、水耗，减少三废排放，年新增经济效益2.56亿元。年内，新增江苏省资源综合利用企业9家、首批创建节水型企业12家。全市国有、集体工业企业全部实行厂务公开，均建立职

工代表大会制度。三年创建张家港市非公企业职工民主管理工作示范单位活动在年内启动。全市第五个行业组织——张家港市氨纶纱行业商会年内成立，推动氨纶纱板块不断做大做强。张家港市为全国县级市中率先引进职业经理人资格认证的城市之一，年内40名百强企业的总经理、副总经理、总经理助理等企业高层管理人员，参加了张家港市首期国际职业经理人资格认证学习班学习。200多名厂长、经理参加质量监督知识培训，1500多人次的民营企业经营者和管理层人员参加了各类培训。6家民营企业被评为全国乡镇企业创名牌重点企业。4家企业被评为江苏省优秀民营企业，4名企业法人代表被评为江苏省优秀民营企业家。

表35 **2004年工业十大开工项目一览表**

系统	企业名称	项目名称及内容	类别	总投资	开工日期	竣工日期	年末累计完成投入
凤凰镇	可隆科技特特种纺织品有限公司	特种纺织品生产	外资	6000万美元	2004–08	2005–12	1.16亿元
经贸委	江苏华昌集团有限公司	一期年产30万吨合成氨、45万吨纯碱、15万吨尿素	内资	8亿元	2004–01	2006–12	5.80亿元
凤凰镇	威亚汽车配件（张家港）有限公司	一期10万台变速箱	外资	6000万美元	2004–01	2004–09	3.44亿元
保税区	日触化工（张家港）有限公司	年产3万吨高吸水性树脂	外资	4300万美元	2004–01	2004–12	3.00亿元
金港镇	张家港万达薄板有限公司	150万吨冷轧薄板	外资	3600万美元	2004–01	2004–12	2.45亿元
杨舍镇	江苏张铜集团有限公司	汽车同步器齿环及齿环材料（国家第三批双高一优项目）	内资	1.1亿元	2004–03	2005–02	0.50亿元
金港镇	张家港浩波化学品有限公司	AK糖项目	内资	2亿元	2004–10	2005–12	0.20亿元
保税区	丰田合成(张家港)科技有限公司	汽车方向盘	外资	1880万美元	2004–04	2005–06	1.56亿元
杨舍镇	东熙汽配（张家港）有限公司	汽车配件	外资	2980万美元	2004–07	2005–12	1.49亿元
塘桥镇	华芳集团有限公司	广天240台喷气织机、织染公司270台喷气织机	内资	2000万美元	2004–01	2004–09	1.66亿元

表36 **2004年工业十大竣工项目一览表**

系统	企业名称	项目名称及内容	类别	总投资	开工日期	竣工日期	年末累计完成投入
经贸委	江苏沙钢集团有限公司	650万吨热卷板配套热电6 × 5万千瓦热电机组	内资	6.60亿元	2003–05	2004–12	5.33亿元
保税区	杜邦－旭化成聚甲醛（张家港）有限公司	年产2万吨聚甲醛	外资	6900万美元	2003–01	2004–06	5.73亿元
凤凰镇	国一制纸（张家港）有限公司	年产4万吨工业用高档纸生产线	外资	4550万美元	2003–09	2004–12	3.74亿元
南丰镇	江苏永钢集团有限公司	年产100万吨线材、100万吨棒材	内资	3.00亿元	2003–09	2004–08	3.00亿元
锦丰镇	江苏华尔润集团有限公司	年产600万重量箱浮法8线	内资	3.00亿元	2003–03	2004–08	2.40亿元
杨舍镇	江苏骏马集团有限责任公司	年产1.5万吨钢帘线	内资	3.00亿元	2003–08	2004–10	2.65亿元
锦丰镇	泓港毛纺织有限公司	年产精纺面料300万米	内资	2.50亿元	2003–05	2004–12	2.50亿元
锦丰镇	张家港市华兴纸业有限公司	年产10万吨牛皮箱板纸	内资	1.50亿元	2003–07	2004–10	2.10亿元
塘桥镇	江苏银河电子股份有限公司	年产80万台多媒体数字接收终端（国家第三批“双高一优“项目）	内资	1.20亿元	2003–12	2004–12	1.30亿元
凤凰镇	江苏飞翔化工股份有限公司	年产6000吨多功能表面活性及非离子水溶性纤维素醚及配套	内资	1.20亿元	2003–03	2004–10	1.20亿元

（庄宇平）

支柱产业

【冶金工业】 2004年全市规模以上工业行业中，冶金工业占38.6%。工业销售收入前百位企业中的10家冶金工业企业完成工业总产值（现行价）498.55亿元，比上年增66.37%；实现产品销售收入497.55亿元，比上年增62.48%；实现利税44.59亿元，比上年增82.83%；实现利润32.69亿元，比上年增133.21%。沙钢集团销售收入超300亿元、永钢集团销售收入超100亿元、张家港浦项不锈钢有限公司销售收入超60亿元、高新张铜和联合铜业的销售收入均超20亿元，均被评为市年度销售收入先进工商企业。沙钢集团入库税金超15亿元、永钢集团入库税金超3亿元、张家港浦项不锈钢有限公司入库税金超1亿元、高新张铜和联合铜业公司入库税金超2000万元，均被评为市年度入库税金先进工商企业。张家港市汇丰铝带型材厂销售收入超5亿元，张家港市广大钢铁有限公司销售收入超2亿元，张家港市振江带钢有限公司、张家港市亚青钢管有限公司、张家港市逸洋制管有限公司、张家港市宏旺钢铁有限公司销售收入超1亿元，均被评为市年度销售收入先进私营企业。张家港市汇丰铝带型材厂、江苏奔球制管有限公司入库税金超1000万元，张家港市广大钢铁有限公司、张家港市宏旺钢铁有限公司入库税金超500万元，均被评为市年度入库税金先进私营企业。沙钢集团自营进出口总额超16亿美元，张家港浦项不锈钢有限公司自营进出口总额超7亿美元，沙钢国际贸易有限公司、沙钢集团自营出口总额超2亿美元，张家港润忠钢铁有限公司、张家港浦项不锈钢有限公司自营出口总额超5000万美元，张家港宏发炼钢有限公司、高新张铜、张家港沙景钢铁有限公司自营出口总额超3000万美元，均被评为市年度外贸工作先进单位。全行业工业技改、合资投入超3000万元或500万美元的在建项目13个，总投资120.79万元，完成投入工作量48.36亿元。其中竣工8个，完成工作量6.65亿元，可新增年销售28.3亿元，利税2.13亿元。江苏沙钢集团年内技改投入40.78亿元，占全市工业投入的四分之一强，电炉钢生产的电耗244瓦特·小时／吨，为国内同行最低。

2004年冶金工业主要产品产量一览表

表37　　单位：万吨

产品名称	年产量	产品名称	年产量
生铁	483.09	钢管	16.20
钢	755.40	其中：无缝钢管	11.02
成品钢材	1090.62	电解铜	11.92
其中：薄钢板	31.92	铜加工材	15.50
铝材	1.20		

（戴　华）

【纺织工业】　年内，在全市规模以上工业行业中，纺织工业占25.2%。全市33家重点纺织企业（按市百强企业销售收入排序）完成工业产值236.38亿元，比上年增35.64%；销售收入175亿元，比上年增38.02%；利税总额14.93亿元，比上年增32.02%；利润总额8.93亿元，比上年增29.9%。四项经济指标分别占百强企业的22%、22.6%、19.2%、16.4%。纺织出口创汇总额18.5亿美元，占全市的65%。年内纺织行业3000万元或500万美元以上技改项目44个，占全市的33%；共投入资金27.56亿元，占全市的20.53%。年内，在国家统计局评定的2003年度中国1000家最大工业企业中全市有8家企业入围，其中纺织企业4家，分别是华芳集团、澳洋集团、骏马集团、普坤纺织实业有限公司。8月，全国工商联公布2003年度中国民营企业500强，全市有11家民营企业榜上有名，其中纺织企业3家，分别是华芳集团、澳洋集团、骏马集团，入选数列全国各县（市）之首。澳洋集团获中国毛纺毛针织行业销售收入前10位，中国纺织工业全行业销售收入、出口额前100位，江苏省服装行业文化建设十大知名企业。江苏东渡服装集团获2004年江苏省服装行业销售收入、利润总额十强企业，江苏省服装企业十大文化品牌。澳洋集团生产的“澳洋”牌和张家港普坤纺织实业有限公司生产的“普坤”牌精纺面料产品被国家质监总局评为国家免检产品。锦丰轧花剥绒有限公司的“锦花”牌粘胶短纤维荣获2004年度江苏省名牌产品。华芳集团的“华芳”牌注册商标被国家工商总局认定为中国驰名商标，生产的色织布、针织布、呢绒产品被国家质监总局评为国家免检产品。

（高益芬）

表38　2004年纺织工业主要产品产量一览表

产品名称	单位	年产量	产品名称	单位	年产量
化学纤维	万吨	50.00	其中：色织布	万米	6500.00
其中：粘胶纤维	万吨	10.40	印染布	万米	16000.00
合成纤维	万吨	39.60	帘子布	万吨	6.13
其中：锦纶	万吨	15.00	呢绒	万米	8500.00
涤纶	万吨	35.00	其中：精纺呢绒	万米	4500.00
其中：长丝	万吨	26.00	毛纱线	万吨	20.00
纱	万吨	50.00	羊毛衫	万件	15000.00
其中：精梳纱	万吨	22.00	服装	万件	12000.00
氨纶纱	万吨	12.00	其中：针织服装	万件	6000.00
布	万米	19000.00	针织布	万吨	9500.00

【粮油深加工业】　在全市规模以上工业行业中，粮油深加工业占8.1%。2004年，全市粮油深加工业克服电力的瓶颈制约、原材料大幅上涨及禽流感影响等不利因素，继续保持了较快增长的运行态势。全年规模以上企业完成现行价产值113.46亿元，比上年增29.94%；销售收入105.7亿元，比上年增19.22%；完成工业增加值38.17亿元，比上年增71.47%；实现利税7278万元，利润1858万元。全市粮油深加工业中，销售收入超80亿元的企业1家，超5亿元的企业1家，超亿元企业3家，超5000万元企业3家。粮油深加工业争创名牌工作取得显著成效，“菊花”味精、“金莎”巧克力、“福临门”小麦粉被国家质量监督检验检疫总局、中国名牌战略推进委员会命名为中国名牌产品。

（谢正乾）

【汽车及汽车零配件业】　全市汽车及汽车零配件业有6家汽车改装企业、10多家外商投资企业和70多家民营汽配生产企业。年内改装车生产企业完成工业总产值18.13亿元，比上年降30.21%；实现销售收入17.58亿元，比上年降32.27%；实现利税总额7648万元，比上年降50.26%；实现利润2790万元，比上年降59.6%。江苏牡丹汽车集团有限公司和江苏友谊汽车有限公司销售收入分别超7亿元和5亿元，被评为市年度销售收入先进工商企业；江苏牡丹汽车集团有限公司、江苏友谊汽车有限公司的入库税金超3000万元，被评为市年度入库税金先进工商企业；张家港中集圣达因低温装备有限公司销售收入超1亿元、入库税金超1000万元，被评为市年度销售收入、入库税金先进私营企业。改装车

表39　2004年粮油深加工业主要产品产量一览表

产品名称	产量	单位	比上年（±%）
精炼食用油	56.65	万吨	6.42
面粉	17.07	万吨	17.00
饲料	13.93	万吨	−19.84
豆粕	183.99	万吨	9.32
味精	4.37	万吨	−19.67
氨基酸系列	1331.00	吨	5.97
食用油脂	42899.00	吨	−10.27
麦乳精	601.00	吨	2.91
巧克力	2887.00	吨	1.65
啤酒	22016.00	吨	0.08
黄酒	16764.00	吨	1.80

（谢正乾）

主要产品以大中型客车为主，还有专用车、特种车、轻型货车等；汽配行业从简单的座椅、座套的生产发展到可生产汽车曲轴总成、刹车盘、变速器等主要部件。以韩国投资为主的汽配生产外资企业主要分布在张家港开发区和凤凰镇，年内有5个超500万美元的汽配项目竣工投产，总投资12980万美元，可新增销售12亿元、利税1.4亿元。

表40　2004年改装车生产企业完成产量一览表

单位：辆

企业名称	年产量	企业名称	年产量
江苏牡丹汽车集团有限公司	13311	张家港中集圣达因低温装备有限公司	35
江苏友谊汽车有限公司	5320	张家港市东鸥客车有限公司	460
张家港市江南汽车制造有限公司	1448	张家港沙洲车辆有限公司	589

（戴　华）

【化医工业】　在全市规模以上工业行业中，化医工业占9.4%。2004年度纳入统计的11家重点企业累计完成工业总产值（现行价）61.95亿元，比上年增62.56%；实现产品销售收入64.97亿元，比上年增62.55%；利税总额5.52亿元，比上年增33.66%；实现利润4.43亿元，比上年增35.83%；外贸出口额14.48亿元，比上年增14.02%；全行业技改、合资投入500万元或300万美元以上的在建项目13个，内资项目35个，总投资43.96亿元，完成投入工作量24.86亿元，共有27个项目已竣工投运。

表41　2004年化医工业主要产品产量一览表

产品名称	单位	产量	产品名称	单位	产量
合成氨	吨	119301.00	叔胺	吨	26348.00
纯碱	吨	261539.00	硬脂酸	吨	11357.00
复合肥	吨	385194.00	染料	吨	3380.00
次磷酸钠	吨	14772.00	三氯化磷	吨	11004.00
氧化铅	吨	66411.00	氧氯化磷	吨	13849.00
硅酸铅	吨	36915.00	胶鞋	万双	1105.24
PV浆料	吨	9821.00	乳胶手套	万支	69889.00
糖化酶	吨	3600.00	大输液	万瓶	2773.00
100%农药	吨	3288.00	医疗器械	万件	104.04

（吴坤明）

【机电工业】　在全市规模以上工业行业中，机电工业占13.2%。全市工业销售收入前百位中的25家机电工业企业，2004年完成工业总产值（现行价）84.48亿元，比上年增8.68%；实现销售收入84.01亿元，比上年增5.76%；实现利税5.51亿元，比上年降5.59%；实现利润3.87亿元，比上年增3.77%。江苏海狮机械有限公司入库税金超3000万元、张家港市无线电厂入库税金超2000万元，均被评为市年度入库税金先进工商企业；张家港市新中环保设备有限公司、张家港市中集圣达因低温装备有限公司、张家港市金帆电源有限公司销售收入超1亿元，均被评为市年度销售收入先进私营企业；张家港市中集圣达因低温装备有限公司入库税金超1000万元，张家港市新中环保设备有限公司、江苏天港箱柜有限公司入库税金超500万元，均被评为市年度入库税金先进私营企业；张家港保税区慧鸿电子有限公司、张家港伸兴机电有限公司自营出口总额超3000万美元，江苏银河电子股份有限公司、张家港保税区光王电子有限公司、辻产业重机（江苏）有限公司自营出口总额超2000万美元，均被评为市年度外贸工作先进企业。全行业工业技改、合资投入超3000万元或500万美元的在建项目18个，总投资17.93亿元，完成工作量10.39亿元。其中竣工14个，总投资15.35亿元，完成工作量10.01亿元，可新增年销售收入17.66亿元，利税1.97亿元。

（戴　华）

【沙钢集团650万吨炼铁炼钢连铸项目投产】　10月8号，沙钢集团650万吨炼铁炼钢连铸项目投产，标志着集团结束了只有方坯，不能生产板坯的历史，实现了生产结构从短流程向长、短流程结合转变，产品结构从长材向扁平材转移的战略目标。2002年开始筹建的总投资150亿元的650万吨钢板工程，是沙钢集团“六五”计划的核心工程，也是江苏冶金“十五”计划的重点项目，由武汉钢铁总院、重庆钢铁设计院、鞍山冶金设计院等单位负责工程设计，十三冶、一冶、十九冶和鞍山冶建公司等承担施工。该工程建设

表 42　2004 机电工业主要产品产量一览表

产品名称	单位	产量	产品名称	单位	产量
金属集装箱	立方米	165400	轴承	万套	1914
汽车	辆	21163	塑料机械	台	5357
洗涤机械	台	2915	起重设备	台	7963

（戴　华）

主要有650万吨炼铁、650万吨炼钢连铸、450万吨热卷板等项目，同时建设万吨级长江码头、40万千瓦热电厂等一批配套项目。整个工程达国际先进水平，主要生产热轧薄带卷、集装箱板、管线钢、高压容器卷板、硅钢、不锈钢等高科技含量、高附加值并具有国际市场竞争力的产品，填补江苏省热卷板、宽厚板领域空白。年内投产的650万吨炼铁炼钢连铸项目是整个钢板工程的重要核心工程。

【永钢集团销售收入超百亿】　永钢集团年内销售收入达106.33亿元，比上年增99.2%，成为全市第三家年销售收入超百亿的企业。全年生产钢129.59万吨，比上年增318.03%；钢材231.87万吨，比上年增31.8%；实现利税6.91亿元，利润3.97亿元，均创造了永钢集团建厂以来最高水平。2002年8月，企业自筹资金10多亿元，上马了百万吨炼钢项目。该项目仅用一年时间就建成投产，使永钢的整体规模扩大了一倍多，彻底扭转了轧钢原料受制于人的境况，也使企业跨上了更高的发展平台。　（戴　华）

【沙钢集团参与四大钢企合资铁矿业】　3月1日，总价值达90亿美元的沙钢集团等四大钢铁企业合资铁矿业商业合同在北京签字，由沙钢、武钢、唐钢、马钢和世界最大综合资源公司——必和必拓公司，以及两家日本公司合资成立的威拉拉合营公司正式开始运作。必和必拓公司将每年向沙钢等四大钢铁企业提供1200万吨铁矿砂，合同期为25年。近年来，中国钢铁工业对铁矿等资源的需求量日益增大，沙钢集团每年需进铁矿石800多万吨，但目前高品质铁矿主要依靠国外进口。为锁定资源渠道，降低采购成本，在中国钢协等有关部门协调下，沙钢集团等四大钢铁企业联手与外商合资开发铁矿业。总部设在澳大利亚墨尔本的必和必拓公司为世界500强企业，也是中国铁矿砂的主要供应商之一，组成铁矿砂合营企业后，沙钢集团等四大钢铁企业将分租持有必和必拓公司在西澳大利亚省纽曼市附近矿山40%的股份。合作协议签订后，必和必拓公司对沙钢集团等企业的铁矿砂销售额将增加一倍。

【沙钢集团中心实验室两项目获国家能力认可证书】　年内，沙钢集团中心实验室收到中国实验室国家认可委员会发来的通知，该实验室参评的“钢中非金属夹杂物的评定”和“金属平均晶粒度的测定”两个项目顺利通过了委员会组织的能力验证，这是江苏省惟一一家所有项目均通过认可的实验室。沙钢集团注重产品质量检测，不断加大投入，建设高水平的实验室。早在2000年，沙钢集团中心实验室就通过了国家商检一级实验室的评审。在此基础上，又先后投入1000多万元添置实验设备，使分析仪器总资产达2000多万元。一流的检测设备和具有良好素质的检测分析队伍，使实验室具备了国家级检测中心的条件。近年来，实验室还陆续通过了不锈钢化学成分检测、球团矿国际比对及钢中氧、氮气体分析等项目的能力测试，均取得了满意结果，体现了该实验室良好的分析检测能力。

（史　志）

【塘桥捧回“国”字号招牌】　参见240页〖荣获中国棉纺织毛衫名镇称号〗条目。

【“东渡风”成为省服装知名品牌】　年内，江苏东渡服装集团“东渡风”商标被江苏省工商行政管理局认定为省著名商标，标志着全市服装知名品牌实现零突破。江苏东渡服装集团是全国服装行业前30强企业，2001年推出以“休闲、健康、时尚、流行”为内涵的“东渡风”系列服装，先后参加了北京、上海、大连等地举办的服装博览会、服装节，相继在上海、北京等地开设了“东渡风”旗舰店，在全国各大城市发展加盟店。在实施名牌战略过程中，集团始终以技术改造、科技创新为支撑，每年投入3000万元至5000万元用于技术改造，从国外引进了10条服装自动化生产流水线，从德国引进世界上最先进的气雾染色和面料后整理设备，使织造到成衣各道工序的设备在国内均达到一流水准。注重新品研发工作，仅服装面料几年来共有200多个新品问世。集团先后通过了ISO 9001国际质量体系认证和ISO 14000国际环保管理体系认证。年内，“东渡风”童装系列产品上市销售，成为张家港市首个童装品牌。　　（高益芬）

【东海粮油投入4亿元促发展】　年内，东海粮油公司完成现价工业产值96.89亿元，比上年增40.6%；销售收入89.83亿元，比上年增32.9%。“福临门”牌食用植物油全国市场占有率达21.5%，居同行业第二。公司注重新产品开发和技改扩能，年内共投入4亿元，为企业发展提供动力。其中投资1亿元，新建5万吨级码头1个，使年货物吞吐能力达1000万吨；投资1.5亿元建办年产1.5万吨的谷元粉项目，生产设备从芬兰进口；投资0.5亿元建

浦项不锈钢公司　　（史　志　供稿）

办年产1万吨饲料级卵磷脂项目，设备从德国进口；投资1亿元对面粉和大米生产线进行扩能。11月，东海粮油工业（张家港）有限公司被中国食品工业协会命名为全国优秀龙头食品企业。

【“菊花”味精再获中国名牌产品称号】 “菊花”味精继2001年获得中国名牌产品称号后，9月再次被国家质检总局、中国名牌战略推进委员会认定为中国名牌产品，国家免检产品。年内，江苏菊花味精集团有限公司完成现行价产值4.7亿元，销售收入4.27亿元，实现利税1670万元，利润476万元，均比上年有新的增长。公司注重调整产品结构和降低生产成本，新建办年产1.2万吨的赖氨酸项目，并在黑龙江双城市投入1亿元建设年产6万吨淀粉的一期工程。在从废水中提取菌体蛋白、大米蛋白、水生蛋白取得可观效益的基础上，年内又投入2000万元，对废水作进一步处理，建成年产1万吨硫酸铵生产装置。11月，江苏菊花味精集团有限公司被中国食品工业协会命名为全国优秀龙头食品企业。

（谢正乾）

【“牡丹”成为十运会惟一指定接待专用客车】 11月28日，在海南省海口市召开的牡丹客车2005新品推介会上，中华人民共和国第十届运动会筹备委员会向牡丹客车授予了“十运会指定接待客车”的荣誉证书，届时牡丹客车将为十运会提供100辆安全、舒适、豪华的接待用车。此外，“牡丹”还获得了十运会网球比赛的单项赛事冠名权。2005年10月在江苏省举办的第十届全运会，是2008年奥运会前的一届全运会，也是历届规模最大、项目最全的一次全运会，届时将有1万多名来自各省、自治区、直辖市的运动员参赛。十运会的接待用车品质要求极高且接待任务繁重，筹委会在对国内的十几家客车企业进行多方面考察后，最终选定了牡丹客车。素有“中巴之王”美誉的牡丹客车从2002年向中大型客车成功延伸后，近两年在中大型客车领域取得了骄人业绩，已形成“长途客运、公交、中巴”三足鼎立的产品格局，产销量列同行业第四。十运会带来的商机，为全面展示牡丹客车全系列产品，进而为将牡丹客车打造成中国客车的强势品牌提供了契机。

【牡丹汽车获得消费者首肯】 4月28日，在北京人民大会堂召开的首届中国市场产品质量用户满意度调查第二阶段新闻发布会上，牡丹汽车入选“消费者首选第一品牌”。由人民日报社市场信息中心牵头主办，联合中国物流与采购联合会等60多家权威行业协会，《工人日报》、《科技日报》、《中国青年报》、《中国质量报》等10大权威报刊，人民网、搜狐网、阳光3·15网三大权威网站，在全国范围内开展了“首届中国市场产品满意度调查”大型活动。牡丹汽车在这次活动中受到30多个省、自治区、直辖市的80万名消费者的关注，被推选为“消费者首选第一品牌”。3月，牡丹新品参加首届中国客车大赛，获公路客车最佳造型奖、旅游客车最佳造型奖等多项大奖。10月，MD6120型客车参加上海市“迎世博”市民心目中最喜爱的车型评选活动，被评为最佳城市公交客车。

（史　志）

【江苏南阳汽车配件有限公司投产】 11月11日，总投资1800万美元、注册资金900万美元，由韩国知名汽车配件生产企业——南阳工业株式会社投资兴建的江苏南阳汽车配件有限公司在江苏省张家港经济开发区内正式建成投产。公司主要开发与生产汽车核心配件，专门生产汽车转向器及制动系统，产品主要销往东风悦达起亚公司。

（戴　华）

【“张化机”创下两个全国第一】 6月，张家港市化工机械有限公司制造的两台“西气东输”源头工程的关键设备——原料气预冷器，经长途跋涉，安全准时运抵新疆拜城县境内克拉二气田现场。张家港市化工机械有限公司是一家专业从事石油、化工、医疗、化肥、冶金、化纤、造纸等领域压力容器、非标设备设计、制造的民营企业，先后取得AR1（三类）压力容器制造许可证、ISO 9001质量认证证书和美国机械工程师协会ASME授权证书及“U”钢印，技术优势成为公司竞标“西气东输”源头工程关键设备获得成功的一张王牌。在2003年10月举行的“西气东输”源头工程24台原料气预冷器竞标活动中，该公司在与知名大公司的角逐中一举中标6000万元的订单，创下了非标压力容器单笔合同金额的全国第一，也为民营企业直接参与“西气东输”源头工程关键设备制造开了先河。在原料气预冷器制造过程中使用双相不锈钢，是一种在国内尚未普遍使用的钢种，技术要求高，焊接时稍有不慎就会产生裂纹，公司在国内同行业中首次大面积使用此钢种，并获得了成功。

【海狮集团研制成功等离子洗衣机】 年内，海狮集团首次在国际上成功将等离子技术应用于洗衣机，新研制成功了等离子洗衣机。等离子洗衣机的成功研制与使用，实现了工业洗涤的无污染排放，可为使用单位节约成本60%以上，是真正意义上的绿色环保洗衣机。海狮集团的雄厚研发能力和技术水平，吸引了比利时拉坡公司、美国AANDG公司、SPRMN公司等国外科研机构，并携其拥有的自主知识产权成果上门恳求合作。

【海陆余热锅炉称雄全国】 随着国家对钢铁企业的能源使用和环保的进一步控制，张家港海陆锅炉有限公司认准形势，专门聘请技术人员对干熄焦余热锅炉的关键技术进行攻关，一举成为国内第一家生产干熄焦余热锅炉的企业，并拥有专利证书，填补了国内空白。公司还抓住国家大力发展有色金属产业的机遇，拉长余热锅炉产业链条，成功开发氧化铝、氧化铜等生产企业用的余热锅炉，其生产的有色金属冶炼用余热锅炉已占国内市场份额的70%。年内，海陆锅炉与北京正东电子动力集团正式签订合同，提供2台燃气发电循环余热锅炉，价值2800万元，该项目是迎接北京2008年奥运建设的重要项目之一。公司凭借雄厚的技术力量和先进、配套的锅炉生产工艺，已发展成为国内燃气发电循环余热锅炉生产的主要企业。新产品的不断开发，使海陆锅炉的销售收入连年跨上新台

阶，年内达3.23亿元，其中余热锅炉占70%左右。（史　志）

其他产业

【轻工业】 2004年，在全市百强企业中，轻工行业（包括食品行业）完成产值（现行价）133.11亿元，比上年增31.35%，占全市百强企业的12.38%；销售收入126.09亿元，比上年增23.13%，占全市百强企业的11.81%；利税总额2.07亿元，比上年减39.23%，占全市百强企业的2.68%；利润1.07亿元，比上年减60.4%，占全市百强企业的1.96%。年内轻工行业超3000万元或500万美元技改项目14项，占全市的10.37%；完成实际投入7.86亿元，占全市的5.85%。至年末，70%的项目竣工投产。年内，江苏联兴塑胶管业有限公司、张家港市饮料机械有限公司获江苏省高新技术企业称号。张家港易华塑料有限公司“金鼠”塑料地砖获江苏省著名商标称号。12月5日，中国五金制品协会第三届理事会第六次会议在江苏宏宝五金股份有限公司举行。（高益芬）

表43　　2004年轻工业主要产品产量一览表

产品名称	单位	产量	产品名称	单位	产量
各种刀具	万件	500	工艺帽	万打	600
饮料罐	吨	1000	篮球架	副	400
五金工具	万件	8000	照相纸板	只	20000
其中：园林工具	万件	45	塑料制品	吨	56813
人造革	万米	5000	A级牛皮箱板纸	吨	500

（高益芬）

表44　　2004年张家港市（热）电力企业基本情况表

（热）电厂名称	发电机组			锅炉		
	单机功率（千瓦）	台数	合计（千瓦）	额定蒸发量（吨／时）	台数	合计（吨／时）
北京三吉利能源股份有限公司张家港华宇电力分公司	125000	2	250000	420.00	2	840
张家港保税区长源热电有限公司	6000	2	36000	75.00	2	410
	12000	2		130.00	2	
张家港申洲协联热电有限公司	6000	2	12000	35.00	3	180
				75.00	1	
江苏金柳江南热电有限公司	6000	2	12000	35.00	3	105
张家港市天欣热电有限公司	6000	1	6000	35.00	2	70
张家港市合兴热电厂	6000	2	12000	35.00	1	165
				65.00	2	
江苏澳洋科技股份有限公司热电厂	3000	1	10500	20.00	4	150
	1500	1				
	6000	1		35.00	2	
江苏菊花味精集团有限公司热电厂	1500	1	5250	20.00	4	80
	3000	1				
	750	1				
江苏沙钢集团有限公司热电厂	9224	2	218448	20.00	1	1030
	50000	4		65.00	2	
				220.00	4	
锦丰轧花剥绒有限公司热电车间	1500	1	1500	20.00	1	20
江苏中鼎化学有限公司热电厂	750	1	750	10.00	1	10
张家港市双龙热电厂	1500	1	1500	10.00	1	10
张家港市金谷热电厂	1500	1	1500	8.50	2	17
张家港贝顺橡胶制品有限公司热电厂	1500	1	1500	10.00	2	20
华芳张家港热电有限公司	6000	2	12000	35.00	2	150
				75.00	1	
张家港市徐丰热电能源有限公司	1500	1	1500	20.00	1	20
张家港市华鹰科技开发有限公司热电厂	1500	1	1500	20.00	1	20
张家港浩波热电有限公司	6000	1	6000	35.00	2	70

【电力工业】 2004年，在全国性缺电的格局下，全市电力系统合理调度用电，精心安排错峰用电方案，最大错峰负荷超70万千瓦，并通过加快对电力工程的建设，改善电网结构，确保了全市供用电的正常有序，保证了全市居民生活及重要用户的正常用电。

电力生产　年内，全市18家电力生产企业完成年度发电量34.11亿千瓦小时，比上年增34.57%。其中上网电量19.47亿千瓦小时，自发自用和厂用电量14.64亿千瓦小时。江苏沙钢集团有限公司资源综合利用电厂4台5万千瓦发电机组分别于3月3日、3月24日、6月27日、6月29日并网发电。6月8日，张家港市合兴热电厂的1台0.6万千瓦背压发电机组并网发电。7月11日，张家港浩波热电有限公司的1台0.6万千兆瓦抽凝发电机组并网发电。12月31日，张家港骏马涤纶制品有限公司热电厂1号机组（1台1.5万千瓦抽凝发电机组）并网发电。

电力供应　年内，全市全社会用电量106.0249亿千瓦小时，比上年增28.25%；日最高网供电量2893万千瓦小时（9月10日），比上年日最高网供电量增加234万千瓦小时；日最高用电负荷161.524万千瓦（11月11日16时30分），比上年日最高用电负荷增加33.154万千瓦；年平均负荷率92.18%，比上年提高2.41%；线损率4.25%，比上年下降1.34%；电压合格率99.52%，供电可靠率99.99%，用户满意率99.6%。平均电价1000千瓦小时534.34元，比上年增11.83元。回收各类电费47.36亿元。年内完成业扩报装户数12210

户，增加容量77.9万千伏安。至年末，全市拥有220千伏变电站7座，变压器14台计210万千伏安，运行线路21条331.3公里。110千伏变电站15座，变压器27台计111.25万千伏安，运行线路32条269.13公里。35千伏变电站15座，变压器30台计47万千伏安，运行线路67条387.73公里。10千伏配电变压器4171台计80.65万千伏安，运行线路250条2195.29公里。用户自备220千伏变电站1座，变压器4台计45万千伏安；110千伏变电站11座，变压器24台计72.23万千伏安；35千伏变电站86座，变压器225台计81.06万千伏安；10千伏专用变压器3080台计128.39万千伏安。（李培青）

【建材工业】 在全市规模以上工业行业中，建材工业占2.5%。年内完成工业总产值（现行价）41.81亿元，比上年增23.52%；实现销售收入43.82亿元，比上年增25.62%；实现利税6.95亿元，比上年增34.43%；实现利润4.09亿元，比上年增40.54%。华尔润集团销售收入超15亿元、张家港海螺水泥有限公司销售收入超5亿元，均被评为市年度销售收入先进工商企业；华尔润集团入库税金超1亿元，被评为市年度入库税金先进工商企业；张家港市港星新型建材有限公司销售收入超5亿元、入库税金超1000万元，被评为市年度销售收入先进私营企业和入库税金先进私营企业。全行业工业技改、合资投入超3000万元或500万美元的在建项目9个，总投资15.37亿元，完成工作量8.52亿元。竣工项目7个，总投资10.47亿元，完成工作量为5.85亿元，年可新增销售收入15.94亿元，利税3.17亿元。华尔润集团浮法玻璃产量2418万重量箱，比上年增16.9%。全市墙材生产企业89家，其中新墙材生产企业87家。全年墙体材料产量10.93亿标块，其中新型墙体材料产量9.95亿标块，占墙体材料产量的91%以上。新墙材生产节地107.6公顷，节约生产能耗4.47万吨标煤，利用工业废渣23.1万吨，新墙材建筑使用率100%。水泥散装率达96%以上，继续列全国、全省各县（市）前茅。

（戴 华）

2004年张家港市全社会分类用电情况表

表45　　电量单位：万千瓦小时

用电分类	用电量	占全社会用电量比例（%）	比上年增减（%）
全社会用电量	1060249	100.00	28.25
一、自发自用（含电厂厂用电量）	134589	12.69	163.54
二、供电量	925660	87.31	19.34
1.线损电量	39329	3.71	6.89
2.售电量	886331	83.60	21.03
⑴农业用电	2207	0.21	−4.71
⑵工业用电	818773	77.22	20.78
⑶建筑业用电	5917	0.56	63.14
⑷交通运输业用电	2477	0.23	47.44
⑸邮电业用电	1639	0.15	23.33
⑹商业、物资、供销、仓储用电	10964	1.03	17.29
⑺其他事业用电	10325	97.00	19.61
⑻城乡居民生活用电	34029	3.21	23.84

2004年张家港市全社会用电量来源构成情况表

表46　　电量单位：万千瓦小时

电量构成	电量	比上年增减（%）
全社会用电量	1060249	28.25
一、网供电量	925660	19.34
1.大电网供电量	899636	19.74
2.市内热电厂上网电量	26024	6.99
二、热电厂（含电厂厂用电量）自发自用电量	134589	163.54
1.热电厂厂用电量	16210	75.58
2.热电厂自发自用电量	118379	182.95

（李培青）

表47　**2004年建材工业主要产品产量一览表**

产品名称	单位	年产量
平板玻璃	万重量箱	2418.36
夹层玻璃	万平方米	2.70
中空玻璃	万平方米	9.27
钢化玻璃	万平方米	4.85
镀膜玻璃	万平方米	2.18
微晶玻璃	万平方米	4.04
普通硅酸盐水泥	万吨	365.00
实心粘土砖	亿标块	0.98
新墙材（砖类）	亿标块	4.88
其中空心砖	亿标块	4.62
混凝土空心砌块	万立方米	39.59
铝塑板	万平方米	126.08
玻镁平板	万平方米	318.60
水泥混凝土条板	万平方米	13.50
金属压型板	万平方米	106.74
EPS夹心板	万平方米	52.10
彩涂板	万吨	8.73

（戴 华）

【华兴纸业一期工程投产】 10月28日，市华兴纸业有限公司第一期10万吨A级牛皮箱板纸工程投入试生产。一期工程投资1.6亿元，可年产10万吨A级箱板纸，销售收入可达3.2亿元，实现利税4200万元。华兴纸业二期投资3.8亿元、年产15万吨的箱板纸工程已启动，预计2005年10月投产，届时年产可达25万吨箱板纸，实现销售收入5.2亿元，利税6000万元。华兴纸业是以江苏华机集团为主投资的民营企业，该企业的投产运行，一举打破了“长三角”地区外资大型造纸企业一统天下的局面。　（高益芬）

【500千伏张家港输变电工程投运】 500千伏张家港输变电工程，建设总投资4.62亿元，分三期建设。一期工程于3月25日投运，共安装100万千安调压变压器一组，500千伏出线2回，220千伏出线7回。二期工程增加一组100万千伏安调压变压器，于11月23日正式并网投运。最终建设规模将达三组100万千伏安调压变压器，500千伏出线8回，220千伏出线14回。该工程是全市第一个500千伏输变电工程。变电站采用紧凑型布置，500千伏配电装置首次采用悬吊式管型母线，500千伏设备连接线为管型母线，防误闭锁模拟操作合成由计算机监控，500千伏斗山——张家港输电线路在苏州地区首次采用钢管塔。同时，工程管理首次应用P3（工程进度管理）、EXP（合同事务管理）项目管理软件。该输变电工程的建成投运，对完善全市的主电网结构，提高电网供电能力，适应经济快速发展，缓解全市用电紧张局面将发挥重要作用。

【220千伏店岸输变电工程竣工投运】 7月28日，经苏州供电公司、张家港市供电公司、江苏省送变电公司、苏州二建集团五分公司、省电力设计院及江苏兴源送变电建设监理有限公司等单位的共同努力，220千伏店岸输变电工程正式投入运行。该工程位于锦丰镇长红村三组，总投资16180万元，建筑面积1218.8平方米。露天电容器场地602平方米，110千伏屋外构架配电装置场地3014平方米、220千伏屋外构架配电装置场地15023.6平方米，主变场地3548.4平方米。该工程是张家港市的第七座220千伏公用变电站，按计算机监控设计，建设规模为本期18万千伏安主变2台，最终规模3台；220千伏出线本期6回（500千伏张家港变至店岸变2回、港区变至永新钢厂变线路双回路开断接入4回），远景规模为12回；110千伏出线本期8回（卷板2回、沙锦1回、锦丰1回、浦项变1回、福华线开断2回、备用1回），远景规模为12回；35千伏出线本期5回（开发区变1回、水厂变1回、沙钢变2回、大新变1回），预留6回，远景规模10回。该工程的投运，为张家港地区经济发展提供了强大的电力支持。

【110千伏高东输变电工程竣工投运】 8月28日，110千伏高东输变电所竣工投运。该变电所坐落于金港镇北荫村四组，总投资4300万元，占地面积0.68公顷。由市供电公司委托江苏苏源兴康电力技术咨询有限公司设计，江苏兴源送变电监理有限公司承担监理。由苏州永盛建筑公司中标承担土建，张家港市苏源电力建设有限公司中标承担电气及线路架设施工任务。建设规模为2台4万千伏安双圈有载调压电力变压器，主接线方式为线路变压器组接线方式，全户内布置；110千伏进线2回，采用SF6GIS组合电器，按双回路设计，双回路架线，长5.2公里，导线使用LGL－300/25钢芯铝导线，避雷线使用LXXGJ－50稀土铝绞线；10千伏出线20回，户内中置柜电缆出线，采用单母线分段接线方式，固定式开关柜共35台。全所的保护装置采用综合自动化，按照无人值班设计，防盗系统、放火报警与监控站联网，变电所内装置视频监控系统。该工程的投运，保证了张家港保税区及周边地区经济发展的用电需求。

（李培青）

2004年用电量前三十名企业一览表

表48　　电量单位：万千瓦小时

序号	企业名称	2004年度用电量	2003年度用电量	比上年增减（%）
1	江苏沙钢集团有限公司	342113	240494	42.30
2	华芳集团有限公司	77024	65846	17.00
3	江苏联峰实业股份有限公司	51598	26047	98.10
4	张家港市华源化工有限公司	24865	21536	15.50
5	江苏华尔润集团有限公司	17126	15528	10.30
6	骏马化纤股份有限公司	16021	10356	54.70
7	东海粮油工业（张家港）有限公司	13686	13020	5.10
8	张家港浦项不锈钢有限公司	11983	9090	31.80
9	欣欣化纤有限公司	11623	9189	26.50
10	高新张铜股份有限公司	10943	8735	25.30
11	张家港海螺水泥有限公司	9379	7826	19.80
12	江苏澳洋科技股份有限公司	7426	6515	14.00
13	中港纺织集团公司	6514	6063	7.40
14	广大钢铁有限公司	6096	359	1598.10
15	张家港申洲协联热电有限公司	5626	4456	26.30
16	张家港驰锦漂白纤维有限公司	5320	4280	24.30
17	张家港扬子纺纱有限公司	5310	4236	25.40
18	张家港市沙洲纺织印染进出口有限公司	5080	4703	8.00
19	江苏菊花味精集团公司	5020	5387	-6.80
20	江苏宏宝集团有限公司	4413	3910	12.90
21	天一针织有限公司	4393	4136	6.20
22	张家港市宏润不锈钢制品有限公司	3976	1967	102.10
23	张家港联合铜业有限公司	3947	3427	15.20
24	张家港浩波化学品有限公司	3768	1976	90.70

继表 48

序号	企业名称	2004 年度用电量	2003 年度用电量	比上年增减(%)
25	张家港保税区意通化纤织造有限公司	3766	2549	47.70
26	张家港保税区长源热电有限公司	3725	3120	19.40
27	张家港市鼎力铸钢有限公司	3615	4162	-13.10
28	张家港万达钢板有限公司	3393	3596	-5.60
29	张家港市港星新型建材有限公司	3057	1913	59.80
30	金飞机械铸造有限公司	2995	1924	55.70

（李垣青）

规模企业

【概况】 2004年，市委、市政府坚持走新型工业化道路，继续突出扶优扶强，推动生产要素向规模企业集聚，促进大企业大集团跨越式扩张，不断提高综合竞争力。年内，全市工业销售收入超500万元的企业有670家，其中内资企业545家，外商及港澳台商投资企业125家。在全市规模以上工业行业中：冶金占38.6%、纺织占25.2%、机电占13.2%、化工占9.4%、粮油食品占8.1%、建材占2.5%。670家企业年内实现工业总产值1247.07亿元，占全市工业总产值的80.84%；销售收入1235.33亿元，占全市工业销售收入的86.34%；利税总额87.14亿元，占全市工业利税总额的87.06%；利润总额56.34亿元，占全市工业利润总额的91.69 %。670家企业中，60家重点企业年内实现销售收入999.91亿元，利税总额73.45亿元，利润总额51.92亿元，分别比上年增43.02%、46.91%和68.93%；分别占全市工业经济的69.9%、73.4%和84.5%。60家重点企业中，十大企业集团实现销售收入725.02亿元，利税总额57亿元，利润总额40.23亿元，分别比上年增48.45%、57.82%和84.75%，分别占全市工业经济的50.67%、56.88%和66.95%。年内，全市工业（含国泰国际集团）销售收入超5亿元的企业有36家，沙钢集团销售收入突破300亿元，国泰国际集团、永钢集团、华芳集团营业收入超过100亿元。入库税金超2000万元的工业企业有27家，其中超15亿元的1家、超3亿元的2家、超1亿元的5家。自营进出口总额超1亿美元的工业企业16家，自营出口总额超2000万美元的37家。年内，规模企业对投入的拉动作用明显。百强企业年内完成工业技改投入69.25亿元，占全市的45%，其中十大企业集团投入49.53亿元，占百强企业的71.5%。十大企业集团技改项目大部分完成，为打造一批国内领先、国际著名的特色型生产制造基地夯实了基础。年内，沙钢集团等12家工业企业被国家统计局列入2003年度全国大型工业企业行列，东海粮油等12家工业企业被列入2003年全国重点行业效益十佳企业行列。沙钢集团等11家企业被全国工商联列入2003年度民营企业500强行列。

【沙钢集团销售收入超300亿元】 沙钢集团是江苏省重点企业集团、国家特大型工业企业、国内最大的电炉钢和优特钢生产基地，综合竞争力列全国冶金行业第2位，全球钢铁企业第12位。2004年，集团已拥有资产264亿元，占地9平方公里，职工超万名。年销售收入达310.75亿元，比上年增52.31%；利税总额34.31亿元，比上年增90.46%；利润总额26.75亿元，比上年增161.02%；出口创汇4.8亿美元，比上年增2386%。全年生产铁483.1万吨，钢755.4万吨，钢材702.5万吨。年内，沙钢集团总投资150亿元，2002年开始筹建的650万吨钢板工程的核心工程650万吨炼铁炼钢项目建成投产。联合国内三家钢铁企业与全球最大的矿产资源企业进行全方位战略合作，保证了铁矿石供应。集团产品优质钢比已达45%，产品国际市场份额不断扩大。新产品板坯深受国内外客户青睐，老产品线材获国际知名企业认可。集团年生产能力铁900万吨，钢1300万吨，钢材1250万吨。

【骏马集团四喜临门】 年内，全市十大企业集团之一的骏马集团四喜临门，即成立集团公司党委、骏马化纤股票在新加坡成功上市、公司新办公大楼落成启用和公司钢帘线一期、帘子布扩产、热电项目竣工投产。骏马化纤股票11月17日发售新股9200万股，25日在新加坡交易所正式挂牌上市，交易额达1.5亿股，成为全国第二家、江苏省第一家在新加坡上市的S股。总投资6亿元、年产5万吨钢帘线项目一期工程9月建成投产，总投资6亿元的帘子布扩产项目也在年内全面投产，总投资2.2亿元的热电项目年内竣工试运行。年内，投资1亿元开始建设年产1万吨的无纺布项目，规划投资17亿元建设年产20万吨己内酰胺项目。集团全年实现销售收入23.28亿元，比上年增88.97%；利税总额2.23亿元，比上年增54.15%；利润总额1.68亿元，比上年增65.8%；自营出口1787.23万美元，比上年增80%。集团目前拥有总资产29亿元，成为张家港最具发展潜力的骨干企业之一，集团规模位居全国同行业首位，已成为国内最大的帘子布和钢帘线生产基地。

【梁丰集团成为全国农业产业化国家重点龙头企业】 11月，江苏梁丰食品集团有限公司被国家农业部等8部委命名为全国农业产业化国家重点龙头企业。年内，公司投资1500万元整合资源，将塘市牧场整体搬迁至常阴沙。开发液态奶新品、巧克力新品20多个，从欧洲引进1条世界水平的全自动饼干生产线。通过了ISO 9000和HACCP（食品安全管理体系）的论证。全年完成现行价产值6.41亿元，销售收入6.35亿元，实现利税4825万元，利润3025万元。公司生产的高钙牛奶、保鲜牛奶、核桃花生牛奶、草莓牛奶、巧克力牛奶被农业部中国绿色食品发展中心认定为绿色食品。9月，公司生产的“金莎”巧克力被国家质检总局、中国名牌战略推进委员会认定为中国名牌产品、国家免检产品。（庄宇平）

2004年60家重点工业企业主要经济指标

表49　　　　单位：万元

	名　次	主营业务收入	利税总额	利润总额
	一、十大集团			
1	江苏沙钢集团有限公司	3107456	343070	267512
2	江苏永钢集团有限公司	1063262	69058	39741
3	华芳集团有限公司	919658	39593	16184
4	东海粮油工业（张家港）有限公司	898347	−2344	−2369
5	张家港联合铜业有限公司	268210	9322	6651
6	高新张铜股份有限公司	263142	10887	8072
7	江苏骏马集团有限责任公司	232768	22251	16766
8	江苏澳洋实业（集团）有限公司	222090	22773	14127
9	江苏华尔润集团有限公司	183792	52288	35257
10	江苏牡丹汽车集团有限公司	91518	3104	320
	二、五十骨干企业			
1	江苏华昌集团有限公司	157361	26353	24696
2	雪佛龙化工（张家港）有限公司	105853	2062	2062
3	斯泰隆石化（张家港）有限公司	105633	302	827
4	飞腾集团股份有限公司	104928	2008	1735
5	张家港华达涂层有限公司（攀华集团）	100820	5684	252
6	江苏长江润发集团有限公司	100717	5720	5523
7	张家港市沙洲纺织印染进出口有限公司	94934	786	−254
8	张家港东华优尼科能源有限公司	94747	2188	2026
9	张家港市欣欣化纤有限公司	92105	4132	3189
10	江苏东渡服装集团有限公司	89397	11862	8012
11	江苏宏宝集团有限公司	84578	7418	5399
12	江苏天鹏化工集团有限公司	83400	4095	1625
13	张家港市天霸氨纶纱线纺织厂	73188	6812	4076
14	江苏飞翔化工特种化学品厂	73072	6622	6504
15	江苏港洋实业股份有限公司	73022	4264	3359
16	张家港市港星新型建材有限公司	71347	3408	1925
17	张家港保税区天宁毛纺有限公司	68099	5414	4329
18	张家港保税区光王电子有限公司	66121	126	126
19	江苏梁丰食品集团有限公司	63509	4825	3025
20	张家港海螺水泥有限公司	58970	2692	1446
21	江苏友谊汽车有限公司	53463	1816	341
22	张家港市锦丰轧花剥绒有限公司	51789	4667	2507
23	北京三吉利能源张家港华宇电力分公司	49029	1462	−216
24	张家港市无线电厂	49281	7118	6445
25	江苏奔球制管有限公司	47830	1829	936
26	张家港普坤纺织实业有限公司	45591	3065	2180
27	江苏银河电子股份有限公司	43589	1564	1404
28	张家港市保税区澳丰毛纺有限公司	43165	757	556
29	江苏菊花味精集团有限公司	42750	1670	476
30	张家港市鹿港毛纺有限公司	41588	4190	3730
31	安固（张家港）橡胶工业有限公司	38557	3946	1287
32	张家港市中港特种化纤厂	37572	839	366
33	江苏金鹿集团有限公司	34635	3976	3432
34	张家港易华塑料有限公司	33592	1393	1393
35	张家港海陆锅炉有限公司	32293	2288	1709
36	张家港市伸兴机电有限公司	32051	4396	3335
37	张家港华夏交通设施材料有限公司	30009	1860	932
38	张家港市益棉纺织有限公司	28925	−593	−799
39	陶氏丁苯胶乳（张家港）有限公司	27035	−2264	−1801
40	张家港市华福氨纶纱线纺织有限公司	25168	2437	1477
41	张家港市金陵纺织有限公司	24521	198	198
42	张家港市AAA轴承有限公司	23523	1388	643
43	张家港市塘桥毛纺制造有限公司	21530	1784	1257
44	张家港斯依格机械设备制造有限公司	21494	545	370
45	张家港市大新毛纺织厂	20599	1983	932
46	江苏中鼎化学有限公司	19548	1357	653
47	张家港联宏纺织有限公司	18364	1013	554
48	张家港市振江带钢有限公司	17492	959	741
49	张家港百秀帽业有限公司	16369	908	908
50	张家港爱丽塑料有限公司	15392	1221	1158

【编辑　沈晓波】

市财政局坚持主动适应国家宏观调控新形势，大力培植财源，积极组织财政收入，严格支出管理，全年财政工作跃上新台阶。在苏州市纳税人评议行风测评中，综合得分99.8分，名列苏州市财政系统第一；局机关被评为苏州市勤政廉政先进集体和市十佳文明示范机关；局团总支青年集体被团中央命名为全国青年文明号。下属事业单位契税所创建成首批省文明契税所之一，国库收付中心被评为苏州市文明示范窗口和省级“巾帼示范岗”。年内，全市完成地方一般预算收入31.64亿元，比上年增加7.03亿元，增长28.6%；完成全口径财政收入85.04亿元，比上年增加18.06亿元，增长27%。收入总量均名列苏州第一、全省第二。张家港市连续四年被江苏省人民政府表彰为财政收入上台阶先进单位。

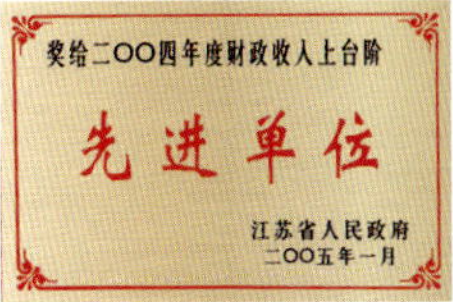

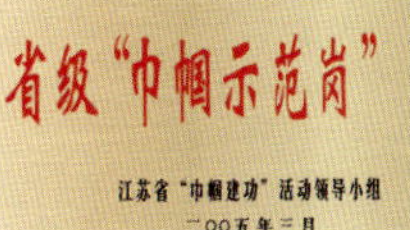

1 全市财政工作座谈会
2 讨论编制财政“十一五”规划
3 编制综合财政预算
4 接受革命传统教育

中共张家港市纪律检查委员会

1

2004年，市纪委、监察局始终围绕“在参与中监督，在监督中服务”的总体思路开展各项工作，党风廉政建设和反腐败工作取得了新的明显成效。年内，着力构建融教育防范、公权配置、公财管理、公平用人、监督管理、查案惩处、廉政激励和测评预警等机制为一体的惩治和预防腐败体系，广泛开展以两个《条例》为重点的党内法规学习教育活动，制定和完善各项工作制度和监督制度，要求各级领导干部坚决执行“6543”，严格落实“三禁”规定。坚持以人为本，把维护和发展人民群众的根本利益放在首位，把纠风工作同加强党风廉政建设和行政业务管理结合起来，通过“八查八看”有针对性地对侵害群众利益的行为开展专项治理。认真开展效能建设项目跟踪看服务活动，制订出台绿化建设工程办公例会等多项制度，提高了财政资金使用效率和安全性。加强效能监察，对优化投资环境的40条对策措施的落实情况开展专项督查，对机关工作人员的工作效率、工作态度、工作质量等开展明查暗访。深入开展纳税人评议政风行风工作，重点对环保、供电、城管、电信等4个部门和行业的政风行风进行评议，提升了全市政风行风建设综合满意率。严肃查处违纪违法案件，坚决追究行政不作为、乱作为行为，为加快全市“两个率先”建设步伐提供强有力的政治保证。

2

3

4

5

6

7

8

1 江苏省监察厅副厅长韩波到张家港市考察工作

2 向各民主党派、工商联、无党派人士通报全市党风廉政建设和反腐败工作

3 市纪委、监察局领导参加“廉政读物”捐赠仪式

4 市图书馆设置“廉政读物专柜”面向广大读者开放

5 邀请中纪委专家为全市党政干部作学习贯彻实施纲要辅导报告

6 组织机关干部到市检察院参观学习

7 开展机关干部能力建设活动，全体党员干部赴嘉兴南湖重温入党誓词

8 召开推进会议，加快全市惩治和预防腐败体系建设

市委宣传部

1

2

2004年，市委宣传部以“三个代表”重要思想和十六大精神为指导，围绕与时俱进弘扬张家港精神、树立和落实科学发展观、争当“两个率先”排头兵的总体要求，从自己的工作实际出发，全力打造“五型、五好”机关。一是开展主题教育活动，打造“学习型、服务型”机关。从3月中旬开始，市委宣传部集中一个半月的时间，在全市宣传思想系统开展了“服务中心争贡献，求真务实树形象”集中专题教育活动。做到开门评风和开门纳谏，共征求到各类建议和意见11条163人次，建议21条112人次。对排查出的各种问题立即进行整改，使广大宣传思想系统的干部作风上经受了一次洗礼。二是加强党风廉政建设，打造“廉洁型”机关。加强党风廉政建设责任制落实的组织领导，形成一把手负总责，分管部长具体抓落实的良性机制；加强了党风廉政建设各项规定的学习，充分利用每个星期二的学习时间，集中学习《中国共产党纪律处分条例》、《中国共产党党内监督条例（试行）》等党风廉政法律法规；加强了宣传思想干部队伍作风建设，在全市宣传新闻从业人员中开展“三项学习教育”活动，进一步规范新闻工作者的行为，杜绝有偿新闻，进一步优化新闻队伍的作风。三是改进内部管理，打造“效能型、创新型”机关。市委宣传部结合部门实际，重新制定了宣传文化系统管理规定，在议事规则、财物管理、用车、采购、工作纪律等14个方面都作了明确的规定，不断加强工作的规范性和制度性，提高工作效率和服务水平。

3

4

■1 市委常委、宣传部长李汉忠在社区文艺活动上讲话
■2 2005年6月7日，中宣部部长刘云山到市就宣传思想和精神文明建设工作调研考察
■3 2005年3月，市委宣传部、市记协组织开展“走遍村庄——张家港市行政村巡礼”大型新闻行动
■4 召开全市宣传思想工作会议
■5 召开全市宣传文化系统工作会议
■6 2005年5月，举行“弘扬张家港精神，再创张家港辉煌”座谈会。图为省委书记李源潮在企业视察
■7 2005年3月，省委常委、省委宣传部长孙志军到市考察指导
■8 2004年5月，省委常委、省委组织部长、原省委宣传部长王国生到市考察指导
■9 召开全市精神文化产品创作生产工作会议
■10 宣传部领导陪同市领导参观书画展

人民检察院

1

2

3

4

2004年，市人民检察院紧紧围绕张家港市“两个率先”工作大局，牢固树立“立检为公，执法为民”的执法观，努力实践“强化法律监督、维护公平正义”主题和“加大办案力度，提高执法水平和办案质量”的总体工作要求，围绕大局抓服务、突出重点抓办案、公正执法抓监督、检察改革抓深化、从严治检抓队伍，全面履行法律监督职责，检察业务、检察队伍、检察改革呈现出互相促进、协调发展的良好势头。被评为江苏省和全国先进检察院，并荣获首届“全国十佳检察院”称号。控申接待室、驻所检察室分别被最高人民检察院授予“全国文明接待室”、“全国一级规范化驻所检察室”称号。

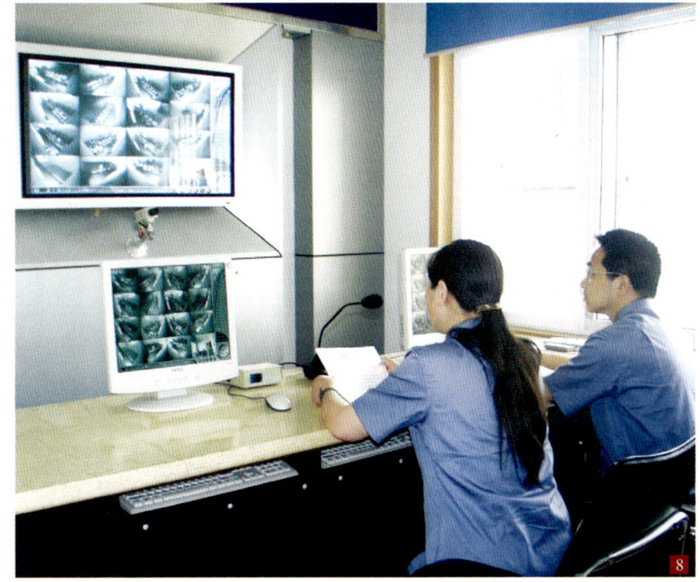

1 检察长陈兆祥
2 检察院领导从北京领奖归来合影
3 陈检察长接待来访群众
4 法制宣讲会
5 人民监督员评议案件
6 侦查指挥中心
7 开展举报宣传
8 通过监控系统为在押人员上法制课
9 法律服务进社区

人 民 法 院

1

2

2004年，市人民法院坚持公正与效率的主题，以服务全局为第一要务，以司法为民为根本宗旨，以立党为公为基本理念，以人才强院为切入点，完善落实惩教机制、绿灯服务机制、阳光审判机制、司法救助机制“四项机制”，提升服务大局效能；延伸建立执行在场人网络、调解网络、网上立案网络、信访预警网络、社区矫治网络“六大网络”，提升审判保障的合力；大力开展“五比”活动，比法律业务、比案件质量、比宣传调研、比裁判文书、比电脑运用，提升职业文化层次。全年共受理各类案件9420件，审、执结9073件，通过审判、执行，解决争议标的7.96亿元，取得良好的法律效果和社会效果。被评为省文明单位、省优秀基层法院，1人荣立个人一等功，1人被评为省优秀法官，3人荣立个人三等功。

3

1 院长赵建明
2 最高法院督导组到院督导
3 司法警察大队被省高院授予“示范警队”称号
4 依法维权，赢得当事人赞誉
5 法官业务培训
6 执行拖欠工资款发放现场会
7 为大学生举办法制讲座
8 办公大楼

发展和改革委员会

2005年3月18日，根据张委发〔2005〕6号通知，市发展计划委员会和市经济体制改革办公室合并，组建成市发展和改革委员会。主要职责是研究提出全市国民经济和社会发展的战略目标，研究经济体制改革和对外开放的重大问题，研究提出全市固定资产投资管理政策、措施和投资体制改革的建议，负责指导、协调和管理全市服务业发展工作，负责全市电力的规划和管理，做好信息化推进工作。2004年，面临国家宏观调控的严峻形势，发改委在市委、市政府的正确领导下，认真贯彻国家科学发展观的有关要求，加快经济结构调整的步伐，加大对重大问题的协调力度，加强对生产要素的组织和管理，各项工作取得了一定的成绩。全年固定资产投资完成工作量215亿元；完成第三产业增加值193亿元；利用外地资本注册13.9亿元，实际完成投入工作量52.7亿元；完成全社会用电量105亿千瓦时。较好地完成了年初制订的各项目标。

1 主任葛晓明
2 办公大楼
3 举行保持共产党员先进性教育大党课
4 国家计委区域经济发展研讨考察班到市考察
5 召开全市信息化规划评审会
6 召开全市党政机关办公自动化会议

社会调解服务中心

张家港市社会调解服务中心于8月10日正式挂牌成立，是市委、市政府设立的综合性协调机构，主要受理、调解发生在张家港市范围内的公民与公民、公民与法人或其他社会组织之间发生的民事争议，以及公民、法人或其他有关组织与行政机关之间发生的行政争议。8月10日至12月末，调解中心共接待上访群众575批（当即解释处理的简单来访307批），登记受理268批1078人次，其中集体上访31批634人次，受理市领导批办的人民来信89件。通过市、镇、村三级“大调解”网络，有效地化解了矛盾纠纷，维护了社会稳定，促进了经济发展。

1 主任陈永祥
2 揭牌仪式
3 市领导信访接待日
4 调解拖欠民工工资纠纷
5 对话听证室

2004年，全市公安机关以深化创建“平安张家港”活动为主线，狠抓各项公安保卫工作措施的落实，为全市经济发展和三个文明建设创造了持续稳定良好的社会治安环境。破案攻坚能力明显提高，重特大案件特别是“命案侦破”工作取得了显著成效，省公安厅和苏州市公安局专门发贺电表示祝贺。同时，紧紧围绕提高见警率、管事率、盘查率、抓获率、成效率、执法正确率、群众满意率等七个方面，深化“三队一室”警务运作机制改革，大力加强群防群治队伍建设，认真落实重点单位安全保卫措施，切实抓好社会面治安监控系统建设，形成了“大防控”格局。牢固确立向科技要警力、要战斗力的观念，建成了在全国县级公安机关具有领先水平的实体化信息中心，完成了“110”、“119”、“120”、“122”“四合一”工作，抓好了公安应用软件的研制，有效提高了公安机关的指挥决策能力、快速反应能力、整体作战能力和驾驭社会治安能力。

1 公安大楼
2 指挥中心接处警大厅
3 热情的窗口服务
4 为外商提供上门服务
5 社区警务站贴近群众
6 网格化巡逻

人 事 局

1

2

市人事局紧紧围绕经济建设中心，牢固树立和落实科学发展观，以人才战略统领全局工作，深化改革，强化服务，切实加强公务员队伍教育管理，全面推进机构和事业单位改革，突出抓好“三支队伍”建设，各项人事人才工作在高平台上取得新进展。组织100多家企业到成都、南京、苏州等地参加人才招聘活动，引进外地本科学历和中级职称以上人才1200余名；申报国外智力项目4个，引进海外专家6人；推荐、评定各级各类职称2629人；办理毕业生就业报到4465名，毕业生就业率达到90%以上，各项指标在苏州各县（市）中继续领先。全年新增各类人才6556人，人才总量达到77904人，比上年增9.19%。制定下发《关于开展企业经营管理人才培训的意见》，开展了以百家重点（骨干）企业为主要对象的企业经营管理人才培训；开展面向机关、企事业单位的“百名硕士培养工程”，与同济大学及江苏大学签订了研究生培养协议，有近60人通过全国统一的研究生入学考试；举办5期企业管理知识讲座，组织近100名企业管理人员参加大专班学习。累计举办固定人才集市72期，进场设摊单位2489家次，提供就业岗位35595个次，达成应聘意向36494人次；举办网上人才交流会2期，提供就业岗位12000个次。人才市场被江苏省工商局等部门评为2004年度省级文明市场，张家港人才网被江苏省人事厅评为苏南地区惟一优秀县（市）级人才网站。

3

4

1 国家人事部副部长、外国专家局局长万学远到市视察，并听取市领导经济与人才开发情况汇报

2 王翔市长视察大型人才交流会

3 召开人才市场成立十周年座谈会

4 开设女性人才招聘专场

5 开展岗位练兵，不断提高工作人员综合素质

6 召开张家港市（成都）人才招聘专场恳谈会

7 8 加大培训力度，强化高层次人才队伍建设

文化广播电视管理局

1

市文广局以“三个代表”重要思想和科学发展观为指导，认真贯彻党的十六大、十六届四中全会精神，坚持先进文化的前进方向和正确的舆论导向，努力满足人民群众日益增长的精神文化需求，各项工作取得新的成绩。文化基础设施不断完善，文艺创作繁荣活跃，文化活动丰富多彩，文化市场规范有序，文化产业不断壮大。9月，张家港市顺利通过全国文化先进县（市）复查验收。广播电视事业持续发展，有线广播得到巩固提高，电视频道资源进一步优化，乡镇有线电视网络实现全面整合。电视中心成为全省惟一连续3年获得“江苏省广播电视新闻节目抽查先进单位”的县（市）级电视台，并在全省同级台中惟一连续13年获得江苏电视新闻荧屏繁荣奖。

2

江苏省
文化示范县(市)
江苏省文化厅
二○○四年五月

江苏省有线电视
示范县(市)
江苏省广播电视局
二○○四年一月

3

4

5

6

1 局领导班子在研究工作
2 乡镇有线电视网络实现全面整合，全市 21 个广电站合并为 8 个，划归市文广局垂直管理。图为金港广电站揭牌仪式
3 “走遍村庄”大型新闻行动启动仪式
4 正在建设中的张家港市长春园书场设计效果图
5 市广播电视台在全省各县（市）中率先推出公交移动电视
6 市锡剧团创排大戏《荒唐王爷》参加首届（张家港）长江流域戏剧艺术节演出
7 舞蹈《连枷谣》被省文化厅选送赴北京参加慰问演出

7

市委党史地方志办公室

1

2004年，市委党史地方志办公室认真贯彻落实市委书记曹福龙对史志工作的三次批示精神，大力弘扬张家港精神，求真务实，辛勤笔耕，充分发挥了史志工作“存史、资政、育人”的作用。一是编纂出版《张家港年鉴》、《张家港指南》、《中共张家港市组织史资料》等书籍，共计150万字。二是全面推进抢救撤并镇史料工作进程。先后深入乡镇集体调研，并撰写《抢救撤并镇史料刻不容缓》的调研报告，推动了乡镇地名志编纂进度，新一轮镇志编纂工作全面启动。三是开辟“资政育人”新载体。在《张家港日报》上创办《史志春秋》专版，宣传张家港市民主革命、社会主义建设的光辉历史，大力挖掘张家港市历史文化底蕴。全年刊出12期13版。四是掀起党史宣传新热潮。利用重大节日和重要纪念日，有声有色开展党史宣传活动。拍摄革命教育电视专题片《风范长存》，举办纪念邓小平诞辰100周年图片展和理论研讨会，策划史志宣传报道多次。五是理论研究不断深入，全年撰写调研报告2篇、论文6篇，并承办全国党史系统庆祝中华人民共和国成立55周年学术研讨会。年末，办公室被评为苏州市2003－2004年度党史工作先进集体和张家港市文明机关。

2

3

4

1 办公室责任编辑开展业务学习活动
2 5月25日，中国地方志指导小组常务副组长、中国社科院副院长朱佳木到办指导工作
3 10月27日，中共中央党史研究室副主任、《中共党史研究》主编张启华到办指导工作
4 3月17日，中共中央党史研究室调研组到市调研
5 10月，全国党史系统庆祝中华人民共和国成立55周年学术研讨会在馨苑度假村举行
6 召开《张家港指南》首发式暨全市镇志工作会议
7 深入乡镇开展调研
8 召开革命老同志座谈会
9 举办镇志编纂培训班
10 举行纪念邓小平诞辰100周年系列活动
11 办公室党支部确定长期结对帮扶对象。图为春节慰问

人口和计划生育委员会

1

二〇〇四年度
十佳文明示范机关
The Ten-Top Civilied Model Administration
中共张家港市委员会
张家港市人民政府

2

市人口与计划生育委员会紧紧瞄准争创“江苏省计划生育工作示范市”目标，坚持以科学发展观统领计生工作，不断创新工作理念，提高工作标准，拓展服务领域，使全市人口与计生工作继续保持良好的发展势头。由于宣传教育更加贴近群众生活，服务内容更加符合群众需求，利益导向更加切合群众意愿，队伍建设更加赢得群众赞誉，年末，顺利通过了国家人口计生委对“全国计划生育优质服务先进市”的复查验收；被省委宣传部和省计生委联合表彰为江苏省婚育新风进万家活动先进市；在省“十五”人口和计划生育示范市创建工作中以较高的水平通过苏州市复查。计生委机关被评为市十佳文明示范机关。

3

1 5月12日，省计生委主任张肖敏到市考察。图为在市计生指导站了解服务项目开展情况

2 11月18日，全国计划生育优质服务先进市复查。图为国家人口计生委科技司副司长许梅林、省人口计生委科技处处长华晓梅在听取汇报

3 10月29日，省委宣传部宣教处处长刘震、省计生委宣教处处长申晓健一行到市组织婚育新风进万家活动验收

4 7月10日，全市综合改革现场研讨会在塘桥镇召开，省计生委副主任张春延到会讲话

5 6 全市部分计划生育家庭奖励金制度建立并实施。图为全市启动会议场景

7 5月28日，苏州市生育文化节——婚育新风互动在张家港系列活动开幕，及市“婚育新风艺术团”揭牌，国家人口计生委宣教司副司长石海龙到场讲话

8 送戏下乡

4

5

6

7

8

劳动和社会保障局

1

2

3

市劳动和社会保障局内设8个职能科室，下辖市社会保险基金管理结算中心、医疗保险管理服务中心等7个事业单位。年内，不断深化社会保险制度改革，将更多的企业职工和农民纳入社会保险范畴，全市新增城镇社会保险参保人数4.8万人，累计21万人。新增农民参保人数6.8万人，累计14.4万人。有10.2万名老年农（居）民享受到了社会养老补贴。同时重点做好失地农民的就业工作，组织失地农民进行技能培训，落实各项扶持政策。做好再就业援助工作，大力援助“4050”、双下岗失业人员再就业。全年新增就业岗位38134个，举办劳动力交流洽谈会23场，提供就业岗位14413个，达成就业意向6495人。帮助5246名农村富余劳动力实现就业，帮助3941名失地农民实现就业，帮助314名再就业援助对象实现就业。

4

1 局长李洪生
2 窗口服务
3 在街心公园开展咨询活动
4 劳动力市场招聘活动
5 举行《职工维权手册》首发式
6 7 举办劳动和社会保障法律、法规培训班
8 社保知识竞赛

环境保护局

2004年，张家港市全面加强生态环境保护和建设，生态市创建工作取得了明显成效。7个镇全部建成省级环境优美镇，其中塘桥镇被命名为全国环境优美镇。全市"绿色学校"增加到86所，"绿色社区"增加到25个，省级"生态村"增加到11个，"环境友好企业"增加到10家。市区生活污水截流和管网改造工程基本完成，生活污水处理率接近80%；各镇生活污水处理厂均已完成主体工程，其中5个镇已投入运行；城镇绿化、水利枢纽、危险固废处置等生态建设重点工程顺利推进。饮用水源地水质优于国家二级标准，主要河道水质达到相关功能区标准；空气质量良好以上天数超过80%；区域噪声值、道路交通噪声值全部优于相应功能区标准。全市已有13个企业通过苏州市清洁生产审核，68个单位通过ISO 14001环境管理体系认证，20多个行业和产品的能源单耗处于国内领先水平，工业用水重复率和万元GDP能耗、水耗均达到了生态市考核标准。

1 纪念"六·五"世界环境日广场文艺汇演
2 环保公益广告
3 环境污染源自动监控中心
4 张家港环保网站
5 工业固废处置中心

国家税务局

张家港市国税局自成立以来，全市国税干部职工认真贯彻上级局和市委、市政府各项决策部署，锐意改革创新，不断开拓进取，国税工作取得了显著成绩。一是为国聚财做出突出贡献，累计组织税收收入205.57亿元，组织“两税”收入169.97亿元；2004年组织税收收入达到51.7亿元，“两税”收入42.74亿元，分别是1994年的13.29倍、10.99倍。二是征管体制实现重大转变。三是税收信息化实现历史性跨越。四是征管基础工作全面加强。五是税收服务经济成效显著，累计办理各项税收优惠及退税89.3亿元。六是干部队伍建设取得丰硕成果，荣获张家港市文明行业、苏州市创建文明行业示范单位、江苏省文明行业以及全国税务系统文明单位、全国创建文明行业工作先进单位等各级荣誉称号303次。

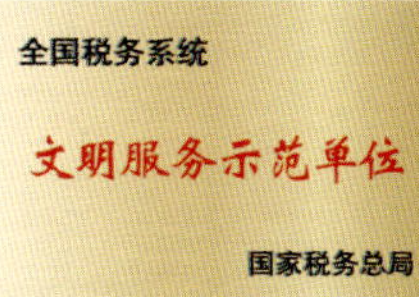

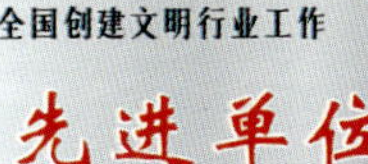

1. 局长钱正忠
2. 一大批先进获得表彰
3. 开展国税成立10周年活动
4. 历年税收增长图
5. 历年税收优惠图

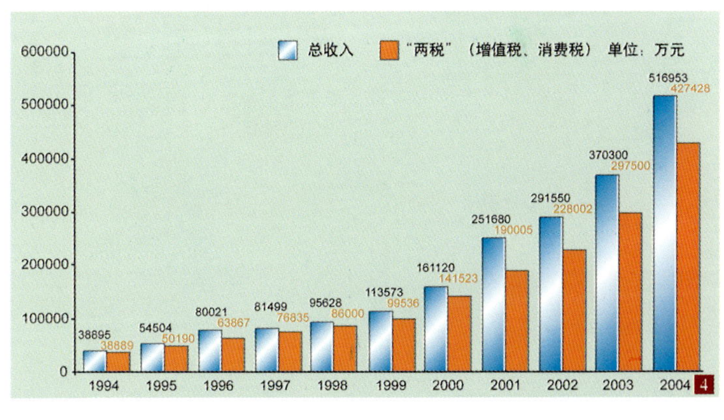

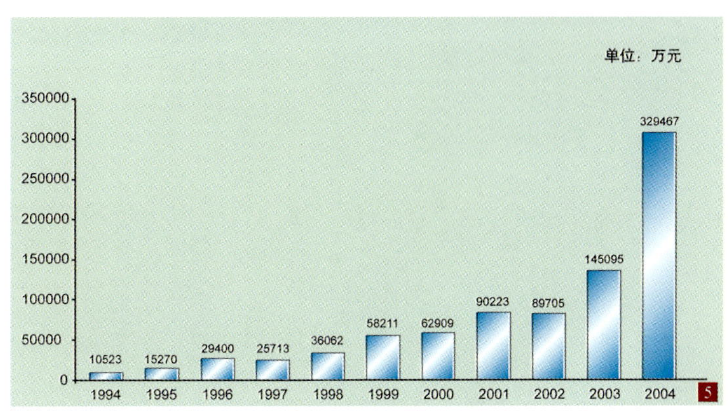

地方税务局

1

2

市地税局内设7个职能科室，下辖8个征管分局，1个稽查局，1个信息中心，1个培训中心和1家企业（江洲饭店）。年内，按照税收经济观、法制观、服务观和科学发展观的要求，大力组织税收收入，着力规范税收管理，不断提升信息化建设水平，努力服务地方经济和社会发展。全年组织入库地方税收25.3亿元，比上年增收10.24亿元，增幅67.98%，完成计划的142.65%。在由苏州市统计局城调队组织的社会调查中，地税局综合满意率达99.9%，在苏州地税系统名列第一。先后被评为江苏省文明行业、苏州市文明单位和张家港市文明机关。全系统有62人次和3个集体获苏州市级表彰，26人次和18个集体获张家港市级表彰。

3

1 江苏省地税局局长郑坚到市地税局调研

2 3 召开庆祝地税局成立10周年暨“回眸十年流金岁月”主题演讲会，图2为市长王翔到会讲话

4 领导班子成员进行述职述廉

5 组织干部上街开展税法咨询活动

6 导入ISO 9000质量管理体系

7 税收管理员下企业了解税源情况

交 通 局

2004年，市交通局紧紧围绕“全力构筑现代化交通网络，加快行业管理，提升行业形象”的工作思路和目标，抢抓机遇，加快发展，团结拼搏，扎实工作，积极为地方经济和社会事业发展提供强有力的交通保障。全年完成交通工程量7.5亿元。全市对外交通建设取得突破，沿江高速公路和苏虞张一级公路顺利竣工通车。市域交通网络进一步优化，港丰公路、东南二环路拓宽、张杨公路立交、杨塘公路、凤恬路西延、杨锦公路拓宽等重点交通道路工程相继建成通车。至2004年末，全市公路总里程达1366.68公里，公路密度为每平方公里1.76公里。全年征收各类交通规费25223万元，比上年增18.3%。制定并评审通过《张家港市公共交通发展规划》。在全市公交、出租客运服务行业中开展“四三二一”优质服务百日竞赛活动，举办“路之韵”交通广场文艺汇演和“路桥杯”职工运动会、“汽运杯”职工文艺晚会等，在全系统营造奋发向上、乐于奉献、团结拼搏、敢于争先的交通精神和文化氛围。市交通局先后被评为江苏省创建文明行业工作先进行业、江苏省文明行业、全省交通行业文明创建工作先进单位、苏州市文明单位、张家港市文明行业和文明机关。

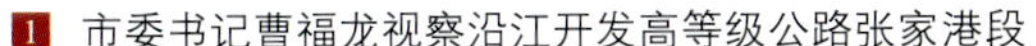

1 市委书记曹福龙视察沿江开发高等级公路张家港段
2 召开党风廉政建设和行政效能工作会议
3 开展先进性教育活动
4 春运期间市领导慰问港城车站职工
5 省交通厅副厅长钱国超（右三）视察张家港市养护工程
6 “路之韵”广场文艺晚会
7 在建中的交通大厦
8 340 省道张家港段（东南二环路）

国土资源局

张家港市国土资源局认真贯彻国家宏观调控要求，坚持以保护耕地、保障发展为宗旨，突出土地市场治理整顿、基本农田保护和落实征地补偿安置等工作重点，积极为全市经济社会发展搞好用地服务。全年共完成建设用地报批20个批次748.27公顷，完成供地926宗1497.47公顷，土地出让合同总金额30.32亿元；完成土地整理项目8个445.53公顷，净增耕地35.67公顷。积极推行集约用地机制，新增建设项目投资强度控制在每亩（0.067公顷）250万元以上，对低于500万元的项目原则上不予单独供地。出台《张家港市征地补偿和被征地农民基本生活保障暂行办法》，建立“土地换保障”制度。加强矿产资源和地质环境管理，狠抓自身队伍建设，国土资源管理工作取得显著成绩。年内分别获得全省耕地保护先进单位、省地籍管理双强单位、省地质灾害防治工作先进集体和苏州市文明单位等荣誉。

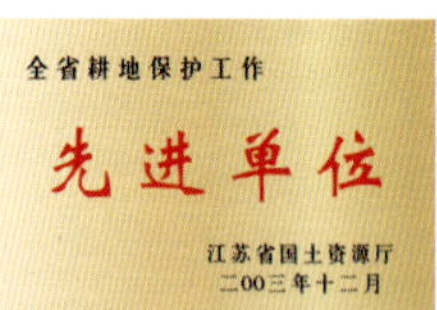

1 落实党风廉政责任制情况汇报会
2 全市国土资源工作会议
3 “六·二五”全国土地日座谈会
4 土地利用总体规划调整听证会
5 整治违法用地

水 利 局

2004年，市水利局坚持科学发展观和“人水和谐”的治水理念，围绕全市经济社会发展大局，大力弘扬张家港精神和“献身、负责、求实”的水利行业精神，埋头苦干，开拓创新。江堤建设与管理迈上新台阶，防汛抗台工作取得全面胜利；河道长效管理工作取得新的成绩，农村水环境得到明显改善；节水防污型社会建设试点工作开始启动；在全国县级市中率先完成水资源综合规划编制工作并通过论证；推广ISO 9001质量管理体系提升内部管理水平；以“互学共建”、“十佳标兵”评选、“文体活动周”等为载体的文明创建工作取得明显成效。市水利局机关被市委、市政府评为文明机关，全系统共有36个先进集体和37个先进个人分别受到市委、市政府及有关条线的表彰。

1 全国人大副委员长蒋正华视察张家港市节水防污型社会建设试点工作
2 “十佳标兵”表彰大会
3 实施长效管理后的三干河新貌
4 长江防洪工程管理处通过ISO 9001质量管理体系认证
5 第一届“文体活动周”开幕
6 风景如画的长江江堤内坡平台

房产管理局

房产管理局认真履行政府赋予的职能，圆满完成年初制订的各项任务。房地产市场稳健发展。全市完成房地产开发投资33.38亿元，比上年增44.69%，(其中市区17.8亿元，比上年增18.9%)；新开工面积107.55万平方米，比上年降19.97%，(其中市区58.45万平方米，比上年降36.92%)；竣工房屋面积124.1万平方米，其中市区74.6万平方米；市区预销售90.87万平方米。政府实事工程稳妥推进。2004年5万平方米经济适用住房任务顺利开工建设，万红五村、老宅新村经济适用住房年底已竣工验收并交付使用，工程质量合格率100%，百桥花园正加紧建设中。

5

1 2 3 4 经济适用房百桥花园规划图

5 万红五村实景

园林绿化管理局

1

市园林绿化管理局围绕建设绿色张家港宏伟目标，强势推进“三绿工程”建设、扎实实施园林绿化系列创建，全市园林绿化工作又上新台阶。年内，全市绿化投入约10亿元，为历年最多；新增各类林地绿地1367公顷，其中绿色通道656公顷，绿色家园410公顷，绿色基地301公顷，城市建成区绿地率达38.1%，绿化覆盖率42.2%，人均公共绿地11.3平方米，市域森林覆盖率14.5%。继1月13日张家港市荣获国家园林城市称号后，国家林业局年中又到市调研城乡一体绿化工作；张家港市再获苏州市农村绿化特等奖，连续5年位居总分第一。

2

3

4

5

6

7

1 局长朱慧敏
2 国家林业局组织各省市林业厅（局）长到张家港考察城乡一体绿化工作
3 梁丰生态园平面图
4 金港大道景观绿化带
5 绿化示范居住区——怡景湾
6 改造后的和平广场展现出新的英姿
7 位于一干河取水口的水源保护区
8 大新广场
9 东渡苑

8

9

城市管理局

1

2

2004年，挂牌成立张家港市城市管理行政执法局，与城市管理局合署办公，一套班子，两块牌子，正科级建制。下辖市城市管理执法大队、市环境卫生管理处。按照“抓班子、带队伍、建制度、严管理、促工作”的思路，全局坚定依法行政、执法为民理念，积极推进行风建设，完善了城市管理行政执法机制，优化了队伍整体素质，加强了环卫基础设施建设，提高了城乡执法、管理水平。在全省城管创优活动中张家港市再次取得佳绩，实现了城管创优“两连冠”。全年组织开展专项整治活动36次；共纠处各类违章现象84511起；行政立案查处各类违规14262起；共受理各类投诉举报3314件；保障各类参观线路196次；调查处理人民来信168封次；解决群众反响强烈的热点难点问题65个，全面有效地履行了城管职能，充分发挥了城市管理部门的作用，营造了整洁有序的城市环境，为张家港市社会经济发展作出了新贡献。

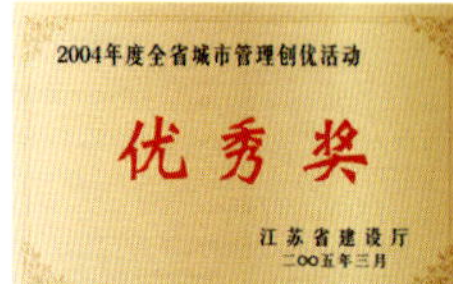

3

4

1 市委书记曹福龙、市长王翔为市城市管理行政执法局揭牌
2 市领导调研指导城管工作
3 江苏省城管工作会议在张家港市召开，图为颁奖现场
4 城管局党组
5 中层干部竞聘上岗
6 “万份日报”进门店
7 十佳城管队员
8 十佳环卫工人
9 张家港市有史以来最大的拆违活动——横河里拆违现场
10 城管队员集训

张家港出入境检验检疫局

2004年，张家港出入境检验检疫局坚持以“三个代表”重要思想为指导，努力发扬张家港精神，深化改革，开拓创新，严格把关，热情服务，多项工作位居江苏检验检疫系统前列，较好地把住了进出口商品检验检疫质量关，有效维护了出入境人员身体健康和工农业生产安全，保障了贸易各方的合法权益，为促进地方开放型经济发展，推动张家港检验检疫事业的新一轮进步作出了新的努力。获江苏检验检疫系统文明单位标兵、苏州市文明单位、苏州市文明示范窗口、张家港市文明示范单位等一系列荣誉称号。

1 党组书记、局长袁克
2 系统内首家“进口木材标本展览室”
3 实验室通过CNAL（中国实验室国家认可委员会）的现场评审
4 扑杀来自禽流感疫区的鹦鹉

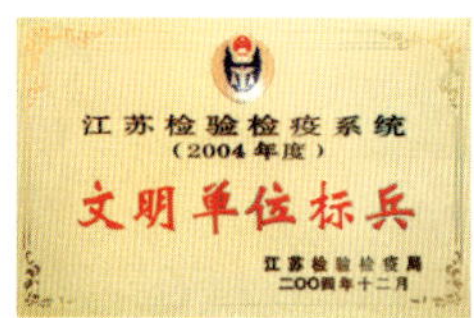

苏州市住房公积金管理中心张家港分中心

年内，苏州市住房公积金管理中心张家港分中心按照《住房公积金管理条例》精神和苏州市住房公积金管理中心“四个统一”（统一政策，统一管理，统一制度，统一核算）的要求，严格管理，强化服务，住房公积金业务快速发展，管理水平迅速提升。全年实现住房公积金归集3.15亿元，比上年增长53.66%，净增归集额1.1亿元。分中心被省建设厅评为住房公积金管理优秀分中心，被苏州中心评为先进集体，被张家港市委、市政府评为市文明机关。

1 分中心主任张正祥
2 分中心外景
3 召开机关思想作风建设会议
4 业务受理大厅

共青团张家港市委员会

近年来，共青团张家港市委牢牢把握新时期共青团工作的重点和难点，组织实施共青团组织凝聚、素质提升、形象展示和社会拓展工程，切实提高了基层团建整体水平。张家港市先后获得了全国首批团建先进县市、全国青年文明社区示范城等荣誉称号。团市委下属的张家港青年中心2003年建立，实行理事会制度，通过会员——俱乐部——特约商户的协同运作，为青年人的学习、成才、交友、娱乐提供服务。至2004年末，中心拥有会员6000多人、特约商户76家，被共青团中央授予全国优秀青年中心称号。张家港青年中心建设工作获得了2004年度苏州市共青团工作项目创新奖。

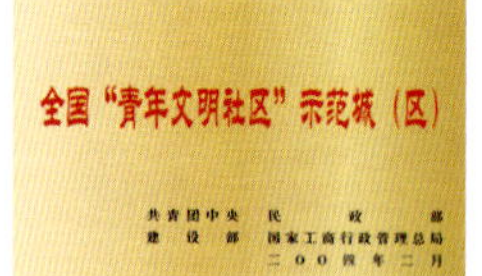

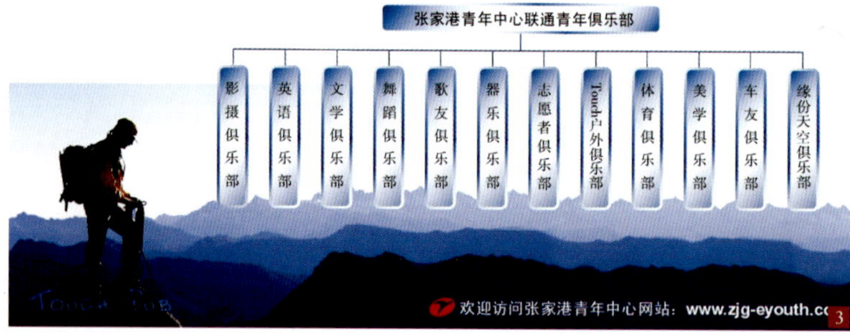

1 苏州市委副书记黄炳福视察杨舍镇社区团工作
2 青年卡及办卡程序
3 青年中心下属俱乐部
4 团市委书记周伟陪同团苏州市委书记蔡丽新考察张家港青年中心建设工作
5 省人大常委会副主任赵龙视察张家港市未成年人保护工作

年内，市残疾人联合会积极组织助残活动和“千人光明活动”、“千人站立行动”，开展苏州市社区残疾人工作示范镇创建活动，不仅使许多白内障患者复明、聋儿和肢残人康复，还安排了一些白内障复明者、重度肢残人首次走出家门看世界。在残联的组织下，年内有7名盲人获得保健按摩师职业资格证书，有66名残疾学生得到资助，有1826人取得了《残疾人证》。市残疾人体育代表团也获得了好成绩。年末，市残疾人工作被苏州市残联评为一等奖。

1 全国助残日组织慰问
2 5月14日，组织白内障复明者、重度肢残人走出家门看世界
3 残疾人子女领取读书成才资助金
4 社区残疾人康复训练
5 市残疾人体育代表团参加比赛

科学技术协会

1

2

3

4

2004年，市科协在市委、市政府的正确领导和上级科协的指导下，认真实践“三个代表”重要思想，坚持以科学发展观为指导，按照市委争当全省“两个率先”排头兵的总体要求，以高标准创建全国科普示范市为目标，团结带领全市广大科技工作者，与时俱进弘扬张家港精神，多形式开展技术创新、科技咨询、学术交流和科普宣传等活动，较好地发挥了发展科学事业的重要社会力量和科普工作主力军作用。10月，张家港市被中国科协命名为全国科普示范市。市科协分别荣获全省科普工作先进集体、全国科普日活动先进单位等荣誉称号，为全市争当“两个率先”排头兵作出了积极贡献。

1 张家港市2002－2003年度自然科学优秀学术论文暨2003年度“双杯奖”竞赛表彰大会
2 全省创建全国科普示范县（市）工作座谈会在市举行
3 张家港市专家咨询团成立
4 张家港市科普志愿者服务团成立
5 张家港市“社区市民健康学校”揭牌暨“相约健康社区行”活动启动
6 “史前探密与宇宙遨游”大型科普展
7 “健康生活”烹饪培训班
8 “超越梦想，梦系太空”航天科普知识图片展

江苏扬子江国际冶金工业园

江苏扬子江国际冶金工业园是由江苏省人民政府批准设立的省级特色工业园区。园区规划面积40平方公里，北临长江深水岸线，南接沿江高速公路和苏虞张一级公路，地理位置十分优越。园区产业定位是以沙钢集团和张家港浦项不锈钢有限公司为核心，以黑色金属、有色金属、稀有金属的冶炼、加工为主业，以机械制造、汽车配件、新型材料为延伸产业的冶金产业基地。区内现有外资企业30多家，内资企业40多家。江苏沙钢集团、韩国浦项制铁、晓星物产，奥地利奥钢联、法国液化空气、合浦精密金属、太原重型机械集团等国际著名企业已入驻园区，并获得良好发展。

2004年，园区共完成注册外资3310万美元，到账外资6322万美元；完成注册民资7070万元，其中外地民资6260万元，投入工作量6900万元；共接待国内外客商120余批次，举办各类招商活动20余次。年内，园区投入基础设施建设资金近1亿元，完成区内主干道2公里，完成动迁1650余户，面积近33万平方米，安置农户2500余人，安置就业1000余人。

园区将坚持走新型工业化之路，努力建成高科技、高附加值、低能耗、低污染的循环经济示范园区。

1 市委书记曹福龙到冶金工业园调研

2 副市长、冶金工业园党工委书记、管委会主任秦景安率团赴韩国招商

3 江苏扬子江国际冶金工业园规划图

规划先进的工业园为入园企业提供“九通一平”的基础设施保障。

对外及对港台贸易

【概况】 全年完成进出口总额82.72亿美元，其中完成出口额28.39亿美元，比上年分别增长61%和44%。全市有出口超千万美元的自营生产企业15家，出口额4.2亿美元；出口超千万美元的三资企业25家，出口额7.67亿美元。私营企业出口对全市自营生产企业出口增长贡献不断增强，出口企业家数已占自营生产企业的半壁江山。年内，全市私营企业出口额合计1.5亿美元，比上年增长186.7%。国泰集团全年完成出口额9.44亿美元，比上年增长4.5%，继续保持全省外贸企业出口第一；华芳集团完成出口额1.53亿美元，居全省自营生产企业出口第三。近、远洋市场份额比例为1.65∶1，出口额分别为17.7亿美元和10.7亿美元，分别占全市出口总额的62.3%和37.7%。机电、服装和纺织品出口比例为1.24∶1∶2.75，出口额分别为5.02亿美元、4.04亿美元和11.13亿美元，分别占全市出口总额的17.7%、14.2%和39.2%。

【江苏国泰国际集团自营出口额连续4年全省第一】 2004年，江苏国泰国际集团紧紧围绕全年目标任务，充分发挥集团规模优势、人才优势和资金优势，继续取得外贸业务较好成绩。全年自营出口9.44亿美元，在全省外贸出口企业中继续保持领先，连续4年保持第一。

利用外资及港台资

【概况】 2004年，面对各种困难，全市上下大力弘扬"敢于争先"的张家港精神，比服务、比效率、比实绩，形成了良好的竞争氛围。全市新批三资企业200家，完成注册外资13.2亿美元，实现到账外资6.4亿美元，比上年分别增长11%和6.3%，并呈现出项目集约化、投资方式多元化和投资领域多元化的三大特点。保税区全年完成注册外资4.2亿美元，比上年增长55%，占全市总额的32%，超额完成年计划的17%； 冶金工业园实现到账外资6322万美元，超额完成年计划的26%，其中验资率达到96.5%；塘桥镇完成注册外资9251万美元，比上年增159%，超额完成年计划的16%。

【外资项目更趋集约化】 全市全年新批外资项目数虽比上年下降13%，但注册外资总额比上年增11%。年内全市共新批投资总额超千万美元项目82个（平均每月批准近7个），这些大项目投资总额累计24.1亿美元，注册外资11.54亿美元，分别比上年增12.3%、减6.9%、增14.8%。超千万美元项目数量占全市新批项目总量的41%，注册外资占全市注册外资总量的87.4%，其中有1个项目投资总额超1亿美元，5个项目超5000万美元，35个项目超2500万美元。乡镇引进的超千万美元项目有58个，注册外资占乡镇新增注册外资总量的82.9%。

【外资投资强度加大且方式多样】 年内，全市外资投入强度显著加大，尤其是在服务领域取得了较大突破。全年引进服务业外资项目20个，项目涉及物流、仓储、医疗、娱乐等行业，注册外资合计6680万美元，项目数虽比上年同期减少了10个，但注册外资比上年增长27.3%。外资投资方式更趋多样化，外资并购逐步成为利用外资的一种重要方式，全市全年并购投资涉及金额3560万美元。外商独资企业比重日益增大，全年新批外商独资企业144家，合计注册外资11.9亿美元，分别占全市总量的72%和90%。

对外合作

【概况】 全市新签境外承包工程和劳务合同额5649.4万美元，完成境外承包工程和劳务营业额6129.7万美元，外派劳务人数570人，比上年分别增长59.3%、33.4%和46.9%。新批办境外投资企业5家，补办和确认境外带料加工贸易企业2家，投资总额近1700万美元，投资家数和投资总额均居全省县（市）第一。

【国际化经营实现"三突破"】 年内，全市境外投资工作坚持以钢铁、建材等支柱产业为核心，做大、做强资源开发型境外投资项目，实现了三个突破：一是沙钢集团投资1574万美元的澳大利亚铁矿项目成功创办，掀开了全市企业规模型跨国经营的崭新历史，成为苏州市首家超千万美元的境外投资项目和第一家资源开发型境外企业，也是自1999年以来江苏省县级市批办的最大外经项目；二是张家港市外商投资服务贸易有限公司驻韩国经贸办事处于3月顺利挂牌成立，为张家港市进一步扩大对韩引资创造了新的平台，成为苏州市首家建办在韩国的招商机构；三是海狮集团在俄罗斯建办的项目于4月在全市率先被国家批准为境外带料加工贸易企业，为适时扩大境外加工贸易企业队伍迈出了第一步。随后，越南的玉龙科技环保建材和加拿大的大叶家具2个境外带料加工贸易项目也于6月顺利批准。“信一化工”香港办事处和国贸股份德国代表处也分别在9月和11月成功获得批准。

表50　世界500强企业在张家港市投资项目一览表

投资方	企业名称	投资总额（万美元）	建办时间	董事长	2004年销售收入（万元）
日本三菱商事	张家港兴菱化工储运有限公司	1327.00	1997–05	黄国余	2555.94
	张家港统清食品有限公司	3000.00	1996–03	林苍生	10330.00
日本伊藤忠商事	张家港越洋实业有限公司	2902.00	1997–03	孙静源	2815.00
	不二制油（张家港）有限公司	7000.00	1995–11	黑冈彰	24972.00
	张家港幸福缝绣机械有限公司	600.00	1995–12	原田孝一	1104.00
雪佛龙化工	雪佛龙·菲利普斯化工(中国)有限公司	9167.63	1998–06	Mr.JamesTelljohann	16000.00
日本三菱重工	张家港南菱城钢结构有限公司	238.00	1992–05	山本新一	2416.41
美国陶氏化学	陶氏化学（张家港）有限公司	15287.00	1998–04	麦健铭	28118.00
	陶氏丁苯胶乳（张家港）有限公司	2701.00	1998–04	麦健铭	28179.00
	斯泰隆石化（张家港）有限公司	8040.00	1998–10	王嘉鹏	106359.00
美国ADM/中粮集团	东海粮油工业（张家港）有限公司	22800.00	1993–05	刘福春	97985.00
韩国浦项	张家港浦项不锈钢有限公司	97195.08	1997–04	金东震	685536.00
	张家港浦沙钢铁码头有限公司	1250.00	1997–08	郑吉洙	2292.00
韩国浦项/韩国三星	张家港晓沙钢材加工有限公司	1050.00	1996–03	赵显泽	23295.00
美国杜邦/日本旭化成	杜邦旭化成聚甲醛（张家港）有限公司	6900.00	2002–07	西口雄三	–
日本精工	张家港恩斯克精密机械有限公司	2625.00	2002–11	矢野丰明	950.00
法国液化空气	液化空气（张家港）有限公司	2500.00	2004–09	Mr.RemiCharachon	–
日本住友商事	森田化工（张家港）有限公司	600.00	2004–01	森田康夫	–
合计		185182.71			1032907.35

江苏国泰国际集团

【概况】 2004年，集团完成销售120.6亿元，实现利润2.5亿元，上缴各类税款超1亿元；完成进出口额12.38亿美元，其中出口9.44亿美元，连续4年在江苏省外贸企业中名列首位。集团下辖16家专业进出口公司，40多家外贸生产企业，2家五星级宾馆，以及设在美国、日本、香港等地的驻外公司，总资产超30亿元，集团员工超万人。

【国贸酒店扩建竣工暨国泰时代广场奠基】 8月7日，国泰集团举行国贸酒店改扩建工程竣工暨国泰时代广场奠基典礼。张家港市委副书记、市长王翔主持典礼，市委书记曹福龙致辞，江苏省外经贸厅副厅长费少云、苏州市委常委、常务副市长汪国兴等领导剪彩。2003年张家港国贸酒店着手改扩建，投资1亿元。增设65套酒店式公寓及容纳800人的多功能厅、300人的国际性会议室等。国泰时代广场由国泰集团下属国贸股份有限公司等共同投资建造，总建筑面积5.56万平方米，办公大楼为24层，总高99.1米，项目预计投入1.5亿元。

表51　国泰国际集团主要下属专业外贸子公司2004年经营业绩

公司名称	法人代表	出口额（万美元）	进口额（万美元）
江苏国泰国际集团有限公司	黄金兰	547	1206.00
江苏国泰国际集团国贸股份有限公司	王永成	25289	5601.00
江苏国泰国际集团纺织品进出口有限公司	黄金兰	8467	475.00
江苏国泰国际集团针棉织品进出口有限公司	吴　静	10971	1783.00
江苏国泰国际集团服装进出口有限公司	陆浦雄	9425	3042.00
江苏国泰国际集团华泰进出口有限公司	杨　革	10651	51.00
江苏国泰国际集团华联进出口有限公司	施小雷	8519	13857.00
江苏国泰国际集团国华进出口有限公司	张子燕	6523	2199.00
江苏国泰国际集团东方进出口有限公司	邹　云	2674	245.00
江苏国泰国际集团华海进出口有限公司	王　元	1237	315.00
江苏国泰国际集团华宁进出口有限公司	金建明	1483	8.00
江苏国泰国际集团抽纱进出口有限公司	黄启瑞	1525	8.00
江苏国泰国际集团电子进出口有限公司	刘益军	2532	0.00
江苏国泰国际集团华诚进出口有限公司	董　明	2452	433.00
江苏国泰国际集团上海进出口有限公司	陈晓东	522	0.30
江苏国泰国际集团南京有限公司	陈晓东	827	74.00
江苏国泰国际集团家用纺织品进出口有限公司	陈彩芬	1124	4.00

（杨伟才）

【编辑　黄晓曙】

综　　述

【概况】 2004年，张家港市致力于营造良好的创业环境，放手发展民营经济，全市民营经济呈现出持续健康发展的好势头。年内，民营企业共完成工业产值1071亿元，占全市产值的69.5%。全市个体私营经济新增注册资本37.16亿元，累计150.37亿元，从业人员近30万人。个体私营经济入库税收17.78亿元，占全市财政收入的五分之一。

投入规模加大　年内，新建办的私营企业户均注册资本达163万元，比上年增加45万元。

投资势头强劲　全市个体私营企业建办工业项目701个，计划总投资101.67亿元，年内完成投入工作量74.82亿元，占全市工业投入的48.23%。其中超千万元项目137个，超亿元项目9个，占全市私营企业投入项目总数的19.54%；完成投入工作量40.03亿元，占全市私营企业完成投入项目工作量的53.50%。

贡献份额提高　全市个体私营经济入库税金17.78亿元，占全市入库税金的24.85%，比上年增长26.40%。全市个体私营企业工业投入占全社会固定资产投资的38.27%，新增就业人员5.3万人；销售超亿元的私营企业34家。

资本经营突破　2004年，高新张铜股份有限公司顺利通过中国证监委的审核，骏马化纤股份有限公司在新加坡成功上市，成为国内企业在新加坡股市挂牌交易的第一只S股。同时，有20家企业被省经贸委列入《全省民营科技企业境外融资W3100工程计划》，位居全省各县（市）前茅。

【“民营经济腾飞计划”出台】 5月，为加快民营经济的发展，市政府下发《关于全面实施民营经济腾飞计划的意见》（以下简称《意见》）。《意见》要求全市围绕实现“两个率先”和“富民强市”的目标，精心组织实施民营经济腾飞计划，进一步解放思想，开拓创新，营造环境，优化服务，引导和推动民营经济向经济规模化、产业高度化、经营国际化、布局合理化、资源节约化、人才集聚化迈进，为在3年内实现民营经济总量、质量、结构、效益全方位腾飞夯实基础。民营经济腾飞计划从目标、管理、政策、资金等多方面给予民营经济的发展以明确的要求和保障。

【获国家级、省级多项荣誉称号】 年内，市乡镇企业管理局局长黄明华被国家农业部评为全国优秀乡镇企业局局长。华芳集团有限公司、江苏永钢集团有限公司、江苏菊花味精集团有限公司、江苏骏马集团有限公司、江苏飞翔化工股份有限公司、江苏华福针织厂等6家企业被国家农业部乡镇企业局评为全国乡镇企业“创名牌重点企业”；江苏骏马集团有限公司、江苏宏宝集团有限公司等企业的20只产品被认定为江苏省乡镇企业名牌称号。在江苏省召开的民营经济工作会议上，江苏沙钢集团有限公司、江苏永钢集团有限公司、华芳集团有限公司被省委、省政府评为全省优秀民营企业。沈文荣、陈惠南、杨培兴、李兴华被评为全省优秀民营企业家。

【多方面开展招商洽谈】 年内，全市加大招商引资的工作力度，市政府多次组织乡镇和主要骨干企业的领导，以“走出去”、“请进来”的方式开展招商洽谈，并组织4家企业参加国家发改委在青岛举行的第三届APEC中小企业技术交流暨展览会。10月18日，又组织9家企业参加国家发改委和国家工商总局在广州联合举办的“首届中博会”，《张家港企业信息网》将全市上网企业制成光盘，在“中博会”上免费赠送给参会客商，大力宣传张家港市的中小企业，提高全市中小企业的整体形象和影响力。

【加强民营企业培训】 年内，为提高中小企业（民营企业）经营管理者的整体素质，市中小企业局通过聘请高等院校教授到张家港讲课、和市新南方培训中心合作开展远程教育、组织相关人员到外地参加高校和国家发改委中小企业竞争力讲学等形式，对民营企业的经营者、管理者和财务人员进行培训。全年共开办国家宏观改革、法律法规、企业发展战略、现代企业制度、人力资源、信息化管理、中小企业成本管理、纳税与会计核算、现场管理等培训班30期，参训人员达1500多人次。同时，还发放《企业会计实务操作释解》1200本、《小企业会计制度实务》1000本，为指导民营企业财会人员提高实际处理能力提供帮助。

【每年投入800万元助建标准型厂房】 根据《关于全面实施民营经济腾飞计划的意见》的精神，从2004年起，市政府每年从个体私营经济新增税收的地方留存部分中，提取900万元作为中小企业（民营企业）发展专项资金。其一是在3年内每年拿出800万元配套资金，鼓励行政村在镇工业集中区建造标准型厂房，经竣工验收后，市财政补贴20%，镇财政补贴10%。年内，全市共建造标准型厂房110万平方米。

【每年投入100万元用于商标补贴】 《关于全面实施民营经济腾飞计划的意见》提出，市政府从民营企业专项基金中每年拿出100万用于鼓励民营企业进行商标注册，促进企业创品牌。从3月1日起，民营企业每注册1只商标，由市财政给予补贴1000元。年内新注册商标1600只，兑现商标补贴总额120万元。

【万家企业上网工程连接5000家民营企业】 为全面加快“数字张家港”建设步伐，2003年末，市政府提出，依托“张家港企业信息网”平台，用3年时间实施“万家企业上网工程”。2004年是实施该工程的第一年，年内，已有5000多家民营企业的相关信息，包括企业基本信息、企业简介、企业产品介绍等进入张家港企业数据库，并通过“张家港企业信息网”向全世界发布。在此基础上，市中小企业局针对各类企业实际情况，为企业提供3721网络实名、通用网址、BAIDU搜索、GOOGLE搜索等一系列高效的网络推广手段，推动企业深度上网。为60多家企业实施商标保护，带来了实在而明显的效益。依托“张家港企业信息网”平台，为企业用户提供了20多万条各行各业的采购和销售信息。定期为280多家民营企业提供针对性的信息服务和企业网站技术服务，还为民营企业组织开展“企业电子商务说明会”和“企业电子商务知识培训班”10多期，参训人员达500多人次。

个体私营企业

【概况】 年内，全市新办私营企业2091家，注册资本34.20亿元，比上年增13.3%，全市私营企业累计达11922家，注册资本140.76亿元。户均注册资本总额118.07万元，比上年户均注册资本90.46万元增长30.52%。从业人员约25万人。

【11家企业被列入全国上规模民营企业500家】 经全国工商业联合会、中华全国总商会以企业2003年度的营业收入总额排名，《中华工商时报》于2004年上半年公布了全国上规模民营企业500家，其中张家港市有11家企业上榜。

表52 2003年度张家港市被列入全国上规模民营企业500家一览表

序号	企业名称	营业收入（万元）	全国排名
1	江苏沙钢集团有限公司	2040198	第3位
2	华芳集团有限公司	709298	第22位
3	江苏永钢集团有限公司	534570	第40位
4	江苏澳洋实业（集团）有限公司	201053	第127位
5	江苏华尔润集团有限公司	158000	第169位
6	江苏丰立国际贸易有限公司	127439	第214位
7	江苏骏马集团有限责任公司	123176	第222位
8	飞腾集团股份有限公司	86000	第350位
9	江苏宏宝集团有限公司	81423	第372位
10	江苏菊花味精集团有限公司	78042	第392位
11	张家港华达涂层有限公司	65913	第457位

【31家企业被列入苏州市百强民营企业行列】 年内，按照企业营业收入、入库税金、科技创新等具体指标综合评定，张家港市江苏沙钢集团等31家企业被列入2004年度苏州市百强民营企业行列。

表53 2004年度苏州市百强民营企业（张家港市部分）一览表

企业名称	销售收入（万元）	利税总额（万元）
江苏沙钢集团有限公司	3107456	343070
江苏联峰实业股份有限公司		
华芳集团有限公司	919658	39593
江苏华尔润集团有限公司	183792	52288
江苏骏马集团有限责任公司	232768	22251
江苏澳洋实业（集团）有限公司	222090	22773
江苏丰立集团有限公司	81065	—
江苏天鹏化工集团有限公司	83400	4095
江苏金鹿集团有限公司	34635	3976
江苏七洲绿色化工股份有限公司		
江苏宏宝集团有限公司	84578	7418
江苏攀华集团有限公司	100820	5684
江苏银河电子股份有限公司	43589	1564
张家港市沙洲纺织印染进出口有限公司	94934	786
江苏东渡服装有限公司	89397	11862
江苏长江润发集团有限公司	100717	5720
江苏菊花味精集团有限公司	42750	1670
江苏飞翔化工股份有限公司	73072	6622
张家港市锦丰轧花剥绒有限责任公司	51789	4667
江苏港洋实业股份有限公司	73022	4264
张家港市港星新型建材有限公司	71347	3408
张家港市普坤纺织实业有限公司	45591	3065
张家港海陆锅炉有限公司	32293	2288
江苏张家港酿酒有限公司	11738	3009
张家港国泰华荣化工新材料有限公司	17214	2278

续表 53

企业名称	销售收入（万元）	利税总额（万元）
张家港市金帆电源有限公司	10286	3373
张家港市华福氨纶纱线纺织有限公司	25168	2437
张家港市天霸氨纶纱线纺织厂	73188	6812
江苏华夏交通工程集团有限公司	30009	1860
张家港市AAA轴承有限公司	23523	1388
张家港市久盛化学纤维有限公司	8102	579

个体工商户

【概况】 年内，全市新办个体工商户5999户，比上年少1042户；新增注册资本2.98亿元。全市个体工商户累计24630户，注册资本总额9.61亿元，户均注册资本3.9万元，从业人员49589人。

【5家企业和个人被评为2002－2003年度江苏省光彩之星】

张家港市华达塑料有限公司
张家港市丰立贸易有限公司
张家港万达钢板有限公司
江苏省张家港保税区意通化纤织造有限公司
卢保才　张家港市锦丰蔬菜经营户

【12家个体工商户被评为2004年度苏州市百户光彩之星】

阎秀琴　杨舍阎秀琴美容院
赵克胜　杨舍昌胜五金商店
曹永平　兴塍闲置设备调剂部
丁品裕　南沙丰省冷作厂
卢保才　锦丰蔬菜经营户
王丐旦　大新上海华联超市
钱建华　塘桥民以食为先饭庄
季秀红　南丰龙腾油漆店
顾建明　西张鸿达商店
陈国民　晨阳国民商店
束达红　东城龙潭茶室
郭小龙　东莱萃苑宾馆

【12家个体工商户被评为苏州市2004年度百家创业之星】

黄建国　杨舍特步专卖店
吴岳兴　禧龙金属材料加工厂
汤国贤　三兴利民物资经营部
张建扬　鹿苑美林阁酒楼
邹亦刚　妙桥银河大酒店
陈兴祥　兆丰上海华联超市
姚黎峰　乐余家家服饰店
陈保英　凤凰山茶场
顾建刚　凤凰凤刚建筑修缮工程队
浦兰红　杨舍华联超市
陈飞塘　市飞龙大酒店
应泽林　东莱应泽林百货批发部

（陆士民）

利用外地资本

【概况】 2004年，全市累计新建利用外地资本项目565个，注册资本15.32亿元，完成年度目标(11.49亿元)的133%；累计完成外地资本投入工作量53.38亿元，比上年增长102%，完成年度目标(41.63亿元)的128%。

【招商引资多管齐下】 2004年，市委、市政府高度重视招商引资工作，先后4次召开了全市招商引资工作会议，并与各镇及有关部门签订了招商引资责任书，落实利用外地资本责任目标。全市上下坚持把对内招商作为经济工作的重中之重，主要领导更是全身心投入，全方位出击，开展接轨上海招商、长江文化艺术展示经贸周等一系列招商活动。各镇围绕全年利用外地资本目标，组织起强有力的招商班子，制定奖励和考核办法。年内，各镇上规模的对内招商活动就达30多次，同时还广泛采取聘请招商中介、小分队有目的出击等手段开展招商工作，乡镇利用外地资本取得了较好的进展。

【重点项目进展顺利】 年内，全市累计建办投资超千万元的外地资本项目62个，总投资额62.06亿元，其中外地投资额为55.74亿元。外地资本投资超亿元项目有7个，分别为凤凰镇的永兴热电、锦丰镇的天业建材和亚青钢管（增资）、保税区的长江时代、乐余镇的丰冶铜业、沿江开发办的荣胜造船、冶金工业园的太原重工，外地投资总额为38.60亿元。同时，一批结转项目进展顺利，北京三吉利能源股份有限公司等单位投资建设的沙洲电厂一期2×60万千瓦和华宇电厂扩建2×38万千瓦发电机组建设进展顺利，年内完成投资工作量超20亿元；总投资10亿元的苏化集团热电厂、合成化工、特种化学品等6个项目已完成投资3.3亿元；华达涂层、博明纺织、瑞杰塑胶等20个项目已竣工投产。

【产业结构趋于优化】 年内，全市外地资本投资重点仍集中于工业领域。全年新建的外地资本项目中，工业项目184个，投资总额为57.06亿元，其中外地投资额52.31亿元，占全市外地投资总额的90%。外地资本加速向市优势产业集聚态势明显，建材、冶金、化工等产业仍是投资重点。氨纶纱、毛纺针织、五金工具、轻工机械等特色产业已成为外地资本的投资热点。

【投资来源趋向多元】 2004年，外地资本虽主要来自江苏省和上海、浙江地区，但投资来源正不断趋于多元化，累计有23个省市区的企业和个人到张家港市投资兴业。在新建184个工业项目中，江苏省投资项目为90个，外地投资额9.8亿元；上海投资项目13个，外地投资额32.41万元；浙江投资项目31个，外地投资额5.45亿元。三者之和占外地投资总额（工业项目）的84%。与此同时，内地一些上市公司、大企业到张家港市投资渐趋活跃，以新疆为例，已有新疆广汇、新疆天业和屯河三大上市公司到张家港市投资兴业。这表明，张家港市的投资环境和知名度在国内的认可程度得到进一步提升。（谭新祥）

【编辑　黄晓曙】

城乡建设·环境保护

城镇规划

【概况】 全市规划工作紧紧围绕将张家港市建成为“一个富有特色和竞争实力的港口工业城市，一个富有内涵和独特个性的生态园林城市，一个富有精神和文化底蕴的文明法治城市”的要求，充分发挥规划的调控和引导作用，以创新的理念和科学的定位，不断加强规划研究，深化规划体系，强化规划管理，极大地促进了全市的资源整合和城镇的集聚发展。年内，市规划局局长应梓被中国城市规划协会授予全国城市规划行业优秀规划工作者称号。

规划研究 根据全市行政区划调整后，被撤并乡镇集镇功能定位不明确的状况，市规划局按照《张家港市城市总体规划》的要求以及集聚发展、优化布局的原则，明确了各撤并乡镇的功能定位。针对市政协所提出的张家港市城市建设中文化内涵的表现力不足的现状，市规划局从旅游文化、建筑造型、公共环境以及城市标志等方面进行专题调研，为提升张家港市的文化内涵提出了规划意见。同时，为拓展城市发展空间，规划局按照市委统一部署的跨江开发调研课题，完成《张家港——如皋跨江共同发展》的调研报告，对增强张家港市的发展潜力，提高城市综合竞争实力进行了有益的探索。

规划设计 市规划局以深化完善规划体系为重点，按照“一城、双核、五片区”的城镇发展格局，在5个层面全面铺开规划编制和城市设计，形成了新型的城镇规划体系。第一层面是《张家港市城市总体规划》的修编。新一轮的《张家港市城市总体规划》已通过省建设厅组织的总体规划纲要论证以及成果设计论证，并向苏州市政府、省政府和国务院部际联合审批小组报批。第二层面是片区规划的编制。完成了《乐余片区总体规划》、《金港新城概念规划》和《锦丰新城概念规划》，开展了《金港新城城市设计》、《锦丰新城控制性详细规划和城市设计》的编制。第三层面是杨舍中心城区详细规划的编制。按照城市总体规划的要求，完成《张家港市东南片区控制性详细规划》、《张家港市人民东路地区控制性详细规划》的编制，完成永安路西侧地块、暨阳湖东区、南苑居住区等9个地块的修建性详细规划，还开展了《张家港市城北新区分区规划》的编制。第四层面是城市设计。完成了《一干河景观概念规划》，一干河定位为张家港市未来的水景轴、绿色轴、生态轴。第五层面是专业规划的编制。市规划局按照市委、市政府的要求，编制了城市雕塑、加油站、高架广告等专业规划，同时还配合、督促相关部门展开公共交通、教育卫生等专业规划的编制，共计31项，对全市基础设施、公共设施进行合理布局和科学预留，使资源配置得以优化。

规划管理 市规划委员会全年召开会议4次，分别对《锦丰新城概念规划》、《金港新城概念规划》、《凤凰新城城市设计》、《张家港市一干河景观概念规划初步方案》、《乐余片区总体规划纲要》、《张家港市一干河区域景观概念规划》、《张家港市城市雕塑规划》和《张家港市购物公园规划设计方案》等规划进行讨论和审定。市规划局以依法行政、服务经济为宗旨，严格执行《中华人民共和国城市规划法》和《江苏省城市规划管理技术规定》，实施绿线、红线、紫线、蓝线制度，并按照新颁布的《中华人民共和国行政许可法》，进一步规范许可程序，逐项梳理了规划许可事项和前置条件，提高了审批效率。全年共办理建设项目选址意见书749份，建设用地规划许可证421份，建设工程规划许可证337份（不含保税区和省经济开发区），查处违法建设27起。

规划宣传 年内，市规划局先后通过《张家港日报》和规划信息网站开展了《张家港市城市总体规划》、各片区总体规划、城市雕塑设计作品的公示活动，征求广大市民的意见，收到不少反馈意见。4月13日，以纪念《中华人民共和国城市规划法》颁布实施14周年为契机，市规划局会同杨舍镇举办了宣传城市规划专题会，向杨舍镇四套班子领导、各村书记、主任专题汇报杨舍镇中心城区的规划情况，增进了各级领导对规划工作的了解。为加强同人大等部门的联系和沟通，市规划局于12月1日专题向人大进行了规划编制工作的汇报，积极听取市人大代表对规划工作的意见和建议。规划信息网是宣传城市规划政策和法规、展示城市规划动态的窗口，为了确保规划信息网站内容的实时性，全年共对网站更新20余次，网站点击率超过2.4万人次，收到群众的咨询和合理化建议20余条。

城市测量 年内，市规划局完成了怡景湾、西湖苑、东湖苑、锦丰沙钢小区等住宅小区，长兴路、金港大道、大新镇新建道路等道路沿线以及江苏扬子江国际冶金工业园高压走廊等100多处，计15平方公里的地形图修测。完成了北二环路的港华燃气、华宇电厂补水管线等20公里长的地下管线竣工测量，实时更新了地下管线地理信息系统。先后在金港大道、苏虞张一级公路、长兴路、长安路等道路上布设了100多个导线点进行城市平面控制和高程控制。

【全新《张家港市城市总体规划》编制完成】 经过一年多的精心编制，《张家港市城市总体规划》全面修编完成。新修编的城市总体规划，从市域范围内对城镇空间结构进行全面调整，形成了“一城、双核、五片区”的新城市空间布局。“一城”指张家港作为高度城市化地区，呈现整体发展的空间结构特征，整个张家港就是一个城市。“双核”指杨舍城区和金港城区，是市域内主要的居住和公共服务中心。“五片区”指杨舍片区、金港片区和锦丰片区、塘桥片区、乐余片区。规划至2020年，市域总人口169万，其中城市人口142万人（含外来人口80万），城市化水平84%，市域城镇建设用地控制在171平方公里。届时张家港市将成为一个现代化滨江港口工业城市以及长三角地区重要的制造业基地、江苏省重要的滨江工业基地、苏锡常都市圈内重要的保税物流中心。

【全面启动农村居民住宅区规划】 为缩小城乡差距，促进城乡统筹发展，针对全市自然村庄布局分散、设施不配套、居住环境差的现状，市委、市政府在10月出台了《张家港市农村居民住宅区规划建设实施意见》，并设立了农村居民住宅区规划建设领导小组，领导小组在规划局下设办公室，具体负责农村居民住宅区的规划协调工作。为此，市规划局深入基层、调查研究，精心规划编制方案，全力开展市域农村居民住宅区布点规划和试点区的修建性详细规划，并采用示范引路、稳步推进的办法，在全市培育了5个农村居民住宅规划建设示范区和10个试点区，以此作为推进实施农村居民住宅区规划建设的导向。

【数字化地形图建库工程全面完成】 年内，市规划局进一步深化规划信息化建设，不断加大建设的投入和力度。在上年完成全市域1∶2000航测工作的基础上，与广州城市信息研究所有限公司经过一年多的系统开发、调试和数据监理、整理，全面完成了全市域范围1∶2000数字化地形图和市区1∶1000数字化地形图的建库工程，建立起全市域范围内准确、动态、高效的共享型基础空间数据库，为张家港市建设“数字城市”奠定了基础。

（徐　铮）

农村居民住宅区示范小区——元丰小区　（市规划局 供稿）

城市建设

【概况】 市建设局按照市委、市政府“拉大城市框架，改善城市生活和投资环境，提升城市综合竞争能力，逐步完善城市配套功能”的要求，坚持城市建设服务于经济建设的原则，解放思想，创新工作，城市建设工作呈现出良好的发展态势。

重点工程建设 年内，完成长安路改造、港城大道南段和蔡泾南路的新建任务，城西新区国泰南路、百桥路、西湖苑路开工建设，6条道路共投资1.01亿元。启动了市第四自来水厂一期工程，完成总工程量的52%，实际投资1.35亿元。敷设北部区域供水DN1200—DN1600管线22公里，共投资1亿元。完成城区10个路段（区域）的污水管网工程及花园浜泵站出水管改造工程、市区沙洲西路等零星污水截流工程，共投资1900余万元。经过连续几年的努力，克服施工技术复杂、配套费难收等多重困难，全面完成市区3.3万户的自来水户表改造工程，工程投资近5000万元。作为市建设局办公用房的建设大厦工程，于10月8日正式奠基，年内完成了地下室土方开挖。根据市委、市政府关于“加快节奏、积极推进，用5年左右时间基本形成集城市居住、商务办公、休闲娱乐、文教卫生为一体的新城区”的总体目标及“封闭运行、滚动开发”的资金运作模式，城西新区内道路、桥梁、管道、供电、交通设施等工程相继开工，全年共投资5500万元，整个城西新区的框架已初步显现。

市政公用事业 开展大环境综合整治工作，完成轮船码头、南苑西路、张杨公路三地沿线两侧40余处各类建（构）筑物的立面改造工程。完成兴鸿房产、石油大厦等9处重点建筑亮化工程的方案设计和改造工程，增强了亮化、美化效果，提升了城市整体形象。全年修缮路面及道板3万平方米、道路侧石8780米，疏通下水道263公里，更换窨井盖135只，修复窨井95座，翻新17个休闲广场的大理石及广场砖1700平方米。窨井盖完好率100%，管网畅通率100%，道路完好率98%，养护投入资金430万元。对梁丰路等14条道路路灯设施进行了维修更新，安装路灯2265杆3614盏，共计投入资金1670万元。全年确保市区21203盏路灯亮灯率达99%，设施完好率97%，事故及时处理率100%。为解决老住宅区停车难、停车乱的问题，组织实施2个老住宅区的停车泊位建设。其中，城北小区建成停车位104个，总面积约1479平方米；花园浜建成停车位199个，总面积约3150平方米。

燃气行业管理　年内，新建液化气储灌场2个，新增储量220立方米，新建气化站2个。至年底，全市拥有大型液化气中转站1个，管道气公司3家，民用液化气储灌场10个，工业液化气储灌场14个，民用工业液化气瓶组站16个，瓶装液化气供应站点99个，液化气总储量近7万立方米。8月，张家港市燃气协会正式成立，共有会员单位50家。

用水管理与污水处理　全年完成供应自来水9500万立方米；最高日供水量达31万立方米，创历史新高。自来水全年销售收入超亿元，实现利润1800万元，完成利税2600万元。自来水漏耗率为10.22%，水质综合合格率达99.55%，位居全国同行先进之列。市区共有2家污水处理厂，污水日处理能力6.5万吨。年内共处理各类城市污水1485万吨，其中第一污水处理厂处理污水1000万吨，第二污水处理厂处理污水485万吨。年内，按照开源与节流并重的原则，开展计划用水、节约用水管理工作，安装节水感应器130套，全年节约用水235万立方米。

动拆迁管理　注重依法拆迁，严格执行申请房屋拆迁许可、公示、评估、订立协议等程序，认真履行拆迁许可审批制度，严把拆迁许可证发放关，积极做好管理服务工作，第一时间掌握拆迁动态，做好调解工作，化解拆迁矛盾。依法做好裁决、强拆工作，对拒不配合拆迁的钉子户按照拆迁程序下达裁决，直至实施强制拆迁，保障了工程建设的顺利进行。年内，共实施房屋拆迁99.4万平方米，涉及被拆迁户3826户。其中，30个地段领取了房屋拆迁许可证，拆迁面积29.17万平方米，拆迁1273户。裁决申请74户，行政裁决53户，行政强制拆迁4户。加快推进拆迁安置房建设步伐，市区白鹿花苑南区、苏华新村、民丰苑西区和江帆花苑4个拆迁安置房小区累计开工103幢共2957套，面积49.57万平方米，竣工53幢共1524套，面积26.08万平方米，实际完成投资5.1亿元，超额完成了年初市委、市政府下达的22.5万平方米的建设计划，260余户拆迁户提前入住新居。

新墙材推广与水泥发散　推广新墙材工作逐步纳入规范化管理，全市年产实心粘土砖0.98亿标块，比上年下降48%；年产新型墙材9.95亿标块，占墙材总量的91%，比上年增5.19%，其中非粘土质新型墙材5.3亿标块，占新墙材总量的53.32%。已竣工建筑工程全部使用新墙材，新墙材应用竣工建筑面积354万平方米，其中节能建筑竣工面积15万平方米。完成技术改造和新增墙材项目3个，总投资5110万元，增加新墙材生产能力1.55亿标块。以开拓市场、强化应用环节为中心，以规范散装水泥专项资金征收管理为重点，加大行政执法力度，全年共生产水泥351.85万吨，其中，散装水泥340.02万吨，散装率达96%以上，继续列全省各县（市）前茅。

【长安路全新亮相】　为改善中心城区的交通状况，提升城市整体形象，经市委、市政府决定，年内对长安路核心路段进行了整体改造，并将其列为为民办实事工程。长安路改造路段北起人民路交叉口，南至南环路交叉口，全长2.35公里。道路改造按城市次干道、行车速度每小时40公里设计。改造后的长安路横断面形式以暨阳路为界，分为南、北段两种模式。长安路北段（人民中路——暨阳中路）道路采用两块板断面形式，路段双向六车道，设中央分隔带；长安路南段（暨阳中路——环城南路）道路采用一块板断面形式，路段双向四车道，采用双黄线分隔对向车流，在交叉口处设置绿化带分隔对向车流。长安路改造工程5月动工，10月1日正式通车，比计划提前3个月竣工，其间采用了多项新的施工工艺。该工程竣工后，以其良好的交通能力，极佳的视觉效果，受到市民好评。

【第四自来水厂一期工程动工兴建】　在全市经济持续快速发展，用水量屡创新高，供水压力日增的情况下，新增供水需求迫在眉睫，同时，市区北部尚未实现区域供水。为此，市委、市政府决定建设第四自来水厂，并将其列为年度实事工程。第四自来水厂日供水设计规模为40万立方米，一期工程为20万立方米，工程投资概算3.4亿元。该工程自2月开工奠基后，至年末，共完成投资1.35亿元，完成总工程量52%。土建工程方面，已完成供水泵房95%、滤池及反冲洗泵房95%、沉淀池97%、变电所85%、污泥泵房97%、加矾加氯间90%、综合楼70%，清水池完工。设备安装方面，已完成厂区污泥泵房及加药间桁车、污泥池刮泥机、沉淀池刮泥机安装和3个DN1600以上大口径阀门的安装。出厂管线方面，已敷设DN1200球墨铸铁管及各类钢管12公里。为确保在第四自来水厂一期投产的同时，市域北部实现区域供水，使张家港市率先在全省实现全市性区域供水，市委、市政府决定，与第四自来水厂一期建设同步实施北区区域供水管线工程。北区区域供水管线工程需敷设DN1600–DN1800管道53公里，工程总概算2.25亿元。年内已敷设DN1200–DN1600管线22公里，完成投资1亿元。

【张家港市首批被评为江苏省节水型城市】　10月21日，由省建设厅、经贸委、环保厅的领导和专家组成的考核组对张家港市创建江苏省节水型城市工作情况进行了考核验收。考核组对自来水公司、高新张铜、第二污水处理厂等单位的节水情况进行了现场考核，并分成基础管理、定量指标2个考核小组对全市创建资料、报表逐项查阅评分。据统计，张家港市从2001年到2004年，连续四年分别节水272万吨、264万吨、317.7万吨、320万吨，节水成效明显。考核组认为，张家港市创建工作从提高全民节水意识入手，高标准抓好基础性管理，科学制定用水标准，严格实施节水计划，切实做到了合理利用水资源，各项指标符合江苏省节水型城市标准，顺利通过考核验收，成为全省第一个通过考核验收的县级城市。12月，张家港市被正式命名为江苏省节水型城市，是全省首批的2个节水型城市之一。市给排水公司、高新张铜等5家企业同时被命名为江苏省节水型企业。

（向家林）

镇村建设

【概况】 全市镇村建设在新一轮规划指导下稳步推进，各镇建设投入力度加大，基础设施建设进一步配套，镇村面貌进一步改观。全年镇村建设共投入资金20.31亿元，其中住宅建设投入10.36亿元，公共建筑投入2亿元，生产性建筑投入5.47亿元，基础设施投入2.48亿元。

拆迁安置　年内，各镇共完成安置房建设4590套，建筑面积68.66万平方米，总投资6.35亿元。其中，塘桥镇建设安置房175套，2.28万平方米；锦丰镇建设安置房2016套，28.6万平方米；金港镇建设安置房1350套，24.2万平方米；乐余镇建设安置房64套，1万平方米；凤凰镇建设安置房560套，7.28万平方米；南丰镇建设安置房225套，2.7万平方米；大新镇建设安置房200套，2.6万平方米。全市农村房屋拆迁2454户，建筑面积54.41万平方米。其中塘桥镇拆迁178户，建筑面积4.4万平方米；锦丰镇拆迁360户，建筑面积6.9万平方米；金港镇拆迁1150户，建筑面积28万平方米；乐余镇拆迁110户，建筑面积2.2万平方米；凤凰镇拆迁254户，建筑面积4.4万平方米；南丰镇拆迁176户，建筑面积3.41万平方米；大新镇拆迁226户，建筑面积4.4万平方米。

商品房开发　随着规划的进一步完善，基础设施的逐步配套，各镇房产开发势头良好，年内各镇商品房开发总面积35.8万平方米，2254套，总投资4.01亿元。其中塘桥镇开发5.1万平方米，380套，投资6150万元；锦丰镇开发4.1万平方米，278套，投资6450万元；金港镇开发18.4万平方米，950套，投资2.02亿元；乐余镇开发3.2万平方米，266套，投资2100万元；凤凰镇开发2万平方米，150套，投资2200万元；大新镇开发3万平方米，230套，投资3000万元。

公共建筑　各镇共新建公共建筑22.27万平方米，总投资2亿元。其中塘桥镇14.8万平方米，锦丰镇1.34万平方米，金港镇3.43万平方米，乐余镇1.18万平方米，凤凰镇建成6700平方米，南丰镇2500平方米，大新镇6000平方米。

生产性建筑　全年新增生产性建筑161.02万平方米，总投资5.47亿元。其中塘桥镇63.48万平方米，锦丰镇19.57万平方米，金港镇37.43万平方米，乐余镇4.45万平方米，凤凰镇22.17万平方米，南丰镇9.28万平方米，大新镇3万平方米，常阴沙农场1.64万平方米。

基础设施建设　镇村基础设施不断完善，新增投资2.48亿元。全年新建砼道路和柏油道路154公里，面积124.22万平方米；铺设排水管道35.8公里；新装路灯1743盏；整治桥梁140座。其中，塘桥镇新建道路14.1公里，面积14.37万平方米；铺设排水管道6.5公里；新装路灯694盏；整治桥梁52座。锦丰镇新建道路6.5公里，面积5.06万平方米；铺设排水管道4.5公里；新装路灯463盏；整治桥梁39座。金港镇新建道路40公里，面积38万平方米；铺设排水管道15公里；新装路灯248盏；整治桥梁21座。乐余镇新建道路53.6公里，面积29.38万平方米；铺设排水管道1.9公里；整治桥梁6座。凤凰镇新建道路17.8公里，面积26.31万平方米；铺设排水管道4.3公里；新装路灯256盏；整治桥梁10座。南丰镇新建道路18公里，面积5.1万平方米；铺设排水管道2公里；新装路灯67盏；整治桥梁2座。大新镇新建道路4公里，面积6万平方米；铺设排水管道1.6公里；新装路灯15盏；整治桥梁8座。常阴沙农场整治桥梁2座。

【7家镇级污水处理厂相继建成】 随着农村城市化进程的加快推进，迅速改善农村水环境质量成为人民群众迫切的愿望。为此，各级党委、政府十分重视，把建造污水处理厂作为为民办实事的重要工程抓紧抓好。年内相继建成7座镇级污水处理厂。其中塘桥镇1座，日处理能力5000吨，投资3600万元；锦丰镇1座，日处理能力5000吨，一期投资700万元；金港镇1座，日处理能力5000吨，投资800万元；乐余镇1座，日处理能力3000吨，投资400万元；凤凰镇1座，日处理能力2000吨，投资3000万元；南丰镇1座，日处理能力3500吨，投资500万元；大新镇1座，日处理能力5000吨，投资1000万元。

（朱　晨）

城乡管理

【概况】 市城市管理局以创建文明城市、生态城市为目标，以城管创优为切入点，突出“规范、科学、创新、高效”主题，抓班子、带队伍、建制度、严管理、促成效，城市管理工作迈上了规范化、制度化、法制化的轨道，营造了整洁有序的城乡环境。年内，高质量通过省建设厅“城管创优”活动考核检查，并获优秀奖，连续两年在26个县级市中排名第一。4月，成立张家港市城市管理行政执法局，为政府工作机构，正科级建制，与市城管局合署办公。

城管执法　2004年是实施城市管理相对集中执法工作的第一年，市城管执法局严格按照法律法规赋予的执法权限，依法行使执法职能。制定了城市管理行政执法局行政处罚程序规定及行政执法人员轮岗交流、执法监督检查、重大案件备案、错案追究、错案赔偿等8项制度，牢固树立执法为民理念。全年共纠处各类违规现象84511起，行政立案查处违规14262起，其中简易程序9588起、一般程序4642起。查处的案件涉及市政道路、园林绿化、市容环卫、违法搭建、机动车违规乱停等7个方面，未发生一起行政复议被撤销或行政诉讼败诉案件。

城区管理　市城管局以开展城管创优工作为契机，制定了道路管理和居民小区管理“双十条”标准，实施了路段等级管理，将市区所有道路划分为三个等级，推行精品管理，打造窗口形象。实施城管进社区，赋予街道、社区城管职能；在沙洲西路、步行街东侧、河西路等市区主要交通路口设置停车带，有效地缓解了停车难的问题。继续加大居民小区生活垃圾定时、定点收集试点工作力度，扩大收集范围，变定时收集为上门收集，市区25个社区全部实行定时定点收集，有效地遏制了乱倒垃圾的违章行为。年内，先后开展“严格城乡环境、严格交通秩序”联合整治5次，开展油烟噪声、带泥上路、抛洒滴漏、违法建筑、占道经营等违法违规现象专项整治18次，开展“乱涂乱贴、乱停乱放、乱倒乱扔、乱拉乱挂、乱开乱挖”等重点整治26次，开展节后环境卫生大规模整治2次，较好地解决了城管工作中的难点和群众关心的热点问题。

镇区管理　按照年初制定的千分考核要求，对各镇的环境卫生长效管理情况进行20多次明察、10多次暗访，并依照“十个不见”和“十无标准”进行考核，组织协调各镇及相关职能部门分管领导，对主干道、镇区、镇郊结合部逐条逐块进行现场办公，落实整改任务。大环境整治期间，共整治河道1125条，清理路边垃圾箱202只，迁移废品收购点141处，整治镇区修理点160多处。通过整治，集镇管理有了明显加强，镇村环境得到较大改善。

环卫管理　全市有6家环卫管理所、130座公厕、15个垃圾中转站。市环卫部门积极探索垃圾处理新路，经市委、市政府组织建设局、环保局、环卫处等单位考察研究，确立今后张家港市垃圾处理采用焚烧方式。年内，成立张家港市鹿苑垃圾处理厂建设领导小组，确定了垃圾焚烧厂的建设规模和进程。加强公厕建设步伐。投资300多万元，对全市公共厕所进行统一规划，新建和改建了城西桥、环城南路、青龙桥、新风桥、花园菜场、城北新村、汽车站等7座星级公厕，并对全市30多座公厕进行全面维修，增加了南门路、少年宫等移动公厕，缓解了部分地区如厕难的矛盾，提高了张家港市公厕档次。进一步提高机械化处理水平，全年投入500多万元，添置扫地车、洒水车、高压清洗车、1吨自装自卸车等30多辆专业环卫车辆，使全市的环卫车辆增加到90多辆。

【横河里44户违法建筑被依法拆除】 针对市区横河里村沿街居民擅自升高屋面违法搭建现象，根据《中华人民共和国规划法》等有关法律法规规定，经市人民政府批准，8月11日、14日，由市城管局牵头，会同公安、规划、建设、供电、杨舍镇等部门联合对该村12幢总计44户居民楼实施集中强制拆除。这是张家港市有史以来规模最大的集中拆违整治行动。整个拆除过程采取“强拆开道、诱导自拆”的方式，做到合法、规范、有礼、有节。共拆除违法建筑面积达3400平方米，未发生群众上访事件，也未出现过激场面，达到了预定目标。

飒爽英姿的城管队员　（市城管局 供稿）

【开展“双十佳”评选活动】 为大力弘扬先进，全面提升城管队伍整体素质，激发城管队员、环卫工人爱岗敬业的工作热情，营造积极向上的工作氛围，9月中旬，市城管局开展了“十佳城管队员”和“十佳环卫工人”评选活动。通过“公开、公平、公正”的竞选方式，产生了“十佳城管队员”和“十佳环卫工人”候选人各15名。9月21日，市城管局将30名候选人相片和简要事迹在《张家港日报》上刊登，进行为期一周的社会公示投票，广泛征求群众意见和接受群众监督，让群众选出自己心目中的“十佳”。30名候选人公示后，社会反响强烈，共收到群众信件投票200多封、电话投票50多个。10月，根据投票结果，产生表彰了“十佳城管队员”和“十佳环卫工人”。在此次评选活动中，城管队员、环卫工人踊跃参与，进一步激发了大家的荣誉感和责任感，涌现出一大批默默无闻、埋头苦干、成绩突出的城管队员和环卫工人。

【“抄告贴单”治理机动车违章乱停】 为更好地解决少数机动车随意停放、侵占人行道和损坏道板的现象，9月，市城管局借鉴外地先进的执法模式，加强与公安交警部门的衔接和协调，对违章车辆采用“抄告贴单”的方式取代之前“锁定车轮、现场证据登记保存”的执法模式。被贴“告知单”的违章车主10日内必须到执法大队接受处理，逾期不接受处理的，执法大队将协同交警部门对违章车辆的车号实施登报公告，登报公告后仍不来处理的，则采取必要的强制措施。实施“抄告贴单”后，违章车主都能自觉到市城管执法大队接受处理，处理率达100%，有效地遏制了机动车违章乱停现象的发生。　（徐卫杰）

防震减灾

【概况】 市地震局下属建有地震数字遥测台站1个，全年全天候监测地震震情。在市区、南丰、锦丰建有地震前兆微观点3个，在东沙建有地震前兆宏观点1个。有管理及监测人员8人。年内，对南丰、锦丰2个二氧化碳测报点和市区的水化点完成了前兆数据收集和分析工作，并于每季度参加苏州地区范围内及周边地区震情分析会。12月，包括张家港市地震数字遥测台在内的苏州市地震数字遥测台网进行IC升级改造，改造后的宽带系统速度快、效率高，拓宽了测震范围，提高了苏南地区的震情监测水平。

【《江苏省防震减灾技术系统建设》项目实施】 10月，江苏省地震局及苏州市地震局分别发文、来人，部署落实《江苏省防震减灾技术系统建设》项目。该项目是省政府批准的江苏省“十五”期间公益性和社会事业发展建设项目《江苏省防震减灾预警信息系统》的重要组成部分，被列入经国务院同意、国家发改委批准的《中国数字地震观测网络》项目中。由2003年省政府第二十次常务会议和国家发改委发改投资〔2004〕1138号文件批准通过，开始实施。根据项目的建设安排和进度要求，张家港市将建造数字固定强震动台站，年内完成台站选址等前期准备工作，2005年完成土建、设备安装及调试，进入试运营工作状态。该台站的建成，将对提高江苏省地震监测预报、灾害预防和救援水平，保护人民生命安全，维护社会稳定起到重要作用。

（徐素明）

园林绿化

【概况】 年内，全市围绕“绿色张家港”建设目标，大力推进“三绿工程”（绿色通道、绿色家园、绿色基地）建设，城乡绿化工作再上新台阶。全市绿化投入约10亿元，新增各类林地、绿地1366.67公顷，其中绿色通道工程655.73公顷，绿色家园工程409.94公顷，绿色基地工程301公顷。全市森林覆盖率14.46%，市区建成区绿地率34.79%，绿化覆盖率42.2%，人均公共绿地面积10.66平方米，在苏州市农村绿化考核评比中再获特等奖，连续五年名列总分第一。1月13日，张家港市获建设部颁发的“国家园林城市”奖牌。6月18日至19日，国家林业局调研组在局机关党委副书记刘玉来的带领下，到张家港市调研城乡绿化一体化建设，对全市林业绿化工作的经验和取得的成就给予了充分肯定。

市区绿化　市区通过规划建绿、拆房建绿、绿地改造等方式，投入近3亿元，新增各类绿地231.13公顷。重点改造了长安路、城北公园、府苑楼绿地和城西桥东北转角绿地，完成了金港大道景观带、宏伟厂地段、蔡泾路转角、城西新区5个节点、港城大道延伸段等绿地，以及永安路、国泰路、沙洲西路、暨阳西路等行道树种植。7月，全面启动梁丰生态园建设工程，年内已完成征地拆迁以及土方工程，投入资金1.5亿元。暨阳湖生态园区完成了湖中心区的公园、广场、公寓区、疗养胜地、住宅小区等绿化，绿化投入651万元，完成绿化面积60公顷。重点实施市区大树工程，投资2783万元引进大规格香樟、木瓜海棠、桂花、紫玉兰、银杏、广玉兰等树木2067棵，种植在市区开敞绿地和重要节点处，既实现了生态和经济的双赢，又提升了城市绿化品位和文化内涵。实施四季草花和摆花设景工程，全年种植四季草花1万平方米，在世纪广场、张家港公园、梁丰广场、市政府门口等共摆放鲜花60余万盆。

农村绿化　开展绿色通道建设，投入2.8亿元完成市域张杨公路、沿江公路、香山路、204国道、江海路、沿江高速公路等绿色通道工程。加强镇区绿化建设，各镇因地制宜规划建设广场绿地、公园绿地、街头绿地，着力做美社区绿化、小区绿化，做好开发区绿化、单位绿化建设。涌现出了锦丰休闲广场、大新中心广场、塘桥韩山社区、凤凰双龙小区、韩国工业园、金港镇开发区及保税区等一批大手笔、高品位的绿化精品。在长江沿线饮用水取水口两侧实施水源保护区建设。保护区占地53.3公顷，旨在保护饮水源，隔离污染源，保障人民生命生活安全。2月6日，由市四套班子领导率市直机关干部150多人，在保护区义务种植2000余株雪松，此后又陆续植入了山杜英、雪松、广玉兰、香樟、火炬树、栾树、垂柳等十余种乔木近3万株，已显示出良好的生态和景观效果。结合“农民增收、农村稳定、农业增效”，各镇积极引导，并广泛开展“绿色基地”建设。南丰镇以永联生态苗圃基地建设为依托，发挥规模产业优势，新发展苗圃基地60公顷。乐余镇强化“公司+农户”的产业经营模式，鼓励农户发展苗木生产，新增苗木基地20公顷。凤凰镇继续打响凤凰水蜜桃品牌，发展经济林26.7公顷。

绿化宣传　进一步加大绿化宣传力度，为建设绿色张家港营造浓厚氛围。市园林局共编发《绿色·生态·人居》通报6期，《绿化简报》12期，在《张家港日报》刊发专版《绿在港城》，发表绿化宣传报道15篇、在市“一报三台”播发绿化报道138篇。制作了《绿色张家港》电视公益广告片，在步行街、苏南商场、园林局顶楼设立大型公益广告牌。9月10日，市林业园林学会聘请上海上房园林植物研究所副所长、上房绿建景观园艺公司副总经理刘坤良博士到张家港市作地被植物新品种及花境应用专题讲座，市园林局机关、绿化设计施工企业的80多位科技人员听取了讲座。9月25日至28日，中央电视台《绿色时空》栏目摄制组到张家港市进行为期5天的专题采访，全方位反映张家港市城乡一体化建设成果，展现绿色张家港的崭新风貌。

绿化监察　年初，对市区居住区绿地现状进行全面普查，对发现的突出问题进行严肃整治，对新建居住区绿地加强规划指导，严格审批程序，收到了良好效果。市绿化监察队加强林政审批及侵绿、毁绿案件的查处力度，全年共审批树木移伐、占用绿地事件74起，处理交通损绿事件49件，处理“110”反馈损绿举报事件30余起。全年收取绿化补偿费、绿化占用费140余万元。

【梁丰生态园建设全面启动】 12月6日，市梁丰生态园举行开工奠基仪式，标志着该工程全面启动。梁丰生态园是市委、市政府为民办实事工程，位于南苑东路北侧、沙洲东路南侧，规划面积80公顷，总投资约2.8亿元，绿地率达70%。总体目标以生态化理念为指导，运用生态环保的技术手段，建设一个集休闲、观光、健身活动、娱乐、科普教育和商务于一体的具有现代园林特色和城市文化氛围的综合性城市公园。梁丰生态园计划于2005年5月完成部分乔木及灌木种植，2005年6月完成桥梁、主道路基础、景观设施基础，2006年3月完成道路、建筑及喷泉、雕塑等景观设施，2006年4月完成灯光、音响及其他设施，2006年5月1日对外开放。

【市林业园林学会开展“大树工程”学术研讨活动】 为加快城市化进程，提高城市绿化品位和档次，张家港市组织实施市区“大树工程”，计划3年引进大树1万棵。7月14日下午，市林业园林学会邀请市园林绿化部门、绿化企业、“一报三台”的有关专业人士近50人就“大树工程”进行了专题研讨活动。研讨会共收到学术论文10多篇，与会人员各抒己见，发表了许多真知灼见，这些见解将对张家港市有效实施“大树工程”产生积极影响。市林业园林学会名誉理事长、副市长周群信发表讲话并要求加强研讨总结，科学引进、科学种植、科学管护，确保“大树工程”发挥出最大的效益。年内，全市在市区引进种植了2067棵大树，成活率超90%，这为提高张家港的城市景观效果、提升城市品位、改善城市生态效应发挥了积极作用。

（施卫东）

表54　**三级以上绿化资质企业一览表**

序号	企业名称	资质等级	法定代表人	经济性质	注册资金（万元）	公司职工（人）	技术人员（人）	公司地址	联系电话
1	市园林建设工程有限公司	二级	徐亚春	股份制	600	180	30	市区城北路58号	58180766
2	市华夏园林景观建设有限公司	二级	周志英	股份制	508	80	27	市区万红三村49幢109室	58542813
3	市亨通花木有限公司	三级	蔡小平	股份制	200	120	12	市区长安路2号	56861931
4	市园林苗圃	三级	赵惠良	集　体	50	33	6	市区暨阳中路66号	58221362
5	市保税区华苑花木有限公司	三级	季颂元	国　有	500	53	13	金港镇保税区北大门	58320052
6	市大自然景观工程有限公司	三级	许咏梅	股份制	100	11	7	市区公园路14号	58693018
7	市华新园艺工程有限公司	三级	王建军	股份制	250	76	12	市区通运新村39幢	58128112
8	市天成绿地建设有限公司	三级	顾五官	股份制	118	86	15	市区城北路43号	58182590
9	市艺盛园林绿化有限公司	三级	陈学杰	股份制	102	60	20	市区龙潭路64号	58133331
10	市港城花木工程有限公司	三级	瞿殿华	股份制	110	15	6	凤凰镇港口程墩村	58486750
11	市华林园艺有限公司	三级	周玉祥	集　体	528	65	5	市区城北路77号	58688612
12	市绿怡园林景观工程有限公司	三级	葛汝清	股份制	100	30	15	市区前溪巷村村委一区	58298882
13	市金田实业有限公司	三级	陈保华	股份制	1000	10	5	乐余镇东沙街道江滩管理所内	58630960
14	市东方园林置景有限公司	三级	许建忠	股份制	50	15	6	市区城北路67号	58692728
15	市绿茵茵园林工程有限公司	三级	韩江峰	私　营	108	26	12	市区万红二村邵巷	58180266

环境保护

【概况】 市环境保护局坚持生态创建和污染防治并举，围绕早日率先建成全国生态市目标加快创建步伐。全市饮用水水源水质达标率100%，市区空气质量达国家二级标准，市区区域环境噪声均值为55.9分贝，交通干线噪声均值为64.9分贝。至年末，新增工业污染源自动监控接入企业16家，总数达到54家，实现了对占全市排污总量80%的企业的联网监控。年内，全市有22家企业通过ISO 14000环境管理体系认证，累计达到68家；有8家企业通过苏州市清洁生产审核，累计达到13家。《张家港市循环经济建设总体规划》通过专家评审。环保宣传成绩显著，被评为江苏省环保宣教工作先进集体。

项目管理　年内共审批建设项目1769个，比上年下降16%，拒批70个小化工、小电镀及其他选址不当或不符合国家产业政策的污染项目，督促75个项目编制环境影响报告书，督促211个项目编制环境影响报告表。全年环保治理设施总投资达5674万元，新建工业废水废气治理设施30台（套），新增废水日处理能力19782吨、废气每小时处理能力120万标立方米。对自1998年以来上级审批的179个“三同时”标准项目进行清理整顿。

综合整治　对32家污染企业下达了限期治理任务，对排污量前10位的企业下达了深度治理决定。投资1813万元，新增废水日处理能力1万吨。4个镇建成污水处理厂，2个镇已开工建设。继续加强污染物排放申报登记工作，对已发证的136家污染企业实施排污月报制度，为实行污染物的总量控制提供了基础数据。在用电高峰期，联合供电公司先后对40家水污染企业和18家噪声污染企业限制用电，大幅度削减排污负荷。

执法检查　从10月1日起，张家

港市辐射安全监管工作正式划归环保部门。年内，开展“整治环境违法排污企业、保障健康”环保专项行动。先后组织开展对印染、电镀、危险化学品、蓄电池、工业固废等行业的执法检查，开展清查放射源专项行动。加强中考、高考期间噪声的监督管理。对主要污染企业采取定人定点监管，加大夜间查处力度，夜间查处的违法行为占20%。不定期对重点区域、敏感地段开展昼夜突击检查，严厉打击环保违法行为，推行人性化执法，试行“首犯不罚制和累进追究制”。全年实施现场执法检查8500厂（次），作出行政处罚决定90份，发出限期整改通知500份，实施停产整治25家，治理设施运转率100%。办理人大代表建议4件、政协委员提案7件。受理环境信访1369件，调处率100%，结案率98%。

环保宣传　开设专栏专版，全年在市“一报三台”发表生态和环保报道300多篇。在街心公园、长途车站、沿江高速公路等市区人口集散地、主干道路出入口和各镇镇区显要地段设置大型公益广告牌11个，投入资金超过100万元，宣传面积超过400平方米。“六五”世界环境日期间，组织了“共同呵护我们的生态家园”大型图片巡展活动，展出生态环保方面的宣传和警示图片130多幅，全市近10万人观看了图片展。组织70家企业的90多位污水治理设施管理及操作人员参加全市污水治理设施操作工上岗培训。在推进企业环境行为信息公开化过程中，制定出台《张家港市企业环境行为信息公开化实施方案》，对公开范围、公开内容、公开方式、评定等级等作出了明确规定。

环境监测　开设水、气、声环境质量等8个方面的监测项目216个，其中新增4个监测项目和12种原有项目的新分析方法。全年完成环境监测数据40263个，完善全市地表水监测网络，增设监测断面11个，编制监测报告1800份。

【举办大型环保生态图片展】　为纪念第三十三个世界环境日，由市委宣传部、市环保局联合主办的“共同呵护我们的生态家园”大型环境保护与生态建设图片展于6月4日在博物馆开幕。图片展分“环境保护与生态建设”、“绿色家园与健康生活”两部分，共展出130多幅图片，全市各镇、各部门机关干部和过往群众参观了展出。7月13日至28日，又在各镇、骨干企业巡回展出。此次图片展用生动直观的表现形式展示了张家港市环境保护和生态建设取得的阶段性成果以及面对未来应采取的绿色行动，激发了广大市民了解环保、关心环保、参与环保的热情。如此大型的环保图片展，在张家港市历史上尚属首次。

【锦花集团化纤废气富集燃烧项目填补国内空白】　张家港市锦丰轧花剥绒有限公司针对化纤行业粘胶纤维生产过程中产生低浓度、难治理的二氧化硫和硫化氢气体的问题，自行研制设计出一套将化纤废气进行真空富集、燃烧吸收和回收利用的综合处理方案，可在生产中每天节约成本7700元，从中获利1100元。这一环保项目填补了国内空白，并真正实现了经济与环境效益的“双赢”。　　（卢　薇）

暨阳湖生态园

【概况】　2004年是暨阳湖生态园区出形象、出进度的关键年，围绕年初确定的“建成基本框架，形成初步景观”的目标，暨阳湖公司积极开展各项开发建设工作。在面临征地拆迁安置困难、资金短缺、国家宏观调控政策趋紧等情况下，公司上下群策群力，科学实施，投入资金约3.5亿元，较圆满地完成了各项任务。

规划设计　完成镜湖公园方案调整、金融商务区方案调整、暨阳湖大厦及假日广场人防、路面铺装和道路景观等工程。同时，对假日公园度假区、湖滨高档住宅区、金融商住区、分时度假区及游泳中心等其他娱乐性、商业性项目进行深入研究，认真编制规划，衔接好项目链。

征地拆迁　完成立荣塑料有限公司（西湖苑安置小区位置）新址用地和原环城毛线厂（用于大莱巷安置）的土地置换。分别完成旺西三墩巷及旺家巷56户宅基的拆迁、小城市村256户拆迁、市第一加油站以及市振兴针织厂的拆除。完成小城市村陈庄、城南村陶徐庄、赵庄村水川里、牌楼下等525户拆迁户的安置。

安置房建设　全年完成东湖苑二期、三期和西湖苑一期、二期（共计38.5万平方米）室外配套工程，并交付使用，完成西湖苑三期11幢5.45万平方米安置房建设，完成东湖苑低层商品房及会所工程。至年底，安置房入住1330套，在管物业46万平方米。

基础建设　完成湖区2条主干道暨阳湖大道和湖滨大道的可施工段，完成2条主干道上暨阳湖大桥和湿地大桥工程，完成假日广场、假日公园内道路、桥梁、河道开挖整形、驳岸、露天舞台等工程，完成百米音乐喷泉工程，湖内蓄水3.4米标高。

绿化建设　完成中心区一期乔木、草坪种植，种植乔木90余种，草坪面积达31万平方米，完成3.65万平方米的水生植物绿化，启动区内2条道路（湖滨大道和暨阳湖大道）及南二环景观林带暨阳湖段绿化工程。

【积极探索湖区管理科学化】　随着湖区建设的深入，湖区管理及水质保护工作被提上议事日程。为此，暨阳湖开发发展有限公司专门成立湖区水质管理领导小组，进行专题研究。先后邀请水利部门采样试验，并请省专家、环保部门、水产养殖专家分析研究，商讨管理方案，多次外出参观考察，学习先进管理经验。同时不断加强湖区管理，派驻保安人员，设置活动值班室、对讲机及必要的救生器具，树立湖区管理公告和各类标识，禁倒各类垃圾、污染物，保持湖水的清洁卫生。适时放养鱼虾，形成（人工）生物链，以净化水质，努力探索出一条可持续发展的暨阳湖经营管理之路。

（朱亚玲）

【编辑　张　洁】

建筑业

【概况】 全市建筑业从业人员3.7万人，其中技经人员4443人。全年完成建筑业总产值42.7亿元，其中建筑施工产值41.5亿元；完成施工面积704万平方米，其中新开工面积393.5万平方米，竣工面积448.8万平方米(其中住宅面积223.5万平方米)。实现建筑业增加值11.8亿元，实现利税总额3.58亿元。

行业水平 全市有建筑设计资质单位2家，1家为勘察设计甲级资质，1家为丙级资质。工程建设监理企业2家，1家为甲级资质，1家为丙级资质。有建筑业企业110家，比上年增24家，其中施工总承包企业33家、专业承包企业74家、劳务企业3家。全市拥有项目经理983人，其中一、二级项目经理294人。拥有各类施工机械9295台，人均动力装备2.87千瓦。江苏兴港建筑安装公司等5家建筑施工企业具有ISO 9002质量体系认证证书。

建筑市场管理 年内，加强对建筑市场的管理。一是加强有形市场建设，规范工程建设程序。从工程招投标入手，不断完善招投标监督管理，将招投标监督管理方式调整为“备案管理、过程监督、依法查处”，采用“一书、二表、三环节、四备案”的方式，加强了对信息发布、资格预审、解释答疑和开标等各个环节的监督以及资料的备案管理。全年实行招投标发包工程156个标段，投资额13.79亿元，建筑面积123.2万平方米，平均造价下浮率为8.56%，工期提前率为10.3%。二是强化市场管理与服务，规范工程建设行为。改进工作方法，强化事前控制，采取事先告知与重点宣传教育相结合的方法，对立项项目进行跟踪管理，共寄发告知书380份，施工许可催办单205份。全年办理工程初步发包方案350项，建筑面积449.85万平方米，投资总额89.4亿元；认定核发施工许可证410张，建筑面积303万平方米，造价18.56亿元；受理进市施工单项工程62个，监理进市单项16个，勘察设计进市单项66个。三是加强违法违规行为查处，营造依法治理氛围。加大对建筑市场的检查、巡查和处罚力度，共发出限期整改通知书110份，停工核查通知书32份，立案处罚52家，处罚金额55万元。四是强化中介机构的管理，出台了《张家港市招投标代理机构管理办法》和《张家港市工程造价咨询机构业务质量综合考评暂行规定》，规范中介机构的市场行为，提高了服务质量。

工程建设管理 开展施工图设计审查工作，从源头上控制工程质量。全年共完成施工图设计审查530项计430万平方米。共质监工程2354个计1076万平方米，其中新受理监督工程984个计427万平方米，办理竣工备案1060项计340万平方米，竣工工程710个计428万平方米。开展创优工程的评比工作，强化质量监督。共评出张家港市优质建筑工程38个，张家港市优质结构工程23个，获苏州市“姑苏杯”优质工程奖14个，获江苏省“扬子杯”优质工程奖2个。强化安全生产监督，实现建筑安全和文明施工的动态管理。狠抓安全生产责任制的落实，层层签订责任书，全面落实安全生产承诺制和项目经理安全职责考核制。组织培训企业安全负责人、项目负责人和安全员3821名，各类专业工种、技术人员1612名。深化文明工地创建，年内，获省级文明工地10个，苏州市级文明工地43个，张家港市级文明工地60个。

表55　　**建筑业企业资质类型一览表**

序号	企业名称	总数(家)	一级资质(家)	二级资质(家)	三级资质(家)
1	施工总承包	33	3	4	26
2	专业承包	74	—	10	64
3	房屋建筑工程	47	2	3	42
4	市政公用	4	—	1	3
5	机电设备安装	13	—	3	10
6	建筑装饰装修	14	—	3	11
7	地基基础	10	—	2	8
8	钢结构	12	—	5	7
9	防腐保温	5	—	1	4
10	起重机设备安装	17	—	2	15

续表 55

序号	企业名称	总数（家）	一级资质（家）	二级资质（家）	三级资质（家）	序号	企业名称	总数（家）	一级资质（家）	二级资质（家）	三级资质（家）
11	混凝土及预制构件	13	–	2	11	18	消防设施工程	4	–	2	2
12	预拌商品混凝土	2	–	–	2	19	管通工程	1	–	1	–
13	电梯安装工程	1	–	1	–	20	建筑防水	2	–	–	2
14	建筑智能化	8	–	1	7	21	电子工程	1	–	–	1
15	体育场地设施	2	–	1	1	22	环保工程	2	–	–	2
16	园林古建筑工程	2	–	–	2	23	劳务	3	1	1	1
17	金属门窗	16	–	–	16						

表 56　**2004 年建筑业获工程质量奖情况一览表**

奖　项	工程名称	施工单位	项目经理
江苏省“扬子杯”	市游泳馆	江苏金厦建设集团有限公司	包玉忠
	国泰现代城 3 号楼	江苏兴港建筑安装工程有限公司第五分公司	赵文龙
苏州市“姑苏杯”	世纪大厦	江苏兴港建筑安装工程有限公司第四分公司	赵建民
	万红五村 15 号楼	江苏兴港建筑安装工程有限公司第四分公司	周政法
	怡诚小区 3 号	市兆丰城建有限公司	张炳豪
	东湖苑二期安置房 8 号	市锦丰建筑安装工程有限公司	陆卫军
	东湖苑二期安置房 9 号	市锦丰建筑安装工程有限公司	陆卫军
	汤臣花园 B 号商住楼	市南沙建筑安装工程有限公司	顾惠明
	东湖苑一期 4 号	市双山建筑工程有限公司	周玉才
	名帆花园 1 号	市双山建筑工程有限公司	苏华才
	澳洋大厦	江苏兴港建筑安装工程有限公司第五分公司	侯国平
	市第二污水处理厂一期污水池工程	江苏兴港建筑安装工程有限公司第五分公司	周　清
	国泰现代城 3 号	江苏兴港建筑安装工程有限公司第五分公司	赵文龙
	民丰苑小区 11 号	江苏兴港建筑安装工程有限公司第八分公司	顾金荣
	水利大厦 WS 工程	江苏金厦建设集团有限公司第一分公司	钱惠刚
	市外国语学校学生宿舍 3 号	江苏金厦建设集团有限公司第一分公司	肖文瑞

【建设领域“两清”工作取得进展】 市委、市政府认真贯彻上级清理工程款和民工工资（简称“两清”）电视电话会议精神，5 月，成立清欠工作领导小组，办公室设在市建设局，具体负责处理拖欠工程款的组织、协调、联络和检查工作。市建设局专门设立投诉站，公布举报电话，明确责任人员，及时做好接待、调解工作。推行清欠工作月报、重点时段日报、民工工资告知牌等制度，及时了解和掌握清欠动态。全市累计清偿工程款 1.34 亿元，协调处理工资投诉 296 起，涉及人数 2927 人，拖欠金额 871.8 万元。为使清欠工作落到实处，领导小组树立创新意识，建立长效机制。一是推行工资预留户制度。会同劳动保障部门制定了《张家港市建设工程项目工资预留户试行办法》。年内，共开设预留户（不含销户）525 个，金额 9246 万元。其中业主 413 个，金额 7501 万元；施工企业 112 个，金额 1745 万元。动用预留户资金 11.07 万元。该办法的顺利实施，为下一步推开担保制度打下了坚实基础。二是建立施工单位欠薪不良行为档案。把施工企业拖欠民工工资列入对企业的综合考评内容，对存在拖欠现象的企业实行通报制度，在综合考评中进行扣分，并将综合考评与招投标挂钩，与企业诚信评价挂钩，对发生因欠薪引起的群体上访和恶性事件的施工单位，限制或清理出张家港市建筑市场。三是加强对劳务队伍备案管理。2003 年 10 月专门制定了《张家港市建设工程劳务企业管理暂行规定》并于 2004 年下半年开始全面推行，对劳务队伍的设立、组织构成、技能培训、劳务分包、用工和从业行为、民工工资发放作出规范，鼓励现有劳务队伍进行重组，申领资质，推行登记备案制度，已有 81 家劳务队伍登记备案。

【规范工伤保险行为】 根据《建筑法》等法律法规规定，结合张家港市实际情况，建设行政主管部门对《张家港市建筑施工人员意外伤害保险实施办法》进行了调整，并从 3 月 1 日起实行。新办法呈现出 4 个特点：一是办理施工许可证前必须办理工程保险，未办理意外伤害保险的工程项目不予核发施工许可证。二是由 4 家保险公司共同参与，形成了有效的竞争局面。三是意外伤害保险的范围更广，收费的计算方式也更加明确。四是意外伤害保险与施工企业的安全业绩挂钩，实行浮动费率制度。新办法的实施，对提高建筑施工现场安全管理水平，加强现场防护，规范建筑市场的用工行为，减轻施工单位因意外事故造成的经济损失，保障施工人员的合法权益，转移事故风险，提高协同赔偿能力，具有十分重要的意义。　　（王晓峰）

装潢业

【概况】 全市有经市工商行政管理部门登记注册的装潢企业215家。其中：建筑装饰装潢企业14家，比上年增5家，从业人员1500人，技经人员200人，全年完成施工产值4700万元，利税300万元；家庭装饰企业201家，注册资本9695.22万元，从业人员约1万人，全年完成施工产值约1.5亿元。2003年9月，张家港市建筑业协会家庭装饰专业委员会成立，至2004年末，共有会员单位45家，理事单位5家。在协会以及各会员单位的共同努力下，全市家装市场呈现稳健向上的趋势，以往存在的无序竞争、诚信度低等状况有所改观。与此同时，来自北京、上海、广东、浙江和苏州、无锡、常州、南通等地的外地装饰企业看好张家港市家装市场，纷纷进驻，至年末有近30家。外地装饰企业带来了许多先进的设计理念、管理模式、施工工艺和新的装饰材料，使张家港市装饰市场形成多元格局。

（王以民　王晓峰）

房地产业

【概况】 全市房地产开发健康发展，开发总量稳中有升。年内，完成房地产开发投资33.38亿元，比上年增44.69%（其中市区17.8亿元，比上年增18.9%）；新开工面积107.55万平方米，比上年降19.97%（其中市区58.45万平方米，比上年降36.92%）；竣工房屋面积124.1万平方米，其中市区74.6万平方米。市区预销售90.87万平方米；市区商品房空置面积26521平方米。市经济适用住房发展中心开工建设的万红五村3万平方米、老宅新村1万平方米经济适用住房，年底已通过竣工验收，并分批组织交付使用，余下2005年的城西新区百桥花园1万平方米经济适用住房已于10月破土动工。

行业水平　全市共有房地产开发企业82家，比上年增10家。其中：二级资质的9家，比上年增2家；三级资质的51家，比上年增8家；四级资质

表57　**市家庭装饰专业委员会会员企业一览表**

序号	企业名称	法定代表人	成立时间	联系电话
1	张家港市典石装饰工程有限公司	张　成	1999-01	58152712
2	张家港市景华装潢有限公司	王志华	1999-10	58225683
3	张家港市天艺广告装饰装潢有限公司	汪啸涛	2000-05	58132131
4	张家港市大拇指装饰装潢有限公司	周　剑	2000-10	58223665
5	张家港市同济装饰工程有限公司	季建华	2000-12	58231678
6	张家港市现代装饰装潢工程有限公司	朱宏杰	2000-12	58228403
7	张家港市佳胜装饰工程有限公司	李加胜	2001-09	58128123
8	同济大学建筑科技工程公司张家港分部	俞秀弟	2002-02	58152166
9	张家港市志成美术装潢有限公司	杨志成	2002-02	56220737
10	上海吉庄装潢有限公司张家港分公司	陈亭保	2002-07	58133608
11	苏州水木清华装饰工程有限公司张家港分公司	朱金华	2002-10	58126301
12	张家港市清华园设计装潢有限公司	钱卫东	2002-10	58260777
13	张家港市吉利装饰有限公司	茅景荣	2002-12	58135340
14	张家港市金典装饰工程部	潘永平	2003-01	58281565
15	张家港市阳光家庭装潢工程部	何中西	2003-03	58287569
16	张家港满堂红装饰工程有限公司	闵向阳	2003-03	58127670
17	张家港市三中家庭装饰装潢有限公司	吴国祥	2003-03	58122673
18	张家港保税区连邦装饰工程有限公司	李耀祥	2003-03	58285551
19	张家港保税区三人装饰设计工程有限公司	葛红斌	2003-03	58697726
20	张家港市美迪雅家庭装饰有限公司	杨鸿伟	2003-04	58281615
21	张家港上海居家广告装潢公司	薛子平	2003-05	58228568
22	张家港市金山装饰装潢有限公司	陈利峰	2003-05	58138528
23	张家港市金海澜装饰工程有限公司	陈　源	2003-07	58286298
24	张家港市怡家百年装饰工程有限公司	陈伟杰	2003-07	58286585
25	苏州市明匠装饰工程有限公司张家港分公司	郁　颖	2003-07	58123706
26	深圳金浩安装饰设计工程有限公司张家港公司	冷晓红	2003-07	58181260
27	张家港市申瑞装潢工程有限公司	方旭明	2003-08	58282915
28	张家港市雅典装饰工程有限公司	丁建平	2003-09	58185103
29	张家港市杨舍西城火麒麟艺术设计中心	张明明	2003-09	58226997
30	苏州三吉装饰张家港分公司	彭祥来	2003-09	58123693
31	张家港市红蚂蚁装饰设计工程有限公司	王　纪	2003-09	58134277
32	张家港市三鼎装饰工程有限公司	沈澄军	2003-11	58266338
33	浙江九鼎建筑装饰工程有限公司	周国洪	2004-02	58151296
34	张家港市同创装饰工程有限公司	陈　平	2004-03	58824152
35	张家港市创天瑞家装饰工程有限公司	肖　京	2004-03	58987323
36	张家港市井田装饰工程有限公司	汪志鹏	2004-04	58226665
37	上海百安居装饰工程有限公司张家港分公司	陈玉桂	2004-04	58152781
38	张家港市品一装饰工程有限公司	尹　跃	2004-05	58150111
39	张家港市千里马装饰有限公司	唐　斌	2004-05	58987922
40	张家港市顺辰设计装饰有限公司	王洪建	2004-06	58153836
41	金陵建筑装饰装潢工程有限公司	瞿向东	2004-06	58283726
42	上海豪苑建筑装潢工程有限公司	谭长春	2004-07	58151701
43	张家港市杨舍东城康众室内污染治理服务社	姜晓华	2004-07	58152539
44	张家港市山水装潢设计工程有限公司	瞿刘华	2004-08	58123434
45	广东星艺装饰（集团）张家港公司	熊仁伟	2004-06	58282715

的8家；其余为临时资质。有物业管理企业30家，比上年增2家。其中三级资质的27家，新增8家；临时资质的3家，新增2家。有从事房地产中介服务的机构18家，其中取得C级资质的13家，新增3家。市房管局积极组织房地产开发企业申报国家、省、苏州市的房产评先创优工作。其中：兴鸿房产清水湾在建设部城乡规划管理中心中国房地产及住宅研究会组织的"争创名牌企业"评选活动中，被评为2004年度绿色生态住宅；市金厦、华建、实业房产联合开发的东方明珠小区被省建设厅住宅产业促进中心评为江苏省优秀住宅。金厦房产获得省房地产业综合实力50强企业；房建房产登上苏州市房地产开发综合实力20强排名风云榜。

房地产管理 年内，房地产管理部门共完成各类产权登记16030户639.2万平方米。商品房交易7961处117.75万平方米，成交额25.5亿元。其中市区5210处74.85万平方米，成交额18.96亿元，与上年相比基本持平。行政区划调整后，乡镇商品房成交量增幅明显。存量房交易4099处114.2万平方米，成交额14.19亿元。其中市区2784处56.47万平方米，成交额10.56亿元，与上年相比，成交量虽跌幅明显，但成交额有所提高。房产抵押9449处729.59平方米，权利价值48亿元。房产租赁1505处，租金额7313万元。

住房制度改革 根据《张家港市城镇社会保障住房供应体系管理办法》规定，对经会审合格的596户经济适用房，在10月9日的《张家港日报》进行了公示。严格按照政策进行结算，把好房款结算的回收关，至年末，妥善处理141户（套）房改房遗留问题，面积1.4万平方米。

物业管理 年内，共归集物业共用部位共用设施设备维修资金4534万元，累计归集7429万元。全市白蚁防治面积113.9万平方米，灭治面积3352平方米。根据国务院和江苏省《物业管理条例》的规定和全市物业管理规范运作的需要，对新建小区实施前期介入，规范前期物业管理活动，减少了物业管理纠纷，为后期物业管理实施创造了条件。按照物业管理的有关要求，重点对长江桂园等3个小区组建业主大会和业主委员会的工作进行监督和指导，促进了业主自我管理、自我约束机制的形成。为进一步完善物业管理服务标准，引导物业管理企业不断提高服务质量，建立了"质价相符"的物业服务收费机制。进一步完善物业维修专项资金的管理，全面建立物业维修资金制度，按照业主缴纳、委托代收、集中归集、专款专用、统一监管的原则实施管理。

表58 **房地产中介服务C级资质企业一览表**

序号	企业名称	企业地址	法定代表人	联系电话
1	市乐万家房地产调剂有限公司	市区杨舍东街3号101室	缪建林	58233623
2	市友邦房屋租赁置换有限公司	市区西门路12号	张明昌	58120828
3	市赛博营销策划咨询有限公司	张家港保税区开发总公司601室	蒋 楠	58698852
4	市耐思信息咨询有限公司	市区梁丰路137号	邱军义	58239722
5	市圆顺经纪有限公司	市区沙洲东路77号	刘良军	58137383
6	市方程信息咨询服务有限公司	市区向阳新村6号201室	朱忠良	58219828
7	市绿叶经纪有限公司	市区梁丰路452号	王光君	58239373
8	市广源信息咨询服务有限公司	市区河东北路47号	钱春达	58237079
9	市吉事达经纪有限公司	市区湾士岸江南明珠18号	吴秉桢	58152100
10	市朝阳经纪有限公司	市区花园浜一村24幢102室	秦 旭	58230712
11	市首佳经纪有限公司	市区梁丰路142号	费 琼	58217872
12	市八方房地产经纪咨询顾问有限公司	市区暨阳花园17幢403室	周耀良	58122707
13	市保意置业投资顾问有限公司	市区西门路168号	黄克松	58151319

【全市房地产三级市场整体运行协调】 2004年，全市房地产市场整体运行呈现出供求平衡、结构合理的趋势，房价稳中有升。房地产三级市场相互促进，相互协调。房地产一级市场：受可预售房屋面积减少的影响，实际交易量略有下调，市区完成商品房预（销）售面积90.87万平方米，比上年下降3.5%。但楼市依然火爆，市场呈现出一片繁荣景象。市区竣工面积与预销售面积比例为1∶1.22。全市总体房价稳步上涨，涨幅趋缓，市区商品房销售均价为每平方米3068元，各中心镇商品房住宅销售均价为每平方米1586元。由于张家港市的大多数开发商比较注重大户型开发，导致房价总价偏高。房地产二级市场：全年市区二手房累计成交套数2397套，成交面积31.74万平方米，成交金额8.12亿元，套数和面积与上年相比，分别减少28.9%和26.8%，但因房价上涨的原因，成交金额反而增加9.8%。房地产租赁市场：在房地产一级市场及二级市场的带动下，房地产租赁市场整体呈上升发展趋势，房屋租赁需求呈多元化趋势。租赁市场逐步扩大，成交量稳步增长，全年登记备案的房屋租赁1505件，比上年增17.5%。

【《苏州楼市·张家港版》出版】 4月，由市房地产业协会主办的《苏州楼市·张家港版》杂志创刊，年内刊出5期，主要面向张家港市各级政府和建设、规划等部门发行，每期发行1万册，具有相当的普及性。杂志主要开设楼市论坛、业内专访、政策法规、城市房讯、购房知识、商品房超市、二手房超市、律师信箱等栏目，具有相当高的参考价值。《苏州楼市·张家港版》开辟了张家港市房地产集政策、各类信息以及权威性、实用性于一体的信息窗口，并且通过对房地产市场信息准确、全面、及时的收集和发布，为政府、企业和消费者提供有价值的各类信息数据，引导房地产市场理性投资和消费，增强了市场透明度，为规范房地产行业管理，努力营造健康、透明的房地产市场提供了一个平台。 （周幸金）

【编辑 张 洁】

交　通

【概况】 2004年，市交通局紧紧围绕市委、市政府建设“一城四区”现代化中等城市和争当全省“两个率先”排头兵的决策思路，牢固确立“服务经济建设，立足率先发展”的交通先行理念，积极营造区位优势，全力推进大交通建设。全市对外交通建设取得突破，市域交通网络进一步优化。整合各工程建设指挥部，成立张家港市交通工程建设指挥部办公室，并推行责任分解风险保证金制度。整合原有交通管理所资源，重新调整设置为8个交通管理服务所。在全市公交、出租客运服务行业中开展优质服务百日竞赛活动，承办“路之韵”交通广场文艺汇演，举办第一届“路桥杯”职工运动会和“汽运杯”职工文艺晚会，在全系统营造奋发向上、乐于奉献、团结拼搏、敢于争先的交通风范和文化氛围。年末，市交通局有下属事业单位9个、交通管理服务所8个、企业18家，在职职工2297人。市交通局被评为2001–2003年度全省交通行业文明创建工作先进单位，2002–2003年度苏州市文明单位和2004年度张家港市文明机关。

工程建设　年内，累计完成工程量7.5亿元。港丰公路建设、东南二环路拓宽改造、张杨公路立交建设、杨锦公路拓宽改造、杨塘公路建设、凤恬公路西延、西恬公路拓宽改造、华芳南路建设等工程按计划全部完成并通车，均被评为优良工程。沿江高速公路、苏虞张一级公路分别于8月、10月建成通车。沿江高速公路与苏虞张一级公路相交处的张家港东互通完成预可审查，被江苏省发展和改革委员会批准立项。港华路路基工程完成50%，张杨公路东延和妙丰公路中段工程各项前期工作全部结束，并完成工程施工招投标。10条主要市级公路（计94公里）修复、10座农村公路危桥整治和5条村级道路等级化改造及53条农村公路（计156公里）建设全部完成。整治农村危桥180座。实施苏虞张一级公路、张杨公路、东南二环路等主要交通道路两侧绿化林带建设，不断提升公路形象。

交通运输　年末，全市公路密度

表59　**2004年全市社会运输情况一览表**

类　别	项　目	单　位	实　绩
地方交通专业运输	客运量	万人次	1856.47
	旅客周转量	亿人公里	4.95
	货运量	万吨	392.40
	其中：水运	万吨	383.97
	公路	万吨	8.43
	货运周转量	万吨公里	14812.59
	其中：水运	万吨公里	13960.41
	公路	万吨公里	852.18
非交通专业运输	客运量	万人次	1622.08
	旅客周转量	亿人公里	4.02
	货运量	万吨	2385.00
	其中：水运	万吨	792.40
	公路	万吨	1592.60
	货运周转量	万吨公里	156261.46
	其中：水运	万吨公里	60365.00
	公路	万吨公里	95896.46
个体运输	客运量	万人次	183.85
	旅客周转量	亿人公里	0.20
	货运量	万吨	1412.40
	其中：水运	万吨	491.60
	公路	万吨	920.80
	货运周转量	万吨公里	81281.45
	其中：水运	万吨公里	28242.90
	公路	万吨公里	53038.55

为每平方公里1.76公里，公路总里程1366.68公里，其中高速公路19.1公里、一级公路130.32公里、二级公路387.42公里、三级公路101.4公里、四级公路210.75公里、等外级公路517.69公里。有航道57条、427公里，其中等级航道7条、109公里。有营业性汽车11127辆，其中客车1255辆、普通货车9317辆、危险品车555辆。有船舶88艘，载重4129吨，动力593.2千瓦。有市际客运班线34条，县际客运班线10条，中长途班车197辆。有城市、城镇公交线路34条，公交站点483个，公交车359辆，乡镇通车率达100%，行政村通车率达93%。春运期间，全市交通运输部门日均发班1923班次，累计运送旅客158万人次，实现“安全、优质、有序”的总目标。

行业管理　全年审验各类运输经营户7190家，年审率为95%。审验道路运输服务户69家，年审率为93.8%。审验货运车辆9181辆，年审率为93%。审验客运经营户67家，年审率为100%。审验客运车辆990辆，年审率为100%。全年征收各类交通规费2.52亿元，征收总额比上年增18.3%。市运政稽查大队查处“黑车”311辆次，取缔无证“黑驾培”53辆次，查处非法搭客二轮、三轮摩托车410辆次。市机动车维修管理处查处违规经营行为437起，立案530起。市地方海事处检查各类船舶2.98万艘次，查处各类违章4950起。市公路路政大队查处违章占用、挖掘公路案件12起，清理路障652立方米，清理违法摊点437处，清理整顿非交通标志705块，依法审批路政许可57件，查处超限超载车辆2300多辆，卸载货物6700多吨。市航道处依法审批临河、跨河设施47件，实施航道行政处罚149件。市机动车综合性能检测站检测车辆2.78万辆次。市行政审批服务中心交通窗口办理审批事项1.33万件。全年新增、调整公交线路6条，更新公交车辆125辆。新建改造市区港湾式候车亭64个，农村候车亭18个，公交站牌180块。制订并评审通过《张家港市公共交通发展规划》。

公路养护　修补水泥路面2.5万平方米。清理边沟43.56公里。公路沥青罩面1.5万平方公里。整治桥头跳车300平方米。加固改造危桥2座。混凝土板块灌缝54.4公里。路肩边坡除草79公里。路面清扫保洁6.4万公里。道路巡查15.6万公里。处理老路泛油1.15万平方米。平均好路率96%。

企业经济　全年交通系统企业完成营销收入6.91亿元，比上年增45.47%；实现利润2850万元，比上年增32.56%；完成技改投入3000万元。其中江苏港通路桥集团有限公司完成施工产值3.5亿元，比上年增72.4%；实现利润1000万元，比上年增62.6%；完成技改投入1400万元。江苏港城汽运集团有限公司完成营销收入2.5亿元，比上年增15.9%；实现利润1543万元，比上年增11.5%；完成技改投入1403万元。年内，完成公路、航道部门事企分开工作，企业进行全面转制。原市交通工程管理处、桥梁工程管理处、货运管理处3家生产经营型事业单位转企改制工作结束。

【沿江高速公路建成通车】 8月16日，沿江高速公路苏州段通车。沿江高速公路是全省交通规划“四纵四横四联”中“联三”的重要组成部分，是苏南地区继沪宁高速公路建成后的第二条连接上海的高速公路。沿江高速公路于2000年11月8日开工建设，东起苏沪交界的太仓市，向西经常熟市、张家港市、江阴市和武进区，全长137公里，总投资56.3亿元。沿江高速公路苏州段全长76公里，总投资33亿元，以常熟董浜枢纽为分界点，西侧路段为四车道，东侧路段为六车道。张家港段长19公里，总投资7.6亿元，途经杨舍、凤凰、塘桥三镇，为双向四车道，在沙锡公路塘市南和204国道恬庄南分别设互通式立交。沿江高速公路的建成，结束了张家港市无高速公路的历史，从张家港市区至上海市区的行车时间可由2个多小时缩短为1个小时，对加强张家港与上海的经济合作与交流将发挥积极作用。

【苏虞张一级公路建成通车】 10月14日，苏虞张一级公路建成通车。苏虞张一级公路是苏州市域公路网“二纵三横一环”主骨架的主要组成部分，起自苏州市区桐泾路北延工程与312国道交叉处，途经相城区、常熟市、张家港市，终于张家港市东南二环路，全长58.5公里，总投资13亿元。张家港段长13.8公里，投资3.3亿元，途经凤凰、塘桥、杨舍三镇，全线采用沥青砼路面。凤码公路以南段为双向四车道一级公路，凤码公路以北段为双向六车道一级公路。苏虞张一级公路于2002年6月28日开工建设。作为张家港市连接苏州市的一条重要通道，苏虞张一级公路的建成，加强了张家港市与常熟市、苏州市的交通联系，缩短了与苏州市的时空距离，对促进全市经济社会发展具有十分重要的作用。

【340省道张家港绕城段养护改善工程交工验收】 12月25日，340省道张家港绕城段（东南二环路）养护改善工程通过交工验收，质量等级初评为优良。340省道张家港绕城段养护改善工程起于张家港市与江阴市交界处，止于338省道（张杨公路段），全长11.19公里，沟通228省道（沙锡公路）、苏虞张一级公路以及338省道等多条干线公路，总投资2.7亿元。工程全线按一级公路标准进行拓宽改造，在340省道与338省道交叉处设置互通式立交一处，采用全苜蓿叶型互通立交，上跨338省道。工程于2003年6月6日开工，于2004年11月底完工。

【沿江开发高等级公路港丰公路段建成通车】 沿江开发高等级公路港丰公路段是张家港市公路网规划“五纵五横一环一高”主骨架中的“横二”，西起保税区东大门，东至农东公路转弯处。该工程原计划建设标准为一级公路双向四车道预留六车道，2003年列入省沿江开发高等级公路的一部分后，建设标准为一级公路双向六车道，东西向分别与常熟市、江阴市规划建设的沿江开发高等级公路贯通。公路全长33.07公里，途经金港、大新、锦丰、南丰、乐余、常阴沙农场五镇一场，总投资5.5亿元。工程于2002年9月28日开工，2004年11月30日完工，2004年12月25日通过交工验收，质量等级初评为优良。

【公共交通发展规划编制完成】 经过几年的发展，张家港市的公共交通已具备一定的规模，但也存在一些问题：公交首末站、停车场用地预留不足，公交线路、运力发展缺乏科学依据，公交企业自我发展能力难以适应城市发展需要等。这些问题严重制约全市公共交通的发展。为此，市交通局根据《张家港市城市总体规划》和《张家港市城市综合交通规划》要求，邀请东南大学交通学院对全市公共交通现状和发展趋势进行分析和预测，编制了《张家港市公共交通发展规划（2004—2020年）》。11月13日，规划通过专家评审。规划结合张家港市的社会经济、城市特色和交通特点，提出城乡客运三级网络，对场站建设、线路布局、运力配置等方面都进行了明确，并对近期规划中每年的工作重点作了合理详细的安排。规划的编制，对深化和完善张家港市城市与市域交通、实施公交优先、促进城乡统筹协调和可持续发展具有指导意义。

【市金港机动车综合性能检测站落成】 为适应新的形势，强化车辆技术管理，保证交通运输的安全，及时为全社会提供优质、高效的检测服务，市交通局根据上级行业管理的有关要求，规划建设市金港机动车综合性能检测站。检测站于2003年5月开工建设，总投资1300多万元，占地2.33公顷，2004年3月28日正式落成。新落成的市金港机动车综合性能检测站位于市区车侧按A级站标准建设，引进3吨级和10吨级先进检测线，设有安检车间和综检车间，所有检测设备全部实行计算机全自动控制及管理，年检测能力达6万辆次以上。

【治理车辆超限超载工作全面展开】 按照交通部、公安部等国家七部委《关于在全国开展车辆超限超载治理工作的实施方案》及江苏省《关于在全省开展车辆超限超载治理工作的实施意见》，全市全面开展治理车辆超限超载工作。市交通局分阶段重点开展超限超载治理宣传，共悬挂横幅标语12幅，张贴宣传资料23处，累计发放各类宣传资料4500余张，开辟报纸专栏2次，电视专题报道采访4次，为“治超”工作营造了良好的舆论氛围。市交通、公安等部门按照“统一口径、统一标准、统一行动”的要求，明确分工，协调配合，各司其责，共同开展车辆超限超载治理工作。共组织夜查75次，累计检查货车3107辆，查处超限车1432辆，卸载超限货物4169.5吨，协助处理超载车877辆，卸载超载货物2533.4吨。做好“大吨小标”货车空车过磅检测登记工作，共有1815辆货车经检测恢复正常吨位。全市车辆超限超载治理取得阶段性成果，超限超载运输得到有效遏制。

（施翠萍　钱晓锋）

市金港机动车综合性能检测站开业典礼　　（市交通局 供稿）

邮　　政

【概况】 市邮政局下辖6个专业公司、6个分局、19个农村支局。全系统共有全功能服务网点44处，邮政储蓄网点36处，报刊零售点143处，信报箱3.5万余户，信筒、信箱300余座，农村投递邮路4000余公里。全年完成业务总量9457万元，比上年增5.16%。年内，市邮政局先后被评为江苏省邮政系统思想政治工作优秀企业、苏州市文明单位、苏州市诚信单位、张家港市文明机关。杨舍西街邮政营业处被评为省巾帼文明示范岗、全省邮政系统百优班组，金港分局被评为市十佳诚信建设示范窗口。市邮政局妇委会被评为市第七届十佳社会妈妈，金港分局、塘桥分局、乐余分局被评为市文明单位。鹿苑支局投递员邹益民被评为市十佳服务明星。邹益民、施德才、顾红英、许亚、陈建平、黄跃忠被评为市文明服务百杰。

邮政业务　收寄函件971万件，达到人均11.7件，比上年增18.69%。收寄商函340万件。制作、代发邮递广告601万件，比上年增20.44%。印制邮资封片116.9万枚。收寄包件10.5万件，比上年下降22.22%。开发汇票42.3万张，比上年下降13.2%。收寄特快43.4万件，比上年增29.55%。投递报刊累计份数3647万份。城区居民信报箱妥投率达98%。

物流业务　物流业务纳入苏州一体化运作，发展逐步走向成熟。梁丰牛奶分销配送形成一定规模，梁丰牛奶代办点全省覆盖率达100%，日均配送量超过50吨，并为全市2万名学生提供学生课间奶服务，全年为梁丰集团实现销售收入5000多万元。海关监管业务保持了良好的发展势头，货运业务稳步发展，回程货业务初步启动，形成了稳定的客户群。邮政礼仪业务为全市近万名客户提供生日礼仪服务，为2万多名市民提供了中秋月饼礼仪服务，礼仪业务逐步走进了全市千家万户。

邮政储蓄　年末，邮政储蓄余额达13.92亿元，净增1.28亿元。健全代收电信、移动、联通话费和水电费等中间业务系统，全年代收150万户，代收额达1.2亿元。同时，市邮政部门还着重抓好内部管理，完善内部控制制度，进一步规范储汇业务操作流程，加强对邮政储蓄重要岗位的稽查，多次对储汇资金管理进行突击检查，确保储汇业务的平稳运行。全年代理保险2700万元。

集邮　加大个性化邮票的开发，为江苏国泰国际集团制作企业形象年册，为凤凰永庆寺、实验小学等10多家单位发行个性化邮票。在青少年中普及集邮知识，弘扬集邮文化，举办第四届大中小学“快乐集邮”巡回展览，分别在沙洲工学院、凤凰小学等9所学校展出《甲申年》、《游黄山》等邮集计480页贴片，吸引1.5万名师生争相参观。在苏州市第九届集邮展览上，4部邮集获奖，其中《图案邮资费凭证》等获银奖。在江苏省第七届集邮展览上，邮集《远望号海上测控》获青少年类年镀银奖。6月1日，市青年中心联通青少年集邮俱乐部在城东街道挂牌成立。这是张家港市集邮领域成立的首家俱乐部，也是集邮面向社会、面向基层、面向青少年发展的有益尝试，它的成立为青少年集邮发展开创了一个新的途径。

管理服务　市邮政局持续推进ISO 9001:2000国际质量管理体系标准，健全各项制度。8月16日，通过北京大陆航星质量认证中心的第一次监督审核。围绕创建省级文明行业，开展“重塑邮政形象、铸造邮政品牌”、“共铸诚信邮政”等活动，不断提升邮政在全社会的良好形象。聘请170多名邮政服务社会监督员，发放意见征询函300多份，组织各类检查500多次，社会综合满意度达到87.22分，客户综合满意率达99.4%，邮政窗口服务达标率达100%。

【开展精细管理年活动】　2004年，市邮政局开展精细管理年活动，促进企业管理水平的全面提高。结合质量管理体系运行要求，对管理工作进行全面梳理，自查各类问题，并及时整改。在经营管理上，推出专业模拟独立核算，明确各专业的责、权、利，加快经营改革的步伐。在财物管理上，健全各项制度，开展禁止类财务检查，规范财务操作和核算流程。在安全管理上，严格遵守禁寄、限寄物品传递的有关规定，杜绝违章收寄现象。组织驾驶人员认真学习《中华人民共和国道路交通安全法》，确保行车安全。通过开展自上而下、层层深入的精细管理年活动，邮政部门各项管理上了新台阶。

【邮储统版工程成功切换上线】　邮储统版工程是统一邮政储蓄系统应用软件版本工程的简称，是中国邮政的一项重大信息化工程。为将邮政储蓄网络系统建成全国最先进的金融计算机网络之一，提高网络速度、交易成功率，实现业务品种全面覆盖，国家邮政局决定统一全国邮政储蓄系统应用软件版本。年内，市邮政部门克服时间紧、技术要求高等困难，采取扎实有效的措施确保了统版工程顺利上线。为全局36个邮政储蓄网点更换主机、终端，安装新版统版软件，对管理人员和前台网点操作人员进行了培训。连续一个月利用晚上空余时间，开展营业网点大练兵活动。11月28日，全市邮储统版工程成功切换上线，实现了邮政储蓄软件应用系统的全面升级。

开展大练兵，确保邮储统版工程成功上线　　（市邮政局　供稿）

【邮资封片风靡港城】　由于电信业的发展，传统的信函业务不断萎缩，窗口收寄的信函仅300多万件，且呈现出逐年下降的趋势。2004年，市邮政局对函件市场进行认真细致的调查分析后，将印有企业资料的邮资封片作为主打产品，开展“一镇一企一校一封一片”活动，受到了企事业单位的欢迎。邮资封片成为风靡港城的新式信函载体。全年共为企事业单位制作各类邮资封片116.9万枚。在苏州召开第二十八届世界遗产博览会期间，市邮政局专门为全市45家单位印制城市形象封18万枚，向海内外全方位展示了张家港城市形象。

【岗位素质工程提升职工素质】　针对邮政服务功能不断完善，服务领域不断拓展，人员素质需求不断提高的新形势，市邮政局在全局范围实施岗位素质工程，着力提高职工队伍素质，增强企业综合竞争力。对新入局的大学生送省邮政培训中心进行了严格、正规的培训。举办邮政基础业务、邮政营业、邮政储蓄、特快专递等职工鉴定业务培训，98%的员工取得了相应的高、中、初级职业鉴定证书。全年组织各类培训班60多期，参训人员近3000人次。同时，市邮政局积极鼓励员工参加成人教育、电大、党校等在职教育，在加强送职工到各类大、中专学校学习深造的基础上，与市经贸学校联办电子商务成人中专班。83名职工在参加三年的在岗培训后，取得成人中专班毕业证书。全局学历结构得到改善，高中以上学历由65%上升到83.2%。

（孙　俊）

【编辑　陆正芳】

基础设施建设

【概况】 年内，信息化基础设施建设的力度进一步加大，全市新增光缆1672皮长公里，累计5121皮长公里；新建各类管道428公里，累计1369公里；新建各类基站958个，累计2572个；新增宽带用户1.89万户，累计3.4万户；新增各类移动电话用户42.64万户，累计76万户，达到每百人88部。

电信网建设 江苏省电信有限公司张家港市分公司网络规模不断扩大和完善，年内建设管道110多公里，累计611公里；新布放光缆550皮长公里，累计1700皮长公里；建设扩容主干8万对，累计60万对。开展了“小灵通”扩容工程，新建基站900多个，“小灵通”信号覆盖范围扩大到790平方公里，有效改善了“小灵通”网络质量；实施了ADSL七期、八期扩容工程，ADSL端口总数达到5万个，充分具备了为全市广大企业和用户提供优质通信服务的能力。年内，公司新增固定电话用户2.2万户，累计32.7万户；新增宽带用户1.85万户，累计3.36万户；新增“小灵通”用户10万户，累计16万户。城乡电话普及率达56%。

移动网建设 年内完成管道建设88公里，累计354公里；敷设光缆线路191皮长公里，累计656皮长公里。全年用于管道、光缆线路建设的投资达720万元。年内完成10个GSM网七期扩容新基站的建设，基站总数达110个，其中GSM900基站100个、GSM1800基站10个。公司开通话音信道8000个，建设分布系统和微蜂窝80个，拥有MSC基站控制器2台，BSC基站控制器3台。市内传输光缆网管道已形成环形或者线形，城区主干层已形成以移动楼、新华、港区、周巷为主节点的主干光缆环状网络，接入层已形成网状光缆物理网，光缆基本能够覆盖城区主要干道。乡镇光缆环也已基本形成。全市年内新增移动电话用户20万户，累计达40万户。

联通网建设 年内投入资金近亿元用于基础设施建设。基站建设方面，实施了CDMA网三期工程，新建CDMA基站30个，累计63个，CDMA网络在张家港地区覆盖率达99%以上。进行GSM网九期工程建设，新建GSM900基站9个，累计55个；新建GSM1800基站3个，累计4个，全面提高了GSM的网络质量。传输线路建设方面，配合CDMA网3.2期基站建设，新建光缆杆路60公里，累计250公里；新建管道50公里，累计190公里；新敷设光缆线路150皮长公里，累计715皮长公里。同时对本地的传输网组环进行优化，新增2.5G环和4个155M环，有效提高了传输网络的稳定性。年内发展GSM移动用户10万户、CDMA用户2.3万户，累计在网移动用户总数超20万户。随着数据业务的全面开展，年内建成以市区、港区、塘桥、锦丰为接入点的数据机房，已具备在全市范围提供宽带互联网、DDN专线、IP语音、视频电话会议等综合数据业务能力。

有线电视网建设 配合城区市政建设及道路绿化，加大基础网络建设力度。年内新建有线电视地埋通信管道主干线180公里，累计214公里；新建光缆781皮长公里，累计2050皮长公里；完成地埋光缆拆线120公里，复建110公里；完成苏州干线环网36公里；完成省干线拆线4公里，复建6公里。新建数据业务点26个，架设光缆52公里，融接光纤1万芯之多。全年开通配套小区10多个，覆盖有线电视用户3000户，配套房面积50万平方米。新增有线电视光节点117个，累计663个。新建小区全部按双向网络设计。年内为市区400幢楼房实施分配网改造和线路整理，约占市区任务的40%。老城区有线电视双向网改造完成40%。全市有线电视用户达21.1万户，门楼入户率为101.1%。

（张　怡　曹丽萍
钱丽蓉　刘向民）

【“小灵通”网络覆盖全市城乡】 由于“小灵通”具有健康环保、经济实用等优点，因此自2003年开通以来，用户数迅速增长。电信公司在原来投资1.1亿元的基础上，年内又投入1500多万元，对“小灵通”网络实施了六期、七期、八期扩容工程，使“小灵通”信号覆盖范围由市区扩大至南丰、晨阳、乐余、兆丰、德积、农场、东沙、西张、大新、锦丰、凤凰、三兴、港口、合兴、东莱等乡区，新增“小灵通”基站900多个，“小灵通”网络覆盖面积达790平方公里，基本覆盖全市城乡。同时，对PHS网络进行2次升级，加强对高话务基站的分析，并通过对全网规划调整，有效提高了通话质量。对城乡工业集中区、新建小区，根据客户需求，公司克

张家港电信公司开展“小灵通进社区”活动　　（电信公司　供稿）

服资源、技术上的困难，及时提供良好服务，并对市区基站进行了“补盲疏忙”，优化通话网络。11月，“小灵通”用户数突破15万户，张家港市成为江苏省继昆山、常熟、江阴之后第四个超15万户的县（市）。至年末，“小灵通”用户总数达16万户，其中年内新增10万户，是上年的167%。“小灵通”在张家港的规模发展标志着“小灵通”已成为港城市民不可缺少的重要通信工具。

【建立电信管线维护保障体系】 为确保全市电信线路畅通无阻，市电信公司在新上基础设施项目的同时，狠抓已有管线的安全维护工作。年内抢修各类管线故障656起，主动维护973起，共测试核对、修复坏线4687对，修复充气机21台（次）。同时完成全市所有局点局前人孔封堵570个，完成所有交接箱的主干断缆告警系统，完成全市所有光、电缆交接箱的定位测试工作。对于因城市建设影响到管线安全的险工险段，均派专人看护。5月至10月，市区2.8公里长的长安路翻建，涉及到地埋管道内的北沿江一级光缆。为确保光缆干线万无一失，公司设立三级看护保障体系，派人日夜看守，确保了干线的安全、畅通。

（张　怡）

【全年铺设有线电视地埋管道干线180公里】 市文广局以全市道路新建、改建以及绿化为契机，加大有线电视基础网络的建设力度。全年投入资金800余万元，新建有线电视地埋通信管道主干线180公里，是前几年地埋管线总和的5.3倍。其中，市区到乡镇干线120公里，比上年增96%；市区干线20公里，市区配套工程40公里。年内完成地埋管道的市镇道路分别是：张杨公路全线、沿江公路太字圩港至三兴段、204国道船底桥至太平桥全线和市区长安路、东南二环路、杨锦公路、杨塘公路、苏虞张一级公路张家港段和港区天台路、黄泗浦路、江海路以及城西新区所有道路的光缆干线扩容及入地工程。这些地埋管线的完成，进一步提高了有线电视传输网络的档次，为美化城市道路、发展有线电视事业奠定了良好基础。　　（刘向民）

信息产品生产

【概况】 市委、市政府加快发展新型工业化步伐，加速发展新兴高科技产业，强化政策扶持，全力推动电子信息产业与国际同行业开展多种形式合作，全市信息产业稳步发展。年内，全市共有信息产品生产企业46家，其中软件产品企业6家；外商、台商独资和合资企业13家；被列入全市百强企业的有8家。全市信息产品生产企业共有职工7397人；固定资产13.51亿元，固定资产超3000万元的有9家，其中超亿元的有4家。全市信息产品生产企业投入1.91亿元扩大生产。年内销售收入超亿元的企业有6家，最高的超6亿元；利税总额超1000万元的企业有5家；自营出口超2000万美元的企业有4家。年内产品销售收入25.41亿元，比上年增37.87%；利税总额1.19亿元，比上年增3.5%；出口创汇1.84亿美元，比上年增40.46%。

产品产量　年内，主要产品数字卫星接收机产量达88.1万台，比上年增91.3%；数据电缆22.36万对公里，比上年增86.02%；液晶显示片5550万标片，比上年减6.63%；电脑机箱78.6万台，比上年减37.5%。此外，生产电子级硅酸铅6万吨，锂离子电池电解液1500吨，精简型网络终端机40万台，黑白模块1000万台，彩色显示片1200万标片，彩色模块1200万台，阴极箔550吨，滤波器、谐振器、鉴频器2750万个。产品国内市场占有率最高的达60%，出口产品远销美国、德国、意大利、西班牙、澳洲、日本、韩国、印度等几十个国家和香港、台湾等地区。

新品开发　年内，全市信息产品生产企业共开发新品34种，其中开发省级以上高新技术产品9种。银河电子、光王电子、慧鸿电子3家骨干企业共投入3500余万元开发新产品和扩大产能。银河电子公司生产的全息超薄型光学读取头被列入江苏省重大成果转化资金支持项目。天鹏牌电子级硅酸铅保持省名牌产品称号，数字卫星接收机被新列入省名牌产品行列。

科技进步　全市新增苏州市级高新技术企业1家。市国泰华荣化工新材料有限公司生产的锂离子电池电解液被列入中小企业创新基金项目、省重点火炬计划项目，获省科技进步二等奖，企业被认定为省重点民营科技企业、省知识产权战略推进计划承担单位。银河电子公司的数字卫星接收机被列入省级火炬计划项目。贝尔讯杰公司低功率无线接入系统设备研制及产业化项目获省级科技进步奖。

【银河与清华联手开发全息超薄型光学读取头】 超薄型光学读取头是DVD和CD类整机中最核心的关键部件，在消费类电子产品及计算机驱动器领域都具有广阔的市场前景。2003年8月，银河电子公司依据自身生产工艺及制造技术方面的优势，主动联合清华大学光盘国家工程研究中心，合作开发这一项目，当年即被省科技部门列为2003年度科技攻关计划项目。经过努力，项目于2004年11月研发成功并投入小批量生产。由于采用国际最新的激光全息技术及多项自主发明专利，因此其工艺技术处于国内领先、国际同类产品先进水平，并获全国该领域一流技术权威的高度评价。年末，获省科技厅颁发的省重大科技成果转化专项资金1000万元，其中600万元为直接拨付，400万元为贴息资金。公司还自主研发成功光学头调整仪和评价仪等关键的配套设备，同样打破国外大公司的垄断，填补了国内空白，对推进中国光学头乃至数字光盘整机产业的发展产生了重要作用。

【光王电子二期工程建成投产】 7月2日，张家港保税区光王电子有限公司二期工程举行落成典礼。市委书记、张家港保税区党工委书记曹福龙等市及保税区领导出席典礼并剪彩。光王电子有限公司于1997年7月建办，一期工程占地4.44万平方米，注册资本17.5亿日元，主要生产液晶显示器、模块，产品销往日本、美国、新加坡、德国等国。投资17.5亿日元的二期工程于2003年5月开工，2004年5月投产，年生产能力为反射彩色·TFT液晶显示器1200万片，反射彩色·TFT模块1200万台，新产品主要用于移动通讯、电子手册、汽车仪表、情报终端及其他电子领域。至年末，实际生产反射彩色·TFT液晶显示器29.6万片，反射彩色·TFT模块24.96万台，客户遍及日本三菱、松下、先锋、健伍、丰田、本田、索尼，欧美的摩托罗拉、飞利浦、奔驰、奥迪等国际大公司。

光王电子公司二期工程建成投产

（光王电子公司 供稿）

【慧鸿电子信息产品年产值达3000万美元】 慧鸿电子有限公司是台湾慧智电子有限公司在张家港保税区投资兴建的IT企业，注册资本为5000万元，主营业务为电脑及相关配套产品的研发、制造、销售及售后服务，电脑软件的制作、设计。公司于2003年元月8日正式投产，2004年上半年，生产的8种精简型计算机全部通过3C认证，并顺利打入2008年北京奥运会市场。公司生产的网络机顶盒，可直接与电视机连接，收看互联网上电视电影等声讯信息，是新型高科技网络终端产品，年内也获得3C认证书，并迅速打入上海市场。由于公司生产的两大类9种不同型号规格的高科技产品全部获得3C认证，因此销售势头良好。至年末，生产计算机40万台，网络机顶盒4000台，总产值达3000万美元，产品95%外销，取得良好的经济效益。台湾慧智电子有限公司已决定将生产基地由台湾向张家港保税区转移。（庄宇平）

【国泰新技术公司软件销售超1600万元】 江苏国泰国际集团新技术有限公司创办于1998年，从3名员工、50万元起家，至2004年，注册资本超过300万元，拥有120多名科技人员。公司开发的拥有自主知识产权的“一点智慧建筑造价系列软件”、“一点智慧电子政务软件”等已在省内外各地拥有众多用户，软件用户总数突破2万家，其中电子政务用户超过500家。该公司的“网站大师”、“网上审批”和“报表统计”等“一点智慧电子政务”系列软件在上海、南京、常州、无锡、苏州等地都享有较高的声誉，被各地政府机构采用。2004年，公司销售收入已达1600万元，是2002年的近4倍，成为张家港市软件行业的龙头老大。

（余凤楼）

信息技术应用

【概况】 年内，全市各行各业信息化建设和信息技术应用步伐进一步加快。至年末，全市共有各类网站近1300家，其中政府网站66家、企业网站1200多家、公众服务网站10家。另有挂靠各类网站的企业6000多家。

政务信息化 年内，全市新增政府机关网站25家，累计66家。至此，政府主要职能部门均已建立网站。全市8个镇政府网站根据行政区划调整情况，全部进行改版或重建。所有镇和150多个机关部门建立了机关局域网。市政府门户网站进一步更新完善，“张家港市政府网”改名为“中国·张家港”，补充和更新了页面图片和市情概况，增添了便民服务信息280余条，网站日访问数已超4000人次。市政府网站全年收到市民来信980封，网上公布处理来信结果80余条。7月，市政府公务邮件系统建成并投入使用，全市3000多名公务员均拥有以门户网站“中国·张家港”为后缀的统一电子邮箱，这在苏州各县市中属于首家。年内，全市各级机关单位通过网络传输系统收发各类电子公文30多万份，分发各种会议票务30多次，加快了公文流转，提高了工作效率。全市工商、税务、环保等16个机关部门建有办公自动化系统，并开始逐步应用。年内，市规划局基础地理信息系统的市域1：2000、市区1：1000地形图建库项目开发基本完成，数据处理基本结束，进入试运行阶段。市安监局构建的安全生产监督管理信息系统总体架构及“危险化学品信息库”建设于年内基本成型。市财政局重点建设国库收付系统及其内部邮件系统，财政资金从预算到国库拨付的一系列手续全部实行信息化处理，提高了财政资金的使用效率。信息化手段在行政审批、外经贸、地税、海关、城管、建设、农业、绿化、审计、审判、交通、粮食等相关业务和管理领域中都发挥了重要作用。

企业信息化　据不完全统计，全市有6000多家企业建立了网站。百强企业中，有60家企业建设了局域网；83家企业建立了独立网站；1家企业实施了计算机集成制造系统（CIMS）；27家企业实施了企业资源计划系统（ERP）；2家企业实施了办公自动化系统（OA）；2家企业实施了客户关系管理系统（CRM）；1家企业应用了供应链管理系统（SCM）；有39家企业应用了二维或三维计算机辅助设计系统（CAD）；3家企业实施了集散控制系统（DCS）；2家企业实施了产品数据管理系统（PDM）；有6家企业实施了计算机辅助设计／计算机辅助制造系统（CAD/CAM）或计算机辅助设计／计算机辅助工程分析系统（CAD/CAE）一体化；14家企业利用网站对外发布供求信息，拓展市场，实现了网上交易或网上订货，开展企业间电子商务；有39家企业实施了其他各种信息化应用软件。至年末，万家企业上网工程，已收集整理5000多家企业的基本资料，建立起企业数据库，通过“张家港企业信息网”向全世界发布相关信息。张家港企业信息网年内为170多家企业搭建企业网站，为企业用户提供20多万条采购和销售信息，为企业人员举办电子商务知识免费培训活动18期，培训人员500人次。

社会生活信息化　年内，新增“张家港精神文明网”、“张家港旅游资源网”、“张家港车网”、“张家港摄影网”、“张家港置业网”、“张家港招聘网”、“张家港企业网”、“张家港教育资源网”等公众服务网站。全市新增63家商场、宾馆、酒店实行刷卡结算，累计207家；新增POS机83台，累计313台，居苏州市各县（市）前列。全年商业刷卡结算金额2.14亿元，比上年增8800万元；月均交易额1785万元，比上年增733万元，增幅达70%。市人才市场网站年访问量达178.61万人次，全年提供就业岗位8000多个，有1万多人在网上注册，投递简历10万余份。市人才市场全年举办大型网上人才交流会4次，会议期间最多一天网上点击量达1.8万人次。全市金融系统年内新增自动取款机16台，累计173台；新增自动存款机7台，累计16台；新增自动缴费机6台，累计62台；新增自助银行7家，累计13家。各商业银行年内发放信用卡20.99万张，累计100.29万张。“1890”公众服务信息网全年接到市民电话2950个，帮助解决问题比率为98%。

【信息办审核信息化项目资金1200万元】 年内，针对信息技术应用项目增多、投入增大的实际情况，市信息化办公室加强了对信息化项目政府投入资金的审核。先后审核的较大项目有：投资500万元的市劳动社会保障综合业务信息系统升级方案，投资250万元的“120”急救电话并入“110”建设方案，投资75万元的市档案局电子文件中心建设方案，投资70万元的市安监局安全生产监督管理信息系统建设方案等。对这些项目，市信息化办公室均组织专家进行多次调研，提出改进和完善的具体意见。另外，还分别对市国防动员委员会指挥自动化网络、沙洲宾馆电视电话会议室、市科技局承建的公务员电子邮件系统等建设方案进行严格论证，把好审批关。信息化应用项目建设全年共投入财政资金1200万元，通过信息化办公室审核，节约政府财政投入250多万元。

【数字化地形图建库项目基本完成】 市域1∶2000和市区1∶1000数字化地形图建库项目是2003年度市政府主办的信息化应用和建设实事工程之一。经公开招标，项目的系统开发和数据监理由广州城市信息研究所承担，当年8月项目进入系统开发阶段。由于受“非典”影响，直到2004年6月测绘单位才向市规划局提交外业航测的最终数据，市规划局随即交广州城市信息研究所进行数据监理和整理。至年末，各项数据经过监理和整理，已基本符合入库要求，进入试运行。该项目软件费用160万元，硬件投入25万元。项目建成后，数据库内有市域1∶2000地形图897幅和市区1∶1000地形图546幅，系统具有查询、统计和拆迁分析等功能。这一项目建立起了市域范围内准确、动态、高效的共享型基础空间数据库，为张家港市建设“数字城市”奠定了重要基础。

【暂住人员管理服务信息平台建成投运】 参见第229页〖暂管人员网上信息平台建成〗条目。

【市电子文件中心正式开通】 年初，市政府常务会议确定，由市档案局负责建设全市政务电子文件中心，对在政务平台上流转的电子文件、现行文件进行收集、鉴定、整理、存储、发布和

市电子文件中心软件项目现场验收　（市信息办 供稿）

查询。5月17日，市长王翔批准市档案局关于建立电子文件中心及核拨经费的请示。5月31日，市编委同意市档案局增设信息技术科，以确保电子文件中心的顺利筹建和正常运转。市档案局于7月底完成电子文件中心的机房改造和设备购置，并与江苏数字档案研究发展中心、南京铭卷数码科技有限公司就电子文件中心系统软件的开发进行了多次磋商。市电子文件中心的建设，前后共投入资金75万元。至年末，中心共扫描市、镇两级77家机关部门1994年至2003年的发文共10万多份，上传文件3.5万份，已发布1.88万份（其中公开发布1.37万份、不公开发布5053份），上传法律法规32条。电子文件中心网页累计访问量为9139人次。电子文件中心正式开通仪式于春节之前举行，市政府副市长杨芳和省档案局副局长齐丽华等领导到会讲话。（周荣兴）

【飞翔化工信息化带来高效益】 江苏飞翔化工股份有限公司实施多项信息化应用系统后，企业内部业务流程和资源配置更加优化，并培养了一支具有超前理念的管理队伍。企业通过利用ERP（企业资源计划系统），各项库存降到50%–60%。一个产能超亿元的中型车间，原需配备36个员工，实施了DCS（集散控制系统）后，仅需7人，大大提高了劳动生产率。随着企业网站知名度的提高，飞翔化工通过网络结交了许多国内外客户，促进了业务和技术交流。2003年，企业外贸销售额2250万美元；2004年，突破4700万美元，比上年增长100%以上。

（余凤楼）

电　　信

【江苏省电信有限公司张家港市分公司概况】 江苏省电信有限公司张家港市分公司下设综合、市场、客户服务、维护安装等5个部门，下辖23个农村电信支局，有职工413人。年内，公司在向张家港市民提供传统通信业务基础上，还新辟并提供包括“小灵通”语音短信“小灵信”、宽带网络“互联星空”、视频电话业务“新视通”、168城市信息、网上视频直播、电话QQ等内容丰富的各类新业务，基本满足全市企事业单位和个人用户的通信需求。公司秉承“用户至上、用心服务”的服务理念，严格执行“首问负责制”、“一次申告下岗制”等服务管理制度，建立了社会服务监督队伍，并通过创新“10000”客户服务热线机制，不断提高企业服务质量。年内，电信宽带用户突破3万户，“小灵通”用户总数超16万户。全年实现营业收入3.5亿元，比上年增19%；上缴地方税收1200万元。公司连续3年被评为江苏省文明行业、苏州市文明单位，并连续多年获得张家港市文明单位称号。2004年，又荣获苏州市工商免检企业和张家港市A级价格信用单位称号，是全市通信企业中惟一获此殊荣的单位。

【全市财政VPN结算网络建成启用】 2003年10月起，张家港电信公司利用VPN（虚拟专用网）技术，与市财政局合作组建财政结算网络。公司为财政局提供10兆的城域网高速接入，使需要与财政局进行财政结算的单位通过专用的ADSL宽带端口接入财政结算网，并保证该网络的专网专用和运行安全。至2004年末，全市已有112家机关单位通过VPN网络接入财政结算网络，实现了保密化、网络化的资金结算。

【“互联星空”让宽带用户体验精彩】 互联星空是中国电信于年内推出的一项互联网应用服务，宽带用户只要点击http://www.js.chinavnet.com就可以登陆江苏互联星空，享受到涵盖影视、教育、游戏、音乐、财经、动漫、在线杀毒、通讯服务等丰富多彩的互联网内容和应用服务。互联星空的服务特色是“一点认证、全网通行”，用户只须登录一次，就可享受互联星空所有合作网站提供的互联网内容和应用服务，而无需在每个合作网站再进行身份认证。同时宽带用户还可以先消费后付款，应用服务费用与接入费用一起缴纳。互联星空业务于3月在张家港市推出，至年末，全市登陆注册互联星空的电信宽带用户已超过3万户。

【电信宽带用户年内实现翻番】 年内，张家港电信加快宽带网络建设，先后完成了ADSL七期、八期扩容工程，新建ADSL宽带接入点31个；完成16个DSLAM（非语音宽带接入点）的建设，解决了鹿苑巨桥、泾东等45个超长距离地区宽带接入问题；顺利实施LAN小区用户PPPOE（以太网点对点协议）改造项目，扩大了LAN用户业务选择范围。同时积极实施“宽带畅通工程”，通过加快装机速度和减少障碍发生数，提升用户满意度。随着宽带覆盖范围的进一步扩大和服务质量的不断提升，宽带用户数迅速增长，年内新增1.85万户，总数达到3.36万户，实现翻番。宽带网的逐步普及，反映了全市信息化水平的进一步提高。

【金港热线日访问量达3万人次】 金港热线是张家港电信的门户网站。年内，市电信公司进一步丰富网上资源，通过设置更具实用性、趣味性的栏目，使网站内容更贴近网民生活，受到网民欢迎。鉴于全市私家车日益增多，年初市电信公司与市交警大队合作开发了“网上交警频道”，开设网上机动车违章查询系统，满足了网友对机动车相关信息的查询需求。同时对热线各个频道进行大刀阔斧的改版，其中52KD论坛年内实施系统升级，注册会员达1万人，每天有数千人访问，成为全市人气最热的网上论坛。市电信公司还积极推动企业上网工程，至年末在金港热线上发布信息的企业有6000多家，建立自己站点的企业近4000家，很多企业在网上找到新的商机。年内，金港热线主页访问量突破1000万次大关，日均访问量达3万多次，成为全市人气最旺的信息网站之一。（张　怡）

【“小灵通”与手机实现短信互通】 11月，“小灵通”与手机实现短信全面互通。“小灵通”用户向移动、联通用户发送短信时，只需键入对方手机号，移动或联通用户向“小灵通”发送短信时，输入106+0+国内长途区号+“小灵通”电话号码。“小灵通”与手机短信互通的实现，为“小灵通”用户开辟了更方便、完整的沟通渠道。至年末，全市“小灵通”短信发送数超过600万条，平均每天超过10万条。

（徐潇云）

【江苏移动通信有限责任公司张家港分公司概况】 江苏移动通信有限责任公司张家港分公司下设综合、经营、客服3个部门，共有员工120人，其中大专以上学历81人，占总数的67.5%。公司采用国际先进的第2代GSM及2.5代GPRS技术，经营张家港市134、135、136、137、138、139数字移动电话业务，拥有“全球通”、“动感地带”、“神州行金卡”等品牌，开通了彩信、彩铃、一卡双号、主卡付费、手机邮箱、12586娱音在线、短信收方付费、个性化充值卡、移动QQ、手机银行、IP电话、多方通话、WAP上网、呼叫转移、呼叫等待等新业务。年内，公司秉承“追求客户满意服务”的经营宗旨，以ISO 9001质量体系认证为契机，不断提高企业管理水平和服务质量。全年新建营业厅3个，全业务网点总计达80个，进一步满足了市民办理移动业务的需求。至年末，全市移动电话总数超过40万户，比上年增11.1%，人均普及率达46.5%；公司营业收入突破3.5亿元，比上年增10.1%。

【GPRS车辆监控系统打造“平安张家港”】 6月，为响应市委、市政府创建“平安张家港”的号召，移动公司与市金港物流中心有限公司投资40多万元，合作开通了GPRS车辆监控系统。通过在车辆上安装该系统，车辆管理部门可对车辆的位置、状态等信息进行实时跟踪监控，从而发挥系统的定位、报警、调度、联络四大功能。由于GPRS具有双向互动通信、覆盖面广、永远在线和按流量计费等特点，因而车辆管理部门能以较低的成本解决车辆大区域范围管理的难题，提高了管理水平和车辆利用效率。同时可确保驾驶人员和车辆的行驶安全，解决长途行车、夜间行车、单独出车的安全隐患。至年末，全市已有200多辆出租车、物流车、银行押运车及110处警车安装了GPRS车辆监控系统，取得了良好的经济效益和社会效益。

【全市首个GPRS热网实时远程监测系统开通】 6月，市移动公司与澳洋热电厂合作开发的GPRS热网实时远程监测系统正式开通。该套系统可对蒸汽用户进行实时监控，对蒸汽流量表的各项数据包括压力、温度、蒸汽瞬时流量、累计流量等实时采集，及时与历史数据进行对比并发现问题。该系统总投资25万元，年内设置27个GPRS点，对44家蒸汽用户进行电脑实时监控，至年末，热电厂共供蒸汽67.8万吨，比上年减少管损2.29个百分点，为企业增加经济效益240万元。由于这一系统使原先人工抄表变为电脑自动生成报表，还大大降低了工人的劳动强度。该项目的开通，提高了企业信息化水平，也为扩大中国移动业务起到了示范作用。

【“爱心助残月”活动受到残疾人好评】 5月16日是第十四个全国助残日，市移动公司以“沟通从心开始，关爱特殊群体”为主题，在全市开展第二届“中国移动爱心助残月”活动。5月16日上午，公司员工赶到市残联，为聋哑人办理优惠登记及业务咨询。聋哑人凭残疾人证现场登记或到主营业厅登记，一可享受入网SIM卡免费，二可享受5月至6月短信发送费半价，三可开通各种短信及话费套餐。在此基础上，公司还组织人员送号码、送优惠到乡镇福利厂，同时在80个合作营业厅及指定专营店开设残疾人专用台席，为残疾人优先办理业务。该活动受到了残疾人的关注和好评，一些残疾人专程从乡下赶到市残联参加现场活动，共有100多名聋哑人享受了优惠，优惠幅度最大达75%。

张家港移动公司为聋哑人提供助残服务 (移动公司 供稿)

【“彩铃”成为企业和个人的“第二张名片”】 继短消息、彩信之后，8月，市移动公司又推出一项新业务——彩铃，并开始向企事业单位开放。使用彩铃业务，手机用户可把传统的回铃音“嘟、嘟”声设置成个性化铃声，如流行音乐、企业广告、大自然的声音及自己的说话声音等，也可针对不同的来电、不同的时间段设置不同的回铃音。该业务一经推出，就受到热爱时尚、崇尚个性的年轻人欢迎，同时也吸引许多企业将彩铃当成第二张“企业名片”。至年末，共有2.2万个用户开通了彩铃业务，友谊汽车、骏马化纤、牡丹汽车等80多家企业开通了集团彩铃。

【移动公司沙洲中路西营业厅建成开张】 随着移动业务的迅速发展，市移动公司原有沙洲中路综合楼营业厅已难以满足用户的服务需求；同时，城区的西移也迫切需要在城西新增网点。为此，市移动公司在沙洲中路西首、百润发大卖场以东开设了西营业厅。该营业厅于12月28日正式开业，是市移动公司除综合楼主营业厅之外，第二个完全自主经营的营业厅。西营业厅面积250平方米，分为业务受理区、移动梦网区、话单打印区、值班经理区、客户休息区5个区域，有员工15人，配备了多媒体体验电脑、等离子彩电、自助话单打印机等先进设施，可为用户办理入网、换卡、话单查询、无线上网体验等业务，也可接受用户咨询、投诉等。西营业厅的开业，方便了城西居民，填补了该地区移动服务空白，同时为以后建办其他合作网点提供了示范。

【智能排队系统营造文明环境】 为改善营业厅秩序，提高服务水平，10月，移动公司投资10万元，在沙洲中路主营业厅引进“智能排队系统”（也称叫号器）。该系统以高科技的计算机技术结合有效数据采集来实现，其管理软件运行于Windows平台，非常方便、实用。采用该系统后，顾客可在引导员指引下，点取触摸屏，选择业务种类，系统自动提供一张号票，票上有业务编号、办理柜台号、当前排队人数等信息。随后顾客就可以到休息区坐下喝茶、看报、看电视，到时显示屏和语音提示同时提醒顾客到几号窗口办理业务，工作人员和顾客实行一对一服务。采用该套系统后，杜绝了顾客排错队和插队现象，为顾客提供了文明、温馨的等候环境，也提高了客户资料的隐秘性。移动公司排队叫号系统的使用在全市通信行业中尚属首次。（曹丽萍）

【中国联通张家港分公司概况】 中国联通张家港分公司秉承为客户提供优质服务的宗旨，在加大、加快网络建设的同时，不断提高综合服务能力。年内，CDMA网络三期工程竣工，CDMA目标网全面建成，张家港地区CDMA网络覆盖率达99%以上。营业网点覆盖所有乡镇，其中14个合作营业厅具备了为客户提供缴费、解锁、话费详单查询等功能。公司全年新招聘员工40人，员工总数较上年增加近一倍，公司整体实力得到增强。全年完成业务收入1.29亿元，比上年增8.5%，上缴国家利税402万元。2004年是中国联通“服务质量年”，公司开展一系列以“满意在联通”为主题的创优达标和创新活动，推出通信理财服务品牌——“小燕理财”，率先将理财服务由银行、证券业引入通信服务业，赢得了广大客户的一致好评。

【启动“世界风”双模业务】 年内，被通信界视为具有划时代意义的创新之举——双模手机正式面世。8月18日，公司在馨苑度假村举办“世界风”业务暨双模手机推介会，标志着“世界风”双模业务在张家港地区正式启用。“世界风”业务通过技术手段成功解决了用户在GSM网和CDMA网之间自由切换、号码保留等难题，实现了四大功能：一机在手，全球漫游；实现GSM、CDMA两网间自由切换，解决了单一网络覆盖不足的问题；能够为GSM网用户提供CDMA1X高速数据服务；实现了“双卡双制式”用户使用一个手机、享受两网服务。“世界风”双模手机的诞生，标志着两种制式完全不同的网络，即GSM和CDMA开始走向融合，同时为港城市民提供了更为多元化的通信选择。

【CDMA精品网络全面建成】 年内，以提高数据业务支撑能力为主要目标的联通CDMA三期工程全面展开，张家港地区共投入资金5000万元，用于CDMA精品网络的建设。全年新建CDMA基站30个，累计达63个。CDMA目标网全面建成，网络覆盖及网络品质得到根本性的完善，数据服务能力也进一步增强。随着CDMA目标网工程的建成，公司在全市范围内推出了江苏联通“千金测试网络、联通承诺更好”的网络有奖寻盲活动，向客户有奖征集盲点信息，将CDMA网完全置于消费者的监督之中。在广大客户的热心参与下，本次活动共搜寻到盲点5处，为网络的进一步优化、完善提供了依据。11月28日，公司在市体育中心广场又启动江苏联通“千车测评——千名私家车主为CDMA精品网络打分”活动，全市有百余名私家车主亲身参与，历时一个月，共同见证了联通精品网络。

联通公司千车测评启程仪式 （联通公司 供稿）

【精心服务打造“诚信联通”】 9月，公司以江苏联通先进的计费系统作保障，向客户亮出“军令状”，郑重承诺：话费误差、双倍返还。并率先联合SP商（增值服务提供商）郑重承诺：信息费误差，双倍返还。此举彻底消除了客户对收费问题的疑虑，切实保障了客户权益，是打造“诚信联通”的有力举措。至年末共有10多名客户得到了信息费误差的双倍返还。在确保计费精确透明的同时，公司贯彻中国联通“服务质量年”的部署要求，扎实开展以“满意在联通”为主题的各类服务达标和创新活动。年内，新成立客户服务部、联通客户俱乐部，招聘客服经理近20人，与客户建立一一对应的服务关系，充分体现联通服务的个性化、差异化。7月，推出通信理财服务品牌——“小燕理财”，率先将理财服务由银行、证券业引入通信服务业，并在营业窗口推出第一批“小燕”理财师，同时推出“小燕”信箱、“小燕”互动短信、“小燕”走进直播室等活动，通过各种平台为消费者提供话费咨询、增值服务介绍，度身打造了亲切实在的通信理财助理。

（钱丽蓉）

【编辑　徐祖白】

商贸服务业

商　业

【概况】 2004年，张家港市商业继续保持快速发展的势头，商业企业数量、经营规模、效益总量持续增长。全年完成社会消费品零售总额74.19亿元，比上年增16.7%；实现三产增加值193.2亿元，比上年增17.6%，占全市生产总值的33.5%。张家港市贸易局系统全年完成营销收入14.8亿元，比上年增7%；实现消费品零售总额11.8亿元，比上年增7%；实现企业增加值10781.3万元，比上年增10.5%；实现毛利1.3亿元，比上年减3.55%；实现账面利润1355.06万元，比上年减39.7%；上缴税金2439.24万元，比上年增15.78%；利税总额3794.3万元，比上年减12.8%。年内，市贸易局获苏州市商贸业先进集体、苏州市商贸管理工作一等奖、苏州市生猪定点屠宰管理先进集体等荣誉称号，并被评为张家港市文明机关。

体制改革　2月，按照张家港市委张委发〔2004〕40号文件要求，市贸易局再度深化机构改革，彻底实现政企分开、政资分离，完成了市商业公有资产经营有限公司与市贸易局的分离工作，前者所属的公有资产并入新组建的张家港市金茂投资发展有限公司，同时撤销原商业公有资产经营有限公司。11月，原张家港市物资集团有限公司所属的6个企业归入市贸易局行政管理体系，市贸易局党委所辖党支部数量增至28个。

市场营销　2004年，张家港市商业零售市场全面活跃，百货店、专业店、专卖店、连锁店、便利店等零售业齐头并进、全面发展，店面总量激增。继2003年底新保意家电广场（本土商业企业）成为百润发大卖场近邻以来，国内知名连锁家电企业挺进本地市场步伐加快。年内，五星电器城、苏宁家电公司、永乐生活家电先后落户市区。在严峻的竞争形势下，本土商业零售企业日益成熟，主动应对挑战，创新发展思路，实施错位经营，推动文化营销，优化购物环境，开拓社区商业，发展连锁店市，延伸经营触角，不断增强企业亲和力及综合竞争能力，名品名店形象巩固。市第一人民商场有限公司、市国际购物中心有限公司、市商业大厦有限公司等三大骨干商场全年完成销售总额5.4亿元，比上年增2.24%。青岛润泰事业有限公司张家港分公司（即百润发大卖场）完成销售总额3.65亿元，比上年增12.4%。

文明创建　从下半年起，市贸易局积极参与苏州市、张家港市消费放心城市和优秀旅游城市创建活动，参加苏州市商贸业2004年首批百家消费放心场所创建工作，市国际购物中心、市第一人民商场、市商业大厦、张家港市旺德福珠宝行有限公司、张家港市凤祥银楼有限公司5家企业被列为首批创建单位。年内，各企业围绕商品放心、价格放心、服务放心、环境放心、创建放心五大创建目标，以创建消费放心行业工作为切入点，热心公益事业，提高服务水准，规范企业管理，全面优化商贸企业软环境建设。市第一人民商场创新服务管理机制，全面推行星级管理制，实行星级亮牌服务；市国际购物中心通过十大服务品牌评选，进行典型引路；市商业大厦确立服务加品牌、质量加信誉的经营方针，全方位塑造企业良好形象。年内，市国际购物中心获张家港市十佳诚信建设示范窗口称号，被全国商业联合会授予全国商业名牌企业称号，成为系统内第二家获此殊荣的单位。市第一人民商场、市商业大厦获诚信商场创建工作先进单位称号。市国际购物中心和市商业大厦均通过了ISO 9001:2000质量管理体系认证。

市场管理　年内，市贸易局继续落实市政府〔2001〕183号文件《关于加强生猪定点屠宰管理工作的意见》，充分履行生猪定点屠宰管理职能，规范肉品市场经营秩序。市屠宰管理办公室（设在市贸易局）会同工商、农业、公安等部门全年组织联合执法20余次，配合乡镇执法30余次；取缔非法屠宰户3家，没收、销毁无印章和不洁白肉1000多公斤。全年生猪屠宰量50万头，定点屠宰率达99%，有效保障了“放心肉”工程的实施。

【全市商业网点规划设计工作启动】 年内，根据张家港市委、市政府确定的建设中等发达城市的战略目标，按照商务部、苏州市商业网点规划工作要求及《张家港市城市总体规划》要求，结合全市商贸业发展现状和趋势，市贸易局制定了《张家港市商业网点2004－2010年发展导向性规划任务书》和《商业网点规划计划表》，对全市商业网点规划提出了指导性意见。7月，在对任务书进行咨询论证的基础上，又委托上海商业学院的专家对市区商业网点规划进行专业设计，完成了初稿。该规划设计书将于2005年一季度通过专家终审后提交市政府颁布施行，届时将为全市商业网点合理布局、实现商贸业可持续发展提供科学指导。在此次规划设计中，历年的《张家港年鉴》成为专家的重要参考资料与依据。

【步行街成为“百城万店无假货”示范街】 3月8日，省委宣传部等10部门在徐州市举行全国及省级“百城万店无假货”示范街、示范店授牌仪式，张家港市沙洲中路步行街榜上有名，被命名为省级“百城万店无假货”示范街。步行街建成于1994年8月，全长600米，集商贸、金融、饮食、服务、文化、娱乐和休闲旅游为一体，是全国县级市中较早设立的商业步行街之一。步行街有关单位通过推动商贸信用体系建设，开展诚信服务、争创服务品牌、价格诚信等活动，打击制假售假和商业欺诈等违法行为，健全产品质量监管机制，保护了消费者合法权益。

【第一人民商场百信超市加快扩张】 近年来，全市居民社区大幅增多，但配套服务设施相对滞后、社区商业匮乏，给社区居民的日常生活带来不便。市第一人民商场及时捕捉这一商机，确定了区域发展战略，积极拓展社区连锁店经营，充分挖掘社区市场潜力。商场四楼的“百信超市”在港城家喻户晓，公司利用这一品牌效应，开设分店。2002年1月29日，百信超市在张家港市城北社区开设首家分店，销售形势一路看好，跨出了涉足社区服务第一步。2004年，百信超市连锁经营加快扩张，已在万红、暨阳、花园浜、前溪巷等社区和德积镇开设8家连锁店。为保持百信超市的优势和活力，市第一人民商场加大配套设施建设，促进连锁经营向管理科学化、程序规范化、营运个性化、服务人性化方向发展。

【第三人民商场实施重建】 年内，第一人民商场有限公司投资8000万元，对所属的张家港市第三人民商场实施重建。项目按照现代零售业的经营模式和标准进行规划设计，是一家立足于高档品牌专卖的大型现代化时尚购物中心。商场地上8层，地下1层，占地3000余平方米，总建筑面积达1.8万余平方米，总营业面积1.46万平方米。10月开工建设，计划于2006年年初建成开业。届时，该购物中心将成为商业步行街又一新的亮点。 （徐辉兰）

百信超市元丰店外景 （市贸易局 供稿）

供　　销

【概况】 市供销合作总社下辖26个基层单位，其中8家直属公司、2家大型商场、3家直属工厂、1家宾馆、1所供销学校、12个基层供销社，共有在职职工2620名（包括已转制企业的职工在内）。2004年，完成生产总值（工业增加值）10740.84万元，工业用电量5235万千瓦小时，工商企业销售收入15.3亿元，工商企业入库税金4051.1万元，工业技改投入500万元，市场成交额16.63亿元。市供销合作总社下属7个基层单位被市委、市政府授予文明单位称号，市供销合作总社被苏州市委、市政府评为十佳为农服务先进单位，获苏州市供销合作总社为农服务组织奖一等奖。

商场经营　面对商业流通领域竞争日趋激烈的严峻形势，供销社系统各商场调整经营思路，通过借助知名公司企业的实力优势、声誉优势、招牌优势，继续实施加盟连锁。全年新增连锁经营超市14家，累计（含加盟店）44家，年销售总收入1.81亿元，实现利润1132.9万元。年内，引进金海洋大酒店和南丰社1800平方米超市，总投资1000万元，至年末完成营业收入2000余万元。

为农服务　供销系统立足农村、服务农民，积极组织农资供应。全年共销售尿素7316吨、复合肥7569吨、碳铵10718吨、各类农药508万元；市果品副食品交易市场销售本地农副产品成交额1.5亿元，带动农户1.55万户，助农增收5000万元；新建村级为农综合服务社12家，年内实现销售995万元；新建农资超市2家，实现销售收入185万元；新建市双山岛养殖专业合作社和市商联花木专业合作社2个专业合作社，带动农户2015户；新建农产品生产基地5个，种植面积共计53.33公顷，共带动农户340户。

物资经营　全系统物资经营单位抢抓市场机遇，积极开拓钢材、有色金属、生铁、焦炭、废钢、化工原料、毛纱等物资经营业务。物资回收公司依托大中型企业，及时调整经营方式，组织合作经营，全年销售废钢25万吨、废纸2000吨，实现销售5亿多元。丰驰物资公司借助各方力量拓宽经营渠道，全年组织销售各类物资33万多吨，实现销售额3.8亿元，上交利税550万元。

工业生产　系统内各工业企业坚持增产量、保质量、降成本、抓管理，拓生产项目、抢市场机遇，全年实现工业生产总产值5.58亿元，完成产品销售5.81亿元，上交税费3308.93万元，实现利润2704.71万元，比上年增108.04%。面对激烈的市场竞争，各企业积极拓宽思路，加大投入，工业企业经济逐步壮大。市锦丰轧花剥绒有限公司投资350万元进行化纤废气治理，投入700万元对化纤设备进行更新改造，企业成本下降，生产能力提高，11月被全国供销总社评为重点龙头企业。

【全市基层供销社重组】 基层供销社是服务“三农”的主体和前沿阵地，全市从1997年开始，采取一社一策的方法，全面推进了基层社企业的改制。至2001年，基层供销社所属商场、门店全部改制为有限责任公司和私营个体企业，产权转移、人员分流，成为自主经营、自负盈亏的法人主体和经济实体。为集中财力，激发活力，进一步强化基层供销社服务功能，8月，市供销总社又对全系统24个基层供销社进行重组，除保留的7个外，其余17个基层供销社根据建制镇范围，重新组建5个基层供销社，下设9个基层供销站。 （吴 永）

粮 食

【概况】 至年末，全系统共有独立核算单位21家，在岗干部职工463人。年内，粮食部门在构筑全市粮食储备体系、建立粮源基地、加快仓储建设、确保粮食安全和市场供应、加快发展粮食经济等方面狠下工夫，各项工作有序推进。全市粮办工业、粮食购销、粮食安全等工作均走在苏州市乃至全省前列。市粮食局及下属7个单位被评为张家港市文明单位，市粮食购销总公司、晨阳粮油购销有限责任公司被省粮食局授予2003－2004年度农民满意粮食收购企业。

粮食收购　年内，全市夏、秋粮食收购面对粮食购销市场化全面推进、本地粮源不断减少、收购主体多元化、收购竞争激烈等新情况，各收购单位坚持购得进、销得出、有效益的原则，全年共收购本地小麦2.5万吨，比上年增1.27万吨，增长103.3%；入库稻谷2.6万吨，比上年增0.7万吨，增长36.8%。同时，各单位大力开展外购外销、外购内销业务，创出了较好的经济效益和社会效益。年内，全市粮食系统共外购粮食11.5万吨，其中小麦5.5万吨，油料4.5万吨，稻谷1.5万吨。特别是上半年，市粮食局在黑龙江米业股份有限公司成功采购2万吨晚粳稻，数量之大，路途之远，在张家港市粮食工作历史上是首次。

粮办工业　年内，粮办工业面对国际、国内粮油行情动荡不定的局面，积极应对，在逆境中求生存、促发展，全年实现销售收入2.16亿元，比上年增4.9%；实现利税373万元，比上年增112%；实现利润236万元，比上年增271%。销售收入、利税、利润三项指标均位居苏州市同行业第一。市面粉食品有限公司以城市规划搬迁为契机，投资3000多万元易地新建，8月竣工投产。新厂区拥有自备码头一座，日加工300吨及200吨小麦制粉生产线各一条，1.6万吨原料仓容及0.65万吨成品、副产品仓容，形成能满足生产各种“梁丰”牌系列专用粉、具有一定规模的面粉加工企业。全年加工小麦5.88万吨、生产面粉4.28万吨，实现销售收入9250万元。塘桥酿造厂开发新品和苏北市场，生产量和销售量均比上年有所增长。年内，市粮办工业移交市金茂投资发展有限公司管理，市粮食局主要对市油脂食品有限公司、市面粉食品有限公司实行行业管理。

【初步构建全市粮食安全保障体系】 年内，市粮食局初步构建成了全市粮食安全体系。一是调整储备规模。全市市级地方储备粮从上年的1.05万吨增至2.5万吨，增长138.1%。其中小麦0.7万吨，晚粳稻1.8万吨。二是建立粮源基地。年内，分别在黑龙江省密山市及江苏省宿迁市宿豫区建立了2000公顷优质晚粳稻生产基地和3333.33公顷优质小麦生产基地，为吸储地方储备粮打好后续粮源基础，并超额完成了苏州市下达的外建4666.67公顷粮食基地的任务。三是加快仓储建设。按照有利于存粮安全、调控市场和提高运作效率的原则，投资3500多万元，在港口、塘市、乘航、周家桥、农场5个粮库新建地方储备粮仓容3万吨，分两期筹建。第一期工程投资1000多万元，在塘市、农场、周家桥建1.5万吨储备粮仓容，已在年底竣工并逐步投入使用。四是完善保供体系。根据市政府《关于印发张家港市居民粮食应急保供预案的通知》，年初，市粮食局制定了《张家港市城镇居民粮食应急保供预案实施方案》和《张家港市城镇居民粮食应急保供运输运力调度方案》，下发了《关于建立粮食供应数量预警安全系统的通知》，建立粮食市场变化情况的行情监测分析系统，为政府及时科学决策提供准确依据。

【市粮食购销总公司与黑龙江米业股份有限公司签署粮食合作项目协议】 4月19日，市粮食购销总公司与黑龙江米业股份有限公司在沙洲宾馆签署了《关于建立黑龙江米业与张家港粮食储、加、销合作项目的协议》。根据协议，黑龙江米业股份有限公司与市粮食购销总公司以股份制形式共同出资，在张家港市港口粮管所内建办一个日生产能力100吨的大米加工厂——张家港冰灯米业有限责任公司。市粮食购销总公司提供企业生产经营场所，黑龙江米业股份有限公司每年定向采购黑龙江晚粳稻1万吨作为张家港市级地方储备粮，并优先为合资大米加工厂安排优质粮源。该协议还规定张家港冰灯米业有限责任公司在市场粮食供应紧张和粮价大幅度上涨时，服从当地政府指令，积极组织加工，以确保张家港市场粮食供应。大米生产线总投资约700万元，8月奠基动工。

【首批22家粮食经营企业获粮食收购许可证】 9月28日，市粮食局举行粮食收购许可证首发仪式，全市首批22家粮食经营企业通过审核，领到了粮食收购许可证。粮食收购是整个粮食流通的关键环节，建立粮食收购市场准入制度，是加强粮食流通管理、规范粮食市场秩序的一项重要措施。自国务院《粮食流通管理条例》颁布实施后，市粮食局认真履行职责，在对全市所有从事粮食收购法人、其他经济组织和个体工商户进行广泛调研的基础上，严格按照《粮食收购资格审核管理暂行办法》，开展了粮食收购资格的审核工作。自9月5日进入审核程序后，共受理22户粮食经营者的资格申请，经审核，22户均符合资格条件，并在《张家港日报》上进行公示，严防不合格主体进入粮食收购市场，及时完成了粮食收购许可证的办证、发证工作。（黄锦良　严景阳）

粮食收购许可证首发仪式

（市粮食局 供稿）

烟 草

【张家港市烟草专卖局（公司）】 年内，市烟草专卖局（公司）围绕“立足竞争、优化服务、细化管理、推进改革”的工作方针，致力业务经营、网络建设、市场管理、内部规范四大工作重点。全年实现销售收入6.8亿元，比上年增37.58%；卷烟销售40827箱，比上年增18.27%；实现利税14238万元，比上年增72.75%；实现利润12276万元，比上年增80.72%。共查获各类案件149起，上缴国库罚没款5.73万元。

（石冬萍）

【江苏烟草东渡有限公司】 年内，江苏烟草东渡有限公司按照平稳发展的总体要求，扎实开展以东渡烟销售为中心的各项工作，经济运行质量和综合管理水平都有了新的提高。全年共销售东渡系列卷烟68033箱，比上年增1.46%；实现利税8097万元，比上年增9.45%；实现利润6645万元，比上年增16.21%。11月19日，作为知名老品牌的东渡卷烟重入全国烟草百牌号考核目录，为东渡品牌的市场销售特别是省外销售增加了重要的品牌砝码。

（陈晓凌）

【因地制宜开展卷烟营销】 随着本地经济建设的快速发展，卷烟消费出现上升势头，指令性卷烟计划难以满足市场需要，供需矛盾突出，尤其是低档烟供需缺口较大。市烟草专卖局（公司）及时调整工作，一方面继续巩固与原有厂家的产销合作关系，充分把握有限的计划资源；另一方面积极主动拓展进货渠道，开辟新的合作关系。先后与贵州烟厂、新郑烟厂、武汉烟厂建立了低档烟供货渠道，有效地填补了低档烟的供需缺口，满足了市场的需求。

【卷烟零售户实行计分制管理】 市烟草专卖局（公司）按照诚信等级管理要求，对全市持有烟草专卖零售许可证的卷烟经营户的守法经营情况加强日常监督和管理。以满分100分为基准，实行累计扣分制，一年为一周期。专卖科根据日常查处案件性质、案值大小、案由的情节进行扣分，得95分～100分为守法经营户，得70分～95分为基本守法经营户，得70分（不含70分）以下者为不合格经营户。对累计扣30分以上的零售户，暂停供货1～3个月；累计扣40分以上的零售户，取消其卷烟经营资格。通过实施计分制管理，规范了卷烟零售户的经营行为，促进了全市卷烟市场的净化和规范。

（石冬萍）

盐 业

【概况】 2004年，江苏省苏南盐业有限公司张家港分公司（张家港市盐务管理局）围绕“净化食盐市场，建设平安张家港”主题，以增销提效为工作中心，形成全天候送货、全方位服务、全年候营业、全过程负责的“四全服务”质量方针。全年共销售盐28897吨，实现销售收入2408.32万元，比上年增3.6%，实现利税400.32万元。年内，市盐务管理局加强对盐业市场的盐政监管力度，强化执法、管理、服务、宣传等方面工作，依法行政，严厉查处辖区内私运、私销、私购、侵销、倒买倒卖盐产品的违法案件和行为，发挥盐政“110”社会联动作用，与公安、卫生、工商、质检等部门加强协作，开展联合执法。全年盐政执法人员共出勤962人次，查处盐业违法案件194起，查处违法盐产品18.12吨，没收违法盐产品10.48吨，罚款19.07万元。

【广泛开展防治碘缺乏病宣传】 年内，市盐务管理局（公司）利用报纸、电台、电视台、图片展览等多种形式，广泛开展防治碘缺乏病宣传。5月15日，在市街心公园与市卫生局、电视台等共同举行宣传活动，发放宣传资料1500份。全年通过电视宣传、曝光案件6次，发放各类创建宣传资料1万余份。通过各种形式的有效宣传，提高了全社会对盐业管理的认知度，加强了广大市民对食用合格碘盐的意识，为消除碘缺乏病危害和盐政执法创造了良好的舆论环境。

（潘 焱）

石 油

【概况】 2004年，中国石化江苏张家港石油分公司围绕“深化改革，拓展经营，强化管理，努力重构企业经营新主体、管理新基础、发展新优势”主题，加大零售网点建设力度，努力扩量、降本、增效。年内，公司构筑网络优势。6月底，先后与袁桥、锦南、香山等3个加油站达成租赁协议并接手经营；10月租赁市区万吨站——乐得发加油站。全年成品油销售总量10.52万吨，比上年增19%。其中：零售7.9万吨，比上年增37.6%；批发配送1.74万吨，比上年减7.9%；批发分销0.36万吨，比上年减50.7%。润滑油销售量0.52万吨，比上年增23.8%。燃料油销售0.21万吨。

【大力发展IC卡用户】 年内，中国石化江苏张家港石油分公司把发展

IC卡用户作为稳定老客户、发展新用户的有效手段。推广IC卡有利于压缩赊销，降低潜在经营风险，减少现金交易，提高油站管理水平。通过宣传推广，短短两个月就完成发卡1079张，使张家港成为苏州地区第一个发卡量突破1000张的片区。随后，公司又在政府采购招标中采用记账加油转IC卡的方式，将大多数本部和油站的记账用户转换成IC卡用户，并重点在出租车、私家车、市内公交车中发展IC卡，收到了较好成效。截至年末，张家港片区共完成IC卡销售6201张，形成了新的消费群体。通过先进的电子交易形式，稳定了客户，改善了经营结构，IC卡加油量已超过记账加油量，占加油总量13%，记账加油由原先16%下降至3%。

【全面实施HSE管理体系】 2004年，为全面贯彻中石化集团HSE（健康、安全与环境管理体系）方针，实现“追求最大限度的不发生事故，不损害人身健康，不破坏环境，创国际一流的HSE业绩”的目标，中国石化江苏张家港石油分公司制订了《张家港片区2004年HSE工作计划》，全面实施HSE管理体系。首先，加强HSE组织领导，落实责任制，开展教育培训和各种形式的HSE检查，做好危害识别、风险控制。其次，重点开展季节变更、重大节日、达标创星、月度综合考核评比等专项检查，及时掌握油库、加油站、车队等安全动态。全年共下发整改通知书183份，现场处罚违规40人次，罚款3420元，考核扣分2528分，处罚扣款12640元，进一步提高了安全保障系数。通过自查及危害识别，油库、零售条线排查出12个重大隐患，相应制定防范措施并开展了应急预案的演练。

（顾　艳）

餐饮业

【概况】 2004年，全市餐饮业发展迅速。至年末，共有集体股份制餐饮企业15家、私营餐饮企业12家、个体工商户门点2517家。全市有五星级宾馆3家、四星级宾馆2家，三星级宾馆和二星级宾馆各5家。全市15家星级、涉外宾馆累计接待人数38.81万人次，比上年增13.61%；营业收入总额26327万元，比上年增19.86%；餐饮收入总额11817万元，比上年增11.30%。全市餐饮业完成生产总值13.16亿元，比上年增28.52%。

多元化经营　全市新增五星级宾馆2家。星级宾馆酒店在加强环境装饰布置和设施装备的基础上，引进金陵饭店等宾馆餐饮业管理企业和专业人才，注重管理和服务的结合，主要针对全市的商务接待、政务招待和市民举办喜筵等大型宴会。大、中型饭店多以粤菜、苏帮菜、淮扬菜和海鲜为主，各有侧重，不断推出新菜品和特色菜吸引顾客。特色饭馆数量众多，主要有口味较重的川菜、湘菜和烧烤、火锅，注重质朴原味的本地菜和家常菜，具有民族特色的日本料理、韩国菜和西餐，及以一种主料为招牌的重庆烧鸡公、酸菜鱼等，适合普通市民消费，美味实惠。餐饮连锁企业发展迅速，主要有快餐店、茶座和咖啡屋，使用连锁企业统一的商标、店堂装饰、着装以及管理经验、运作模式、原材料供应等，管理规范且方便休闲。

块状聚集　市区餐饮业呈现块状聚集态势。以国贸酒店和华芳金陵国际酒店为中轴线的商务行政区，集合了众多星级宾馆和高档饭店，附带城北海关路特色饭馆；步行街东西两头的美食街特色小店和沙洲中路金海华、新悦华等大、中型饭店；处于万红社区的暨阳西路段，以特色菜和家常菜为主。

生态餐饮　随着自然和健康生活饮食理念的深入，港城人崇尚以当地所出蔬菜、畜禽和水产为原料，本地家常菜做法烹制的菜肴。一些高档酒店推出讲究原汁原味的江南蒸菜和当地菜肴，吸引消费者。乡镇出现自种蔬菜，自养畜禽、水产的饭庄，以无污染和纯天然为卖点，结合餐饮、养殖和垂钓休闲，仓基的农家菜园、锦丰休闲渔园受到消费者欢迎。

表60　**2004年餐饮网点和从业人数表**

分　类	网　点（个）	从业人员（人）
集体股份制企业	15	600
私营企业	21	493
个体工商户	2571	3813

【盱眙龙虾风行港城】 年内，盱眙龙虾在张家港风靡一时。从小餐馆到大饭店，连一些超豪华、五星级酒店也推出盱眙龙虾作为招牌菜。盱眙坐落在水质清澈的苏北洪泽湖畔，是全国著名的生态县，湖中龙虾个大体肥、肉质鲜嫩，无污染，迎合了市民崇尚绿色生态的消费理念。龙虾蛋白质的含量较高，具有补肾、健胃、美容、养颜之功效。盱眙人用传统的中药配制十三香调料，独特烹制方法烧出的龙虾具有麻、辣、香、甜的口味。饭店还推出了一些淮扬菜和苏北地方土菜，这些有着地方特色的土菜更能吊起消费者的胃口。

【江南美食节品出“百姓味”】 农历二月十九是一年一度逛庙会的传统节日，为丰富市民饮食口味和树立餐饮行业良好形象，市旅游局自3月6日至12日在市区星级饭店中开展“江南美食节”活动。此次江南美食节有9家宾馆参与，国贸酒店、华芳金陵国际酒店、馨苑度假村、沙洲宾馆等多家星级宾馆主动降低门槛，或推出特价菜肴，或免收服务费用，迎接普通百姓。市区各星级宾馆围绕美食节，都推出各具特色的菜肴。国贸酒店开展“百姓节”系列活动，许多价廉物美的家常菜摆上了餐桌，美食节期间各餐厅常座无虚席。馨苑度假村根据港城百姓口味偏咸的特点，特意策划了淮扬家常菜系列。景海宾馆根据市民们不断变化的饮食习惯，精心推出了品种丰富的斋菜系列。江南美食节的举办，也为星级宾馆创造了练兵机会。

【咖啡店成为餐饮市场新军】 由于广大消费者饮食口味和方式的转变，众多欧美饮食受到市民特别是青年人的欢迎，咖啡因其浓郁的味道和丰富的品种得到青睐。年内，全市咖啡业竞争激烈，知名连锁咖啡店台湾上岛、新岛等以其统一的品牌规划、原材料采购和纯正口味，和众多本地大型咖啡店争夺市场。咖啡店都以简洁明快的北欧风格为主调，为消费者提供一个休闲放松和商务洽谈的空间，不仅提供地道纯咖啡、奶咖、果汁等西式饮品和红绿茶、花茶、功夫茶等中国茶，还售点心、小吃、蜜饯等休闲食品，以及各式商务简套餐，成为休闲、商务餐饮消费的新军。年内新增莆田、SPR等众多咖啡屋，一些茶室开始涉足咖啡经营，国贸、华芳等星级宾馆也都设立了咖啡茶座。（史 志）

服务业

【概况】 年内，全市服务业全方位发展。美容理发、浴室足疗、歌厅酒吧、中介咨询以及家政保洁等服务行业拓展快速，行业整体质量提高，共有美容美发店1505家，浴室足疗167家，休闲娱乐场所182个，中介咨询机构109家，家政保洁公司28家。全市社会服务业完成生产总值20.01亿元，比上年增12.2%。美容健体成为市民消费热点之一。上海邱竞SPA美容院、克丽缇娜连锁美容入驻港城，带去更为完善的护肤美体理念。大型社区新增众多美容院，方便消费者的日常护理，年内还出现了首家男子美容中心。追求健康成为市民共识。健身房面向大众，提供器械，有氧、无氧运动等项目，此外羽毛球馆、乒乓室、保龄球馆等都锻炼者众多。全市各小区棋牌室成为老年人又一健身休闲场所。年内，各大型浴室集洗浴、按摩足疗、休闲娱乐和餐饮于一身，经营良好，是市民休闲保健的好去处。酒吧业发展迅猛，酒吧设计风格、经营方式各有特色，以个性吸引顾客。全市KTV行业整体质量提升，各大KTV娱乐场所包厢装饰华丽，采用电脑点歌，配备大屏幕背投、等离子或液晶电视。年内部分星级酒店和高档饭店进行改造，开设高档KTV娱乐场所，市场竞争更为激烈。中介咨询逐步扩展。房产中介仍是中介市场中坚，年内受房地产业波动影响，不少不规范的小中介关闭。随着全市经济飞速发展以及私营企业和个体商户的增多，律师事务所、会计事务所和企业管理、策划咨询公司逐渐增多。家政保洁公司新增21家，比上年增300%，市场需求量巨大。保洁公司通过规范发展，装备先进的清洁设备，从家政扩展到企事业单位的保洁工作。

表61 2004年服务业网点和从业人数表

分 类	网 点（个）	从业人员（人）
美容理发	1505	1849
浴室足疗	167	560
休闲娱乐	182	300
中介咨询	109	195
家政保洁	28	140

【汽车装饰业以专业求发展】 汽车装饰业是汽车业的伴生产物，汽车装饰一般包括添置地毯、座椅套、太阳膜、小挂件、汽车香水等，以及清洗打蜡、封釉、底盘加固等护理。张家港市汽车消费的繁荣给汽车装饰业提供了大量的商机。随着汽车的配置越来越高，装饰的内容越少，对技术和个性化要求越高。这需要汽车装饰业以更专业的技术、更规范的经营管理寻找更好发展。作为新兴的产业，行业的发展不够成熟、规范成为其发展阻碍。假冒伪劣产品和不法商家以低价吸引外行的顾客，扰乱行业秩序，给消费者和竞争激烈的汽车装饰业带来了损失。年内，汽车装饰的经营者选择专业品牌求发展，选择专业品牌系列产品进行销售，扩大企业规模，同时把消费者引向专业品牌消费。培训专业技术人员提供服务，引导消费者进行专业的装饰。

【酒吧特色经营】 随着市民休闲观念的增强和到张家港工作的外国技术人员和商务人员的增多，酒吧成为新兴的聊天休闲场所。市区酒吧主要集中在市游泳馆东侧龙潭路，沙洲中路东首和沙洲西路万红小区段，这三处酒吧众多，尤其是游泳馆东侧有数十家。这些酒吧都不大，以特色取胜，内部布置和门店装饰充满个性气息，给人以视觉冲击。马龙是张家港老牌酒吧，有着欧洲小酒吧的风格，各类酒品种齐全且以中英文交流，是老外们泡吧的主要地点。铜锣湾和火焰吧以有驻唱乐队闻名，铜锣湾偏重粗犷，而火焰吧彰显轻柔。此外，有些酒吧采用日式酒吧装饰，给人新奇感；也有酒吧突出军事主题，吸引消费者。

【婚嫁喜铺服务新人】 人们对结婚这一人生大事的重视，使新婚费用日益上涨，结婚所带动的餐饮、饰品、服装、房产、汽车等大额消费被誉为"结婚经济"。年内，全市相继开张了几家婚嫁喜铺，喜铺不从事婚介，只对结婚仪式的过程提供服务。从新娘婚纱、喜帖设计、喜糖包装等结婚前期准备，到婚宴布置、背景音乐、婚礼主持、结婚仪式和婚宴节目等，甚至拍照摄影、菜单设计，喜铺都会给新人做专业、详尽的个性设计。喜铺重视细节的服务，迎合了年轻人追求独特个性的心理，省却了新人结婚时的众多琐事，专业婚礼仪式设计烘托了喜庆、热闹的气氛，得到市民的欢迎。（史 志）

旅游服务

【概况】 至年末，全市共有星级饭店（宾馆）15家，其中五星级3家、四星级2家，全年累计接待人数39.02万人，比上年增14.23%，其中境外旅游者2.54万人，比上年增100.8%；营业收入总额25768万元，比上年增17.33%；经营利润总额7854万元，比上年增68.61%；客房平均出租率68%，比上年增0.31%。全市有旅行社15家，全年累计组团、接待人数7.7万人次，比上年增63.83%；营业收入总额4398万元，比上年增50.46%。景区、景点（香山、凤凰山、东渡苑、张家港公园、双山岛）全年累计接待游客77.05万人次，比上年增4.97%。年内，市旅游局组织参加了4月在苏州举行的2004苏州国际旅游节彩船巡游活动和11月在上海举行的中国国际旅游交易会。

行业管理　年内，华芳金陵国际酒店被评定为五星级旅游饭店，张家港宾馆被评定为二星级饭店，馨苑度假村从四星级旅游饭店晋升为五星级旅游饭店，新成立了汇友、新华两家国内旅行社。年内，18家旅游企业分别受到苏州市人民政府等有关部门表彰，其中馨苑度假村被苏州市人民政府评为2004年度苏州市旅游行业先进集体。

队伍建设　为进一步提高旅游行业人员的管理服务水平，建立一支高素质的旅游行业队伍，市旅游局采取多种形式组织相关人员学习培训、考察交流。先后组织了10家星级宾馆（酒店）的总经理和部分中层管理人员，赴广东东莞和深圳学习考察。年内组织15名人员参加饭店经理的资格考试、42名人员参加导游的资格考试、10名新考导游进行了上岗培训、433名从业人员参加了英语等级考试。至年末，全市星级宾馆（酒店）部门经理以上的持证率均达到了100%，员工英语水平C级占60%、B级占25%、A级占15%。全市旅行社具备总经理资格和部门经理资格证书的已达35名，在册导游72名，其中在导游服务中心注册的19名，均比上年有所提高。

【旅行社组建"美丽假期"联合体】 随着旅游业的快速发展，旅行社不断增多，使有限的客源被分散，客源不足导致单一的旅行社无法组织散客团队。年初，天马、永安和国泰三家旅行社成立"美丽假期"联合体共同开发散客市场，佳安旅行社、金港旅行社和山水假日旅行社随后加入。"美丽假期"联合体是旅行社联合组建的专门组织散客出游的松散型合作组织，运作方式是6家旅行社分别接受散客报名，周末组团发班。散客较多是港城旅游市场的特点，旅行社独立经营不利线路推广，通过联合协作、资源共享，有利于散客出游和线路多样化，迎合了目前旅游发展的动向和前景，同时游客也得到实惠和方便。

表62　**2004年全市星级旅游饭店一览表**

单位名称	星级	地址	电话	床位数（张）	接待人数（人）	营业收入总额（万元）
国贸酒店	五星级	市区人民中路42号	58687788	350	30241	5291.00
馨苑度假村	五星级	市区澄杨路8号	58818888	420	35820	2415.71
华芳金陵国际酒店	五星级	市区长安路388号	58811888	455	40410	6606.85
沙洲宾馆	四星级	市区暨阳中路170号	58810888	417	40344	2585.00
江南宾馆	四星级	金港镇长江中路2号	58331601	90	20652	1582.93
兴塍苑宾馆	三星级	金港镇后塍街道文星路	58771688	128	10880	490.50
华芳园宾馆	三星级	塘桥镇人民南路1号	58438185	93	12300	654.00
长江大酒店	三星级	金港镇长江西路31号	58332588	127	17734	1494.72
景海宾馆	三星级	市区海关路21号	58695777	122	26791	554.68
凯悦大酒店	三星级	金港镇江海北路5号	58336688	127	18811	1140.62
东方宾馆	二星级	市区暨阳中路19号	58224200	148	32444	779.41
凯利达大酒店	二星级	市区长安路382	58221300	134	22529	457.70
塘桥宾馆	二星级	塘桥镇南京路15号	58442878	70	8711	457.00
机关宾馆	二星级	市区杨舍西街97号	58233877	120	29721	872.60
张家港宾馆	二星级	市区长安路124号	58221700	202	42817	385.37

表63　**2004年全市旅行社一览表**

单位名称	地址	电话	外联、接待人数（人）	营业收入总额（万元）
国泰国际旅行社	市区长安路176号	58127222	12426	894.00
金港国内旅行社	金港镇天台北路50号	58339850	6521	203.17
天马国内旅行社	市区长安路189号	58224471	4230	303.43
佳安国内旅行社	市区长安路58号	58685120	3001	178.57
青年国内旅行社	市区港城大道233—237号	58122333	639	126.20
观光世界国内旅行社	市区暨阳中路77号	58234062	3467	505.00
华泰国内旅行社	市区长安路5号	58683999	6375	592.00
山水假日国内旅行社	市区公园路11号	58181820	5906	216.00
永安国内旅行社	市区长安路175号	58231100	5981	327.62
风光国内旅行社	市区通运新村57幢	58225613	4946	39.44
亚博国内旅行社	市区湾士岸一村一幢4号	58283665	3657	599.00
春秋国内旅行社	市区南环路62号	58150570	841	116.96
育星国内旅行社	市区城北新村18幢12号	58675776	17126	251.46
汇友国内旅行社	市区暨阳中路283号	58152260	1500	37.39
新华国内旅行社	市区港城大道71—73号	58156720	70	8.20

（祁义方）

【编辑　沈晓波】

【概况】 年内，全市市场贸易活跃，市场建设向专业化、集中化、规模化发展。至年末，全市有核准登记的各类市场89个，其中消费品市场76个、生产资料市场9个、生产要素市场4个，全年成交额126亿元。成交额超亿元市场有10个。苏州市样板市场24个，苏州市文明市场25个，苏州市诚信市场17个。

消费品市场 全市有消费品市场76个，占地总面积42.5万平方米，建筑总面积29.1万平方米，摊位9120个，经营户6637户。其中个体6576户，集体47户，国营14户。全年成交额72.7亿元。全年共销售肉食禽蛋11.3万吨，水产品4.3万吨，蔬菜12.6万吨，干鲜果类3.2万吨，粮食1万吨。

生产资料市场 全市有生产资料市场9个，全年成交额53.5亿元，比上年增29%。主要经营化工原料、废钢材、建筑装饰材料等。化工市场和钢材市场依托港口物流优势，发展迅速。

生产要素市场 全市有人才市场、技术市场、劳动力市场、房地产市场等4个生产要素市场。全年举办固定人才市场72次，招聘单位2489家，提供就业职位35595个，平均每场提供就业职位494个；进场求职人数56884人次，达成应聘意向36494人次，平均每场507人次。累计新增人事代理4357人，其中单位代理2363人、个人代理1994人。年内全市科研技贸机构新增3家，累计81家。市劳动力市场举办劳动力交流洽谈会23次，用工单位884家，提供岗位14413个，进场求职11560人次，达成就业意向6495人次。年内开展再就业、拥军爱民、女职工、中专技校生等特色招聘专场。

（冯学东　程　鼎　李裕芬　朱海婷）

【加强流通领域市场管理】 为确保流通领域日用品和农副产品的质量，张家港市工商局将其检查纳入基层分局的日常市场检查范围。通过专项整治，销毁各种过期、变质、假冒饮料4156箱，不合格冷冻食品1423盒；行政处罚卤菜加工场31户，取缔卤菜销售店（摊）2户，没收变质卤制品56千克；查扣过期劣质农药2355瓶；收缴各类性药品156盒、减肥药品200盒；查扣散装白酒1250千克、成品汤沟大曲26箱、假冒长城干红和干白葡萄酒3000箱。64个镇、村级农贸市场都配备检测人员和设施，检测室设立达100%。全年共发放检测合格证90万余张，猪肉亮化牌公示率100%。流动检测车共巡查市场1200场次，出动检测人员1626人次，抽检蔬菜4253批次，处理不合格蔬菜756千克，检测合格率98%，确保上市肉、菜、粮合格。举办流通领域企业负责人法律法规知识培训班3期，参训单位41家，参训人员164人次，发放《告个体工商户书》2万份，给企业发放《守法经营指南》2500册。市局“12315”投诉中心热线全天候服务，向消费者发放《消费实用指南》1500册，各种维权常识和识假知识宣传单1.5万份。（冯学东）

【市果品副食品市场助农增收成效显著】 市果品副食品交易市场是集农副产品产、加、销、储藏于一体的规模型综合性农副产品大市场，全年完成交易额16.63亿元。市场努力做好本地农副产品的产销衔接工作，本地农副产品购销两旺。为鼓励和扶持农民自产自销，市场对本地种养殖基地和大户，全力提供服务平台。全年累计走访种养殖基地（农户）、农民经纪人、农服部门1360多次，推出服务新举措26项。同时，通过市场牵线搭桥，给予产地20%～30%的管理费优惠，竭力促成本市生产基地和市场内营销大户的产销对接，全年累计订单业务总额2000多万元。全年销售本地各类蔬菜1.2万吨，家禽1776吨，水产品1358吨，各类水果5210吨，南北货1900吨，副食品1.2万吨，菊花味精、梁丰牛奶、沙洲优黄、后塍腊鸡腿84万箱，成交额达1.5亿元。组织全市4种农副产品先后参加江苏省名特优家禽制品推介会和中国北京国际合作社贸易洽谈会，得到客商的广泛好评。市场被省政府命名为江苏省农业产业化经营重点农产品批发市场，被全国供销总社评为重点龙头企业。

（吴　永）

【举办春、夏两次大型人才交流会】 1月17日，市人才市场举办2004年张家港市春季大型人才交流会，270家企业踊跃设摊招聘，提供就业岗位5621个，吸引了全市及省内外5300多名应届学生，达成就业意向4200人次。7月18日，在市体育馆主办2004年夏季人才交流会，市人才市场提前与在全国各地就读的部分本地毕业生取得联系，传达举办交流会的具体日期、地点等信息。同时深入企业一线，帮助企业分析人才需求，落实招聘摊位。当天，涉及冶金、机械、化工、电子、医药、外贸等10多个产业的270家企业设摊招聘，近万名大中专毕业生及在职科技人才汇聚市体育馆。入场人数创历次新高，其规模已近一次全国性的人才招聘大会，共有4378名毕业生和求职者与用人单位达成了就业意向。

【人才市场重视指导毕业生就业】 针对年内本地毕业生达4300余人的严峻就业形势，市人才市场认真做好毕业生就业指导工作。在办好春季大型人才交流会和固定周六人才集市的同时，为满足企业和毕业生的供求需要，从2月起增开周日人才市场。同时，针对毕业生的专业结构和企业实际需求，先后举办女性人才专场、营销人才专场、纺织人才专场、外资企业专场等11次面向毕业生的招聘专场。举办大型交流会时，市人才市场都将交流会的相关信息和就业政策汇编成册，便于毕业生了解，并对所有毕业生免收门票。为进场求职的大中专毕业生开辟“绿色通道”，毕业生在现场可随时咨询有关政策，在落实就业意向后，可立即办理就业鉴证手续。全年共办理毕业生就业报到4465名，其中硕士22人、本科1829人、大专1527人，外地毕业生1607人，毕业生就业工作各项指标在苏州各县(市)中继续领先。

【人才网站提升服务功能】 年内，市人才市场再次改版张家港人才网，完善网站功能，增强吸引力。全年新增网上会员167家，其中一年期会员28家，目前会员总数达400多家，网上人才市场访问量达14.64万人次。先后举办2期“网上人才交流会”，第一期从4月15日至5月15日，共有280余家单位网上设摊招聘，提供就业岗位5500余个，共有1.2万余人次在网上投递简历，达成就业意向4000余人，网站点击率平均每天5500人次；第二期从10月15日至11月15日，共有480余家单位在网上设摊招聘，提供就业岗位6500余个，达成就业意向5200余人，其间网站点击率每天达6300人次。

（程　鼎）

【加强与宿豫南北劳务交流】 为加强南北劳务交流工作，1月29日，张家港市职业介绍中心驻宿豫办事处正式挂牌成立。同日，在宿豫成功举办2004年首届“张家港－宿豫大型劳务交流洽谈会”，有48家用工单位参加，提供3795个岗位，现场气氛异常火爆，共有3000多人进场面试，意向成交1600多人。8月17日，举办第二届洽谈会，提供1520个岗位，共有3500多人进场求职，763人达成用工意向。全年引进宿豫劳动力数量较多的企业有张家港华夏帽业有限公司330人，安固（张家港）橡胶工业有限公司400人，张家港保税区光王电子有限公司335人。

（朱海婷）

【张家港市金港物流中心】 张家港市金港物流中心是张家港市改善投资环境、参与现代物流产业而建设的重点工程项目，占地8.33公顷，位于张家港市东二环路苏虞张一级公路连接处，东邻204国道，南接沿江高速公路，北靠319省道，地理位置优越。张家港市金港物流中心由张家港市交通公有资产经营有限公司和江苏港城汽车运输集团共同出资组建，2003年3月18日正式运营。金港物流中心建有信息综合楼3700平方米，标准化库房4200平方米，配载交易用房4000平方米，大型堆场30000平方米，建有基于国际互联网的公共信息平台以及自行开发设计的物流管理系统。一期工程是以运输、仓储、配载、配送业务为主的国内物流。二期工程为国际物流项目，依托张家港港、保税区以及保税物流园区优势，为企业提供海关监管仓库、监管车辆，开展国际货运代理，承担张家港口岸大通关项目的载体任务。2004年，公司共完成仓储、装卸业务营业收入100万元，配载房租金营业收入140万元，配载销售收入3548万元，代理报关营业收入49.3万元。业务营业收入4.7万元，实现开票金额6696.83万元，开票收入31.5万元。（朱晓燕）

2004年主要农副产品价格一览表

表64　　单位：元/500克

品名	规格等级	平均价格	品名	规格等级	平均价格	品名	规格等级	平均价格
猪腿肉	去骨	7.00	河蟹	活、100克以上	41.00	慈姑	新鲜	2.50
猪前夹	去骨	6.50	河虾	活	38.00	花菜	新鲜	1.20
猪大排	去膘	7.50	光鸡	新鲜	4.50	莴苣	新鲜	1.50
猪方肉	新鲜	6.50	草鸡	新鲜、光	6.50	韭菜	新鲜	1.50
猪小排	新鲜	8.00	乌骨鸡	新鲜、光	8.00	药芹	新鲜	1.50
鲫鱼	250–400克	5.00	鸭	新鲜、光	4.50	胡萝卜	新鲜	0.80
鳊鱼	250–400克	4.50	花鸭	新鲜、光	6.50	草头	新鲜	1.50
白鲢	750–1000克	2.50	鸡蛋	新鲜完好	3.10	蘑菇	新鲜	5.00
草鱼	1500克以上	4.50	青菜	新鲜	0.80	竹笋	新鲜	3.00
花鲢	1000克以上	5.00	白萝卜	新鲜	0.80	毛豆	新鲜	5.00
带鱼	鲜冻150克左右	8.00	冬瓜	新鲜	1.00	平菇	新鲜	1.50
黑鱼	活、500克以上	7.50	苞菜	新鲜	0.80	菠菜	新鲜	1.00
甲鱼	活、300克以上	15.00	西红柿	新鲜	2.00	土豆	新鲜	1.00
黄鳝	活、中等	33.00	白菜	新鲜	0.80	生菜	新鲜	1.50

继表 64

品名	规格等级	平均价格	品名	规格等级	平均价格	品名	规格等级	平均价格
黄豆芽	新鲜	0.50	油面筋	新鲜	7.00	绿豆	明绿	3.00
尖椒	干	5.00	海参	水发、新鲜	25.00	赤豆	大红袍	4.00
百叶	新鲜	3.50	海蛰	新鲜	60.00	大豆	中等	2.50
油坯	新鲜	3.60	海带	干	2.50	特一粉	–	1.10
素鸡	新鲜	2.70	梨	一级	1.30	生面	特二	1.30
豆腐	水豆腐	1.00	桔子	一级	2.50	挂面	–	1.40
豆腐干	新鲜	2.40	特粳米	–	1.50	绵白糖	–	1.80
花生米	新鲜	3.50	菜油	二级	3.30			

表 65　**2004 年成交额超亿元消费品市场一览表**

市场名称	主办单位	地　址	建办时间	投资额（万元）	固定经营户（户）	负责人	联系电话
市第一集贸市场	市第一集贸市场有限公司	市区梁丰路 270 号	1979	3600	334	汪永如	58223159
市港区农贸市场	金港镇政府	金港黄泗浦西路	1983	480	217	吴桂平	58330002
市后塍综合市场	市后塍房地产开发公司	金港镇后塍西墩路	1985	800	160	蒋建华	58771412
市兆丰农贸市场	乐余镇政府	乐余镇兆丰街道	1993	155	62	徐文祥	58650955
市锦丰农贸市场	锦丰镇政府	锦丰镇	1993	650	368	陈志明	58550204
市果品副食品批发市场	市土产果品总公司	杨舍镇农联村	1995	3000	289	卢建光	58698949
市东城农贸市场	市东城农贸市场有限公司	市区园林路向阳弄	2000	1700	98	肖东平	58128068
市塘桥农贸市场	塘桥镇政府	塘桥镇镇中路	1985	480	385	顾仁华	58441428
市万红新区集贸市场	市经济适用住房发展中心	市区万红三村	2003	500	110	徐　松	58699188
市妙桥羊毛衫市场	塘桥镇政府	塘桥镇妙桥街道东	1998	150	236	卢正兴	58461688

表 66　**2004 年生产资料市场一览表**

市场名称	主办单位	地　址	建办时间	投资额（万元）	固定经营户（户）	负责人	联系电话
市江南建材城（市场）	金港镇滩上村	金港镇黄泗浦路	1977	764.90	120	张全元	58335477
市盐铁塘钢材交易市场	市恒泰港务有限责任公司	市区东二环路	2002	541.20	25	杨　忠	58295682
市化工原料交易市场	金港镇资产经营管理公司	金港镇香山北侧	2001	598.90	150	沈建荣	58370280
市木材市场	金港镇金沙村经济合作社	杨舍镇晨阳街道金沙村	1997	19.00	26	陆坤荣	13801561618
市新世纪建筑装饰材料批发市场	市金泰建筑装饰材料贸易有限公司	凤凰镇港口街道太平村	2002	1280.00	45	董建东	58431888
江苏江南汽车交易市场	市对外经济贸易委员会	市区东门停车场	1998	200.00	1	董　鑫	58689500
江苏华东废钢交易市场	江苏沙钢集团有限公司	锦丰镇	1997	3000.00	123	许林芳	58568871
张家港九洲家居装饰城市场	九洲家居装饰城(市场)有限公司	市区金港大道	2003	2030.00	145	许细访	58597888

表 67　**2004 年生产要素市场一览表**

市场名称	主办单位	地　址	建办时间	投资额（万元）	负责人	联系电话
市房地产交易市场	市房地产管理处	杨舍镇河东路 1 号	1994	75	张新红	58232719
市劳动力市场	市职业介绍中心	杨舍镇长安路 101 号	1992	–	林　鸣	58138689
市技术市场	市科学技术局	杨舍镇沙洲东路 66 号	1995	50	王启民	58216749
市人才市场	市人才中心	杨舍镇人民路 7 号	1996	563	祁建刚	58689140

（冯学东）

【编辑　沈晓波】

财政·税务

财　　政

【概况】 年内，市财政局坚持主动适应国家宏观调控新形势，大力培植财源，积极组织财政收入，严格支出管理，全年财政实现收支平衡。全市完成地方一般预算收入31.64亿元，比上年增加7.03亿元，增长28.6%；完成全口径财政收入85.04亿元，比上年增加18.06亿元，增长27%。收入总量均名列苏州第一、全省第二，连续四年被江苏省人民政府表彰为财政收入上台阶先进单位。地方一般财政预算支出33.72亿元，比上年增加7.31亿元，增长27.7%。在苏州市纳税人评议行风测评中，综合得分99.8分，名列苏州市财政系统第一；局机关被评为苏州市勤政廉政先进集体和市十佳文明示范机关；局团总支青年集体被团中央命名为全国青年文明号。下属事业单位契税所创建成首批省文明契税所之一，国库收付中心被评为苏州市文明示范窗口。

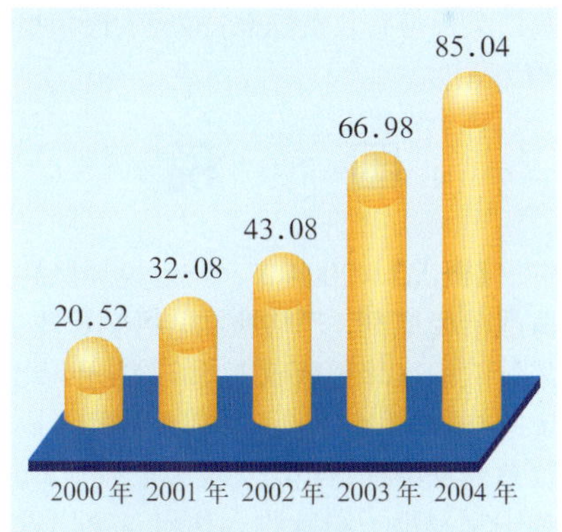

财政收入变化图（亿元）

收入分部门完成情况表

表68　　单位：万元

项　　目	完成数	增收数	比上年增减(%)
国　税	449967	101342	29.07
其中：本市	350952	90747	34.88
保税区	99015	10595	11.98
地　税	253112	101061	66.47
其中：本市	241686	100020	70.60
保税区	11426	1041	10.02
其　他	147301	−21823	−12.90
其中：本市	142420	−18019	−11.23
保税区	4881	−3804	−43.80
合　计	850380	180580	26.96
其中：本市	735058	172748	30.72
保税区	115322	7832	7.29

支出分项目完成情况表

表69　　单位：万元

项　　目	完成数	增支数	比上年增减(%)
基本建设支出	55239	12845	30.30
企业挖潜改造	18681	−7737	−29.29
科技三项费用和科学支出	5226	371	7.65
农业、水利和气象支出	18749	4119	28.16
文体广播事业费	6930	3026	77.51
教育事业费	43362	6556	17.81
卫生事业费	15939	7153	81.41
工交及其他部门事业费	10012	2778	38.41
抚恤、救济、离退休、社保等费用	27148	5844	27.44
行政、公检法支出	52950	14616	38.13
城市维护费	53423	13975	35.43
专项支出	12038	2522	26.50
基金支出	80537	−39821	−33.09
其他支出	17548	3485	24.78
合　计	417782	33249	8.65

财政监管　年内，对进入核算中心的221个单位实行收支分离核算，进一步完善了“收支两条线”管理。调控预算外资金1945万元。推进国库收付改革，实现了会计集中核算向国库集中收付转轨，建立了以国库单一账户为核心的国库集中支付系统，将分散、沉淀在各单位、各部门的资金进行集中管理，提高了资金使用效率，增强了财政抗风险能力。强化财政稽查，开展了一系列专项资金检查，对拖欠公款及用公款购买商业保险进行清理，查处各类违纪违规资金4649万元。进一步规范工资统一发放管理，至年末，教师工资统一发放人数达11739人，市级机关事业单位工资统发人数6277人。

国资管理　年内，共完成30家改制企业的资产核准工作，收缴国有资产净收益、净资产1.31亿元。健全公有资产管理、运营、监督体系，积极参与市金茂投资发展有限公司组建工作，清理资产12亿元，优化资源配置。认真执行《张家港市市属企（事）业单位财务总监工作守则》等规章制度，履行财务总监职责，加强对重点国有（集体）企事业单位的财务监管，实行财务总监联合签证制度，针对企业在财务运作、资产收益及规费收缴等方面存在的问题，及时督促整改。开展机关非自用公有房产、土地清理工作，统一纳入国有资产管理范围，防止国有集体资产流失。

会计管理　把好会计资格准入关，年内办理会计从业资格证书1448份，累计1.16万份。组织各类会计资格考试4735人，会计电算化考试1760人。举办会计继续教育培训72期，受训人数达1.43万人。扎实开展会计学历教育，开办6个中专班、1个大专班及专科、本科复习班各1个，在读学员达500多人。加强会计执业资格检查，查处无证上岗行为。采取随机抽样的方式抽查了全市21家企业，对6家违规使用无证人员担任会计的企业进行了批评教育和相应经济处罚。

财政服务　认真落实各项财税政策，鼓励企业技术创新，帮助申报省重点技改、经济新增长点、火炬项目、扭亏增盈项目32个，配套贴息500万元。实施品牌战略，对国家免检产品、名牌产品、驰名商标给予专项奖励136万元。安排资金830万元，奖励创汇先进单位；向上申请一般贸易贴息1352万元。支持招商载体建设，对沿江开发区、乡镇企业征地给予138万元贷款贴息扶持。支持民营经济发展，调度资金2000多万元，为中小企业提供贷款担保；落实省民营经济专项补助项目11个，贴息232万元。落实农村税费改革政策，直接发放农民水稻生产补贴962万元。加大社会保障资金投入，支持社会保险扩面征缴，市镇两级安排资金8243万元，用于农村养老保险参保补贴，发放老年农(居)民养老补贴5844万元。安排资金4388万元，继续实施“6个500万元以上”富民工程，保证社会弱势群体的基本生活。

政府采购　年内，政府集中采购目录继续扩大到货物、工程、服务三大类55个项目，形成了较为完备的管理制度和监督体系，做到采购内容、采购过程、采购结果、采购纪律“四公开”。从市级机关事业单位聘请了30名政府采购特邀监督员，对采购制度的执行情况进行全面监督，保证政府采购的公开透明。加大政府采购力度，明确规定单项或批量采购金额超过50万元的项目必须实行公开招标，对5000元以下的商品实行限额定点采购，同时，加强对政府集中采购目录外项目如药品、医疗器械等的监管。全年组织实施招投标活动387次(不含网上采购)，政府采购总支出2.02亿元，节约资金2480万元，节约率11%左右。审核报批购置汽车524辆。

【镇级契税实行财政全面自主征收】　8月，市财政局在金港、塘桥、锦丰和乐余4个镇设立契税分所，对全市镇级契税全面实行财政自主征收，其他未设契税分所的契税征管业务则统一就近由各分所办理。这是继市级契税全部实行财政自主征收改革后的又一项新举措，旨在进一步加强镇级契税征管工作，规范契税征管秩序，防止税源流失，确保镇级契税及时足额入库。同时为方便群众缴纳契税、办理房产评估手续、领取房产证，契税分所全部设在各镇房产管理所的办证大厅内，由镇财政选派具有较高业务水平和职业修养的人员组成征收组开展契税征收业务。

【投资工程项目监管核减资金上亿元】　年内，市财政局自行研究开发了政府投资项目库，得到了省财政厅及苏州市财政局的肯定与推广。投资项目库开展项目支出绩效评价活动，出台项目监管“五项制度”：严格绿化建设工程联合办公例会制度，规范绿化建设工程管理；坚持财政投资项目审价机构准入制度，择优确定工程决算审价机构；坚持工程超预算联签报批制度，严格控制工程造价，防止“三超”（概算超估算、预算超概算、决算超预算）现象发生；坚持工程监理签证抽检制度，确保工程监理的公正合理；坚持工程决算财政委托复审制度，提高审价机构的审计质量。为防止施工单位高估冒算，规定凡工程决算审计核减率在15%以上的，审计费用一律由施工单位承担。年内通过对绿化、道路等29个项目的（概）预算审核，共核减资金9368万元，核减20%；通过决算审核，核减资金4923万元，核减10%。

【落实1号文件精神为农民减负494万元】　根据中央1号文件《中共中央国务院关于促进农民增加收入若干政策的意见》精神，年内市财政局会同市物价部门对收费项目进行了全面审核清理，取消收费项目3个，免收项目8个，降低收费标准4个，累计为农民减轻负担494万元。其中：取消畜禽及畜禽产品防疫检疫费中的兽医卫生条件考核、发证和定期技术监测收费，减轻农民负担10万元；免收农村义务教育借读费，减轻农民负担391万元；降低畜禽及畜禽产品检疫费收费标准，减轻农民负担90万元。（李　军）

国　　税

【概况】　2004年，市国税局坚持依法治税原则，严格执法，科学管理，累计组织入库税收收入51.7亿元，比上年增收14.67亿元，增长39.6%。税收总额及增收总额均实现历史性增长，为国家和地方财政收入作出了突出贡献。国庆55周年和国税成立10周年之际，市国税局召开专题纪念大会，总结经验并表彰了10名优秀税务干部。年内先后组织分局长、副分局长和45岁以下197名干部到无锡税校进行专门业务培训。分别组织121名和40名干部参加全省国税系统专业等级（中级）考试和全国注册税务师考试（通过14人，累计77人）。积极参加各类竞赛活动，第五分局吴德锋、第四分局陆建红分别在苏州市国税系统所得税竞赛、主题演讲比赛中获得一等奖和三等奖。税收科调研工作成果显著，先后在预防职务犯罪、"两个条例"、基层分局领导艺术与管理科学征文以及税务学会调研论文中获得一等奖2次、二等奖3次、三等奖2次和集体组织奖1次的好成绩。在苏州市纪委、城调队组织的民意测评中，国税局的综合满意率达99.9%，在苏州市国税系统名列第一。全系统共有37个（次）单位和166人（次）获得各级各类先进集体和先进个人表彰。

2004年国税入库税收一览表

表70　　单位：万元

税　种	金　额	比上年增长(%)
消费税	3721	3.85
增值税	423707	44.16
内资企业所得税	39396	0.20
外资企业所得税	32085	88.52
其他税收	18044	9.60
其中：个人所得税（利息）	6617	14.24
合计	516953	39.60

税收征管　狠抓日常纳税申报管理，严格执行滞纳金加收和迟申报处罚制度，准期申报率、入库率达99%以上。坚持应收尽收，大力清缴欠税，全年清理陈欠税款3000万元。认真贯彻行政许可法，做好与行政许可法有关的项目清理工作，明确了审批职责，精简了审批手续。吸取常州"铁本"案件教训，合理划分征管责任区，调整配置好管理人员，完善管理制度，严格工作考核，责任区管理得到进一步加强。积极推行直属分局个体税收管理经验，在第七分局试点基础上，从7月开始全面采用个体定额核定软件，规范了个体定额核定，确保了个体税收的增长。全面开展对重点税源户、税负异常户和重点行业纳税情况的评估，全年共完成日常评估、专项评估以及所得税评估1247户，发现有问题146户，补缴增值税434万元、所得税104万元，加收滞纳金43万元。高标准完成一般纳税人年审工作。取消145户不符合条件的一般纳税人资格，限期整改49户。认真开展2003年度税收普查和减免税普查工作，摸清了底数，为税收征管积累了丰富资料。继续加强民政福利企业管理，共取消了46户企业增值税先征后返资格。在加强所得税日常征管的同时，顺利完成企业所得税汇算清缴工作，调增应纳税所得额6588万元。对会计核算不规范的139家内资企业由查账征收方式改为核定征收方式，防止了所得税税源的流失。认真开展"一窗式"票表稽核，共比对出进、销项不符纳税人247户，不符税额587万元。此外，还根据上级要求，按时完成了对海关代征进口增值税专用缴款书、废旧物资发票、货运发票、税务机关代开专用发票等"四小票"比对工作。至年末，6996户一般纳税人全部纳入防伪税控系统。全年共采集增值税专用发票存根联193万份，比上年增长28%，采集抵扣联176万份，增长30%。在采集数据总量大、增幅高的情况下，数据传输准确率、报税率和存根联采集率"三率"始终达到100%。

税务稽查　年初相继开展了福利企业、"6.8"超税负退税、免税企业税收三项税收清算工作，累计查补税款161.3万元。开展汽车销售行业、医药行业、房地产行业所得税专项检查和农产品收购企业、废旧物资回收经营企业、用废企业等各类专项检查。加大涉税案件查处力度，共检查企业502家，查补并入库税款1058.95万元，罚款553.5万元，加收滞纳金251.8万元。其中，查处10万元～50万元大案19件、50万元以上4件。向公安机关移送案件50件，有力打击了涉税违法犯罪活动。

职能服务　办理出口退税、福利企业退税、"6.8"超税负退税、资源综合利用退税、再投资退税等各类退税及税收优惠共计33亿元，为加快企业资金周转，促进地方经济发展作出了应有的贡献。第四分局借助青年志愿者服务队，积极主动为辖区纳税人提供各类上门税收服务，据不完全统计，共为纳税人提供上门服务100多次，服务时间120多小时，平均每天受理电话咨询服务、上门口头咨询服务5次以

苏浙沪十六县（市、区）国税信息交流会在市召开　（市国税局　供稿）

上，服务队被评为2004年度苏州市青年志愿服务先进集体。在做好本职工作的同时，全系统干部职工积极响应号召，通过“社会妈妈”、“青年志愿者”、结对帮困、义务献血等多种形式和活动，广泛开展爱心奉献和社会公益活动。认真开展以“依法诚信纳税，共建小康社会”为主题的税收宣传活动，广泛开展税法宣传，增强全社会依法纳税意识。开发运用短信服务系统，累计发送短信1.7万条。开展提醒服务、上门服务、预约服务等特色服务，拓展服务领域，完善服务内容。

【十年征税超200亿元】 自1994年9月28日国税机构成立以来，市国税局始终坚持以组织税收收入为中心，在连续多年高基数高增长的困难下，顽强拼搏，强化征管，确保了税收收入的快速、稳定增长，年年完成和超额完成上级下达的税收计划任务。1994年至2004年，累计组织税收收入达205.57亿元，超过了200亿元大关，年平均增幅超过30%。

【7500多家企业驶上“绿色通道”网上申报快车道】 至年末，全市有7529家企业成功运用了“绿色通道”（零客户端）实现网上申报。与客户端申报方式相比，纳税人使用“绿色通道”网上申报方式后，申报速度明显变快，不必安装软件，不用为软件升级和数据安全而担心，也不再受办公地点的限制，只要能上网就能实现申报，甚至在家中就可完成纳税申报。此外，“绿色通道”还提供了涉税数据查询等增值服务，极大方便了纳税人办税。

【出口退税旧账全部结清】 2004年是出口退税机制改革的第一年。市国税局认真贯彻“新账不欠，老账要还，完善机制，共同负担，推动改革，促进发展”的新退税机制指导思想，抓紧退税进度，全年共计完成退（免）税33.91亿元，比上年增23.9亿元，增长238.73%。其中审批办理以往年度陈欠退税17.08亿元，办理2004年新发生的出口退（免）税16.83亿元。全年审核报关单电子信息11.35万条、外汇核销单信息10.35万条、专用发票和税票信息10万条。至年末，全市出口退税累计陈欠税款全部退清，2004年新发生的退税得到及时足额的退付，确保了出口退税机制改革措施得到切实贯彻和落实，有力地促进了张家港市外向型经济的发展。

【苏浙沪十六县市国税信息交流会在市召开】 10月25日至27日，苏浙沪十六县（市、区）第三十八次国税信息交流会在张家港市馨苑度假村召开。来自上海、浙江、江苏三地十六个县（市、区）国税局的80名代表围绕组织收入、税源监控、福利企业管理、征管改革、文明创建、队伍建设等方面的内容进行了交流。（唐建国）

地　税

【概况】 市地税局内设7个职能科室，下辖8个征管分局、1个稽查局、1个信息中心和1个培训中心（属事业编制）、1家企业（江洲饭店），在编干部194人。年内，按照税收经济观、法制观、服务观和科学发展观的要求，大力组织税收收入，着力规范税收管理，不断提升信息化建设水平，努力服务地方经济和社会发展。全年组织入库地方税收25.3亿元，比上年增收10.24亿元，增67.98%，完成计划的142.65%。其中，省级收入1.13亿元，比上年增收2370万元，增26.5%，完成计划的117.12%；市（县）级收入24.17亿元，比上年增收10亿元，增70.6%，完成计划的144.12%。年内，在由苏州市统计局城调队组织的社会调查中，地税局综合满意率达99.9%，在苏州地税系统名列第一。被评为江苏省文明行业，被苏州市文明委授予2002—2003年度苏州市文明单位，被张家港市委、市政府评为文明机关。全系统有62人次和3个集体获苏州市级表彰，26人次和18个集体获张家港市表彰。

2004年地方税（费）收入一览表

表71　　单位：万元

项　目	收　入	比上年增长（%）
一、地方税收收入	253000	67.98
1.省级	11314	26.50
2.市（县）级	241686	70.60
其中：营业税	59373	43.20
企业所得税	110619	126.56
个人所得税	36151	37.81
城市维护建设税	16212	18.05
其他各税	19331	69.36
二、社会保险费	63802	46.54
三、教育费附加	12249	90.71
四、地方基金（费）	2865	由于农村教育附加费、教育地方附加费计征办法调整，与上年不可比。

税收征管　大力推进税收信息化建设。“税、银、库”联网成功运行；电子申报信息和大厅申报信息成功并轨，税和基金（费）电子报缴系统成功兼容，实现全部税收、基金（费）报缴电子化，在全省基层税务机关处于领先地位；全系统实行了电子化公文处理，提高了办公水平和工作效率。加强税源管理。对当期税源、待征税源实施分类管理；开展重点税种的专项调查，建立重点企业和重点行业的税源台账；实行以票控税，全面启用新版电脑发票，基本取消手工发票，为缴纳营业税行业的纳税人安装税控装置931台。规范行业管理。加强房地产企业的税收管理，出台《加强房地产企业税收管理意见》，对房地产企业按15%利润率预征企业所得税；开展货运发票专项整治，严格自开票纳税人的资格认定。强化个体税收管理。建立与工商、国税联系制度，定期交换业务信息，不间断地清理漏征漏管户；重视定期、定额户的管理，提高银行划卡扣款比例；认真组织定额调整，落实公平税负。重视

企业所得税汇算清缴质量，全市纳税人自行申报率达100%，申报企业所得税3.9亿元，比上年增70.49%。大力压缩欠税，全年共清理欠税4.95亿元。着力提高涉外税收管理质量，年内入库涉外地方税收1.77亿元，比上年增35.41%。

税务稽查　坚持地税稽查机制创新，提升稽查水平。在继续实行查前公示的基础上，完善稽查考核指标体系，不再给稽查局下达税收收入考核指标，调整稽查工作考核内容，使稽查工作逐步由收入型稽查向执法型稽查转变。坚持以查促管，规范纳税行为。开展了对沙钢、永钢、华芳、骏马、张铜等5家大型集团企业的纳税评估，督促企业纳税调整，并补缴税款8873万元。坚持依法行政，规范税收秩序。组织开展了对装饰装潢业、娱乐业、汽车经销商的税收专项检查，查补税款185万元。全年共组织对全市481户纳税人地方各税的检查，其中日常检查387户、专项检查74户、人民来信检查20户，共查补税（费）、加收滞纳金及罚款计2008万元。

职能服务　认真落实下岗再就业税收优惠政策，为从事个体经营的下岗失业人员以及吸收下岗失业人员的企业减免税金688万元。认真落实促进个私经济快速发展的税收政策，继续贯彻落实企业技术改造国产设备投资抵免企业所得税的各项税收政策，为21家企业购置的国产设备，办理了技术改造国产设备投资抵免企业所得税项目的确认，年度抵免税金6247万元。充分利用“12366”税收服务系统和地税网站，宣传税收法律、法规和政策，组织开展各类纳税辅导培训和各种形式的税收咨询活动，开展了“送税收优惠政策到户服务月”活动，为纳税人提供高效、优质的服务。

【税收总量名列全省第一】 年内，市地税局以组织收入为中心，严格遵循依法征税、科学管理，实行应收尽收。在大力推进信息化建设，优化征管手段，全面夯实征管基础的同时，建立和完善“收入激励机制、地税人员行为监督机制、税源监控机制、稽查保障机制”等管理机制。调动内在动力，强化执法监督，不断提高征管质量和效率，促进了税收的快速增长。全年共组织入库地方税收25.3亿元，比上年增收10.24亿元，增67.98%，税收总量和增收额实现历史性突破，税收总量位居全省县（市、区）第一。

【在江苏地税系统首推廉政保证金制度】 4月，市地税局在江苏地税系统首推“依法行政、廉洁从税保证金”制度，这是该局为促进廉政工作而推出的一项新举措。保证金的相对人为系统内所有国家公务员编制、行政附属编制和事业编制的在职干部、职工，保证金数额设为3档，分别适用于一般干部、股级干部和副科级以上干部，其中60%在工资中提取、40%在公务费中提取，按月存入专用账户。保证金制度围绕廉洁从税和依法从政两个方面，构筑了10条底线，采用计分方法实施严格考核，总分为10分。年终依得分情况按50%～100%比例返还，一年内扣满3分的，不予返还。凡年度内受到刑事和党纪政纪处分的，实行“一票否决”制。

庆祝地税局成立10周年文艺演出　　（市地税局　供稿）

【导入ISO 9000质量管理体系】 为加强和改进税收征管，落实税收精细化、科学化管理，规范和统一地税系统内部行政行为以及税收执法行为，从7月起，市地税局开展了ISO 9000质量管理体系的导入工作，经过3个月的试运行和审核认证，全面见证了体系文件的适宜性、充分性、有效性。11月24日至25日，顺利通过CQC（中国质量认证中心）江苏评审中心审核组的现场评审。ISO 9000国际质量标准与税收工作有机整合后建立的质量管理体系，使管理目标和职责权限更加明晰，过程控制更加严格，管理活动更加系统，两权监督更加有效，管理服务更加优质，行政效能得到提升。

【举办地税成立10周年系列活动】 9月28日，是市地税局成立10周年纪念日。10年来，地税全体干部职工艰苦创业，锐意进取，累计组织各项收入85.9亿元，征管改革、信息化建设、干部队伍建设等都取得了骄人的业绩。为全面展示地税成立以来，在两个文明建设上取得的丰硕成果、昂扬向上的队伍形象，充分体现地税依法治税、服务经济、奉献社会的精神风貌，市地税局在系统内举办了纪念建局10周年“回眸十年流金岁月”为主题的演讲、征文、书画、摄影比赛、文艺汇演等系列活动。报名参加演讲的有16人，收到征文34篇、摄影作品29幅、书画作品10幅。有4篇征文和6幅书画、摄影、板报作品获得苏州市地税局纪念活动奖，1篇征文获江苏省地税局与新华日报联合举办的“江苏地税十年”征文活动三等奖。　（陈学敖）

【编辑　汪丽菁】

金　融

银　　行

【概况】 2004年，张家港市银行机构进一步加大金融服务力度，服务水平不断提升，银行业务总量日益扩大，整体运行质量显著提高。

银行机构　2004年末，全市共有银行机构15家，辖78个二级支行、137个分理处、15个储蓄所、36个邮政储蓄专柜，从业人员2825人。其中政策性银行网点1个、国有商业银行网点147个、股份制商业银行网点95个。2004年，全市银行机构实现经营利润11.52亿元，比上年增101.46%。

存贷业务　2004年，在国家加强宏观经济调控的形势下，全市银行机构对公存款、储蓄存款继续保持平稳增长态势。截至年末，全市银行机构本外币各项存款余额518.63亿元，比年初增17.83%，比上年同期少增26.9亿元。其中储蓄存款余额236.2亿元，比年初增13.95%，比上年同期多增2.01亿元。全市信贷投放出现大幅度波动，呈现一季度高速增长、二季度迅速回落、三季度快速投放、四季度小幅回落的大变动格局。截至年末，全市银行机构本外币各项贷款余额458.1亿元，比年初增15.23%，比上年同期少增77.42亿元。

货币投放　全市现金收支继续保持高位增长，现金收支轧差呈净投放局面。2004年，全市银行机构累计现金收入1580.55亿元，比上年增31.66%；累计现金支出1642.11亿元，比上年增31.41%；累计现金收支轧差净投放61.56亿元，比上年增加投放12.44亿元，增25.31%。

表72　2004年张家港市银行机构网点一览表

单位＼类别	支行级机构（个）	二级支行（个）	分理处（个）	储蓄机构（个）	从业人员（个）
人民银行	1	－	－	－	47
银监办	1	－	－	－	4
农业发展银行	1	－	－	－	17
工商银行	2	4	18	5	327
农业银行	1	24	23	4	531
中国银行	2	10	20	－	406
建设银行	2	1	24	6	463
交通银行	2	8	1	－	135
农村商业银行	1	31	51	－	720
苏州市商业银行	1	－	－	－	28
邮政储蓄	1	－	－	36	147
小　计	15	78	137	51	2825

【中国人民银行张家港市支行】 2004年，中国人民银行张家港市支行继续执行稳健的货币政策，认真学习修订后的《中华人民共和国中国人民银行法》等金融法律法规，优质高效履行基层央行新职能。全年调拨现金69.96亿元，投放现金86.18亿元，回笼现金24.22亿元。组织全市150多个银行网点，参加每日两场同城票据电子化交换，并组织参加了上海区域票据交换。全年办理票据交换128.74万笔、2812亿元，票据抵用率达100%。全年办理往来账36.58万笔、1851亿元。按时完成银行机构代码编制工作，为全国现代化支付系统和人民币银行结算账户管理系统上线做好前期准备。年内，构建财税库行横向联网运行体系。6月初实现全市横向联网，实行无纸化核算，纳税人能在全市任意一家银行机构纳税。全年办理国库业务86.17万笔，完成三级预算收入172.18亿元，办理退库39.61亿元，完成财政支出45.95亿元。全年核准新增人民币基本账户4654户。按季对辖内银行机构进行现金管理现场检查，共检查金融机构16次，摘录传票1211笔，发出现场检查意见书13份，对2家违规商业银行实施罚款。对金融机构贯彻执行《中国人民银行残缺污损人民币兑换办法》和《中国人民银行残损人民币兑换鉴定管理暂行规定》情况进行专项检查，共检查48个营业网点。成立农商行专项票据发行考核工作领导小组，顺利完成农商行5996万元专项票据发行工作。

加强银行信贷登记系统日常运行管理，做好银行信贷登记咨询系统企业信息登记、系统升级和贷款卡年审工作，全年发放贷款卡1741张，贷款卡年审3370家，年审率达84%，超过上级行规定的下限14个百分点。按月将贷款超亿元企业名单通报各行，选取15家大型企业、集团企业按季进行跟踪监测，并对每家银行季末余额最大企业及季度新增贷款最大企业进行统计分析。引导和督促商业银行除通过正常信贷投放资金外，积极签发银行承兑汇票、开具信用证和组织银团贷款，全年实际信贷投放总量（含外地和外资银行贷款量）超过140亿元。会同市经贸委分别举行了苏州和上海银行机构与张家港企业的银企恳谈会，先后有9家银行与46家企业达成银企合作协议，授信总额超70亿元。

组织召开全市银行机构行长半年度联席会议和计划信贷、国际业务、会计业务、现金管理、POS联合联网、金融宣传、安全保卫等职能部门负责人季度联席会议，开展和参加专题研讨6次。加强宏观政策调整对全市经济、金融影响的研究和分析，先后完成26项调研任务，撰写金融调研分析材料69篇。2月，市人民银行成立了内审、安全、内务卫生、文档、信息、科技管理等六大工作小组。继续完善财务管理、采购管理等专业委员会工作制度，定期开展活动，提高科学决策水平。做好重要业务风险点排查和内控制度修订、评价工作，排查出风险点78条。按照上级行的统一部署结合银监分设的实际，修订支行和股室内控制度，完善岗位职责84条，管理制度91条，操作流程45条，提前完成支行和股室内控制度测评。年内，市人民银行综合业务考评名列苏州市人民银行系统第一；成为苏州市乃至全省惟一一家信用镇创建实现“满堂红”的县（市），金融安全区创建成果得到进一步巩固；获评2002-2003年度苏州市文明单位。

（胡立新）

【中国银行业监督管理委员会苏州监管分局张家港监管办事处】 中国银行业监督管理委员会苏州监管分局张家港监管办事处于2004年1月1日成立，履行对辖区内各商业银行（含邮政储蓄）高级管理人员、机构、业务经营等监督职责，是中国银行业监督管理委员会派出机构，实行自上而下的垂直管理。张家港监管办系从原市人民银行划转出来，人员原在人民银行主要从事监管工作。年内，张家港监管办依法加强监管，切实保护存款人的合法权益，努力提高全市银行机构的风险控制能力和市场竞争力。贯彻国家宏观调控政策，落实银监会加强贷款风险管理的七条措施，加强窗口指导，督促商业银行加强产业政策与信贷政策的协调配合，调整信贷结构，加强风险管理。督促各行注意和警惕贷款风险，按月、按季通过报表监测不良贷款变化，较好地发挥监管前哨的作用。年末，全市银行业金融机构不良贷款成功实现“双降”。先后参加分局组织的六项现场检查，独立完成对农行汽车消费贷款、中行票据、农商行外汇业务三项现场检查，全年累计投入现场检查235个工作日，促进了全市银行机构各项业务的合规经营和健康发展。此外，还完成了对全市银行机构固定资产项目贷款的清查工作和对进出口银行1.5亿元出口卖方信贷业务的核查工作。加强银行机构市场准入监管，严格按照操作程序，做好银行机构高管人员任职资格和机构变更的初审工作，累计报批商业银行网点迁址19家、撤销6家、升格30家，对升格机构的主要高管人员考试、任前谈话各63人次。

（杨金东）

【国家外汇管理局张家港市支局】 国家外汇管理局张家港市支局严格执行国家外汇管理政策，采取多种措施做好外汇管理和外汇服务工作。2004年，全市完成出口总收汇42亿美元，比上年增57.67%；进口总付汇43.65亿美元，比上年增42.14%，收付汇逆差3.11亿美元。全市银行结汇23亿美元，比上年增59.41%；售汇27.42亿美元，比上年增71.8%，结售汇逆差4.42亿美元。年末，全市直接外债余额3.8亿美元，比上年增83%。年内，市外汇管理局推进网上核销，推行出口收汇核报制度，简化非贸易售付汇审核程序，做好境外投资企业年检工作。完成国际收支统计监测系统升级工作，完善现有结售汇统计报表制度，落实国际收支间接申报现场核查制度，提高了国际收支申报质量。全年办理国际收支间接申报1.44万笔，金额82.95亿美元；涉外收入申报6.4万笔、金额34.76亿美元；涉外收入统计表6.47万笔、金额34.77亿美元，涉外收入申报率达100%。加强外汇资金流入和结汇管理，共发放出口核销单8.27万份，核销8.12万笔，出口总额28.72亿美元，出口收汇核销28.1亿美元，核销率99.4%。办理进口付汇核销0.82万笔、34.94亿美元。办理进口付汇备案165笔、3.42亿美元。清理进出口收付汇逾期未核销0.90万笔、18.23亿美元。做好资本项目统计监测工作，办理外债结汇78笔、0.18亿美元；外债登记30笔、1.41亿美元，核准还本付息0.42亿美元。共办理外商投资企业询证297笔、3.40亿美元；审批外方人民币利润再投资14笔、3.06亿元。对4家企业进出口逾期未核销、2家公司借支业务进行了现场检查，对1家集团公司外汇收支情况进行了专项检查，对2家外汇指定银行国际收支申报统计数据进行了现场核查。与张家港海关缉私部门协作，破获了全省首起地下钱庄洗钱案，涉案金额40万元人民币。市外汇管理局建立重点企业联系制度，妥善处理企业差额核销问题，组织银企业务培训，切实把工作重心从管制为主逐步转向对企业和经济发展的服务。认真做好外币清算业务，共办理810笔、1.58亿美元。办好《外汇管理简报》，及时反映动态信息和热点难点问题，全年共编发简报12期，上报动态信息10余篇，撰写调研材料20多篇。

（胡立新）

【中国农业发展银行张家港市支行】 中国农业发展银行张家港市支行按照“强力支农、完善机制、创新管理、狠抓落实”的经营方针，积极应对市场全面放开的新形势，通过购销、加工、龙头企业“一体两翼”的协调发展，初步扭转了经营困境。全年累计发放粮棉油购销储贷款35416万元，支持企业收购粮食41120吨，调入粮食18150吨，储备稻谷15000吨，调入棉花17471.45吨。发放粮食收购贷款6266万元，调销贷款4150万元。到期贷款收回率达100%，扣除挂账因素，贷款利息收回率77%，粮油贷款利息收回率103%，棉花贷款利息收回率58%。人均有效资产达713.17万元，财政共拨补资金2576万元，均按用途拨补到位。

（陈晓宇）

【中国工商银行张家港市支行】 2004年，中国工商银行张家港市支行以建设“精品支行”为目标，坚持发展传统业务与拓展新兴业务、开拓市场与防范风险、经营与管理“三个并重”，经营规模、经济效益及资产质量大幅提高。至年末，存款总额733896万元，比年初增54891万元；各项贷款余额700183万元，比年初减6349万元，剔除贴现因素，实际贷款增43177万元。实现本外币利息收入37734万元，收息率98.41%，比上年增2.62个百分点；实现账面利润21239万元；实现经营利润21501万元，比上年增41.34%，完成计划任务的100.94%。年内企业网上银行交易57127笔，交易额达3124亿元。全年新增网上银行企业用户51户，个人网上银行开户达4342户。全年新增理财金账户911户，年末卡均存款达7.69万元，富贵型优质客户增至1417户。全年实现中间业务收入1494.3万元，比上年增436万元。继续开展创建星级网点活动，新建五星级网点3个、四星级网点1个、三星级网点3个、星级网点覆盖率26.7%，达到精品支行的要求。“青年文明号”、“巾帼文明示范岗”创建活动不断深入，文明服务达标率100%。年内，被工商银行江苏省分行授予“精品支行”、“经营十佳县市支行”称号，支行党委被工商银行总行党委授予“先进基层党组织”称号。

（张建春）

【中国农业银行张家港市支行】 2004年，中国农业银行张家港市支行主动顺应国家宏观调控新形势，实现了速度、结构、质量和效益的协调发展。存款总量快速增长，年末本外币存款余额148亿元，比年初增33.5亿元；存款总量市场份额达29.22%，比年初提高2.11个百分点，增量份额达40.96%，比上年提高8.11个百分点。信贷结构快速优化，年末本外币贷款余额160.6亿元，比年初增42.5亿元，贷款总量与增量份额分别达到35.98%和63.39%。年末五级分类本外币不良贷款占比仅为2.95%，比年初下降2.22%，扣除政策性因素，实际占比已在1%以下。国际业务、新业务和中间业务快速突破，全年完成国际结算34.2亿美元，结售汇18.5亿美元，个人外汇买卖交易2.44亿美元。金穗卡发卡量达到67.47万张，比年初增17.63万张，金穗卡存款余额11.89亿元，比年初增4.36亿元。电子银行业务量占比达33.2%，比年初提高10个百分点。累计完成外卡收单866万元，转账电话交易额1.38亿元，代理寿险4653万元，代理财险1480万元，开放式基金销售额5106万元。经营利润达3.28亿元，比上年增1.17亿元，经营利润在全国农行各支行所居位次由第十升至第四，并首次跃居全省农行各支行第一。人均创利61.04万元，居全省农行各县域支行第一。

品牌形象快速攀升，网点优化迁置和装修改造步伐加快，全行多数机构网点、尤其是市支行大楼装修改造工程年内竣工，环境面貌焕然一新。网点经营层次加快提升，已建成24个二级支行（含市支行营业部）。全行范围内成功应用“银关通”、转账电话、借记卡定活互转、自动供款、自助贷款等新产品和新功能，有效提升了网点竞争力和经营服务效率。精神文明建设成果丰硕，年内先后获全国农行内控建设先进单位、财务会计先进单位、会计基础工作规范化管理“三铁”单位以及信贷管理先进支行、百家先进支行等多项总行级荣誉；连续6年获“江苏省创建文明行业工作先进行业”称号、连续3年获张家港市“十佳文明示范机关”称号。市农行党委被总行党委授予全国农行先进基层党组织和全国农行学习贯彻“三个代表”重要思想先进单位。“五一”前夕，又获全国金融“五一劳动奖状”，是江苏农行系统和张家港市金融系统惟一的一家。

（顾耀欣　陈玉平）

【中国银行张家港支行】 中国银行股份有限公司于2004年8月26日正式挂牌成立，并在此之前成为北京2008年奥运会惟一合作银行，这标志着中国银行雄厚的本外币资金实力、成熟的金融服务品质、先进的银行经营理念在海内外市场得到广泛认可。年内，中国银行张家港支行完成改制，坚持“以客户为中心、以市场为导向、以效益为目标”的经营理念，通过加强对标管理，促进持续发展，强化合规建设，保障稳健经营，全行的综合实力、整体质量和经营效益显著提高。年末，各项本外币授信资产总额82亿元，比上年增18%；各项人民币存款余额83亿元，比上年增22%；票据贴现总量达27亿元，完成利润1.78亿元，继续在全国县（市）级中行系统中保持领先地位。

（侯志强）

【中国建设银行股份有限公司张家港支行】 2004年，建设银行股份有限公司和建设银行投资有限公司正式成立，标志着建行重组改制工作取得了阶段性重要成果。9月，中国建设银行张家港市支行更名为中国建设银行股份有限公司张家港支行。年内，市建行张家港市支行新一届领导班子团结带领全行员工，内强管理，外拓市场，全面改善和优化服务，支行的综合经营能力、风险防范能力和赢利能力都有了明显提高。至年末，本外币全口径存款时点余额54.84亿元，比年初增3528万元，本外币全口径日均存款余额55.89亿元，比上年增2.42亿元。各项贷款账面余额36.32亿元，全年贷款累计发放61亿元，其中新发放贷款16.4亿元。五级分类口径不良贷款余额7416.72万元，比年初下降1.5亿元，不良率2.04%，比年初下降2.67个百分点；一逾两呆口径不良贷款余额7051.91万元，比年初下降1.08亿元，不良率1.94%，比年初下降1.82个百分点。实现账面利润1.29亿元，比上年增0.2亿元，创造拨备前利润1.42亿元，比上年增2415万元。工程造价咨询业务快速发展，全年完成业务量10.38亿元，比上年增78.96%。年内数据集中系统——DDC系统切换上线并顺利运行。

（黄敏坤）

【交通银行张家港支行】 8月，中国交通银行与香港上海汇丰银行在北京举行签字仪式，汇丰银行以19.9%的比例入股交行，持有77.75亿股，投资总额144.61亿元，约合17.47亿美元。汇丰银行的入股，使交行的核心资本充足率达8.43%，资本充足率达11.62%。年内，交通银行张家港支行严格执行积极的财政政策、稳健的货币政策和适度控制的金融政策，确保了全行各项业务目标的实现和各项工作的协调发展。截至年末，本外币存款超28亿元，太平洋卡发卡量超4.6万张，卡存款2亿元。国际结算量达4.46亿美元，比上年增85%；太平洋卡消费额、全国通交易和网银业务取得可喜进步，全年实现利润7800万元，人均创利超58万元。资产质量大幅度提高，不良率仅为0.26%。年内，市交行营业大楼改造顺利竣工，全辖10个分理处中9个升格为支行。9月，在苏州交行系统内率先成立个人理财中心。（韩学宏）

【张家港市农村商业银行】 2004年，张家港市农村商业银行在国家实施宏观调控和各种不利因素较多的情况下，各项业务仍实现平稳快速发展。至年末，人民币各项存款余额108.11亿元，比上年增16.15%，市场份额达22.29%；人民币各项贷款余额76.06亿元，比上年增13.34%，不良贷款占比1.57%，比上年下降0.91个百分点；综合收息率达99.21%；账面利润首次突破2亿元，达到20458万元，股金分红率每股为18%。国际业务快速发展，全年累计完成进出口国际结算量6.41亿美元，比上年增95.43%。银行卡发放总量11.24万张，年内新增21287张。代收费服务项目从上年5个增加到7个，服务领域涉及代收水费、电费、养路费、税费及固定电话费、小灵通和联通手机话费等，全年累计代收114.6万笔、37亿元。连续三年被市委、市政府授予十佳文明示范机关，荣记集体三等功一次；锦丰、港区等10家支行被市委、市政府授予文明单位；港区支行、总行营业部继续获省级青年文明号称号，并被评为全省农村信用社系统先进集体。（叶桂花）

【苏州市商业银行张家港市支行】 年内，苏州市商业银行张家港市支行始终以提高质量和效益为中心，以突出创新（体制创新、经营创新、服务创新）为主线，以强化风险防范为基础，推行办事高效化和服务优质化。截至年末，各项本外币存款余额62564万元，比上年增48.2%，其中，企业存款48606万元，行政事业单位存款11190万元，储蓄存款2704万元，外币存款17.9万美元（折合人民币157.5万元）。各项贷款余额37198万元，比上年增12.2%，其中，工业贷款13688万元，商业贷款3200万元，建筑业贷款3700万元，个人贷款余额4872万元。外汇业务结算量累计625万美元。共有开户单位420户，其中基本户71户，实现账面利润288万元。（倪 峰）

表73 2004年末张家港市银行机构本外币存贷款和经营利润一览表

	项目 \ 单位	农发行	工 行	农 行	中 行	建 行	交 行	农商行	苏商行	邮政储蓄
人民币业务（万元）	各项存款余额	3167.00	676397.00	1413250.00	699959.00	518142.00	258924.00	1081116.00	62570.00	139181.00
	比年初（±%）	261.12	8.94	29.17	27.49	1.26	18.53	16.14	48.23	10.08
	其中：储蓄存款余额	—	268899.00	744153.00	299640.00	278491.00	76070.00	476855.00	2704.00	139181.00
	比年初（±%）	—	10.39	20.78	21.01	1.30	20.28	14.84	32.68	10.08
	各项贷款余额	45465.00	676339.00	1441246.00	501228.00	359679.00	234243.00	760646.00	37198.00	—
	比年初（±%）	58.39	2.93	38.61	13.61	−9.39	53.53	10.06	12.17	—
	1.短期贷款	45465.00	327864.00	706719.00	303132.00	244602.00	149164.00	740311.00	28285.00	—
	其中：工业贷款	—	285790.00	54857.00	243067.00	212109.00	109350.00	—	13688.00	—
	商业贷款	45465.00	5361.00	11468.00	19458.00	22320.00	4980.00	—	3200.00	—
	个私企业贷款	—	—	67420.00	2382.00	474.00	1783.00	—	919.00	—
	个人消费贷款	—	1524.00	9177.00	7794.00	6592.00	485.00	599.00	1683.00	—
	2.中长期贷款	—	242818.00	240102.00	148330.00	106521.00	61074.00	9620.00	1980.00	—
	其中：个人消费贷款	—	83984.00	94947.00	90985.00	33381.00	10741.00	7757.00	362.00	—
外币业务（万美元）	各项存款余额	—	5511.00	8139.00	16046.00	2937.00	3269.00	2187.00	16.00	—
	比年初（±%）	—	44.15	31.61	6.57	15.63	28.35	47.37	50.00	—
	其中：储蓄存款余额	—	931.00	2362.00	4533.00	484.00	91.00	773.00	11.00	—
	比年初（±%）	—	7.75	−1.75	−14.21	−26.22	−27.78	−1.78	50.00	—
	各项贷款余额	—	2880.00	19961.00	38385.00	420.00	1077.00	704.00	—	—
	比年初（±%）	—	−51.83	16.98	27.47	−94.38	−40.40	−51.25	—	—
总计（万元）	各项本外币存款余额	3167.00	722009.00	1480612.00	832764.00	542450.00	285980.00	1099217.00	62702.00	139181.00
	比年初（±%）	261.12	10.64	29.28	23.62	1.82	19.39	16.55	48.54	10.08
	其中：储蓄存款余额	—	276604.00	763702.00	337157.00	282497.00	76823.00	483253.00	2795.00	139181.00
	比年初（±%）	—	10.32	20.08	15.73	0.76	19.5	14.59	37.14	10.08
	各项本外币贷款余额	45465.00	700175.00	1606453.00	818921.00	363155.00	243157.00	766473.00	37198.00	—
	比年初（±%）	58.39	−0.90	36.02	18.61	−20.86	45.15	9.02	12.17	—
	全年经营利润	−155.00	21239.00	35699.00	17770.00	12837.00	7084.00	20434.00	288.00	—

（注：因人民银行统计口径与各条线统计口径不一，故表中数据与文中数据有所不同。）

【开展人民币反假宣传活动】 2004年，市人民银行加强人民币反假宣传工作，定期组织召开人民币反假工作会议，组织学习《假币收缴、鉴定管理办法》等文件，督促商业银行对新临柜一线人员进行反假技能培训，考试合格者颁发反假培训合格证书。7月，按上级行的统一部署，积极开展反假宣传周活动，在农贸市场和周末早市，设立反假宣传咨询点，接受群众和个体工商户咨询，发放有关宣传资料1.5万份，形成打击制贩假币犯罪活动的强大声势。全年收缴假币71.68万元，有效地维护了人民币信誉，取得了良好的社会效应。

【银行卡业务发展势头良好】 2004年，全市银行卡发展势头良好，截至年末，全市入网商户总数207家、入网POS机313台，其中新增入网商户63家、入网POS机83台，各项指标在苏州五县（市）位居前列。全年POS交易额21423万元，比上年增加8800万元；月均交易额1785万元，比上年增733万元，青岛润泰（百润发）超市消费笔数名列榜首，呈现出快速发展的喜人景象。年内，在市人民银行的组织协调下，全市银行卡联网联合小组成员单位重点做好四项工作：一是加大舆论宣传力度，利用《张家港日报·金融专版》定期组织开展宣传，提高消费用卡意识；二是坚持定期对商户POS机具进行日常维护，节前进行重点维护，确保POS机的正常使用；三是组织开展富有成效的POS商户培训活动；四是搭建与POS机生产厂商的交流平台，通过厂商新产品演示等方式传递POS最新研究成果及发展方向，为提高银行的服务质量打下了良好基础。

【五大商业银行实现利润超10亿元】 2004年，市工商银行、农业银行、中国银行、建设银行、农村商业银行等五大商业银行实现利润10.80亿元，比上年增63.34%。其中：市农行实现利润突破3亿元，达3.57亿元；市工行、农商行实现利润均突破2亿元，分别为2.12亿元和2.04亿元；市中行、建行分别实现利润1.78亿元和1.28亿元。五大商业银行利润大幅度增长的主要因素有：一是得益于地方经济持续、快速、健康发展，贷款投放总量日益扩大，传统存贷利差收入增加；二是中间业务迅猛发展，结算业务、信用卡、信用证业务等收益增加；三是资本市场等其他收益增加。

【信用镇创建率先实现“满堂红”】 2月，苏州市创建金融安全区协调小组办公室授予凤凰镇、锦丰镇、南丰镇、金港镇、杨舍镇、乐余镇、大新镇信用镇称号。至此，全市8个建制镇全部建成信用镇，成为苏州市乃至全省、全国首家实现信用镇创建“满堂红”的县（市）。在创建过程中，市创安办定期组织召开创建协办行负责人工作会议，及时交流总结。完善《创建协办行管理考核办法》，定期进行考核和登记，定期通报考核情况。通过印发创建信用村镇活动实施意见、召开各镇和各协办行经验交流会、到各镇和各协办行检查等活动，深入开展信用村镇创建和诚信系列宣传活动，营造良好的创建氛围。6月，为及时总结创建经验，编撰出版《信用镇满堂红——张家港市创建信用村镇纪实》宣传专辑。同时，利用与市报社联办的《张家港日报·金融专版》宣传阵地，重点围绕金融安全区创建、信用村镇创建、提高全社会信用观念等方面做好舆论宣传，每月出版一期两版，收到舆论宣传和提高思想认识的预期效果。

【创建金融安全区迈上新台阶】 2004年，市人民银行进一步巩固和推进金融安全区工作，以倡导全民信用意识为落脚点，创造性地落实各项创建举措，有效地巩固和提升了金融安全区创建工作的领先地位。组织召开创建工作半年度联席会议和联络员季度联席会议，印发创建工作意见，及时了解和报送创建动态，按季组织力量进行考评，金融安全区创建工作有条不紊向纵深推进。切实维护金融债权，严防企业逃废行为。继续加强金融债权管理，努力维护金融机构的权益。全年发出债权认定通知书2份，落实金融债务860万元。年末，全市不良贷款（五级分类）余额14.81亿元，比年初减少8.7亿元，下降37%；不良贷款率2.86%，比年初下降3.17个百分点。

（胡立新）

【市农发行支持优势企业拓展粮棉油业务】 年内，市农发行抓好粮棉企业贷款资格认定和信用等级评定工作，做好收购信贷资金需求预测、调度和收购信贷资金供应与管理，积极审慎地办好经营性业务和粮棉油产业化龙头企业、加工企业和其他粮食企业的贷款业务，加强对粮棉产业化经营的信贷支持。充分利用市场机制加强现有客户筛选，筛选出16家购销有限责任公司作为贷款对象，实现了贷款结构的优化。加大对优势客户的支持力度，先后将2家加工企业和1家龙头企业纳入了贷款范围。累计投放贷款28020万元，支持龙头、加工企业调入粮食1477万千克、油脂110万千克、棉花17471.45吨。向上级行申报8家龙头企业，使支农贷款再上一个新台阶。

（陈晓宇）

【市工行着力调整信贷结构提高资产质量】 根据宏观调控和信贷政策要求，市工行抓住机遇调整信贷结构。在退出部分行业贷款的同时，增加对优质中小企业的贷款投放，全年新增中小企业贷款户43户，发放贷款25468万元。加大对电力、收费性项目和优质规模型企业的贷款投入，新增贷款4.3亿元。加强与房地产开发商的信贷业务合作，储备了部分按揭资源。票据业务得到较大发展，至年末，办理票据直贴33.01亿元。针对不良贷款，通过运用法律手段，提高结案率；精心组织呆账核销申报，加快核销；加速非信贷资产处置，减少非盈利信贷资产；加强消费贷款的管理力度，努力降低风险，消费贷款违约率控制在2‰以内。截至年末，全行共处置不良贷款19235万元，不良贷款率为4.57%，比上年同期下降了2.69个百分点。不良贷款占比控制在巴塞尔协议的规定内，不良资产的绝对值和占比实现了“双降”。

【市工行理财服务趋向多元化】 市工行个人理财中心成立于2003年11月1日，个人理财经营绩效和服务多次获得苏州分行的嘉奖。年内，该行积极借鉴国内外银行理财服务经验，努力打造“以人为本，服务创优”的人性化银行服务和理财中心，11月18日搬迁改造后的个人理财中心正式投入服务，总面积近1200平方米。同时推出三项理财新服务，即贵宾理财中心——为理财金账户提供600平方米专属服务场所，设有舒适的现金和非现金柜台以及理财工作室，配备高素质的客户经理和理财顾问、专家支持团队，为客户制定个性化专家理财意见，提供无微不至的贵宾理财服务；金融@家系列服务——提供工商银行个人网上银行、电话银行、手机银行系列产品服务指导及操作平台，提供上门批量开户服务；个人贷款中心——主要办理各种新房、商铺、汽车、房产抵押、有价单证质押等个人消费贷款。个人理财业务的全面提升，给客户带来了方便和实惠。（张建春）

【市农行存款突破150亿元】 10月27日，市农行本外币存款余额超过150亿元，达到152.26亿元，比年初增37.73亿元。该行本外币存款余额从2001年的近70亿元快速增加到150多亿元，3年翻了一番多，存款增量连续两年跻身全国农行各支行十强前列。年末人民币存款总量市场份额接近30%，增量市场份额达到40.96%。

【金穗卡银联消费占据全市半壁江山】 2004年，市农行金穗卡商户消费额达1.6亿元，其中金穗卡银联消费额9502万元，银联消费在全市四大国有商业银行中的份额达53.6%，占据半壁江山。市农行通过有效发卡和众多商户营造用卡消费环境，至年末已拥有金穗卡特约商户334家，其中年内新增18家银联商户，并新安装19台POS机。凭借持卡用户扩大用卡消费范围，紧紧抓住传统节日和黄金周消费旺季，开展金穗卡消费促销活动，与国际购物中心、第一人民商场、百润发大卖场等大型商场联合举办刷卡抽奖、刷卡打折等阶段性消费促销活动。同时积极参与苏州分行、省分行及苏州银联组织的各项刷卡消费促销活动，及时通知中奖客户，协助做好兑奖工作，进一步提高了持卡消费的积极性。

（顾耀欣 陈玉平）

【市中行在国内率先推出“韩汇通”业务】 7月6日，市中行使用“韩汇通”电脑自动转报系统，成功办理3笔汇往韩国的汇款业务，从而完成了国内银行首次对韩直汇业务。“韩汇通”电脑自动转报系统可实现汇款业务的来报、账务处理、转账一条龙全自动化处理。该系统可分享汉城中国银行在中国银行总行的账户，以及在韩国外换银行、国民银行的账户资源，实现客户汇款至韩国的资金清算需求。“韩汇通”的成功运行，极大地缩短了汇款线路，减少了资金在途时间，提高了资金利用率，且服务范围广泛，企业、个人客户均可使用该项业务。

自助金融服务 （市农行 供稿）

【市中行开创全国县（市）支行牵头安排银团贷款先例】 2月5日，张家港浦项不锈钢有限公司邀请中国银行张家港支行参与热轧不锈钢卷生产线项目的3年至5年中长期3.3亿美元贷款、7000万美元等值人民币贷款的竞标。同时，浦项公司向其他国有商业银行和外资银行出具贷款邀请函。市中行充分发挥本外币优势、海外行优势和上下联动优势，与花旗、中银香港、渣打和巴黎国民银行等四家银行共同组成银团，于2月27日成功中标。4月29日，市中行作为安排行和代理行，与多家世界知名银行组成的银团，在浦东金茂大厦与浦项公司签订包括本外币的贷款协议，这在江苏省属首例。市中行成功运用债务置换这一金融工具创新手段，使浦项公司的综合筹资成本不超过年利率2%，低于浦项总部向海外的融资成本，为企业发展提供了新的融资渠道。（侯志强）

【市建行首家推出个人住房组合贷款】 年内，市建行在政策性房改金融业务上继续保持同业领先地位，共归集公积金2.1亿元，归集量占全市公积金总归集额的61%，发放公积金个人住房贷款1.26亿元。7月，市建行在全市首家推出“乐得家”个人住房组合贷款，以银行信贷资金与住房公积金相配套，向购买城镇各类型住房的具有完全民事行为能力且按时足额缴存住房公积金的市民发放特定方式的个人住房消费贷款，受到广大市民普遍欢迎，年内发放组合贷款2038万元。

（黄敏坤）

【市农商行三年存款超百亿元并增资扩股】 11月28日，张家港市农村商业银行成立三周年，截至10月末，存款首次越过100亿元。年末本外币各项存款余额达109.9亿元，比组建时净增57.61亿元，增幅达106.75%；各项贷款余额76.65亿元，比组建时增41.98亿元，增123.18%。年内，通过增资扩股，农商行总股本从组建时的8800万股飙升到35800万股，其中法人股5980

万股，占16.7%，自然人股29820万股，占83.3%。全行股本金也从组建时的8800万元上升到3.58亿元，经营实力和抗风险能力进一步增强。

【市农商行与团市委联合发行“青年卡”】 11月28日，市农商行与团市委青年中心联合发行的“青年卡”正式面市。该卡是针对青年消费群体提供的个人理财储蓄账户，集人民币、外币，定、活期储蓄账户于一卡，具有一卡多户，通存通兑、自动转存、商业消费、ATM取款、CDM存款及水费、电费、电话费、手机费等代理业务、转账等功能。具备银行卡与青年中心会员卡双重身份，可在加入中国银联的特约商户刷卡消费，还可享受张家港青年中心特约商户提供的刷卡消费优惠折扣及其他便捷服务，深受港城青年人的欢迎。（叶桂花）

【市苏商行积极发展中小企业客户群体】 年内，市苏商行主动调整经营对象，将支行经营特色与张家港市经济特色有机结合，提出“兼顾大小，扶持优质中小企业”经营口号，依托政府推行的民营经济腾飞计划，提出发展中小企业百家计划，中小客户占比由原来的60.1%提高到81.9%，发展了一批优质中小客户群体。截至年末，中小企业存款余额近4亿元，比年初增2亿元，占存款总量的64.5%；发放中小企业贷款余额23063万元，比年初增近1亿元，占贷款总量的59%；个人（自然人）贷款余额4872万元，比年初增2300万元，占贷款总量的13%，两项相加占全行资产业务的72%。新增开户企业168户，其中中小企业占95%以上，中小企业已经成为支行业务发展的生力军。（倪　峰）

保　　险

【概况】 全市保险业务快速发展，至年末，全市共有保险机构18家，辖9家支公司、20个营业部、61个营销服务部，从业人员1755人。有财险公司12家，寿险公司6家。全年完成保险收入8.75亿元，比上年增2.4%。其中：财险2.17亿元，比上年增16.4%；寿险6.58亿元，比上年减1.5%。理赔支出2.94亿元，比上年增155.65%。其中：财险1.52亿元，比上年增52.23%；寿险1.42亿元，比上年增825.03%。（胡立新）

【中国人民财产保险股份有限公司张家港支公司】 2004年是人保财险股改上市后的第一个完整经营年度。年内，张家港支公司顶住市场竞争、结构调整、产品更新和突发灾害等压力，坚持以效益为中心，加快业务发展步伐，加大结构调整力度，保持了公司业务的持续健康发展。全年完成保费收入11056万元，较上年增长6.5%，其中车险6305万元、企财险2745万元、货运险1126万元、其他非车险业务880万元。全年共处理各类赔案2万余件，累计支付赔款8000余万元，其中100万元以上赔案8件，最高一笔赔款达970万元。年内，公司被省委、省政府评为2001—2002年度文明行业，被苏州市委、市政府评为2003年度文明单位，同时获张家港市2004年度文明单位称号。（吴金虎）

【中国人寿保险股份有限公司张家港支公司】 2004年是中国人寿保险股份有限公司完成股份制改造的第一年，张家港支公司认真贯彻落实党中央、国务院关于保险业改革发展的一系列方针、政策，本着“全面、协调、健康、快速发展”的思想，继续以业务发展为中心。全年完成保费收入40072万元，其中短险1242.2万元、长险10506.5万元、代理7044.3万元、营销21279万元。全年满期给付11873万元，理赔款1099.2万元。公司在抓业务发展的同时，严格按照保监会的要求加强员工队伍建设。根据省分公司和江苏省文明办联合下发的《关于在全省中国人寿系统广泛开展创建文明行业活动的通知》精神，积极组织员工掀起争创文明机关、文明行业、文明员工的热潮。广大员工秉承“成己为人，成人达己”的“双成”文化理念，优质高效为客户服务。（施红羽）

【中国太平洋财产保险股份有限公司张家港支公司】 张家港支公司通过建立健全直销、营销、中介三维销售体系和城乡一体化网络，促进了业务规模、经济效益的稳步增长，市场份额约占财险市场的28%，“太平洋保险保太平”的品牌形象日益深入人心。全年实现到账保费4676万元，比上年增10%。其中，非水险1887万元，机动车辆险1829万元，货运险473万元，家财险219万元，短意险268万元，非车险占61%。全年理赔支出2917万元，比上年增12.32%。完成苏州分公司分配的550万元利润指标，比上年增10%。年内，获市先进集体和文明单位的称号。（许　静）

【中国太平洋人寿保险股份有限公司张家港支公司】 2004年，张家港支公司面对保险主体增多、市场竞争激烈、金融宏观偏紧、业务拓展难度加大、以及结构调整等不利因素，积极创新发展思路，保持了公司业务的持续稳定发展，各项基础管理工作也上了新台阶。全年共完成保费收入14978万元。其中：个人寿险业务5180万元（新保期缴1221万元，新保趸缴184万元，续保3775万元）；团体业务7601万元（团体寿险6961万元，短意险437万元，短健险203万元）；中介业务2197万元。对原有乡镇营销网点重新进行整合，年内新辟网点5个，同时对经营不善、营销队伍薄弱的6个网点进行了撤并，同业引进1个网点。（辛丽华）

【中国平安财产保险股份有限公司张家港支公司】 年内，张家港支公司建成现代化的客服大厅，并着力提高员工的服务意识、服务技能。在理赔服务上，平安品牌形象不断提升，7天24小时无缝隙服务、VIP客户绿色通道、小额快赔服务、定点汽修厂委托赔款等服务举措让客户充分享受便利。10月，在全市保险业中，首家推出了真正意义上的汽车保姆——平安车友俱乐部，为平安车险客户提供保险外的增值服务。继首推“全国通赔”后，2004年平安车险标准化、专业化网上车险理赔E化审批系统上线运行，进一步加快了平安车险的理赔速度。年内在全国首家推出海外急难援助卡，及时为广大市民服务。10月，举办首届平安产险客户服务节，更好地提升了平安的品牌形象，取得了良好的社会效益。公司先后成功承保了沙钢集团、江苏宏宝集团、江苏国泰国贸股份有限公司、沙洲电力等大中型企业，全年实现保费收入2200万元，比上年增11%。

（许　奕）

【中国平安人寿保险股份有限公司张家港支公司】 6月，中国平安保险（集团）股份有限公司首次公开发行股票，并在香港联合交易所主板正式挂牌交易，公司股份名称“中国平安”，股份代号2318。中国平安拥有完整的综合金融服务平台，实现了公司战略、企业文化、品牌传播、IT技术、人力资源、计划管理和风险控制等的集中统一，可以为个人客户和企业客户提供系列的个性化产品和服务。建立了以电话中心和互联网为核心，依托门店服务中心和专业业务员队伍的3A（Anytime、Anywhere、Anyway）服务模式，为客户提供全国通赔、定点医院、门店“一柜通”等特色服务。还在业内率先推出了海内外急难援助服务、保单迁移、保单贷款、生命尊严提前给付、客户服务节等项目。年内，张家港支公司新增险种3个，尤其是“平安智富人生万能寿险”一经推出就受到市民的欢迎。全年保费收入1.5亿元，其中首期保费3000万元，比上年增25%，共理赔1300笔，总金额500万元。

（叶　清）

【天安保险股份有限公司张家港支公司】 天安保险股份有限公司是中国首家由企业出资组建的股份制商业保险公司。公司成立于1994年10月，总部设在上海浦东，注册资金人民币5.015亿元，主要经营中国保险监督管理委员会核准的人民币、外币的各种财产保险、责任保险、信用保险、水险、意外伤害保险、健康保险等业务。张家港支公司成立于2002年4月25日，设经理室、综合办公室、客户服务部、业务管理部、业务部等部门，并在港区、乐余、塘桥设立营销服务部，为全市2万余家企事业单位和个人提供了100亿元的风险保障。公司开展险种数量达60个，年内新增12个。全年完成保费收入3325.09万元，比上年增39.85%，其中车险占81%、非车险占19%。处理赔案数量由上年的4132件上升至8416件，支付赔款1654万，比上年增42%。实现利润175万元，市场份额由上年的10.28%上升至11.16%。在3月天安总公司进行的基层营业机构标准化达标验收中，张家港支公司一举通过验收，获天安首批达标基层营业机构称号。

（赵正华）

【大众保险股份有限公司张家港支公司】 年内，公司设置经理室、综合部、业务部和客户服务部四个职能部门，从业人员由上年12人增至19人，新增核保、核赔车辆两部，开通24小时客户服务热线，理赔速度更加快捷。按照总公司提出的“抢抓机遇、加快发展、调整结构、实现利润”方针，全体员工敢于开拓、勇于竞争，较好地实现了年初制定的目标任务。为防灾减灾，公司还针对不同单位、行业，不同季节，会同市有关职能部门，开展安全检查，排查隐患。全年共发出事故整改通知书15份，纠正各类事故隐患50起。至年末，公司签单保费收入1785万元，比上年增17.80%。其中：机动车险保费收入1405万元，比上年增5.7%；非车险保费收入380万元，比上年增16.9%。全年累计处理赔款案件3047笔，支付保险赔偿金额807万元。年内，公司被市政府授予诚信企业称号，被总公司授予保险经营达标合格单位。

（梅佰红）

【中华联合财产保险公司张家港支公司】 中华联合财产保险公司成立于1986年7月15日，是中国成立的第二家具有独立法人资格的国有独资公司，实施与国际接轨的经营管理体制，在瑞士、德国、美国等多个国家和台湾、香港地区的170多个主要港口城市聘请了检验、理赔、追偿代理人，形成了比较完善的业务服务网络。经营险种比较齐全，主要经营财产保险、责任保险、信用保险、水险、意外伤害险、健康保险、金融服务保险、农业险、再保险、法定保险和资金运用保险等业务。2004年4月20日，经江苏保监会批准，中华联合财产保险公司张家港营销服务部开始营业。10月28日，经中国保监会批准，营销服务部升级为张家港支公司。截至年末，公司实现签单保费2205.79万元，累计赔款261.82万元，简单赔付率11.87%，共为社会提供近19.5亿元的保险总金额，并在2005年度张家港市市级机关事业单位车辆保险采购中成功中标。年内，中华联合财

表74　**2004年张家港市主要保险公司保费收入、理赔支出和利润一览表**

项目 单位	财险保费收入（万元）	比上年增（%）	寿险保费收入（万元）	比上年增减（%）	财险理赔支出（万元）	比上年增（%）	寿险理赔支出（万元）	比上年增减（%）	全年经营利润（万元）
人民保险公司	11056.00	6.50	–	–	8285.00	52.18	–	–	475.00
人寿保险公司	–	–	40072.00	-2.72	–	–	1099.20	–	140.00
太平洋财险公司	4676.00	10.00	–	–	2917.00	12.32	–	–	550.00
太平洋寿险公司	–	–	14978.00	-6.97	–	–	–	–	–
平安财险公司	2200.00	11.00	–	–	–	–	–	–	–
平安寿险公司	–	–	15000.00	42.00	–	–	500.00	–	–
天安保险公司	3325.09	39.85	–	–	1654.00	42.00	–	–	175.00
大众保险公司	1185.00	17.80	–	–	807.00	–	–	–	–
中华联合保险公司	2205.79	–	–	–	261.82	–	–	–	–

表75　2004年张家港市保险机构网点一览表

项目＼类别	支公司（个）	营业部（个）	营销服务部（个）	从业人员（个）
人民保险公司	1	7	26	123
人寿保险公司	1	4	16	522
太平洋财产险公司	1	9	–	81
太平洋人寿险公司	1	–	–	300
平安财产保险公司	1	–	4	45
平安人寿保险公司	1	–	6	318
天安财产保险公司	1	–	–	39
大众保险公司	1	–	–	18
中华联合保险公司	1	–	–	32
新华人寿保险公司	–	–	1	68
华泰财产保险公司	–	–	1	4
泰康人寿保险公司	–	–	1	120
华安财产保险公司	–	–	1	25
中国大地财产保险公司	–	–	1	23
永安财产保险公司	–	–	1	21
太平财产保险公司	–	–	1	10
安邦财产保险公司	–	–	1	6
友邦人寿保险公司	–	–	1	50
小　计	9	20	61	1755

（胡立新）

产保险公司被世界金融实验室评为2004年中国最值得信赖的五大财险公司，张家港支公司被苏州市工商行政管理局评为重合同、守信用单位。

（韩　敏）

证　券

【概况】 年末，全市共有证券机构3家，辖1家乡镇证券服务部，从业人员60人，实现成交量90亿元，比上年增长38.64%。

【华泰证券有限责任公司张家港杨舍东街证券营业部】 华泰证券张家港营业部位于张家港市杨舍东街2号，营业面积近3000平方米。至年末，有证券从业人员20人，下辖证券服务部1个。营业部恪守公司“高效、诚信、稳健、创新”的经营宗旨，切实做好各项业务工作。年内，营业部实现沪深A股累计交易量34亿元，比上年增8亿元，增幅达30%。全年共完成开放式证券投资基金代理销售6900万元。

（徐卫华）

表76　2004年张家港市证券营业部交易额和利润一览表

单位＼项目	交易额（亿元）	比年初增（%）	全年利润（万元）
华泰证券	34	30.00	–
东吴证券	44	51.71	405
南京证券	12	38.00	52

表77　2004年张家港市证券机构网点一览表

单位＼类别	营业部（个）	乡镇营业网点（个）	从业人员（人）
华泰证券	1	1	20
东吴证券	1	–	30
南京证券	1	–	10
小　计	3	1	60

（胡立新）

【东吴证券有限责任公司张家港杨舍证券营业部】 东吴证券有限责任公司张家港杨舍证券营业部成立于1994年底，有营业面积5000多平方米。营业部服务器主机装备为目前最先进的COMOAQ8500，主交换采用CIC04006T系列交换机，并采用双向卫星通讯和DDN通讯，确保了交易迅捷、安全。开设“96288”委托电话，3000多条中继线保证了电话委托畅通无阻，与农行（A股、B股）、中行（A股、B股）、工行、建行实现了银证联网。营业部下设锦丰、港区、塘桥3家服务部以及乐余、妙桥2个网上交易技术辅导站，极大地方便了广大投资者。年内，共完成交易量44亿元，比上年增51.71%，经营利润405万元。营业部以其文明窗口的良好形象赢得了广大股民的信赖，连续三年获全国青年文明号称号。

（陆群华）

【南京证券有限责任公司张家港步行街营业部】 南京证券张家港营业部营业面积近2700平方米，设有散户区、中户区、大户区，开设了沪深A股、B股、国债、企业债券、国债回购及开放式基金销售等交易品种。提供现场交易、电话委托交易、网上交易等方便灵活的交易方式，电话、互联网的委托方式24小时开通，方便委托与查询。根据企业自身的特点，为当地的企业提供相应金融理财、资本运作的咨询、调研等服务。营业部每天盘后点评和每周股评，让投资者对大盘走势有理性的、客观的认识和投资操作理念，规避投资风险。营业部根据市场的特点，向客户推荐多种交易品种的组合式交易方式，充分利用现有资源，将股票、国债、国债回购、基金进行组合式投资，使投资者利润扩大。2004年，营业部完成交易量12亿元，比上年增38%；年末客户数量为787户，比上年增31%；证券市值比上年增22%，利润37万元，比上年增43%。

（冯　喆）

【编辑　沈晓波】

计划管理

【概况】 2004年，市发展计划委员会以科学发展观为指导，主动适应国家宏观调控，充分发挥经济和社会事业综合管理职能作用，各项工作取得新业绩。全年全市完成全社会用电量106.02亿千瓦小时，比上年增28.2%；全社会固定资产投资完成工作量195.5亿元，比上年增8.5%；第三产业完成增加值193.19亿元，比上年增17.6%。全市经济和社会发展主要指标均超额完成年度目标任务。

调查研究 围绕全市经济和社会发展热点问题，市发计委开展了广泛的调查研究。先后完成了《2003年宏观经济形势和2004年政策趋向》、《部分行业政策趋向》、《结合我市产业特点，进一步做大做强市场》、《当前引进外地资本的难点与对策》等课题的调研，全年编发《信息通报》6期、《经济政策动态》14期，供市领导、各部门及各重点企业集团负责人参考。根据上级发改委的要求，重点对全市钢铁、水泥等行业发展情况进行调查，为钢铁、水泥等行业的清理整顿提供了资料，也为迎接国务院督查组的督查作了准备。在省发改委组织的优秀调研成果评比中，《建立以张家港保税区为区域性经济中心的战略研究》获得了全省县级市发计委惟一的一等奖。《努力再创张家港市计委职能工作新业绩》和《关于农民收入的实证分析和启示》分别获得全国城市经济期刊优秀文章一、二等奖。

计划编制 根据省"十一五"规划编制工作会议精神及苏州市发展和改革工作会议关于编制"十一五"规划的具体要求，结合张家港市实际，市发计委提出了全市"十一五"规划编制工作的初步意见。会同省发改委宏观经济研究所，分析了张家港市经济社会发展现状和发展条件，以科学发展观为指导，提出了全市"十一五"规划的指导思想和战略目标，在充分衔接全市30多个专项规划的基础上，完成了《张家港市国民经济和社会发展"十一五"规划基本思路》的编制工作。

职能服务 先后完成张皋汽渡、江海粮油公司扩建码头、东海粮油码头二期扩建、沙钢集团薄板码头、海螺水泥码头二期等工程的可行性研究报告的报批工作。上报工业项目4个。其中：沙钢集团200万吨涂层板卷项目和200万吨宽厚板项目、浩波化学品有限公司A－K糖项目经省发改委批准；骏马集团20万吨己内酰胺项目和沙钢集团还原铁项目报国家发改委审批。获准新建热电项目1个、改扩建3个。新增省、苏州市级农业龙头企业4家，总数达到8家。其中江苏梁丰食品集团有限公司成为苏州市首家国家级农业龙头企业，争取到省、苏州市专项扶持资金130万元。争取到3个国债专项项目，2个项目被评为省产业升级专项项目，这些项目可获国家和省资助资金4280万元，年内已到位230万元，争取项目总量和资金总量均居全省首位。为沙钢集团、永钢集团、华昌集团等企业争取到一次性电费销售折让840万元，为沙钢集团争取到可中断负荷补偿费9150万元，为华昌集团等企业争取电力需求侧管理项目经费660万元，生产调度补贴125万元。全年为棉纺企业争取到棉花进口配额72100吨，为骏马集团、华兴电力等企业申办进口设备免税额1960万美元。

重大工程督查 对列入苏州市重点工程的项目，市发计委要求有关责任单位分月度排出形象进度计划及完成投资额计划，建立项目信息员制度，按时上报建设进度，做到月分析、季汇总，确保项目按时完工。对列入市政府实事工程的项目，加大督查力度，与有关责任单位签订项目责任状，定期对实事工程项目进行现场踏勘，核对进度，及时传达市领导要求，编印《实事工程建设简报》8期。加强项目的审批把关工作，对不符合国家产业政策、环保及投资强度达不到要求的项目坚决不予审批，也不予转报，确保国家宏观调控的各项措施落到实处。同时加强对审批项目全过程的跟踪监督，制止超规模建设和未批先建项目。年内，共批办基本建设项目750项，总投资374.5亿元，建筑面积1455万平方米。

【省农业产业化龙头企业工作会议在张家港市召开】 4月6日至7日，全省农业产业化龙头企业工作会议在张家港市召开。全省180家省级农业龙头企业、20家省级农产品批发市场负责人和各市、县（市）区分管领导参加会议。省委副书记张连珍、副省长黄莉新到会讲话。与会代表参观了江苏梁丰食品集团有限公司奶牛场、江苏菊花味精集团有限公司、东海粮油工业（张家港）有限公司和江苏梁丰集团食品有限公司食品工业园。会上，江苏梁丰食品集团有限公司、江苏菊花味精集团有限公司和市果品副食品批发市场分别被评为江苏省农业产业化重点龙头企业、江苏省农业产业化重点出口企业、江苏省农产品重点批发市场。

（王明龙）

国土管理

【概况】 市国土资源局坚持服从大局、服务中心、保护资源、保障发展，认真履行职能，强化管理服务，顺利完成年度各项目标任务，促进了全市经济建设和社会事业健康发展。

二级类土地利用详细构成一览表

表 78　　单位：公顷

土地类别		年初面积	年末面积	变化情况		
				年内增加	年内减少	净增减面积
农用地	耕　　地	40915.50	40121.60	167.50	961.40	−793.90
	园　　地	311.60	340.10	28.50	0.00	+28.50
	林　　地	479.60	712.10	233.10	0.60	+232.50
	其他农用地	5940.00	6026.50	153.60	67.10	+ 86.50
建设用地	居民点及独立工矿用地	21736.70	22316.60	637.20	57.30	+579.90
	交通运输用地	1980.40	1987.40	10.50	3.50	+7.00
	水利设施用地	566.50	486.60	0.00	79.90	− 79.90
未利用地	未利用土地	92.70	88.20	0.00	4.50	− 4.50
	其他土地	27825.10	27769.00	0.00	56.10	− 56.10
合　计		99848.10	99848.10	1230.40	1230.40	0.00

土地规划整理　认真落实保护耕地措施，严禁在基本农田挖鱼塘、种树木。在全市开展基本农田保护工作自查，划定基本农田地块303块35474公顷，基本摸清了全市基本农田利用和变化情况，并层层签订基本农田保护责任书，完善了基本农田保护配套设施和管理制度。强化用地规划管理，加快了重大工业项目向开发区集中、一般工业项目向工业集中区集中、农民住宅向住宅小区和中心镇集中、调整优化城镇用地结构和功能布局的“三集中一调整”战略实施步伐，出台《关于加强建设用地管理的意见》、《张家港市农村房屋预拆迁实施意见》等规范性文件，对新增项目投资强度控制在每公顷3750万元以上。凡不符合规划要求和投资强度标准的项目坚决不予供地，低于500万元的项目原则上不单独供地。同时，积极开展土地整理，年内重点对道路挖废地、废坑塘、低洼地等开展复垦整治，共完成土地整理项目8个445.5公顷，净增耕地35.7公顷，其中列入省耕地占补平衡项目库的项目6个315.3公顷。

土地资产管理　贯彻落实国务院一系列严格土地管理的重大决策，深入开展土地市场治理整顿。共撤销沿江经济技术开发区、民营科技园、韩国工业园、扬子江国际纺织工业园、扬子江国际机电工业园、金港工业园等6个开发园区；清理了被征地农民的补偿安置费，统一全市对被征地农民的安置政策，建立“土地换保障”制度；经营性用地全部进入市场实行公开交易，年内共完成国有土地公开招标、拍卖、挂牌54宗212.1公顷，成交总额19.7亿元，实现土地收益11.9亿元。6月通过国务院五部委验收组的土地市场秩序治理整顿阶段性检查验收，11月接受国务院七部委对张家港市治理整顿工作的督查。5月至10月，国家对非农建设用地审批实施“冻结”，社会经济发展与用地紧张的矛盾空前突出，对此，全市积极规范土地管理，通过挖潜盘活、置换调剂、对上争取，千方百计配置用好有限的土地资源，缓解了可供资源少与建设需求大的矛盾，基本满足了全市经济社会发展的需求。年内共完成建设用地项目报批20个批次748.3公顷，其中占用农用地583.4公顷。完成供地926宗1497.5公顷，合同总金额30.3亿元，有偿供地占总供地面积的93%。供地项目中，工业项目用地669宗1140.4公顷、房地产开发用地91宗174.9公顷、商业用地96宗54.1公顷、基础设施用地17宗50.8公顷、教育用地5宗6.2公顷、其他用地48宗71.1公顷。截至10月末，全市有农用地47200.3公顷、建设用地24790.6公顷、未利用地27857.2公顷。

地政地籍管理　土地产权登记继续加强，年内共完成土地登记发证8446本，其中国有土地使用证6790本、集体土地使用证1656本，累计发证26.75万本。及时开展土地变更调查、变更地籍调查和新增建设用地权属、土地利用现状审核，完成变更地籍调查1036宗8535.8公顷，审核新增建设用地201宗673.5公顷，保持了地籍调查成果的现势性。9月开始，在全市开展土地利用更新调查，完成了塘桥镇的外业调查和内业数据处理试点工作。矿产资源和地质环境管理进一步加强，全市27家砖瓦厂、1家采石场采矿许可证持证率100%。编制了残余山体整治利用方案，并开展修复整治。对地质灾害危险性评估报告进行备案，完成凤凰镇地热项目的勘查。

土地执法监察　加强巡回执法检查和违法用地查处，月平均巡查4次，对建设用地闲置抛荒和未批先用土地开展专项调查3次，并及时采取恢复耕种、收取荒芜费、收回重新配置等措施，对未批先用的在建项目全部发放停工通知书，遏制了土地抛荒闲置和不规范用地行为。严肃查处各类违法用地，全年共立案查处集体违法用地10宗。切实做好土地信访工作，全年共收到人民来信68封，接待群众来访38批次80人次，接到举报电话32件，月办结率达98%以上。

【“土地换保障”制度基本建立】 随着城市化和工业化进程的不断加快，近年来全市失地农民的总量也在迅速增长。5月28日，《张家港市征地补偿和被征地农民基本生活保障暂行办法》正式出台，它标志着全市“土地换保障”制度基本建立。张家港市征地安置制度从过去的用地单位负责安置、一次性投保和一次性补偿后自谋职业的分类安置，到2000年起全面实施货币安置，就业实行市场化运作之后，进入了以征地补偿和基本生活保障相结合的征地补偿安置新阶段。新办法根据省政府有关规定将耕地前三年平均年产值提高为每公顷2.7万元，并在相应提高征地补偿标准的同时，明确了被征地农民基本生活保障资金的来源：包括不低于70%的土地补偿费和全部安置补助费，政府从土地出让金等有偿收益中提取的部分，被征地农民基本生活保障专项资金的利息及其增值收入，以及其他可用于被征地农民基本生活保障的资金。其中不低于70%的土地补偿费和全部安置补助费进入个人账户，政府专项出资和其他资金进入社会统筹账户。新的保障办法共划分了4个被征地农民年龄段，对未成年人每人一次性计发6000元生活补助费；对中青年农民鼓励就业为主，可享受2年期生活补助；中老年农民以解决基本生活为主，到达养老年龄前，可按月领取180元的生活补助费，到达养老年龄时，按月享受200元的征地保养金。保障办法同时明确政府承担最终托底责任，不足支付的，由市财政负责解决。被征地农民还同时享受就业、培训等优惠待遇。

【全年土地公开交易成交额和收益双超历史】 年内，张家港市不断规范土地市场管理，全面推进土地有偿使用制度，全市有偿供地面积达总供地面积的93%。所有经营性项目用地一律实行招标、拍卖、挂牌的公开交易方式，市场公开交易土地面积占总供地面积的比例由上年的不足10%上升到16%。实施土地收购储备，强化政府垄断土地一级市场，全年共完成土地收购储备232.93公顷，累计431.8公顷；提高城市土地经营水平，在土地开发利用的质量上下工夫，对收购储备的土地尽量以“净地”、“熟地”上市，提升了土地资产价值。2004年全市共完成土地招标拍卖挂牌交易54宗212.07公顷，成交金额19.74亿元，土地收益11.87亿元，成交额和收益分别比上年增长74%和110%，并超过前三年累计数18.07亿元和10.75亿元，取得了双超历史的成绩。其中暨阳湖园区拍卖地块创造了单宗土地成交总价3.73亿元的全市最高记录，汇海机械厂地块创造了单位面积最高成交价每公顷1.22亿元的全市最高记录。

（施文军）

投资管理

【概况】 市城市投资发展有限公司、市能源投资发展有限公司、市益鑫投资有限公司，围绕市委、市政府中心工作，积极拓展投资项目，拓宽投资渠道，加强投资管理，服务经济建设，全年实现收益近5亿元。

城建投资管理　年内，市城投公司在城西新区、拆迁安置房和市区市政基础设施工程方面共完成投资额8.21亿元。城西新区及梁丰生态园共投资2.6亿元，新开工国泰南路、百桥路、西湖苑路等3个市政道路及配套工程；完成了沙洲西路、暨阳西路、国泰中路、永安路及西区5个节点的绿化工程；购物公园由美国马达思班建筑设计事务所完成方案设计，通过了市规划委员会的审批，2005年将开工建设一期工程。拆迁安置房投资5.1亿元，累计新开工50.3万平方米，共103幢2957套；竣工31万平方米，共61幢1838套。市区市政基础设施投资0.51亿元，完成长安路改造工程一期工程（南环路至人民路段）及沿街景点建设和城市污水管网建设。另外，完成2003年结转的蔡泾南路、港城大道南段两项工程。全年拍卖房地产用地3块，面积总计17.2公顷，取得拍卖净收入3.3亿元；实现土地收益、配套费和代收规费8378万元；收取户外广告媒体资源出让金39万元。

能源投资管理　年内，市能投公司加强投资股权管理，稳步推进投资业务，各方面工作进展顺利。全年实现投资经营收益5780万元，完成上交财政3800万元的经济目标任务。公司针对2004年煤炭紧张、价格猛涨、电价不调等不利因素影响企业的实际状况，对河南周口隆达电厂、新密裕中电厂、永城裕东电厂以及沙洲电力、华兴电力、华宇电力等投资企业单位的建设、经营、生产情况进行考察，对投资企业的管理、年度经营目标、重大事项决策等进行分析研究，促使企业强化管理，降本节支，提高经营水平。同时不断调整经营策略，积极配合北京三吉利能源股份有限公司和北京国利能源投资有限公司做好资产重组工作，按评估价减持了三吉利公司5%的股权，以转让三吉利公司股权所得款项增持北京国利能源投资有限公司10%的股权。公司全年对沙洲电力有限公司、戚墅堰发电有限公司、张家港港华燃气有限公司、市农村商业银行、双山高尔夫俱乐部等5个单位共投资1.32亿元。

资本经营管理　因证券市场总体萧条原因，市益鑫公司全年完成证券投资收益1700多万元，未完成年初2300万元的目标任务。年内，公司针对证券投资在整个市场全面衰退的情况进行战略调整，开始尝试其他金融产品投资。公司还始终将提高全市资本经营水平作为一项重要工作和新的利润增长点来抓，采取各种举措，全力帮助企业提高资本经营管理水平。深入企业，举办各种座谈会，宣传企业改制上市的优点和有关途径及条件，与企业经营管理层进行面对面的交流，增强企业领导的资本经营意识。在加强对本市企业调研的同时，积极宣传资产委托管理业务，帮助企业切实转变理财观念，鼓励企业把闲散资金投入证券市场，以实现企业利润的最大化。积极研究证券市场各类政策信息和发展动态，了解分析各企业股份制改造情况，结合有关上市途径和条件，根据企业实际情况和具体要求，提供改制和上市建议，为待上市公司联络引进券商推动其上市进程。着重做好有关高科技项目投资的准备工作，为企业兼并、重组、收购等出谋划策。

【投资建设长安路改造工程】 长安路位于老城区西部，是市中心南北方向交通主干道。改造前，路面狭窄、设施落后、通行不畅，成为市中心的交通瓶颈。3月，市委、市政府决定由市城投公司对长安路实施改造，一期工程（南环路至人民路段）于5月13日开工，9月30日建成通车，10月底全面竣工，总投资4500万元。改造后的长安路机动车道采用黑色沥青混凝土路面，非机动车道采用彩色沥青混凝土路面，人行道全部铺设彩色路砖，安

改造后的长安路

（史志办　供稿）

装智能交通信号灯系统，设施先进、交通顺畅，极大缓解了市中心交通压力。

【高标准建设拆迁安置房】 近年来，随着城市建设步伐的不断加快，市区动迁户数量不断增加。市委、市政府把拆迁安置房建设工程作为2004年为民办实事工程之一，全年计划建设市区安置房22.5万平方米，由市城投公司负责实施。为切实维护拆迁户利益，市城投公司高标准、高起点、严要求建设拆迁安置房，将所有工程的规划设计都进行方案招标，聘请上海浦东建筑设计研究院、市建筑设计院担纲设计，同时采取多项措施严把工程质量和进度管理关。白鹿花苑南区、苏华新村、民丰苑西区和江帆花苑等4个安置房小区全年累计新开工50.3万平方米，共103幢2957套；竣工31万平方米，共61幢1838套，验收合格率100%，有1个项目获得了苏州市优质工程“姑苏杯”、6个项目获优质结构奖；实现分配和销售360套，共计6.12万平方米，安置260余户。初步形成了“先建后拆”的良性工作状态，为全市城市建设的顺利实施和社会安定创造了条件。

【天然气利用工程实施】 2002年3月，市能源投资发展有限公司牵头出资组建了市第一家天然气公司。之后，为扩大天然气在张家港的使用及引进外资企业的管理经验及技术，2003年6月，市天然气公司进行重组，成立张家港港华燃气有限公司，其中市能投公司占股39%，市燃气总公司占股10%，香港中华煤气公司占股51%。新成立的港华燃气有限公司经市政府授权全面负责全市行政区域内天然气利用工程的实施。第一期计划投资超9000万元，在东莱场建设一个天然气接收门站，接收由省天然气公司从无锡供应的“西气东输”天然气，同时建设东莱场至锦丰、东莱至保税区、东莱至市区的一条25公斤高压输气管线，总长度约31公里。另外，在市区范围内建成一个4公斤中压管道天然气输配环网，总长度约28公里。年内，高压及中压管道正在铺设阶段，至2004年末，已完成19公里高压管道和市区9个小区中低压管网的敷设。预计2005年第一期投资工程可全部竣工。

（陈　波　陈　燕　刘　晔）

工商行政管理

【概况】 年内，苏州市张家港工商行政管理局认真落实贯彻国家工商总局提出的“两整顿”，省工商局提出的“三满意”，苏州工商局提出的全面建设“服务型工商”的目标、任务和要求，各项工作取得突破性、跨越式发展，各类市场主体发展逐年攀升。积极开展“保节日市场消费安全”、“红盾打假护农”、“放心消费执法月”、“保健康、保安全”、“保护知识产权”等专项执法行动，查处假冒伪劣商品案件15件，总案值655万元，捣毁制假贩假窝点16个。受理消费者投诉484件，为消费者挽回经济损失198万元。工商局连续三年获得市委、市政府十佳文明示范机关称号，荣立集体三等功，受到市委、市政府通令嘉奖。

企业登记管理　全市新登记内资企业78家，其中：有限公司54家，国有、集体企业24家。至年末，内资企业总数达2007家，其中：有限公司640家，国有、集体企业1130家，股份合作企业237家。新登记个人独资企业297家，个人合伙企业21家。年末有个人独资企业2183家、个人合伙企业376家。新登记注册外资企业133家，总投资13.55亿美元，注册资本6.25亿美元，其中外商独资企业90家，投资额10.8亿美元，注册资本4.88亿美元；中外合资企业43家，投资额2.75亿美元，注册资本1.37亿美元。至年末，全市共有外商投资企业996家，总投资88.35亿美元，注册资本42.96亿美元，其中，外商独资企业610家，投资额41.21亿美元，注册资本19.64亿美元；中外合资企业375家，投资额46.15亿美元，注册资本22.86亿美元。新登记个体工商户5999户。年末有个体工商户24216户，注册资本9.55亿元，从业人员4.96万人。新登记私营企业2091家，注册资本34.2亿元。年末私营企业总数达11767家，从业人员18.99万人，注册资本144.3亿元。

商标和广告管理　积极指导企业正确运用商标、广告战略拓展市场，发展地方经济。至年末，全市新增注册商标1598件，比上年增长91%，累计注册商标4042件，其中中国驰名商标2件、省著名商标10件、苏州知名商标16件。贯彻商标法，加大查案力度，查处商标案件33件，案值845.5万元，收缴销毁违法商标标志3.5万张，有力保护了注册商标专用权。有广告经营单位117个，年经营额7612万元。对全市广告经营单位进行资格审查，核销5个。加强对广告市场的监控，全年登记条幅广告1679条，灯箱广告2543件，公交载体广告1251件，其他户外广告2142件。查处广告案件16件，没收非法广告印刷品2.7万份，有效净化了广告经营环境。

合同管理　办理动产抵押登记756件，抵押物金额72亿元，借贷24.6亿元。办理股权质押2件，股权质权价值6930万元，借贷2425万元。鉴证合同187份，鉴证金额3.95亿元，解决合同争议45件，法律法规培训6期，培训人员844人次。强化拍卖市场监管，共监拍企业拍卖行为40场，监拍率达100%。查处违法合同案件62件。共发展重合同守信用企业2568家，占法人企业总数的34%，其中国家级重合同守信用企业4家、省级重合同守信用企业41家、苏州市政府命名的重合同守信用企业87家、苏州工商局命名的重合同守信用企业41家、张家港市级重合同守信用企业2422家。落实合同助企59家，落实订单农业企业达10家，利用订单农业带动农户数297户。

【张家港工商局成为全国惟一县级局外商投资企业登记权试行单位】 改革开放25年来，外商投资企业不断增加，外商投资企业登记任务日趋繁重，国家工商行政管理总局决定在对省及主要地级市授权登记的基础上，2004年下半年选择经济发达且外商投资企业发展较快的县（县级市）试行授权登记。为此，张家港工商局积极向上争取，派人于6月2日和省局、苏州局领导一起连夜赶赴北京向国家工商行政管理总局汇报张家港市外资企业发展情况。总局领导对张家港市外商投资企业的发展情况给予了高度赞扬，对张家港工商局在为外商投资企业登记中所做的工作给予了充分肯定，决定授予该局县级局外商投资企业登记权并定为全国惟一试点单位。这将改变张家港市外商投资企业由原来苏州工商行政管理局登记的历史，进一步提高办事效率，促进全市外商投资企业的发展。

【建立安全奶粉“防护网”】 阜阳劣质奶粉事件发生后，张家港工商局迅速出击，在全市范围建立了严密的“防护网”。一是建立跨部门的信息资源共享平台。与质监、卫生等部门紧密联系，互通信息，重点放在查窝点、堵源头上，部门之间建立案件深挖机制，防止劣质奶粉流入本市。二是在商场、大卖场及食品销售点建立进货台账。要求经销商在购进奶粉时，必须向推销单位或个人索取“三证”复印件，即“卫生许可证”、“营业执照”、“卫生质量检验报告”。三是加大宣传力度。联合其他职能部门在报纸、电视台、电台加大宣传攻势，公布举报电话，坚决消灭不法经销商和不法厂商的生存空间。四是开展联合执法。自4月20日开始，该局会同公安、质监、卫生等部门对全市食品批发市场、零售商店开展专项检查，以农村集市、城郊结合部为重点，严格检查婴儿奶粉类食品的产地来源、保质期等。此次专项行动共出动执法人员256人次，车辆51辆次，检查各类市场主体191家，检查中当场暂扣过期奶粉210包，未发现阜阳奶粉案件中涉及的33种劣质奶粉。

【七大举措推动全市农村经济发展】 年内，张家港工商局把落实“三农”政策与整顿规范农村市场经济秩序有机结合起来，充分发挥职能作用，采取七大举措，尽心服务农业，推动农村经济发展。一是放宽市场准入条件。凡法律法规未禁止的行业和领域，农村个体户和私营企业都可以进入。对合法经营的农村流动性自产自销小贩，免收工商登记和工商管理费，对有意进入集贸市场的，与市场主办单位协调，安排摊位进行销售。对农村“老、弱、病、残”个体工商户，只进行工商登记，免缴工商管理费。二是积极探索农村市场监管方式。在加强农村市场巡查的同时，推行监管工商联络员制度，消除监管盲点。全局8个工商分局在各镇大部分村委聘请了联络员144人，及时受理涉农投诉、举报，维护农民利益。同时，运用“12315”举报网络，建立了上下一体、高效运行的协调、监督机制。三是鼓励农村的名优产品、土特产品进入商场、超市，实行“厂场挂钩，场地挂钩”。在各集贸市场设立无公害农副产品摊位。重点扶持农业龙头企业建立优良种苗基地和优质蔬菜、果品、花卉等种植生产基地，规模发展畜禽、水产等种养殖业、加工业。四是积极支持、引导农村地区发展经纪人和经纪人中介组织，特别是提供农业产、供、销服务的经纪人和经纪人中介组织。全年组织经纪人培训2期，培养农民经纪人2000多人。五是引导农民走“品牌富农”之路。加强品牌知识的宣传，帮助乡镇、农业企业创品牌，及时为当地形成规模的特色农副产品申报注册商标。目前已拥有“凤凰”水蜜桃、“高庄”豆腐干、“河阳山”茶叶等农产品商标32件。六是发挥合同监管职能，促进订单农业发展。统一制作订单农业示范合同文本，帮助农村个体户和经纪人中介组织规范订单合同的签订、管理，预防合同欺诈行为发生。年内共鉴证合同21份，金额达162万余元。七是切实保护农民的合法权益。组织开展“红盾保农”、“春耕护农”等农资市场专项整治活动，严厉查处制售假农药、种子、化肥等坑农害农违法案件。在全市农资经营户推行信誉卡制度，规范农资经营户经营行为。共查处无合法手续经营农资户2户，没收草甘膦9箱、一遍净22箱、乙酰甲胺膦乳油2箱、除草剂2箱、敌敌畏7箱以及其他蔬菜农药120多瓶。

【7月1日起推行注册官制度】 6月29日，张家港工商局举行了首批注册官授权仪式，市政府、市机关工委、监察局、人事局等有关单位领导出席了仪式。共有34名工商干部被授予注册官资格，目前第一批聘用的5名中级注册官和10名初级注册官已全部上岗，这是张家港工商局积极应对行政许可法实施的一项重大举措。注册官制度实施后，该局对市场主体准入审查由实质审查向形式审查转化，将登记注册的受理、审查、核准3个环节原来分属3个人的权限授予具备注册官资格的人员独立完成，实行“一审一核制”，达到工作权责明确、工作流程简化的目的，增强注册官的独立性，从而大大缩短登记注册的工作时限，为进一步深化“窗口”建设、努力实现三满意目标提供强有力保障。

【开展“千名工商干部与万家民营企业”联系活动】 为全面贯彻实施市委、市政府提出的“民营经济腾飞计划”，张家港工商局从建立万家民企联系卡、建立重点民企特殊档案、建立重点民企联络员三项活动入手，开展了“千名工商干部与万家民营企业”联系活动，具体做到“八个结合，八个了解”。一是结合民营企业助推工程，了解企业总的情况、发展中遇到的困难以及迫切需要解决的问题，特别是了解制约企业做大做强的诸多因素，如土地、用电、融资以及人才引进等方面的困难。二是结合手拉手工程，了解企业中特困职工情况，有重点地做好帮扶工作。三是结合创牌工作，了解企业在发展商标中遇到的问题，积极指导企业注册好、用好商标，走品牌发展之路。四是结合企业普法工作，了解企业在合法经营过程中迫切需要解决的问题，发放《企业守法经营指南》、《消费实用指南》等法律、法规汇编和书籍。五是结合诚信创建工作，了解企业诚信经营的状况，帮助、辅导企业加入诚信协会。六是结合私营企业协会建设工作，了解企业协会活动情况，进一步发挥协会的行业组织作用和企业自律管理功能。七是结合阳光执法工程，了解企业对行政执法、打假维权中的意见，维护企业的合法权益。八是结合效能提升工作，了解企业对工商部门履行职能的要求和意见，创新服务效能，规范市场准入，优化发展载体。此次活动从8月1日开始，每2名工商干部组成一组，1名工商干部联系10家企业，联系企业以规模型、生产型民营企业为主。联系时走访人员不到企业吃一顿饭，不到企业拿一条烟，不到企业购一件物，不给企业添一分麻烦，得到了企业的一致好评。　　（冯学东）

物价管理

【概况】 年内，按照2004年价格调控目标，市政府将消费价格涨幅考核标准定在5%左右，明确对粮食等10种商品价格和公安、工商等9个部门的行政事业性收费总量目标控制，市政府与15个部门签订年度价格（收费）调控目标责任书。全市物价呈现大幅上涨态势，全年居民消费价格指数累计比为104.1，基本实现涨幅为5%的预期调控目标。市物价局以创建省价格系统文明行业为切入点，广泛宣传价格法律法规，深入开展清费减负工作，推行涉农价格和收费公示制度，着力规范市场价格秩序，强化服务功能，强化价格执法检查，各项工作取得新成效。先后获得江苏省人事厅、江苏省物价局授予的价格系统先进集体、江苏省价格监测先进单位、2002—2003年度苏州市文明单位称号，连续十年被评为张家港市文明机关。

收费管理 自3月10日至5月中旬，物价、财政、监察3个部门组成联合小组，对全市795家行政事业性收费单位的行政事业性收费收缴、资金入库及用途等进行全面检查。对1个单位多收的学生住宿费进行清退，对发现明显违反收费政策的4个单位发出整改通知，限期纠正，并组织“回头看”。各行政事业单位提高了依法收费的自觉性，规范了收费行为。据统计，年内全市为农民减负约505万元。年内，根据新颁布的省涉农价格和收费公示目录，进行清理、调整和补充，公示内容涉及19个部门的70项涉农价格和收费。印发3000份《涉农收费公示表》，镇、村公示率达100%。4月1日，物价局根据上级调整水价的文件精神，将城市污水处理费的征收标准统一上调至每吨1.15元。对区域供水，实行“同网同价”、“同质同价”，凡由市给排水公司供应的自来水，到户结算价统一按市区分类水价执行。年内，物价、教育部门认真落实苏州市关于义务教育阶段“一费制”及服务性收费项目、标准的各项政策规定，做好教育收费项目、标准审定及公示工作，确保“一费制”政策落到实处。

价格监测 年内，明确江苏沙钢集团、张家港浦项不锈钢有限公司等25个监测点和30名监测人员，监测农资、钢材、煤炭等重要生产资料价格及粮油市场动态，及时上报各类数据及分析材料，为领导正确决策提供最基本的素材。上半年，调查报告《当前粮食市场形势分析》刊登在《江苏价格监测》杂志。5月，确定市华达涂层有限公司、张家港市瑞群服饰有限公司等40家企业作为监测点，随着企业交费登记卡的发放，加强企业交费登记卡的跟踪管理，以便及时发现乱收费行为。

价格检查 年内，先后开展土地管理系统收费、医疗服务收费、涉农收费、旅游风景区收费等10多项专项检查，全年查处各类价格违法案件29件，实行经济制裁113.8万元。受理价格举报案件48件，受理率100%，办结率100%，署名回复率100%。

价格服务 全年受托进行资产认证121件，评估金额23亿元；配合法院进行纠纷财物价值鉴证53件，鉴证金额1443万元；车损评估3208件，评估金额2316万元；配合公安部门进行赃物评估4710件，评估金额2009万元。年内，共分4批次对3059种药品调整临时最高零售价格，对集中招标采购药品进行全面降价，平均降幅在15%左右。3月、4月，粮食和主要农业生产资料价格大幅上涨，物价局及时采取调控措施，切实降低农资价格，为保护农民利益提供价格支持。先后3次下发化肥价格差率管理通知，对化肥出厂价实行价格上限控制，只许下降，不得提高，对化肥批发、零售实行差率管理，对国产尿素实行最高零售价格管理。

【两项行政审批项目被取消】 为配合行政许可法的实施，物价局按照张政办〔2004〕46号《关于做好行政许可有关事项清理工作的通知》和省物价局转发国家发改委办公厅《关于转发国务院法制办对价格工作行政许可事项的意见及有关事项的通知》精神，仔细审核项目，认真做好清理工作，明确价格监管工作中关于商品和服务的政府指导价、政府定价，行政事业性收费的立项与标准的制定均不属于行政许可，而是属于行政审批项目。物价局行政审批项目由30项削减为28项，取消2项。具体为：依照法律行政法规规定的许可项目26项，取消2项，保留24项；依照部委规章规定的许可项目1项，改进管理方式，取消格式监制；涉及行政许可的行政规范性文件3件，修改1件，保留2件，保证了行政许可行为的合法有效。

【商品房实行“一价清”制度】 年内，市物价局修订《张家港市商品房价格管理实施细则》，扩大价格浮动幅度，引入商品房“一价清”制度（对开发企业按规定交纳的行政事业性收费、进入建筑安装招投标项目的费用，各类设施、设备费用，以及经营性收费均纳入住宅商品房价格，开发企业在销售最终结算时对购房者只实行一个价格，不得收取未经物价部门批准的、在价格之外的任何费用）。实行商品房成本认证制度和“一步制”审价制度。至年末，共审核112万平方米商品房销售价格。同时核准了东苑新村等15处住宅区物业管理暂行收费标准和评定了云盘三村等2处住宅小区物价管理等级。

【两档案室晋升省一级标准】 11月7日，市物价局和价格认证中心档案管理工作分别以97分和96.5分通过省一级档案考核验收，成为全省首家县级物价系统通过单位。年初，全局以档案晋升省一级标准为切入点，从规范内部管理入手，确立“一把手”负总责，分管领导具体督办，专兼职档案员抓落实的三级管理模式。修订局档案管理等12种制度，确保制度落实。先后投入12万元，完善内部基础设施。全局上下一心，加班加点，严格标准，狠抓落实，以高分一举通过省验收组考核。

表79　张家港市2004年度全社会消费价格指数

月份	消费价格指数	月份	消费价格指数
1月	103.30	8月	105.40
2月	103.00	9月	106.70
3月	104.10	10月	104.10
4月	105.60	11月	99.50
5月	106.00	12月	98.00
6月	107.40		
7月	106.10	全年累计比	104.10

（彭　梅）

审　　计

【概况】 2004年，市审计局全年完成审计项目63个，查处违纪违规金额688万元，查出管理不规范总金额4.03亿元，核减工程造价1015万元。向市委、市政府和上级审计机关提交反映经济生活中重点、难点、热点的信息和报告65篇，被国家审计署、省（市）审计机关、省以上媒体采用60余篇次，其中在《中国审计报》和审计署网、人民网、新华网等中央级刊物、网站上刊登20余篇，较好地发挥了审计对经济生活的监督、反馈和促进作用。

财政审计　1月5日至4月7日，市审计局结合专项审计、延伸审计和审计调查等手段，对2003年度全市财政预算执行和其他财政收支情况进行了审计。在对财政、地税、金库进行审计的同时，根据市民关心的“热点”问题对市教育局、科技局、劳动保障局等单位管理、使用的教育、科研、社保等各项资金、基金进行了重点检查，同时对市财政性资金基建工程项目进行抽审，审计调查了市财政融资担保贷款情况。审计中详细分析了全市财政预算内收入结构，反映出预算内资金安排使用情况和预算外资金专户储存管理情况，提出有针对性的审计建议15条，被相关单位采纳，通过审计还揭露了部分学校存在的乱收费及擅自提高学费收费标准等问题。同级财政审计报告得到市人大的肯定。

领导任期经济责任审计　年内，市审计局先后对20名领导干部进行了经济责任审计。查处违规行为金额65万元，查出管理不规范金额3202万元。审计中审计人员注重运用客观写实的方法，对被审计人作出科学合理的评价，并在审计报告中如实反映发现的案件线索和问题，为市委组织、纪检部门使用和考察干部提供了依据。

公共工程审计　全年，市审计局分别对双山高尔夫球场建设工程、市第二污水处理厂西区管网工程、市第一人民医院易地新建工程等10个政府公共工程项目进行了审计，核减工程造价1015万元，揭示了一些工程建设中存在的建设管理机构不健全、财务核算不规范、没有严格执行招投标制度等问题，提出的审计建议得到了被审计单位的采纳。通过对市第一人民医院易地新建工程跟踪审计，将审计监督关口前移，把事前审计、事中审计和事后审计融为一体，做到未雨绸缪，促进了对政府重点工程建设项目的管理，保证了建设资金规范使用。

【全面开展镇财政决算审计】 2004年是落实市领导“对全市镇级财政进行全面审计”要求的第一年，虽然全市镇数量已由原来的26个合并为8个，但要做到“审深审透”确实不是件容易的事。为高质量完成这一艰巨的任务，市审计局多次召开科以上干部会议和审计业务骨干会议，研究制订审计方案，培训审计人员，通过7月、8月两个月的努力，全面完成镇级财政审计任务。审计中坚持在财政资金收支真实、合法、效益的基础上，注重促进乡镇经济发展，注重维护财经法纪，注重分析查找镇财政管理薄弱环节，揭露问题、分析原因、提出建议，做到审计财政收入与支出并重，反映和处理并重，突出体现审计为宏观经济服务的功能。针对审计中发现的镇土地出让金管理和使用不够规范、镇资产经营公司存在为企业担保等问题，分别提出了审计建议，得到了被审计单位的采纳，为全市进一步规范镇级财政收支、促进镇经济发展作出了贡献。

【出色完成粮食清查审计】 根据省审计厅统一组织，市审计局抽调10名精兵强将组成清查审计组，于9月14日至11月12日对如皋市粮食购销企业1998年6月1日至2004年6月30日的粮食财务挂账进行了清查审计。在审计中，审计组根据审计人员工作经验进行新老、强弱搭配，分成3个审计工作小组，充分运用审计软件加快审计速度、提高审计效率，并通过两级复核制度确保审计质量，对该市17个粮食购销企业和粮食局、财政局、农发行等进行分类，出色完成了审计任务，得到了省审计厅的认可。审计组成员严守审计纪律，自觉克服时间紧、工作量大和各种家庭困难，受到了被审计单位——如皋市粮食局全体同志的一致称赞。为此《中国审计报》、国家审计署网站都分别在显要位置进行了图文报道，展现了张家港审计人的风采。

（郭　婧）

统　　计

【概况】 年内，市统计局坚持以提高统计数据质量为中心、优化统计服务为重点，积极推进统计方法制度改革，加强对经济形势的监测和分析，加快信息化建设，圆满完成各项任务。各镇设立了统计站，为正股级全额拨款事业单位，专设统计职位公务员编制1个，核定事业编制3人～5人。一年中，对269名统计人员进行上岗培训，全市统计人员持证上岗率保持在95%以上。年末，市统计局被苏州市统计局评为苏州市统计系统综合评比第二名。各专业统计工作继续在苏州市保持领先地位。

统计监审　市统计局全年完成对2个镇的重点监审检查、对30个企、事业单位的委托监审检查，并与市人大财经委员会一起对5个镇进行了调研检查。共发出催领、催报通知书53份，统计监审结论书48份，对1个单位予以警告处理，对1个单位予以警告并罚款处理。

统计服务　市统计局坚持实行月度国民经济运行情况分析制度，加大统计信息资源开发和供给力度，统计服务上了新台阶。以第一时间搜集上报领导需要的各种统计资料，坚持每月1日前公布《全市工业总产值月报》；每月5日前公布《全市工业经济效益指标月报》；每月7日前发布综合性的《张家港市统计月报》；每月15日前公布《重点企业主要经济指标》。在注重提高统计数据质量的同时，注重在统计分析上求突破，全年共撰写统计分析32篇，各种专题材料近20篇，各类统计信息、统计动态200多篇，报刊发表稿件10多篇。3月撰写的《我市经济首季开局良好》、《一季度全市工业经济高速增长》，4月撰写的《我市楼价持续攀升》，7月撰写的《我市农民消费质量明显提高》，8月撰写的《我市大型工业企业与周边县市比较分析》等10多篇有新意、有深度的统计分析被市委书记、市长批示转发，分别在市委常委、市长会议上和市委工作会议上受到表扬。对重点企业的经济发展情况进行了专题调查，向领导提供了调查报告。承担了上级和有关部门布置的大量的抽样调查。如：党风廉政建设民意调查、行风评议抽样调查、城市发展统计调查、个体批发零售贸易业餐饮业抽样调查、小麦播种面积调查、畜牧业规模以上饲养调查以及农村劳动力转移快速调查等。还就全面小康进程、“禽流感”、粮价上涨、就业和社会保障、城市化等热点问题，适时进行快速调查，为政府提供了科学翔实的分析报告，受到了党政部门和社会各界的好评。6月，出版2004版《张家港统计年鉴》。

统计宣传　市统计局在市广播电台新闻频道的《信息双声道》和《走进乡村》节目中对《中华人民共和国统计法》及《统计法实施细则》、《江苏省统计管理条例》及《江苏省统计管理奖惩办法》、《苏州市统计管理办法》进行定期宣传，每周六播报2次，早晨6点15分、上午9点20分各播1次，同时发布全市组织举办的重要统计活动、经济发展情况等内容。与张家港日报社联办《张家港统计》专版，全年6期，主要刊登2004年统计工作要点、统计监审工作计划、各项统计培训公告、统计法律法规、统计业务知识问答等。在张家港统计信息网上开辟统计法律法规宣传专栏。翻印下发《苏州市统计管理办法》3000册，做到各镇、各主管部门的分管领导与统计人员，规模以上企业、街道办事处、村及居委会、新办企业负责人和统计人员人手一册。结合第一次全国经济普查，印发《张家港市第一次全国经济普查领导小组办公室致各单位和个体经营户的公开信》4万份，对统计法律、法规进行宣传。

召开全市第一次经济普查工作会议　（市统计局　供稿）

【全面实施在地统计】　实施在地统计是改革现行统计管理体制，由以条为主转为以块为主，使之与城市管理体制、财税征管体制相配套的重要举措。一年来，市统计局贯彻市政府和上级统计部门的要求，精心组织分步实施在地统计工作。首先界定范围，按照基本统计单位名录库和相关专业统计超级汇总单位库的地址码，按在地统计的原则向各镇划转基本统计单位。其次搞好核查，督促各镇统计部门在辖区范围内开展基本统计单位核实清查工作，采取多种形式与其建立统计工作联系。再次宣传发动，向市各部门发出了《关于协助做好在地统计工作的通知》，争取各有关单位的理解和支持。第四培训指导，先后5次组织各镇统计业务骨干开展业务培训。第五协调督促，理顺各方关系，疏通统计渠道。从10月起，在地统计正式开始运行。　（陈建康）

质量技术监督

【概况】　苏州市张家港质量技术监督局以服务为主旋律，坚持“从源头抓质量、从基层抓落实”，进一步强化“质量、安全、打假”三项工作，当好提升地方经济建设和社会发展动力的技术推进器。制订《张家港市民营企业质量腾飞计划》，认真履行《张家港质量技术监督局服务地方经济十五条举措》，采用聘请国内知名专家教授为张家港市企业家授课等方法，使质监工作更加融合于地方经济建设。通过贯彻行政许可法，推行工作服务标准化，建立工作质量反馈和责任追究机制，全局工作进一步规范，张家港质监局被评为江苏省质量技术监督系统先进单位和市文明机关。

质量工作　以实施名牌战略为龙头，全面提升全市质量总体水平。进一步开展争创名牌活动，强化企业的质量意识和质量责任。年内新增中国名牌2个，分别为梁丰集团的巧克力、东海粮油的小麦粉，累计3个。新增国家免检产品5个，累计11个，80家企业通过ISO 9000质量体系认证，53家企业取得生产许可证。沙钢集团、国贸酒店分别荣获江苏省质量管理奖和服务质量奖。强化食品市场准入制度，确保食品安全。年内帮助21家15大类食品生产企业建立健全质量管理体系，14家食品生产企业的16种产品取得食品生产许可证。全年四级产品抽查合格率为90.3%，其中生产许可证产品的三级抽查合格率达100%。

特种设备安全监察　坚持“安全第一，预防为主”的方针，以全过程监察为手段，以使用环节为重点，建立特种设备动态监管机制。年内完成了气瓶产权转移、“土锅炉”专项整治、煤气发生炉专项整治、压力管道专项普查、特种设备安全生产大检查等工作。共拉网式检查24个气瓶充装单位，办理各类气瓶产权转移14.18万只，取缔各类“土锅炉”4台，对146个使用单位345.7公里长的压力管道进行了微机录入，检查特种设备从业单位455个，设备763台，发现隐患175处，发出监察意见书87份，立案查处12家。在沙钢集团设立“张家港质监局沙钢特检站”，将技术机构延伸到企业，满足企业需求。

打假治劣　以食品、建材、农资为重点，认真落实打假工作责任制，大力实施打假治劣“12365”工程。全年共出动执法人员3500人次，检查生产经销企业4000余家，查获假冒伪劣商品标值503万元，端掉制假售假窝点9个，处理举报投诉125件，立案查处149件，其中10万元以上的大案要案12件，发出稽查建议书83份。

标准化工作　巩固消灭无标生产成果，积极推进采标工作，质量基础进一步夯实。年内新备案企业标准572项，标准覆盖率始终保持在99%以上，15种产品通过省级采标验收。积极开展农业标准化工作，组织农产品生产企业参加省高科技农产品标准化成果展览和农业标准化成果展，年内评审备案83项农业企业标准。“二码一卡”工作顺利开展，全年共发放组织机构代码证（含IC卡）7650套，31家企业成为商品条码系统新成员。

计量工作　强化企业计量基础，规范市场计量行为。年内共检定用于贸易、安全、医疗等方面的强检计量器具6581台件，6家企业取得省级计量保证确认证书，43家企业取得市级计量合格确认证书，3家企业的定量包装商品获准使用“C”标志。组织对定量包装商品、加油站、饭店、集贸市场等计量执法检查，全市水表、电表、燃气表首检率达100%。

【首次在企业设立特检站】　1月18日，张家港质监局在沙钢设立“张家港质监局沙钢特检站”，选派了工作经验丰富的技术骨干进驻，担负起沙钢集团及邻近企业特种设备的监管工作。这是该局首次在企业设立特检站。沙钢集团特检站的设立，使特种设备的登记率、定检率均达到了100%，特种设备得到了有效的监管，确保了企业的生产安全，并且为企业项目设备验收把关、企业设备管理等做了大量的服务性工作。在沙钢的余热锅炉安装工程中，特检站及时发现施工单位采用非锅炉用钢管进行锅炉安装的问题，责成施工单位另购合格钢管安装，为企业消除了安全隐患。沙钢特检站融入了企业的日常生产经营活动，成为了企业不可缺少的组成部分。

表80　**全市国家免检产品一览表**

序号	企业名称	产品名称	获得免检时间
1	东海粮油工业（张家港）有限公司	食用植物油	2002
2	东海粮油工业（张家港）有限公司	小麦粉	2002
3	江苏普坤实业有限公司	精纺呢绒	2003
4	江苏沙钢集团有限公司	热轧盘条	2003
5	东海粮油工业（张家港）有限公司	食用植物油	2003
6	江苏华尔润集团有限公司	建筑玻璃	2003
7	江苏港洋实业股份有限公司	服装	2004
8	江苏澳洋服饰面料有限公司	服装	2004
9	华芳集团有限公司	服装	2004
10	江苏华昌化工股份有限公司	化肥	2004
11	江苏梁丰食品集团有限公司	糖	2004

表81　**2004年国家行业标准采标汇总表**

序号	企业名称	执行标准号	采用标准号	证书号
1	江苏华尔润集团有限公司	GB 11614-1999	JISR 3202:1996EN572-2:1994	〔2004〕3205C017
2	江苏沙钢集团有限公司	YB/T 170.2-2000	ISO/FDIS 16120-2:2000	〔2004〕3205C019
3	江苏沙钢集团有限公司	GB 1499-1998	ISO 6935-2:1991	〔2004〕3205C018
4	张家港市澳洋服饰面料有限公司	FZ/T 24008-1998	优等品相当于国际先进水平	〔2004〕3205C022
5	张家港市澳洋服饰面料有限公司	FZ/T 24008-1999	优等品相当于国际先进水平	〔2004〕3205C026
6	张家港市澳洋服饰面料有限公司	FZ/T 24002-1993	优等品相当于国际先进水平	〔2004〕205C0025
7	张家港市澳洋服饰面料有限公司	FZ/T 24002-1993	优等品相当于国际先进水平	〔2004〕205C0024
8	张家港市澳洋服饰面料有限公司	FZ/T 24009-1999	优等品相当于国际先进水平	〔2004〕205C0023
9	江苏海狮机械集团有限公司	GB 17647-1998	UL 664-1993	〔2004〕3205C021
10	江苏海狮机械集团有限公司	GB 17202-1997	UL 1206-1994	〔2004〕3205C020
11	张家港市富佳电梯有限公司	GB16899-1997	EN115-1995	〔2004〕3205C067

表82　2004年企业标准采标汇总表

序号	产品名称	企业名称	执行标准号	采用标准号	证书号
1	中高碳钢无扭控冷热轧盘条	江苏沙钢集团有限公司	Q/320582SG6—2002	JISG 3506—1996	3200C030
2	优质碳素钢无扭控冷热轧盘条	江苏沙钢集团有限公司	Q/320582SG17—2002	ASTM A510—1996	3200C031
3	中筋小麦粉	东海粮油工业（张家港）有限公司	Q/320582DLY10—2004	FAO/WHOCODEXSTAN 152—1985(ReV.1—1995)	3200C032
4	金莎巧克力	江苏梁丰食品集团有限公司	Q/320582ZR3—2004	CACCODEXSTAN 87—1981 CACCODEXSTAN 142—1983	3200C057

（吴俊捷）

安全生产监督

【概况】 年内，市安全生产监督管理局以为全市经济发展提供安全保障服务为宗旨，认真贯彻落实国务院、省和苏州市《关于进一步加强安全生产工作的决定》精神，出台张家港市《关于进一步加强安全生产工作的决定》，从安全生产的组织领导、目标管理、市场准入、企业责任、安全投入、专项整治、应急救援、监管机构、公共安全等8个部分共34项条款，全面强化安全生产各项保障措施。张家港市在安全生产监管方面的先进经验和许多好的做法，在苏州市、江苏省乃至全国得到交流推广。全系统涌现出一大批先进集体和个人，其中市安监局监督科获省2001—2003年度非煤矿山安全专项整治工作先进单位称号。

队伍建设　年内，安监部门机构队伍建设得到空前加强，增挂市安全生产委员会办公室牌子，实行一套班子、两块牌子。新增法制科，使内设机构由原来的3个增加到4个。新增在编人员24人，使现有人员达到39人。市安全生产监察大队增设城区、沿江、塘桥3个监察中队，专职从事日常安全生产监察。加强镇、村安全监管力量，各镇安监办配备人员3人～6人，各办事处（开发区）配备2人～3人，各行政村均建立安全生产领导小组。全市镇、办事处（开发区）共有安全管理人员71人，其中专职人员44人。

安全督查　认真履行市安委会办公室的组织、协调、指导职能，进一步深化安全专项整治，组织市交通、建设、质监、公安消防、交巡警等有关部门，深入开展道路（水上）交通安全、公共聚集场所安全、危险化学品安全、建筑（拆除）安全、特种设备安全等8个方面的专项整治。全年共组织全市性安全生产大检查6次，组织检查组61个，抽查单位880多个，整改存在问题和事故隐患2500多条。在危险化学品专项整治方面，全年共进行专项检查4次，检查化工企业253家，发出整改通知书56份，提出整改意见240多条，停产整改23家，关闭4家，限期搬迁3家。充分发挥市安全生产监察大队的日常安全监察职能，全年监察各类企业640家，发出隐患整改通知书264份，督促整改安全隐患1407条。抓好“三同时”审查验收和安全预评价工作。对35个新、改、扩建项目进行了初步审查，对21个项目组织了“三同时”审查验收，对68个项目作出了预评价批复，另有129家企业的现状评价工作正在进行。

达标活动　进一步深化各镇安全管理达标活动，将达标创建活动延伸到各办事处、村和100人以上企业，同时将市各有关主管部门也列入考核范围。经年终考核验收，全市9个镇（场）以及有关行业主管部门全部一次性通过验收，其中有6家达到优秀（90分以上者），占66.7%，数量比上年多2家。

安全宣传　国务院《关于进一步加强安全生产工作的决定》发布以后，市安监局立即在全市组织开展了宣传贯彻活动。“安全生产月”活动中，组织交通、建设、质监、卫生、工会、公安消防、交巡警等部门在市区街心公园举办大型安全生产法律法规宣传咨询活动和安全挂图、黑板报联展；组织安全生产广场文艺晚会5场，观众1.3万余人；组织观看安全影片1.54万人次，参加安全知识竞赛2201人次，安全月主题签名8080人次。通过采取各种形式的宣传教育方式和手段，致力于提高广大干部职工的安全生产意识。全年组织举办全市各类企业法人代表、安全管理干部、各类特种作业人员培训班68期，培训5530人。继续与江苏大学联合举办安全工程大专证书班，共对160名专职安全管理人员进行系统化、专业化培训。

【全市性危化品道路运输事故应急救援演练成功】 年内，市安委会办公室依据市政府制订的《张家港市重大事故应急救援预案》精神，先后组织了长江水上危险化学品防泄漏防污染应急救援、“110”、“119”、“120”并网应急演练、道路交通事故医疗救援、危险化学品道路运输事故应急救援等大型联合演练。12月16日，由市安委会办公室牵头，市安监、公安、交通、卫生、环保等8个单位联合在金港大道西侧组织实施了首次危险化学品道路运输事故应急救援演练活动。这是张家港市继2003年之后组织的第二次全市性危险化学品事故应急救援联合演练活动。参加演练人员达150余人，约1500余人参加观摩。这次应急救援演练活动有3个突出特点：一是对演练全过程进行跟踪讲解，使演练更具有示范性；二是聘请专家进行现场讲评，使演练更具有指导意义；三是演练活动紧张逼真、有条不紊。通过一系列演练活动，检验了张家港市重特大事故应急救援预案的实效性，进一步提高了全市各救援责任部门的整体协同作战能力和对重特大事故的抢险救灾能力。

【投入资金70余万元筹建安全生产信息系统】 为做好全市重大危险源监控工作，根据市领导"抓紧建立重大危险源计算机监控体系"的指示精神，市安监局会同多个单位积极筹建安全信息监控系统，共投入资金70余万元。该信息系统总体分为两大部分：一部分为内网部分，是该信息系统的主体，主要存放系统的基础数据库以及各个应用子系统；另一部分为系统的外网部分，主要为市安监部门门户网站，除具备一般网站基本功能外，还可接受各企业单位的数据、信息上报。安全生产信息系统的建立可为市安委会及其成员单位提供快速、便捷的信息支持，提高政府及有关部门安全生产监管工作效能。年末，监控系统已进入系统调试阶段。

【查处"3·8"重大火灾事故】 3月8日，华芳集团下属金田纺织有限公司棉包仓库发生火灾事故。事故发生后，市委、市政府领导及安监、公安消防等有关部门迅速赶赴现场指挥灭火救援工作。火灾过火面积3200平方米，直接经济损失达80余万元。3月10日，市安委会召开全市安委会全体（扩大）会议，就如何吸取华芳火灾事故教训、进一步增强抓好当前安全生产的责任感和紧迫感、建立消防工作机制、全面加强消防审核和验收工作作了全面部署和严格要求。按照市委、市政府主要领导指示，由市安委会牵头，全市迅速成立了以徐仲高副市长为组长，安监、公安、消防、监察、总工会等部门组成的火灾事故调查组，对华芳集团公司及其下属18个企业的安全生产管理情况进行了全面调查。在深入调查研究的基础上，调查组于3月15日向市政府提交了《张家港市"3·8"华芳金田纺织有限公司火灾事故调查报告》，分析事故原因，总结事故教训，并对相关责任人作出了处理意见。3月22日，市安监局向华芳集团发出了《关于华芳集团有限公司应立即整改安全生产存在问题的通知》，要求其认真吸取事故教训，采取有力措施，立即整改存在的安全隐患。

（许银春）

住房公积金管理

【概况】 年内，苏州市住房公积金管理中心张家港分中心按照《住房公积金管理条例》精神和苏州市住房公积金管理中心"四个统一"（统一政策、统一管理、统一制度、统一核算）的要求，严格管理，强化服务，住房公积金业务快速发展，管理水平得到快速提升。全年实现住房公积金归集3.15亿元，比上年增长53.66%，净增归集额1.1亿元。累计归集总额10.7亿元。新增缴存公积金单位245个，新增开户人数12659人，比上年增加8872人，住房公积金月均归集率98.66%。累计开户人数98482人。年内发放贷款2.1亿元，新增发放户数1820户，存贷比例64.95%，资金营运率72.5%。累计发放贷款8.1亿元。全年住房公积金各项主要指标均超额完成年度目标任务，被省建设厅评为住房公积金管理优秀分中心，被苏州中心评为先进集体，被张家港市委、市政府评为市文明机关。档案室创建为省一级。

住房公积金服务大厅一角

（史志办　供稿）

【住房公积金相关政策调整】 从7月1日起，全市住房公积金缴存工资基数测算方式，由原先分档定额靠档，统一调整为按实计算，月缴存额见角分进元取整数。住房公积金提取，在原有提取规定上放宽了条件。对偿还商业性普通住房贷款，低保对象且账户封存半年以上的，女满40周岁（男满50周岁）、下岗失业且封存二年以上的，职工（含配偶）租赁一处住房且支付房租超出本市上年职工平均工资10%以上的，可携带相关证明材料提取住房公积金。同时，为确保住房公积金安全运行，分中心对住房公积金贷款政策进行修订，增设个人住房抵押保险，从9月1日起开始按规定收取。住房公积金贷款额度则相应提高，新购普通住房可贷比例最高可为房价的70%，最高贷款额控制在25万元以内；二手房普通住房可贷比例最高为60%，可贷额度控制在20万元以内，贷款年限由原先的最长20年调整到30年。政策的调整，一方面促进了住房公积金的缴存，另一方面也极大地方便了全市购房群众。（张新华）

【编辑　汪丽菁】

科技管理

【概况】 2004年，全市科技工作者以提高科技持续创新能力和促进产业创新为目标，加速推进高新技术产业化和传统产业高新化进程。全年共组织实施苏州市级以上科技计划项目92个，争取上级科技经费2426万元。该批项目均具有自主知识产权，技术水平达到了国内垄断或国际领先，进一步优化了全市的产业结构，有效地引导和促进了科技创新。

高新技术　年内，全市有43种产品被认定为省级高新技术产品，累计207种。"数字盲扫调谐器"等3种产品被认定为国家级新产品。6家企业被认定为省级高新技术企业，累计46家；江苏澳洋集团被列入国家级高新技术企业，累计7家。省级高新技术企业的个体优势及整体规模均得到明显提升，年内46家企业的销售收入达到201亿元，其中超亿元的有26家。"锂离子电池凝胶电解质"等26个项目列入省级以上科技项目，其中：国家"863"计划项目1个，累计2个；国家中小企业技术创新基金项目2个，累计8个（已通过验收4个）；国家火炬计划项目6个，累计32个；省级以上火炬计划项目12个，累计72个；省级科技攻关计划1个；省科技成果转化专项资金项目2个，获省科技经费2000万元，为企业科技的进一步创新打下了坚实的基础。

农业科技　江苏联冠科技发展有限公司的"利用作物秸秆生产高强度复合材料及制品技术开发"被列为省星火计划项目，总投资800万元，预计将新增利税3500万元。市南海环球珍珠工艺品厂的"纳米珍珠粉加工应用技术研究"、市蔬菜办公室的"设施茄果类蔬菜连作障碍的克服与生态修复技术研究"、张家港神园葡萄科技有限公司的"三倍体无核葡萄新品种夏黑的示范推广"及市奥力生物保健品有限公司的"北冬虫夏草干蚕蛹和活蚕人工栽培技术"等4个项目被列为苏州市农业科技计划项目。这些项目的组织实施，引导和促进了农业新技术成果在全市的快速转化。科技兴农载体建设进一步加强，年内新认定农业科技示范基地9个、科技兴农示范户34户，下发奖励资金24.8万元。从推广农业科技新技术、优化农业产业结构出发，共下达张家港市级农业科技计划项目30个，下拨科技经费94万元，引进动植物新品种35种。

技术市场管理　年内，新增科研技贸机构3个，累计81个，技贸交易开票额3144万元。产学研合作水平进一步提高，江苏海狮集团和市华瑞科技的两个国际科技合作项目被列入苏州市科技计划项目。先后组织相关企业参加苏州市政府举办的省内高校技贸交易洽谈会、中科院系统技贸交易洽谈活动、两院两校技贸交易洽谈会以及江苏省举办的中俄技贸交易洽谈等活动，一批产学研合作项目顺利实施。全市10余家企业分别与国内外高等院校科研所签订20个高新技术成果转让项目，技贸交易额达1.2亿元。其中主要有江苏飞翔化工公司与德国COZ公司的"农药氟环唑"项目，技术总投入1000万元；高新张铜集团与中南大学的"盘拉法BFE10－1－1铜镍合金管生产技术"合作，开发经费达4200万元。

知识产权工作　年内，成立市政府知识产权联席会议制度，明确了各成员单位的职责。继续贯彻实施"市专利申请目标任务责任制"，建立健全工作反馈和情况通报制度。全市知识产权管理体系日趋完善，知识产权工作力度进一步加大，全年举办各类知识产权培训班5期，参训人数400多人。全市企业家及科技人员的知识产权保护意识不断增强，全年完成专利申请519件，比上年增56%，其中发明专利44件，比上年增132%。知识产权以点带面工作得到加强，杨舍、金港两个苏州市知识产权示范镇通过建立健全知识产权管理制度，制定各类激励措施，使专利申请量迅猛提升，杨舍镇在9月就完成了全年工作目标，金港镇超全年目标80件；17家企业被列入省知识产权重点企业，国泰华荣公司作为苏州市惟一一家企业，被省知识产权局列入江苏省重点领域和行业企业知识产权战略推进计划。6月，张家港市顺利通过省首批知识产权试点市验收，7月作为苏州市惟一的一个县(区)被省科技厅、省知识产权局列入省知识产权示范市。

载体建设　年内，高新张铜的"铜合金材料工程技术研究中心"被列入苏州市工程技术研究中心，对新型铜合金材料及其加工技术进行研究开发，获苏州市科技经费15万元。至此，全市创建成苏州市级工程技术研究中心2个。沙钢集团、银河集团、海狮集团等8家企业建成张家港市级工程技术研究中心。6月，市高新技术创业服务中心二期工程（孵化大楼B座、C座）投入运营，使创业中心孵化总面积达到1.8万平方米，极大地提高了创业中心的项目吸纳能力，该中心的“孵化器内企业公共信息管理服务平台建设”项目被列入省科技发展计划项目。年内，市创业服务中心新增科技型企业9家，其中留学生企业3家；引进留学回国创业人员5人；吸纳博士5人、硕士13人、学士45人。至年末，市创业服务中心进驻高科技企业已达31家，其中留学生企业11家，入驻项目涵盖IT、电子、化学新材料、新能源、医药、生物工程等多个高新技术领域；总计引进本科以上科技人员197人，其中博士35人、硕士56人。在全面调查和分析高新技术产业发展的现状特点、基础优势及发展趋势的基础上，编制产业基地发展规划，10月，向国家科技部呈报“张家港市精细化工产业基地”申报材料。

【市创业服务中心二期工程投运】 6月19日，市高新技术创业服务中心暨留学人员创业园二期工程（孵化大楼B座、C座）正式投入运营。在各有关部门的大力支持下，市创业服务中心二期工程于2003年7月动工，总投资1690万元，并按创建国家级高新技术创业服务中心的要求，高标准规划、高水平建设。项目建成后，新增建筑面积1万平方米，新增有效孵化面积近6000平方米。二期工程的建设，弥补了一期工程功能设施上的不足，配备了科技人员餐厅（可一次容纳200余人就餐）、留学回国人员公寓、培训中心、健身休闲设施，使园区设施得到进一步完善，增强了创业中心的孵化服务功能。

【两企业喜获省首批科技成果转化专项资金】 12月3日，江苏沙钢集团有限公司的“高强度PC钢绞线用小方坯连铸连轧盘条”项目、江苏银河电子股份有限公司的“全息超薄型光学读取头研发和产业化”项目被列入2004年度省首批科技成果转化专项资金项目（全省共28个项目，其中苏州市3个），分别获省专项经费1000万元。这两个项目均开发了具有自主知识产权的核心技术，填补了国内空白，产品竞争力强，市场空间广，行业科技进步促进作用大。两项目新增投资1.8亿元，可分别形成年产45万吨高强度PC钢绞线用小方坯连铸连轧盘条和年产1000万只全息超薄型CD／DVD光学读取头及小机芯，实现年销售收入20亿元。

【张铜一项目被列为省科技攻关项目】 年内，高新张铜股份有限公司的“铜合金管盘式生产关键技术开发及产业化”被列为省工业科技攻关项目，总投资1.35亿元，获省科技拨款60万元。该项目主要研究开发应用于火电、核电站、大型舰船及海水淡化装置的铜合金管盘式生产关键技术，并实现产业化生产。项目实施后，将建成年产2万吨的铜合金管盘式生产线，实现年销售收入8.4亿元，可创利税1.13亿元。

【张家港市又一项目列入国家“863”计划】 年内，张家港市国泰华荣化工新材料有限公司与天津蓝天高科电源股份有限公司联合承担的“XL纯电动轿车动力蓄电池及管理系统”项目被列入国家“863”高技术研究计划，这是继沙钢集团之后，张家港市承担的第二个国家“863”高科技研究项目。该项目的核心是解决锂离子蓄电池的实用化，其研制出的电池组可满足EV行驶10万公里（整车实测或模拟测试），安全性也将满足电动车用动力蓄电池技术规范。项目实施期为2003年7月至2005年12月，预期可获专利3项。该企业的另一个项目“凝胶型锂离子电解液”被批准列入科技部国家中小企业技术创新基金项目，从而使国泰华荣化工公司成为同时承担国家“863”高技术研究计划和国家中小企业技术创新基金项目的企业。

【重奖科技进步项目】 年内，市政府对新认定的省级高新技术产品、省级以上火炬计划项目、省级以上高新技术企业、市工程技术研究中心、企业信息化、专利、市农业科技示范基地等12类科技进步项目进行重奖，奖励总金额超过570万元，比上年增42.5%，其中仅专利一项奖励就近90万元。这批项目均具有自主知识产权，技术水平达到了国内垄断或国际领先，进一步优化了全市的产业结构，有效地引导和促进了科技创新，使全市科技工作迈上了新台阶。

表83 **2004年获省级高新技术企业一览表**

企业名称	主导产品	年产值（万元）	企业负责人	电话	地址
张家港苏星电子有限公司	二级总线供电型总线、中央集控器、新型轿车用总线式中央集控控制器	3500	谢志刚	58186803	省经济开发区振兴中路5号
江苏联兴塑胶管业有限公司	双壁缠绕大口径塑料排水管	3000	张永东	58532000	锦丰镇三兴沿江路8号
张家港市通力机电制造有限公司	TL型成衣电脑绣花机，TL电脑横纺织机	3200	张正江	58485617	凤凰镇港口工业集中区
张家港五洲变压器有限公司	ZGS9四柱式组合式箱式变压器，SG（H）B10干式电力变压器	2800	钱培新	58250998	杨舍镇赵庄工业集中区3号
张家港迪克汽车化学品有限公司	高性能硼酸酯合成汽车制动液、防冻液、清洗液	3500	杨正祥	58670821	省经济开发区
张家港市饮料机械有限公司	复合果蔬汁（粉）生产线，冷（热）灌装三合一机	3100	张秀峰	58570998	锦丰镇三兴白熊路88号

表 84 **2004年新立省级以上科技计划项目一览表**

科技项目类型	科技项目名称	科技项目承担单位	级别
国家863高技术研究计划	XL纯电动轿车动力蓄电池及其控制系统	张家港市国泰华荣化工新材料有限公司	国家级
国家中小企业技术创新基金	多功能电能表专用集成电路	江苏银河电子股份有限公司	国家级
	凝胶型锂离子电解液	张家港市国泰华荣化工新材料有限公司	国家级
国家重点新产品计划	扁平可降解长束纤维	江苏澳洋科技股份有限公司	国家级
	汽车同步器齿环铜合金材料	高新张铜股份有限公司	国家级
	数字盲扫调谐器	江苏银河电子股份有限公司	国家级
火炬计划	LNG罐式集装箱	张家港市圣达因化工机械有限公司	国家级
	精细高效节能内螺纹铜盘	高新张铜股份有限公司	国家级
	10000吨／年夸特－50	江苏飞翔化工股份有限公司	国家级
	500吨／年4－氯代乙酰乙酸酯	张家港浩波化学品有限公司	国家级
	墨粉用功能型共聚树脂	张家港市威迪森油墨有限公司	国家级
	1860MPA级PC钢绞线用小方坯连铸连轧盘条	江苏润忠高科股份有限公司	国家级
	地面广播数字电视机顶盒	江苏银河电子股份有限公司	省 级
	DEF－FA/52+BTM	张家港和丰机械制造有限公司	省 级
	奥迪A6电子玻璃升降器	张家港博泽汽车部件有限公司	省 级
	新型轿车用总线式中央集控控制器	张家港苏星电器有限公司	省 级
	补益强心片	苏州滋露药业有限公司	省 级
	高效广谱低毒三唑类杀菌剂氟环唑	江苏七洲绿色股份有限公司	省 级
	彩色负离子多功能粘胶纤维	江苏澳洋科技股份有限公司	省 级
国家重点火炬计划	1000／吨锂离子电池电解液	张家港市国泰华荣化工新材料有限公司	国家级
省级科技攻关	铜合金管盘式生产关键技术开发及产业化	高新张铜股份有限公司	省 级
省科技成果转化专项资金	高强度PC钢绞线用小方坯连铸连轧盘条	江苏沙钢集团有限公司	省 级
	全息超薄型光学读取头研发和产业化	江苏银河电子股份有限公司	省 级
星火计划	利用作物秸秆生产高强度复合材料及制品技术开发	江苏联冠科技发展有限公司	省 级
省科技发展计划（创新服务体系）	孵化器内企业公共信息管理服务平台	张家港市高新技术创业服务中心	省 级

科技成果

【概况】 2004年，全市有4个项目获江苏省科技进步奖，其中一等奖1个、二等奖3个；有9个项目获苏州市科技进步奖，其中一等奖1个、二等奖3个、三等奖5个；评审出张家港市科技进步奖28个，张家港市技术创新奖36个。全市有7项科技成果通过省级鉴定、2项科技成果通过苏州市级鉴定、3项科技成果通过张家港市级鉴定。2个创新基金项目、4个省级火炬计划及1个国家级火炬计划项目通过验收。

【“水稻减量使用化学农药工程技术”通过省级成果鉴定】 11月，由张家港市植保植检站承担的“水稻减量使用化学农药工程技术”项目通过省级科技成果鉴定。该项目所采用的水稻减量使用化肥农药工程技术主要有：1.推迟水稻播种期，主要控制水稻螟虫和灰飞虱技术。2.“前重、中适、后轻”施肥法控制穗期病害技术。3.筛选推广新型生物农药作为当家品种，以高效低毒低残留化学农药为辅助调控手段，达到化学农药使用量整体上降低37.5%，重点示范推广区降低80%以上。4.以减少化学农药使用量为宗旨，以实现水稻主要病虫害无害化为目标，在国内率先提出将“抗病虫害栽培技术开发”、“开发和推广新的生物农药及其复配制剂”、“种子的药剂处理技术”、“低毒低残留化学农药使用技术”、“病虫预测预报技术”等组装配套，形成“捆绑式”水稻病虫综合防治的技术体系的研究。该项技术已在张家港得到大面积推广与应用。从2002年起，各镇均设立66.7公顷（1万亩）以上示范方一个，并向周边辐射；2003—2004年两年累计推广应用面积4.1万公顷，按水稻每公顷产量9000千克、病虫害率平均21%计算，每公顷挽回损失1944千克，两年总计挽回粮食损失7.97万吨，折合人民币5977万元。更主要的是农民使用此项技术后，可减少使用化学农药2次，整个生长季节每公顷可减少使用化学农药2千克，累计全市减少使用化学农药82吨，从而降低了化学农药对环境的污染，为“放心粮”的生产提供了安全保障。

【国泰华荣一项目获省科技进步二等奖】 年内，张家港市国泰华荣化工新材料有限公司承担的“锂离子电池电解液产品的研制与开发”项目获省科技进步二等奖。锂电池工作电压高、能量大、自放电量低、对环境友好，是目前世界上最为理想、技术最高的电化学电池。该项目成功选择了一次锂电池电解液的工艺技术及生产设备配套，解决了高氯酸锂脱水困难的问题和一次锂电池的耐高低温问题，创立了一次锂电池电解液的企业标准，产品质量达到了国际水平，工艺技术居国内领先水平，已实现外销并获得国际知名企业的认可。该产品的成功开发，减少了电池生产对进口电解液的依赖性，降低了生产成本，增强了国内一次锂电池生产企业的国际竞争力，推动了一次锂电池行业的发展。

表 85 2004 年获苏州市级以上科技进步奖项目一览表

项目名称	主要完成单位	获奖等级	授奖部门
低功率无线接入系列设备的研制及产业化	张家港贝尔讯杰科技有限公司	一等奖	江苏省政府
4-氯代乙酰乙酸酯	张家港浩波化学品有限公司	二等奖	江苏省政府
锂离子电池电解液产品的研制与开发	张家港市国泰华荣化工新材料有限公司	二等奖	江苏省政府
大规模节能环保型颗粒氧化铅移动床深度氧化和快速冷却生产技术	东南大学、江苏天鹏化工集团有限公司	二等奖	江苏省政府
4-氯代乙酰乙酸酯	张家港浩波化学品有限公司	一等奖	苏州市政府
生物农药的开发与利用	张家港市植保植检站	二等奖	苏州市政府
苏州市万亩蔬菜无公害生产及配套技术研究	张家港市蔬菜办公室	二等奖	苏州市政府
慢性非传染性疾病预防与控制	张家港市疾病预防控制中心	二等奖	苏州市政府
LNG 罐式集装箱	张家港市圣达因化工机械有限公司	三等奖	苏州市政府
墨粉用功能型共聚树脂	张家港市威迪森油墨有限公司	三等奖	苏州市政府
生猪“瘦肉精”检测的研究	张家港市畜牧兽医站	三等奖	苏州市政府
标准化无公害双孢蘑菇生产技术研究与开发	张家港市食用菌技术推广站、张家港市南丰镇永联村	三等奖	苏州市政府
彩色竹浆纤维	江苏澳洋科技股份有限公司	三等奖	苏州市政府

（李裕芬）

科学普及

【概况】 张家港市科学技术协会有28个市级学会、9个镇（场）科协、58个企业科协、8个街道科协、26个社区科普协会、50个农村专业技术协会，和6个省、苏州市、本市级科普示范基地，5个苏州市科普教育基地，5个市级科普教育基地。年内，全市各级科协组织及所属团体以高标准创建全国科普示范市为目标，努力为广大科技工作者服务，为经济社会全面协调可持续发展服务，为提高公众科学文化素质服务，在推进全市三个文明建设中发挥了积极作用。

科普宣传 市科协充分发挥科普主力军作用，先后举办了第十六届科普宣传周、“全国科普日”活动、“史前探秘与宇宙遨游——珍爱大自然”科普展等系列大型科普活动，在内容上深化，形式上创新，使全市科普工作呈现出蓬勃发展的良好局面。注重加强科普阵地建设，市区在已建12座科普画廊的基础上，又投资15万元在市少年宫、世纪广场、园林广场建立了3座由亚光拉丝不锈钢材料制作，彩色写真画面、大版面灯箱的第三代新型科普画廊，完成了万红三村东区28座科普楼建设。各镇普遍在镇区繁华地段建立了2处～3处高质量、高品位的科普画廊，成为社区科普新园地、城市文明新景观。

社区科普 市科协注重科普工作“五进社区”，根据社区居民新需求，组织科普志愿者经常深入社区，定期举办科技讲座、科技培训、科技咨询和科普结对等活动。10月19日，市委宣传部、市科协、市卫生局、杨舍镇政府、城西街道办事处等单位在城西街道广场举办了“社区市民健康学校”揭牌暨“相约健康社区行”活动启动仪式，展出了一批卫生健康科普知识图板；医务科普志愿者为社区居民提供传染病防治、职业卫生、食品卫生、妇幼保健、日常急救等方面的卫生科普知识咨询。市区其他街道也相继成立了“社区市民健康学校”，结合实际扎实开展健康教育活动，把健康观念传播到千家万户。年内，杨舍镇城南街道、城西街道万红社区分别被评为江苏省科普文明街道、江苏省科普文明社区，杨舍镇城西街道被评为江苏省科教进社区活动先进集体。

农村科普 市科协为300户科技示范户征订了《江苏科技报·致富导刊》，每月出刊一期《致富文摘》，以满足农民学科技、用科技的需求。组织科普志愿者农村服务团成员30多人次，分赴锦丰、凤凰、乐余等镇举办科技早市，为农民进行科技培训、农技咨询。向农民赠送科技图书2000册、科普宣传图片60多套、科技资料5万份。全年共举办培训班330期，培训1.6万人次；举办科普讲座24次、科技咨询28次，放映科普影视片80部，制作科普展板120块；举办科普展览9次，参观人数1.8万人次。积极扶持农村专业技术协会建设，促进其组织形式由松散型向紧密型转变，服务功能由单一型向综合型转变，使之成为全市农业产业经营的重要载体。2月，市神园葡萄协会被中国科协命名为全国百强农村专业技术协会。

青少年科普 结合学校素质教育，着力培养中小学生的动手能力和创新能力，举办张家港市第四届中小学科技节活动，全市各中小学组织开展航海模型比赛、电脑操作比赛、科学幻想绘画比赛、机器人比赛等青少年科技教育活动，激发青少年爱科学、学科学、用科学的热情。兆丰实验小学制作的“新型水龙头”获第五届中国国际发明展览会铜奖，机器人竞赛获第四届中国青少年机器人竞赛金奖、第十五届江苏省青少年科技创新大赛“中国移动杯”机器人大赛学校团体奖，暨阳实验小学获江苏省青少年电子技师比赛一等奖，金港镇巫山小学被授予“江苏省少年电子技师培训点”称号。

企业科技　年内，通过建设“科技人员之家”，开展科技人员继续教育和科技培训，推动了企业技术创新和科技进步。把讲理想、比贡献科技进步“双杯奖”竞赛活动作为推进企业技术创新的重要手段，抓好宣传发动、跟踪服务、表彰奖励工作。全年立项56个，这批项目科技含量高，经济效益好，参赛单位发展到上百个，参赛科技人员超过1000人。8月，江苏长江润发集团公司科协参加全国非国有企业科协工作经验交流会，作了“依靠科技进步，促进企业发展”的交流发言，被中国科协评为全国先进企业科协。

学术交流　围绕经济建设和社会发展中的热点、难点问题，积极组织广大科技人员开展国内外学术交流活动，不断提高解决生产实际问题的能力。成立由51名工业、城建、农副、医卫和教育等方面专家组成的“专家咨询团”，为全市可持续发展提供前瞻性的建议。共邀请58位国内著名专家到市作职业卫生、绿色城市、地被植物、食用菌技术等方面的知识讲座，开展创新研讨学术交流活动128场（次），参与人数超过1万人次。

【成功创建成全国科普示范市】 2003年5月，张家港市被中国科协列为第二批全国科普示范市创建单位。市委下发了《关于创建全国科普示范市活动的实施意见》，市政府把“弘扬科学精神、普及科学知识、积极创建全国科普示范市”写入2004年政府工作报告。成立了由分管副市长任组长，22个部门负责人为成员的创建工作领导小组，先后召开创建领导小组成员会议、深化创建工作会议，形成了上下齐努力、共创示范市的良好氛围。2004年3月，省创建全国科普示范市工作会议在张家港召开，进一步推动了全市创建工作。10月，张家港市被中国科协授予全国科普示范市称号。通过科普示范市创建活动，全市科普教育、服务、示范、传播体系进一步建立和完善，广大市民的科技意识和科学素养有了显著提高，从而有效提升了全市的科学技术普及水平。经对公众科学素养调查统计，全市公众科学素养达标率为6.31%，超过苏州市6.05%和江苏省2.03%的平均水平。

【市第十六届科普宣传周活动丰富多彩】 5月17日，以“科技以人为本，全面建设小康”为主题的张家港市第十六届科普宣传周在市图书馆开幕。市委常委、组织部部长单玉珍，市人大常委会副主任顾树柏，副市长徐仲高，市政协副主席蒋祖德等出席了开幕式，单玉珍同时为张家港市科普志愿者服务团授旗。宣传周期间，举办了“超越梦想，梦系太空”航天科普知识图片展和科技书展，观展人数超过2万人（次），得到市民的高度评价。还分别开展了讲师团下乡巡回宣讲、“我爱宽带”杯网上科普知识竞赛、为社区居民咨询服务等系列活动，成效显著。市科协被评为江苏省第十六届科普宣传周先进集体。

【“全国科普日”系列活动扎实开展】 6月29日，在《中华人民共和国科学技术普及法》（以下简称《科普法》）颁布两周年之际，市科协通过各种形式开展科普宣传，在全社会营造学习贯彻《科普法》的良好氛围。6月27日，在市区街心公园隆重举行“科学普及、你我共参与，崇尚科学、走向文明”为主题的大型科普文艺专场暨科普行动日服务广场活动。精彩的科普文艺节目，吸引了近3000名观众观看。14个学会共40多名科技人员进行现场咨询服务，为群众解答日常生活中的疑难问题。同时市科协分别组织开展“科普影视社区行”、送科技下乡等活动，扩大了科普工作的社会宣传面，收到了良好效果。市科协被中国科协评为全国科普日活动先进单位。

【表彰优秀学术论文和“双杯奖”项目】 9月8日下午，市委、市政府在馨苑度假村会议中心召开张家港市2002—2003年度自然科学优秀学术论文暨2003年度“双杯奖”竞赛表彰大会。会议对近年来为推进全市科技进步、在全市经济社会发展中作出显著成绩的196篇优秀学术论文作者，以及“双杯奖”竞赛中苏州市12个获奖项目、4名三等功获奖代表，和张家港市8个优秀项目、3个优秀组织单位予以表彰。

（杨志刚）

“全国科普日”大型宣传活动　　（市科协 供稿）

【编辑　陈建明】

教育

综述

2004年，教育系统紧紧围绕“打造一流教育、服务‘两个率先’”的发展思路，大力实施素质教育，扎实推进各项改革，切实提高办学水平，全面加强未成年人思想道德建设，创出了新的业绩，有57个单位被命名为市文明单位。年内，全市撤并村小4所，改造学校30所，新建或易地新建学校6所。年末全市有各级各类学校149所，另有民工子弟学校4所（6个办学点）。共有教职工9339人、学生172382人。年内招收新生40098人、毕业学生43810人。基础教育、职业教育、成人教育、高等教育同步推进。小学入学率、巩固率、毕业率均保持100%，初中入学率、巩固率、毕业率均保持在99.9%以上，残疾儿童入学率超过98%。初中毕业生升学率96.8%，普通高中毕业生升学率94.58%，高等教育毛入学率56.22%。

教育现代化建设步伐加快　全年投入教育经费9.1亿元，比上年增11.3%，其中财政预算内拨款6.04亿元，比上年增32.6%。学校办学条件得到进一步改善，全市用于修建校舍、添置设备、改善办学条件的经费超过1亿元，新建扩建校舍5.4万平方米，大修、改建校舍4万平方米。新建、改建机房20间，新添微机2610台，中小学微机总数达16566台，生机比达8∶1。新建多媒体教室265只（套），累计822只（套），学校覆盖率100%，班级覆盖率35%。加快建设具有本市特色的中小学教育信息资源库群，加大信息中心投入，建成了张家港市中小学网上数字图书馆。至年末，教学资源总量达760千兆，比上年增60千兆。年内，全市有16所学校创建成苏州市教育信息化实验（先进）学校，累计36所。2所学校创建成江苏省现代教育技术实验（示范）学校。万红小学网站、梁丰高中网站、沙洲中学网站获“苏州市十大网站”称号；万红幼儿园网站、港口中学网站在中国教育技术协会举办的特色网站评比中获全国一等奖。

重点学校创建力度加大　年内，全市进一步加大各类重点、示范学校的创建力度，先后有16所学校（幼儿园）创建成苏州市以上重点或示范学校。市职教中心校的数控技术培训中心，被国务院六部委命名为“国家级培训基地”；市二职中、市三职中、市工贸学校创建成国家级重点职中；鹿苑中学、市五中创建成省示范初中。2002年之前创建的省示范性实验幼儿园顺利通过复查。另有4所幼儿园通过苏州示范幼儿园的评估验收，5所小学通过苏州市常规管理示范学校的评估验收。至年末，全市省级以上重点学校已达60所、苏州市级以上重点学校84所，苏州市级以上优质教育资源占全市中小学、幼儿园总数的68%。

外来务工人员子女顺利就学　2004年，到张家港市要求入学就读的外来民工子女达2.5万人，比上年增58.3%。市政府和各有关部门高度重视，齐抓共管，出台了《张家港市外来务工人员子女就学管理办法》，按照属地管理为主、公办学校吸纳为主的原则，各镇政府积极承担起辖区内外来人员子女接受义务教育的职责，各公办中小学、幼儿园挖掘潜力，扩大了接纳外来务工人员子女入学的能力，共吸纳21970名外来务工人员子女入学就读，占总数的86.4%。同时创办民工子弟学校4所（6个办学点），吸收学生3387人，顺利解决了外来务工人员子女接受义务教育的问题。

中小学收费严格管理　在实施义务教育阶段的学校，全面推行“一费制”；对公办高中招收择校生，采取“三限”（限分数、限人数、限钱数）政策。市财政、监察、物价、教育等部门多次组织力量对学校收费工作进行检查，加大了对违规收费学校和责任人的查处力度，有效规范了学校的收费行为。进一步完善收费责任制，与全市中小学、幼儿园签订了规范教育收费责任书。年内有50所学校通过了苏州市“教育收费规范学校”的创建考核。

【《张家港市2004—2010年教育发展规划》出台】　为全面贯彻《国务院关于进一步加强农村教育工作的决定》，加快教育事业发展，优化教育投资环境，满足人民群众对优质教育的需求，根据苏州市《关于推进社会事业领域企事业单位和社会团体等改革的决定》的有关精神，结合《张家港市城市总体规划2003—2020年纲要》，11月，市政府出台了《张家港市2004—2010年教育发展规划》。该规划明确，至2010年，全市教育发展的总体目标是：基本教育现代化。其主要标志是：建立以开放多样、高标准、高质量为特点的0周岁～18周岁现代国民教育体系和以学习型城市为标志的终身教育体系；各类教育确立先进的教育理念和科学的人才观，使受教育者得到全面而有个性的发展；形成以政府办学为主体、社会各界积极参与的多元化的办学格局；学校办学条件基本达到现代化水准；构建科学合理的教育结构和学校布局结构，形成与城市建设、经济、文化和社会发展相协调的教育发展新格局。

【全国“十五”规划重点课题在张家港开题】 4月11日至12日，全国教育科学“十五”重点课题《新教育理论的实践及推广研究》开题会暨新教育实验第二次研讨会在张家港高级中学举行。来自全国各地的新教育实验学校代表、教育教学研究人员、新闻单位等近600人参加了此次盛会。“新教育理论”主要有五大核心理念，即：为了一切的人，为了人的一切；教给学生一生有用的东西；重视精神状态，倡导成功体验；强调个性发展，注重特色教育；让师生与人类崇高精神对话。新教育实验有“六大行动”：营造书香校园、师生共写日记、聆听窗外声音、熟练应用外语、建设数码社区、创建特色学校。张家港高级中学、市职教中心校、市实验小学等张家港市43所中、小学成为新教育实验学校。

表86　**2004年张家港市获省级以上重点学校、示范学校情况一览表**

学校名称	校长	创建类型	地址	创办时间（年）	班级数（个）	学生数（人）	教师数（人）
张家港市职教中心校	孙伟宏	全国数控技术紧缺型人才基地	张家港市沙洲西路	1984	78	3739	195
张家港市第二职中	梅国星	国家级重点中等职业学校	张家港市城北路	1988	57	2671	153
张家港市工贸学校	顾栋明	国家级重点中等职业学校	杨舍镇乘航街道	1995	78	3371	189
张家港市工贸学校	顾栋明	国家级重点中等技工学校	杨舍镇乘航街道	1995	78	3371	189
张家港市三职中	黄广平	国家级重点中等职业学校	锦丰镇锦花路	1983	64	2963	142
张家港市三职中	黄广平	江苏省合格职教中心校	锦丰镇锦花路	1983	64	2963	142
张家港市第五中学	高建军	江苏省示范初中	杨舍镇塘市街道镇北路	1942	18	908	71
张家港市鹿苑中学	王柳军	江苏省示范初中	塘桥镇鹿苑街道金桥路东	1948	23	1073	75
张家港市锦丰幼儿园	张　慧	江苏省示范幼儿园	锦丰镇锦丰村14组	1983	17	466	37
张家港市晨阳幼儿园	方娅萍	江苏省示范幼儿园	杨舍镇晨阳街道人民路226号	1995	9	305	20

基础教育

【概况】 年末，全市有市、镇幼儿园35所，在园幼儿21390人，比上年增1490人。其中0周岁～3周岁婴幼儿入园（所）数为7148人，3周岁～6周岁儿童入园率为99%。年内，晨阳幼儿园、锦丰幼儿园通过了省级示范幼儿园的评估验收，累计20所。

全市年末有小学63所，比上年减少5所；在校学生61421人，比上年增2821人；有外市籍学生18227人，其中15661人在公办小学就读；有特殊教育学校1所，在校学生72人。小学入学率、巩固率、毕业率继续保持100%；盲、聋、哑、弱智儿童入学率达98%。

全市年末有初中30所，在校学生40415人，比上年减少3385人；有外市籍学生3564人，其中3280人在公办学校就读。有普通高中10所，在校学生20217人，比上年增1517人。年内，市五中、鹿苑中学创建成省示范初中，累计20所。有省星级高中8所，其中四星级1所、三星级6所、二星级1所。初中毕业生升学率为96%。高中段教育取得新成绩，全市有5136名学生参加全国普通高校招生考试，本科达线人数2146人，本科达线率41.76%，其中600分以上人数比例、本一进线人数比例、本二进线人数比例和万人达线人数比例均位居苏州所属县市第一。普通高中毕业生升入高校的比例达到94.58%，高等教育毛入学率达到56.22%。

【举办第六届课堂教改经验交流活动】 从11月中旬起，市教育局开展了为期一个多月的以“实践新理念，推进新课改”为主题的第六届中小学、幼儿园课堂教学改革经验交流活动，内容分为课堂教学展示和课程改革“五优”评比活动（优质课评比、“与新课程同行”优秀论文评比、“实践新课程”优秀教学案例评比、“体验新课程”教育随笔评比及“展示新课程”优秀课件评比）。此次课改是全市历史上规模最大的一次活动，共设48个展示点，有59个学科组、904名教师进行了课堂教学展示；共收到论文、案例等各类参评文章3000多份。12月24日，在张家港高级中学举行了第六届课堂教学改革经验交流大会。全市中小学校长、幼儿园园长、直属单位负责人及骨干教师代表等500多人参加了会议。会上观看了课改专题片《追求理想的教育》，后塍幼儿园、市实验小学、妙桥小学、港口中学、市二中、市职教中心校、后塍高中、梁丰高中等8所学校，先后围绕加强学科组建设、开展校本教研、提高学校教育教学水平作了交流发言。

【市实小举行百年校庆暨东校区落成典礼】 12月11日，市实验小学隆重举行庆祝百年华诞暨东校区落成典礼。江苏省教育厅、苏州市教育局、张家港市政府、市人大、市政协、江苏教育报刊社、江苏教育研究杂志社、学校管理杂志社等有关部门领导及市内外兄弟学校代表、家长代表、校友代表等200多名嘉宾参加了庆典活动。副市长秦景安代表张家港市政府对市实验小学百年校庆暨东校区落成表示热烈祝贺。市实验小学的前身是创建于1904年的范贤初等小学堂，百年来，学校秉承“端、勤、毅”的校训，培养了一批又一批的优秀人才。学校办学规模也不断扩大，11月，总投资4000多万元、占地3.13公顷、建筑面积达2.16万平方来的实验小学东校区落成，又翻开了实验小学发展史上的崭新一页，使实验小学成为拥有3个校区和1个附属幼儿园的集团型学校，是苏州市范围内规模较大的省级实验小学。

【“全国初中信息技术与课程整合优秀课例展示会”在市举行】 3月20日至21日，“全国初中信息技术与课程整合优秀课例展示会”在市外国语学校举行。来自全国各地的500多名代表汇集港城，就信息化环境下如何研究学生研究性学习，如何加强信息技术与课程整合以及发挥信息化硬件效益等课题进行了探讨，并有来自外地的8位优秀教师上了16节示范课。此次活动由教育部全国中小学计算机教育研究中心主办，张家港市教育局承办。副市长秦景安到会致辞，并就全市的教育信息化情况向大会作了介绍。

【后塍高中承办“当代学校文化战略论坛”】 5月15日至16日，江苏省“当代学校文化战略论坛暨后塍高中文化建设汇报会”在后塍高中召开。南京大学、南京师范大学、苏州大学等高校的知名学者和江苏省教科院、南京市教科所的教科研专家以及来自各地的各类学校校长100余人汇聚一堂，就“如何塑造学校形象”、“如何打造学校文化品牌”、“如何从建设学校文化走向提升学校文化力”等话题进行了热烈讨论。后塍高中在南京教科所学校文化战略研究中心的指导下，在全国率先着手实践“SIS”(学校个性形象塑造工程)，探索“学校文化经营”理念和“学校文化力塑造”模式。该校在自身文化积累的基础上，秉承“学以至理、行以至诚”的崇真精神，以“致力于做中国新兴城市的优秀高级中学”为发展目标，创新具有校本特色的学校文化，着力塑造学校形象，打造学校文化力，并已初显成效。他们以亲历SIS建设的感悟，与代表们作了深入交流，得到了与会专家和校长代表们的肯定。

【张家港高级中学被评为江苏省艺术教育特色学校】 12月，张家港高级中学顺利通过了省教育厅评估验收，成为首批江苏省艺术教育特色学校之一。张家港高级中学是在原市一中高中部办学基础上易地新建的一所现代化普通高级中学，属政府控股的股份制学校，2000年9月落成开学，有教学班50个，专任教师183人，为省三星级普通高中。建校以来，学校深入开展艺术教育，积极探索以艺术教育带动学校发展、提升学校办学品位的新路，“让校园弥漫人文气息，让师生饱受艺术浸染，让课堂充满诗情画意”，努力打造特色精品学校。五年来，学校教育教学质量和社会声誉稳步提高，校风学风有口皆碑，人文教育、人格教育、艺术体育办学形成鲜明风格，已成为一所散发着浓郁艺术芬芳的特色品牌学校。

【南沙中学作文校本教材《春华秋实》出版】 由南沙中学编纂的作文校本教材《春华秋实——怎样打造精品作文》一书，于6月正式出版。它是该校参加中央教科所“十五”重点课题“中小学生作文个性化发展研究”和全国哲学社会科学“十五”重点课题“新世纪中国素质教育研究——素质教育与校园文学研究”取得的研究成果之一。该书以“怎样打造精品作文”为话题，分为两编。第一编“写作指导”，分5个单元；第二编“佳作平台”，展示学生的个性化佳作，分4个单元。每个单元前均有引言，后有“思考和练习”。每篇学生佳作都附有作者的“写后札记”、同学的“读文杂感”和原载刊物的“编辑点评”及“教师点评”。全书内容具体、生动，形式多样，个性特色鲜明。10月，在“素质教育与校园文学研究”总课题组召开的课题阶段性成果交流会上，该书作为校本教材的范本，受到了众多专家的好评。

职业教育

【概况】 全市年末有职业类学校6所，在校学生总数414班18780人。年内招生168班7983人，其中招收五年制高职新生3071人，占招生总数的40.2%，高等教育预科班招收新生1580人。参加单招高考的949名考生全部达到专科录取分数线，其中达本科录取分数线411人，本科达线率为43.31%，居苏州所属县市第一。毕业生一次就业率在95%以上。年内，市二职中、市三职中、市工贸职中通过了国家级重点职校的评估验收，累计4所。市第三职中同时创建成为江苏省合格职教中心校，市工贸职中（技工学校）通过了国家级重点技工学校的考核验收。2月，市职教中心校被国家六部委联合命名为全国数控紧缺型人才培训基地。10月，职教中心校的计算机专业、工贸职中的电子电工专业创建成省示范专业。12月，职教中心校的会计及数控专业、二职中的旅游专业、工贸职中的机械加工技术专业、三职中的机械制造与控制及计算机专业、艺术职中的服装专业创建成苏州市示范专业。年内有142名教师通过培训考核，获得高级工证书。

【全国职教工作会议代表到市考察】 6月19日，在教育部部长周济带领下，江苏省副省长王湛、省教育厅厅长王斌泰、苏州市副市长朱永新和参加全国职教工作会议的代表180多人，到市职教中心校考察职业教育。市委书记曹福龙向代表们汇报了全市经济社会的发展情况。近年来，张家港市始终把大力发展职业教育作为实施教育现代化的重点工程来抓，并为服务当地经济社会发展发挥着越来越重要的作用。周济高度赞扬了张家港人大力弘扬张家港精神，放手发展职业教育的气魄和胆识。他肯定了市职业中心校坚定不移地实施以就业为导向的办学思路，把学校的发展与企业的需要紧密集合起来，以科学发展观不断创新职业教育理念，为全国职业教育的发展提供了很好的经验。

【市职教中心校与澳大利亚联办中澳班】 2004年，市职教中心校与澳大利亚南悉尼TAFE学院联合举办了高职层次的合作教学项目，暑期招收新生2个班78人，首开中外合作办学先河。该合作项目学习年限为5年，采用“4+1”的课程模式。第一年：雅思3.5～4.5课程，由经澳方培训的中方外语老师执教；第二年：澳大利亚科技英语及雅思4.5～5.5课程，由南悉尼TAFE学院外语老师和由经澳方培训的中方外语老师联合执教； 第三、第四年：澳大利亚机械技术全英文教学课程，由南悉尼TAFE学院专业老师和由经澳方培训的中方专业老师联合执教。前四年学习期满考试合格，可获澳大利亚南悉尼TAFE学院高级文凭。第五年志愿到澳洲留学的学生，继续参加短期"雅思"培训，通过雅思考试6分水平的，由办学双方协助学生办理赴澳大利亚留学的申请，学生可带学分赴澳大利亚深造，在澳方读一年半或两年后可获澳大利亚本科文凭。不愿出国留学的学生，第五年可直接参加技能培训一年，毕业时可获得国家承认的大专文凭和机械专业中级技能证书。中澳班的成功创办，为全市引进国外先进教育理念、创新办学模式提供了有益的借鉴。11月12日，市职教中心校又迎来TAFE学院的16位师生，中澳班机械042、机械043的同学们与客人们进行了交流，同筑中外友谊金桥，共创职教发展辉煌。

【举办"技能展示月"竞赛活动】 为进一步提高职业学校专业教师与学生的技能水平，加快"双师型"师资队伍建设步伐，推进师生在高新技术领域的学习与发展，市教育局从1998年起将每年的4月定为"技能展示月"，4月的最后一周定为"技能竞赛周"，组织职业学校师生开展技能操作竞赛。2004年的技能竞赛设教师车工操作、PLC（可编程）控制技术、学生服装制作、计算机操作与设计、数控车床编程与加工等5个项目，全市6所职业学校、366名师生参加了比赛。市第二职中、第三职中分获团体第一、第二名。本次活动奠定了技能教学在职业教育中的核心地位，对实施以名师支撑名专业，以名专业打造名学校的现代化专业建设，提升职业学校的品牌与特色起到了积极作用。 （葛敏亚）

"技能展示月"操作竞赛 （市教育局 供稿）

高等教育

【沙洲职业工学院】 年内，沙工设有7个系、25个专业，其中4个为本科专业、21个为专科专业。日语、汽车应用技术、钢铁冶金与控制技术3个专业为年内增设。有实验室42个、金工实习工厂1个。学院共有教职员工350人，其中专任教师222人。有高级职称68人，其中正教授2人、博士(含在读)3人。有在校生4036人。年内招收新生1445人，其中普通专科1196人，单独招生（指职业中学、中专学生对口报考大专）160人，"五年一贯制"录取89人。在对外招生的25个专业中，第一志愿报考人数达到55%。年内毕业学生1315人，其中本科162人、专科1153人，累计毕业学生8803人。苏州大学沙工本科教学点毕业学生162人，获得学士学位68人，学位授予率42%，其中3名学生分别被武汉理工大学、上海大学录取为公费研究生。有220名学生参加专升本考试，被苏州大学等本科院校录取42人。苏州大学沙工本科班毕业生就业率为100%，普通专科为98.8%。在2004年江苏省高等学校非理科专业高等数学竞赛中，有4名学生获二等奖、2名学生获三等奖。在全国首届高职高专实用英语口语大赛中，有1名学生荣获二等奖、2名学生获优胜奖。成人教育本科录取学员225人、专科448人。为企业和社会培训各类专业技术人员3000多人次。年内，学院先后被评为2002–2003年度苏州市文明单位、2004年苏州市安全文明学校。

【江苏广播电视大学张家港学院】 年内，张家港电大开设41个专业，比上年增9个。有学历教育班141个，比上年增18个。全校有教职员工189人，其中专任教师132人、获高级职称教师14人。有全日制大专班57个，其中五年制大专班34个。有在校生5416人，比上年增686人。年内招生2287人，比上年增347人，其中普通专科招生377人，比上年增201人，创历史新高。首次与上海师大联合办学招收教育硕士研究生57人。毕业学生648人，比上年增49人。当年确定为"课堂教学深化年"，教学质量在苏州所属县市中名列第一，开放教育试点工作进入终结性评估阶段。9月，成立人力资源管理部，首次举办毕业生供需洽谈会；成立舍务管理中心，隶属学工处；租用海平电子科技公司土地0.67公顷，建筑面积5000平方米，用于成人教育培训和学生住宿。新建远程教育中心大楼5100平方米，10月交付使用。改建图书馆900平方米。全年组织各级各类培训5万人次，其中教师继续教育培训4万人次。年内，学院被评为省电大招生工作先进集体、省电大考试工作先进集体。

【沙工隆重庆祝建院20周年】 10月，沙工成功举办了建院20周年庆祝系列活动，整个活动气氛热烈，庄重简朴，达到了"回顾历史，展望未来；凝聚人心，加快发展"的目的。18日上午，沙工建院20周年庆典在市华芳金陵酒店隆重举行。原全国政协副主席、上海大学校长、沙工名誉院长钱伟长教授出席庆典活动。全国人大常委会副委员长李铁映为沙工校庆题词："书要读万卷，路须行千里"。江苏省副省长王湛、江苏省教育厅以及上海大学、南京大学等9所高校发去贺信，上海大学、南京大学、东南大学、南京理工大学、江苏科技大学等32所高校的主要领导到会祝贺。苏州市副市长朱永新到会讲话，他在充分肯定沙工20年办学业绩的同时，希望沙工要突出鲜明的办学特点，立足本地，服务基层，积极创新，大力提高教学质量，为社会培养更多的高素质的应用型人才，努力建设一流的高等院校。张家港市委书记曹福龙到会致词，他指出："市委、市政府把沙工作为实施科教兴市战略的重要切入点，先后投入1.6亿元改善办学条件，壮大办学规模。20年的积累和探索，沙工已初步形成了适应地方经济发展的办学特色，先后向社会输送了8000多名毕业生，成为张家港三个文明建设的人才基地。"校庆期间，共有1000多名沙工毕业生返校参加庆祝活动，并在市馨苑度假村会议中心组织了校友座谈会。

【沙工着力提升产学研水平】 年内，经张家港市编制委员会批准，沙工重新设立科研处。科研处成立后，努力为广大教职工创造良好的科研平台和环境，制订了科研工作奖励与教材编写奖励办法，组织申报江苏省2004年社会科学类项目3项（其中1项获江苏省教育厅2004年社会科学类指导性项目）、张家港市2003–2004自然科学优秀论文16篇、张家港技术创新奖4项（其中2项获三等奖）。在张家港市2002–2003自然科学优秀论文评审中，获一等奖1篇、二等奖2篇、三等奖7篇。有1篇论文获苏州市哲学社会科学优秀成果三等奖。11月，中国纺织科学研究院在沙工设立织物CAD及仿真技术培训中心。全年学院教师共发表论文134篇，其中一般核心刊物论文20篇，EI（国际论文检索库）收录论文3篇。

【沙工首次进入专科第一批招生】 经过20年的办学积累，沙工以其良好稳定的教学质量和培育近万名合格毕业生的优异成绩，赢得了良好的办学声誉。年内，经江苏省教育厅批准，沙工首次进入普通专科第一批面向全省招生。共招收2004级新生1661人，报到1445人，新生报到率87%。普通专科实际招生1469人（含五年一贯制89名），报到1285人，报到率87.5%。单独招生计划192人，报到160人。从录取情况看，普通专科的生源质量为近三年来最好的一年。录取新生中500分以上有362人，最高分为555分，最低分为458分，平均分为487分，明显高于2003级的最高分463分，平均分380分。在对外招生的25个专业中，第一志愿报考人数较往年有了大幅提升，达到55%左右。其中品牌专业机电、纺织、外语类因学生爆满而扩班。

【张家港电大首次与上海师大联办教育硕士学位班】 4月，张家港电大与上海师范大学教育科学学院达成协议，联合在张家港电大（市教师进修学校）举办教育硕士专业学位班。全市有164名中小学教师参加了考前辅导，90人参加全国研究生入学考试，录取57人，其中教育管理专业29人、现代教育技术3人、地理2人、历史2人、生物1人、数学7人、物理3人、英语3人、语文7人。经上海师大教科院统计，张家港市考生录取率在所有报考县（市）中名列前茅。根据协议，教育管理专业上课地点设在张家港电大，其他学科在上海师大，学制均为3年。

【张家港电大教学质量名列苏州五县市第一】 2月，张家港电大确定2004年为"课堂教学深化年"。一年来，全校围绕提高课堂教学质量开展了一系列活动，全年教师共听课2800节（次），评课400节（次），组织公开课比赛两次。同时，围绕课堂教学组织青年教师开展四项技能比赛（钢笔字、粉笔字、普通话、多媒体课件制作），全校60多位青年教师参加活动，获奖38人次。教学成绩稳步提高。10月，在苏州电大教学工作会议上，张家港电大因统考成绩名列苏州五县市第一而受到表彰。

【张家港电大远程教育中心大楼竣工】 10月，张家港电大远程教育中心大楼竣工并交付使用。大楼总建筑面积5100平方米，高8层。内设微机房4个计350座，用于学生电脑操作和计算机等级考试、培训；多媒体教室2个，用于多媒体（如实物投影仪、功放、VCD录像机、音箱、计算机）教学活动；多媒体阅览室1个，用于开放教育学员随时到校进行网上学习；网络中心1个，用于校园网的控制及为开放教育提供网络支持；卫星接收室1个，用于接收中国教育电视台两套电大课程，同时接收VBI信息和IP课件，为开放教育提供教学资源。同时设豪华型报告厅3个、多功能厅1个，用于组织学生听专题报告会、举办卡拉OK演唱会、观看影视等，以推进校园文化建设。大楼的建成，使张家港电大的硬件设施得到了较大改善。

（周晓炜　黄开达）

成人教育

【概况】 2004年，全市农村成人教育围绕服务"三农"的主旋律，多渠道、多形式、全方位开展各级各类教育与培训，年内完成培训总量22.5万余人次。其中培训农村剩余劳动力8700余人，培训后转移劳动力7806人；培训农村致富骨干5100余人（户），培育农村致富带头人1200余人（户）；培训农村经纪人、信息员、营销员2904人次；农村劳动力实用技术培训4300余人次；乡镇企业职工培训9.2万余人次。各通过1个省级和苏州市级农科教结合示范基地的复查验收。全市各级各类农副基地、农科教结合示范基地共推广新品种、新技术、新项目108个，辐射农户13240户，直接经济效益1.46亿元。注重抓好成人学历教育，至年末，各类成人学校学历教育在籍学员3201人，参加自学考试7900余人次，参加成人高考2610人次。沙工和张家港电大全年组织各级各类培训5.3万人次，其中教师继续教育培训4万人次。"双考"工作稳中有升，全年参加"双考"9059人，其中参加计算机考试3888人，参加外语考试5171人。加强农村成人教育科学研究工作，有5篇论文分获苏州市农村成人教育科研成果二、三等奖。

【首次评审农科教结合示范基地】 为更大规模地推广农副新技术、新品种、新项目，增加农民收入，把教育实事工程落到实处，年内市教育局会同农业局、科技局联手推出张家港市农科教结合示范基地评审工作。市教育局为此专门下发文件，准备在3年～5年时间内，每年创建一批市级农科教结合示范基地。11月，在进行申报、筛选、初评的基础上，教育、农业、科技3个部门的领导、专家对基地进行了评审验收，确认塘桥鹿北粮食丰产方、南丰农业综合园区、锦丰农产品标准化示范基地、大新万福健康菜园、金港双山岛综合养殖基地为全市首批农科教结合示范基地。评审县级农科教结合示范基地在全省属首创，有力地促进了以基地为载体的致富带头人、科技明白人工作的落实和科教富民工程的实施。

教师队伍

【概况】 年末，全市有中小学和幼儿园公办教职工8800人，其中普通高中教师1363人、初中教师2652人、小学教师2943人、职高教师798人、幼儿教师599人、特殊教育教师24人、其他421人。有高校教职工539人，其中专业教师354人。高校教师中有高级职称的82人，其中正教授2人、博士生(含在读)3人。教师高一层学历进修工作取得新成效，全市幼儿教师大专率84.64%，小学教师大专率72.64%，初中教师本科率54.14%，普通高中教师本科率96.51%，职业高中教师本科率81.09%。小学、初中、普通高中教师的学历达标率，分别为99.66%、97.07%和99%。年内对全市各公办普通中小学、职业学校、特殊教育学校、幼儿园和直属教育事业单位的在编在岗教职员工，实行全员聘用合同制，分聘用合同制和岗位合同制两种。完成全市教师信息技术培训及考核工作，有5名教师在全国信息技术与学科整合课评比中获奖。梁丰高中黄亦欣等3人获苏州市“十大网络教学能手”称号。

领导班子建设　年内，市教育局强化创新意识，深化学校领导干部选拔任用制度改革。5月，选择市实验小学、张家港高级中学等11个中小学正副校长、幼儿园园长岗位，面向全市实行公开招考，特别是市实验小学等4个正职职位，是首次面向全市公开招考选拔。全市有71名中层骨干和校级领导报名参加公开招考。通过笔试、公开面试和组织考察，蒋俊兴等11人任市实验小学、张家港高级中学等11所学校的校长、副校长、幼儿园园长。进一步加强对学校领导班子的监督，对全市78个中小学、幼儿园、直属单位的领导班子进行考察，对2003年公开招聘的8名副校长（副园长）和新提拔的25名正副校长进行专题跟踪考察。健全和完善学校中层干部的选拔任用制度，全市所有中小学、幼儿园都通过公开、公正、民主、择优选任的办法选拔中层干部，干部的整体素质得到明显提高，内部管理的活力不断增强。

骨干教师队伍建设　年内，新评出市教坛新秀204人、教学能手190人、学科带头人57人，苏州市教育科研先进个人17人，教坛新秀以上骨干教师总数达到1200多人，占全市教职工总数的14%；新评选苏州市学科带头人、学术带头人12人，累计54人；新当选省优秀教师2人、苏州市优秀教育工作者68人。市财政拨款105万元，用于专项奖励市教坛新秀以上的骨干教师。各镇都制订了市级骨干教师的表彰激励制度，各校也制订了优秀骨干教师的培养规划。“名教师、名校长”的名师示范作用得到进一步发挥，教师队伍整体素质有了进一步提高。年内，有78名教师获省、苏州市的学科评优课、基本功竞赛之一、二等奖；有400多名教师在苏州市级以上教育行政、业务部门组织的论文评比中获奖。全年在省级以上刊物发表论文1500多篇。市职教中心校等3所学校的省级课题、梁丰实验学校等17所学校的苏州市级课题、港口中学等6所学校的张家港市级课题顺利通过终期成果鉴定。

继续教育　年内，共有139名教师报名参加教育硕士生考试，录取62人；有700多人参加本科进修。全年举办继续教育培训讲座87期，参加人数3.76万人次；组织各种形式的课题研讨活动100多次，参与教师7500多人次。举办第十一期青年干部培训班，培训青年后备干部64人；对幼儿园业务园长和教科研骨干教师共80多人进行专业培训；举办小学语文骨干教师、中学骨干教师研修班，共培训教师160多人；对全市198名小学英语教师进行专业培训，组织20名中学英语骨干教师赴澳大利亚进行为期两个月的专题培训。

【推行教师分配制度改革】 暑期，本着“严格考核、择优录用、公开公正、优生优配”的原则，对19名自费类幼师毕业生进行考核，择优录用了10名；对52名三年制师范专科毕业生进行录用考试，择优录用了47名。对师范本科毕业生，由毕业生自主报名、学校自主考核，根据考核情况，实行双向选择，扩大了学校的用人自主权。张家港高级中学等3所股份制学校则实行录用毕业生由学校全权负责，实行聘用合同管理，人事关系挂靠市人才服务中心，不纳入教育局编制内管理，工资福利由用人单位支付的就业管理办法。

【组建教育人才服务中心】 为适应教育系统人事制度改革，进一步理顺职能关系，促使教师队伍结构整体优化，8月，张家港市教育人才服务中心成立。中心主要职能是：提供教育人才需求信息，引进教育系统所需人才；促进教育系统人才的合理流动，组织在职教师、师范院校应届毕业生在教育系统内双向选择；按教育系统人事制度改革和全市教职工队伍合理配制要求，为教育系统的人才流动和富余人员择业提供服务；负责新毕业生、股份制和民办学校教师及学校落聘教师的人事代理和档案管理；负责未落实工作岗位的师范类毕业生及其他自愿委托代理的教育系统教职工的人事代理和档案管理；负责聘请国内外专家、教授到教育系统内兼职任教等。

（葛敏亚）

【编辑　陈建明】

文化事业

【概况】 年内，全市文化系统坚持以“三个代表”重要思想和科学发展观为指导，围绕建设文化强市战略目标，突出完善基础设施、繁荣文化艺术、规范文化市场、推进公共图书馆和文博事业等重点内容，各项工作取得新成绩。9月，张家港市顺利通过全国文化先进县（市）复查验收。

文化设施　占地13.5万平方米、规划建筑面积5万平方米的市文化中心（包括文化馆、美术馆、图书馆新馆、大剧院等项目），完成选址立项和第一期设计方案招评标工作。长春园书场重建工程规划建筑面积2600平方米，预计投资1200万元（含征地、拆迁费用），完成选址、方案审批、委托设计工作。市文化馆老馆舍拆除后，市政府无偿划拨城宇大厦2600平方米的两层楼面作为其过渡用房。塘桥、杨舍、凤凰、南丰等镇均新增超过1000平方米的室内文化阵地。至年末，市、镇两级公益性文化阵地（含影剧院）建筑面积达11万平方米，文化休闲广场面积达20.4万平方米。

艺术生产　市锡剧团移植、改编《梁山伯与祝英台》、《真假驸马》等古装戏，新创排大戏《荒唐王爷》和一台配合创建“平安张家港”的综合性文艺节目。《荒唐王爷》参加首届“张家港·长江流域戏剧艺术节”演出并受到好评。3月，与扬子江音像出版社合作将历年来排演的5部经典剧目拍摄制作成VCD光盘，首批发行5万套。年内，组织各类演出180场，观众39万人次。市评弹团引进长篇传统书目1部，创排《都是网吧惹的祸》等短篇书目3部，组织参加中国说唱文艺学会、江浙沪评弹工作领导小组等单位主办的征文比赛，有2篇文章获奖。先后举办元宵节评弹专场表演和2次下乡、进校巡回演出活动。全团演员（不含外聘演员）年内演出1830场，听众27万多人次。市书画院创作书画作品1050件，其中12件在省级以上入选、展出、获奖，举办有较大影响的书画展览、交流活动3次。10月，市书画院画家刘振新在苏州市美术馆举办个人山水画展。

群众文化　全市有文化馆1个、镇文化站8个和街道文化站5个。全市85个社区居委会及186个行政村中的155个都建有综合性的文化活动室。室内公益性文化阵地面积共6.64万平方米，比上年增9500平方米。年末，有专职文艺工作人员55人、业余创作骨干169人、业余演出骨干720人、业余艺术团队119支8550人。年内创排舞台表演类作品254件，其中5件参加苏州市群众文化创作作品汇演并获奖。舞蹈《连枷谣》、《海安花鼓》被省文化厅选送赴北京慰问演出。《连枷谣》和《小桥流水》还应邀参加全省第二届农民艺术节，并分别获优秀作品奖荣誉奖、二等奖。创作美术、书法、摄影及文学作品887件，其中在省级以上发表、展出、获奖35件。市、镇两级组织举办各类文化活动560场次（含文艺演出127场），吸引观众62万人次。元宵节民俗文化游园、第四届社区文化艺术节、广场文艺“周周演”、首届长江流域戏剧艺术节等重大活动在全市产生广泛影响。各镇在行政区划新一轮调整后，积极整合境内特色文化资源，全市初步形成“一镇一品”的特色文化培育目标。金港（书画）、杨舍（民间艺术）、凤凰（河阳山歌）等镇新建成特色文化展示馆（厅）。年内，金港镇的朱阿云被省委宣传部评为江苏省农民文艺之星（音乐舞蹈）。

文化市场管理　全市有办证注册的文化经营单位1339家（含新闻出版单位），比上年增114家，初步建立起包括娱乐、音像、书报刊、电影、演出、美术等门类在内的综合性文化市场体系。积极落实各项长效管理机制，严格把好经营门槛准入关、经营人员培训关和经营内容审查关。全年举办文化从业人员培训班10期，有450多人领取了上岗证。审看送检书刊1.8万册、音像制品1.1万张（盒），核查营业性演出团队20多个，有52家文化经营单位未通过年检。在抓好文化市场日常检查的同时，先后对网吧、音像两个行业进行大规模专项整治，每月还联合公安、工商、城管等部门开展一次“扫黄打非”集中行动。全年共稽查各类文化经营单位2500多家次，取缔无证经营摊点209处，收缴并分两次公开销毁各类非法音像制品15.8万张（盒）、非法书报刊7.2万册（张）、赌博机214台、具有赌博功能的游艺机电路板143块，立案查处128起。市文化市场管理办公室被评为全国优秀青少年维权岗和全国文化市场行政执法先进集体。3月初，全市有7家音像经营单位被省文化厅命名为“经营正版音像示范店”。

文化产业　市文化直属单位完成经营收入1195万元，比上年增24%；完成资产收益495万元，比上年增31%。市文化馆成立东方艺术团，完成礼仪服务收入179万元、演出收入86万元。市图书馆完成办证收入41万元，培训、讲座收入122.7万元。市博物馆在对全社会免费开放后，积极涉足展览策划制作和文化环境布置领域，完成创收70余万元。市锡剧团、评弹团坚持送戏（书）下乡，分别完成演出收入66万元、18万元。市影剧公司放映电影8723场，实现放映收入230万元；引进或举办各类演出44场，实现演出收入284万元。12月底，市影剧公司完成转企改制工作，成立巨星影演娱乐有限公司。市广告图片社等5家经营性文化事业单位被注销。

【公共图书馆】　市、镇、村（社区）三级公共图书馆藏书总量100.2万册，比上年增4.8万册，全市人均藏书1.16册。8个镇图书馆均有不少于150平方米的馆舍和专职图书管理员，藏书29万册，发放借阅证4500张。12月，杨舍镇建成苏州市首家老年图书馆。市图书馆藏书35.5万册，比上年增3.8万册；有电子读物7200盘，比上年增1100盘；订阅期刊1596种。年内，开辟15个借阅窗口，接待各类读者81万人次，外借书刊90.5万册次，开展读书活动16次，举办培训班35期，举行中小型展览19次，组织知识讲座和专题报告会12场，编印《信息参考》24期，与10家企业签约定向提供文献资料服务。8月中旬，以全省县级馆第一名的成绩通过“全国一级图书馆”的复评验收。9月至10月，成功举办全市第五届青少年读书节。

【文博事业】　市博物馆对文物精品厅进行全面改造，新建卢星堂艺术馆、友好城市赠送礼品厅和当代著名书法家精品厅，全馆固定展厅增至6个。10月，投入25万元对馆内外环境进行整修。全年举办“景德镇陶瓷艺术大师作品展”等临时性展览12个，接待参观者7.2万人次。抢救性发掘文物12件，征集民俗文物227件，对恬庄古集镇实施抢救性维修加固。开展文物保护法律、法规集中宣传活动2次，完成全市25处文物保护单位和8处文物控制保护单位的普查工作。市收藏协会编辑出刊《张家港收藏》4期，举办拍卖、讲座活动3次。

【市博物馆对全社会免费开放】　为更好地发挥公益性文化设施社会教育功能，从1月1日起，市博物馆在原来仅双休日免费开放的基础上，开始在所有时间对未成年人免费开放。1月22日，又在全省同级馆中率先将免费对象拓宽至全社会所有人员，并取消“闭馆日”，确保馆内所有展厅全年365天每天对外开放。免费开放造成的门票损失每年约15万元，由博物馆开发其他产业经营自行消化。年内，市博物馆接待各类参观者7.2万人次，比上年增31%。

市图书馆阅览室一角　　（张龙法　摄）

【开展网吧行业专项整治】　根据国务院、省、苏州市有关文件和会议要求，从3月中旬开始，全市网吧专项整治工作全面启动。文化市场管理部门先后开办3期培训班，组织网吧经营人员学习有关法律、法规和政策性文件。61家网吧业主联合向社会作“创安全放心网吧”的承诺。各中小学组织万名学生开展“远离网吧”集体签名。整治工作历时半年，共召开协调会议20多次，出动稽查450多人次，取缔“黑网吧”9家，处罚存在违规行为的经营单位24家。网吧超时经营、接纳未成年人等现象基本得到遏制。

【市图书馆建成4家镇级分馆】　围绕发展农村公共图书馆事业和推进图书馆资源共享，从6月初开始，市文广局着手将部分基础条件较好的镇图书馆改建为市图书馆分馆。各镇确保分馆馆舍面积不少于200平方米，并一次性拨款8万元用于增添书架、电脑等相关设备，同时每年拿出1万元购书费交市图书馆为分馆按月配置新书。市馆与分馆之间、分馆与分馆之间实行借阅、还书、上网“一卡通”。至年末，建成金港、锦丰、乐余、凤凰4家镇级分馆。

【百场爱国主义影片进社区】　8月20日，由市委宣传部、市文明办、市文广局主办的“‘中国移动通信’百场爱国主义影片进社区”活动在市区百润发大卖场广场举行启动仪式。在此后的59天时间里，市影剧公司组织流动电影队携带《抗日烽火》、《草地》、《美丽新世界》等一批以爱国主义、革命传统教育为题材的优秀影片，走进全市城乡50多个社区放映露天电影108场，观众超过15万人次。本次活动所需经费全部由江苏移动公司张家港分公司资助，所有电影免费观看。

【卢星堂艺术馆建成开馆】　11月23日，位于市博物馆主楼三层的卢星堂艺术馆建成并开馆，开创全市为艺术家个人建馆的先河。省委宣传部副部长杨承志，省文化厅厅长章剑华，张家港市委书记曹福龙、市长王翔等领导及省内外10多位有影响的画家、书法家参加开馆典礼。艺术馆面积208平方米，陈列卢星堂从艺46年来各个时期创作的45件有代表性的书画作品及有关介绍信、书刊、画册资料等。卢星堂是张家港市凤凰镇人，为江苏省国画院专职画家、国家一级美术师，是江苏“新金陵画派”的代表人物之一。（刘向民）

新华书店

【概况】 张家港市新华书店隶属于江苏新华发行集团有限公司，为集团公司的控股层企业，内设二室四科一中心，有图书发行网点5个。2004年，市新华书店以多进多发好书、繁荣图书市场为宗旨，充分发挥图书发行主渠道的示范导向作用，坚持正确的发行方向，内强素质，外树形象，服务读者，奉献社会。图书销售首次突破5000万元，达到5192万元，比上年增341万元；销售净收入达到4480.34万元，比上年增277.16万元，完成集团公司下达计划指标的135.5%。其中一般图书销售达到3788.6万元，比上年增420.1万元。在图书销售保持增长的同时，完成多种经营销售523万元。年内，全市人均到新华书店购书达61.08元，列全省各县（市）前茅。市新华书店连续26年保持中、小学教材“课前到书、人手一册”，并连续11年被市委、市政府授予文明单位称号。

【张家港书城竣工开业】 12月18日，投资2600余万元的张家港书城竣工开业。张家港书城是“十五”期间全省重点建设的二十大书城之一，也是全市精神文明建设的重点工程。书城是在步行街新华书店原址上新建、扩建而成的，地面6层，地下1层，占地面积1380平方米，建筑面积8500平方米。书城常备图书、音像制品品种保持在5万种左右，经营类别涵盖工业、农业、医药卫生、计算机技术等14个大类，能全方位满足不同层次读者的需求，是一座智能化、多功能、现代化的综合性图书卖场，也是华东地区一流的图书经营场所。

【新华书店改制顺利完成】 9月初，按照省委办公厅、省政府办公厅关于对全省新华书店实行整体改制的要求，张家港市新华书店通过精心组织、认真实施，于12月底顺利完成职工身份置换、人员分流、双向选择等有关改制工作。通过改制，共分流职工15人、内部退养职工1人、调离职工1人，职工人数由原来的96人减少到79人，精简比例达17.5%。改制后，职工素质、工作效益进一步提高，企业展现出崭新的面貌。（田亚明）

文联工作

【概况】 市文联下辖书法家协会、文学协会、美术协会、音乐协会、摄影协会、青年摄影学会、舞蹈协会、暨阳诗社、书画研究会、戏曲协会、民间文学协会、影视协会、艺术指导委员会等13个团体会员，有个人会员650人，其中国家级会员15人，省级会员60人，苏州市级会员近100人。2004年，市文联被苏州市文联评为先进文联，并被评为张家港市文明机关。

文艺活动 全年共举办各类图片展、书画影展12次，组织参加各类文艺活动近20次。2月25日，在全市精神文化产品创作生产工作会议上，市文联主席成建中与市文学协会等6个协会和高卫平等6位艺术家分别签订2004—2005年精神文化产品创作生产责任书。4月，组织部分书画家到张家港边防检查站进行“送书画到军营”拥军慰问活动。5月，市书法协会、美术协会、文学协会、暨阳诗社和舞蹈协会完成换届选举。6月，组织书法、器乐类青少年选手参加全国第十届推（文艺）新人大赛活动，并取得好成绩。7月，组织“平安张家港杯”书画影大赛，共收到参赛作品400多件，评出获奖作品200件，获铜奖以上的作者158人。7月29日至8月3日，江苏省文艺界“三项学习教育”暨第八期文艺家读书班在张家港市举行，全省150多位文艺界知名人士和各县市文联领导参加活动。7月，举行纪念市文联成立20周年书画影大赛活动。8月，组织实施张家港市首届上海音乐学院音乐考级工作。10月，2004年（张家港）长江文化艺术展示周系列活动之一的“长江颂·中国当代著名书法家精品展”在市博物馆举行。10月30日至31日，组织实施第二届江苏省书画等级考核工作。

文艺创作与交流 全年共出版画册2部（《长江颂·中国当代著名书法家精品集》、《艺苑集珍》），各专业协会出版散文集、小说集、文学评论集、诗歌集11部，摄影理论专著2部。各协会会员在苏州市级以上报刊、杂志、文艺汇演、文艺大赛中发表、入选、获奖计174人次，其中省级40人次、国家级46人次。5月，全国公安基层文化工作会议在张家港市召开期间，省公安厅为市摄影协会会员王庭槐举办了个人摄影展，展出其多年赴西部创作的作品60件。10月，美术协会副理事长、市书画院画师刘振新在苏州美术馆举办“刘振新山水画”展览，受到苏州电视台、《苏州日报》等媒体的关注。

省委老领导顾浩（右二）、市委书记曹福龙等观看纪念市文联成立20周年书画影展览（市文联 供稿）

表 87　**文学艺术创作主要成果和部分获奖作品一览表**

类　别	作品名称	形　式	作　者	出版、入选、展出、获奖情况
文　学	《五人义》	小说集	吕大安	文心出版社
	《岁月当歌》	散文集	吴文华	新华出版社
	《春华秋实》	散文集	冯春法	作家出版社
	《流金岁月》	散文集	文学协会	作家出版社
	《谁解兰心》	散文集	许慧星	作家出版社
	《解开你的重重心结》	散文集	丁品森	华龄出版社
	《经过与穿越》	文学评论集	姜广平	广西师范大学出版社
	《爱情原生态》	小说集	博　夫	世界文艺出版社
	《天光云影共徘徊》	散文集	孙雁群	作家出版社
	《滴石流韵》	诗歌集	施向军	中国文联出版社
	《神枪手打猎》	寓言集	钱欣葆	获中国寓言文学研究会第三届“金骆驼”奖
	《赶春》	散　文	王如梅	获首届“时光杯”全国文化大赛二等奖
	《写出景物特征》	论　文	丁品森	获当代创新专家文坛大全一等奖
音　乐	《人走茶未凉》	歌　曲	徐新园	获“神州歌海——中国优秀群众创作歌曲选”金奖
戏　曲	《半把剪刀》等5本VCD	锡　剧	戏曲协会	扬子江音像出版社
书　法	《扬州慢·纪念邓小平诞辰100周年》	隶　书	高卫平	获纪念邓小平诞辰100周年全国大型书法展特等奖
	《珠林墨妙三唐字，金匮文高二汉风》	行　书	高卫平	获全国第五届楹联书法展三等奖
	《太华·广陵》	隶　书	谢利锋	入展首届全国青年书法篆刻展
	《池边·座右》	隶　书	谢利锋	入展全国第一届大字书法艺术展
	《元·王恽诗》	隶　书	苏险峰	入展全国第八届书法篆刻作品展
	《行草手卷·陶渊明文选》	行草手卷	吴三珪	入展全国第八届书法篆刻作品展
	《行书册页·辛稼轩词选》	行　书	吴三珪	入展全国第二届行草书大展
	古诗	行　书	陈士君	入展全国第八届书法篆刻作品展
	《王维·辋川夜雨》	行草条幅	肖　琳	获“洞庭风光全国书画大赛”优秀奖
美　术	《花鸟》	美术作品	林子刚	入编《国际现代书画艺术大赛》画册并获金奖
	《云壑山居》	美术作品	邹四青	入展2004全国中国画展
摄　影	《家庭摄影指南》	理论专著	包文灿	金盾出版社
	《数码摄影指南》	理论专著	包文灿	金盾出版社
	《金色项链》	照　片	范品才	获中国摄影家协会举办的承德风光优秀奖
	《集装箱码头》	照　片	张龙法	获第二届中国老年书画摄影作品大赛银奖
民间文学	《沈园》	散　文	蔡　琼	获首届“想念西柏坡”优秀奖
	《河内的西湖》	散　文	蔡　琼	获“中华颂”全国文学大赛一等奖

【规范音乐艺术考级市场】 为规范整个音乐考级市场的秩序，避免在考级过程中出现多头、越级管理、收费混乱、考生和家长选择困难的现象，经市委同意，由市文联牵头，7月成立张家港市音乐艺术考级管理中心，负责对全市音乐艺术考级工作统一管理。8月25日，上海音乐学院音乐定级考核委员会与张家港市音乐艺术考级管理中心首次联合举办大规模音乐艺术考级。全市661名青少年考生在张家港市委党校分别参加了钢琴、二胡、小提琴、声乐、古筝等9个音乐类别的考级。此次音乐考级实行规范化、统一化和市场化的运作方式，结束了张家港市音乐考级市场多头、收费混乱、不规范的现象。11月，考级结果显示，95%的考生取得相应级别。

【举行纪念市文联成立20周年书画影大赛】 2004年是市文联成立20周年。为了集中展示20年来市文联所取得的成绩，6月在全市范围发动了纪念市文联成立20周年书画影大赛活动。活动分为3个阶段，即征集书画影作品和评奖阶段、展览阶段、出版画册阶段。至7月中旬，共收到参赛书画影作品近200件，评出获奖作品近百件。7月28日，在市博物馆举办了纪念市文联成立20周年书画影展览，共展出书画影作品123件。12月，《艺苑集珍》画册出版，共收录书画影作品112件。

【高卫平获纪念邓小平诞辰100周年全国大型书法展特等奖】 8月14日，纪念邓小平诞辰100周年全国大型书法展览在北京中国革命军事博物馆开幕。应中国书法家协会的邀请，市书法家协会主席高卫平赴北京参加展览开幕式。此次展览由中国书法家协会和安徽省合肥市人民政府联合主办，共收到来自全国各地的书法参赛作品近万件，入选佳作1000件，评出特等奖和一、二、三等奖37件。高卫平的《扬州慢·纪念邓小平诞辰100周年》隶书四条屏以雄浑凝重的书风，经评委一致通过，获惟一的特等奖。8月22日，高卫平赴安徽参加颁奖仪式，并接受了安徽省电视台、合肥市电视台、安徽省人民广播电台等媒体的专访。《中国书法报》、《中国书画报》、《香港书画报》等均作了相关的报道。

（刘玉梅）

社科联工作

【概况】 市社科联紧紧围绕争当全省“两个率先”排头兵的中心工作，组织全市社科工作者积极开展社科理论研究和普及工作，努力发挥好党和政府的“思想库”和“智囊团”作用，以理论武装的最新成果为全市三个文明建设服务。市社科联由33个市级社科群众学术团体组成，市广播电视学会、市少先队工作学会年内完成换届工作。全市在苏州市级以上发表、获奖社科类成果近千项，其中省级以上成果271项，涵盖教育学、法学、政治学、社会学、经济学、历史学、哲学、语言学等学科。按照《张家港市哲学社会科学优秀成果评奖办法》，首届社科优秀成果政府奖评奖正式启动。凡张家港市社科工作者在2002年至2003年内公开发表或交流的社科类成果均可参与评奖。至年末，评奖办公室共收到参评社科成果187项。5月，市社科联顾问秦豪教授的逻辑学新作《应用逻辑与逻辑应用》由中国文联出版社出版。10月，全国第二届智慧学学术研讨会在张家港市召开。

【全国第二届智慧学学术研讨会在张家港市召开】 10月13日至15日，由中国教育学会、中国自然辩证法研究会、江苏省教育学会、苏州市教育学会、市社会科学界联合会、市智慧学研究所联合召开的全国第二届智慧学学术研讨会在馨苑度假村举行。中国社科院顾问、著名马克思主义理论家于光远，全国政协委员、中国科学院院士何祚庥，中国教育学会会长顾明远，以及来自全国各地的智慧学研究专家、教育工作者共100多人出席了会议。在会上，各专家学者对智慧学展开了认真研讨，并就各自的智慧学研究成果进行了广泛、深入的交流。智慧学是一门新型学科，研究开发人类智慧是一项具有深远意义的系统工程。继全国第一届智慧学学术研讨会召开后，全国各地社会科学工作者对智慧学理论进行了认真的实践和探索，取得许多研究成果。市智慧学研究会与市教育科学研究室申报的“智慧学理论在教育中的应用研究”被中国教育学会批准列入“十五”规划课题。本次研讨会的成功举行推动了智慧学理论的研究和应用向更广更深发展。

【秦豪新作《应用逻辑与逻辑应用》出版】 5月，市社科联理论著作出版规划项目——《应用逻辑与逻辑应用》由中国文联出版社出版发行。《应用逻辑与逻辑应用》是秦豪教授继《补拙集》出版后的又一部学术著作。全书分问题逻辑学初探、司法问题逻辑新探、幽默逻辑试探、纠正逻辑错误的逻辑方法、交际巧问妙答的逻辑思考、思维技巧的逻辑训练等6个篇目。江苏省逻辑学会副会长、南京大学教授郁慕镛为该书作序。该学术著作的出版对推动逻辑学研究，推广逻辑应用具有较大的影响。 （高卫平）

档案事业

【概况】 年末，全市有综合档案馆1个，馆藏档案资料15.18万卷（册），归档文件1.24万件；有城建档案馆1个，馆藏档案资料2.65万卷（册）；有现行文件资料服务中心1个，已公开现行文件资料2001件；有机关档案室125个，其中江苏省一级22个、二级18个、三级6个；档案工作目标管理已达标的企事业单位档案室有289个，其中国家一级1个、二级13个，江苏省二级18个、三级32个、省级136个，苏州市级89个。全市有档案副研究馆员3人、馆员32人。市档案局（馆）、市委办公室、市交通局、锦丰镇、江苏沙钢集团有限公司、南丰镇永联村被苏州市人事局、苏州市档案局联合表彰为2001－2004年度全市档案系统先进集体，市档案局被市委、市政府表彰为2004年度文明机关。

宣传教育　年内，编发《张家港档案》6期，在《张家港日报》上发布各类信息8篇，在《中国档案报》上发布档案宣传报道13篇，被省、苏州市档案局录用档案信息33条。市档案局被苏州市档案局评为档案法规宣传工作先进单位和档案信息工作先进单位。继续贯彻实施《江苏省档案人员持证上岗管理办法》，举办上岗资格培训班1期，培训123人。举办各类短期培训班8期，培训300人。在市科普宣传周期间，举办家庭档案和社区档案知识展览1期。积极组织档案学会会员开展学术研究活动。年内，学会会员在省级以上刊物发表文章10篇，在省档案学会、江浙沪毗邻地区档案协作组会议、苏州市第三届学术年会上交流论文13篇。有6篇论文被推荐参加评选苏州市自然科学优秀学术论文，有11篇论文获张家港市自然科学优秀学术论文奖，其中获市政府2002－2003年度优秀学术论文一等奖1篇、二等奖1篇、三等奖7篇。市档案学会被评为2004年度市科普工作先进集体。

保管利用　年内，市档案馆共接收进馆档案6307卷、归档文件139件、照片197张、光盘4张。加强进馆档案资料的整理工作，共整理退役士兵档案4066卷，对10390册馆藏资料进行了划控鉴定，对91卷破损档案进行了抢救复制。加强档案的安全保护、保密工作，及时调控库房温、湿度，严格档案进出库手续，对馆藏档案资料进行全面普查。进行社会利用档案预测，开展信函、电话、网上查档等多种形式服务，为领导决策、创建全国文明城市以及干部职工工龄认定、工资福利、养老保险等提供大量档案凭证。全年共接待查档3300人次，提供利用档案5726卷（册）次，接待查阅现行文件122人次，提供现行文件资料555件次。

征集编研　向社会发出征集通告，紧紧围绕丰富馆藏开展档案资料征集工作。年内，征集到全市重大活动、重点工程、重要人物到访照片900余张，全市性省级以上荣誉奖牌27块、荣誉证书5本，书籍资料23册、光盘12张、录音带6盒。2004年（张家港）长江文化艺术展示周系列活动档案资料及时征集进馆，沈文荣名人档案征集取得进展。开展家谱、族谱线索的调查摸底工作，对政协委员提案《关于加强我市名人字画和重要党和国家领导人题词的清理存档工作的提案》进行了办理答复。编发《张家港大事记》12期、报刊文章剪贴243篇。

监督指导　年内，配合全国农业和农村档案工作会议，加强了农业、农村档案工作，重点指导南丰镇永联村档案室硬件建设及档案管理规范化、信息化建设。永联村被省档案局授予全省首批农业农村档案工作省级示范单位。配合全市行政村撤并工作，会同市委农工办加强行政村撤并后档案处置的监管工作，确保行政村撤并过程中档案得到安全、完整、合理的处置。根据镇级区划调整后的实际，积极争取市委、市政府将档案工作纳入镇（场）年度目标责任制和文明单位考核内容，进一步理顺了镇（场）级档案管理体制。继续贯彻《关于在事业单位转企改制过程中加强档案管理的意见》，对转企改制过程中的档案处置情况进行了逐个调查摸底，并及时加强监管，规范档案处置工作。加强企业职工档案和退役士兵档案的管理，与市民政局联合发文，将散存在各镇的2003年底前退役士兵档案全部接收进馆，进行集中统一保管。创新开展归档工作年检登记制度，对机关、企事业单位、行政村、社区的归档工作进行年检登记，依法将档案工作列入各单位年度工作计划及相关人员岗位职责和年度考核内容。继续推行档案目标管理，提升档案管理水平。年内，有52家机关、企事业单位档案目标管理上等升级，其中省一级7家、省二级23家、省三级22家。

信息化建设　继续加强张家港档案信息网站建设。年内，对网站进行了改版，增设锦绣港城、兰台快讯等栏目，及时更新上网内容，进一步丰富网站信息含量。网站包括14个部分30多个子栏目，共计70余万字，并可以在网上查阅全部开放档案案卷级、文件级目录、现行文件资料目录和利用率较高的已公开的现行文件的全文。至10月底，全面完成馆藏档案目录数据库建设，年内，录入条目35.89万条，扫描文件10万页，累计录入条目206万条。全市有88家机关、企事业单位安装了档案管理软件，累计210家。全市已有95%的机关建立了文件级目录数据库，10%的机关建立了全文数据库。

【张家港市电子文件中心开通】　11月20日，由市档案局负责建设的张家港市电子文件中心建成开通并投入试运行。中心主要及时收集、整理、存储、发布市委、市政府及其职能部门在电子政务平台上流转的各类电子文件，向电子政务网内的各单位提供报送电子文件的功能，同时也向各单位提供上传电子档案的功能。中心应用软件由江苏数字档案研究发展中心、南京铭卷数码科技有限公司开发。市电子文件中心建成后，全市党政机关工作人员通过这个中心，能够在网上远程查阅各单位公开发布的现行文件，实现文件信息资源的共享共用，提高机关办公效率。年内，中心共扫描市委、市政府及其职能部门文件8万多份，发布文件1万多份。电子文件中心建成开通在全省县（市）级中属首家。

【档案馆成为政府信息公开指定场所】　8月19日，市委办公室、市政府办公室联合下发《关于进一步加强已公开现行规范性文件利用工作的通知》（以下简称《通知》），明确市档案馆为政府信息公开暨公众查阅现行规范性文件的指定场所。《通知》规定市、镇两级机关在出台公开的政策性、规范性、公益性文件报送市政府备案时，应在一星期内抄送市档案馆，还突出强调与公众利益密切相关的劳动就业、优抚、土地征用、拆迁安置及灾情、疫情、突发事件等文件及相关信息要及时报送、及时公布。并将文件报送工作列入市行政效能建设的考核内容，由市监察局、档案局进行定期检查与考核。上网文件经市委办、市府办、保密局审定后，由市档案信息网站全文公布，并在市行政审批服务中心、市图书馆分别开设公共查阅终端，方便社会公众查阅。

【《足迹——张家港市荣誉集锦》完成征编】　为庆祝建国55周年、纪念邓小平同志诞辰100周年，市委办公室、市政府办公室主持征编，市档案局具体承办编纂了《足迹——张家港市荣誉集锦》一书。全书汇集了张家港市建县（市）以来所获得的86项国家级、103项省级全市性荣誉，采用图文并茂的方式，从经济发展、城市建设、社会事业、精神文明、民主法制和国防建设6个方面系统反映了建县（市）以来全市经济和社会发展的巨大成就。至年末，完成资料征集和图文编辑工作，进入出版印刷程序。　（刘建国）

史志工作

【概况】　2004年，市委党史地方志办公室发扬团结拼搏精神，深入开展调查研究，大胆创新工作机制，广泛开展宣传活动，积极打造《张家港年鉴》品牌，全面推进抢救撤并镇史料工作进程，充分发挥了史志工作“存史、资政、育人”的作用。全年编辑出版史志书籍3部150万字，指导镇（场）、部门出版史志书籍3部，撰写调研报告2篇、论文6篇，面向社会公开招聘10位老同志为兼职史志人员。5月25日，中国地方志指导小组常务副组长朱佳木一行到办视察指导；10月28日，中央党史研究室副主任、《中共党史研究》主编张启华一行到办视察指导。年末，被评为苏州市2003–2004年度党史工作先进集体。

党史工作　开辟“资政育人”新载体，在《张家港日报》上创办《史志春秋》专版。利用重大节日和重要纪念日，掀起党史宣传热潮。4月清明节期间，与张家港电视台联合拍摄3部电视短片，分别宣传张家港市具有代表性的革命先烈孙逊群、茅学勤和革命先辈徐江萍的感人事迹。电视片分3天在市电视台黄金时段的《故事》和《新闻广角》栏目中播出，总播放时间50分钟。市委组织部电教中心将其作为党教片和青少年教育片下发至有关单位。8月，为纪念邓小平同志诞辰100周年，会同市委宣传部、市教育局在图书馆举办“一代伟人——纪念邓小平同志诞辰100周年图片展”。展览历时1个月，参观人数达2万人次。10月，承办全国党史系统纪念中华人民共和国成立55周年学术研讨会。2月，《中共江苏省张家港市组织史资料》（第三卷）由中共党史出版社出版发行。全书共7章48万字，收录全市党、政、军、统战、社团5个系统及保税区（开发区）、部分企事业单位的组织机构沿革及领导人名录。11月，“张家港经济与社会发展丛书”首卷《科技之光——张家港科技进步巡礼》出版发行。全书10篇41万字，是一本具有文献汇编、实绩介绍、经验总结、理论探

“一代伟人——纪念邓小平同志诞辰100周年图片展”开幕式

（市委史志办 供稿）

讨和对外宣传多重功能的科技事业发展史书。完成《世纪风采》杂志发行889份。年末，《历史的回声——张家港党史专题集》、电视专题片《风范长存》在江苏省2000－2004年度优秀党史成果评奖中，分获二、三等奖。

地方志工作 《锦丰地名志》、《西张地名志》先后出版。至年末，《后塍地名志》、《南丰地名志》、《大新地名志》、《合兴地名志》等7部地名志的审稿工作结束。全市第一本企业志《国泰志》启动，年内完成编撰人员培训和纲目编写工作。继续指导《教育志》编纂的收尾工作。5月，张家港市“城市名片”——《张家港指南》由凤凰出版社出版。全书21.3万字，全面介绍了张家港市的投资环境，并涵盖了市民生活衣、食、住、行的各个方面，彩色印刷，口袋本装帧，至年末发行1.6万册。

年鉴工作 8月，《张家港年鉴(2004)》出版，共79.8万字，刊登宣传彩页149页，至年末发行2000多册。《张家港年鉴(2004)》在内容和形式上都有新的创新和提高。在框架设计上，将“以港兴市”、“沿江开发”、“文明城市创建”等具有鲜明时代特征、地域特色的篇目置于全书开头显著位置。在宣传彩页编排上，加强公共彩页，设“年度国家级荣誉”、“诚信张家港”、“数字张家港”、“绿色张家港”、“平安张家港”、“文明张家港”等12个栏目26个版面。在装帧设计上，首次全彩印刷，出版首部电子光盘随书赠送。年内，《张家港年鉴》被中国版协年鉴研究会授予“中国年鉴资源全文数据库核心年鉴”称号，并被授权在年鉴封面显著处印制“中国年鉴资源全文数据库核心年鉴”字样和标徽。2篇论文在全国年鉴论文评奖中分获一、二等奖。

【《张家港年鉴》获首届中国地方志年鉴评奖特等奖】 在中国地方志指导小组主办的首届中国地方志年鉴评奖中，《张家港年鉴(2004)》在全国县(区)年鉴中以总分第一的成绩获特等奖。同时在中国出版工作者协会主办的第三届全国年鉴质量评比中获综合一等奖，并获“条目编写”特等奖、“框架设置”和“装帧设计”一等奖3个单项奖，被国家新闻出版总署授予“中国年鉴奖”称号。《张家港年鉴》是市人民政府主办的年度综合性公报，自1996年创办以来，一直保持较高的编纂质量。2004卷年鉴在继承以往年鉴编纂特色的基础上又有新的创新和提高，框架设置的时代性、地方性更加突出，年度特点更加鲜明，信息容量更加丰富，并首次全彩印刷、出版电子光盘，被广大读者誉为“历史上最好、最有存史价值的一部年鉴”。

【两次调研推动乡镇史志工作全面展开】 2月，根据全市行政区划调整的新情况，围绕“撤并镇怎样抢救与留存史料”、“建制镇如何延续好撤并镇的修志工作”等课题，市委党史地方志办公室分批对各镇（场）的史志工作进行了为期5天的调研。调研结果表明，全市镇志编纂工作虽起步较早，但多数镇由于诸多因素，镇志编纂工作或中断、或尚未启动，仅有塘桥、港区、锦丰、塘市、南丰5部镇志正式出版，在全市行政区划由20多个镇撤并为8个镇的新形势下，全市抢救、留存史料的任务相当艰巨。为此，市委党史地方志办公室向市委、市政府呈报了《抢救撤并镇史料刻不容缓》的调研报告。市委书记曹福龙对调研报告作出批示，“要高度重视撤并镇史料的抢救与衔接工作”。4月28日，为抢救撤并镇史料，根据市委书记曹福龙的批示，召开全市镇志工作会议，启动新一轮镇志编纂工作。各镇（场）高度重视，相继从加强领导、调配人员、落实经费等方面采取有力措施，加快撤并镇史料的抢救工作。7月初，组织第二次调研，并下发《关于加快推进镇（场）修志工作的实施意见》，指导各镇（场）修志工作的开展。各镇（场）共聘请有文字功底、热爱史志工作的专职编写人员18人，负责地名志和镇志的编写工作。10月，举办镇志编纂培训班，邀请苏州市地方志办专家为全市镇志编写人员讲授修志基本知识。至年末，全市各镇（场）地名志初稿基本完成，部分镇镇志编写工作启动，全市乡镇史志工作全面展开。

【全国党史系统学术研讨会在张家港市召开】 10月27日至29日，由市委史志办承办的全国党史系统庆祝中华人民共和国成立55周年学术研讨会在馨苑度假村召开。中央党史研究室副主任、《中共党史研究》主编张启华，中国社会科学院副院长兼当代中国研究所所长朱佳木，国防大学教授、少将黄宏，中央党史研究室副秘书长兼科研部主任黄小同，中央党史研究室第三研究部主任章百家，中央党校教授谢春涛，中国人民大学教授杨凤城，以及来自全国各地的70多名专家、学者出席了会议。苏州市委副书记黄炳福和张家港市委书记曹福龙分别在开幕式上致辞。会议期间，各专家学者就各自的社会主义时期党史研究成果进行了广泛交流，共提交论文149篇。中央党史研究室副主任张启华在会上作了“党史工作应该为总结执政经验提供历史依据”的主题报告。研讨会采取特邀代表作专题报告、与会代表进行大会交流和分组讨论相结合的方法，收到集思广益、开拓思路的效果。与会代表还参观了世纪广场、国泰展馆、暨阳湖生态园区、塘桥医院、韩山社区、张家港保税区、长江村等地。市委史志办克服人员少、经费紧张等矛盾，统筹安排，周密部署，全力做好会务保障工作，被与会代表认为是以实际行动向大会递交了一篇弘扬张家港精神的优秀论文。

【《史志春秋》专版开创“资政育人”新途径】 为宣传张家港市民主革命、社会主义建设的光辉历史以及深厚的历史文化底蕴，更好地发挥史志工作资政育人功能和新闻媒体舆论导向功能，年内市委史志办与张家港日报社联合创办《史志春秋》专版。专版由办公室组稿、编辑，每月1期，在《张家港日报》上刊登。1月刊出第一期，全年刊出12期13版，刊发文章62篇、9.5万字，照片35张。专版设史志动态、人物春秋、今古杂谈、老照片故事、英烈风范、峥嵘岁月、岁月如歌、统战史话、千秋功罪、史海钩沉、地名掌故、文物古迹、风物览胜、逸闻传说等14个栏目，主要内容包括老同志撰写的回忆录、名人与港城的故事、革命时期境内发生的重大事件以及对张家港市地名传说、文化名人的介绍等。《史志春秋》的创办，进一步创新了史志宣传和资政的载体，得到中央党史研究室等上级部门的肯定和广大读者的欢迎。

【应邀参加全国县级党史干部培训工作座谈会】 12月14日至15日，全国县级党史干部培训工作座谈会在北京召开。这是近年来中共中央党史研究室召开的第一次专题研究县级党史工作的座谈会，来自北京、江苏、山东、辽宁、河南、广东、湖南、云南、贵州等8省1市的11个县级党史工作部门的特邀代表参加了会议，他们代表全国1800多个县级党史工作部门。张家港市委史志办作为东部经济较发达地区的特邀代表与会。会议期间，与会代表就各地党史部门基本情况和工作状况作了汇报，并介绍了参加各种培训班的体会，尤其是对中央党史研究室举办县级党史干部培训班的课程设置、重点内容、办班方式和地点等问题进行深入探讨。市委史志办副主任魏欣汇报的经济较发达地区党史工作必须有作为才有地位、有作为要自加压力、有作为要找准方向的工作体会，得到了与会领导和代表的赞赏。

（陆正芳）

广播电视

【概况】 市文广局下辖广播中心、电视中心、有线电视传输中心（以下简称“三中心”）、视听报社、广电信息网络开发有限公司及8个广电站等广电直属单位。年内，全市广播电视系统深入开展“三项学习教育”活动，坚持社会效益与经济效益并重，积极推进体制机制创新，舆论宣传、事业建设、经营创收等各项工作均取得新突破。

舆论宣传 “三中心”自采新闻用稿9900多条次，同比增长14%；向苏州市级以上新闻媒体发稿并被录用669条次，继续在各县（市）保持领先地位。有45件节目作品在苏州市级以上政府奖评比中获奖，其中省级以上9件。广播中心开设有新闻综合频率（AM1098、FM100.4、农村有线广播）和交通音乐频率（FM102、AM1521），自办24档节目，每天播音33小时。新开设“每日生活备忘”、“阳光音乐快车”、“丰翎时间”等5档服务性及对象性节目，“张广新闻纵横”、“与你同行”、“走进乡村”等老牌节目影响力不断扩大。新闻宣传每月突出一个重点，系列报道《抢抓新机遇、谋求新跨越》、《全市重点建设项目巡礼》及特别报道《走近360行》、《盘点黄金周》等深受听众好评。有81篇新闻稿被中央电台（含国际台）录用，《台湾来的编外“招商局长”》获2003年度中国广播电视新闻奖三等奖。年内，先后承办雪铁龙4S店开业庆典、“安全生产月”大型知识竞赛决赛、“动感地带”校园街舞秀等社会活动7次。“张家港在线”新闻网站正式开通，发稿量及点击率稳步上升，成为全市新崛起的重要新闻传媒。10月，组织全市出租车司机成立“与你同行”爱心车队。电视中心新闻综合频道上半年设置“张家港新闻”、“新闻广角”、“情理档案”等8档自办栏目，下半年起全面改版，在仅保留综艺节目“欢乐冲击波”的基础上，其他栏目合并为包括“综合新闻”、“正在现场”、“新闻故事”、“无限资讯”四大版块的大型杂志类新闻节目——“张家港新闻”；经济影视频道设置“张家港经济报道”、“张家港房产”、“美丽家园”3档自办栏目。围绕市委、市政府中心工作，电视中心先后推出《奋发有为抓开局》、《打造精品城市》、《万众谋率先、勇当排头兵》等20多组系列报道，拍摄制作多媒体汇报片、专题宣传片14部180多分钟。被中央电视台录用新闻稿件18条，被省电视台录用142条，连续13年获得江苏电视新闻荧屏繁荣奖。3月下旬至4月上旬，在市领导赴日本、韩国招商期间，首次采用互联网技术作跨国连线报道。11月1日晚，与中央电视台海外中心联合举办“欢聚一堂——相聚张家港”大型文艺晚会。有线电视传输中心设有新闻综合频道、财经生活电影频道、互动娱乐频道、点歌频道。新闻栏目“港城播报”于3月初全面改版，由“时事直通车”、“绍玮说新闻”、“新闻服务台”3个子栏目组成，节目容量和可看性大大增强。生活服务类栏目“有线时空”突出健康、家装等重点内容，每周2档，品牌效应逐步呈现。财经生活电影频道在转播股市实时行情和做好股评节目的基础上，不断充实自办的“图文信息”和“新消费”栏目内容，每晚播放2部优秀影片。新开办的互动娱乐频道全天24小时滚动播出，其中7小时有节目内容，3档自办娱乐节目全年接收短信、电话超过2万条次。市广播电视台各电视频道全年组织播放电视剧155部4574集，少儿动画片730集。《张家港广播电视》报全年出版52期，发行1.8万份。

技术事业 全市有线广播得到巩固提高，乐余、南丰、锦丰等镇动圈广播通播率、通响率、入户率均保持在80%以上。塘桥、杨舍等镇积极发展调频广播，新安装户外调频音箱1300只、草坪音箱100只。投入2315万元，铺设或架设有线电视光缆干线147缆公里3928芯公里，电缆支干线及分配网1142公里，地埋管线180公里。完成44个行政村和市区40%小区分配网的整修工作。光缆扩容工程全面展开，有线电视用户继续快速发展，增加光节点117个。全市新增有线电视用户1.54万户，累计21.1万户，门幢入户率超过100%。完成国泰现代城、公园新村等9个小区有线电视网络双向改造任务。"三中心"投入600多万元，用于添置、更新技术设备。广播中心新添流动直播车一辆，为全市性重大活动、重要会议提供音响保障和流动直播25次。5月，电视中心投资近百万元的非线性编辑系统正式投入使用。年底，投资500万元、建筑面积3700平方米的文广局综合业务楼全面竣工。

行业管理　年初，市文广局制定下发《关于广播电视宣传管理的若干规定（试行）》，对广播电视新闻采访、节目审查播出及栏目改版、举办重大宣传活动等都作出明确要求。全年编印《监评互通》12期，刊登广电质量监评员提出的评议、建议691条，"三中心"采编部门答复、落实34条。11月，电视中心被省广电局评为全省广播电视新闻节目抽查先进单位。成立广告管理办公室，认真贯彻执行国家广电总局17号令精神，对广告播出的内容、形式和数量进行严格审查，坚决杜绝在非自办频道中插播广告的行为，年内对收到的7条投诉做到件件有回复。联合公安、工商、城管等部门先后2次对擅自安装境外卫星电视地面接收设施进行整顿，有31座违规接收设施被强行拆除。有线电视传输中心在认真做好有线电视安装、维修的基础上，每周对线路巡查1次～2次，督促私拉乱接户及时补办入网手续，确保转播的25套节目安全优质播出。年内，相继对全市乡镇广播电视网络和广播电视台电视频道进行整合。9月下旬，市广电学会顺利完成换届选举，郑国祥当选为会长。

经营创收　全市广电系统完成综合创收8710万元，其中广告收入比上年增28%，创历史最高水平。广播中心长年同客户联合开办咨询类直播节目，月均7档～8档。广电公交广告公司全面垄断市区车体广告业务，开发的公交移动电视当年即收回成本。电视中心着力争取大客户增加广告投放，并对往年广告欠款进行集中清收，年内清理往年应收款超过200万元。有线电视传输中心在足额收取初装费、收视费和新建住宅配套费的同时，努力推出一批精品栏目，有效增加广告收入，并加强同网通、铁通等公司的合作，积极发展广电宽带网集团及个人用户，数据接入点累计达到471个。

【率先推出公交移动电视】　从1月1日起，在市交通局的支持下，市广电公交广告有限公司与市电视广告有限公司联合投资40多万元，首批在市内6路、8路、9路、201路、208路5条黄金线路的100辆公交车上，安装高清晰度的车载移动电视系统。每辆车均配备有电视机及多碟连放VCD等设备，全天播放各类文体、娱乐电视节目，并穿插一些城市形象宣传片和企业形象广告，节目内容每五天更换一次，深受广大乘客欢迎。公交车安装移动电视，这在全省各县（市）中属首家。

【"张家港在线"新闻网站正式开通】　1月8日，经过一年多时间的试运行，由市委宣传部主管、市广播电视台广播中心承办的"张家港在线"新闻网站（www.zjgonline.com.cn）举行开通仪式。市委常委、宣传部部长李汉忠点击开通网站。网站依托广电宽带网，由中国网通公司提供单独的服务器，开设新闻、政务、经济、创建、服务、音频视频等频道，以突出做好网络新闻宣传为主要职能。年内，更新发布张家港市及国内外新闻2.2万条，向人民网、新浪网等主流大网站发稿并被录用50多条次，在参加采访的40多家媒体中第一时间报道2004年（张家港）长江文化艺术展示周的活动盛况，已成为全市继广播、电视、报纸之后又一重要新闻传媒。

【整合乡镇广播电视网络】　3月10日，根据上级有关文件精神，市委、市政府召开专题会议，全面部署乡镇广播电视网络整合工作。此次网络整合，按照"行政划拨，适当经济补贴"的原则，将全市各镇有线广播电视资产划归市文广局所有。各镇（街道办事处）广播电视站从原镇（街道）文广中心分离，承担辖区内有线广播电视网络发展、维护和管理职责，由市文广局垂直管理。整合工作包括宣传发动、清产核资、人员界定、资产人员划转等四个阶段，5月底全部结束。市文广局共接收人员202人（含退休人员33人），接收资产2858万元（含负债763万元）。8月，原21个广电站被合并为杨舍、金港、塘桥、凤凰、锦丰、乐余、大新、南丰等8个中心站。

【举办"互动在社区"大型系列活动】　4月25日，由市文明办、市有线电视传输中心联合举办的"互动在社区"大型系列活动在市区园林广场举行启动仪式。在此后7个多月的时间里，有线电视传输中心组织新闻记者、节目主持人先后深入杨舍镇的城东、城西社区，金港镇长江社区，塘桥镇韩

"互动在社区"大型系列活动之一——走进韩山社区　（市文广局　供稿）

山社区，锦丰镇合兴社区，乐余镇中心社区，凤凰镇中心社区，采取与观众面对面交流互动的形式，表演文艺节目，宣传“创建”知识，推介精品电视栏目，提供各类便民服务，受到城乡群众的广泛好评和市领导的充分肯定。参与观众累计超过3万人次。

【电视中心在全省同级台中喜获“两个惟一”】 11月6日，电视中心改版后的《张家港新闻》顺利通过由省广播电视局副局长黄信带领的专家组的抽查验收，成为全省惟一连续3年获得江苏省广播电视新闻节目抽查先进单位的县（市）级电视台，《张家港新闻》此后两年也成为全省电视新闻免检栏目。此前，电视中心已在全省同级台中惟一连续12年获得江苏电视新闻荧屏繁荣奖（江苏卫视新闻稿件录用前三名）。11月8日，市委书记曹福龙亲笔题词，对电视中心获得“两个惟一”表示热烈祝贺。

【广播电视台电视频道全面整合】 围绕优化频道资源配置，加快频道专业化建设，做精做优电视节目，12月8日，市文广局召开动员会议，对广播电视台电视频道整合工作进行周密部署。在市委宣传部的具体指导下，成立栏目设置、技术保障、广告创收等5个小组，深入细致地做好各项准备工作。整合后的电视频道开设新闻综合、社会生活、电视剧、电影、娱乐资讯和音乐点歌等6个专业频道，统一标识，统一呼号，形象统一包装，广告统一运作，全部划归电视中心管理。各频道节目内容经精心策划编排，自2005年1月1日起全新亮相。 （刘向民）

张家港日报

【概况】 年内，张家港日报社以加盟苏州日报报业集团为新起点，抓好改革和调整工作，致力做优、做强新闻产业。加强队伍建设，开展“服务中心争贡献，求真务实树形象”集中专题教育和“三项学习教育”活动，开展业务研讨，组织采编人员自学业务书籍《新闻导语探胜》、《新闻标题学》等。加强制度建设，形成公平竞争、高效运作、监督考核、激励创新四大管理机制，有力地提升了报业发展、舆论宣传、文明创建三大水平。2004年，再次被评为2002—2003年度苏州市文明单位，并有3人获得“张家港市首届十佳编辑记者”荣誉称号。

舆论宣传　坚持在深入上做文章，在贴近上下工夫，在创新上求突破，全面准确地宣传“三个代表”重要思想，以及党的十六届三中、四中全会精神。开设了“科学发展在港城”栏目，刊发了《贯彻落实科学发展观》等系列评论。在邓小平同志诞辰100周年之际，刊发《以邓小平理论为指导，弘扬张家港精神》理论文章，宣传重要思想理论和张家港市的生动实践，为进一步弘扬张家港精神、推进全市“两个率先”营造良好的舆论氛围。围绕贯彻落实市委八届五次、六次全会精神，策划组织了系列评论和人物访谈。开设“万众谋率先，勇当排头兵”专栏，组织《聚焦沿江一线新闻》、《保税区三年大变样系列述评》、《张家港口岸对外开放二十年成就展示》等系列报道，生动描绘了张家港市临港经济、外向经济、规模经济等发展特色，仔细挖掘了江苏沙钢集团、江苏国泰国际集团等一批规模型企业发展的成功经验。通过开设“同创共建，洁美家园”等栏目、策划组织《率先创建全国文明城市看港城》等系列报道，深入开展创建全国文明城市、健康城市、消费放心城市、优秀旅游城市、生态城市和诚信城市的宣传，突出报道新做法、新经验、新成效。加强党风廉政建设以及贯彻落实“两个条例”的宣传，开设“执政为民，造福百姓”栏目，报道了金港镇长山村党委书记郁江清等一批先进典型。开设“关心未成年人成长”专栏，扎实推进未成年人思想道德建设的宣传。对建国55周年、2004年（张家港）长江文化艺术展示周、人大制度建立50周年等重大活动的报道作了精心策划。特别是围绕建国55周年宣传，策划组织了“生在国庆日”报道活动，通过报道9名“国庆”的成长经历，从侧面反映了港城55年来的巨大变迁以及港城人民奋发向上的精神风貌。在坚持正面宣传的同时，适时抓住群众反映比较强烈，市委、市政府比较关注，通过各方努力可以解决的一些问题，开展舆论监督，切实维护群众利益。通过“新闻110”等栏目，对群众关心的个别地方存在的环境问题和违法“黑驾培”问题等进行曝光，对农户承包的水塘死鱼事件和农户迁户口困难等进行追踪报道，促进问题的解决。

新闻改革　按照“扩充新闻容量，增设新的版面，打造更多看点，创新运作机制”的要求，组织实施新一轮改版工作。在信息的收集和稿件的处理上，加大信息量，尤其是与市场紧密联系、与读者利益息息相通的信息。在新闻的取向上，从读者容易认知、容易接受的角度考虑，有选择、有序地优化新闻信息结构，按新闻规律办事，解难释疑，搞好服务。报纸由16版扩至20版，周末扩至24版，推出健康、楼市、教育、生活、周末五大周刊，新增《家教指南》、《家事百科》等版面，进一步扩大信息容量，丰富报道内容。充分利用双面彩的优势，优化编排设计，强化信息包装意识，在保持庄重大方版面风格的同时，运用先进的版面语言，营造喜闻乐见的版面氛围。关注社会民生，适时刊发服务性新闻，大量挖掘本土新闻，策划组织热点新闻。围绕人物、事件、热点等三个方面，不断推出“特别报道”，讲述老百姓自己的故事。《生死四十天，永不放弃的真情守候》、《一个跨越海峡两岸的真情故事》等报道，从发生在群众身边的点滴小事，反映出人间真情、社会温暖，深受读者喜爱。对会议报道作了进一步改进，数量减少，篇幅缩短，重要内容增加新闻连接、新闻解读。新闻采编更加突出指导性和服务性，为读者生产、生活、娱乐、休闲提供了更多有价值的服务信息。组织策划一批参与性、开放性、互动性很强的报道。副刊的“情感热线”，倾听读者的情感宣泄；周末刊《家教指南》版开展“我的家教观”大讨论，让读者各抒己见，畅所欲言；专刊《社会新闻》版开设“有话就说”栏目，刊登读者心声，反映社情民意，正确引导舆论。通过新闻报道创新，涌现出了一批优秀作品。全年有42件作品获得张家港市级以上好新闻奖。《张家港日报》印刷质量在省报协组织的同类报纸质量评比中名列前茅。

表88 **2003年度省级以上新闻奖获奖作品一览表**

作品名称	主创人员	体裁	奖项
《长江村引出新招给博士生送股百万》	钱魁中 屈荣杰	消息	中国县市报新闻奖一等奖
《张家港：为了总书记牵挂的土家儿女》	庞瑞和	图片	中国县市报新闻奖一等奖
《高新张铜揭开洋设备神秘面纱》	俞鞠敏	消息	中国县市报新闻奖二等奖
《正规军不敌游击队》	周小军	通讯	中国县市报新闻奖二等奖
《张闻明现象》系列报道	张家港日报社	系列报道	中国县市报新闻奖二等奖 江苏省报纸优秀作品二等奖
《目击抓捕》	庞瑞和	图片	中国县市报新闻奖二等奖
《乐余镇锻造"乡村文化产业链"》	俞慧军	消息	中国县市报新闻奖三等奖
《"电子眼"全天候监控异常排污》	程维钧	消息	中国县市报新闻奖三等奖
《200民工拿到了血汗钱》	高燕 黄薇	通讯	中国县市报新闻奖三等奖 江苏省县市报新闻奖一等奖
《"乙肝病毒携带者"的现实困境》	钱萍	通讯	中国县市报新闻奖三等奖
《为何300个再就业岗位无人问津》	曹益珠 陈红	言论	中国县市报新闻奖三等奖 江苏省县市报新闻奖二等奖
《守着长江无刀鱼》	袁维民	图片	中国县市报新闻奖三等奖 江苏省县市报新闻奖三等奖
2003年8月20日要闻A1版	陈敬水	版面	中国县市报新闻奖三等奖 江苏省报纸优秀作品三等奖
《走近拆迁人》	郭晓红	通讯	江苏省报纸优秀作品三等奖
《张家港私企购买首架公务飞机》	袁维民	通讯	江苏省县市报新闻奖二等奖
《500大专毕业生创业永联村》	俞慧军等	消息	江苏省县市报新闻奖三等奖
《王老师夫妇和广西壮族"女儿"》	钱欣葆	通讯	江苏省县市报新闻奖三等奖
《党政工干部乐攀穷亲》	郭晓红	消息	江苏省县市报新闻奖三等奖
《真爱永远，他携疯妻走过三十个风雨春秋》	钱欣葆 钱超新	通讯	江苏省报纸副刊好作品奖二等奖
《十年来他默默地为牺牲的战友尽孝》	吴香芸	通讯	江苏省报纸副刊好作品奖三等奖
《小梦娇和他的爷爷奶奶》	吴香芸 钱超新	通讯	江苏省报纸副刊好作品奖三等奖
《有感于李肇星的长相》	闻穆如	言论	江苏省报纸副刊好作品奖三等奖
《彰显个性，打造品牌》	钱萍	论文	江苏省报纸副刊论文奖一等奖
《报纸走市场，副刊负重任》	钱欣葆	论文	江苏省报纸副刊论文奖二等奖
《普及健康知识，提高生活质量》	吴香芸	论文	江苏省报纸副刊论文奖三等奖

注：2004年度评选出的获奖作品是2003年的新闻作品。

经营创收　以报纸的发行和广告为基础，发展报业经济，实施产业化经营。广告公司按照"把内容做成产业"的思路，扩充产业新闻，做大联办专刊和经济信息两块产业，在继续做好企业形象广告的同时，努力扩大商业广告的份额。全年报纸广告到账达1100多万元。印刷厂在完成报纸印刷、确保印刷质量的同时，积极对外承接业务，经济效益明显提高。纯水厂强化内部管理，扩大生产能力，严把质量关，顺利通过有关部门的质量抽检。票务中心热情待客，服务周到，客户群体不断扩大，实现两个效益同步提高。

【形成报纸多渠道发行格局】　年内，针对全国报刊治理后发行工作遇到的新情况、新问题，张家港日报社从掌握发行主动权的要求出发，认真研究探索报纸发行的新模式、新办法，积极开辟新的发行渠道。在全市范围内组建了10个发行站、20个发行分站，发行网络覆盖全市，打破了以往邮局垄断发行、发行渠道单一的局面，形成了以发行站为主、多方参与、多渠道发行的格局。发行站的设立，增强了发行服务方式的灵活性。上门收订、流动收订、预约收订、电话收订等服务措施极大地方便了读者，对挖掘个人订阅潜力起到了很大的作用。在2005年度《张家港日报》公费征订数量减少的情况下，发行总量超过3.3万份，尤其是自费订阅数达到发行总量的65%，实现了历史性突破。

【开展有奖征订和"读者卡"发放活动】　在2005年度报纸征订工作中，张家港日报社推出了"二十万元大奖馈赠读者"活动。在8个镇及9个街道办事处组织现场订报、现场抽奖活动20多次，发放奖品20万元。同时，向自费订阅全年《张家港日报》的读者发放"读者卡"，读者凭"读者卡"到张家港日报社在全市各镇区发展的70多家加盟店消费时可享受打折优惠。活动的开展，激发了读者订阅《张家港日报》的热情。　（张立新）

【编辑　陆正芳】

卫 生

【概况】 2004年，全市共有医疗卫生机构474个，其中市级医药卫生单位9个（医院3个、卫生单位6个），乡镇（中心）卫生院14个，社区卫生服务站及村卫生室294个，企事业单位卫生所（室）92个、民营医院16个、个体诊所43个。有卫生技术人员3876人，其中高级职称151人、中级职称1007人。有乡村医生647人、个体从业人员99人。有医院床位2944张。每千人拥有卫技人员4.35人、医院床位3.31张。全系统固定资产4.5亿元（不含已改制医疗单位）。

医政　医院基本建设得到加强。市第一人民医院易地新建工程完成区内住房拆迁、“三通一平”、桩基、地下室土建工程和水电、消防招标。市中医院投入资金2660万元，新建了8900平方米的内科住院大楼。强化医疗质量管理。定期开展医、护、技等方面的质量督查，召开医疗质量缺陷分析会。督促各医疗机构落实告知、签字、三次查访、三级查房制度以及疑难、危重、死亡病例讨论等规章制度，对医疗质量管理松懈、医疗质量明显滑坡的医疗机构提出整改意见并进行全市通报。积极开展医疗机构检验科、放射科规范化建设。制订《张家港市民营专科医院设置规划和建设标准》，规范医疗机构的准入行为。全市总诊疗人次245.86万人次，比上年增7.28%；出院病人7.58万人次，比上年增5.05%；床位使用率90.57%，比上年提高17.19个百分点；抢救成功率83.1%。平均每一门诊费用103.43元，平均每一住院费用3364元，平均住院9.8天。根据全市一城四区的总体规划，出台《张家港市医药卫生体制改革实施意见》。建立健全预防保健体系，市疾病预防控制中心在完成卫生检测大楼建设的同时，通过等级国家实验室标准的创建。8个建制镇组建了镇卫生管理服务中心，中心业务用房总面积1.48万平方米，资金总投入1651.4万元。建成社区卫生服务站136个，纳入当地镇卫生管理服务中心统一管理。中心卫生院实行镇办镇管新体制。10家乡镇卫生院完成产权制度改革。市二院建办成中外合资中西医结合医院，民营朝阳五官科医院通过验收正式挂牌，澳洋医院进入土建阶段。全年新批准设置个体私营医疗机构7个，在全市基本形成了多元化办医的格局。无偿献血成果显著，全年无偿献血15033人次，献血总量310.71万毫升，占临床用血的96.7%。全市医疗机构的成分输血达99%，名列江苏省前茅。

卫生监督　卫生行政行为不断规范。共核发各类卫生许可证12432份，办理从业人员健康体检、培训合格证明29363人次，比上年增7.56%。健康相关产品监测不断加强。共抽检健康相关产品677件，涉及牛奶、卤菜、水发和冷冻产品、儿童食品等品种，对生产经销不合格产品的单位提出了整改意见，监测结果及时通过新闻媒体向社会公示，引导公众健康消费。职业卫生工作取得新进展，组织了6次职业卫生专项检查。先后对32个建设项目开展了职业卫生预评价及房屋设施设计与控制效果评审；对169家存在职业危害因素的企业进行了环境卫生质量监测，对有毒有害作业点监测的覆盖率达95%以上；对10294名从业人员进行健康监护，对其中94名发现异常的职工提出了调离工作岗位的建议，对65名尿铅超标人员实施了治疗。卫生执法力度不断加大。先后开展了食品卫生、非法行医、美容院化妆品、学校卫生、职业卫生、集中式供水等专项执法活动22次，实施卫生行政处罚890户次，罚没款99.9万元，没收不合格食品3056.6千克、不合格化妆品90余件，取缔非法行医及虚假医疗广告152户次，集中销毁了一批劣质食品、化妆品和医疗器械。

预防保健　传染病防治取得新成效，全市法定传染病报告数2326例。传染性肺结核病防治得到普遍重视，共发现传染性肺结核病人563例，比上年增75.39%。全市共接种肝炎疫苗2.16万人。慢性非传染性疾病防治试点不断扩大，在50个社区开展慢性病防治试点工作，为2.18万名35岁以上首诊病人测量了血压，其中确诊高血压病的1001人。开展尿糖检查4873人，其中确诊糖尿病的123人。对确诊的高血压和糖尿病病人全部纳入治疗管理。中美预防出生缺陷和残疾合作项目工作进展顺利，完成全市生育健康电子监测系统软件第二次升级，共监测出生儿童6607例，查出患先天性心脏病或体表出生缺陷儿童65例，及时给予了治疗指导。深化生殖健康工程，共检查妇女5.6万人。将暂住人口中731名孕产妇纳入统一管理。全市孕产妇建卡率、住院分娩率为100%，孕产妇系统管理率和儿童系统管理率分别为90.32%和95.51%，孕产妇死亡率为0，婴儿死亡率5.92‰，围产儿死亡率5.95‰。健康教育系列活动扎实开展，利用肺结核宣传日、职业卫生防治周、护士节、艾滋病防治日、爱牙日等重要纪念日，广泛开展健康教育宣传和义诊咨询，开展艾滋病防治知识暨《中华人民共和国传染病防治法》宣传主题月活动，组织第二届全市健康知识宣传暨大型巡回义诊，成立"卫生进社区、健康为大家"健康知识宣讲团，进行健康知识宣讲，在机关干部、社区居民、在校学生等人群中普及健康知识。

农村合作医疗　年内，全市新型合作医疗参加人数达46.6万人，参加率达87.6%，比上年提高8.93个百分点。人均筹资达110元，其中政府人均补助70元（市、镇各35元，分别比上年增加30元和24元）。参保人员最高补偿额达到3.52万元，比上年提高一倍多。至年末，有4.1万人次得到市、镇两级大病风险补偿，补偿总额达到4300.43万元。

红十字会工作　年内，新增红十字基层组织1个，会员300余人。募集资金9.5万元支援全国灾区，资助结对帮困地区24名特困学生1.44万元，慰问全市81户特困家庭，发放物品价值1.5万元。在高中以上学校开展红十字青少年卫生救护技能操作比赛，在中学、部分企业开展卫生救护培训工作，受训500人次。深入社区开展健康教育和防病知识讲座，发放健康教育宣传资料3000余份，为社区300多位60岁以上老人义务体检并建立健康档案。100余名捐髓志愿者通过捐髓检测，进入中华骨髓资料库江苏省分库。

科教与科研　年内，共选送242名技术骨干外出培训、进修，引进填补全市空白的新技术、新项目56项，其中《SF椎弓根固定器治疗腰椎滑脱症》、《全胃肠外营养液配制输注及在危重病人中的应用》等7项成果分别获苏州市科技进步"双杯奖"和张家港市科技进步奖。

【构筑预防保健体系新框架】　按照新的行政区划和城镇区域发展规划，坚持"公平可及、适应需求、公共财政、资源共享"的发展方向，切实加强市、镇、村三级预防保健机构建设，形成了以市疾控中心、妇保所为核心，镇卫生管理服务中心为纽带，社区卫生服务站为基础的独立完整、反应快速的预防保健体系新框架。强化市级预防保健机构功能，投资1200万元，新建疾病预防控制中心卫生检测大楼，使市疾病预防控制中心真正成为全市疾病防控业务指导中心、技术服务中心。完善镇级预防保健体系，将各镇卫生院预防保健科从卫生院中分离，与镇合管所、计划生育服务站合并，组建镇卫生管理服务中心，承担行业卫生监督与管理、疾病预防控制、妇幼保健、健康教育、合作医疗管理、计划生育指导和技术服务、医疗机构管理等职能。夯实预防保健体系基层网络，在经费保障方面，市镇两级财政把社区卫生服务经费纳入年初预算，按照辖区服务人口人均4元的标准，安排落实社区卫生服务专项经费，在此基础上，根据社区公共卫生任务完成情况，由财政拨付社区医生每人每年8000元的报酬补贴（其中市财政补贴3000元、镇财政补贴5000元）。同时适应镇村合并的实际，调整完善村级社区卫生服务站建设规划与布局，由镇卫生管理服务中心对其统一管理。

【建立"120"医疗急救服务体系】　年内，全市建立了统一指挥、处置有力的与"110"联网的现代化医疗急救新体系。该体系以市第一人民医院为依托设立"120"急救中心，以市中医院和金港、塘桥、锦丰、乐余及博爱医院为基础设立6个急救站，配备17辆专用救护车、160多名医疗急救人员，装备了心电监护、除颤仪、车载通讯系统和卫星定位系统等先进设备，共投入资金460万元。主要承担日常的院前及院内急救，重大灾害和突发性事故受伤人员的急救、运输及抢救力量的协调，重大活动的医疗保障，急救医学知识的培训普及等职责。"120"医疗急救体系于9月28日建成试运行，12月6日正式开通运行。至年末，共接警3342次，抢救车祸及其他事故1820余人、急症病人968人。

【建立新型合作医疗制度】　年初成立市农村合作医疗管理结算中心，负责市级大病统筹合作医疗基金的筹集、保管和运作及对各镇合作医疗工作的监督指导等。年内，全市扩大参保范围，将除参加城镇职工医疗保险外的所有本市在籍人员以及持1年以上暂住证并在当地从事农副工业生产的非本市籍居民均纳为参保对象。基金标准大幅提高，人均标准为110元，较上年提高42元，市、镇两级财政补助总额达3800多万元，比上年增加2800万元。扩大了医疗费用补偿范围，提高补偿比例和最高限额，增加了对一般检查费和常规护理费的补偿。医

镇卫生管理服务中心揭牌　（魏　欣　摄）

疗费用补偿限报点由3万元提高到5万元，最高补偿额由1.52万元提高到3.52万元。建立了个人家庭账户，对参加者以户为单位设立个人账户，按人均基金标准的18.2%记入，用于在本辖区社区卫生服务站（村卫生室）门诊药品费用的补偿。建立特困人群医疗救助制度，出台《张家港市特困人群医疗救助暂行管理办法》。特困人群医疗救助基金由市级大病统筹合作医疗基金中提取200万元和留存的社会福利彩票公益金中提取15%两部分组成。参加新型合作医疗的特困人群，补偿比例在一般居民的补偿比例基础上再提高10%，可补偿医疗费用超5万元，超过部分按50%的比例救助，2004年每人每年最高救助限额为1万元。

【实施单病种费用控制】 9月开始，市卫生局选择了单纯性胆囊切除术、剖宫产、单纯性阑尾炎切除术、择期单侧疝修补术、腰椎间盘摘除术、正常分娩等6个病种，在全市中心卫生院以上的公立医疗单位实施了单病种费用控制工作。依据现有检查、治疗、药品价格，结合“三合理规范”要求，测算出各医疗机构每个单病种治疗所需费用，在《张家港卫生与健康》网站上进行公示，合理引导病员就诊。实施单病种费用控制成效明显，据统计，全市医疗单位6个单病种的医疗费用较上年分别减少了15%～20%，促进了医疗单位之间的有序竞争，减轻了群众医疗费用负担。　（范建星）

药品监管

【概况】 2004年，苏州市张家港药品监督管理局紧紧围绕“以监督为中心，监、帮、促相结合”的工作方针，坚持监管与服务相结合、稽查与指导相结合，狠抓各项工作落实，全市药品和医疗器械市场秩序进一步规范，打击假冒伪劣药品和医疗器械的力度进一步加大，药监队伍素质进一步增强。年初，被省药监局评为2003年度江苏省药品监督管理系统创建文明行业先进单位、“团结、开拓、廉洁、高效”好班子和“正源行动在农村”先进单位。9月，被省食品药品监督管理局推荐参加“全国食品药品监督管理系统先进集体”评比。11月，被苏州市文明委评为2002—2003年度文明单位。

宣传教育　在市“一报三台”大力宣传《药品管理法》、《药品管理法实施条例》、《医疗器械监督管理条例》。在市区街心公园组织“政务广场”宣传咨询服务活动，接受咨询400余人次，发放宣传资料8000多份。10月，制作25块大型宣传画板，内容主要有《药品管理法》、《如何识别假劣药品》、《典型案例》等，经常到居民社区进行广泛宣传，让《药品管理法》深入到千家万户。

综合监管　认真组织实施药品生产企业质量管理规范（GMP）、药品经营企业质量管理规范（GSP）认证。全市12家药品生产企业、213家药品经营企业全部通过GMP、GSP认证，13家骨科器械、麻醉包生产企业全部通过了国家生产实施细则验收。同时，还受理审核了74家新开办药店。完成上级下达的2次药品抽验工作计划，出动抽验人员590余人次，共抽样送检各类药品183批次，从中发现假劣药案件11起。

稽查执法　认真开展“正源行动保健康”专项整治活动，突出打击假冒伪劣药品、医疗器械。全年共出动执法人员1500人次，检查药品、医疗器械生产经营单位600余个次，取缔无证经营药品窝点3个、制售假药窝点1个，查处各类违法经营药品、医疗器械案件111件，没收违法药品、医疗器械货值74.5万元。

【加强农村药品监管网络建设】 根据国家食品药品监督管理局关于加强农村药品供应网络和农村药品监督网络建设的有关通知精神，认真制订关于加强农村“两网建设”的指导意见。同时，以实施药品放心工程为主线，采取有力措施，扎实推进农村“两网建设”。在农村药品供应网络建设上，支持在农村增设药品零售药店，农村零售药店占全市50%以上。同时结合市卫生体制改革，社区卫生服务站、村卫生室用药由镇社区卫生服务管理中心统一采购调拨，进一步规范购药渠道。在药品监督网络建设上，精选优聘药品监督协管员、信息员，并强化“两员”培训和信息利用，有效下延药品监管的触角，一个以专业监管为主、社会监督为辅的药品监管网络基本形成。年内受理群众举报涉药案件20多件，从中查获了一批大案要案，有效地维护了药品市场秩序，保证了群众用药安全有效。　（王建江）

体　育

【概况】 2004年举办市级竞赛9次，参赛人数4765人次；承办国家级比赛4次，苏州市级比赛2次。共有70支代表队参加苏州市级以上竞赛，获团体前3名29个，获单项金牌85枚。市体育局坚持“建设与活动并举，以建设为重”的方针，大力实施《全民健身计划纲要》二期工程，全面构建亲民、便民、利民的全民健身服务体系。1月7日和5月15日，国家体育总局原局长袁伟民、副局长王钧分别到市视察体育工作。他们充分肯定了张家港市体育场馆的设施建设和市体育中心利用体育场馆进行市场化运作的做法。年内，首届全国女排大奖赛张家港赛区被江苏省体育竞赛管理中心评为“最佳赛区”。张家港市被国家体育总局授予2004年全民健身周活动先进单位称号，张家港市体育局被省体育局评为2004年江苏省“迎十运体育三下乡”活动先进单位、江苏省第五次全国体育场地普查先进集体，并被授予2004年江苏省县级体育工作先进单位荣誉称号。张家港市体育代表团获苏州市第十一届体育运动会体育道德风尚奖，张家港市体育局获苏州市第十一届体育运动会优秀组织奖。

社会体育　全年举办2期三级社会体育指导员培训班，联合举办了1期二级社会体育指导员培训班，培训并审批三级社会体育指导员101人，培训二级社会体育指导员90人，并向省体育局和国家体育总局送训、申报一级以上社会体育指导员8人。至年末，全市三级以上社会体育指导员共838人，万人拥有量达10人。举办了第十个“全民健身周”和“迎十运体育下乡”2次大规模的群众体育系列活动，并以“城乡联动万人健步行”作为启动仪式。各镇、各体育社团和相关单位积极参与并组织开展活动，共组织各类活动102次，参与人数达10.76万人次。继续开展国民体质监测活动，在乐余镇、张家港高级中学、暨阳高级中学和市体育中心为1320人进行义务测试，在后塍街道进行了国民体质监测采样测试活动，完成了苏州市下达的750名农村3岁至69岁监测样本任务。5月21日，张家港市代表队在苏州相城区陆慕中心小学参加了苏州市十一届运动会农民组风筝比赛，获得了龙类、软翅类和立体类3个项目的第1名。全市残疾人运动员在苏州市十一届运动会上，共有9人获金牌、11人获银牌、6人获铜牌，奖牌数和团体总分位于苏州市五市（县）第1名。老年人体育协会的李照荣参加“中国·连云港全国太极拳交流展示大会”，获男子老年组42式太极拳一等奖和男子老年组陈式传统太极拳二等奖。11月26日，张家港市籍举重运动员刘海华在扬州市体育馆举行的“乌金杯”2004年全国男子举重冠军赛中，以总成绩352.5公斤获得77公斤级第一名，并获得第十届全运会参赛资格。年内，杨舍镇（篮球）、乐余镇（风筝）和南丰镇（排球）被确定为苏州市第四批特色体育乡镇。6月和7月，先后组建市羽毛球协会和市航模协会，全市体育群众团体总数达15个。

学校体育　比国家规定提前一年试行《学生体质健康标准》，试行面达100%，共有13.16万名学生达到及格标准，及格率达99.38%，优秀率为25%，良好率为45.81%。年内，张家港籍运动员参加国家级比赛获3枚金牌，参加省级竞赛获16枚金牌。江苏省梁丰高级中学组队参加由张家港市承办的2004年“杨舍杯”全国健康活力健美操比赛获得双人操第1名、五人操第1名、三人操第3名。在苏州市第十一届体育运动会小学生组游泳比赛中，张家港市籍运动员丁至德获得50米蛙泳、50米自由泳两个第1名，实现了张家港市游泳项目零的突破。在5月25日于盐城体育运动学校举行的2004年“苏源杯”江苏省青少年举重比赛上，市金港镇新塍中学和南沙举重学校分别有12名和8名运动员参加了比赛。新塍中学兴塍苑举重队取得了3人七项第1名，3人六项第2名，2人三项第3名，积65分的可喜成绩。南沙举重学校也取得了2人四项第1名，3人六项第2名的好成绩。其中有2人通过了举重国家一级运动员的标准。全年输送运动员37人，其中1人入选省体工大队田径队，36人分别入选苏州市田径、举重、散手、皮划艇、柔道、击剑队。9月25日至27日，举办全市中小学生田径运动会，有37所小学、48所中学近800名运动员参赛。12月24日至25日，举办全市中小学生冬季三项（跳绳、踢毽、长跑）比赛，有37所小学、30所初中和12所高中共1694人次参赛。至年末，全市体育传统项目学校共24所，占全市学校总数的四分之一，其中省级2所、苏州市级6所、张家港市级16所，共有田径、篮球、排球、足球、乒乓球、武术、象棋、围棋、航模、体育舞蹈、举重等11个项目。

体育设施　年内，市体育中心部分场馆进行了改造和维护。市体育中心全年接待全国各地参观团队80余批次，接待体育健身人员40余万人次，其中有偿服务近20万人次，无偿服务超过20万人次，青少年占三分之一。全市新建由体育彩票公益金捐赠的全民健身工程（点）41个，其中向上级体育局申报国家级工程（点）1个、省级工程（点）7个、苏州市级工程（点）11个。全市新发展晨（晚）练健身点48个，总数达148个。至年末，全市共有体育馆9座、游泳池15个、400米跑道田径场14片、全民健身工程（点）147个。

体育产业　年内，新增体育彩票销售点27个，全市共设电脑体育彩票销售点52个，有销售机52台。全年销售总额超过4000万元。其中电脑体育彩票销售2873.96万元，电脑彩票平均单机销售55.27万元。销售总量列苏州市第一，电脑体育彩票销量和单机水平均列苏州市第二。3月，在市体育中心组织销售即开型中国体育彩票，即开型体育彩票销售1492.4万元。

表89　2004年张家港市体育中心举办重大赛事一览表

时　间	比赛名称	地　点	备　注
6月10日至13日	第一届步步高全国女子排球大奖赛	体育馆	第二阶段
8月1日至10日	2004年全国健康活力健美操比赛	体育馆	第三站
9月15日至19日	2004年全国乒乓球俱乐部甲A比赛	体育馆	第二阶段
10月16日至22日	2004年全国男篮俱乐部青年联赛	体育馆	

【“2004中国中小城市体育场馆发展论坛”在张家港市举行】 由江苏省体育局暨江苏省体育场馆协会主办，张家港市政府暨市体育局承办的“2004中国中小城市体育场馆发展论坛”于6月4日至5日在张家港市举行。这是全国第一次就中小城市体育场馆公用设施建设与发展举行理论探讨，反映出随着城市化的进程进入新阶段后，体育场馆公用设施建设与发展已经提上日程并趋于理性化。本次论坛对中国中小城市体育场馆的建设和发展进行了深入探讨，就体育场馆在城市建设发展中的功能与作用，体育场馆的规划建设与改造，体育场馆的管理与经营运作等课题进行了广泛、深入的探讨与交流。论坛还交流了与体育场馆建设和改造密切相关的设计、设备、材料、器材等方面的先进理念和最新信息。来自全国24个省、市、自治区的97个中小城市的体育局局长、体育场馆（训练基地）业主和经营管理者、著名建筑设计院、部分体育场馆设备器材生产厂家和供应商以及国家体育总局领导、北京奥组委领导、全国研究体育场馆建设的著名专家学者等300多人参加了论坛。与会代表在论坛探讨期间参观了市体育馆、游泳馆等体育场馆。

【市青少年体育俱乐部成立】 经过较长时间的精心筹备，张家港市国家级青少年体育俱乐部经国家体育总局批准成立。12月25日在市体育中心举行隆重的授牌仪式。市青少年体育俱乐部的创建宗旨是以青少年为主要服务对象，开展丰富多彩的文体活动，解决青少年课余及节假日无处参加体育锻炼的矛盾，同时为中小学生下午放学后提供体育活动的场地和组织保证，成为青少年学生喜爱的“第二课堂”，从而为促进全市三个文明建设作出贡献。至年末，市青少年体育俱乐部在市区已发展了6所学校为团体会员，并拥有个人会员500多人。俱乐部今后将继续发展会员，并以市体育中心的场馆设施为依托，以市少年业余体校的师资优势为品牌，整合资源优势，针对张家港市青少年的特点，开展田径、足球、篮球、乒乓球、羽毛球、网球、高尔夫、游泳、武术、溜冰项目，吸引全市青少年到俱乐部锻炼、活动。同时在搞好普及的基础上抓好重点项目的发展、尖子运动员的培养，与市少年业余体校的工作衔接起来，争取早出人才，多出人才，出好人才。并坚持“打好基础、强化管理、多方联手、稳步发展”的指导思想，实现管理原则、运营模式的制度化、规范化，确保日常工作做到位，注重青少年参与体育活动的安全工作。

【市第十个“全民健身周”活动成功举办】 6月5日，张家港市“全民健身周”启动仪式暨“城乡联动万人健步行”活动拉开了市第十个全民健身系列活动的序幕。6月10日，副市长杨芳在《张家港日报》头版发表题为《开展健身活动，建设健康城市》的文章，要求全市各级党委、政府切实加强对全民健身工作的领导，把此项工作列入政府的议事日程和管理目标。一个以“生活奔小康、身体要健康”、“开展健身活动、建设健康城市”为主题的全民健身周活动有部署地深入开展。全民健身周期间共组织开展各类活动达70多项，参与人数达10万人次。整个活动从市区到社区，从城镇到农村，从企业到学校，从操场到庭院，从健身房到马路边，到处呈现出踊跃健身锻炼的场面。开展全民健身周活动是贯彻《全民健身计划纲要》的重要举措，也是全省实施全民健身服务体系“八个一工程”的重要内容。市体育局多次专题研究，精心组织，科学安排，在3月底就出台了《2004年张家港市全民健身周活动计划（草案）》。《计划》根据省、苏州市文件精神，结合张家港市的实际情况，把“健身周”从时间概念上扩大到40天；从形式上把“健身周”划分为市级活动、镇级（含街道）活动、体育协会活动三大块；从内容上安排了包括启动仪式、科普宣传、体育三下乡、体育进社区、体育竞赛、健身广场展示、体质测定、汇编健身材料等12大类71个项目，其中超过万人的活动项目有2个，还有各条线、各系统、企事业单位及学校、部队等自发组织的特色体育竞赛、民间传统体育交流活动也达百场次以上。由于准备充分，责任到位，宣传广泛，使得全民健身周期间各项活动在严密组织下有序开展，并呈现出内容丰富、形式多样的特点，受到了广大市民的好评。

（陈晓晴）

全民健身如火如荼

（庞瑞和 摄）

【编辑 魏 欣】

市民生活水平与质量

【概况】 2004年，全市城镇在岗职工年平均工资20226元，比上年增18.4%；农民人均纯收入7930元，比上年增14.2%；年末，城乡居民人民币储蓄存款达228.6亿元，居民人均储蓄存款达2.73万元，比上年增12.9%。全市养老保险城镇覆盖率98.3%，农村覆盖率90.6%。年内，新增就业岗位3.9万个，5058名失业人员实现了再就业。为6.8万名农民办理了养老保险，为3.4万名企业职工办理了农村养老保险转城镇养老保险。

2004年，全市实现社会消费品零售总额74.19亿元，比上年增长16.7%。住房、汽车、通信成为新的消费热点，共销售各类商品房109.74万平方米计24.97亿元，新增私家车8012辆，年末全市私家车保有量达31779辆，每百人拥有量3.66辆。实现通信业务总收入8.29亿元。全市城镇从业人员9.38万人，登记失业率2.25%。农村年人均生活消费支出5505.58元。其中：食品消费1952.8元，比上年增19.8%，占生活消费支出的35.47%；衣着消费317.73元，比上年增9.83%，占生活消费支出的5.77%；居住消费1560.6元，比上年增171.56%，占生活消费支出的28.34%；家庭设备用品及服务339.63元，比上年增56.9%，占生活消费支出的6.17%；文化娱乐用品及服务706.72元，比上年增13.6%，占生活消费支出的12.84%；医疗保健消费128.79元，比上年减65.32%，占生活消费支出的2.34%；交通和通信消费418.97元，比上年减23.31%，占生活消费支出的7.61%；其他消费80.34元，比上年减52.93%，占生活消费支出的1.46%。百户农民拥有的耐用消费品中，洗衣机90台，电冰箱75台，摩托车81辆，彩色电视机148台，空调器87台，抽油烟机33台，电话102部，移动电话131部，热水器75台，照相机18架，电脑17台。

（陈建康）

婚姻　家庭

【概况】 贯彻新《婚姻登记条例》，依法进行婚姻登记，全年共办理婚姻登记7935对，其中，结婚7073对、离婚862对、再婚86对。办理儿童收养134例。市儿童福利院全年收养弃婴152人，反弃婴2人。年内，新增家庭7200户，累计33.8万户。平均家庭规模2.57人。

【结婚登记处进驻计生服务站】 为了应对新婚姻登记条例实施给计生管理服务带来巨大压力的新形势，本着利于教育，方便群众的原则，通过协调，上半年，在杨舍镇尝试将婚姻登记处引入计划生育服务阵地。在该镇计生服务站底楼筹建“婚姻登记大厅”，把民政的婚姻登记和计生的新婚培训整合在一起。登记大厅安装了等离子电视，滚动播放婚育知识，配备专职计生宣传员，进行面对面宣传教育，免费发放“五期”教育小折页和婚姻直通车光盘等宣传品，使新婚对象在轻松、优雅的环境中能够直观地学习计生科普知识。大厅还为新人们提供照片拍摄、证件复印、美发等系列服务，设置休闲场所，服务更加人性化。此举一方面较

新婚林　　（张龙法　摄）

好地解决了婚前集中培训越来越困难的矛盾，提高了男性受教育的比例；另一方面方便了计生部门对婚姻登记信息的采集，镇级计生部门还可以及时将信息反馈至基层，确保了村级计生部门能够及时展开服务工作。此举很快在塘桥等镇得到推广，实现了计生、民政的双赢效果。

【全省首家“婚育新风互动艺术团”成立】 为了打造“婚育新风进万家活动”品牌，5月，张家港市成立了全省首家“婚育新风互动艺术团”。该艺术团依托市文化馆组建，市计生委负责及时提供创作素材和资料，并支付一定的活动经费。艺术团每年按要求编排两台节目，其中创作歌舞、曲艺类节目不少于8个，演出不少于15场次。5月28日晚，市计生委会同市委宣传部、市文广局等部门，在园林广场举办了“苏州市生育文化节——婚育新风·互动在张家港”开幕式暨婚育新风互动艺术团揭牌仪式，国家计生委宣教司副司长石海龙为艺术团成立揭牌，同时拉开了送戏下乡活动的序幕。半年里，艺术团先后在全市15个中心社区和8个市级贫困村进行了巡回演出，自编自演的锡剧《摔罐记》、相声《浪漫爱情》、快板《计生新风遍港城》等节目，深受基层群众特别是流动人口的欢迎和喜爱。活动现场还采用知识抢答和散发生殖健康知识折页等互动形式，激发了群众的参与热情和学习计生知识的积极性。艺术团的送戏下乡使新型生育文化的宣传实现了专业化、艺术化和品牌化。

【市“婚育新风进万家”活动受省级表彰】 近年来，张家港市计生宣传教育始终把“立足社区、面向家庭”作为活动主线，坚持“创新形式、以人为本”的原则，在社区、企业和家庭的文化建设上适时融入，使宣传的形式、内容和效果都有较大突破，在婚育新风传播上，打造了一系列活动品牌。10月30日，省“婚育新风进万家”活动评估验收组在省委宣传部、省人口计生委有关领导的带领下，到市进行为期一天的评估验收。评估组考察后对市婚育新风进万家活动予以了高度肯定，一致认为：它已经深深扎根群众，正悄悄地改变着人们的婚育观念，取得了丰硕的成果。12月，张家港市被省委宣传部和省人口计生委联合表彰为江苏省婚育新风进万家活动先进市。

（董和平　朱长明）

人口与计划生育

【概况】 年内，市人口与计生工作紧紧瞄准争创“江苏省计划生育工作示范市”这一目标，坚持以科学发展观统领计生工作，不断创新工作理念，提高工作标准，拓展服务领域，使人口与计生工作继续保持良好的发展势头。全年出生人口6829人，出生率6.55‰，自然增长率1.04‰，计划生育率100%。顺利通过了国家人口计生委对“全国计划生育优质服务先进市”的复查验收，被省委宣传部和省计生委联合表彰为江苏省婚育新风进万家活动先进集体，并被评为张家港市十佳文明示范机关。

宣传教育　以不断满足不同层次人群对生殖健康和避孕节育知识需求为出发点，以实现“你我同交流，你我共健康”为主题，按照大宣传、广联合、出精品的总体思路，走联合互动、融入并进的新路子，在全市上下形成了全方位、多层次、广渠道、立体型的综合宣传体系。依托社会公共资源，在市电视台新闻节目前常年播放计生知识公益广告；在100辆公交车内插播计生知识电视宣传片，并选择10条不同公交线路制作车身广告进行流动宣传；在市区及各镇人群相对集中地，设置大型计生宣传牌和计生健康知识宣传一条街；在市有线电视台“互动娱乐频道”开设每天一档的计生知识有奖竞猜和“福施福”杯健康宝宝大奖赛，以奖励形式激发广大群众参与热情，让群众在娱乐中接受教育，从5月开播后，平均每天有100多人参与知识竞猜。通过多种形式营造了一种无处不在、潜移默化的宣传氛围。以“婚育新风进万家活动”为主线，与市委宣传部、市文广局等单位联合举办“苏州市生育文化节——婚育新风·互动在张家港”大型广场文艺晚会系列活动；与市文明委、有线电视台等部门联合开展“婚育新风·走进社区”系列活动；与市科协联合开展“科普知识进万家”活动，把基本的生殖健康知识通过“楼道文化”方式展示在居民身边；与市政法委、司法局等八部门联合开展“我与企业法人同学法”活动，把计划生育法律法规知识和生殖健康知识的普及融入到先进的“企业文化”之中；还借助文化载体优势，在全省首家成立了“张家港市婚育新风互动艺术团”，艺术团先后在15个中心社区和8个市级贫困村进行了巡回演出。在积极倡导文明的生育观念和健康的生活方式上，充分利用现代媒体，在张家港计生网上不断充实和丰富计生及生殖健康知识内容，并通过在各服务站和各社区增设网点、开办视听室等方法，让群众通过零距离的接触，获得知识，发挥服务和教育的双重功效。上半年，以具有医学专业知识的技术人员为基础，组建了一支生殖健康志愿讲师团队伍，深入学校、部门和企业进行避孕节育知识、妇女常见病防治，以及更年期、青春期的知识讲座，有近万名不同层次人群接受了面对面教育。

计生服务　市计生指导站扩建了生殖健康指导中心，为流动人口提供更加便捷的服务。在镇服务站，通过探索建立“一门式”服务阵地，改善服务环境。借市卫生医疗机构改革的有利时机，解决了计生服务站缺少具有执业资格技术人员这一长期困扰计生事业发展的瓶颈，使5个镇级中心服务站均配备了1名以上具有执业医师资格的技术服务人员。利用联合国第五周期项目培训试点市的优势，积极引进国际先进的玛利斯特普理念，通过灌输培训、技能操作比赛、组织考察等方式，提升了队伍的整体水平。同时，与南京军区总院不孕不育和男性生殖保健专科建立长期的技术协作关系，为解决生殖健康难题提供了技术保障。按照计生、卫生两位一体的思路，在187家社区卫生服务室，设置了妇幼保健室和计划生育指导室，使全市的社区卫生服务室都能按要求有效开展计划生育技术服务，社区居民可以就近享受到便捷、快速、优质的生殖保健和避孕节育服务。在避孕节育知情选择上，把避孕节育全程服务与育龄群众的适宜性结合起来，通过“计卫”联手培训，组织仿真人员暗访等举措，强化对卫生部门计划生育技术服务的监督，促使技术人员能用规范的知情选择方法为育龄人群服务，使群众真正了解和掌握避孕方法，全市避孕节育知情选择率达97.18%。在开展生殖健康普查普治中，规范完成了15.73万名育龄妇女的生殖道感染综合防治，超额完成了省定指标。在查治中，建立了育龄妇女健康档案，通过及时抓好后续治疗，提高了群众的参与热情和对计生工作的满意程度。把出生缺陷干预和青春期、中老年生殖健康等项目纳入优质服务范畴，丰富了计生服务内涵。全年共计为育龄群众提供随访服务28.29万人次，随访服务率99.62%；技术服务5406人次，门诊咨询9503人次，门诊工作量9.87万人次，群众对计生工作的满意率攀升至98.7%。

【计划生育家庭老有所养问题得到解决】 7月10日，市计生委与市民政局联合发文，颁发了《张家港市人口与计划生育社会救助专项资金管理办法》。办法规定，专项资金的规模在80万元以内，从市慈善基金中列支，实行半年发放一次，对独生子女死亡、严重病残和其父母死亡的特殊计划生育家庭，按照不同情况，给予救助和慰问。年内，全市首批76户特殊计划生育家庭获得了救助。8月19日，市委、市政府又下发了《关于全面推进人口与计划生育综合改革的实施意见》。文件对农村低保独生子女家庭和独生子女父母奖励金都明确了新的奖励政策。对农村低保独生子女家庭由政府在集体投保的基础上，再提高20%；独生子女父母奖励金由原来的每年40元增加到60元；对60岁以上的独生子女父母，实行按每人每月不少于50元的标准发放奖励金。全市有3172名符合条件的首批奖励对象将从2005年1月起领到奖励金。这些制度的出台和及时兑现，使计划生育家庭的优势地位得到进一步体现。

【流动人口集宿区计生管理服务全面推广】 面对全市流入人员已经超过40万人的形势，为积极建立完善流动人口计划生育管理服务机制，市计生委通过主动介入、完善网络的方式，把对流动人口的计划生育管理“零距离”服务延伸到流动人口集宿区。7月，市计生委首先在塘桥镇韩山社区试点，通过召开流动人口代表会议，选举出计生协会理事38人，以暂住人口计划生育协会的形式展开工作，较好地实现了自我教育、自我管理、自我服务的要求。同时投入一定资金，为部分外来人口集宿区购置统一的生活设施，设置一定数量的计划生育宣传版面，设立专门的宣传教育活动室，让流动人口在潜移默化中逐步形成新的婚育观念。7月11日，在塘桥镇召开全市综合改革现场研讨会，通过现场展示，经验介绍，推动了全市流动人口计划生育协会向纵深发展。至年末，全市共建立外来人员集宿管理服务点717个，管理外来流入人员14.04万人。集宿区的计划生育管理服务，为人口与计划生育开辟了一条新的管理服务途径。（朱长明）

劳动和社会保障

【概况】 市劳动和社会保障局内设8个职能科室，在编人员33人。下辖市社会保险基金管理结算中心、医疗保险管理服务中心等7个事业单位，在编人员94人。年内，市劳动保障局不断深化社会保险制度改革，将更多的企业职工和农民纳入社会保险范畴。至年末，全市新增城镇社会保险参保人数4.8万人，累计21万人。新增农民参保人数6.8万人，累计14.4万人。有10.2万名老年农（居）民享受到了社会养老补贴。

表90　2004年全市参加社会保险情况一览表

项目		参保单位数（个）	比上年增减（%）	单位参保率（%）	比上年增减（%）	参保人数（人）	比上年增减（%）	人员参保率（%）	比上年增减（%）	基金收缴率（%）	比上年增减（%）
城镇养老保险	机关事业	247	−21.09	100.00	–	6305	−50.61	100.00	–	100.00	–
	城镇企业	4258	42.84	98.30	−0.70	175194	25.70	99.00	–	98.00	–
医疗保险		4423	41.44	100.00	1.00	176912	40.47	96.00	–	100.00	–
失业保险		4298	42.37	100.00	1.00	171200	50.89	98.00	–	100.00	–
生育保险		4385	40.99	99.00	–	185196	34.18	98.50	–	100.00	–
工伤保险		4257	48.95	99.00	–	160431	39.56	97.00	–	100.00	–
农村养老保险		–	–	–	–	144000	94.53	90.60	29.43	100.00	–

就业和再就业 重点做好失地农民的就业工作，组织失地农民进行技能培训，落实各项扶持政策。做好再就业援助工作，大力援助“4050”、双下岗失业人员再就业。进一步完善就业机制，强化就业服务。全年新增就业岗位38134个，举办劳动力交流洽谈会23场，提供就业岗位14413个，达成就业意向6495人。帮助5246名农村富余劳动力实现就业，帮助3941名失地农民实现就业。帮助314名再就业援助对象实现就业。年末，全市共有城镇登记失业人员3412人，城镇登记失业率为2.25%。

劳动关系调整和监察 开展贯彻《江苏省劳动合同条例》、职工劳动保护、工资支付、农民工劳动保障权益保护以及社会保险扩面等专项执法检查。共检查企业715家，涉及职工8.9万人。处理各类劳动纠纷571起，其中工资纠纷348起。立案查处违法案件204件，其中群众举报投诉82件。追发拖欠工资618.5万元。对8家拒不缴纳社会保险费和拒不支付拖欠工资的企业作出了行政处理决定。对11家企业进行了行政处罚，清退童工8人，罚款24万元，结案率100%。全年共受理劳动争

议案件208件，结案率100%，为职工追索工资及经济补偿325.1万元，为企业挽回经济损失34.16万元。重视做好信访工作，全年共接待信访8000人次，收到群众来信321封，做到件件有答复、事事有回音。

职工培训　根据劳动力市场需求及农村劳动力培训要求，结合农村劳动力的状况及企业和地区发展特点，对农村劳动力进行就业指导培训、职业技能培训和创业培训。全年共对1368名失业人员进行了职业指导。对923人进行了免费职业技能培训，其中失地农民428人。对5897名技术工人进行了技术等级鉴定，有5616人取得职业资格证书。其中，初级工2893人，中级工2307人，高级工279人，岗位合格证书137人。

企业工资调整　严格执行企业欠薪预警制度，按月进行通报。认真贯彻建筑工程项目工资预留户制度，会同建设部门加强工资预留户的管理，严格按照规定的程序处理。2004年，全市共有568个单位开立了工资预留户，其中48个工程竣工后已销户，工资预留户资金余额为9265万元。确定2004年企业工资指导线，提出企业职工工资增长的实施意见。落实最低工资保障制度，从7月1日起，企业最低工资标准和小时最低工资标准调整为每月620元和每小时5.2元。

【开展社会保险扩面行动新增参保人员近8万人】　9月28日，市委、市政府召开社会保险扩面工作会议，全面部署社会保险突击扩面行动，力争通过10个月的突击行动，使全市社会保险的综合参保率达90%以上，社会保险净增12万人，全市老年农（居）民养老补贴发放率由55%提高到95%以上。围绕社保扩面工作，市劳动保障局大力开展宣传，营造工作氛围。通过“一报三台”等新闻媒体报道，印发《职工维权手册》、《劳动保障业务指南》，开展社保知识竞赛和咨询活动，发布社会保险公益广告等形式，将社会保险扩面工作的目的、意义，以及相关政策宣传透彻，做到家喻户晓，人人皆知。从10月开始，在全市范围内开展社会保险执法大检查，对本市各类企业、个体工商户等单位务工人员，未按规定参加社会保险的，依法征收，严格执法，确保应征基金及时足额征缴到位。社保扩面突击行动开展以来，共新增参保人员7.7万人，其中城保2.3万人、农保5.4万人，取得了较好的成绩。老年农（居）民养老补贴发放率也由55%提高到了91%。

【为428名失地农民提供16项免费技能培训】　市劳动保障局职业技术培训中心加大就业服务力度，以转变择业观念、提高竞争能力为重点，加强对失地农民的培训。全年共为428名失地农民提供了免费技能培训服务。针对失地农民年龄偏大、学历较低，就业竞争能力较差的现象，该中心除进行就业指导、择业教育外，还根据劳动力市场的需求和失地农民求职愿望，有针对性地开设了办公自动化、图形图像设计、电工、叉车驾驶等16个培训项目，并在市职业教育中心校、国文电脑有限公司等机构建立了4个培训基地。各培训项目深受学员欢迎，许多学员经考核合格后，在较短时间内就找到了较为满意的工作。

【养老补贴给老年人增添一份保障】　1月1日起，张家港市开始正式实施老年农（居）民养老补贴制度，凡符合条件的老年农（居）民，可享受每月80元的养老补贴。至年末，全市共有10.2万名老年农（居）民领取养老补贴，占应享受人数的91%。9月，在运行过程中，市劳动保障局对老年农（居）民养老补贴制度又进行了调整完善，对年满80周岁的老年农（居）民直接发放养老补贴，并将原有男满60周岁、女满55周岁老年农（居）民补贴审核条件由原来的18岁以上直系亲属参保降低为25周岁以上直系亲属参保。政策的调整将更多的老年农（居）民纳入了社会保障范畴，使广大农民实现了从传统的家庭养老逐步向社会养老转变。

【医保违规举报奖励办法出台】　5月24日，市劳动保障局、市财政局联合出台《张家港市城镇职工基本医疗保险违规行为举报奖励实施办法》。办法规定，任何单位或个人，均可对本市范围内的定点医疗机构、定点零售药店及参保人员违反医疗保险规定和侵害参保人员利益的行为进行举报。市劳动保障局委托市医保中心负责受理举报工作。市医保中心在接到举报后，对举报事实进行核查，并为举报个人和单位保密。凡举报违规事实清楚、证据确凿的，由市医保中心提出处理意见，报经市劳动保障局审核批准后，发放举报奖励通知书，对举报人给予奖励。对违反国家有关法律法规的行为，由市劳动保障局会同有关部门进行查处，构成犯罪的，移送司法机关依法追究刑事责任。对举报人的奖励金额，按查实的违规费用10%左右确定，一般不超过2000元。对举报及时、案情重大、帮助有关部门追回违规费用5000元以上的举报人，另发给荣誉证书。　（朱海婷）

民　　政

【概况】　年内，市民政局按照年初制订的突出“一个重点”（最低生活保障）、实现“两大目标”（全国老龄工作先进市、创建全国社区建设示范市）、提升“四项水平”（社会福利事业、双拥优抚、民主政治建设、民政经济）的民政工作目标任务，创新思维，扎实工作，较好地完成了各项工作任务。先后荣获江苏省民政系统行风建设先进集体、江苏省民政工作先进市、江苏省老龄工作先进市等称号，被评为张家港市十佳文明示范机关。

村民自治　根据村委会建设的“四自”（自我管理、自我教育、自我服务、自我监督）标准，以及城镇一体化建设要求，着重抓好“四化”，即：干部队伍知识化。在全市868名村委会成员中，有党员751人、高中以上文化597人，较上届分别提高14.2个百分点和16.2个百分点。业务素质专业化。市民政局会同市委组织部，分两期对全市村干部进行业务培训和相关教育。镇村结构合理化。共撤并127个村。年末，全市有8个镇、186个行政村、92个社区居委会。自治制度规范化。制订完善《村民自治章程》、《村民代表会议职责》，以及各项村民自治工作的操作程序。

民间组织管理　年内，新核准12家社会团体，注册登记1个民办非企业单位，有25家社会团体、8个民办非企业单位办理了变更登记。对2003年底前注册登记的135家社会团体和54个民办非企业单位进行了年检。

优抚安置　全市在不断巩固“双拥进社区、双拥不分地域、让可爱的人成为富裕的人”等特色双拥的基础上，从强化双拥宣传入手，利用报纸、广播、电视等媒体，广泛宣传双拥发展形势。6月，市双拥领导工作小组与中央电视台联合拍摄市双拥工作电视纪实片《深情的土地》，并在中央电视台七套军事栏目中播出。为实现双拥工作“三化”(制度化、法制化、经常化)、“五种形式”(科技拥军、法制拥军、教育拥军、智力拥军、文化拥军)、“六进”(进农村、进工厂、进学校、进机关、进社区、进连队)营造了浓厚的舆论氛围。全年共优待重点优抚对象955户，户均优待6673元(其中：在职入伍20人，户均优待9373元；“三属”133户，户均优待5338元；伤残军人128户，户均优待3336元)，优待总金额734.55万元。出台了《张家港市退役士兵接收安置暂行办法》，实行了“货币安置为主、就业安置为辅，强化配套服务、取消城乡差别，实现一体化安置”的退伍安置新办法。年内接收的538名退役士兵和转业士官，全部选择了货币安置，市、镇两级共发放安置补偿金1638万余元。

社会救助　全市建有敬老院21个，收养人数850人；有福利院1个，年末在院人数60人；有老年公寓1座，年末在院人数115人。有社会福利企业110家，安排职工1.3万人，其中残疾职工7217人。年内出资2822.54万元(其中市财政拨款867.2万元)，为846户困难危房户新建、翻建、购买房屋2334间。出资874.41万元，对全市优抚对象、低保户、受灾特困户、孤贫学生、残疾困难户及城镇三无对象进行慰问。出资167万元，对全市1721名贫困学生进行帮扶。全社会累计发放救济金2892.98万元。

民政经济　市民政部门会同国税、地税部门对全市156家福利企业进行年检，通过年检110家，安置“四残”人员7000人。全市36台福利彩票投注机，年销售电脑福利彩票1027万余元，共募集慈善基金185万余元。

【投入1300多万元使1.4万余人享受最低生活保障】　年内，全市共投入资金1321.16万元(其中：市财政846.36万元，镇财政474.8万元)，将6302户、14460名贫困对象纳入最低生活保障线，其中城镇居民4439人、农村居民10021人。户均年补助2096元，人均年补助914元。保障标准为城镇居民每月260元，农村居民每月160元(农村低保10月1日后提高到每月180元)。与上年相比，最低生活保障人数增长22%，保障资金增长60%。《张家港市城乡居民最低生活保障制度实施办法》规定，最低生活保障对象还可享受子女上学、医疗、住房、用电、用水等10项优惠政策。全年全市低保户共享受水电费优惠93.7万元。

【统一农村五保供养经费筹集渠道和标准】　为进一步健全社会保障体系，全面提高农村五保供养和敬老院管理服务水平，全市在对五保工作调研的基础上，出台了《关于进一步加强农村五保供养工作的意见》。意见规定从2005年1月1日起，将全市农村五保对象全部纳入城乡居民最低生活保障，供养经费由镇、村两级统筹调整为市、镇两级财政负担，负担比例与实施城乡居民最低生活保障比例相同。标准是：集中供养的五保对象每人按城镇居民低保标准提高40%计算，即每人每月364元，全年计4368元；分散供养的五保对象每人按农村居民低保标准提高40%计算，即每人每月252元，全年计3024元。同时进一步规范五保供养操作程序，对五保对象的审批，在村民本人申请或者由村民小组提名，经村民委员会初审、镇人民政府审核后，须报市民政局审批并颁发五保供养证书。

(董和平)

社区建设

【概况】　全市现有社区93个，其中城区4个街道办事处所辖社区居委会27个、镇(场)辖社区居委会39个、村居合一的社区居委会27个。除以城镇居民为主要对象建立社区居委会外，在农村也以村为单位建立社区，着重开展面向村民、驻村单位及在村务工、居住生活外来人员的便捷服务，为特殊困难家庭的福利性服务，为农业生产提供技术服务等。全市186个村已全部建立村级社区组织。6月12日至11月27日，全市举办了第四届社区文化艺术节暨沿江六市(通州、如皋、常熟、江阴、太仓、张家港)社区文艺邀请会演活动。艺术节先后举办了全市少儿钢琴大赛、少儿舞蹈大赛、插花艺术大赛、戏曲大赛、千人农民书画大赛等10个项目的系列活动。

基础设施建设　年内城区4个社区新添了办公用房，2个社区选址新建，2个社区在原址扩建，3个社区通过调剂扩大了面积，总投资约1000万

第四届社区文化艺术节　(张龙法 摄)

元。各镇也落实相应措施，将并镇后被并镇原机关办公楼或者合并学校后空余校舍改建为社区服务中心。很多村也新建社区用房，如塘桥韩山村社区硬件投入就超300万元，锦丰建设村投资超200万元。全市社区均已达到“八个一”、“五个室”的标准。为落实长效机制，全市还参照苏州城区做法，拟定了《关于城区新建住宅小区街道、社区居委会办公和服务用房建设管理的意见》，以张政发〔2004〕100号文件下发施行，从根本上解除了社区居委用房这个老大难问题，为社区居委创造了良好的工作、服务环境。

社区党建　全市制定下发《关于加强社区党建工作的意见》，社区全部建立党组织。在各社区党组织建立流动党员管理站、在职党员工作站，负责管理389名流动党员和近1万名在职党员。全市106个机关企事业单位与社区开展了各种形式的结对共建活动。5月13日，全市专题召开社区党建工作经验推介会，要求进一步加强党对社区的领导，并切实加强全市社区党建工作和党员服务中心建设。

社区服务　各级社区努力扩大服务功能，形成十大系列60多个服务项目。全市共有社会服务设施1302个，建立了以“110”报警服务台为龙头，医疗、民政、水电气供应等部门为成员的社会联动体系。继续完善张家港市“1890”社区服务网www.zjg1890.com和市民求助中心热线电话“58281890”，为广大居民提供便民优质服务，为年老、孤幼、病残、优抚等特殊群体提供优惠保障服务。同时注重加强社区专职工作者队伍建设，年底结合全省统一进行的第七届村委会换届选举，组织第二届社区居委会换届选举，按照职业化、专业化、知识化的要求，充实新生力量，提高素质。发动社会力量从事志愿服务，培育了1.52万人的1000多支社区志愿者队伍。农村社区坚持因地制宜、量力而行、尽力而为的基本原则，根据村级经济强弱，分设一、二、三类，提供不尽相同的服务。对一类社区实行全方位服务，并专门开设服务窗口。如塘桥镇的韩山村社区，推出十大便民服务，包括邮电服务、水电气安装维修、代办各类证件手续、为外来人员子女安排入学、调解纠纷、代办养老和医疗保险等。二三类社区也尽量多开设服务项目，开通24小时求助热线。城市社区则引入农村民主自治模式，重点完善社区的民主自治规程，增加居务公开透明度，扩大社区居民的知情权、监督权和参与权，组织广大居民代表参与社区重大事项的民主决策、民主管理，参与社区工作的管理和评议。

【“1890”社区服务模式深入人心】 作为一个现代城市新型的社区服务模式，“张家港1890”社区服务理念不断深入人心。市民通过“1890”社区服务网，可以较为全面、快捷地了解张家港的社会新闻、社区情况以及家政服务、水电维修、信息中介、医疗保健、宾馆餐饮、教育培训等20大类100多个项目的服务信息；可以查询天气、话费、股票、公交客运等生活资讯；可以开展家政、房产、职介、婚介等中介服务；还可提供网上咨询、网上求助。社区服务网全年点击量达15万次以上。通过一年的资源整合和优化管理，遍布于港城大大小小的便民服务网点逐渐被1890社区服务中心连成一条线，形成了多功能的社会化服务网络，为广大市民提供便捷快速优质的服务。一年来，市民求助服务热线“58281890”共接听市民求助热线2950个，98%得到了圆满解决。为完善服务制度，打造诚信服务平台，中心与各加盟服务单位及个人签订了服务加盟协议，发放服务质量跟踪单，定期抽查回访，监督服务质量，真正让市民放心满意。为使“张家港1890”社区服务品牌家喻户晓，中心还先后5次举办社区服务、文化广场活动，参与和承办《港城播报》互动在社区、《张家港日报》自费订报抽奖活动和各街道社区的服务文化活动；组织举办10次缘分天空交友联谊会、单身俱乐部、英语沙龙、户外俱乐部活动；印制10万份《1890便民电话服务卡》，5000本《1890便民服务手册》，免费发放到广大市民手中。社区15分钟、市区30分钟的优质社区服务圈逐步形成，许多群众赞誉“1890”是港城市民的“生活110”。

（刘振渊　陈志勇）

外来暂住人员工作

【概况】 年内，全市共登记外来暂住人员45万人，比上年增13.2万人，比2000年增34.8万人。其中，16周岁以上的男性为22.29万人、女性19.91万人，未满16周岁的暂住人员2.8万人。外来暂住人员来自苏北等本省其他市（县）的约有9万余人，来自安徽、四川、河南、湖南、江西、浙江、东北等外省的约有36万人。

外来暂住人员状况　外来暂住人员大部分以务工人员为主，务工者有34万多人，占总数的75%以上；从事服务行业的有4万多人，约占9%；经商的有2.2万人，约占5%；务农的有6755人，占1.5%，其他行业的有1.31万人，占2.9%。主要分布在工业较发达、第三产业较繁荣的杨舍、塘桥、金港、锦丰、凤凰等镇。其中杨舍镇最多，达15.2万人，其次为金港镇，达7.8万人，再次为塘桥镇，达7.6万人。外来人员多数为居住时间1年以上者。居住1个月以下的仅4316人，居住6个月的10.68万人，居住1年以上的达26.64万人。从外来暂住人员居住情况看，居住在单位内部职工宿舍的有16.2万人，租赁房屋居住的15.7万人，集中居住在社会闲散集居点的有4.1万人，还有一部分人居住在建筑工地和出租的门店。

外来暂住人员管理　年内，各级暂住人员管理组织共办理暂住证418195张，查验婚育证明99115人次。此外，还督促暂住人员妇女围产期建卡637张，儿童预防接种建卡4852张，数量和质量都超历史。市暂管中心还在强化暂住人员集中居住措施，落实集居点建设管理上狠下工夫。年初与各镇签订了集居点建设的责任书，确定了年内新增14个社会闲散居点的目标。到年末，全市社会闲散集居点累计达86个，居住4.16万人，工厂企业内部集居点1048个，居住暂住人员16.21万人。全市集居点总数达1148个，居住人数占暂住人员登记总数的45.25%，其中杨舍镇社会闲散集居点已达39个（包括工地），居住3.51万人。锦丰镇联兴村集居点、塘桥镇韩山社区集居

开展"十佳(优秀)新张家港人"评选活动 (市暂管中心 供稿)

点等，成为了苏州及外省到市参观学习的典型。全年各集居点的登记办证率达99%以上，没有发生一起违法犯罪现象，也没有发现计划外怀孕以及黄、赌、毒等社会丑恶现象。

外来暂住人员服务 上半年，市暂管中心开展了暂住人员携带子女情况调查摸底，共调查出2.5万名外地籍16周岁以下的少年儿童随父母生活在张家港市。9月1日，经教育行政主管部门批准，4所民工子弟学校正式开学，吸纳了3400多名外来务工人员子女就学，有效地解决了暂住人员子女入学难的问题。各公办学校也吸纳了其余2.1万名外来务工人员子女就学。为帮助外来暂住人员育龄妇女落实避孕节育措施，对30多万人（次）进行免费B超、生殖检查等技术服务，开展计划生育咨询服务达70多万人（次）。市暂管中心投入120多万元，编印了《张家港市新市民知识读本》和《张家港市新市民贴心服务指南》两本宣传资料共40多万册，免费发放到外来暂住人员手中，为提高暂住人员的法律、法规意识，方便他们在张家港工作、学习、生活，发挥了积极作用。各镇暂管中心也纷纷举办暂住人员法律培训、技能培训和健康教育，努力提高外来人员法律意识和依靠合法手段生产生活的能力，全年累计培训4万多人次。各镇还开展了形式多样的暂住人员精神文明建设活动。其中：文艺活动7次，参与人数达2.19万人次；知识竞赛、演讲比赛、征文竞赛、黑板报展览19次，参加人数达1.11万人；各类评比表彰活动7次，参评人数近3000人。

【市暂住人员管理服务中心成立】 5月13日，张家港市暂住人员管理服务中心正式挂牌成立。市暂管中心从公安、计生、劳动、司法、房产等部门抽调了10名工作人员，实行集中办公，办公地点在市长安大厦11楼。主要职能是代表市委、市政府负责全市暂住人员管理服务的日常工作，组织、指导、检查、督促全市各级组织开展外来暂住人员的相关工作，协调解决外来暂住人员管理服务中的有关问题，采集暂住人员的有关信息，为市委、市政府和有关部门决策提供依据。中心下设3个部：秘书信息部、宣传教育部和综合服务部。6月～7月，8个镇相继成立了镇暂住人员管理服务中心，负责所辖区域内的外来暂住人员的管理服务工作。之后，市暂管中心又组建了两支暂管工作队伍，将原来隶属于公安部门的一支户口协管员队伍接管过来，并增招了86名年纪轻、有一定学历和工作经验的人员充实到这支队伍中，使总数扩展到300人，并更名为暂住人员专职协管员。同时在全市吸纳了2913名专兼职信息员，为各级暂管组织提供暂住人员进出信息，建立了291个暂管工作服务站，在全市初步形成了"以暂管中心主管、专职协管员专管、街道（村、企业）服务站协管，各有关部门、用工单位、出租房主和暂住人员共同参与"的暂管工作格局。

【暂管人员网上信息平台建成】 为适应现代科技信息管理的需要，提高暂管工作效率，市暂管中心投入46万元开发了一套集办公、管理与服务为一体的软件，用于暂住人员信息录入、数据处理和数据共享。10月15日，市暂管中心在人才市场举办了计算机操作人员培训班，由国泰新技术有限公司的两位工程师对全市9个镇（场）计算机操作人员授课。培训内容主要有：暂住人员信息登记、查询、修改、注销、转移、各类暂住人员管理与服务周期报表的填报等。至年末，全市已录入暂住人员信息40.71万条。网上信息平台的开发，给全市外来暂住人员信息查询、结构分布情况分析、数据的分类统计汇总带来了极大的便利。同时，计算机统计汇总的信息，也为公安、计生、劳动、卫生、房管等部门提供了必要可靠的工作依据，为下一步科学决策打下了基础。

【开展"十佳（优秀）新张家港人"评选活动】 为了宣传和表彰到张家港市务工、经商、投资、服务的外来暂住人员先进事迹，鼓励他们以更加饱满的热情投身到港城建设中去，同时，在全社会营造尊重新张家港人、服务新张家港人的良好氛围，由市暂管中心联合团市委、市青联、市个协、市私协等部门共同开展了"十佳（优秀）新张家港人青年先锋、创业先锋、科技先锋"评选活动。经基层推荐上报，向社会公开征求意见，评选委员会审定，评出了"十佳"新张家港人青年先锋、创业先锋、科技先锋各10人，优秀新张家港人30人。9月27日晚，隆重举行了"欢乐中秋，创业港城"大型文艺晚会暨表彰仪式。市委常委、宣传部长李汉忠，市人大常委会副主任顾树柏，市政府副市长、市暂管工作领导小组组长徐仲高，市政协副主席蒋祖德出席了仪式并为"十佳"颁奖。

（石秀兰）

民族宗教工作

【概况】 年内，全市有土家、壮、满、回、蒙古、朝鲜、布依、黎、傣等少数民族成分30个，共1747人（男1040

人，女707人），占全市总人口的0.2%，其中，杨舍镇366人，金港镇305人，塘桥镇445人，锦丰镇169人，乐余镇69人，凤凰镇245人，南丰镇89人，大新镇57人，常阴沙农场2人。全市宗教活动场所有23处，其中，杨舍镇6处，金港镇5处，塘桥镇6处，锦丰镇1处，乐余镇2处，凤凰镇1处，大新镇2处。

民族工作　年初，市民族宗教事务局会同有关镇走访慰问少数民族贫困家庭30余户。全年为8户少数民族贫困户解决建房问题，助建资金8万余元。帮困助学10人，助学金额1万元。为17名中考、高考的少数民族考生审核民族成分。为22名少数民族同胞及子女办理更正、更改民族成分的审批手续。9月，组织张家港市与常熟市两地的少数民族代表开展“迎中秋、庆国庆”联谊活动。

宗教工作　年初，市民族宗教事务局组织全市宗教工作人员认真学习贯彻国家、省及苏州市宗教工作座谈会精神。3月，开展宗教活动场所2003年度检查，全市正式登记的22个宗教活动场所年检合格。同月，组织开展乱建寺庙复查工作，巩固了专项治理成果。4月，举办各宗教团体、宗教活动场所会计人员培训班，专门邀请会计师对“会计法、财务制度、科目设置”等内容进行辅导。12月，永庆寺秋林法师、香山寺法禅法师荣升为方丈，并分别举行了升座仪式。年末，市基督教三自爱国会被江苏省基督教三自爱国会、基督教协会评为江苏省先进三自爱国会组织。据不完全统计，全年各宗教团体、宗教活动场所为社会公益事业捐资达8万余元。

【举办宗教界人士“颂四好”演讲比赛】　国庆前夕，为庆祝中华人民共和国成立55周年，市民族宗教事务局举办民族宗教界人士“颂四好”（祖国好、共产党好、社会主义好、改革开放好）演讲比赛。各民族宗教界人士纷纷撰写稿件，积极参与，有120余人参加活动，10位选手参加比赛，香山寺演诚法师获特等奖。活动在全体人员齐声高歌《歌唱祖国》的嘹亮声中结束。此次活动得到市人大、市政协等领导的充分肯定，市电视台、报社分别进行报道，在社会上产生了良好反响。

表91　2004年宗教活动场所和从业人员一览表

宗教类别	活动场所（处）	教职人员（人）	其中（人）		
佛教	13	61	僧 61	尼 –	
基督教	7	8	牧师 2	长老 3	传道 3
天主教	3	4	神甫 2	修女 2	
合计	23	73			

（张　曲）

老龄工作

【概况】　全市有60岁以上老年人14.4万人，占总人口的16.6%。70岁以上老年人6.7万人，占老年人口的47.1%；90岁以上老年人2070人，占老年人口的1.4%；百岁老人41人（以上为户籍人口）。4月16日，全国老龄办政研部主任金钊，省老龄办副主任王凤亭一行6人，到市调研老龄工作。副市长、市老龄委常务副主任蒋来清会见了调研组一行。

宣传教育　全市以“创建全国老龄工作先进市”为宣传重点，印发各种宣传资料5.07万份，举办文艺演出58场，演讲会15场，电视、广播、报刊报道158次。市老龄工作的创建经验在《全国老龄工作导刊》刊登。市老龄办拍摄了《人间重晚情》老龄宣传专题片，出版了《生机盎然的张家港老龄事业》画册2000份、《老年维权手册》3万多册。市教委在全市教育系统表彰了116位敬老好领导，市广播电台的“夕阳红”栏目、《张家港日报》的社会生活版，分别对老年人生知识、老龄政策、老年活动进行宣传，营造了浓厚的敬老氛围。

老有所养　年内，实行了老年农（居）民养老补贴制度。全市职工养老保险覆盖率已达98%，有14.4万名农民参加了农村养老保险。有108个村根据各自的情况实行了养老补贴，由各村发放的养老补贴总计590多万元。低保标准分别由原来城镇和农村的每月220元和130元提高到260元和180元。全市为低保老人发放低保金400多万元，对高龄老人发放长寿补贴金60多万元。

老有所学　全市共有老年大学（学校）168所，参加学习的达1.42万人，市老年大学每学期开设12门课程，教学由传统教育向现代化教育发展，开设的电脑、英语、营养学等课程深受老年人的欢迎。镇、村老年大学（学校）由单纯的农技、卫生，发展到音乐、电教。

老有所乐　全市举办老年人文体活动56次，参加人数20314人次，举办各种比赛25次，参加人数1952人。老年文体团队由原来的12支增加到32支，成立了“夕阳红”艺术团、百人秧歌队、百人阿婆腰鼓队、百人女子拉丁舞队、秋韵时装表演队、娘子军队等。市老龄委举办了庆祝第十七个老年节文艺汇演；市教委举办了“园丁之歌”文艺演出；市老年体协在金港镇举办了老年人拳功操现场会，在市体育馆举办了太极拳和太极剑比赛。塘桥镇老龄委举办了“歌声中的金色年华”文艺广场活动。杨舍镇老龄委举办了庆祝老年节文艺演出和老年舞蹈比赛。全市6000多人次的老年人走出家门，到全国各地参观美好河山，有一批老年人跨出国门到东南亚、欧洲、美洲等地观光。

惠老服务　年内，全市走访慰问老年人48109人，发放慰问金204万元。其中高龄老人2883人，金额161万元。为2889位老年人进行体检，为3340位老年人义务理发，为2669位老年人免费看病。70周岁以上老年人凭张家港市高龄老人优待证免费乘坐全市城市、农村公交车。

【创建全国老龄工作先进市一举成功】　2003年11月，全市开始启动创建“全国老龄工作先进县（市、区）活动”。对照6项考核内容、31项考核指标，市老龄委加大力度，强化组织领

全市创建全国老龄工作先进市现场会 （市老龄委 供稿）

导，完善规章制度，落实老年人优惠政策，完善养老保障体系，提升养老水平，强化医疗服务措施，增添老年服务设施，丰富老年文体活动。2004年6月9日，张家港市顺利通过苏州市考评组验收，11月通过省、全国老龄委考核验收，率先成为百家全国老龄工作先进县（市、区）之一。年末，还被评为江苏省2003—2004年度老龄工作先进县（市、区）。

【市老年专科医院建成】 市老年专科医院是一所专为老年群体服务的专业医疗机构。2003年由市政府及杨舍镇投资900多万元兴建，历经一年时间，于2004年3月正式营业。它是市政府基本建设的重点工程、杨舍镇政府八大实事工程之一，是江苏省首家县级市老年专科医院。医院内设功能障碍康复区、精神障碍康复区、慢性病康复区、临终关怀及养老、托老病区等4个病区，有老年床位300张，全院实行电脑化管理，拥有500毫安X光机、纤维胃镜、彩色多普勒B超全自动分析仪、重症急救监护系统等。医院还对老年人看病实行30%优惠。

【中国老龄事业发展基金会到市拍摄《歌声中的金色晚年》】 为反映和宣传张家港市老龄工作的显著成绩，10月22日至23日，中国老龄事业发展基金会到张家港市拍摄纪实性人文艺术电视短片《歌声中的金色晚年》。电视片重点拍摄了世纪广场、沙洲公园、张家港公园等活动场所老年人唱歌及活动的情景，反映了市政府重视老年人精神文化生活及活动场地建设和丰富多彩的老年文艺活动。副市长蒋来清接受了摄制组的采访。短片已被制作成光盘在全国老龄系统广泛宣传。 （白 玲）

关心下一代工作

【概况】 全市各级关工委认真贯彻落实中共中央、国务院〔2004〕8号《关于进一步加强和改进未成年人思想道德建设的若干意见》，积极配合有关部门在全市20万名青少年中深入开展了形式多样、内容丰富的思想道德教育、法制教育，认真做好帮困、帮教、帮富工作，深入开展创建“五有五好”（有健全的领导班子、有报告员辅导员队伍、有工作制度、有青少年活动阵地、有活动经费，思想道德教育好、配合部门开展活动好、“三帮”工作好、家长学校办得好、发挥老同志作用好）关工委活动，取得了显著成效。省关工委于12月21日至23日在张家港市召开了“全省关工委加强未成年人思想道德建设经验交流会议”，中国关工委、省、市领导和全省各级关工委主任200多人出席了会议。张家港市关工委主任钱根祥在会上作了题为《脚踏实地抓工作，求真务实促发展》的交流发言。年内，面对关工工作中出现的一些新情况、新问题，市关工委围绕如何加强基层关工委组织建设，因地制宜有效地开展活动等问题，有重点地进行调查研究。先后深入到8个镇，17个办事处，部分村和中小学校以及市公安局、市政法委、市教育局等单位，座谈了解基层关工委组织建设、主题教育内容、“三帮”（帮困、帮教、帮富）工作以及学校对在校学生进行思想道德、法制教育的情况，详细调查外来民工子女入学、民办学校的管理等工作，初步探索了学校、社会、家庭三结合的教育方法。

主题教育　年内，各级关工委遵照中央、省、市关于进一步加强和改进未成年人思想道德建设的任务要求，突出以理想信念教育、道德法制教育为主要内容的各项教育活动。市关工委编写了“学习张家港精神，从张家港精神中吸取力量，用张家港精神塑造自己”教育宣讲材料，与市“两会”联合编写了“迎接黎明前的战斗”革命传统教育材料，印发到各基层关工委和中小学校。关工委组织了以老同志为主的636名报告员、辅导员队伍，向青少年学生、青年工人作报告263场次，受教育的人数达11.72万人。为了认真学习、宣传贯彻中央8号文件精神，市关工委及时编印宣传提纲，下发全市基层关工委进行宣讲，在全市掀起了学习热潮。全市通过学习，达到了四个明确：即明确了进一步加强和改进未成年人思想道德建设的重大战略意义；明确做好关心下一代工作的指导思想、要求和任务；明确关心下一代工作要面向基层，要在“深”、“新”两字上下工夫；明确关心下一代工作人员所肩负的历史责任和今后的工作任务。各级关工委组织以老干部、老教师、老专家、老模范、老战士为主的“五老”队伍，利用学生寒、暑假开展了丰富多彩的系列校外教育活动，受到家长和学生们的广泛赞赏。与此同时，在青少年中继续开展法制宣传教育。年内关工委组成54个法制报告团，有283名法制报告员进入学校、社区作了190场报告，受教育者达9.82万人。通过一年宣传教育，增强了学生的法制观念和守法意识，有效地遏制了青少年违法犯罪。

青少年服务　年内，各级关工委积极配合教育、民政、妇联、团委等部门对贫困学生、孤儿的情况进行调查核实，确认帮困对象，制订帮困助学计划。全市2006名贫困学生得到了社会各界爱心助学款128.65万元。关工委的老同志、老教师积极参与对后进青少年进行思想转化学习辅导工作，全市建立帮教小组49个，结对后进学生、特异学生960人（重点帮教41人），使这些学生都有明显的转变，大部分成为好学生。关工委还配合有关部门帮助农村青年走上了自强、自立致富道路，全市帮助2255名农村青年、下岗青年再就业。对于部分刑释解教青年，关工委的老同志也给予关心、教育，为他们找就业岗位，解决实际困难，36名现实表现均良好。

队伍建设　为了加强市关工委组织建设，4月，市委调整充实了市关工委领导班子，原市政协副主席钱根祥任市关工委主任。年末，省政协常委、原市委书记秦振华应邀担任市关工委名誉主任。在镇级机构改革中，全市8个镇、1个常阴沙农场的关工委组织班子都及时作了充实。全市各级关工委组织有352个，关工委组织成员达2544人，直接参与关心下一代活动的“五老”（老干部、老教师、老专家、老模范、老战士）人员有8000余人。关心下一代工作已由市区拓展到镇，由镇延伸到社区（居委）、村民委员会及各个学校、工厂企业。

【全市开展创建“五有五好”关工委活动】 为了夯实基层关工委工作基础，推进关工委工作规范化、制度化，市关工委在年初发出了创建“五有五好”关工委的考核意见。各镇关工委争取党委的重视支持，分批制订了创建计划，努力落实创建措施和创建经费。为推进创建活动的开展，市关工委在塘桥镇召开了全市创建“五有五好”关工委现场会议。会后，各镇关工委进一步采取措施，加大了创建力度。11月15日起，市关工委先后组成验收小组，对7个镇、13个办事处、20个社区（居委会）、51个行政村共91个基层关工委进行现场验收，基本上都能达到“五有五好”的标准要求，获得了市关工委颁发的创建“五有五好”关工委合格证书。从第一批验收情况看，有四个特点：一是党委十分重视、支持。二是基层关工委组织网络得到了完善。三是关工委工作指导思想、工作重点更加明确，“一教三帮”工作抓得比较扎实。四是关心下一代工作已成为全党、全社会的共同责任，影响力越来越大。张家港市开展创建“五有五好”关工委活动，得到了省、苏州市关工委领导的充分肯定。7月，省关工委主任曹鸿鸣和苏州市关工委主任周彩宝等领导先后专程到市调研。

【102名老同志参与网吧义务监督】 为了让青少年有一个健康成长的环境，全市各级关工委主动配合有关部门参与清理学校周边环境，并对影响青少年健康成长的文化市场、网吧等进行了调查，发现网吧、游戏机房对涉世不深的未成年人危害极大。为此，市关工委撰写了调查报告，提出了对网吧、游戏机房加强管理的建议，得到市委领导及职能部门的高度重视。根据市文广局的要求，全市聘请102位老同志为网吧义务监督员。老同志持证上岗，积极参与网吧监督管理，涌现了不少典型，受到省、苏州市领导的表扬。　　（许永怀）

侨联工作

【概况】 年内，市归国华侨联合会认真履行群众工作、参政议政、维护侨益、海外联谊等4项职能，积极开展各项侨务工作，取得了显著成绩。全年共接待回国探亲和商务考察的国外友人6批28人次。市侨联干部出席了在海口市召开的全国十五城市暨省会中心城市侨联工作年会。侨眷毛跃建荣获全国归侨侨眷先进个人荣誉称号。

参政议政　两会期间，侨界人大代表、政协委员积极参政议政，“加强主干道旁学校的安全问题”、“进一步取缔电瓶三轮车的问题”、“企业单位住房公积金的问题”以及“市区建造科技馆”等提案，得到了市领导的重视。

维护侨益　在江苏省侨联、江苏侨商总会和张家港市侨联的协调下，江苏侨商总会会员、印尼华人郑万礼先生结束了与张家港市妙桥镇正亚毛纺厂长达7年的经济纠纷，双方对协调结果都比较满意。春节和中秋节期间，市侨联分别对14名老归侨、20多户困难侨眷进行走访慰问，送上慰问金和慰问品，并向他们致以节日的问候。

服务经济　市侨联先后接待了省侨联经济部部长、温州市侨联华侨考察团、南非华人高坚波和英籍华人潘锋等一行6人组成的商务考察团等，为全市招商引资牵线搭桥。市侨联邀请在张家港市创业的美籍华人蒋克宇博士为塘桥镇青龙小学的师生作讲座，邀请回乡探亲的加拿大籍华人周丛蓉女士为沙工计算机系的师生们作《信息技术在财务金融系统中的应用》的学术报告，均取得了良好的效果。剑桥少儿英语以其良好的社会效应，再创佳绩，年内有2000多人次参加了培训。

【普及“侨法”宣传归侨侨眷权益知识】 市侨联根据7月召开的全国第七次归侨侨眷代表大会精神和中央“五侨”关于“侨法宣传月活动”的要求，认真宣传贯彻新颁布的《中华人民共和

侨界人士中秋茶话会　　（市侨联　供稿）

国归侨侨眷权益保护法实施办法》(以下简称《实施办法》)。与市侨办联合先后采用在《张家港日报》刊登专版和举行归侨侨眷中秋茶话会，发放《实施办法》宣传小册子等形式广泛宣传。新《实施办法》与1993年7月制订的老《实施办法》相比，修改了15个条款，删除了10个条款，新增了18个条款。新条款不仅明确了侨眷身份的认定方法，而且对依法开发荒山荒地、滩涂或从事农林牧渔业生产的侨眷等规定了优惠政策。通过宣传，使广大归侨侨眷进一步明确了自己的权益，受到了侨界人士的一致好评。（殷丽洁）

残疾人工作

【概况】 全市有残疾人4万多人，其中肢残的1.69万多人，智残的1400多人，听残的4600多人，视残的6300多人，精神残的5500多人，多重残的5300多人。年末根据省委组织部、省残联《关于切实加强残联组织建设的意见》(苏组通〔2004〕27号)精神，市残联计划单列，一级局建制，理事长专职。由归口市民政局管理，调整为直属市委领导。12月28日，市残疾人工作被苏州市残联评为一等奖。

助残活动 4月15日，市残联组织了由78名肢残人、20名盲人、21名聋哑人、16名智力精神病人及亲友参加的“市肢残人协会”、“市盲人协会”、“市聋哑人协会”、“市智力精神病人及亲友会”成立大会，市残联主席、副市长蒋来清出席会议并作重要讲话。5月14日，市盲人协会、市肢残人协会组织20名白内障复明者、重度肢残人登上了华芳金陵大酒店的璇宫，俯瞰市区全景，他们都是致残后第一次走出家门。此条新闻播出后，被评为张家港市广播电视台2004年度十大好新闻之一。11月17日，市残联为7名盲人颁发了由江苏省劳动和社会保障厅核发的保健按摩师职业资格证书。年内共资助和奖励残疾学生66人，金额2.7万元。全市新增盲道1.48万米，坡道2000多处。新建的7座星级公厕，均设有残疾人专用厕位，门口有无障碍通道，便器旁边有扶手，并免费向市民开放。年内为1826名残疾人办理了中华人民共和国残疾人证，累计19862名残疾人领取了残疾人证。

残疾人康复 年内，市残联认真落实江苏省和苏州市“千人光明行动”、“千人站立行动”的实施意见，通过对32名贫困白内障患者检测，为符合康复条件的12人免费手术，使他们重见光明；从21名贫困下肢残疾人中筛查出6人，免费安装假肢。年内，累计完成白内障复明手术491例，低视力配用助视器50人、聋儿康复22人、培训聋儿家长20人、训练肢体残疾人康复50人、康复训练智残儿童12人、训练智残儿童家长15人。

残疾人体育 苏州市第十一届体育运动会残疾人组的比赛于6月开始至11月2日结束，历时5个月。张家港市有39名残疾人运动员分别参加了田径、游泳、举重、乒乓、射击、羽毛球、中国象棋等7个大项、56个小项的比赛。获17金、16银、12铜，团体总分219分，奖牌数和团体总分列苏州市五市（县）第一名。市残联获“优秀组织奖”。10月16日，市残联隆重举行残疾人体育代表团颁奖总结大会。市政府残疾人工作协调委员会对取得优异成绩的运动员予以表彰，授予戴正峰、朱建龙、周丽琴、施建东、郭仲仪、钱晓春、方洪青、耿森海、金晌梅等9名运动员“自强模范”称号。9月26日国际聋人节，全市6名聋哑人参加苏州市聋人保龄球比赛，获团体总分第一名和个人第一名。10月31日，市残联被苏州市人事局、苏州市体育局授予群众体育先进集体荣誉称号。

【开展苏州市社区残疾人工作示范镇创建活动】 4月21日，市残联召开各镇、场残联理事长会议，全面开展苏州市社区残疾人工作示范镇创建工作。会议要求各镇坚持以政府为主导、社区为依托、有关部门密切配合、社会各方共同参与的社会化工作方式，将残疾人工作纳入社区建设的总体规划，并建立以社区为核心、社区残疾人组织为纽带、社区服务机构和残疾人服务联社为基础的工作机制，形成残疾人的事有人管、残疾人的困难有人帮、残疾人的权益有保障的优良环境，使残疾人平等参与社会生活。会后，各镇纷纷行动，建立社区服务组织，扎实开展助残帮残工作。12月28日，锦丰、金港、凤凰三镇顺利通过了苏州市残联调研组的考核，被评为苏州市社区残疾人工作示范镇。

【首次举办残疾人声乐器乐选拔赛】 8月2日，市残联首次举办全市残疾人声乐卡拉OK暨器乐独奏选拔赛。共有26名残疾人选手参加了比赛。经过激烈角逐，有2人获一等奖、3人获二等奖、5人获三等奖。8月6日，获奖者又参加了苏州市举办的这一活动。盲人孙永伟演奏的萨克斯《北国之春》获得器乐二等奖，肢残人黄政演唱的“山不转水转”获得声乐二等奖，肢残人郭力玮演唱的“好日子”获得声乐二等奖，盲人徐凯演唱的“痴心绝对”获得声乐三等奖。（陈国才）

灾害事故

【概况】 全年发生道路交通事故5738起，其中重大道路交通事故203起、一般道路交通事故656起，共死亡218人、伤266人，直接经济损失444.07万元。发生船舶交通事故15起，直接经济损失2.88万元。发生火灾940起，死亡4人，受伤2人，直接经济损失207.62万元。因自然灾害造成农作物受灾面积2630公顷，成灾面积680公顷，倒塌房屋99间，损坏房屋1200间，直接经济损失840.71万元。

【华芳集团火灾事故损失80余万元】 3月8日，华芳集团下属金田纺织有限公司棉包仓库发生火灾事故。火灾过火面积3200平方米，直接经济损失达80余万元。无人员伤亡。

【“3·28”重大交通事故造成9人死亡】 3月28日晚7时55分，江苏省梁丰高级中学高一年级学生在春游返校途中，发生重大交通事故。当时一辆载有高一(8)班40多名师生的大巴，行驶至常熟市王庄境内时，突然撞入路边吴越印染有限公司门卫值班室，导致9人死亡、24人受伤。（方　志）

【编辑　汪丽菁】

杨舍镇

【概况】 张家港市市委、市政府所在地，全市政治、经济、文化、交通中心。全镇总面积152.8平方公里，其中城区面积30.8平方公里。辖5个办事处、4个街道办事处、51个行政村、49个社区居委会（其中16个兼挂行政村牌子）。全镇总人口25.5万人，其中非农人口17.27万人。有外来人口14.5万人。年末有工业企业2100家，全年完成工业销售收入238.49亿元，实现地区生产总值78.25亿元，注册外资2.29亿美元，财政收入15.68亿元，农民人均纯收入8320元。3月，建立城南街道办事处。李巷村、农联村、骏马集团、澳洋集团先后建立党委。年内，获苏州市文明镇、苏州市社会治安先进单位、苏州市村民自治模范镇、苏州市社区建设示范镇、苏州市财政收入上台阶先进镇荣誉称号。城南街道旺西社区被命名为首批省级民主法治示范村（社区）。城西街道万红社区、城东街道前溪巷社区成为江苏省首批绿色社区。市五中、晨阳幼儿园分别通过江苏省示范初中和江苏省示范性实验幼儿园验收。市工贸学校获全国重点职业高中和全国重点技工学校称号。

表92　　2004年主要经济社会指标一览表

项　目	数　量	项　目	数　量	项　目	数　量
地区生产总值	78.25亿元	规模工业企业	104家	电话普及率	52部／百人
财政收入	15.68亿元	股份有限公司	4家	各类科技人员	7390人
耕地面积	6832公顷	外资及港澳台资企业	150家	中小学校	29所
农机总动力	5.7万千瓦	工业销售收入	238.49亿元	在校中小学生	3.38万人
用电总量	15.29亿千瓦小时	工业利税	20.92亿元	在职教师	2660人
农业总产值	2.19亿元	固定资产投资	41.51亿元	开通有线电视	6.36万户
粮食总产量	3.89万吨	工业技改投入	35.08亿元	医院病床数	696张
皮棉总产量	102吨	新批三资企业	50家	卫生室	81个
肉类总产量	6895吨	当年注册外资	2.29亿美元	自来水普及率	100%
水产养殖面积	497公顷	当年到账外资	8680万美元	参加养老保险	9.43万人
水产品产量	34540吨	自营进口额	4.29亿美元	参加合作医疗	13.7万人
瓜果产量	1893吨	自营出口额	7.86亿美元	农民人均纯收入	8320元
蔬菜产量	4.12万吨	镇村公路	800公里	农民人均住房	61平方米

表93　　2004年（街道）办事处基本情况表

名　称	所在集镇（街道）面积（平方公里）	主　任	副主任
城西街道办事处	6.30	蔡　勇	姚梅玉　王翠娥　耿永红
城东街道办事处	6.68	缪德兴	缪珊红　王卫英　梅丽玉
城北街道办事处	13.17	樊忠良	瞿雅云　钱志杰　张静霞　陈珊君
城南街道办事处	7.00	顾一峰	夏秀芬　陶士高　王　献　赵建芬
泗港办事处	2.10	李达明	赵菊芬　丁国良　赵惠南　黄玉琪　王丽春
塘市办事处	2.50	郁　池（副）	张同标　陈国平　沈建芬

续表 93

名 称	所在集镇（街道）面积（平方公里）	主 任	副主任
乘航办事处	1.50	陈国珍	林 平 邵建琴
东莱办事处	1.60	苏 江	范惠琴 高 辉
晨阳办事处	0.80	马春青	孙士进 左汉宝 钱凤娟

表 94

2004 年各村基本情况表

村 名	村支部（党委、总支）书记	村委主任	经济总收入（万元）	人均纯收入（元）	村 名	村支部（党委、总支）书记	村委主任	经济总收入（万元）	人均纯收入（元）
城西村	蔡兴华	顾国兴	67289	11031	河北村	陆金元	郁承平	26885	8498
城南村	高剑飞	缪雪花	63348	9749	李巷村	李仁丰	陆建春	57717	8495
城东村	杜永健	郭冠平	39005	10681	南庄村	邹建良	徐海东	10259	8438
赵庄村	钱永泉	汪明如	29488	–	棋杆村	张栋良	李月明	7906	8378
包基村	陶建刚	陶振祥	15740	9500	河南村	徐 律	徐建春	16809	8458
小城市村	陶士高	席国平	16936	–	河头村	陈正乾	於玉强	5961	8333
范庄村	沈林祥	陈 标	14483	10774	汤联村	张厚兴	李锦成	5360	7915
旺西村	顾一峰	顾建平	25052	8850	新民村	黄建新	徐建刚	14122	8638
仓基村	郭 浩	孙 斌	15519	7704	乘航村	钱小金	钱 强	15438	8663
斜桥村	蒋培兴	许立东	23345	7533	农义村	潘德贤	虞建石	9294	8638
北庄村	孙 瑛	缪建法	5563	–	庆安村	徐文达	钱建刚	23680	8671
田垛里村	朱罴保	郭建峰	32452	–	双鹿村	季建飞	王正芳	7491	8625
城北村	许国兴	唐培东	11634	9633	勤星村	朱国新	张永祥	11210	8385
西新村	赵永明	苏向红	22614	9011	民丰村	徐兴法	缪福兴	15868	8736
章卿村	张建清	赵永元	13654	8962	老宅村	朱正芳	朱伟廉	9387	8715
闸上村	赵阿盘	曹正华	56278	9436	蒋桥村	钱建飞	支益明	17803	–
善港村	李虎平	黄长泉	14038	8765	东莱村	吴小明	张震亚	28335	7496
五新村	谢永华	郏兴才	6492	8175	西闸村	薛张明	陆洪良	9780	7984
杨港村	周晋良	邵国芳	10809	8274	福前村	奚介荣	王正兴	16313	7478
范港村	唐建祥	范德祥	12500	8327	农联村	赵建军	匡凤清	61429	9083
陈东庄村	赵建荣	陈希超	3319	–	黎明村	何关法	徐 益	9663	7162
泗港村	翟忠良	陈继高	4559	–	徐丰村	季惠忠	季惠忠	22521	8704
万红村	宋祖德	陈 健	3420	–	晨南村	徐国平	韩云官	11776	7570
七里庙村	张建春	潘惠新	22444	8939	晨新村	李明法	陈洪元	10951	7798
严家埭村	谢建标	侯俊杰	8368	8720	南新村	孙士进	朱永安	17371	7665
百家桥村	惠仁林	邱阿才	22609	8782					

表 95

2004 年骨干企业基本情况表

企业名称	销售收入（万元）	利税总额（万元）	法人代表	企业名称	销售收入（万元）	利税总额（万元）	法人代表
高新张铜股份有限公司	263142	10887	郭照相	张家港市中港特种化纤厂	37572	839	席文杰
骏马化纤股份有限公司	232768	22334	杨培兴	张家港市易华塑料有限公司	33592	1482	孙永华
江苏澳洋实业（集团）有限公司	222090	22773	沈学如	张家港伸兴机电有限公司	33061	4396	赖顺昌
江苏港洋实业股份有限公司	73022	4264	马仁高	江苏华夏交通工程集团公司	30009	1860	刘炳华
江苏梁丰食品集团有限公司	63509	4285	蔡兴华	张家港市新中环保设备有限公司	18723	1737	陈 松

【工业销售达238亿元】 年内，杨舍镇通过加大技改投入、加快园区建设，工业经济总量迅速提升，全年工业产品销售收入达238.49亿元，实现利税20.92亿元。其中，张铜集团、澳洋集团、骏马集团、港洋集团、中港特种化纤厂、易华塑料有限公司、伸兴机电有限公司等规模型企业，共完成技改投入12.75亿元，占全镇技改投入总额的35.5%，比上年增103.5%。十大规模型企业完成工业销售收入100.75亿元，占全镇经济总量的42.27%，比上年增长33.62%。其他镇村企业完成工业销售收入46.18亿元，占全镇经济总量的19.38%。个体私营企业和外向型经济在政策扶持下，发展迅猛。年内，新增个私企业765家，新增注册资本9.99亿元；批办外资企业50家，新

增注册外资2.29亿美元。全年，个私工业企业累计完成销售收入91.4亿元，占全镇经济总量的38.35%；完成自营出口3.57亿美元。

【张铜牌成为全国铜管产品质量公证十佳品牌】 高新张铜自1999年成立以来，坚持改革创新，先后通过ISO 9001、ISO 14001、ISO 8001和英国BSI、北美WH等国际质量认证。张铜牌铜管系列产品先后获全国用户满意产品、奥运工程及全国重大建筑项目使用产品、全国有色金属行业首推产品、全国建材行业“3·15”质量服务信誉保证产品、江苏省名牌产品等多项殊荣。2002年8月，张铜品牌被认定为中国驰名品牌和全国绿色环保信誉放心品牌。公司拥有环保铜水管等3个国家重点技术改造“双高一优”项目。高效节能内螺纹铜盘管、汽车同步器铜合金齿环材料垂直连铸两项技术填补国内空白，并分别被确定为国家优秀火炬计划项目和国家重点高科技新材料产业化示范项目。7个产品被评定为国家级和省级重点新产品。自主研制开发的铜镍合金冷凝盘管再次填补了国内空白。公司还收购了美国的“中国铜”网，并在网上创办了新闻中心，推介张铜品牌。5月，公司跻身国家重点高新技术企业行列。张铜牌铜管系列产品被国家中轻产品质量保障中心评定为全国铜管产品质量公证十佳品牌。

【澳洋科技公司6亿元投资西部大开发】 玛纳斯县是新疆的首富县，地域广阔，自然资源丰富。2003年，江苏澳洋科技股份有限公司与玛纳斯县供销社、新疆天业股份有限公司等单位合作，建立玛纳斯澳洋科技有限责任公司，决定投资6亿元建设粘胶短纤和浆粕项目。同年4月18日，一期工程3万吨粘胶短纤、3万吨浆粕项目开工奠基，经过10个月奋力拼抢，于2004年6月16日竣工投产，同时二期工程3万吨粘胶短纤、5万吨浆粕工程和污水处理暨排污管线工程动工建设。中共中央政治局委员、新疆维吾尔族自治区党委书记王乐泉，副书记、自治区常务副主席王金祥，江苏省政协常委秦振华参加了工程剪彩仪式。二期工程竣工投产后，将形成年产8万吨棉浆粕和6万吨粘胶短纤的生产能力，年销售收入可达15亿元，并带动玛纳斯县经济增长8个百分点。其中，投资5000万元的污水处理及排污管线工程，将建设总长60公里的地下玻璃钢管道，并建造氧化塘，将经过处理的年排5万吨工业污水和城市污水直排玛纳斯县北部60公里外的沙漠腹地，用氧化沉淀后的废水对沙漠灌木类植物进行灌溉，退沙还草、退沙还林。

【“骏马化纤”股票在新加坡上市】 参见第61页〖“骏马化纤”股票在新加坡上市〗。

【江苏华夏集团公司成立】 华夏集团公司原名华夏交通设施材料有限公司，创办于1994年，是专业生产系列热镀配件的市十强私营企业。近年来，公司先后投入1500万元购置了国内先进的165高频焊管机械和653千伏变压器，扩建了纵剪、冷弯、切割和浸塑车间；年内投入8000万元新上高频焊接型钢生产线，生产设备和技术均由美国有关公司提供，主要生产100×500毫米至500×300毫米结构用高频焊接薄壁H型钢，产品采用纳米涂层新技术，具有重量轻、强度高、尺寸精确、安装方便、环境污染少、抗弯抗震性能强等特点，12月18日正式投产，可新增年销售收入3亿元。项目填补省内空白，并被确定为国家科技部“十五”住宅攻关项目。同时，公司强化内部管理，先后通过了ISO 9001质量认证和ISO 14001环境质量认证。2004年末，公司有总资产2.53亿元，职工528人，实现销售收入3亿元，上缴税金1239万元，比上年增174%。2004年5月，经江苏省工商行政管理局批准注册，成立江苏省华夏交通工程集团有限公司，下辖江苏华夏交通设施工程有限公司、市华夏交通材料有限公司、江西华夏交通材料有限公司、亚东房地产开发有限公司、亚东高频焊接型钢制造有限公司、华夏仓储物流有限公司等6个子公司。

【房东经济成为农民增收新亮点】 随着经济建设的快速发展，全镇外来务工人员迅速增多，房东经济成为农民增收中的一个新亮点。据有关部门不完全统计，全镇共有14.5万名外来务工人员，其中6.39万人分别租住在1.4万户的农民家庭中，农民出租房屋总面积达到84.47万平方米。全镇农民的房租年收入达1亿元，占年人均纯收入的10.5%。全镇51个行政村中，城东、城西、城南、闸上、庆安、福前、河北、李巷、农联、田垛里等14个村的房租收入超300万元。在1.4万个房屋出租户中，有1.1万户年房租收入超过5000元。田垛里村有512户农民出租房屋给3072名外来人员居住，户均房租收入达到8789元，2004年全村房租总收入超过450万元，成为该村农民较为稳定的增收来源。

【攻坚克难完成55万平方米拆迁任务】 根据市委、市政府2004年城市建设规划，杨舍镇年内有3000多户住宅需要拆迁。为了保证拆迁工作顺利推进，镇党委、政府专门成立动迁办公室，由一名副镇长兼任动迁办主任，抽调20多名工作人员组成了强有力的工作班子，并建立由40多人组成的镇合力拆迁公司。工作中坚持依法拆迁，善待百姓，公开、公平、公正落实拆迁补偿和新房安置，尤其对老弱病残、弱势群体实行特事特办。对极少数不顾大局的犟头户则按照行政和司法程序实行强拆，共拆除4户约1000平方米，为大面积拆迁扫清障碍。年内，基本完成了金港大道、黄旗桥、旺西段绿化，国泰路、张杨公路拓宽，张杨公路立交桥、供电局生产用房、骏马集团生产用房、江帆花园和大包巷土地储备、森林公园、暨阳湖小城市等20个建设工程，1500户私宅、30家企业共55万平方米的拆迁任务。另有百桥路、金富房产、苏虞张公路、东南二环路、暨阳湖、张杨公路立交桥、土地储备等7个工程，664户私宅的拆迁正在实施之中。

【开展“走千家万户、访镇情民情”调研活动】 5月，为贯彻落实中央关于科学发展观的指示精神，镇党委根据宏观环境趋紧、制约因素凸现、社会矛盾突出的新形势，提出了经济发展、社会稳定、“三农”问题、管理体制、文明创建、教育财政等六大方面31个调研课题，组织党委、人大、政府、农工商总公司全体领导干部开展“走千家万户、访镇情民情”调研走访活动。经过深入考察，写成调研报告31篇，近18万字，并于10月编印《杨舍镇党委中心组调研材料汇编》。这批调研报告密切结合实际，对于做好基层工作具有很强的针对性和指导意义，是全镇领导干部牢固树立科学发展观，努力践行“三个代表”重要思想的具体表现。

【城南街道办事处成立】 经市委、市政府批准，杨舍镇城南街道办事处于4月8日正式挂牌成立。顾一峰任办事处主任、党总支书记。新成立的城南街道区域东至谷渎港，南至南二环路，西至国泰路，北至镇南弄、小河坝路，总面积7平方公里，人口3.78万人。下辖城南、赵庄、旺西、小城市、北庄等5个兼挂行政村牌子的社区居委会和原属城西街道管辖的聚龙、沙工、南苑3个社区居委会。

（戴玉兴　缪时政）

金港镇

【概况】 位于张家港市西陲，东接杨舍、大新，西接江阴，北濒长江，是国际贸易商港——张家港港和全国惟一的内河港型保税区江苏省张家港保税区所在地。总面积125.98平方公里，其中镇区面积9.05平方公里。总人口16.87万人，其中非农人口7.41万人。有外来人口7.4万人。设4个办事处，辖31个行政村，22个社区居委会。年末有工业企业1140家，销售超1000万元以上的企业144家。全年完成工业销售额148亿元，生产总值达50.26亿元，财政收入6.9亿元；农民人均收入达8251元。年内获全国环境优美镇、江苏省基层依法治理先进镇、苏州市文明镇、苏州市村民自治示范镇及平安创建先进镇等称号。

表96　2004年主要经济社会指标一览表

项　目	数　量	项　目	数　量	项　目	数　量
地区生产总值	50.26亿元	规模工业企业	255家	电话普及率	78部／百人
财政收入	6.9亿元	股份有限公司	1家	各类科技人员	4583人
耕地面积	5634公顷	外资及港澳台企业	70家	中小学校	25所
农机总动力	5.6万千瓦	工业销售收入	148亿元	在校中小学生	1.79万人
用电总量	10.99亿千瓦小时	工业利税	9.42亿元	在职教师	1425人
农业总产值	1.67亿元	固定资产投资	28.24亿元	开通有线电视	4.79万户
粮食总产量	3.84万吨	工业技改投入	20.51亿元	医院病床数	690张
皮棉总产量	21吨	新批三资企业	16家	卫生室	47个
肉类总产量	1.12万吨	当年注册外资	8338万美元	自来水普及率	100%
水产养殖面积	691公顷	当年到账外资	5080万美元	参加养老保险	3.14万人
水产品产量	3301吨	自营出口额	4725万美元	参加合作医疗	11.71万人
瓜果产量	806吨	自营进口额	5765万美元	农民人均纯收入	8251元
蔬菜产量	3.98万吨	镇村公路	665公里	农民人均住房	46平方米

表97　2004年各办事处基本情况表

名　称	所在集镇面积（平方公里）	主　任	副主任
南沙办事处	2.05	蔡建良	张建文　卢玉秀　瞿　锋
双山办事处	0.52	徐玉兴	季松泉　张惠良
后塍办事处	3.8	缪建明	邱士才　陈惠兴　丁汉斌　何　萍　周士华
德积办事处	1.98	陈国祥	陈正华　黄凤林　姚金荣　孙永华

表98　2004年各村基本情况表

村　名	村支部（党委、总支）书记	村委主任	经济总收入（万元）	人均纯收入（元）	村　名	村支部（党委、总支）书记	村委主任	经济总收入（万元）	人均纯收入（元）
长江村	郁全和	卢振英	100717	8436	港西村	吴阿兴	孙忠明	10674	8244
巫山村	李跃进	黄忠兴	29064	—	东山村	程国良	郧剑峰	16430	8243
张家港村	卢雷英	施忠法	12506	—	占文村	顾建明	何国富	14012	7720
滩上村	戴丽君	严琴凤	17412	8409	朱家宕村	黄兴岳	季洪良	5277	8317
长山村	郁江清	王玉欣	67310	9080	高桥村	陆飞华	陆观泉	11876	8328
山北村	黄国良	黄海瑞	30130	9000	新塍村	陆建新	张跃兴	11331	8518
柏林村	吴耀立	殷品龙	16320	8735	袁家桥村	侯建春	赵品泉	15551	8609

续表98

村　名	村支部（党委、总支）书记	村委主任	经济总收入（万元）	人均纯收入（元）	村　名	村支部（党委、总支）书记	村委主任	经济总收入（万元）	人均纯收入（元）
封庄村	季静珠	闵忠浩	13233	8509	渡口村	杜国平	陈坤宝	189	–
三角滩村	王官福	陶国平	14040	8580	双中村	高金荣	卢忠华	–	8064
学田村	黄耀才	茅仁元	7868	9137	老圩村	夏龙华	丁国良	–	7214
福民村	陈兰清	张亚华	126861	8448	新圩村	李群慧	刘纪法	–	7924
小明沙村	朱兴荣	左和平	15900	8377	南沙社区	张丽琴	张丽琴	–	–
朝南村	樊少锋	黄剑锋	15005	8393	中兴社区	顾永建	卢友良	–	–
新套村	徐明富	陆凤占	8041	8463	安定社区	凌国良	周恩泽	–	–
德积村	严怀德	李兴华	5309	8411	中圩社区	朱建良	孙　清	–	–
永兴村	黄学贤	王照平	10774	8543	中南社区	庞建华	李增宝	–	–
双丰村	陈永法	陈春泉	6646	8400	中港社区	李国柱	顾国平	–	–
北荫村	闻玉林	刘桂鑫	7457	8412	中德社区	孙品元	黄秀娟	–	8475
长埭村	倪进才	顾东良	3821	8294	中苑社区	王正龙	陈校丰	556	–
晨阳村	顾汉兴	顾松良	5173	8390	善政工业园区	李晓明	孙惠琴	10637	–

表99　**2004年骨干企业基本情况表**

企业名称	销售收入（万元）	利税总额（万元）	法人代表	企业名称	销售收入（万元）	利税总额（万元）	法人代表
飞腾集团股份有限公司	104928	2008	侯品全	华福氨纶纱线纺织有限公司	25168	2437	黄生才
江苏攀华集团	100820	5684	李兴华	金陵纺织有限公司	24521	496	黄胜良
欣欣化纤有限公司	92105	4132	贲永宝	市化工机械厂	19215	724	陈玉忠
天霸氨纶纱线纺织厂	73188	6812	陈洪法	浩波化学品公司	15864	259	刘纪才
奔球制管股份有限公司	47830	1829	王永志	中原制管有限公司	13349	247	卢其元

【长江村“踏浪行”活动打造企业文化新品牌】 11月18日至22日，长江村党委举办“长江润发踏浪行”活动周庆典活动，主题是庆祝长江村大队核算30周年、江苏长江润发集团成立10周年、中共金港镇长江村委员会成立10周年、润发机械公司建办15周年、宿迁长江润发集团成立，活动内容有经济论坛会、客户座谈会、银企联谊会、文化艺术节及书法摄影展等。长江村原是江滨小渔村，改革开放以后得到快速发展。至2004年，村办企业江苏长江润发集团有总资产10亿元，销售收入12亿元，综合经济效益1.2亿元。集团生产的鑫冠牌铝型材、润发牌棉纱成为省级名牌产品，集团被列入全国创名牌企业。村民生活水平迅速提高，农民家家住楼房，人均住房面积达80平方米，年人均纯收入8436元。村里还盖起了3000套人才公寓，建筑面积为3000多平方米的科技大楼，藏书2万册的图书馆，集政治、经济、文化为一体的村级一流展示厅。村党委致富不忘帮扶，1997年，与安徽凤阳小岗村结对发展经济，后又在苏北宿豫投资5亿元建办工业园区，均取得良好经济和社会效益。参加庆典活动的有原江苏省常务副省长高德正、原省人大副主任王霞林以及苏州、张家港市的新老领导。著名电影演员刘晓庆，著名歌唱家宋祖英、郁钧剑，著名戏曲演员小王彬彬、赵志刚等演出了精彩的文艺节目。

【投资1.3亿元打造元丰社区】 元丰社区位于金港镇德积长江东路南侧，护漕港东侧，2003年4月始建，次年3月建成，占地13万平方米，绿化面积5.2万平方米，建筑面积20万平方米，总投资1.3亿元，是全市规模最大的社区之一。区内建有安置房52幢1234套，其中大户606套、中户390套、小户238套，至年末已有6000人住进社区，其中有新套、福民、军民、天妃、德积、北荫等6个村的拆迁户5700人。社区配备统一的保安和物业管理队伍，专设管理服务中心，下设环境卫生管理所、医疗卫生服务站、综合治理警务站、老年活动中心、计生服务指导站和志愿者义务协管会等便民服务部门。社区内建有700多平方米的商场及商业门店。社区另辟文化娱乐活动室9间306平方米，健身场地2000平方米，中心休闲广场8000平方米，配有篮球、网球场各一片，还规划了300多个停车位，是一个集洁美、文明、娱乐、休闲和综合服务于一体的现代化的人居社区。原江苏省委书记陈焕友，省委副书记冯敏刚和苏州市、张家港市的领导视察了社区。年内获得苏州市绿色社区、张家港市文明社区、十佳文明社区称号。

【江星农副科技园成为全市标准化生产示范窗口】 江星农副科技示范园位于北荫村主江堤与外围副江堤之间，东西长2500米，南北宽270米，总面积66.7公顷。该园于1994年建办，2000年被确定为高效农业示范园，2001年组建为江星农副科技园有限公司，10年来累计投入1100余万元，已初步形成特色水产养殖、特种畜禽养殖、无公害蔬菜生产及生态、休闲、观光五位一体的农业综合开发新格局。园内南北白对虾、罗氏沼虾、蟹、甲鱼、鲈鱼等养殖面积53.4公顷；鱼池边埂水蜜桃、砀山梨、硬柿子、橘子等精品果树种植面积4公顷；万羽长江鸭、万羽蛋鸭、千头三元商品猪饲养面积2公顷；无公害蔬菜生产基地0.3公顷；道路、绿地等休闲观光区面积6公顷。2004年，全园特色水产品总产量343.5吨，其中白对虾80吨、罗氏沼虾12.5吨、蟹6吨、甲鱼75吨、鲈鱼170吨；精品果总产量52吨，其中水蜜桃6吨、砀山梨8吨、橘子35吨、硬柿子3吨；出售长江鸭1万羽、鲜鸭蛋120吨、无公害蔬菜50吨。年总收入1200万元，纯收入120万元，分别比2001年增71.42%、100%。注册商标为“芦阳牌”的沙洲白慈姑、长江鸭、鲈鱼、甲鱼被省确认为无公害农产品。园区还建有垂钓、观光旅游等休闲娱乐设施，全年接待游客1.2万人次。园区社会效益、生态效益、经济效益同步发展的成绩得到上级领导充分肯定，被列为苏州市级农产品标准化示范基地、张家港市农科教示范基地。

【长山村实施“4050”工程造福百姓】 长山村是金港镇的党委村，全年完成工业销售收入近7亿元，工业利税5600万元，可用资金达2000余万元。年初，村党委贯彻以人为本的科学发展观，在发展经济的同时，主动实施“4050”工程，凡40岁到50岁的村民均安排就业，不使1人闲散在社会上。全年共安排132人，其中包括55名残疾人员。这些人在村级企业和多种经营、环保、卫生等部门找到适合自身的工作。村里还为8户贫困户翻建了危房，帮助2名贫困生解决入学困难；为39户、60余人落实了最低生活保障，共发放低保金7.8万元。村里还有519名60岁以上的老年人享受到每月80元的社会养老金。

【丰立集团“公推直选”党总支领导班子】 参见第75页〖开展非公企业党组织班子成员公推直选试点〗。

【苏州市首家中外合资中西医结合医院开业】 12月28日，苏州市首家中外合资、中西医结合的民营医院——广和医院建成开业。医院坐落于金港镇天台南路，由旅荷中医博士江杨清与张家港市直属公有资产经营有限公司在原市二院的基础上合资组建而成，占地4万平方米，建筑面积4.3万平方米，开设中西医结合的内科、普外、脑外、骨科、泌尿科、妇产科、生命康复病区等七个临床病区，以及骨伤、针灸、推拿等中医特色门诊科室。有床位250张，职工210人，其中高级职称的19人，中级职称的68人，同时还聘请了一批经验丰富的学科带头人、知名专家。医院拥有德国西门子螺旋CT、意大利百能AU5彩超、日本奥林巴斯电子胃肠镜等先进医疗设备，是国家卫生部认定的“爱婴医院”、省政府批准的“红十字医院”。董事长江杨清毕业于北京中医药大学，是我国第一位中医博士，定居荷兰，任全欧中医药专家联合会执委主席（轮值）兼学术部部长，法国北方大学医学院荣誉教授、南京中医药大学名誉教授兼职博士生导师。

【当代文化论坛暨后塍中学文化建设汇报会召开】 参见第203页〖后塍中学承办“当代学校文化战略论坛”〗。

【撤并镇村史料抢救与衔接工作见成效】 金港镇由原后塍、南沙、德积、双山、晨阳（部分）等镇合并而成，镇域内原有71个行政村也合并为31个行政村。为做好撤并镇和撤并村的史料抢救与衔接工作，2月，镇政府成立镇地名志（地方志）编纂委员会，下设办公室，做到领导机构落实、编写人员落实、办公地点落实、待遇报酬落实。年内，编辑完成了《后塍地名志》（约40万字）、《德积地名志》（约20万字），出版了《镇山地名志》、《东山村志》2部村级志书。省、苏州市、张家港市的新闻媒体均对此作专题报道。此外，港区片、中兴片、双山片、南沙片的31个村级地名志书都已编写成稿，为地方积累了详实的地情、文化资料。

【德积幼儿园易地新建】 为改善德积地区幼儿园办学条件，镇党委、政府投资1500万元，易地新建德积幼儿园。新园位于护漕港西侧，坐落在元丰小区内，占地4.2万平方米，是原幼儿园的11.4倍；建筑面积8565平方米，是原幼儿园的4.3倍。工程于2月8日破土动工，9月1日主体工程竣工并投入使用，所有绿化以及配套设施于年末竣工。新建的德积幼儿园共开设大中小18个班，入园幼儿682人，教职员工57人。新园设计新颖、功能齐全，建有阅览室、钢琴室、电脑室、舞蹈房、多功能室等现代教学用房，还有嬉水池、玩沙池、小山坡、芳草地、大型玩具等游乐设施，幼儿园将用两年时间创建成江苏省示范幼儿园。

【少年军校连获殊荣】 1993年，金港中心小学的前身港区镇中心小学即与张家港边防检查站共建少年军校。10多年来，少年军校在对学生严格训练的同时，扎实抓好学生科技教育，形成了以航模、海模、车模“海陆空”为龙头的主体科技教育特色。学校建造了20平方米的水池，100平方米的室内车模训练场及航空飞机模型等，坚持常年训练，并以此带动了全校的科技教育工作。2002年，学校被命名为苏州市青少年科技教育特色学校。学校还积极组织学生参加各级各类比赛活动。在省级以上比赛中，先后有200人次获奖，学校连续两年获省车模比赛团体一等奖，并代表江苏队参加全国比赛获奖。2001年，少年军校应邀赴京参加全国第三届少年军校检阅，接受了中央军委副主席、国防部长迟浩田的检阅，捧回全国少年军校示范校奖牌。年内，学校又被全国少年军校总校评为2002～2003年度全国少年军校示范校“三化”标兵单位。 （瞿涌晨）

塘桥镇

【概况】 位于张家港市东南部，南接沿江高速公路，北濒黄金水道长江，东与苏通大桥毗邻，西邻苏虞张一级公路，204国道纵贯全境。全镇总面积94.4平方公里，其中镇区面积10平方公里。辖2个办事处、9个社区居委会、14个行政村。全镇总人口8.75万人，其中非农人口3.26万人。有外来人口7.56万人。年末有工业企业970家，全镇完成工业销售收入157.82亿元，实现生产总值45.16亿元，财政收入8.12亿元，农民人均纯收入8319元。

年内获得全国环境优美镇、全国棉纺织毛衫名镇、苏州市村民自治模范镇、苏州市治安安全镇、苏州市民政工作先进镇、张家港市农村实事工程建设推进一等奖等荣誉，与东莞市虎门镇结为友好镇。“华芳”商标被认定为中国驰名商标，中共塘桥镇委党校被评为省先进基层党校，塘桥中心国土所被评为省国土资源系统精神文明建设先进集体，塘桥初级中学、鹿苑中学分别建成江苏省绿色学校和江苏省示范初中。

表100　**2004年主要经济社会指标一览表**

项　目	数　量	项　目	数　量	项　目	数　量
地区生产总值	45.16亿元	规模工业企业	134家	电话普及率	38部／百人
财政收入	8.12亿元	股份有限公司	2家	各类科技人员	3053人
耕地面积	5191公顷	外资及港澳台资企业	35家	中小学校	10所
农机总动力	3.89万千瓦	工业销售收入	157.82亿元	在校中小学生	1.3万人
用电总量	11.83亿千瓦小时	工业利税	8.97亿元	在职教师	670人
农业总产值	1.06亿元	固定资产投资	19.03亿元	开通有线电视	2.1万户
粮食总产量	3.8万吨	工业技改投入	17.11亿元	医院病床数	420张
皮棉总产量	112吨	新批三资企业	23家	卫生室	48个
肉类总产量	3969吨	当年注册外资	9257万美元	自来水普及率	100%
水产养殖面积	257公顷	当年到账外资	2794万美元	参加养老保险	3.5万人
水产品产量	1005吨	自营进口额	5637万美元	参加合作医疗	6.55万人
瓜果产量	834吨	自营出口额	3.01亿美元	农民人均纯收入	8319元
蔬菜产量	2.15万吨	镇村公路	700公里	农民人均住房	50平方米

表101　**2004年各办事处基本情况表**

名　称	所在集镇面积（平方公里）	主　任	副主任
鹿苑办事处	2	邹利明	季建国　季士清　卞永生
妙桥办事处	5	卢懂平	徐惠芳　隆建国　张萍华　张江峰

表102　**2004年各村基本情况表**

村　名	村支部（党委、总支）书记	村委主任	经济总收入（万元）	人均纯收入（元）	村　名	村支部（党委、总支）书记	村委主任	经济总收入（万元）	人均纯收入（元）
周巷村	顾培贤	谈满生	62979	9217	蒋家村	吴金元	陈向东	5021	8270
何桥村	张德明	蒋惠新	11397	8291	金村村	张正球	卞晓平	18304	8270
青龙村	庞卫刚	高正龙	11748	8951	巨桥村	钱国忠	钱正芳	40907	8088
韩山村	刘建刚	陈建秋	36500	8815	滩里村	邹永飞	赵云标	33367	8124
横泾村	卢正兴	谈建刚	16324	8465	花园村	谢惠锋	姚志刚	32580	8517
顾家村	陈仲伯	言建国	12158	8650	牛桥村	钱小保	蒋亚平	11216	7421
欧桥村	张小飞	周正刚	44986	8456	刘村村	孙剑敏	刘德华	5948	7221

表103　**2004年骨干企业基本情况表**

企业名称	销售收入（万元）	利税总额（万元）	法人代表	企业名称	销售收入（万元）	利税总额（万元）	法人代表
华芳集团股份有限公司	919658	39593	秦大乾	市新沪毛纺有限公司	21136	1332	庞建东
普坤集团有限公司	45591	3099	黄建祥	市联宏纺织有限公司	18809	916	查小刚
银河电子集团股份有限公司	43589	1564	庞绍熙	市振江带钢有限公司	17492	959	奚振清
鹿港毛纺集团有限公司	41588	4190	钱文龙	市盛而达纺织有限公司	15072	1150	吴建国
华程钢铁制品有限公司	28134	1666	严加彬	市协昌纺染有限公司	14882	551	张建丰

【全市首家获全国环境优美镇殊荣】 镇党委、政府在2003年末通过省级考核验收的基础上，继续努力创建全国环境优美镇，巩固和发展创建成果。年内，投资2.8亿元，新建道路11公里，配置路灯350盏，培育环境优美人居小区8个；新建绿化带15万平方米，使全镇公共绿化面积达36万平方米。同时，实施工业企业“三废”和生活污水的治理工程。投资4500万元，建成印染废水处理厂2家，酸废水处理循环回用系统4套，5家企业安装了噪声消声器。华芳热电厂投资2000万元实施二期工程，大大减少了废气排放量；6家水污染企业配置了COD在线监测

仪。为改善水环境质量，建成塘桥污水处理厂，第一期工程日处理污水5000吨。投资600多万元，在工业集中区和部分住宅区铺设生活污水网管4300米，在韩山社区建成日处理240吨的地埋式污水处理设施，改建农户厕所4138户，村村建有垃圾中转站。城乡自来水普及率、重点工业污染源排放达标率、生活垃圾无害化处理率、农田林网化率等各项指标，均达到或超过国家考核标准。年末，国家环保总局公布了40个"全国环境优美乡镇"名单，塘桥镇榜上有名，是张家港市首家获此殊荣的镇。

【荣获中国棉纺织毛衫名镇称号】 境内纺织业历史悠久，解放前主要是家庭土纺土织，1969年始办纺织工厂，改革开放以后纺织业获得很大发展，成为塘桥镇的支柱产业。2004年，全镇拥有各类纺织企业718家，占全镇企业总数74%，产品销售额占全镇工业销售总额82%。有纺织从业人员5.88万人，占全镇从业人员总数81%；纺织技术人员4700余人，其中大专以上学历2210人。全镇拥有棉纺纱锭153万锭，剑杆及喷气织机1300多台，成套设备生产线187条，气流纺4.4万头，各类针织横机2.4万台，针织大圆机1200多台。全镇年产各类棉纱35万吨、精纺呢绒2600万米、色织布和印染布1.35亿米、羊毛衫1.2亿件。纺织产品出口50多个国家和地区。全镇建有纺织工业集中区1个，进驻企业89家；拥有年销售收入超亿元的纺织骨干企业7家，其中华芳集团年销售收入超90亿元，"华芳"注册商标被认定为中国驰名商标。12月3日，在广东佛山举行的全国纺织集群产业创新现场会上，塘桥镇被中国纺织工业协会、中国棉纺织行业协会、中国毛纺织行业协会共同授予中国棉纺织毛衫名镇称号。

【全年实事工程建设资金超1.4亿元】 年内，塘桥镇实事工程建设取得显著成绩。塘桥人民医院综合大楼、杨塘公路、污水处理厂、镇卫生管理服务中心、妙桥小学教学大楼、马嘶幼儿园等一批重点建设项目均如期竣工并投入使用；塘桥敬老院、塘桥高中学术报告厅等工程按计划顺利推进。同时加快推进市镇基础设施建设，浇筑镇级主干道混凝土路面10公里；完成危桥整治48座；建成拆迁户安置房3万余平方米；新增绿地196万平方米。投入42万元完善镇3个环卫所的环卫保洁设备，对环卫保洁、河道管理等实行拍卖承包责任制，对各村新建垃圾箱和改厕继续实行补贴，取缔露天粪坑2800余个，改厕4100余处。至年末，全镇投入实事工程建设资金超过1.4亿元，完成和超额完成了年初镇人代会确定的目标任务，荣获市农村实事工程推进一等奖。

【投入8000万元打造一流工业集中区】 为优化投资环境和招商载体，年内加快了工业集中区建设步伐。在首期5平方公里的工业集中区内，年内新投入8000万元，浇筑主干道路7.18公里，铺设下水道10公里、自来水管道14.1公里，架设电力线路11.2公里、通信线路13.2公里，新建桥梁5座，完成绿化21万平方米，安置拆迁户70多户，基本达到"道路、供水、排水、供电、供气、通讯、污水管道、土地平整"的"七通一平"目标。优美的投资环境推动了招商引资步伐。全年入区企业38家，其中外资企业10家，注册资本7564.55万美元；内资企业28家，注册资本5182.8万元。威仪电子公司、泊海亚麻公司、骏扬纸制品公司、旺路运牙膏公司等注册资金均超过1000万美元。至年末，工业集中区内共有企业89家。

【补偿农民征地费2200多万元】 为充分保护被征用土地的农民利益，镇政府于3月组织人力对1983年以来全镇所征用、租用的土地进行全面清理、核查，在此基础上，于7月制订出用地补偿标准调整方案，并报请市政府批准。按照调整方案，仅2004年清理的1199.67公顷征、租用土地，提高补偿费标准后，镇财政就支付了1947.22万元，村级支付了306.53万元，镇村两级共支付2253.75万元，比上年多支付1000万元。塘桥镇征、租用土地补偿费标准的调整，使老百姓的合法权益得到保障，成为维护一方安定团结、构建和谐社会的有力举措。

【全市第一家村级股份合作社成立】 青龙村有人口4844人，土地73.33公顷，有村级固定资产818.7万元，流动资金1484.8万元。根据该村紧靠镇区的地域优势和发达的第二、第三产业，镇政府首选其为股份合作社试点。8月31日，青龙村股份合作社正式成立，是全市第一家村级股份合作社。市委副书记顾栋才、镇党委书记黄尧等领导出席成立大会并讲话。按合作社章程，社里设集体股和个人分配股，其所有权均归社集体，个人取得的股权只享有分配权。其中集体股2608股，计975.4万元；个人分配股3187.5股，计1193.5万元。合作社的收益主要来

塘桥镇工业集中区一角 (塘桥镇 供稿)

自资产发包、出租、转让的增值部分和其他相关的经营收入。股红分配严格按照股权平等、同股同利的原则，每年一次。通过社员代表大会选举产生的董事会、监事会作为股份合作社的管理和监督机构。青龙村股份合作社的成立，为全市农村股份制改革起到了示范作用。

【塘桥人民医院易地新建】 为改善塘桥及周边地区群众就医条件，镇党委、政府于2000年决定投资近亿元易地新建塘桥医院，成为塘桥镇有史以来单项投资最大的民心工程和实事工程。新院于2004年7月全面竣工并交付使用，被命名为市第三人民医院、塘桥人民医院。医院新大楼共15层，设专用电梯5台，建筑面积2.5万平方米，内设高、中、低档病房128间，床位300余张，每间病房均配备电话、电视、卫生间，并拥有中央空调、中心供氧、中心传呼、危重病人监护、净化层流手术室等功能完善的各种医用系统，配备从美国、日本、法国、奥地利等国进口的螺旋CT、电子胃肠镜、纤维支气管镜、施乐辉腹腔镜、前列腺气化电切镜、遥控X光机、全自动生化分析仪、全自动血球仪、全自动酶标仪、超声乳化仪、ATC彩超等许多先进的医疗设备。楼前辟有2万平方米的康复休闲广场，小桥、喷泉、花坛、绿树、雕塑等构成了一道亮丽的风景线。

【“华芳”商标被认定为中国驰名商标】 “华芳”是华芳集团股份有限公司生产的纺织纱、线产品的注册商标，于1986年登记注册使用。2004年，华芳集团年产“华芳”牌纱线29万吨，销往包括香港在内的全国各地，并出口到美、韩等国，年销售额60亿元。7月下旬，集团被国家统计局评定为2003年“中国1000家最大企业”第一百八十位，列苏州市十强企业集团第二位，仅次于营业总收入超过200亿元的沙钢集团。11月，国家工商行政管理总局根据《商标法》、《商标实施条例》及《驰名商标认定和保护规定》的有关条文，审查认定华芳集团使用的“华芳”商标为中国驰名商标。

【“瑞群”毛衫市场占有率进入全国十强】 江苏瑞群服饰有限公司生产的“瑞群”牌丝光防缩羊毛衫、美丽诺超细羊毛衫，以其优质的原料、精致的做工及一流的服务，享誉大江南北，深受消费者欢迎。销售网络遍布全国30多个大中城市100多家商场专柜。公司荣获1999年上海国际创新设计博览会“创新设计奖”，2000年、2001年、2002年上海服装市场销售品牌奖，2001年上海服装国际文化节“十佳设计”和“针织销售25强”奖，上海第十七届服装博览会时尚服饰设计奖，2002年北京毛衫“销售三强”奖，安徽、湖北、天津等地区销售品牌奖。2002年公司通过ISO 9001:2000国际质量体系认证，国家质量技术监督局认定“瑞群”牌为合格品牌。2003年，瑞群公司生产的羊绒与羊毛衫品种有100多个，全年销售额达5000万元，全国市场综合占有率达到1.3%。4月20日，国家工商行政管理总局、全国工商业联合会、中华全国商业信息中心在联合举办的第十届全国大型零售企业信息发布会上宣布，“瑞群”牌毛衫跃入同类产品全国市场综合占有率前10名行列。

【30只“电子眼”成为塘桥人民的“无形保镖”】 12月下旬，塘桥镇政府投入200万元，购得30只进口“电子眼”(电视探头)，安装在全镇各交通要道、公共场所以及居民社区，中心监控室设在镇派出所，由7名民警24小时轮流值班，织就了一张维护社会治安的安全网。“电子眼”安装后便初显神威，春节前一个月，及时发现并制止了6件刑事犯罪，破获1起团伙车辆系列盗窃重案，全镇的刑事、民事发案率比上月下降30%。有了这一“无形保镖”，居民安全感得到进一步增强。

【韩山社区建成外来务工人员集中居住区】 韩山社区拥有20多家民营工业企业，农副业和第三产业也很发达。至6月，外来务工人员达3092人。为解决外来务工人员住宿难问题，并强化社区的治安管理，社区管委会决定利用闲置荒地和河滩复垦地，建造外来务工人员集中居住区。至年末，依靠村民投资近200万元，共建成3个集中居住区，总计占地2.12万平方米，建筑面积8892.2平方米，绿地面积1200平方米，建有房屋357间。区内设有健身兼休闲广场、警卫室、小卖部、录像厅、公共厕所等，宿舍中均安装自来水、有线电视、卫生间等配套设施。居住区以廉价租给外来务工人员，解决了近600人的安身问题。打造集中居住区，不仅提高了外来打工人员的生活质量，而且增加了村民非农性收益，杜绝了违章搭建现象，有利于大环境的整治，社会治安也明显好转。

【18名英才竞聘5个中层岗位】 8月，塘桥镇在全市各镇首先推行机关中层干部竞聘的人事制度改革，对司法、文教、爱卫、招商引资、安全监督等5个岗位，进行公开竞聘。18名符合条件、来自不同岗位的挑战者，先后通过严格的笔试、由镇四套班子主要领导任评委的面试；接着又接受了全体机关人员、有关村委和学校领导共170多人参加的民主测评，根据其德、能、勤、绩和演讲五个方面，进行民主打分和计票，测评分占竞聘总分的40%，充分体现了公开、公正、公平的原则。最后经组织考察，秦朝华等5人脱颖而出，进入5个中层领导岗位。

（唐林康　苏侃斌）

锦丰镇

【概况】 位于长江下游黄金水道南岸，张家港市北部，是全国重点镇、张家港市沿江工业重镇。总面积113.98平方公里，集镇建成区面积15平方公里。辖三兴、合兴两个办事处，原有50个村撤并为28个村，有社区居委会4个。有4.76万户，总人口11.27万人，其中非农人口3.66万人。有外来人口4.18万人。年末有工业企业725家，实现工业销售收入105.82亿元，地区生产总值34.47亿元，财政收入5.98亿元。农民人均纯收入7906元。当年到账外资4803万美元。年内，通过全国环境优美镇省级调研，获国家重点镇和苏州市文明镇、村民自治模范镇、体育先进镇等称号。

表104 **2004年主要经济社会指标一览表**

项　目	数　量	项　目	数　量	项　目	数　量
地区生产总值	34.47亿元	规模工业企业	357家	电话普及率	88部／百人
财政收入	5.98亿元	股份有限公司	4家	各类科技人员	1589人
耕地面积	5784公顷	外资及港澳台资企业	73家	中小学校	15所
农机总动力	4.72万千瓦	工业销售收入	105.82亿元	在校中小学生	1.1万人
用电总量	6.78亿千瓦小时	工业利税	10.01亿元	在职教师	855人
农业总产值	1.56亿元	固定资产投资	16.89亿元	开通有线电视	1.79万户
粮食总产量	3.36万吨	工业技改投入	14.42亿元	医院病床数	300张
皮棉总产量	765吨	新批三资企业	15家	卫生室	31个
肉类总产量	6964吨	当年注册外资	1.01亿美元	自来水普及率	100%
水产养殖面积	288公顷	当年到账外资	4803万美元	参加养老保险人数	3.5万人
水产品产量	3114吨	自营进口额	3733万美元	参加合作医疗人数	6.7万人
瓜果产量	3379吨	自营出口额	1.35亿美元	农民人均纯收入	7906元
蔬菜产量	4.4万吨	镇村公路	589公里	农民人均住房	65平方米

表105 **2004年各办事处基本情况表**

名　称	所在集镇面积（平方公里）	主　任	副主任
三兴办事处	1.76	沈国祥	虞月蜍　袁玉良　王兴豪
合兴办事处	2.80	蔡彩虹	徐金才　周勇敏　李晓平

表106 **2004年各村基本情况表**

村　名	村支部（党委、总支）书记	村委主任	经济总收入（万元）	人均纯收入（元）	村　名	村支部（党委、总支）书记	村委主任	经济总收入（万元）	人均纯收入（元）
红光村	毛桂法	陈建平	6166	7861	西界港村	夏锡彬	杜建林	4169	7407
店岸村	李卫忠	朱才明	9605	8120	登瀛村	姚恒峰	刘晓东	5231	7604
锦丰村	沙勤良	陈兰琴	7106	9022	耕余村	王洪方	刘晓华	3680	7723
向阳村	黄乔林	郭　健	9342	7695	鼎盛村	倪建华	黄　震	5475	7822
郁桥村	张正清	施照清	4691	8408	乐杨村	陆　杰	吴建清	7234	7650
建设村	施正良	沈永芳	18110	9013	星火村	袁东耀（副）	袁东耀	3224	7676
协顺村	陆亚勇（副）	陆亚勇	7226	8409	洪桥村	殷亚华	蒋建华	13505	8136
西港村	沈照芳	季建华	7021	8398	洪福村	刘炳贤	奚　健	9704	7899
联兴村	吴守平	陈加祥	19324	9241	悦来村	倪爱民	丁金石	8421	7536
福利村	刘德才	蒋正华	7139	7979	光明村	李忠祥	聂恩峰	4370	7689
交通村	侯益海	潘卫祥	4749	7505	南港村	李晓平	许天明	3550	7913
厚生村	秦建华	施卫尧	12345	7749	常家村	王锦和	马锦莉	4160	7652
久生村	金　荣	余　峰	5930	8016	永盛村	黄学明	杨志高	4303	7851
新港村	黄卫平	张丽芳	3707	7650	明星村	徐网清	张剑平	3363	7977

表107 **2004年骨干企业基本情况表**

企业名称	销售收入（万元）	利税总额（万元）	法人代表	企业名称	销售收入（万元）	利税总额（万元）	法人代表
联合铜业有限公司	268210	9322	高方胜	金鹿集团有限公司	34634	4027	吴亚楼
华尔润集团有限公司	183792	52288	陈惠南	宏润不锈钢制品有限公司	19422	−241	陈卫兴
沙洲纺织印染进出口有限公司	94934	786	谭惠亚	宏国化学工业有限公司	16320	661	林辉煌
天鹏化工集团有限公司	83400	4149	秦建明	爱丽塑料有限公司	15342	1082	宋正兴
锦丰轧花剥绒有限责任公司	51789	4667	芦菊明	亚青钢管制造有限公司	15242	405	钱惠清

【境内工业销售突破400亿元】 镇境内工业始于1950年建办的轧花剥绒厂。改革开放以后，境内崛起两大工业巨头——全国最大的电炉钢生产基地沙钢集团和全国最大的玻璃生产基地华尔润集团。20世纪90年代以后，民营企业迅猛发展，至2004年末，境内有私营个体企业577家，形成冶金、建材、五金、机械、锻造、电子、轻纺、

塑料地砖、食品等十大行业。其中有全国最大全棉绒布生产基地沙洲印染纺织公司、氧化铅生产基地天鹏集团，全省首家阴极铜出口企业联合铜业有限公司。锦丰还是全国最大的饮料（塑料）机械生产基地，有企业238家，生产能力3万多台套，产品占国内市场份额的30%。年内全境工业企业销售总收入超415亿元，占全市工业销售收入30%。其中：沙钢集团工业销售达310亿元，是苏南地区首家超300亿元的企业，联合铜业有限公司为26.58亿元，华尔润集团为18.58亿元，沙洲印染纺织公司为9.49亿元，天鹏集团为8.34亿元，锦花集团为5.62亿元，还有4家企业超1亿元。境内工业企业实现利税总额29.3亿元，占全市工业利税总额的一半。

【成功举办首届锦丰地区全民运动会】 9月28日，新锦丰镇首届全民运动会隆重举行。来自机关、学校、行政村和境内各大企业沙钢集团、华尔润集团、浦项不锈钢有限公司等74个代表队参加运动会，参赛运动员1600多人。有篮球、乒乓球、拔河、象棋、田径5大类20多个比赛项目。近年来，镇党委、政府加大对全民体育运动的资金投入，先后投入2000多万元兴建运动休闲广场4个、多功能活动中心1个、全民健康点6个。成功举办了“鲁能杯”全国女子乒乓球赛、全国男篮俱乐部青年联赛。全镇群众体育运动开展得红红火火，享有“乒乓之乡”、“象棋之乡”等荣誉称号，年内被授予苏州市体育先进镇称号。

【通过全国环境优美乡镇省级考核调研】 近年来，镇党委组织开展创建全国环境优美乡镇活动，委托苏州科技学院编制了《锦丰镇环境规划》，并于6月通过省环保厅组织的专家评审。投入8000万元，新建等级道路23公里，配置路灯290盏，改造桥梁81座；新建园林式工厂2家，新建锦丰、三兴、滨江、华润、泓南等文化休闲广场5处，新设绿化景点11处，全镇公共绿化面积24万平方米。总投资1500多万元日处理生活污水5000吨的污水处理厂竣工。沙洲纺织印染进出口有限公司投资2500多万元扩建的2万吨级污水处理厂投入运行。有2家水污染大户配置COD在线监测仪。有3家企业通过苏州市“清洁生产”考核，6家企业通过ISO 14000环境质量体系论证。天鹏集团被评为省环境友好企业。全镇无公害农产品基地面积1283公顷，常家村建设了66.67公顷特色水产基地，红光村新建了“三友”生态休闲农庄，交通村新建了“在水一方”休闲项目。通过创建，全镇的人居环境和投资环境得到很大改善。12月24日，顺利通过全国环境优美乡镇省级考核调研。

【化纤废气富集燃烧项目填补国内空白】 锦丰轧花剥绒有限公司是以棉短绒为基础原料进行连续性配套生产的化纤企业。近几年，在投资2000多万元有效治理废水污染的基础上，把主要精力放在治理废气上。针对生产过程中产生低浓度、难治理的二硫化碳和硫化氢气体，公司专门成立“治气”领导小组，设立10万元废气治理专项奖励基金，多次派出技术人员赴九江、潍坊、富阳等地学习考察，2月确定将化纤废气进行真空富集燃烧吸收和回收利用的综合处理方案，设计出一套比较完善的工艺流程和设备结构：将酸液中的硫化氢、二硫化碳恶臭气体进行富集燃烧，将废气燃烧的产物——二氧化硫用废碱吸收，由此每天可生成亚硫酸钠约4吨，除在粘胶脱硫工序用掉3.5吨作原料外，余量销往市场。按每吨2200元的市场价格测算，每天可节约成本7700元，获利1100元，真正实现经济与环境效益的双赢。这一化纤废气富集燃烧科研项目填补了国内空白，为改善当地的生活环境带来了佳音。

【台扬干式系统实现生猪饲养零污染】 成立于2003年8月的张家港台扬生物科技发展有限公司，是以提供生物环保技术为主的台商独资企业，注册资金324万美元。众所周知，饲养生猪最头疼的事，就是产生大量粪便，味道难闻，污染环境。台扬公司成立一年多来，先后为4家猪场提供台扬零污染干式畜禽饲养系统，利用先进的生物环保技术，解决养猪的老大难问题——猪粪处理，使整个养猪场周围环境实现了“三零”目标，即零污染、零臭味、零排放。使用该饲养系统，从猪崽长成商品猪，每头每天耗水2公斤，比传统养猪方式节省90%。仅此一项，饲养1头商品猪可节水2立方米。用生物产品“还原水”喂食，可促进生猪的消化吸收，比传统方式提前15天左右出栏。该饲养系统还为猪提供相对干燥的生长环境，猪不易得病，避免滥用抗生素，提升了猪肉品质。一般情况下每公斤猪肉价格高出1.6元至2元。6月，省农林厅在张家港市召开现场会，推广这一成功经验。

【15名政协委员乐当“社会妈妈”】 1997年10月，联兴村年仅13岁女孩顾林艳的父母在长江运输途中不幸遇难身亡，锦丰交管所当上了顾林艳的“社会妈妈”。近年来，锦丰镇15名政协委员以交管所善举为榜样，先后当上5名孤贫儿童的“社会妈妈”。学生朱静漪2003年考入东南大学，但两个多月后的一场意外事故导致其父亲身亡、母亲痴呆，民营企业家、政协委员袁正华承担了她每年一万多元的学习和生活费用。长年患病与丈夫离异的村民陆静玉，无力供其在徐州医学院读书的女儿完成学业，该镇中心卫生院院长、政协委员林步高获悉后，主动当她女儿的“社会妈妈”，全部学习费用由他解决。钱惠清委员和卢保才委员，各为1名孤贫学生提供必要的学习、生活费用，当上“社会妈妈”。吴伟明、陈建明、吴亚芳等11名委员也出资近3000元，共同担任1名贫困儿童的“社会妈妈”，联手为其健康成长撑开保护伞。在政协委员的带动下，该镇各界人士也纷纷向贫困学子伸出援助之手，全镇的“社会妈妈”已达23个。

【华尔润集团产能扩张利税增长近1倍】 近年来，华尔润集团在巩固现有生产规模的基础上，坚持“一业为主、多元介入、行业整合、持续发展”，生产能力迅速扩张。年内，集团在淮安投资5亿元兴建2条30万吨纯碱生产线，每吨成本比市场价低200元左右。产品除满足集团每年用纯碱25万吨，还可为扩大玻璃生产配套。在广东江门投资8亿元兴建2条浮法玻璃生产线，年生产能力为800万重量箱，其中900吨特种玻璃生产线以生产6毫米至21毫米优质超厚大规格玻璃为主；400吨特种玻璃生产线以生产1.6毫米至6毫米高档汽车玻璃为主。两条生产线均采用国际先进工艺技术和装备，是国内装备水平最高的玻璃生产线。11月28日，集团举行日产900吨生产线达标达产暨日产400吨生产线竣工点火仪式。集团还在本部投资5.8亿元兴建2条日产900吨玻璃生产线，主要生产6毫米至21毫米优质超厚大规格特种玻璃，达产后可新增销售收入11.8亿元。8月21日，省委书记李源潮视察华尔润集团，予以高度评价。至年末，集团销售收入18.58亿元，实现利税5.23亿元，比上年分别增27.8%、96.6%。

【全省首部乡镇地名志出版】 2002年3月，镇成立《锦丰地名志》编纂委员会。经2年多的资料征集、编纂，于2004年5月出版，为全省第一部乡镇地名志。全书分行政区划地名、居民居住地地名、自然地理实体地名、水利交通地名、经济地名、文化地名、附录等7章，共28节，收录地名378条。记述的地域范围为2002年12月31日前锦丰镇行政区划，对历史上辖区及地名演变均作简要介绍。

【市第三职中建成国家级重点中等职业学校】 市第三职业高级中学成立于2003年5月，由原锦丰中学高中部和市机电职业学校合并组建而成，占地10公顷，建筑面积4.42万平方米。学校有科技楼、图书馆、体育馆等设计新颖的建筑群，有闭路电视系统、局域网、多媒体教学系统、实训中心、实验室、画室、舞蹈房等教学辅助设施，有价值近800万元的加工中心、数控机床等实习培训设备。图书馆藏书10万余册。学生住宿全部为公寓式，有2100个床位，餐饮、洗澡、健身、休闲等生活设施配套齐全。校园内绿草如茵，亭台楼阁错落有致，具有浓郁的人文气息。学校教师中本科学历者占95%，有高级教师20人，市教学能手6人，市教坛新秀5人。学校设有工业电气化、汽车制造与应用、数控技术、机电一体化等12个专业，全日制教育有与高等院校联办的五年制大专班，与沙钢集团联办的中技班，与华尔润集团等大型企业联办的职业中专和参加成人考试进入定点高校的职业高中、高等教育预科班等。学校每年为高等院校和沙钢集团、华尔润集团、华芳集团等输送新生和专业技术人才，毕业生就业率达98%以上。年内，开设教学班64个，在校学生3010人。121名单招考生中达本科录取线71人，本科达线率列全市职业学校前茅，其中计算机专业高考成绩为全市第一。在苏州市机械制图、微机绘图技能竞赛中，学校选手连续三年获团体一、二等奖。2003年，学校创建成江苏省重点职业高级中学。2004年9月，又通过江苏省合格职教中心校、国家级重点中等职业学校考核验收。

【滨江广场建成并投入使用】 滨江广场位于镇区中部、永新路东侧，东邻中心幼儿园，南临工商分局大楼，北接锦丰初级中学。广场长163米、宽140米，占地2.23公顷，总投资480万元，于11月竣工开放使用。整个广场结构为“山水园林”式，简洁、大方，布局严谨合理。东南部以山水为主，有亲水平台、假山、鹅卵石小径、小溪、长廊；西部为主入口，有雕刻“滨江广场”的艺术石、七彩灯柱；北部为儿童嬉戏区、沙场健身区；中部为中心广场，建有台阶式坐席和柱廊。广场四周绿树成阴，花香浓郁，除雪松、翠竹、香樟、广玉兰外，还栽有樱花、紫薇、花石榴、香橼、火棘球等40多种四季花卉。场内专设水景灯饰、广播音响等，时代气息浓厚，是社区居民健身、娱乐、集会的又一高档文化休闲场所。

（徐　平）

锦丰镇滨江广场　　（锦丰镇 供稿）

乐余镇

【概况】 位于张家港市东北部，与南通市隔江相望。全镇总面积84.88平方公里，镇区面积4.06平方公里。2月，东胜、东华和东红3个行政村划属南丰镇，其余行政村于3月合并成22个行政村；另辖1个渔业队、2个办事处，3个社区居委会。新成立了社会调解服务中心和卫生管理服务中心。总人口7.67万人，其中非农人口1.84万人。有外来人口1.3万人。年末，有工业企业732家，全镇已形成汽车、冶金、机械、化工、轻纺、建材、电子等支柱产业。尤其是乐余纺织后整理企业集中区和东沙化工企业集中区已粗具规模，区内配套设施完善，环境优美，产业集聚效应日见显露，形成了特色产业群。纺织后整理企业集中区内已有9家企业进驻，其中外资企业5家；东沙化工区内已拥有医药、染料、精细化工等企业10余家，进区项目投入已超10亿元。同时，经农业产业结构调整，已形成花卉苗木种植和水产养殖特色产业。年内，全镇实现工业销售收入38.52亿元，生产总值16.2亿元，财政收入3.3亿元，农民人均收入7740元。创建全国环境优美镇通过省级考核调研；获苏州市风筝之乡称号；兆丰文化站通过全国先进文化站复查。

表108　　2004年主要经济社会指标一览表

项　目	数　量	项　目	数　量	项　目	数　量
地区生产总值	16.2亿元	规模工业企业	66家	各类科技人员	1586人
财政收入	3.3亿元	外资及港澳台资企业	32家	中小学校	14所
耕地面积	4723公顷	工业销售收入	38.52亿元	在校中小学生	1.28万人
农机总动力	3.16万千瓦	工业利税	1.90亿元	在职教师	804人
用电总量	1.71亿千瓦小时	固定资产投资	8.74亿元	开通有线电视	1.2万户
农业总产值	1.32亿元	工业技改投入	7.48亿元	医院病床数	250张
粮食总产量	2.67万吨	新批三资企业	7家	卫生室	41个
皮棉总产量	865吨	当年注册外资	5042万美元	自来水普及率	100%
肉类总产量	3875吨	当年到账外资	1529万美元	参加养老保险	2.98万人
水产养殖面积	357公顷	自营进口额	362万美元	参加合作医疗	5.04万人
水产品产量	1787吨	自营出口额	2358万美元	农民人均纯收入	7740元
瓜果产量	6211吨	镇村公路	663公里	农民人均住房	45.5平方米
蔬菜产量	2.65万吨	电话普及率	74部／百人		

表109　　2004年各办事处基本情况表

名　称	所在集镇面积（平方公里）	主　任	副主任
兆丰办事处	1.2	顾志方	彭德明　龚志华　唐育彬
东沙办事处	0.4	王士方	郭明华　陆宰仁　蒋雨兰

表110　　2004年各村基本情况表

村（居）委	村支部（党委、总支）书记	村委主任	经济总收入（万元）	人均纯收入（元）	村　名	村支部（党委、总支）书记	村委主任	经济总收入（万元）	人均纯收入（元）
乐余村	邵秀芳	陈惠清	11304	9168	齐心村	周　峰	朱建中	6886	7565
乐西村	朱兴华	任永生	2875	8525	常丰村	秦洪华	陈德祥	3462	8078
永利村	许文生	陈　洪	10155	8799	庆丰村	钱　斌	徐德胜	3293	7308
永乐村	陆志平	姚一平	8803	8745	联丰村	张英俊	黄冠发	3947	7967
庙港村	印忠良	樊小春	5048	8643	红闸村	吴汉章	胡安国	4460	7754
扶海村	陈志祥	孙盘发	3690	8358	红星村	陆玉平	黄学彬	6855	8476
向群村	邹金山	孙广云	8144	8932	红联村	展　高	石林虎	6598	7854
双桥村	范建国	沙小康	5943	7773	东林村	刘志才	朱永祥	9792	7816
闸西村	袁伟民	黄云芳	3315	7613	东沙村	陆宰仁	沈友忠	1927	7878
登全村	陈向东	王　征	2046	7614	东风村	曹志祥	黄胜泉	2064	8158
东兴村	王云保	茅惠萍	6493	7600	东联村	王金方	徐宝良	2650	8115

表111　　2004年骨干企业基本情况表

企业名称	销售收入（万元）	利税总额（万元）	法人代表	企业名称	销售收入（万元）	利税总额（万元）	法人代表
友谊汽车有限公司	53483	1679	徐志贤	三得利染整公司	10879	206	马新华
汇丰铝带有限公司	50751	2015	王兴中	乐余福利有限公司	13317	413	邵正丰
兆丰冶炼厂	25927	−46	王兴良	信一化工有限公司	7165	1645	杨祖兴
海狮机械集团公司	22905	2413	陈友清	华峰电子有限公司	6250	670	赵洪方
常余化工有限公司	16756	185	张　林	乐余纺织厂	4742	−410	高培钧

【新办私营企业注册资本超2亿元】 镇党委、农工商总公司在招商引资工作中，加大工作力度，创新招商举措，做到吸引本地资本、外地资本与引进境外资本齐抓共举，取得显著成效。年内全镇共新办各类私营企业107家，注册总资本达2.2亿元，比上年增13.7%。其中新办外地资本企业10家，注册资本8970万元，比上年增127%，超额完成市年初下达的指标。在新办的私营企业中，注册资本100万元至800万元的有15家，注册资本1000万

元以上的4家，其中2家超过2000万元。到账外地资本6亿元，完成投入工作量4.1亿元。引进外资工作也有新的突破，年内新办外资项目7个，其中总投资超千万美元的有4个。

【“三放心”工程有效提升农产品质量】 镇党委、政府围绕“农业增效、农民增收、农村稳定”的主题，积极实施“三放心”（放心粮、放心菜、放心肉）工程，有效提升了全镇的农产品质量档次。红星等6个村建成700公顷绿色大米生产基地，年产乐优绿牌精制大米4410吨，该基地被列为苏州市级农业标准化示范基地，乐优绿牌精制大米被中国绿色食品发展中心认定为绿色食品A级产品，并于12月获绿色食品证书。东兴等4个村建成34公顷无公害皇佐越瓜、萝卜及设施蔬菜基地，年产各类蔬菜850吨，销售收入160多万元。市乐优绿农副产品有限公司建成200公顷无公害特种水产农产品养殖基地和10公顷江心沙无公害蛋鸭养殖基地，年产水产品1500吨、江滩鸭6000羽。闸西村建成面积为2公顷的林地散养鸡基地，年产优质肉鸡3万羽。年内，“三放心”工程创造经济收入215万元，使全镇农民年人均纯收入增加43元；又使农副产品提高了市场竞争力，受到广大消费者的欢迎。

【华龙水产养殖场在省内首创长江滩涂围网养殖】 市华龙长江水产养殖场场主、齐心村村民陆臣忠，克服技术难题，利用丰富的长江滩涂资源和天然水资源优势，首期投资15万元，在长江滩涂创办围网养蟹基地，获得成功。围网养蟹基地位于齐心村外的长江滩涂江南沙，面积3.34公顷，围养采用1厘米网目的聚乙烯网片，网片顶部用30厘米宽的聚乙烯薄膜覆盖，以防河蟹从顶部逃逸。另在围网中央挖井字沟壑宽2米、深0.6米，让蟹在潮落时藏匿。3月，该场投放规格为每公斤60只的优质天然蟹苗7500只，至10月收获时螃蟹个体重量达150克至250克。由于长江滩涂水草和螺、蚬等饵料丰富，因此螃蟹不仅长得快，收获期比内河养殖提前一个月，而且肉质鲜嫩，具有长江水产独特风味，价格是内河螃蟹的2倍以上。第一年围网养殖投入较多，但扣除成本后仍获利8万元，经济效益比内河养殖高出60%。经市渔政水产指导站专家考察，认为该场开辟了省内长江滩涂养殖的新模式。年内，长江滩涂围网养殖被列为市科技计划项目，获市科技局颁发的科技立项研发经费1万元。陆臣忠还被评为市科技致富带头人，获奖励2000元。

【兆丰自来水厂长江取水口建成运行】 兆丰地区自来水厂的水源原来由乐余自来水厂供给，日供原水3000立方米～3500立方米。随着经济快速发展，该厂日供生产生活用水增加到3800立方米，日需原水4000立方米～4800立方米，原有的取供水能力已不能满足需求。镇党委、政府情为民所系，决定新建长江取水口，让兆丰自来水厂直接从长江取水，并列入年度实事工程。该取水口位于齐心村39组对应江域，水质符合国家饮用水标准。工程于2月28日开工，5月28日投产。取水口至水厂输送管全长5.5公里，管径分别为300毫米、200毫米、100毫米，日供水量4500立方米，项目总投资243万元。该取水口投入运行后，有效解决了兆丰地区3万多居民生活用水和200多家企业生产用水的供求矛盾，为全镇社会经济的进一步发展建立了供水保障。

【海狮绿色环保干洗机通过省科技成果鉴定】 海狮集团针对国际国内市场的新需求和洗涤机械向绿色、环保、智能型方向发展的新趋势，充分发挥科技人员积极性，集中力量开发新产品。年内，集团研制成功GXZQ－15S全自动石油溶剂干洗机，这是集洗涤、循环过滤、脱液、烘干回收、蒸馏回收于一体的环保型全封闭干洗机。产品经国家日用电器质量监督检验中心检测，技术指标及性能完全符合Q/320582JH－2003标准要求，其蒸馏装置和烘干装置，分别获国家实用新型专利（专利号分别为：ZL02221040.7和ZL02221041.5），填补了国内空白，主要技术指标达到国际先进水平。该产品还被列为省2004年度第一批高新技术产品（编号为040582G0017），并于10月份通过省科技成果鉴定。此外，海狮集团还研制开发了50公斤触摸屏控制并附设手动操控板的全自动水洗机、符合国际绿色环保要求的GXZQ－16F型全自动干洗机和GZZ－50B型干洗机。这3个机型同时参加2004年度在德国法兰克福的国际洗涤设备展，进一步提高了海狮的国际声誉。科技创新进一步拓展了国内外市场，年内集团实现销售收入2.29亿元，比上年增长30%，完成自营进出口额200万美元，是上年的3倍。

【舞蹈《连枷谣》获省“五星工程奖”金奖】 省“五星工程奖”是江苏省群众文艺的政府最高奖，近几年每年评比一次。评比分为“巡回初评、现场决赛、颁奖展演”三个阶段。第五届省“五星工程奖”决赛于2003年12月17日至21日在南京市紫金大戏院举行。全省各地参加现场决赛的小品、曲艺、舞蹈、小戏、音乐、少儿综合等各类节目共66个，苏州地区有参赛节目3个。兆丰文化站以江南农民用连枷打场劳动为题材而创作的舞蹈《连枷谣》，19日在参加现场决赛中脱颖而出，经专家和群众代表组成的评委会的综合评比，在2004年1月8日颁奖展演时荣获第五届省“五星工程奖”金奖。

【镇两所幼儿园率先达省二级档案管理标准】 12月，张家港市档案局和市教育局联合组成评审组，对乐余中心幼儿园、兆丰幼儿园的档案管理进行了晋级评审。这两所幼儿园在原档案管理合格的基础上，先后合计投入近6万元，添置了标准资料柜、电脑、空调、灭火机、温湿度测试仪等专用设备，按规范要求设置了档案库房和专（兼）用阅档室、办公室，健全了档案管理工作机构，形成了档案管理体系，明确了专兼职档案管理员，建立了文件级目录数据库，实现了计算机管理，提高了档案的现代化管理水平。两园从建园至2003年的各类库存档案共有：文书2562件、教学1570件、学籍98件、设备38件、基建3件、声像167件、会计138件、实物41件。经市评审组考核验收，认为这两所幼儿园已达省二级先进档案管理标准，从而成为全市幼教系统中率先实现省二级档案管理标准的幼儿园。

【兆丰冶炼厂8年善存前苏联名人铜像】 兆丰冶炼厂是一家专门从废旧铜材中提炼电解铜的民营企业。1996年，该厂从哈萨克斯坦某地购得大量废旧铜材，经新疆阿拉山口边贸口岸运进厂内，工人在拆卸集装箱里的铜材时，发现6尊与真人大小一样的铜制品半身塑像，当认出是前苏联列宁、斯大林、赫鲁晓夫、高尔基等名人铜像后，厂领导当即决定不把这重约2吨的6尊铜像回炉熔炼，而是存放在厂里，一存就达8年之久。2004年7月上旬，镇史志办陆韦东陪同闻讯而来的上海市浦东新区档案馆领导前往兆丰冶炼厂考察铜像，当知道他们有意收藏这批铜像后，立即向镇有关领导和市有关部门作了汇报，并向新闻媒体传递了铜像信息。随后，《苏州日报》、《张家港日报》、《中国新闻图片网》和《中国江苏新闻网》等媒体以不同标题陆续刊载了铜像的有关消息和照片。苏锡常等地博物馆闻讯后也纷纷与兆丰冶炼厂联系，表达了收藏意向。张家港市博物馆闻讯后捷足先登，经与该厂领导商定，于7月15日将这6尊铜像存放到市博物馆。据有关人士分析，这批铜像虽经岁月剥蚀，但人物特征仍极为明显，栩栩如生，其中有百年历史的列宁铜像更是神态毕现，而赫鲁晓夫铜像由于历史原因，在中国境内极为罕见。 （陆韦东）

凤凰镇

【概况】 位于张家港市南部，南临常熟市，西与江阴市接壤。全镇总面积78.7平方公里，镇区面积3.5平方公里。辖2个办事处、3个社区居委会、15个行政村，人口6.42万人，其中非农人口1.97万人。有外来人口4.38万人。镇域内204国道、苏虞张一级公路和沿江高速公路穿境而过，韩国工业集中区基础设施配套，凤凰水蜜桃、清水大米、高庄豆腐干等绿色食品名闻遐迩。年末，有工业企业650家，全年到账外资7143万美元，实现工业销售收入92.18亿元，生产总值19.35亿元，财政收入1.35亿元，农民人均收入8316元。年内，双龙村、江苏菊花味精集团经市委批准建立党委，创建全国环境优美镇通过省级考核验收，社保扩面任务在全市率先完成。程墩村获江苏省民主法治示范村称号。《西张地名志》7月出版。

表112 2004年主要经济社会指标一览表

项　目	数　量	项　目	数　量	项　目	数　量
地区生产总值	19.35亿元	股份有限公司	1家	各类科技人员	1330人
财政收入	1.35亿元	外资及港澳台资企业	10家	中小学校	9所
耕地面积	4245公顷	工业销售收入	92.18亿元	在校中小学生	9355人
农机总动力	5.86万千瓦	工业利税	3.64亿元	在职教师	472人
用电总量	4.46亿千瓦小时	固定资产投资	16.66亿元	开通有线电视	1.5万户
农业总产值	1.41亿元	工业技改投入	15.03亿元	医院病床数	190张
粮食总产量	2.48万吨	新批三资企业	16家	卫生室	31个
肉类总产量	8770吨	当年注册外资	1.64亿美元	自来水普及率	100%
水产养殖面积	537公顷	当年到账外资	7143万美元	参加养老保险	3.04万人
水产品产量	2490吨	自营进口额	1.21亿美元	参加合作医疗	4.8万人
瓜果产量	917吨	自营出口额	2亿美元	农民人均纯收入	8316元
蔬菜产量	6500吨	镇村公路	205公里	农民人均住房	62.72平方米
规模工业企业	61家	电话普及率	44部／百人		

表113 2004年各办事处基本情况表

名　称	所在集镇面积（平方公里）	主　任	副主任
凤凰办事处	4.30	支振荣	郭其胜　朱建良　浦正华
港口办事处	4.30	亢正兴	杨仲欢　朱永华　顾春明

表114 2004年各村基本情况表

村　名	村支部（党委、总支）书记	村委主任	经济总收入（万元）	人均纯收入（元）	村　名	村支部（党委、总支）书记	村委主任	经济总收入（万元）	人均纯收入（元）
金谷村	徐群芳	陆卫东	30160	8440	高庄村	陆金龙	徐小迷	10012	8216
双龙村	章建新	郭永康	58890	8452	杨家桥村	徐云飞	徐建新	12913	8206
西参村	许永林	许栋贤	37284	8375	程墩村	徐建刚	徐国平	41968	8495
魏庄村	陈耀良	肖　军	7345	8267	清水村	钱永祥	张志强	16045	8274
安庆村	钱妙琴	罗建清	44473	8362	杏市村	狄建忠	陈利新	2570	7874
凤凰村	朱建良	徐敏峰	5959	8102	恬庄村	杨正新	戴卫良	32160	8382
支山村	徐瑞忠	徐云飞	8462	8260	双塘村	顾惠新	顾建峰	26228	8442
夏市村	钱卫艺	徐卫佳	3238	8094					

表 115

2004 年骨干企业基本情况表

企业名称	销售收入（万元）	利税总额（万元）	法人代表	企业名称	销售收入（万元）	利税总额（万元）	法人代表
江苏飞翔化工股份有限公司	73072	6622	施建刚	市广大钢铁有限公司	24287	−660	徐卫明
市港星新型建材有限公司	71347	3299	徐文龙	江苏中鼎化学有限公司	19548	1310	朱正兴
江苏菊花味精集团有限公司	42750	1670	缪正兴	市贝顺橡胶制品有限公司	17924	1040	黄　扬
安固（张家港）橡胶工业有限公司	38557	5268	洪宗魁	市金冠化工有限公司	16114	89	邓金刚
人和包装张家港有限公司	32209	1305	吴　栋	市大裕橡胶制品有限公司	15370	921	邓龙兴

【以6种模式实施“无地招商”】 由于国家实行宏观调控政策，征地用地、贷款融资等受到限制。镇党委、政府采取积极措施，以增资扩股、腾“笼”换“鸟”、收购兼并、楼宇经济、现代服务和登记注册6种模式实施“无地招商”。增资扩股是在不增加用地情况下，扩大生产规模，提高单位土地产出率，年内外资企业国一公司增资1600万美元，大一汽配公司增资2000万美元，特胺化学公司增资1012万美元。内资企业飞翔、菊花、港星、中鼎、天港、贝顺等企业也加大技改投入，扩大了生产规模。腾“笼”换“鸟”是让无效益的企业自行淘汰，腾出厂房让位于新兴企业。双龙村窑厂腾出5.53万平方米废窑地基建办一期已投资6000万美元的韩商独资企业可隆科技特（张家港）特种纺织品有限公司，安庆村利用建设沿江高速公路留下的废弃堆场引进2家民资企业。镇政府还对原凤凰政府大楼、西张剪刀厂、汽车大修厂的土地、房屋公开拍卖，寻找新的户主，既盘活闲置土地，又使集体资产增值。登记注册是招商引税的传统做法，注重招引规模大、经营业务实而不在镇境内的企业到本镇登记注册，去年先后招到了威亚、可隆纺织、金龙科技、西一机械等7个超千万美元的大项目，增加年税收1700万元。楼宇经济和现代服务是该镇经济发展的新方向。镇政府利用废弃的西张小学操场和校基，建造投资6000万元的凤凰绿郡七幢小高层和投资3500万元的德尔隆超市，利用原西张宾馆建造总投资8000万元的凤凰温泉山庄，并为业主提供良好的超前服务。双龙村还利用填没小河浜分两期建造10万平方米的标准型厂房，总投资7000万元，并与上海奉贤区招商办公室签约，实行统包招租。

【菊花集团投巨资治理污染】 江苏菊花味精集团是太湖流域重点治污单位。近年来，企业先后投1.5亿元巨资治理污水、污泥。味精生产中的污水含有氨、氮两种元素，企业从污水中提炼出氨、氮，制成复合肥，成为优质农业肥料。由于复合肥的大市场在东北，企业为降低成本，于年初投资1亿元，分两期工程将味精前道生产线迁移到东北。10月，一期工程竣工投产，项目全部完成后可新增味精3.6万吨，新增年产值3亿元。米渣是味精生产中又一废物，过去低价卖给养猪专业户作饲料，但每天100吨的米渣并非天天都能售出，在夏季往往变成“臭渣”造成污染。2001年起，企业利用科学技术对米渣深加工，提炼出淀粉，制成蛋白粉，其蛋白含量达65%以上。由于这种蛋白粉营养价值高，因此销路较好。此外，为减少污染，菊花集团还将味精生产总量减少50%，将原产味精的一分厂转产赖氨酸，年产赖氨酸5500吨，产值1.1亿元，取得可观的社会效益。

【一年引资超1亿美元】 年内，镇党委、政府加大投资力度，加快韩国工业集中区基础设施建设。投入4900万元，拆迁117户农户，硬化道路1.28万平方米，铺设给排水管道1.75万米，区内供电、供热、通信、污水处理、互联网络等设施进一步完善配套。良好的投资环境吸引大批外商前去考察投资。年内先后有大一汽配、弘兴橡塑、宏高科技、爱贝西机械、三源生物工程、隆威服饰、可隆科技特、茂欣家居等8个项目（其中韩国4个、日本2个、美国1个、台湾1个）正式签约，累计投资总额1.05亿美元，注册资本3948万美元。8个项目中，有7个当年建设当年投产。韩国工业集中区内，全年竣工投产企业有8家，开工建设的项目有19家。

【政府帮拆迁户建新家】 为发展经济需要，镇政府在双龙、鹫山两村境内规划建设19个项目，需用土地33公顷，拆迁农户117家。为加快拆迁户安置房建设，政府在环境优美的集镇小区投入4000万元，建造303套公寓住房，总面积达6.2万平方米。年末，这些崭新的小高楼竣工，117户拆迁户全部迁入新居。镇政府还在区内建造6车道的硬化道路，总面积为3.33万平方米的小公园、绿地、菜场，架设高压电和电信、电视线路，铺设自来水和污水管道，使拆迁户生活在环境优美、设施齐全的社区内。

【非公企业实行厂务公开】 全镇有58家非公企业、4500名员工，已全部建立工会组织。为进一步调动职工积极性，促进企业发展，非公企业在镇党委、政府帮助和支持下，于3月起开展厂务公开活动。公开内容一是同职工切身利益相关的人事和组织机构调整、工资变动、厂财务收支、经营状况等；二是企业新的发展思路和新产品结构调整方案；三是厂领导的收支和厂领导亲属在厂的分配情况。58家企业共设置厂务公开栏60个，做到每月1期，还多次召开座谈会，收到职工合理化建议130多条，有的已付诸实施。如中鼎公司在听取职工意见后，按政策及时为200多名职工办理了农保转城保的手续。厂务公开使职工民主权利得到尊重，职工参与民主管理、民主决策、民主监督的积极性进一步提高。年内，全镇58家非公企业，销售收入都比上年增30%以上，职工工资也比上年增长了10%。

【可隆科技特公司开工奠基】 8月18日，可隆科技特（张家港）特种纺织品有限公司举行开工典礼。市领导曹福龙、王翔、陈永丰、秦景安、陆勤华等出席开工典礼并奠基培土。可隆科技特（张家港）特种纺织品有限公司由韩国可隆科技特株式会社投资建办，项目占地16.67万平方米，总投资2亿美元。其中，一期工程投资6000万美元，注册资本2000万美元，主要生产工程用特种纺织品（汽车座套织品），是美国福特、日本丰田、韩国现代、起亚等汽车生产企业的供货商。一期工程于年底竣工并试生产，2005年正式投产。投产后，特种纺织品年产量可达600万米。

【35个行政村合并为15个】 2003年8月，西张、港口、凤凰3个镇合并组建新的凤凰镇时，有35个行政村，村级经济发展极不平衡，除双龙、程墩、金谷、凤凰等8个村年可用财力超过200万元外，大部分村经济实力属中下水平，有些村年可用资金还不足50万元，维持日常开销也有困难，为民办实事更是力不从心。针对这些情况，镇党委根据地域相连、民情相通，以强并弱、以大并小，强弱搭配、优化组合的原则，于3月3日起，调整合并行政村，至3月5日，原35个行政村并为15个行政村，在全市第一个完成了现有行政村的合并调整工作。通过合并，村级干部职数由原来178名减少为111名，年可用财力达100万元以上的村由原来22%提高到93%。行政村的优化组合增强了办好村组公益事业的经济实力。年内新修村级公路84公里，新建改建农桥10座，新装有线电视1200户，安装自来水管的资金投入新增454万元，还为孤贫老人新建或翻建房屋150多间。

【率先完成社保扩面任务】 全镇原有社会保险农保人员12560人，城保人员8437人，分别占应参保人员的79.51%和76.31%。市委、市政府召开全市社会保险扩面工作会议后，镇党委、政府积极搞好宣传发动，撰写《致全体工商户主的公开信》、《告企业法人书》、《告农户书》等宣传资料，印发1.8万份分发到企业职工和广大农民手中。镇上出资1万多元，在各村、各社区、镇农贸市场等处设置宣传橱窗6个，组织政策培训150人次。镇政府还对扩面进展快、完成任务好的村进行奖励，对未完成任务的村年终考评时扣奖。全镇按政策规定应参保5855人，其中农保3236人、城保2619人。经过努力，至12月22日，实际参保10871人，其中新增农保8222人、新增城保2649人，为应参保人数的186%，在全市率先完成社保扩面任务。

【凤凰小学成立青少年集邮协会】 凤凰小学有学生1376人，其中三年级以上的学生大多参加集邮活动，全校学生中有集邮手册110本，其中不乏一些保存价值较高的珍贵邮票。为丰富学生的课余文化生活，学校领导决定在学生中成立集邮协会。经市集邮协会批准，5月24日，凤凰小学青少年集邮协会正式成立，50多名小邮迷成了首批会员。在小学里成立集邮协会，在全市尚属首家。

（邹祖传）

南丰镇

【概况】 位于张家港市东部。总面积47.5平方公里，镇区面积6.5平方公里。年内，乐余镇的东华、东胜、东红3个行政村并入境内。新杰、继新、生建、民生、义和、新建、双德7个行政村分别并入临近村，至年末，共有14个行政村、1个社区居委会。总人口4.64万人，其中非农人口1.03万人。有外来人口9702人。年末，有工业企业233家，其中规模工业企业22家。实现工业销售收入126.7亿元，工业利税5.75亿元，分别比上年增85.86%和23.13%。地区生产总值16.32亿元，比上年增52.10%；财政收入4.1亿元，比上年增114.66%；农民人均纯收入8001元，比上年增17.16%。5月，创建省级卫生村“满堂红”。投资9000多万元，用于创建国家卫生镇和全国环境优美镇，分别于7月和8月“双创”一举成功。江苏永钢集团有限公司销售收入达106.6亿元，永联村成为苏州市首个工业年销售收入超百亿元的行政村。年内，获绿色江苏建设先进镇、江苏农村改厕普及镇、苏州市财政收入上台阶先进镇、社会治安安全镇等称号。

表116　2004年主要经济社会指标一览表

项　目	数　量	项　目	数　量	项　目	数　量
地区生产总值	16.32亿元	规模工业企业	22家	电话普及率	75部／百人
财政收入	4.1亿元	股份有限公司	2家	各类科技人员	395人
耕地面积	2833公顷	外资及港澳台资企业	43家	中小学校	6所
农机总动力	4.99万千瓦	工业销售收入	126.7亿元	在校中小学生	5740人
用电总量	5.9亿千瓦小时	工业利税	5.75亿元	在职教师	368人
农业总产值	1.4亿元	固定资产投资	14.89亿元	开通有线电视	6874户
粮食总产量	1.37万吨	工业技改投入	3.089亿元	医院病床数	171张
皮棉总产量	590吨	新批三资企业	8家	卫生室	21个
肉类总产量	3740吨	当年注册外资	3027万美元	自来水普及率	100%
水产养殖面积	159公顷	当年到账外资	942万美元	参加养老保险	2.2万人
水产品产量	498吨	自营进口额	2012万美元	参加合作医疗	3.66万人
瓜果产量	2692吨	自营出口额	599万美元	农民人均纯收入	8001元
蔬菜产量	6500吨	镇村公路	250公里	农民人均住房	56平方米

表 117 **2004 年各村基本情况表**

村 名	村支部（党委、总支）书记	村委主任	经济总收入（万元）	人均纯收入（元）	村 名	村支部（党委、总支）书记	村委主任	经济总收入（万元）	人均纯收入（元）
民乐村	戴永清	谢志清	2883	7190	安乐村	刘雪祥	陆志洪	2731	7245
南丰村	陈金祥	顾巧生	9940	7632	永丰村	朱 峰	孙龙海	4325	7146
民联村	沈士林	赵志明	7735	8583	新德村	陶国兴	杨 芹	5085	7016
东港村	季文琴	陈海燕	4895	7074	永联村	吴栋材	陈志芳	1225186	10802
海坝村	龚亚彬	孙桂清	4219	7164	东胜村	何学良	陈洪斌	1715	7840
建农村	王玉明	黄才清	8447	8587	东华村	施振泉	张发明	4898	7646
和平村	葛德兴	钱玉清	2787	8156	东红村	顾士华	黄徐民	1520	7441

表 118 **2004 年骨干企业基本情况表**

企业名称	销售收入（万元）	利税总额（万元）	法人代表	企业名称	销售收入（万元）	利税总额（万元）	法人代表
江苏永钢集团公司	1063262	69058	吴栋材	罗铁机械设计制造有限公司	2798	145	黄培才
斯依格机械设备制造有限公司	21494	545	沈兴祥	金玉兰制衣有限公司	2174	108	秦胜华
金陵体育器材制造有限公司	12045	921	李春荣	张氏纺织有限公司	1888	29	张元德
江南汽车制造有限公司	9053	–	邵志南	旺瞬精密机械制造有限公司	1510	321	谢文山
和丰机械制造有限公司	6665	236	连锦秀	合丰机械制造有限公司	1506	132	林洪才
名阳精密机械制造有限公司	4254	2757	林荣芳				

【南丰镇"双创"一举成功】 镇党委、政府贯彻落实科学发展观，齐心协力创建国家卫生镇和全国环境优美乡镇。年内共投入9000多万元，用于卫生基础设施和环保设施建设。其中，拆迁镇区东街91户、2.1万平方米，新建拆迁户安置房9幢、3.3万平方米；新建和改造镇区主干道路面20.4万平方米，铺设和维修人行道板1万多平方米，镇区道路硬化率100%，村组道路硬化率98%以上；镇区主要街道亮化率100%。新建垃圾填埋场1座，占地3400平方米；新建垃圾中转站1座、垃圾收集房18个，建成日处理3000吨生活污水厂1座。全镇森林覆盖率15.99%，人均公共绿地14.65平方米，镇区绿化覆盖率33.98%，人均公共绿地6.1平方米。农田农网化率80.64%，农作物秸秆综合利用率98.8%，建成生态村2个。全镇重点工业污染源排放达标率100%，生活垃圾无害化处理率100%，全镇无害化卫生户厕普及率87.38%。5月，3个村通过省级卫生村考核验收，实现全镇省级卫生村"满堂红"。7月31日与8月31日，分别通过创建国家卫生镇考核验收和全国环境优美镇省级调研，实现"双创"一举成功。

【永联村成为苏州市首家超百亿元村】 年内，永联村党委围绕打造"华夏第一钢村"的目标，实施科技战略，加快发展力度，实现全年销售收入106.6亿元，利税7.89亿元，分别比上年增长99.51%和81.33%，成为苏州市首个年销售收入超百亿元的强村。该村于2002年自筹资金10多亿元，建成了百万吨炼钢项目，彻底扭转轧钢原料受制于人的历史。2003年，又投资1.51亿元，建成了年产120万吨棒材生产线，形成了年炼钢200万吨、轧材400万吨的生产能力。永钢集团着力拓展销售渠道和优化市场布局，除在国内设立10个销售办事处、20多个销售点外，还在美国、日本、韩国、意大利、西班牙、新西兰、芬兰等国家拓展外销业务，完成自营出口491.3万美元。与此同时，该村大力推进内部资源综合利用，投资7000多万元，上马喷煤系统等工程，既净化环境，又为企业创造效益1.2亿元。是年，该村产钢130万吨，轧材232万吨，分别比上年增长318%和31.8%，均创造了历史最高水平。此外，村里还每年拿出530万元（即人均1000元）用于精神文明建设，奖励文明村民、文明家庭，全村三个文明建设协调发展。

【镇司法所延伸帮教到监所】 为促使服刑人员积极改造，11月25日、26

永钢集团鸟瞰 （南丰镇 供稿）

日两天，南丰镇司法所组织了各村民调主任和服刑人员家属代表共17人，专程到江苏省丁山监狱对南丰镇15名服刑人员开展“送亲情延伸帮教”活动。活动中，监狱领导介绍了监狱发展情况和服刑人员的改造情况，市司法局和镇党委领导对服刑人员提出希望和要求，向服刑人员赠送毛巾、牙刷等生活用品；民调主任和服刑人员家属代表还与服刑人员进行个别帮教谈话，希望其争取减刑，早日回归社会。服刑人员十分感动，表示决不辜负家乡人民的关怀和希望，积极改造，争取早日回家乡作贡献。2004年，南丰镇有释教人员79人，建立帮教小组79个，其中，帮助建房3人，帮助落实责任田44人，评定低保户5个，安排工作9人，帮助从事个体户20人，落实其他帮教措施1人，使重新犯罪率控制在5%以内。

【党员干部向技能服务型转变】 随着经济社会的不断发展，农村干部的工作职能也在发生变化，为适应新形势，提高服务水平，全镇的党员干部纷纷参加自学考试、成人高考等。两年前，镇政府出资和苏州职工大学联合开办大专专业证书培训班，全镇40多名党员干部参加培训班学习，现已全部毕业。据统计，全镇14个行政村的74名村干部中，具有大专以上学历的有31人，45岁以下的村干部均已达到大专或相应文化程度。在农业结构调整中，党员干部以学到的理论知识和实用科技知识对村民“传、帮、带”，起到带头示范作用。南丰村村委主任顾巧生，4年前利用工作之余从事生猪养殖，如今已是养猪行家，附近专业养猪户碰到困难，他总是耐心释疑解难。党员干部的带头示范，使农民学有榜样、干有信心，有力推动了全镇的农业结构调整。至年末，全镇拥有生猪专业户62户、水产养殖专业户56户、蘑菇种植专业户25户、花卉苗木生产专业户482户、石膏板加工专业户102户、蔬菜种植专业户256户，还涌现一大批专业生产村、组，较好地解决了农村剩余劳动力的出路，鼓了农民的腰包，带动了农村经济的发展。

【“文明奖”催生“文明风”】 年初，永联村为更好地规范村民行为，提高村民文明素质，专门制定“文明家庭奖”条款。村里每年拿出530万元（即人均1000元）对文明家庭实施奖励。“文明家庭奖”的考核内容有：遵纪守法类、环境卫生类、计划生育类、家庭生活类、综合治理类、公共事业类、其他类等7大类43个项目，对村民日常不文明行为实行处罚扣分制度，实施一年取得明显成效。该村常年在外务工的计生管理对象有100多人，实施文明家庭奖后，凡从外地回家或临时外出，都能自觉与计生部门联系，做B超检查，年内无一人超计划生育。17组老年人沈某有5个儿子，过去老人赡养费难以落实，官司打到法院未解决，现在大儿子主动将赡养费送到村委，其他几个儿子也陆续交清费用，关系紧张的家庭得以冰释前嫌。为了使村民相互监督、相互约束，“文明家庭奖”评比还实行“联动”扣分，违规者有一人扣1分，他所在家庭每1人扣1分，村民小组每1人扣0.1分。被考核家庭当年扣分如超过10分，取消评奖资格，且超过部分纳入下一年度考核实绩。村民小组所有扣发的奖金，用于再奖励模范遵守村规民约、表现突出的村民。这一措施较好调动了村民参与化解矛盾、建设和谐社会的积极性。

（黄同高　沈锦发　谭德宝）

大新镇

【概况】 大新镇北依长江，南接市区，东邻扬子江国际冶金工业园，西接扬子江国际化学工业园，境内有长江岸线8公里。全镇总面积40.3平方公里，镇区面积3平方公里，下辖11个行政村和1个中心社区居委会。总人口3.61万人，其中非农人口1.1万人。有外来人口1.9万人。年末有工业企业315家，实现工业销售收入22.03亿元，地区生产总值8.5亿元，财政收入1.5亿元，农民人均收入7909元。镇党委、政府年初制订的八大实事工程整体推进，全部落实。9月，易地新建的大新中心幼儿园落成启用，年末，创建成苏州市示范幼儿园。年内，大新镇被评为苏州市村民自治模范镇，获苏州市禁毒委员会授予的“苏州市无毒社区”称号，并通过全国环境优美镇省级考核调研。

表119　**2004年主要经济社会指标一览表**

项　目	数　量	项　目	数　量	项　目	数　量
地区生产总值	8.5亿元	规模工业企业	54家	电话普及率	34部／百人
财政收入	1.5亿元	股份有限公司	1家	各类科技人员	552人
耕地面积	2187公顷	外资及港澳台资企业	13家	中小学校	7所
农机总动力	7990千瓦	工业销售收入	22.03亿元	在校中小学生	4799人
用电总量	2.52亿千瓦小时	工业利税	1.45亿元	在职教师	240人
农业总产值	1.02亿元	固定资产投资	4.18亿元	开通有线电视	5690户
粮食总产量	1.55万吨	工业技改投入	4.09亿元	医院病床数	83张
皮棉总产量	52吨	新批三资企业	2家	卫生室	13个
肉类总产量	1078吨	当年注册外资	3263万美元	自来水普及率	100%
水产养殖面积	274公顷	当年到账外资	1012万美元	参加养老保险	1.36万人
水产品产量	1777吨	自营进口额	1019万美元	参加合作医疗	2.44万人
瓜果产量	223吨	自营出口额	3250万美元	农民人均纯收入	7909元
蔬菜产量	3600吨	镇村公路	141公里	农民人均住房	72平方米

表 120　2004 年各村基本情况表

村　名	村支部（党委、总支）书记	村委主任	经济总收入（万元）	人均纯收入（元）	村　名	村支部（党委、总支）书记	村委主任	经济总收入（万元）	人均纯收入（元）
新凯村	钱正初	钱正初	5768	8051	大新村	孙爱民	王晓勇	12480	7965
长丰村	周正校	袁春平	7742	7927	新海坝村	茅友法	蒋清国	2140	7878
桥头村	盛建峰	滕惠平	5044	7853	老海坝村	顾官兴	陈　林	1977	7733
段山村	陆仁华	李国才	3452	7936	中山村	徐友才	徐友才	4443	7834
朝东圩港村	黄建兴	严亚新	6925	7982	龙潭村	陶兴良	陆福才	3044	7838
新闸村	钱建华	陈凤祥	5214	8015					

表 121　2004 年骨干企业基本情况表

企业名称	销售收入（万元）	利税总额（万元）	法人代表	企业名称	销售收入（万元）	利税总额（万元）	法人代表
江苏宏宝集团	84578	7510	朱玉宝	新凯带钢有限公司	5885	174	朱华峰
大新毛纺织厂	20609	1934	黄荷芳	恒达纺织有限公司	4291	163	丁松华
互益染整有限公司	14121	986	吕淑杭	嘉利纺织有限公司	3834	186	陈创造
龙马特种纱线有限公司	13573	−31	闻松南	市印刷机械厂	2870	216	肖中林
天达特种刀具有限公司	7916	358	宋虎	金莲纺织有限公司	2798	104	陈顶华

【科学规划建设优美滨江镇】 大新镇东邻扬子江冶金工业园，西靠扬子江国际化学工业园。镇党委、政府根据区位优势，年初确定总体目标：把大新镇建成两大扬子江工业园的配套区、未来发展预留区和绿色环保隔离区。在此基础上，聘请苏州城镇建设环保学院专家编制了174公顷新增工业园区控制性详细规划，聘请同济大学专家根据行政区域调整后的新情况，编制了《大新镇居住区控制性详细规划》，规划的镇区面积由原来的1.2平方公里扩大到6.5平方公里，其中生活区面积达89公顷。根据规划，年内投入3000万元，新筑6条主干道11万平方米，初步拉开工业区和生活区发展框架；投入1400万元，新增绿化面积120万平方米。全年新建拆迁户安置房1.7万平方米，在建2.7万平方米。规划面积为50万平方米的生活区一期工程新城花园，建筑面积为3.39万平方米的滨江小区均已开工建设。大手笔投入使集镇面貌发生了较大改观，至年末，集镇建成区面积已由1.2平方公里扩大到3平方公里。

【发挥商会作用做大五金产业】 大新镇五金商会成立于2001年7月，有会员企业64家，是中国五金制品协会的团体会员。为充分发挥商会作用，推动五金产业发展，商会每季度活动一次，交流信息，并进行专业研讨，年内新增会员企业20多家。为拓展市场，商会经常组织会员企业参加各种五金工具展销会、博览会，年内参展摊位增加到40多个。商会还多次组织企业主到国内外参观学习，开阔视野，先后从台湾引进了高速冲床生产线、锻压生产线，从俄罗斯引进热磨锻生产线、电脑打标机、模具加工系统等先进的生产设备，使全镇五金制品生产能力和产品质量大幅提高。至年末，全镇五金生产企业达200余家，已形成130多个产品系列、3000多个品种，年销量1.8亿件以上，年销售收入9.9亿元，比上年增加20%。新工牌产品被评为苏州市名牌产品，宏宝牌被评为江苏省著名商标和省名牌产品，宏宝集团生产的涂锌铜方波焊管、钛合金结构件两个产品被省科技厅评为高新技术产品。

【大新热电有限公司建成投产】 大新热电有限公司于2003年9月经省经贸委批准立项，由江苏新芳纺织品有限公司、保税区天宇毛纺有限公司、保税区苏源资产投资有限公司合资建设。项目占地2.34万平方米，一期工程投资6000万元，安装2台35吨链条锅炉，1台0.6万千瓦发电机组。机组实行电脑化全自动操作，是目前国内工艺最成熟、控制手段最先进的设备。项目于11月建成供气，年末发电。正常运转后，年供气量为26.8万吨，年发电量6000万千瓦小时。该项目的建成不仅降低企业用电、用气成本，还可缓解大新地区电力供需紧张的矛盾，有效改善大新的投资环境。

大新中心幼儿园落成典礼　（大新镇　供稿）

【大新中心幼儿园建成启用】 易地新建大新中心幼儿园是镇党委、政府为民办的一项实事工程，总投资1300万元，占地1.5万平方米，建筑面积7900平方米。该园按省级示范幼儿园标准进行规划、设计和建设，园内硬件设施一流，现代气息浓郁，不仅设有图书室、音乐室、美术室、故事屋、科学发现屋、体育室、电脑房、劳技室、舞蹈房、游戏室、休息室等专用教室，还班班配有钢琴、电脑、电视机、实物投影仪等现代化教学设备，实现了无纸化办公和网络化管理。幼儿园于9月1日竣工启用，通过3个多月的努力，已创建成为苏州市示范幼儿园。12月26日，正式举行落成典礼，副市长秦景安出席典礼并致辞。该园的落成，让大新的幼儿们享受到了同城里孩子一样优质的教育资源。

【新城休闲广场落成】 为进一步打造大新镇的环境优势，镇党委、政府于年初决策，筹资250万元，高标准建造新城休闲广场。休闲广场位于镇区新建的拆迁户安置小区内，占地1.34万平方米，采用自然手法设计，集管理用房、绿化、铺装、雕塑、廊柱、灯饰于一体。广场新栽各种花卉、树木4.5万株，铺设草坪7520平方米。雕塑以火凤凰双翅、熔炉、地球、铁镦组成，寓意紧靠长江之滨的大新依托传统的五金工艺，在现代科技催化下，展翅翱翔，飞向世界。广场于7月动工兴建，11月30日举行落成庆典仪式。广场的兴建不仅为广大居民提供了一个强身健体、观花赏绿、放飞心灵的理想场所，更为大新早日建成优美的滨江小镇增添了一道亮丽风景。 （史桂祥 郑生大）

常阴沙农场

【概况】 位于张家港市东部。3月，由原省农垦公司下属单位划归张家港市。4月，原江苏省国营常阴沙农场更名为张家港市常阴沙农场。总面积37.44平方公里，镇区面积2.2平方公里，辖13个农业管理区、1个居委会。总人口2.14万人，其中非农人口2295人。年末有工业企业112家，实现工业销售收入4亿元，生产总值2.38亿元，农民人均纯收入5780元。年内，属地管理实现平稳过渡，退休职工待遇问题顺利解决，养老保险改革稳步推进，农村基础设施建设得到加强。

表122 2004年主要经济社会指标一览表

项 目	数 量	项 目	数 量	项 目	数 量
地区生产总值	2.38亿元	蔬菜产量	4900吨	在校中小学生	1876人
耕地面积	2537公顷	规模工业企业	22家	在职教师	112人
农机总动力	1.60万千瓦	工业销售收入	4亿元	开通有线电视	2100户
用电总量	4388万千瓦小时	工业利税	2220万元	医院病床数	30张
农业总产值	9300万元	固定资产投资	4000万元	卫生室	7个
粮食总产量	2.29万吨	工业技改投入	3500万元	自来水普及率	100%
皮棉总产量	943吨	自营出口额	95万美元	参加养老保险	7943人
肉类总产量	918吨	镇村公路	162公里	参加合作医疗	12385人
水产养殖面积	137公顷	电话普及率	33部/百人	农民人均纯收入	5780元
水产品产量	240吨	各类科技人员	225人	农民人均住房	50平方米
瓜果产量	7360吨	中小学校	1所		

表123 2004年各管理区基本情况表

管理区名	管理区支部书记	管理区主任	经济总收入（万元）	人均纯收入（元）	管理区名	管理区支部书记	管理区主任	经济总收入（万元）	人均纯收入（元）
第一管理区	范兴华	范兴华	1664	5471	第十管理区	李永明	李永明	1002	5909
第二管理区	陈金发	陈金发	3044	5982	第十一管理区	陆品华	陆品华	638	5698
第三管理区	虞卫明	虞卫明	4134	5758	第十五管理区	徐建龙	徐建龙	829	5739
第四管理区	丁茂祥	丁茂祥	1465	5978	第十六管理区	陆洪祥（副）	陆洪祥（副）	1352	5387
第五管理区	黄志忠	黄志忠	1224	5377	第十七管理区	蔡正泉	蔡正泉	1492	5746
第六管理区	陶洪祥	陶洪祥	4233	6035	第十八管理区	蒋礼荣	蒋礼荣	954	5657
第九管理区	史建军	史建军	1211	5404					

表124 2004年骨干企业基本情况表

企业名称	销售收入（万元）	利税总额（万元）	法人代表	企业名称	销售收入（万元）	利税总额（万元）	法人代表
常阴沙电控厂	4001	312	高关清	常阴沙绒线厂	2675	101	陈世明
沙洲车辆有限公司	3694	-151	何文鸽	良胜复合金属有限公司	2619	71	何卫平
飞浪泵阀有限公司	3442	339	陈世章	棉纺针织有限公司	2413	134	赵志荣
世红氨纶纱线有限公司	2838	69	顾振忠	宏源纱业有限公司	2124	83	唐卫平
常阴沙针织厂	2715	112	顾培康	宇扬气纺有限公司	1712	24	汪 平

【常阴沙农场实行属地管理】 常阴沙农场成立于1959年8月，当时称“常熟县沙洲农场”。建场45年来，建置和隶属关系几经变更。1961年4月，江苏省人民委员会批复，沙洲农场改为国营机械农场，定名为“江苏省国营常阴沙农场”，直属省农林厅领导，性质为全民所有制农业企业。1965年8月，农场归属省农垦公司。1968年7月，沙洲县革命委员会将农场改名为“东方红农场”。1971年1月，农场隶属苏州专区革命委员会领导。1979年4月，农场改由省农垦局领导，为全民所有制国营农场，同年7月恢复原名江苏省国营常阴沙农场。2004年3月23日，为促进农场的改革与发展，省政府决定将农场划归张家港市，实行属地管理。4月24日，张家港市委、市政府在馨苑度假村召开常阴沙农场实行属地管理大会，原江苏省国营常阴沙农场更名为张家港市常阴沙农场。这一隶属关系变更，标志农场将作为港城大家庭的一位新成员完全融入张家港市的改革发展大潮，由此揭开常阴沙农场发展史上崭新的一页。

【退休职工领取新标准退休金】 自上世纪80年代始，农场职工因未参加社会养老保险统筹，退休金发放标准一直是每月44元至58元。属地管理后，张家港市委、市政府严格执行全国劳动和社会保障部、财政部、农业部等所发文件精神，按照不低于当地城镇居民最低生活保障水平，调整退休金发放标准，在5月1日前向全场5146名退休职工发放了3月～4月两个月的退休金，后做到逐月发放，发放标准为在原有退休金的基础上增加216元，月平均标准提高到273元。为确保养老金按时足额发放，方便群众领取，从9月开始，退休职工养老金由社会保险基金管理结算中心实行社会化发放。

【农场职工劳动关系改革方案顺利实施】 为切实加快改革改制步伐，7月31日，常阴沙农场召开九届四次职工代表大会，会议表决通过了《调整职工劳动关系改革方案》。8月，农场6429名在职职工与农场签订解除劳动关系协议，按照每一年工龄补440元的标准领取经济补偿费，实行身份置换。9月，农场人自由选择适合自己的养老保险方式，其中参加市农民养老保险的，缴费按规定享受市、农场二级财政补贴，即：男45周岁、女40周岁以下的，市、场二级补贴年度缴费额的40%；男45周岁、女40周岁以上的，市、场二级补贴年度缴费额的60%。达到养老年龄（男满60周岁、女满55周岁）的，除按规定发放养老金外，原农场正式职工还按各人工龄，每满一年增发3元工龄养老金。另外，在册户籍人员每人可得0.033公顷（即0.5亩）的基本生活田，农场不收取任何费用。至年末，全场有3562人参加农民养老保险，2650人参加城镇职工养老保险。至此，农场人真正摘下国有企业职工的“红帽子”，稳步迈进社保网，农场养老保险改革顺利实现了平稳过渡，为农场进一步改革和发展奠定了基础。

常阴沙农场职代会通过劳动关系改革方案 （常阴沙农场 供稿）

【投入1400余万元为民办实事】 属地管理后，市委、市政府和农场党委采取一系列惠及农场、造福群众的政策和措施，加快农场发展进程。年内投资600万元改造场内主干道路跃进路、滨河路、长沙路和双拥路；投资40万元，新建跃进桥和长沙河桥；投入96万元，改造贫困家庭危房和解决贫困家庭子女就学；投入300余万元疏浚河道307条计179公里，改造涵洞6座，翻建农村危桥8座，完成水利总土方100万立方米。还取消农业税，减免劳力费，并实行了每0.067公顷（即1亩）30元的水稻补贴，使全场群众增加收入400万元。13个农业管理区由市级机关13个部门实行对口帮扶；353户、799人纳入最低生活保障。

【无公害蔬菜基地项目落户第十一管理区】 属地管理后，农场党委积极推进农业标准化建设。在市有关部门大力支持下，无公害蔬菜生产基地项目于12月在第十一管理区落户。基地占地20公顷，设计钢管大棚区4.67公顷，防虫网覆盖区10公顷，露天菜地5.33公顷。根据市水利工程勘测设计室的设计要求，基地将实施路、渠硬化和防渗化基础设施建设，采用钢架大棚与防虫网相结合，建成一个设施先进的现代化蔬菜基地。项目总投资405万元，拟在2005年申请国家农业综合开发项目。无公害蔬菜基地将在加快结构调整、促进农业增效、农民增收中起到示范作用。

（沈小芳）

【编辑 徐祖白】

1月

7日　江苏省委常委、苏州市委书记王珉，省政府副秘书长周光明率省政府办公厅、省农林厅、省总工会、省民政厅、省劳动和社会保障厅等有关部门领导到市走访慰问。

△　国家体育总局局长袁伟民到市考察。

8日　中共张家港市纪律检查委员会第四次全体（扩大）会议在市会议中心举行。大会审议通过了《中共张家港市纪律检查委员会第四次全体（扩大）会议决议》，审议并通过了市委副书记、市纪委书记刘费加在市纪委第四次全体（扩大）会议上所作的工作报告。

9日　张家港市被全国双拥工作领导小组、民政部、解放军总政治部命名为全国双拥模范城。这是张家港市自1997年和2000年两次荣获此项荣誉后，连续三次被命名，这在全省县级市中还是首家。

13日　张家港市被国家建设部授予国家园林城市称号。

24日　中共中央政治局常委、国务院副总理黄菊，在省委书记李源潮，省委副书记、省长梁保华等陪同下到市考察。

27日　全国人大常委会副委员长蒋正华一行到市视察。

29日　张家港市12个工业项目和能源项目同时开工奠基。这12个项目包括：江苏沙洲电厂一期工程、市第四水厂工程、新芳集团热电厂、天霸200台喷气织机项目竣工暨6万锭氨纶纱线项目、保税区森田化工、润浦25万吨型钢项目、奔球制管20万吨热轧无缝钢管、扬子江针纺织综合批发市场、顺祥纺织、华泰塑料包装、德尔隆超市、华伟特钢40万吨特种钢项目。

2月

1日至4日　政协张家港市第九届委员会第二次会议在馨苑度假村会议中心举行。会议应出席政协委员280人，实到268人。会议听取和审议了政协张家港市第九届委员会常务委员会工作报告和政协张家港市第九届委员会常务委员会关于九届一次会议以来提案工作情况的报告，增补了政协张家港市第九届委员会常务委员3人（李宏平、陈永祥、黄亚平），通过了政协张家港市第九届委员会第二次会议决议。委员们列席了张家港市第十一届人民代表大会第二次会议。

2日至5日　张家港市第十一届人民代表大会第二次会议在沙洲宾馆举行。会议应出席代表306人，实到301人。会议听取、审议和批准了张家港市人大常委会、市人民政府、市人民法院、市人民检察院工作报告，批准了张家港市2003年财政预算执行情况和2004年财政预算草案的报告，通过了张家港市人民代表大会关于代表议案问题的规定，选举产生了张家港市第十一届人民代表大会常务委员会副主任2人（何坤明、陆昕）、委员1人（常士明），张家港市人民政府市长1人（王翔）。

4日　江苏省副省长张卫国到市检查指导工作。

△　南京政治学院副院长印进宝少将一行到市参观考察。

18日　大型画册《一代风范——秦振华》首发式在馨苑度假村会议中心举行。

19日　张家港市被省建设厅授予2003年度全省城市管理创优活动优秀奖，在全省县级市中排名第一。

20日　张家港市首批符合条件的47923位老人领到了养老补贴金的储金卡，该卡每月将被存入80元。

21日　江苏沙钢集团华盛炼铁总厂5号380立方米高炉成功投产。该高炉自2003年8月中旬开工建设至投产仅用了180天，刷新了国内同类项目建设周期的新纪录。

3月

1日　国家海关总署加工贸易和保税监管改革工作委员会成立暨第一次工作会议在张家港市召开。

国家海关总署副署长龚正等出席了会议。

△ 华尔润物流5万吨级集装箱件、杂货码头在张家港保税物流园区开工建设。该项目总投资5.6亿元，规划新建1座集装箱和件杂货多用途码头，泊位数2个，码头总长432米，可满足5万吨级船舶泊靠泊作业要求。

8日 江苏省委常委、省军区政委吴齐一行到市调研人武工作。

11日 扬子纺纱三期竣工暨扬子染整有限公司奠基仪式在江苏省张家港经济开发区举行。扬子纺纱有限公司三期工程总投资5000万美元，年生产精纺纱3000吨。扬子染整有限公司总投资1500万美元。

12日 牡丹汽车MD6122GDU在北京国际商用车辆、特种车辆及零部件展览会暨2004年第一届全国客车大赛上获得了公路客车最佳造型奖、旅游客车最佳造型奖、公路客车银奖和旅游客车银奖，同时MD6133获得城市客车铜奖。

15日 江苏沙钢集团650万吨钢板工程2500立方米高炉竣工点火。高炉项目是钢板工程的主体项目之一，主要装备包括3座2500立方米高炉，总投资19亿元。

16日 张家港市凤凰镇、锦丰镇、南丰镇、金港镇、杨舍镇、乐余镇、大新镇等7个镇被苏州市创建金融安全区协调小组办公室授予“信用镇”称号。至此，继2003年7月31日塘桥镇被命名为苏州市第一家“信用镇”之后，全市的8个镇全部创建成“信用镇”，成为苏州市首家实现“信用镇”创建“满堂红”的市。

17日 江苏省委常委、苏州市委书记王珉到市考察调研。

24日 由日本丰田合成株式会社投资建办的丰田合成（张家港）塑料制品有限公司在张家港保税区内破土动工。该项目占地面积9万平方米，第一期投资1610万美元，主要经营塑料合金产品及工程塑料制品的生产销售。

25日 位于塘桥镇花园村的500千伏张家港输变电工程举行竣工典礼。

26日 由国家发改委、国家环保总局、国家安全监督局等组成的国务院督查组到市检查调研。

△ 全省农业生态环保与农村能源工作会议在沙洲宾馆举行。

28日 19时55分，常熟王庄境内发生重大交通事故。张家港市苏汽长途汽车客运有限公司一辆载有江苏省梁丰高级中学高一（8）班40多名师生的大巴车在常熟市王庄境内撞入路边吴越印染有限公司门卫值班室，造成9人死亡，24人受伤。

29日 国务院原副总理钱其琛偕夫人周寒琼一行到市视察。

△ 东南大学校长、中国工程院院士顾冠群一行10余人到市开展信息化专家行活动。

△ 九洲家居装饰城三期家具广场举行开业典礼。九洲家居装饰城总投资2.5亿元，占地面积33.33公顷，一、二期的营业面积为8万平方米，三期工程——家具广场营业面积为6万平方米。

30日 省人大常委会副主任、省总工会主席张燕到市调研进城务工人员加入工会及维护其合法权益工作情况。

4月

6日 全省农业产业化龙头企业工作会议在馨苑度假村召开。省委副书记张连珍、副省长黄莉新出席会议。黄莉新随后对农业水利工作进行调研。

7日 原国务院总理朱镕基偕夫人一行到市视察。

8日 中纪委原常务副书记侯宗宾一行到市访问。

3月28日至4月10日 市委副书记、市长王翔率团赴日本和韩国招商。在为期14天的招商活动中，张家港市与日韩客商签约项目15个，总投资达2.38亿美元，注册外资1.1亿美元。

11日 全国教育科学“十五”规划重点课题——《新教育理论的实践及推广研究》开题大会在张家港高级中学举行。中国教育学会、中央教科所、省教育厅等单位的领导、专家以及来自全国各地的新教育实验学校的代表参加了开题会。会上，张家港高级中学、市职教中心、市实验小学等张家港市43所中、小学成为新教育实验学校。

12日 全国政协常委、提案委员会主任、中纪委原副书记傅杰到市考察。

△ 张家港市国泰华荣化工新材料有限公司成为同时承担国家863高技术研究计划和国家中小企业技术创新基金项目的企业。该公司与天津蓝天高科电源股份有限公司联合承担的“XL纯电动轿车动力蓄电池”项目于2003年7月19日被列入国家863计划。该公司的另一项目“凝胶型锂离子电解液”在4月1日又被批准列入科技部国家中小企业技术创新基金项目。

15日至17日 张家港市党政代表团在市委书记曹福龙，市委副书记、市长王翔的带领下赴南京，浙江萧山、杭州以及江苏吴江等地围绕城市建设和民营企业发展参观考察。

18日 由江苏澳洋科技股份有限公司与玛纳斯县供销合作社联合社、新疆天业股份有限公司等单位投资建设的玛纳斯澳洋科技有限责任公司二期工程5万吨浆粕新建项目在玛纳斯县举行开工典礼。该项目总投资5亿元，一期工程已于2003年4月18日开工建设。

20日 参加全国农业和农村档案工作经验交流会的代表在国家档案局中央档案馆局（馆）长毛福民的带领下到市考察。

22日 全国人大常委会原副委员长王汉斌一行到市视察。

24日 经省政府批准，原江苏省农垦集团所属的国营常阴沙农场划归张家港市，实行属地管理，并更名为张家港市常阴沙农场。原江苏省常阴沙农场是江苏省农垦集团惟一处于苏南地区的国有农场，总面积37.5平方公里，镇区面积2.2平方公里，人口2.1万人，耕地2533.33公顷，辖13个农业工区和一个居委会。

25日 中国驻法国大使赵进军携夫人钱卫到市参观考察。

28日 张家港市城市管理行政执法局成立。新成立的城市管理行政执法局将集中行使市容环境卫生管理、城市规划管理、城市绿化管理、市政管理、环境保护、工商行政管理和公安交通管理等方面的部分行政处罚权。

29日 首届“张家港市十佳（杰出）青年创业先锋”评选揭晓。许国荣、缪培峰被评为首届“张家港市杰出青年创业先锋”，马晓天、许细访、李兵、吴义、唐利刚、袁文标、龚凯、蒋永忠、褚晓峰、薛平被评为首届“张家港市十佳青年创业先锋”。

30日 张家港市青年中心挂牌成立，联通青年俱乐部同时成立。

5月

3日 原全国人大常委、二炮政委隋永举上将一行到市参观考察。

13日 市区长安路改造工程正式启动。该工程全长2.35公里，总投资4000万元。

△ 国务院国资委监事委主席倪小庭一行到市参观考察。

15日 国家体育总局副局长王钧到市考察。

△ 根据苏州市党政机关工作人员关于禁酒的有关规定，张家港市即日起禁酒令正式开始实行。

19日 省委常委、宣传部长王国生到市调研。

20日 省政协副主席林玉英率省政协特邀界委员一行20余人到市考察。

21日 由日本精工株式会社投资建办的张家港恩斯克精密机械有限公司正式竣工投产。该项目位于江苏省张家港经济开发区，一期投资1300万美元，主要生产轴承套圈。

△ 华芳金陵国际酒店被国家旅游局饭店星级评定机构评为“中华人民共和国旅游（涉外）五星级饭店”。

22日 海军指挥学院院长黄江少将一行到市考察。

23日 国家环保总局副局长祝光耀一行12人就生态城市创建工作到市调研。

24日 《当代中国城市发展》丛书第二次编写工作座谈会在张家港市举行，中国社会科学院副院长兼当代中国研究所所长朱佳木出席并主持了会议。会议确定：《黄金口岸，人居典范——中国张家港》列入《当代中国城市发展》丛书，并作为江苏省分卷的首卷。

26日 江苏省副省长王湛到市检查指导教育工作。

△ 全国基层公安文化工作示范点现场会在张家港市举行。会上张家港市公安局获得了公安部授予的“公安文化工作示范点”荣誉称号。

27日 经省经贸委和省统计局企业调查局公布，根据2003年企业集团统计年报，全省企业（集团）按实现营业指标排定50强。江苏沙钢集团名列第5名，华芳集团名列第16名，江苏国泰国际集团名列第21名。

△ 中国银监会副主席李伟一行到市调研农村商业银行运作情况。

△ 中央电视台“激情广场”栏目走进张家港，参加全国基层公安文化工作示范点现场会的代表与2000多名观众一起互动，唱响了警民一家亲。该栏目是中央电视台3套推出的大型群众广场合唱节目。

29日 张家港市成为中国老区建设促进会联系示范点。中国老区建设开发促进会副秘书长任凤杰到市授牌。

6月

3日 卫生部副部长朱庆生到市考察。

5日 由国家海关总署、国家商务部、国家税务总局、国土资源部等部门组成的保税区区港联动联合调研组到市调研。

6日 《人民日报》、《中国青年报》等中央新闻单位记者采访团到市采访职业教育发展情况。

7日 张家港市被共青团中央、民政部、建设部、国家工商行政管理总局授予全国“青年文明社区”示范城（区）荣誉称号。

8日 新组建的张家港市镇级卫生管理服务中心正式揭牌。各镇卫生管理服务中心主要承担行业卫生监督与管理、疾病预防与控制、妇幼保健、健康教育等公共卫生管理与服务，以及合作医疗管理、计划生育指导与技术服务等职责。

9日 全国人大常委会副委员长成思危到市视察。

5月20日至6月9日 张家港市招商团在市委书记曹福龙的带领下分赴欧洲12国开展招商活动。这次赴欧招商活动共签约项目9个，总投资5.9亿美元，注册外资1.8亿美元。

11日 馨苑度假村举行五星挂牌暨新客房大楼落成典礼。

△ 原国务院特区办主任葛洪升一行到市考察保税区工作。

12日 中共张家港市委八届五次全体（扩大）会议在馨苑度假村会议中心举行。出席会议的有市委委员21人，候补委员4人。会议听取了曹福龙代表市委常委会所作的《牢固树立科学发展观，坚定不移争当“两个率先”排头兵》的工作报告，会议讨论通过了《中国共产党张家港市第八届委员会第五次全体（扩大）会议决议》。

△ 南城花园杯张家港市第四届社区文化艺术节开幕式暨沿江六市（通州、如皋、常熟、江阴、太仓、张家港）社区文艺邀请展演活动在中心广场举办。第四届社区文化艺术节一直延续至11月，有少儿钢琴大赛、插花艺术大赛等十大内容。

16日 江苏澳洋实业集团控股的澳洋

科技股份有限公司在新疆玛纳斯县的二期投资项目——3万吨粘胶短纤、5万吨浆粕工程正式奠基。新疆维吾尔族自治区党委书记王乐泉、江苏省政协常委秦振华到会祝贺并剪彩。二期项目全部投产后，将使澳洋科技的粘胶短纤和浆粕的生产能力分别达到6万吨和8万吨，年销售额可达15亿元，成为全国最大的棉浆粕生产基地。

18日 张家港干部教育网正式开通，这是苏州市首家开通的党政干部教育专业网站。

19日 教育部部长周济、江苏省副省长王湛、江苏省教育厅厅长王斌泰与参加全国职业教育工作会议的与会人员到市参观考察职业教育工作。

18日至19日 国家林业局调研组一行到市进行城乡一体绿化工作调研。

21日 国家林业局副局长祝列克一行到市考察。

25日 德国北威州代表团在北威州经济和劳工部长哈罗德·夏涛的率领下到沙钢集团访问。

27日 江苏省委授予张家港市党建工作先进县（市、区）荣誉称号。

28日 张家港保税区海关举行新大楼落成典礼。

△ 高新张铜股份有限公司党委书记、总经理郭照相被国务院国有资产监督管理委员会党委授予中央企业优秀党务工作者称号。

30日 长江润发集团25万吨润浦型钢项目正式投产。该项目是长江润发集团借上海申博成功之际，将宝钢集团的上钢三厂迁移到张家港的特效型钢项目，其产品主要应用于电梯、集装箱、大型船舶、汽车等工业。

7月

2日 张家港保税区光王电子二期工程举行落成典礼。该工程于2003年5月21日开工建设，总投资20亿日元，主要生产反射彩色·TFT液晶显示器、反射彩色·TFT模块等产品。

4日 市疾病控制中心实验室经过CNAL（中国实验室国家认可委员会）评审组的评审，顺利通过国家认可。该中心新建的实验室面积3000平方米，建有万级净化实验室和艾滋病初筛实验室。

9日 张家港市被省科学技术厅和省知识产权局确定为江苏省首批知识产权工作示范市。

10日 国家统计局副局长、党组副书记邱晓华一行到市考察。

14日 市政府在上海市新锦江大酒店举办2004上海企业家投资答谢会。会上签约项目12个，总投资14.3亿元。

15日 可乐丽亚克力(张家港)有限公司在张家港保税区举行奠基仪式。该公司是日本可乐丽株式会社在中国投资的第五个企业，总投资1000万美元，主要生产高级浴槽用亚克力板。

16日 俄罗斯“统一俄罗斯”党代表团在总委员会书记波戈莫洛夫的带领下到市访问。

△ 张家港市公务邮件系统建成启用，全市3000多名公务员从此有了以张家港市门户网站“中国·张家港”（www.zjg.gov.cn）为后缀的统一电子邮箱。

△ 沙钢热电一期工程4号燃气发电机组竣工投运。该工程于2003年1月动工建设，总投资5亿元，总装机容量为4×5万千瓦。1号、2号、3号机组分别于3月和6月竣工投运，4台机组并网发电后，每年可利用低热值煤气约50亿立方米，发电14.4亿千瓦时。

17日 山西省政协副主席、党组成员吕日周一行到市考察。

18日 2004年夏季人才交流会在市体育馆举行，共有279个企事业单位参加，提供职位5385个。会上，4378名毕业生和求职者与用人单位达成了就业意向。

20日 省关工委主任，原省委副书记曹鸿鸣到市考察。

21日 国家统计局在《经济日报》公布了2003年全国大型工业企业名单，江苏沙钢集团、华芳集团有限公司、东海粮油（张家港）工业有限公司、江苏永钢集团、江苏澳洋实业（集团）有限公司、江苏牡丹汽车集团有限公司、江苏华尔润集团公司、江苏骏马集团有限公司、江苏华昌集团有限公司、江苏宏宝集团有限公司、江苏长江润发集团、张家港普坤纺织实业有限公司等12家企业榜上有名。

22日 前苏联领导人列宁、斯大林等著名人物的铜像由兆丰冶炼厂移交给市博物馆保存。

29日 江苏省第八期文艺家读书班在张家港市馨苑度假村开班。

30日 WHO健康城市联盟临时秘书长中村桂子到市考察。

31日 南丰镇通过江苏省爱卫会组织的国家卫生镇考核验收。至此，张家港市8个镇已全部成为国家卫生镇，成为创卫“满堂红”全国第一市。

8月

3日 全国人大代表、江苏省政协副主席、民盟江苏省委主委曹卫星一行到市就农村义务教育状况进行调研。

5日 南京军区政治部副主任张玉玺少将在江苏省军区副政委林恺俊少将陪同下到市调研国防后备力量建设。

6日 原中共中央对外联络部部长、中国国际交流协会顾问李淑铮到市视察。

7日 市建设大厦、市农村商业银行新大楼奠基。两项目位于市区人民路，市建设大厦新大楼设计总高80.2米，地面19层，总建筑面积2.9万多平方米；市农村商业银行新大楼投资预计为1.5亿元，规划建筑面积3万多平方米。

8日 市第三人民医院揭牌仪式暨塘桥医院新大楼落成典礼在塘桥医院举行。随着医院新大楼的正式落成，塘桥医院同时由镇中心卫生院升格为市第三人民医院。塘桥医院新大楼总投资1亿元，地面15层，总建筑面积2.5万多平方米。

△ 位于步行街中心的张家港书城竣工并投入试营业。该项目总投资2800万元，建筑面积8500平方米，设地下1层，地面6层。

9日 江苏省委统战部、省经贸委、省国税局、省地税局、省工商联等联合作出决定，对2003年度全省56家民营企业纳税大户予以表彰。沙钢集团以2003年上交国家和地方税收9.44亿元，比上年增长65.2%的成绩名列榜首。张家港市同时受表彰的还有永钢集团、骏马集团和澳洋实业（集团）有限公司。

10日 调解社会矛盾的专门机构——张家港市社会调解服务中心举行揭牌仪式。

△ 高新张铜自主开发的铜镍合金冷凝盘管项目通过中国有色金属工业协会组织的专家论证，又一次填补了国内空白。

11日 江苏东渡服装有限公司在中国纺织工业协会召开的2003年度最具竞争力企业授奖大会上，荣获2003年度中国纺织工业针织行业销售收入前50位、2003年度中国纺织全行业出口前100位、2003年度中国针织行业综合排序第8名称号。

12日 苏南第一口地热井——“苏南一号”在张家港市凤凰镇双龙村诞生。该井从3月下旬开钻施工，7月上旬达到日出水量700立方米、井口出水水温42℃。

13日 中央党校副校长李君如带领的中央实施马克思主义理论研究和建设工程专家小组一行19人到市考察。

16日 经国务院批准，张家港保税区与邻近港区开展区港联动试点。作为区港联动试点的张家港保税物流园区规划面积为1.53平方公里。此次国务院正式批准同意作为区港联动试点的7家保税区分别为青岛、宁波、大连、张家港、厦门象屿、深圳盐田港和天津保税区。这是继上海外高桥保税区之后的全国第二批区港联动试点地区。

△ 沿江高速公路苏州段通车，结束了张家港市境内无高速公路的历史。该段公路全长76公里，其中张家港段长19公里，总投资7.6亿元，途经杨舍、凤凰、塘桥3镇，为双向四车道，在沙锡公路塘市南和204国道恬庄南设2个互通式立交。

18日 可隆科技特（张家港）特种纺织品有限公司在凤凰镇举行开工典礼。该工程由韩国可隆科技特株式会社投资建办，占地1667公顷，总投资2亿美元。其中一期投资6000万美元，计划年底竣工并试生产。

△ 张家港保税区国税局创建成全国青年文明号，成为张家港市第八家获此荣誉的单位。

21日 江苏省委书记、省人大常委会主任李源潮，副省长李全林，在省委常委、苏州市委书记王珉等陪同下到市调研民营经济发展情况。

23日至27日 市委书记曹福龙随江苏代表团赴新疆考察。27日，曹福龙与市委常委、常务副市长庞伟中一行专程前往玛纳斯县考察。

26日 全国工商联在《中华工商时报》上公布了2003年度中国民营企业500强，张家港市有11家民营企业榜上有名，入选家数列各县市之首。入选企业排名如下：沙钢集团（3）、华芳集团（22）、永钢集团（40）、澳洋实业有限公司（127）、华尔润集团（169）、丰立国际贸易有限公司（214）、骏马集团（222）、飞腾集团（350）、宏宝集团（372）、菊花味精集团（392）、华达涂层有限公司（457）。

28日 中融物流、泰诚仓储、长江时代、诺亚国际、长江物流及逸仕露物流等6个物流项目在张家港保税区仓储物流园区举行奠基仪式。这批项目总投资1.8亿元，仓储面积达18.3万平方米。

31日 市第一人民医院易地新建工程在暨阳西路北侧全面开工建设。工程总投资达4.68亿元，占地12.07公顷，医疗综合大楼建筑面积达10.9万平方米。计划于2006年10月1日建成投用。

△ 张家港市第一家农村股份合作社——塘桥镇青龙村股份合作社成立。

9月

1日 张家港市东海粮油工业（张家港）有限公司的福临门牌小麦粉、江苏梁丰食品集团有限公司的金莎牌糖果（巧克力）、江苏菊花味精集团有限公司的菊花牌味精在国家质检总局召开的2004年中国名牌表彰授牌大会上被授予中国名牌产品称号。

3日 全国人大常委会财经委员会委员、全国人大常委会原副秘书长刘政到张家港市参观考察，并作了纪念人民代表大会制度建立50周年专题讲座。

5日 中国企业联合会、中国企业家协会在2004中国企业500强发布会暨高层论坛会上公布了2004年中国企业500强名单，江苏沙钢集团名列第86位。

8日至9日 市委、市政府组团，赴高邮、扬州、楚州三地参观学习。

9日 中国国际工程咨询专家组在中咨公司专家委员会主任石启荣的率领下到市调研。

18日 沙钢钢板工程主体项目之一的3座2500立方米高炉中的2号高炉成功出铁。该项目采用了PW并罐无钟炉顶、PW环保型INBA渣处理系统、铜冷却壁、TRT余压发电系统等多项国际先进装备，高炉整体水平达国内领先、国际先进水平。

11日至19日 市委副书记、市长王翔率市党政代表团赴陕北考察，与陕西省榆林市子洲县开展了对口帮扶洽谈和两地协作交流。

21日 世界最大的钢丝和钢丝制品制造商贝卡尔特钢帘线公司向江苏沙钢集团颁发了“盘条供应

商确认书”。沙钢成为世界著名的贝卡尔特公司的全球合格供应商。

21日至25日　市委书记曹福龙率领张家港市党政代表团赴广东参加“海城、张家港、东莞三市改革开放与发展”座谈会并赴珠海、惠州、深圳等地学习考察。

25日　国家统计局公布了2004年全国百强县（市）信息，根据2003年度的最新测定结果，张家港市位列全国社会经济综合发展百强县（市）第4位。

△　韩国前总理、浦项首任会长兼中国国务院发展研究中心经济顾问朴泰俊到市访问。

25日至26日　全国政协委员、宁夏自治区政协主席任启兴率驻宁夏全国政协委员一行20余人到市考察。

29日　高新张铜股份有限公司总经理郭照相被国务院国有资产监督管理委员会授予中央企业劳动模范称号。

10月

1日　全长2.35公里的市区长安路改造工程竣工通车。

7日　国家人事部副部长、外国专家局局长万学远到市考察。

8日　沙钢集团举行650万吨炼铁炼钢项目投产暨29周年厂庆仪式。全国政协副主席、全国工商联主席黄孟复和江苏省政协副主席、省商会会长李仁等领导一起为项目投产剪彩。

△　江苏澳洋实业（集团）举行张家港澳洋医院开工奠基仪式。该医院是张家港市第一家大型综合性民营医院，总投资2.5亿元，设计规模为556张床位，医院占地面积6公顷，建筑面积6.39万平方米，其中住院大楼高16层。

10日　市委书记曹福龙作为全国县级市的惟一代表，出席了中共中央组织部在天津召开的全国街道社区党的建设工作座谈会，并在大会上作了交流发言。

11日　张家港市与俄罗斯维亚基马市缔结为友好城市。

14日　苏虞张一级公路通车仪式在苏州市相城区举行。该路全长58.5公里，路线起自苏州市区桐泾路北延工程与312国道交叉处，途经相城、常熟、张家港，终于张家港市东南二环路，该工程于2002年6月28日开工建设，总投资13亿元。其中张家港段长13.8公里，投资3.3亿元，经过凤凰、塘桥、杨舍3镇。

14日至15日　全国第二届智慧学学术研讨会在张家港市馨苑度假村召开。中国社科院顾问、马克思主义理论家于光远，全国政协委员、中国科学院院士何祚庥，中国教育学会会长顾明远，中国自然辩证法研究会秘书长王国政等出席会议。

15日　省政协副主席陆军一行到市考察。

16日　原全国政协副主席、中国科学院院士、上海大学校长、沙工名誉院长钱伟长到市考察。

△　中央文明办调研组在中央文明办协调组组长李小满的带领下到市考察。

18日　沙洲职业工学院在华芳金陵国际酒店举行20周年校庆，原全国政协副主席、中国科学院院士、上海大学校长、沙工名誉院长钱伟长，苏州市副市长朱永新等参加了庆典活动。全国人大常委会副委员长李铁映为沙工20周年校庆专门题词，副省长王湛发去贺信。

21日　由省建设厅、经贸委、环保厅的领导和专家组成的联合检查组对张家港市自来水公司、高新张铜、第二污水处理厂等单位节水情况进行了现场考核，经评定，张家港市成为全省县（市）中第一个省级节水型城市。

24日　国务院发展研究中心农村经济研究部副部长、研究员谢扬和省农村劳动力资源开发促进会会长俞春芳带领研究“城镇化与三农问题”的10多位专家、学者到市调研。

27日至29日　全国党史系统庆祝中华人民共和国成立55周年学术研讨会在张家港市举行。中央党史研究室副主任、《中共党史研究》主编、研究员张启华，中国社会科学院副院长兼当代中国研究所所长、研究员朱佳木，国防大学邓小平理论和“三个代表”重要思想研究中心领导小组副组长、教授、少将黄宏等出席了会议。

28日至29日　由省建设厅、环保厅、爱卫办等部门有关领导、专家组成的国家卫生城市复查组到市检查。

29日　俄罗斯维亚基马市政府代表团在副市长格里哥里也夫·亚历山大·阿尔卡里也维奇带领下到市考察。

30日　全国政协副主席、中国工程院院长徐匡迪，中国工程院院士、中国钢铁研究院院长干勇等领导，在副省长何权、省政协副主席陆军、苏州市副市长赵俊生、苏州市政协副主席赵文娟的陪同下到市视察。

11月

1日　上午，2004年（张家港）长江文化艺术展示周开幕仪式在世纪广场举行。“长江颂”中国当代著名书法家精品展在市博物馆广场举行开展仪式。下午，2004年张家港经贸周活动签约仪式及7场投资说明会分别在国贸酒店、华芳金陵国际酒店和馨苑度假村举行。晚上，参加2004年（张家港）长江文化艺术展示周的海内外嘉宾欢聚体育馆，观看相聚张家港大型文艺晚会，共话长江文化，齐颂张家港巨大发展成就。这台晚会作为中央电视台4套的名牌栏目《欢聚一堂》的特别节目播出。

2日　日本丸龟市议会副议长国方功夫一行应邀到市参加2004年（张家港）长江文化艺术展示周活动。

△ 2004年（张家港）长江流域地方戏剧发展联盟研讨会在沙洲宾馆举行。会议讨论、通过了《长江流域戏剧发展战略联盟》（2004张家港宣言），明确了长江流域戏剧发展战略联盟以后每两年举行一届“张家港·长江流域戏剧艺术节”，同时举办“中国长江流域戏剧艺术国际论坛”。

△ 首届“张家港·长江流域戏剧艺术节”在张家港大戏院开幕。

6日 市委、市政府召开全市改革工作会议，全面部署张家港市社会事业领域企事业单位和社会团体改革工作。

△ 《经济日报》公布了第四届全国县域经济基本竞争力百强县（市）名单，张家港市荣获百强县（市）第3名。

8日 国家环保总局副局长王玉庆到市调研循环经济发展情况。

9日 青海省人大常委会副主任高永红一行到市考察。

10日 由韩国南阳工业株式会社投资兴建的江苏南阳汽车配件有限公司在省级开发区建成投产。该项目总投资1800万美元，主要生产汽车转向器及制动系统。

11日 匈牙利工人党代表团在主席蒂尔迈·久诺的率领下到市访问。

14日 马耳他驻华大使塞维尔·高齐到市访问。

16日 晚上，2004年（张家港）长江文化艺术展示周闭幕式在张家港大戏院举行。

△ 骏马化纤股份有限公司的股票“骏马化纤”以每股31分新加坡元的价格，在新加坡交易所向市场首次公开发售9200万股新股，总募集资金2852万元新加坡元，折合人民币约1.43亿元。本月25日正式挂牌交易，成为中国在新加坡自动报价股市挂牌交易的第一个“S”股。

18日 全国政协原副主席万国权到市视察并观摩昆剧。

△ 市委副书记、市长王翔作为特邀代表，参加了在北京召开的全国政务公开工作经验交流会，并在会上作了题为《顺应时代要求，坚持“四个突出”，为实现率先发展营造良好政务环境》的交流发言。

19日 省人大常委会调研组在省人大常委会副主任柏苏宁的带领下到市调研代表工作开展情况。

△ 由马来西亚源胜化学工业有限公司、日本大鹿振兴株式会社、格罗列贸易有限公司等共同兴建的张家港源胜化学工业有限公司一期工程建成投产。该项目一期投资1500万美元，主要生产高科技、环保型绿色建材产品。

20日 马来西亚驻华大使马吉到市访问。

21日 《人民日报》、《光明日报》、《经济日报》、中央电视台、中央人民广播电台组成的中央新闻媒体采访组到市采访生态市创建工作和循环经济的发展情况。

22日至24日 由中国汽车报社举办的2004全国百强县市汽车巡展在张家港市体育中心举行，一汽大众、上海大众、上海通用、东风雪铁龙、东风标致等国内主流轿车企业全程参加巡展。

23日 卢星堂艺术馆在张家港市博物馆开馆。卢星堂是张家港市凤凰镇人，江苏省国画院一级画师。

24日 水利部副部长索丽生到市考察。

△ 500千伏张家港变电站二期工程（新上二号主变及500千伏二回线路）正式并网投运。张家港市电网将因此新增受电容量100万千伏安。

26日 原中共中央军事委员会副主席张震及其夫人马龄松女士等一行22人到市视察。

28日至29日 中国共产党张家港市第八届委员会第六次全体会议在馨苑度假村举行。会议听取并讨论了市委书记曹福龙所作的《牢固确立科学发展观，全面提高执政能力，在更高起点上实现经济社会更快更好发展》的报告，审议通过了《中国共产党张家港市第八届委员会第六次全体会议决议》，实地参观了全市一批重点项目和工程建设现场。

30日 市委、市政府在国贸酒店举行庆祝大会，庆祝张家港口岸对外开放20年，海关税收首次突破100亿元。

12月

6日 原省委书记陈焕友带领省人大理论研究会秘书长钱协寅、省人大研究室副主任姚百义等到市调研。

7日 张家港永嘉集装箱码头有限公司年吞吐量突破30万标箱。

15日 “中国保税区和中国出口加工区协会”会长、原海关总署副署长甄朴在南京海关副关长薛金楼的陪同下到市调研。

△ 张家港市金港中央广场开工典礼在金港镇工地现场举行。

21日至23日 全省关工委加强未成年人思想道德建设经验交流会在张家港市举行。省委副书记冯敏刚等出席了会议。

24日 省政协“我省特大型企业自主创新情况”专题调研组一行在省政协副主席吴冬华的率领下到市调研。

28日 张家港广和中西医结合医院成立。市委书记曹福龙与国家中医药管理局医政司司长孙塑伦一同为该院揭牌。该院位于金港镇，占地3.33公顷，建筑面积2万多平方米。

△ 2004年，江苏永钢集团有限公司销售收入达到103.58亿元，成为张家港市第三家年销售收入超百亿元的企业，永联也因此成为苏州市首个年销售收入超百亿元的行政村。

31日 2004年，张家港市完成全口径财政收入85亿元，比上年增长26.7%；完成地方一般预算收入31.6亿元，增长28.6%。全口径财政收入及地方一般预算收入均名列苏州第一，江苏省县（市）第二。

【编辑 魏 欣】

表 125

全市行政区划、面积、人口

项　目	单　位	数　值	项　目	单　位	数　值
一、行政区划			其中：农业人口	万人	49.09
镇人民政府	个	8	非农业人口	万人	37.78
农场	个	1	全市人口当年出生数	人	6829
村民委员会	个	186	出生率	‰	6.55
社区居民委员会	个	93	全市人口当年死亡数	人	5746
二、全市总面积	平方公里	998.48	死亡率	‰	5.51
不含长江水域面积	平方公里	785.55	自然增长率	‰	1.04
全市耕地面积	万公顷	4.01	年内迁入人口	人	11706
三、全市总户数	万户	33.76	年内迁出人口	人	4144
全市总人口	万人	86.86			

表 126

张家港的一天

项　目	单　位	数　值	项　目	单　位	数　值
一、每天创造的财富			三、每天人均消费		
地区生产总值	万元	15786	（农村居民抽样调查）		
工农业总产值	万元	42887	人均生活消费额	元	15
其中：农业总产值	万元	624	粮食（原粮）	克	491
工业总产值	万元	42263	蔬菜	克	291
财政收入	万元	2330	肉禽及制品	克	78
二、每天主要产品产量			蛋类及制品	克	17
钢	吨	20695	水产品	克	38
钢材	吨	29880	干鲜瓜果类	克	54
汽车	辆	36	四、每天其他经济活动		
电力	万千瓦小时	597	社会消费品零售总额	万元	2033
食用油	吨	1538	进出口总额	万美元	2266
味精	吨	83	其中：出口总额	万美元	778
饮料酒	吨	105	全社会用电	万千瓦小时	2905
农用化肥	吨	195	城乡居民人均生活用电	千瓦小时	1.08
平板玻璃	重量箱	66256	固定资产投资完成额	万元	5356
水泥	吨	9994	竣工房屋建筑面积	平方米	12749
洗涤机械	台	8	五、每天人口变动		
粮食	吨	685	出生人数	人	19
出栏生猪	头	522	死亡人数	人	16
水产品	吨	50	迁入人数	人	32
出栏家禽	羽	14373	迁出人数	人	11

表 127

农、林、牧、渔业总产值

项 目	90 年不变价（万元）	现行价（万元）	项 目	90 年不变价（万元）	现行价（万元）
合 计	93410	227694	其中：水果	3372	5892
一、农业产值	35019	92763	二、林业产值	307	6416
（一）谷物及其他作物	22780	57141	三、牧业产值	18970	43744
其中：谷物	17363	45065	其中：牲畜饲养	3969	12409
豆类	638	1760	猪饲养	5510	16205
油类	1914	3888	家禽饲养	9177	14215
棉花	2468	5087	四、渔业产值	15764	29875
（二）蔬菜园艺作物	8226	28886	其中：鱼类	11194	17256
其中：蔬菜	6348	26571	虾蟹类	3977	12283
（三）水果、茶作物	3385	6102	五、农业服务业产值	23350	54896

表 128

农作物播种面积和产量

作物名称	面 积（公顷）	单 产（千克／公顷）	总 产（吨）	作物名称	面 积（公顷）	单 产（千克／公顷）	总 产（吨）
农作物总播种面积	66050.00			其中：花生	234.33	2283.00	535
一、粮食作物	37984.00	6585.00	250133	油菜籽	5370.13	2275.50	12218
1.夏收粮食	14837.87	3862.50	57302	(3) 甘蔗	92.80	45258.00	4200
其中：小麦	13935.67	4005.00	55809	(4) 药材	59.00		
蚕豌豆	857.67	1587.00	1361	(5) 蔬菜	10235.00		162367
2.秋收粮食	23146.14	8331.00	192831	(6) 瓜果	1369.00		31158
(1) 稻 谷	20921.67	8875.50	185690	其中：西瓜	581.34		9315
(2) 薯 类	125.47	6297.00	790	香瓜	201.13		2108
(3) 豆 类	1780.80	2589.00	4610	草莓	24.73		284
(4) 玉 米	318.20	5472.00	1741	水果	561.80		19451
二、经济作物	28066.00			(7) 青饲料	161.33		
(1) 棉花	2640.53	1311.00	3463	(8) 花卉	1218.13		
(2) 油料	5637.40	2272.50	12814	(9) 其他	6652.80		

表 129

全市工业总产值

项 目	数 值（万元）	项 目	数 值（万元）
一、全部工业合计	15426095	（1）市属工业	5688957
1．按隶属关系分		（2）农村工业	6781750
（1）市属工业	5688957	2．按登记注册类型分	
（2）农村工业	9737138	（1）国有企业	10822
2．按轻重工业分		（2）集体企业	81739
（1）轻工业	6310348	（3）股份合作制企业	265412
（2）重工业	9115747	（4）股份制企业	9516365
3．按企业规模分		（5）外商及港、澳、台投资企业	2447894
（1）大型企业	7241046	（6）其他经济类型	148475
（2）中型企业	2749137	在合计中：民营企业	9721423
（3）小型企业	5435912	其中：私营企业	2292397
二、全部国有及年销售 500 万元以上工业	12470707	在合计中：高新技术产业	694389
1．按隶属关系分			

表 130 **全市工业经济主要指标**

	主营业务收入（万元）	利税总额（万元）	利润总额（万元）	资产总计（万元）	负债总额（万元）	固定资产原值（万元）	固定资产净值（万元）	流动资产期末数（万元）
合　计	14307542	1000876	614492	10736049	7151140	5633524	3640677	5219451
一、市直工业	5096870	398068	308833	4265599	2472193	2707739	1765745	1561630
保税区工业	1439585	14393	11169	918747	553367	468321	300856	433361
沿江开发办	241099	5722	2116	175508	142591	44919	37735	94486
二、镇区工业	9210672	602808	305659	6470450	4678947	2925785	1874932	3657821

表 131 **全市外向型经济主要指标**

项　目	单　位	数　值	项　目	单　位	数　值
一、进出口总额	万美元	827203	五、实际利用外资	万美元	64042
其中：三资企业	万美元	427938	其中：保税区	万美元	19466
保税区	万美元	317935	实际利用外资（验资数）	万美元	28783
二、出口总额	万美元	283913	其中：保税区	万美元	10888
其中：三资企业	万美元	121580	六、当年投产企业数	家	121
保税区	万美元	27956	七、新签境外工程、劳务合同额	万美元	5649
三、新批三资企业	家	200	八、完成境外工程、劳务营业额	万美元	6130
其中：保税区	家	52	九、外派劳务人数	人	570
四、注册外资	万美元	132141	十、逐年累计批办三资企业数	家	1319
其中：保税区	万美元	42044	十一、年末实有开业三资企业数	家	776

表 132 **全社会固定资产投资完成情况**

项　目	合　计（万元）	第一产业（万元）	第二产业（万元）	工业（万元）	第三产业（万元）
总　计	1955030		1551228	1551218	403802
一、基本建设投资	400973		292438	292438	108535
二、更新改造投资	398691		398691	398691	
三、其他登记注册类型投资	103341		102991	102981	350
其中：港、澳、台商投资	16625		16625	16625	
外商投资	84053		84053	84053	
四、全市房地产开发投资	248907				248907
五、城镇固定资产投资	200		200	200	
1.集体单位投资					
2.私营经济投资	200		200	200	
六、农村固定资产投资	802918		756908	756908	46010
1.集体单位投资	318075		290418	290418	27657
2.私营经济投资	348724		341478	341478	7246
3.港、澳、台及外商投资	125012		125012	125012	
其中：港、澳、台商投资	13058		13058	13058	
4.个人投资	11107				11107
附报资料：					
1.装饰装潢投资	35448		35448		

表133

交通基本情况

项　目	单　位	数　值	项　目	单　位	数　值
一、交通运输量			省道	公里	45.36
1.公路（交通系统）			县道	公里	266.29
客运量	万人次	1856.47	乡道	公里	689.46
货运量	万吨	8.43	3.按路面标准分		
旅客周转量	万人公里	49481.85	其中：高级	公里	830.69
货物周转量	万吨公里	852.18	次高级	公里	289.86
2.水运（交通系统）			中级	公里	36.33
货运量	万吨	383.97	低级	公里	
货物周转量	万吨公里	13960.41	三、航道通航里程	公里	422.14
3.张家港口岸吞吐量	万吨	6397.80	四、机动车总计	辆	191026
其中：外贸货物吞吐量	万吨	2018.90	1.汽车小计	辆	45252
港口集装箱运量	万标箱	32.80	其中：私牌汽车	辆	31779
二、公路总里程	公里	1366.68	2.农用车	辆	1750
1.按等级分			3.摩托车	辆	144024
其中：高速	公里	19.10	其中：二轮	辆	133809
一级	公里	130.32	4.其他	辆	
二级	公里	387.42	五、张家港籍年检小货轮数	艘	65
三级	公里	101.40	净载重量	吨位	8288
四级	公里	210.75	功率	千瓦	3031
2.按干线、县乡道分			驳船数	艘	174
其中：国道	公里	33.96	净载重量	吨位	19543

表134

邮电基本情况

项　目	单　位	数　值	项　目	单　位	数　值
一、电信基本情况			其中：设在农村的局（所）	个	36
1.营业网点总数	个	25	邮政报刊图书销售点	处	168
2.电信业务总量	万元	34712	集邮品销售点	处	32
3.电话交换机总容量	门	401270	邮政储蓄网点	处	36
4.城市电话用户	户	267104	2.邮路总条数	条	14
农村电话用户	户	228846	邮路总长度（单程）	公里	1153
小灵通用户	户	162112	农村投递路线总长度（单程）	公里	4075
公用电话	部	38411	3.邮政业务总量	万元	9457
智能网专用接入终端用户	部	28532	4.邮政储蓄平均余额	亿元	13.25
5.因特网注册拨号用户	户	565	邮政储蓄年末余额	亿元	13.92
因特网主叫电话号码计费用户	户		三、移动通信基本情况		
			1.移动公司		
因特网专线用户	户		年末通信用户数	万户	40
ADSL 用户	户	32200	通信交换机容量	万门	70
LAN 终端用户	户	3500	通信营业网点	处	64
6.数字数据网用户端口	个	591	通信收费网点	处	364
7.电话机普及率	部／百人	89.50	2.联通公司		
主线普及率	线／百人	58.00	年末通信用户数	万户	20
8.电话村比例	%	100	通信交换机容量	万门	
二、邮政基本情况			通信营业网点	处	39
1.邮政局（所）总数	个	47	通信收费网点	处	

表135 预算内财政收入、支出情况

项　目	数　值（万元）	项　目	数　值（万元）
一、财政收入合计	850380	二、财政支出合计	417782
1.地方一般预算收入	316380	1.基本建设支出	55239
增值税(25%部分)	63741	2.企业挖潜改造资金	18681
营业税	64346	3.科技三项费用	5028
企业所得税(40%部分)	70260	4.农业支出	12113
个人所得税(40%部分)	15855	5.林业支出	257
城市维护建设税	18446	6.水利和气象支出	6379
房产税	10183	7.工交事业费	1003
印花税	6017	8.文体广播事业费	6930
城镇土地使用税	1310	9.教育支出	43362
土地增值税	2135	10.科学支出	198
车船使用和牌照税	419	11.医疗卫生支出	15939
屠宰税		12.其他部门事业费	9009
农业四税	26585	13.抚恤和社会福利救济	4222
罚没收入	12066	14.行政事业单位离退休费	14642
专项收入	15211	15.社会保障补助支出	8284
行政性收费收入	9449	16.行政管理费	30883
其他收入	357	17.公检法司支出	22067
2.基金收入	83633	18.城市维护费	53423
3.中央级收入	450367	19.政策性补贴支出	
一般消费税	3721	20.专项支出	12038
增值税（75%部分）	317475	21.其他支出	17548
企业所得税（60%部分）	105389	22.基金支出	80537
个人所得税（60%部分）	23782		

表136 金融机构现金收支、信贷收支情况

项　目	数　值（万元）	项　目	数　值（万元）
一、银行现金收入合计	15805496	三、存款余额（人民币）	4870901
1.商品销售收入	2564539	1.企业存款	1718313
2.服务业收入	687064	（1）活期存款	1109741
3.税款收入	35830	（2）定期存款	608572
4.城乡个体经营收入	320870	2.机关团体存款	52720
5.储蓄存款收入	11355035	3.储蓄存款	2285993
6.其他金融机构收入	61023	（1）活期存款	592477
7.居民归还贷款收入	71448	（2）定期存款	1693516
8.汇兑收入	70860	4.农业存款	340843
9.有价证券收入	27291	5.其他存款	454837
10.其他收入	611536	四、贷款余额（人民币）	4056044
其中：兑换外币收入	1791	1.短期贷款	2545542
二、银行现金支出合计	16421098	（1）工业贷款	918861
1.工资性支出	2154659	（2）商业贷款	112252
2.农副产品采购支出	86976	（3）建筑业贷款	18499
3.工矿及其他产品采购支出	493618	（4）农业贷款	79086
4.行政企事业管理费支出	819118	（5）乡镇企业贷款	1101042
5.城乡个体经营支出	455760	（6）三资企业贷款	99523
6.储蓄存款支出	11564935	（7）个私企业贷款	72978
7.其他金融机构支出	29549	（8）其他短期贷款	1443301
8.居民提取贷款支出	81402	2.中期流动资金贷款	252840
9.汇兑支出	38043	3.中长期贷款	810445
10.有价证券支出	33802	（1）基本建设贷款	417026
11.其他支出	663236	（2）技术改造贷款	20540
其中：兑换外币支出	2887	（3）其他中长期贷款	372879

表 137 **保险业务经济技术情况**

项　目	数　值（万元）	项　目	数　值（万元）
一、保险收入	87501	二、已决赔款	29441
（1）财产险	21691	（1）财产险	15214
其中：企业财产险	4860	其中：企业财产险	3300
运输工具及责任险	12563	运输工具及责任险	10453
货物运输险	2088	货物运输险	112
家庭财产险	299	家庭财产险	47
（2）人身险	65810	（2）人身险	14227

表 138 **科技基本情况**

项　目	单　位	数　值	项　目	单　位	数　值
一、科技经费			7.苏州高新技术企业	家	10
科技拨款	万元	5226	三、科研成果		
占财政支出比重	%	2.80	1.科技进步奖项		
科技三项费	万元	5028	（1）国家级科技进步奖	项	
占财政支出比重	%	2.70	（2）省级科技进步奖	项	4
二、高新技术			（3）苏州市级科技进步奖	项	9
1.省级以上高新技术企业	家	46	（4）张家港市级科技进步奖	项	28
其中：国家级	家	7	2.专利情况		
2.当年认定省级高新技术企业	家	6	（1）申请专利	件	519
3.国家创新基金项目	项	8	（2）授权专利	件	316
4.实施省级以上火炬计划	项	12	四、技术贸易		
其中：国家级	项	6	1.签订各类技术合同	项	1860
5.当年认定省级高新技术产品	种	43	技术贸易成交额	万元	8600
6.省科技攻关项目	项	1	2.各类科技开发、技术贸易机构	个	81

表 139 **全日制学校基本情况**

项　目	学　校（所）	毕业人数（人）	招生人数（人）	在校学生（人）	教职工数（人）	其中专任教师（人）
合计	114	36219	32262	128278	8633	7506
高校	1	1318	1453	3890	350	222
电大	1	169	856	2019	189	132
中等专业学校	1	604	1474	3693	219	208
技工学校	1	301	365	1098	49	45
职业中学	6	2039	3528	9148	677	545
普通中学	40	20615	17608	58353	4141	3643
其中：高中	10	4935	6490	20217		1288
小学	63	11118	6967	49907	2974	2686
特殊教育学校	1	55	11	170	34	25
附：幼儿园	35	7591	7836	21390	706	586

表 140 **群众文化、广播电视、体育事业基本情况**

项 目	单 位	数 值	项 目	单 位	数 值
一、群众文化			二、广播电视基本情况		
1.机构数	个	9	无线电视每周播出	小时	460
群众文化馆	个	1	电视人口覆盖率	%	100
文化部门文化站	个	8	电视发射机	部/千瓦	4/2.35
2.职工数	人	94	有线电视用户	万户	21.2
群众文化馆	人	30	制作节目时间	小时	2.38
文化部门文化站	人	64	其中：无线台	小时	0.86
3.举办展览会个数	个	15	有线台	小时	1.52
群众文化馆	个	5	广播电台	座	1
文化部门文化站	个	10	节目	套	2
4.组织文艺活动次数	次	318	每日播出时间	小时	32
群众文化馆	次	37	广播人口覆盖率	%	100
文化部门文化站	次	281	制作节目时间	小时	15
5.举办训练班结业人数	人次	16	三、体育		
群众文化馆	人次	6	体委系统体育场(馆)数	个	3
文化部门文化站	人次	10	举办运动会次数	次	11
6.藏书	万册	32.1	年内达到等级标准运动员	人	68
群众文化馆	万册		其中：二级	人	20
文化部门文化站	万册	32.1	在省级比赛中获得金牌	枚	9
			在苏州市级比赛中获得金牌	枚	76

表 141 **卫生机构基本情况**

项 目	机构数(个)	床位数(张)	人员数(人)			
				卫生技术人员（人）	执业医师（人）	管理人员（人）
总计	181	3194	5260	4415	1689	240
一、医院	21	2244	2211	1794	887	81
县及县以上医院	3	1170	1401	1160	452	45
综合医院	14	1464	1707	1371	716	61
中医院	1	500	449	383	158	13
精神病院	1	80	55	40	13	7
二、社区卫生服务中心	1	30	41	14	8	1
三、卫生院	14	1080	939	778	480	46
中心卫生院	3	530	427	346	239	20
乡卫生院	11	550	512	432	241	26
四、采供血机构	1		35	24	4	3
五、妇幼保健机构	1		45	40	20	3
六、疾病预防控制中心	1		101	80	49	6
七、卫生监督所	1		69	48	38	5
八、医药教育机构	1		21			3
九、诊所、保健所、医务室	135		206	206	154	
十、村级卫生组织			653	653	49	

表 142　全市城镇在岗职工人数及工资

行　业	年末人数（人）	平均人数（人）	平均工资（元／人）
总计	93346	93370	20226
1.农、林、牧、渔业	6854	6859	8801
2.采矿业			
3.制造业	43839	43446	15209
4.电力、燃气及水的生产和供应业	1010	1056	15890
5.建筑业	2610	2608	19653
6.交通运输、仓储及邮政业	4989	5211	26069
7.信息传输、计算机服务和软件	464	475	45789
8.批发和零售业	4292	4385	14794
9.住宿和餐饮业	1123	1123	14678
10.金融业	2664	2684	30517
11.房地产业	611	599	24918
12.租赁和商务服务业	589	597	22186
13.科学研究、技术服务和地质勘察业	547	524	32426
14.水利、环境和公共设施管理业	1104	1066	23488
15.居民服务和其他服务业	206	201	22408
16.教育	10586	10523	29240
17.卫生、社会保障和社会福利业	3763	3861	29102
18.文化、体育和娱乐业	738	734	29012
19.公共管理和社会组织	7357	7418	35379

表 143　全市农民人均收入情况（农村住户调查）

项　目	数　值（元）	项　目	数　值（万元）
一、全年总收入	8174.36	（3）社会服务业收入	108.22
（一）工资性收入	6288.22	（4）其他收入	94.07
其中：从本地企业得到收入	4940.63	（三）财产性收入	141.89
（二）家庭经营收入	1152.95	1.利息	13.08
1．第一产业收入	587.28	2.集体分配股息和红利	3.74
（1）农业收入	511.48	3.租金	73.34
（2）林业收入		4.土地征用补偿收入	13.56
（3）牧业收入	27.06	5.其他收入	38.17
（4）渔业收入	48.73	（四）转移性收入	591.30
2．第二产业收入	214.01	其中：城市亲友赠送收入	0.28
（1）工业收入	26.49	农村亲友赠送收入	227.87
（2）建筑业收入	187.52	粮食直接补贴收入	3.82
3．第三产业收入	351.67	二、全年纯收入	7503.40
（1）交通、运输、邮电业收入	115.22	三、全年可支配收入	7261.20
（2）批零贸易业、饮食业收入	34.16		

【编辑　陆正芳】

张家港市新华书店位于市区商业步行街中心，现有张家港书城、乐余、塘桥、金港、后塍等图书发行网点5个。多年来，市新华书店紧紧围绕图书发行“两为”方针，始终坚持以社会效益为最高准则，与时俱进，开拓创新，为广大市民提供了大量健康的精神食粮，为张家港市创建学习型城市发挥了积极的作用。同时，新华书店还担负着全市12万中、小学生的教材发行重任，已连续26年保持“课前到书、人手一册”。2003年，投资2600余万元，在步行街新华书店原址上新（扩）建了华东地区一流的张家港书城，建筑面积达8500平方米，营业面积比原来扩大4倍，内部采用全新的、现代化的营业设施，极大地方便了读者购书，受到了各级领导及广大读者的一致好评。

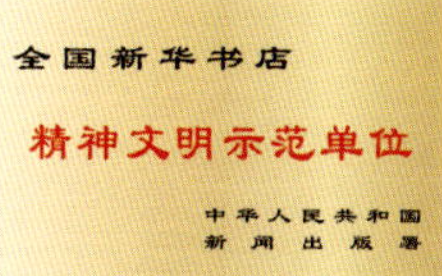

1 市新华书店领导班子
2 中央电视台著名节目主持人朱军到张家港书城签名售书
3 举行“书香、爱心”资助活动
4 张家港书城营业大厅

台 商 协 会

1

2

张家港市现有台资企业586家，投资总额35.6亿美元，注册资本22.8亿美元。张家港市台商协会在协助地方政府招商引资、加强台资企业与政府部门的沟通联系、开展会员之间的联谊交流，以及奉献爱心、回馈社会的公益活动等方面，做了大量工作，展示了张家港台商的良好形象，获得了社会各界的一致好评。

3

4

5

6

1 市委书记曹福龙赴台开展招商活动

2 市长王翔赴台开展招商活动

3 政府有关职能部门与台资企业召开座谈会，听取台商们的意见和建议

4 台商协会理事们在研究工作

5 6 会长陈锦龙等台商代表与国民党、亲民党大陆访问团在一起

7 市委书记曹福龙与台商们欢度中秋佳节

8 市领导和来自各地的台商嘉宾欢聚一堂庆新春

9 市台协妇联会和高尔夫球队相继成立

10 协会组织会员烧烤活动，丰富台商们的业余生活

11 “台湾妈妈”沈秀玲和她的60个孩子们

12 台商代表慰问敬老院老人

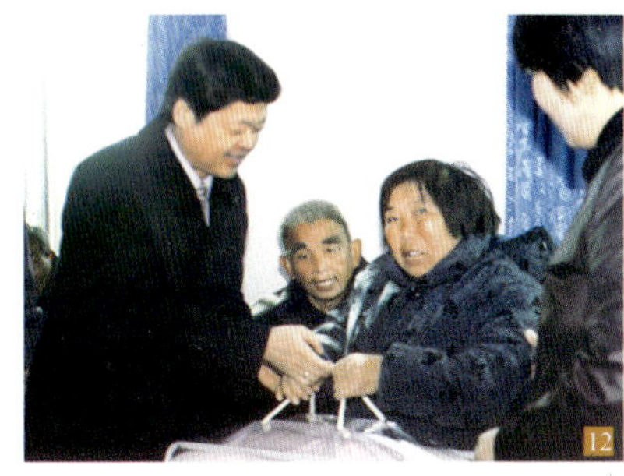

江苏移动通信有限责任公司张家港分公司

1

2

江苏移动通信有限责任公司张家港分公司下设综合、经营、客服3个部门，共有员工120人，其中大专以上学历81人，占总数的67.5%。公司采用国际先进的第2代GSM及2.5代GPRS技术，经营张家港市“135”、“136”、“137”、“138”、“139”数字移动电话业务，拥有“全球通”、“动感地带”、“神州行金卡”等品牌，截至2004年底全业务网点总计达80个，移动电话总数超过40万户，公司荣获苏州市级文明单位、江苏省级青年文明号称号。

3

1 工会探望凤凰镇结对帮扶家庭

2 2003年4月以来，团支部青年一直化名为“张闻明”，给湖北五峰三坪希望小学寄钱寄物

3 3月15日，举行“尊贵、时尚、便捷、诚信”消费者体验日活动

4 5 2004年5月16日，开展第二届中国移动“爱心助残月”活动，图为团员青年前往市残联办理优惠服务

6 7 2004年12月24日，举行“你我携手、共创未来”联欢会。图6为员工自导自演的小品《外呼日记》，图7为跆拳道

8 2004年11月，首届中国移动“动感地带街舞赛”在园林广场举行，共有沙工、电大等8支舞蹈队参赛

中国农业银行张家港市支行

中国农业银行 张家港市支行
AGRICULTURAL BANK OF CHINA ZHANGJIAGANG SUB-BRANCH

中国农业银行张家港市支行通过成熟、成功的服务，资金实力显著增强，截至 2005 年 6 月，全行本外币存款余额突破 190 亿元，存款增量连续 2 年位居全国农行各支行“十强”前列；本外币信用总量超 260 亿元，其中贷款余额近 200 亿元，存贷款总量、增量市场份额连续 10 年位居本地同业首位；本外币不良资产占比远低于国际银行业巴塞尔协议的标准。2004 年实现利润突破 3 亿元，位居全国农行各支行第四，全省农行各支行之首。先后被评为全国农行内控建设先进单位、财务会计先进单位、会计基础工作规范化管理“三铁”单位、信贷管理先进支行和百家先进支行等多项总行级荣誉；连续 6 年被评为江苏省创建文明行业工作先进行业、连续 3 年被评为张家港市十佳文明示范机关。市支行党委被总行党委授予全国农行先进基层党组织和学习贯彻“三个代表”重要思想先进单位；2004 年又荣获全国金融五一劳动奖状。

1 中国农业银行张家港市支行办公大楼
2 市支行营业部服务大厅
3 “金穗爱心驿站”青少年思想道德建设宣传启动仪式

张家港市农村商业银行是经中国人民银行批准设立的一家地方性股份制商业银行，也是我国首批三家由农村信用社改制组建的农村商业银行之一，于2001年11月28日挂牌并对外营业。至2004年末，拥有各类分支机构83个，在编员工721人，是张家港市网点最多的银行，服务辐射市区、各镇及中心集镇。资产总额143.49亿元，注册资本3.58亿元；各项存款余额109.9亿元，各项贷款余额76.65亿元，实现利润2.05亿元，均在全市金融机构名列前茅。已建成性能优良、功能完备的新一代综合业务系统，实现了全行储蓄、对公业务的通存通兑，国内国际结算畅通、方便快捷、安全可靠。依托此系统，推出了“一卡通”、电话银行、银证通、24小时自助银行等新型的银行业务，以满足不断扩大的客户需求。市农商行连续3年被市委、市政府评为十佳文明示范机关，荣记集体三等功一次。

1 2004年4月7日，前国务院总理朱镕基（前排左一）在市农商行董事长王自忠陪同下视察该行

2 2004年8月7日，市农商行新大楼奠基

3 2004年4月27日，中国银监会副主席李伟到市农商行考察调研

4 市农商行成立3周年暨存款超100亿宣传画

第一人民医院

1

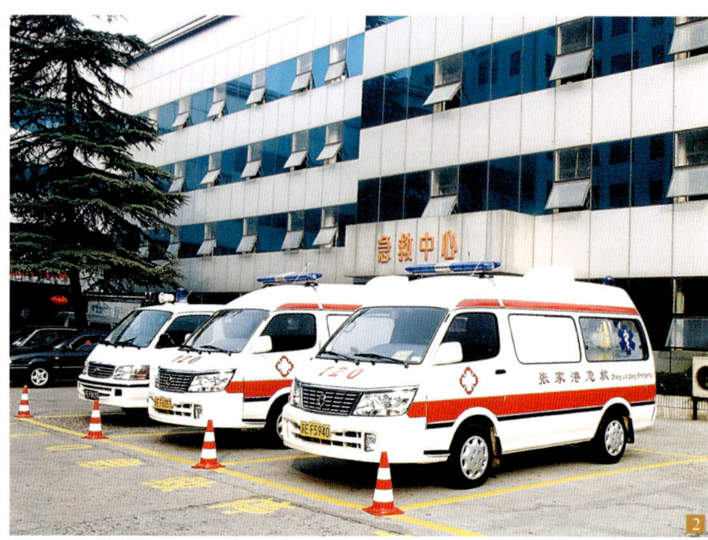

2

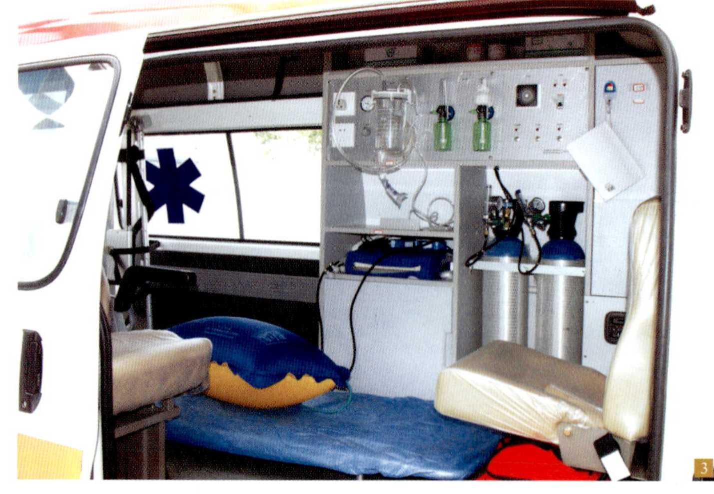
3

张家港市第一人民医院是张家港市集医疗、教学、科研为一体的最大的综合性医院，是上海中山医院的技术合作中心，是南京医科大学、苏州大学、江苏大学、南通医学院的临床教学医院。医院技术力量雄厚，技术水平领先，率先开展了游离足背皮瓣带第二足趾再造拇手指、永久型人工心脏起搏器埋置术、肝肾囊肿的CT介入治疗、肿瘤的介入治疗、消化道支架安置、超声乳化治疗白内障、ERCP、冠状动脉造影术、腹腔镜下结肠癌切除术等技术项目，有多项填补了张家港市的空白。医院急救中心是全市的“120”医疗急救中心，拥有张家港市优秀技术专家和技术骨干多名，急救技术熟练。急救中心拥有心电监护仪、除颤仪、呼吸机、洗胃机、B超机、心电图机等一系列先进急救设备，开展各种创伤急救、中毒急救及内外科各种急诊的救治工作，配有急救车辆5辆，其中监护型（卫星定位）救护车3辆，车内各种急救设施齐全。急救中心坚持以病人为中心，以质量为核心，以急救为特色，始终树立时间就是生命的急救观念，确保“急救绿色通道”的畅通无阻，全力以赴肩负全市百万余人民的院前急救任务，为全市人民的生命保驾护航。

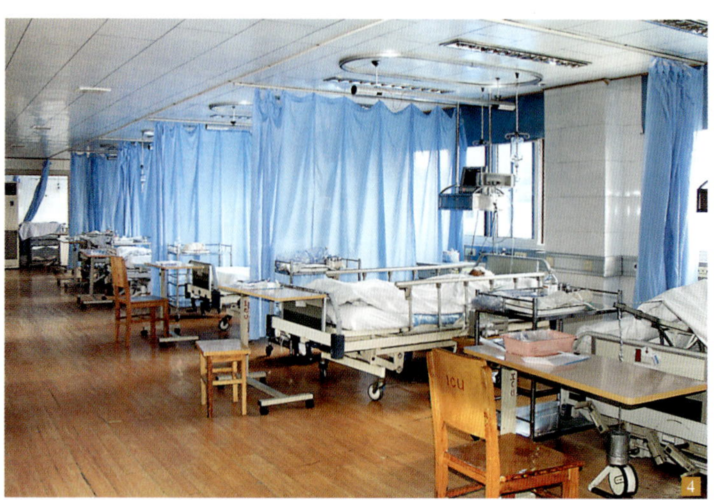
4

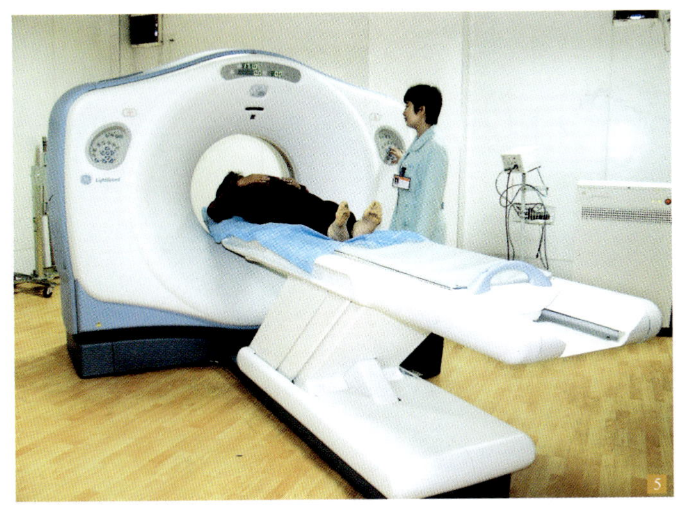

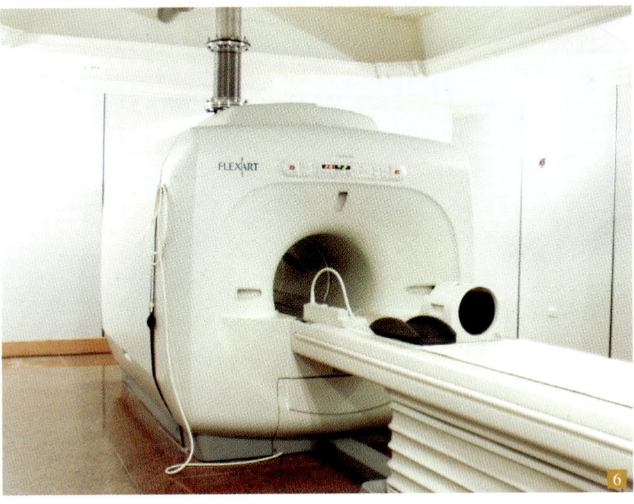

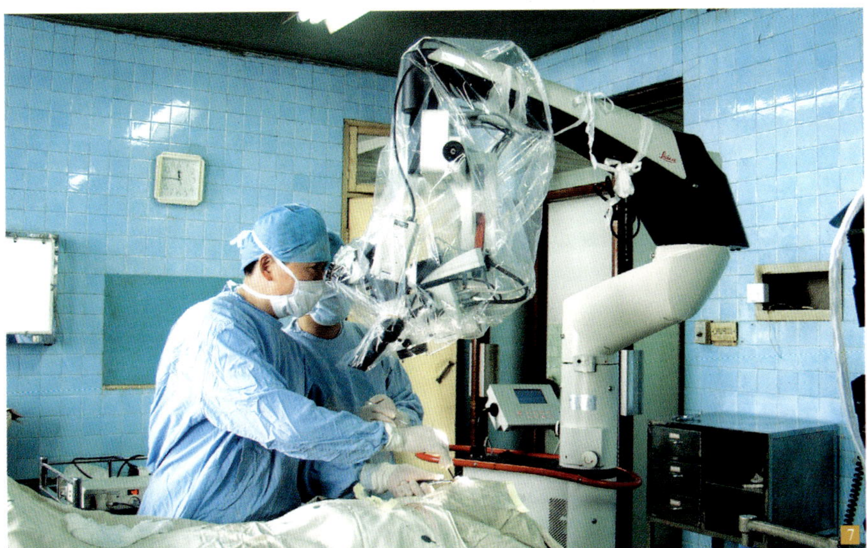

1 120 接警室
2 医院 120 急救中心
3 救护车内设施
4 ICU 监护病房全景
5 核磁共振
6 16 排 CT
7 脑外科垂体瘤手术
8 建设中的医院新大楼规划图

广和中西医结合医院

广和中西医结合医院是全国首家中外合资中西医结合医院，于12月28日开业。医院坐落于金港镇天台南路，由旅荷华人江杨清与张家港市直属公有资产经营有限公司在原市二院的基础上合资组建而成，占地4万平方米，建筑面积4.3万平方米，开设中西医结合的内科、普外、脑外、骨科、泌尿科、妇产科、中西医结合病区等七个临床病区，以及骨伤、针灸、推拿、皮肤等中医特色门诊科室。至2005年6月，有床位300张，职工253人，其中高级职称的20人，中级职称的71人，同时还聘了一批经验丰富的学科带头人、知名专家。医院拥有德国西门子螺旋CT、意大利百能AU5彩超、日本奥林巴斯电子胃肠镜等先进医疗设备，是国家卫生部认定的“爱婴医院”、省政府批准的“红十字医院”。董事长江杨清毕业于北京中医药大学，是我国第一位中医博士，定居荷兰，任全欧中医药专家联合会执委主席（轮值）兼学术部部长，法国北方大学医学院荣誉教授、南京中医药大学名誉教授兼博士生导师。

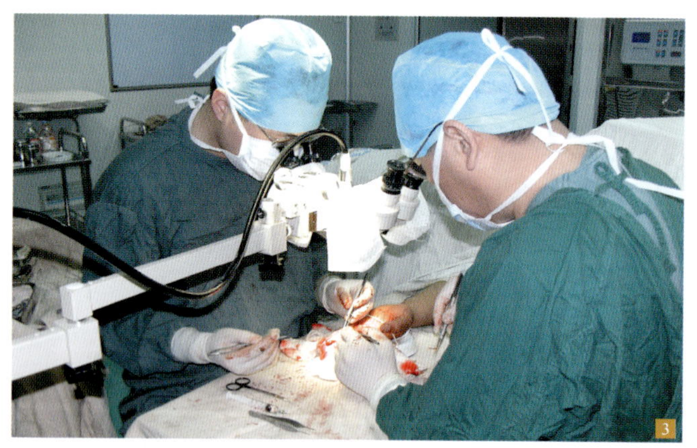

1 市委书记曹福龙和董事长江杨清博士亲切交谈
2 医院成立大会
3 显微镜下断指再植手术
4 急性心梗外籍船员在重症监护病房康复中
5 在元丰社区送医下乡
6 医院外景

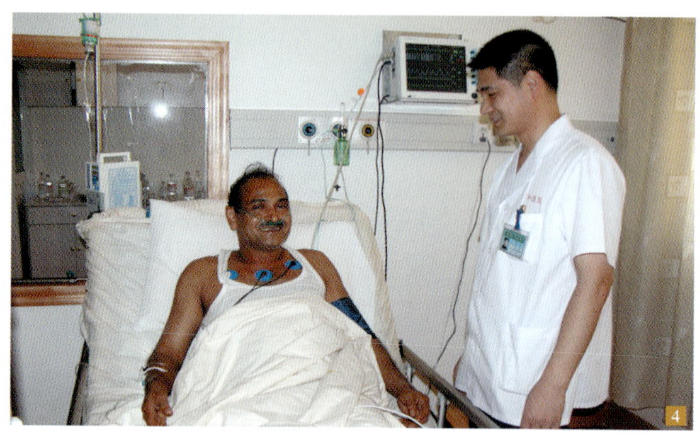

第 三 人 民 医 院

医院始建于1958年7月。2004年8月8日搬入新大楼，同时更名为张家港市第三人民医院、塘桥人民医院。医院占地近3万平方米，总建筑面积2.5万平方米，设置床位300张，开设内科、小儿科、普外科、创伤外科、妇产科、中西医结合病区，以及“120”急救中心、眼科中心、手外科中心。有职工203人，卫技人员177人，其中医生79人。医院固定资产达1.2亿元。

拥有日本尼德克准分子激光机、美国通用公司全身螺旋CT、日本奥林巴斯电子胃肠镜、日本岛津500毫安遥控X光机等多种先进的医疗设备。医院除了对农村常见病、多发病诊治外，对准分子激光治疗近视眼、各种复杂骨科手术、各种肿瘤的根治术、胆囊和前列腺的微创手术等有丰富的经验。医院本着“一切为病人服务”的宗旨，除了提供一流的硬件设备和充分的软件设施外，常年聘请苏州、上海、南京等地专家来院开设专家门诊，并主动降低收费标准让利老百姓，让老百姓得到实实在在的优惠，充分体现“一切为病人服务”的宗旨。

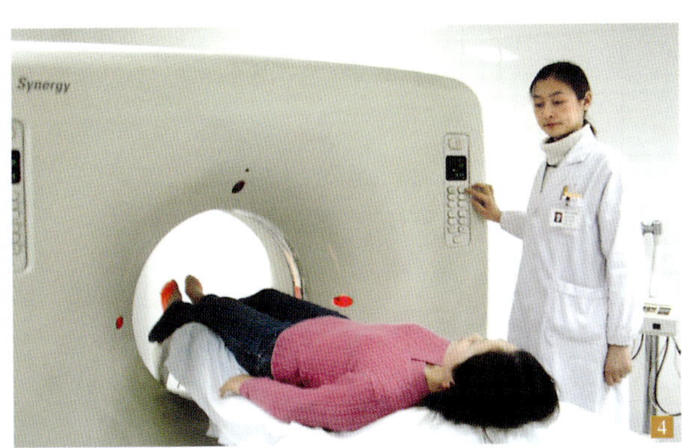

1 省卫生厅副厅长姜锡梅，市委副书记、市长王翔为第三人民医院落成揭牌

2 陈焕友等老领导参观医院新大楼

3 4 先进的医疗设备

5 医院外景

6 眼科中心举办“防治近视，珍爱光明”活动

疾病预防控制中心

张家港市疾病预防控制中心是从事突发公共卫生事件应急处置、疾病预防与控制、健康危害因素监测控制的专业机构。有先进的技术装备，严谨的质量体系，高素质的专业队伍。2004年9月，取得了中国实验室国家认可证书（No.L1654），按有关国际认可准则开展检测服务的技术能力得到确认。该中心先后获得省计量认证资质、职业卫生评价、职业卫生技术服务和职业健康检查机构资质，被江苏省卫生厅、人事厅、中医药局授予全省卫生系统抗击非典先进集体荣誉称号，被评为苏州市先进基层党组织，是张家港市文明单位。近年来，该中心以创新的思维、务实的作风、科学的方法，突出防治重点，拓展服务领域，依靠科技创新，依托社区不断深化慢性非传染性疾病的防治工作。采取综合防治措施落实现代结核病控制策略，着重抓好流动儿童预防接种工作，发现疫情或突发性公共卫生事件时开展现场流行病学调查，控制事态的发展；对疾病监测系统进行设计、评价和管理，向决策者提出疾病控制的合理化建议。内部不断加快改革步伐，加强人才培养，实现提升疾病预防控制综合实力的总体目标，为全市人民的生命安全和健康、为全市经济发展和社会稳定作出了不懈努力。近年来全市甲、乙类传染病总发病率控制在300／10万以下。2004年人均期望寿命（76.2岁），比上年同期增长1.05岁。

1 市委书记曹福龙陪同原苏州市市长杨卫泽到中心视察
2 疾控中心实验室通过国家认可评审
3 疾控中心实验室一角
4 开展防治结核病宣传活动

锦丰人民医院

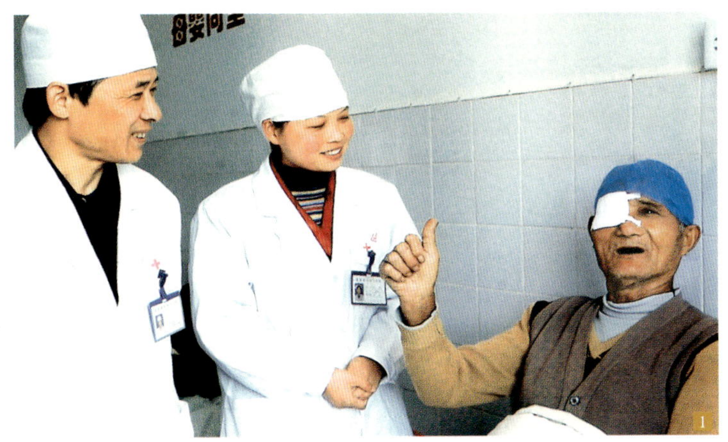

锦丰人民医院是全省首家乡镇级红十字医院，也是国家卫生部批准的白内障复明扶贫定点医院。医院拥有低剂量直接X线摄片机（DR）、全身螺旋CT（1秒机）、多普勒彩超、全自动透视系统等现代化医疗仪器设备。医院先后与上海长征医院、上海第九医院显微外科研究所联合开设手足显微外科、创伤骨科、脊柱外科、脑外科及开展断指（肢）再植、手指再造、脊柱及四肢的复位固定、全髋置换及腰椎间盘突出的微创治疗等一系列高难度手术。

行风建设先进单位
江苏省窗口单位行风建设监督宣传办公室
二〇〇五年二月

中华人民共和国卫生部标准
一级甲等卫生院
苏州市卫生局颁发

1 院长、党支部书记视查病房
2 医护人员参加“护士之歌”广场文艺演出
3 低剂量直接X线摄片机（DR）
4 医院外景

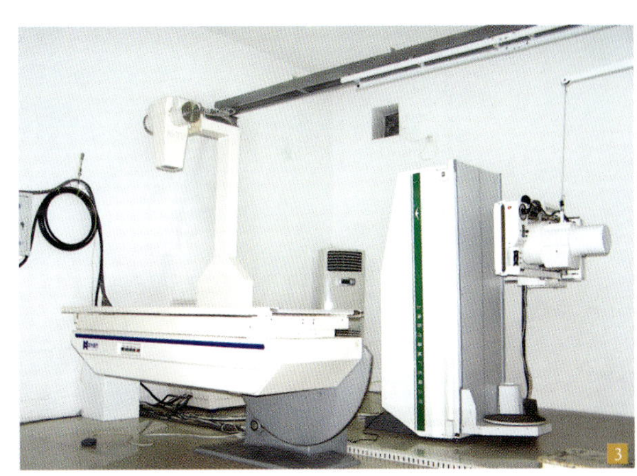

沙洲职业工学院

沙洲职业工学院是1984年7月经江苏省人民政府批准，国家教育部公布有招生资格的全日制普通高等学校。中科院院士、上海大学校长钱伟长教授任名誉院长。设有建筑工程、纺织工程、机电工程、电子信息工程、经济管理、社会科学和基础科学7个系。共有教职工360人，专任教师222人，其中教授、副教授70多人。有全日制普通本专科在校生4200多人，累计毕业学生9600多人。学院以品牌创特色，积极开展专业、课程建设，不断深化教学改革，全面推进素质教育，1996年通过省教育厅教学工作合格评估，1998年通过教育部专科教学工作合格评估。2003年，“机械制造及自动化”专业被国家教育部命名为全国高工专示范专业。2004年，“机电一体化”专业被江苏省教育厅批准为省级品牌专业建设点。“机械制造及自动化专业教学改革研究与实践”课题荣获2004年江苏省高校教学成果一等奖。20年的风雨兼程，艰苦创业，学院已成长为以工科见长，机电为特色，文理兼备，在省内颇具影响力的专科院校，是江苏省文明学校、江苏省文明单位、苏州市安全文明学校和张家港市文明单位。

3

4

5

1

2

1 建院20周年校庆
2 省教育厅厅长王斌泰到校视察
3 钱伟长到院参加20周年校庆
4 学生在数控加工中心实习
5 改造一新的学院校门

江苏省张家港第二职业高级中学

江苏省张家港第二职业高级中学是国家级重点中等职业学校，坐落在繁华的市中心。学校占地面积7.07公顷，建筑面积4.2万平方米，校园布局合理，环境优美，交通便捷。全校有58个教学班，其中联办大专班17个、高等教育预科班14个、职业中专27个。开设计算机信息管理、计算机网络技术、报关与国际货运、机电一体化等10多个专业，其中计算机网络技术、中式烹饪、旅游管理3个专业为苏州市级重点示范专业，计划2005年将电子技术应用专业创建成苏州市重点示范专业。学校及各专业配套的实习设施齐全，建有千兆位的校园网和多个专用教室、实验室、实习工场，每个教室都配备了“三机一幕”。学校办学成绩突出，历年来，文化课会考及专业技能比赛成绩在全市同类学校中名列前茅，毕业生就业率保持在95%以上，对口高考录取率保持在95%左右。学校已连续2年获全市技能比赛银杯奖，连续7年获全市职业类学校教育质量综合评估一等奖，连续9年获市“文明单位”称号。

张家港第二职业高级中学
荣获2003－2004学年度职业学校
办学水平综合评估一等奖
张家港市教育局
二00四年八月

苏州市
德育先进学校
苏州市教育局
二○○四年一月

1 苏州市副市长朱永新视察学校
2 创建国家级重点职中评估验收汇报会现场
3 丰富多彩的校园文化生活
4 校园一景

江苏省张家港第三职业高级中学

江苏省张家港第三职业高级中学是国家级重点中等职业学校，坐落在长江之滨、全国钢铁重镇——锦丰镇。学校占地面积9.8公顷，建筑面积4.42万平方米，教学区、生活区、运动区、实训区“四区”分设，布局合理、设施完善。学校实习设备先进，拥有数控车床、加工中心等一大批现代化设备。校园内绿草如茵、花香袭人。学校与沙钢集团、浦项集团、华尔润集团、华芳集团、高新张铜集团等全国知名大企业长期紧密合作，毕业生就业率高达98%以上。与南京化工职业技术学院、南通航运职业技术学院等省内知名高校联办五年制大专，兴办热门专业，拓宽学生就学途径。学校拥有冶金、机械等12个专业64个教学班，在全省对口高校招生考试中，连年取得好成绩，本科录取率全市领先，多次培养出计算机专业高考状元。学校管理严格、制度规范，连年获市文明单位荣誉称号，年内被评为苏州市依法治校先进学校、苏州市示范专业、江苏省二级档案管理先进单位，顺利完成江苏省合格职教中心和国家级重点中等职业学校的评估验收。

1 校长、党支部书记黄广平
2 学校外景
3 通过国家级重点中等职业学校验收
4 参加锦丰地区首届运动会团队风采
5 全国“鲁能杯”女子乒乓球超级联赛在学校体育馆举行
6 北校区一瞥
7 校园秋色
8 实训大楼

江苏省张家港工贸职业高级中学

1

2

江苏省张家港工贸职业高级中学前身为乘航中学，1983年开始建办中等职业教育，1995年学校易地新建，正式挂牌成立张家港市工贸学校，1998年创建成省级重点职业中学，2000年跨入省合格职教中心校行列，2003年地处杨舍镇区的原市技工学校与工贸学校合并，学校分设南北两个教学区，2004年学校又创建成国家级重点职业中学和国家级重点技工学校。

学校共占地5.47公顷，建筑面积33480平方米，有全日制教学班78个，在校学生约3300人，设置工科、商贸、信息三大类共20多个专业，其中电子技术应用为省示范专业，财务会计专业、机械加工技术为苏州市示范专业。学校共有教职工189人，其中具有高、中级职称的教师82人。有苏州市学科带头人1人、张家港市学科带头人1人、张家港市教学能手8人、张家港市教坛新秀13人、高级工22人，市级骨干教师比例达22%。

学校弘扬“团结、文明、求实、创新”的校风，坚持“掌握文化知识，熟练专业技能，提高综合能力，真正学会做人”的培养目标，深化教学改革、加强素质教育。近年来，学校连续被评为市文明单位，在全市学校办学水平综合评估中获一、二等奖。学校将不断深化改革，为培养更多更好的技术人才而开拓奋进。

3

4

5

1 校长顾栋明
2 省教育厅副厅长周稽裘到校视察
3 省示范专业评估组专家到校实地考察
4 国家级重点职业学校评估组专家到校考察验收
5 小桥流水
6 学生开展车工实习
7 学校全貌

6

7

鹿苑中学

鹿苑中学位于鉴真大师东渡启航地——鹿苑古黄泗浦之东，校园环境幽雅，教学设施完备先进。学校占地4.73公顷，共有23个教学班，在校学生1058人，在编教职工77人，拥有市级骨干教师8人，本科学历教师54人（含在职函授）。作为“新教育”的实验学校，学校本着“以人为本、教有特色；学有特长、全面发展”的办学理念和“为学生的未来及终身发展奠基”的宗旨，深化教育教学改革。近几年来，学校先后被授予江苏省电化教育特色学校、苏州市教育信息化先进学校、张家港市绿色学校等称号，图书馆被命名为张家港市“二级图书馆”，2004年学校又被评为江苏省教育现代化示范初中、张家港市文明单位。

在新的形势下，鹿苑中学将以课题研究为切入点，牢固确立现代教育观念，凸现学校办学特色；以课堂教学为主阵地，努力推动新课程改革实践，全面深化素质教育；以养成教育为突破口，积极拓宽育人思路，切实提高德育实效；以人本化管理为立足点，不断强化师资队伍建设，保障学校可持续发展。

1

2

5

3

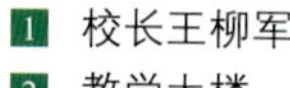
6

4

1 校长王柳军
2 教学大楼
3 东渡风碑
4 师生交流
5 校园一景
6 校本教材和校刊

第五中学

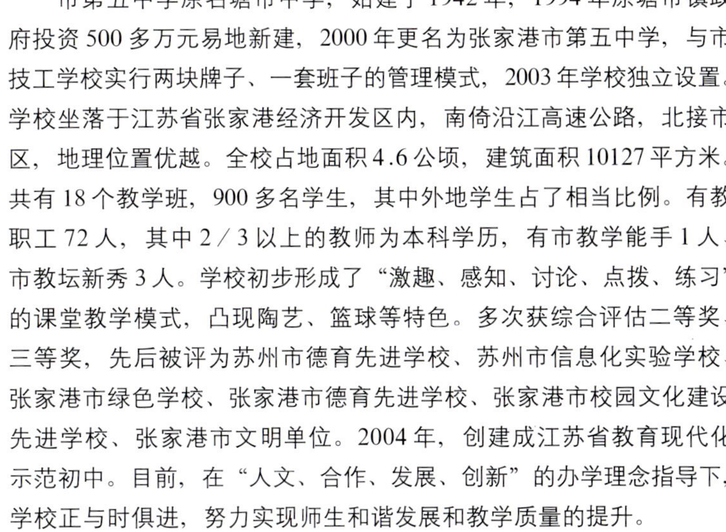

市第五中学原名塘市中学，始建于1942年，1994年原塘市镇政府投资500多万元易地新建，2000年更名为张家港市第五中学，与市技工学校实行两块牌子、一套班子的管理模式，2003年学校独立设置。学校坐落于江苏省张家港经济开发区内，南倚沿江高速公路，北接市区，地理位置优越。全校占地面积4.6公顷，建筑面积10127平方米。共有18个教学班，900多名学生，其中外地学生占了相当比例。有教职工72人，其中2/3以上的教师为本科学历，有市教学能手1人、市教坛新秀3人。学校初步形成了“激趣、感知、讨论、点拨、练习”的课堂教学模式，凸现陶艺、篮球等特色。多次获综合评估二等奖、三等奖，先后被评为苏州市德育先进学校、苏州市信息化实验学校、张家港市绿色学校、张家港市德育先进学校、张家港市校园文化建设先进学校、张家港市文明单位。2004年，创建成江苏省教育现代化示范初中。目前，在“人文、合作、发展、创新”的办学理念指导下，学校正与时俱进，努力实现师生和谐发展和教学质量的提升。

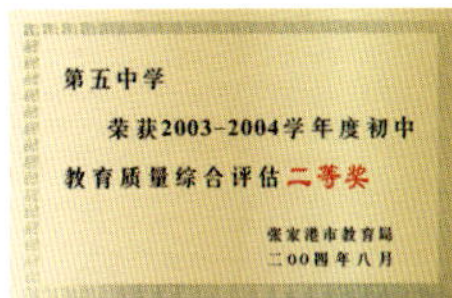

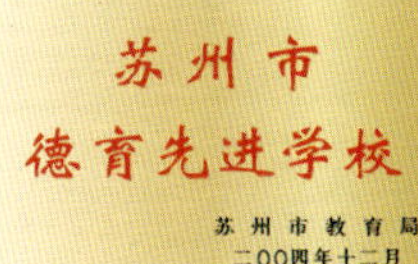

1 校长高建军
2 省教委领导到校视察
3 花园式校园
4 生物标本室
5 校篮球队

市实验小学

1

张家港市实验小学创办于1904年（光绪三十年），1981年被江苏省教育厅首批命名为省级实验小学，1999年，创建成江苏省模范性学校。2000年9月，市南苑小学并入实验小学，首开全市小学寄宿制先河。2004年7月，市政府投资4000多万元的实验小学东校区落成，苏州市教育局又批准开设寄宿制小班化“双语教育”实验班，从此翻开了实验小学百年历史崭新的一页。至年末，学校成为有3个校区和1个附属幼儿园的集团型学校。学校占地5.87公顷，建筑面积达 40878平方米。小学部有63个教学班，学生数近3000人；附属幼儿园有11个班，幼儿460多人。学校师资力量雄厚，214名教职工中有省特级教师1人，苏州市名校长、苏州市学科带头人1人，市级学科带头人10人，市教育能手、教坛新秀近70人。为了让实验小学品牌光环不断放大，学校积极探索管理新机制，在实行三个校区一体化管理的同时，充分张扬各个校区不同的办学特色，实现优势互补。

2

自上世纪80年代后，学校先后被评为全国“五讲四美”先进集体、全国学校卫生工作先进集体、全国红领巾示范学校、江苏省模范学校等10多项省级以上荣誉称号。学校将秉承先贤郭聘之先生“端、勤、毅”的历史古训，依托科学发展观的现代理念，在积极构建文化型学校，努力创建信息化校园，全力推行人本化管理，倾心实践智慧学等办学思路上做文章，“让百年老校蒸蒸日上，让优质品牌熠熠生辉”。

3

- 1 党支部书记、苏州市名校长蒋俊兴
- 2 中国陶行知研究学会会长方明到校指导并为学校题词
- 3 市教育局局长郭炳荣（右三）陪同苏州市人大领导到校视察
- 4 各级领导参加百年校庆并为东校区落成剪彩
- 5 学生在百年校庆暨东校区落成典礼上表演精彩的文艺节目
- 6 东校区一角
- 7 南校区寄宿生在愉快地活动
- 8 北校区篮球队员在晨练
- 9 附属幼儿园娃娃棋院小朋友在下围棋
- 10 2004年民族文化节活动

锦丰中心幼儿园

锦丰中心幼儿园独立建园于1986年，1989年通过张家港市一类幼儿园的验收。2003年，易地新建的幼儿园环境优美，绿荫环绕，占地面积1公顷，建筑面积9900平方米。有感统室、塑胶场地，还有多功能室、科学发现室、娃娃图书室、娃娃电脑室、劳作室、美工室、泥工室、琴室等专用活动室和现代化的教育教学设备。2003年评为苏州市基本现代化示范幼儿园，2004年获得了张家港市绿色幼儿园和江苏省示范性实验幼儿园的称号。

1 锦丰中心幼儿园园长张慧
2 市长王翔，副市长秦景安、杨芳等到园调研
3 小小琴儿弹起来
4 锦丰中心幼儿园外景

德积幼儿园

德积幼儿园是金港镇政府投资1500多万元易地新建的民心工程。坐落在居民云集的元丰小区内，交通便利，闹中取静。占地面积4.2公顷，建筑面积8565平方米。园舍设计新颖美观。A幢行政楼配有阅览室、钢琴室、电脑室、舞蹈房等现代教学用房。B、D幢教学楼整齐向阳，活动室、盥洗室、走廊安全实用。C幢多功能室宽敞明亮，配套设施齐全。D幢厨房，其设备更是堪称全市一流。五幢楼由圆柱长廊衔接成一个椭圆，圆内是活动场地，外围的遍地绿茵上点缀着色彩鲜艳的大型玩具，傲然耸立的棕榈树，还有嬉水池、小山坡、种植园。整个幼儿园被翠竹绿草环抱，视野开阔，空气清新，是孩子们游戏活动的天然场所。幼儿园努力向“苏州市现代化幼儿园”进军，着力打造剪纸特色，承担“幼儿剪纸与幼儿智力开发、美感培养研究”的课题，力求把幼儿园办成高质量，有特色的一流的幼儿园。

荣誉证书

德积 幼儿园：

在2004年幼儿园常规管理评比中，荣获 二 等奖。

张家港市教育局

二〇〇四年十二月

1 幼儿园领导班子研究工作

2 市委书记曹福龙到园视察

3 家长到园观摩幼儿活动

4 幼儿园外景

江苏沙钢集团有限公司

1

2

3

江苏沙钢集团有限公司是国家特大型工业企业，全国最大的民营钢铁企业，现有职工9500余人，占地10平方公里，总资产313亿元。企业拥有国际先进工艺装备水平的热轧卷板生产线1条，无扭控冷全连续高速线材生产线4条，全连续切分轧制带肋钢筋生产线6条，与韩国浦项合资的冷轧不锈钢板生产线2条、镀锌钢板生产线1条。年生产能力铁1100万吨、钢1350万吨、轧材1300万吨，不锈钢板35万吨、镀锌钢板15万吨，是国内最大的电炉钢和优特钢材生产基地。

沙钢加快技术创新，优化品种结构，生产工艺从短流程向短、长流程相结合转移，主导产品从大宗建材向高碳钢、金属制品用优质线材、合金钢、不锈钢薄板、热镀锌板等品种转移。开发了轮胎钢丝专用钢种、冷镦钢、预应力轨枕钢丝用钢、钢棉钢等10多个填补国内空白的新产品。在全国率先实现“电炉全热装铁水、全精炼、全连铸、全热送、全一火成材、全连轧”工艺，在国际上开创了电炉炼钢热装铁水新工艺，并获得国家发明专利。“沙钢牌”热轧带肋钢筋、优质碳素钢无扭控冷热轧盘条等产品实物质量均获国际先进水平金杯奖、江苏省重点名牌产品、全国用户满意产品、国家免检产品等称号。其中，82B钢绞线、钢棉钢用无扭控冷热轧盘条被列为国家级新产品。2004年，企业共产铁483万吨、钢755万吨、轧材702万吨，实现销售收入310亿元、利润26.7亿元，同比分别增长300.72%、50.42%、24.44%和52.31%、161.02%。在全国500强企业中名列第86位，在江苏名列第2位，在全国民企中名列第3位。企业先后荣获中国企业管理杰出贡献奖、全国质量效益型先进企业、全国用户满意企业、全国优秀企业（金马奖）、江苏省环保先进企业等荣誉。国际著名的钢铁市场和企业调查分析机构WSD对全世界最有竞争力的24家钢铁企业排序中，沙钢名列第14位。

1 650万吨钢铁项目全线贯通投产典礼
2 180吨转炉
3 高炉出铁
4 板坯连铸生产线
5 沙钢第一卷
6 沙钢码头
7 沙钢集团炼铁厂

江苏永钢集团有限公司

江苏永钢集团有限公司（http://www.yong-gang.com）是名列中国冶金行业40强、江苏省30强的企业，在全国500强企业中列第210位，拥有5500名员工、60亿元总资产，年炼钢能力200万吨、轧钢能力400万吨。2004年销售收入106.32亿元，实现利税7.89亿元。企业先后被国家银行系统、国家技监局和农业部评定为特级信用企业、完善计量检测体系合格企业、全国诚信乡镇企业，连续多年被资信评估公司评定为“AAA”级信用企业。公司十分重视强化产品质量管理，是最早一批通过ISO 9001质量体系认证的钢铁企业。企业拥有先进的生产设备和健全的质量控制系统，具有较高的自动化控制水平和强大的检测、检验能力，产品质量实现了从源头抓起、全过程控制。公司主导产品联峰牌HRB335、HRB400级Φ10mm～Φ40mm热轧带肋钢筋、Φ10mm～Φ25mm热轧光圆钢筋、Φ5.5mm～Φ12mm热轧线材，先后获得“江苏省重点保护产品”、“国家免检产品”、“冶金产品实物质量金杯奖”等称号，相继被用于上海东方明珠电视塔、浙江秦山核电站、江阴长江大桥、全国十运会主会场等国家和地方重点工程，在建筑钢材市场拥有较高的知名度和影响力。公司将进一步发挥自身优势，强化企业内部管理，优化产品结构，努力建设成为材、管、板、带综合型钢铁生产企业，推动永钢发展迈上新台阶。

产品质量免检证书
江苏永钢集团有限公司
中华人民共和国
国家质量监督检验检疫总局

冶金产品实物质量
金杯奖证书

为祖国现代化出力
建设一流钢铁企业

1 全国人大常委会副委员长蒋正华视察永钢
2 永钢行政办公大楼
3 联峰钢铁（张家港）有限公司
4 高速线材生产线
5 联峰钢材

江苏华尔润集团有限公司

华尔润集团（http：//www.farun.com）现有职工7780人，拥有总资产30亿元，具有年产4200万重量箱浮法玻璃、500万平方米加工玻璃和50万平方米微晶装饰板材生产能力，是全国最大的浮法玻璃生产企业。

公司主要生产“华润”、“华尔润”牌1.6mm～19mm厚度的白色、宝石兰、海洋兰、欧洲绿浮法玻璃，微晶装饰板材和加工玻璃系列产品，产品销往全国各地，并出口东南亚、中东、欧美等地区。1997年企业通过ISO 9001质量管理体系认证，2002年通过国家安全玻璃认证和澳大利亚产品质量认证，2003年荣获国家质量监督检验检疫总局颁发的产品质量免检证书，2004年通过ISO 14001环境管理体系认证和OHSAS 18001职业健康与安全管理体系认证，玻璃产销总量连续7年列国内同行业之首。

面向世界，面向未来，永不满足，不断超越的华尔润人将在“一业为主，产业整合，相关经营，介入多元，持续发展”的经营理念指导下逐步实施发展战略，将形成玻璃和相关产品、产业链，形成集工、贸、技为一体的大型集团。

质量管理体系认证证书

环境管理体系认证证书

职业健康安全管理体系认证证书

产品质量免检证书

1

2

3

1 生产车间
2 生产控制室
3 企业远眺
4 浮法玻璃生产线

5 公司产品
6 职工公寓
7 国务院副总理回良玉视察华尔润
8 江苏省委书记李源潮视察华尔润

攀华集团

攀华集团有限公司是在张家港华达涂层有限公司的基础上发展组建而成的，是一家高新民营企业。现有职工500多人，固定资产近8.5亿元。下设张家港华达涂层有限公司、张家港万达薄板有限公司、张家港市华达房地产开发有限公司、张家港万达物流有限公司、江苏嘉诚钢铁贸易有限公司等5个子公司。公司已跻身为中国民营企业500强，被评为“AAA”级资信企业。公司拥有国际先进设备，有2条酸洗薄板生产线，年生产能力120万吨；3条冷轧薄板生产线，年生产能力120万吨；2条镀锌薄板生产线，年生产能力40万吨；2条彩涂薄板生产线，年生产能力30万吨。主要生产冷轧薄钢板、镀锌卷板、彩涂卷板，还经营房地产及其他钢铁型材，实现年销售收入近30亿元。公司已成为中国彩钢基地，所生产的彩涂板在生产、质量、销售等方面连续三年在中国同行业中排名第一。公司已通过ISO 9001质量管理体系认证和ISO 14000环境管理体系认证。先后获得江苏市场质量计量信得过单位（品牌）、江苏名牌产品和中国知名品牌等荣誉称号。公司本着“重合同，守信誉”的原则，坚持服务第一、客户至上，在国内赢得了良好的信誉。

1

2

3

在"中国市场名优产品展示"活动中被确认为：
中国市场名优产品

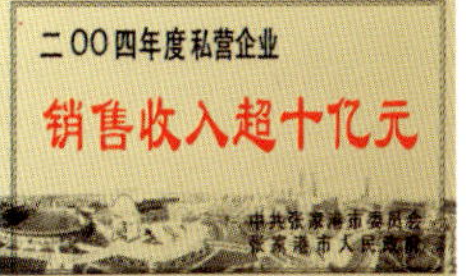

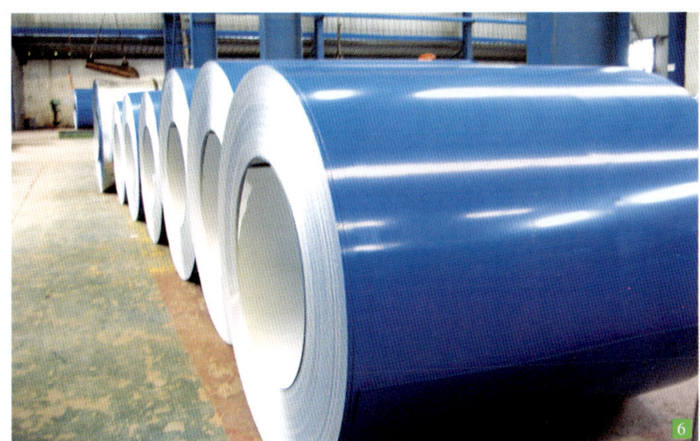

1 攀华集团总裁李兴华先生
2 2005年2月16日，公司冷轧薄板项目竣工投产典礼
3 集团外景
4 镀锌生产线卷取机
5 彩涂生产线
6 彩涂钢卷
7 冷轧生产线
8 生产厂区外景

江苏海狮机械集团

1

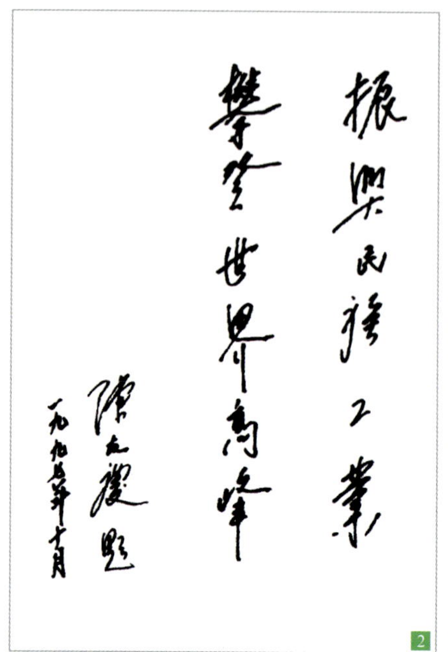

2

3

江苏海狮机械集团专业生产工业洗涤机械，现有员工800多人，固定资产2.3亿元，年产海狮牌洗涤设备近10000台套。集团总部位于江苏省张家港市，在上海闵行经济开发区建有占地24000平方米的产学研基地，在全国设有37个办事机构，在泰国、马来西亚、俄罗斯共建有3家合资企业。集团多次被国务院发展研究中心评定为中国最大的洗涤机械生产厂家，并较早地被国家旅游局确定为全国旅游商品定点生产企业，近几年相继被认定为江苏省高新技术企业和国家重点高新技术企业。集团于1980年在国内最早研制出全自动洗涤脱水机，此后不断填补国内空白，迄今已开发出全自动水洗、干洗、脱水、烘干、熨平、整形以及水处理设备等7大系列、16个品种、70余种规格产品，不仅被中南海、人民大会堂等4800余家宾馆、饭店选用，并在医院、铁路、部队、大专院校及社会洗染业拥有大量用户，还出口20多个国家和地区。集团在同行中率先通过ISO 9001国际质量体系认证和欧盟CE安全认证，现正在按ISO 14000国际环保质量体系实施贯标认证工作。海狮产品获得过国优、部优、国产精品和国家级重点新产品、首选产品、名牌产品、著名商标等一系列荣誉，在历次国家质量监督抽查、检验中，均获第一名或合格证书。

4

5

6

7

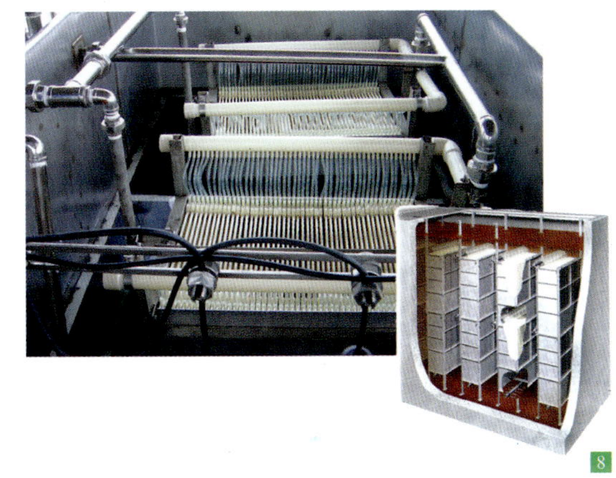

8

9

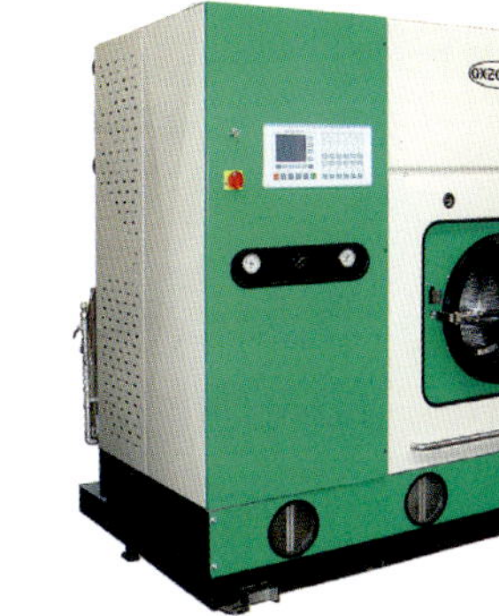

10

11

12

1 董事长、总经理陈友庆
2 陈友庆题词
3 海狮商标
4 海狮集团办公大楼
5 万米装配车间
6 海狮集团建厂35周年庆典大会
7 国外客商参观海狮洗涤设备现场操作
8 水处理设备
9 YZI－2800(3000)自动熨平机
10 GXZQ16F全自动干洗机
11 XGQ－100F全自动工业洗衣机
12 GZZ－50A自动干衣机

江苏天霸集团

1

2

江苏天霸集团成立于2005年6月22日，前身为张家港市天霸氨纶纱线纺织厂。现下设张家港天霸织造有限公司、张家港天一纺织有限公司、张家港市天雄氨纶纱线纺织有限公司、张家港市天丰氨纶纱线纺织有限公司、张家港市天久纺织有限公司、张家港保税区天强纺织贸易有限公司、张家港市天彤纺织品贸易有限公司等7个子公司。至2004年末，集团占地40余公顷，职工3500人，总资产6亿元，拥有生产特种纱（氨纶纱）环锭纺21万锭和96台喷气织机，年产各类氨纶包芯线、氨纶包覆线、氨纶包覆丝3.8万余吨，年产各类坯布1000万米，是全国最大的氨纶纱线生产厂家之一。产品销往全国各地，2004年完成销售收入7.5亿元，外贸出口704万美元，入库税金超过3000万元。2005年计划完成销售收入8.5亿元。

3

4

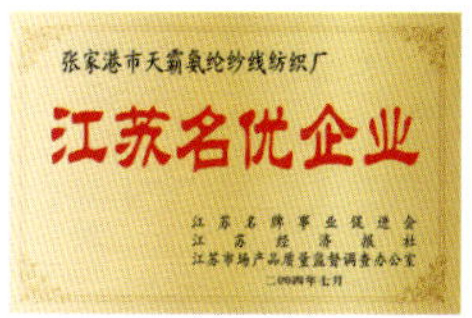

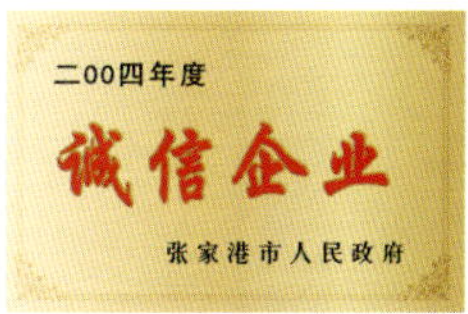

1 苏州市人大代表、张家港市工商联副会长、集团董事长陈洪法

2 副市长周群信（右）与金港镇党委书记徐根法（左）共同为集团成立揭牌

3 6月22日，集团总裁陈兰清在集团成立仪式上介绍企业情况

4 企业外景

5 6 生产车间

7 办公大楼效果图

杜邦－旭化成聚甲醛（张家港）有限公司

1

杜邦－旭化成聚甲醛（张家港）有限公司成立于2002年8月8日，位于江苏省张家港扬子江国际化学工业园内，为杜邦中国集团有限公司和日本旭化成株式会社共同投资创办。结合美国杜邦公司两百年的丰富管理经验和日本旭化成株式会社先进的设备及技术，以“高起点、高科技、优质服务于社会”为宗旨，尽力为市场提供优质产品，改善人类生活。

公司奉行如下的核心价值观：**安全、健康和环保。**公司坚持以最高标准安全作业，以最高标准保护环境和公司员工、客户以及所在社区的民众。公司将通过把安全、健康和环保作为贯穿所有业务活动的统一整体，通过坚持不懈地努力，使公司业务与公众期望相契合，通过积极适当地公布公司信息确保透明度来加强公司业务。**诚信、遵守高职业操守标准。**公司致力于通过向国内外市场提供优质的产品和服务来提高自身对客户、员工和母公司的价值。**平等待人，尊敬他人。**公司的成功在于拥有一群充满智慧、激情的员工，世界一流的技术设备和一支雄厚的综合科研队伍。公司的每一位员工严谨而负责地致力于为社会创造高品质的产品，为新产品的开发和生产提供了独一无二的力量和潜能。公司的目标是，用掌握的所有科学力量为全人类服务。

2

3

1 公司一瞥
2 一丝不苟是我们员工的精神——生产监控
3 我们创造价值也承担责任——环保设施
4 开发探索是我们不懈的目标——科技研发
5 “夜”精于勤——公司夜景
6 凝聚力是公司发展的根基——亲如一家

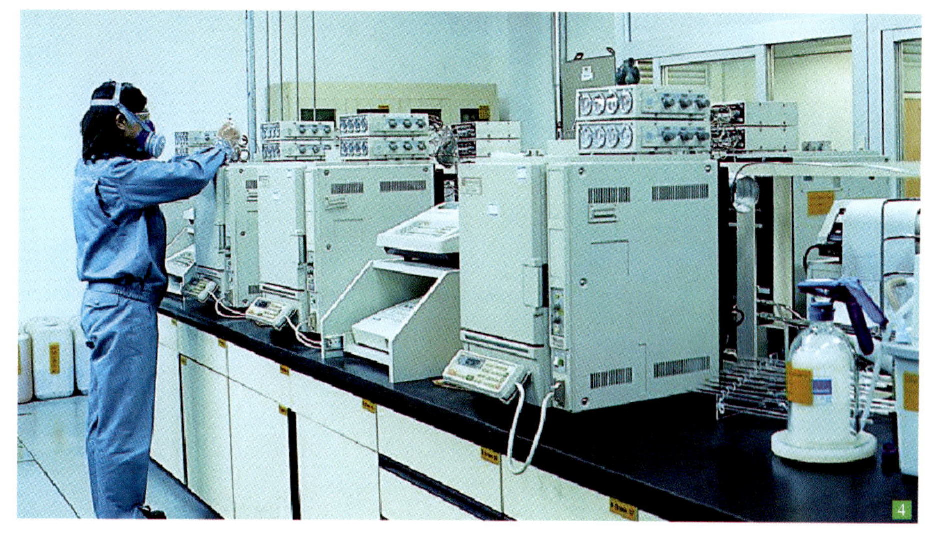

公司概况：

公司成立：2002 年 8 月

商业运转开始：2004 年 8 月

占地面积：约 8 万平方米

员工总数：约 80 人

生产产品：聚甲醛树脂

生产能力：第一期 20000 吨 / 年

※ 将来预计扩大到 60000 吨 / 年

※ 制造技术由旭化成授权

销售区域：国内 ADZ 直接销售

国外 旭化成化学株式会社、杜邦向 ADZ 收购，分别销售

江苏澳洋集团

江苏澳洋集团是一个以纺织服装业为主导的大型多元化民营企业，为全国毛纺行业五强和张家港市十大骨干企业之一，集团总部位于省经济开发区南区（欧洲工业园）。3月，集团公司经批准建立党委。公司下辖澳洋服饰面料、澳洋进出口贸易、澳洋高新投资开发、澳洋科技股份、澳洋顺昌金属制品、澳洋医院投资管理、澳洋医院、澳洋工程咨询、格玛斯特种织物（张家港）有限公司以及新疆玛纳斯澳洋科技、澳洋房地产开发、澳洋顺康医院、扬子纺纱、华盈彩印有限公司等全资、控股和参股企业。集团公司现拥有固定资产20亿元，员工5000余名，年内完成销售收入22.21亿元，利税2.28亿元。集团公司主要从事各类精纺呢绒、服装、毛纱、毛条、粘胶纤维的生产，高新技术投资以及国际贸易活动，并涉足能源开发、印刷包装、钢铁制品、医疗服务等领域。近年来，公司先后荣获国家大型一档企业、全国乡镇企业500强、全国出口创汇先进企业、江苏省明星企业、江苏省先进民营企业、江苏省特级信用企业、国家高新技术企业、江苏省纳税大户等荣誉。

1 新疆自治区党委书记王乐泉（左）与澳洋集团董事长沈学如（右）
2 澳洋集团投资的玛纳斯二期工程开工剪彩仪式6月16日在新疆玛纳斯举行
3 先进的喷气织机
4 澳洋国际大厦

江苏骏马集团

江苏骏马集团是一家以生产轮胎骨架材料为主业的大型民营企业，是张家港市十大骨干企业之一。集团公司生产厂区位于杨舍镇乘航集镇河东路80号，行政总部位于乘航振兴路骏马大厦。3月，集团公司经批准建立党委。公司下辖骏马化纤、骏马涤纶制品、骏马钢帘线、骏马热电、骏马机械、兴仁纺织、兴仁化纤等7家子公司，总资产超20亿元，有职工3000余人，主导产品有锦纶6浸胶帘子布、子午轮胎钢丝帘线等。年内完成销售收入23.28亿元，利税2.23亿元、自营出口额突破2000万美元，生产规模位居全国同行业首位。集团公司先后获全国乡镇企业集团、江苏省明星企业、江苏省重合同守信用企业、省百家建立现代化企业制度示范企业、省民营企业纳税大户等荣誉称号。主导产品锦纶6浸胶帘子布连续3届被评为江苏省名牌产品、骏马商标荣获江苏省著名商标。

1

2

3

4

5

1 骏马集团总经理杨培兴
2 8月21日，省委书记李源潮到集团公司视察
3 骏马集团成立揭牌仪式
4 骏马大厦夜景
5 工艺先进的直捻机

江苏梁丰食品集团有限公司

江苏梁丰食品集团有限公司是国家农业产业化经营重点龙头企业、中国学生饮用奶定点生产企业。近年来，公司紧紧围绕“发展方向与国家政策合拍，主导产品与国际市场接轨，企业效益与广大农民共享”的经营理念，认真落实科学发展观，坚持以市场为导向，内抓管理、外拓市场，大力实施“科技兴企、品牌经营”等战略，企业得到了较快平稳发展。“把企业做强，把规模做大，把产品做精”是公司矢志不渝的追求。公司始终把产品作为拓展市场的关键举措，“梁丰”牌系列产品先后获得江苏省名牌产品、中国名牌产品、中国绿色食品等荣誉称号，“金莎”、“太阳花”果仁夹心巧克力曾作为国家领导人出访时的国宾礼品，“梁丰”系列牛奶以品质纯正，口感细腻、营养丰富，赢得了华东地区消费者的信赖和认可。

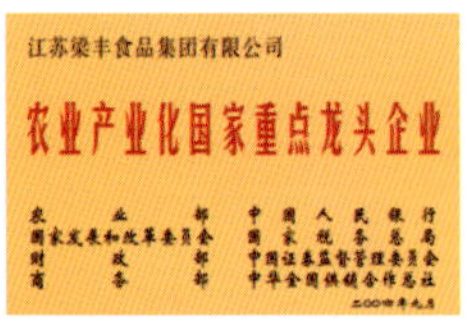

江苏梁丰食品集团有限公司

农业产业化国家重点龙头企业

农业部　国家发展和改革委员会　财政部　商务部
中国人民银行　国家税务总局　中国证券监督管理委员会　中华全国供销合作总社

二〇〇四年九月

授予

江苏梁丰食品集团有限公司生产的金莎牌巧克力为中国名牌产品。

1 乳品生产线
2 现代化的奶牛养殖场
3 梁丰集团食品工业园外景

高新张铜股份有限公司

高新张铜股份有限公司系中国高新投资集团控股的中央企业，国家重点高新技术企业，是中国最大的空调制冷用铜管、环保铜水管生产基地。企业先后从8个国家引进先进的技术设备，自行成功改造、安装了国内惟一一台2200吨反向挤压机，2004年又引进了世界铜加工行业最大的5000吨挤压机。目前，企业能生产10多个系列，100多个品种的铜制品。2004年7月21日，高新张铜股票上市顺利通过中国证监会审核，在全国铜加工行业中是首例。企业恪守罗盘比时钟更重要、市场比工厂更重要、人才比钱财更重要、质量比数量更重要、做强比做大更重要的核心理念，形成了把企业办成“一所学校、一个家庭、一支部队”的企业文化，建立了博士后科研工作站，与中南大学联合创办了技术创新中心。2004年，总经理、党委书记郭照相相继被授予中央企业优秀党务工作者、中央企业劳动模范、全国优秀企业家、中国有色金属行业最有影响力人物等荣誉称号。

高新张铜属于中国　高新张铜走向世界

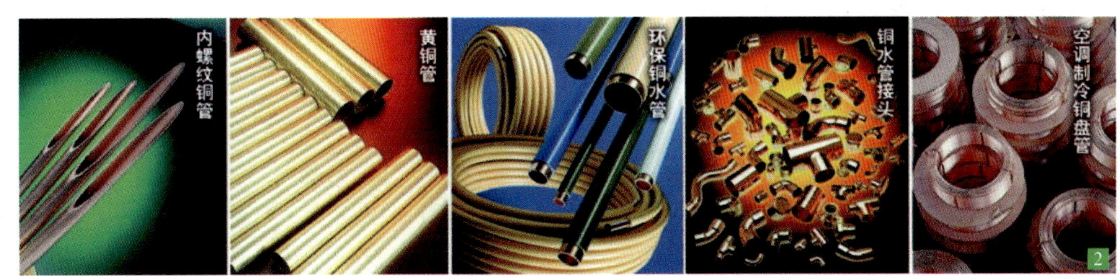

1 总经理郭照相
2 “张铜”牌产品
3 厂景一览

江苏银河电子股份有限公司

江苏银河电子股份有限公司创办于1975年，是国家重点高新技术企业和江苏省高新技术企业，并获得国家火炬计划优秀实施企业荣誉称号。公司主要从事数字机顶盒、电脑机箱、智能仪表及光学头数码电子产品的研发、生产和销售。

近年来，公司先后承担并完成了十多项国家级、省级火炬计划和“双高一优”、“国债专项资金”等国家重点技改项目，在南京、上海、北京等地建立了多门类研发机构，公司本部建立博士后科研工作站和省级企业技术中心，与清华大学、北京大学等科研院校有着紧密的技术合作。公司导入ERP管理平台，全面实施现代化企业管理规范，依托先进技术装备，倾力打造公司品牌，产品全部通过ISO 9001质量管理体系认证。公司还连续多年荣获银行“AAA”级资信证书，并被评为国家级“守合同、重信用”企业，银河商标被评为省级著名商标。

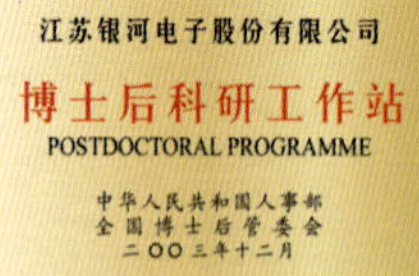
江苏银河电子股份有限公司
博士后科研工作站
POSTDOCTORAL PROGRAMME
中华人民共和国人事部
全国博士后管委会
二〇〇三年十二月

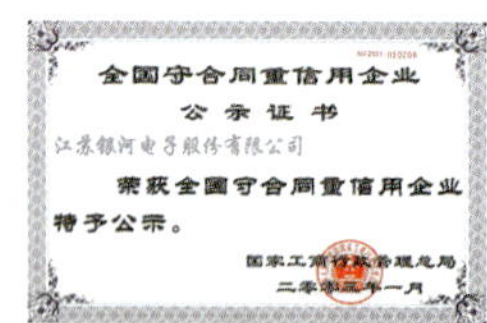
全国守合同重信用企业
公示证书
江苏银河电子股份有限公司
荣获全国守合同重信用企业
特予公示。

重点高新技术企业证书
经认定，江苏银河电子股份有限公司
为国家火炬计划重点高新技术企业

1 研发场景
2 SMT贴片生产线
3 企业厂区全景

奇胜电器有限公司

张家港奇胜电器有限公司是一家有着20年专业生产建筑、居室装潢电器的企业，公司拥用整套进口流水线生产设备和检测设备，采用日本先进工艺流程，保证了恒王产品质量精良。凭借先进的技术、精湛的工艺、优良的品质、完善的服务和遍布全国的销售网络，恒王电工开发的开关、插座、插头、转换器、断路器等五大系列500余种产品，广泛应用于国内近千个大中型工程项目，并在苏州、无锡、常州等地推广为小康型住宅电器。恒王电工率先通过了中国强制性产品认证、中国电工产品认证、ISO 9001国际质量标准认证，并先后被评为全国质量稳定合格产品、建设部中国工程建设推荐产品、江苏市场用户满意产品（省级）、江苏省监督检查质量合格产品、江苏省质量技术监督局检验中心特别推荐产品、苏州名牌产品。2002年公司被苏州市张家港工商局授予“光彩之星”称号。

1 常务总经理邹瑞英
2 HW50－86开关插座系列
3 低压电器电工产品
4 公司外景

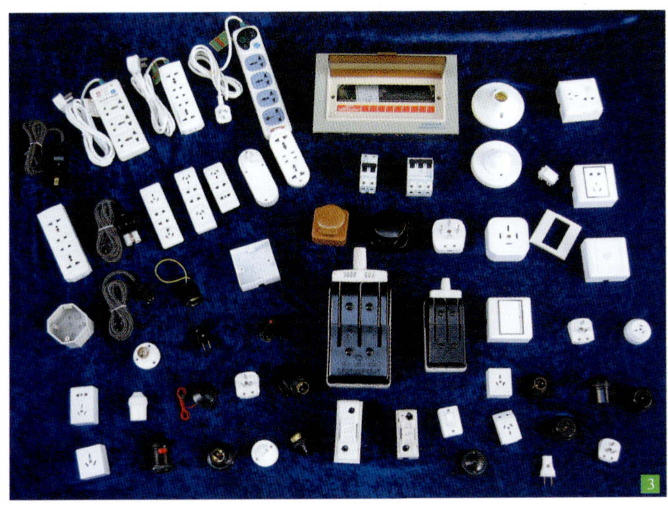

江苏维达机械有限公司

江苏维达机械有限公司始建于1958年，拥有员工500人，其中各类科技人员180人。企业占地面积9.33万平方米，建筑面积4万平方米，拥有固定资产5000万元，流动资产6000万元。公司下属有总公司控股的张家港塑料机械有限公司、张家港华丰紧密模具有限公司、张家港利源机械有限公司、张家港市建筑机械有限公司和张家港市纺织机械有限公司等企业。公司是江苏省高新技术企业，是中国包装机械协会塑料机械的定点生产厂家。2002年，企业通过了ISO 9001:2000质量体系认证。主要产品有塑料机械、纺织机械和环保机械三大类。主要有：LY系列塑料注射成型机、塑料注吹中空成型机、高效弹力丝机、钩编机、混凝土砌块成型机和维达牌杀菌超滤净水器等。产品远销俄罗斯、澳大利亚、也门、叙利亚等国家和地区，2004年实现销售额1.6亿元。

1 注吹中空成型机
2 超豪华智能型净水直饮机
3 企业新办公大楼效果图

AAA轴承有限公司

张家港市AAA轴承有限公司成立于1968年，现已发展成为占地10万平方米、拥有总资产2.58亿元、固定资产1.12亿元和1000余名职工的现代化轴承制造企业。公司目前主要生产深沟球轴承、推力球轴承、调心球轴承、调心滚子轴承、圆锥滚子轴承、圆柱滚子轴承等六大类1500多种型号规格的轴承产品，产品的应用范围涵盖农机、汽车、摩托车、电机、工程机械、矿山机械、冶金机械等领域，现已形成年产各类轴承2000万套、年销售收入3亿元的生产能力。公司取得了“国家完善计量检测体系合格证书”，通过了ISO 9001:2000和QS 9000标准质量体系认证以及ISO 14001环境管理体系认证，获江苏省质量管理奖、中国机械工业500强企业、江苏省民营企业纳税大户、苏州市百强民营企业等荣誉称号。AAA牌轴承先后被评为江苏省优质产品、江苏省名牌产品和中国著名品牌。企业位于江苏省张家港市金港镇后塍澄杨路5号，法人代表蒋文俊，电话：0512－58771090。

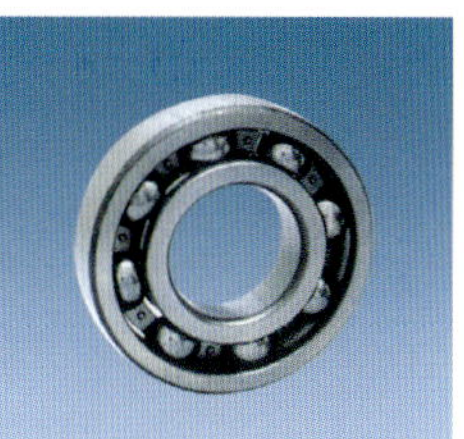

1 厂区大门
2 系列产品
3 生产车间
4 厂区一瞥

江苏天鹏化工集团

江苏天鹏化工集团创办于1975年，为全国最大的铅盐系列产品生产企业，1995年被列为“国家重点高新技术企业”。集团现有职工400人，其中工程技术人员120人，占地面积18.8万平方米，绿化面积7.8万平方米，建筑面积10万平方米。拥有总资产3.8亿元，固定资产2亿元，年销售收入8.3亿元，其中自营出口2300万美元。主要产品有省名牌产品电子级硅酸铅，首创开发的不规则状氧化铅，颗粒和传统黄丹、红丹等8个品种，年生产能力达12万吨。产品主要用于电视机玻壳、显示器、电真空玻璃、光学玻璃、瓷釉、造漆、塑料、电池等产品制造，远销10多个国家和地区。集团先后完成了列入国家火炬计划的“五万吨铅盐全密闭改造”和“扩大出口年产3万吨电子级硅酸铅技改”项目。通过了ISO 14001环境管理体系和ISO 9001质量管理体系的认证。集团多年被评为全国环保先进单位、江苏省文明单位、江苏省环境友好企业，被誉为“花园式文明工厂”。

1 集团外景
2 花园式厂区
3 江苏名牌产品证书及部分产品
4 整洁的生产厂房

张家港中集圣达因低温装备有限公司

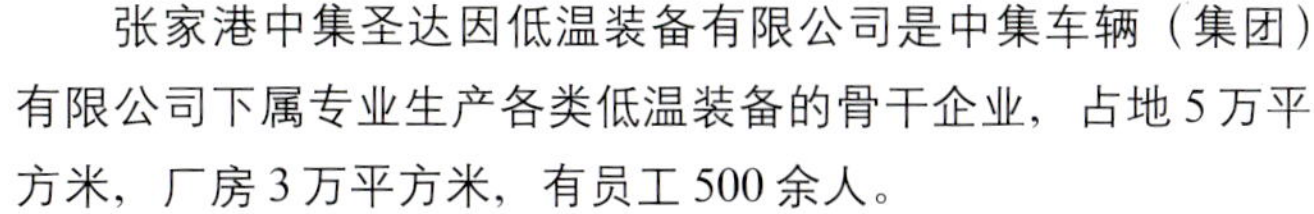

张家港中集圣达因低温装备有限公司是中集车辆（集团）有限公司下属专业生产各类低温装备的骨干企业，占地5万平方米，厂房3万平方米，有员工500余人。

公司专业从事液氧、液氮、液氩、液态二氧化碳及液化天然气（LNG）等低温液体贮罐、槽车、大型常压贮罐、罐式集装箱、低温绝热气瓶和气化设备的设计制造、销售和相关的技术服务，并承接LNG汽车加气站、LNG气化站、LNG城市调峰站、LNG瓶组供气站、LNG车载系统改装等各类LNG应用项目以及工业气体储存的工程总承包项目的建设。公司自行研发制造的国内首座国产化LNG汽车加气站及20辆LNG单燃料公交车已在新疆乌鲁木齐顺利运行。新投资2.5亿元的四期工程（低温液体运输车和低温罐式集装箱专业生产线）将于2005年10月底竣工投产。公司秉持“推进环保，回归自然”的品牌发展理念，力争三年内成为国内最优秀的低温装备供应商，五年内成为全球主要低温装备供应商。

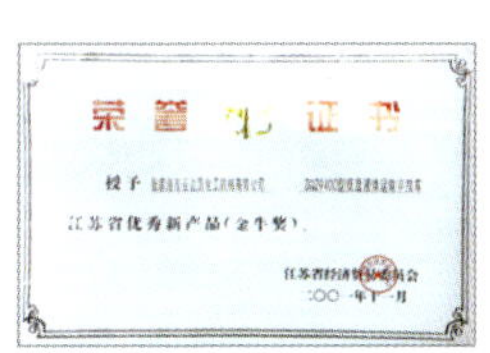

1 公司总经理施才兴（右一）向客户介绍情况

2 产品之一

3 厂区外景

瑞群服饰有限公司

瑞群服饰有限公司始建于1995年，占地面积20000多平方米，厂房面积15000平方米，员工600余人。公司拥有精细针织横机400多台、德国stoll电脑横机35台，毛纺生产线3条，纱锭8000锭，年生产精纺毛纱800余吨，高级羊毛衫50万件，是一家从优质毛纱到高档毛衫配套一条龙生产和服务的企业，并于2002年通过了ISO 9002:2000国际质量体系认证。"瑞群"牌毛衫原料优质、做工精致，销售网络遍布30多个大中城市的100多家商场专柜。公司荣获1999年上海国际创新设计博览会创新设计奖，2000年至2003年上海服饰市场畅销品牌，2001年上海国际服装文化节"十佳设计"及针织销售25强，上海第十七届服装博览会时尚服饰设计奖，2002年～2004年北京毛衫销售三强，安徽、湖北、天津等地区畅销品牌奖。2003年羊绒与羊毛衫全国市场综合占有率达到1.3%，为同类产品全国市场综合占有率前十名。

上海瑞群针织服饰有限公司
生产的瑞群牌羊绒及羊毛衫
荣列2003年度同类产品市场综合占有率前十名。

中国商业联合会
中华全国商业信息中心
二〇〇四年二月

荣誉证书

江苏瑞群服饰有限公司

根据全国大型零售企业商品销售调查统计显示：2003年度"瑞群"牌羊绒及羊毛衫荣列同类产品市场综合占有率前十名。

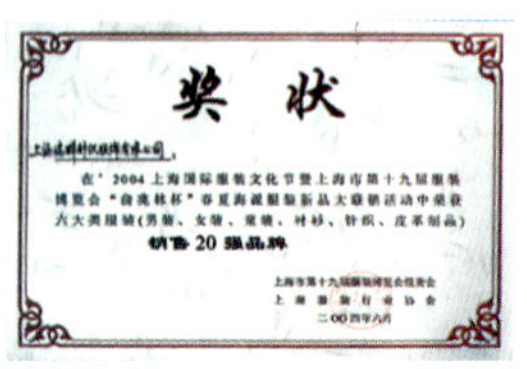

奖状

销售20强品牌

二〇〇四年六月

1 董事长钱群益
2 电脑横机车间一角
3 产品展示厅
4 公司外景

北京三吉利能源股份有限公司张家港华宇电力分公司

北京三吉利能源股份有限公司张家港华宇电力分公司是北京三吉利能源股份有限公司的全资子公司，拥有2台12.5万千瓦发电机组，现有员工460人。投产7年以来，在各级领导的亲切关怀及总公司的领导下，发扬“敬业、团结、求实、发展”的企业精神，以安全文明生产为基础，以经济效益为中心，不断提高企业管理水平，大力打造高品质企业文化，全面提升企业的竞争力。2004年全年完成发电量18.05亿度，上网电量16.87亿度，实现销售收入4.9亿元，上缴税金6347万元，发电设备利用小时数为7721小时，平均负荷率82.2%，均创下历史最高记录，在全省同类型机组中处于领先水平。年度未出现非计划停运，实现全年安全生产无事故，截至2004年12月31日，连续安全生产675天；在迎峰度夏工作中，机组满负荷稳定运行，为缓解江苏省用电紧张的局面作出了贡献，被江苏省经贸委授予迎峰度夏突出贡献奖。为了适应发展的需要，公司加大技术革新力度，12月24日，节能增容改造、控制系统改造工程已报省经贸委批准立项，目前这两项工程正在进行之中。

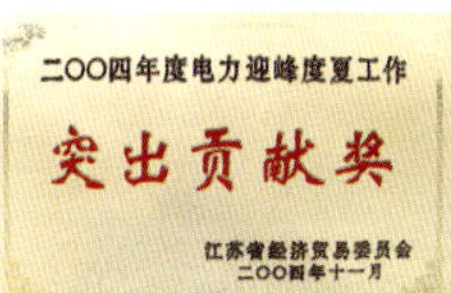

1 华宇电力厂区
2 召开年度总结表彰大会，公司领导与先进工作者合影
3 机组检修
4 安全知识竞赛
5 保护装置校验

张家港港务集团有限公司

2004年是张家港港务集团有限公司改制后第一个完整运作年。年内，全港上下紧紧围绕董事会确定的各项目标和任务，以市场为导向，以效益为中心，团结一致，奋力拼搏，经营形势持续稳定发展，各项经济指标再创历史新记录。本港完成吞吐量2880万吨，其中集装箱吞吐量32.82万标箱，主营业务收入3.6亿元。张家港港务集团被评为苏州市文明单位，下属船务分公司张港1号船获全国水运系统安全优秀船舶称号。

1 1月24日，中共中央政治局常委、国务院副总理黄菊，在交通部部长张春贤、江苏省委书记李源潮、省长梁保华、张家港市委书记曹福龙的陪同下视察张家港港，张家港港港务集团董事长吴正信在介绍情况。

2 张家港港永嘉码头集装箱作业
3 张家港港散货基层公司——港盛分公司
4 正在张家港港作业的散货船舶
5 繁忙的张家港港水域

市五套班子领导机构

中共张家港市第八届委员会

书　记　曹福龙
副书记　王　翔　彭建平　顾栋才
　　　　刘费加　庄中秋（10月任）
常　委　宋伯祥　单玉珍（女）
　　　　高建刚　沈　宁（7月免）
　　　　庞伟中　李汉忠
　　　　毛永林（7月任）
委　员　（按姓氏笔画为序）
　　　　朱瑞祥　杨　芳（女）
　　　　吴勤良　何坤明　沈文荣
　　　　宋岳清　张荣祖　陈兆祥
　　　　赵建明　赵漱波（女）
　　　　秦景安　顾仁高　钱学仁
　　　　钱炳华　徐元华　郭炳荣
候补委员　徐仲高　李　平　蒋志勉
　　　　孙敏彪

张家港市第十一届人民代表大会常务委员会

主　任　陈永丰
副主任　唐德生　韦建庄　包永康
　　　　顾树柏　何坤明（2月任）
　　　　陆　昕（2月任）
委　员　（按姓氏笔画为序）
　　　　王国楷　卞永高
　　　　邓惠良（1月免）　朱瑞祥
　　　　许云才　许金德
　　　　李婧娟（女，1月免）
　　　　严照华　宋达华　张建平
　　　　张泉华　陈和平　胡　波
　　　　赵漱波（女）　徐　瑛（女）
　　　　徐卫袁　殷兴盛（7月免）
　　　　高佐本　常士明（2月任）

张家港市人民政府

市　长　王　翔（2月任）
副市长　王　翔（2月免）　庞伟中
　　　　蒋来清　秦景安　周群信
　　　　杨　芳（女）　徐仲高

政协张家港市第九届委员会

主　席　钱学仁
副主席　陆勤华（女）　徐新培
　　　　蒋祖德　倪根来（7月辞）
　　　　朱全发
秘书长　王玉芳（女）
常务委员　（按姓氏笔画为序）
　　　　丁正义　丁学东
　　　　王卫平（女，1月免）
　　　　王发良　王兴祥　王启民
　　　　王艳辉（女）　刘会荪
　　　　刘建芳（女）　刘品贤（女）
　　　　刘炳华　李兴华
　　　　李宏平（2月任）　吴　平
　　　　吴广生　陆玉生　陆国库
　　　　陆爱清　陈　跃（1月免）
　　　　陈永祥（2月任）　陈国华
　　　　林振球　周　伟　周　荣
　　　　施菊平　顾　放　钱群益
　　　　徐平观　徐达林
　　　　徐伟才（1月免）　徐华翔
　　　　徐俊才　徐莉萍（女）
　　　　殷本新　高　鹏　曹永章
　　　　黄亚平（女，2月任）
　　　　董建刚　蒋新峰　焦　实
　　　　释法禅　蔡　钢　戴正平

中共张家港市纪律检查委员会

（市监察局与其合署办公）

书　记　刘费加
副书记　刘　军　吴佩玉（女）
常　委　缪金祥　庞立新
　　　　周春峰（12月免）　高忠民
委　员　（按姓氏笔画为序）
　　　　吴坤和　张建平　季国贤
　　　　郑国清　袁培龙　唐万安
　　　　潘雪平
秘书长　马狄武

市纪律检查委员会派驻纪检组组长

发展计划委员会纪检组　王振芬
对外贸易经济合作局纪检组　黄　炜
公安局纪检组　丁　平
财政局纪检组　陆兆林
国土资源局纪检组　戴建治
环境保护局纪检组　张建平
民政局纪检组　陈志法
物价局纪检组　谭　斌
文化广播电视管理局纪检组
　　张燕清（12月任）
劳动和社会保障局纪检组　展玉明
法院纪检组　娄国良
检察院纪检组　郭　新
人事局纪检组　潘雪平（1月任）
房产管理局纪检组　邹建忠（1月任）
城市管理局纪检组　王正华（1月任）
规划局纪检组　张　瑾（1月任）
园林绿化管理局纪检组
　　郑静达（1月任）
农业局纪检组　顾　新（12月任）
计划生育委员会纪检组
　　查敏智（12月任）
司法局纪检组　龚　俊（12月任）
市政府办公室纪检组
　　虞维君（12月任）
行政审批中心监察室
　　闻华松（1月任）
张家港质量技术监督局纪检组
　　孔玉林

张家港工商局纪检组　刘辉明
地税局纪检组　倪新民
人民银行纪检组　徐申保

系统纪律检查委员会书记、主任

保税区纪工委　季国贤
保税区监察室　陈国平
市级机关纪工委　陈　跃
省级开发区纪工委　陈宣东
沿江开发办纪工委　邵建芳
经济贸易委员会纪委　陆崇珉
建设局纪委　顾兴达
教育局纪委　季进胜
供电局纪委　钱建兵
邮政局纪委　荣建国
电信局纪委　常建栋
贸易局纪委　陈国平
粮食局纪委　陈士忠
水利局纪委　汤永良（12月免）
　　凌　洁（女，12月任）
卫生局纪委　陈　平
海事局纪委　丁邦庆
供销总社纪委　徐永祥（4月免）
　　童大慰（12月任）
沙洲工学院纪委　邓云良
交通局纪委　陈正华
农村商业银行纪委　方建华
金茂投资公司纪委　徐德华（2月任）

保税区　开发区工作机构

中共张家港保税区工作委员会

书　记　曹福龙（1月任）
副书记　曹福龙（1月免）
　　徐元华（兼）　徐锡宝
　　叶炳苍（12月任）
委　员　季颂元　黄光炯
　　庄中秋（10月免）　叶炳苍
　　季国贤　汤建中　梁一波
　　钱炳华

江苏省张家港保税区管理委员会

副主任　徐元华（常务）　季颂元
　　黄光炯　庄中秋（10月免）
　　汤建中　梁一波

中共张家港保税区工作委员会办公室

主　任　叶炳苍
副主任　陈志民　沈国杰

保税区管理委员会办公室

主　任　梁一波（1月免）
　　解志荣（1月任）
副主任　刘忠华　赵建林　潘正云
　　解志荣（1月免）

保税区外事办公室

主　任　钱炳华
副主任　赵建林

保税区经济发展局

局　长　谢　明
副局长　顾秋雁（1月任，12月免）
　　陈　瑞　彭　烨（12月免）

保税区招商中心
（12月撤）

主　任　孙济刚
副主任　翁羽人（女）　黄菊芳（女）

保税区招商局
（12月成立）

局　长　孙济刚
副局长　翁羽人（女）

保税区规划土地局

局　长　陈　健
副局长　季佩欣　金慰达　沙学胜

保税区财政局

局　长　夏　琼（女）

保税区工商行政管理局

局　长　葛亚林
副局长　章俊平（女）

保税区国家税务局

局　长　张伟宏
副局长　徐　伟

保税区机关党委

书　记　黄光炯（兼）
副书记　梁一波　陈国平

保税区开发总公司

总经理　徐品云（3月任）
副总经理　平　原（3月免）

保税区外商投资服务中心

主　任　季国贤（兼）

保税区物流贸易局
（12月成立）

局　长　顾秋雁
副局长　彭　烨　黄菊芳（女）

保税区金港资产经营有限公司

董事长　曹福龙（兼，5月免）
　　夏　琼（女，兼，5月任）
副董事长　徐元华（兼，5月免）
　　季颂元（兼，5月免）
总经理　徐元华（兼，5月免）
　　徐品云（兼，4月任）
副总经理　徐品云（兼，4月免）

中共江苏扬子江国际冶金工业园工作委员会

书　记　秦景安（兼）
副书记　沈文荣（兼，3月免）
　　杜永飞（3月任）

江苏扬子江国际冶金工业园管理委员会

主　任　秦景安（兼）
副主任　杜永飞　陈亚光　朱事高
　　季永新（兼）　唐　勇
　　何春生（兼）

中共江苏省张家港经济开发区工作委员会

书　记　庞伟中（兼）
副书记　陆　昕（兼，2月免）
　　徐根法（兼，1月免）
　　曹国才（兼，2月任）
　　沈学如　谢　刚
　　孙敏彪（2月任）

江苏省张家港经济开发区管理委员会

主　任　庞伟中（兼）
副主任　沈学如（常务）　谢　刚
　　张　跃　黄雪元（兼）
　　孙敏彪（2月任）
　　潘月林（3月免）　庞荣祥
　　陈力克（女，兼，1月任）

江苏省张家港经济开发区管委会办公室

主　任　周　军（12月任）
副主任　周　军（12月免）
　　杨　岷（女）

江苏省张家港经济开发区项目开发局

局　长　谢　刚（兼，3月免）
　　徐伯尧（3月任）
副局长　徐伯尧（3月免）
　　吴建江　汤文军（3月任）

江苏省张家港经济开发区土地规划局

局　长　王觉方
副局长　马小弟　张同标（3月任）

江苏省张家港经济开发区财政税务局

局　长　夏耀民（12月免）

江苏省张家港经济开发区社会事业局

局　长　史建平

江苏省张家港经济开发区劳动人事局

局　长　李惠芳

中共张家港市委市沿江经济技术开发区工作委员会
（2月撤）

书　记　季　宗

市沿江经济技术开发区管理委员会
（2月撤）

主　任　季　宗
副主任　龚　炜　宓子平　邵建芳

中共张家港市委市沿江经济技术开发管理办公室工作委员会
（2月成立）

书　记　季　宗

市沿江经济技术开发管理办公室
（2月成立）

主　任　季　宗
副主任　龚　炜（12月免）　宓子平
　　　　邵建芳
　　　　赵　旭（12月任）
　　　　杨立清（8月任，试用）

市长江资源开发总公司

董事长、总经理　季　宗
副总经理　邵建芳　陈保华　宓子平
　　　　　龚　炜（12月免）
　　　　　赵　旭（12月任）
　　　　　杨立清（8月任）

市军事　审判　检察机构

市人民武装部

部　长　毛永林
政　委　沈　宁（3月免）
　　　　石国毅（3月任）
副部长　沈正华（3月免）
　　　　何正贤（3月任）

市人民法院

院　长　赵建明
副院长　陶岳兴　缪　坚　陶建芬
　　　　赵剑锋

市人民检察院

检察长　陈兆祥
副检察长　袁培龙　林步东（1月免）
　　　　　钱云华　陆建中（4月任）

市人民检察院反贪污贿赂局

局　长　陆建中（3月免）
　　　　李维兵（3月任）
副局长　李维兵（3月免）　张　勇

市委工作机构

市委办公室
（挂市委机要局、市委保密委员会办公室牌子）

秘书长　何坤明（12月免）
　　　　卞东方（12月任）
副秘书长　黄家平　卞东方（12月免）
　　　　　袁驾云　陈锡祥
　　　　　陈奉德（3月任）
　　　　　王松石（3月任）
　　　　　穆　军（7月任）
　　　　　李卫星（7月任）
主　任　何坤明（3月免）
　　　　卞东方（3月任）
副主任　卞东方（3月免）　黄家平
　　　　袁驾云　陈锡祥
　　　　王松石（3月任）　穆　军
　　　　李卫星

市委机要局
（在市委办挂牌）

局　长　黄家平
副局长　程　阳　龚志祥　姜　中

市委保密委员会办公室
（市国家保密工作局）

主任（局长）　张岳良

市委组织部

部　长　单玉珍（女）
副部长　张建平　高　鹏

市委宣传部
（挂市精神文明建设委员会办公室牌子）

部　长　李汉忠
副部长　陈世海　陆玉生（6月免）
　　　　陈永祥（1月免）　王连生
　　　　张　平（3月任）

市精神文明建设委员会办公室
（在宣传部挂牌）

主　任　王连生（兼）
副主任　陆雪祥　徐　炜（12月免）
　　　　唐晓东（12月任）

市委统一战线工作部

部　长　徐新培（兼）
副部长　王永清　丁正义

市委政法委员会
（挂市社会治安综合治理办公室牌子）

书　记　彭建平（兼）
副书记　吴勤良（兼）　陈兆祥（兼）
　　　　陈　跃（1月免）
　　　　赵建明（兼）
　　　　陈永祥（1月任）
　　　　周春峰（12月任）　郁洪兴

市委农村工作办公室
（挂市政府农村集体资产管理办公室牌子）

主　任　高建刚
副主任　张耀明　张永昕
　　　　薛　平（4月免）
　　　　高　翔（4月任）

市委派出机构

市委市级机关工作委员会

书　记　邢　鹿
副书记　季梅宝（女，1月免）
　　　　陈　跃（1月任）　李玉培

市委非公有制经济工作委员会
（12月成立，与市委组织部合署办公）

书　记　高　鹏（兼）
副书记　戴正平（兼）　张建华
　　　　朱兴华

市委部门管理机构

市委研究室

主　任　季　冬
副主任　龙凤清　唐雷刚

市委老干部局

局　长　丰鹤鸣
副局长　陶建芳（女）　马金龙
　　　　袁小明（8月任）

市委台湾工作办公室
（市政府台湾事务办公室）

主　任　项建度
副主任　张久荣（7月免）

市委直属事业单位

中共张家港市委党校
（挂“张家港市行政学校”牌子）

校　长　曹福龙（兼）
常务副校长　郭树真（3月免）
　　　　　　蔡　杰（3月任）
副校长　徐洪发　薛振华

市委党史地方志办公室

主　任　陈建明
副主任　李华兴　魏　欣

市档案局（馆）

局（馆）长　蔡同寅
副局（馆）长　黄惠珍（女）
　　　　　　　徐正玉

市委接待办公室

主　任　陈继根（3月免）
　　　　陈奉德（3月任）
副主任　黄锦龙（2月免）
　　　　格桑曲宗（女，藏族）

高　攀
黄晓伟（3月任，试用）

张家港日报社

总　编　陆玉生
副总编　钱魁中　俞慧军　俞鞠敏
周礼清

市人大常委会工作机构

市人大常委会

秘书长　殷兴盛（7月免）
张泉华（7月任）
副秘书长　周新华　高根祥　周志虎

市人大常委会办公室

主　任　殷兴盛（7月免）
张泉华（7月任）
副主任　周新华　高根祥　周志虎

市人大常委会人事代表联络工作委员会

主　任　张泉华（7月免）
许金德（7月任）
副主任　许金德（7月免）
张亚华（7月任）

市人大常委会内务司法工作委员会

主　任　许云才
副主任　邵德明

市人大常委会财政经济工作委员会

主　任　邓惠良（1月免）
常士明（1月任）
副主任　陆一珉

市人大常委会城建环保工作委员会

主　任　高佐本
副主任　周　勇

市人大常委会教科文卫工作委员会

主　任　卞永高
副主任　周忠朴

市政府工作部门

市政府办公室

（挂市政府无线电管理办公室、市政府法制办公室牌子）

秘书长　郭炳荣（4月免）
王亚方（4月任）
副秘书长　朱丙华（3月免）
邢锦石（兼，2月免）
陆颂义　陈永才（2月任）
汤　红（女，8月免）
张小伟　夏立新　孟　波
虞维君（8月任）
周月明（7月任）
庞赞平（7月任）
张明国（7月任）
刘东兴（12月任）
主　任　郭炳荣（4月免）
王亚方（4月任）
副主任　朱丙华（3月免）
邢锦石（兼，2月免）
陆颂义
汤　红（女，8月免）
张小伟　夏立新　孟　波
虞维君（8月任）　周月明
庞赞平　张明国
刘东兴（12月任）

市政府法制办公室

（在市政府办公室挂牌）

主　任　朱丙华（3月免）
陆颂义（兼，3月任）
副主任　刘国强　孙　晔

市发展计划委员会

（挂市信息化办公室牌子）

主　任　葛晓明
副主任　章福才（兼，2月免）
戴建明　马　辉（2月任）
赵兴才（兼）　陶建明
钱锦东

市经济贸易委员会

（挂市乡镇企业管理局、市中小企业局、市安全生产监督局牌子）

主任、党委书记　李建兴
副书记　蔡洪涛　匡建东
张学军（3月免）
陆崇珉（3月任）
副主任　蔡洪涛　黄明华
朱　斌（兼，2月免）
匡建东　曹永兴（3月任）
邢锦石（2月任）　邵军民
陈晓黎
朱郁健(兼，12月免)
陈建兴

市乡镇企业管理局　市中小企业局

（在市经贸委挂牌，两块牌子、一套班子）

局　长　黄明华
副局长　刘洪德（12月免）
叶　康（3月免）　张建国
黄正华（3月任）

市安全生产监督管理局

局　长　姜元华
副局长　曹　东（12月任）　王彦文
杨建钟

市贸易局

（由市经济贸易委员会管理）

局长、党委书记　朱　斌（2月免）
邢锦石（2月任）
副书记　陈国平
副局长　陈国平　黄宝祥（2月免）
叶惠苍（2月免）

市教育局

局长、党委书记　董　华（4月免）
郭炳荣（4月任）
副书记　季进胜
副局长　李宏平　王松石（3月免）
黄大龙　章剑平
丁学东（8月任，试用）

市科学技术局

局　长　崔振龙
副局长　袁　勋　谢建良　赵建华

市公安局

（市委610办公室与其合署办公）

局　长　吴勤良
政　委　唐万安
副局长　钱建龙　赵煜斌　汤建平
黄亚平　陈菊新　王文良
陈群燕（女）
副政委　闻振平

市监察局

（与市纪委合署办公）

局　长　刘　军
副局长　周春峰（12月免）　高忠民
侯寿松
周卫君（9月任，试用）

市民政局

（挂市老龄工作委员会办公室牌子）

局　长　张荣祖
副局长　陈志法　常士明（1月免）
陆志盈　周正亚
汤　红（女，8月任）
瞿国民

市司法局

局　长　郑国清
副局长　张卫国　唐英平　吴叙华
尹　洁（女，8月任）

市财政局

（挂市国有（集体）资产管理委员会办公室牌子）

局　长　石锡贤
副局长　周　兵（兼）　赵耀新
陈松林　陆兆林
瞿永昌（1月任）

市国有（集体）资产管理委员会办公室
（在市财政局挂牌）
主　任　石锡贤（兼）

市人事局
局　长　秦毅峰
副局长　陆金荣（1月免）　张卫中
　　　　祁建刚（1月任，试用）

市机构编制委员会办公室
（与市人事局合署办公）
主　任　秦毅峰
副主任　展桂彬（8月免）
　　　　许　健（12月任，试用）

市劳动和社会保障局
局　长　李洪生
副局长　陆新云（12月免）
　　　　陆新玉（女，12月任）
　　　　尚文涛　黄亚红（女）

市国土资源局
局　长　朱炳荣
副局长　黄志高　祁志良（12月免）
　　　　黄伟功　季佩欣（兼）

市建设局
（挂市地震局牌子）
局长、党委书记　邹福元
副书记　朱慧敏　陶金凤
　　　　朱丙华（3月任）　顾兴达
副局长　朱慧敏　陶金凤
　　　　朱丙华（3月任）　宋正明
　　　　张　雷　朱瑞栋　张满兴
　　　　秦　浩（10月任）

市地震局
（在市建设局挂牌）
局　长　邹福元（3月免）
　　　　朱丙华（兼，3月任）
副局长　马根涛

市园林绿化管理局
局　长　朱慧敏（兼）
副局长　赵惠良　郑静达
　　　　徐永祥（3月任）
　　　　陈金发（10月任）

市城市管理局
（7月9日前，挂市爱国卫生运动委员会办公室牌子）
局　长　黄亚平
副局长　顾云祥（1月免）
　　　　陆惠忠（1月任）
　　　　游惠德（7月免）　王正华
　　　　姚惠新
　　　　李婧娟（女，1月任，试用）

市城市管理行政执法局
（1月成立，与市城市管理局合署办公）
局　长　黄亚平（兼，3月任）
副局长　陆惠忠（兼，3月任）
　　　　游惠德（兼，3月任，7月免）
　　　　王正华（兼，3月任）
　　　　姚惠新（兼，3月任）
　　　　李婧娟（女，兼，3月任）

市爱国卫生运动委员会办公室
（7月9日前，在城市管理局挂牌，7月9日后，在市卫生局挂牌）
主　任　黄亚平（兼，7月免）
　　　　游惠德（7月任）

市交通局
局长、党委书记　曹国才（2月免）
　　　　　　　　章福才（2月任）
副书记　陈建新　陈正华
副局长　陈建新　唐锦达　龚全德
　　　　徐平观　戴金发

市水利局
（挂市水务局牌子）
局长、党委书记　景惠新
副局长　陈颂伟（3月免）　陆江山
副书记　汤永良（12月免）
　　　　凌　洁（女，12月任）

市农业局
（挂市多种经营管理局、市农业机械管理局牌子）
局　长　黄建中
副局长　高长法（12月免）　陈炳祥
　　　　朱公良（2月免）　季巧生
　　　　张正祥　陈光辉（12月免）
　　　　陈永兵　徐　江
　　　　陆　军（3月任，试用）

市多种经营管理局
（在市农业局挂牌）
局　长　黄建中
副局长　高长法（12月免）　陈炳祥
　　　　朱公良（2月免）　季巧生
　　　　张正祥　陈光辉（12月免）
　　　　陈永兵　徐　江
　　　　陆　军（3月任，试用）

市农业机械管理局
（在市农业局挂牌）
局　长　张正祥（兼）

市对外贸易经济合作局
局　长　陶惠兴
副局长　蒋　红　钱　进

市文化广播电视管理局
（挂市文物管理委员会办公室、市新闻出版局牌子）
局　长　郑国祥
副局长　徐洪高　侯一华
　　　　蔡　杰（3月免）
　　　　支坤兴（7月任）
　　　　谭　强（女，12月免）
　　　　章　骏
　　　　须维萍（女，12月任）

市新闻出版局
（在市文化广播电视管理局挂牌）
局　长　郑国祥
副局长　谭　强（女，12月免）
　　　　须维萍（女，12月任）

市卫生局
局长、党委书记　庞静芳（女）
副书记　钱金相（8月免）
副局长　钱金相（8月免）
　　　　侯炳逵（12月免）
　　　　黄德龙（7月免）
　　　　游惠德（7月任）
　　　　王永良　王建华
　　　　朱全发（兼，1月任）
　　　　季春郁（1月任，试用）
　　　　施剑杰（8月任，试用）

市计划生育委员会
主　任　徐锦芬（女）
副主任　钱建平　黄正华（3月免）
　　　　陈　玮（女）

市审计局
局　长　吴坤和
副局长　毛永华（1月免）　顾　放
　　　　崔振华
　　　　陆小玲（女，12月任）

市环境保护局
局　长　赵建明
副局长　陶　平　缪维成　黄永舫
　　　　陈卫兵

市体育局
局　长　郭立人
副局长　蔡　钢　许　峰
　　　　张　莉（女，8月任，试用）

市统计局
局　长　陈　跃
副局长　庞元良
　　　　陆小玲（女，12月免）
　　　　施向东

市物价局
局　长　赵惠兴（7月免）

王金良（7月任）
副局长 王金良（7月免） 汤耀石
陈春法 赵 旭（12月免）
陆新云（12月任）

市粮食局

局长、党委书记 王世明
副书记 陈士忠
副局长 徐锦章 朱瑞方

市信访局

局 长 戚 亭
副局长 袁雪芬（女） 徐建耀

市经济体制改革办公室

（挂市企业上市工作办公室牌子）
主 任 顾云才
副主任 潘 雨 吴汉江 刘会荪

市企业上市工作办公室

（在市经济体制改革办公室挂牌）
主 任 顾云才
副主任 潘 雨 吴汉江

市规划局

局 长 应 梓
副局长 王觉方 张 舟 蒋新峰

市政府侨务办公室

主 任 季祖元
副主任 曹顺林 杨和生

市民族宗教事务局

局 长 王永清
副局长 吴 一（女，3月任，试用）

市政府派出机构

市口岸管理委员会

（挂市港口管理局牌子）
主 任 曹福龙（兼，7月免）
王 翔（兼，7月任）
副主任（局长） 钱德华
副主任（副局长） 张炳兴 陈灿明

市行政审批服务中心

主 任 庞伟中（兼）
副主任 戴正平（常务，兼）
刘会荪（兼）
蒋卫军（8月任）

市土地储备交易服务中心

主 任 朱炳荣（兼）
副主任 戴建治（兼） 马德贤
李 敏（12月任，试用）

市人民政府驻北京办事处

主 任 徐利兴（3月免）
蔡建林（12月任）
副主任 蔡建林（12月免）
王晓春（1月任）

市人民政府驻深圳办事处

主 任 姜心意（3月免）
郑建业（3月任）
副主任 郑建业（3月免）
张 毅（3月任）

市人民政府驻厦门办事处

主 任 吉龙保（3月免）
副主任 沈一平（3月任，试用）

市人民政府驻南京办事处

主 任 章福才（2月免）
副主任 赵 晖

市人民政府驻温州办事处

主 任 匡建东
副主任 何启明（1月任，试用）

市政府直属事业单位

市机关行政管理局

局 长 陈永才（2月免）
朱建才（3月任）
副局长 陈继根（3月任，12月免）
叶 康（3月任）
童少鹏（12月免） 陈永林
王季才 王小平 朱金方

市行政学校

（在“中共张家港市委党校”挂牌）
校 长 曹福龙（兼）
副校长 郭树真（3月免）
蔡 杰(3月任) 秦毅峰(兼)
徐洪发 薛振华

市人民防空办公室

主 任 王良其
副主任 丁 勇 钱士荣 陈建法
沈正华（10月免）
何正贤（兼，12月任）

市房产管理局

局 长 朱锡明
副局长 徐 松 张国华 张新红

市外事办公室

主 任 王志明
副主任 赵建华 徐丽花（女）

市旅游事业管理局

局 长 黄蕴山
副局长 马文彪（1月免）
秦松强（7月免） 戴德荣
王启行（8月任，试用）

市暂住人员管理服务中心

（3月成立）
主 任 陈 跃
副主任 瞿彩娟（女） 汤建平（兼）
钱建平（兼）
黄亚红（女，兼）

市社会调解服务中心

（8月成立）
主 任 陈永祥
副主任 徐建耀 唐英平

市能源建设基金管理办公室

（市能源投资发展有限公司）
主 任（总经理） 赵兴才
副主任（副总经理） 陈荣明 杨建华

市城市建设基金管理办公室

（市城市投资发展有限公司）
主 任（总经理） 朱瑞栋（兼）
副主任（副总经理） 陆惠民
丁建平（1月任）

市资本经营管理办公室

（市益鑫投资有限责任公司）
主 任（总经理） 周 兵

市物资集团有限责任公司

（3月撤）
总经理、党委书记 曹永兴
副总经理 李伟星

市供销合作总社

主任、党委书记 肖玉成
副主任 童大慰 陈桂彬 卢国荣
副书记 徐永祥（3月免）

苏州市条线管理部门

市供电公司

总经理 沈汉章
党委书记 蒋建国
副总经理 周 震 夏志尧 周 超

市邮政局

局长、党委书记 毛跃建
副局长 荣建国 黄金伟

市电信局

局长、党委书记 沈 忱（5月免）
顾栋胜（5月任）
副局长 常健栋 王少波

市国家税务局

局 长 钱正忠
副局长 邹伟良 陈俊明 沈一华
汤振华（8月任）

市地方税务局

局 长 于广群
副局长 王 伟 倪新民 李 炜
陶 枫

苏州市张家港工商行政管理局

局　长　张林高

副局长　林忠贤　王国强　潘明生　陈国新（8月免）　刘辉明（8月任）

苏州市张家港质量技术监督局

局　长　李　平

副局长　孔玉林　韩玉明

苏州市张家港药品监督管理局

局　长　戴宝焕

副局长　徐国兴

市烟草专卖局

局　长　方桂荣

副局长　高德宏　钱志宽

市盐务管理局

局　长　王元龙（3月免）　朱伟滨（3月任）

副局长　刘学军（11月免）　侯　军（女，11月任）

市气象局

局　长　顾　频

副局长　许柏杭

苏州市住房公积金管理中心张家港分中心

主　任　张正祥

副主任　杨建国　陈文裔

中国人民银行张家港市支行

行　长　丁建章

副行长　姚建平

中国农业发展银行张家港市支行

行　长　沈跃丰

副行长　陈晓宇（6月任）

中国工商银行张家港市支行

行　长　谢志华（2月免）　吴　军（2月任）

副行长　沈　黎（2月免）　徐　超　龚　震

中国农业银行张家港市支行

行　长　高友清

副行长　闻　豪　王世鹤　陈向东　黄　英（女）

中国建设银行股份有限公司张家港支行

（9月更名）

行　长　宋启明

副行长　刘志强　丁晓芳（2月免）　顾美玉（2月免）　尹才新　王　康（2月任）

中国银行张家港支行

行　长　吴　敏

副行长　朱新华（女）　马冬青　尚秀胜

交通银行张家港支行

行　长　黄桂兰（女）

副行长　王剑叶　倪云山

张家港市农村商业银行

董事长、党委书记　王自忠

副书记　季　颖　薛文岐　方建华

副董事长　薛文岐

行　长　季　颖

副行长　张哲清

中国人民财产保险股份有限公司张家港支公司

总经理　顾国良

副总经理　钱　伟　季　力　俞晓英（女，8月任）

中国人寿保险股份有限公司张家港支公司

总经理　钱建平（12月免）　张晓刚（12月任）

副总经理　张龙卫　卢天石　陈　莹（女，1月任）

中国太平洋财产保险股份有限公司张家港支公司

经　理　唐　伟（1月任）

副经理　许兴达（7月任）　赵文敏（女，7月任）　张建华（女，7月任）

中国太平洋人寿保险股份有限公司张家港支公司

经　理　费旭东

副经理　何　芬（3月任）　高淑华（3月任）

苏州市商业银行张家港支行

行　长　周新良

副行长　戴　超

国际海员俱乐部

主　任　王发良（兼）

张家港石油分公司

经　理　赵振华

副经理　朱　林

市政协工作机构

市政协办公室（文史工作委员会）

主　任　王玉芳（女）

副主任　樊锦兴　毛　冀（兼文史工作委员会主任）　瞿国才

市政协提案委员会

主　任　樊锦兴

副主任　汤　红(女，兼)　蒋卫军（9月免）　周关国（9月任）

市政协经济科技委员会

主　任　徐伟才（1月免）　顾云祥（1月任）

副主任　戴正平（兼）　庞满兴（兼，1月免）　李建兴（兼，1月免）　蒋　红（女，兼）　邵军民（兼，1月任）　张耀明（兼，1月任）

市政协社会事业委员会

主　任　徐振祥

副主任　陆玉生（兼）　陈　跃（兼，1月免）　李宏平（兼）　黄德龙（兼）　徐洪高（兼）　陆翊农　陈永祥（兼，1月任）

市政协城乡建设委员会

主　任　朱桂明

副主任　张　雷（兼）　徐平观（兼）　季永新（兼，1月免）　顾云祥（兼，1月免）　陶　平（兼，1月任）

市政协港澳台侨、民族宗教委员会

主　任　赵炎华

副主任　高　鹏（兼）　王永清（兼）　丁正义（兼）　王卫平（女，兼，1月免）　项建度（兼）　梁一红（女）　黄亚平（女，兼，1月任）

市民主党派　工商联　群众团体

中国民主同盟张家港市委员会

主　委　顾树柏

副主委　蒋来清　蒋祖德

中国农工民主党张家港市委员会

主　委　朱全发

副主委　施菊平　王国楷

市工商业联合会

会　长　戴正平

副会长　陆惠忠（2月免）　肖永良　钱　剑（3月任）　顾惠聪（12月免）

李兴华（兼） 宋达华（兼）
陈洪法（兼） 刘炳华（兼）
黄学祥（兼） 钱群益（兼）
吴岳明（兼）

市总工会

主　席 朱瑞祥
副主席 王发良 顾建华
殷苏润（女）
陈建明（10月任）
景国荣（12月任）

共青团张家港市委员会

书　记 周　伟
副书记 戴　艳（女，8月任，试用）
徐华东（8月任，试用）

市青年联合会

主　席 周　伟
副主席 辛卫平 赵耀新

市妇女联合会

主　席 赵漱波（女）
副主席 徐莉萍（女）
须维萍（女，12月免）
瞿彩娟（女，3月免）
秦真智（女，12月任）

市归国华侨联合会

副主席 王卫平（女，1月免）
黄亚平（女，1月任）
毛跃建（兼）

市文学艺术界联合会

主　席 成建中
副主席 查生根 刘品贤（女）
高惠法（8月任，试用）

市社会科学界联合会

主　席 李坚众
副主席 郭树真 章剑平（兼）
邓云良（兼）

市科学技术协会

主　席 严照华
副主席 董建刚 徐玉洪 钱建国

市残疾人联合会

理事长 张荣祖（12月免）
副理事长 尹月庆 陆志冲
陈光辉（12月任）

各镇（场）领导机构

杨舍镇

党委书记 陆　昕（2月免）
曹国才（2月任）
副书记 张　跃 黄雪元 徐建新
庞荣祥 辛卫平
陈力克（女） 苏　江
景国荣（12月免）
陈菊新（12月任） 赵志刚
徐凤琪 刘骁敏（3月任）
徐　炜（12月任）
卢惠兴（12月任）
纪委书记 辛卫平（12月免）
卢惠兴（12月任）
副书记 丁友林
人大主席 曹慧若（女，12月免）
曹国才（兼，12月任）
副主席 钱正新 黄祖龙
镇　长 徐建新
副镇长 李长法（12月免）
辛卫平（12月任）
刘骁敏（3月免）
叶丽娜（女） 陆卫东
陈友生 庞建东 沈明华
顾国平（12月任）
农工商总公司总经理 黄雪元
副总经理 顾汉平 孟汝清（2月免）
卢少华 孟育进
孙秀珍（女）
马春青（12月免）
高剑飞（1月任）
陈耀明（3月任）
钱福兴（12月任）
庞建阳（12月任）

塘桥镇

党委书记 黄　尧
副书记 王亚芳（3月免） 王树秋
罗晓骏 秦大乾（10月免）
赵正良 邹利民 姚建刚
戴卫清 曹　东（12月免）
钱　剑（3月免） 卢懂平
马学锋（女，8月免）
彭　炜 王卫民
纪委书记 曹　东
副书记 朱栋裕
人大主席 赵正良
副主席 高德新 陈惠芬（女）
镇　长 王树秋
副镇长 周建兰 单祖民
顾荷娣（女） 卢建刚
陈建新 庞毛兴 隆仲华
季建忠
农工商总公司总经理 王亚方（3月免）
罗晓骏（3月任）
副总经理 许克斌 王连刚（3月免）
顾关明（3月免） 庞伟刚
严　忠 金　涌
曹　阳（2月任）

金港镇

党委书记 徐根法
副书记 朱建才（3月免）
李　良 李耀松 龚　琦
黄　镇 陈国祥
贲永宝（12月免） 徐玉兴
侯品全（12月免）
高锡虎（12月免）
陈立新 黄洪才
陆新玉（12月免）
黄琴美（女） 缪建明
张　颖（3月任，7月免）
秦松强（7月任）
闻桂才（12月任）
纪委书记 黄琴美（女，兼）
副书记 杨国兴
人大主席 徐关兴
副主席 蒋玉珍（女） 田国兴
镇　长 朱建才（3月免）
黄　镇（3月任）
副镇长 陈生芹 张　颖（3月免）
郑明生 陈正华 朱建兴
卢兴华 闻桂才（12月免）
褚奕峰
农工商总公司总经理 李　良
副总经理 王文伟 施全兴
唐胜力（12月任） 唐建平
杨凤娟（女） 李新华
王惠忠 董玉兴
叶　锋（12月免） 沈建荣
张　毅（3月免）
秦真智（12月免）
季　健（12月任）

锦丰镇

党委书记 许剑波
副书记 陈惠南（10月免）
秦建明（10月免） 余亚雄
张　伟 沈国祥
蔡彩虹（女） 樊根良
苏胜夫 姚金泉 顾卫彬
吴伟明 李　刚 丁一中
纪委书记 吴伟明（兼）
副书记 徐凤娟（女）
人大主席 沈国祥
副主席 袁玉良 陈卓平
镇　长 余亚雄
副镇长 宋朝云 徐建明
施建明（7月免） 虞月蜍
陈士清 袁剑秋 蔡新华
倪卫芬（女）
农工商总公司总经理 张　伟

副总经理　杜振芳　陆建华　赵友明
叶士东　唐红英（女）
余耀明

乐余镇

党委书记　童扣林
副书记　陈奉德（3月免）　袁雪祥
施锦成（2月任）　常　征
徐永环　王士方　顾志方
游联群（3月免）　王春松
沈　琳　郭志荣（2月免）
张建新（8月任）
纪委书记　王春松
副书记　陈国良
人大主席　王士方
副主席　高建明　陈永康
镇　长　袁雪祥
副镇长　尹　洁（8月免）　钱志清
殷振东　邱建平　刘中平
农工商总公司总经理　陈奉德（3月免）
常　征（3月任）
副总经理　陆永兴　杜志浩
马振龙（12月免）
沙立平（2月任）
黄凤春(2月任)

凤凰镇

党委书记　王惠忠
副书记　缪正兴（10月免）
赵桐兴（4月免）　王永康
陈　军　王永才
陆正明（10月免）　支振荣
侯虎珍（女）　亢正兴
杨敏珍（女，7月免）
曹鹰飞　张　晖
刘戴伟（2月任，12月免）
纪委书记　侯虎珍（女）
副书记　张新建
人大主席　王永才
副主席　郑惠祥　杨仲欢
镇　长　赵桐兴（4月免）
王永康（4月任）
副镇长　钱永法　周关国（8月免）
孙国清　孙忠元
徐敏娟（女，12月任）
浦正华（12月免）
顾春明（12月免）　朱建培
农工商总公司总经理　王永康（4月免）
陈　军（4月任）
副总经理　蔡一民　徐建刚　朱永华
何正兴　徐婉琴　陈忠海
冯丹申（2月任）
黄　明（2月任）

南丰镇

党委书记　刘国强
副书记　支坤兴（7月免）
张　璇（女）
张　颖（7月任）
吴耀芳（10月免）　陈志芳
钱　斌　顾秋雁（1月免）
叶　锋（12月任）
纪委书记　陈志芳
副书记　周　钧
人大主席　顾德法
镇　长　支坤兴（7月免）
张　颖（7月任）
副镇长　顾春法　秦官生
钱秀玉（女）
农工商总公司总经理　张　璇（女）
副总经理　徐　锋　吴江波　袁政国

大新镇

党委书记　赵志凯
副书记　董　斌　季洪良
朱玉宝（10月免）　孙爱民
张贵荣　曹跃飞
姜志芳（女）　夏燕良
纪委书记　姜志芳（女）
副书记　周国忠
人大主席　黄国兴
副主席　东方明
镇　长　季洪良
副镇长　张小平　周凤玉（女）
严亚明
农工商总公司总经理　董　斌
副总经理　秦友清　沈安邦　丁国秋

常阴沙农场

（3月划归张家港市）
党委书记　高　翔（4月免）
赵桐兴（4月任）
副书记　薛　平（4月任）　俞永明
场　长　高　翔（4月免）
赵桐兴（4月任）
副场长　薛　平（4月任）　唐育彬
钮志华　顾新春　徐　军
张惠文
纪委书记　俞永明

市属党委　总支工厂企业（集团）

江苏国泰国际集团

党委书记　王　翔（兼，5月免）
黄金兰（5月任）
副书记　黄金兰（5月免）　张子燕
陈晓东
吴　静（女，5月任）
王永成（5月任）
纪委书记　陈晓东
董事长　王　翔（兼，5月免）
黄金兰（5月任）
总经理　黄金兰（5月免）
张子燕（5月任）
副总经理　陈晓东　张子燕（5月免）
吴　静（女）　施小雷
杨　革　马　辛（女）
邹　云　刘益军
陈彩芬（女）
总会计师　闻振英（女）
总经济师　韩　伟
工会主席　韩　伟

江苏沙钢集团有限公司

党委书记　沈文荣
副书记　龚　盛　杨石林
陈晓东（10月任）
纪委书记　何春生
董事长、总裁　沈文荣
副董事长　庞伟中（1月免）　龚　盛
吴永华　包仲若　贾祥瑢
吴治中
副总裁　龚　盛　刘　俭　陆锦祥
季永新　赵洪林　许林芳
沈文明　黄伯民
马　毅（回族）
总会计师　葛向前
总经济师　陈　瑛（女）
工会主席　钱　正

江苏牡丹汽车集团有限公司

董事长　王　翔（兼，2月免）
陆　昕（兼，2月任）
副董事长　孙敏彪（2月免）
马　辉（2月免）
施锦成（2月免）
郭志荣（2月任）
党委书记　孙敏彪（2月免）
陆　昕（2月任）
副书记　郭志荣（2月任）
施锦成（2月免）
朱侠征（8月免）
纪委书记　朱侠征（8月免）
总经理　陆　昕（2月任）
副总经理　马　辉（常务，2月免）
总会计师　周培林

江苏华昌（集团）有限公司

党委书记　朱郁健
副书记　陆永兴　张光耀（12月任）
路　江（12月任）
纪委书记　陆永兴（12月免）

路 江（12月任）
董事长 朱郁健（12月免）
陆永兴（12月任）
总经理 朱郁健（12月免）
张光耀（12月任）
副董事长 施仁兴
张光耀（12月任）
副总经理 施仁兴 胡 波（12月免）
张光耀（12月免）
季惠良（12月免）
范志祥（12月免）
工会主席 路 江

张家港海陆锅炉有限公司

党委书记 徐元生
副书记 刘浩坤
纪委书记 刘浩坤
董事长、总经理 徐元生
副董事长 瞿永康
副总经理 程建明 黄泉源 陈吉强
宋巨能 惠建明
工会主席 刘浩坤

张家港市AAA轴承有限公司

董事长、党委书记 蒋文俊
副书记 孙 铭
纪委书记 孙 铭
副董事长、总经理 孙 铭
副总经理 沈正贤 陆永娟（女）
印晓明
工会主席 陆永娟（女）

江苏维达机械有限公司

党委书记 高学飞
副书记 缪再亚
纪委书记 缪再亚
董事长、总经理 高学飞
副总经理 郦楚亭 单伟成 黄仁豹
易建东（12月任）
赵永球（12月任）
工会主席 缪再亚

江苏江海机械有限公司

党委书记 陆剑一
副书记 谢晋升 顾建刚
纪委书记 顾建刚
副书记 姜利明
董事长、总经理 陆剑一
副董事长 谢晋升
副总经理 谢晋升 赵正其
工会主席 顾建刚

市益棉纺织有限公司

党委书记 潘培根
副书记 史小平
纪委书记 史小平
副书记 孙 霞（女）
董事长、总经理 潘培根
副总经理 史小平
工会主席 常荷英

市恒丰毛纺有限公司

党委副书记 卢仲明 钱祖仁
纪委书记 钱祖仁
副书记 金惠高
董事长、总经理 卢仲明
工会主席 金惠高

市联宏纺织有限公司

党委书记 查小刚
副书记 易瑞林 李学群（女）
纪委书记 易瑞林
副书记 刘建华
董事长、总经理 查小刚
副总经理 易瑞林 顾 健 缪建平
工会主席 李学群（女）

江苏张家港酿酒有限公司

党委书记 范惠兴
副书记 黄庭明
纪委书记 范惠兴
副书记 王 洁
董事长、总经理 黄庭明
副董事长 范惠兴
副总经理 范惠兴 刘盈福 黄剑刚
朱达明 高以谦（2月免）
工会主席 曹瑞华（2月免）
王 洁（2月任）

北京三吉利能源股份有限公司
张家港华宇电力分公司

党委书记、总经理 程惠峰
副书记 张集英 亓 峰 赵 祥
副总经理 张海良（10月免） 赵 祥
张铨平

江苏东渡服装有限公司

党总支书记 徐卫民
副书记 冯燕平 查惠娟（女）
董事长、总经理 徐卫民
副总经理 冯燕平 陶庆芬（女）
钱妙兴 周新娟（女）
钱琴娣（女） 邵 丹
陈雪平
葛惠华（女，3月任）
工会主席 查惠娟（女）

市色织厂有限公司

党总支书记 谭一东
副书记 庞国良
董事长、总经理 谭一东
副总经理 庞国良 侯国龙 徐一鸣
工会主席 庞国良

市金茂投资发展有限公司
（2月成立）

总经理、党委书记 朱 斌
副书记 陈建兴（兼）
董事长 庞伟中（兼，5月免）
副董事长 朱 斌 陈建兴（兼）
副总经理 王利刚 叶惠苍 李伟星
财务总监 徐德华

市政府有关直属企业

市双山高尔夫俱乐部有限公司

董事长 黄蕴山（兼）
副董事长、总经理 高福勤

市金港投资担保有限公司

董事长 庞伟中（兼，5月免）
副董事长 徐伟才
副董事长、总经理 钱忠民
副总经理 陶顺熙
监事会主席 赵耀新

市暨阳湖开发发展有限公司

董事长 王 翔（兼，5月免）
陈永才（10月任）
总经理 邢锦石（2月免）
陈永才（2月任）

高等学校 梁丰高级中学

沙洲职业工学院

党委书记 邵建华
副书记 宋岳清 伍建国 邓云良
院 长 宋岳清
副院长 伍建国 钱祝升
沈利民（8月任）
陆 昱（8月任）

苏州广播电视大学张家港分校
（在江苏广播电视大学张家港学院挂牌）

校 长 邹鉴明
副校长 孙骁群 姚建清
沈利民（8月任）
陆 昱（8月任）

江苏省梁丰高级中学

党总支书记 秦 力（女，4月免）
李宏平（4月任）
校 长 秦 力（女，4月免）
夏 彤（4月任）
副校长 陈异能 程焕平
马丽忠（4月停职）

【编辑 张 洁】

新任市领导

庄中秋

1963年10月生，张家港市金港镇人，大学文化。中共张家港市委副书记。

1984年7月，毕业于南京师范大学中文系。1989年5月加入中国共产党。1984年8月至1991年3月，任沙洲县委、张家港市委党史办办事员。1991年3月至1994年3月，先后任市委研究室秘书、副科长、科长。1994年3月至1995年3月，任市委办公室科长。1995年3月至2000年7月，任市委办公室副主任，其中，1995年6月至2000年7月，兼任市保密局局长；1996年9月至1998年7月，在苏州大学财经学院经济管理专业研究生课程进修班学习。2000年7月至2001年6月，任晨阳镇党委书记、镇农工商总公司董事长、镇资产经营公司董事长、镇人大主席。2001年6月至2004年10月，任张家港保税区党工委委员、管委会副主任，其中2001年6月至2004年7月，援藏担任西藏林周县县委书记。2004年10月，任张家港市委副书记。（市委办）

新闻人物

曹福龙

1956年8月生，张家港市凤凰镇人，研究生学历，经济师，中共党员，中共张家港市委书记。2001—2002年度全国市（县）科技进步先进个人。

1973年8月参加工作，先后任沙洲县西张乡第二塑料机械厂副书记、副厂长，西张乡工业公司副经理，西张乡经联会副主任，西张镇党委委员、经联会主任，西张镇党委副书记、农工商总公司总经理，西张镇党委书记、农工商总公司董事长。1992年3月，任张家港市副市长。1998年10月至2002年1月，先后任张家港市委常委、副市长，市委副书记、副市长，市委副书记、代市长。2002年1月，任张家港市委副书记、市长。2003年5月，任张家港市委书记，兼任江苏省张家港保税区党工委副书记。2004年1月，兼任江苏省张家港保税区党工委书记。在市委、市政府担任领导职务期间，他悉心关注全市科技事业，积极推动实施“科教兴市”战略，按照科学发展观的要求，推进全市科技创新、新型工业化进程。在他的关心关注和大力推动下，全市科技事业蓬勃发展，先后荣获全国科技进步先进市、科普示范市和苏州惟一一个省知识产权工作示范市称号。为表彰他在推动地方（县）市科技进步工作中作出的突出成绩，2004年3月，国家科技部授予其“2001—2002年度全国市（县、区）科技进步先进个人”称号。（市委办）

崔振龙

1949年10月生，张家港市南丰镇人，大学文化，高级农经师，张家港市科技局局长，2001—2002年度全国市（县）科技进步先进个人。

1982年7月毕业于南京农业大学。1982年7月至1983年3月，任张家港市委组织部办事员。1983年4月至1993年5月，先后任市委农工部科员、科长、副部长。1993年5月起，任市科技局局长。到市科技局任职后，大力实施科教兴市战略，切实推动科技向现实生产力转化，坚持为发展服务、为企业服务、为基层服务，促进科技与经济的紧密结合。市科技局从1993年起连续十多年被省科技厅评为先进科技局；在科技部的每一次考核中，张家港市都获得了先进称号；1994年，张家港市获得全国科技工作先进市称号；1997年，获得全国科技实力百强县市第二位；2001年，获得1999–2000全国科技进步先进市称号；2004年，获2001–2002全国科技进步先进市称号。2002年，他本人获第四届全国优秀民营科技管理工作者称号，2003年，获省高新技术产业化先进工作者称号。2004年3月，被国家科技部授予“2001–2002年度全国市（县、区）科技进步先进个人”称号。（李裕芬）

吴栋材

1935年8月生，张家港市南丰镇人，高中文化，中共党员，高级政工师，南丰镇永联村党委书记，江苏永钢集团有限公司董事长。全国“五一”劳动奖章获得者。

1952年参加中国人民志愿军，1958年任南丰万斤大学校长。1961年起，先后担任南丰公社十四大队第五生产队队长、副业队队长。1978年起任南丰公社永联村党支部（党总支、党委）书记。他带领全体村民艰苦创业20余年，将一个人均年收入仅68元，集体负债6万元的沙滩小村发展成拥有总资产60亿元，年销售额106亿元的“华夏第一钢村”。永联村被评为江苏省卫生村。村党委相继被中共中央组织部授予全国先进基层党组织、全国农村“三个代表”重要思想学教活动先进集体称号。他本人也多次被评为张家港市、苏州市、江苏省优秀共产党员和优秀村党支部书记、劳动模范。2002年入选中国农村新闻人物，2003年被农业部乡镇企业局评为中国十大特色乡镇企业家中“最有远见的企业家”，2004年4月，被中华全国总工会、国务院发展研究中心农村部、农民日报社、中国企业家协会等单位授予全国“五一”劳动奖章，同年还被授予全国创业之星、全国建设农村小康十大杰出贡献复转军人、中国优秀民营企业家等荣誉称号。

（黄同高　沈锦发）

王锡舫

1946年3月生，张家港市杨舍镇人，大专文化，中共党员，原市园林绿化管理局局长、党支部书记。全国绿化奖章获得者。

1965年9月参加工作，1996年6月至2003年8月任市园林绿化管理局局长。其间，在他的带领下，全局人员克服市区无山少水、绿化基础薄弱等不利因素，埋头苦干，开拓进取，勇于创新，城乡绿化建设取得显著成绩，全市形成了城乡绿化一体的新特色。2003年，市区建成区绿地率达36.5%、绿化覆盖率达40.2%、人均公共绿地面积10.6平方米，一举通过国家园林城市的创建验收。市园林绿化管理局还先后获得全国绿化先进单位、全国营造林工作先进单位、创建国家园林城市先进集体、省绿化先进城市等荣誉称号。2004年5月，王锡舫被全国绿化委员会授予“全国绿化奖章”。（施卫东）

张林高

1955年3月生，张家港市杨舍镇人，大学文化，中共党员。张家港工商局党组书记、局长。全国工商行政管理系统优秀工商行政管理人员。

1973年12月入伍，先后任战士、班长、参谋、营长、参谋长、副团长、团长等职务，3次荣立三等功，1997年转业至苏州市张家港工商行政管理局任副局长，2001年6月任党组书记、局长。任局长后，该同志凭着丰富的管理经验和执著的敬业精神，带领全局广大干部职工，围绕实现政府满意、企业满意、群众满意“三满意”目标，坚持站在改革、发展、稳定的高度，高标准履行工商职能，通过体制、机制创新，单位队伍的精神风貌发生了根本变化。在工作中，他正确处理执法监管与服务发展的关系，自觉把职能定位融入到区域经济的发展大局，实现了工商事业与时俱进。2003年1月，张家港工商局被江苏省工商局树为县级标兵工商局，2002年至2004年，连续3年被张家港市委、市政府评为十佳文明示范机关，被张家港市委、市政府荣记集体三等功。他本人连续4年被评为优秀公务员，先后被评为张家港市劳动模范、苏州市劳动模范、苏州市勤政廉政好干部，2004年12月，被国家工商行政管理总局评为全国工商行政管理系统优秀工商行政管理人员。

（冯学东）

王振荣

1949年10月生，张家港市塘桥镇人，大专文化，中共党员，市国土资源局法规监察科科长。全国国土资源管理依法行政先进个人。

1968年入伍，历任解放军坦克二师修理营、后勤部、技术部助理员，中校军衔。1994年9月转业，现任市国土资

源局法规监察科科长。他在土地执法监察工作中坚持贯彻党和国家的国土资源法律法规和方针政策，秉公执法，依法行政，严格按照法定程序查处各类土地违法案件，依法维护土地所有权、使用权人的正当权益，维持正常的管地用地秩序。在“创建土地执法模范县（市）活动”中，他注重建立健全执法监察各项制度，落实考核措施及内容，认真探索了一套预防为主、防治结合的执法监察新路子，使全市国土资源管理依法行政工作取得了较好的成效。2001年5月，张家港市被江苏省人民政府命名为创建土地执法模范县（市）活动先进单位。在他的带领下，市国土局法规监察科多次受到省国土资源厅、苏州市局的肯定和表扬，连年被评为信访工作先进单位。他本人2000年、2001年、2002年连续被评为张家港市政府法制工作先进个人。2004年6月，被国土资源部评为国土资源管理依法行政先进个人。 （施　飞）

马德贤

1954年9月生，张家港市锦丰镇人，大专文化，中共党员，市土地储备交易服务中心副主任、市国土资源局土地利用管理科科长。全国建设用地审查报批工作先进个人。

1973年入伍，历任解放军南京军区测绘大队文书、事务长、中队长，1986年转业。多年来一直从事建设用地审查报批工作。作为一名有30多年党龄的国土资源工作人员，他认真贯彻执行党中央国务院关于国土资源工作的一系列重大决策和部署，以保护和合理利用土地资源为自己的天职，严格按行业用地标准审批土地，切实推行和落实集约用地机制，不断规范建设用地报批手续，按照“有所保、有所控”的原则，积极为企业、为用地单位、为群众提供优质用地服务，同时做好征地补偿安置的监督管理，切实维护农民的合法权益。他组织的建设用地报批材料被上级国土部门公认为“免检产品”，多次受到上级国土部门的表扬。2004年末，被国土资源部授予全国建设用地审查报批工作先进个人荣誉称号。

（施　飞）

朱洪祥

1951年2月生，张家港市杨舍镇人，大学文化，民盟委员，原市水政监察大队大队长。全国长江采砂管理先进个人。

1978年1月毕业于华东水利学院，毕业后分配至张家港市水利局工作。历任工程员、水政科副科长、水政科科长，兼任水政监察大队大队长。在担任监察大队大队长期间，他始终关心采砂管理工作。早在上世纪90年代末，他就带领水政监察员，发扬一不怕苦、二不怕死的精神，或者自己租用测量船及渔船在长江巡逻，或者与水警及海事部门开展联合执法，打开了全市打击非法采砂的局面。之后，针对非法采砂一度非常猖獗的形势，他积极争取，花近百万元建成了一艘标准较高的水上巡逻艇，于2002年正式投入使用，在2002年汛期，他组织成立了专门的队伍加强打击力量，开展拉网式巡查。在巡查中共发送宣传教育资料47份，拆除吸沙设备7台套，处理非法采砂船只64条，收缴罚没款23.5万元，有效遏制了长江张家港水域的非法采砂活动。2003年末，又通过争取，成立了市采砂管理办公室，使全市的采砂管理工作又上了一个新台阶。2004年12月，被水利部表彰为长江河道采砂管理先进个人。 （史　志）

郭照相

1953年6月生，张家港市锦丰镇人，中共党员，高级工程师，中国人民大学MBA工商管理硕士。高新张铜股份有限公司党委书记、总经理。中央企业劳动模范。

1971年参加工作，1977年7月加入中国共产党，历任张家港市丝绒厂厂长、杨舍镇农工商总公司总经理等职务，是国家有色金属标准化技术委员会委员、中国有色金属工业协会副理事长、中南大学兼职教授。现任高新张铜股份有限公司党委书记、总经理。1977年投身高新张铜后，郭照相克服重重困难，抢占规模扩张、资本经营、结构调整和技术创新的高平台，加快推进从本土化竞争向国际化竞争的转变，从传统管理向现代管理的转变，从产品经营向品牌经营的转变，先后争取到3个国债项目、7种国家级和省级新产品，5年时间就使得高新张铜成为全国同行业的一面旗帜，实现了一般同行业企业30年左右才能达到的目标。2004年7月，“高新张铜”股票上市工作顺利通过中国证监会的审核。年内，郭照相以其突出的贡献被国务院国有资产监督管理委员会授予中央企业劳动模范称号，受到了中央政治局常委、国务院副总理黄菊的亲切接见。同年，郭照相还被授予中央企业优秀党务工作者、全国建材行业优秀企业家、中国管业十大新闻人物称号。 （于兆堂）

毛跃建

1958年1月生，张家港市锦丰镇（合兴）人，本科文化，经济师，中共党员，张家港市邮政局党委书记、局长，张家港市归国华侨联合会兼职副主席。全国归侨侨眷先进个人。

1974年参加工作，1998年邮电分营后担任张家港市邮政局党委书记、局长。近六年来，他身先士卒，扎实工作，强化企业管理，组织实施了一系列企业改革措施。目前张家港市邮政局每年盈利在1000万元左右。在稳步发展传统邮政业务的基础上，他重点开发了物流配送、代理保险等新业务，为邮政发展培育了新的业务增长点，企业效益显著，各项经济指标完成情况名列江苏邮政系统前茅。在出色地做好各项本职工作的同时，毛跃建同志积极投身侨联工作，发挥侨联的桥梁和纽带作用，探索新形势下侨联工作的新思路、新方法，为张家港市侨联工作献计出力。热情为旅外乡贤与家乡联谊穿针引线，介绍乡情，联系乡谊，增进海外侨胞对张家港市的了解。积极组织各类活动，进一步团结全市归侨、侨眷，调动海外华侨华人的积极性，激励广大侨界人士开拓进取、奋发向上，为促进张家港地方经济建设，实现全面建设小康社会奋斗目标，完成祖国统一大业，实现中华民族的伟大复兴作出新的贡献。他先后被授予张家港市劳动模范、苏州邮政系统勤政廉洁好干部等荣誉称号。2004年6月，被国务院侨务办公室、中华全国归国华侨联合会评为全国归侨侨眷先进个人。（殷丽洁）

李兴华

1969年1月生，张家港市锦丰镇人，研究生文化，江苏攀华集团有限公司总裁，苏州市政协常委，苏州市工商联副会长，张家港市政协常委，张家港市工商联副会长，《中国工商》常务理事。中国优秀民营科技企业家，江苏省优秀民营企业家。

1989年高中毕业后，就随其父亲做镀锌板生意；1991年创办江南空调安装公司，任经理。1997年6月创办张家港市保税区嘉诚国际贸易有限公司，任经理；2000年9月，在张家港金港镇科技工业园兴办张家港华达涂层有限公司，任总裁兼总经理。先后投资建成年产40万吨的单机架可逆冷轧线1条，年产40万吨的推拉式酸洗线1条及年产20万吨彩涂线2条。2003年兴办了张家港万达薄板有限公司，又投资增建了年产40万吨的单机架可逆冷轧线1条及年产20万吨的镀锌线2条。其后还创建了张家港市华达房地产开发有限公司、张家港万达物流有限公司、张家港华达码头有限公司、张家港市华达大酒店等。于2004年11月组建了攀华集团有限公司，任总裁，并再次投资兴建从日本引进的年产80万吨的五机架冷连轧薄板生产线1条。李兴华不断超越自我的奋斗精神，成功地使企业做大做强，“攀华”已成为中国彩钢基地，产品销往全国各地。产品先后获得江苏市场质量计量信得过单位（品牌）、江苏市场放心品牌、江苏品牌产品和中国知名品牌等称号。彩涂板在生产、质量、销售等方面连续三年在中国同行业中排名第一。2004年实现年销售近20亿元，上交税收千万元。他本人也于2003年荣获江苏区域重大奖项创业成就金牛奖，被评为苏州市十大杰出青年创业先锋、苏州市新长征突击手、苏州军区“双扶双带”先进个人。2004年，又荣获中国优秀民营科技企业家、江苏省优秀民营企业家、张家港市劳动模范称号，连续四年荣获市优秀企业家称号。

（卢德兴）

应　梓

1962年7月生，张家港市杨舍镇人，大学文化，中共党员，高级工程师、注册规划师，张家港市规划局局长。全国城市规划行业优秀规划工作者。

1982年1月毕业于南京建筑工程学院工民建专业。多年来一直从事城市规划工作，历任市建设委员会城建科副科长、市城市规划管理处副主任、江苏张家港经济开发区规划土地局副局长、市城市规划管理处主任、市建设委员会副主任、市规划局局长。作为规划局局长，应梓始终坚持以全新的理念做规划，以科学严谨的态度强化规划管理，不断开拓进取，长期不懈地钻研业务技术知识，注重打造服务型、学习型机关，并率先提出张家港市“一城四区”的城乡统筹发展空间新布局等一系列新观点，以其自身精湛的业务技术和较高的领导水平，促进了张家港市城市规划建设的协调健康发展。2004年10月，被中国城市规划协会评为全国城市规划行业优秀规划工作者。（徐　铮）

陈惠南

1949年2月生，张家港市锦丰镇人，大专文化，中共党员，高级政工师，江苏华尔润集团党委书记、董事长、总经理。2004年度全国建材行业优秀企业家，江苏省优秀民营企业家。

1968年4月参加工作，先后担任锦丰农机厂车间主任、

生产科长、副厂长，张家港市玻璃厂党总支副书记兼副厂长、书记兼厂长，锦丰镇党委副书记、书记，江苏华尔润（原华润）集团党总支书记、董事长、总经理，江苏华尔润集团党委书记、董事长、总经理。自1989年8月担任市玻璃厂领导后，他果断决策，不断加大技改力度。1990年改四机窑为六机窑，降低成本，提高质量，当年扭亏为盈。1993年至1997年连上3条具有国际先进水平的浮法玻璃生产线、1条镀膜玻璃生产线及其他玻璃加工设施。1998年至2004年相继在境内外建成12条浮法玻璃生产线和微晶板材生产线及淮安纯碱、长兴石英砂原料基地。1998年集团被评为全国玻璃行业综合竞争力第一名。2000年通过ISO 9002质量管理体系论证。2004年，集团销售收入18.59亿元，实现利税5.23亿元。产品产量、销售连续7年为同行业第一。1998年陈惠南被评为全国优秀乡镇企业厂长（经理、董事长），2001年被省政府授予劳动模范称号，2004年又先后被中国建筑材料企业管理协会和江苏省委、省政府评为全国建材行业优秀企业家和优秀民营企业家。

（徐　平）

李　群

1966年2月生，张家港市凤凰镇人，中专文化，助理经济师，中国农业银行张家港市支行沙洲路金融超市负责人。中国农业银行优秀个人客户经理。

1986年6月参加工作，先后任农行张家港市支行凤凰分理处、港口分理处信贷员、客户经理，市支行营业部金融超市、沙洲路金融超市客户经理，2005年3月任沙洲路金融超市负责人。近两年来他成功拓展了12家房产公司业务，累计发放项目贷款2.53亿元；同时做大做优以个人住房按揭贷款为主打产品的个人消费信贷业务，2003年累计发放个人消费贷款800多笔、超过1.2亿元，2004年累计发放900多笔、超过1.5亿元。他的营销服务特点是“勤、快、准、好”，80%以上为上门服务。服务过程中既讲效率又讲质量，确立“发展是第一要务，控险是第一责任”的全新理念，掌握客户情况，完备抵押手续，落实担保责任，全面防范风险，使沙洲路金融超市的全部个人消费贷款不良率低于0.01%。为此，他先后被评为农行张家港市支行、苏州分行金融先进工作者和江苏省分行个人住房贷款业务先进个人，并于2004年5月被中国农业银行总行评为2002—2003年度优秀个人客户经理。（顾耀欣　陈玉平）

张宏岗

1962年9月生，张家港市杨舍镇人，大专文化，助理经济师，中共党员，中国农业银行张家港市支行公司业务部总经理。中国农业银行机构业务优秀客户经理。

1980年2月参加工作，历任农行张家港市支行组织资金科副科长、银行卡业务部主任、客户经理部总经理、市场拓展部总经理，2002年5月任公司业务部总经理。他坚持“以市场为导向、以客户为中心、以效益为目标”，成功拓展较多代理项目并使代理项目由公司客户延伸发展到系统机构客户，先后组织和参与拓展社保养老金代发、证券公司银证转账、“银证通”，国税、地税、银税联网，海关“银关通”，供电公司、自来水公司电费水费缴纳，烟草公司烟草零售商卷烟进货款扣缴和市财政核算中心金融服务等多个项目。加快发展企业银行和中间业务，至2004年末，开通企业银行52家，累计发生业务1.09万笔、计44.5亿元；2004年全行代理寿险4653万元、财险1480万元，代理财险的业务量位居全省农行各支行第一。2004年4月，他被中国农业银行总行评为2003年度机构业务优秀客户经理。（顾耀欣　陈玉平）

俞官法

1945年11月生，张家港市金港镇（后塍）人，中专文化，中共党员。中华孝亲敬老之星。

1965年8月参军，1978年10月转业到张家港市商业局，任人秘股副股长。1988年3月任张家港市老龄工作委员会办公室副主任、张家港市老干部局服务科科长。在老龄办工作期间，他工作踏实，勇于创新，积极为领导出谋划策，使市老龄委多次被评为省、苏州市老龄工作先进单位。全市8个乡镇率先成为“苏州市敬老乡镇”，实现了满堂红；张家港市率先创建成全国老龄工作先进市。他本人多次被评为省、苏州市老龄工作先进个人。2004年5月，又被全国敬老爱老助老主题教育活动组委会评为“中华孝亲敬老之星”。

（白　玲）

赵民扬

1953年生，张家港市杨舍镇人。高中文化，市总工会职工技术协会办公室副主任。全国职工技协工作先进个人。

1987年起在总工会一直从事职工技协工作。作为一名基层工作人员，他立足本职，大力推动科技进步和创新工程，组织广大职工广泛开展深化创新促发展、争当率先排头兵的群众性经济技术活动，以增强企业的科技开发能力和市场竞争能力；以提高抗风险能力作为主攻方向，把解决影响企业改革和发展的难点问题作为重点，引导职工围绕节约企业资金，控制成本，提高产品质量，搞好服务；围绕企业生产经营的重点、难点开展技术革新、技术攻关活动，实现技术革新227项，攻关98项，创经济效益4000多万元，使技协组织、技协队伍、技术活动、技贸收入有了新的提高。2004年被中国职工技术协会授予全国职工技协工作先进个人称号。（吴晓玲）

吴建新

1963年8月生，张家港市金港镇人，中专学历，中共党员，助理经济师，金港镇政府协理员兼综治办主任、司法所所长，全省社会治安综合治理先进工作者。

1985年7月，毕业于江苏省南通供销学校农资专业。1985年7月至1993年5月，在张家港市供销总社农资总公司任营业员、业务员、科长、副总经理。1993年5月至1999年9月，任中兴镇农工商总公司副总经理、协理员。1999年9月始，在港区镇、金港镇政府任协理员兼综治办主任、司法所所长。吴建新自担任镇综治办主任、司法所所长以来，在维护社会稳定、解决农村热点难点问题、扎实推进社会治安综合治理和平安创建方面，做出了卓有成效的工作。在平时的工作中，他始终坚持“三个主动”（主动争取、主动沟通、主动服务），赢得党委、政府的支持和群众的肯定。通过他的努力，政府投入250万元建成了全天候的路面技防监控系统，投入800万元组建了一支400余人的镇保安联防大队，建立了一支900余人的治安信息员队伍。几年来，他为群众调解重大矛盾纠纷20余起，调解工伤、邻里、家庭、赔偿、宅基地等纠纷159起，并于2003年底组建起张家港市第一家乡镇级社会调解服务中心，先后两次接待了英国司法代表团。在安置帮教工作中他把转化作为终极目标，2003年以来全镇178名刑释解教人员中91%得到了安置，帮教率100%。同时多方为无生活来源的刑释解教人员奔走，有12名刑释解教人员的住房得到了资助，20多名刚回归社会的刑释人员拿到了困难补助金。在他的领导下，金港镇综治办、司法所先后被评为苏州市1997–2002年社会治安综合治理先进集体、苏州市刑释解教人员安置帮教工作先进集体、苏州市先进人民调解委员会、苏州市规范化司法所等殊荣，被苏州市司法局记“集体三等功”一次。他本人也多次获得张家港市委、市政府和苏州市司法局的表彰，2004年末，被中共江苏省委、江苏省政府授予全省社会治安综合治理先进工作者称号。（瞿涌晨）

杨培兴

1962年生，张家港市杨舍镇（乘航）人，大专文化，中共党员，江苏骏马股份有限公司董事长、总经理、党委书记。江苏省优秀民营企业家。

1977年参加工作，1988年加入中国共产党。历任鹿民大队第十生产队会计；鹿民十队拉链厂厂长；鹿民织带厂厂长；中国和平纺织机械公司张家港分厂厂长；鹿民村党支部副书记、书记；张家港锦纶帘子布厂厂长、党支部书记；乘航镇农工商总公司副总经理；乘航镇党委副书记。现任骏马股份有限公司党委书记、董事长、总经理。他始终坚持发展就是硬道理，借鉴国内外先进经验，积极探索有自己特色的经营管理路子，瞄准行业龙头的目标，不断加大企业投入，努力拓展产品市场，十多年来艰苦创业，把一个名不见经传的乡镇企业小作坊发展成为已拥有总资产25亿元，年销售超20亿元的大型集团公司，成为全市最具潜力的十大骨干企业之一，在全国同行业中位列第一。他本人先后获得苏州市优秀企业家、苏州市优秀共产党员、苏州市十大杰出青年、苏州市劳动模范、江苏省乡镇企业家、中国500家最大乡镇企业经营开拓者、全国乡镇企业家等荣誉称号。2004年又被江苏省委、省政府授予优秀民营企业家称号。（缪时政）

郁全和

1941年6月生，张家港市金港镇人，大专文化，高级政工师，中共党员，金港镇长江村党委书记兼长江润发集团有限公司董事长、总裁。江苏省优秀党务工作者。

1959年3月参加工作，先后任长江大队十二生产队会计、大队会计助理，十二生产队副业队长，长江大队农技员、民兵营长、团支部书记，长江大队党支部委员、党支部副书记、革委会副主任。1974年11月起任长江村党支部书记、党总支书记、党委书记，1994年1月起兼任江苏长江润发集团公司董事长、总经理，2002年11月起任江苏长江润发集团有限公司董事长、总裁。在他的带领下，长江村现有资产超12亿元，年综合经济效益超亿元，年人均分配1.2万元，社会事业得到协调发展，由一个贫困落后的小渔村变成为苏州市农村现代化建设示范村，省、市文明单位、文明村，张家港市经济强村。全村普通农民变成了有文化、有知识的现代市民。他本人也先后被评为市优秀企业家、张家港市“十佳标兵”和全国乡镇企业家，2004年6月，又被江苏省委表彰为江苏省优秀党务工作者。（瞿涌晨）

李长生

1956年6月生，张家港市南丰镇人，大专文化，中共党员，市纪委党风廉政建设室主任。全省清房工作先进个人。

1978年3月应征入伍，历任南京军区后勤技工训练大队班长、技师，南昌陆军学院军械修理训练大队修理所所长、训练处营职参谋、训练大队队长等职，荣立三等功两次，五次被评为优秀党员。1997年9月起先后任市纪委党风廉政建设室正股级科员、执法监察室副主任，党风廉政建设室主任。他从事纪检监察工作7年多来，工作思路清晰，理念先进，作风扎实，成绩显著，连续四年被评为优秀公务员。2002年7月起，他在兼任市清房办公室主任一年多的时间内，坚决贯彻执行省清房工作的有关政策和部署要求，在全市清房工作任务重、难度大、要求高的情况下，放弃了无数个休息日，全身心地投入到工作中，精心组织，搞好协调，严把审核关，确保了全市清房任务的圆满完成，受到了省、苏州市的充分肯定，2004年，被江苏省政府表彰为全省清房工作先进个人。（徐文虎）

陈晓红

1966年5月生，张家港市杨舍镇人，初中文化，江苏港城汽车运输集团有限公司公交分公司场务值班员。省“见义勇为”先进个人。

2000年7月进入江苏港城汽车运输集团有限公司公交分公司工作。在公交公司工作期间，陈晓红立足岗位，乐于奉献，以高度的责任心做好本职工作。2002年9月1日深夜，在停车场值班时，发现一犯罪分子欲入室盗窃，为保护集体财产不受损失，他临危不惧，与歹徒展开搏斗，身中七刀后仍顽强同歹徒殊死搏斗，最终在警方的配合下共同将歹徒抓获，为捍卫一方平安做出了突出贡献，也用自己的实际行动谱写了一曲正义之歌。2002年，他被评为张家港市“见义勇为”积极分子，苏州市“十佳”新人新事，省公安厅“百日安全防范竞赛”先进个人。2004年，他被江苏省政府评为江苏省“见义勇为”先进个人。（施翠萍）

陈汉才

1964年7月生，张家港市大新镇人，高中文化，张家港市希尔发汽车出租公司出租车驾驶员。省“见义勇为”先进个人。

2001年9月进入希尔发汽车出租公司。陈汉才因工作表现突出，连年被评为希尔发汽车出租公司先进分子。2002年6月，在张家港市区正常营运中搭乘的一乘客要求去无锡火车站，途中陈汉才发现该乘客神色异常，后经周旋，成功协助公安机关抓获犯罪嫌疑人。经公安机关审查，该名犯罪嫌疑人在浙江杀人碎尸后，途经张家港准备去无锡抛尸。2002年，他被评为张家港市“见义勇为”积极分子，2003年被评为苏州市“见义勇为”先进个人，2004年被江苏省政府评为江苏省“见义勇为”先进个人。（施翠萍）

逝世人物

殷林初

殷林初同志因病医治无效，不幸于2004年9月4日下午6时18分逝世，享年84岁。

殷林初是江阴市申港镇人，1921年8月生，1940年8月参加革命工作，1941年8月加入中国共产党，1982年12月离休，离休前是沙洲县人大常委会副主任。1983年4月经省委组织部批准，享受地市级政治生活待遇。

殷林初参加革命工作以来，对党忠心耿耿，事业心、责任心强，工作兢兢业业，任劳任怨，出色地完成了党交给的各项工作任务。抗日战争和解放战争期间，历任新四军六师战士、班长、连支书、政治指导员等职，在条件艰苦、环境险恶的战争年代，他英勇顽强，不怕牺牲，多次立功受奖，为民族解放事业做出了应有的贡献。1955年被授予独立自由奖章和解放勋章。解放后，殷林初先后任二十四军七二师二一五团连长、营参谋长、营长、副团长，二十四军水泥厂副厂长等职，治军带兵严格，较好地完成了各项作战训练任务。1964年3月，殷林初转业任沙洲县粮食局局长后，认真贯彻落实党的粮食工作政策，带领大家努力完成粮食征收任务，积极建办粮办企业。1966年3月后殷林初先后任县委城镇工作部副部长、县生产办公室工交组组长。1969年2月至1978年11月，殷林初先后任杨舍镇立新布厂党支部书记，杨舍镇党委委员兼立新布厂党支部书记，七一棉纺织厂党总支书记、革委会主任等职。在此期间，他坚持深入车间，边劳动、边指挥，带领广大职工发扬勤俭办厂精神，大搞技术革新，切实加强内部管理，使企业经济效益、规模都上了新台阶，为企业的长远发展打下了扎实的基础。1978年11月，殷林初任沙洲县工交办主任，1979年7月后担任县经委主任。他坚持在系统企业中大力弘扬自力更生、艰苦创业精神，开展群众性技术革新活动，狠抓降本节支，强化对企业的指导管理，为全县工业企业的发展壮大作出了贡献。特别在蹲点筹建县毛纺厂期间，殷林初狠抓企业建设进度质量，常常不辞辛劳，多方奔波，帮助企业解决实际困难，为该厂的顺利投产和正常运转付出了大量心血。1981年6月，殷林初当选县人大常委会副主任后，认真履行职责，按照人大工作要求，积极组织开展专题调研和视察活动，为推进全县经济社会事业的健康发展，努力发挥好人大的职能作用。

殷林初同志组织纪律观念和全局观念强，为人直爽，团结同志，密切联系群众；对自己要求严格，不计较个人名利，不摆老资格，不搞特殊化，从不向组织提非分要求。离休后，他仍十分关心党和国家的大事，关心和支持全市经济社会事业的发展，积极参加党组织生活和老干部活动，体现了一位共产党员的高风亮节。（周志虎）

章步林

章步林同志因病医治无效，不幸于2004年12月23日逝世，享年80岁。

章步林是张家港市金港镇人，1925年10月生，1952年8月参加革命工作，1955年入党，1956年被评为全国劳动模范，1979年12月退休，退休前在中兴供销社工作。

章步林1952年8月被招进中兴西五节桥利民供销合作社收棉花，打包做临杂工，因工作积极、勤快，不久转为正式工，1953年利民供销社并入后塍区供销社，并社后章步林在后塍区供销社行船，运送货物。1954年冬天，在一次装运食用油途经三节桥港段时因与迎面一船相碰，船上的一桶菜油被碰击后掉入江中，寒冬季节，他不顾一切跳入冰冷的水中捞油桶，经过十几个回合，最后在同事们的协助下把已沉入河底的一桶油捞上船。这种奋不顾身保护国家财产的精神受到了区社领导的表彰。

章步林同志只读过两年书，识字不多。但他为人厚道，诚实工作，勤恳、踏实的工作态度和作风得到了领导和同事的认可和好评，他1955年入党，1956年被评为全国劳模，同年5月出席在北京召开的全国先进生产者代表会议。在后塍工作期间曾任区社党总支委员，副食部经理。1962年调到中兴供销社，分派到大德供销站，尔后又到红光饭店、双山供销站工作。他自始至终服从分配，认真做好本职工作，尽到了一个老党员的职责，是群众心中的楷模。

（瞿涌晨）

先进个人

全国条线表彰的先进个人

姓　名	荣誉称号	授予单位	工作单位
曹福龙	2001－2002年度全国市（县）科技进步先进个人	国家科技部	市委
崔振龙	2001－2002年度全国市（县）科技进步先进个人	国家科技部	市科技局
吴栋材	全国“五一”劳动奖章	中华全国总工会、国务院发展研究中心农村部、农民日报社、中国企业家协会	永钢集团
	全国创业之星	中国农村劳动力资源开发研究会、全国扶贫基金会、国务院发展研究中心农村部	
	全国建设农村小康十大杰出贡献复转军人	农民日报社、中国乡镇企业报社	
	中国优秀民营企业家	中国企业联合会、中国企业家协会	
秦　力	全国三八红旗手	中华全国妇女联合会	梁丰高级中学

姓　名	荣誉称号	授予单位	工作单位
王锡舫	全国绿化奖章	全国绿化委员会	市园林局
张林高	全国工商行政管理系统优秀工商行政管理人员	国家工商管理总局	张家港工商局
王振荣	国土资源管理依法行政先进个人	国土资源部	市国土资源局
马德贤	全国建设用地审查报批工作先进个人	国土资源部	市国土资源局
朱洪祥	长江河道采砂管理先进个人	水利部	市水政监察大队
孙　剑	实施航路改革和专项整治先进个人	交通部	张家港海事局
陈　平	实施航路改革和专项整治先进个人	交通部	张家港海事局
张晓峰	实施航路改革和专项整治先进个人	交通部	张家港海事局
郭照相	中央企业劳动模范	国务院国有资产监督管理委员会	高新张铜集团
	中央企业优秀党务工作者	国务院国有资产监督管理委员会党委	
	全国建材行业优秀企业家	中国建筑材料管理协会	
	中国管业十大新闻人物	中国建筑材料管理协会	
吴岳明	中国优秀民营科技企业家	中国企业联合会、中国企业家协会	江苏丰立国际贸易有限公司
李兴华	中国优秀民营科技企业家	中国企业联合会、中国企业家协会	江苏攀华集团
毛跃健	全国归侨侨眷先进个人	国务院侨务办公室、中华全国归国华侨联合会	市邮政局
应　梓	全国城市规划行业优秀规划工作者	中国城市规划协会	市规划局
陈惠南	2004 年度全国建材行业优秀企业家	中国建筑材料企业管理协会	江苏华尔润集团公司
黄天纯	全国公安装备财务系统先进个人	公安部政治部	市公安局
张玉叶	巾帼岗位标兵	中国工商银行工会工作委员会	中国工商银行张家港支行
张宏岗	中国农业银行 2003 年度公司机构优秀客户经理	中国农业银行	中国农业银行张家港市支行
李　群	中国农业银行 2002—2003 年度优秀个人客户经理	中国农业银行	中国农业银行张家港市支行
陈丽丹	总行文明优质服务标兵	中国银行	中国银行张家港支行
俞官法	中华孝亲敬老之星	全国敬老爱老助老主题教育活动组委会	市老龄委
赵民扬	全国职工技协工作先进个人	中国职工技术协会	市总工会

省级和省条线表彰的先进个人

姓　名	荣誉称号	授予单位	工作单位
曹福龙	党管武装好书记	南京军区	市委
王良其	人防工作成绩突出好主任	南京军区国防动员委员会	市人防办
吴建新	2000—2004 年全省社会治安综合治理先进工作者	江苏省委、省政府	金港镇综治办
沈文荣	优秀民营企业家	江苏省委、省政府	江苏沙钢集团有限公司
李兴华	优秀民营企业家	江苏省委、省政府	江苏攀华集团
杨培兴	优秀民营企业家	江苏省委、省政府	江苏骏马集团
陈惠南	优秀民营企业家	江苏省委、省政府	江苏华尔润集团
郁全和	优秀党务工作者	江苏省委	金港镇长江村
李长生	全省清房工作先进个人	江苏省政府	市纪委
陈汉才	江苏省见义勇为先进个人	江苏省政府	市希尔发出租车公司
陈晓红	江苏省见义勇为先进个人	江苏省政府	市公交公司
陈　刚	2003 年度信息工作先进个人	江苏省委办公厅	市委办公室
刘骁敏	江苏省婚育新风进万家活动先进个人	江苏省委宣传部、省计划生育委员会	杨舍镇
丰鹤鸣	老干部工作先进个人	江苏省委组织部、省委老干部局、省人事厅	市委老干部局
顾秉钧	全省先进老干部	江苏省委组织部、省委老干部局	市政协
葛　新	江苏省科教进社区活动先进个人	江苏省精神文明建设指导委员会办公室、省科协	杨舍镇城西街道万红社区
邹福元	建设系统先进工作者	江苏省人事厅、省建设厅	市建设局
周正亚	全省勘界工作二等功	江苏省人事厅、省民政厅	市民政局
	民间组织管理先进工作者	江苏省民政厅	
朱正刚	全省统计系统先进工作者	江苏省人事厅、省统计局	市统计局
陆　叶	江苏省质量技术监督系统先进工作者	江苏省人事厅、省质量技术监督局	张家港质监局

姓　名	荣誉称号	授予单位	工作单位
许柏杭	全省气象系统先进工作者	江苏省人事厅、省气象局	市气象局
严照华	江苏省科协系统先进个人	江苏省人事厅、省科协	市科学技术协会
董建刚	江苏省科普工作先进个人	江苏省科协	市科学技术协会
薛　平	2004 年度全省农村青年创业致富带头人	共青团江苏省委、省农林厅、省科技厅、省海洋与渔业局	市鑫龙农副产品经纪有限公司
倪敬贤	青年岗位能手	江苏省交通厅、团省委	江苏港通路桥集团有限公司
徐　玲	江苏省优秀少先队辅导员	共青团江苏省委、省教育厅、省少工委	市金港中心小学
谢　芳	江苏省优秀少先队辅导员	共青团江苏省委、省教育厅、省少工委	市暨阳实验小学
李子昂	江苏省优秀少先队员	共青团江苏省委、省教育厅、省少工委	市暨阳实验小学
顾雪峰	江苏省优秀共青团员	共青团江苏省委	市公安局交巡警大队
周　伟	江苏省十年青年文明号活动优秀个人奖	共青团江苏省委	共青团市委
	江苏省优秀共青团干部	共青团江苏省委	
卢保才	省级光彩之星	江苏省工商行政管理局、省私营个体经济协会	锦丰镇蔬菜经营户
吴　敏	江苏省家庭教育工作先进个人	江苏省妇联	杨舍镇
马根涛	江苏省优秀家长	江苏省妇联	杨舍镇
徐莉萍	全省基层依法治理工作先进个人	江苏省依法治省领导小组	市妇联
蒋来清	江苏省“双学双比”竞赛活动先进工作者	江苏省农村妇女“双学双比”竞赛活动领导小组	市政府
林　鸣	江苏省农村妇女劳务输出先进个人	江苏省农村妇女“双学双比”竞赛活动领导小组	市劳动和社会保障局
郁建芬	江苏省“巾帼建功”再就业先进个人	江苏省“巾帼建功”活动领导小组	市南沙蓓蕾托幼所
顾建华	江苏省厂（院、校、所）务公开先进工作者	江苏省厂务公开协调小组	市总工会
戴　淳	江苏省计划生育协会工作先进工作者	江苏省计划生育协会	市计划生育委员会
钱建平	全省人口和计划生育系统作风建设先进个人	江苏省计划生育委员会	市计划生育委员会
龚可欣	江苏省迎峰度夏先进个人	江苏省经贸委	张家港华宇电力分公司
黄永孝	江苏省迎峰度夏先进个人	江苏省经贸委	张家港华宇电力分公司
刘正泉	江苏省迎峰度夏先进个人	江苏省经贸委	张家港华宇电力分公司
朱国峰	江苏省迎峰度夏先进个人	江苏省经贸委	张家港华宇电力分公司
谢正乾	2004 年度行业管理先进工作者	江苏省食品饲料办公室、省食品工业协会	市经济贸易委员会
魏　欣	2003−2004 年度全省党史系统先进个人	江苏省委党史工作办公室	市委党史地方志办公室
瞿涌晨	2003 年度全省党史宣传先进工作者	江苏省委党史工作办公室	金港镇
戴玉兴	2004 年度全省党史宣传先进工作者	江苏省委党史工作办公室	杨舍镇
朱　健	行政执法监察先进个人	江苏省建设厅	市建筑业管理处
顾兴达	优秀基层思想政治工作者	江苏省建设政研会	市建设局
徐荣兴	建筑安全管理先进个人	江苏省建管局	江苏金厦建设集团有限公司
曹　峥	建筑管理先进个人	江苏省建管局	市建设局
郁　军	工程质量监督先进工作者	江苏省建管局	市建设工程质量监督站
祝凤红	工程质量监督先进工作者	江苏省建管局	市建设工程质量监督站
许卫平	江苏省信息工作先进个人	江苏省环境保护厅	市环保局
黄亚红	全省劳务输入输出工作先进个人	江苏省农村劳务输出工作协调小组	市劳动和社会保障局
周　维	全省劳动仲裁工作先进个人	江苏省劳动和社会保障厅	市劳动和社会保障局
刘　华	农村公路建设先进个人	江苏省交通厅	江苏港通路桥集团有限公司
汤　剑	全省公路系统争先创优劳动竞赛先进工作者	江苏省交通厅公路局	市公路管理处
沈竹义	全省航道系统建功立业先进个人	江苏省交通厅航道局	张家港船闸管理处
卫　臻	江苏省水资源管理工作先进个人	江苏省水利厅	市水资源管理处
周光新	江苏省水利新闻宣传工作先进个人	江苏省水利厅	市水利局
黄建中	全省农业科技推广先进个人	江苏省农林厅	市农业局
顾志权	江苏省生态农业和农村能源建设先进工作者	江苏省农林厅	市农业局

姓　名	荣誉称号	授予单位	工作单位
孙国才	2004年度水稻条纹叶枯病防治工作先进个人	江苏省农林厅	市农业局
陆　军	全省高致病性禽流感防治工作先进个人	江苏省防治重大动物疫病指挥部	市农业局
周一海	江苏省2004年度长江禁渔先进个人	江苏省渔政监督总队	市农业局
王建平	全省法律援助工作先进个人	江苏省司法厅	市法律援助中心
赵建明	个人一等功（2004年度）	江苏省高级人民法院	市法院
孙国忠	个人二等功（2003年度）	江苏省高级人民法院	市法院塘桥法庭
	2004年度优秀法官	江苏省高级人民法院	
郭　新	全省检察机关纪检监察工作先进个人	江苏省委驻省检察院纪检组、省检察院政治部	市检察院
张建春	全省检察机关职务犯罪侦查部门优秀侦查员	江苏省人民检察院	市检察院
樊建兵	全省检察机关首届十佳侦查监督办案能手	江苏省人民检察院	市检察院
孙丽君	全省检察机关集中处理涉法上访工作先进个人	江苏省人民检察院	市检察院
吴勤良	个人二等功	江苏省公安厅	市公安局
邬海安	个人二等功	江苏省公安厅	市公安局
赵煜斌	个人三等功	江苏省公安厅	市公安局
程　阳	江苏省党政机要系统先进个人	江苏省委办公厅机要局	市委机要局
刘国强	2004年度全省政府法制工作先进个人	江苏省人民政府法制办公室	市政府法制办
张兰芬	江苏省优秀教育工作者	江苏省教育厅	梁丰高级中学
袁国琴	江苏省优秀教育工作者	江苏省教育厅	市实验小学
林　荣	江苏省师德标兵	江苏省教育厅	市双山初中
顾新辉	个人三等功	江苏省工商局	张家港工商局
陈永江	个人三等功	江苏省工商局	张家港工商局
王士芳	个人三等功	江苏省工商局	张家港工商局
章轶军	个人三等功	江苏省工商局	张家港工商局
殷丽蓉	全省国税系统“十佳税务官”	江苏省国家税务局	张家港保税区国税局
朱云芬	全省2004年度最佳导游	江苏省旅游局	市华泰国内旅行社
钱静艳	全省2004年度最佳导游	江苏省旅游局	市观光世界国内旅行社
刘欣石	江苏省第五次全国体育场地普查先进个人	江苏省体育局	市体育局
徐建新（家庭）	江苏省“健身家庭”	江苏省体育局	—
赵志刚（家庭）	江苏省“健身家庭”	江苏省体育局	—
钱根祥（家庭）	江苏省“健身家庭”	江苏省体育局	—
杨亚群（家庭）	江苏省“健身家庭”	江苏省体育局	—
张小伟（家庭）	江苏省“健身家庭”	江苏省体育局	—
郑莲芬	江苏省农村统计优秀辅导调查员	江苏省统计局	杨舍镇
陈新荣	全省邮政审计先进个人	江苏省邮政局	市邮政局
郭海斌	全国邮政储蓄统一版本江苏工程先进个人	江苏省邮政局、省邮政工会	市邮政局
黄金伟	优秀工会工作者	中国邮电工会江苏省邮政委员会	市邮政局
朱　瑛	优秀工会积极分子	中国邮电工会江苏省邮政委员会	市邮政局
毛跃建	2000—2003年省邮政优秀政研工作者	江苏省邮政政研会	市邮政局
钱福兴	江苏省2003—2004年度农村集体财务管理工作先进个人	江苏省农村合作经济经营管理站	杨舍镇
朱红星	2003—2004年度省口岸工作先进个人	江苏省口岸办公室	江苏省江海粮油贸易公司张家港储运部
钱德华	2003—2004年度省口岸工作先进个人	江苏省口岸办公室	市口岸委
袁　克	2003—2004年度省口岸工作先进个人	江苏省口岸办公室	市口岸委
姚永华	高致病性禽流感防治工作先进个人	江苏省出入境检验检疫局	张家港出入境检验检疫局
刘领军	动植物疫情疫病检疫工作先进个人	江苏省出入境检验检疫局	张家港出入境检验检疫局
顾晓斌	十佳职业道德标兵	江苏省出入境检验检疫局	张家港出入境检验检疫局
杨虎彪	检务服务明星	江苏省出入境检验检疫局	张家港出入境检验检疫局
高　杰	检务服务明星	江苏省出入境检验检疫局	张家港出入境检验检疫局

姓　名	荣誉称号	授予单位	工作单位
王士明	实施航路改革和专项整治先进个人	江苏海事局	张家港海事局
赵　震	实施航路改革和专项整治先进个人	江苏海事局	张家港海事局
陆　义	实施航路改革和专项整治先进个人	江苏海事局	张家港海事局
卞春华	实施航路改革和专项整治先进个人	江苏海事局	张家港海事局
陈　平	先进工作者标兵	江苏海事局	张家港海事局
丁　波	先进工作者	江苏海事局	张家港海事局
张建龙	先进工作者	江苏海事局	张家港海事局
苏　健	先进工作者	江苏海事局	张家港海事局
耿佩武	先进工作者	江苏海事局	张家港海事局
童　琳	巾帼建功标兵	中国人民银行南京分行工会工作委员会	中国人民银行张家港市支行
周苏霞	2003–2004 年度先进工作者	中国工商银行江苏省分行	中国工商银行张家港市支行
沈　岚	2004 年度优秀工会积极分子	中国工商银行江苏省分行工会工作委员会	中国工商银行张家港市支行
沈忠林	中国农业银行江苏省分行 2002–2003 年度金融先进个人	中国农业银行江苏省分行	中国农业银行张家港沙洲路支行
徐凤英	2002–2003 年度生产能手	江苏省电信有限公司	市电信局
袁启新	2003–2004 年度江苏电信安全工作先进工作者	江苏省电信有限公司	市电信局
侯小勤	2003 年度基层工会先进工作者	江苏省电信有限公司	市电信局
董晓婷	2003 年度江苏电信巾帼建功先进个人	江苏省电信有限公司	市电信局
章伟力	2003–2004 群体工作先进个人	江苏省电信体育工会	市电信局
钱　创	2003–2004 群体工作先进个人	江苏省电信体育工会	市电信局
范剑虹	南京关区先进个人	南京海关	张家港海关
苏奇奇	南京关区先进个人	南京海关	张家港保税区海关
	南京关区文明关员标兵	南京海关	
王建东	南京关区先进个人	南京海关	张家港海关

苏州市级表彰的先进个人

姓　名	荣誉称号	授予单位	工作单位
郁全和	十佳村党组织书记	苏州市委、市政府	港区镇长江村
吴栋材	十佳农民致富带头人	苏州市委、市政府	南丰镇永联村
蔡纯峰	苏州市十大杰出青年	苏州市委、市政府	市公安局西张派出所
张林高	苏州市廉政勤政好干部	苏州市委、市政府	张家港工商局
王惠忠	苏州市廉政勤政好干部	苏州市委、市政府	凤凰镇
朱栋裕	苏州市廉政勤政好干部	苏州市委、市政府	塘桥镇
郁江清	苏州市廉政勤政好干部	苏州市委、市政府	金港镇长山村
倪慎新	苏州市廉政勤政好干部	苏州市委、市政府	张家港出入境检验检疫局
葛志俊	苏州市社区建设先进个人	苏州市委、市政府	市民政局
刘振渊	苏州市村务公开和民主管理先进个人	苏州市委、市政府	市民政局
陶国平	苏州市村务公开和民主管理先进个人	苏州市委、市政府	金港镇
张新建	苏州市村务公开和民主管理先进个人	苏州市委、市政府	凤凰镇魏庄村
周志红	苏州市村务公开和民主管理先进个人	苏州市委、市政府	大新镇朝东圩
王志明	苏州市村务公开和民主管理先进个人	苏州市委、市政府	大新镇老海坝村
杨　琴	苏州市村务公开和民主管理先进个人	苏州市委、市政府	南丰镇新德村
吴佩玉	苏州市村务公开和民主管理先进个人	苏州市委、市政府	市纪委
蔡惠良	苏州市村务公开和民主管理先进个人	苏州市委、市政府	市委组织部
陈英武	苏州市村务公开和民主管理先进个人	苏州市委、市政府	–
顾一峰	苏州市村务公开和民主管理先进个人	苏州市委、市政府	杨舍镇旺西村
匡凤清	苏州市村务公开和民主管理先进个人	苏州市委、市政府	杨舍镇农联村
邵继才	苏州市村务公开和民主管理先进个人	苏州市委、市政府	杨舍镇泗港办事处
季　明	苏州市村务公开和民主管理先进个人	苏州市委、市政府	杨舍镇
王玉欣	苏州市村务公开和民主管理先进个人	苏州市委、市政府	金港镇长山村

姓　名	荣誉称号	授予单位	工作单位
戴丽君	苏州市村务公开和民主管理先进个人	苏州市委、市政府	金港镇滩上村
严怀德	苏州市村务公开和民主管理先进个人	苏州市委、市政府	金港镇德积村
刘建江	苏州市村务公开和民主管理先进个人	苏州市委、市政府	塘桥镇韩山村
谈满生	苏州市村务公开和民主管理先进个人	苏州市委、市政府	塘桥镇周巷村
施正良	苏州市村务公开和民主管理先进个人	苏州市委、市政府	锦丰镇建设村
蔡志祥	苏州市村务公开和民主管理先进个人	苏州市委、市政府	乐余镇永利村
黄学彬	苏州市村务公开和民主管理先进个人	苏州市委、市政府	乐余镇红星村
徐建刚	苏州市村务公开和民主管理先进个人	苏州市委、市政府	凤凰镇程墩村
王国强	苏州市创建全国消费放心城市先进个人	苏州市委、市政府	张家港工商局
沈学如	苏州市十佳民营企业家	苏州市委、市政府	澳洋集团
黄雪元	苏州市民营经济服务先进个人	苏州市委、市政府	杨舍镇
缪培峰	2003年度民营创业能手	苏州市委、市政府	张家港华达塑料有限公司
张立群	2003年度民营创业能手	苏州市委、市政府	市合力文化用品商店
冯学军	2003年度民营创业能手	苏州市委、市政府	市双马货运代理有限公司
匡建东	2003年度民营经济工作先进个人	苏州市委、市政府	市政府驻温州办事处
葛亚林	2003年度民营经济工作先进个人	苏州市委、市政府	张家港保税区工商局
黄瑞龙	拥军优属先进个人	苏州市政府、苏州军分区	市民政局
吴忠明	拥军优属先进个人	苏州市政府、苏州军分区	杨舍镇
贡林福	拥军优属先进个人	苏州市政府、苏州军分区	凤凰镇
程国富	拥军优属先进个人	苏州市政府、苏州军分区	金港镇
刘　琴	拥军优属先进个人	苏州市政府、苏州军分区	锦丰镇
任浩科	拥军优属先进个人	苏州市政府、苏州军分区	塘桥镇
李耀松	2003年度开放型经济工作先进个人	苏州市政府	金港镇
陈晓东	2003年度开放型经济工作先进个人	苏州市政府	江苏国泰国际集团
施建刚	2003年度开放型经济工作先进个人	苏州市政府	—
施洪清	2003年度开放型经济工作先进个人	苏州市政府	—
秦大乾	2003年度开放型经济工作先进个人	苏州市政府	华芳集团
徐伯尧	2003年度开放型经济工作先进个人	苏州市政府	—
谢　明	2003年度开放型经济工作先进个人	苏州市政府	张家港保税区经发局
蔡洪明	2003年度开放型经济工作先进个人	苏州市政府	—
戴建明	2003年度全市电力需求侧管理工作先进个人	苏州市政府	市发展计划委员会
李培青	2003年度全市电力需求侧管理工作先进个人	苏州市政府	市发展计划委员会
	2004年度全市电力需求侧管理工作先进个人	苏州市政府	
夏志尧	2003年度全市电力需求侧管理工作先进个人	苏州市政府	张家港供电公司
	2004年度全市电力需求侧管理工作先进个人	苏州市政府	
陶宝林	2003年度全市电力需求侧管理工作先进个人	苏州市政府	张家港供电公司
杜爱平	2003年度全市电力需求侧管理工作先进个人	苏州市政府	张家港供电公司
陈志平	2004年度全市电力需求侧管理工作先进个人	苏州市政府	市发展计划委员会
李建兴	2004年度全市电力需求侧管理工作先进个人	苏州市政府	市经贸委
丁　伟	2004年度全市电力需求侧管理工作先进个人	苏州市政府	张家港供电公司
许秀萍	2004年度全市电力需求侧管理工作先进个人	苏州市政府	张家港供电公司
丁友林	全市清房工作先进个人	苏州市政府	杨舍镇
王振芬	全市清房工作先进个人	苏州市政府	市发展计划委员会
王静娟	全市清房工作先进个人	苏州市政府	市纪委
孙玉明	政府法制工作先进个人	苏州市政府	市交通局
匡建东	苏州市为民营经济服务先进个人	苏州市政府	市政府驻温州办事处
陆建平	2004年度苏州市旅游行业先进个人	苏州市政府	市旅游局
孙岩纹	2004年度全市旅游行业先进个人	苏州市政府	张家港国贸酒店
蒋忠明	2003年度全市商贸旅游系统先进个人	苏州市政府	市贸易局
陈海虹	2003年度全市商贸旅游系统先进个人	苏州市政府	市旺德福珠宝行有限公司
高维平	2003年度全市商贸旅游系统先进个人	苏州市政府	市国际购物中心有限公司
陆亚明	2003年度全市商贸旅游系统先进个人	苏州市政府	市商业大厦有限公司
	2004年度商贸业先进个人	苏州市政府	
张瞻鹰	2003年度全市商贸旅游系统先进个人	苏州市政府	市机关宾馆
陈学芳	2003年度全市商贸旅游系统先进个人	苏州市政府	市长江大酒店

姓　名	荣誉称号	授予单位	工作单位
刘燕梅	2003 年度全市商贸旅游系统先进个人	苏州市政府	市永安旅行社
邢锦石	2004 年度商贸业先进个人	苏州市政府	市贸易局
徐彩君	2004 年度商贸业先进个人	苏州市政府	市第一人民商场
蔡小桃	2004 年度商贸业先进个人	苏州市政府	市国际购物中心有限公司
庞静芳	二等功	苏州市政府	市卫生局
陈兆祥	二等功	苏州市政府	市检察院
高建刚	二等功	苏州市政府	市委农工办
周立军	苏州市见义勇为先进分子	苏州市政府	市亨通出租车公司
孙　涛	苏州市见义勇为先进分子	苏州市政府	锦丰镇协红村

先进集体

全国条线表彰的先进集体

获得荣誉单位	荣誉称号	授予单位
张家港市	第四届全国县域经济基本竞争力百强县（市）第三位	全国县域经济基本竞争力评价中心
	全国“青年文明社区”示范城（区）创建单位	共青团中央、民政部、建设部、国家工商行政管理总局
	全国粮食生产先进县（市、农场）	农业部
	2003 年度全国社会经济综合发展百强县(市)第四位	国家统计局
	全国科普示范市	中国科学技术协会
	2004 年全民健身周活动先进单位	国家体育总局
	2003–2004 年度全国食品工业强市	中国食品工业协会
	2003 年全国篮球竞赛优秀赛区	国家体育总局篮球运动管理中心
张家港市文化市场管理办公室	全国优秀青少年维权岗	共青团中央、中央综治委、最高人民法院、最高人民检察院、公安部、司法部、劳动和社会保障部、国家广电总局、国家工商总局、国家质量监督检验检疫局、国家新闻出版总署
	全国文化市场行政执法先进集体	文化部
交通银行张家港支行营业部储蓄专柜	青年文明号	人民银行、共青团中央
张家港保税区国税局	2003 年度税务系统全国青年文明号	国家税务总局、共青团中央
张家港海关报关厅	2004 年度海关系统全国青年文明号	海关总署、共青团中央
杨舍镇龙潭社区团支部	全国“五四”红旗团支部	共青团中央
张家港市青年中心	全国优秀青年中心	共青团中央
张家港市财政局	全国青年文明号	共青团中央
张家港市国土资源局	全国建设用地审查报批工作先进单位	国土资源部
塘桥镇	全国环境优美镇	国家环保总局
	中国棉纺织毛衫名镇	中国纺织工业协会、中国棉纺织行业协会、中国毛纺织行业协会
锦丰镇	全国环境优美镇	国家环保总局
	国家重点镇	农业部、民政部等
乐余镇	全国环境优美镇	国家环保总局
金港镇	全国环境优美镇	国家环保总局
凤凰镇	全国环境优美镇	国家环保总局
大新镇	全国环境优美镇	国家环保总局
南丰镇	全国环境优美镇	国家环保总局
	国家卫生镇	全国爱卫会
张家港市天府苑	全国民政基层单位行风建设先进集体	民政部
高新张铜股份有限公司	国家级重点高新技术企业	科技部
	全国质量管理优秀企业	中国建筑材料管理协会

获得荣誉单位	荣誉称号	授予单位
	全国维护消费者合法权益先进企业	中国市场名牌战略管理联合会
江苏永钢集团有限公司	全国乡镇企业创名牌重点企业	农业部
	全国诚信乡镇企业	乡镇企业管理局
	诚信经营示范单位	中国消费者基金会
	2003 年全国冶金行业百强企业	中国钢铁工业协会
	中国 500 强企业	中国企业联合会、中国企业家协会
	2003 年全国大型工业企业	国家统计局
	2003 年度中国民营企业 500 强	全国工商联
江苏沙钢集团有限公司	中国 500 强企业	中国企业联合会、中国企业家协会
	2004 年度中国民营企业竞争力 50 强	中国社会科学院
	2003 年全国大型工业企业	国家统计局
	全国 5000 家工业企业联网直报先进单位	国家统计局
	2003 年度中国民营企业 500 强	全国工商联
华芳集团有限公司	2003 年全国大型工业企业	国家统计局
	2003 年度中国民营企业 500 强	全国工商联
东海粮油（张家港）工业有限公司	2003 年全国大型工业企业	国家统计局
江苏澳洋实业（集团）有限公司	2003 年全国大型工业企业	国家统计局
	2003 年度中国民营企业 500 强	全国工商联
江苏牡丹汽车集团有限公司	2003 年全国大型工业企业	国家统计局
江苏骏马集团有限公司	2003 年全国大型工业企业	国家统计局
	2003 年度中国民营企业 500 强	全国工商联
江苏华昌集团有限公司	2003 年全国大型工业企业	国家统计局
江苏宏宝集团有限公司	2003 年全国大型工业企业	国家统计局
	2003 年度中国民营企业 500 强	全国工商联
张家港普坤纺织实业有限公司	2003 年全国大型工业企业	国家统计局
江苏华尔润集团公司	2003 年全国大型工业企业	国家统计局
	2003 年度中国民营企业 500 强	全国工商联
	中国建材百强企业	中国建筑材料工业协会、国家统计局工业交通统计司
	2004 年度建材统计工作先进集体	中国建筑材料工业协会
江苏长江润发集团有限公司	2003 年全国大型工业企业	国家统计局
	中国 500 强企业	中国企业联合会、中国企业家协会
江苏丰立国际贸易有限公司	2003 年度中国民营企业 500 强	全国工商联
飞腾集团有限公司	2003 年度中国民营企业 500 强	全国工商联
江苏菊花味精集团有限公司	2003 年度中国民营企业 500 强	全国工商联
张家港华达涂层有限公司（江苏攀华集团有限公司）	2003 年度中国民营企业 500 强	全国工商联
江苏长江润发集团有限公司科协	全国企业先进科协	中国科学技术协会
张家港市科协	全国科普日活动先进单位	中国科学技术协会
张家港市神园葡萄协会	全国百强农村专业技术协会	中国科学技术协会
张家港市工贸学校	全国重点职业高中	教育部
	全国重点技工学校	劳动与社会保障部
张家港市第二职中	全国重点职业高中	教育部
张家港市第三职中	全国重点职业高中	教育部
张家港市锦丰轧花剥绒有限公司	重点龙头企业	全国供销合作社
张家港市果品副食品交易市场	重点龙头企业	全国供销合作社
张家港市安置帮教办公室	全国刑满释放、解除劳教人员安置帮教工作先进集体	中央社会治安综合治理委员会
张家港海事局 0870 艇	实施航路改革和专项整治先进船艇	交通部
张家港引航站	安全优秀班组	交通部海事局
张家港市人民检察院	2004 年检察宣传工作先进集体	最高人民检察院、检察日报社
	全国十佳检察院	最高人民检察院
	全国先进检察院	最高人民检察院
	全国检察机关“文明接待示范窗口”、“文明接待室”	最高人民检察院
张家港市人民检察院驻看守所检察室	一级规范化检察室	最高人民检察院
张家港市邮政局	全国邮政储蓄存款余额百强县市	国家邮政局

获得荣誉单位	荣誉称号	授予单位
张家港市渔政管理站	2002–2004 年度长江禁渔期管理先进集体	国家渔政渔港监督管理局、中国渔政指挥中心
中国农业银行张家港市支行	全国金融五一劳动奖状	中国金融工会全国委员会
	先进基层党组织	中国农业银行
	百家先进支行	中国农业银行
	2001–2002 年度会计基础工作规范化管理“三铁”单位	中国农业银行
	内部控制先进单位	中国农业银行
	1993–2003 财务会计先进集体	中国农业银行
	学习贯彻“三个代表”重要思想先进单位	中国农业银行
中国工商银行张家港市支行	文明单位	中国工商银行
中国工商银行张家港市支行国际业务部	国际结算交流开发建设及推广应用先进集体三等奖	中国工商银行
中国工商银行张家港市支行党委	先进基层党组织	中共中国工商银行委员会
中国工商银行张家港市支行女工委	先进女职工委员会	中国工商银行工会工作委员会
中国工商银行张家港市支行海港分理处	巾帼文明示范岗	中国工商银行工会工作委员会、中国工商银行女职工委员会
张家港市市政工程养护管理处道路维修班	全国十佳市政班组	中国市政工程协会
张家港市国际购物中心有限公司	全国商业名牌企业	中国商业联合会
江苏东渡服装有限公司	2003 年度最具竞争力企业	中国纺织工业协会
江苏国泰国际集团有限公司	2003 年度全国外经贸质量效益型先进企业特别奖	中国对外贸易经济合作企业协会
张家港市人武部	国防刊授教育最佳奖	解放军报社、中国国防报社、中国民兵杂志社
张家港市总工会	2004 年《中国工运》宣传通讯工作先进集体（县级）一等奖	总工会办公厅

省级和省条线表彰的先进集体

获得荣誉单位	荣誉称号	授予单位
张家港市	2000–2004 年全省社会治安综合治理先进地区	江苏省委、省政府
	2004 年度社会治安安全县（市、区）	江苏省委、省政府
	党建工作先进县（市、区）	江苏省委
	2004 年度财政收入上台阶先进单位	江苏省政府
	江苏省节水型城市	江苏省建设厅、省经贸委、省环保厅
	全民国防教育先进单位	江苏省全民国防教育委员会
	省婚育新风进万家活动先进市	江苏省委宣传部、省人口和计划生育委员会
	2004 年度环境保护重大贡献奖	江苏省环境保护委员会
	江苏省老龄工作先进市	江苏省老龄工作委员会
	2004 年全国女排大奖赛“最佳赛区”	江苏省体育竞赛管理中心
	2004 年度承办全国体育竞赛优秀赛区	江苏省体育局
	2004 年江苏省县级体育工作先进单位	江苏省体育局
	江苏省第五次全国体育场地普查先进集体	江苏省体育局
张家港市人武部	先进人武部	南京军区
	拥政爱民先进单位	江苏省政府、省军区
张家港市人武部党委	先进旅团党委	南京军区政治部
	先进团级党委	江苏省军区党委
华芳集团有限公司	优秀民营企业	江苏省委、省政府
江苏沙钢集团有限公司	优秀民营企业	江苏省委、省政府
	重合同守信用企业	江苏省政府
	江苏省民营企业纳税大户	江苏省委统战部、省经贸委、省国税局、省地税局、省工商业联合会
	2003 年度企业培训工作先进单位	江苏省经贸委

获得荣誉单位	荣誉称号	授予单位
	江苏省质量管理奖	江苏省质量奖审定委员会
江苏永钢集团有限公司	优秀民营企业	江苏省委、省政府
	重合同守信用企业	江苏省政府
	江苏省民营企业纳税大户	江苏省委统战部、省经贸委、省国税局、省地税局、省工商业联合会
	江苏省质量诚信企业	江苏省质量技术监督局
	江苏省 50 强企业	江苏省统计局
张家港市民政局	拥军优属先进单位	江苏省政府、省军区
中共张家港市纪律检查委员会、市监察局	全省纪检监察信访举报工作先进集体	中共江苏省纪律检查委员会、省监察厅
张家港市纪委监察局案件审理室	全省案件审理工作先进集体	中共江苏省纪律检查委员会、省监察厅
江苏骏马集团有限公司	江苏省民营企业纳税大户	江苏省委统战部、省经贸委、省国税局、省地税局、省工商业联合会
江苏澳洋实业（集团）有限公司	江苏省民营企业纳税大户	江苏省委统战部、省经贸委、省国税局、省地税局、省工商业联合会
张家港市委机要局	江苏省党政机要系统先进集体	江苏省委办公厅、省政府办公厅、省人事厅
张家港市委办公室	2003 年度信息工作先进单位	江苏省委办公厅
张家港市科协	江苏省科普工作先进集体	江苏省委宣传部、省科技厅、省科协
	江苏省第十六届科普宣传周先进集体	江苏省科协
张家港市物价局	江苏省价格系统先进集体	江苏省人事厅、省物价局
	2003-2004 年度全省价格监测先进单位	江苏省价格监测中心
张家港市人事局张家港人才网	2004 年度江苏省优秀人事人才网站	江苏省人事厅
张家港市知识产权局	2004 年江苏省知识产权工作先进集体	江苏省科学技术厅、省知识产权局
共青团张家港市委	2004 年度全省服务农村青年增收成才奖	共青团江苏省委、省农林厅、省科技厅、省海洋与渔业局
	江苏省“十八岁成人教育活动”优秀组织奖	共青团江苏省委、江苏省学生联合会
	江苏省五四红旗创建活动组织奖	共青团江苏省委
锦丰镇团委	江苏省五四红旗团委标兵	共青团江苏省委
张家港出入境检验检疫局团支部	江苏省五四红旗团支部	共青团江苏省委
江苏港城汽运集团有限公司公交分公司苏 EF5431 车组	2002-2003 年度省级青年文明号	江苏省交通厅、共青团江苏省委
市邮政局西街营业处	省巾帼文明示范岗	江苏省妇联
	省邮政“百优班组”	江苏省邮政局、省邮政工会
市邮政局南丰支局	省巾帼文明示范岗	江苏省妇联
市邮政局	2000-2003 年度省邮政思想政治工作优秀企业	江苏省邮政局
	模范职工之家	中国邮电工会江苏省邮政委员会
张家港市华达塑料有限公司	省级光彩之星	江苏省工商行政管理局、省私营个体经济协会
江苏丰立国际贸易有限公司	省级光彩之星	江苏省工商行政管理局、省私营个体经济协会
	江苏名优企业	江苏名牌事业促进会、江苏经济报社、江苏市场产品质量监督调查办公室
张家港万达钢板有限公司	省级光彩之星	江苏省工商行政管理局、省私营个体经济协会
江苏省张家港保税区意通化纤织造有限公司	省级光彩之星	江苏省工商行政管理局、省私营个体经济协会
张家港市第一集贸市场	2003-2004 年度江苏省文明市场	江苏省工商行政管理局
张家港市万红新区集贸市场	2003-2004 年度江苏省文明市场	江苏省工商行政管理局
张家港市东城集贸市场	2003-2004 年度江苏省文明市场	江苏省工商行政管理局
张家港市锦丰综合市场	2003-2004 年度江苏省文明市场	江苏省工商行政管理局
张家港市港区集贸市场	2003-2004 年度江苏省文明市场	江苏省工商行政管理局
张家港市塘桥集贸市场	2003-2004 年度江苏省文明市场	江苏省工商行政管理局

获得荣誉单位	荣誉称号	授予单位
张家港市后睦集贸市场	2003—2004 年度江苏省文明市场	江苏省工商行政管理局
张家港市人才市场	2003—2004 年度江苏省文明市场	江苏省工商行政管理局
中国农业银行张家港市支行	江苏省创建文明行业工作先进行业	江苏省精神文明建设委员会
	2002 年度先进基层党组织	中国农业银行江苏省分行
	2003 年度优秀支行	中国农业银行江苏省分行
	2002—2003 年度金融先进集体	中国农业银行江苏省分行
杨舍镇城西街道	2002—2003 江苏省科教进社区活动先进集体	江苏省精神文明建设指导委员会办公室、省科协
杨舍镇城西街道万红社区	2004 年江苏省科普文明社区	江苏省科协
杨舍镇城南街道	2004 年江苏省科普文明街道	江苏省科协
杨舍镇城南街道旺西社区	民主法治示范社区	江苏省依法治省领导小组办公室
凤凰镇程墩村	民主法治示范村	江苏省依法治省领导小组办公室
金港镇中南社区	民主法治示范社区	江苏省依法治省领导小组办公室
金港镇	2003 年全省基层依法治理先进集体	江苏省依法治省领导小组办公室
锦丰镇福利村	江苏省卫生村	江苏省爱国卫生运动委员会
南丰镇民乐村	江苏省卫生村	江苏省爱国卫生运动委员会
南丰镇海坝村	江苏省卫生村	江苏省爱国卫生运动委员会
南丰镇东华村	江苏省卫生村	江苏省爱国卫生运动委员会
南丰镇	绿色江苏建设先进镇	江苏省农林厅
张家港市农业局	江苏省生态农业和农村能源建设先进集体	江苏省农林厅
张家港市渔政管理站	2004 年实施长江禁渔期制度优胜单位	江苏省渔政监督总队
	2004 年度渔政监督管理文明执法单位	江苏省海洋与渔业局
杨舍镇城西街道妇代会	江苏省“巾帼文明示范岗”	江苏省妇联
“110”报警服务台	省级“巾帼示范岗”	江苏省“巾帼建功”活动领导小组
张家港市财政局国库收付中心	省级“巾帼示范岗”	江苏省“巾帼建功”活动领导小组
沿江公路鹿苑收费站财票股	省级“巾帼示范岗”	江苏省“巾帼建功”活动领导小组
张家港市总工会	工会新闻舆论宣传先进单位	江苏省总工会
	2002—2003 年度江苏省工会工作首创成果奖	江苏省总工会
	2002—2003 年度江苏省工会工作革新成果奖	江苏省总工会
	江苏省厂（院、校、所）务公开工作先进组织奖	江苏省厂务公开协调小组
金港镇工会委员会	2004 年度“百强示范乡镇工会”	江苏省总工会
南丰镇工会委员会	2004 年度“百强示范乡镇工会”	江苏省总工会
塘桥镇工会委员会	2004 年度“百强示范乡镇工会”	江苏省总工会
江苏骏马化纤股份有限公司	江苏省非公企业女职工工作示范单位	江苏省总工会
大新镇工会	江苏省创建“百强示范乡镇工会”活动先进单位	江苏省总工会
张家港市计划生育协会	全省计划生育协会工作先进集体	江苏省计划生育协会
北京三吉利能源股份有限公司张家港华宇电力分公司	2004 年度江苏省电力迎峰度夏突出贡献奖	江苏省经贸委
张家港市安全生产监督局监督科	2001—2003 年度非煤矿山安全专项整治工作先进单位	江苏省安全生产监督管理局
张家港市经济贸易委员会经济运行科	2004 年度食品行业管理先进单位	江苏省食品饲料办公室、江苏省食品工业协会
张家港市委党史地方志办公室	党史宣传先进集体奖	江苏省委党史工作办公室
南丰镇永联村	农业农村档案工作省级示范单位	江苏省档案局
张家港市国土资源局	2003 年度地籍管理双强单位	江苏省国土资源厅
	江苏省地质灾害防治工作先进集体	江苏省国土资源厅
	全省耕地保护工作先进单位	江苏省国土资源厅
	省级地籍免检单位	江苏省国土资源厅
张家港保税区建筑安全监督站	江苏省建筑安全生产先进集体	江苏省建设厅、省建筑工程管理局
张家港市建设局	全省建设系统精神文明建设先进单位	江苏省建设厅
苏州市住房公积金管理中心张家港分中心	住房公积金管理优秀分中心	江苏省建设厅
张家港市城管局	2004 年度全省城市管理创优活动优秀奖	江苏省建设厅
江苏金厦建设集团有限公司	江苏省知名建筑承包商	江苏省建筑承包商会
张家港市环境保护局	江苏省环保宣教工作先进集体	江苏省环境保护厅
杨舍镇万红社区	江苏省绿色社区	江苏省环境保护厅

获得荣誉单位	荣誉称号	授予单位
杨舍镇前溪巷社区	江苏省绿色社区	江苏省环境保护厅
江苏天鹏化工集团	江苏省环境友好企业	江苏省环境保护厅
	江苏省环境行为信息公开化绿色等级企业	江苏省环境保护厅
张家港市民政局	全省民政系统行风建设先进县（市）	江苏省民政厅
	民政工作先进集体	江苏省民政厅
张家港市天府苑	全省民政系统行风建设先进基层单位	江苏省民政厅
张家港市劳动和社会保障局	2004 年度全省农村社会养老保险经办机构“争先创优”活动先进单位	江苏省劳动和社会保障厅
张家港市水政监察大队	全省水政监察工作先进集体	江苏省水利厅
张家港市水资源管理处	全省水利工程水费工作先进集体	江苏省水利厅
张家港市交通局	2001—2003 年度全省交通行业文明创建工作先进单位	江苏省交通厅
张家港市航道管理处	2004 年内河航道普查先进集体	江苏省交通厅
	全省航道系统建功立业先进集体	江苏省交通厅航道局
江苏港城汽运集团有限公司	2003 年度江苏省交通行业“安康杯”竞赛优胜单位	江苏省交通厅
沿江公路鹿苑收费站	十佳收费站	江苏省交通厅公路局
张家港市契税所	2002—2003 年度省级文明契税所	江苏省财政厅
杨舍镇财政所	2001—2003 年度江苏省文明财政所	江苏省财政厅
张家港市国贸酒店	江苏省服务质量奖	江苏省质量奖审定委员会
张家港市馨苑度假村	江苏省优秀星级旅游宾馆	江苏省旅游局、新华日报社
张家港市水资源管理处	全省水利工程水费工作先进集体	江苏省水资源管理处
张家港市司法局	先进集体	江苏省司法厅
张家港市人民防空办公室	全省人防机关准军事化建设先进单位	江苏省人民防空办公室
张家港市侨办	2004 年度江苏省侨务外宣工作三等奖	江苏省人民政府侨务办公室
张家港市人民法院	2003 年度江苏省人民满意法院	江苏省高级人民法院
	2004 年度优秀法院	江苏省高级人民法院
张家港市人民检察院	集体二等功	江苏省人民检察院
	2003—2004 年江苏省检察机关先进检察院	江苏省人民检察院
	全省检察机关信息化工作先进单位	江苏省人民检察院
	全省检察机关集中处理涉法上访工作先进单位	江苏省人民检察院
	2004 年《清风苑》杂志宣传工作先进集体	江苏省人民检察院
	2004 年《检察日报》宣传工作先进集体	江苏省人民检察院
张家港市预防职务犯罪工作领导小组办公室	《预防职务犯罪，我们共同参与》征文活动组织奖	江苏省人民检察院、江苏省预防职务犯罪工作领导小组办公室
张家港市公安局	1998—2003 年度全省公安执法优秀单位	江苏省公安厅
张家港市第五中学	江苏省示范初中	江苏省教育厅
塘桥镇鹿苑中学	江苏省示范初中	江苏省教育厅
锦丰镇锦丰幼儿园	江苏省示范性实验幼儿园	江苏省教育厅
杨舍镇晨阳幼儿园	江苏省示范性实验幼儿园	江苏省教育厅
张家港市体育局	江苏省“迎十运体育下乡”活动先进单位	江苏省体育局
	2004 年度体育信息工作先进单位三等奖	江苏省体育局
张家港市安全生产监督管理局	江苏省乡镇（街道）安全生产达标活动先进组织奖	江苏省安全生产委员会办公室
苏州市张家港质量技术监督局	2003—2004 年江苏省质量技术监督系统先进单位	江苏省质监局
苏州市张家港药品监督管理局	2003 年度江苏省药品监督管理系统创建文明行业先进单位	江苏省药品监督管理局
	“正源行动在农村”先进单位	江苏省药品监督管理局
	“团结、开拓、廉洁、高效”好班子	江苏省药品监督管理局
张家港引航站	省口岸工作先进集体	江苏省口岸办公室
张家港市口岸委员会	省口岸工作先进集体	江苏省口岸办公室
张家港出入境检验检疫局	省口岸工作先进集体	江苏省口岸办公室
	文明单位标兵	江苏省出入境检验检疫局
	动植物疫情病检疫工作先进集体	江苏省出入境检验检疫局
张家港出入境检验检疫局检务科	检务文明窗口	江苏省出入境检验检疫局
	检务文明窗口标兵	江苏省出入境检验检疫局
张家港出入境检验检疫局动检科	高致病性禽流感防治工作先进集体	江苏省出入境检验检疫局
张家港市电视大学	2004 年度全省电大招生工作先进集体	江苏省电视大学

获得荣誉单位	荣誉称号	授予单位
	全省电大考试工作先进集体	江苏省电视大学
张家港海事局港区海事处	实施航路改革和专项整治先进集体	江苏海事局
张家港海事局锦丰海事处	先进集体	江苏海事局
张家港海事局海巡0878艇小车班	先进班组	江苏海事局
张家港市地方海事处	文明诚信海事建设活动先进集体	江苏省地方海事局
锦丰红十字医院	行风建设先进单位	江苏省窗口单位行风建设监督宣传办公室
张家港市第一人民商场有限公司	江苏省消协诚信单位	江苏省消费者协会
张家港市商业大厦有限公司	2004年度江苏省质量协会先进会员单位	江苏省质量协会
江苏金鹿集团有限公司	江苏名优企业	江苏名牌事业促进会、江苏经济报社、江苏市场产品质量监督调查办公室
江苏亚青钢管制造有限公司	江苏名优企业	江苏名牌事业促进会、江苏经济报社、江苏市场产品质量监督调查办公室
中国人民银行张家港市支行国库会计股	2004年度分行级青年文明号	中国人民银行南京分行
中国工商银行张家港市支行	精品支行	中国工商银行江苏省分行
	经营十佳（县）市支行	中国工商银行江苏省分行
中国银行张家港支行营业部	服务质量免检单位	中国银行江苏省分行
中国银行张家港乘航支行	文明优质服务示范窗口	中国银行江苏省分行
中国银行张家港城西路支行	文明优质服务示范窗口	中国银行江苏省分行
中国银行张家港港区支行	文明优质服务示范窗口	中国银行江苏省分行
中国银行张家港开发区分理处	文明优质服务示范窗口	中国银行江苏省分行
江苏省电信有限公司张家港市分公司	2003年度先进基层工会	江苏省电信有限公司
	2003—2004群体工作先进集体	江苏省电信体育工会
江苏省电信有限公司张家港市分公司城区营业组	2003年度巾帼文明示范岗	江苏省电信工会
张家港海关通关科	南京关区先进集体	南京海关
张家港保税区海关通关科	南京关区先进集体	南京海关
中国国际贸易促进委员会张家港支会	2004年出证认证先进集体	中国国际贸易促进委员会江苏省分会、中国国际商会江苏商会
张家港市基督教三自爱国会	江苏省先进三自爱国会组织	江苏省基督教三自爱国会、基督教协会

苏州市级表彰的先进集体

获得荣誉单位	荣誉称号	授予单位
张家港市	2003年度财政收入先进市（区）	苏州市委、市政府
	2003年度私营经济发展先进市（区）	苏州市委、市政府
	2003年度苏州市农业龙头企业工作先进单位	苏州市政府
张家港市高新技术创业服务中心	苏州市留学回国人员先进工作单位	苏州市委、市政府
张家港市供销合作总社	十佳为农服务先进单位	苏州市委、市政府
江苏梁丰食品集团公司	十佳农业产业化龙头企业	苏州市委、市政府
鹿凤禽业合作社	十佳农村新型合作组织	苏州市委、市政府
张家港市农业局	十佳科教兴农先进单位	苏州市委、市政府
张家港市推进农村十项实事工作领导小组办公室	十佳推进农村十项实事工作先进单位	苏州市委、市政府
张家港市公安局	政府法制系统先进集体	苏州市委、市政府
	2001—2003年度保密工作先进集体	苏州市委、市政府
	全市清房工作先进集体	苏州市政府
	高致病性禽流感防治工作先进集体	苏州市政府
	2002—2003年度文明单位	苏州市精神文明建设委员会

获得荣誉单位	荣誉称号	授予单位
张家港市信访局	苏州市廉政勤政先进集体	苏州市委、市政府
张家港市财政局	苏州市廉政勤政先进集体	苏州市委、市政府
杨舍镇	苏州市廉政勤政先进集体	苏州市委、市政府
	2003年度财政收入先进乡镇（街道）	苏州市委、市政府
	苏州市村民自治模范镇	苏州市委、市政府
	苏州市社会治安先进单位	苏州市委、市政府
	苏州市社区建设示范街道（镇）	苏州市委、市政府
	2002—2003年度文明镇	苏州市精神文明建设委员会
杨舍镇万红社区	苏州市社区建设示范社区	苏州市委、市政府
	首批“苏州市绿色社区”	苏州市政府
杨舍镇新城社区	苏州市社区建设示范社区	苏州市委、市政府
杨舍镇园林社区	苏州市社区建设示范社区	苏州市委、市政府
杨舍镇邵巷社区	苏州市社区建设示范社区	苏州市委、市政府
杨舍镇阳光社区	苏州市社区建设示范社区	苏州市委、市政府
金港镇	2003年度财政收入先进乡镇（街道）	苏州市委、市政府
	苏州市村民自治模范镇	苏州市委、市政府
	苏州市社区建设示范街道（镇）	苏州市委、市政府
	2002—2003年度文明镇	苏州市精神文明建设委员会
金港镇长江社区	苏州市社区建设示范社区	苏州市委、市政府
塘桥镇	2003年度财政收入先进乡镇（街道）	苏州市委、市政府
	苏州市村民自治模范镇	苏州市委、市政府
	2002—2003年度文明镇	苏州市精神文明建设委员会
塘桥镇中心社区	苏州市社区建设示范社区	苏州市委、市政府
锦丰镇	2003年度财政收入先进乡镇（街道）	苏州市委、市政府
	苏州市村民自治模范镇	苏州市委、市政府
	2002—2003年度文明镇	苏州市精神文明建设委员会
锦丰镇中心社区	苏州市社区建设示范社区	苏州市委、市政府
乐余镇	苏州市廉政勤政先进集体	苏州市委、市政府
	2003年度财政收入先进乡镇（街道）	苏州市委、市政府
	苏州市村民自治模范镇	苏州市委、市政府
	2002—2003年度文明镇	苏州市精神文明建设委员会
凤凰镇	2003年度财政收入先进乡镇（街道）	苏州市委、市政府
	苏州市村民自治模范镇	苏州市委、市政府
	2002—2003年度文明镇	苏州市精神文明建设委员会
凤凰镇政府	十佳外向型农业先进单位	苏州市委、市政府
凤凰镇港口中心社区	苏州市社区建设示范社区	苏州市委、市政府
大新镇	苏州市村民自治模范镇	苏州市委、市政府
大新镇新闸社区	苏州市社区建设示范社区	苏州市委、市政府
南丰镇	苏州市村民自治模范镇	苏州市委、市政府
	2003年度财政收入上台阶先进乡镇（街道）	苏州市委、市政府
南丰镇永联社区	苏州市社区建设示范社区	苏州市委、市政府
江苏永钢集团有限公司	工业销售收入10强	苏州市委、市政府
	苏州市2003年度纳税大户	苏州市政府
苏州市张家港工商行政管理局	2003年度民营经济工作先进集体	苏州市委、市政府
	创建“平安单位”先进集体	苏州市委、市政府
张家港市民营科技园	2003年度私营企业发展先进园区	苏州市委、市政府
张家港华达涂层有限公司	2003年度私营企业投入十强	苏州市委、市政府
（江苏攀华集团有限公司）	2004年度百强民营企业	苏州市委、市政府
华芳集团金田纺织有限公司	2003年度私营企业纳税十强	苏州市委、市政府
张家港市圣达因化工机械有限公司	2003年度私营企业科技十强	苏州市委、市政府
江苏天鹏化工集团有限公司	2004年度百强民营企业	苏州市委、市政府
	2002—2003年度文明单位	苏州市精神文明建设委员会
江苏华尔润集团有限公司	2003年度私营企业销售十强	苏州市委、市政府
	2004年度百强民营企业	苏州市委、市政府
	2002—2003年度文明单位	苏州市精神文明建设委员会

获得荣誉单位	荣誉称号	授予单位
江苏澳洋实业（集团）有限公司	2003年度私营企业销售十强	苏州市委、市政府
	2004年度百强民营企业	苏州市委、市政府
	全市拥军优属先进单位	苏州市政府、苏州军分区
	第二批重合同守信用企业	苏州市政府
江苏长江润发集团有限公司	2003年度私营企业用工十强	苏州市委、市政府
	2004年度百强民营企业	苏州市委、市政府
江苏省沙钢集团有限公司	2004年度百强民营企业	苏州市委、市政府
	2002—2003年度文明单位	苏州市精神文明建设委员会
	苏州市2003年度纳税大户	苏州市政府
江苏联峰实业股份有限公司	2004年度百强民营企业	苏州市委、市政府
华芳集团有限公司	2004年度百强民营企业	苏州市委、市政府
	2003年度开放型经济工作先进单位	苏州市人民政府
江苏骏马集团有限责任公司	2004年度百强民营企业	苏州市委、市政府
江苏丰立国际贸易有限公司	2004年度百强民营企业	苏州市委、市政府
江苏金鹿集团有限公司	2004年度百强民营企业	苏州市委、市政府
	第二批重合同守信用企业	苏州市政府
江苏七洲绿色化工股份有限公司	2004年度百强民营企业	苏州市委、市政府
江苏宏宝集团有限公司	2004年度百强民营企业	苏州市委、市政府
江苏银河电子股份有限公司	2004年度百强民营企业	苏州市委、市政府
张家港市沙洲纺织印染进出口有限公司	2004年度百强民营企业	苏州市委、市政府
江苏东渡服装有限公司	2004年度百强民营企业	苏州市委、市政府
	第二批重合同守信用企业	苏州市政府
	2002—2003年度文明单位	苏州市精神文明建设委员会
江苏菊花味精集团有限公司	2004年度百强民营企业	苏州市委、市政府
江苏飞翔化工股份有限公司	2004年度百强民营企业	苏州市委、市政府
张家港市锦丰轧花剥绒有限责任公司	2004年度百强民营企业	苏州市委、市政府
江苏港洋实业股份有限公司	2004年度百强民营企业	苏州市委、市政府
张家港市港星新型建材有限公司	2004年度百强民营企业	苏州市委、市政府
张家港市普坤纺织实业有限公司	2004年度百强民营企业	苏州市委、市政府
张家港海陆锅炉有限公司	2004年度百强民营企业	苏州市委、市政府
江苏张家港酿酒有限公司	2004年度百强民营企业	苏州市委、市政府
张家港市国泰华荣化工新材料有限公司	2004年度百强民营企业	苏州市委、市政府
张家港市金帆电源有限公司	2004年度百强民营企业	苏州市委、市政府
张家港市华福氨纶纱线纺织厂	2004年度百强民营企业	苏州市委、市政府
张家港市天霸氨纶纱线纺织厂	2004年度百强民营企业	苏州市委、市政府
江苏华夏交通工程集团有限公司	2004年度百强民营企业	苏州市委、市政府
张家港市AAA轴承有限公司	2004年度百强民营企业	苏州市委、市政府
张家港市久盛化学纤维有限公司	2004年度百强民营企业	苏州市委、市政府
张家港市民政局	全市拥军优属先进单位	苏州市政府、苏州军分区
杨舍镇政府	全市拥军优属先进单位	苏州市政府、苏州军分区
	2003年度开放型经济工作先进单位	苏州市政府
张家港市交通局	全市拥军优属先进单位	苏州市政府、苏州军分区
	高致病性禽流感防治工作先进集体	苏州市政府
	2002—2003年度文明单位	苏州市精神文明建设委员会
武警张家港市边防检查站	全市拥政爱民先进单位	苏州市政府、苏州军分区
张家港保税区管委会	2003年度苏州市利用外资先进单位	苏州市政府
	2004年度对外贸易超1000亿美元累计实际利用外资超400亿美元先进单位	苏州市政府
张家港保税区化工品交易市场	苏州市商贸业2004年度十强商品市场	苏州市政府
张家港市占文雪羽养殖有限公司	2003年度苏州市优秀农业龙头企业	苏州市政府
	2004年度苏州市级农业龙头企业	苏州市政府
江苏张家港酿酒有限公司	2004年度苏州市级农业龙头企业	苏州市政府
张家港市面粉食品有限公司	2004年度苏州市级农业龙头企业	苏州市政府

获得荣誉单位	荣誉称号	授予单位
张家港市油脂食品有限公司	2004年度苏州市级农业龙头企业	苏州市政府
杨舍镇城东街道前溪社区	首批“苏州市绿色社区”	苏州市政府
张家港市科协	2002—2003年度苏州市自然科学优秀学术论文评选工作组织奖	苏州市政府
张家港市易华塑料有限公司	2003年度开放型经济工作先进单位	苏州市政府
张家港保税区管委会	2003年度开放型经济工作先进单位	苏州市政府
江苏海狮机械集团有限公司	2003年度开放型经济工作先进单位	苏州市政府
	2002—2003年度文明单位	苏州市精神文明建设委员会
江苏国泰国际集团国贸股份有限公司	2003年度开放型经济工作先进单位	苏州市政府
张家港沙景钢铁有限公司	2003年度开放型经济工作先进单位	苏州市政府
张家港润忠钢铁有限公司	2003年度开放型经济工作先进单位	苏州市政府
张家港永新钢铁有限公司	2003年度开放型经济工作先进单位	苏州市政府
张家港市发展计划委员会	2003年度全市电力需求侧管理工作先进单位	苏州市政府
	2004年度全市电力需求侧管理工作先进单位	苏州市政府
张家港供电公司	2003年度全市电力需求侧管理工作先进单位	苏州市政府
	2004年度全市电力需求侧管理工作先进单位	苏州市政府
	第二批重合同守信用企业	苏州市政府
张家港市房产管理局	全市清房工作先进集体	苏州市政府
张家港港务集团有限公司	全市清房工作先进集体	苏州市政府
张家港市双山建筑工程有限公司	第二批重合同守信用企业	苏州市政府
张家港市港星新型建材有限公司	第二批重合同守信用企业	苏州市政府
张家港市锦丰五金工具制造有限公司	第二批重合同守信用企业	苏州市政府
张家港市天翔电器制造有限公司	第二批重合同守信用企业	苏州市政府
江苏飞翔化工股份有限公司	第二批重合同守信用企业	苏州市政府
张家港市天港高低压箱柜制造有限公司	第二批重合同守信用企业	苏州市政府
高新张铜股份有限公司	第二批重合同守信用企业	苏州市政府
	2002—2003年度文明单位	苏州市精神文明建设委员会
江苏赛富隆钢制品有限公司	第二批重合同守信用企业	苏州市政府
张家港市菊花味精彩印包装有限公司	第二批重合同守信用企业	苏州市政府
江苏金厦建设集团有限公司	第二批重合同守信用企业	苏州市政府
张家港金冠化工有限公司	第二批重合同守信用企业	苏州市政府
张家港富佳电梯有限公司	第二批重合同守信用企业	苏州市政府
张家港市四通电子设备厂	第二批重合同守信用企业	苏州市政府
张家港贝顺橡胶制品有限公司	第二批重合同守信用企业	苏州市政府
张家港华峰电接插元件有限公司	第二批重合同守信用企业	苏州市政府
张家港市华晟净化设备有限公司	第二批重合同守信用企业	苏州市政府
张家港市三得利染整有限公司	第二批重合同守信用企业	苏州市政府
张家港港达金属制品有限公司	第二批重合同守信用企业	苏州市政府
张家港市常阴沙针织厂	第二批重合同守信用企业	苏州市政府
苏州市医学教学模型制造有限公司	第二批重合同守信用企业	苏州市政府
苏州华宇飞凌包装机械有限公司	第二批重合同守信用企业	苏州市政府
张家港市圣达因化工机械有限公司	第二批重合同守信用企业	苏州市政府
张家港市华菱医疗设备制造有限公司	第二批重合同守信用企业	苏州市政府
张家港市恒强冷却设备有限公司	第二批重合同守信用企业	苏州市政府
张家港市久盛化学纤维有限公司	第二批重合同守信用企业	苏州市政府
张家港市神通工业有限公司	第二批重合同守信用企业	苏州市政府
张家港市第二农药厂	第二批重合同守信用企业	苏州市政府
张家港新丰纺织丝绸制衣有限公司	第二批重合同守信用企业	苏州市政府
江苏华恒科技发展有限公司	第二批重合同守信用企业	苏州市政府
张家港市建筑水泥有限公司	第二批重合同守信用企业	苏州市政府
张家港市贝尔机械有限公司	第二批重合同守信用企业	苏州市政府
张家港市新中环保设备有限公司	第二批重合同守信用企业	苏州市政府
张家港市港威超生电子有限公司	第二批重合同守信用企业	苏州市政府
张家港市特种漆厂	第二批重合同守信用企业	苏州市政府

获得荣誉单位	荣誉称号	授予单位
张家港市亚魁棉纺纱线有限公司	第二批重合同守信用企业	苏州市政府
张家港市华电电力设备制造有限公司	第二批重合同守信用企业	苏州市政府
张家港市超生电气有限公司	第二批重合同守信用企业	苏州市政府
江苏万富安机械有限公司	第二批重合同守信用企业	苏州市政府
张家港市宏基铝业有限公司	第二批重合同守信用企业	苏州市政府
张家港市宏图电源有限公司	第二批重合同守信用企业	苏州市政府
上海大众汽车张家港销售服务有限公司	第二批重合同守信用企业	苏州市政府
江苏千里马袜业有限公司	第二批重合同守信用企业	苏州市政府
江苏华夏交通工程集团有限公司	第二批重合同守信用企业	苏州市政府
张家港市特种锅炉配件厂	第二批重合同守信用企业	苏州市政府
张家港市丰港卫生用具有限公司	第二批重合同守信用企业	苏州市政府
张家港市乘航经纬编厂	第二批重合同守信用企业	苏州市政府
张家港市益联印染有限公司	第二批重合同守信用企业	苏州市政府
江苏申洲毛纺有限公司	第二批重合同守信用企业	苏州市政府
张家港市第二纺织机械有限公司	第二批重合同守信用企业	苏州市政府
张家港市恒达药业机械有限公司	第二批重合同守信用企业	苏州市政府
张家港市建业印染机械有限公司	第二批重合同守信用企业	苏州市政府
张家港兴铖制管有限公司	第二批重合同守信用企业	苏州市政府
江苏华福针织化纤厂	第二批重合同守信用企业	苏州市政府
张家港市华达塑料有限公司	第二批重合同守信用企业	苏州市政府
张家港市市政工程有限公司	第二批重合同守信用企业	苏州市政府
张家港市永欣针织有限公司	第二批重合同守信用企业	苏州市政府
张家港市万家乐房地产调剂有限公司	第二批重合同守信用企业	苏州市政府
张家港市华东电站锅炉部件制造有限公司	第二批重合同守信用企业	苏州市政府
张家港华美皮件有限公司	第二批重合同守信用企业	苏州市政府
张家港市宏翔装饰有限公司	第二批重合同守信用企业	苏州市政府
张家港市东莱特种通风设备厂	第二批重合同守信用企业	苏州市政府
张家港维仁泵阀有限公司	第二批重合同守信用企业	苏州市政府
张家港市圣达汽车内饰材料有限公司	第二批重合同守信用企业	苏州市政府
张家港五江博宇机械有限公司	第二批重合同守信用企业	苏州市政府
张家港市轻工机械厂有限公司	第二批重合同守信用企业	苏州市政府
张家港市饮料机械有限公司	第二批重合同守信用企业	苏州市政府
张家港华明机械有限公司	第二批重合同守信用企业	苏州市政府
张家港市二轻机械有限公司	第二批重合同守信用企业	苏州市政府
张家港市锻造厂	第二批重合同守信用企业	苏州市政府
张家港市熔剂厂	第二批重合同守信用企业	苏州市政府
张家港市强鑫门窗装潢有限公司	第二批重合同守信用企业	苏州市政府
张家港市锦丰建筑安装工程有限公司	第二批重合同守信用企业	苏州市政府
江苏亚青钢管制造有限公司	第二批重合同守信用企业	苏州市政府
张家港驰锦漂白纤维有限公司	第二批重合同守信用企业	苏州市政府
张家港市早发安全玻璃有限公司	第二批重合同守信用企业	苏州市政府
江苏宏宝五金股份有限公司	第二批重合同守信用企业	苏州市政府
张家港市大叶酒店家私有限公司	第二批重合同守信用企业	苏州市政府
张家港华大离心机制造有限公司	第二批重合同守信用企业	苏州市政府
张家港市振龙减震器有限公司	第二批重合同守信用企业	苏州市政府
江苏省江海粮油贸易公司张家港储运部	第二批重合同守信用企业	苏州市政府
张家港市国际购物中心有限公司	2004 年度商贸业十强零售企业	苏州市政府
	第二批重合同守信用企业	苏州市政府
	苏州市商贸业首批“消费放心场所”	苏州市精神文明建设委员会
	2002—2003 年度文明单位	苏州市精神文明建设委员会
张家港宾馆有限公司	2003 年度全市商贸旅游系统先进集体	苏州市政府

获得荣誉单位	荣誉称号	授予单位
张家港市贸易局	2003年度全市商贸旅游系统先进集体	苏州市政府
	2004年度商贸业先进集体	苏州市政府
江苏世纪星汽车城股份有限公司	2003年度全市商贸旅游系统先进集体	苏州市政府
张家港市第一人民商场有限公司	2003年度全市商贸旅游系统先进集体	苏州市政府
	2004年度商贸业十强零售企业	苏州市政府
	苏州市商贸业首批“消费放心场所”	苏州市精神文明建设委员会
张家港市旅游事业管理局	2004年度苏州市旅游系统先进集体	苏州市政府
张家港市馨苑度假村	2004年度苏州市旅游系统先进集体	苏州市政府
	2002—2003年度文明单位	苏州市精神文明建设委员会
张家港市百润发大卖场	2004年度商贸业十强连锁企业	苏州市政府
张家港市保税区化工品交易市场	2004年度商贸业十强市场	苏州市政府
张家港市果品副食品交易市场	2004年度商贸业十强市场	苏州市政府
张家港市商业大厦有限公司	第二批重合同守信用企业	苏州市政府
	苏州市商贸业首批“消费放心场所”	苏州市精神文明建设委员会
张家港市凤祥银楼有限公司	苏州市商贸业首批“消费放心场所”	苏州市精神文明建设委员会
张家港市旺德福珠宝行有限公司	苏州市商贸业首批“消费放心场所”	苏州市精神文明建设委员会
杨舍镇城西村	2002—2003年度文明村	苏州市精神文明建设委员会
杨舍镇农联村	2002—2003年度文明村	苏州市精神文明建设委员会
杨舍镇李巷村	2002—2003年度文明村	苏州市精神文明建设委员会
杨舍镇田垛里村	2002—2003年度文明村	苏州市精神文明建设委员会
杨舍镇乘航村	2002—2003年度文明村	苏州市精神文明建设委员会
杨舍镇福前村	2002—2003年度文明村	苏州市精神文明建设委员会
杨舍镇闸上村	2002—2003年度文明村	苏州市精神文明建设委员会
杨舍镇城东村	2002—2003年度文明村	苏州市精神文明建设委员会
杨舍镇旺西村	2002—2003年度文明村	苏州市精神文明建设委员会
塘桥镇韩山村	2002—2003年度文明村	苏州市精神文明建设委员会
塘桥镇周巷村	2002—2003年度文明村	苏州市精神文明建设委员会
塘桥镇巨桥村	2002—2003年度文明村	苏州市精神文明建设委员会
塘桥镇欧桥村	2002—2003年度文明村	苏州市精神文明建设委员会
金港镇长江村	2002—2003年度文明村	苏州市精神文明建设委员会
金港镇滩上村	2002—2003年度文明村	苏州市精神文明建设委员会
金港镇长山村	2002—2003年度文明村	苏州市精神文明建设委员会
金港镇新塍村	2002—2003年度文明村	苏州市精神文明建设委员会
金港镇朝南村	2002—2003年度文明村	苏州市精神文明建设委员会
金港镇柏林村	2002—2003年度文明村	苏州市精神文明建设委员会
锦丰镇联兴村	2002—2003年度文明村	苏州市精神文明建设委员会
锦丰镇建设村	2002—2003年度文明村	苏州市精神文明建设委员会
锦丰镇洪桥村	2002—2003年度文明村	苏州市精神文明建设委员会
锦丰镇耕余村	2002—2003年度文明村	苏州市精神文明建设委员会
锦丰镇洪福村	2002—2003年度文明村	苏州市精神文明建设委员会
乐余镇永利村	2002—2003年度文明村	苏州市精神文明建设委员会
乐余镇乐余村	2002—2003年度文明村	苏州市精神文明建设委员会
乐余镇常丰村	2002—2003年度文明村	苏州市精神文明建设委员会
凤凰镇程墩村	2002—2003年度文明村	苏州市精神文明建设委员会
凤凰镇双龙村	2002—2003年度文明村	苏州市精神文明建设委员会
凤凰镇金谷村	2002—2003年度文明村	苏州市精神文明建设委员会
凤凰镇凤凰村	2002—2003年度文明村	苏州市精神文明建设委员会
南丰镇永联村	2002—2003年度文明村	苏州市精神文明建设委员会
南丰镇建农村	2002—2003年度文明村	苏州市精神文明建设委员会
大新镇大新村	2002—2003年度文明村	苏州市精神文明建设委员会
大新镇新闸村	2002—2003年度文明村	苏州市精神文明建设委员会
江苏国泰国际集团有限公司	2002—2003年度文明单位	苏州市精神文明建设委员会
东海粮油工业（张家港）有限公司	2002—2003年度文明单位	苏州市精神文明建设委员会
江苏华昌（集团）有限公司	2002—2003年度文明单位	苏州市精神文明建设委员会

获得荣誉单位	荣誉称号	授予单位
北京三吉利能源股份有限公司张家港华宇电力分公司	2002—2003年度文明单位	苏州市精神文明建设委员会
张家港市无线电厂	2002—2003年度文明单位	苏州市精神文明建设委员会
骏马化纤股份有限公司	2002—2003年度文明单位	苏州市精神文明建设委员会
塘桥自来水厂	2002—2003年度文明单位	苏州市精神文明建设委员会
飞腾集团股份有限公司	2002—2003年度文明单位	苏州市精神文明建设委员会
张家港市欣欣化纤有限公司	2002—2003年度文明单位	苏州市精神文明建设委员会
张家港市港城自来水有限公司	2002—2003年度文明单位	苏州市精神文明建设委员会
张家港金陵体育器材有限公司	2002—2003年度文明单位	苏州市精神文明建设委员会
张家港市大新毛纺织厂	2002—2003年度文明单位	苏州市精神文明建设委员会
张家港海关	2002—2003年度文明单位	苏州市精神文明建设委员会
张家港出入境检验检疫局	2002—2003年度文明单位	苏州市精神文明建设委员会
张家港海事局	2002—2003年度文明单位	苏州市精神文明建设委员会
长江引航中心张家港引航站	2002—2003年度文明单位	苏州市精神文明建设委员会
江苏张家港国家粮食储备库	2002—2003年度文明单位	苏州市精神文明建设委员会
张家港市计划生育委员会	2002—2003年度文明单位	苏州市精神文明建设委员会
张家港市卫生局	2002—2003年度文明单位	苏州市精神文明建设委员会
张家港市建设局	2002—2003年度文明单位	苏州市精神文明建设委员会
张家港市人民法院	2002—2003年度文明单位	苏州市精神文明建设委员会
张家港市人民检察院	2002—2003年度文明单位	苏州市精神文明建设委员会
张家港市司法局	2002—2003年度文明单位	苏州市精神文明建设委员会
张家港日报社	2002—2003年度文明单位	苏州市精神文明建设委员会
张家港市文化广播电视管理局	2002—2003年度文明单位	苏州市精神文明建设委员会
张家港市环保局	2002—2003年度文明单位	苏州市精神文明建设委员会
张家港市国土资源局	2002—2003年度文明单位	苏州市精神文明建设委员会
张家港药品监督管理局	2002—2003年度文明单位	苏州市精神文明建设委员会
张家港市物价局	2002—2003年度文明单位	苏州市精神文明建设委员会
杨舍镇城西街道办事处	2002—2003年度文明单位	苏州市精神文明建设委员会
杨舍镇城东街道办事处	2002—2003年度文明单位	苏州市精神文明建设委员会
杨舍镇城北街道办事处	2002—2003年度文明单位	苏州市精神文明建设委员会
沙洲工学院	2002—2003年度文明单位	苏州市精神文明建设委员会
张家港市职业教育中心校	2002—2003年度文明单位	苏州市精神文明建设委员会
张家港市云盘小学	2002—2003年度文明单位	苏州市精神文明建设委员会
中国人民银行张家港市支行	2002—2003年度文明单位	苏州市精神文明建设委员会
中国农业银行张家港市支行	2002—2003年度文明单位	苏州市精神文明建设委员会
张家港市农村商业银行	2002—2003年度文明单位	苏州市精神文明建设委员会
中国银行张家港支行	2002—2003年度文明单位	苏州市精神文明建设委员会
中国人民财产保险股份有限公司张家港分公司	2002—2003年度文明单位	苏州市精神文明建设委员会
张家港市气象局	2002—2003年度文明单位	苏州市精神文明建设委员会
张家港市地方税务局	2002—2003年度文明单位	苏州市精神文明建设委员会
张家港市国家税务局直属分局	2002—2003年度文明单位	苏州市精神文明建设委员会
张家港市邮政局	苏州市诚信单位	苏州市精神文明建设委员会
	2002—2003年度文明单位	苏州市精神文明建设委员会
张家港市供电公司	2002—2003年度文明单位	苏州市精神文明建设委员会
中国联通有限公司张家港分公司	2002—2003年度文明单位	苏州市精神文明建设委员会
江苏移动通信有限公司张家港分公司	2002—2003年度文明单位	苏州市精神文明建设委员会
江苏省电信有限公司张家港市分公司城区营业组	文明示范窗口	苏州市精神文明建设委员会
张家港出入境检验检疫局报检大厅	文明示范窗口	苏州市精神文明建设委员会
张家港市财政局国库收付中心	文明示范窗口	苏州市精神文明建设委员会

【编辑　汪丽菁】

张家港市着力优化投资环境的对策措施

为进一步优化投资环境，提高城市综合竞争力，根据省政府《关于进一步改善企业发展环境规定的通知》（苏政发〔2004〕40号）和苏州市政府《关于着力优化投资环境的对策措施》（苏府〔2004〕48号）文件精神，结合我市实际，经研究，提出如下对策措施。

一、改进电力服务

（一）增强供电部门施工过程的透明度。公布现行施工管理、设备管理、工程收费等方面工作规范，加强沟通，提高透明度。提供具备施工资质、运行经验优良的承装单位及电气设备供应商清单，方便企业选择。加强对施工单位在工程预决算、审计及付款制度等方面的管理。

（二）切实加强电力供应工作。统筹计划检修和新客户接入施工的时间安排，做到提前安排，把企业内部预防性试验安排在相关供电线路停电时进行。努力提高电网设备健康运行水平，加大电力设施保护力度，减少故障停电。在制定避峰措施时，事先征求意见，充分考虑企业特别是大企业生产用电的实际需求，努力降低停电对企业正常生产的影响。

（三）加快电网建设。建成投运220千伏店岸、柏木输变电工程和110千伏高东输变电等工程。按时完成市区城网改造等一大批建设项目。

二、改进国土利用服务

（四）加强土地管理，优化服务质量。抓好《关于加强建设用地管理的意见》的贯彻落实，坚持用地报批代理制、服务时限承诺制和首问负责制。开展网上报批、自动化办公，为全市重点建设项目、高新技术项目、重大外资项目等开辟“绿色通道”，实行专人跟踪办理，提高办事效率。加大土地复垦整治力度，对存量、闲置建设用地整合盘活，挖掘潜力，为全市经济社会协调发展拓展空间。

三、改进消防服务

（五）进一步缩短消防审核时限。通过加强队伍内部管理、健全规章制度和完善监督机制等措施，强化服务意识，提高工作效率。坚持行政审批“即办事项直接办理制，一般事项承诺办理制，多头事项联合办理制，特急事项特别办理制”的工作制度，进一步缩短办结时间，将建筑工程消防审核由10个工作日缩短至7个工作日，消防验收由10个工作日缩短至7个工作日，申报的消防安全检查由3个工作日缩短至2个工作日。

（六）进一步简化消防审核程序。对一般工程实行简易审批程序，凡达到简易审批范围要求的新建和装修工程项目，只要提供建筑总平面图、建筑平面图和室外消防给水总平面图，消防部门就可以直接受理审验。简易审批范围包括：火灾危险性低的一般商住楼、住宅楼，内装修不超过200平方米（娱乐场所除外）；七层及七层以下的单元住宅、六层及六层以下的塔式住宅等。

（七）进一步规范消防行政案件办理。加大对设计、施工、消防产品等单位的管理力度，集中开展消防市场的专项整治，通过行业主管部门的条线管理和资格审查、评定等约束措施，建立公平竞争、规范有序的市场运行机制，切实保护被监督对象的合法权益。积极实施“阳光工程”，变“内部掌握”为“公开透明”，对审验的项目、批办的结果、审验的有关手续、程序等方面实行网上公示，同时对各类申报表实行网上下载，进一步增强工作的透明度，接受社会的监督。

（八）进一步抓好预防为主原则的落实。加大《中华人民共和国消防法》及《机关、团体、企业、事业单位消防安全管理规定》（公安部61号令）等消防法律法规的宣传教育培训力度，提高各类单位消防安全的责任主体意识，对管理严格、消防安全设施齐全、员工消防训练过硬的外商投资企业减少检查频次或免于检查，逐步实现“安全自查、隐患自除、责任自负”的目标，努力提高一次验收合格率。

四、改进人力资源服务

（九）加快制定和实施人力资源中长期培养规划。由市人事局牵头，组织力量，对全市人才资源的现状和需求进行一次普查，重点掌握三年内在人才数量、专业等方面的需求情况，尽快出台张家港人力资源中长期培养规划。每年面向全社会发布《张家港市企业人才需求专业目录》，以适应全市经济发展对人才结构需求变化，满足企业对不同层次、不同类型人才的需要。

（十）加大人才引进的力度。根据企业的人才需求，积极帮助企业面向全国人才市场招聘各类人才，每年要组团到国内人才资源丰富的地区举办人才招聘专场，为企业引进急需的各类人才。为鼓励外地技能人才来本市就业，凡企业急需的技能人才，可以优先办理调动手续，持有中级工以上职业资格证书人员可以优先办理户口迁移手续。与此同时，加强与高等院校的联系与合作，建立毕业生实习基地，构建高校与企业合作交流的平台，形成稳定的人才供应渠道。

（十一）加紧构筑全市人才培养体系。积极发展高等职业教育。做强做优中等职业教育学校，充分利用我市职教资源和劳动就业的优势，开展合作办学，不断扩大对苏北、安徽等地的招生，全市职业学校每年面向外地招生人数达到300人以上。推进职业教育与国际融合，积极引进境外优质职教资源，不断提升我市职业教育的办学水平。专门面向本地下岗职工开展技能培训，不断扩大“定单式”培训的工种和人数。适应城市化进程需要，加快启动现代农民培训工程，建立城乡一体化就业市场。对现有我市的各级各类人才，采用政府推动、企业主导、自主式菜单等形式，通过学历教育、资格认证、知识讲座等途径，加快建设外向型经济、经营管理和高层次专业技术三支人才队伍。

（十二）加强对重点项目、重点企业的人才保障。继续做好全市十大开工项目、十大竣工项目跟踪服务制度，及时了解项目进度，根据进度为项目选配相关人才。同时抓紧建立百家重点（骨干）企业人才服务联系制度，掌握企业人才需求，积极帮助企业解决人才问题。对新开工的外商投资企业，提前介入，做好人才保障工作。进一步加大宣传力度，帮助企业树立正确的用人观念，营造良好的人才氛围，减少人才流失。

五、优化建设服务

（十三）强化服务观念和效率意识。提升服务理念，强化事前服务和主动服务。实行建设手续办理预先告知制度，建立重点项目建设联络员制度。提高工作效能，压缩手续办理时限。建立内部流转制度，把办理城市规划“一书两证”三个月的法定时限压缩至7天办结选址意见书，2天办结用地规划许可证，7天办结施工图审核和工程规划许可证。同时，将实事工程、重点工程和重点招商引资项目纳入建设工程快速审批通道。

（十四）规范建筑市场秩序。深入整顿和规范建筑市场秩序。坚持工程招标投标制度、施工许可证制度和竣工验收备案制度，推行建设工程监理制度，引进竞争机制，营造公开、公平、公正的市场环境。加大建筑市场检查频率和违法违规行为的处罚力度。完善综合考评、项目经理考核、项目总监业绩考评等管理措施，加快信用体系建设，建立健全市场准入和清出制度，继续执行张家港市工资预留户制度，进一步做好工程款清欠工作，切实解决拖欠民工工资及纠纷工作，维护建筑市场健康有序的良好秩序。

六、改善对外交通状况

（十五）公路。加快省际和市际公路的沟通衔接，结合全省路网规划和周边城市的路网规划，做好相应的配套衔接工作，增加出入口数量，实现与周边城市的便捷沟通。重点确保2004年沿江高速公路、苏虞张一级公路建成通车，缩短我市与周边城市的时空距离，使我市的经济能够快速融入长三角、大上海、苏锡常经济圈。同时，确保市域内港丰公路、东南二环路、杨锦公路等一批重点公路年内建成通车，提升市域内公路网通行条件。

（十六）航道。加快完善航道网建设，构筑与综合运输体系相协调、与周边城市联网畅通的水运体系。加强航道的整治工作。将申张线、锡十一圩线整治成五级航道标准；将澄杨线（不含市区段）、老锡十一圩线、十字港、太字圩港、新开河、六干河、南横套（东段）整治成六级航道标准；将虞十一圩线、四干河、北中心河整治成七级航道标准。2005年完成船舶标准化工程改造，2006年建成张家港复线船闸，保证航道安全畅通。

（十七）港口。进一步整合港口资源。加大张家港港口建设力度，把张家港港建成综合性地区重要港口，力争到2010年实现货物吞吐量突破1.5亿吨，集装箱吞吐量突破100万标准箱的目标。加快港口配套设施的建设，加大沿江港口后方集疏运公路、航道的建设力度，延伸沿江港口的经济腹地，完善多式联运的配套协调。

七、改善公共交通状况

（十八）加快发展城市公共交通。以适应城市化发展、提高城市竞争力以及高效、畅通、便捷、舒适，最大限度满足群众出行为目标，大力实施公交优先发展战略，加大对公交事业的投入。到2007年，城区公交车每万人拥有量不少于15标台，市区公交出行比例达到13%以上，95%的居民单程最大出行时耗不大于40分钟；城镇公交实现全市行政村公交通达率100%，公交车每万人拥有量不小于5标台，各镇之间有直达线路，各片区有专用公交场站，高峰时段和平峰时段平均等车时间分别不超过15分钟和30分钟。全市公交车总数增加到500辆。加快现有车辆的更新，以发展大中型客车为主、中巴适当补充的车型结构，淘汰车况差的中巴车辆，投放空调型大中型客车，使公交出行逐步成为市民出行的首选方式。

（十九）加强客运出租汽车管理。以适应社会需求，提升出租行业形象为目标，按照总量控制的原则，有序发展客运出租车，提高新增出租车的档次。建立出租营运调控中心，努力提高出租车的供车效率，最大限度地满足出行需求。强化监督考核，不断提高出租车行业的服务质量和水平。

八、改善交通秩序

（二十）加大执法整治力度。严厉查处超载、超限、超范围及无证经营等各类违法违章行为，切实维护运输市场秩序和合法经营者利益，最大限度地减少影响全市道路的交通畅通和安全隐患。

（二十一）增加交通服务设施。在保证交通安全和通行效率的前提下，加快候车亭、公交专用站场建设，方便市民乘车需求。根据设置规范和安全要求，合理设置好道路标志、标线，提前指导通行方向，方便了解行进路线。同时，进一步加快停车场建设，提升道路亮化工程建设水平。

（二十二）强化交通安全法规的宣传。抓住《道路交通安全法》颁布实施的有利时机，进一步加强交通安全法规宣传，实施文明工程，强化市民自觉维护交通安全的意识。

九、减轻企业负担

（二十三）减少收费项目。免收市场物价调节基金和围垦造地专项资金。逐步减少直至免收个体工商户管理费。

（二十四）降低收费标准。所有涉及企业的行政事业性收费项目一律按收费标准的下限收取。与行政管理行为相联系的证、照、牌等的制作工本费原则上免收，确需收取的，由价格部门按照实际成本核定收费标准，并向社会公布。

（二十五）严格收费范围。全面实行收费公示制度和企业付费登记卡制度。所有涉及企业的收费必须严格按照省财政、物价部门核定的收费项目、标准和范围收取。各收费单位在收费时必须出示收费许可证，并使用规定票据收费，否则，企业有权拒绝交费。

（二十六）规范行政行为。各执收、执罚部门不得对企业进行乱处罚，必须处罚的，原则上按照规定的下限处罚；取消所有向企业收取费用的评比、排序、授牌等活动，严格控制对企业的各项专项检查；任何中介机构不准利用政府部门的权力和影响，要求、强迫或变相强迫企业接受中介代理服务；企业对行政行为提出异议的，任何部门及其工作人员，不准以任何方式对其进行刁难或打击报复。

十、改善物流条件

（二十七）改进通关模式，提高通关速度。继续完善无纸化通关、网络数字化管理、两水两路快速转关等海关管理、监管系统，积极探索和推进海关管理模式，整合监管资源，建立与开放型经济发展相协调、与企业进出口需求相适应的高效统一的海关管理体制，为企业创造更加便捷的通关环境。

（二十八）加快物流基础设施建设，满足不同层次的物流需求。在加工贸易、进出口聚集的保税区、冶金工业园，加快建设与现代物流和新型加工贸易、进出口业务量同步发展的保税物流园区和江苏省冶金物流中心，为企业提供配套的物流服务。同时，金港物流园区要在省级开发区、金港镇、凤凰镇、塘桥镇加快建设物流分中心，整合物流资源，扩大物流业务，不断满足企业日益增长的物流需求。

十一、改进信息咨询服务

（二十九）进一步办好张家港招商网等网站。完善张家港招商网中、英、日、韩文版本，及时发布投资环境、投资政策、办事程序等相关资讯。在中国张家港网站上及时发布国家有关法律法规和我市政府规范性文件，推进政务公开。运用好投资者与政府的网上沟通渠道，及时处理政府网站市长信箱、镇长信箱、部门信箱中的投资者来信，对有代表性的问题以问答形式在网上公布。

（三十）建设企业信用系统。根据苏州市统一规划和部署，对我市企业信用相关信息进行征集和整合，建成一个信息齐全、更新及时的企业信用信息平台，实现政府管理部门之间企业信用信息资源的互通、整合和共享，为社会提供高效便捷的企业信用信息查询服务。

（三十一）加强信息化领域的区域合作。吸引国内外资金、技术和管理，增强本地信息产品制造业和软件企业的创新研发能力、规模经营能力和市场竞争力，同等条件下优先支持本地信息产业企业的发展。大力开展与周边地区城市的信息交流与合作，促进优势互补和资源共享，帮助本地信息产业企业捕获市场信息，拓展发展空间。

十二、改善人居环境

（三十二）营造优良生态环境。全力打造“绿色张家港”。以一干河为主线，调活水系，做美水景。加大污染防治力度，加快基础设施建设进度。7个镇集中式生活污水处理厂一期工程年内建成投运，月增加污水处理能力5万吨。同步推进市区污水管网配套整治工程，年底生活污水处理率达80%以上。同时，年内建成年处理能力1.2万吨的危险废物综合处置中心，实现对各类危险废物的安全处置，不断改善生态环境，优化居住环境，提升生活质量。

（三十三）提高教育和医疗卫生服务水平。积极创造条件，努力为外商子女提供良好的教育服务。全力推进市一院易地新建工程。积极引进包括外资在内的社会资本，加快医疗机构的现代化建设，努力改善医疗条件，不断提高医疗服务水平。在加快张家港澳洋医院、广和中西医结合医院建设的同时，力争3～5年内再建2所300张床位以上的民营综合性医院、3～5所高档次的专科医院，每千人口执业医师2.5人，每千人口床位数3.5张，注册护士每千人口2.7人，达到中等发达国家医疗水平。

（三十四）规范房地产市场秩序。加大行业管理力度，对未领取预售许可证就擅自预售或收取定（订）金的严肃查处，遏制短期投机行为，防止不法开发商、中介商扰乱市场秩序。加强房地产中介行业管理，提高中介行业服务质量和服务水平。

十三、改善社会治安状况

（三十五）开展集中打击和整治行动。适时组织开展针对性强的专项整治，遏止治安案件发生，力争在短时间内取得明显效果。

（三十六）不断完善社会防控体系建设。进一步完善以

110指挥中心为龙头的快速反应机制，整合路面警力，建立专职路面巡逻队伍。进一步充实市治安联防大队力量。各镇应配备治安辅助人员，投入路面治安巡逻，并将巡逻力量向易发案、多发案的地区、路段和时段延伸，为企业发展创造更加良好的治安环境。

十四、改进行政审批服务

（三十七）强化窗口审批功能。进驻服务中心的行政许可事项，实行“一事一地，充分授权，既受又理”的原则。受理、审核、收费、办结等所有环节，原则上全过程在“中心”窗口完成。继续简化审批环节，压缩审批时限，深化并联审批工作。按照《中华人民共和国行政许可法》的要求，各部门建立由一个窗口或一个科室统一受理、送达行政许可事项的工作制度，方便群众办事。

（三十八）拓宽“中心”服务范围。按照“能进则进”的原则，尽快将便民类行政许可事项及建筑有形市场、土地储备交易中心、政府采购中心纳入进服务中心运行，增加服务内容，提升服务水平。

（三十九）全面落实行政许可公示制。行政许可事项都要在审批中心窗口或部门办公场所公示(行政许可的依据、条件、数量、程序、期限以及需要提交的全部材料的目录和申请书示范文本等)。行政许可结果，也要予以公开，公众有权查阅。

（四十）建立网上申报审批系统。通过电子政务手段，逐步构建数字化的虚拟行政服务中心。各镇和开发区建立行政服务代理点，开通网上审批系统，申办者可以通过行政服务代理点，直接进行行政许可申报和预审。

（摘自张政发〔2004〕72号文件）

张家港市城市房屋拆迁补偿安置补充规定

为贯彻落实国务院办公厅，省委、省政府办公厅关于认真做好城镇房屋拆迁工作，维护社会稳定的通知精神，根据国务院《城市房屋拆迁管理条例》、建设部《城市房屋拆迁估价指导意见》以及省、苏州市《城市房屋拆迁管理条例》的有关规定，现对《张家港市城市房屋拆迁管理办法》(张政发〔2003〕63号）作如下补充规定：

一、拆迁补偿方式

市区杨舍规划控制区内住宅房屋的拆迁补偿方式为货币补偿或产权调换。两种方式被拆迁人只可选择其中一种，不得兼选。

1．货币补偿

货币补偿是指对被拆迁住宅房屋按同类区位房地产市场评估价格进行货币补偿，由被拆迁人自行购置房屋，不再安置拆迁定销房的补偿方式。

2．产权调换

产权调换是指对被拆迁住宅房屋按区位价和房屋重置价为主要依据进行补偿，并由拆迁人提供拆迁定销房进行安置的补偿方式。

二、评估机构的准入、确定和评估程序

对被拆迁房屋进行价格评估机构的确认，由拆迁人在市房产管理部门公布的评估机构目录中选定，并在拆迁地点公示3日。公示期间，如同一项目内半数以上被拆迁人持有异议（以书面申请为准)，由市房屋拆迁管理部门在市房产管理部门公布的评估机构目录中抽签确定。市房屋拆迁管理部门应当在抽签前3日内在拆迁地点公告抽签的时间和地点。

已确定的评估机构应当将分户的初步评估结果向被拆迁人公示7日。公示期满后，评估机构应当向拆迁人提供委托范围内被拆迁房屋的整体评估报告和分户评估报告。拆迁人应当向被拆迁人转交分户评估报告。

拆迁人或被拆迁人对上述评估报告有疑问的，可以向出具评估报告的评估机构咨询。评估机构应当在拆迁现场设立接待场所，向其解释拆迁评估的依据、原则、程序、方法、参数选取和评估结果产生的过程。

拆迁人或被拆迁人对评估结果有异议的，自收到评估报告之日起3日内，可以向原评估机构书面申请复核。拆迁人或被拆迁人对原评估机构的复核结果仍有异议的，自收到复核结果3日内，可以向市房产管理部门申请技术鉴定。经鉴定，评估报告存在技术问题，且误差较大的，鉴定费用由出具原评估报告的估价机构承担。经鉴定，评估报告正确的，应维持原评估报告，鉴定费用由申请人承担。

三、住宅房屋改为非住宅房屋的认定和补偿

已办理土地使用性质合法变更手续的住宅房屋，按非住宅房屋认定。

1．属商业性非住宅房屋的，由评估机构按商业性非住宅房屋市场交易价格及相关技术规范评估后给予货币补偿。

2．属非商业性非住宅房屋的，按住宅房屋给予补偿。

四、基本居住需求保障

被拆迁房屋面积小于60平方米并仅有一处住房，且已享受最低生活保障的被拆迁人，由拆迁人直接安置60平方米的拆迁定销房。拆迁定销房超出被拆迁房屋面积的部分，按照与被拆迁房屋面积相等的部分的价格结算。

五、评估价格标准适用时点

房屋拆迁评估涉及的价格标准评估适用时点，以房屋拆迁许可证颁发之日为准。

六、施行日期

本办法自颁布之日起施行。

（摘自张政发〔2004〕94号文件）

张家港市外来务工人员子女就学管理办法
（试行）

第一条 根据《中华人民共和国义务教育法》、《中华人民共和国民办教育促进法》、《国务院办公厅转发教育部等部门〈关于进一步做好进城务工就业农民子女教育工作意见〉的通知》、《江苏省义务教育阶段学校学籍管理规定（试行）》、《苏州市流动儿童少年就学管理办法》、《苏州市教育局〈关于进一步扩大对内开放若干政策的意见〉的实施细则》，为适应张家港市经济和社会事业发展需要，切实解决外来务工人员子女在我市入学教育问题，制定本办法。

第二条 本办法所称的外来务工人员子女（以下简称外来民工子女）是指无本市户籍，前来本市从事务工活动，在我市暂时居住的流动人员的学龄段子女。

第三条 做好外来民工子女就学管理和教育工作，是实践“三个代表”重要思想的具体体现，是推动我市经济社会发展的需要，各镇、各部门要以强烈的政治责任感，认真扎实做好这项工作。各镇人民政府应根据外来民工子女接受义务教育要“以流入地政府管理为主，以全日制公办中小学为主”和“积极吸纳、支持办学、加强管理、逐步规范”的方针，将外来民工子女入学纳入社会事业发展规划，积极承担所辖区域内外来民工子女接受义务教育的职责，把解决所辖地区外来民工子女就学问题当作自己的法定义务，并创造条件，为外来民工子女接受义务教育提供机会。市教育、民政、宣传、文广等部门，要为外来民工子女的入学营造良好的氛围。

第四条 各镇人民政府要根据外来务工人员情况，在充分利用本镇现有全日制公办中小学、幼儿园教育资源的同时，根据需要，积极筹措经费，创造条件，建办民工子弟学校，以满足本辖区外来民工子女接受义务教育的需要。市教育局和各镇在进行中小学校布局调整时，要充分考虑外来民工子女的就学，对通过调整后富余的教育资源，应优先用于建办民工子弟学校，如要转作他用，须经教育行政主管部门批准。各镇教育管理办公室要具体协调并做好所辖区域内外来民工子女接受义务教育的管理工作。每年6月1日前，要做好所辖区域内外来民工子女的统计工作，并及时上报市教育局。

第五条 鼓励和支持社会力量举办民工子弟学校（包括幼托班、小学、初中），办学经费由办学者自筹，办学条件应达到各类学校（幼儿园）设置的合格标准（具体标准另发）下限，允许办学者租赁安全、适用的房屋作为校舍。对达不到办学条件合格标准下限、非法举办的民工子弟学校（包括幼托班、小学、初中），要坚决依法取缔。各镇要严格把关，书面申报，经市教育局审批后，方可办学招生。

第六条 市、镇两级财政要加大投入，扶持招收外来民工子女就学的各类中小学、幼儿园和民工子弟学校的发展。在下拨学校公用经费时，要将所辖区域内外来民工子女入学一并纳入拨款基数，按照实际人数足额拨付。市编办、教育局要为超额招收外来民工子女的公办中小学、幼儿园增补相应的教师编制。各镇、村（居委会）要为租房务工人员出具租房证明。

第七条 要强化对招收外来民工子女学校的管理。按照属地管理原则，各镇要把外来民工子女与本地学生一同纳入本区域学生基数，正确引导，合理分流。对外来民工子女相对较多的学校要综合考虑，统筹安排，保证学校班容量控制在规定标准以内。民工子弟学校应全面贯彻国家教育方针，努力提高教育教学质量，不断改善办学条件，自觉接受市教育行政主管部门和其他相关部门的监管。市教育局和各镇要对民工子弟学校和招收外来民工子女的全日制公办中小学的教育教学工作进行全面、全程、有效的指导和监督。市卫生、物价、消防等部门要定期进行监督检查，督促办学单位规范管理。

第八条 外来民工子女的义务教育阶段就学，以暂住地的全日制公办中小学借读为主，也可进入民工子弟学校接受义务教育。

凡父母双方在本市已暂住一年以上，需在本市公办学校就读小学、初中的外来民工子女，每学年开学前，可持监护人暂住证（有效期内）、结婚证、户口簿、工作单位证明（或工商营业执照）、租房协议及本人出生证、转学证明材料，向暂住地公办学校申请借读手续，有关镇和学校要按规定安排借读。如公办中小学学额许可数少于申请数，则优先安排暂住时间长的外来民工子女入学。其余的可由有关镇安排在本镇民工子弟学校入学，保证外来民工子女能全部入学。

第九条 民工子弟学校应严格执行规定的收费项目和收费标准，并接受收费许可管理，严禁乱收费或变相增加学生经济负担，对家庭经济特别困难的学生，经批准后，可酌情减免有关费用。全日制公办幼儿园招收外来民工子女入园入托，收费与本地学生一视同仁。

第十条 各学校要加强对外来民工子女接受义务教育的学籍管理，严格履行借读手续。全日制公办中小学对外来民工子女义务教育阶段学习的学籍号可单独编制，与本地学生统一管理。对完成学业，经考试合格的学生，应按规定发给相应的毕业证书。

第十一条 在我市就学的外来民工子女中的应届初中毕业生，高中段教育如要求继续在本市入学的，由借读学校单独造册，与本地学生一起集中到市招生办公室报名，按规定填报升学志愿，参加苏州市初中毕业生升学考试，参与统一招生录取。录取普高时，外来民工子女除收取一定数量择校费外，应与本市学生一视同仁。凡需就读本市职业高中的外来民工子女，在学校（包括民办、股份制学校）学额有余的前提下，经学校同意录取或转学的，有关学校应将名单及时报市教育局，经批准后按有关规定办理对口录取或转学手续。

第十二条　符合本省、苏州市规定的政策照顾和加分对象（包括烈士子女、归侨、华侨子女和台籍考生、少数民族学生、省级以上表彰的三好学生、优秀干部，以及获省级以上学科、科学小发明竞赛一等奖等），在中考报名时需提供有关权威部门的证明。

第十三条　外来民工子女在我市就学期间，与本地学生享受同等权利，在奖励、评优、申请加入共青团、少先队、参加校内外活动等方面一视同仁。

第十四条　外来经商人员子女的入学参照外来民工子女入学办法执行。暂住在我市的外来投资商和具有本市特聘工作证、被市人事局确定为张家港市引进人才子女的义务教育阶段就学，可按就近免试的原则，由暂住地公办学校全部接纳借读。跨区入学的与本市学生跨区入学同样处理。初中毕业，要求继续升入高中段学习的，按中考成绩与本市学生同等对待。凡来我市工作的海外留学归国人员子女的入托及义务教育阶段的就学，由市教育局予以优先安排。高中升学，参照归侨子女入学的规定予以照顾。

第十五条　在本市就读的外省籍外来民工子女中的应届高中毕业生，可以凭父母在张家港工作单位人事部门（或主管部门）证明、高中会考合格证和本市招生办公室的有关证明回原籍参加高考。本省籍外来民工子女中的应届高中毕业生，如要求在本市参加高考，要向本市招生办公室提出申请，经同意并报苏州市、江苏省招办批准后可在本市借考。

第十六条　本办法由张家港市教育局负责解释，自2004年9月1日起施行。

（摘自张政发〔2004〕88号文件）

张家港市征地补偿和被征地农民基本生活保障暂行办法

第一条　为了保护被征地农民和农村集体经济组织的合法权益，切实保障被征地农民的基本生活，加强对征地补偿和被征地农民基本生活保障安置工作的管理，根据《中华人民共和国土地管理法》、《江苏省土地管理条例》和《苏州市征地补偿和被征地农民基本生活保障试行办法》（苏府〔2004〕73号）等法律法规和政策的规定，结合本市实际，制定本暂行办法。

第二条　本暂行办法所称征地补偿和被征地农民基本生活保障，是指国家将农民集体所有土地征为国有后，依法给予被征地农民和农村集体经济组织合理补偿，并建立被征地农民基本生活保障制度，保障被征地农民基本生活的行为。

本暂行办法所称的农民，是指拥有集体土地所有权的农村集体经济组织内享有土地承包经营权并承担农业义务的成员。

本暂行办法所称的被征地农民，是指农民集体所有土地被征为国有后，从该集体经济组织成员中产生的需要安置的人员。

第三条　征地补偿和被征地农民基本生活保障由市人民政府统一负责。市土地行政主管部门具体负责征地补偿和征地补偿安置费用的解缴；市劳动和社会保障部门具体负责被征地农民基本生活保障资金的管理和发放；市财政、监察、审计、公安、物价、民政等部门按照各自职责，共同做好相关工作。

第四条　市土地行政主管部门应当建立农村集体经济组织耕地数量变化台账，并做好相关统计工作；市劳动和社会保障部门应当建立被征地农民基本生活保障的台账，以及做好换算为城镇企业职工社会保险、关系衔接等相关工作；市公安部门做好相关户籍管理工作。

第五条　依法征用农民集体所有的土地，必须按照规定足额补偿。征地补偿安置费用，包括土地补偿费、安置补助费、地上附着物和青苗补偿费。

第六条　征用土地的土地补偿标准，根据所征用土地的地类按耕地前3年平均年产值的相应倍数确定。耕地前3年平均年产值为每亩不低于1800元。

（一）征用耕地的，按耕地前3年平均年产值的10倍计算。

（二）征用精养鱼塘的，按耕地前3年平均年产值的10倍～12倍计算；征用其他养殖水面的，按耕地前3年平均年产值的6倍～8倍计算。

（三）征用果园或者其他经济林地的，按耕地前3年平均年产值的8倍～12倍计算。

（四）征用其他农用地的，按耕地前3年平均年产值的8倍计算。

（五）征用农民集体所有的非农业建设用地的，按耕地前3年平均年产值的8倍计算。

（六）征用未利用地的，按耕地前3年平均年产值的4倍计算。

第七条　征用耕地的安置补助费，按照需要安置的被征地农民人数计算。需要安置的被征地农民人数，按照被征用的耕地数量除以被征地的农村集体经济组织征地前平均每人占有耕地的数量计算。16周岁以下的安置补助费为每人不低于6000元；16周岁以上的安置补助费测算标准为每人不低于20000元。

第八条　征地中对地面构筑物、附着物造成损失的，对产权所有者或投资者按下列标准补偿：

（一）地面构筑物和其他附着物的补偿费，按照重置价格结合成新确定。

（二）涉及永久性农田水利、道渣机耕路以上道路等农田基础设施的，根据使用时间和损耗程度作合理补偿。补偿标准为每亩1000元，补偿费支付给原投资建设的单位或个人。

（三）被征地范围内的坟墓一律迁移，迁移费按市物价部门核定的公墓最低标准给予补偿，超过部分由坟主自负。自行迁移的，另补偿迁移费每穴150元；逾期不迁的，视作无主坟由村协助深埋处理，补偿村或村民小组劳务费每穴150元。

未经市以上人民政府批准办理用地手续的，在农用地、自留地上擅自搭建的建筑物、构筑物不予补偿。

第九条　农作物或其他种养业因未成熟不能收获的，应对土地承包经营者或土地使用者按下列标准进行青苗补偿：

（一）一年生作物按耕地前3年平均年产值计补。

（二）一年两季作物以上的，按耕地前3年平均年产值的50%计补。

（三）多年生林木，可移植的尽量移植，征地单位对其按实际工作量补偿移植费。不能移植的，给予合理补偿或作价收购。多年生果树要尽量保留和迁移，确需砍伐的，按耕地前3年平均年产值计补。新栽果树或尚未产果，按一般多年生林木处理。

（四）杂生树木原则上不予补偿，荒芜土地和无青苗土地不予补偿。

（五）鱼塘或其他养殖业按当年的实际损失补偿。

征用公告发布之日起，突击抢种抢栽作物及增加养殖的不予补偿。

第十条　征用土地经依法批准后，由市人民政府自接到批准文件之日起10日内，在被征地所在的镇（办事处）、村发布征地公告。

被征用土地的所有权人、使用权人在公告规定的期限内，持土地权属证书到公告指定的土地行政主管部门办理征地补偿登记。公告规定的征地补偿登记期限不得少于15日。

被征用的土地，由人民政府供应给建设单位或个人使用时，市土地行政主管部门会同市劳动和社会保障、财政、公安等部门及被征地所在的镇人民政府（办事处）和村委会，根据征地补偿登记情况，拟订征地补偿安置方案，并在被征用土地所在地的镇（办事处）、村予以公告，听取被征地的农村集体经济组织和农民的意见。

第十一条　征地补偿安置方案报经市人民政府批准后，自批准之日起3个月内，市土地行政主管部门应将被征耕地的不低于70%的土地补偿费和全部的安置补助费划入市财政部门在银行设立的被征地农民基本生活保障资金财政专户，将剩余的土地补偿费支付给农村集体经济组织，将地上附着物及青苗补助费支付给其所有者。

支付给农村集体经济组织的土地补偿费，用于农村集体经济组织的公益事业，以及解决历史遗留的被征地农民的生活问题，不得挪作他用。

第十二条　用地单位及个人应自征地补偿安置方案批准之日起3个月内全额支付征地补偿安置费。征地补偿安置费用足额到位后，市土地行政主管部门应及时在被征地农村集体经济组织所在地公告。

征地补偿安置费用没有足额到位的，被征地集体经济组织及其成员有权拒绝交地；征地补偿安置费用足额到位的，被征地集体经济组织及其成员不得拖延交地。

第十三条　建立被征地农民基本生活保障专项资金，专项用于被征地农民的基本生活保障。

被征地农民基本生活保障专项资金及其增值部分以及实行基本生活保障的人员领取的生活补助费、征地保养金，按照国家有关规定免征税、费。

被征地农民基本生活保障资金管理办法由市劳动和社会保障部门会同市财政部门、市土地行政主管部门另行制定。

第十四条　被征地农民基本生活保障专项资金的来源包括：

（一）被征耕地的不低于70%的土地补偿费和全部的安置补助费；

（二）政府从土地出让金等土地有偿使用收益中提取的部分；

（三）被征地农民基本生活保障专项资金的利息及其增值收入；

（四）划拨供地的单位需承担的不低于征地成本部分等可用于被征地农民基本生活保障的资金；

（五）被征地农民基本生活保障资金不足支付的，由市财政负责解决。

第十五条　被征地农民基本生活保障专项资金专户由被征地农民基本生活保障个人账户和社会统筹账户组成。

进入个人账户的金额按被征地农民不同年龄的基本生活保障标准分别进行测算，但最高不超过70%的耕地补偿费和全部的安置补助费，其余资金进入社会统筹账户。

第十六条　市财政部门应根据市土地行政主管部门提供的新征用的建设用地面积，将政府出资部分足额转入社会统筹账户。

市财政部门应按照被征地农民基本生活保障费用用款计划，定期将被征地农民基本生活保障资金划入市劳动和社会保障部门在银行设立的被征地农民基本生活保障资金支出户，确保被征地农民基本生活保障费用及时、足额发放。

第十七条　实行被征地农民基本生活保障的人员领取

的生活补助费、征地保养金，先在被征地农民基本生活保障个人账户中列支，个人账户不足以支付时，由社会统筹账户列支。实行被征地农民基本生活保障的人员死亡的，其个人账户中本息余额一次结清给其合法继承人。

第十八条　被征地农民从征地前在拥有该耕地的农村集体经济组织内享有土地承包经营权、承担农业义务的成员中产生，原土地承包经营者享有优先权。

被征地农民各个年龄段人员的比例，必须与征地前被征地农村集体经济组织中各年龄段人员的比例相当。

被征地农民的人员名单应由被征地的农村集体经济组织半数以上村民代表同意并提出，经所在地公安派出所审核后报所在镇人民政府确定。被征地农民的人员名单确定后，应当在被征地农村集体经济组织所在地公示。公示10天无异议后，报市劳动和社会保障部门备案执行。

第十九条　以征地补偿安置方案批准之日为界限，将被征地农民分为下列四个年龄段，并按下列办法实行补偿安置和基本生活保障：

第一年龄段为16周岁以下人员，每人一次性计发6000元生活补助费，不再纳入本暂行办法确定的基本生活保障范围，其就业按新增劳动力进行管理，并按规定参加城镇企业职工养老保险。

第二年龄段为女性16周岁以上至35周岁，男性16周岁以上至45周岁人员，经办理相关手续后纳入城镇社会保险体系。由社会保险经办机构将不低于70%的耕地补偿费和全部安置补助费计入基本生活保障个人账户，从实行基本生活保障的当月起，按月领取160元生活补助费，期限2年。计入基本生活保障个人账户的资金扣除计发2年的生活补助费后，换算为城镇企业职工基本养老保险缴费年限和个人账户。到达法定退休年龄时按城镇企业职工养老保险规定享受相关待遇。

第三年龄段为女性36周岁以上至54周岁，男性46周岁以上至59周岁人员，从实行基本生活保障的当月起，至到达养老年龄时止，按月领取180元生活补助费，到达养老年龄次月起，按月领取第四年龄段人员标准的征地保养金。

第四年龄段（养老年龄）为女性55周岁以上，男性60周岁以上人员，从实行基本生活保障的当月起，按月领取200元的征地保养金。

第三、第四年龄段人员按月计发的生活补助费、养老金中包括门诊包干费。对已参加城镇企业职工医疗保险和新型合作医疗保险的，继续按有关规定享受医疗保险待遇。

第二十条　市劳动和社会保障部门应将被征地农民纳入就业和再就业培训体系。要通过多层次、多形式的职业培训，并根据这部分人员的特点要求，调整培训内容，增强培训的实用性和有效性，提高这部分人员的就业竞争能力，所需经费可以从社会统筹账户中列支。要建立失业登记制度，进行失业登记和发放就业登记证（劳动手册），其中符合发放再就业优惠证的人员，享受再就业优惠政策。

第二十一条　本暂行办法实施前人均耕地不足0.1亩的村组，在本暂行办法实施后，经依法批准撤销建制的，按原政策未补偿安置到位的村组人员作为被征地农民按本办法进行安置。所需资金由原村组历年被征（使）用土地所积累的土地补偿费、安置费和集体资产分割、改制的净资产上缴部分列支。

第二十二条　被征地农民原参加城镇企业职工基本养老保险的，其缴费年限和个人账户可与征地补偿安置换算的缴费年限和个人账户合并计算；原参加农村基本养老保险的缴费年限和个人账户，可换算为城镇企业职工基本养老保险的缴费年限和个人账户。具体实施办法由市劳动和社会保障部门另行制定。

第二十三条　被征地农民符合城镇居民最低生活保障条件的，应当纳入城镇居民最低生活保障的管理范畴，由市民政部门按规定办理。

第二十四条　国家工作人员及有关人员在征地补偿和被征地农民基本生活保障工作中玩忽职守、滥用职权、徇私舞弊、弄虚作假的，依法给予纪律处分；构成犯罪的，依法追究刑事责任。

第二十五条　本暂行办法中涉及年龄的“以上”均含本数。

第二十六条　本暂行办法自2004年5月1日起施行。2004年1月1日以后批准的征地项目的征地补偿和被征地农民基本生活保障按本暂行办法执行，在此之前批准的征地项目，按原征地补偿安置标准执行。

第二十七条　办理集体非农业建设用地使用手续的参照本暂行办法执行。

（摘自张政发〔2004〕71号文件）

2004年中共张家港市委部分文件目录

1月29日	张委发〔2004〕1号	关于表彰2003年度先进单位及条线先进集体、先进个人的决定
1月6日	张委发〔2004〕2号	关于合并镇机构编制调整和人员分流工作的意见
1月11日	张委发〔2004〕3号	关于认真贯彻苏州市委《关于建立惩治和预防腐败体系，保证“两个率先”顺利实现的决定》的意见
1月30日	张委发〔2004〕4号	关于转发《2004年全市党委（党组）中心组理论学习计划》的通知
1月31日	张委发〔2004〕5号	批转《张家港市2004年法治城市建设工作意见》的通知

2月24日	张委发〔2004〕7号	关于成立深化诚信城市创建工作领导小组的通知
2月8日	张委发〔2004〕8号	2004年全市人民武装工作意见
2月19日	张委发〔2004〕9号	关于进一步明确镇资产经营公司不得对外提供贷款担保的意见
2月18日	张委发〔2004〕10号	印发《2004–2006年张家港市党的基层组织建设规划》的通知
3月15日	张委发〔2004〕11号	关于对全市34家重点（骨干）企业主要经营者2003年度经营成果给予表彰奖励的决定
3月15日	张委发〔2004〕12号	关于认真开展学习宣传贯彻《中国共产党党内监督条例（试行）》和《中国共产党纪律处分条例》的通知
3月11日	张委发〔2004〕13号	中共张家港市委中心组深入学习贯彻“三个代表”重要思想计划
3月22日	张委发〔2004〕14号	关于进一步开展党员干部与特困家庭结对帮扶活动的意见
3月30日	张委发〔2004〕15号	关于转发市预防职务犯罪工作领导小组《2004年全市预防职务犯罪工作意见》的通知
4月23日	张委发〔2004〕16号	关于印发《张家港市建立惩治和预防腐败体系工作任务的分解意见（试行）》和《2004年度党内廉政建设他反腐败各项工作责任分解抓落实的意见》的通知
5月15日	张委发〔2004〕17号	关于张家港市港务管理局与张家港市口岸管理委员会合署办公的通知
5月21日	张委发〔2004〕18号	张家港市落实胡锦涛总书记考察江苏讲话精神以科学发展观推进“两个率先”进程的报告
6月10日	张委发〔2004〕19号	关于加快健康城市建设的意见
7月12日	张委发〔2004〕21号	关于进一步加强和改善共青团和青年工作的意见
7月15日	张委发〔2004〕22号	关于调整创建全国文明城市领导小组成员的通知
7月23日	张委发〔2004〕23号	关于建立张家港市社会矛盾纠纷排查调处工作领导小组的通知
7月28日	张委发〔2004〕24号	关于进一步提高机关效能的若干规定
7月30日	张委发〔2004〕25号	关于促进被征地劳动力就业的若干意见
8月3日	张委发〔2004〕26号	中共张家港市委理论学习中心组2004年下半年理论学习计划
8月18日	张委发〔2004〕27号	关于开展全市第六轮帮扶集体经济薄弱村工作的意见
8月19日	张委发〔2004〕28号	关于全面推进人口和计划生育综合改革的实施意见
8月31日	张委发〔2004〕29号	关于贯彻《中共中央国务院关于进一步加强和改进未成年人思想道德建设的若干意见》的实施意见
8月31日	张委发〔2004〕30号	张家港市加强和改进未成年人思想道德建设行动计划
9月6日	张委发〔2004〕31号	张家港市农村居民住宅区规划建设实施意见
9月28日	张委发〔2004〕32号	关于调整市行政审批制度改革领导小组成员的通知
9月29日	张委发〔2004〕33号	关于学习贯彻党的十六届四中全会精神的通知
10月23日	张委发〔2004〕36号	关于明确张家港保税物流园区领导和管理体制的请示
10月26日	张委发〔2004〕37号	关于市委常委和市主要领导同志工作分工的通知
10月27日	张委发〔2004〕38号	关于建立第七届村民委员会换届选举工作领导小组的通知
11月4日	张委发〔2004〕39号	关于做好全市2005年度党报党刊发行工作的意见
11月5日	张委发〔2004〕40号	关于推进全市社会事业领域企事业单位和社会团体等改革的决定
11月13日	张委发〔2004〕41号	批转市精神文明建设委员会《关于评选、表彰2004年度精神文明创建先进单位和各条线先进集体、先进个人的请示》的通知
11月29日	张委发〔2004〕42号	关于报批张家港市人民政府机构改革方案的请示
10月25日	张委发〔2004〕43号	关于修订《中共张家港市委管理的干部职务名称表》的通知
12月25日	张委发〔2004〕44号	中共张家港市委常委会讨论干部任免事项投票表决办法（试行）
12月25日	张委发〔2004〕45号	中共张家港市委全委会任用干部投票表决办法（试行）
12月25日	张委发〔2004〕46号	张家港市镇（场）党委、市级机关和市直属单位党委（党组、党工委）干部任免票决制实施办法（试行）
10月25日	张委发〔2004〕47号	张家港市党政领导干部辞职暂行规定
10月25日	张委发〔2004〕48号	张家港市党政领导职务任期制暂行规定
12月26日	张委发〔2004〕49号	关于转发市禁毒委《关于贯彻落实〈国家、省禁毒委员会2004–2008年禁毒工作规划〉的实施意见》的通知

2004年张家港市人民政府部分文件目录

1月1日	张政发〔2004〕1号	关于批转市体改办、卫生局等部门《关于张家港市卫生体制改革的实施意见》的通知
1月5日	张政发〔2004〕2号	关于切实做好2004年春节运输工作的通知
2月12日	张政发〔2004〕10号	关于印发《张家港市户外广告管理办法》的通知
2月14日	张政发〔2004〕11号	关于同意建办张家港广和中西医结合医院的批复
2月14日	张政发〔2004〕12号	关于撤销“市沿江经济技术开发区”、“扬子江国际纺织工业园”等6个工业园（区）及其管理机构的通知
2月20日	张政发〔2004〕19号	关于批转市外经贸局、劳动保障局等部门《关于清理整顿对外劳务市场的工作方案》的通知
3月3日	张政发〔2004〕25号	关于印发《张家港市高致病性禽流感防治应急预案》的通知
3月16日	张政发〔2004〕31号	关于印发《张家港市建设健康城市行动计划》的通知
3月16日	张政发〔2004〕32号	关于印发《张家港市外来人员管理服务暂行办法》的通知
3月21日	张政发〔2004〕33号	关于张家港市开展城市管理相对集中行政处罚权工作的意见
3月24日	张政发〔2004〕34号	批转市物价局《关于实施张家港市2004年价格调控目标责任制的意见》的通知
4月2日	张政发〔2004〕38号	关于批转张家港市2004年纳税人评议政风行风工作实施意见的通知
4月28日	张政发〔2004〕45号	关于印发《张家港市城市管理相对集中行政处罚权办法（试行）》的通知
4月12日	张政发〔2004〕47号	关于扶持家禽业发展的意见
4月18日	张政发〔2004〕50号	关于进一步加强全市城乡消防工作的通知
5月11日	张政发〔2004〕58号	关于印发《张家港市自然科学优秀学术论文评选暂行办法》的通知
5月13日	张政发〔2004〕59号	关于开展固定资产投资项目清理工作的通知
5月16日	张政发〔2004〕61号	关于批转市公安局、建设局《张家港市2004年实施城市交通“畅通工程”方案》的通知
5月17日	张政发〔2004〕62号	关于切实加强学校教育法制工作的意见
5月20日	张政发〔2004〕64号	关于印发市园林局、监察局《张家港市绿化工程招标投标管理办法》的通知
5月22日	张政发〔2004〕65号	转发省政府关于进一步改善企业发展环境的规定的通知
5月25日	张政发〔2004〕66号	关于批转市交通局《张家港市市域交通二级路网建设的实施方案》的通知
5月26日	张政发〔2004〕67号	关于印发《张家港市退役士兵接收安置暂行办法》的通知
5月27日	张政发〔2004〕68号	印发《张家港市2004年度整治违法排污企业保障群众健康环保专项行动方案》的通知
5月28日	张政发〔2004〕70号	关于加强暂住人员管理服务工作的意见
5月28日	张政发〔2004〕71号	关于印发《张家港市征地补偿和被征地农民基本生活保障暂行办法》的通知
5月31日	张政发〔2004〕72号	关于印发张家港市着力优化投资环境的对策措施的通知
5月31日	张政发〔2004〕73号	批转市卫生局、公安局《张家港市医疗急救服务体系建设方案》的通知
5月31日	张政发〔2004〕75号	关于全面实施民营经济腾飞计划的意见
6月9日	张政发〔2004〕78号	关于批转市国土资源局《张家港市农村房屋预拆迁实施意见》的通知
6月14日	张政发〔2004〕79号	关于科学发展小高层、高层住宅的实施意见
6月14日	张政发〔2004〕80号	关于批转市房产管理局《张家港市小高层、高层住宅电梯专项补贴资金管理办法》的通知
6月23日	张政发〔2004〕83号	关于调整《张家港市城镇职工基本医疗保险办法（试行）》有关规定的通知
6月24日	张政发〔2004〕86号	关于批转《张家港市水稻生产直接补贴和良种补贴实施办法》的通知
7月2日	张政发〔2004〕88号	关于印发《张家港市外来务工人员子女就学管理办法（试行）》的通知
7月16日	张政发〔2004〕92号	关于进一步明确征土保养人员享受医疗保险费的补充意见

7月16日	张政发〔2004〕93号	关于印发《张家港市杨舍城区环境卫生有偿服务收费办法》的通知
7月21日	张政发〔2004〕94号	关于印发《张家港市城市房屋拆迁补偿安置补充规定》的通知
8月3日	张政发〔2004〕99号	关于同意《张家港市城镇污水集中处理规划》的批复
8月4日	张政发〔2004〕100号	印发《关于城区新建住宅小区街道、社区居委会办公和服务用房建设管理的意见》的通知
4月3日	张政发〔2004〕102号	关于印发《张家港精细化工产业基地优惠政策》的通知
8月16日	张政发〔2004〕105号	关于申报全国科技进步示范市的报告
7月1日	张政发〔2004〕106号	关于取消和调整张家港市设定的行政审批事项的通知
5月28日	张政发〔2004〕107号	关于申请建设“国家火炬计划张家港精细化工产业基地”的报告
8月28日	张政发〔2004〕112号	关于表彰2002-2003年度张家港市自然科学优秀学术论文的决定
8月28日	张政发〔2004〕113号	批转市行政审批服务中心等八部门《张家港市城区建办食品（餐饮）、休闲娱乐业项目联合审批实施意见》的通知
8月30日	张政发〔2004〕114号	关于批转市财政局《财政专项资金使用管理暂行办法》的通知
9月4日	张政发〔2004〕115号	关于印发《张家港市创建中国优秀旅游城市工作实施意见》的通知
9月6日	张政发〔2004〕116号	关于印发张家港市创建消费放心城市实施方案的通知
9月7日	张政发〔2004〕117号	关于命名首批“张家港市名教师”的通知
9月11日	张政发〔2004〕118号	批转市财政局、国土局《关于集体土地流转过程中有关契税征收问题的意见》的通知
9月11日	张政发〔2004〕120号	关于公布张家港市行政许可实施单位及实施的行政许可项目的通知
9月20日	张政发〔2004〕123号	关于印发《张家港市严重洪涝风雹灾害救灾预案》的通知
9月20日	张政发〔2004〕124号	关于调整农村居民最低生活保障标准的通知
9月20日	张政发〔2004〕125号	关于加强全市精神病防治康复工作的意见
9月24日	张政发〔2004〕127号	关于加强全市劳动和社会保障工作的意见
9月24日	张政发〔2004〕128号	关于批转市物价局《关于进一步加强商品房销售价格管理的意见》的通知
10月10日	张政发〔2004〕134号	关于表彰2003年度冬季征兵工作先进单位的通报
10月11日	张政发〔2004〕135号	关于印发《张家港市循环经济建设总体规划》（纲要）的通知
10月15日	张政发〔2004〕137号	关于命名2004年张家港市首批“诚信企业”的决定
10月29日	张政发〔2004〕140号	关于命名2004年张家港市第二批“诚信企业”的决定
11月22日	张政发〔2004〕145号	关于印发《张家港市2004-2010年教育发展规划》的通知
11月24日	张政发〔2004〕147号	关于印发《张家港市特困人群医疗救助暂行管理办法》的通知
11月26日	张政发〔2004〕149号	关于撤销张家港市常阴沙农场建立张家港市常阴沙管理区的报告
12月1日	张政发〔2004〕150号	关于命名2004年张家港市第三批诚信企业的决定
12月16日	张政发〔2004〕155号	关于公布首批农村居民住宅区规划建设试点村（区）和示范区的通知
12月19日	张政发〔2004〕156号	印发《关于2005年度水利建设项目资金安排的意见》的通知
12月16日	张政发〔2004〕157号	关于印发《张家港市非税收入管理办法》的通知
12月17日	张政发〔2004〕158号	批转市物价局、市房产管理局《关于2005年度经济适用住房销售价格的意见》的通知
12月17日	张政发〔2004〕159号	关于表彰2004年度张家港市科技进步奖的决定
12月17日	张政发〔2004〕160号	关于进一步加强安全生产工作的决定
12月19日	张政发〔2004〕161号	关于印发《张家港市“2005环境保护专项整治年”实施方案》的通知
12月24日	张政发〔2004〕164号	关于印发《2005年城市建设计划及资金安排》的通知
12月23日	张政发〔2004〕165号	关于表彰2004年度张家港市技术创新奖的决定
12月27日	张政发〔2004〕166号	关于印发《张家港市城市公共照明设施管理办法》的通知
12月30日	张政发〔2004〕169号	关于印发《张家港市市区老住宅区整治工作实施意见》的通知

【编辑　魏　欣】

部分机关事业单位电话、地址、网址及服务热线

表 144　张家港市部分机关事业单位电话、地址及网址

单位名称	电　话	地　　址	网　　址
市委办公室	58682650	人民中路 28 号市政府大院内	
市人大常委会办公室	58683069	人民中路 28 号市政府大院内	www.zjgrd.gov.cn
市政府办公室	58683817	人民中路 28 号市政府大院内	www.zjg.gov.cn
市政协办公室	58683861	人民中路 28 号市政府大院内	www.zx.zjg.gov.cn
市纪律检查委员会（监察局）	58683529	人民中路 28 号市政府大院内	www.zjglz.gov.cn
市委组织部	58672481	人民中路 28 号市政府大院内	www.zjgdj.gov.cn
市委宣传部	58683055	人民中路 28 号市政府大院内	www.xcb.gov.cn
市委党史地方志办公室	58682654	人民中路 28 号市政府大院内	www.zjgsz.com
市档案局	58216167	杨舍西街 112 号	www.zjgda.gov.cn
市人民法院	58683485	人民中路 25 号	
市人民检察院	58672000	人民中路 27 号	www.zjgjc.gov.cn
市发展和改革委员会	58222024	长安路 324 号	www.zjgjw.gov.cn
市经济贸易委员会	58212541	杨舍西街 112 号	www.zjgjm.gov.cn
市贸易局	58222656	长安路 99 号	
市教育局	58222064	暨阳中路 77 号	www.zjgedu.com.cn
市科学技术局	58286120	杨舍西街 112 号	www.kj.zjg.gov.cn
市公安局	58679000	港城大道 180 号	www.zjgga.cn
市民政局	58682964	人民中路 28 号市政府大院内	www.zjgmz.gov.cn
市司法局	58687568	港城大道 196 号	www.zjgsf.gov.cn
市财政局	58180699	人民中路 50 号财税大厦内	www.zjgcz.gov.cn
市人事局	58683749	人民中路 28 号市政府大院内	www.zjgrs.gov.cn
市劳动和社会保障管理局	58122630	长安路 103 号长安大厦内	www.zjgldbz.gov.cn
市国土资源局	58221293	长安路 79 号江南大厦内	www.zjglr.gov.cn
市建设局	58222430	河西路 70 号	www.zjgjs.gov.cn
市园林绿化管理局	58220341	暨阳中路 66 号	www.zjglgj.gov.cn
市城市管理局	58152091	长安路 79 号江南大厦内	
市交通局	58261418	河西南路 9 号	www.zjgjt.gov.cn
市水利局	58186016	人民中路国脉大厦内	www.zjgwater.gov.cn
市农业局	58122045	长安路 79 号江南大厦内	www.zjgagr.gov.cn
市对外贸易经济合作局	58696257	人民中路国泰大厦 30 楼	www.zjginvest.gov.cn
市文化广播电视管理局	58691600	人民中路广电大厦内	www.zjgonline.com.cn
市卫生局	58987108	东环路 3 号	www.zjgws.com
市人口和计划生育委员会	58223103	长安路 317 号	www.zjgfpc.gov.cn

继表 144

单位名称	电　话	地　　址	网　　址
市审计局	58683877	人民中路 28 号市政府大院内	www.zjgsjj.gov.cn
市环境保护局	58675703	港城大道 248 号	www.zjgepb.gov.cn
市体育局	58222054	暨阳中路 64 号	www.zjgtiyu.gov.cn
市统计局	58684923	人民中路 28 号市政府大院内	tj.zjg.gov.cn
市物价局	58186101	人民中路国脉大厦内	www.zjgwj.gov.cn
市粮食局	58221631	暨阳中路 185 号	www.zjglsj.gov.cn
市规划局	58233575	云盘路 67 号	www.zjgghj.com
市民族宗教事务局	58681444	人民中路 28 号市政府大院内	www.zjj.zjg.gov.cn
市行政审批服务中心	58698932	人民中路 33 号	www.zjgxzsp.gov.cn
市人民防空办公室	58183520	人民中路国脉大厦内	www.zjgrfb.gov.cn
市房产管理局	58682398	港城大道 196 号	www.zjgfc.gov.cn
市外事办公室	58224770	龙潭路 94 号	
市旅游事业管理局	58691703	人民中路 33 号	www.zjgtravel.com
市暂住人员管理服务中心	58226335	长安路 103 号长安大厦内	www.zjgzg.gov.cn
市总工会	58152991	暨阳中路 386 号	
市供销合作总社	58223489	河西路 200 号	
市电信局	58682132	长安路 1 号	www.zjg.js.cn
张家港日报社	58674917	人民中路 21 号	www.zjgdaily.com.cn
市国家税务局	58683873	人民中路 32 号	www.zjggs.gov.cn
市地方税务局	58180815	人民中路 50 号财税大厦内	www.zjgds.gov.cn
市出入境检验检疫局	58380900	金港镇长江中路	www.zjgcip.gov.cn
苏州市张家港工商行政管理局	58986880	人民中路 30 号	www.zjggsj.gov.cn
苏州市张家港质量技术监督局	58681468	人民中路 14 号	www.zjgzjj.gov.cn
苏州市张家港药品监督管理局	58187926	人民中路国脉大厦内	www.jszjgda.gov.cn
苏州市住房公积金管理中心张家港分中心	58682811	沙洲西路 228 号	www.zjggjj.gov.cn
市气象局	58222510	沙洲东路	www.zjg121.com
张家港海关	58695888	人民中路 34 号	www.zjghg.gov.cn
张家港海事局	58331695	金港镇长江中路 88 号	www.zjgmsa.gov.cn

表 145　　**张家港市部分服务热线**

名　称	单　　位	电　话	名　称	单　　位	电　话
报警服务台	市公安局	110	定票热线	市长途汽车站	1601023
火警	市消防大队	119		市港城汽车站	58255200
急救中心	医院	120		市旅游票务中心	58283000
交通事故处理	市交警大队	122	新闻热线	张家港日报社	51205110
气象预报	市气象局	96121		电视中心	58692000
邮政服务	市邮政局	11185		广播中心	58690987
电信服务	市电信局	10000	市民求助热线	市社区服务中心	58281890
电话号码查询	市电信局	114	纪检举报	中共张家港市纪律检查委员会	58684246
电话障碍台	市电信局	112	检察举报	市人民检察院	58672000
法律服务	市司法局	148	环保举报	市环保局	12369
农技服务	市农业局	58351110	价格举报	市物价局	12358
电力服务	市供电公司	95598	国税举报	市国家税务局	58685154
自来水报修	市自来水公司	58222134	地税举报	市地方税务局	58180817
有线电视报修	市有线电视传输中心	58261119	质量监督	苏州市张家港质量技术监督局	12365
路灯报修	市路灯管理所	58225433	药品监督	苏州市张家港药品监督管理局	58187912
市政养护	市政工程养护管理处	58676072	劳动保障监察	市劳动和社会保障管理局	58138758
管道液化气报修	市燃气总公司	58224024	旅游投诉	市旅游事业管理局	58981315
		58121951	消费者投诉	市消费者协会	12315
出租车服务	市亨通汽车出租有限责任公司	58675188	城管执法	市城市管理行政执法局	58693200
	市希尔发汽车出租公司	58686388	信访热线	市信访局	58681324

大中专毕业生就业须知

根据江苏省、苏州市和张家港市关于大中专毕业生就业的政策规定，目前毕业生就业主要有两条途径：一是计划分配，主要指师范类、卫生类毕业生；二是通过市场调节、双向选择就业。

一、国家计划内毕业生就业程序

1. 毕业生凭有效推荐表在政策规定范围内与用人单位双向选择后签订就业协议书。

2. 市毕业生就业主管部门对就业协议书审批鉴证。

3. 学校按照就业政策及所签就业协议列入派遣计划。

4. 毕业生凭省级以上毕业生就业主管部门签发的就业报到证到所在市县毕业生主管部门办理报到手续。

二、市办大中专毕业生就业程序

1. 持《毕业生就业协议书》及有关材料，通过参加毕业生“双选会”、各类人才集市或其他就业途径，与用人单位进行双向选择。

2. 一旦双方达成就业意向，按《协议书》所列要求，签署双方意见，最后由市毕业生就业主管部门鉴证生效。

3. 毕业生凭《协议书》、毕业证书、户口簿至市人才中心办理《毕业生派遣介绍信》。

4. 毕业生凭《毕业生派遣介绍信》按规定时间到接收单位主管部门或档案代管部门转介人事关系，并至接收单位报到。

5. 成人大中专毕业生（非在职），凭有关证件可到人才中心办理推荐手续。

三、《大中专毕业生就业优惠证》发放操作程序

1. 填写毕业生自谋职业申请表一式两份，近期1寸免冠照片2张。

2. 凭本人毕业证书及派遣证办理人事代理、社会养老保险。

3. 凭本人的户口关系迁移证办理户口关系迁移手续，户口落生源所在地。

4. 经市人才中心审核后发放毕业生就业优惠证。

四、《大中专毕业生待业证》发放操作程序

1. 凭本人的毕业证书、派遣证、户口关系迁移证、近期1寸免冠照片2张，到市人才中心毕业生就业指导处办理待业登记，接转户口关系（户口落生源所在地）。

2. 到市人才中心人事代理处办理人事关系代理委托手续。

3. 发放《毕业生待业证》。

（市人事局）

市职业介绍服务中心职业介绍指南

一、个人求职

1. 求职者初次办理求职登记手续时，须持本人身份证、一寸证件照一张、学历证书、《职业指导教育培训合格证》，从事国家规定实行就业准入控制的职业（工种）还须提供《职业资格证书》，城镇失业人员须持《就业登记证》。第二次及以后只需出示身份证、《就业登记证》即可。

2. 求职者要填写《个人求职登记表》连同有关证件交职业介绍中心输入劳动力市场信息网，进行计算机自动匹配。匹配成功者，持职业介绍中心的《推荐介绍信》与用人单位进行面试洽谈。面试结束后，求职者须在15日内持应聘单位盖章的《推荐介绍信回执》将信息反馈给职业介绍中心。

3. 求职者可按照《江苏省劳动力市场管理条例》规定，拒付用人单位违反规定所收取的报名费、登记费、资料费、保证金、押金等。

二、单位招用人员

1. 用人单位凭单位介绍信、工商营业执照副本及组织机构代码证复印件、招聘简章和经办人身份证在服务窗口领填《用工单位登记表》，外地单位须有所在地县以上劳动保障部门开具的同意在张家港市招用人员的介绍信。

2. 招聘简章应包括：单位名称、性质、地址、招收工种、人数、条件、用工形式、工作期限、劳动报酬、福利待遇和劳动保护等基本情况。

3. 用人单位在面试后10日内确定报名者是否被录用，并将信息反馈给职业介绍中心。确定录用的，自录用之日起必须与被录用人员签订劳动合同，并在7日内到市劳动和社会保障局就业与失业保险科办理录用登记备案手续。

三、单位办理录用登记备案

1. 招聘录用的职工是初次办理录用登记备案和社会保险参保手续的：①由用人单位领填《招聘录用职工登记名册》、《招聘录用职工登记表》、《劳动合同书》、《就业登记证》；②城镇户口的带户口簿，农村户口的带身份证，补办手续的须出具进单位首月工资凭证（原件），退伍军人须带《退伍证》（原件），到就业与失业保险科办理备案手续，审核户口性质、出生年月和参加工作时间；③凭已审核的《招聘录用职工登记名册》到结算中心办理社会保险参保手续；④凭已审核的《招聘录用职工登记名册》、《招聘录用职工登记表》各一份及《劳动合同》、《就业登记证》到劳动就业管理服务中心办理劳动合同鉴证、《就业登记证》盖章。

2. 招聘录用的职工是失业职工或已办理终止、解除劳动关系的农民合同制职工：①由用人单位领填《失业职工再就业名册》、《失业职工再就业登记表》、《劳动合同书》，并携带《就业登记证》到劳动就业管理服务中心办理再就业手续，并接收由劳动就业管理服务中心保管的职工档案；②凭《失业职工再就业名册》到结算中心办理社会保险续保手续。

四、单位办理退工登记

1. 用人单位与职工终止或解除劳动关系，应在7日内到市劳动就业管理服务中心办理退工登记手续。

2. 用人单位办理退工登记手续时须带以下材料：①《城镇合同制职工退工登记表》或《农民合同制职工退工登记表》；②终止或解除劳动合同证明；③与职工签订的最后一期经鉴证过的《劳动合同书》；④完整的职工个人档案；⑤单位填写退工原因并盖章的《就业登记证》。

3. 市劳动就业管理服务中心审核上述材料，在《城镇（农民）合同制职工退工登记表》上盖章。

4.用人单位凭《城镇（农民）合同制职工退工登记表》，携带《养老保险手册》和医疗保险IC卡到社会保险经办机构办理社会保险中断手续。

5.由市劳动就业管理服务中心核定失业保险待遇，开具《失业人员职业指导教育通知书》，原用人单位转交并告知职工本人失业保险待遇审核结果。

五、个人委托档案代管

1.个人委托档案代管对象：①自谋职业人员；②非正规就业人员；③应聘到外省市、县工作（户粮关系不转）的人员；④自费出国及赴境外就业的人员；⑤其他要求委托档案代管的人员。

2.市职业介绍中心在代管期间，为个人提供以下服务：①按国家规定做好职工档案的转递、收集、整理、保管和保密工作；②代理养老、医疗、生育保险的参保、续保手续；③代办生育补偿金和死亡丧葬费、抚恤金的报批；④代办退休审核手续；⑤按档案记载为代管人员开具相关证明。

3.办理个人委托档案代管，须带以下材料：①初次办理社会保险的带户口簿、身份证、一寸证件照3张；②原为失业职工或终止、解除劳动合同的农民合同制职工带《养老保险手册》、《就业登记证》。

（市劳动保障局）

劳动争议仲裁指南

一、劳动争议仲裁的主管部门与办事机构

主管部门：市劳动和社会保障局。

办事机构：市劳动和社会保障局劳动争议仲裁科、市劳动争议仲裁委员会办公室、市劳动争议仲裁委员会镇（区）办事处、基层劳动争议调解委员会。

二、劳动争议处理范围及原则

范围：因用人单位开除、除名、辞退职工和职工辞职、自动离职发生的争议；因执行国家有关工资、保险、福利、培训、劳动保护的规定发生的争议；因履行劳动合同发生的争议；法律、法规规定应当依照《中华人民共和国企业劳动争议处理条例》处理的其他劳动争议。

原则：①着重调解，及时处理；②在查清事实的基础上，依法处理；③当事人在适用法律上一律平等。

三、劳动争议处理程序

1.企业劳动争议调解委员会调解。当事人申请调解，应当自知道或应当知道其权利被侵害之日起30日内，以口头或书面形式向调解委员会提出申请。调解委员会接到申请后，应征询对方当事人的意见，对方当事人不愿调解的应作好记录，在3日内以书面形式通知申请人。及时指派调解员对争议事项进行全面调查核实，调查应作调解笔录，并由调查人签名或盖章。调解委员会主任主持召开有争议双方当事人参加的调解会议。调解委员会应听取双方当事人对争议事实和理由的陈述，在查明事实、分清是非的基础上，依照有关劳动法律、法规和用人单位依法制定的规章制度以及依法签订的劳动合同公正调解。经调解达成协议的，制作调解协议书，双方当事人签字盖章，主持调解人签字并加盖调解委员会印章。调解不成的，应作记录，并在调解意见书上说明情况，由调解委员会主任签名并加盖调解委员会印章。

2.劳动争议仲裁委员会镇（区）办事处调解。当事人递交书面申请调解书。当事人申诉后，镇（区）办事处应指定一名工作人员，负责立案审查工作，及时填写《立案审批表》。办事处应当自《立案审批表》填写之日起7日内作出受理或者不予受理的决定。决定立案的，应当自作出决定之日起7日内向申诉人发出书面受理通知，将申诉书副本和应诉通知送达被诉人，并要求其在15日内提交答辩书和证据；决定不予立案的，应当自作出决定之日起7日内制作不予受理通知书，送申诉人。申诉人不服，可向市劳动争议仲裁委员会申请复议。对双方当事人争议焦点进行调查取证，核实情况，制作调查笔录，由当事人签字。发调解通知（注明调解地点和时间）。调解人依法主持双方当事人调解。调解达成一致意见，制作调解书（调解时效从受理到结案1个月内）。调解达不成协议，制作调解意见书送双方当事人，同时报送市劳动争议仲裁委员会，由仲裁庭立案裁决。

3.劳动争议仲裁委员会调解和裁决。调解时应当遵循当事人双方自愿原则，经调解达成协议的，制作调解协议书，双方当事人应当自觉履行。调解不成的，当事人在规定的期限内，可以向市劳动争议仲裁委员会申请仲裁。市劳动争议仲裁委员会受理劳动争议后，7日内组成仲裁庭，在查明事实的基础上，先行调解，促使当事人双方自愿达成协议，达成协议后制作调解书。调解不成，仲裁庭及时作出裁决，制作裁决书。仲裁庭合议时，实行少数服从多数的原则。当事人对仲裁裁决不服的，自收到裁决书之日起15日内，可以向市人民法院起诉。

（市劳动保障局）

对残疾人实行优惠照顾的规定

1.市残联建立残疾人劳动服务所，对残疾人劳动就业实行统筹规划，安排有劳动能力的残疾人就业。

2.残疾人劳动报酬、工资待遇贯彻“同工同酬、按劳分配”的原则，支付工资不得低于市最低工资标准。尽可能不安排残疾职工下岗，对确需暂时安排下岗的残疾职工，必须按市有关规定保证其家庭成员的人均生活费。单位不得随意辞退残疾职工，对残疾职工解除或终止劳动合同前，应征得当地残联的同意。

3.鼓励、扶持残疾人自谋职业，对贫困残疾人申请从事个体工商户的，工商行政管理部门优先核发营业执照，免收工商行政管理费和登记费。税务部门对残疾人从事个体生产经营的，依法给予减征或免征所得税；对残疾人从事个体加工和修理修配劳务的免征增值税；对从事个体工商经营的，如月销售额未满1000元的，免征增值税（指不含税销售额）；对在行政、企事业单位工作的残疾人，月收入超过个人所得税起征点的，酌情免征个人所得税。

4.残联组织建办非盈利性的残疾人用品用具供应服务站，免缴工商年检费。

5.农村在调整耕地时，对具有能力承包土地的残疾人在地块远近、土质优劣等方面予以优先照顾。对家庭经济状况确实困难的，酌情减免土地承包费。

6.对残疾人贫困户实行扶持和救济，对残疾人特困户实行定期补助。对无劳动能力，无法定抚（赡）养人，无生活来源的老年残疾人，农村户口的必须实行"五保"，城镇户口的给予定期救济，并优先安排进敬老院或福利院供养。

7.企事业单位应严格执行养老保险和医疗保险制度，在同等条件下，优先考虑残疾职工的权利。对领取最低生活保障证的农村残疾人，由各镇解决其家庭财产保障和医疗保障。

8.各医疗单位对残疾人就诊，实行优先、免费挂号，优先配药。对贫困残疾人减半收取住院诊疗费、护理费（不含特级护理，床位限三、四等病房）。对患脑瘫、小儿麻痹后遗症、白内障等到医院实行康复医疗的残疾人，凭市残联证明，其住院床位费可享受减免20%的优惠。

9.对贫困残疾人，在安装有线电视时免收初装入网费。

10.普通中小学必须招收能适应其学习生活的残疾儿童、少年入学；对家庭困难的残疾学生和残疾人特困户的子女入学，小学、初中免收学杂费和课本费（代办费），高中免收学杂费。对大、中专毕业生，由人事局优先推荐解决就业。

11.图书馆、影剧院、体育场和公园等场所对残疾人提供优先服务和特殊照顾，逐步增添适合各类残疾人特点和需要的项目与设施。新华书店开设盲文及有声读物专柜。

12.对残疾人住房拆迁安置时，优先考虑残疾人房源、地段和层次。对农村有建房能力并符合建房条件的残疾人家庭建房，优先安排宅基地，并提供优先服务。对领取最低生活保障的残疾人，建房时减免土地管理费；发展家庭副业、养殖业需临时用地的，减免用地管理费。对住房破旧，基本生活条件难以保障的残疾人贫困户，经民政局核定，通过市镇村三级补助，个人共同出资的方式，由民政局协同各镇分期分批帮助翻建住房。

13.残疾人参加社会各类职业技能培训班，主办单位减半收取培训费。

14.对符合结婚条件的残疾人，在办理结婚登记时，免缴婚姻登记费，免收婚前体检费。

15.残疾人购票看电影可享受减免50%的优惠，进公园免收门票。盲人或重度肢残人的家庭申请安装电话，电信部门初装费优惠20%，并优先安装。

16.公共停车场对残疾人专用车停放，按自行车标准收费；残疾人使用公共厕所一律免费；盲人免费乘坐市区内公共汽车。

17.逐步实行方便残疾人的城市道路和建筑物设施规范，推行无障碍设施。在闹市地段公共厕所内，逐步建造无障碍通道及方便双下肢残疾人的厕所。

18.凡因工伤造成终身残疾者，所在单位要保证残疾人基本生活。

残疾人一律凭《中华人民共和国残疾人证》享受以上优惠照顾。执行中的问题由市残疾人联合会负责解释。

（市残联）

张家港市行政许可实施单位及实施的行政许可项目

市发展和改革委员会：

1.基本建设项目；

2.电工进网作业许可证；

3.可能危及电力线路安全的作业；

4.承装（修）电力设施许可证。

市经济贸易委员会：

1.设立成品油批发零售企业；

2.企业境外加工贸易项目；

3.监控化学品生产、新（改、扩）建事项。

市安全生产监督局：

1.建设项目工程安全设施"三同时"审查和竣工验收；

2.危险化学品生产、经营许可证；

3.矿山矿长安全管理资格证；

4.特种作业人员操作证资格证；

5.矿山企业安全生产许可证；

6.安全培训机构资格认可；

7.特定单位的负责人和安全生产管理人员及特种作业人员资格考核；

8.安全评价单位资质；

9.危险化学品包装物、容器定点生产企业证书；

10.民用爆炸物品销售许可证；

11.烟花爆竹定点进货审批。

市对外贸易经济合作局：

1.外商投资企业《合同》、《章程》变更；

2.外商投资项目设立；

3.外商投资企业进口设备清单；

4.投资举办权限内境外非贸易企业；

5.劳务合作经营许可证的申领和更换；

6.对外承包工程和劳务合作项目。

市教育局：

1.社会力量办学许可；

2.全市各类学校的设置；

3.利用互联网实施远程学历教育的教育网校审批。

市体育局：

1.举办健身气功活动及设立站点审批；

2.开办武术学校审批；

3.开办少年儿童体育学校审批；

4.三级社会体育指导员的认定；

5.三级裁判员技术等级称号认定；

6.三级运动员技术等级称号认定；

7.游泳救生员初级岗位证审批。

市科学技术局：

1.技术贸易机构的设立。

市建设局：

1.建筑工程施工许可；

2.建设工程竣工档案认可；

3.房屋拆迁实施单位资质；

4.房屋拆迁许可证、拆迁上岗证、房屋拆迁延长期限；

5.建设施工企业、工程勘察、设计、工程监理单位资质；

6.工程招标代理机构资质；

7.自行招标和委托代理招标；

8.城市排水许可证建设；

9.城市新建燃气企业审批；

10.液化气工程设计审查、设施使用审查、供气许可；

11.燃气设施改动审批；

12.抗震设计审查；

13.建筑企业安全生产许可证；

14.改造设计方案审批；

15.施工单位的主要负责人、项目负责人、专职安全生产管理人员安全任职资格认定；

16.建筑活动从业人员上岗证核发。

市地震局:

1.重大建设工程地震安全性评价；

2.建设工程抗震设防要求确定。

市房产管理局:

1.商品房预售；

2.物业管理企业资质；

3.房地产开发企业资质；

4.房地产估价机构资质核准。

市规划局:

1.城市规划编制单位资质认定；

2.建设项目选址意见书；

3.建设用地规划许可证；

4.建设工程规划许可证；

5.临街门面装潢方案、户外广告设置；

6.建设工程竣工规划验收合格证。

市人口和计划生育委员会:

1.照顾再生育；

2.计划生育技术服务人员执业证书核发；

3.计划生育统计调查审批。

市公安局:

1.大型群众文化体育活动安全许可；

2.民用爆炸物品储存、购买、运输、使用许可；

3.除军事爆破工程外的民用爆破工程；

4.剧毒化学物品购买凭证和准购证、剧毒化学物品公路运输通行证；

5.集会、游行、示威审批；

6.新建、改建、扩建工程和室内装修工程消防设计审核、验收；

7.机动车禁行路段通行证；

8.设立临时停车场审批；

9.影响交通安全的道路挖掘、占用或跨越、穿越道路架设、埋设管线设施；

10.户口审批；

11.边境通行证；

12.易制毒化学品购用证明；

13.境外人员办理各类签证、证件(含一次出境证件)；

14.赴港澳商务、培训、就业等非公务活动多次往返签注证件；

15.旅馆业、拍卖业、典当业、公章刻制业特种行业许可证核发；

16.机动车运载超限影响交通安全的不分解物品运输；

17.机动车注册、转籍、变更、转移、注销、延缓报废、停驶、复驶、补换牌证、抵押登记及核发机动车检验合格证标志；

18.机动车驾驶证申领、换证、补证、注销和审验；

19.申领非机动车牌证；

20.旅游船特种行业许可；

21.申领船民证、临时船民证、船舶户牌、船舶户口簿；

22.易制毒化学品生产经营；

23.机动车移动证、临时性号牌、新车试车号牌申领；

24.邮政局（所）安全防范设施设计审核及工程验收；

25.金融机构营业场所、金库安全防范设施建设方案审批及工程验收；

26.公众聚集场所开业使用前消防安全检查许可；

27.本市居民申请因私出国及赴港澳台地区探亲、赴台定居等证件及证件签注；

28.焰火晚会爆竹燃放（A、B、C级）许可；

29.焰火晚会爆竹燃放许可证、燃放员作业证；

30.爆破工程技术人员安全作业证及年审；

31.民用爆炸物品安全员证、爆破员证、保管员证、押运员证；

32.本市居民赴港澳地区定居审检；

33.台湾居民申请大陆定居；

34.外国人来华定居及给予外国人永久居留资格；

35.外国人恢复、加入中国国籍；

36.涉及国家安全事项的建设项目审批；

37.烟花爆竹经营、运输（省内）许可；

38.网吧安全合格证。

市司法局:

1.基层法律服务工作者执业登记、年度注册；

2.公证员注册。

市档案局:

1.出售集体和个人有保存价值的档案；

2.设置专门和部门档案馆。

市文化广播电视管理局（新闻出版局）:

1.音像制品零售、出租经营单位设立、变更；

2.网上传播广播电影、电视节目许可证；

3.电影放映单位的设立及变更；

4.营业性演出内容核准；

5.设置卫星地面接收设施；

6.娱乐场所经营单位的设立及变更；

7.游戏机增加、变更机种及电路板；

8.营业性文艺表演团体的设立、变更；

9.互联网上网服务营业场所设立；

10.博物馆处理不够入藏标准、无保存价值的文物或标本审批；

11.在古建筑内安装电器设备审批；

12.在古建筑内设置生产用火审批；

13.开办视频点播；

14.书报刊零售单位设立；

15.印刷（含名片）经营单位设立及变更；

16.设立出版物（含电子出版物）零售、出租、批发单位。

市环境保护局:

1.建设项目环境保护审批；

2.排污许可证；

3.危险废物经营许可证；

4.市区建筑夜间施工；

5.危险废物处理方案、转移计划；

6.防治污染设施拆除或者闲置的审批；

7.建设项目环境保护设施的验收(三同时)；

8.向大气排放转炉气等可燃气体的批准；

9.放射源、进口装有放射性同位素仪表登记备案；

10.因教学科研进入自然保护区缓冲区的审批；

11.危险固体废物转移许可证核发。

市人事局（事业单位登记管理局）:

1.事业单位法人设立、变更、注销；

2.设立人才市场中介组织及人才招聘广告；

3.人才中介服务机构业务范围审批；

4.举办人才交流大会及面向社会组织人才招聘。

市国土资源局:

1.矿产资源开采许可；

2.国家基础测绘成果资料提供、使用审批；

3.征（使）用土地；

4.土地估价确认；

5.国有土地使用权行政划拨；

6.农村村民建房用地；

7.土地使用权用途变更；

8.农用地转为建设用地；

9.土地使用权抵押登记；

10.建设用地地质灾害危险性评估认定；

11.划拨土地转让、出租、抵押；

12.土地登记；

13.具体建设项目使用存量建设用地和已批准农用地转用、土地征用范围内的土地审批。

市农业局:

1.兽药经营许可证；

2.种畜禽生产经营许可证；

3.农作物种子生产、经营许可证；

4.渔业捕捞许可证；

5.船舶进出渔港签证；

6.渔业船舶船员考试发证、审证；

7.渔业船舶登记、检验及船用产品检验证书；

8.动物诊疗许可证；

9.办理农业机械入户手续；

10.农业机械驾驶证（操作证）；

11.农业机械维修技术合格证书核发；

12.植物检疫证；

13.动物防疫合格证；

14.农药广告。

市水利局:

1.河道堤防工程占用；

2.填堵原有河道沟叉、贮水湖塘洼淀和废除原有防洪围堤；

3.取水许可；

4.凿井许可；

5.占用农业灌溉水源、灌排工程设施；

6.水利工程内排污口设置；

7.河道采沙许可证；

8.用水计划；

9.蓄滞洪区避洪设施建设审批；

10.建设项目水资源论证报告书审批；

11.水利基建项目初步设计文件审批；

12.水利工程开工审批；

13.在水利工程管理范围内兴建工程设施和建筑物。

市卫生局:

1.卫生许可证（食品、公共场所、医用放射、供水）；

2.建设项目职业病危害评价和“三同时”审查；

3.医疗机构设置、变更、校验；

4.母婴保健技术服务执业许可；

5.医生从业人员许可；

6.护士从业人员许可；

7.医疗广告审核。

苏州市张家港药品监督管理局:

1.药品经营企业许可证审核；

2.麻醉药品、精神药品购用印鉴卡审核。

市交通局:

1.超限运输车辆行驶公路，铁轮车、履带车和其他可能损害公路路面的机具行驶公路，公路施工路段管理方案、公路中断交通；

2.内河等级船员考试发证；

3.船舶登记及最低安全配员证书；

4.水上交通管制区、锚地和停泊区划定与调整；

5.船舶载运危险货物；

6.船舶及船用产品检验发证；

7.水、陆运输、搬运装卸及其运输服务业经营许可及年审；

8.外市道路运输经营者在本市设立代办点；

9.船舶营业运输证；

10.车辆营运证的发放、补办、转籍、过户；

11.营运（含租赁）车辆的新增和更新、转籍、过户；

12.出租汽车经营资格证、车辆运营证和驾驶员客运资格证核发；

13.道路客运（含旅游）线路开设、城市公共汽车新增或延伸线路超出市区范围；

14.县内道路货运配载线路专营；

15.跨省、省内跨市、市内跨县客运线路开设；

16.道路危险货物运输操作证；

17.营业性道路运输驾驶员从业资格证；

18.港区岸线构筑设施；

19.机动车维修许可证；

20.在航道管理范围内建设与通航有关设施或迁移、拆除航道设施；

21.临时占用航道设施、设置围堰、沉箱、进行疏浚、清障、打捞、吊装和装卸作业等；

22.水上水下施工作业许可证；

23.水上供油站（点）作业资质；

24.专设航标设置、搬迁、拆除；

25.占用、利用或挖掘公路，公路用地，在公路及公路建筑控制区范围内埋设、架设管线、电缆，跨越、穿越公路修建桥梁、渡槽等设施，在公路设置非公路交通标志，增设公路平交道口，更新砍伐公路用地上的树木。

市劳动和社会保障管理局:

1.社会力量办职业技能培训许可；

2.职业资格证书；

3.职业介绍机构资格认定；

4.定点医疗机构、定点药店确认。

市民政局:

1.本级民办非企业单位、社会团体及分支机构的成立、变更、注销；

2.地名命名、更名；

3.公墓建设。

市财政局:

1.代理记账资格确认；

2.会计从业资格证书、注册登记、年检。

市国家税务局:

1.对发票领购资格的审核；

2.对发票使用和管理的审批；

3.建立收支凭证粘贴簿，进货销货登记簿或者使用税控装置的审批；

4.增值税防伪税控系统最高开票限额审批。

市地方税务局:

1.对发票使用和管理的审批；

2.对发票领购资格的审核；

3.建立收支凭证粘贴簿，进货销

货登记簿或者使用税控装置的审批；

4.印花税票代售审批。

苏州市张家港工商行政管理局:

1.各类企业核准登记、个体工商户登记（含验照）；

2.商品展销会登记证；

3.户外广告登记；

4.广告经营许可证。

市统计局:

1.涉外社会调查活动审核（三资企业开展社会调查除外）。

苏州市张家港质量技术监督局:

1.强制检定计量器具；

2.计量标准器具核准；

3.制造、修理计量器具许可证；

4.企业产品标准备案；

5.重要工业产品生产许可证；

6.特种设备安装、改造、维修方案及开工告知；

7.场（厂）内机动车辆的制造、安装、改造、维修、使用、检验许可；

8.特种设备使用、变更登记；

9.压力管道的设计、安装、使用、检验单位和人员资格认定；

10.特种设备作业人员资格许可；

11.特种设备安装、改造、维修监督检验及定期检验；

12.气瓶充装许可；

13.计量检定员资格核准；

14.计量检定机构授权；

15.锅炉压力容器化学清洗。

市邮政局:

1.社会个人、集体从事特快专递经营。

市烟草专卖局:

1.烟草专卖零售许可证。

市盐务管理局:

1.碘盐零售许可证。

市城市管理局:

1.在街道两侧和公共场所设置商亭、摆摊点；

2.设置户外广告；

3.城市道路占用、挖掘；

4.环境卫生设施设置、验收、拆除；

5.城市建筑垃圾处置核准；

6.从事城市生活垃圾经营性清扫、收集、运输、处理服务审批。

市贸易局:

1.生猪定点屠宰。

市园林绿化管理局:

1.林木采伐许可证审核、审批；

2.陆生野生动物狩猎证、年检、审核；

3.森林植物检疫证书；

4.木材运输证；

5.规划占用、临时占用绿地及树木移植、截干、砍伐；

6.改变绿化规划、绿化用地的使用性质审批；

7.绿化工程设计、施工单位资质；

8.野生动物及产品经营利用许可证审核；

9.陆生野生动物及其产品准运证审核；

10.林权证审批；

11.征、占用林地审核；

12.林木种子、种苗生产经营许可证。

市气象局:

1.施放气球许可；

2.防雷装置设计审核和竣工验收。

市民族宗教事务局:

1.在宗教活动场所管理范围内改建或者新建建筑物，设立商业、服务网点，举办陈列、展览活动，拍摄电影、电视片；

2.设立宗教活动场所审核。

市旅游事业管理局:

1.旅行社业务经营许可证。

市无线电管理办公室:

1.设置使用无线电台（站）。

市粮食局:

1.粮食收购资格许可。

（市委史志办）

2005年新型合作医疗工作操作办法

一、基金标准、来源

2005年合作医疗基金由个人和市、镇两级财政三方共同负担。

1.个人出资：每人每年40元，以户为单位缴纳。民政部门核定的低保、五保户，由镇社会福利救济金支付。

2.镇财政出资：按辖区应参加人数每人每年补助40元（杨舍城区居民镇财政补助每人每年32元）。各镇按应参加人数每人提取5元，上缴市农村合作医疗管理委员会，作为市大病统筹基金。如实际参加人数大于应参加人数，镇财政按实际参加人数进行补助及上缴市级大病统筹基金。

3.市财政出资：按辖区应参加人数每人每年补助40元（杨舍城区居民市财政补助每人每年48元），由市财政预算内列支。

二、险种与操作方法

1.门诊统筹合作医疗

参加对象：除已参加城镇职工医疗保险者外的所有本市在籍人员；持1年以上暂住证并在当地从事农副工业生产的非本市籍居民；经市人民政府批准的其他居民。参加者以户为单位按规定标准和时间缴纳了个人基金后，均视作参加了门诊统筹合作医疗。

基金来源：2005年门诊统筹合作医疗基金按人均基金标准16.67%提取，为每人20元。

保险期限：2005年1月1日至2005年12月31日。

补偿方法：用于参保人员在本市辖区内一、二级医疗机构以及社区卫生服务站（村卫生室）门诊药品费用的补偿，每张处方限额30元，一、二级医疗机构按20%比例结报，社区卫生服务站（村卫生室）按40%比例结报，参保人员每人年内最高补偿限额为200元。以镇为单位统筹，实行镇、村核算，门诊统筹基金发生出险，由镇、村两级财力解决。

结报方法：病员就诊后凭发票、处方、病历等每月一次到所在镇农村合作医疗管理所（以下简称合管所）报销。镇合管所应在门诊统筹合作医疗台账及参保人员合作医疗证上作好记录。

2.大病统筹合作医疗

参加对象：凡以户为单位参加新型合作医疗，并按规定标准和时间缴纳了个人基金者，均视作参加了大病统筹合作医疗。

基金来源：参加者个人基金、镇财政补助、市财政补助基金总额除划拨社区卫生（村）门诊统筹合作医疗基金、特困人群医疗救助基金以外的所有资金。

保险期限：2005年1月1日至2005年12月31日。

定点医院：本市辖区内一、二级医院；经本市二级医院转诊、参加地镇合管所审批同意的市外二级以上正规医疗单位。

补偿范围：参保人员住院医疗费用；非住院恶性肿瘤的放疗、化疗，重症尿毒症透析治疗和器官移植后抗排斥治疗等大病门诊医疗费；特定病种门诊医疗费用。

门诊特定病种范围为：高血压、冠心病、心肌梗塞、慢性肝炎、肝硬化、糖尿病、慢性肾功能不全、慢性阻塞性肺气肿伴感染、肺心病、肺结核、脑血管意外后遗症、精神病、系统性红斑狼疮、类风湿性关节炎、再生障碍性贫血、血友病、艾滋病等国家规定的特种传染病。

补偿项目：基本药品费（药品品种参照城镇职工基本医疗保险规定）；手术费（每年限5000元）；手术材料费（每年限5000元）；基本住院费（每天限15元）；一般检查费（即三大常规、生化全套、X光透视、摄片、心电图、脑电图、普通B超等，每年限1000元）；常规护理费（限每天5元）；恶性肿瘤放疗化疗费（每年限10000元）；肾功能衰竭透析费（每年限15000元）；器官移植抗排异药品费（每年限10000元）；特护费；氧气费。

补偿办法：对普通居民和在校（园）中小学生（幼儿）两类人群分别实行不同的补偿办法。

（1）普通居民大病统筹合作医疗：住院大病统筹合作医疗起报点为本市辖区内一级医院401元、二级医院501元，市外医院801元。住院大病参保人员年内累计补偿一次医疗费用，按就诊医疗单位最高级别支付一次起付线；如分次补偿医疗费用，则按最高类别医疗单位实行起付线补差制。非住院大病及特定病种门诊统筹合作医疗起报点为本市辖区内医疗机构501元，市外医疗机构801元，在市内、外医疗机构就诊的，按最高标准年内支付一次起付费用。非住院大病及特定病种参保人员年度门诊费用与住院费用可以累加，按就诊医疗单位最高类别年内承担一次最高起付费用。大病统筹合作医疗限报点为50000元，最高补偿限额为34800元。

（2）在校（园）中小学生（幼儿）大病统筹合作医疗：实行0起付线，可补项目医疗费70000元，最高补偿限额61000元。

3.特困人群医疗救助

按《张家港市特困人群医疗救助暂行管理办法》执行。

（市卫生局）

张家港市特困人群医疗救助暂行管理办法

特困人群医疗救助暂行管理办法从2005年1月1日起正式施行。

本办法所称的医疗救助，是指特困人群参加了张家港市新型合作医疗，经市、镇两级大病统筹合作医疗补偿后，经济仍相当困难者，由市特困人群医疗救助基金进行适当救助的一种医疗保障制度。

全市特困人群医疗救助由市农村合作医疗管理委员会（以下简称合管委）负责组织、协调、监督与管理，由市农村合作医疗管理委员会办公室（以下简称合管办）负责具体实施。

医疗救助适用对象：农村五保户；持民政部门《最低生活保障金领取证》的最低生活保障对象；经卫生、民政部门共同认定，并报请市政府批准的其他特困人群。

市特困人群医疗救助基金由市财政补助资金、新型合作医疗基金提取部分（每年提取合作医疗基金总量的5%）、留存的社会福利彩票公益金提取15%，以及社会组织、团体和个人开展捐赠或捐助等组成，2005年由市财政补足500万元。

市特困人群医疗救助基金，由市合管办单独建立账户，专项储存，专款专用。基金使用情况由市政府委托市财政局、审计局进行监督、审计。市合管办每半年向市合管委成员单位汇报一次市特困人群医疗救助基金使用情况。

享受市特困人群医疗救助的人员必须在每年规定的时间里，以户为单位参加所在镇新型合作医疗，并按规定足额缴纳新型合作医疗个人基金。救助对象医疗费用符合新型合作医疗大病风险补偿条件的，先按新型合作医疗政策进行补偿，对其符合补偿规定的自负部分医疗费用再给予70%的补偿，每人每年最高救助限额为25000元。

符合医疗救助条件的对象，由申请人（户主）向户口所在地的村（居）民委员会提出书面申请，申请时必须提供《五保证》、《最低生活保障金领取证》等证件、患者全家参加新型合作医疗的有效证明及已按规定领取的合作医疗补助凭证、医疗单位的正规收据（合作医疗已报销的可用复印件）、出院病历、医院收费清单等资料，异地就医者还需提供逐级转诊手续。

农村五保户、最低生活保障对象外的其他需要救助的申请对象，应向户口所在地的村（居）民委员会提出申请，并在村（居）务公开栏公示7天，无异议者，由村（居）委会报所在办事处、镇合管办、镇人民政府初审后报市卫生局、民政局审核。经市卫生局、民政局审核的对象，通过新闻媒体集中公示后再报市政府审定。

符合救助条件对象的有关材料由各镇负责上报市合管办，市合管办每月进行一次集中复审核实，对符合特困人群医疗救助条件的人员核准其享受医疗补助金额，救助款用实名现金支票直接兑付。

特困人群医疗救助咨询电话：0512－58987121。

（市卫生局）

城乡居民最低生活保障须知

一、保障对象和条件

凡持有本市城乡常住户口的居民（集体户口的在校生除外），家庭成员月人均收入低于本市城乡居民最低生活保障标准的，均属于保障对象。符合条件的，可申请办理最低生活保障金救助。

二、申报和审批程序

1.由户主向户籍所在地的村（社居）民委员会提出书面申请，如实提供有关证明材料，经村（社居）民委员会初审并公示7天无异议的，填写《张家港市城乡居民最低生活保障审批表》，报镇人民政府复审。

2.镇人民政府对上报材料进行复审，符合条件的，签署审核意见后报市民政局审批。

3.市民政局对镇人民政府上报的材料进行审查。符合条件的，批准后通知镇人民政府再次公示7天，无异议的由镇人民政府向其发给《张家港市城乡居民最低生活保障金领取证》；对不符合条件的，向申请人说明理由。

三、保障待遇

获得《张家港市城乡居民最低生活保障金领取证》的对象，根据不同情况按月享受城乡居民最低生活保障待遇，并享受子女上学、医疗、住房、用电、用水等10项扶助优待。城乡居民最低生活保障标准由市人民政府根据本市实际情况确定或调整，并适时公布（2004年保障标准为：1月1日起城镇居民每月260元，农村居民每月160元；农村低保10月1日后提高到每月180元）。

四、保障资金分担和监督管理

城乡居民最低生活保障资金分别由市、镇财政负担。城镇居民保障对象由市财政负担70%，镇财政负担30%；农村居民保障对象由市财政负担60%，镇财政负担40%。城乡居民最低生活保障资金的来源和使用，接受市财政、监察、审计部门和社会的监督。

（市民政局）

关于购买经济适用住房的有关规定

经济适用住房实行属地化供应。经济适用住房只向当地的城镇中低收入无房和住房困难家庭出售。住房困难家庭，是指现有住房（包括已购房改房和其他私有住房以及租用的单位存量住房）建筑面积不足60平方米的家庭。

单身大龄青年，凡同时具备中低收入和住房困难条件，且年龄在28周岁以上（含28周岁）的，可申请购买经济适用住房。

户口在市区、工作不在市区的中低收入家庭，在市区和工作所在地均无住房或住房困难的，可在市区申请购买经济适用住房。

市区农转非拆迁户（以独立宅基地为计户单位）中，拆迁总补偿金额少于四类地区60平方米（建筑面积）商品住房平均房价的家庭，可在市区申请购买经济适用住房。

经济适用住房户型设计应当以经济、适用为原则，大、中、小户型要合理搭配。住房户型建筑面积控制在大户125平方米、中户105平方米、小户85平方米左右。

购买经济适用住房，实行面积控制。在购房可享受面积以内执行成本价，以外执行市场价。

经济适用住房成本价由市物价部门按政策规定据实核定；市场价参照同期、同地段、同类商品住房市场售价，由市物价局会同市房管局调查测算，报市政府批准。

购房可享受面积按如下原则处理：

1.已购买过房改房且建筑面积不足60平方米的，购房可享受面积按其省定购房建筑面积标准减去房改房建筑面积计算，其购房职级（职称）以购买房改房时原有的职级（职称）为准。

2.单身人员购房的，其购房建筑面积标准按省定标准的50%计算。

3.其他符合经济适用住房购房条件的，可享受面积按其省定购房建筑面积标准计算。

省定购房建筑面积标准：一般干部职工75平方米，科级干部（包括中级职称和部队营级）90平方米，处级干部（包括高级职称和部队团级）110平方米。

购买经济适用住房实行申请审批制度，按照个人申请，所在单位或街道核实，市房管局初审，市房管局、劳动保障局和民政局会审，并向社会公示的办法实施。副局、副镇级以上干部须另报市纪检监察部门审核。

按本规定购买经济适用住房，购房可享受建筑面积部分和自行车库、阁楼，免缴契税。

按规定购买的经济适用住房，产权归个人所有，在其《房屋所有权证》附注栏统一标注“经济适用住房”字样。

按规定所购经济适用住房，上市转让须经市房管局核准，且其原享受成本价的面积要按上市转让价的2%缴纳土地收益金。

购买经济适用住房后，凡实际居住不满5年的，不得上市转让。确需提前上市转让的，必须按原市场价补足差额。计算居住年限时，未婚或单身人员，其结婚（再婚）之前的居住时间应予扣除。（市房管局）

无偿献血须知

1998年10月1日起施行的《中华人民共和国献血法》明确规定：“国家实行无偿献血制度”。无偿献血是不以经济报酬为目的的献血活动，是输血事业发展的必由之路。

无偿献血要求献血者年龄在18周岁至55周岁；男子体重在50公斤以上，女子体重在45公斤以上；经过红十字血站体格检查和实验室检验，符合国家卫生部规定的健康标准。

一次献血量200毫升至400毫升，献血间隔时间不少于三个月，献血前尽可能适当休息，保证充足的睡眠；献血前不要空腹；献血前如有感冒、发热、腹泻、月经时应暂缓献血；献血时精神不要紧张，以免发生晕针；献血后适当增加饮水量，吃些豆制品、瘦肉、鸡蛋、蔬菜等，切忌暴饮暴食；献血后1天至2天，不要剧烈运动。

献血后医疗临床用血时，凭本人《居民身份证》和《无偿献血证》，按照其献血量的三倍计量免费用血；献血者的配偶和直系亲属医疗临床用血时，按照献血者献血量的等量免费用血。在张家港市献血量累计1000毫升以上的公民，本人终身免费用血。

（市献血办公室）

【编辑　陆正芳】

A

B

C

D

I

J

K

R

S

【编辑　张　洁】

城南街道办事处

办事处位于杨舍镇南部，建于2004年3月。辖聚龙、沙工、南苑3个社区居委会。辖区总面积7平方公里，总人口17663人。年内，办事处获苏州市防激化工作先进集体、张家港市文明单位等荣誉称号。所辖3个社区均被评为张家港市文明社区。

1 城南街道办事处成立揭牌仪式（左为镇党委书记曹国才，右为街道办事处主任、党总支书记顾一峰）
2 街道领导班子现场办公
3 晨练
4 创建“五星级文明家庭”启动仪式

杨舍镇

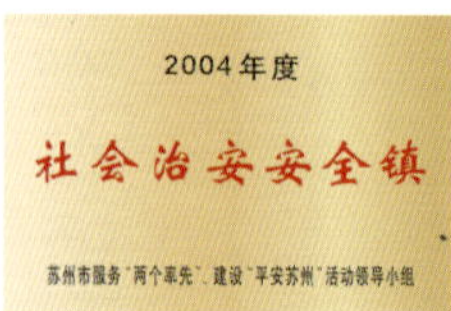

工业经济科学发展

1 镇党委书记曹国才在迎新文艺晚会致辞
2 “张铜牌”铜管系列产品获评全国铜管产品质量公证十佳产品
3 澳洋6亿元投资西部开发，图为秦振华、澳洋集团董事长沈学如与新疆自治区党委书记王乐泉一起举杯庆贺
4 骏马集团股票在新加坡上市
5 梁丰集团“金莎牌”巧克力被评为中国名牌产品

杨舍镇是张家港市委、市政府所在地，全市政治、经济、文化、交通中心。全镇工业经济硕果累累，科技兴镇优势叠现，城市建设日新月异，社会事业欣欣向荣，文体活动丰富多彩，人居环境绮丽祥和，尽显三个文明建设新局面。2004年，全镇工业销售收入238.49亿元，利税20.92亿元，财政收入15.68亿元。年内获苏州市文明镇、苏州市社区建设示范镇、苏州市社会治安安全镇、苏州市财政收入上台阶先进镇、苏州市村民自治模范镇等荣誉称号。

民心工程惠及百姓

1 镇长徐建新
2 社保扩面会议
3 港城大道绿化
4 危房变新房
5 苏州市首家万册老年图书馆——杨舍镇老年图书馆开馆揭牌仪式
6 泗港敬老院
7 新建的暨阳湖实验学校

1

2

3

4

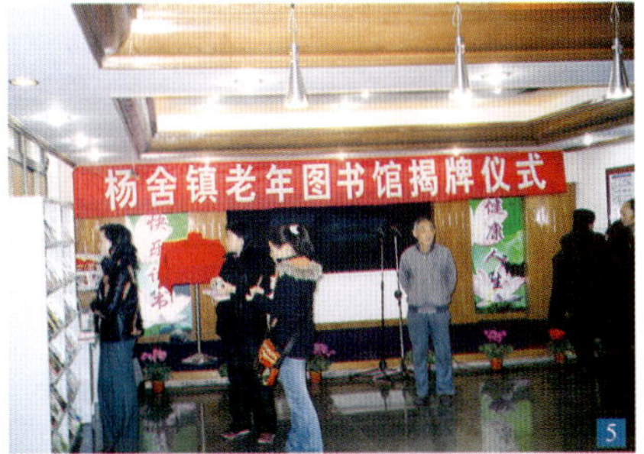

5

6

7

杨舍镇

社区建设尽显特色

1 镇党委、镇政府领导在前溪巷社区现场办公
2 江苏省绿色社区——前溪巷社区
3 苏州市示范社区——阳光社区
4 杨舍镇第三届企业文化节暨第三届社区文化艺术节开幕

文体活动丰富多彩

1 “七一”文艺晚会
2 第十九届全民运动会入场式
3 《美在杨舍》迎新文艺晚会现场
4 韦唯演唱《爱的奉献》

1

2

3

4

杨舍镇

李巷村

李巷村位于杨舍镇塘市办事处境内，南与江阴市为邻。沿江高速公路穿村而过，地理位置十分优越。该村由原李巷、刘市、黄旗三村合并而成，总面积4.15平方公里。现有48个村民小组，4440人。3月，经市委批准建立党委。村党委抢抓机遇，加速发展，三个文明建设硕果累累。全村3个工业集中区，拥有纺织、机械、化工、电子、印刷等各类工业企业120余家。年内，完成销售收入1.3亿元，利税4000多万元。全村经济总收入5.77亿元，人均纯收入8495元，村可用资金超600万元。近年来，先后获江苏省卫生村、苏州市文明村、苏州市农村现代化建设示范村称号；连续多年被评为张家港市文明村和双文明单位。

1 李巷村党委书记李仁丰
2 中共李巷村委员会成立揭牌仪式
3 村委会办公楼
4 村工业集中区一角

农 联 村

位于杨舍镇区东郊、东莱办事处境内。由原农联、乌沙、南桥三村合并而成。总面积5.75平方公里，51个村民小组，5072人。3月，经市委批准建立村党委。在村党委的领导下，全村上下认真贯彻落实“三个代表”重要思想，牢固树立和认真践行科学发展观，与时俱进，取得了三个文明建设协调发展的丰硕成果。至年末，全村拥有各类工业企业百余家，形成了纺织、针织、轻工、机械四大支柱产业。年内，完成工业销售收入5.68亿元，利税总额2987万元，经济总收入6.14亿元，人均纯收入9083元，村可用财力达550万元，在全镇51个行政村中名列第三位。近三年来，全村累计投入1500多万元，用于道路桥梁改造、教育设施改造、扶贫济困、奖励读书、村民福利等社会公益事业。年内，获苏州市文明村、张家港市文明村、张家港市先进基层党组织等荣誉称号。

1 农联村党委书记赵建军
2 市委书记曹福龙视察农联村工业集中区
3 农联村骨干企业江帆集团
4 农联村党员参观周恩来纪念馆
5 开展“科教强村”活动，奖励优秀学子

杨 舍 镇

庆 安 村

位于杨舍镇乘航办事处东部，总面积1.6平方公里，总人口2010人。千年古镇庆安镇坐落于村北部。近年来，庆安村坚持走富民强村之路，紧紧抓住发展机遇，脚踏实地，艰苦创业，终于由原来的经济薄弱村发展成为今天的经济强村。村工业集中区共建办各类工业企业59家。2004年，工业销售收入2.1亿元，经济总收入2.37亿元，人均纯收入8671元，村可用财力达208万元。兴建了档次较高的庆安小区和庆安书场。年内，获张家港市先进基层党组织、张家港市文明村、张家港市文明社区等荣誉称号。

1 庆安村村委会
2 3 庆安村的老房、古树
4 庆安村工业集中区
5 文明洁美的庆安小区

江苏华夏集团

江苏华夏集团是专业生产系列热镀配件的市十强私营企业之一，是交通部热镀锌的定点生产企业。集团总部位于杨舍镇东莱办事处境内，东靠东电大道，南临张杨公路。下辖江苏华夏交通设施工程有限公司、市华夏交通材料有限公司、江西华夏交通材料有限公司、亚东房地产开发有限公司、亚东高频焊接型钢制造有限公司、华夏仓储物流有限公司等6个子公司。总资产2.53亿元，有职工528人。公司拥有全自动电脑数控二波护栏生产线3条、三波护栏生产线1条，全自动钢筋焊接网生产线1套。Φ20mm～Φ325mm焊管机组多套，自动门式埋孤焊机组1套，高频焊接H型钢生产线1套。主要产品有热浸镀锌护栏板、标志立栏、灯杆等热镀配件。年内完成销售收入3.33亿元，利税1860万元。华锋牌交通设施获中国国际轻工技术及产品博览会银奖，并荣获江苏省名牌产品商标和“中国质量万里行”荣誉称号。公司董事长刘炳华荣获江苏省社会主义建设贡献奖章。

1 董事长刘炳华
2 优秀的产品
3 华夏集团外景

二OO三年度私营企业
销售收入超二亿元
中共张家港市委员会
张家港市人民政府

金 港 镇

位于张家港市西陲的金港镇，北临长江，是全市临港经济板块的“桥头堡”和“前哨兵”。2004年，全镇三个文明建设协调发展，经济实力迈上新台阶，城乡建设焕发新面貌，社会事业取得新发展，人民生活有了新提升。项目投入扎实推进，全年实施新建和技改项目142个，总投资30亿元，新增注册外资8395万美元，新批私营企业261家。实现三产增加值22.3亿元，金港中央广场、江南建材城等重点三产项目动工兴建。载体建设卓有成效，全镇各村共完成载体投入3.9亿元，新建标准型厂房40多万平方米。社区建设亮点频现，以元丰、中德、香山等社区为典型的一批新型农村安置示范社区品位提升。年内，还投资500多万元精心编制完成了金港新城的发展蓝图，投入1.5亿元为民打造十件实事工程。成功举办了“金港春潮”、“相约金秋”等一系列主题鲜明、影响深远的群众性精神文明建设活动。顺利通过了“全国环境优美乡镇”省级调研，并通过了苏州市知识产权示范镇的验收。

1

2

3

4

5

1 原省委常委、苏州市委书记王珉到金港视察
2 创建文明城市大型街头宣传活动
3 举办金港镇首届文化艺术节
4 通过全国环境优美镇省级调研
5 安装路面监控系统，全力打造平安金港工程
6 中德社区揭牌仪式
7 金港中央广场开工典礼
8 举办“相约金秋”大型文体活动展演
9 开展社区建设，推进城乡一体文明。图为元丰社区
10 金港新城规划——打造亲水绿色的现代化滨江新城

金港镇

元丰社区

元丰社区位于金港镇德积街道，始建于2003年8月，成立于2004年3月。社区占地面积0.15平方公里，总建筑面积20万平方米，共有住宅楼52幢，可容纳5000人居住。道路4.5万平方米，道板面积2万平方米，绿化面积6万平方米，绿化覆盖率高达40%。社区设计一流，布局科学，风格别致，区内留有300多个停车泊位，建成了8000平方米的中心休闲广场和2000平方米的健身、休闲、娱乐场地，配有高标准塑胶篮球场、网球场；室内有舞厅、健身房、图书室、乒乓室，文体设施齐全。成立了社区管理服务中心、环卫所、医疗卫生保健所、综合治理警务站、老年文体活动中心、交通安全学校、城市管理办公室；区内还引进了第一人民商场百信超市；2004年获张家港市文明社区、文明示范区、绿色社区、健康社区称号和楼道特色文化金奖和银奖、老年拳操银牌和铜牌。社区实行半封闭运行管理，是一个集娱乐、休闲、居住于一体的现代化绿色环保型社区。

1

2

3

4

5

1 省委书记李源潮、苏州市委书记王荣到社区视察
2 社区党总支书记、主任陈勤才
3 元丰社区入口
4 居民锻炼
5 社区环境

长江润发集团

长江润发集团座落于被誉为“长江名花”的张家港市长江村，与上海、苏州、南京相连，东临著名的国际贸易商港——张家港港，西接江阴长江大桥，紧靠国内第一个内河港型保税区——张家港保税区，紧邻沪宁高速、沿江高速、张家港大运河，位于长江水域南岸，水陆交通十分便捷。

公司自1994年组建以来，始终坚持“创业——艰苦奋斗，成功——八方相助，信誉——效益之本，发展——永不自满”的企业宗旨，不断发展壮大集团规模，已建成长江润发机械工业园、长江润发（宿豫）工业园。涉及导轨、型钢、铝材、彩板、耐指纹板、纱线、港机、造船以及房产开发等产业，享有自营进出口权，具有一定自主产品研发能力的国家级民营股份制企业集团。公司荣获国家质量管理先进单位、全国创名牌重点企业、江苏省重合同守信用企业、江苏金融AAA级企业，江苏省、苏州市文明单位以及张家港市文明单位等光荣称号。公司地址是张家港市金港镇长江西路98号，电话：0512－58332588，传真：0512－58332355，网址：www.cjrf.com。

1 集团董事长、总裁郁全和
2 长江润发（宿豫）工业园
3 居民住宅
4 长江润发集团机械工业园

三角滩村

三角滩村位于澄杨路后塍段镇区北侧，总面积4.5平方公里，总人口3538人。现有华申机械厂、华申热处理厂、鼎力有限公司等19家企业，年销售额1.44亿元。全村公益事业发展迅速，建有文星商业一条街、文星小区、农贸市场（后塍第二菜场）等。人民生活不断提高，2004年人均收入8580元，被评为张家港市文明单位。早在2001年即获省级卫生村称号。

1 党支部书记王官福
2 召开村民委员会选举会议
3 文星商业街
4 文星小区一角
5 村办企业一角

1

2

4

3

5

小 明 沙 村

小明沙村地处德积办事处集镇所在地，面积4.5平方公里。全村现有耕地153.3公顷，总家庭户1328户，农业人口4706人，共有27个村民小组，属人多地少村。该村在1990年前是一个并不富裕的村，村部是平房，开会无场所，集体无经济收入，是市委指定帮扶村。村党支部认识到只有发展经济，才能摆脱贫穷落后面貌。村先后办起了密封件厂、化工机械厂，企业不断发展，促进了村经济不断壮大。近三年来建办了友邦氨纶纺织厂、环宇氨纶纱线、巨兴氨纶、锦嘉化纤、宏明五金等十几家企业，现有村属企业达40家。2004年，全村工业开票收入2.3亿元，实现利税1400万元，同比增53%、35%，三产增加值达3400万元，村可用资金达300万元，人均生活水平超8000元。经济的发展促进了社会事业不断推进。三年来，村投入资金300多万对全村主干道路全部硬化，实现了主干道路组组通；投入20万元对村级河道全面疏浚，被群众称赞为“连心工程”。对农村养老、合作医疗进行补贴，对老年人一年两次慰问，对32户困难户58人实行最低生活保障，对特殊困难群众进行救济捐助，对37人的环境卫生长效管理队伍和40多个农村基层老干部等给予补助，每年支付资金达50万元。村各项工作在镇较领先，获得多项荣誉称号。

1 村党总支书记朱兴荣和镇党委副书记陆新玉揭牌
2 小明沙村党总支委员会成立大会
3 村部一瞥
4 奖杯林立的党员活动室

双山建筑工程有限公司

公司成立于1983年，2001年改制为有限责任公司，为房屋建筑施工总承包三级企业，同时具备地基与基础工程和起重机械设备安装工程专业承包三级资质。公司有固定职工1410人，其中高级工程师1人，工程师15人，助理工程师37人。固定资产1500万元，塔吊20余台。公司下设杨舍分公司、地基分公司及5个工程处。2004年度建筑总产值1.44亿元，工程结算收入8728万元。公司视质量为企业的生命，历年来创江苏省优“扬子杯”奖5项、苏州市优“姑苏杯”奖16项、江苏省文明工地18个、苏州市文明工地6个。企业获1996、1997、2002年度苏州市质量管理先进集体；1998年度江苏省集体建筑业全面质量管理优秀企业；2001年度江苏省质量管理先进集体；2002年度苏州市安全管理先进集体；1999年至2004年连续6年被评为苏州市建筑业“最佳企业”，苏州市重合同、守信用企业。

1 总经理路玉明

2 3 琳琅满目的奖牌

4 承建的张家港高级中学行政科教楼获“扬子杯”优秀工程奖

5 承建的万红幼儿园

6 承建的锦绣花苑26号楼

德申建筑安装工程公司

公司位于德积街道长江西路南侧，是江苏兴港建筑安装工程有限公司主要成员公司，亦称江苏兴港建筑安装有限公司第八分公司。拥有国家房屋建筑工程总承包一级施工以及一级外向型综合施工资质，1999年通过ISO 9002质量体系认证。现有固定资产3000余万元，各类机械设备400余台（套），职工3600多人，专业技术管理人员280人。公司主要承担各类土木建筑、室内外装潢、基础工程施工、暖通设备安装等，下设南京、上海、苏州、淮安、徐州、连云港、张家港等七大工程处。公司前身是张家港市德积建筑安装工程公司上海工区，1994年10月成立并定名为张家港市德申建筑安装工程公司。1997年9月，德积建筑安装工程公司并入。1999年10月，公司转制成张家港市德申建筑安装工程有限公司。公司始终坚定不渝贯彻实施“坚持质量第一，人人保证一次把工作做好；履行合同承诺，每项工程都让业主满意”的方针，推行全员、全程、全新的质量管理体系。先后承建各类高层、超高层建筑100余幢，大中型厂房50余幢，民用住宅、公共建筑工程700余项，工程质量合格率100%，工程质量优良率70%以上。公司7次荣获上海市建筑业最高荣誉“白玉兰”奖，有18项工程被评为省优工程，16个工地被评为江苏省文明工地。公司连续6年被评为重合同、守信用企业，连续7年被江苏国际咨询评估公司评为AAA级资信企业。多次获上海市、江苏省、苏州市建筑业最佳企业、建筑施工管理先进单位、质量管理先进单位等荣誉称号。从1995年起连续10年获张家港市文明单位。2001年被评为苏州市文明单位。

1 董事长、总经理张云法

2 原苏州市委书记王珉到公司承建的元丰社区视察

3 4 5 6 近年承建的优质工程

金陵纺织有限公司

张家港市金陵纺织有限公司创建于1974年，现有员工1800人，是一家从事中高档色织面料生产和经营的现代化企业。公司下设4个分厂、1个纺织品开发研究所、1个中美合资的生物化工公司和1个外贸公司，产品远销日本、美国、欧洲、加拿大等国和港台地区。公司以“创新创造价值”为核心理念，坚持以市场需求为导向，以先进装备为依托，引进了世界一流的生产、研发、检测设备，形成了贸易、纺纱、染色、织造、整理、服装完整的产业链。年生产能力分别为纱线3500吨、面料1800万米、整理3500万米、服装80万套，同时配有研发、工艺技术、外贸等各类专业人才100余人，为成品的品质稳定和按时交货提供了可靠的保证。2004年，公司董事长兼总经理黄胜良当选为张家港市色织协会会长。公司在张家港保税区南侧征地12公顷建造规模型现代化新型厂房，总投资3.8亿元。引进的大批世界先进设备逐步到位，进入安装调试及试生产阶段。公司连续多年获得国家纺织行业协会、色织行业协会、中国印染行业协会等部门颁发的优秀新产品、创新新产品、优秀设计奖等奖项。

1 公司外景

2 3 4 5 公司生产车间

6 正在建设的新厂区规划图

塘桥镇

塘桥镇地处张家港市的东南部，东邻在建的苏通长江大桥，南接沿江高速公路，西沿苏虞张一级公路，北濒黄金水道长江，204国道直贯南北，319省道横跨东西。全镇总面积94.4平方公里，其中镇区面积10平方公里，总人口8.75万人，下辖2个办事处、3个社区居委会、14个村委会。2004年全镇完成生产总值45.16亿元，全口径财政收入8.12亿元，农民人均收入8319元。年内获全国环境优美镇、中国棉纺织毛衫名镇、苏州市村民自治模范镇、苏州市治安安全镇、苏州市民政工作先进镇等荣誉称号。

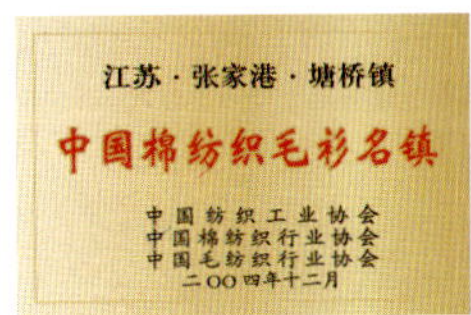

1 通过国家卫生镇复查
2 人民路创建诚信经营示范街
3 东渡苑
4 镇污水处理厂
5 镇政府

塘 桥 镇

巨 桥 村

塘桥镇巨桥村是张家港市首批8个党委村之一。2004年3月，与原鹿东村、奚浦村合并后，全村总面积6.8平方公里，有农户1629户、常住人口4872人，有企业82家，外来务工人员达5000多人。2004年，全村上下牢固树立科学发展观，积极创新发展思路，努力破解发展难题，保持了经济社会健康协调发展，取得三个文明建设的新成效。全村全年完成工业销售5.5亿元，完成技改投入6500万元，完成自营出口1500万美元，完成利税3800万元。

1 村党委书记钱国忠
2 村民住宅
3 社区活动室
4 村间小道
5 村办企业华茂纺织厂
6 华茂纺织厂生产车间

周 巷 社 区

周巷社区位于塘桥镇南204国道两侧，有住户540户，常住人口1806人，流动人口3000人。社区功能齐全，形成了集现代化新村住宅区、社区服务区、休闲娱乐区和工业集中区等功能区为一体的现代化村级社区。其中周巷新区占地5.33万平方米，绿化率达45%。投资200万元的社区服务中心占地1万平方米，设有社区管理中心、宣传教育培训中心、党员服务站、求助服务中心、文体活动中心、医疗卫生中心、治安警务中心、图书阅览室、老年活动中心等服务性设施。社区服务配套，开展家政、医疗、水电维修、法律咨询、计生服务、环境整治、政策宣传、农技指导等多项便民服务。社区坚持以民为本，认真贯彻《公民道德建设实施纲要》，组织对“爱国守法、明礼诚信、团结友善、勤俭自强、敬业奉献”二十字公民基本道德规范的学习教育，着力开展以“讲文明、树新风”为主要内容的社区文化活动和组织开展志愿者服务活动等，形成了良好的文明社区环境。

1 周巷社区
2 老年活动中心专场演出
3 社区休闲广场
4 居民住宅
5 宽阔的村内道路

妙桥房地产开发有限责任公司

张家港市妙桥房地产开发有限责任公司创办于1995年，具备三级资质。公司专门从事房地产开发与销售，同时从事建筑装潢、线路管道安装、建材购销等业务。公司注册资本800万元，有专业技术职务管理人员12人。近三年来，公司开发房地产近5万平方米，2004年实现销售收入1052万元。公司在创造良好社会效益的同时，为妙桥的小城镇建设作出了很大的贡献。

1 总经理季凤达

2 3 4 公司开发的妙桥新村商住楼等商品房

华鹿毛纺有限公司

张家港市华鹿毛纺有限公司建办于1997年，于1998年5月转制。企业有固定资产3000万元，流动资产3500万元，有职工400人。公司年产毛条1500吨、毛纱600吨、呢绒180万米。2004年，完成产品销售1.2亿元，实现利税660万元，完成出口233万元。

1 公司总经理钱学峰（左一）正在研究工作

2 3 4 先进的生产设备

5 公司外景

锦 丰 镇

锦丰镇位于张家港市北部，是全国重点镇。总面积114.1平方公里，集镇建成区面积15平方公里，总人口11.27万人。2004年，工业销售收入超百亿元、利税超10亿元、财政收入5.98亿元。年内，通过国家环境优美镇调研，获苏州市文明镇、财政收入上台阶先进镇、村民自治模范镇等称号。

三十集电视连续剧《月影风荷》开机仪式

张家港 · 锦丰

1 江苏省委书记李源潮视察锦丰
2 曹福龙书记视察锦丰镇新城区规划
3 庆祝“八一”建军节演出
4 《月影风荷》开机仪式
5 锦丰镇首届全民运动会

锦丰镇

6 新城区效果图
7 人民路和锦乐路交汇处
8 人民路锦丰工业集中区（东区）
9 滨江广场

6

7

8

9

建 设 村

建设村位于锦丰镇二干河东侧，由原锦西村、元兴村、建设村合并而成，区域面积4.6平方公里，境内有华尔润、金鹿等企业。该村经济实力雄厚，有民营企业26家，工业销售收入1.18亿元，利税1500万元。2004年，全村经济总收入1.81亿元，人均纯收入9013元。是省级卫生村，先后获省生态村、省文明村、苏州市文明单位等称号。

1 村党支部书记施正良
2 建设村新办公大楼和广场
3 建设小区
4 贯穿全村的锦鹿路
5 无公害辣椒生产基地
6 枇杷种植基地

锦 丰 镇

江苏亚青钢管制造有限公司

江苏亚青钢管制造有限公司，位于黄金水道的长江之滨，东临204国道，西临张家港港、江阴长江大桥，南临沿江高速公路，交通十分便捷。公司拥有注册资金4000万元，固定资产6000万元，占地面积10万平方米，厂房面积3万平方米，现有员工260多人，各类专业技术人员120多人。公司拥有先进的螺旋缝双面埋弧焊管机组及完善的检测系统，专业生产Φ219mm～Φ1820mm各种规格的螺旋焊管，年生产能力在10万吨以上，产品质量符合SY／T5037、GB／T9711和API标准，是理想的石油天然气管、蒸气管、水管、油管、桩管和结构制作用管。

荣誉证书

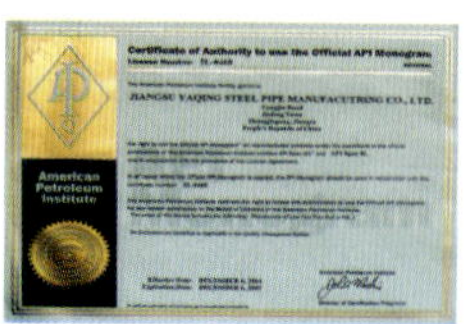

全国工业产品生产许可证

1 厂区外景
2 螺旋缝双面埋弧焊管机组
3 建筑面积1万多平方米的螺旋缝双面埋弧焊钢管生产线及产品

乐余工业集中区

乐余工业集中区是以织造、染色及后整理为特色的工业集中区，总规划面积6平方公里，区内道路宽15米，建有110千伏变电所和热电公司，日处理废水能力2万吨，日处理固废能力500吨，配套设施“七通一平”。区内企业近20家。

1 麓德针织（张家港）有限公司
2 江苏七洲绿色化工股份有限公司

1

2

机电工业集中区

机电工业集中区整体规划面积3.8平方公里，区内企业40多家。园区以全国最大的中巴车生产基地——牡丹汽车股份有限公司和全国最大的洗涤机械生产基地——江苏海狮机械集团为依托，重点发展以汽车及配套件、机械及机械加工、电子及周边设备为主导行业的三大板块经济。

3 江苏友谊汽车有限公司
4 江苏海狮机械集团

3

4

东沙化工集中区

东沙化工集中区首期开发面积3.2平方公里，两面临江，远离居民生活区，距沿江高速公路入口仅8分钟车程，300吨级货船可从长江直达区内。区内现已拥有涉及医药、农药、染料、精细化工等门类的企业17家。

5 江苏农药化工集团

5

乐 余 镇

1

2

乐余镇位于张家港市东北部，与南通市隔江相望。全镇总面积90.28平方公里，镇区面积4.06平方公里。2月，东胜、东华和东红3个行政村划属南丰镇，其余行政村于3月合并成22个行政村；另辖1个渔业队，2个办事处，3个社区居委会。总人口7.67万人，其中非农人口1.84万人。有外来人口1.3万人。2004年全镇实现工业销售收入38.52亿元，生产总值16.2亿元，财政收入3.3亿元，农民人均收入7740元。创建全国环境优美镇通过省级考核调研；镇获苏州市风筝之乡称号；兆丰文化站通过全国先进文化站复查。

3

4

1 全国环境优美乡镇省级考核调研汇报会
2 新建的乐余生活污水处理厂
3 新建的兆丰自来水厂长江取水口
4 乐余镇老街
5 造型新颖的现代农民住宅
6 广场文艺演出
7 乐余农贸商城

乐 余 镇

永 利 村

永利村位于乐余镇西侧，204 国道从村横穿而过。总面积近 4 平方公里，耕地面积 162 公顷，有 21 个村民小组，村民 2772 人。2003 年 8 月成立村党总支，下设 3 个支部，共有党员 79 人。村党组织和村委坚持以经济建设为中心，以发展为主题，努力促进全村经济社会的快速、和谐发展。现有盈丰机械、江滨油漆、中盛机械等企业 40 多家，年内实现工业销售收入 9300 万元，村财政收入 111.23 万元。村党组织先后多次被市委评为先进基层党组织，村连续多年被评为苏州市文明村和张家港市文明村。

1 村党总支书记许文生（左一）与班子成员研究发展村级经济事项
2 村属企业三泰机械有限公司
3 村民住宅
4 永利村社区服务中心

鸷 山 村

鸷山村位于凤凰镇西南处，由原鸷山村、西庄村、珠村合并而成。面积4平方公里，人口4200人。鸷山村因鸷山而得名，是凤凰水蜜桃主产地之一。境内红豆树闻名港城，相传由梁代武帝箫衍长子昭明太子植于鸷山，距今已有1400多年历史。全村一、二、三产协调发展，村民生活稳步提高。

1 又甜又大的鸷山水蜜桃
2 水蜜桃花盛开时
3 鸷山环境整治规划总平面图
4 鸷山村红豆树

凤 凰 镇

1

凤凰镇地处张家港市南部，由原西张、凤凰、港口三镇合并而成。总面积78.7平方公里，人口6.39万。镇党委、政府始终把招商引资放在经济工作首位。全镇2004年到账外资7143万美元，实现工业销售收入92.18亿元，生产总值19.35亿元，财政收入1.35亿元，农民人均收入8316元。年内，创建全国环境优美乡镇通过省级考核验收，并被市委、市政府评为文明镇。

2

3

4

1 国家环保总局副局长祝光耀（前左二）到镇视察环保工作
2 宏高科技签约仪式
3 外向型企业工作座谈会
4 全国环境优美镇调研通报会
5 村务公开现场会
6 程墩村股份合作社成立
7 《港城播报》走进凤凰中心社区
8 城乡联动万人健步行

凤凰镇

安庆村

安庆村位于凤凰镇西部栏杆集镇区，由原安庆村、栏杆村、安庄村三村合并而成。总面积4.2平方公里，耕地110.8公顷，人口4060人。全村共有各类工业企业60多家，主要以钢铁、塑料、帽业、制衣、吊装行车、彩印业为主。2004年完成工业开票销售收入4.58亿元，创利税1100多万元，共有固定资产1.5亿元。年内，被市委、市政府授予文明村荣誉称号。

1 村党总支书记钱妙琴
2 江苏万富安机械制品有限公司
3 张家港市虎啸金属制品有限公司
4 张家港市丰盛帽业有限公司
5 张家港市广大钢铁有限公司
6 张家港市汇豪金属制品有限公司
7 张家港市宗仁工艺制品有限公司
8 张家港市佳一服饰有限公司

双 塘 村

双塘村位于凤凰镇东南部，由原小山村、新桥村、双塘村三村合并而成。面积4.1平方公里，耕地124公顷，人口4087人。全村有工业企业42家，中外合资企业2家，主要生产机械、装潢产品。2004年完成工业开票销售收入2.2亿元，创利税863万元。村民公益事业发展迅速，人民生活显著提高，2004年人均收入达8300元。年内，被市委、市政府授予文明村荣誉称号。

1

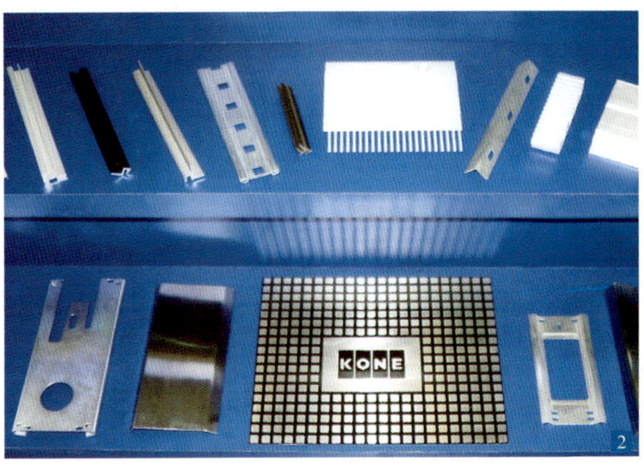

2

3

4

5

1 张家港市通达电梯装潢有限公司
2 通达电梯装潢有限公司主要产品
3 张家港市普天机械制造有限公司
4 普天机械制造有限公司车间一角
5 江苏通力机电有限公司

南丰镇

南丰镇位于张家港市东部。总面积42.1平方公里，镇区面积6.5平方公里。总人口4.64万，其中非农人口1.03万。年末，共有工业企业221家，其中规模企业22家。实现工业销售收入113.71亿元，工业利税5.75亿元，分别比上年增85.86%和23.13%。年内，获国家卫生镇、绿色江苏建设先进镇、苏州市财政收入上台阶先进镇、社会治安安全镇等称号，并通过全国环境优美镇调研。

1

2

3

4

1 镇领导就污水处理厂选址现场办公
2 以创建为主题的万人签名活动
3 繁荣的商业一条街
4 休闲广场规划图
5 集贸市场规划图

5

恩达泵业有限公司

张家港市恩达泵业有限公司是专业生产锅炉给水泵、机床液下泵、立式和卧式离心泵、高层建筑给水泵及消防泵的企业。公司通过了 ISO 9001:2000 国际质量管理体系认证，使企业的管理更加科学和规范。企业的产品日趋成熟和完善，用户更加满意和放心。公司联系电话：0512－58642668，企业网址：www.ebengye.com.cn。

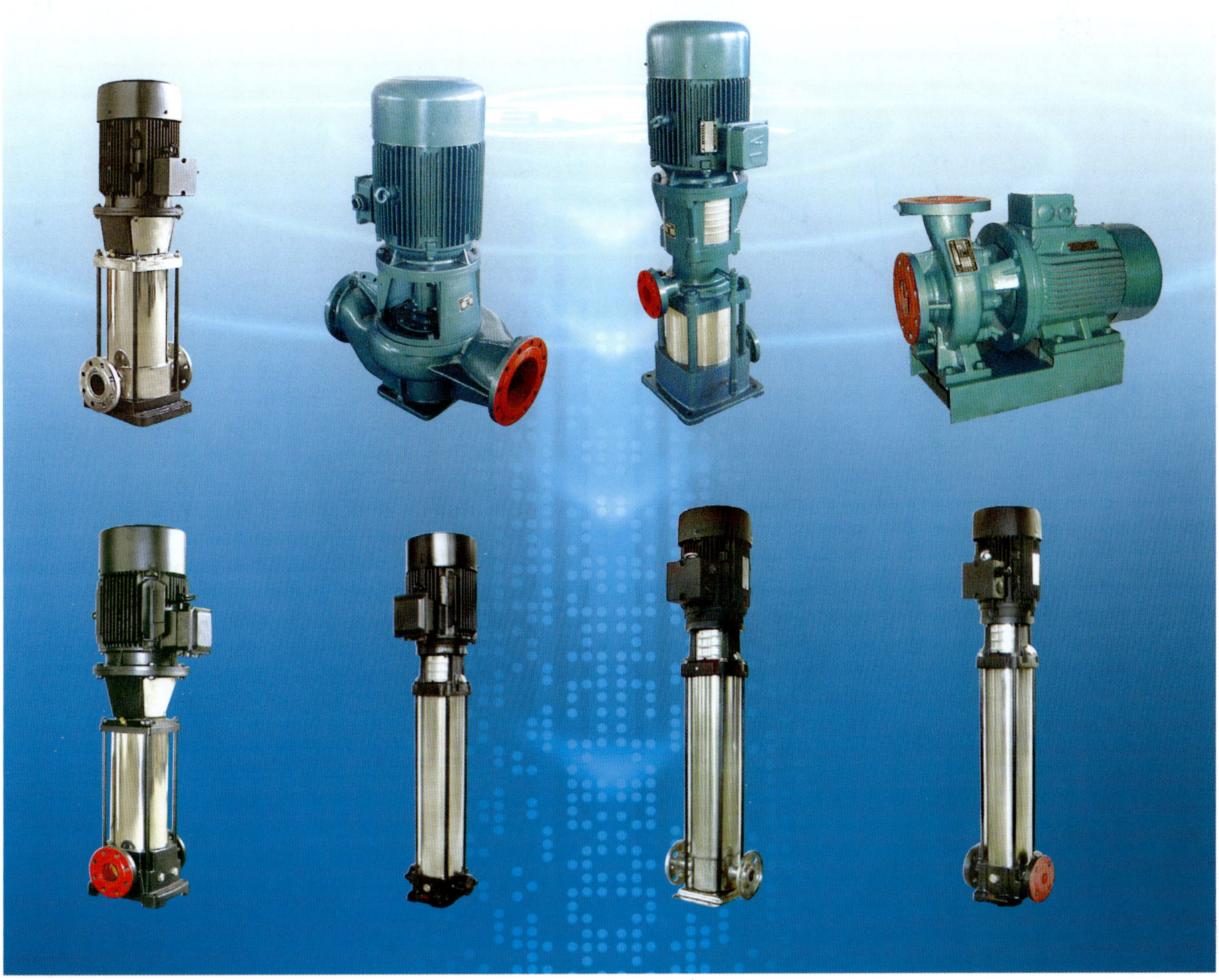

大 新 镇

大新镇位于张家港市北部江滨，西距张家港保税区4公里。在8公里长的江岸建有万吨级深水码头4座，沿江工业集中区有企业40余家。全镇总面积40平方公里，镇区面积3平方公里。有11个行政村和1个中心社区居委会，总人口3.64万人。有工业企业315家。基础设施完善，工业经济发达，三产繁荣，形成五金之镇、宏宝品牌、沿江开放三大优势，是理想的投资热土。

1

2

3

4

1 新城休闲广场
2 创利纺织有限公司
3 江苏龙马织造集团公司
4 江苏省文物保护单位年丰双杏寺
5 宏宝五金股份有限公司扩建后的办公大楼
6 大新中心幼儿园新园区
7 大新村社区
8 新海坝社区

5

6

7

8

GTIG 国泰国际集团
GUOTAI INTERNATIONAL GROUP

江苏国泰国际集团是江苏省重点企业集团之一。主要从事纺织品、服装、轻工工艺品、五金机械、化工医药等商品的进出口业务。同时开展国际工程承包、外派劳务和现代物流等业务，并涉及宾馆旅游、软件开发、金融证券、保险、房地产等，已初步形成一业为主，多元拓展的经营格局。2004年，完成销售120.6亿元，实现利润2.5亿元，上缴各类税款超1亿元；完成进出口额12.38亿美元，其中出口9.44亿美元，连续4年在江苏省外贸企业中名列首位。集团现下辖16家专业进出口公司，40多家外贸生产企业，两家五星级宾馆，以及美国、日本、香港等驻外公司，总资产超30亿元，集团员工超万人。

江苏国泰国际集团正朝着集贸易、实业、科技、金融、信息、服务等为一体，资本经营、生产经营、商品经营高度结合的国际知名、国内一流的大型综合企业集团迈进。

地址：张家港市人民路国泰大厦
http://www.gtig.com
电话：0512－58696206
传真：0512－58696170

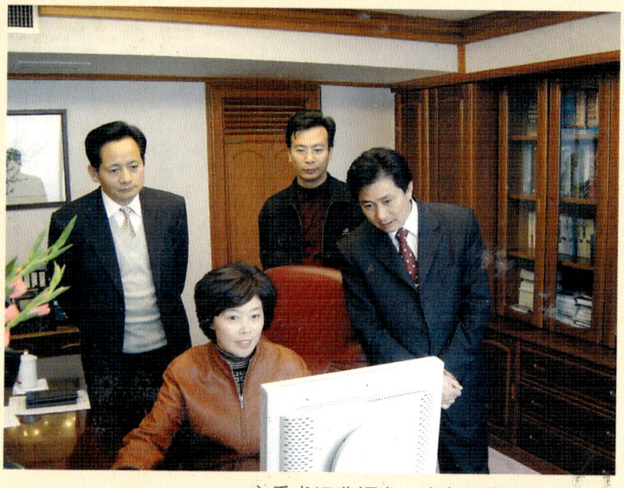
市委书记曹福龙、市长王翔在国泰集团

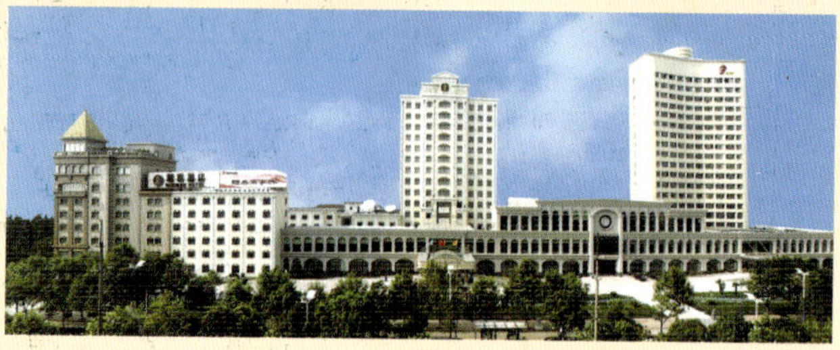
五星级涉外饭店——国贸酒店

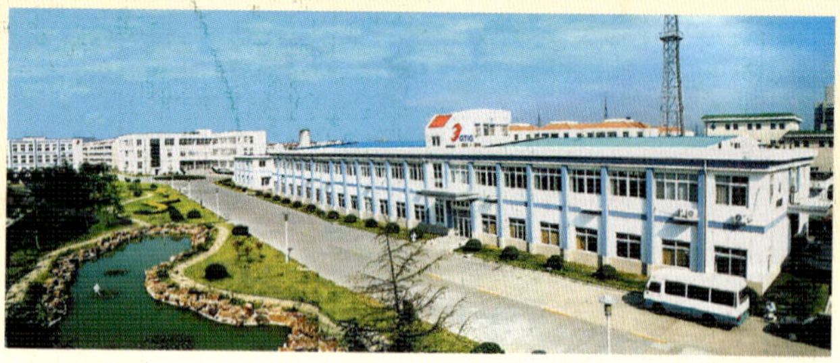
投资2亿元的国泰服装工业园

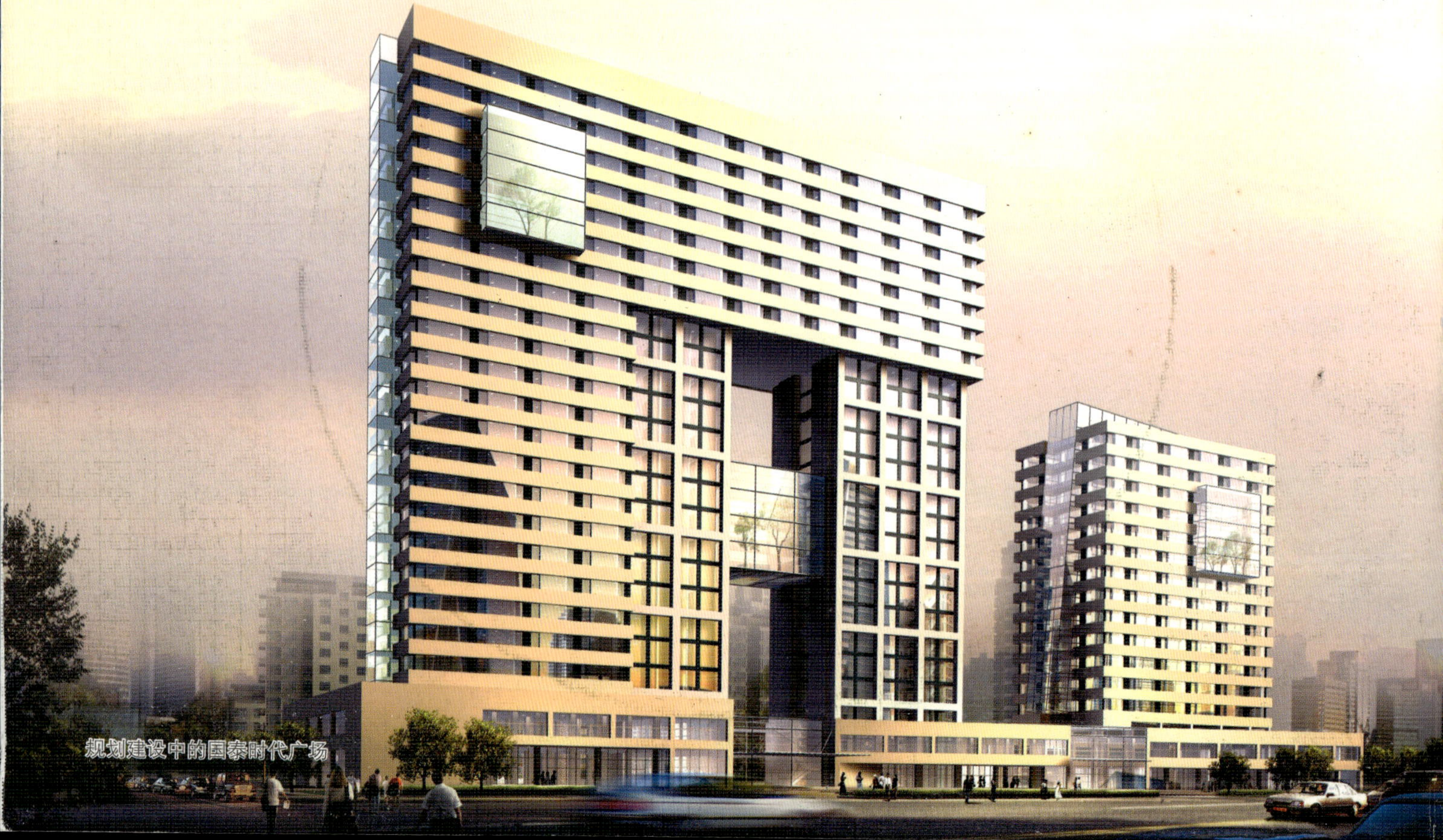
规划建设中的国泰时代广场